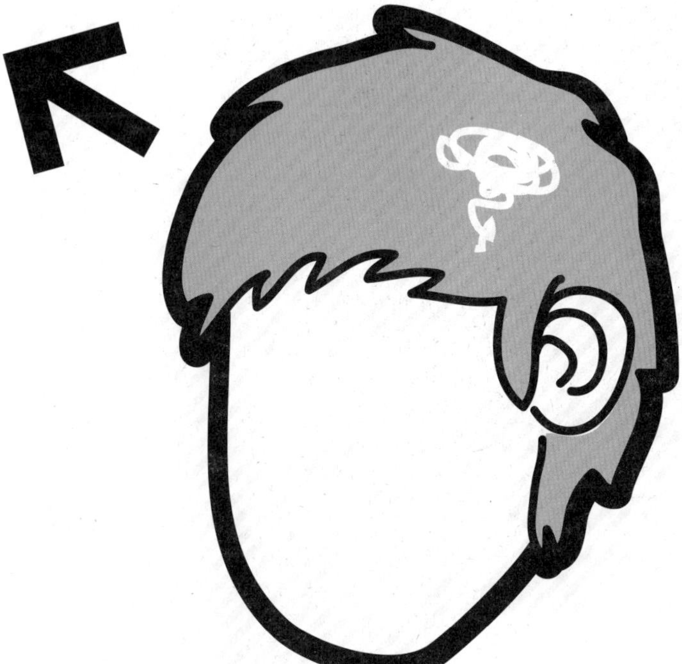

문덕 지음

MD VOCA 33000

지수

MD VOCA **33000**

최신 개정판 19쇄 2024년02월 19일

저자_ 문덕

발행인_ 문덕

인쇄 · 제본_ 창미디어

발행처_ 도서출판 지수

주소_ 서울시 마포구 토정로 222, 417호

전화_ 02-717-6010(대표)

팩스 : 02-717-6012

http://www.moonduk.com(mp3 파일 무료 다운로드)

Phone 82-2-717-6010 Fax 82-2-717-6012

가격 32,000 원

최신개정판을 내며

MD가 세상에 선보인지 어언 10여년이 훌쩍 넘어섰습니다. 기본어휘, 필수어휘, 고급어휘로 이어지는 단계별 학습전략과 어원적 접근을 바탕으로 간결한 영영 정의 그리고 동의어와 뉘앙스로 이어지는 과학적 구성은 독자들의 찬사와 사랑으로 이어졌고 지금까지 40만 명 이상의 영어 어휘학습자들의 충실한 도우미로서의 역할을 수행해 왔습니다. 이러한 MD의 명성은 이웃나라 중국, 일본에까지 전파되어 중국어판으로 번역되어 중국의 대학생들 또한 MD를 통해 영어 경쟁력을 키워가고 있고 일본에서는 어플로도 제작되어 판매되고 있습니다.

그동안 수많은 메일과 댓글 등을 통해 독자 여러분이 남겨주신 여러 가지 의견이 반영되어 MD는 조금씩 진화되어 왔습니다. 세상에'완벽'이란 있을 수 없겠지만 MD는 여러분의 격려와 질책 속에 완성을 향한 몸부림을 부단히 계속해왔습니다. 이번 개정판에서는 기존의 MD의 학습효과를 극대화할 수 있도록 45일 완성을 목표로 날짜별 목차구성을 하였으므로 훨씬 효율적인 학습계획 수립이 가능할 것입니다. 또한 중요 빈출어휘와 중요 빈출숙어 그리고 새로이 마련된 복합어학습 등을 45일 완성 틀에 맞추어 유기적으로 독학할 수 있도록 짜임새 있게 구성하였습니다.

특히 이번 개정판 작업의 백미라고 할 수 있는 〈동의어 보감〉은 각종 시험에서 빈출하는 동의어 그룹을 다년간의 기출분석을 통해 엄선한 후 핵심 동의어들을 필수와 고급 그리고 숙어까지 체계적으로 제시하고 있습니다. 동의어 보감을 통해 단순한 동의어문제 뿐만 아니라 동의어를 통한 어휘력과 표현력 확대라는 놀라운 효과를 느낄 수 있을 것입니다.

이번 개정판은 MD본서와 함께 여러분께 최고의 어휘실력을 보장해 줄 〈MD VOCA 33000 실력팩〉을 마련하였습니다. 고급어휘, 최고급어휘, 혼동어휘, 주요 어원 해설, 최신 우선 순위 기출어휘 등 알토란 같은 자료들로 구성을 하였으니 MD본서를 착실히 학습하고 나서 실력팩으로 최고의 어휘 실력자가 되시기바랍니다.

MD의 예쁘고 참신한 디자인을 완성시켜 주신 구수연 팀장님과 김화정 선생님께 깊은 감사와 우정을 표합니다. 또한 자료정리와 교정 작업에 함께 해 준 고마운 제자들인 하지희, 문수연, 배민지 양께도 감사를 드립니다. 마지막으로 최종 교정과 감수에 귀한 시간을 내어 준 김형탁 교수님, 안태근 교수님, 김선화 선생님께 깊은 감사를 드립니다.

뿌린 대로 거두리라...

2018. 12. 21 문덕 올림

한국의 영어 학도들에게 보내는 MD의 편지

어휘학습에 관한 몇가지 **편견들** ?

?1 어휘를 따로 공부하는 것은 바보같은 짓이다?

지금 당장 우리는 바보가 되어야 합니다.

혹자는 독해 지문 또는 문맥을 통해서만 어휘를 습득해야 한다고 주장합니다. 과연 그럴까요? 자, 다음의 **deliver**라는 왠만한 중학생도 알만한 어휘를 봅시다.

이 어휘를 잘 아신다구요?

①'배달하다'라는 뜻은 아시겠죠? 하지만 ②'연설하다'의 뜻은 아십니까? 아신다구요? 좋습니다. ③'해방시키다'는 어떻습니까? 더군다나 ④'(아이를) 분만시키다'의 뜻까지 있다는 걸 아십니까? 만약Reading을 통해서-물론 요즈음 영어학습 전반에 걸쳐 퍼져있는 Reading 경시풍조를 생각하면 개탄스러울 따름이지만-deliver를 익힐려면 각기 다른 뜻으로 쓰인 네가지 독해지문이 필요하다는 거죠. 이런데도 전문적인 어휘학습이 필요없다는 말입니까?

이러한 현상 때문에 우리는 항상 사전 찾기라는 지겨운 단순노동을 계속하는 것이죠. 그러므로 특히 다의어의 경우 어휘 전문서를 공부하지 않는다면 영어를 포기하는 것이 낫다고 말해도 무리는 아닐 듯 싶습니다. 물론 단어와 의미만 단순하게 연결시켜 암기하는 것은 기억뿐 아니라 나중에 그 어휘를 실제로 사용하는데도 큰 도움이 안될 것입니다.

그래서 MD VOCA 33000에는 다의어와 전형적인 용례(usage)들이 충실히 제시되어 있습니다.

그러니 걱정하지 마세요.

?2 어려운 단어는 익힐 필요가 없다?

차라리 영어를 포기하십시오.

물론 여러분이 미국 사람들과의 일상적인 의사소통을 목적으로 영어를 공부하고자 하신다면 당연히 어려운 어휘는 익히실 필요가 없습니다. 하지만 쉬운 단어도 모르면서 어려운 단어를 공부하는게 문제지 어려운 어휘를 익힐 필요가 없다는 것은 절대 아닙니다. 더군다나 기가 막힌 사실은 이 책의 주요한 부분으로 서술되어 있는 대부분의 어휘들이 우리들에게는 어렵다고 느껴질지 모르나, 미국에서는 우리나라 중학교 수준의 어휘들이라는 사실을 아십니까? 이런데도 어려운 어휘들은 익힐 필요가 없겠습니까? 만약 이 정도 수준의 어휘는 공부할 필요가 없다고 생각하시는 분들은 지금 당장 인터넷에서 아무 외국 사이트를 검색해 보세요. 여러분의 현재 어휘력이 시대적 요구에 턱없이 모자란다는 것을 스스로 느끼실 수 있습니다. 여러분이 아무 부담 없이 읽는 신문을 생각해 보십시오. 영자 신문이 우리에게는 엄청난 부담이 된다는 사실은 무엇을 말할까요? 지금의 우리 영어는 신문도 제대로 읽을 수 없다는 것이지요. 당장 upgrade합시다.

?3 단어는 암기다?

단어는 절대로 암기가 아닙니다.

단어는 이해가 필수적입니다. 저는 수많은 비판을 감수하고서라도 이렇게 말하겠습니다. 여러분은 단어 학습하면 떠오르는 게 혹시 깜지 아닙니까? 옆에 소위 우리들의 사춘기를 도배했던'깜지'가 등장하고 있습니다.

'깜지'가 대변하는 우리의 어휘학습 그것은 바로 암기 그 자체이지요. 저도 물론 예전에 이 문제에 대한 아무런 해결책이 없었고 저도 강의를 하면서 아는 단어인데도 문맥이 이상하면 사전을 찾고 새로 발견한 의미를 기존에 이미 알고 있던 의미에'추가'하며 암기해 갔습니다. 여기서 잠깐 미국 사람들을 생각해 봅시다. 과연 그들도 언어를 무작정 암기해서 deliver와 같은 다의어를 정복할까요? 항상 쓰는 모국어라서? 반복에 의해서? 물론 언어습득에 반복은 필수적이겠지만 그렇다고 무작정의'깜지식 암기'는 이제는 절대로 안됩니다. 이제부터는 어휘를 암기가 아닌 이해의 세계로 끌어드립시다. 제가 충실한 길잡이가 되어드리겠습니다. 단어를 암기라고 생각하는 고정관념을 버리지 않는한 여러분의 어휘력 은 결코 크게 향상될 수 없습니다.

위의 원고는 제가 대학생때 아르바이트하던 시절 어는 학생에게 제가 내주었던 숙제입니다. 지금 생각하면 그학생한테 아무런 특별한 대책도 없이 반복만 강요했던 점에 대해 너무 너무 미안하게 생각합니다. "원호야 미안하다. 그리고 네 원고(?)를 무단 게재했으니 저작권 위반으로 소송걸거라!"하하^^

문덕 선생이
공개하는
혁신적인
어휘 학습법 !

!1 영어단어의 의미는 단 하나다.

여러분, 속아오셨습니다. 저도 그랬구요. 이제는 달라져야 합니다. 위에서 말씀드린 deliver의 의미를 해결해 드리겠습니다.

모든 단어나 표현에는 중심의미(core meaning)가 있지요. 그리고 그것이 곧 미국사람들 머리속에 들어 있는'하나의'의미입니다. **deliver**는'배달하다'가 중심의미입니다. 마음을 열고 눈을 크게 뜨고 보십시오.' 연설하다'도연사의하고싶은말을청중들에게배달하는것입니다.' 해방시키다'는죄수를밖으로 내보내는 것이니 이것은 당연히 배달의 행위에 들어갑니다. 심지어'분만시키다'또한 커다란 틀에서 보면 임신이라는 엄청난 굴레에서 벗어나게 하는 것이므로 배달의 범주에 들어갈 수 있습니다. 아직도 그냥 외우시겠다구요? 죄송하지만 Webster 사전 무삭제 완본(unabridged edition)에는 제가 찾아보니 **deliver**의 의미는 7가지로나 서술되어 있더군요. 자신이 모르던 뜻이 계속 추가되기 때문에 단순 암기로는 결국 어휘 정복은 불가능하다는 것을 보여 주네요. 앞으로 사전을 보실 때 새로운 의미가 발견되면 반드시 그냥 단순하게 추가로 암기하려 하지 마십시오. 기존의 여러분이 알고 계신 의미의 교묘한 변형 의미입니다. 언어는 살아 있거든요. 만약 그러한 변화가 이해가 안되시면 언제든지 저에게 질문해 오시면 성실히 답해 드리겠습니다. 어떻게 연락하냐구요?

우리는 참 행운아들입니다. 인터넷이 가져다 준 엄청난 힘이 이렇게 고마울 때가 있군요.

www.moonduk.com을 클릭하세요. 언제든지 여러분의 질문을 기다리겠습니다.

!2 영어단어도 한자와 같다.

영어단어가 한자와 같다구? 환자아니야? 이러시는 분 계실지도 모르겠습니다. 조금만 참으시고 제 얘기를 들어보세요. 어원을 통해 어휘를 익히는 것이 구태의연한 학습법이라고 주장하는 분들도 계시다더군요. 제가 이런 질문을 드리지요. '**draft**'를 찾아보면 명사일 때' ① 기초; 설계도' '② 통풍, 외풍' '③ (물 · 술 따위의) 한 모금' '④ 징병'이라고 서술되어 있습니다. 사실은 웬만한 사전에는 이보다 더 많은 의미 분화가 제시되어 있습니다.

우리가 단순암기로 이 단어를 익힐 수 있을까요? 설사 어떤 시험에서 열심히 외운 결과로 문제를 맞춘다고 얼마나 오랫동안 이 단어가 남아 있을까요? 아마 몇달 아니 한 달이 안돼서 위 개념들 중 몇 가지는 우리의 기억에서 빠져 나가버릴 것입니다. 하지만 **draft**가 어원(etymology) 즉, 조상이 '**draw**(끌다)'라는 사실을 우리가 알고나면 놀랍게도 확 변합니다.

'기초, 설계도'는 '**draw**'가 원래'선을 긋다; 그리다'의 개념을 갖고 있는데서 알수 있듯이 '밑그림'으로 이해하신다면 '**draw**'에서 충분히 유추해낼 수 있고, '통풍' 또한 바람을 건물의 내부로 **draw**하는 것이고, ' 마시기, 한모금'은 술이나 음료를 목구멍 안으로 **draw**하는 것임을 알 수 있지요. '징집'은 물론 사람들을 군대 안으로 '**draw**'하는 것이구요. 이러니 우리나라 사람들은 이 단어가 황당할 정도로 어렵고 Native Speaker들은 그리 어렵지 않은 것이지요. 여러분 우리말이 중국으로 부터 엄청난 양의 단어들을 어떤 면에서 수입해서 쓰는 것처럼, 영어도 희랍어(Greek)나 라틴어(Latin)에서 대부분의 어휘들을 차용하여 쓰고 있답니다.

만약 여러분들 중에 누군가 우리가 한자로 심지어 자신의 이름을 못쓰는데도 우리말 사용에 아무런 지장이 없다며 어원에 대한 고민은 할 필요가 없다고 반론을 펴신다면, 그것은 잘 보이지 않는 그러나 심각한 오해를 품고 있는 것입니다.

여기 우리말 몇 단어를 봅시다.

생수, 수영, 수질, 수자원, 지하수, 수력발전,....

여러분이 설사 한자로'**水**'를 못쓴다 할지라도 여러분의 머리속에는 반드시'**水**'의 개념이 살아 있습니다. 그리고 이러한 개념들은

수명 , 수만명, 장수만세, 맹수, 수치심, 수잔나(?)

등의 단어들을 볼때는 절대 들어오지 않는거죠. 그래서 만약 미국 사람들이 한국에 와서 한글을 익힐때는 한자에 대한 고민이 없이는 수준높은 한글구사는 절대로 불가능한 것이지요.

이제 영어도 정말 한자와 같은지 살펴봅시다. 자, 다음의 영어 단어들을 봅시다.

prescribe(처방하다) / **proscribe**(금지하다) / **subscribe**(서명하다) / **describe**(묘사하다) / **postscript**(추신)

미국인들이 위의 단어들에서 **scribe**나 **script**라는 철자에서'**write**(쓰다)'를 모르고서 이 정도의 어휘들을 쉽게 구사할 수 있을까요? 여러분이 잘 생각해 보세요.

만약 단순 암기나 모국어이기 때문에 반복적인 사용이 가능하여 이런 단어들을 잘 사용하고 있다고 누군가 주장한다면 그 말을 믿으시겠습니까? 여러분 영어 어휘에서 어원을 제외시키는 것은 마치 어부에게서 그물을 빼앗으며 호수안의 수많은 물고기를 잡으라고 하는 것보다 더 심한 요구입니다.

미국인들의 머리속에 다음과 같은 그림이 존재합니다.

- **pre**(미리) + **scribe**(쓰다)
  (의사가 약사에게 환자를 보내기 전에 미리) 쓰다 ; **처방하다**
- **pro**(앞) + **scribe**(쓰다)
  담장이나 게시판 앞에 쓰다 ; **금지하다**
- **de**(아래로) + **scribe**(쓰다)
  아래로 써내려가다 ; **서술하다**
- **sub**(아래에) + **scribe**(쓰다)
  문서아래에 쓰다 ; **서명하다**
- **in**(안에) + **scribtion**(쓰다)
  돌 안 쪽에 새겨 써 놓은 글 ; **비문**
- **post** + **scribe**(쓰다)
  편지를 다 쓰고 나서 나중에 쓴것 ;**추신**

그러므로 미국인들은 우리나라 학생들처럼 spelling이 비슷하다고 해서 **prescribe**(처방하다)와 **proscribe**(금지하다)를 혼동하지는 않습니다. 이런 어휘들을 보면 자동적으로 그 의미들이 그림처럼 떠오르게 되는 것이죠.

이런데도 여러분 어원을 통한 어휘학습을 포기하시겠습니까?
앞으로 영어단어를 보면'들여다 봅시다.'
그러면 우리도 영어 단어를 정복할 수 있습니다.

!3 절대로 단어를 다섯번 이상 쓰지 않는다.

다소 과장된 면이 없지 않지만 어느 학생의 깜지를 통해 알수 있듯이 우리는 새로운 단어를 익힐 때 최소 10번 가까이 쓰고 또 쓰고 잊어 버리면 또 씁니다. 이것은 분명히 국력 낭비입니다. 가장 맑고 명석한 우리의 젊은 두뇌들이 수입한 종이 위에 수입한 볼펜으로 열심히 메꿔가는'깜지만들기'를 생각하면 한숨이 다 나오는군요.

여러분, 영어 spelling은 은행 계좌 번호나 친구의 핸드폰 번호가 아닙니다. 스펠링을 순서대로 그냥 외우는 작업은 이제 그만 합시다. 중 · 고등학교때 여러분이 외운 단어들은 그런대로 단어의 길이가 짧아서라고 하지만, 이제 여러분이 부딪힐 단어들은 그 단어의 수준만큼 철자도 길어지고 있습니다.

inscription(비문), **claustrophobia**(폐쇄공포증), **enthusiastically**(열정적으로)......

만약 여러분이 위의 마지막 단어를 예전처럼'이/엔/티/에이치/유/에스/아이/에이/에스...'와 같은 방식으로 익혀 나간다면 어떻게 될까요? 다소 과장해서 이야기 한다면, 두뇌에서 반란을 일으켜 요즈음 사회 문제시 되는 Alzheimer's disease(노인성 치매)를 앓게 될지도 모릅니다. 여러분, 이제부터 spelling은 반드시 발음(pronunciation)으로 싸워나가십시오.

우리 한글은 spelling과 발음이 서로 일치 하지만 영어는 그렇지 않다구요?

다음의 한글 단어들을 보세요.

친구 해돋이 신라 축구 연락

위의 단어들을 편하게 발음을 하면 각각

"칭구 해도지 실라 추꾸 열락"

으로 발음이 나는군요.

심지어 우리말도 이렇게 영어와 다소 정도의 차이는 있겠지만 철자와 발음이 사실은 맞지 않습니다. 그러나 그 누구도 위의 단어들을 발음이 아닌 철자로 익히진 않습니다. 다음과 같이 말이죠.

'친구 : ㅊ ㅣ ㄴ ㄱ ㅜ"해도지 : ㅎ ㅐ ㄷ ㅗ ㅈ ㅣ"신라 : ㅅ ㅣ ㄴ ㄹ ㅏ'・・・・

한국에 온 외국 유학생이 이런식으로 철자를 외운다면 제가 한마디 할께요. 헐~~~.

이제 영어 단어들을 볼까요?

fine(좋은) **prepare**(준비하다) **distraught**(산만한)

여러분 중에 fine 이'피네'[fine]이지 어떻게'퐈인'[fain]으로 읽을 수 있고 또 철자를 연상할 수 있겠냐고 반문하실 수도 있습니다. 그러면

pine[pain], **dine**[dain], **line**[lain]

등의 동료 단어들이 도움을 주는 것이죠.

마찬가지로 **prepare** [pripέər] 는 **compare** [kəmpέər]의 도움으로 **distraught** [distrɔ́:t]는 중학교 1학년때 배운 **taught** [tɔ:t]의 도움으로 해결해 나가셔야 하는 것이죠.

물론 영어의 철자는 어원이나 강세의 변화등과 복잡하게 맞물려서 우리 한글보다 훨씬 철자 변화가 심한 것은 사실입니다. 하지만 그럼에도 불구하고 우리도 미국인들처럼 실수를 감수하고서라도, 예를 들어 **distraught**를 **distrawt**라고 쓰는 실수를 감수하고서라도 발음에 의존해 나가야 합니다.

결국 결론적으로 이야기하면 철자는 발음이 해결을 하고 의미는 어원의 도움을 받아서 단어를 공략해 가는 것이죠. 자 이제 여러분은 가장 과학적이고 가장 효율적인 어휘학습법을 소개 받으셨습니다. 저는 이러한 철학으로 MD VOCA 33000을 집필하였습니다. 하지만 막상 여러분이 해야될 일이 훨씬 많다는 거 아시죠? www.moonduk.com은 단순히 저와 제 책을 홍보하는 공간이 아닙니다. 혼자서 MD를 독학하는 학생과 스터디를 하시는 분들을 위해 각종 복습 자료와 학습자료를 마련해 놓았습니다. 그러니 언제든지 혼자서 힘들때는 홈페이지로 들려서 질문을 남기세요. 그럼 긴 편지 읽어주셔서 진심으로 감사드리며 다시 지면이나 강의에서 뵙기를 기대하겠습니다. 안녕히 계십시오.

문 덕 올림

왜 MD 이어야만 하는가?

일본·중국에도 수출되는 대한민국 대표 어휘학습서!!

❶ **40만 독자가 극찬해온 최고의 구성!!**

MD는 명확한 한글의미와 함께 간결한 영영정의도 제시함으로써 어휘의 정확한 의미파악을 가능하게 하였습니다. 또한 접두사와 어근을 기본으로 어휘의 유래를 통하여 가장 과학적이고 효율적인 어휘학습의 길을 제시합니다.

❷ **기본어휘에서 최고급 어휘까지 최고의 적중률!!**

MD는 대학생들이 간과하기 쉬운 기본어휘에서부터 GRE수준의 최고급어휘까지 체계적으로 정리하여 국내 최다 어휘를 수록하고 있습니다. 이러한 체계적 구성으로 매년 각종 시험에서 최고의 적중률을 자랑합니다!!

❸ **뉘앙스와 동의어를 한꺼번에 정복!!**

새로 개정된 MD는 미묘한 뉘앙스 해설과 함께 시험에서 자주 출제 되는 빈출 동의어를 완벽 정리한 혁신적인 〈동의어 보감〉을 수록하였습니다.

❹ **중요빈출 어휘 900개 정리!!**

접두어가 포함되어있지 않은 어휘 중 각종 시험에 매년 빈번히 출제되는 900개를 엄선하여 이해하기 쉽도록 어원 설명과 함께 간결하게 정리를 하였습니다.

❺ **체계적인 예습, 복습과 실전문제를 통한 실력 완성!!**

전체 45강으로 이루어진 각 Lecture는 시작할 때마다 효율적인 예습, 복습이 가능하도록 표제어를 간결하게 정리하였습니다. 최신 기출 문제를 대폭 보강하여 수록함으로써 복습과 함께 최신 출제 경향에 맞는 실력향상이 가능하도록 하였습니다.

❻ **중요 빈출 숙어와 Compound words까지 정복!!**

각종 시험에 자주 출제되는 빈출 구동사와 idiom을 엄선하여 체계적으로 수록하였고 나아가 숙어들이 결합되어 완성된 Compound words를 정리하여 모든 영어학습자들의 취약한 부분을 보완하였습니다.

❼ **최고급 어휘 추가 GRE도 문제 없다!!**

〈MD 실력팩〉 고난이도의 어휘들로 이루어진 GRE수준의 최고급 어휘를 접두어와 빈출편으로 구분하여 예문과 함께 대폭 보강하였습니다.

★ 본문 구성

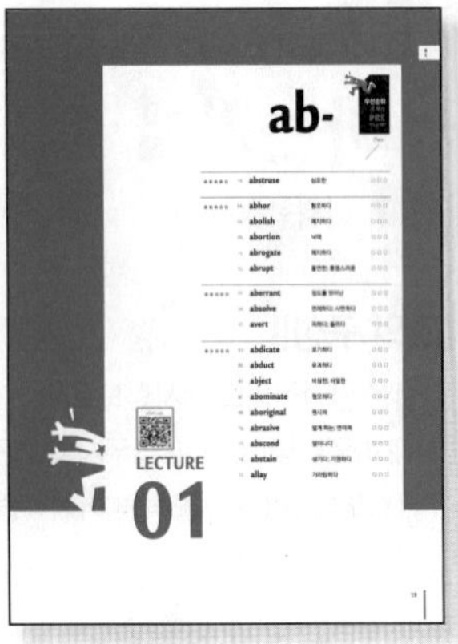

우선순위로 보는
PREVIEW

충실한 예습과 복습이 MD 정복의 또 하나의 비법입니다. MD 회독 횟수

LECTURE 01

ab-

▸ **분리 · 이탈** Latin 계통의 접두어로서 '**분리 · 이탈**(away)'의 의미를 지닌다.

의미 연구

> **abdúct** : ab(away) + **duct**(lead)
→ 멀리 끌고 가다 → 유괴하다
/ abhór 혐오하다
/ abórtion 낙태
/ abscónd 달아나다

형태 변화

① **자음 c · t 앞에서 → abs-**
/ **abs**cónd 달아나다 / **abs**trúse 심오한

② **자음 v 앞에서 → a-**
/ **a**vért 피하다; (얼굴 등을) 돌리다 / **a**vocátion 부업, 취미

③ **자음 l 앞에서 → al-**
/ **al**láy 경감시키다

3

abdicate
[ǽbdəkeit]
★☆☆☆☆
01
1

ab(away) +
dict(say) →
'말을 하고 멀리가다'
에서 유래
2

v (주로 고유권 · 책임 등을) **퇴위하다, 포기하다** / give up officially; renounce
- **abdicate** (from) the throne 왕좌에서 물러나다
- **abdicate** one's responsibility for ~에 대한 자신의 책임을 포기하다 4

n **abdicátion** 퇴위, 포기
a n **ábdicant** (왕위 · 지위 등을) 포기하는; 퇴위[포기]자 ~ 뉘앙스 p.547

어근관련 addict [ədíkt] 중독시키다; 중독자 dedicate [dédikeit] 헌신하다, 헌정하다

abduct
[æbdʌ́kt]
★☆☆☆☆
02

ab(away) +
duct(lead) →
'멀리 끌고 가다'
에서 유래

vt (특히 여성을) **유괴하다** / take away illegally; kidnap
- **abduct** a girl for ransom 몸값을 받아 내려고 소녀를 납치하다

n **abdúction** 유괴

어근관련 adduce [ədjúːs] 제시하다, 인용하다 seduce [sidjúːs] 나쁜 길로 유혹하다 5

aberrant
[əbérənt]
★★☆☆☆
03

ab(away) +
err/error(wander) →
'(정상으로부터) 멀리 벗어난'
에서 유래

a **정도를 벗어난, 변태적인**
/ deviating from what is regular, normal, or right; abnormal
- **aberrant** behavior under the influence of drugs
마약으로 인한 변태적 행동

n **aberrátion** 탈선(deviation); 이상(abnormality) ~ 뉘앙스 p.85

어근관련 erroneous [iróuniəs] 틀린, 잘못된 erratic [irǽtik] 별난, 괴상한, 불규칙한

abhor
[æbhɔ́ːr]
★★★☆☆
04

ab(from) +
hor(shudder) →
'몸서리치며 멀리하다'
에서 유래

vt 〈진행형은 불가〉 (매우) **혐오하다** / hate very much; detest
- **abhor** cruelty to animals 동물에 대한 잔혹 행위를 혐오하다

n **abhórrence** 혐오 a **abhórrent** 혐오하는[스런]; 상반되는

어근관련 horrify [hɔ́ːrəfai] 오싹하게하다 horrible [hɔ́ːrəbl] 무서운, 불쾌한 ~ 뉘앙스 p.21

abject
[ǽbdʒekt]
★☆☆☆☆
05

ab(away) +
ject(throw) →
'(신세 따위가) 멀리 던져진'
에서 유래

a 1 (상태가) **비참한** / wretched; miserable
2 (사람이) **비굴한, 비열한**
/ deserving contempt because cowardly or self-abasing; mean
- live in **abject** poverty 극빈 상태에 살다 • an **abject** apology 비굴한 사과

어근관련 adjacent [ədʒéisnt] 인접한 deject [didʒékt] 낙담시키다

abolish
[əbáliʃ]
★★★☆☆
06

ab(away) +
ol(grow) →
'오랫동안 자라온 것을
멀리하다'에서 유래

vt (특히 오래된 제도나 관습 따위를) **폐지하다, 없애다**
/ bring to an end by law; abrogate
- **abolish** slavery[poverty] 노예 제도[가난]를 없애다

n **abolítion** 폐지 n **abolítionist** 노예 제도 폐지론자 ~ 뉘앙스 p.469

어근관련 adolescent [ædəlésnt] 청년기의

❶ **출제 빈도**를 ★표 우선순위로 확인하세요.

❷ **어원**(Etymology)해설을 충분히 활용하십시오.
- 단어가 어떻게 만들어 졌는지 그 근원을 밝혀 새로운 어휘의 의미를 익히는데 놀라운 도움을 줍니다.

❸ **영문정의**(English Definition)을 통해 어휘를 더욱 깊고, 정확하게 이해하십시오.

❹ **용례**(Usage)를 통해 어휘의 전형적인 문맥(Typical Context)을 익히세요.
- 어휘를 여러분의 머리 속에 오래 남게 합니다.

❺ **어근관련 어휘**를 통해 어휘 확장과 아울러 어근에 대한 이해를 풍부히 하십시오.

6

동의어 ↔ 반의어

01	**abdicate**	=	abandon / renounce / relinquish / step down ↔accede
02	**abduct**	=	kidnap / snatch / spirit / shanghai / carry off
03	**aberrant**	=	abnormal / anomalous / atypical / deviant ↔regular
04	**abhor**	=	hate / abominate / detest / loathe ↔admire ○ 동의어 보강
05	**abject**	=	wretched / miserable / woeful / doleful ↔joyful
06	**abolish**	=	abrogate / annihilate / annul / make void ↔establish

7

동의어 보강

증오하다 · 혐오하다 04

필수	abhor 혐오하다 / detest 증오하다 / hate 미워하다, 혐오하다 / abominate 증오하다 / dislike 싫어하다 / loathe 증오하다, 질색하다
고급	execrate 저주하다, 증오하다
숙어	revolt at / cannot stand (the sight of) / be loath to do / be allergic to / be averse to
반의어	혐오스럽게 하다 / sicken / repel / repulse / offend / disgust / push away / turn off / turn one's stomach
참고	좋아하다 / be fond of / care for 보살피다 / go for 좋아하다; 시도하다

8

뉘앙스

증오하다 · 혐오하다 04

hate	증오하다 <일반적인 말>	• I **hate** dogs. 나는 개를 싫어한다.
abhór	(몸서리 칠 정도로) **혐오하다**	• I **abhor** a snake. 나는 뱀은 질색이다.
abóminate	(특히 종교나 도덕관념에 위배되는 것을) **혐오하다**	• Moses **abominated** idol worship. 모세는 우상 숭배를 혐오했다.
detést	(강한 반감과 경멸감을 품고) **몹시 싫어하다**	• I **detest** dishonest people. 나는 부정직한 사람을 몹시 싫어한다.
loathe	(역겨움을 느낄 정도로) **혐오하다** <의미가 가장 강한 말>	• You **loathe** the smell of greasy food when you are seasick. 배멀미가 날 때는 기름기 있는 음식 냄새가 끔찍하게 싫은 법이다.

cf. **dislíke** 싫어하다 <의미가 다소 약한 말>

8

Check-up Test

1. Most feminists <u>abhor</u> the thought of a woman being judged on her physical appearance.
ⓐ prefer ⓑ defer ⓒ hate ⓓ imagine

2. The Watergate scandal was the ostensible cause of Nixon's decision to ______ the presidency.
ⓐ abdicate ⓑ defer ⓒ precede ⓓ abhor

3. The abduction of pets has become a national problem.
ⓐ kidnapping ⓑ poisoning ⓒ desertion ⓓ abuse

4. The parents grew more abject as the struggle continued.
ⓐ cooperative ⓑ fearful ⓒ wretched ⓓ ferocious

5. There have been calls for the monarchy to be ______.
ⓐ abolished ⓑ aborted ⓒ abstained ⓓ absconded

정답 1. c 2. a 3. a 4. c 5. a

21

중요빈출**어휘**
빈출어휘편을 통해 접두어가 포괄할 수 없는 중요 필수 어휘를 학습하세요.

중요빈출**숙어**
각 Lecture 마지막 장에 시험에 잘 나오는 중요 빈출 숙어와 복합어 까지 정리를 하였습니다.

❻ **동의어 · 반의어**들을 통해 복습과 아울러 확실한 실전 대비를 하십시오.

❼ **동의어 보감**을 통해 빈출 동의어 그룹 전체를 만나 보세요.
- 단, MD 1회독시에는 생략하거나 필수만 학습해도 됩니다.

❽ **뉘앙스**(Nuance)를 통해 중요 동의어 그룹의 정교한 차이를 느껴보세요.
- 어휘들의 가장 전형적인 문맥을 익힘과 동시에 동의어들을 통한 어휘확장이 가능해 집니다.

❾ **Check-up Test**를 통해 확실한 실전력을 갖추세요
(좀 더 자세한 활용 방법을 다음 페이지를 참조하세요!!

MD정복 **STEP**

STEP 1	**기본 어휘** 학습	**PART ❷** p.573 ~ 622	• 기본어휘 실력이 많이 모자라면 MD VOCA 수능을 먼저 학습하세요.
STEP 2	**접두어 필수 어휘** 학습	**PART ❶** p.17 ~ 572	• 스스로 실력이 많이 부족하고 학습 속도가 나지 않을 때는 파생어나 어근 관련어휘는 2회독부터 해도 됩니다.
STEP 3	**심화 학습** (오른쪽 페이지)	**동의어 +** **동의어보감 +** **뉘앙스 +** **Check-up Test**	• 1 회독 시 동의어 보감은 건너 뛰거나 또는 필수부분 위주로 공부하는 것이 좋습니다. • 동의어 보감의 고급/숙어/참고부분은 step 6을 학습할 단계인 MD 3회독부터 공부하기를 권합니다
STEP 4	**중요빈출어휘** 학습	**각 Lecture 당 20개씩 중요 빈출 어휘로 구성**	• step 1과 동일한 방식으로 빈출 표제어를 공부합니다.
STEP 5	**중요빈출숙어** 학습	**각 Lecture 당 30개씩 중요 빈출 숙어로 구성**	• MD 2회독 이상부터 포함시켜도 무방합니다.
STEP 6	**접두어 고급어휘** 학습	**MD VOCA 33000 실력팩** **PART ❶** p.7~74	• 필수편의 어휘들이 어느 정도 암기가 되었을 때인 3회독 정도부터 하기를 권장합니다.
STEP 7	**최고급 어휘** 학습	**MD VOCA 33000 실력팩** **PART ❷** p.75 ~ 136	• step 6까지 완벽히 끝난 상태에서 학습을 해야 합니다. • GRE 수준의 최고급 어휘들로서 고난이도 어휘실력을 달성하도록 도와줄 것입니다.

MD정복 **계획표**

STEP 0 : 집중학습 요구 (STEP 0) : 실력이 모자라서 부담스러울 때는 skip 가능

❶회독	STEP 1 + STEP 2 + (STEP 3) + STEP 4 + (STEP 5)	아는 내용과 모르는 내용들을 구분해 가며 학습
❷회독	STEP 2 + STEP 3 + STEP 4 + (STEP 5)	모르는 내용에 좀 더 집중하면서 공부한다. 동의어 보감 학습시 필수만 공부
❸회독	STEP 2 + STEP 3 + STEP 4 + STEP 5 + STEP 6	모르는 내용만 공부. 동의어보감 학습시 고급, 숙어, 참고 포함
❹회독	STEP 2 + STEP 3 + STEP 4 + STEP 5 + STEP 6 + (STEP 7)	최고급 어휘학습을 통해 자신의 어휘실력의 약점을 보완
❺회독 이상	모든 step을 빠른 속도로 학습해 나간다.	아직까지도 잘 익혀지지 않는 단어는 따로 노트에 정리

→	1월	2월	3월	4월	5월	6월	7월	8월	9월	10월	11월	12월
1월	〈MD voca 수능〉	〈MD voca 수능〉	기본어휘	❶회독	❷회독		❸회독	❹회독	❺회독 + 실력팩(기출)	❻회독 + 실력팩(기출)	❼회독 + 실력팩(기출)	❽회독 + 실력팩(기출)
→ 2월		〈MD voca 수능〉	〈〈MD voca 수능〉 기본어휘	❶회독	❷회독		❸회독	❹회독	❺회독 + 실력팩(기출)	❻회독 + 실력팩(기출)	❼회독 + 실력팩(기출)	❽회독 + 실력팩(기출)
→ 3월			〈MD voca 수능〉		❶회독	❷회독		❸회독 + 실력팩(기출)	❹회독 + 실력팩(기출)	❺회독 + 실력팩(기출)	❻회독 + 실력팩(기출)	❽회독 + 실력팩(기출)
→ 4월				〈MD voca 수능〉	〈MD voca 수능〉 기본어휘	❶회독	❷회독		❸회독 + 실력팩(기출)	❹회독 + 실력팩(기출)	❺회독 + 실력팩(기출)	❻회독 + 실력팩(기출)
→ 5월					〈MD voca 수능〉		❶회독	❷회독		❸회독 + 실력팩(기출)	❹회독 + 실력팩(기출)	❺회독 + 실력팩(기출)
→ 6월						〈MD voca 수능〉 기본어휘	❶회독	❷회독		❸회독 + 실력팩(기출)	❹회독 + 실력팩(기출)	❺회독 + 실력팩(기출)
→ 7월							〈MD voca 수능〉 기본어휘	❶회독	❷회독 + 실력팩(기출)		❸회독 + 실력팩(기출)	❹회독 + 실력팩(기출)
→ 8월								기본 어휘	❶회독	❷회독 + 실력팩(기출)	❸회독 + 실력팩(기출)	❹회독 + 실력팩(기출)
→ 9월									❶회독	❷회독 + 실력팩(기출)	❸회독 + 실력팩(기출)	❹회독 + 실력팩(기출)
→ 10월										❶회독	❷회독 + 실력팩(기출)	❸회독 + 실력팩(기출)
→ 11월											❶회독	❷회독 + 실력팩(기출)
→ 12월												❶회독 + 실력팩(기출)

START

MD와 처음 만난 월

MD 1년 학습달력

※ 7월까지는 기본어휘 학습을 위해 〈MD VOCA 수능〉을 먼저 학습하는 것이 좋다.

※ 「MD VOCA 33000 실력팩」은 MD를 3회 이상 본 후 9월이나 10월 정도부터 병행하는 것이 원칙!!

※ www.moonduk.com에 오시면 다양한 양식의 학습 달력을 다운로드 받을 수 있습니다.

좀 더 자세한 내용은 **www.moonduk.com**에 상세히 소개되어 있습니다.

CONTENTS

PART ❶

ESSENTIAL WORDS

필수어휘 ❶
주요**접두어**

LECTURE 01 **AB-** 19
LECTURE 02 **AD-** 29
LECTURE 03 **AD-** 39
LECTURE 04 **AD-** 49
LECTURE 05 **AD-** 61
LECTURE 06 **AD-** 71
LECTURE 07 **AN-/A-/ANTI-** 83
LECTURE 08 **BE-/BENE-** 95
LECTURE 09 **CIRCUM-/COM-** 107
LECTURE 10 **COM-** 121
LECTURE 11 **COM-** 133
LECTURE 12 **COM-** 145
LECTURE 13 **COM-** 157
LECTURE 14 **CONTRA·COUNTER-/DE-** 167
LECTURE 15 **DE-** 179
LECTURE 16 **DE-** 193
LECTURE 17 **DE-** 207
LECTURE 18 **DIS-** 221
LECTURE 19 **EN-** 233
LECTURE 20 **EN-/EPI-** 245
LECTURE 21 **EX-** 257
LECTURE 22 **EX-** 271
LECTURE 23 **IN**(부정)**-** 285
LECTURE 24 **IN**(부정)**-** 297
LECTURE 25 **IN**(부정)**-** 311
LECTURE 26 **IN**(안)**-** 323
LECTURE 27 **IN**(안)**-** 337
LECTURE 28 **IN**(안)**-** 349
LECTURE 29 **INTER-/MAL-/MIS-** 363

PART ❷

BASIC WORDS

기본 어휘

① 다의어 573
② SPEED CHECK 604

LECTURE 30 **OB-** 375

LECTURE 31 **OVER-** 389

LECTURE 32 **OUT- / PARA-** 399

LECTURE 33 **PER-** 409

LECTURE 34 **PRE-** 419

LECTURE 35 **PRO-** 431

LECTURE 36 **PRO- / RE-** 443

LECTURE 37 **RE-** 453

LECTURE 38 **RE-** 465

LECTURE 39 **SE- / SUB-** 479

LECTURE 40 **SUPER- / TRANS-** 493

LECTURE 41 **UN-** 507

LECTURE 42 **UN- / UNDER- / UP-** 519

필수어휘 ❷
기타 **접두어**

LECTURE 43 531
AMBI- / ANA- / ANTE- / APO- / ARCH- / AUTO- / BI- / BY- / CATA- / DI-·DUO- / DIA-

LECTURE 44 545
EU / EXTRA / FOR / FORE / HETERO·HOMO / HOLO / HYPER·HYPO / INFRA / INTRA/ INTRO / MACRO·MICRO / META / MISO / MONO

LECTURE 45 559
MULTI- / NEO- / NON- / OMNI- / PAN- / PERI- / POLY- / POST- / PROTO- / SYN- / TELE- / UNI- / VICE- / WITH-

MD VOCA 33000 **실력팩**

1. 고급어휘(Advanced WORDS) 7

2. 최고급 어휘(TOP-LEVEL WORDS)(접두어, 어근) 75

3. 혼동어휘 137

4. 주요 어원 해설(접두사, 어근, 접미사) 155

5. MD 최신 우선순위 기출 어휘 184

6. INDEX 347

PART 1

필수★어휘 ①

ESSENTiAL WORDS

주요 접두어

MAJOR PREFIXES

ab-

우선순위로 보는 PRE view

Date : /

★★★★☆	16.	**abstruse**	심오한	□ □ □
★★★☆☆	04.	**abhor**	혐오하다	□ □ □
	06.	**abolish**	폐지하다	□ □ □
	09.	**abortion**	낙태	□ □ □
	11.	**abrogate**	폐지하다	□ □ □
	12.	**abrupt**	돌연한; 퉁명스러운	□ □ □
★★☆☆☆	03.	**aberrant**	정도를 벗어난	□ □ □
	14.	**absolve**	면제하다; 사면하다	□ □ □
	18.	**avert**	피하다; 돌리다	□ □ □
★☆☆☆☆	01.	**abdicate**	포기하다	□ □ □
	02.	**abduct**	유괴하다	□ □ □
	05.	**abject**	비참한; 비열한	□ □ □
	07.	**abominate**	혐오하다	□ □ □
	08.	**aboriginal**	원시의	□ □ □
	10.	**abrasive**	닳게 하는; 연마제	□ □ □
	13.	**abscond**	달아나다	□ □ □
	15.	**abstain**	삼가다; 기권하다	□ □ □
	17.	**allay**	가라앉히다	□ □ □

MD01 mp3

LECTURE 01

LECTURE
01

ab-

▶ **분리 · 이탈** Latin 계통의 접두어로서 '**분리 · 이탈**(away)'의 의미를 지닌다.

의미 연구

> **abdúct** : **ab**(away) + **duct**(lead)
→ 멀리 끌고 가다 → 유괴하다
/ abhór 혐오하다
/ abórtion 낙태
/ abscónd 달아나다

형태 변화

① 자음 **c · t** 앞에서 → **abs-**
/ **abs**cónd 달아나다 / **abs**trúse 심오한

② 자음 **v** 앞에서 → **a-**
/ **a**vért 피하다; (얼굴 등을) 돌리다 / **a**vocátion 부업, 취미

③ 자음 **l** 앞에서 → **al-**
/ **al**láy 경감시키다

---

abdicate
[ǽbdəkeit]
★☆☆☆☆
01

ab(away) + dict(say) → '말을 하고 멀리가다'에서 유래

v (주로 고유권 · 책임 등을) **퇴위하다, 포기하다** / give up officially; renounce
- **abdicate** (from) the throne 왕좌에서 물러나다
- **abdicate** one's responsibility for ~에 대한 자신의 책임을 포기하다

n **abdicátion** 퇴위, 포기
a **n** **ábdicant** (왕위 · 지위 등을) 포기하는; 퇴위[포기]자 뉘앙스 p.547

어근관련 addict [ədíkt] 중독시키다; 중독자 dedicate [dédikeit] 헌신하다, 헌정하다

---

abduct
[æbdʌ́kt]
★☆☆☆☆
02

ab(away) + duct(lead) → '멀리 끌고 가다'에서 유래

vt (특히 여성을) **유괴하다** / take away illegally; kidnap
- **abduct** a girl for ransom 몸값을 받아 내려고 소녀를 납치하다

n **abdúction** 유괴

어근관련 adduce [ədjú:s] 제시하다, 인용하다 seduce [sidjú:s] 나쁜 길로 유혹하다

---

aberrant
[əbérənt]
★★☆☆☆
03

ab(away) + err/error(wander) → '(정상으로부터) 멀리 벗어난'에서 유래

a **정도를 벗어난, 변태적인**
/ deviating from what is regular, normal, or right; abnormal
- **aberrant** behavior under the influence of drugs
마약으로 인한 변태적 행동

n **aberrátion** 탈선(deviation); 이상(abnormality) 뉘앙스 p.85

어근관련 erroneous [iróuniəs] 틀린, 잘못된 erratic [irǽtik] 별난, 괴상한, 불규칙한

---

abhor
[æbhɔ́:r]
★★★☆☆
04

ab(from) + hor(shudder) → '몸서리치며 멀리하다'에서 유래

vt 〈진행형은 불가〉 (매우) **혐오하다** / hate very much; detest
- **abhor** cruelty to animals 동물에 대한 잔혹 행위를 혐오하다

n **abhórrence** 혐오 **a** **abhórrent** 혐오하는[스런]; 상반되는

어근관련 horrify [hɔ́:rəfai] 오싹하게하다 horrible [hɔ́:rəbl] 무서운, 불쾌한 뉘앙스 p.21

---

abject
[ǽbdʒekt]
★☆☆☆☆
05

ab(away) + ject(throw) → '(신세 따위가) 멀리 던져진'에서 유래

a 1 (상태가) **비참한** / wretched; miserable
2 (사람이) **비굴한, 비열한**
/ deserving contempt because cowardly or self-abasing; mean
- live in **abject** poverty 극빈 상태에 살다
- an **abject** apology 비굴한 사과

어근관련 adjacent [ədʒéisnt] 인접한 deject [didʒékt] 낙담시키다

---

abolish
[əbáliʃ]
★★★☆☆
06

ab(away) + ol(grow) → '오랫동안 자라온 것을 멀리하다'에서 유래

vt (특히 오래된 제도나 관습 따위를) **폐지하다, 없애다**
/ bring to an end by law; abrogate
- **abolish** slavery[poverty] 노예 제도[가난]를 없애다

n **abolítion** 폐지 **n** **abolítionist** 노예 제도 폐지론자 뉘앙스 p.469

어근관련 adolescent [ædəlésnt] 청년기의

동의어 ↔ 반의어

01 **abdicate** = abandon / renounce / relinquish / step down ↔ accede
02 **abduct** = kidnap / snatch / spirit / shanghai / carry off
03 **aberrant** = abnormal / anomalous / atypical / deviant ↔ regular
04 **abhor** = hate / abominate / detest / loathe ↔ admire ● 동의어 보강
05 **abject** = wretched / miserable / woeful / doleful ↔ joyful
06 **abolish** = abrogate / annihilate / annul / make void ↔ establish

동의어 보강

증오하다 · 혐오하다
04

필수	abhor 혐오하다 / detest 증오하다 / hate 미워하다, 혐오하다 / abominate 증오하다 / dislike 싫어하다 / loathe 증오하다, 질색하다
고급	execrate 저주하다, 증오하다
숙어	revolt at / cannot stand (the sight of) / be loath to do / be allergic to / be averse to
반의어	혐오스럽게 하다 / sicken / repel / repulse / offend / disgust / push away / turn off / turn one's stomach
참고	좋아하다 / be fond of / care for 보살피다 / go for 좋아하다; 시도하다

뉘앙스

증오하다 · 혐오하다
04

hate	**증오하다** ≪일반적인 말≫	• I **hate** dogs. 나는 개를 싫어한다.
abhór	(몸서리 칠 정도로) **혐오하다**	• I **abhor** a snake. 나는 뱀은 질색이다.
abóminate	(특히 종교나 도덕관념에 위배되는 것을) **혐오하다**	• Moses **abominated** idol worship. 모세는 우상 숭배를 혐오했다.
detést	(강한 반감과 경멸감을 품고) **몹시 싫어하다**	• I **detest** dishonest people. 나는 부정직한 사람을 몹시 싫어한다.
loathe	(역겨움을 느낄 정도로) **혐오하다** ≪의미가 가장 강한 말≫	• You **loathe** the smell of greasy food when you are seasick. 배멀미가 날 때는 기름기 있는 음식 냄새가 끔찍하게 싫은 법이다.

cf. **dislíke 싫어하다** ≪의미가 다소 약한 말≫

Check-up Test

1. Most feminists abhor the thought of a woman being judged on her physical appearance.
ⓐ prefer ⓑ defer ⓒ hate ⓓ imagine

2. The Watergate scandal was the ostensible cause of Nixon's decision to ______ the presidency.
ⓐ abdicate ⓑ defer ⓒ precede ⓓ abhor

3. The abduction of pets has become a national problem.
ⓐ kidnapping ⓑ poisoning ⓒ desertion ⓓ abuse

4. The parents grew more abject as the struggle continued.
ⓐ cooperative ⓑ fearful ⓒ wretched ⓓ ferocious

5. There have been calls for the monarchy to be ______.
ⓐ abolished ⓑ aborted ⓒ abstained ⓓ absconded

정답 1. c 2. a 3. a 4. c 5. a

abominate
[əbάmәneit]
★☆☆☆☆
07

ab(away) + omen 징조→ '불길한 징조를 느끼고 멀리하다'에서 유래

vt 〈진행형 불가〉 (매우) **혐오하다, 증오하다** / hate very much; loathe
- **abominate** unfairness in an umpire 심판의 불공정성을 혐오하다

n **abominátion** 혐오(스러운 것) • hold ~ in **abomination** ~을 몹시 싫어하다
a **abóminable** 혐오스러운(abhorrent); (날씨가) 험악한

어근관련 omen [óumәn] 징조, 조짐 ominous [άmәnәs] 불길한, 흉조의 뉘앙스 p.21

---

aboriginal
[æbərídʒənl]
★☆☆☆☆
08

ab(from) + ori(arise) → '발생 당시부터 존재한'에서 유래

a **원시의, 토착의** / having existed in a place from the earliest known times; indigenous
- an **aboriginal** civilization[inhabitant] 토착 문명[거주민]

n **aborígine** (특히 오스트레일리아의) 원주민, 토착민
cf **cólonist** 식민지 이주자 뉘앙스 p.341

어근관련 originate [әrídʒәneit] 생기다 disorient [disɔ́rient] 어리둥절하게 하다

---

abortion
[əbɔ́:rʃən]
★★★☆☆
09

ab(away) + ori(arise) → '발생하는 것을 멀리함'에서 유래

n **낙태** / the act of removing an embryo
- have an **abortion** 낙태하다

v **abórt** 낙태하다; 실패하다 **n** **abórtionist** (특히 불법적인) 낙태 시술자
a **abórtive** (특히 초기에) 실패한, 무산된(unsuccessful)
cf **miscárriage** 유산 **stíll birth** 사산

어근관련 original [әrídʒәnl] 본래의; 독창적인 originate [әrídʒәneit] 시작되다

---

abrasive
[əbréisiv]
★☆☆☆☆
10

ab(away) + ras<rad(scrape) → '떨어지도록 문지르는'에서 유래

a 1 **닳게 하는, 연마용의** / causing the wearing away
2 (목소리 · 성격이) **거친, 거슬리는** / causing annoyance or dislike; harsh
- an **abrasive** tool 연마 용구 • in an **abrasive** voice 귀에 거슬리는 목소리로

n **연마제** / substance used for cleaning or removing a surface
- Sandpaper and grinder are **abrasives**. 사포와 숫돌은 연마 용구들이다.

v **abráde** 마멸시키다 **n** **abrásion** 마멸(된 곳)

어근관련 corrode [kәróud] 부식하다 erode [iróud] 침식하다

---

abrogate
[ǽbrəgeit]
★★★☆☆
11

ab(away) + rog(ask) → '멀리할 것을 요구하다'에서 유래

vt (권위 있는 조치를 통해) **폐지하다** / abolish by authoritative act; annul
- **abrogate** a treaty 조약을 철폐하다

n **abrogátion** 폐지 뉘앙스 p.469

어근관련 arrogate [ǽrәgeit] 사칭하다, 빼앗다 arrogant [ǽrәgәnt] 오만한

---

abrupt
[əbrʌ́pt]
★★★☆☆
12

ab(away) + rup(break) → '깨뜨리고 터져 나오는'에서 유래

a 1 **돌연한, 갑작스러운** / happening suddenly; unexpected
2 (행동 · 성격 등이) **퉁명스러운** / curt or gruff in behavior; brusque
- an **abrupt** change of policy 돌연한 정책 전환
- an **abrupt** manner 퉁명스러운 태도

ad **abrúptly** 갑자기, 불쑥 뉘앙스 p.421

어근관련 bankrupt [bǽŋkrәpt] 파산한, 부도난 erupt [irʌ́pt] (화산이) 분출하다

동의어 / **반의어**

07	**abominate**	=	hate / abhor / detest / loathe / can't stand ↔ admire ⓞ 동의어 보강
08	**aboriginal**	=	native / indigenous / autochthonous ↔ civilized
09	**abortive**	=	useless / vain / futile / fruitless ↔ successful
10	**abrade**	=	erode / gall / wear away / eat away
11	**abrogate**	=	abolish / annul / nullify / invalidate ↔ set up
12	**abrupt**	=	sudden / hasty / headlong / precipitate / impetuous ⓞ 동의어 보강

동의어 보강

혐오스러운 07	필수	abhorrent 혐오스러운 / abominable 혐오스러운 / detestable 혐오스러운 / disagreeable 혐오스러운 / disgusting 혐오스러운, 역겨운 / distasteful 혐오스러운 / fulsome (칭찬이) 지나친 / gross 총합의; 크고 뚱뚱한; 지독한 / objectionable 혐오스러운 / obnoxious 불쾌한 / repellent 혐오스러운 / repulsive 혐오스러운 / revolting 혐오스러운 / vile 지독한, 혐오감을 주는
	고급	execrable 저주스러운 / invidious 비위에 거슬리는 / irksome 진저리나는, 싫증나는 / loathsome 참을 수 없이 싫은/ odious 증오스러운 / queasy 역겨운, 메스꺼운 / repugnant 아주 싫은, 비위에 거슬리는
	반의어	사랑스러운 / lovable / lovely / charming / amiable
무뚝뚝한 · 통명스러운 12	필수	abrupt 돌연한; 퉁명스러운; 가파른 / blunt 무딘; 둔한; 퉁명스러운 / dour 뚱한, 뾰로통한 / sullen 시무룩한 / surly 시무룩한
	고급	bluff 무뚝뚝한, 솔직한 / brusque 무뚝뚝한, 퉁명스러운 / curt 무뚝뚝한, (문체가) 간결한 / gruff 거친, 퉁명스러운 / tactless 재치 없는, 퉁명스러운

뉘앙스

소용없는

úseless	**쓸모없는** 《일반적인 말》	• He made a **useless** attempt. 그는 쓸데없는 시도를 했다.
fútile	(아무런) **소용없는**	• a **futile** theory 아무 소용없는 이론
frúitless	(오랜 노력 끝에) **실패한**	• The long search was **fruitless**. 그 오랜 수색은 성과가 없었다.
abórtive	(초기에) **실패한**	• an **abortive** attempt to break jail 실패로 돌아간 탈옥 시도

cf. **vain**(헛된)은 **futile**과 같은 의미인데 의미가 보다 약한 단어이고, **bóotless**는 시적인 표현이다

check-up Test

1. Jefferson's embargo of 1807 abruptly halted the New England maritime trade.
ⓐ barely ⓑ temporarily ⓒ briefly ⓓ suddenly

2. Judy abominated the sort of hotels that have garbage rotting in their elevators and rats running on their furniture.
ⓐ abhorred ⓑ accommodated ⓒ accomplished ⓓ implemented

3. The reference of all production at last to an aboriginal power explains the traits common to all works of the highest art.
ⓐ abnormal ⓑ ordinary ⓒ alien ⓓ indigenous

4. A good football coach should discipline without abrasiveness.
ⓐ coldness ⓑ harshness ⓒ gesturing ⓓ hesitation

5. Congress must abrogate the new tax law.
ⓐ abscond ⓑ assimilate ⓒ revoke ⓓ establish

정답 **1.** d **2.** a **3.** d **4.** b **5.** c

abscond
[æbskɑ́nd]
★☆☆☆☆
13

abs<ab(away) + cond (hide) → '멀리 가서 숨다'에서 유래

vi (특히 처벌을 피해) **달아나다** / go away suddenly and secretly; flee
- **abscond** with public money 공금을 가지고 달아나다

어근관련 recondite [rékəndait] 심오한, 난해한

---

absolve
[æbzɑ́lv]
★★☆☆☆
14

ab(from) + solve 해결하다 → '(비난 등으로부터) 멀어지도록 해결하다'에서 유래

vt 1 (책임 등을) **면제하다** / set free from a duty or obligation; release
2 **용서하다, 사면하다** / forgive for wrong-doing; acquit
- **absolve** a person from a duty 남의 의무를 면제하다
- be **absolved** of one's sin 자신의 죄를 용서받다

n **absolútion** 면죄, 사면

어근관련 dissolute [dísəlu:t] 방탕한 insolvent [insɑ́lvənt] 지불 불능의; 파산자

---

abstain
[æbstéin]
★☆☆☆☆
15

abs<ab(from) + tain(hold) → '어떤 것으로부터 거리를 유지하다'에서 유래

vi 1 **삼가다, 절제하다** / keep oneself from doing something; refrain
2 (고의로) **기권하다** / intentionally not use one's vote; disclaim
- **abstain** from drinking 술을 절제하다
- **abstain** from voting 투표를 기권하다

n **ábstinence** 절제 n **absténtion** 자제; 기권
a **ábstinent** 절제하는(abstemious)
cf **obtúse** 둔한

어근관련 detain [ditéin] 붙들다, 억류하다 pertain [pərtéin] 속하다; 적절하다

---

abstruse
[æbstrú:s]
★★★★☆
16

abs<ab(away) + trus(thrust) → '(쉬운 것으로부터) 멀리 밀어 부친'에서 유래

a **심오한, 난해한** / difficult to understand; recondite
- an **abstruse** theory[creed] 심오한 이론[교리]

n **abstrúseness** 심오함

어근관련 extrude [ikstrú:d] 밀어내다, 쫓아내다 obtrude [əbtrú:d] 강요하다

---

allay
[əléi]
★☆☆☆☆
17

al<ab(away) + lay 놓다 → '떨어뜨려 놓다'에서 유래

vt (공포 · 고통 따위를) **가라앉히다, 경감시키다** / make less; relieve
- **allay** the public's fears 대중의 공포를 가라앉히다

cf **álley** 골목길 **álloy** 합금

어근관련 layoff [léiɔ:f] 일시 해고 layout [léiaut] 설계, 기획

---

avert
[əvə́:rt]
★★☆☆☆
18

a<ab(from) + vert(turn) → '다른 쪽으로 돌리다'에서 유래

vt 1 (불행한 일을) **피하다, 막다** / ward off; prevent
2 (얼굴 · 생각 등을) **돌리다** / turn away
- **avert** accident by quick thinking 재빨리 생각하여 사고를 피하다
- **avert** one's eyes from the terrible sight 끔찍한 광경으로부터 자신의 눈을 돌리다

n **avérsion** 혐오, 반감(repugnance)

어근관련 advert [ædvə́:rt] 언급하다 convert [kənvə́:rt] 개종하다; 개종자

동의어 / 반의어

13	**abscond**	=	escape / decamp / flee / take to one's heels
14	**absolve**	=	clear / acquit / exculpate / exonerate ↔ charge ● 동의어 보강
15	**abstain**	=	refrain / deny / curb / hold back ↔ indulge
16	**abstruse**	=	deep / profound / recondite / occult / esoteric
17	**allay**	=	relieve / alleviate / assuage / mitigate / mollify ↔ intensify
18	**avert**	=	prevent / deter / forestall / preclude / ward off

동의어 보강

용서하다 14

필수	absolve 용서하다 acquit 처신하다; 무죄 석방하다 amnesty 사면하다 condone 용서하다	excuse 용서하다 forgive 용서하다 overlook 용서하다 overpass 무시하다, 용서하다	pardon 용서하다 remit 송금하다; 용서하다
고급	exonerate 무죄가 되게 하다 / exculpate 무죄로 하다 / vindicate 무죄임을 입증하다		
숙어	blink at / let off / let pass / look over / pass over / wink at		

뉘앙스

용서하다 14

absólve	(처벌로부터) **용서하다**	• be **absolved** of a sin 어떤 죄를 용서받다
acquít	(재판을 통해) **무죄 방면하다**	• be **acquitted** of murder 살인죄로부터 무죄 방면되다
excúse	(작은 과실을) **용서하다**	• **excuse** his coming late 지각을 용서하다
exónerate, éxculpate	**무죄로 하다, 용서하다** ≪격식을 차리는 말≫	• **exonerate** him from an accusation 그의 무고함을 밝히다
párdon	**용서하다**≪일반적인 말≫	
forgíve	(개인적으로) **용서하다**	• The teacher will **forgive** you. 선생님이 너를 용서하실 것이다.
ámnesty	(정치적으로) **사면하다**	• The new president **amnestied** all political prisoners. 그 신임 대통령은 모든 정치범을 사면하였다.
condóne	(너그럽게) **용서하다**	• **condone** a husband's infidelity 남편의 부정을 용서하다

cf. **remít**는 'remit sins(죄를 용서하다)'의 관용적 형태로만 주로 쓰인다.

check-up Test

1. He tried to <u>avert</u> the accident by coming to a sudden stop.
ⓐ cause ⓑ control ⓒ minmize ⓓ prevent

2. He thought his mother was angry because he _______ with her jewels.
ⓐ abandoned ⓑ absconded ⓒ abominated ⓓ approved

3. Consumers are being asked to <u>abstain</u> from spending as many goods are in short supply.
ⓐ infuriate ⓑ contradict ⓒ refrain ⓓ pervade

4. This book is often mistakenly considered too <u>abstruse</u> for the lay mind.
ⓐ recondite ⓑ elaborate ⓒ exquisite ⓓ impractical

5. His fears were <u>allayed</u> by the news that his family were safe.
ⓐ abstained ⓑ assuaged ⓒ absconded ⓓ absolved

정답 **1.** d **2.** b **3.** c **4.** a **5.** b

001 **acknowledge**
[æknάlidʒ]
★☆☆☆☆
know (알다) → '알게 된 것을 인정하다' 에서 유래
v (주로 고유권 · 책임 등을) **인정하다** / admit that it is true; recognize
- **acknowledge** that its policy had failed 정책이 실패했다는 것을 인정하다

n **acknówledg(e)ment** 승인

---

002 **acme**
[ǽkmi]
★★☆☆☆
ac (sharp 날카로운) → '날카로운 꼭대기' 에서 유래
n **절정** / the highest point; zenith
- make one's **acme** as an actor 배우로서의 절정에 도달하다

---

003 **acrid**
[ǽkrid]
★☆☆☆☆
ac (sharp 날카로운) → '냄새가 코를 날카롭게 찌르는' 에서 유래
a (냄새 등이) **콕 쏘는** / strong and unpleasant in smell; pungent
- the **acrid** odor of burnt gunpowder 타버린 화약의 역한 냄새

n **acrídity** 자극성

---

004 **acrimonious**
[ækrəmóuniəs]
★★★★☆
ac (sharp 날카로운) → '언행이 날카로워 신랄한' 에서 유래
a **신랄한** / full of bitterness and annoyance; caustic
- an **acrimonious** remark 신랄한 말

---

005 **acumen**
[əkjú:mən]
★☆☆☆☆
ac (sharp 날카로운) → '날카롭고 예리함' 에서 유래
n (관찰력 등의) **날카로움** / keen insight; perspicacity
- business **acumen** 사업적 감각

---

006 **aftermath**
[ǽftərmæθ]
★★★★★
after ~다음에 + math⟨me(mowing 풀 베기) → '추수한 후의 결과' 에서 유래
n **결과, 여파** / the result following a bad event; outcome
- the **aftermath** of war 전쟁의 여파

---

007 **agenda**
[ədʒéndə]
★★☆☆☆
ag (act 행동하다) → '회의에서 해야 할 것' 에서 유래
n **의제** / list of things to be dealt with in a meeting; program
- the next item on the **agenda** 의제의 다음 항목

---

008 **agile**
[ǽdʒəl]
★★★★☆
ag (act 행동하다) → '행동을 민첩하게 하는' 에서 유래
a **민첩한** / quick-moving; nimble
- an **agile** squirrel 날렵한 다람쥐

n **agílity** 민첩

---

009 **agitate**
[ǽdʒiteit]
★★★☆☆
ag (act 행동하다) → '행동으로 사람들을 자극시키다' 에서 유래
v **자극하다, 동요하게 하다** / stir up; disturb
- **agitate** the angry mob 성난 폭도들을 자극하다

---

010 **alacrity**
[əlǽkrəti]
★★☆☆☆
alacrit (lively 활발한) → '활발한 성향' 에서 유래
n **민활함** / eager and cheerful readiness; willingness
- They accepted our offer with **alacrity**. 그들은 우리의 제안을 선선히 받아들였다.

---

011 **alienate**
[éiljəneit]
★★★☆☆☆
alien (other 다른) → '자신과 다르다고 멀리하다' 에서 유래
v **소외하다** / make hostile; estrange
- be **alienated** from society 사회로부터 소외당하다

---

012 **altercation**
[ɔ̀:ltərkéiʃən]
★★★★☆
alterca (dispute with another 다른 사람과 싸우다) → '다른 사람과 말싸움하다' 에서 유래
n **말다툼** / a noisy argument or disagreement; quarrel
- have an **altercation** 언쟁을 벌이다

v **áltercate** 언쟁하다

013 **altruistic**
[æltruːístik]
★★★★★

altru (others 다른 사람들) → '자신보다 다른 사람을 배려하는' 에서 유래

a **이타적인** / unselfish and generous; charitable
- the **altruistic** philanthropist 이타적인 박애주의자

n **áltruism** 이타주의

---

014 **amalgamate**
[əmǽlgəmeit]
★★☆☆☆

amalgam 수은과의 합금 → '서로 다른 것을 합치다' 에서 유래

v **결합[합병]하다** / unite in one body; combine
- **amalgamate** two companies 두 회사를 합병하다

n **amalgamátion** 합병

---

015 **amenity**
[əménəti]
★★★☆☆

amen(pleasant 기분 좋은) → '사람을 기분 좋게 하는 예의범절' 에서 유래

n **<pl.> 예의** / agreeable manners; courtesy
; 쾌적, 편의 시설 / conveniences
- the social **amenities** 사교상의 예의

---

016 **amiable**
[éimiəbl]
★★★★☆

am(love 사랑) → '사랑스러우며 상냥한' 에서 유래

a **상냥한** / diffusing warmth and friendliness; good-tempered
- an **amiable** disposition 상냥한 성격

n **amiabílity** 상냥함

---

017 **amicable**
[ǽmikəbl]
★★★☆☆

am(love 사랑) → '사랑스럽게 우호적으로 대하는' 에서 유래

a **우호적인**/ done in a friendly way; peaceable
- **amicable** relationship 우호 관계

n **amicabílity** 우호

---

018 **ample**
[ǽmpl]
★★☆☆☆

ampl (contain 담고 있다) → '담을 수 있을 만큼 충분한' 에서 유래

a **(남을 만큼) 충분한** / more than sufficient; abundant
- **ample** evidence 충분한 증거

v **ámplify** 확대하다; 부연하다

---

019 **animated**
[ǽnəmeitid]
★☆☆☆☆

anima (life 생명) → '생명력 있게 활발한' 에서 유래

a **활기찬, 활발한** / lively; vivacious
- an **animated** discussion 활발한 토론

---

020 **animosity**
[ænəmάsəti]
★☆☆☆☆

animos (mind 마음) → '적대심을 가지고 있는 마음' 에서 유래

n **<pl.> 적의** / active enmity; antipathy
- **animosities** between classes 계급 간의 적대심

★ 중요빈출

Check-up Test

1. There was an acrimonious dispute about the new labor law between the two parties.
ⓐ bitter ⓑ discouraging ⓒ amicable ⓓ enlightening

2. Poverty and sickness are often the aftermaths of war.
ⓐ symptoms ⓑ reasons ⓒ consequences ⓓ influences

3. She was quick-witted and had an extraordinarily agile mind.
ⓐ super-sensitive ⓑ well-born ⓒ highly-proud ⓓ quick-moving

4. Carl and Martin may inherit their grandmother's possessions when she dies. The thought agitates her.
ⓐ irritates ⓑ scares ⓒ disturbs ⓓ confuses

5. She was surprised to find how amiable he was, when she met her husband the first time at a party.
ⓐ agreeable ⓑ praise-worthy ⓒ arrogant ⓓ reasonable

정답 **1.** a **2.** c **3.** d **4.** c **5.** a

break

- **break away** / 도망가다, 탈옥하다 break prison
  - Breaking away from my parents was such a liberating experience. 부모로부터 벗어나는 것은 정말 자유로운 경험이었다.

- **break down** / 고장 나다 be out of order ; 파괴하다 destroy ; 분석하다, 분류하다 analyze
  - Members of the team put their heads together to break down big data. 팀 멤버들은 빅 데이터를 분석하기 위해 머리를 맞대고 상의하였다.

- **break even** / 득실이 없게 되다, 본전치기이다
  - The fast-growing company broke even in the most recent quarter. 그 고속 성장 기업은 가장 최근 분기에서 본전치기를 했다.

- **break in** / 침입하다; 말참견하다 cut in, interfere in ; 길들이다 tame
  - She longed to break in on their conversation but didn't want to appear rude. 그녀는 그들의 대화에 끼어들고 싶은 마음이 간절했지만 무례하게 보이고 싶지는 않았다.
  - The company needs to break in the new employees. 그 회사는 신입 사원들을 훈련시켜야 한다.

- **break off** / 중단하다, 멈추다
  - He broke off in mid-sentence to shake hands with the new arrivals. 그는 새로온 사람과 악수하려고 말하는 중간에 도중에 멈췄다.

- **break out** / (전쟁 따위가) 일어나다, 돌발하다 burst out[forth]
  - When war broke out he had to endure four months' internment as an enemy alien. 전쟁이 시작되었을 때, 그는 외국 적군이란 이유로 네 달 간 구금 생활을 견뎌야만 했다.

- **break the back of** / (일의) 고비를 넘기다, 어려운 부분을 끝내다 finish the main or worst part of
  - I don't think that we have broken the back of the problem. 나는 우리가 그 문제의 고비를 넘겼다고 생각하지 않는다.

- **break ground** / 시작하다, 착공하다, 착수하다 start
  - We need to break ground to build the permanent building. 우리는 영구적인 건물을 세우기 위해 착공해야 한다.

- **break the ice** / (딱딱한) 분위기를 깨다
  - Sam's arrival broke the ice and people began to talk and laugh. Sam의 도착으로 서먹서먹한 분위기는 사라졌고, 사람들은 이야기하며 웃기 시작했다.

- **break up** / 해체하다 disorganize ; 헤어지다 break off ; 끝내다 end up, complete ; 완전히 부수다 chop up
  - The band broke up and went their several ways. 그 밴드는 해체하고 각자 자기의 길을 갔다.
  - She has made up her mind to break up with her boyfriend. 그녀는 남자친구와 헤어지기로 마음먹었다.

- **break with** / ~와 단절하다, 버리다 abandon
  - We need to break with the past and make a fresh start. 우리는 과거와 단절하고 새롭게 출발할 필요가 있다.

- **Break a leg!** / 행운을 빌어! Good luck!
- **break one's neck**(back) / 몹시 노력하다 make a great effort
- **break the news** / 중요한 소식을 전하다

call

- **call at** (a place) / (장소를) ~를 방문하다
  - Only alternate buses call at the railway station. 오직 대체 버스들만이 철도역에 정차한다.

- **call down** / 꾸짖다 scold, call on the carpet, chide
  - The teacher call down the student for frequent absences. 선생님은 그 학생이 자주 결석한다고 꾸짖었다.

- **call for** / 요구하다 require, demand
  - They used a cell phone to call for help as the wind howled at up to 70 mph. 바람이 시속 70마일로 쌩쌩 불었을 때, 그들은 도움을 요청하기 위해 휴대전화를 사용했다.

- **call forth** / 야기 시키다 cause, arouse
  - His remarks have called forth harsh criticism in the media. 그의 발언은 언론에 혹독한 비판을 불러일으켰다.

- **call off** / 취소하다 cancel, retract, withdraw
  - The trip to Italy might be called off. 이탈리아로 떠나는 여행은 아마 취소될 것이다.

- **call on** (someone) / (사람을) 방문하다 drop by, stop by
  - The Committee has called on the governor to tackle problems. 그 위원회는 문제를 해결하기 위해 주지사를 방문하였다.

- **call** something **in question** / ~를 의심하다 doubt
  - The prime minister's integrity may not be called in question. 그 국무총리의 정직성은 의심받을 여지가 없는 듯하다.

- **call** sb **names** / 비난하다, 욕하다 abuse
  - He called me names. 그는 내 욕을 했다.

- **call** someone **to account** / 책임을 추궁하다, 책망하다 rebuke
  - My boss called me to account for the accident. 사장이 나에게 그 사고에 대한 해명을 요구했다.

- **call** someone **on the carpet** / ~을 호출하여 문책하다
  - I was called on the carpet for bothering classmates. 나는 학급 친구들을 괴롭힌 것 때문에 불려갔다.

- **call a spade a spade** / 사실대로 말하다 be outspoken, speak out
- **call it a day** / 하루 일을 마치다

ad-

우선순위로 보는 PRE view

Date : /

★★★★☆	01.	**abandon**	단념하다	□ □ □
	16.	**acquiesce**	묵인하다	□ □ □
	17.	**acquit**	석방하다; 행동하다	□ □ □
★★★☆☆	10.	**acclaim**	환호하다	□ □ □
★★☆☆☆	04.	**abbreviate**	축약하다	□ □ □
★☆☆☆☆	03.	**abate**	줄이다	□ □ □
	05.	**abet**	부추기다	□ □ □
	06.	**abridge**	요약하다	□ □ □
	07.	**accede**	동의하다; 취임하다	□ □ □
	08.	**accelerate**	가속하다	□ □ □
	12.	**accomplice**	공범자	□ □ □
	14.	**accretion**	성장, 증가(물)	□ □ □
	15.	**accumulate**	축적하다	□ □ □
☆☆☆☆☆	02.	**abase**	떨어뜨리다	□ □ □
	09.	**accessory**	부품; 종범(의)	□ □ □
	11.	**acclivity**	오르막길	□ □ □
	13.	**accost**	다가가 말을 걸다	□ □ □

MD02 mp3

LECTURE

02

ad-

▶ 방향 · 접근 Latin 계통의 접두어로서 '방향 · 접근(to, toward, on)'의 의미를 지닌다.

의 미 변 화

① 방향 · 접근(to, toward, on)

> **adhére** : ad(to) + **her**(stick)
→ ~에 달라붙다
→ 들러붙다; (신념을) 고집하다
/ adjácent 인접한 / appróximate 근접하다; 근접한
/ aspíre 열망하다

② 강조(intensive)

> **abáte** : a<ad(intensive) + **bat**(beat)
→ 자꾸 때려서 약화시키다 → 줄이다; 제거하다
/ abéyance 중단 / attúne 조율하다/ adróit 능숙한

형 태 변 화

① [K] 발음의 자음 c · q 앞에서 → ac-
/ **ac**cláim 갈채를 보내다 / **ac**quiésce 묵인하다

② 자음 f, g, l, n, p, r, s, t 앞에서는 각각
→ af-, ag-, al-, an-, ap-, ar-, as-, at
/ **áf**fable 상냥한 / **ag**gríeve 괴롭히다; 화나게 하다 / **al**lúde 언급하다
/ **an**níhilate 파괴하다; 폐지하다 / **ap**páll 소름끼치게 하다
/ **ár**rogant 거만한 / **as**síduous 근면한 / **at**tést 입증하다; 증언하다

③ 자음 b, m, v 와 sc, sp, st 앞에서 → a-
/ **a**bút 접경하다 / **a**méliorate 개선시키다 / **a**vénge 복수하다
/ **a**scríbe ~의 탓으로 생각하다 / **a**spérse 비방하다
/ **a**stríngent 수렴성의; 엄한

예 외 적 형 태

▶ 접두어가 생략된 형태
/ cáter 음식을 공급하다 / fámish 굶주리게 하다

▶ 접두어가 변형된 형태 / éxcise 물품세

---

abandon

[əbǽndən]
★★★★☆
01

ab<ad(to) + bandon(control) → '~에게 지배권을 넘겨주다'에서 유래

vt 1 (계획 · 희망 등을) **단념[포기]하다** / give up entirely; relinquish
2 (사람 · 물건 등을) **버리다** / leave completely and forever; desert

- **abandon** all hope of finding the child 아이 찾기를 포기하다
- **abandon** one's wife and children 자신의 아내와 아이들을 버리다

a **abándoned** 버려진; 방탕[타락]한 n **abándonment** 포기; 자포자기 뉘앙스 p.547

---

abase

[əbéis]
☆☆☆☆☆
02

a<ad(to) + base(lower) → '~의 품위를 떨어뜨리다'에서 유래

vt (지위 · 평판 등을) **떨어뜨리다, 비하하다**
/ make lower in rank, condition or character; degrade

- Don't excessively **abase** yourself. 당신 자신을 너무 비하하지 마세요.

n **abásement** (품위의) 실추, 비하 뉘앙스 p.173

어근관련 debase [dibéis] (품위 · 가치 따위를) 떨어뜨리다 basement [béismənt] 지하(실)

---

abate

[əbéit]
★☆☆☆☆
03

a<ad(intensive) + bat(beat) → '자꾸 때려서 약화시키다'에서 유래

v (수량 · 고통 따위를) **줄이다, 완화하다**
/ make or become less in force or intensity; lessen

- **abate** the pain 고통을 완화하다

n **abátement** 감소(액); ≪법≫ 중지 뉘앙스 p.31

어근관련 combat [kámbæt] 전투; ~와 싸우다 debate [dibéit] 토론(하다)

---

abbreviate

[əbríːvieit]
★★☆☆☆
04

ab<ad(to) + brev(short) → '짧게 하다'에서 유래

vt (특히 글자를) **생략[축약]하다** / shorten by leaving out; curtail

- **abbreviate** Doctor to Dr. Doctor를 Dr.로 축약하다

n **abbreviátion** 생략[단축](형)

어근관련 brevity [brévəti] 짧음; 간결 abridge [əbrídʒ] 요약하다 뉘앙스 p.33

---

abet

[əbét]
★☆☆☆☆
05

a<ad(to) + bet(bait) → '미끼로 유인하다'에서 유래

vt (주로 나쁜 일을) **부추기다, 선동하다**
/ encourage in doing something wrong; incite

- **abet** a crime 범죄를 부추기다

n **abétment** 교사, 선동 n **abéttor** 교사[선동]자

어근관련 bait [beit] 미끼, 유혹; 미끼로 꾀다

동의어 / 반의어

01	**abandon**	=	relinquish / quit / renounce / forsake / give up ↔ retain
02	**abase**	=	degrade / demean / debase / lower / humble ↔ enhance
03	**abate**	=	lessen / decrease / reduce / diminish / subside ↔ augment ⊙ 동의어 보감
04	**abbreviate**	=	shorten / compress / condense / abridge / brief ↔ lengthen
05	**abet**	=	incite / instigate / provoke / stir up / set on ↔ prohibit

동의어 보감

줄다 · 줄이다 03

필수	abate 완화시키다, 누그러들다 / decrease (서서히) 줄다 / diminish 줄다 / dwindle (점점) 줄다, 쇠퇴하다 / lessen 줄다 / reduce 줄다, 감소하다 / retrench (비용을) 줄이다 / subside 가라앉다; 잠잠해지다
숙어	cut back on / cut down / taper off 점점 줄다
참고	폭락하다 / nosedive / plummet / slump

뉘앙스

줄다 · 줄이다 03

léssen	**줄어들다[게 하다]**	• My energy **lessens** gradually with age. 나의 정력은 나이가 들면서 점점 줄고 있다.
décrease	**줄어들다[게 하다]** 《종종 구체적인 수량이 제시됨》	• The fever has **decreased** from 99° to 97°. 열이 99도에서 97도로 떨어졌다.
dwíndle	(없어질 정도로) **점점 줄다[게 하다]**	• Our savings will **dwindle** away to nothing. 우리 저축은 점점 줄어들어서 마침내 없어지고 말 것이다.
dimínish	(특히 외부적인 요인에 의해) **줄다[게 하다]**	• His illness **diminished** his strength. 병 때문에 그의 기력이 약해졌다.
redúce	(낮아지며) **감소하다[시키다]**	• **reduce** budget estimates drastically 예산안을 대폭 삭감하다
abáte	(특히 힘, 강도에 대해) **줄다[게 하다]**	• The ship waited till the storm **abated**. 그 배는 폭풍이 가라앉기를 기다렸다.

cf. **subsíde** (폭풍 · 격정 따위가 가라앉아) **잠잠해지다**

check-up Test

1. I hope you are not going to <u>abandon</u> your project.
ⓐ give up completely ⓑ modify ⓒ change ⓓ delay

2. The professor said to me, "Don't <u>abase</u> yourself."
ⓐ boast ⓑ humiliate ⓒ overpraise ⓓ overestimate

3. TV is ________ for "television."
ⓐ an abbreviation ⓑ an acronym ⓒ an oxymoron ⓓ a paradigm

4. The police say he aided and <u>abetted</u> the thief in robbing the bank.
ⓐ respected ⓑ deposed ⓒ admonished ⓓ incited

5. More realistic steps are to be taken to <u>abate</u> air pollution in the near future.
ⓐ abdicate ⓑ detest ⓒ lessen ⓓ incite

정답 **1.** a **2.** b **3.** a **4.** d **5.** c

abridge
[əbrídʒ]
★☆☆☆☆
06

a<ad(to) + +bri<brev(short) → '짧게 하다'에서 유래

vt **요약[단축]하다** / make shorter by using fewer words; condense
- the **abridged** version of "War and Peace" "전쟁과 평화"의 요약판

n **abrídgement** 요약; 요약본[판]
cf **unabrídged** 요약되지 않은, 완본인

어근관련 brief [bri:f] 간결한; 요약하다 abbreviate [əbrí:vieit] (글자를) 축약하다 뉘앙스 p.33

accede
[æksí:d]
★☆☆☆☆
07

ac<ad(to) + ced(go) → '~에 자신의 마음이 움직여 가다'에서 유래

vi 1 (제안 · 요구에) **응하다, 동의하다** / agree to a suggestion or demand; assent
2 (직위 · 관직에) **취임하다** / take a post or office; succeed
- **accede to** a person's request 남의 요구에 응하다
- **accede to** the throne 즉위하다

n **accéssion** 취임, 계승; 동의; 부가(물)
a **accéssible** 접근하기 쉬운

어근관련 concede [kənsí:d] 인정하다; 양보하다 intercede [intərsí:d] 중재하다 뉘앙스 p.75

accelerate
[æksélərèit]
★☆☆☆☆
08

ac<ad(to) + celer(swift) → '빨라지게 하다'에서 유래

v **촉진하다, 가속[빠르게]하다** / cause to go faster; hasten
- **accelerate** a person's recovery from illness 병으로부터 사람의 회복을 빠르게 하다

n **accelerátion** 촉진, 가속; ≪물리≫ 가속도 a **accélerative** 촉진하는
n **accélerator** 촉진제, (자동차의) 가속기

어근관련 celerity [səlérəti] 신속, 민첩

accessory
[æksésəri]
☆☆☆☆☆
09

ac<ad(to) + cess<ced(go) → '중심이 되는 것에 첨가된 것'에서 유래

n 1 〈보통 pl.〉 **부품, 액세서리**
/ an extra thing added to help something of more importance; adjunct
2 ≪법≫ **종범**
/ a person who has helped in a crime or has helped to hide it; accomplice
- a dress with matching **accessories** 액세서리들과 어울리는 옷
- **accessory** before the fact 사전 종범 : 범죄를 선동 교사한 자
- **accessory** after the fact 사후 종범 : 범인을 은닉 시켜준 자

a 1 **보조[부속]적인** / helping in producing some effect; supplementary
2 ≪법≫ **종범의** / helping to commit or hide a crime
- **accessory** sounds in music 음악의 부속음
- He was made **accessory** to the crime. 그는 그 범죄의 종범으로 몰렸다.

어근관련 access [ǽkses] 접근; (병의) 발작 recess [risés] 휴식

acclaim
[əkléim]
★★★☆☆
10

ac<ad(toward) + claim(cry) → '~를 향해 소리치다'에서 유래

v **~에게 갈채를 보내다, 환호하며 맞이하다**
/ welcome with loud approval; applaud
- **acclaim** the winner of marathon 마라톤 우승자를 환호하며 맞이하다

n **환호, 갈채** / a shout or show of approval; plaudit
- welcome with great **acclaim** 대단한 환호로 맞이하다

n **acclamátion** 환호, 갈채 a **acclámatory** 환호[갈채]의
cf **acclimátion** 새 환경에의 적응

어근관련 exclaim [ikskléim] 외치다 reclaim [rikléim] (마음을) 교화시키다; 개간하다

동의어 / 반의어

06	**abridge**	=	condense / compress / shorten / abbreviate / brief ↔ amplify ● 동의어 보감
07	**accede**	=	assent / agree / consent / acquiesce / subscribe ↔ reject
08	**accelerate**	=	hasten / hurry / quicken / speed up / step up ↔ decelerate
09	**accessory**	=	auxiliary / additional / subsidiary / secondary / ancillary / side-bar
10	**acclaim**	=	applaud / hail / extol / commend / compliment ↔ vituperate

동의어 보감

요약하다 · 단축하다 06	필수	abbreviate 축약하다 / abstract 발췌하다 / abridge 요약하다 / brief 요약하다; 보고하다 / condense 농축하다, 요약하다 / compress 압축하다, 요약하다 / curtail 단축하다 / digest 소화하다; 요약하다 / epitomize 요약하다 / shorten 단축하다 / summarize 요약하다
	고급	recapitulate (요점을) 반복하다
	숙어	boil down / sum up
요약 · 개요	필수	abridgement 요약 / abstract 발췌, 요약 / digest 요약 / epitome 요약; 정화, 정수 / gist 요점 / outline 윤곽; 요약 / recapitulation 요점의 되풀이, 요약 / sketch 요약 / summary 요약
	고급	compendium (특정 주제에 대한) 개요 / precis 요약 / synopsis (영화 · 책의) 요약, 줄거리 / syllabus 강의 요강, 강의 계획표
	참고	excerpt 발췌, 인용

뉘앙스

줄이다 · 단축하다 06

shorten	(길이 · 양 따위를) **줄이다**	• **shorten** a rope by an inch 로프를 1인치 줄이다
abbréviate	(어구를) **짧게 하다**	• **abbreviate** a word 단어를 축약하다
abrídge	(내용 변경 없이) **요약하다**	• **abridge** a dictionary 사전을 요약하다
curtáil	(필요 · 편의상 일부분을 빼내어) **줄이다**	• **curtail** expenditures because of a reduced income 수입이 줄어서 지출을 줄이다
retrénch	(비용 따위를) **긴축하다, 삭감하다**	• **retrench** one's expenses 비용을 절감하다
cóntract	(어구 · 부피 따위를) **축약하다, 수축하다**	• **contract** a muscle 근육을 수축시키다
condénse	(문장 · 우유 따위를) **응축시키다**	• **condense** a story 이야기를 요약하다

check-up Test

1. He was made <u>accessory</u> to the crime.
ⓐ help to commit ⓑ shorten by leaving out ⓒ give up entirely ⓓ difficult to understand

2. An abridged dictionary ________________.
ⓐ is not complete ⓑ has been shortened ⓒ has no illustrations ⓓ is indispensable to students

3. He couldn't <u>accede to</u> the terms.
ⓐ yield to ⓑ agree to ⓒ listen to ⓓ argue

4. The driving instructor emphasized that the way to <u>accelerate</u> the car is to press down gently on the gas pedal.
ⓐ subscribe ⓑ commend ⓒ speed up ⓓ vituperate

5. This poet has been <u>acclaimed</u> as one of the most talented writers in Korea.
ⓐ studied ⓑ viewed ⓒ praised ⓓ remembered

정답 **1.** a **2.** b **3.** b **4.** c **5.** c

acclivity
[əklívəti]
☆☆☆☆☆
11

ac<ad(toward) + +cliv(slope) → '위로 기울어진 경사'에서 유래

n **오르막길** / an upward slope; ascent

- the **acclivity** of the ground 땅의 오르막 경사

어근관련 proclivity [prouklívəti] 경향, 기질 decline [dikláin] 거절하다

---

accomplice
[əkámplis]
★☆☆☆☆
12

ac<ad(to) + com<con(together) + plic(fold) → '나쁜 일에 함께 끼어듦'에서 유래

n **공범자** / a person who helps another person to do wrong; accessory

- an **accomplice** of robbery 강도의 공범자

어근관련 implicate [ímplikeit] 관련시키다 explicate [ékspləkeit] 상세히 설명하다

뉘앙스 p.35

---

accost
[əkɔ́:st]
☆☆☆☆☆
13

ac<ad(to) + cost(side) → '모르는 사람의 옆으로 다가가다'에서 유래

vt **~에게 (다가가) 말을 걸다** / come up and speak to; address

- A stranger **accosted** him, asking for directions.
  낯선 사람이 길을 물어보면서 그에게 다가가 말을 걸었다.

어근관련 coast [koust] 해안, 연안

---

accretion
[əkríːʃən]
★☆☆☆☆
14

ac<ad(to) + cret<cres(grow) → '~에 붙어 자람'에서 유래

n (자연적 또는 부착에 의한) **성장, 증가(물)** / a growing together of separate things; increase

- the **accretion** of earth on the shore 해변 위의 흙더미

v **accréte** 부착해서 자라다, 하나로 굳다[융합하다] **a** **accrétive** 증가하는

어근관련 accrue [əkrúː] (이익 · 결과가) 저절로 생기다; (이자가) 붙다

---

accumulate
[əkjúːmjuleit]
★☆☆☆☆
15

ac<ad(to) + cumul(heap up) → '쌓아 올리다'에서 유래

v (특히 오랜 기간에 걸쳐) **모으다, 축적하다** / make or become greater in quantity or size; amass

- **accumulate** a fortune by hard work 열심히 일해서 재산을 모으다

n **accumulátion** 축적(물), 누적 **a** **accúmulative** 누적하는

어근관련 cumulative [kjúːmjulətiv] 누적하는 cumulus [kjúːmjuləs] 누적

---

acquiesce
[ækwiés]
★★★★☆
16

ac<ad(to) + quies(quiet) → '조용히 인정하다'에서 유래

vi **묵인하다,** (마지 못해) **따르다** / accept by keeping silent; agree

- **acquiesce** in a person's opinion 남의 의견에 따르다

n **acquiéscence** 묵인 **a** **acquiéscent** 묵인하는(submissive)

어근관련 quiescent [kwaiésnt] 고요한 quietude [kwáiətjuːd] 고요, 정적

뉘앙스 p.75

---

acquit
[əkwít]
★★★★☆
17

ac<ad(to) + quit(free) → '자유롭게 해주다'에서 유래

vt 1 (죄인을) **석방하다, ~를 무죄로 하다** / declare not guilty; exonerate
2 ≪재귀용법≫ **행동[처신]하다** / behave oneself; conduct oneself

- **acquit** a person of murder 살인 혐의에 대해 ~를 무죄로 하다
- **acquit** oneself well[badly] 훌륭하게[잘못] 처신하다

n **acquíttal** 무죄 처분, 석방

어근관련 requiem [rékwiəm] 진혼곡 disquiet [diskwáiət] 불안하게 하다

뉘앙스 p.25

동의어 ↔ 반의어

11	**acclivity**	= ascent / uphill ↔ declivity	
12	**accomplice**	= accessory / confederate / conspirator	동의어 보감
13	**accost**	= address / approach / greet / hail ↔ ignore	
14	**accretion**	= increase / addition / augmentation / increment ↔ decrement	
15	**accumulate**	= amass / assemble / collect / gather / pile up ↔ dissipate	
16	**acquiesce**	= agree / assent / consent / accede / subscribe ↔ object	
17	**acquit**	= release / liberate / emancipate / manumit / set free ↔ convict	동의어 보감

동의어 보감

공범 12	필수	accessory 부속물, 액세서리; 종범 / accomplice 공범 / ally 동맹국 / confederate 공범; 동맹국 / conspirator 공범 / partner 공범
	고급	abettor 선동가, 교사자
	참고	complicity 공범관계
석방하다 17	필수	acquit 무죄석방하다; 처신하다 / discharge 배출하다; 석방하다 / emancipate 석방하다 / free 풀어주다 / liberate 해방시키다 / loose 풀어주다 / release 석방하다
	고급	manumit 노예[농노]를 해방하다
	숙어	let go of / set free

뉘앙스

공범 12

accómplice	공범자	• an **accomplice** of robbery 강도의 공범
accéssory	종범(從犯) ≪법률적 용어≫	• an **accessory** before the fact 사전 종범
conféderate	(부정 행위의) **공모자, 동맹국**	• The robber's **confederate** escaped. 그 강도의 공모자는 잡히지 않았다.
conspírator	(음모나 반역에의) **공모자, 음모자**	• A group of **conspirators** planned to kill the dictator. 일단의 공모자들이 그 독재자를 살해할 계획을 세웠다.
abéttor	(부정 행위의) **선동가, 교사자**	• an **abettor** of a crime 범죄의 교사자

Check-up Test

1. The jury acquitted her of the crime.
ⓐ absolved ⓑ utilized ⓒ ventured ⓓ abridged

2. The thief did not have an accomplice.
ⓐ trusted friend ⓑ helper in crime ⓒ deadly weapon ⓓ embezzler

3. It is now generally assumed that planets were formed by accretion of gas and dust in a cosmic cloud.
ⓐ separation ⓑ reaction ⓒ accumulation ⓓ motion

4. Through the years he had accumulated sufficient money to buy a farm when he retired.
ⓐ indicted ⓑ attired ⓒ amassed ⓓ devastated

5. We have criticized our university students for preferring the security of political silence and the safety of ______ to the excitement of social ______ and humanitarian action..
ⓐ college - adventure ⓑ toleration - antagonism
ⓒ concealment - revolution ⓓ acquiescence - dissent

정답 **1.** a **2.** b **3.** c **4.** c **5.** d

021 **annals** [ǽnlz] ★☆☆☆☆

ann (year 년) → '역사적 사건을 연대순으로 적은 기록'에서 유래

n **연대기** / story of events year by year; records
- the **annals** of British politics 영국 정치의 연대기

---

022 **aperture** [ǽpərtʃər] ★☆☆☆☆

apertura (opening 구멍) 에서 유래

n **틈, 구멍** / a small opening; hole
- open the **aperture** of a camera 카메라의 조리개를 열다

---

023 **aptitude** [ǽptətju:d] ★★☆☆☆

apt 적당한 → '어떤 일을 하기에 적당한 소질이나 적성' 에서 유래

n **소질, 적성** / natural talent; fitness
- **aptitude** test 적성 검사

---

024 **arable** [ǽrəbl] ★★★☆☆

ara (plow 경작하다) → '경작할 수 있는' 에서 유래

a **경작에 적합한** / fit for plowing; cultivable
- **arable** land 경작지

---

025 **arduous** [ά:rdʒuəs] ★★★★☆

ard (difficult 어려운) → '어렵고 힘든' 에서 유래

a **힘든** / needing much energy; laborious **; 끈기있는, 근면한** / strenuous
- an **arduous** lesson 힘겨운 레슨

---

026 **arid** [ǽrid] ★★★★☆

arid<as (burn 불타다) → '불에 탈 듯 건조한' 에서 유래

a **건조한** / having little rainfall; dry
- Desert lands are **arid**. 사막 땅은 건조하다.

n **arídity** 건조

---

027 **armistice** [ά:rməstis] ★★☆☆☆

arm (weapon 무기) + stice (stop 멈추다) → '무기 드는 것을 멈추는 휴전' 에서 유래

n **휴전, 정전** / a temporary suspension of hostilities by agreement; cease-fire
- end with an **armistice**, not a peace treaty 평화 조약이 아닌 휴전 협정으로 끝나다

---

028 **artifice** [ά:rtəfis] ★☆☆☆☆

art (skill 기술) + fice (make 만들다) → '꾸며서 만들어 내는 기술' 에서 유래

n **속임수** / the clever use of tricks; deception
- an **artifice** to gain sympathy 동정을 얻기 위한 속임수

a **artifícial** 인공의; 거짓된 ad **artifícially** 인위적으로 n **artífIcer** 기능공

---

029 **artisan** [ά:rtizən] ★☆☆☆☆

art (skill 기술) → '기술을 가진 사람' 에서 유래

n **기능공** / a manually skilled worker; mechanic
- **artisans** who are necessary to the development of a culture 문화 발전에 필요한 기능공

---

030 **ascetic** [əsétik] ★☆☆☆☆

ascetic<asketic (train 훈련하다) → '엄격히 스스로 훈련하는' 에서 유래

a **금욕주의의** / refraining from pleasures and comforts; austere
- an **ascetic** life in a cloister 수도원의 금욕주의적 삶

n **ascéticism** 고행, 금욕주의

---

031 **astral** [ǽstrəl] ☆☆☆☆☆

astr (star 별) → '별과 연관된' 에서 유래

a **별의** / of a star; stellar
- many **astral** bodies revealed in the telescope 망원경에 나타난 많은 별무리

---

032 **astronaut** [ǽstrənɔ:t] ★★☆☆☆

astr (star 별) + naut (추진하는 사람) → '별을 향해 추진하는 사람' 에서 유래

n **우주 비행사** / a pilot of a spacecraft; cosmonaut
- **Astronauts** have walked on the moon. 우주 비행사들이 달 표면을 걸었다.

n **astronáutics** 우주 항행학 a **astronáutic** 우주 비행의

033 **astute**
[əstjúːt]
★★☆☆☆

astu (cunning 교활한) → '**교활하고 빈틈이 없는**' 에서 유래

a (사람 · 판단 · 행위 등이) **예리한, 빈틈없는** / keen in judgement; shrewd
- an **astute** observer 빈틈없는 관찰자

---

034 **atone**
[ətóun]
★☆☆☆☆

aton (reconcile 조화시키다) → '**서로의 입장을 조화시켜 보상하다**' 에서 유래

v (죄 · 과실 등을) **속죄하다, 보상하다** / make amends for; compensate
- **atone** for a fault 과실을 보상하다

---

035 **atrocious**
[ətróuʃəs]
★★★☆☆

atroc(cruel 잔인한) → '**잔인하도록 극악무도한**' 에서 유래

a **극악한** / very cruel; brutal
- an **atrocious** crime 극악한 범죄

n **atrócity** 포악

---

036 **audacity**
[ɔːdǽsəti]
★★★☆☆

aud (bold 용감한) → '**용감한 사람이 지닌 대담성**' 에서 유래

n (행동 · 언행 등의) **대담(성)** / having enough courage to take risks; boldness
- the acrobat's **audacity** 곡예사의 대담성

---

037 **augment**
[ɔːgmént]
★★★☆☆

aug (increase 증가시키다)

v **증가시키다[하다]** / make or become greater; increase
- **augment** one's income 수입을 늘리다

n **augmentátion** 증가

---

038 **auspicious**
[ɔːspíʃəs]
★★★★☆

ausp (omen 징조) → '**좋은 일이 있을 징조인**' 에서 유래

a **길조의** / favoring success; propitious
- an **auspicious** moment to set sail 돛을 올리기에 알맞은 때

---

039 **austerity**
[ɔːstérəti]
★☆☆☆☆

aus (harsh 거친) → '**거칠고 엄격한**' 에서 유래

n **<pl.> 엄격(함)** / sternness; severity
- the **austerity** and dignity of the court 법원의 엄격함과 위엄

a **austére** 엄격한; 간소한

---

040 **authenticate**
[ɔːθéntəkeit]
★★★★☆

authen (genuine 진짜의) → '**진짜임을 증명하다**' 에서 유래

v **진짜임을 증명하다** / prove to be genuine; substantiate
- **authenticate** the original Van Gogh painting
  반 고흐의 원작 그림이 진짜임을 증명하다

a **authéntic** 진짜의; 믿을 만한

Check-up Test

1. Land refers to all natural resources that are usable in the production process: <u>arable</u> land, forest, mineral and oil deposits.
ⓐ dry ⓑ fertile ⓒ developed ⓓ open

2. Airplane workers demonstrated at 22 European airports on Oct. 5 to call traveler's attention to their <u>grueling</u> shifts, which they say are hazardous to passenger safety.
ⓐ innovating ⓑ rigorous ⓒ pathetic ⓓ arduous

3. The journalist had the <u>audacity</u> to criticize the president to his face.
ⓐ boldness ⓑ consideration ⓒ reason ⓓ sincerity

4. John did what he could do to search for a way to <u>augment</u> his family income.
ⓐ enlarge ⓑ keep up ⓒ correct ⓓ protect

5. The interior of the church, although sober and <u>austere</u>, is very fine.
ⓐ plain ⓑ splendid ⓒ ominous ⓓ decorative

정답 **1.** b **2.** d **3.** a **4.** a **5.** a

come

- **come about** / 일어나다, 발생하다 take place, happen, come to pass
  - Fortunately, that dire prophecy did not **come about**. 다행스럽게도 그 무서운 예언은 실현되지 않았다.
- **come across** / 우연히 마주치다 encounter, meet with, chance upon, hit upon, bump into, run into, fall in with
  - I **came across** ex-girlfriend when crossing the bridge. 나는 다리를 건널 때 전 여자친구를 우연히 만났다.
- **come around to** / ~로 생각을 바꾸다
  - Politicians will **come around to** agreeing with the views of the majority. 정치인들은 다수의 의견으로 생각을 바꾸게 될 것이다.
- **come by** / 얻다, 획득하다 obtain, acquire
  - Clothing can be improvised, but good shoes can be hard to **come by**. 옷은 임시변통으로 만들 수 있지만, 좋은 신발은 얻기 힘들다.
- **come down to** / 요컨대[결국] ~이 되다 be reduced to
  - I think their effectiveness **comes down to** the quality of leadership. 나는 그들의 효과는 지도자로서의 자질로 귀결된다고 본다.
- **come down with** / 질병에 걸리다 contract
  - The little girl **came down with** a bad cold much more than a typical cold. 그 어린 소녀는 심한 감기에 걸렸다.
- **come home to** / 가슴에 사무치다, 큰 감동을 주다 deeply impress
  - Those messages **came home to** everyone of us in the general election. 총선거에서 그 메시지는 우리 모두의 가슴에 사무쳤다.
- **come into** / ~에 들어가다 enter ; ~을 상속하다 inherit, come in for
  - He didn't **come into** the office even if his boss had asked him to. 그의 상사가 사무실에 오라고 부탁했음에도 불구하고 그는 가지 않았다.
- **come natural to** / ~에게 아주 쉽다, 수월하다
  - Color coordinating doesn't **come natural to** me as it does to you. 색을 조화시키는 것이 당신에게는 쉽지만 나에게는 어렵다.
- **come of** / ~ 출신이다 descend from ; ~의 결과이다 result from
  - The boy **came of** a good family. 그 소년은 좋은 가문에서 태어났다.
- **come off** / 떨어져 나가다 fall off ; 성공하다 succeed
  - Did the plan to travel alone **come off**? 혼자 가려고 했던 여행계획이 이루어 졌니?
- **come on** / (배우가) 등장하다, 나타나다
  - I could see a sudden loss of reason, but irrational action doesn't **come on** all at once. 나는 갑작스럽게 이성을 잃었음을 느낄 수 있었지만, 갑자기 비이성적인 행동을 하진 않았다.
- **come to** / ~에 떠오르다 take place, occur ; (의식을) 회복하다 recover
  - The patient will **come to** and leave the hospital. 그 환자는 의식을 회복하고 퇴원할 것이다.
- **come to an end** / 끝나다 stop, finish, halt, break off
  - Many farmers hope the dry season will **come to an end**. 많은 농부들은 건기가 끝나기를 바란다.
- **come to light** / 나타나다, 드러나다 be revealed
  - His fraud **came to light** only through an assessment of his work. 오직 그의 일의 평가를 통해서만 그의 사기 행위가 드러났다.
- **come to nothing** / 무위로 끝나다, 수포로 돌아가다 fail, be useless, go for nothing, get nowhere
  - The attempt to end the dispute **came to nothing**. 논쟁을 끝내려고 했던 시도는 수포로 돌아갔다.
- **come to pass** / (사건이) 일어나다 occur, happen
  - Everyone expressed surprise when that wonderful event **came to pass**. 그 멋진 행사가 일어났을 때 모든 사람들은 놀라움을 표현했다.
- **come to terms with** / 타협하다 compromise ; 굴복하다 succumb, yield to
  - They are trying to **come to terms with** the death of their daughter. 그들은 딸의 죽음을 받아들이려고 노력하고 있다.
- **come up against** / (곤란, 반대)에 직면하다 be in danger, be in Dutch, face, confront
  - We expect to **come up against** a lot of opposition to the plan. 우리는 그 계획을 두고 많은 반대에 부딪칠 것으로 예상하고 있다.
- **come up with** / ~를 따라잡다 walk up to ; 생각해내다; 제안하다 suggest, bring up
  - Team members are always **coming up with** new ideas when having a meeting. 팀 구성원들은 회의를 할 때 항상 신선한 제안을 내놓는다.
- **come upon** / 뜻밖에 만나다 run into, run across, encounter
  - Drivers who **came upon** the crash described a chaotic scene. 충돌을 우연히 본 운전자들은 혼란스런 현장을 설명하였다.
- **when it comes to** / ~에 대하여 말하자면 as for
  - Politicians seldom tell the truth **when it comes to** war aims. 정치인들은 전쟁의 목적에 관해서라면 좀처럼 진실을 말하지 않는다.

- **come from nowhere** / 갑자기 유명해지다 come out of nowhere
- **come into being** / 태어나다, 발생하다 come into existence
- **come into effect** / 효력을 나타내다, 실시되다, 발효하다
- **come into one's own** / 자기역량을 충분히 발휘하다 show one's ability
- **come to blows** / 주먹질하다 hit each other
- **come to the fore** / 표면화되다, 세상의 주목을 끌다 come to the surface
- **come to the point** / 말이 요점에 맞다 be definite in telling something
- **come under fire** /집중 포화를 받다, 비난받다

ad-

우선순위로 보는 PRE VIEW

Date : /

★★★★★	21.	**adjacent**	근접한	□ □ □
★★★☆☆	18.	**addict**	탐닉하다; 중독자	□ □ □
	19.	**adept**	숙련된; 전문가	□ □ □
	32.	**advent**	도래; 그리스도의 재림	□ □ □
★★☆☆☆	30.	**adulterate**	섞다; 섞인	□ □ □
	34.	**adverse**	반대의; 불리한	□ □ □
★☆☆☆☆	20.	**adhere**	들러붙다; 고수하다	□ □ □
	22.	**adjourn**	중단하다; 자리를 옮기다	□ □ □
	23.	**adjunct**	부가물; 부가사	□ □ □
	24.	**administer**	관리하다; 기여하다	□ □ □
	25.	**admonish**	훈계하다	□ □ □
	26.	**adopt**	채택하다; 양자로 삼다	□ □ □
	27.	**adore**	존경하다; 매우 좋아하다	□ □ □
	28.	**adorn**	꾸미다	□ □ □
	29.	**adroit**	능숙한	□ □ □
	33.	**adventitious**	우연한	□ □ □
☆☆☆☆☆	31.	**adumbrate**	어렴풋이 나타내다	□ □ □

MD03 mp3

LECTURE 03

addict
[ədíkt]
★★★☆☆
18

ad(to) + dic(say) → '~에 대해 자꾸자꾸 말하다'에서 유래

vt ≪수동태 또는 재귀용법≫ **~에 빠지다[탐닉하다]** / give oneself up to a habit; habituate
- He is **addicted** to alcohol. 그는 알콜에 중독되어 있다.

n [ǽdikt] **중독자, 탐닉자** / person who is a slave of a habit; devotee
- a drug **addict** 약물 중독자

n **addíction** 중독 **a** **addíctive** 중독성이 있는
cf **addítion** 부가(물)

어근관련 verdict [vəːrdikt] (배심원의) 평결 vindicate [víndikeit] ~의 정당함을 입증하다

---

adept
[ədépt]
★★★☆☆
19

ad(intensive) + ept(grasp) → '어떤 분야를 완전히 잡아서 이해한'에서 유래

a **숙련된, 능숙한** / highly skilled; proficient
- **adept** at making up excuses 변명을 만들어 내는 데 능숙한

n [ǽdept] **전문가, 달인** / a thoroughly skilled person; expert
- an **adept** in carpentry 목수일의 달인

cf **adápt** 적응시키다 **adópt** 채택하다

어근관련 aptitude [ǽptətjuːd] 소질, 재능; 적합성 inapt [inǽpt] 부적당한

---

adhere
[ədhíər]
★☆☆☆☆
20

ad(to) + her(stick) → '~에 달라 붙다'에서 유래

vi 1 **들러붙다, 부착하다** / stick firmly; cling
2 (신념 따위를) **고수[신봉]하다** / hold firmly; cleave
- Mud **adheres to** your shoes. 진흙이 네 신발에 달라 붙는다.
- **adhere to** one's political party 자신의 정당을 고수하다

n **adhérence** (주의 · 사상 따위의) 고수, 충성 **n** **adhésion** (물리적인) 부착
n **a** **adhérent** 신봉자(follower); 부착성의; 지지하는
a **adhésive** 들러붙는, 부착성의 • an **adhesive** tape 접착 테이프

어근관련 coherent [kouhíərənt] 일관성있는 inherent [inhíərənt] 고유의 뉘앙스 p.113

---

adjacent
[ədʒéisnt]
★★★★★
21

ad(to) + jac<ject(throw) → '가까이 던져진'에서 유래

a **근접[인접]한** / lying near or close; contiguous
- the house **adjacent to** ours 우리집과 인접한 집

어근관련 abject [ǽbdʒekt] 비참한; 비열한 deject [didʒékt] 낙담[낙심]시키다 뉘앙스 p.41

---

adjourn
[ədʒə́ːrn]
★☆☆☆☆
22

ad(to) + journ<diurnum(day) → '날짜를 뒤로 늦추다'에서 유래

v 1 (회의 · 재판 등을 잠시) **휴회[중단]하다, 연기하다** / suspend for a short time; postpone
2 (휴식을 위해) **자리를 옮기다** / go to another place; move
- **adjourn** the court for two hours 두 시간 동안 휴정하다
- **adjourn** to the sitting room 응접실로 자리를 옮기다

n **adjóurnment** 연기, 휴회
cf **adjóin** 인접하다 **ádjunct** 부가물

어근관련 sojourn [sóudʒəːrn] 체류하다 journey [dʒə́ːrni] (긴) 여행

동의어 / 반의어

18	**addict**	=	devotee / aficionado / fan / buff ◎ 동의어 보감
19	**adept**	=	proficient / skillful / adroit / deft / dexterous ↔ awkward
20	**adhere**	=	cling / stick / attach / cleave / hold fast to ↔ disjoin
21	**adjacent**	=	contiguous / next / adjoining / bordering / abutting ↔ remote ◎ 동의어 보감
22	**adjourn**	=	postpone / delay / defer / hold over / put off ↔ advance

동의어 보감

인접한
21

필수	adjacent 인접한 / adjoining 인접한 / contiguous 접하는, 인접한 / neighboring 인근의, 근처의 / bordering 경계하는, 인접한
고급	abutting 인접한 / tangent(ial) 접하는; 거의 관계없는
숙어	within a stone's throw 매우 가까운 곳에
반의어	먼 / distant / far-off / remote

뉘앙스

인접한
21

adjácent	**인접한, 이웃의**	• **adjacent** farmhouses 인접한 농가들
adjóining	(점 · 선에서) **접하는**	• an **adjoining** room 옆 방
contíguous	(모든 또는 대부분의 면에서) **접하는**	• America is **contiguous** to Canada. 미국은 캐나다와 접해 있다.
tángent	(한 점에서 다른 곡선과) **접하는**	• a line **tangent** to a circle 원과 접하는 선
néighboring	**이웃하는, 가까이 있는**≪일상적인 말≫	• a **neighboring** village 근처 마을

check-up Test

1. We <u>adhere</u> to the principle that everyone should be treated fairly.
ⓐ put off ⓑ stick firmly ⓒ set free ⓓ find fault with

2. The movie 'Panic in Needle Park' paints a grim and uncompromising everyday life of a ______ living in New York city.
ⓐ heroin addict ⓑ used-car salesman ⓒ deep-sea diver ⓓ visiting dignity

3. After years of service in the Cairo embassy, he became extremely ______ at Middle Eastern diplomacy.
ⓐ adept ⓑ ambiguous ⓒ tricky ⓓ ambivalent

4. The lymphatic system includes a network of tiny capillaries that lie <u>adjacent to</u> the fine blood vessels.
ⓐ independent of ⓑ obscured by ⓒ near ⓓ within

5. The chairman was anxious to <u>adjourn</u> the meeting.
ⓐ attend ⓑ start ⓒ address ⓓ close

정답 **1.** b **2.** a **3.** a **4.** c **5.** d

adjunct [ǽdʒʌŋkt] ★☆☆☆☆
23

ad(to) + junc(join) → '~에 결합되어 있는 것'에서 유래

n 1 **부가[부수]물** / something added that is not necessary but helpful; accessary
2 **≪문법≫ 부가사, 꾸며주는 말** / a word or phrase that qualifies or modifies one of the essential elements of a sentence

- A spare tire is an important **adjunct** to a car.
  스페어 타이어는 자동차의 중요한 부가물이다.
- In "They arrived on Sunday" 'on Sunday' is an **adjunct**.
  "그들은 일요일에 도착했다"에서 '일요일에'는 부가사이다.

cf **adjóin** 인접하다 **adjóurn** 휴회하다

어근관련 adjoin [ədʒɔ́in] 인접하다 conjoin [kəndʒɔ́in] 합치다, 결합하다

---

administer [ədmínistər] ★☆☆☆☆
24

ad(to) + minister(serve) → '임무에 충실히 봉사하다'에서 유래

vt 1 **관리[통치]하다** / manage the affairs of; direct
2 (약 등을) **주다, 투약하다** / apply as a remedy; dispense

- **administer** the company's finances 회사 재정을 관리하다
- **administer** sedative to a person ~에게 안정제를 투약하다

vi **도움이 되다, 기여하다** / be helpful; contribute

- **administer** to a person's comfort 남의 편안함에 도움이 되다

a **adminístrative** 관리[행정](상)의
n **administrátion** 관리; 행정(기관); 집행; (치료 · 도움 등의) 제공, 투약

어근관련 minister [mínistər] 장관; 목사 ministry [mínistri] 성직자[장관]의 임무

---

admonish [ædmániʃ] ★☆☆☆☆
25

ad(to) + mon(advise) → '~에게 충고하다'에서 유래

vt 1 **훈계하다, 충고하다** / advise or urge seriously; exhort
2 (위험 따위를) **경고하다, 주의시키다** / warn against something; caution

- **admonish** somebody not to drive so fast 그렇게 빨리 차를 몰지 말라고 충고하다
- **admonish** somebody of impending danger 임박한 위험에 대해 경고하다

n **admonítion, admónishment** 충고, 경고 **a** **admónitory** 충고[경고]의

어근관련 premonition [priːməníʃən] 예고, 전조 summon [sʌ́mən] 소환하다 뉘앙스 p.447

---

adopt [ədápt] ★☆☆☆☆
26

ad(to) + opt(선택하다) → '선택하다'에서 유래

vt 1 **채택[채용]하다** / take or use as one's own; choose
2 (아이를) **양자[양녀]로 삼다** / take a child of other parents as approved by law

- **adopt** new production methods 새로운 생산 방식을 채택하다
- **adopt** a homeless orphan 집없는 고아를 양자로 삼다

n **adóption** 채용, 채택; 양자 결연 **a** **adóptive** 채택하는; 양자 관계의
cf **adápt** 적응시키다 **adépt** 숙련된

어근관련 option [ápʃən] 선택(권), 선택 가능한 것 optional [ápʃənl] 임의[선택]의

---

adore [ədɔ́ːr] ★☆☆☆☆
27

ad(to) + or(speak) → '우러러 말하다'에서 유래

vt 1 (마음 속 깊이) **존경[사모]하다** / love and admire very greatly; respect
2 **매우 좋아하다** / like very much

- **adore** one's parents 자신의 부모님을 존경하다
- **adore** going to the movies 영화 보러 가는 것을 매우 좋아하다

n **adorátion** 존경, 사모; 예배, 숭배

어근관련 oracle [ɔ́ːrəkl] 신의 뜻을 전하는 사람[장소]; 현인 oral [ɔ́ːrəl] 입의

adorn

[ədɔ́:rn]

★☆☆☆☆

28

ad(to) + orn(deck) → '~에 장식하다'에서 유래

vt **꾸미다, 장식하다**/ add beauty to; decorate

- **adorn** one's hair with flowers 꽃으로 자신의 머리를 꾸미다

n **adórnment** 장식(품)

뉘앙스 p.235

어근관련 ornament [ɔ́:rnəmənt] 장식 ornate [ɔ:rnéit] 잘 꾸민; (문체가) 화려한

동의어 / 반의어

23	**adjunct**	=	accessory / auxiliary / appendage
24	**administer**	=	direct / manage / conduct / govern / carry out
25	**admonish**	=	exhort / reprove / rebuke / have a word with ↔ commend ⊙ 동의어 보감
26	**adopt**	=	choose / select / embrace / espouse / pick out ↔ discard
27	**adore**	=	respect / revere / venerate / worship / idolize ↔ curse
28	**adorn**	=	decorate / embellish / ornament / garnish / deck ↔ disfigure

동의어 보감

충고하다 · 훈계하다 25		
	필수	admonish 훈계하다 / advise 충고하다 / counsel (전문적으로) 조언하다 / exhort 권고하다, 충고하다 / recommend 추천하다; 권하다
	고급	expostulate 간언하다 / remonstrate 간언하다, 충고하다
	숙어	tip off 은밀한 정보를 귀띔하다
	참고	충고 / advice / admonition / counsel (공적인) 충고 설득하다 / induce / persuade / prevail upon / reason with / win over

Check-up Test

1. It was a great performance and Brad Pitt is my favorite actor.
   ⓐ adored ⓑ successful ⓒ remarkable ⓓ distinguished

2. The enthusiastic publisher released audio tapes as an adjunct to its popular series of vocabulary books.
   ⓐ a present ⓑ a souvenir ⓒ an adviser ⓓ a supplement

3. The dentist _______ me against eating candy if I wanted to keep my teeth.
   ⓐ admonished ⓑ administered ⓒ reconstructed ⓓ recommended

4. They adopted the English language as their mother tongue.
   ⓐ wanted ⓑ made ⓒ had ⓓ chose and used

5. She wanted something to adorn her neck and arms with.
   ⓐ cover ⓑ burden ⓒ decorate ⓓ protect

정답 1. a 2. d 3. a 4. d 5. c

adroit
[ədrɔ́it]
★☆☆☆☆
29

a<ad(to) + droit(right) → '일처리가 제대로인'에서 유래

a **능숙한, 재치있는** / having skill in the use of the hands or the body; dexterous
- **adroit** handling of the delicate situation 미묘한 상황에서의 재치있는 처리

n **adróitness** 능숙함(deftness); 재치

어근관련 rectitude [réktitju:d] 정직; 정확　rectify [réktəfai] 교정[정정]하다

---

adulterate
[ədʌ́ltəreit]
★★☆☆☆
30

ad(to) + ulter<alter(other) → '~에 다른 물질을 집어 넣다'에서 유래

vt (불순물 따위를) **섞다, (섞어) 질을 떨어뜨리다** / add impure substance or lower the quality; lower
- **adulterate** milk with water 우유에 물을 타다

a (불순물이) **섞인, 품질이 나쁜** / debased by adulteration; coarse
- sell the **adulterate** honey 불순물[설탕]이 섞인 꿀을 팔다

n **adulterátion** 혼합(물)
n **adúltery** 간통(criminal connection) • commit double **adultery** 중(重)간통을 범하다
a **adúlterous** 간통[불륜]의

어근관련 alter [ɔ́:ltər] 바꾸다, 변경하다　alternative [ɔ:ltə́:rnətiv] 대안; 양자 택일의

---

adumbrate
[ædʌ́mbreit]
☆☆☆☆☆
31

ad(upon) + umbra(shade) → '그림자를 슬쩍 비춰주다'에서 유래

vt 1 **어렴풋이 나타내다**/ indicate faintly; outline
2 (부분적으로) **어둡게[그늘지게] 하다** / overshadow; obscure
- This clue **adumbrates** who the criminal is.
  이 단서는 누가 범인인지를 어렴풋이 나타내 주고 있다.
- The clouds **adumbrate** the moon. 구름은 달을 어둡게 한다.

n **adumbrátion** 어렴풋이 나타내 줌, 예시
a **adúmbral** 그늘진　**a** **adúmbrative** 어렴풋이 나타내는[예시하는]

어근관련 umbrage [ʌ́mbridʒ] 불쾌, 노여움; 응달　umbrella [ʌmbrélə] 우산

---

advent
[ǽdvent]
★★★☆☆
32

ad(to) + ven(come) → '다가옴'에서 유래

n 1 (중요한 사건 · 시대의) **도래** / the coming of an important event or period; arrival
2 (A-) **그리스도의 재림** / Second Coming
- the **advent** of new era 새 시대의 도래
- the Second **Advent** 예수의 재림

어근관련 covenant [kʌ́vənənt] 계약[하다]　revenue[révənju:] 소득; (국가의) 세입

---

adventitious
[ædvəntíʃəs]
★☆☆☆☆
33

ad(to) + ven(come) → '밖에서 안으로 새로 온'에서 유래

a **우발적인, 우연한** / coming by chance; accidental
- the **adventitious** meeting with one's friend 친구와의 우연한 만남

ad **adventítiously** 우연히, 우발적으로

어근관련 avenue [ǽvənju:] 대로, 큰길; 방법　parvenu [pá:rvənju:] 벼락부자

---

adverse
[ædvə́:rs]
★★☆☆☆
34

ad(to) + vers<vert(turn) → '바람이 부는 쪽으로 방향을 돌리는'에서 유래

a 1 (방향이) **반대의, 역의** / coming from a contrary direction; opposite
2 (상황이) **불리한** / being opposed to one's interests; unfavorable
- **adverse** winds 역풍
- **adverse** weather condition 불리한 기상 조건

n **advérsity** 불운, 역경(misfortune) • face **adversity** with courage 역경에 용기 있게 대처하다
n **ádversary** 적수, 반대자(opponent)

어근관련 averse [əvə́:rs] 싫어하여　converse [kənvə́:rs] 거꾸로 된; 반대

동의어

반의어

29	**adroit**	=	skillful / proficient / adept / dextrous / light-handed ↔ clumsy ● 동의어 보강
30	**adulterate**	=	lower / degrade / debase / corrupt / alloy ↔ refine
31	**adumbrate**	=	outline / sketch / hint / suggest / shadow
32	**advent**	=	arrival / coming / approach
33	**adventitious**	=	accidental / casual / contingent / fortuitous / incidental ↔ inherent
34	**adverse**	=	opposite / contrary / reverse / inverse / counter ↔ favorable

동의어 보강

능숙한 29	필수	adept 능숙한 / adroit 능숙한 / dext(e)rous 오른손잡이의; 능숙한 / handy 유용한, 편리한; 손재주가 있는 / proficient 능수능란한 / skillful 능숙한
	고급	deft 능숙한, 손재주가 좋은 / ambidextrous 양손잡이의; 능숙한
	숙어	an old hand 능숙한 사람 / a green thumb 식물재배에 능한 사람
	참고	conversant 정통한 / versed 조예가 깊은, 숙달한 / veteran 베테랑, 전문가; 참전용사, 재향군인
	반의어	서투른 / awkward 어색한 / clumsy / inept / maladroit / ungainly 어색한, 볼품없는

Check-up Test

1. He considered this <u>adventitious</u> rather than the result of knowledge.
ⓐ adjacent ⓑ adept ⓒ accidental ⓓ adherent

2. He was so _______ in tying fisherman's flies that he was asked to demonstrate his technique at sports fairs and exhibitions.
ⓐ inept ⓑ clumsy ⓒ gauche ⓓ adroit

3. The milk in these containers is <u>adulterated</u>.
ⓐ spoiled ⓑ expensive ⓒ warm ⓓ leaking

4. The <u>advent</u> of spring was a time for festivals in ancient days.
ⓐ ornament ⓑ verdict ⓒ extinction ⓓ arrival

5. The flight was delayed because of _______ weather.
ⓐ adverse ⓑ averse ⓒ overt ⓓ hoarse

정답 **1.** c **2.** d **3.** a **4.** d **5.** a

041 **avarice** [ǽvəris] ★☆☆☆☆
avar (greedy 탐욕스러운) → '탐욕스러운 마음'에서 유래
n (돈 · 재산 등에 대한) 탐욕 / greed for wealth; cupidity
• King Midas's **avarice** 마이다스왕의 탐욕 a **avarícious** 탐욕스러운

042 **avid** [ǽvid] ★★★☆☆
av (craving 열망하는) → '열망하여 바라는'에서 유래
a 탐내는 / greedy; 열렬한 / eager for
• an **avid** reader 열렬한 독자 n **avídity** 탐욕

043 **awe** [ɔː] ★☆☆☆☆
aw (afraid 두려워하는) → '두려워하는 마음'에서 유래
n (위엄에 눌린) 경외(敬畏) / solemn wonder; reverence
• with **awe** at the scene of the Grand Canyon 그랜드 캐년의 광경에 경외감을 갖고
a **áwesome** 무시무시한; 아주 멋진 a **áwful** 끔찍한

044 **baffle** [bǽfl] ★★☆☆☆
baf (ridicule 비웃다) → '비웃어 당황하게 하다'에서 유래
v 당황하게 하다 / be too difficult to do; perplex
• The sudden question **baffled** me. 갑작스런 질문에 당황했다.

045 **balmy** [báːmi] ☆☆☆☆☆
balm 향기 → '향기로 가득한'에서 유래
a 온화한 / mild ; 향기로운 / redolent
• a **balmy** summer evening 상쾌한 여름 저녁
n **balm** 향유, 향기; 진통제

046 **banal** [bənǽl] ★★★☆☆
ban (commonplace 평범한) → '너무나 평범하여 진부한'에서 유래
a 진부한 / lacking in a new idea; hackneyed
• **banal** remarks 진부한 말 n **banálity** 진부(함), 평범함

047 **baneful** [béinfəl] ★★☆☆☆
ban (wound 상처) → '상처를 낼 정도로 해로운'에서 유래
a 해로운, 유독한 / harmful; baleful; poisonous
• **baneful** influences 해로운 영향

048 **banish** [bǽniʃ] ★★☆☆☆
ban (prohibition 금지) → '금지하여 쫓아내다'에서 유래
v 추방하다 / expel
• England once **banished** many criminals to Australia. 영국은 한때 많은 죄인들을 호주로 추방했다. n **bánishment** 추방

049 **banter** [bǽntər] ☆☆☆☆☆
uncertain origin
n (가벼운) 희롱, 농담 / friendly remarks and jokes; jest
v 희롱하다, 놀리다 / tease
• exchange friendly **banter** with the customers 고객들과 정감 어린 농담을 주고받다

050 **beatific** [biːətífik] ★☆☆☆☆
beat (blessed 축복받은) → '행복에 넘치도록 축복받은'에서 유래
a 행복에 넘친 / showing great happiness; blissful
• a **beatific** smile 행복에 넘친 미소
v **beátify** 행복하게 하다; ≪카톨릭≫ 시복하다

051 **bedrock** [bédrak] ★☆☆☆☆☆
bed 바닥 + rock (stone 돌) → '바닥에 깔린 주춧돌처럼 확실한 근본'에서 유래
n 근본, 근본 원리 / underlying principle; foundation
• Honesty is the **bedrock** of any healthy relationship. 모든 건강한 관계의 기반은 정직이다.

052 **bellicose** [bélikous] ★★★★☆
bell (war 전쟁) → '전쟁을 좋아하는'에서 유래
a 호전적인 / inclined to fighting; belligerent
• **bellicose** disposition 호전적인 기질
n **bellicósity** 호전성

053 **bicker**
[bíkər]
★☆☆☆☆

bick (attak 공격하다) → '말로 공격하다' 에서 유래

v **말다툼하다** / take part in a petty, noisy quarrel; argue
- They always **bicker** constantly. 그들은 언제나 끊임없이 말다툼 한다.

---

054 **bigotry**
[bígətri]
★☆☆☆☆

got(adherent 신봉자) → '신봉하는 것만을 고집하는 편협함' 에서 유래

n **편협[완고](함)** / an intolerant and prejudiced attitude
- the **bigotry** and narrow views 편협하고 옹졸한 견해

a **bígoted** 편견이 심한, 고집 센

---

055 **bizarre**
[bizá:r]
★★★☆☆

bizar (strange 이상한)

a (외관 · 양식 · 성질 등이) **이상[기괴]한** / very unusual; grotesque
- a **bizarre** appearance[behavior] 이상한 모습[행동]

n **bizarreríe** 괴기(한 것)

---

056 **bland**
[blænd]
★☆☆☆☆

bland (smooth 부드러운)

a (태도 · 약품 등이) **부드러운** / gentle in manner; soothing ; (음식이) **맛없는** / flat
- use a **bland** ointment for the sunburn 햇볕에 탄 곳에 부드러운 연고를 바르다

---

057 **blandish**
[blǽndiʃ]
★☆☆☆☆

bland (smooth 부드러운) → '부드러운 말로 기분 좋게 하다' 에서 유래

v **부추기다, 아첨하다** / persuade by gentle ways; flatter
- **blandish** him out of his black mood 화를 풀어주려고 그에게 아양을 떨다

n **blándishment** 추종, 감언

---

058 **blaspheme**
[blæsfí:m]
★☆☆☆☆

blasphem (speak evil 비방하다) → '신성한 것에 대해 나쁘게 말하다' 에서 유래

v (신성한 것을) **모독하다** / speak in an irreverent way about a sacred thing; profane
- **blaspheme** the name of God 신의 이름을 모독하다

a **blásphemous** 신성모독의

---

059 **blatant**
[bléitənt]
★★★☆☆

blat (bellow 고함치다) → '고함치며 말 할 정도로 명백한' 에서 유래

a **뻔한, 명백한** / very clear; obvious ; **뻔뻔스러운** / shameless; vulgar
- a **blatant** lie 뻔한 거짓말

---

060 **bleak**
[bli:k]
★☆☆☆☆

bleak<bhel (창백한) → '창백해질 만큼 쓸쓸하고 황량한' 에서 유래

a **적막한, 쓸쓸한** / dreary; cheerless ; **바람이 몰아치는, 황량한** / swept by winds; bare
- a **bleak** winter's day 황량한 어느 겨울날

★ 중요빈출

Check-up Test

1. He sacrificed his own career so that his avaricious brother could succeed.
ⓐ blatant ⓑ fable ⓒ honest ⓓ greedy

2. Think about how difficult it would be to move a huge stone statue, and you may understand why so many people were baffled by this monument.
ⓐ mesmerized ⓑ impressed ⓒ flattened ⓓ puzzled

3. The bedrock on which psychoanalysis rests is a brief in the unconscious.
ⓐ foundation ⓑ impasse ⓒ viewpoint ⓓ bias

4. The New Age movement — the latest contribution to our long history of bizarre spiritual fads and panaceas — invites a mixture of ridicule and indignant alarm.
ⓐ strange ⓑ excessive ⓒ modern ⓓ conventional

5. We must kill a man who blandishes another person into doing something.
ⓐ forces ⓑ flatters ⓒ urges ⓓ compels

정답 **1.** d **2.** d **3.** a **4.** a **5.** b

get(1)

- **get a grip on** / **이해하다** understand, make out, get a fix on
  - I think that the most important thing for you to **get a grip on** is paying bills. 당신이 파악해야할 가장 중요한 것은 값을 지불하는 것이라 생각합니다.

- **get across** / **설명하다, 이해시키다** make clear, put across
  - It is important to **get across** to adults the message about safe levels of alcohol consumption. 성인들에게 음주량의 안전 수준에 대한 메시지를 이해시키는 것은 중요하다.

- **get ahead** / **출세하다** succeed
  - English is essential to **get ahead** in the global world. 영어는 글로벌세계에서 성공하기 위해서 필수적이다.

- **get along** / **살아가다** lead a life, manage
  - Temporary employees are **getting along** on such a small income. 비정규직 근로자들은 적은 수입으로 살아간다.

- **get along with** / **~와 잘 지내다** get on with
  - His mother remarried, but he did not **get along with** his stepfather. 그의 어머니는 재혼하셨지만 그는 새아버지와 잘 지내지 못했다.

- **get an upper hand** / **보다 유리하다** have an advantage over
  - Minorities have never **gotten an upper hand** because of Affirmative Action. 소수집단은 차별 철폐 조처로 인해 유리한 입장에 서본 적이 한번도 없다.

- **get around** / **(법 등의) 빠져나갈 구멍을 찾다, 우회하다** avoid
  - One popular way to **get around** the regulations has been for property to be purchased by single family members living in the same household. 규제를 피하는 데 널리 쓰이는 방법은 같은 집에 살고 있는 가족 중 한 명이 부동산을 구입하는 것이었다.

- **get away with** / **~에 대해 처벌 받지 않다** go unpunished for
  - You can't **get away with** those outrageous acts. 당신은 그런 엄청난 행위들에 대해 처벌을 면할 수 없다.

- **get carried away** / **매료되다** get fascinated ; **몹시 흥분하다, 화를 내다** get angry
  - He seems to **get carried away** when performing a simple task such as opening a door. 그는 문 여는 것처럼 단순한 일을 할 때 흥분한 것처럼 보인다.

- **get cold feet** / **겁먹다** become timid
  - It's only when the body count started to rise that they **got cold feet**. 그들이 겁을 먹었던 것은 인명 피해 수가 늘어나기 시작했을 때 뿐이었다.

- **get down to** / **시작하다** start
  - To **get down to** business, tonight's debate is on an important issue. 사업을 시작하기위해서 오늘 밤 토론은 중요한 일이다.

- **get even with** / **보복하다** retaliate, get back at[on]
  - The only people for me to **get even with** are those that have helped you. 내가 유일하게 복수할 사람들은 너에게 도움을 준 사람들이다.

- **get hold of** / **파악하다** understand; **연락이 되다** contact
  - I've tried to **get hold of** the client. 나는 그 고객과 연락하기 위해 노력해왔다.

- **get in the way** / **방해가 되다** interfere
  - Don't let silly principles **get in the way** of practicality. 어리석은 원칙들이 실용성을 방해하도록 하진 마라.

- **get in touch with** / **~와 연락하다, 접촉하다** contact, keep in touch with
  - Our goal would be to **get in touch with** his daughter Patricia. 우리의 목표는 그의 딸 Patricia와 접촉하는 것이다.

- **get off** / **내리다; 퇴근하다; 이륙하다**
  - You don't have to **get off** the bike if you stop for a traffic light. 당신이 교통 신호등 때문에 멈춘다면 당신은 자전거에서 내릴 필요가 없다.

- **get off the ground** / **이륙하다** take off; **(일이) 잘 시작되다** get started
  - No wonder many businesses find it extremely difficult to **get off the ground**. 많은 기업들이 일을 순조롭게 시작하는 것은 매우 어렵다고 생각하는 건 당연하다.

- **get on sb's nerves** / **신경을 건드리다** irritate, offend, annoy
  - Such stupid, bigoted comments do indeed **get on the nerves** of people who think more deeply than you. 그런 어리석고 편협한 발언들은 실제로 당신보다 더 생각이 깊은 사람들의 신경을 건드린다.

- **get on with** / **(일 따위를) 계속하다; 사이좋게 지내다** be on good terms with, get along with
  - He's never **got on with** co-workers. 그는 동료들과 잘 지낸 적이 없다.

- **get out of hand** / **통제를 벗어나다** get out of control, become uncontrollable
  - If things really **get out of hand**, pipelines will be destroyed. 상황이 정말 통제를 벗어난다면 수송관은 파괴될 것이다.

- **get out of the way** / **방해하지 않다**
  - The most useful thing that they can do is to **get out of the way**. 그들이 할 수 있는 가장 도움 되는 행동은 방해가 안 되게 하는 것이다.

- **get over** / **극복하다; 회복하다** recover, get well
  - It took 5 years to **get over** her illness. 그녀가 병에서 회복하는데 5년이 걸렸다.

- **get rid of** / **~을 없애다** clear off; take away
  - Our plan is to encourage them to **get rid of** the fear. 우리의 계획은 그들이 두려움을 없애기 위해 용기를 북돋아주는 것이다.

- **get a head start** / 먼저 출발하다 start earlier
- **get in someone's hair** / 괴롭히다 bother, worry, annoy
- **get[put, set] one's back up** / ~를 화나게 하다 enrage, provoke
- **get one's prescription filled** / 처방전대로 약을 조제해 받다

ad-

우선순위로 보는 PRE view

Date : /

★★★★★	43.	**aggravate**	악화시키다; 화나게 하다	□ □ □
	47.	**alleviate**	경감시키다	□ □ □
★★★★☆	41.	**affluent**	풍요한	□ □ □
★★★☆☆	48.	**allocate**	할당하다; 충당하다	□ □ □
★★☆☆☆	36.	**advocate**	지지하다; 변호사	□ □ □
	37.	**affable**	상냥한	□ □ □
	51.	**allure**	유혹(하다)	□ □ □
★☆☆☆☆	35.	**advert**	언급하다; 주목하다	□ □ □
	39.	**affiliate**	가입시키다; 계열회사	□ □ □
	40.	**affinity**	유사성; 호감	□ □ □
	42.	**affront**	모욕(을 주다)	□ □ □
	44.	**aggregate**	합계가~이 되다; 총합(의)	□ □ □
	45.	**aggressive**	공격적인; 적극적인	□ □ □
	46.	**aggrieve**	괴롭히다; 화나게 하다	□ □ □
	50.	**allude**	암시하다	□ □ □
	53.	**ameliorate**	개선시키다	□ □ □
	54.	**amenable**	유순한	□ □ □
☆☆☆☆☆	38.	**affiance**	약혼(시키다)	□ □ □
	49.	**alloy**	합금; 섞다	□ □ □
	52.	**alluvial**	충적의	□ □ □

MD04 mp3

LECTURE 04

advert
[ædvə́:rt]
★☆☆☆☆
35

ad(to) + vert(turn) → '~에 주의 · 관심을 돌리다'에서 유래

vi 1 **언급하다** / refer to in speaking; allude
2 **주목하다** / turn the attention; attend

- **advert** to the need for caution 조심할 필요성에 대해 언급하다
- **advert** to a person's opinion 남의 의견에 주목하다

a **advértent** 주의 깊은, 신중한(attentive) **n** **advértency** 신중함

어근관련 diverse [divə́:rs] 다양한, 가지각색의 versatile [və́:rsətl] 다재 다능한

---

advocate
[ǽdvəkeit]
★★☆☆☆
36

ad(to) + voc(speak) → '~을 위해 말하다'에서 유래

vt (공개적으로) **지지[옹호]하다** / speak publicly in favor of; support

- **advocate** a reduction in military spending 군비 지출의 절감을 옹호하다

n 1 [ǽdvəkət] **지지자, 주창자** / a person who speaks in favor; supporter
2 **변호사** / a lawyer who speaks in defense of another person; attorney

- a strong **advocate** of economy reform 경제 개혁에 대한 강력한 주창자
- an unsurpassed **advocate** 탁월한 변호사

n **ádvocacy** 지지, 옹호

어근관련 evoke [ivóuk] (기억 · 감정을) 불러 일으키다 provoke [prəvóuk] (감정을) 일으키다; 화나게 하다

---

affable
[ǽfəbl]
★★☆☆☆
37

af<ad(to) + fa(speak) → '말 붙이기 쉬운'에서 유래

a **상냥한, 붙임성 있는** / easy to talk; amiable

- a beautiful and **affable** woman 예쁘고 상냥한 여자

n **affabílity** 상냥함, 싹싹한 태도

어근관련 fable [féibl] 우화 ineffable [inéfəbl] 말로[형언]할 수 없는

---

affiance
[əfáiəns]
☆☆☆☆☆
38

af<ad(to) + fia(fid(trust) → '~에게 믿음을 주다'에서 유래

vt <수동형 · 재귀적> **~을 약혼시키다** / promise in marriage; betroth

- **affiance** oneself to[be affianced to] somebody ~와 약혼하다

n **약혼** / marriage contract; engagement

- **Affiance** made, my happiness begun. 약혼을 하고, 나의 행복이 시작되었다.

어근관련 fiance [fi:a:nséi] 약혼자(男) infidel [ínfidl] 이교도(의)

---

affiliate
[əfílieit]
★☆☆☆☆
39

af<ad(to) + fil(son) → '아들로 받아들이다'에서 유래

vt 1 **가입시키다** / join in close association; associate
2 (더 큰 단체나 회사에) **합병시키다** / attach to a larger organization or company; merge

- **affiliate** a person with[to] a club 남을 클럽에 회원으로 가입시키다
- **affiliate** small companies 작은 회사들을 합병하다

n **회원, 가맹 단체, 계열 회사** / a person or organization that is associated with a larger organization; subsidiary

- an **affiliate** of the national automobile association. 전국 자동차 연합의 가맹 단체

n **affiliátion** 가입, 가맹; 합병(association) **a** **affíliated** 가입한(related)

- an **affiliated** company 계열 회사
- have an **affiliation** with ~ ~와 가맹을 맺고 있다

어근관련 filial [fíliəl] 자식의 filicide [fílisaid] 자식 살해(자)

동의어 / 반의어

35	**advert**	= allude / refer / remark / comment / observe	↔ disregard
36	**advocate**	= support / uphold / back / bear / prop up	↔ impugn (동의어 보감)
37	**affable**	= amiable / genial / sociable / approachable / gracious	↔ reserved
38	**affiance**	= betroth / engage	
39	**affiliate**	= associate / combine / integrate / merge	↔ disjoin

LECTURE 04

동의어 보감

지탱하다 · 지지하다 36	필수	advocate 옹호하다 / champion 지지하다 / sustain 지탱하다, (부상을) 입다, 겪다 / bolster 지지하다, 보강하다 / maintain 유지하다, 지지하다 / uphold 지지하다 / buttress 지탱하다 / support 지지하다
	고급	espouse 배우자로 삼다; 지지하다 / shore 지주로 떠받치다 / underpin 버팀목을 대다, 지지하다
	숙어	back up 후진하다; 정체되다; 지탱하다 / buoy up / hold up 지탱하다; 막다; 강탈하다 / prop up / rally behind / side with / stand by 구경하다; 지지하다 / stand for 나타내다, 상징하다; 지지하다 / stand behind / stand up for / stick up for 지지하다, 변호하다
	반의어	반박하다 / confute / contradict / counter / deny / disprove 반증하다 / gainsay / refute / retort 보복하다, 반박하다
열렬한 · 열광적인	필수	ardent 열렬한 / fanatic 광적인, 열렬한 / glowing 극찬하는, 열렬한 / avid 열렬한 / fervent 열렬한 / passionate 열정적인 / eager 열렬한 / fiery 열렬한 / vehement 열렬한 / enthusiastic 열정적인 / frantic 광란적인
	고급	fervid / frenetic 부산한, 열광적인 / frenzied 광분한, 광란한 / hectic 소모열의; 열광적인
열망하다 · 갈망하다	필수	aspire 열망하다 / desire 열망하다 / yearn 열망하다 / crave 열망하다 / thirst 갈증; 갈망(하다)
	고급	hunger 굶주림; 갈망하다 / yen 갈망[열망] 하다
	숙어	long for / pant for / pine for

check-up Test

1. A couple of years later Angelo became <u>engaged</u>, and in 2002 he got married.
ⓐ abject ⓑ adroit ⓒ adulterated ⓓ affianced

2. Since you <u>advert</u> to this matter so frequently you must regard it as important.
ⓐ merge ⓑ allude ⓒ prop up ⓓ disregard

3. The Chinese leader publicly <u>advocated</u> a three-way alliance with Japan and American.
ⓐ implied ⓑ opposed ⓒ determined ⓓ supported

4. The two brothers were very different. The older one was _______ and goodnatured, while the younger one was very quick-tempered.
ⓐ enthusiastic ⓑ diligent ⓒ affable ⓓ inert

5. Having ended her _______ with the university, Dr. Cole went to work for the government.
ⓐ affiliation ⓑ accommodation ⓒ articulation ⓓ apprehension

정답 **1.** d **2.** b **3.** d **4.** c **5.** a

affinity
[əfínəti]
★☆☆☆☆
40

af<ad(to) + fin(end) → '끝이 서로 가까움'에서 유래

n 1 **유사성** / close connection; similarity
2 (강한) **호감, 애정** / a strong liking for a thing or person; affection

- an **affinity** between Swedes and Norwegians 스웨덴과 노르웨이 사람들 사이의 유사성
- feel a strong **affinity** for[to] a person 남에게 강한 호감을 느끼다

어근관련 infinite [ínfinət] 무한한 confine [kənfáin] 한정하다 뉘앙스 p.53

affluent
[ǽfluənt]
★★★★☆
41

af<ad(to) + flu(flow) → '흘러 넘치는'에서 유래

a **풍요[부유]한** / having richness; wealthy

- an **affluent** society 풍요로운 사회

n **áffluence** 풍부, 부유

어근관련 fluctuate [flʌ́ktʃueit] (물가 등이) 변동하다 fluent [flú:ənt] 유창한

affront
[əfrʌ́nt]
★☆☆☆☆
42

af<ad(to) + front 앞 → '~의 앞[면전]에서 면박을 주다'에서 유래

vt (맞대놓고) **모욕[창피]을 주다** / insult to the face; offend

- feel deeply **affronted** by superior airs 거만한 태도에 심한 모욕을 느끼다

n (의도적이고 공공연한) **모욕** / intentional or open insult; insult

- offer an **affront** to a person. 남에게 모욕을 주다

어근관련 effrontery [ifrʌ́ntəri] 철면피, 뻔뻔함 forefront [fɔ́:rfrʌnt] 최전선

aggravate
[ǽgrəveit]
★★★★★
43

ag<ad(on) + grav(heavy) → '~위에 무거운 것을 올려 놓다'에서 유래

vt 1 (어려운 상황을 더욱) **악화[가중]시키다** / make worse or more severe; exacerbate
2 **화나게 하다** / irritate; exasperate

- **aggravate** one's illness 자신의 병을 악화시키다
- The whispering in class **aggravates** our teacher. 수업 중에 소곤대는 것은 선생님을 화나게 한다.

어근관련 grief [gri:f] (깊은) 슬픔 grievance [grí:vəns] 불만; 불만의 원인 뉘앙스 p.339

aggregate
[ǽgrigeit]
★☆☆☆☆
44

ag<ad(to) + greg(flock) → '떼지어 모이다'에서 유래

v 1 **모으[이]다** / bring or come together; accumulate
2 **합계가 ~이 되다** / amount to; total

- **aggregate** rare records 희귀한 음반들을 모으다
- The money collected will **aggregate** $1,000. 모인 돈의 총합은 1,000달러가 될 것이다.

n 1 [- gət] **합계, 총액** / total amount; sum
2 **집합(체)** / a mass of separate things; collection

- in the **aggregate** 합계해서; 대체로
- an **aggregate** of sugar crystals 설탕 결정체들의 집합체

a **합계의, 총합의** / considered as a complete amount; total

- the **aggregate** earnings 총 소득

n **aggregátion** 집성(체)(agglomeration)

어근관련 congregate [káŋgrigeit] 모이다 segregate [ségrigeit] 분리[격리]하다

동의어 / 반의어

40	**affinity**	= fondness / liking / favor / partiality ↔ dislike	동의어 보감
41	**affluent**	= wealthy / abundant / plentiful / copious / opulent ↔ impecunious	
42	**affront**	= insult / indignity / contempt / contumely / slap	
43	**aggravate**	= exasperate / exacerbate / intensify / increase ↔ alleviate	
44	**aggregate**	= accumulate / collect / gather / unite / mass ↔ scatter	

동의어 보감

닮음 · 유사함

40

필수	affinity 유사함; 애호, 친근감 · likeness 닮음 · semblance 외관; 유사 analogy 유사; ≪생물≫ 상사 · resemblance 닮음 · similarity 유사
고급	similitude 유사 / kinship 혈족관계; 유사 / homology 유사; ≪생물≫ 상동
참고	닮다 / resemble / take after / look like 꼭 닮은 / like two peas in a pod a carbon copy 꼭 닮은 사람 / a chip off the old block 아버지를 꼭 빼닮은 아이

뉘앙스

닮음 · 유사함

40

líkeness	(외모 · 성질따위가 크게) **닮음** ≪일상적인 말≫	• his remarkable **likeness** to his brother 그와 형 사이의 놀라운 닮음
similárity	(약간) **닮음**	• a **similarity** in tastes 취미가 약간 닮음
análogy	(본질적으로 다른 것 사이의) **유사함**	• an **analogy** between life and a journey 인생과 여행의 유사점
resémblance	(외관 · 표면상의) **닮음, 유사함**	• There is a strong **resemblance** between the twins. 그 쌍둥이들을 매우 닮았다.
affínity	(혈연 관계 · 경험의 공유에서 오는) **유사함**	• The French and Italian languages have many **affinities**. 불어와 이탈리아어는 유사한 점이 많다.

cf. **simílitude** **유사** ≪격식을 차리는 말≫

Check-up Test

1. She has an affinity for white dresses designed by Andre Kim.
ⓐ grief ⓑ indefinite amount ⓒ adversity ⓓ fondness

2. The high value on privacy is related to economic affluence which permits some people to value a room of their own.
ⓐ opulence ⓑ opportunity ⓒ freedom ⓓ influence

3. He felt affronted at having his words doubted.
ⓐ confronted ⓑ insulted ⓒ advocated ⓓ adept

4. He warned the workers against supporting these anti-social politics which he declared would _______ rather than _______ the plight of the common people.
ⓐ rescue - destroy ⓑ aggravate - alleviate ⓒ protract - inhibit ⓓ impair - improve

5. The guns captured will aggregate five or six hundred.
ⓐ be approved ⓑ amount to ⓒ arm ⓓ be less than

정답 **1.** d **2.** a **3.** b **4.** b **5.** b

aggressive
[əgrésiv]
★☆☆☆☆
45

ag<ad(to) + gress(walk) → '힘차게 걸어가는'에서 유래

a 1 **공격[호전]적인** / ready to quarrel or attack; offensive
2 **적극[정력]적인** / very active; energetic
- a **aggressive** manner 공격적인 태도
- make an **aggressive** campaign 적극적인 캠페인을 벌이다

n **aggréssion** 공격, 침략; 침범, 침해
cf **egréssion** 퇴출
어근관련 digress [daigrés] 벗어나다 retrogress [retrəgrés] 쇠퇴[퇴보]하다

aggrieve
[əgríːv]
★☆☆☆☆
46

ag<ad(on) + grieve 슬프게 하다 → '~를 슬프게 하다'에서 유래

vt 1 <보통 수동태> **~에게 고통을 주다, 괴롭히다** / give pain, sorrow, or trouble to; distress
2 **~의 감정을 상하게 하다, 화나게 하다** / make angry; offend
- be **aggrieved** by the tyranny of the atrocious king 그 잔학한 왕의 폭정으로 인해 고통을받다.
- be **aggrieved** at the insult from one's friend 친구의 모욕에 화나다

a **aggríeved** 고통 받고 있는, 시달리는; 감정이 상한, 화가 난
어근관련 grievance [gríːvəns] 불평; 슬픔 gravity [grǽvəti] 중대함; ≪물리≫ 중력

alleviate
[əlíːvieit]
★★★★★
47

al<ad(to) + levi(light) → '가볍게 하다'에서 유래

vt (고통을) **경감[완화]시키다** / make easier to endure; relieve
- **alleviate** the symptoms 증상을 완화시키다

n **alleviátion** 경감, 완화 **a** **alléviative** 경감시키는, 위안이 되는
어근관련 elevate [éləveit] 올리다, 높이다 levy [lévi] (세금을) 부과하다; 소집하다

allocate
[ǽləkeit]
★★★☆☆
48

al<ad(to) + loc(place) → '여러 사람에게 각자의 몫을 놓다'에서 유래

vt 1 **할당[배분]하다** / give as a share; assign
2 **충당[마련]하다** / set aside for a special purpose; appropriate
- **allocate** accommodation to each of the refugees 난민들 각자에게 잠잘 곳을 할당하다
- **allocate** millions of dollars for cancer research 암 연구를 위해 수백만 달러를 충당하다

n **allocátion** 할당, 배당
어근관련 locate [lóukeit] ~의 위치를 알아내다 locality [loukǽləti] 위치, 장소 뉘앙스 p.55

alloy
[ǽlɔi]
☆☆☆☆☆
49

al<ad(to) + loy<lig(bind) → '하나로 묶음'에서 유래

n **합금** / a metal that consists of two or more metals mixed together
- an **alloy** of copper and zinc 구리와 아연의 합금

vt 1 (금속을) **섞다, 합금하다** / make into an alloy
2 (가치 · 질을) **떨어뜨리다** / make lower in value or quality; debase
- **alloy** gold with silver 금을 은과 섞다
- **alloy** oneself by doing abject behavior 비굴한 행동을 함으로써 자신의 가치를 떨어뜨리다

cf **alláy** 누그러뜨리다 **álley** 골목길
어근관련 alliance [əláiəns] 동맹 liability [laiəbíləti] ~하기 쉬움; 책임; <pl.> 부채

동의어 / 반의어

45	**aggressive**	=	energetic / active / vigorous / positive ↔ passive
46	**aggrieve**	=	distress / afflict / annoy / harass / torment / badger / bully ↔ delight
47	**alleviate**	=	relieve / allay / mitigate / mollify / assuage / palliate ↔ aggravate
48	**allocate**	=	assign / allot / apportion / distribute ↔ reserve ⓞ 동의어 보감
49	**alloy**	=	debase / adulterate / lower/ degrade / corrupt

동의어 보감

할당하다 · 분배하다 48	필수	allocate 할당하다 allot 할당하다 apportion (균등하게) 할당하다	appropriate 착복하다, 횡령하다; 책정하다 assign (임무) 할당하다 dispense 분배하다; 조제하다	distribute 분배하다 divide 분배하다 ration 배급하다 share 할당하다
	고급	disburse 지불하다; 분배하다 / earmark 귀표하다, 책정하다		
	숙어	dole out / give out 분배하다; 힘이 다 빠지다 / mete out		

뉘앙스

할당하다 · 분배하다
48

allót	(몫을) **나누다, 분배하다**	• I was **allotted** three tickets. 나는 표 세 장을 배당받았다
assígn	(임무를 권위있게) **할당하다, 분배하다**	• The teacher **assigned** a page to each student. 그 선생님은 각 학생에게 1페이지씩 할당했다
appórtion	(특히 균등하게) **나누다, 분배하다**	• The father's property was **apportioned** among his children. 그 아버지의 재산은 자식들에게 분배되었다.
állocate	(정해진 액수를) **할당하다**	• **allocate** $60 for books 책을 사는데 60달러를 할당하다

cf. **distríbute** **분배하다** ≪일반적인 말≫ **dispénse** (정확히) **분배하다**
dole (자선을 위해) **분배하다** **rátion** (식량 · 의복 등을) **배급하다**

Check-up Test

1. Therapy is defined as "an activity of treatment intended to <u>alleviate</u> an undesirable condition."
ⓐ assimilate ⓑ augment ⓒ aggravate ⓓ assuage

2. Some of the patients become <u>aggressive</u> and violent, as others are angry and withdrawn.
ⓐ corrupt ⓑ guileful ⓒ belated ⓓ hostile

3. They have been <u>aggrieved</u> by the oppression.
ⓐ distressed ⓑ allocated ⓒ alleviated ⓓ derided

4. John wanted nothing more than to _______ the pain.
ⓐ alleviate ⓑ allege ⓒ subordinate ⓓ alliterate

5. All important resources were <u>allocated</u> by the government.
ⓐ nationalized ⓑ distributed ⓒ protected ⓓ planned

정답 **1.** d **2.** d **3.** a **4.** a **5.** b

allude
[əlú:d]
★☆☆☆☆
50

al<ad(to) + lud(play) → '~에 대해 장난치듯 이야기하다'에서 유래

vi (간접적으로) **언급하다,** (넌지시) **암시하다** / speak about, but in an indirect way
- **allude to** major problems in the computer system 컴퓨터 시스템의 주요한 문제점들을 넌지시 말하다

n **allúsion** 암시 • **in allusion to** ~을 암시하여

a **allúsive** 암시적인

어근관련 collude [kəlú:d] (범죄 등을) 공모하다 delude [dilú:d] 속이다, 기만하다

---

allure
[əlúər]
★★☆☆☆
51

al<ad(to) + lure 미끼 → '그럴듯한 가짜 미끼를 주다'에서 유래

vt (강하게) **유혹[매혹]하다** / attract very strongly with something pleasant; tempt
- be **allured** by promises of easy wealth 쉽게 돈을 벌 수 있다는 약속에 유혹되다

n **유혹, 매력** / great charm; fascination
- the **allure** of the sea 바다의 매력

n **allúrement** 유혹(물), 매력

a **allúring** 매혹적인(attractive)

어근관련 lure [luər] 유혹(물), 미끼; 유혹하다

뉘앙스 p.237

---

alluvial
[əlú:viəl]
☆☆☆☆☆
52

al<ad(to) + luv<lav(wash) → '(흙이) 물에 씻겨져 조금씩 쌓인'에서 유래

a **충적의** / formed by soil left by flowing water; deposited
- an **alluvial** plain 충적 평원

n **allúvium** 퇴적; 충적층

어근관련 ablution [æblú:ʃən] 목욕 재계 lavatory [lǽvətɔ:ri] 화장실

---

ameliorate
[əmí:ljəreit]
★☆☆☆☆
53

a<ad(to) + melior(better) → '이전보다 더 나아지게 하다'에서 유래

v **개선[향상]시키다, 좋아지다** / make or become better; improve
- **ameliorate** living conditions 생활 조건들을 개선시키다

n **ameliorátion** 개량, 개선

a **ameliorátive** 개량의

어근관련 meliorate [mí:ljəreit] 개량[개선]하다, 좋아지다

뉘앙스 p.57

---

amenable
[əmí:nəbl]
★☆☆☆☆
54

a<ad(to) + men(lead) → '이끄는 대로 가는'에서 유래

a 1 **유순한, 기꺼이 따르는** / ready to be guided or influenced by; obedient
2 (법 · 의무 등을) **따라야[지켜야] 할** / accountable to some jurisdiction or authority; answerable
3 **평가[시험]할 수 있는** / able to be tested by
- be **amenable** to a person's advice 남의 충고에 기꺼이 따르다
- People living in a country are **amenable** to its law. 한 국가에 사는 사람들은 그 나라의 법을 따라야 한다
- data **amenable** to scientific analysis 과학적인 분석을 할 수 있는 데이터

n **amenabílity** 복종, 유순

n **aménity** 쾌적함; 예의바름; <pl.> 위탁시설

cf **améndable** 고칠 수 있는

어근관련 demeanor [dimí:nər] 태도 misdemeanor [misdimí:nər] 경범죄, 비행

동의어 / 반의어

50	**allude**	=	refer / advert / remark / comment / observe
51	**allure**	=	tempt / fascinate / charm / bewitch / enchant ↔alienate
52	**alluvial**	=	deposited / settled / sedimental
53	**ameliorate**	=	improve / enhance / better / reform / amend ↔pejorate
54	**amenable**	=	obedient / docile / tame/ plastic ↔recalcitrant ⭘ 동의어 보강

동의어 보강

유순한 · 고분고분한 54	필수	accommodating 남의 말을 잘 듣는; 친절한 / amenable 유순한 / compliant 유순한 / docile 다루기 쉬운, 유순한 / obedient 순종적인 / pliable 유순한 / pliant 유순한 / submissive 복종하는, 유순한 / tractable 유순한
	고급	complaisant 공손한; 유순한, 순종하는 / meek 유순한, 온순한 / tame 길들여진, 유순한
	숙어	as meek as a lamb
	반의어	고집 센 / bullheaded / die-hard 죽지 않는, 오래가는 / headstrong / inflexible 구부러지지 않는, 완고한

뉘앙스

개선하다 53	**impróve**	(부족한 것을 보충하여) **개선하다**	• **improve** oneself 지식과 교양을 쌓다
	bétter	(더욱 좋은 상태로) **개선하다** ≪구어적인 말≫	• **better** oneself 출세하다
	améliorate	(원래 나쁜 것을) **개선하다** ≪격식을 차리는 말≫	• **ameliorate** slum conditions 빈민가의 환경을 개선하다

Check-up Test

1. If you are receptive to this kind of analysis, answers will tend to emerge.
ⓐ amenable ⓑ critical ⓒ alert ⓓ intensive

2. Those words allude to the size of the chamber.
ⓐ refer to ⓑ differ from ⓒ depend on ⓓ narrow down

3. The audience was allured by the star's radiance.
ⓐ seceded ⓑ secluded ⓒ seduced ⓓ severed

4. Efforts to ameliorate housing conditions for the poor were halted because government funds were cut off.
ⓐ add to ⓑ improve ⓒ destroy ⓓ make up

5. The boy was disciplined for not being amenable to his elder.
ⓐ gentle ⓑ obedient ⓒ kind ⓓ courteous

정답 **1.** a **2.** a **3.** c **4.** b **5.** b

061 **bliss** [blis] ★☆☆☆☆
blis (joy 기쁨) → '기쁨이 가득한 행복'에서 유래
n (더 없는) 행복, 황홀 / perfect happiness; glee
• domestic **bliss** 가정의 행복 a **blíssful** 더없이 행복한

062 **blithe** [blaið] ★★★☆☆
blith (joy 기쁨) → '기쁘고 즐거운'에서 유래
a ≪시어≫ 즐거운; 명랑한 / joyous; merry
• **blithe** voice 명랑한 목소리

063 **blossom** [blásəm] ★★☆☆☆
blo (bloom 꽃피다) → '꽃이 피다' 에서 유래
v (과일 나무의) 꽃이 피다 / have flowers; bloom ; 번영하다 / open out; thrive
• Her musical talent **blossomed** early. 그녀의 음악적 재능은 일찍이 꽃을 피웠다.

064 **blunder** [blʌ́ndər] ★★★★★
blund (blind 눈 먼) → '못 보고 실수를 하다' 에서 유래
n v (큰) 실수(를 저지르다) / (make) a foolish mistake; error
• a grave **blunder** in translation 번역상의 중대한 실수

065 **blunt** [blʌnt] ★★☆☆☆
blunt<blind (dark 어두운) → '어두운 곳에 있는 것처럼 둔한' 에서 유래
a 무뚝뚝한, 퉁명스러운 / rude or brief in manner; brusque, curt ; 둔감한, 어리석은 / slow in perceiving; obtuse ; 무딘, 날 없는 / without a sharp edge; dull
• His **blunt** and tactless reply caused resentment. 그의 퉁명스럽고 재치 없는 대답은 화나게 했다.

066 **blurred** [blə:rd] ★☆☆☆☆
blur<blere (watery 물의) → '물을 탄 듯이 흐린' 에서 유래
a 흐린, 불분명한 / not clear; indistinct
• the **blurred** boundaries between broadcasting and telecommunications 방송과 통신 사이의 모호한 경계

067 **bogus** [bóugəs] ★☆☆☆☆
bogus (counterfeit apparatus 가짜 장치)
a 가짜의 / not authentic; counterfeit
• **bogus** money 위조 지폐

068 **boisterous** [bɔ́istərəs] ★☆☆☆☆
boister (rough 거친) → '거칠고 시끄러운'에서 유래
a 사나운 / violent ; 명랑하고 떠들썩한 / noisily cheerful; vociferous
• a **boisterous** party 떠들썩한 파티

069 **bolster** [bóulstər] ★★★☆☆
bol (swell 부풀리다) → '장점만을 부풀려 지지하다' 에서 유래
v 받치다, 지지하다 / give support; boost
• **bolster** up the weaker 약자를 지지하다

070 **bombastic** [bambǽstik] ★☆☆☆☆☆
bombas (silk 실크) → '최고급 실크라고 과장하는' 에서 유래
a 과장된 / using inflated language; pompous
• a **bombastic** manner of the orator 연사의 과장된 태도

071 **bountiful** [báuntifəl] ★☆☆☆☆
boun (good 좋은) → '인심이 후해 좋은' 에서 유래
a (물건 등을) 아까워 하지 않는, 후한 / giving freely; generous
• distribute gifts in a **bountiful** manner 아까워 하지 않는 태도로 선물을 나누어 주다

072 **brag** [bræg] ★★☆☆☆
brag (the best 최고) → '최고로 생각하여 자랑하다' 에서 유래
v 자랑하다 / praise oneself or what one has; boast
• It is nothing to **brag** about. 그것은 자랑할 일이 못 된다.
n **brágger** 허풍선이 a **brággart** 자랑하는

073 **bravado** [brəvɑ́:dou] ★☆☆☆☆

brav(brave 용감한) → '용감한 것을 넘어서는 허세' 에서 유래

n <pl.-(e)s> **허세** / the act of showing one's confidence; bluff

- the **bravado** of the upstart 그 벼락부자의 허세

---

074 **brawl** [brɔ:l] ★★★☆☆

brawl<braulen (cry out 외치다) → '시끄럽게 외치며 싸우는 것' 에서 유래

n **말다툼** / a noisy quarrel; altercation; wrangle

- continue **brawl** over history 역사에 관해 분쟁을 계속하다

n **bráwler** 말다툼하는 사람 **a** **bráwling** 시끄러운, 떠들썩한

---

075 **brazen** [bréizn] ★☆☆☆☆

braz (brass 놋쇠) → '얼굴에 철판을 두른 듯이 오만한' 에서 유래

a **오만한** / behaving without being ashamed; insolent

- a **brazen** attitude 오만한 태도

---

076 **breach** [bri:tʃ] ★★☆☆☆

breac (break 깨뜨리다) → '정해진 규칙을 깨뜨리는 위반' 에서 유래

n **어김, 위반** / breaking of contract or duty; violation

- a **breach** of contract 계약 위반

---

077 **brevity** [brévəti] ★★★☆☆

brev<brevis (short 짧은) → '짧고 간결함' 에서 유래

n **간결함** / expression in few words; conciseness

- **Brevity** is the soul of wit. 간결함은 재치의 생명이다.

---

078 **brisk** [brisk] ★★☆☆☆

brisk<brusque (lively 활발한) → '생기 있게 활발하고 기운찬' 에서 유래

a **활발한** / quick and active; lively

- a **brisk** walk in the park 공원에서의 활기찬 걸음걸이

n **brískness** 활발함 **ad** **brískly** 활발하게

---

079 **bristle** [brísl] ★☆☆☆☆

brist (point 뾰족한 끝) → '머리 끝이 곤두설 만큼 격분하다' 에서 유래

v **격분하다** / show irritation; rage; <털이> **곤두서다** / stand up stiffly

- **bristle** with anger 화가 나서 털이 곤두서다

a **brístling** 곤추 선; 격분한

---

080 **brittle** [brítl] ★★★★☆

brittle<britel (break to pieces 산산조각 나다) → '산산조각 나기 쉬운' 에서 유래

a **깨지기 쉬운** / hard but easily broken; fragile

- Her nails became **brittle**. 그녀의 손톱은 쉽게 부러졌다.

v **embríttle** 부서지게 하다

★ 중요빈출

---

check-up Test

1. In the physical care of the child Mother makes no clumsy blunders.
   ⓐ embraces ⓑ comments ⓒ mistakes ⓓ movements

2. In modern writing, the distinction between literary expression and colloquial expression is often blurred.
   ⓐ exaggerated ⓑ reversed ⓒ indistinct ⓓ unintentional

3. I hope she's not trying to bolster his confidence.
   ⓐ weaken ⓑ support ⓒ condemn ⓓ praise

4. Sometimes a habitual infraction of a social convention is punished merely by expressions of social disapproval or gossip.
   ⓐ divergence ⓑ breach ⓒ discrimination ⓓ depreciation

5. The essays were written with admirable brevity.
   ⓐ humor ⓑ description ⓒ briefness ⓓ magnificence

정답 **1.** c **2.** c **3.** b **4.** b **5.** c

get(2)

- **get somewhere** / **성공하다, 효과가 있다** succeed, make good
  - She works very hard to **get somewhere**.
    그녀는 성공하기 위해 열심히 일한다.

- **get the ax** / **해고당하다** get dismissed, get sacked, get a pink slip
  - Rumors were abundant for weeks that he was about to **get the ax**. 그가 해고당할 위기에 처했다는 소문들이 몇 주간 무성했다.

- **get the better of** / **극복하다, 이기다** beat, defeat, win over
  - He is calm, patient, and does not let his emotions **get the better of** him. 그는 침착하고 참을성이 있으며 자신의 감정에 압도당하지 않는다.

- **get the edge on** / **~ 보다 우세하다** beat, have the upper hand
  - I've **got the edge on** anyone I've ever met.
    나는 내가 만났던 그 어떤 사람들보다도 더 뛰어나다.

- **get the hang of** / **요령을 터득하다** get the knack of, learn the ropes
  - Once you **get the hang of** it, you can apply the same techniques to others. 일단 네가 요령만 터득하면, 너는 다른 것들에도 같은 기술을 적용할 수 있다.

- **get the picture** / **상황을 이해하다** get it right, get the point
  - In spite of his continuous attempts, Alex didn't **get the picture**.
    그의 끊임없는 시도에도 불구하고, Alex는 상황을 이해하지 못했다.

- **get through** / **이해시키다; 극복하다; 끝내다**
  - I find it impossible to **get through** to her.
    나는 그녀를 이해시키는 것이 불가능하다고 본다.

- **get through with** / **~을 끝내다** finish, complete, go through with
  - When do you expect to **get through with** your work?
    언제 일을 마무리할 예정입니까?

- **get to** / **~에 도착하다** come to, reach ; **착수하다** embark on, set to work, get down to
  - We **get to** work after having lunch. 우리는 점심 식사 후에 일하기 시작한다.

- **get wind of** / **소문을 알아내다, 눈치 채다** get a hint, scent
  - A journalist **got wind of** a story about the nuclear research center. 한 기자가 핵 연구 센터에 대한 소문을 알아챘다.

▪ **get starry-eyed** / 몽환적이 되다
▪ **get to first base** / 다소 진전하다 have any success; 순조롭게 출발하다

give

- **give ~ a hand** / **도와주다** help; **박수치다** applaud
  - If any one has a possible solution please **give me a hand**!
    누군가 가능한 해결책을 찾는다면, 저를 도와주세요!

- **give a ride** / **~을 차로 태워주다** give a lift
  - The three men stopped to **give a ride** to a young girl by the roadside.
    세 명의 남자들은 어린 여자 아이를 태워주기 위해 길가에 차를 세웠다.

- **give someone a wide berth** / **피하다, 멀리하다** avoid, keep away from
  - He's so boring I always try to **give him a wide berth** at parties.
    그는 너무 지루해서 내가 항상 파티에서 그를 멀리하려고 애쓴다.

- **give away** / **누설하다, 폭로하다** reveal, disclose ; **(공짜로) 주다**
  - Some young people knowingly **give away** inappropriate private information publicly. 몇몇 젊은이들은 고의로 부적절한 사적 정보를 공개적으로 폭로한다.

- **give in** / **제출하다** hand in, submit, turn in; **항복하다** surrender, yield to
  - She refused to **give in** to bullying and threats.
    그녀는 괴롭힘과 협박에 굴복하지 않았다.

- **give off** / **(냄새, 연기 따위를) 내다, 발하다** emit, radiate
  - The mixture turned black and **gave off** smoke. 혼합물은 검은색으로 변했고 연기를 내뿜었다.

- **give out** / **배포하다, 분배하다** distribute, hand out; **힘이 다 빠지다** be exhausted
  - A exam supervisor **gave out** the exam papers.
    시험 감독관이 시험지를 나눠주었다.
  - Her legs **gave out** and she collapsed.
    그녀는 다리에 힘이 빠지면서 쓰러졌다.

- **give rise to** / **야기하다, 유발하다** cause, bring about
  - The novel's success **gave rise to** a number of sequels.
    그 소설의 성공으로 몇 권의 속편이 나왔다.

- **give up** / **단념하다, 포기하다** abandon
  - He counselled them to **give up** the plan.
    그는 그들에게 그 계획을 포기하라는 조언을 했다.

- **give vent to** / **표출하다, 나타내다** express
  - If the children had a complaint about their parents, she helped them **give vent to** it. 그녀는, 아이들이 부모에게 불만을 가지고 있다면 그 불만을 부모에게 표현할 수 있도록 아이들을 도왔다.

- **give way** / **무너지다** collapse; **양보하다, 굴복하다** yield
  - The manual typewriter eventually **gave way** to the computer.
    수동 타자기는 결국 컴퓨터로 대체되었다..

▪ **give a ring** / 전화하다 give a buzz, call up
▪ **give a shit about** / ~에 대해 신경 쓰다 care about, show an interest in
▪ **give evidence** / 증언하다 testify
▪ **give the cold shoulder to** / 냉대하다 be hard upon

ad-

우선순위로 보는 PRE view

Date :

★★★★★	62.	**appease**	달래다	□ □ □
	67.	**apprehend**	체포하다; 이해[염려]하다	□ □ □
	70.	**appropriate**	사취[횡령]하다; 적당한	□ □ □
★★★★☆	60.	**apparel**	옷; 입히다	□ □ □
★★★☆☆	73.	**arbitrary**	변덕스러운; 독재적인	□ □ □
★★☆☆☆	66.	**appraise**	평가하다	□ □ □
★☆☆☆☆	55.	**annex**	부가하다; 합병하다	□ □ □
	56.	**annihilate**	파괴하다; 폐지하다	□ □ □
	57.	**aplomb**	침착	□ □ □
	58.	**appal(l)**	섬뜩하게 하다	□ □ □
	59.	**apparatus**	기구; 조직	□ □ □
	64.	**applaud**	갈채하다; 칭찬하다	□ □ □
	65.	**apposite**	적합한; 동격의	□ □ □
	68.	**apprentice**	도제	□ □ □
	69.	**apprise**	통지하다	□ □ □
	70.	**approbation**	승인	□ □ □
	72.	**approximate**	근접하다; 대략의	□ □ □
☆☆☆☆☆	61.	**apparition**	환영, 유령	□ □ □
	63.	**append**	덧붙이다	□ □ □

MD05 mp3

LECTURE 05

annex
[ənéks]
★☆☆☆☆
55

an<ad(to) + nex<nect(bind) → '(작은 것들을) 하나로 묶어 버리다'에서 유래

vt 1 **부가[추가]하다** / add to a larger thing; append
2 **(영토 · 토지 따위를) 합병하다** / take control and possession of; incorporate
- **annex** a clause to a contract 계약에 어떤 조항을 추가하다
- The United States **annexed** Texas in 1845. 1845년 미국은 텍사스주를 합병했다.

n [ǽneks] **부가물, 부속 건물** / something joined to a lager one; wing
- an **annex** to the school 학교에 딸린 부속 건물

n **annexátion** 부가(물); 합병

어근관련 nexus [néksəs] 유대, 관계 disconnect [diskənékt] ~와의 연락을 끊다

annihilate
[ənáiəleit]
★☆☆☆☆
56

a<ad(to) + nihil(nothing) → '아무 것도 없도록 만들어버리다'에서 유래

vt 1 **(완전히) 파괴하다, 전멸시키다** / destroy completely; exterminate
2 **(법령 따위를) 폐지하다** / do away with; annul
- An avalanche **annihilated** the village. 눈사태가 그 마을을 완전히 파괴했다.
- **annihilate** a restriction law 규제 법령을 폐지하다

n **annihilátion** 전멸 • the **annihilation** by nuclear weapons 핵무기에 의한 전멸

어근관련 nihilism [náihəlizm] ≪철학≫ 허무주의 annul [ənʌ́l] (법률을) 무효로 하다 뉘앙스 p.211

aplomb
[əplɑ́m]
★☆☆☆☆
57

a<ad(to) + plomb(lead) → '마치 납처럼 차갑고 무거움'에서 유래

n **(어려운 상황에서의) 침착, 평정** / the power to remain calm and steady in behavior; composure
- conduct oneself with great **aplomb** 매우 침착하게 행동하다

어근관련 plumb [plʌm] (수심을 재는) 연추; 조사하다 plumber [plʌ́mər] 배관공

appal(l)
[əpɔ́:l]
★☆☆☆☆
58

ap<ad (to) + pal (pale) → '얼굴이 창백하게 변하도록 만들다'에서 유래

vt **소름끼치게[섬뜩하게] 하다** / fill with horror; terrify
- The prospect of another war **appalled** us. 또 다른 전쟁의 전망이 우리를 소름끼치게 했다.

a **appálling** 소름끼치는, 무시무시한(dreadful)

어근관련 pallid [pǽlid] 창백한, 핏기없는 pallor [pǽlər] 창백

apparatus
[æpərǽtəs]
★☆☆☆☆
59

ap<ad (to) + para (make ready) → '~에 쓸 수 있도록 준비해 둔 것'에서 유래

n 1 **(특정한 목적의) 기구, 장치** / anything necessary to carry out a purpose; equipment
2 **(정치) 조직** / a political organization
- a heating **apparatus** 난방 장치
- the government's **apparatus** for settling industrial disputes 산업 분쟁을 해결하기 위한 정부 기구

어근관련 prepare [pripέər] 준비하다 repair [ripέər] 수리(하다); 회복하다

apparel
[əpǽrəl]
★★★★☆
60

ap<ad (to) + par (make ready) → '남에게 잘 보이기 위해 준비함'에서 유래

n **옷, 복장** / clothing; dress • women's ready-to-wear **apparel** 여성용 기성복

v **(옷을 차려) 입히다** / dress up; array
- He was **appareled** like a prince. 그는 왕자처럼 차려 입고 있었다.

어근관련 parasol [pǽrəsɔ:l] (여성용) 양산 parachute [pǽrəʃu:t] 낙하산

apparition
[æpəríʃən]
☆☆☆☆☆
61

ap<ad (to) + par (come into sight) → '갑자기 나타나 보이는 것'에서 유래

n **환영, 유령** / a supernatural sight or thing; ghost
- see the **apparition** of one's dead wife 자신의 죽은 아내의 환영을 보다

어근관련 apparent [əpǽrənt] 명백한; 외관상의 disappear [disəpíər] 사라지다

55	**annex**	=	append / add / subjoin / affix / attach ↔ disengage
56	**annihilate**	=	annul / abolish / abrogate / nullify / invalidate ⦿ 동의어 보감
57	**aplomb**	=	composure / assurance / poise / presence of mind ↔ shyness
58	**appall**	=	terrify / horrify / dismay / awe ↔ nerve ⦿ 동의어 보감
59	**apparatus**	=	equipment / tool / instrument / implement / utensil
60	**apparel**	=	dress / clothing / array / attire / garment
61	**apparition**	=	ghost / phantom / spectrum / specter ⦿ 동의어 보감

= 동의어 ↔ 반의어

동의어 보감

전멸시키다 56	필수	annihilate 전멸시키다 / eradicate 근절하다 / decimate 많은 사람을 죽이다 / uproot 뿌리째 뽑다, 근절하다
	고급	exterminate 멸종시키다 / extirpate 뿌리째 뽑다, 근절하다
	숙어	finish off / root out[up] / take out / wipe out 완전히 파괴하다
	참고	endangered 멸종위기에 처한 / extinct 멸종한

흉측한 · 소름끼치는 · 무시무시한 58	필수	appalling 소름끼치는 / awful 무시무시한 / dreadful 무시무시한 / eerie 으스스한, 무시무시한 / ghastly 무시무시한 / grisly 소름끼치는 / grotesque 괴상한, 괴기스러운 / gruesome 소름끼치는 / hideous 흉측한 / horrible 소름끼치는 / monstrous 무시무시한 / scary 무시무시한 / weird 섬뜩한, 무시무시한
	고급	horrendous 몹시 무서운, 끔찍한 / horrid 무서운, 아주 싫은 / lurid (색깔이) 선정적인, 무서운 / macabre 무시무시한, 죽음의

유령 · 환영 61	필수	apparition 유령, 망령 / ghost 유령, 환영 / phantom 환영, 유령 / specter[spectre] 요괴 / wraith 생령
	고급	goblin 도깨비 / phantasm / spook

check-up Test

1. The Korean economy has been going downhill for some time and economic indexes have fallen to <u>dire</u> levels.
ⓐ deflated ⓑ extraordinary ⓒ appalling ⓓ tragic

2. Midway Island was <u>annexed</u> by the United States in 1859.
ⓐ conquered ⓑ obliterated ⓒ coveted ⓓ surpassed

3. To keep composure, one has to act with _______.
ⓐ placability ⓑ aplomb ⓒ pleasure ⓓ nerve

4. The number of injuries and deaths from preventable accidents is an <u>appalling</u> statistics.
ⓐ frightening ⓑ important ⓒ debatable ⓓ well-known

5. When apprentices in colonial America satisfactorily completed their training, each received two sets of <u>apparel</u> as a graduation gift.
ⓐ tools ⓑ wages ⓒ clothes ⓓ credentials

정답 **1.** c **2.** a **3.** b **4.** a **5.** c

appease
[əpíːz]
★★★★★
62

ap<ad(to) + peas<pais(peace) → '평화롭게 하다'에서 유래

vt (욕구 · 슬픔 따위를) **달래다, 진정시키다** / satisfy or make calm; pacify

- **appease** one's curiosity[hunger] 자신의 호기심[허기]을 채우다

n **appéasement** 진정, 완화

어근관련 pacific [pəsífik] 평온한; <the P-> 태평양 pacifist [pǽsəfist] 평화주의자

---

append
[əpénd]
☆☆☆☆☆
63

ap<ad(on) + pend(hang) → '~에 덧붙여 매달다'에서 유래

vt (말 · 글을) **덧붙이다, 추가하다** / add to a larger thing; affix

- **append** notes to a book 책에 주석을 부가하다

n **appéndage** 부속물 **n** **appéndix** 부록; 증보; 충수, 돌기

a **n** **appéndant** 부속된; (결과로) 수반하는; 부속 권리

어근관련 impending [impéndiŋ] 임박한 propensity [prəpénsəti] (타고난) 성향

---

applaud
[əplɔ́ːd]
★☆☆☆☆
64

ap<ad(to) + plaud(clap) → '~를 향해 손뼉을 치다'에서 유래

v 1 **박수갈채[환호]하다** / show approval by clapping hands and shouting; acclaim
2 **칭찬하다** / express strong approval of; praise

- **applaud** an actor[speech] 배우[연설]에 박수갈채를 보내다
- **applaud** one's decision[honesty] ~의 결정[정직함]을 칭찬하다

n **appláuse** 박수갈채; 칭찬

어근관련 plausible [plɔ́ːzəbl] (핑계가) 그럴싸한 implausible [implɔ́ːzəbl] 터무니없는

---

apposite
[ǽpəzit]
★☆☆☆☆
65

ap<ad (near) + pos (place) → '가까이에 위치해 있는'에서 유래

a **적합[적절]한** / exactly suitable to; pertinent

- an **apposite** statement to the situation 그 상황에 적절한 말

vt **appóse** (두 개를) 나란히 놓다, 병치하다 **n** **apposítion** 병치; ≪문법≫ 동격

어근관련 composure [kəmpóuʒər] 침착, 냉정 exposure [ikspóuʒər] 노출; 폭로

---

appraise
[əpréiz]
★★☆☆☆
66

ap<ad (to) + prais (price) → '가격을 매기다'에서 유래

vt **평가하다** / judge the worth, quality, or condition of; assess

- **appraise** property for taxation 과세를 위해 재산을 평가하다

n **appráisal** 평가(액)(estimate)

- the annual **appraisal** of employee's work 근로자의 직무에 대한 매년의 평가

cf **apprise** ~에게 알리다

어근관련 precious [préʃəs] 귀중한 priceless [práislis] 대단히 귀중한 뉘앙스 p.267

---

apprehend
[æprihénd]
★★★★★
67

ap<ad (upon) + prehen (seize) → '붙잡다'에서 유래

vt 1 **붙잡다, 체포하다** / take into police control; arrest
2 **염려[걱정]하다** / look forward to with fear; worry
3 **감잡다, 이해하다** / grasp with the mind; appreciate

- **apprehend** the atrocious criminal 흉악범을 체포하다
- **apprehend** a global oil crisis 세계적인 석유 위기를 우려하다
- readily **apprehend** the meaning of ~의 뜻을 쉽게 이해하다

n **apprehénsion** 염려, 걱정; 이해(력)

- entertain[have] **apprehensions** of ~에 대해 염려하다

a **apprehénsive** 걱정[근심]하는 **a** **apprehénsible** 이해할 수 있는

어근관련 comprehend [kɑmprihénd] 이해하다 reprehend [reprihénd] 비난하다

동의어 / 반의어

62 **appease** = pacify / soothe / mollify / conciliate / propitiate ↔ exasperate 동의어 보강

63 **append** = affix / add / attach / subjoin ↔ disjoin

64 **applaud** = praise / commend / laud / extol / acclaim ↔ censure

65 **apposite** = pertinent / suitable / appropriate / relevant ↔ unsuitable

66 **appraise** = estimate / assess / assay / evaluate / set a value on

67 **apprehend** = worry / care / fear / dread / be on pins and needles

동의어 보강

경감시키다 · 완화하다 · 달래다

62

필수	allay (공포를) 누그러뜨리다 alleviate 경감시키다 appease 가라앉히다 assuage 진정시키다 calm (down) 진정시키다 conciliate 달래다, 회유하다	compose 구성하다; 안정시키다 ease 덜다, 완화하다 lessen 경감시키다 lighten 경감시키다 mitigate 완화하다 moderate 완화하다 mollify 완화하다 pacify 진정시키다 placate 달래다, 위로하다 relieve 덜다, 완화하다 solace 달래다, 위로하다 soothe 진정시키다
고급	buffer 완충하다 / defuse 신관을 제거하다; 긴장을 완화하다 / palliate (일시적) 경감하다 / propitiate 비위맞추다, 달래다 / temper 완화하다, 부드럽게 하다	
숙어	take the edge off	
참고	진통제 / analgesic / anodyne / balm 향유; 진통제 / calmative / emollient / lenitive / painkiller / paregoric / sedative	

Check-up Test

1. He ______ the angry driver by offering to pay for damages.
ⓐ ratified ⓑ resuscitated ⓒ appeased ⓓ prostrated

2. We have discovered that when we try to <u>appease</u> our enemies, we encourage them to make additional demands.
ⓐ impeach ⓑ soothe ⓒ beguile ⓓ obviate

3. He was always able to find the <u>apposite</u> phrase, the correct expression for every occasion.
ⓐ appropriate ⓑ different ⓒ contrary ⓓ spontaneous

4. Before asking for money for car repairs, we must first <u>assess</u> the damage that the accident caused.
ⓐ appraise ⓑ clean ⓒ fix ⓓ remove

5. If you take care of your belongings, you shouldn't let sense of <u>fear</u> spoil your visit.
ⓐ apprehension ⓑ excitement ⓒ tension ⓓ pressure

정답 **1.** c **2.** b **3.** a **4.** a **5.** a

apprentice
[əpréntis]
★☆☆☆☆
68

ap<ad (upon) + pren (seize) → '(예술 · 기술 등을) 배우려고 꽉 붙잡는 사람'에서 유래

n **도제, 견습[수습]생** / a person learning a trade or art; novice
- The company is taking on four **apprentices**. 그 회사는 네 명의 수습사원들을 고용하고 있다.

n **apprénticeship** 도제살이; 도제의 신분

어근관련 prehensile [prihénsl] (발 · 꼬리 등이) 잡는 능력이 있는
impregnable [imprégnəbl] 난공불락의

---

apprise
[əpráiz]
★☆☆☆☆
69

ap<ad (upon)+ pris<prehens (seize) → '~에게 어떤 일을 파악하게 하다'에서 유래

vt **~에게 알리다, 통지하다** / give notice to; inform
- **apprise** him of our arrival 그에게 우리의 도착을 알리다

cf **appráise** 평가하다

뉘앙스 p.67

어근관련 comprise [kəmpráiz] 포함하다 comprehensive [kɑmprihénsiv] 포괄적인

---

approbation
[æprəbéiʃən]
★☆☆☆☆
70

ap<ad (to) + prob (prove) → '어떤 것의 좋음을 입증하는 것'에서 유래

n (공식적인) **승인, 인가** / favorable opinion; approval
- win the **approbation** of congress 의회의 승인을 얻다

vt **áppróbate** 승인[인가]하다(approve)
cf **on approbation** ≪상업≫ (상품을 써보고) 마음에 들면 산다는 조건으로(on approval)

어근관련 probe [proub] (의학용) 탐침; 조사하다 probation [proubéiʃən] 시험; 수습

---

appropriate
[əpróuprieit]
★★★★★
71

ap<ad (to) + propri(one's own) → '자신의 것으로 하다'에서 유래

vt 1 (허가 없이) **사유화하다** / take possession of; seize
2 (특정한 목적에) **충당[마련]하다** / set apart for some special use; allot
- **appropriate** others' belongings 다른 사람들의 소유물을 사유화하다
- **appropriate** additional funds for school aid 학교 지원을 위한 추가 자금을 마련하다

a [- riət] **적당[적절]한** / right for the occasion; proper
- music **appropriate** to the occasion 그 경우에 적당한 음악

어근관련 propriety [prəpráiəti] 적절함; 예절 expropriate [ekspróuprieit] 몰수하다

---

approximate
[əprɑ́ksəmeit]
★☆☆☆☆
72

ap<ad (to) + proximate 가까운 → '~에 가까워지다'에서 유래

v **가까워지다, 근접하다** / come near to; approach
- The crowd **approximated** a thousand people. 군중이 천 명에 가까웠다.

a [- mət] **근사치의, 대략적인** / nearly correct but not exact; proximate
- the **approximate** value 대략적인 가격

ad **appróximately** 대체로, 대략(roughly) **n** **approximátion** 근사(치)

어근관련 proximity [praksíməti] 근접 proximo [prɑ́ksəmou] 다음 달에

---

arbitrary
[ɑ́:rbətreri]
★★★☆☆
73

ap<ad (to) + bit<baet (go) → '자기가 가고 싶은 데로만 가는'에서 유래

a 1 **제멋대로인, 변덕스러운** / based on own wishes or will; wayward
2 **전제적인** /using or abusing unlimited power; despotic
- make **arbitrary** decisions or rules 제멋대로 결정하거나 규칙을 만들다
- an **arbitrary** ruler 전제적인 통치자

n **arbitráriness** 제멋대로 함; 전제적임 **cf** **árbitrate** 중재[조정]하다

어근관련 itinerant [aitínərənt] 떠돌아다니는 transient [trǽnʃənt] 일시적인, 덧없는

동의어 / 반의어

68 **apprentice** = learner / beginner / novice / tyro / neophyte ↔ expert
69 **apprise** = inform / notify / tell / acquaint / make known to ● 동의어 보강
70 **approbation** = approval / permission / assent / sanction ↔ disapprobation
71 **appropriate** = proper / suitable / fitting / pertinent / to the point ↔ inappropriate
72 **approximate** = approach / near / be in the neighborhood of
73 **arbitrary** = capricious / whimsical / erratic / wayward ↔ discreet ● 동의어 보강

동의어 보강

A에게 B를 알리다 69	필수	acquaint A with B A에게 B를 알리다 / apprise A of B A에게 B를 알리다 / familiarize A with B A에게 B를 알리다 / inform A of B A에게 B를 알리다 / notify A of B 공식적으로 통지하다 / warn 경고하다; 통지하다
	참고	통지 / notice / notification 통지표, 성적표 / report card
변덕스러운 73	필수	arbitrary 제멋대로인, 변덕스러운 / erratic 불규칙한, 변덕스러운 / whimsical 변덕스러운 / capricious 변덕스러운 / fickle 변덕스러운 / changeable 변하기 쉬운 / moody 침울한; 변덕스러운
	고급	crotchety 변덕스러운, 괴벽스러운 / mercurial 변덕스러운; 쾌활한 / quirky 괴바른, 변덕스러운 / temperamental 변덕스러운, 신경질적인
	참고	변덕 / whim / caprice / vagary

뉘앙스

알리다 69	**infórm**	(사실 · 정보 등을) **알리다**	• He **informed** the audience of the accident. 그는 청중들에게 그 사고에 대해서 알려 주었다.
	acquáint	(상대가 모르던 사실을) **알려주다**	• He **acquainted** me with his plans. 그는 자신의 계획을 나에게 알려 주었다.
	appríse	(전갈 · 신호를 통해) **알리다, 통고하다**	• He has **apprised** his employer of his intention to resign. 그는 그의 사장에게 사임할 의사를 알렸다.
	nótify	(정식으로) **알리다, 통지하다**	• **notify** the witness when to appear 증인에게 출두 시간을 통지하다

cf. **advíse** (상대에게 있어서 특히 중요한 정보를) **알리다, 충고하다**

Check-up Test

1. The magazine has apprised its readers of an increase in rates beginning January 1.
ⓐ informed ⓑ divulged ⓒ acknowledged ⓓ incensed

2. He is now doing his final year as an apprentice.
ⓐ expert ⓑ pundit ⓒ learner ⓓ pedagogue

3. The minister was found to have appropriated a great deal of government money.
ⓐ borrowed ⓑ stolen ⓒ saved ⓓ donated

4. This will give you an approximate idea of the situation.
ⓐ nearly correct ⓑ hastily made ⓒ almost intelligible ⓓ absolutely right

5. An arbitrary action on your part will be resented by the members of the board whom you do not consult.
ⓐ malevolent ⓑ benevolent ⓒ random ⓓ discreet

정답 **1.** a **2.** c **3.** b **4.** a **5.** c

081 **brochure**
[brouʃúər]
★★☆☆☆

broch (stitch 꿰매다) → '종이를 꿰매어 만든 소책자' 에서 유래

n **소책자** / short and descriptive printed article; pamphlet
- the **brochure** on farming 농업에 관한 소책자

---

082 **browse**
[brauz]
★☆☆☆☆

browse<brouster (feed on buds 새순을 먹다) → '새 것을 사려고 이것저것 구경하다'에서 유래

v **(상품 따위를) 이것 저것 구경하다** / look at a lot of things in a shop; scan
- She spent the afternoon **browsing** in the bookstore.
  그녀는 서점을 구경하면서 오후를 보냈다.

n **brówser** ≪컴퓨터≫ 브라우저; (물건 살 생각은 별로 없이 가게를) 둘러 보는 사람

---

083 **bruise**
[bru:z]
★★☆☆☆

bruise<bruisier (break 때리다) → '때려서 멍들게 하다' 에서 유래

n **타박상** / an injury to the body; black mark

v **타박상을 입(히)다, 멍들게 하다** / injure the outside of; hurt
- The **bruise** on my leg turned black and blue. 내 다리에 든 멍은 검고 푸르게 변했다.

---

084 **brusque/brusk**
[brʌsk]
★☆☆☆☆

brus (brush 솔) → '뻣뻣한 솔처럼 무뚝뚝한' 에서 유래

a **(말 · 행동 등이) 무뚝뚝한** / using few words; blunt
- **brusque** reply 무뚝뚝한 대답

n **brúsqueness** 무뚝뚝함, 퉁명스러움

---

085 **bucolic**
[bju:kálik]
★☆☆☆☆

bu<bous (cow 소) + colic<colere (inhabit 살다) → '소가 살고 있는' 에서 유래

a **목가적인** / connected with the countryside or country life; pastoral; idyllic
- a typically **bucolic** scene 전형적인 목가적 풍경

---

086 **bully**
[búli]
★★☆☆☆

bull 황소 → '황소처럼 들이받아 괴롭히다' 에서 유래

v **괴롭히다** / frighten by noisy talk or threats; torment

n **괴롭히는 사람** / a person who teases or threatens
- retaliate for **bullying** by senior colleagues 선배들의 괴롭힘에 대해 복수하다

---

087 **burgeon**
[bə́:rdʒən]
★★★☆☆

burgeon<borjon (bud 눈) → '눈 봉우리가 싹트다'에서 유래

v **싹트다** / begin to grow or develop rapidly; sprout
- a **burgeoning** market 성장하고 있는 시장

---

088 **bustle**
[bʌ́sl]
★★☆☆☆

bustle<bersten (burst 터뜨리다) → '폭탄이 터져 사람들이 분주히 움직이다'에서 유래

v **분주히 움직이다** / move around in a busy way; scurry
- The children **bustled** to get ready for the party.
  아이들은 파티 준비를 위해 분주히 움직였다.

a **bústling** 떠들썩한 **n** **bústler** 수선스러운 사람

---

089 **buttress**
[bʌ́tris]
★★★☆☆

butt (thrust 밀치다) → '밀치지 못하도록 지지하다' 에서 유래

n **지지(물)** **v** **지지하다** / support and strengthen; prop
- the **buttresses** of our society 우리 사회를 지탱시켜 주는 것들

---

090 **buxom**
[bʌ́ksəm]
★☆☆☆☆☆

bu (bend 구부리다)→ '몸이 유연하고 건강한' 에서 유래

a **(여자가) 풍만한, 건강하고 쾌활한** / attractively large and healthy; vigorous
- a **buxom** nurse 풍만한 간호사

---

091 **cabal**
[kəbǽl]
★☆☆☆☆

cabal (society 모임) 에서 유래

n **(특히 정치적인) 비밀 결사** / a small group of people working in secret; junto; **음모** / a secret scheme; plot
- a **cabal** of the NeoNazis 신 나치주의자들의 비밀집단

---

092 **cadaverous**
[kədǽvərəs]
★☆☆☆☆

cad (fall 쓰러지다) → '곧 쓰러질 듯 창백한' 에서 유래

a **시체 같은** / like a corpse; **창백한** / pale
- **cadaverous** cheeks 창백한 볼

n **cadáver** 시체

093	**cajole** [kədʒóul] ★☆☆☆☆	caj (cage 새장) → **'새를 새장에 넣듯, 사람을 감언으로 속여 어떤 상황에 밀어넣다'** 에서 유래	**v** **감언으로 속이다** / persuade by praise or false promises; coax • **cajole** one's friend 자신의 친구를 속이다 **n** **cajólery** 감언이설, 아첨
094	**caliber** [kǽləbər] ★★★☆☆	calib<qualib (mold for casting 주물용 거푸집) → **'거푸집으로 만든 총포의 구경'** 에서 유래	**n** (총포의) **구경** / the inside diameter of the barrel of a rifle **;** **능력** / amount of ability; capacity • a man of an excellent **caliber** 뛰어난 능력을 가진 사람
095	**callous** [kǽləs] ★★★☆☆	call (hard skin 딱딱한 피부) → **'피부가 굳어 무감각한'** 에서 유래	**a** (피부 등이) **굳어진** / made hard; hardened **;** **무감각한** / unfeeling; insensitive • a **callous** man to the suffering of others 다른 사람들의 고통에 무감각한 사람
096	**callow** [kǽlou] ★☆☆☆☆	cal (bare 벌거벗은) → **'벌거벗은 아기처럼 경험이 없는'** 에서 유래	**a** **경험이 없는** / young and without experience; immature • a **callow** youth 아무것도 모르는 젊은이
097	**calumny** [kǽləmni] ★☆☆☆☆	calum (slander 비방하다)	**n** **비방** / slander • heap all sorts of **calumnies** upon a person 남에게 온갖 비방을 퍼붓다 **v** **calúmniate** 비방하다
098	**cando(u)r** [kǽndər] ★★★☆☆	cand (be white 희다) → **'속이 하얗게 솔직함'** 에서 유래	**n** **솔직** / sincere truthfulness; frankness • the **candor** and simplicity of a speech 솔직하고 간명한 연설 **a** **cándid** 솔직한
099	**canvass** [kǽnvəs] ★☆☆☆☆	canv (examine 검토하다) → **'검토하고 조사하다'** 에서 유래	**v** **선거 운동하다** / go to ask for votes; electioneer **;** **자세히 조사하다** / scrutinize **;** **토론하다** / discuss • **canvass** for a candidate 후보자를 위해 선거 운동하다
100	**capacious** [kəpéiʃəs] ★★☆☆☆	cap (take 잡다) → **'많이 잡아 넣을 수 있는'** 에서 유래	**a** **많이 들어가는** / able to contain a lot; spacious • a **capacious** suitcase 많이 들어가는 여행가방 **n** **capácity** 용량; 수용력; 능력

★ 중요빈출

Check-up Test

1. The stalagmite formations in this cave are very <u>brittle</u>, so do not touch them.
   ⓐ boisterous ⓑ brilliant ⓒ delicate ⓓ rowdy
2. Too tired to think, I <u>bustled</u> into the stone hut and burnt my lips on a steaming cup of hot chocolate.
   ⓐ exhausted ⓑ lashed ⓒ rushed ⓓ squatted
3. Straightforwardness <u>buttressed</u> by honesty leads to a state of bliss.
   ⓐ pulled up ⓑ backed up ⓒ called up ⓓ cut up
4. The representative of the company seemed very <u>callous</u> concerning the conditions of the workers.
   ⓐ liberal ⓑ ignorant ⓒ insensitive ⓓ responsible
5. Despite his <u>callow</u> appearance, Germany's teen tycoon was remarkably composed and confident last week.
   ⓐ ugly ⓑ tough ⓒ handsome ⓓ immature

정답 **1.** c **2.** c **3.** b **4.** c **5.** d

go

- **go(run) awry** / 실패하다 fail, blunder
  - Our plans **went awry** because of the rain.
    우리의 계획은 비 때문에 실패하였다.

- **go by** / 지나가다 pass by ; ~에 따라 행동하다, 의지하다 follow, act upon
  - You will be more safe if you **go by** the instructions.
    당신이 지시사항을 따른다면 더 안전할 것입니다.

- **go down** / 내려가다; 기록되다 be recorded
  - He will **go down** in history as a great statesman.
    그는 위대한 정치가로 역사에 기록될 것이다.

- **go down with** / 병에 걸리다 come down with
  - The food must be properly cooked to ensure the diners don't **go down with** food poisoning. 식사하는 사람들이 식중독에 걸리지 않도록 음식을 적절히 요리해야 한다.

- **go Dutch** / (비용을) 각자 부담하다 go fifty- fifty, split the bill, halve
  - She insists on **going Dutch** when they go out together.
    그녀는 그들이 외출할 때 비용을 각자 부담하자고 주장한다.

- **go for** / ~에 들어맞다 be applicable to ; 단호히 목적을 추구하다
  - They have a high level of unemployment; but the same **goes for** many other countries. 그들은 실업률이 아주 높다. 하지만 그것은 다른 많은 국가들에서도 마찬가지이다.

- **go in for** / 참가하다 take part in ; 종사하다
  - She's **going in for** the Cambridge First Certificate.
    그녀는 케임브리지 영어 능력시험에 응시할 것이다.

- **go into** / 조사하다 investigate
  - I will **go into** further details about how I think these goals can be achieved. 나는 이 목표들이 이뤄질 수 있는 방법에 대한 좀 더 세부적 내용들을 조사할 것이다.

- **go off** / 폭발하다, 흥분하다 explode, blow up, detonate ; 떠나가다, 달아나다 run away ; 악화되다, 상하다 become worse, become rotten ; 자명 종이 울리다
  - The bomb **went off** in a crowded street.
    그 폭탄은 사람들이 붐비는 거리에서 터졌다.
  - This food has **gone off**. 이 음식은 상했다.

- **go on strike** / 파업하다 walk out
  - Most workers **went on strike** in sympathy with the dockers.
    대부분의 근로자들이 부두 노동자들에게 동조하여 파업에 들어갔다.

- **go out of** / 나가다, 그만두다 give up
  - I **went out of** the school to play outside.
    나는 밖에서 놀기 위해 학교에서 나왔다.

- **go out of business** / 폐업하다, 파산하다 go bankrupt
  - We do not want those small enterprises to **go out of business**.
    나는 작은 기업들이 파산하지 않길 바란다.

- **go out of one's way** / 각별히 노력하다 make a special effort
  - Jennifer knew what a difficult time I was having, and **went out of her way** to be friendly. Jennifer는 내가 얼마나 힘든 시간을 보냈는지 알았기 때문에 나에게 우호적으로 대하려고 각별히 노력했다.

- **go out with** / ~와 교제하다 have a date with, go steady with
  - How long have you been **going out with** Mike?
    너 Mike 와 얼마나 오래 사귀었니?

- **go over** / 세밀히 조사하다 examine carefully ; 복습하다 review
  - Let me summarize my view on the matter before I **go over** the facts.
    사실을 조사하기 전에 그 문제에 대한 제 견해를 요약하겠습니다.

- **go through** / (고난, 경험 등을) 경험하다 undergo, experience; (법안 따위가 의회를) 통과하다
  - A long time ago, the Earth was **going through** the Ice Age.
    오래 전 지구는 빙하기를 겪었습니다.

- **go through with** / ~을 끝내다 complete, finish up
  - He refuses to **go through with** the agreement.
    그는 그 합의를 끝내기를 거부한다.

- **go up** / (물건 값 등이) 오르다 rise, be raised, increase
  - If costs **go up**, there will be a pro rata increase in prices.
    비용이 증가하면 그에 비례하는 가격 인상이 있게 된다.

- **go with** / ~와 동행하다 accompany ; ~와 어울리다, 조화되다 match, go well with
  - The purple shirt doesn't **go with** your yellow pants.
    보라색 셔츠는 네 노란 바지와 어울리지 않아.

- **go without** / ~없이 지내다 do without, manage without, dispense with
  - I don't want to think about **going without** water.
    나는 물 없이 사는 것은 생각하기도 싫다.

- **go against the grain of** / ~의 성질에 맞지 않다 contradict
- **go back on one's word** / (약속 등을) 어기다, 취소하다 break one's word
- **go from rags to riches** / 벼락부자 되다 get rich very quickly
- **go into bankruptcy** / 파산하다 go bankrupt
- **go off the deep end** / 자제력을 잃다 lose one's self-restraint, fly off the handle
- **go out of fashion** / 유행이 지나다 be out of season
- **go through the motions** / 마지못해 시늉만 해 보이다 play without effort
- **go through the roof** / (가격, 판매가) 최고에 달하다; 벌컥 화를 내다 hit the ceiling

ad-

우선순위로 보는 PRE view

Date :

★★★★★	85.	**assiduous**	근면한, 면밀한	□ □ □
★★★★☆	76.	**arrogant**	오만한	□ □ □
	92.	**attribute**	탓으로 생각하다; 속성	□ □ □
★★★☆☆	80.	**aspire**	열망하다	□ □ □
	82.	**assault**	맹공; 공격을 가하다	□ □ □
★★☆☆☆	78.	**ascribe**	~탓으로 생각하다	□ □ □
	81.	**assail**	공격하다; 둘러싸다	□ □ □
	87.	**assuage**	덜어주다	□ □ □
	89.	**attest**	입증하다; 증언하다	□ □ □
★☆☆☆☆	74.	**arbitrate**	중재하다	□ □ □
	75.	**array**	정렬시키다; 의상	□ □ □
	79.	**asperse**	비방하다	□ □ □
	84.	**asset**	이점; 자산	□ □ □
	86.	**assimilate**	동화하다; 소화[이해]하다	□ □ □
	88.	**astound**	깜짝 놀라게 하다	□ □ □
	90.	**attire**	입히다; 의상	□ □ □
	91.	**attorney**	대리인; 변호사	□ □ □
	93.	**avenge**	복수하다	□ □ □
	94.	**avenue**	대로; 수단	□ □ □
☆☆☆☆☆	77.	**ascertain**	확인하다	□ □ □
	63.	**assent**	동의(하다)	□ □ □
	95.	**avow**	공언하다	□ □ □
	96.	**famish**	굶주리게 하다	□ □ □

MD06 mp3

LECTURE 06

arbitrate
[á:rbətreit]
★☆☆☆☆
74

ar<ad (to) + bit<baet (go) → '다투는 사람들 곁에 다가가다'에서 유래

v (분쟁 따위를) **중재[조정]하다** / act as a judge in; mediate
- **arbitrate** the dispute between the management and unions 경영자측과 노동조합 사이의 분쟁을 조정하다

n **árbitrator** 중재인(referee) **cf** **árbitrary** 제멋대로인; 독단적인

어근관련 arbiter [á:rbətər] 중재자, 심판자

---

array
[əréi]
★☆☆☆☆
75

ar<ad (to)+ ray<rei (order) → '정돈시키다'에서 유래

vt 1 (특히 군대를) **정렬시키다** / put in order for some purpose; arrange
2 (옷을) **잘 차려 입히다, 치장하다** / dress in fine clothes; apparel
- **array** troops for the battles 전투를 위해 병력을 정렬시키다
- **array** oneself in beautiful clothesd 잘 차려 입다

n 1 (군대의) **대형, 배치** / arranging; display
2 **옷, 의상** / dress; finery
- troops lined up in battle **array** 전투대형으로 정렬된 군대 • bride **array** 신부 의상

어근관련 disarray [disəréi] 어지럽히다; 혼잡

---

arrogant
[ǽrəgənt]
★★★★☆
76

ar<ad (to) + rog (ask) → '남의 것을 강제로 요구하는'에서 유래

a **거만[오만]한** / too proud and contemptuous of others; haughty
- **arrogant** behavior[claims] 거만한 행동[요구]

n **árrogance** 거만, 오만 **cf** **árrogate** (권리를) 침해하다

어근관련 abrogate [ǽbrəgeit] 폐지하다 derogate [dérəgeit] (평판을) 떨어뜨리다

---

ascertain
[æsərtéin]
☆☆☆☆☆
77

as<ad (to) + certain 확실한 → '확실히 하다'에서 유래

vt **확인하다, 알아내다** / make sure of; determine
- **ascertain** the facts about the crime 범죄 사실을 확인하다

n **ascertáinment** 확인 **a** **ascertáinable** 확인할 수 있는

어근관련 certify [sə́:rtəfai] ~을 보증하다 certificate [sərtífikeɪt] 증명서

---

ascribe
[əskráib]
★★☆☆☆
78

a<ad (to) + scrib (write) → '어떤 결과에 대해 ~의 이름을 쓰다'에서 유래

vt (결과 · 작품 따위를) **~의 탓[것]으로 생각하다[돌리다]** / consider as the result or work of; attribute
- **ascribe** one's success to good luck 성공을 행운의 덕으로 생각하다

n **ascríption** 귀속(시키기) • the **ascription** of selfishness to a miser 구두쇠에게 이기심을 귀속시키기

a **ascríbable** ~에 돌릴 수 있는, 기인하는

어근관련 describe [diskráib] 서술[묘사]하다 transcribe [trænskráib] 베껴 쓰다

---

asperse
[əspə́:rs]
★☆☆☆☆
79

a<ad (on) + sper (sprinkle) → '나쁜 말들을 물을 뿌리듯 퍼붓다'에서 유래

vt **악담을 퍼붓다, 중상[비방]하다** / spread damaging or false reports about; slander
- **asperse** a person with bitter reproaches 남에게 신랄한 비난의 말을 퍼붓다

n **aspérsion** 비난, 비방(animadversion; invective)
- cast **aspersions** on a person's character 남의 인격에 대해 비난의 말들을 퍼붓다

cf **aspérity** (성격 · 날씨 등이) 거침; 어려움, 곤란

어근관련 disperse [dispə́:rs] 흩뜨리다 sparse [spa:rs] 드문드문한; 빈약한

동의어 / 반의어

74 **arbitrate** = mediate / intercede / intervene / go between ◎ 동의어 보강
75 **array** = finery / dress / apparel / attire / garment
76 **arrogant** = haughty / insolent / overbearing / surly / supercilious ↔ humble
77 **ascertain** = determine / find / learn / discover ↔ assume
78 **ascribe** = attribute / assign / impute / accredit / refer ◎ 동의어 보강
79 **asperse** = slander / malign / calumniate / traduce / vilify / defame ↔ applaud

동의어 보강

중재하다 74	필수	arbitrate 중재하다 / intervene 중재하다 / intercede 중재하다 / mediate 중재하다
	고급	intermediate 중간의; 중재하다 / interpose 간섭하다; 중재하다
	숙어	go between
	참고	중재인 / arbitrator / mediator / peacemaker / go-between 중개자, 중매인

~의 탓으로 돌리다 78	필수	ascribe ~탓으로 돌리다 / attribute ~탓으로 돌리다 / impute ~탓으로 돌리다 / assign 할당하다; ~탓으로 돌리다 / credit ~덕으로 돌리다 / refer ~탓으로 돌리다
	고급	accredit ~덕으로 돌리다
	숙어	shuffle off 책임을 전가하다 / put down to / pass the buck to ~에게 책임을 전가하다

뉘앙스

~의 탓으로 돌리다 78

ascríbe	(확신하며) **~탓으로 돌리다**	• **ascribe** one's failure to bad luck 자신의 실패를 운이 나쁜 탓으로 돌리다
attríbute	(발생 근원 · 책임을) **~탓으로 돌리다**	• **attribute** one's health to moderate exercise 자신의 건강을 적당한 운동 덕택으로 돌리다
impúte	(주로 나쁜 일을) **~탓으로 돌리다**	• **impute** one's delay to the heavy snow 자신이 늦은 것을 폭설 탓으로 돌리다
crédit	(공로 · 명예 따위를) **~덕으로 돌리다**	• **credit** Edison with the invention of phonograph 축음기의 발명을 에디슨 덕으로 돌리다

cf. **refér** (특히 사물의 기원 · 원인을 거슬러 올라가 최종적으로) **~탓으로 돌리다**
assígn (어떤 사물의 동기 · 이유 따위를 비판적인 연구 끝에) **~탓으로 돌리다**

Check-up Test

1. These remarks, spoken with <u>asperity</u>, stung the boys to whom they had been directed.
ⓐ severity ⓑ tenderness ⓒ gentility ⓓ consideration

2. Most people are willing to accept just and well-considered decision; it is the ______ ones that provoke dissent.
ⓐ punitive ⓑ arbitrary ⓒ unpopular ⓓ perturbing

3. Our troops lined up in battle <u>array</u>.
ⓐ emissary ⓑ occupation ⓒ formation ⓓ purview

4. His ______ manner has kept him from being ______.
ⓐ sleazy - surly ⓑ laudable - good ⓒ arrogant - popular ⓓ embryonic - dilative

5. The <u>ascription</u> of their failure to lack of money is not honest.
ⓐ grievance ⓑ attribution ⓒ humiliation ⓓ responsibility

정답 **1.** a **2.** b **3.** c **4.** c **5.** b

aspire
[əspáiər]
★★★☆☆
80

a<ad (toward) + spire (breathe) → '~를 향해 가쁘게 숨을 쉬다'에서 유래

vi **야망을 품다, 열망하다** / have an ambition for something; desire
- **aspire** to the leader of the party 정당의 총재에 대한 야망을 품다

n **aspirátion** 열망, 야망(ambition) **n** **aspírant** 지원자(applicant)

어근관련 inspire [inspáiər] 격려하다 expire [ikspáiər] 만기되다, 끝나다

assail
[əséil]
★★☆☆☆
81

as<ad (at)+ sail<sali (leap) → '~를 향해 막 뛰어 덤벼들다'에서 유래

vt 1 **공격[습격]하다** / set upon with violence; attack
2 (의심 · 공포 따위가) **둘러싸다, 괴롭히다** / beset; trouble
- The enemy **assailed** our fort. 적이 우리의 요새를 공격했다.
- be **assailed** by doubts[worries] 의심[걱정]에 둘러싸이다

n **a** **assáilant** 공격자; 공격하는

어근관련 insult [insʌ́lt] 모욕(하다) exult [igzʌ́lt] 기뻐 날뛰다

뉘앙스 p.101

assault
[əsɔ́:lt]
★★★☆☆
82

as<ad (to) + saul<sali (leap) → '펄쩍 뛰어들다'에서 유래

n (갑작스러운) **맹공** / violent attack; onslaught
- **make an assault on** ~을 맹공하다

v **~에게 폭행[공격]을 가하다** / make an assault on; attack
- **assault** a woman 강간하다

어근관련 resilient [rizíljənt] 탄력 있는 salient [séiliənt] 두드러진, 현저한

뉘앙스 p.101

assent
[əsént]
☆☆☆☆☆
83

as<ad (along with) + sent (feel) → '~와 같은 감정을 느끼다'에서 유래

vi **동의[찬성]하다** / express agreement; comply
- **assent** to the committee's proposals 위원회의 제안들에 동의하다

n **동의, 찬성** / acceptance of a proposal; agreement
- give one's **assent** to the plan 그 계획에 대해 동의하다

cf **ascént** 상승

어근관련 consent [kənsént] 승낙(하다) dissent [disént] 반대(하다)

뉘앙스 p.75

asset
[ǽset]
★☆☆☆☆
84

as<ad (to) + set<satis (enough) → '살아가기에 충분한[유용한] 것'에서 유래

n 1 **가치있는 것, 이점** / something that has value; advantage
2 (회사 · 개인의) **자산, 재산**/ the property of a company or person; possession
- **be an asset to** ~에게 도움이 되다
- liquid[fixed] **asset** 유동[고정] 자산

어근관련 satiate [séiʃieit] 물리게 하다 insatiable [inséiʃəbl] 탐욕스러운

assiduous
[əsídʒuəs]
★★★★★
85

as<ad (at) + sid<sed (sit) → '~에 꾸준히 앉아있는'에서 유래

a **근면한, (주도) 면밀한** / working hard and steadily; diligent
- his **assiduous** attention to detail 세부 사항에 대한 그의 면밀한 주의

cf **acídulous** 신맛이 나는

어근관련 dissident [dísidnt] 적수 insidious [insídiəs] 음흉한; (병이) 잠행성인

= 동의어 ↔ 반의어

80	**aspire**	= desire / seek / aim / long / crave / have at one's heart
81	**assail**	= attack / aggress / raid / besiege / fall upon / jump on
82	**assault**	= attack / aggression / onslaught / storming / charge ↔ retreat

83 **assent** = agree / consent / accede / see eye to eye with ↔ dissent 동의어 보감

84 **asset** = possession / property / belongings / means / resources ↔ liability

85 **assiduous** = diligent / industrious / steady / sedulous / studious ↔ indolent 동의어 보감

동의어 보감

동의하다 · 인정하다 83	필수	accede 동의하다 / accord 일치하다; 주다 / acquiesce 묵인하다 / agree 동의하다 / assent 동의하다 / comply 순응하다, 동의하다 / concur 동시발생하다; 합의하다 / consent 승낙하다 / countenance 안면; 찬성하다 / subscribe (서명하여) 동의하다
	고급	second 지지하다, 찬성하다
	숙어	be in line / hit it off / see eye to eye / fall in with

부지런한 · 근면한 85	필수	arduous 고된, 힘든; 분투적인, 끈질긴 / assiduous 부지런한 / diligent 부지런한 / hardworking 부지런히 일하는 / industrious 근면한 / laborious 힘든; 부지런한 / painstaking 공들인; 근면한 / strenuous 힘든; 분투적인, 정력적인
	고급	sedulous 근면한, 끈기 있는 / studious 면학에 힘쓰는
	참고	grinder 공부벌레 / unflagging 지칠 줄 모르는
	숙어	eager beaver 일벌레, 열심히 일하는 사람
	반의어	게으른 / delinquent 태만한; 비행의 / derelict 버려진; 태만한 / idle 한가한, 놀고 있는 / lax 느슨한, 태만한

뉘앙스

동의하다 83

agrée	동의하다 ≪일반적인 말≫	• I **agreed to** his opinion. 나는 그의 의견에 동의하였다.
accéde	(양보하여) **동의하다**	• **accede to** the terms of surrender 항복 조건에 동의하다
acquiésce	(말없이) **동의하다, 묵인하다**	• **acquiesce in** the plan 계획에 묵묵히 따르다
assént	(제안 · 의견을 받아들여) **동의하다**	• **assent to** a proposal 제안에 동의하다
complý	(특히 손윗사람의 희망이나 규칙에) **동의하다**	• **comply with** the custom 관습을 따르다
concúr	(정식으로) **동의하다**	• I **concur with** you on this point. 나는 이 점에서는 너와 의견이 같다.
consént	(적극적으로 특히 손아랫사람의 희망에) **동의하다, 승낙하다**	• **consent to** one's daughter's asking 딸의 요청에 동의하다

Check-up Test

1. He <u>aspires</u> to be the company president.
ⓐ desires earnestly ⓑ expects ⓒ pretends ⓓ is certain

2. In 1963 Betty Friedan published The Feminine Mystique, in which she <u>assailed</u> the traditional notion that women find fulfillment only through childbearing and homemaking.
ⓐ defined ⓑ presented ⓒ studied ⓓ attacked

3. If I am physically <u>assaulted</u>, it will permit me to retaliate with reasonable violence.
ⓐ endorsed ⓑ divulged ⓒ assailed ⓓ cleaved

4. Young women who participate in beauty contests are helping to keep alive an outdated view of women; a woman's most important <u>asset</u> is how she looks.
ⓐ aspect ⓑ characteristic ⓒ property ⓓ ingredient

5. His employers could not complain about his work because he was _______ in the performance of his duties.
ⓐ derelict ⓑ penetrating ⓒ assiduous ⓓ mandatory

정답 **1.** a **2.** d **3.** c **4.** c **5.** c

assimilate
[əsíməleit]
★☆☆☆☆
86

as<ad (to) + simil<simul (imitate) → '진짜처럼 모방하다'에서 유래

v 1 **동화하다[되다]** / make like the people of a nation or other group; incorporate
2 (음식물을) **소화하다** / change food into living tissues; digest
3 (완전히) **이해하다** / understand completely; grasp

- **assimilate** easily into the new community 새로운 공동체에 쉽게 동화되다
- We **assimilate** our food slowly. 우리는 음식물을 천천히 소화시킨다.
- She **assimilated** my meaning at once. 그녀는 즉시 내 말뜻을 이해했다.

n **assimilátion** 동화(작용); 소화

어근관련 simulate [símjuleit] 모방하다 dissimulate [disímjuleit] 숨기다

---

assuage
[əswéidʒ]
★★☆☆☆
87

as<ad (to)+ sua<suavis (sweet) → '(쓴 것을) 달게 만들다" 에서 유래

vt (고통 · 욕구 따위를) **덜어주다, 가라앉히다** / make less strong or severe; allay

- **assuage** one's thirst 갈증을 덜다

n **assuágement** 완화, 진정 **a** **assúasive** 누그러뜨리는, 경감시키는

어근관련 persuade [pərswéid] 설득하다 dissuade [diswéid] 단념시키다

---

astound
[əstáund]
★☆☆☆☆
88

as<ad (to) + tound (thunder) → '천둥 소리에 깜짝 놀라다' 에서 유래

vt <보통 수동형> **깜짝 놀라게 하다** / shock with alarm; amaze

- We were **astounded** by his success. 우리는 그의 성공에 깜짝 놀랐다.

a **astóunding** 놀라운(marvelous)

어근관련 astonish [əstániʃ] 놀라게 하다 뉘앙스 p.89

---

attest
[ətést]
★★☆☆☆
89

at<ad (to) + test (witness) → '목격한 대로 말하다' 에서 유래

v 1 **입증[증명]하다** / give proof of; demonstrate
2 **증언하다** / bear witness to; testify

- His ability was **attested** to by his rapid promotion.
  그의 능력은 그의 빠른 승진으로 증명되었다.
- **attest** on behalf of the accused 피고인을 위해 증언하다

n **attestátion** 입증; 증언(testimony)

어근관련 contest [kántest] 논쟁(하다); 경쟁(하다) detest [ditést] 몹시 싫어하다

---

attire
[ətáiər]
★☆☆☆☆
90

at<ad (to) + tire (order) → '순서대로 맞춰 입다' 에서 유래

vt <수동형 · 재귀용법> (옷을 차려) **입히다** / clothe or dress; array

- **be attired in** one's academic robes 자신의 학위복을 차려입다

n **옷, 의상** / clothing; apparel

- The queen wore rich **attire** to her coronation.
  그 여왕은 자신의 대관식에 화려한 의상을 입었다.

n **attírement** 옷, 의상

어근관련 tire [taiər] (자동차의) 타이어

---

attorney
[ətə́:rni]
★☆☆☆☆
91

at<ad (to) + torn (turn) → '대신 일을 수행하도록 임명된 사람'에서 유래

n 1 ≪법≫ **대리인** / a person who has power to act for another; agent
2 ≪미≫ **변호사** / attorney-at-law; lawyer

- power of **attorney** 대리권; 위임장
- **attorney** general 법무장관

어근관련 attorn [ətə́:rn] 양도하다

동의어 / 반의어

86 **assimilate** = incorporate / absorb / imbibe / take in
87 **assuage** = alleviate / mitigate / mollify / defuse / palliate / buffer ↔ exacerbate
88 **astound** = amaze / surprise / astonish / dumbfound
89 **attest** = confirm / corroborate / substantiate / verify ↔ confute
90 **attire** = apparel / clothing / dress / array / raiment 동의어 보감
91 **attorney** = agent / deputy / proxy

동의어 보감

옷 · 의복
90

필수	apparel 의복, 복장 / array 정렬; 집합체; 옷, 의상 / attire 옷(을 입히다) / clothes 옷 / clothing (집합적) 의류 / costume (특정 시대의) 의상 / dress 옷 / ensemble 한 벌의 여성복; 합주곡 / garment 의복, 의상 / gear (집합적) 의복, 복장 / habit (수사 · 수녀의) 의복; 차려입다 / outfit 의상; 장비 일체 / robe (길고 헐거운) 예복, 관복 / suit 한 벌, 정장 / wear 입다; (특정 용도의) 옷
고급	garb (신분 · 직업에 특유한) 복장, 옷 / raiment 의류, 복장 / vestment 의복, 예복
참고	decollete 어깨를 드러낸 / low-cut (목덜미 선이) 깊이 파인

Check-up Test

1. John's ability was attested by his rapid promotion.
ⓐ confirmed ⓑ protruded ⓒ exuded ⓓ prevented

2. The customers were so incensed at the obvious ______ of the waiter that they could not be ______ and refused to pay their check.
ⓐ exigence - disconcerted ⓑ volubility - condoned ⓒ ineptitude - assuaged ⓓ lassitude - thwarted

3. Sandy was astounded at her brother's news
ⓐ amazed ⓑ perplexed ⓒ happy ⓓ bothered

4. In general, formal attire is required of guests at state function in the White House.
ⓐ dress ⓑ speech ⓒ invitations ⓓ introductions

5. Before signing the papers, Mr.Kim consulted his attorney.
ⓐ banker ⓑ clerk ⓒ lawyer ⓓ secretary

정답 **1.** a **2.** c **3.** a **4.** a **5.** c

attribute
[ətríbjuːt]
★★★★☆
92

at<ad (to) + tribu (assign) → '어떤 결과의 원인을 ~에 돌리다'에서 유래

vt (결과 · 작품 따위를) **~의 탓[것]으로 생각하다[돌리다]** / think of as cased by or as belonging to; ascribe

- This play is **attributed to** Shakespeare 이 희곡은 셰익스피어의 것으로 생각된다.

n [ǽtribjuːt] **속성, 특징** / a quality considered as belonging to a person or thing; property

- Patience is an **attribute** of a good teacher. 인내는 훌륭한 선생님의 특징이다.

n **attribútion** 귀속; 속성 **a** **attríbutable** ~에 기인하는

a **attríbutive** ≪문법≫ 한정적인 • an **attributive** adjective 한정 형용사

cf **predícative** 서술적인 뉘앙스 p.73 p.79

어근관련 contribute [kəntríbjuːt] 기부하다 distribute [distríbjuːt] 분배하다

---

avenge
[əvéndʒ]
★☆☆☆☆
93

a<ad (to)+ veng (punish) → '잘못에 대해 반드시 벌을 주다'에서 유래

vt **보복[복수]하다** / inflict a penalty in return for; revenge

- They **avenged** themselves on their enemy. 그들의 적에게 복수했다.

n **avéngement** 복수 **a** **avéngeful** 복수심에 불타는

어근관련 revenge [rivéndʒ] 복수; 보복하다 vengeful [véndʒfəl] 복수심에 불타는

---

avenue
[ǽvənjuː]
★☆☆☆☆
94

a<ad (to) + ven (come) → '오고 가는 길'에서 유래

n 1 **대로, ~가(街)** / wide and main street; thoroughfare
2 ≪영≫ **가로수길** / a wide road or walk bordered by trees
3 (접근) **수단, 방법** / a way of approach; means

- the Fifth **Avenue** of New York 뉴욕 5번가
- walk down the **avenue** 가로수길을 산책하다
- an **avenue** to success 성공으로 향하는 수단

어근관련 convene [kənvíːn] 모이다 contravene [kantrəvíːn] 위반하다

---

avow
[əváu]
☆☆☆☆☆
95

a<ad (to) + vow 맹세하다 → '진실이라는 것을 맹세하다'에서 유래

vt **공언[인정]하다** / declare frankly or openly; acknowledge

- **avow** one's guilt[fault] 자신의 죄를[잘못을] 인정하다

n **avówal** 공언; 인정 **a** **avówed** 공언[인정]한

어근관련 vote [vout] 투표(하다) devote [divóut] (시간 · 노력 따위를) 바치다 뉘앙스 p.259

---

famish
[fǽmiʃ]
☆☆☆☆☆
96

<ad (to) + fam<fames (hunger) → '굶주리게 하다'에서 유래 <ad가 사라진 형태>

vt <보통 수동형> **~을 굶주리게 하다** / make extremely hungry; starve

- be **famished** to death 굶어 죽다

a **fámished** 굶주린; 갈망하는

어근관련 famine [fǽmin] 기아, 기근; 결핍

동의어 / 반의어

92 **attribute** = property / individuality / trait / feature / hallmark ◎ 동의어 보감
93 **avenge** = revenge / retaliate / repay / get even with ↔ condone
94 **avenue** = boulevard / thoroughfare / main street / high road
95 **avow** = acknowledge / admit / assert / affirm / avouch
96 **famished** = hungry / starving / ravenous

동의어 보감

성질 · 특성 92

필수	attribute 속성, 특성	individuality 개성, 특성	property (고유한) 특성	
	characteristic (독특한) 특성	nature 성질	quality 특질, 성질	
	feature (눈에 띄는) 특징	personality 개성, 성격	trait (사람의) 특질	
고급	hallmark 보장; 특질, 특징			

뉘앙스

성질 · 특성 92

quálity	**성질** ≪가장 일반적인 말≫	• the **qualities** of a leader 지도자의 자질
próperty	(어떤 사물의 고유의) **성질**	• Elasticity is a **property** of rubber. 탄력성은 고무의 성질이다.
cháracter	(특히 한 계층이나 종족이 갖는) **특성** ≪과학 · 철학 용어≫	• the **character** of our nation 우리 국민의 특성
áttribute	(어떤 사물이 당연히 가지고 있는 것으로 여겨지는) **속성, 특질**	• Omnipotence is the **attribute** of God. 전지전능함은 신의 속성이다.

cf. **náture** (타고난, 잘 변치 않는) **성질** **féature** (현저히 눈에 띄는) **성질** **trait** (특히 인간의) **특성**

Check-up Test

1. Rope possesses the attributes of flexibility and, per unit of weight, uncommonly great strength.
ⓐ contradiction ⓑ predictability ⓒ characteristics ⓓ advantages

2. The disappointed man falsely _______ his failure to the lack of loyalty among his friends.
ⓐ effaced ⓑ contributed ⓒ abridged ⓓ attributed

3. His son was determined to avenge his father's death.
ⓐ retaliate ⓑ affirm ⓒ impute ⓓ avouch

4. She was obliged to avow openly that she had been there.
ⓐ retaliate ⓑ assuage ⓒ assign ⓓ assert

5. We were all famished after our long walk.
ⓐ very content ⓑ very tired ⓒ very hungry ⓓ very angry

정답 **1.** c **2.** d **3.** a **4.** d **5.** c

101 **capitulate** [kəpítʃuleit] ★☆☆☆☆
cap (head 머리) → '머리를 굽혀 항복하다' 에서 유래
v **항복하다** / accept defeat; surrender
• warn to **capitulate** or face annihilation 항복하지 않으면 전멸 당할 것이라고 경고하다
n **capitulátion** 항복

102 **caprice** [kəprí:s] ★★★★★
capro (goat 염소) → '염소처럼 갑자기 움직이는 모습' 에서 유래
n **변덕** / a sudden and unreasonable change; whim
• Her refusal to go is a mere **caprice**. 그녀가 가고 싶지 않다고 한 것은 변덕에 불과하다.
a **caprícious** 변덕스러운

103 **capsize** [kǽpsaiz] ★☆☆☆☆
cap (head 머리) → '머리부터 거꾸로 가라앉다' 에서 유래
v **뒤집(히)다** / turn over; upset
• A strong wind **capsized** the boat. 강풍으로 보트가 뒤집혔다

104 **caption** [kǽpʃən] ★☆☆☆☆
cap (take 잡다) → '시선을 잡는 제목' 에서 유래
n (신문 · 논설 등의) **표제, 제목** / short title; underline
• put a **caption** on an article 기사에 표제를 달다

105 **captious** [kǽpʃəs] ★☆☆☆☆
captio<capere (catch 잡다) → '흠을 잡기 좋아하는' 에서 유래
a **흠[트집]잡는** / hard to please; faultfinding
• the most **captious** critic 가장 흠잡기 좋아하는 비평가

106 **cardinal** [ká:rdənl] ★☆☆☆☆
cardin 경첩 → '문의 경첩처럼 중요한' 에서 유래
a **주요한** / of first importance; chief ; **진홍색의**
• a matter of **cardinal** importance 극히 중요한 문제

107 **caricature** [kǽrikətʃər] ★☆☆☆☆
caricat<caricare (exaggerate 과장하다) → '과장하여 풍자하는 그림'에서 유래
n **풍자 만화** / a funny drawing or picture of sb that exaggerates some of their features; burlesque
• make a **caricature** of a politician 정치인을 풍자하여 나타내다
n **cáricaturist** 풍자 만화가

108 **carnage** [ká:rnidʒ] ★☆☆☆☆
carn (flesh 살) → '여기저기 살[시체]이 놓여 있음' 에서 유래
n (전쟁터 등에서의) **(대)학살** / killing a lot of people; slaughter
• the **carnage** that was caused by the atomic warfare 핵전쟁으로 인한 대학살

109 **carnivorous** [ka:rnívərəs] ★★★☆☆
carn (flesh 살) + vor (eat 먹다) → '동물의 살을 먹는 육식성의' 에서 유래
a **육식성의** / flesh-eating; predatory
• **carnivorous** animals 육식 동물
n **cárnivore** 육식 동물

110 **carping** [ká:rpiŋ] ★☆☆☆☆☆
carp<carpere (slander 비방하다)→ '비방하며 흠 잡는' 에서 유래
a **흠[트집]잡는** / complaining; captious
• have a **carping** tongue 트집을 잘 잡다
v **carp** 흠을 들추다

111 **carrion** [kǽriən] ★☆☆☆☆
car (flesh 살) → '짐승이 죽어 생긴 고기(살코기)' 에서 유래
n **죽은 짐승의 고기, 썩은 고기** / dead and decaying flesh; corpse
• Some crows feed on **carrion**. 어떤 까마귀들은 죽은 짐승의 고기를 먹고 산다.

112 **cascade** [kæskéid] ☆☆☆☆☆
cas<cad (fall 떨어지다) → '높은 곳에서 물이 떨어지는 폭포' 에서 유래
n v (작은) **폭포(처럼 떨어지다)** / waterfall; cataract
• appreciate the beauty of many **cascades** 여러 폭포의 아름다움을 감상하다

113 **castigate** [kǽstəgeit] ★☆☆☆☆
casti (pure 순수한) + gate (do 하다) → '꾸짖어 누군가를 순수하게 하다' 에서 유래
vt **징계하다** / criticize severely ; **혹평하다** / censure
• **castigate** oneself for being so stupid 자신이 어리석었던 것을 크게 자책하다
n **castigátion** 징계; 수정, 첨삭

114 **casualty**
[kǽʒuəlti]
★☆☆☆☆

cas<cad (fall 쓰러지다) →
'쓰러진 사상자' 에서 유래

n <pl.> **사상자** / somebody who is hurt; victim
- heavy **casualties** 많은 사상자

---

115 **cathartic**
[kəθá:rtik]
☆☆☆☆☆

cathar<katharsis (cleansing 깨끗이 함) →
'깨끗이 하여 정화하는' 에서 유래

a **정화의**/ emotionally purifying; purgative
- a **cathartic** experience 속을 후련하게 하는 경험 n **cathársis** 정화, 정화법

---

116 **caustic**
[kɔ́:stik]
★☆☆☆☆

caustic<kaustos (combustible 타기 쉬운) →
'타기 쉽고 썩기 쉬운' 에서 유래

a **부식성의** / that burns or destroys living tissue; corrosive ;
신랄한 / very critical; sarcastic
- **caustic** comments 신랄한 논평 n **caustícity** 부식성, 가성도

---

117 **cede**
[si:d]
★☆☆☆☆

ced<ked (yield 항복하다) →
'항복하여 권리를 양도하다' 에서 유래

v (권리 · 영토 등을) **양도하다** / hand over to another; transfer
- **cede** territory to a neighboring state 옆 국가에 영토를 양도하다

---

118 **celestial**
[səléstʃəl]
★☆☆☆☆

cel (heaven 하늘) →
'하늘에 관한' 에서 유래

a **하늘의** / related to sky or heaven; heavenly
- a **celestial** map 천체도

---

119 **censor**
[sénsər]
★☆☆☆☆

cens (judge 판단하다) →
'도덕적으로 판단하여 검열하다' 에서 유래

v (출판물 · 영화 등을) **검열하다** / examine or change; edit
n **검열관** / a person whose job is to examine books, films, etc.; inspector
- **censor** an article heavily 기사를 심하게 검열하다

n **cénsorship** 검열 a **censórious** 비판적인
a **cénsorable** 검열에 걸릴 만한 a **censórial** 검열의

---

120 **censure**
[sénʃər]
★★☆☆☆

cens (judge 판단하다) →
'잘못이라 판단하여 비난하다' 에서 유래

n v **비난(하다)** / officially criticize; condemn
- **censure** an ill-advised act 분별없는 행동을 비난하다

a **cénsurable** 비난할만한

★ 중요빈출

Check-up Test

1. This lady is very whimsical even when there is presumably little or no reason.
ⓐ enthusiastic ⓑ authoritative ⓒ hilarious ⓓ capricious

2. The TV station started airing _______ explaining that the error occurred due to a technical glitch and we were seeing more public apology.
ⓐ portent ⓑ franchise ⓒ captions ⓓ implement

3. To one cardinal principle Edwards was faithful — the conception of the majesty and sufficiency of God.
ⓐ trivial ⓑ main ⓒ consequent ⓓ menacing

4. His criticism were always _______, never offering constructive suggestions.
ⓐ headlines ⓑ maxims ⓒ carping ⓓ critical

5. There were twenty one serious _______ in the airplane crash. Every one refused to take any responsibility for the consequences.
ⓐ confidants ⓑ catalysts ⓒ casualties ⓓ celebrities

정답 1. d 2. c 3. b 4. c 5. c

have(1)

- **have ~ at one's finger(s') ends** / ~에 정통하다 have ~ at one's fingertips
  - She **has** English **at her fingers' ends**. 그녀는 영어에 숙달하다.
- **have ~ off** / ~에는 쉬다 take off; 흉내 내다 imitate
  - Why don't we **have** Friday **off**? 우리 토요일에 쉬는 건 어때?
- **have a ball** / 즐거운 한때를 보내다 have a good time
  - Kids will **have a ball** singing along with the catchy tunes. 아이들은 외우기 쉬운 선율을 따라 부르면서 즐거운 시간을 보낼 것이다.
- **have a big mouth** / 말이 많다, 허풍을 떨다 be big-mouthed
  - It is not true that he **has a big mouth** and no brain. 그가 입이 싸고 무식하다는 것은 사실이 아니다.
- **have a bone to pick with** / 따질 일이 있다
  - I **have** no **bone to pick with** the police. 나는 경찰과 따질 일이 없다.
- **have a crush on** / ~에게 반하다 fall in love with, fall for
  - I **had a crush on** Jane for sure. 나는 확실히 Jane에게 반했었다.
- **have a go at** / ~을 시도해보다 try
  - I was going to **have a go at** declaring my love for her but lost my nerve at the last minute. 나는 그녀에게 사랑 고백을 해 보려다 마지막 순간에 용기가 없어졌다.
- **have a hard time (in) ~ing** / ~하는데 어려움을 겪다 have difficulty (in) ~ing
  - People **have a hard time** adjust**ing** to change. 사람들은 변화에 적응하는데 어려움을 겪는다.
- **have a negative opinion of** / ~에 반대하다 disapprove of
  - Supporters of his own party now **have a negative opinion of** him. 현재 그가 속한 정당의 지지자들은 그의 의견에 반대하고 있다.
- **have a voice in** / ~에 발언권(투표권)이 있다
  - Not all people **had a voice in** society. 모든 사람들이 사회에서 발언권을 가지는 것은 아니었다.
- **have a word with** / (개인적으로) 대화하다 converse with, have a talk with
  - I decided to drop by and **have a word with** Eliot if he was there. Eliot 이 있다면 잠깐 방문해서 그와 대화를 나누어야겠다고 결심했다.
- **have an ax to grind** / 딴 속셈이 있다 have hidden intention
  - Why not contact him and find out for yourself rather than listening to people that **have an ax to grind**? 딴 속셈이 있는 사람들에게 듣는 것보다 그에게 연락해서 직접 알아보는 게 어때요?
- **have an effect on** / 영향을 미치다 affect, have an influence[impact] on, tell on
  - Chemically, calcium ions **have an effect on** muscle contraction. 화학적으로 칼슘의 이온은 근육 수축에 영향을 미친다.
- **have an eye for** / ~에 대한 안목이 있다 be a judge of
  - Simon **has an eye for** details. Simon은 세부적인 것들을 놓치지 않는 눈이 있다.
- **have done with** / ~을 끝내다 finish
  - If you**'ve done with** that magazine, can I have a look at it? 그 잡지 다 봤으면 내가 좀 봐도 될까?
- **have ~ in mind** / ~을 계획하고 있다 plan
  - What do you think they **have in mind** for us already? 그들이 우리를 위해 미리 계획한 것에 대해서 너는 어떻게 생각하니?
- **have it in for** / ~에 대한 앙심을 품다 have a grudge against
  - I honestly don't know why certain people **have it in for** us. 난 솔직히 특정 사람들이 우리에게 왜 앙심을 품는지 모르겠다.
- **have it out (with)** / 거리낌 없이 토론하다, (남과) 결판을 내다 bring it to the open
  - I need to **have it out with** her once and for all. 내가 최종적으로 그 문제에 대해 그녀와 터놓고 얘기를 해 봐야겠어.
- **have no idea[notion] of** / ~을 전혀 모르다, ~을 알지 못하다 know nothing of
  - We **have no idea of** the extent of the problem. 우리는 그 문제의 정도에 대해 모른다.
- **have no inkling of** / 전혀 모르다 don't know at all
  - He **had no inkling of** what was going on. 그는 무슨 일이 벌어지고 있는지 전혀 눈치채지 못했다.

- **have a bee in one's bonnet**/ 뭔가를 골똘히 생각하다 have a fixed idea about, be obsessed
- **have a chip on one's shoulder** / 불만을 가지다, 시비조이다 be quarrelsome
- **have[pull, make, wear] a long face** / 우울한 얼굴을 하다
- **have a person in** / ~를 초대하다, 맞아들이다
- **have a stroke** / 뇌출혈로 쓰러지다, 뇌졸중에 걸리다 have a fit of apoplexy
- **have an ear to the ground** / 여론에 귀를 기울이다, 주변의 동향에 귀를 기울이다 listen carefully
- **have an itching palm** / 욕심이 많다, 뇌물을 좋아하다
- **have ants in one's pants** / 하고 싶어 좀이 쑤시다, 불안해서 안절부절 못하다
- **have butterflies in one's stomach** / 걱정으로 두근거리다, 속이 조마조마하다 feel nervous, have ants in one's pants
- **have cold feet** / 두려워하다; 주눅 들다

an-, a-, anti-

우선순위 로 보는 PRE view

Date : /

07

★★★★☆	08.	**anonymous**	익명의	□ □ □
★★★☆☆	06.	**anecdote**	일화	□ □ □
	09.	**apathy**	냉담, 무관심	□ □ □
	04.	**antipathy**	혐오; 반감	□ □ □
★★☆☆☆	01.	**adamant**	단호한	□ □ □
	11.	**atheist**	무신론자	□ □ □
	02.	**akin**	친척의; 유사한	□ □ □
	03.	**aloof**	떨어져서; 내성적인	□ □ □
	04.	**amaze**	놀라게 하다	□ □ □
★☆☆☆☆	02.	**agnostic**	불가지론자(의)	□ □ □
	03.	**amnesty**	사면	□ □ □
	04.	**amorphous**	무정형의	□ □ □
	05.	**anarchy**	무정부 상태	□ □ □
	07.	**anomalous**	이례적인	□ □ □
	12.	**atrophy**	발육불능; 위축시키다	□ □ □
	13.	**atypical**	비정형의	□ □ □
	05.	**askance**	비스듬히; 의심스런 눈으로	□ □ □
	06.	**astray**	잘못된 길에 빠져	□ □ □
	07.	**awry**	구부러져; 잘못되어	□ □ □
	01.	**antagonist**	적대자	□ □ □
	02.	**antibiotic**	항생제	□ □ □
	03.	**antidote**	해독제	□ □ □
	05.	**antiseptic**	방부제(의)	□ □ □
☆☆☆☆☆	10.	**aseptic**	방부성의	□ □ □
	01.	**aghast**	어안이 벙벙한	□ □ □

MD07 mp3

LECTURE 07

an-

▶ **부정** Greek 계통의 접두어로서 '**부정**(not, without)'의 의미를 지닌다.

의미 연구

> **부정(not, without)**

anómalous : an(not) + omol<homos(same)
→ 정상과 같지 않은 → 예외적인
/ ánarchy 무정부 상태
/ anónymous 익명의

형태 변화

자음 앞에서 → a-
/ abýss 심연 / ádamant 단호한 / agnóstic 불가지론자(의)
/ ámnesty 사면 / ápathy 무관심 / aséptic 무균의 / átrophy 발육 불능

---

adamant
[ǽdəmənt]
★★☆☆☆
01

a<an(not) + daman(conquer) → '**어떤 것에도 결코 정복되지 않는**'에서 유래

a (의지가) **더없이 굳은[단호한]** / not giving in readily; firm
- **adamant** in refusing the requests 요구들을 거절하는 데 단호한

a **adamántine** 견고[단호]한(inflexible)

어근관련 diamond [dáiəmənd] 다이아몬드

---

agnostic
[ægnástik]
★☆☆☆☆
02

a<an(not) + gno(know) → '(신의 존재를) **모르는 사람**'에서 유래

n a **불가지론자(의)** / (of) a person who believes that nothing can be known about God or life after death
- an **agnostic** indifferent to religion 종교에 무관심한 불가지론자

어근관련 diagnosis [daiəgnóusis] 진단(법) gnostic [nástik] 지식의, 영리한

---

amnesty
[ǽmnəsti]
★☆☆☆☆
03

a<an(not) + mnes(remember) → '**과거의 죄를 기억하지 않음**'에서 유래

n **사면, 은사** / a general act of forgiveness; pardon
- grant an **amnesty** to criminals 죄인들에게 은사를 내리다

어근관련 amnesia [æmní:ziə] 건망증 commemorate [kəmémәreit] 기념하다 뉘앙스 p.25

---

amorphous
[əmɔ́:rfəs]
★☆☆☆☆
04

a<an(without) + morph(shape) → '**모양이 없는**'에서 유래

a **무정형의** / having no definite form; shapeless
- an **amorphous** mass of iron 무정형의 쇳덩어리

어근관련 metamorphosis [metəmɔ́:rfəsis] 변형 morphology [mɔ:rfálədʒi] 형태론

---

anarchy
[ǽnərki]
★☆☆☆☆
05

an(without) + arch(ruler) → '**통치자가 없는 상태**'에서 유래

n **무정부 상태** / complete absence of government; chaos
- be in a state of **anarchy** 무정부 상태에 있다

n **ánarchism** 무정부주의 **n** **ánarchist** 무정부주의자

어근관련 monarch [mánərk] 군주 patriarch [péitriɑ:rk] 가장, 족장

---

anecdote
[ǽnikdout]
★★★☆☆
06

an(not) + ec<ex(out) + do<didon(give) → '**밖으로 드러내지 않은 이야기**'에서 유래

n **일화** / a short account of some interesting event; episode
- many **anecdotes** about Lincoln 링컨에 대한 많은 일화

a **anecdótic, -tal** 일화의, 일화가 많은 **cf** **ántidote** 해독제

어근관련 condone [kəndóun] 용서하다 pardon [pá:rdn] 용서(하다)

---

anomalous
[ənáməlәs]
★☆☆☆☆
07

an(not) + omol<homos(same) → '**정상과 같지 않은**'에서 유래

a **이례[예외]적인** / departing from the common rule; irregular
- in an **anomalous** situation 이례적인 상황에서

n **anómaly** 예외, 이례; 이례적인 것[사람] **n** **anómalism** 변칙(성), 이상한 상태

cf **anónymous** 익명의 뉘앙스 p.85

어근관련 homologous [həmáləgəs] 일치하는 homogeneous [houmədʒí:niəs] 동종의

동의어 / 반의어

01	**adamant**	=	firm / unyielding / immovable / inflexible / steadfast / resolute ↔ irresolute
02	**agnostic**	=	skeptical / nescient ↔ confident
03	**amnesty**	=	pardon / absolution / forgiveness ↔ punishment
04	**amorphous**	=	shapeless / formless / inchoate / unshaped
05	**anarchy**	=	chaos / lawlessness / disorder / confusion / mob rule
06	**anecdote**	=	episode / story / tale / narrative
07	**anomalous**	=	irregular / abnormal / aberrant / atypical / deviant ⭘ 동의어 보강

동의어 보강

불규칙한 · 비정상의
07

필수	aberrant 정도를 벗어난 / exceptional 특별한 / unnatural 부자연스러운 / abnormal 불규칙한 / extraordinary 비상한, 특별한 / deviant 벗어난, 비정상적인 / irregular 불규칙한, 변칙적인
고급	anomalous 변칙의, 이례적인 / atypical 전형적이 아닌 / divergent 일탈한; 다른 / erratic 괴이한, 엉뚱한
참고	subnormal 정상이하의, 저능의

뉘앙스

불규칙한 · 비정상의
07

irrégular	**불규칙한, 변칙의**	• **irregular** movements 보통은 하지 않는 동작
abnórmal	**비정상의**	• **abnormal** movements 엉뚱한 동작
anómalous	(상태나 환경이) **이례적인, 변칙적인** ≪격식을 차린 말≫	• be in the **anomalous** position 이례적인 입장에 처해 있다
abérrant	**정도에서 벗어난, 변태적인**	• **aberrant** forms of a botanical species 어떤 식물의 변종들
unnátural	**부자연스러운** ≪비난의 뜻이 강한 말≫	• **unnatural** cruelty to children 어린이에 대한 상식 밖의 학대

cf. **excéptional** **예외적이고 드문** ≪좋은 뜻으로도 많이 쓰임≫ **atýpical** **비전형적인**

check-up Test

1. He is famous as a confirmed agnostic.
ⓐ believer in free enterprise ⓑ pessimist ⓒ bigot ⓓ skeptic about the existence of God

2. He was too adamant to admit he had been wrong.
ⓐ proud ⓑ selfish ⓒ absorbed ⓓ obstinate

3. People who had crimes for or against apartheid could receive ______ — or protection from punishment — if they did one thing: tell the truth about their crimes.
ⓐ salvation ⓑ amnesty ⓒ deliverance ⓓ penalty

4. The reviewer criticized the poet's amorphous style.
ⓐ stiff too ordered ⓑ unimaginative ⓒ ingenious ⓓ lacking in organization and form

5. After dinner at the Explorer's club, the men sat before the fire, chatting and telling anecdotes.
ⓐ jokes ⓑ dreams ⓒ romances ⓓ stories

정답 **1.** d **2.** d **3.** b **4.** d **5.** d

anonymous
[ənάnəməs]
★★★★☆
08

an(without) + onym(name) → '**이름이 없는**'에서 유래

a **익명[가명]의** / having no name; incognito
- threats in an **anonymous** letter 익명의 편지 속의 협박

n **ánonym, anonýmity** 익명, 가명
cf **anómalous** 이례적인, 비정상의

어근관련 synonym [sínənim] 동의어 antonym [ǽntənim] 반의어

apathy
[ǽpəθi]
★★★☆☆
09

a<an(without) + path(feeling) → '**느낌이 없음**'에서 유래

n **냉담, 무관심** / lack of interest in or desire for activity; indifference
- the citizens' **apathy** to the government 정부에 대한 시민들의 무관심

a **apathétic(al)** 냉담[무관심]한(impassive)
cf **antípathy** 반감

어근관련 sympathy [símpəθi] 공감; 동정 antipathy [æntípəθi] 반감, 혐오

aseptic
[əséptik]
☆☆☆☆☆
10

a<an(without) + septic 부패시키는 → '**부패시키는 균이 없는**'에서 유래

a **무균의, 방부성의** / free from bacteria; clean
- Surgical instruments are made **aseptic** by boiling them.
  수술 기구들은 끓임으로써 무균 상태가 된다.

n **asépsis** 무균 (상태)

어근관련 antiseptic [æntəséptik] 방부의; 방부제 septic [séptik] ≪병리≫ 부패한

atheist
[éiθiist]
★★☆☆☆
11

a<an(without) + the(god) → '**신이 없다고 믿는 사람**'에서 유래

n **무신론자** / a person who believes there is no God; unbeliever
- He is a confirmed **atheist**. 그는 확고한 무신론자이다.

n **átheism** 무신론 **cf** **agnóstic** 불가지론자(의)

어근관련 theology [θiάlədʒi] 신학 pantheism [pǽnθiizm] 범신론

atrophy
[ǽtrəfi]
★☆☆☆☆
12

a<an(without) + troph(nourishment) → '**영양분이 없음**'에서 유래

n (영양 장애에 의한) **발육 불능, 감퇴** / wasting away of a part of the body; degeneration
- **atrophy** of the muscles in the legs 다리 근육의 발육 불능

v **위축[약화]시키다** / affect with atrophy; weaken
- The disease **atrophied** her body. 병이 그녀의 몸을 약화시켰다.

a **atróphic** 위축(증)의

어근관련 dystrophy [dístrəfi] 영양 실조 eutrophy [jú:trəfi] (호수의) 부영양 상태

atypical
[eitípikəl]
★☆☆☆☆
13

a<an(not) + typical 전형적인 → '**전형적이지 않은**'에서 유래

a **비정형[불규칙]의** / not typical; abnormal
- an **atypical** reaction in very sensitive patients 매우 민감한 환자들의 불규칙한 반응

n **atypicálity** 부정형[불규칙](성)

뉘앙스 p.85

어근관련 typewrite [táiprait] 타자기로 치다 typify [típəfai] 대표하다, 전형이 되다

동의어 / 반의어

08	**anonymous**	=	nameless / unnamed / incognito / pseudonymous ↔ onymous
09	**apathy**	=	indifference / unconcern / impassivity / insensibility / unfeelingness ⊙ 동의어 보감
10	**aseptic**	=	clean / antiseptic / hygienic / sterilized ↔ adulterated
11	**atheist**	=	unbeliever / infidel / pagan / heathen / gentile ↔ theist
12	**atrophy**	=	weaken / deteriorate / degenerate / decline
13	**atypical**	=	abnormal / irregular / anomalous / deviant / aberrant ↔ typical

동의어 보감

냉담한 · 무관심한 09	필수	aloof 초연한, 무관심한 / apathetic 무감각한, 냉담한 / callous 무감각한, 냉담한 / detached 분리된; 무관심한; 공정한 / dispassionate 냉담한; 공정한 / halfhearted 마음이 내키지 않는 / impassive 무감각한, 냉담한 / indifferent 냉담한, 무관심한 / languid 나른한, 열의 없는 / lukewarm 미지근한, 무관심한 / nonchalant 태연한, 무관심한 / tepid 미지근한, 무관심한 / unconcerned 무관심한 / uninterested 무관심한, 흥미없는
	고급	hard-boiled 무감각한, 정에 얽매이지 않는 / insouciant 무관심한 / lackadaisical 열의 없는, 태만한 / listless 노곤한, 무관심한 / phlegmatic 점액질의, 냉담한 / stoic(al) 금욕적인, 냉담한 / stolid 둔감한, 무신경의

뉘앙스

냉담한 09

impássive	**냉담한, 무감각의**	• his **impassive** face 그의 무감각한 표정
apathétic	(무관심하여) **냉담한**	• an **apathetic** electorate 냉담한 유권자
phlegmátic	(체질상) **냉담한, 차분한**	• The judge was a **phlegmatic** person. 그 판사는 차분한 사람이었다.
stóic(al)	(쾌락과 고통에) **냉정한**	• He bore the pain like a **stoical** person. 그는 극기하는 사람처럼 아픔을 참았다.
stólid	(둔하고 어리석게) **냉담한, 둔감한**	• He was a rather **stolid** type. 그는 다소 둔감한 인물이었다.

Check-up Test

1. If you don't excercise, your muscles ______, meaning that your body's engine shrinks. It's as if you'd replaced your big, powerful engine with a smaller, fuel-efficient engine.
ⓐ atrophy ⓑ expand ⓒ mature ⓓ contort

2. The poem was composed by an <u>anonymous</u> author.
ⓐ unknown ⓑ famous ⓒ excellent ⓓ foreign

3. He has an <u>apathy</u> to all that concerns others.
ⓐ compassion ⓑ vigor ⓒ callousness ⓓ greed

4. George insists he is ______ but in private he prays when faced with a serious problem.
ⓐ an atheist ⓑ a realist ⓒ a pedant ⓓ a logician

5. He was well-informed and <u>atypically</u> open to new information.
ⓐ normally ⓑ unusually ⓒ permanently ⓓ indiscriminately

정답 **1.** a **2.** a **3.** c **4.** a **5.** b

a-

▶ 상태 Anglo-Saxon 계통의 접두어로서 '상태(on, to)'의 의미를 지닌다.

aghast
[əgǽst]
☆☆☆☆☆
01

a(to) + ghast(terrify) → '무서워서 놀란 상태인'에서 유래

a <서술 용법> (두려움이나 공포 때문에 놀라서) **어안이 벙벙한** / struck with overwhelming shock or amazement; frightened
- be **aghast** to hear the news 그 소식을 듣고 어안이 벙벙하다

어근관련 ghost [goust] 유령, 망령 ghastly [gǽstli] 무서운, 소름끼치는

akin
[əkín]
★★☆☆☆
02

a(to) + kin 친척 → '친척의'에서 유래

a 1 <서술 용법> **친척의** / related by blood; kindred
2 **유사한** / having a similar quality; similar
- He is near **akin** to me. 그는 나와 근친이다.
- A buffalo is **akin** to an ox. 들소는 황소와 비슷하다.

어근관련 kinship [kínʃip] 혈족 관계 kindly [káindli] (손아랫사람에게) 친절한

aloof
[əlú:f]
★★☆☆☆
03

a(to) + loof(windward) → '바람을 옆으로 받아 코스에서 벗어나서'에서 유래

ad **떨어져서, 멀어져서** / at a distance in feeling or interest; apart
- keep oneself **aloof** from a dispute 논쟁에 가담하지 않고 있다

a **내성적인** / not very open in one's relations with other people; reserved
- her rather **aloof** character 그녀의 다소 내성적인 성격

n **alóofness** 초연, 냉담 **ad** **alóofly** 초연하게

어근관련 luff [lʌf] ≪항해≫ 러프; 바람 부는 쪽으로 돌리다

amaze
[əméiz]
★★☆☆☆
04

a(intensive) + masian(confuse) → '마음 상태가 마구 뒤섞이게 하다'에서 유래

vt **~를 놀라게 하다** / affect with great wonder; astonish
- I was **amazed** at his courage. 그의 용기에 놀랐다.

n **amázement** 놀라움 **a** **amázing** 놀라운(marvelous)

cf **amúse** 즐겁게 하다

어근관련 maze [meiz] 미로; 혼란(시키다) mazy [méizi] 미로같은, 복잡한

뉘앙스 p.89

askance
[əskǽns]
★☆☆☆☆
05

a(on) + skance(obliquely) → '비스듬하게 보는'에서 유래

ad **a** 1 **비스듬히, 곁눈질로** / askew, sideways
2 **의심스런 눈으로** / with suspicion; doubtfully
- look **askance** at him 그를 의심스런 눈초리로 보다

astray
[əstréi]
★☆☆☆☆
06

a(to) + stray 길을 잃다 → '길을 잃다'에서 유래

ad **a** **잘못된 길에 빠져** / away from the correct path; amiss
- lead a person **astray** 남을 타락하게 하다

cf **estráy** 길을 잃다

어근관련 stray [strei] 길을 잃다; 벗어나다; 미아; 길 잃은; 이따금의

awry
[ərái]
★☆☆☆☆
07

a(to) + wry 구부러진 → '구부러져 있는 상태인'에서 유래

ad **a** 1 **구부러져, 비틀려서** / in a position that is turned; askew
2 (계획 따위가) **잘못되어** / away from the correct course; amiss
- glance **awry** 곁눈질로 보다
- Our plans went **awry**. 우리의 계획은 실패했다.

어근관련 wry [rai] 찡그린; 굽은 wring [riŋ] 비틀다; 착취하다

동의어 / 반의어

01	**aghast**	=	afraid / fearful / frightened / terrified / scared white
02	**akin**	=	related / affiliated / cognate / kindred / analogous / comparable
03	**aloof**	=	uninterested / unconcerned / indifferent / detached ↔outgoing
04	**amaze**	=	surprise / astonish / astound / dumbfound ● 동의어 보감
05	**askance**	=	askew / sideways / dubiously / skeptically ● 동의어 보감
06	**astray**	=	amiss / afield / awry / unfavorably / wrong
07	**awry**	=	crooked / flexuous / serpentine / tortuous / meandering ↔straight

동의어 보감

놀라게 하다 04	필수	alarm (엄청) 놀라게 하다 / astound 크게 놀라게 하다 / surprise 놀라게 하다 / amaze 놀라게 하다 / startle 깜짝 놀라게 하다 / astonish 놀라게 하다
	고급	consternate 대경 실색하게 하다 / flabbergast 깜짝 놀라게 하다; 당황하게 하다
	숙어	strike dumb / take aback / take sb's breath away
	참고	marvel at ~에 놀라다
의심하는 · 의심스러운 05	필수	askance 곁눈질로; 의심하여 / dubious 수상한; 의심하는 / suspicious 수상한; 의심하는 / doubtful 의심하는; 의심스러운 / skeptical 회의적인, 의심하는
	고급	dubitable 의심스러운, 불확실한 / fishy 물고기가 많은; 수상한 / leery 의심 많은, 조심스러운
	참고	의심하다 / look askance at / smell a rat 의심하다 / take ~ with a grain of salt ~을 에누리해서 듣다

뉘앙스

놀라게 하다 04

surpríse	**놀라게 하다** ≪가장 일반적인 말≫	• I was much **surprised** at the news. 나는 그 소식을 듣고 매우 놀랐다.
astónish	(믿기지 않는 일로) **놀라게 하다**	• be **astonished** at the incredible result 믿기지 않는 결과에 놀라다
amáze	(당황을 일으킬 만큼) **놀라게 하다**	• be **amazed** at the enemy's strength 적군의 힘에 놀라다
astóund	(제대로 행동하고 생각할 수 없을 정도로) **놀라게 하다**	• I was **astounded** by the proposal. 나는 그 제안에 정신을 잃을 만치 놀랐다.

cf. **flábbergast** (말도 할 수 없을 정도로) **놀라게 하다** ≪구어적인 말≫

cf. 의미의 강도 순으로 늘어놓으면 '**surprise < astonish < amaze < astound < flabbergast**'이다.

Check-up Test

1. His father remains <u>aloof from</u> the day-to-day activities of his family.
ⓐ separated from ⓑ upward of ⓒ bored with ⓓ exhausted from

2. It had been addressed incorrectly and had gone _______.
ⓐ astray ⓑ restless ⓒ differently ⓓ oddly

3. Most ladies are <u>akin</u> in their close attention to fashion.
ⓐ analogous ⓑ analeptic ⓒ aloof ⓓ afloat

4. The Queen was <u>detached</u> and even haughty.
ⓐ distrustful ⓑ disgusting ⓒ unattractive ⓓ aloof

5. I can hardly believe it; it is <u>amazing</u>.
ⓐ over and over ⓑ unconscious ⓒ unreliable ⓓ incredible

정답 **1.** a **2.** a **3.** a **4.** d **5.** d

anti-

▶ **반대** Greek 계통의 접두어로서 '**반대**(against)'의 의미를 지닌다.

형태 변화 모음 앞에서 → ant- / antágonist 적대자

antagonist

[æntǽgənist]
★☆☆☆☆
01

anti(against) + agon(struggle) → '반대로 싸우는 사람'에서 유래

n **적대자, 반대자** / a person who is opposed to another; adversary

- overwhelm one's **antagonist** 상대를 꺾다

v **antágonize** ~을 적으로 돌리다

n **antágonism** 적대감 **a** **antagonístic** 적대하는, 대립하는(hostile) 뉘앙스 p.383

어근관련 protagonist [proutǽgənist] 주동자; 주역 agonize [ǽgənaiz] 괴로워하다

antibiotic

[æntibaiátik]
★☆☆☆☆
02

anti(against) + bio(life) → '살아 있는 것에 저항하는 것'에서 유래

n **항생제** / substance that is produced by living thing and is able to destroy the growth of bacteria

- a course of **antibiotics** to clear an infection 감염을 막기 위한 항생제 치료 과정

어근관련 autobiography [ɔ:təbaiágrəfi] 자서전 biology [baiálədʒi] 생물학

antidote

[ǽntidout]
★☆☆☆☆
03

anti(against) + dot(give) → '반대로 작용하도록 해주는 것'에서 유래

n **해독제** / a remedy to counteract a poison; counterpoison

- an **antidote** to the nation's economic troubles 그 나라의 경제난에 대한 해독제

어근관련 pardon [pá:rdn] 용서하다 donor [dóunər] 기증자, (혈액, 조직의) 제공자

antipathy

[æntípəθi]
★★★☆☆
04

anti(against) + path(feel) → '반대의 감정을 느낌'에서 유래

n **혐오, 반감** / a strong or deep-rooted dislike; aversion

- the president's **antipathy** towards trade unions 무역 동맹에 대한 대통령의 반감

cf **ápathy** 무관심

어근관련 empathy [émpəθi] ≪심리≫ 감정 이입 pathology [pəθálədʒi] 병리학 뉘앙스 p.91

antiseptic

[æntəséptik]
★☆☆☆☆
05

anti(against) + sept(putrefy) → '부패되는 것을 방지하는'에서 유래

n **a** **방부제(의)** / a substance that kills bacteria; preservative

- put an **antiseptic** in the bread 빵 안에 방부제를 넣다

v **antisépticize** 방부 처리하다

어근관련 asepsis [əsépsis] 무균(상태) septicity [septísəti] 부패(성)

= 동의어 ↔ 반의어

01	**antagonist**	=	adversary / opponent / enemy / foe / dissident / contender ↔ protagonist
02	**antibiotic**	=	disinfectant substance
03	**antidote**	=	counteraction / cure / remedy / medicine
04	**antipathy**	=	enmity / animosity / antagonism / hostility / rancor ↔ sympathy ⊙ 동의어 보강
05	**antiseptic**	=	preservative / embalmment

동의어 보감

적의 · 적대감 04	필수	animosity 적개심, 악의 / animus 적의 / antagonism 적의, 반감 / enmity 적의 / grudge 원한 / hatred 증오 / hostility 적의 / malevolence 적의 / malice 적의 / rancor (사무친) 원한, 증오 / spite 원한
	고급	antipathy 반감, 혐오
	숙어	evil will / ill will
	참고	우호감 / good will / love / amity
저주	필수	anathema 저주 / curse 저주
	고급	blasphemy 신성모독; 악담 / execration 증오, 저주 / imprecation (재난 등이 있도록) 저주 / objurgation 꾸짖음, 비난
	반의어	칭찬 / compliment / encomium / eulogy 칭송

뉘앙스

적의 · 적대감 04

énmity	**적의, 반목**	• have **enmity** against[toward] ~에 대해서 적의를 품다
hostílity	(노골적으로 드러내는) **적의**	• show **hostility** to a person 다른 사람에게 적의를 나타내다
antípathy	(기질상 느끼는) **반감**	• the inveterate **antipathy** against a particular nation 어떤 특정한 나라에 대한 뿌리깊은 반감
antágonism	(사람 · 단체간의) **반감, 적대감**	• the **antagonism** between classes 계급 간의 적대감
animósity	(참을 수 없는 정도의) **적대감, 증오**	• Her hatred was intensified into a violent **animosity**. 그녀의 혐오는 깊어져서 격렬한 증오감이 되었다.
ráncor	(깊이 사무친) **증오, 원한**	• She felt a **rancor** against her son's murderer. 그녀는 아들의 살해범에 대해 사무친 원한을 느꼈다.
ánimus	(특별한 이유도 없는) **적의, 원한**	• He may have some kind of **animus** against you. 그는 너에게 무언가 적의를 품고있는 것 같다.

Check-up Test

1. Literary awards are inherently subjective and potentially corrupting, but they are also perhaps the most powerful _______ we have regarding the decline of serious fiction, and the best way of bringing good narrative to a wider world that desperately needs it.
ⓐ obstacle ⓑ endorsement ⓒ antidote ⓓ trigger

2. A synonym for "antagonistic" is _______.
ⓐ friendly ⓑ hostile ⓒ futile ⓓ heroic

3. One _______ widely used to arrest the growth of harmful bacteria is penicillin.
ⓐ antibiotic ⓑ remedy ⓒ antidote ⓓ indulgence

4. By telephone, the physician prescribed the exact _______ to be given immediately to the poison victim.
ⓐ antinomy ⓑ antagonist ⓒ antiseptic ⓓ antidote

5. Given the Secretary of State's _______ the president's foreign policies, he has no choice but to resign.
ⓐ antipathy toward ⓑ reliance upon ⓒ concurrence with ⓓ pretense of

정답 **1.** c **2.** b **3.** a **4.** d **5.** a

121 **census**
[sénsəs]
★☆☆☆☆
cens (value 평가하다) → '인구[국세]를 평가하는 것' 에서 유래
n **인구 조사** / an official count of the people; population count
• conduct the **census** every five years 5년마다 인구조사를 실시하다

122 **cessation**
[seséiʃən]
★☆☆☆☆
cess (cease 중지하다) → '중지하는 것' 에서 유래
n **정지** / stopping; halting
• a total **cessation** of hostilities 적대행위의 전면적 중지

123 **chagrin**
[ʃəgrín]
★★★☆☆
chag (sorrow 슬픔) → '슬프고 원통하게 하다' 에서 유래
v **분하게[원통하게] 만들다** / make feel annoyed and disappointed; vex
n **분함, 원통함**
• be **chagrined** at one's failure 실패한 것을 원통해 하다

124 **chaotic**
[keiátik]
★☆☆☆☆
cha (gape 입 벌리다) → '태초의 혼돈 속의 텅빈 공허' 에서 유래
a **혼돈된** / in complete disorder; confused
• **chaotic** traffic conditions 무질서한 교통 상황
n **cháos** 혼돈

125 **charlatan**
[ʃáːrlətn]
★☆☆☆☆
charlat (quack 돌팔이) → '실력 없이 아는 체하는 돌팔이 같은 사람' 에서 유래
n **아는 체하는 사람** / pretender to knowledge; quack
• This advertisement is the work of a **charlatan**. 이 광고는 사기꾼이 만든 것이다.
a **charlatánic** 협잡의, 돌팔이의

126 **chary**
[ʧéəri]
☆☆☆☆☆
chary<charag(care 걱정) → '문제를 일으킬까 걱정하여 조심하는' 에서 유래
a **조심하는** / showing caution; cautious
• be **chary** of strangers 낯선 사람에 대해 조심스러워하다

127 **chasm**
[kǽzm]
★☆☆☆☆
cha (gape 입 벌리다) → '물체가 입 벌리고 있는 것 같은 틈' 에서 유래
n **(지면 · 암석 · 의견 등의) (갈라진) 틈** / deep opening; abyss
• the bottom of the **chasm** 밑바닥의 갈라진 틈
a **chásmal, chásmic** 크게 갈라진 틈이 많은, 갈라진 틈 같은

128 **chaste**
[ʧeist]
★☆☆☆☆
chaste<cast (pure 깨끗한) → '깨끗하고 정숙한' 에서 유래
a **정숙한** / having high moral standards; modest
• **chaste** and decorous dress 정숙하고 예의 바른 복장
n **chástity** 순결

129 **chasten**
[ʧéisn]
★☆☆☆☆
chast (punish 벌하다) → '벌하여 바로잡다'에서 유래
v **벌하다, 단련시키다** / punish to improve; discipline;
지나치지 않게 하다 / restrain from excess; moderate
• a man **chastened** by suffering 고난으로 단련된 사람

130 **chastise**
[ʧæstáiz]
★☆☆☆☆
chast (punish 벌하다) → '벌하여 바로잡다' 에서 유래
v **벌하다** / inflict punishment; punish;
몹시 비난하다 / criticize severely; rebuke
• the right to **chastise** their own children 자기 자식들을 꾸짖을 권리
n **chástisement** 응징, 혼내 줌

131 **chicanery**
[ʃikéinəri]
★☆☆☆☆
chican (deceive 속이다) → '기만하기 위해 쓰는 속임수' 에서 유래
n **속임수** / trickery; fraud
• guilty of **chicanery** in freeing one's client 고객의 석방을 위해 속임수를 쓴 죄

132 **chide**
[ʧaid]
★☆☆☆☆
chid (scold 꾸짖다)
v **꾸짖다** / speak angrily; rebuke
• **chide** Junior for his lying 거짓말을 한 Junior를 꾸짖다

133 **choleric** [kálərik] ★★☆☆☆
chol (bile 화)
a **화를 잘 내는**/ hot-tempered; irascible
- a **choleric** nature 화를 잘 내는 성질

134 **chronic** [kránik] ★★★☆☆
chron(time 시간) → '오랜 시간 지속되거나 자주 일어나는'에서 유래
a **(병이) 만성인** / lingering ; **상습적인** / habitual
- a **chronic** disease[criminal] 만성병[상습범]

135 **chubby** [ʧʌ́bi] ★★☆☆☆
chub 잉어 → '잉어처럼 살이 올라 토실토실한' 에서 유래
a **토실토실 살찐, 통통한** / slightly fat; plump
- Most babies have **chubby** cheeks. 대부분의 아기들은 통통한 볼을 갖고 있다.

136 **citadel** [sítədl] ☆☆☆☆☆
cita(city 도시) → '도시를 지키는 성' 에서 유래
n **(시 · 시민을 지키는) 성** / a strong fort for safety; fortress
- the **citadel** overlooking the city 시를 내려다보고 있는 성

137 **cite** [sait] ★☆☆☆☆
cit(arouse 일깨우다) → '사람을 일깨우기 위하여 인용하다' 에서 유래
v **인용[인증]하다**/ mention something as an example; quote
- **cite** passages in the Bible 성경 구절들을 인용하다

n **citátion** 인용; 인용구

138 **clairvoyant** [klɛərvɔ́iənt] ☆☆☆☆☆
clair (clear 명백한) → '명백하게 볼 수 있는 능력을 가진'에서 유래
a **통찰력이 있는** / having foresight; perspicacious
- the old man's **clairvoyant** warning 그 노인의 통찰력 있는 경고

n **clairvóyance** 통찰력, 예지력

139 **clamber** [klǽmbər] ☆☆☆☆☆
clam (climb 기어오르다) →
v **(손 · 발로) 기어오르다** / climb slowly using your feet and hands; scramble
- **clamber** over the wall 벽을 기어오르다

140 **clamorous** [klǽmərəs] ★★☆☆☆
clamor 함성, 와글거림 → '함성소리로 시끄러운' 에서 유래
a **시끄러운, 소란스러운** / loud and noisy; vociferous
- The candidate reacted with a **clamorous** condemnation of the opponents. 후보자는 상대 후보에 대한 떠들썩한 비난으로 대응했다.

v n **clámor** 소리쳐서 ~하게 하다; 아우성, 외침

★ 중요빈출

Check-up Test

1. A gentleman strolled casually past the carriage, staring at Emily with bold eyes much to her father's mixture of <u>chagrin</u> and pride.
ⓐ exaltation ⓑ irritation ⓒ prudence ⓓ amorousness

2. The public health authorities are combating the claim of _______ who maintain fraudulently that they have cures for many major ailments.
ⓐ salesmen ⓑ pharmacists ⓒ chemists ⓓ charlatans

3. Squeezing through the <u>aperture</u> between the rocks, she found herself in a cool, dark cave.
ⓐ chasm ⓑ path ⓒ orifice ⓓ confluence

4. Now that I realize his brother's _______, I feel that it will be impossible for me to trust his brother sincerely in the future.
ⓐ inclemency ⓑ flamboyance ⓒ ingenuousness ⓓ chicanery

5. In order times his behavior would have been termed <u>choleric</u>. But these days, it turned the easiest way to solve a problem.
ⓐ cheerful ⓑ even-tempered ⓒ able ⓓ hot-tempered

정답 **1.** b **2.** d **3.** a **4.** d **5.** d

have(2)

- **have one's hands full** / 몹시 바쁘다
  - She certainly **has her hands full** with four kids in the house.
    그녀는 집에서 네 명의 아이를 키우느라 분명히 매우 바쁘다.

- **have recourse to** / ~에 의지하다 resort to, 도움을 청하다
  - Victims of domestic violence in Russia rarely **have recourse to** protection from the authorities. 러시아에서는 가정 폭력의 피해자들은 좀처럼 당국의 보호에 의지하지 않는다.

- **have something to do with** / ~와 관계가 있다 be concerned with, bear on
  - Perhaps money **has something to do with** some of the technology we "need." 아마도 돈은 우리에게 "필요"한 몇몇 기술과 관계가 있는 듯하다.

- **have something up one's sleeve** / 적당한 때를 위해 비밀로 하다
  - Freddy suspects she **has something up her sleeve** but does not know what. Freddy는 그녀가 무언가를 비밀로 하고 있다고 알아챘지만 그게 무엇인지는 모른다.

- **have the blues** / 우울하다 be gloomy
  - They **had the blues** in common but the result was totally unexpected. 그들은 모두 우울해했지만 그 결과는 완전히 뜻밖이었다.

- **have the edge on someone** / ~를 능가하다 be better than someone
  - The elite team **had an edge on their rivals**.
    그 엘리트 팀은 자신의 경쟁자들을 능가했다.

- **have the guts** / 용기가 있다 have the nerve
  - He doesn't **have the guts** to walk away from a well-paid job.
    그는 보수가 좋은 직장을 박차고 나갈 배짱이 없다.

- **have the nerve to do** / 뻔뻔스럽게도 ~하다 be impudent enough to R
  - I don't know how you **have the nerve to** show your face after what you said!
    그런 말을 해 놓고 어떻게 뻔뻔스럽게 얼굴을 보일 수 있는지 난 모르겠어!

- **have the upper hand** / ~ 보다 유리하다 prevail, 우위를 점하다
  - The Union **had the upper hand** in the war.
    전쟁에서 연합군이 우위를 점하고 있었다.

- **have words with** / ~와 말다툼하다 dispute with
  - I **had words with** my wife about our summer vacation.
    나는 여름휴가에 관하여 아내와 말다툼을 했다.

- **have yet to** / 아직 ~하지 못하다
  - The plans **have yet to** be finalized due to the fact that the site is on government property.
    그 장소가 정부의 소유라는 이유로 계획들은 아직 마무리되지 못했다.

- **have one's head in the cloud** / 몽상에 잠겨있다, 비현실적이다 be daydreaming, be unreal
- **have one's feet on the ground** / 현실적이다, 분별력이 있다
- **have one's heart in one's mouth** / 몹시 걱정하다, 불안해하다 be on edge[pins and needles]
- **have the card stacked against** / ~에게 매우 불리한 입장이다

hold

- **hold back** / 저지하다, 억제하다 control, restrain ; 보류하다, 감추다 withhold, hide
  - It quickly became apparent that lack of space was **holding back** the library's revival.
    공간부족이 도서관의 부활을 막고 있다는 점이 금방 분명해졌다.

- **hold down** / 억제하다, 진압하다 suppress
  - The rate of inflation must be **held down**. 인플레이션율은 억제해야 한다.

- **hold good** / 유효하다 remain valid, be effective
  - The same argument does not **hold good** in every case.
    같은 주장이 모든 경우에 다 옳은 것은 아니다.

- **hold one's breath** / 숨을 참다 keep one's breath
  - He **held his breath** and sank under the water.
    그는 숨을 참고 물 아래로 가라앉았다.

- **hold one's tongue** / 말을 참다 bite one's tongue
  - We don't want anyone to know what's happened, so you'd better **hold your tongue**. 우리는 그 누구도 무슨 일이 일어났는지 알기 원하지 않기 때문에 너는 잠자코 있는 게 좋을거야.

- **hold out** / 주다, 제공하다 offer; 버티다, 저항하다 resist
  - The rebels **held out** in the mountains for several years.
    반군들은 산 속에서 수년 동안 버텼다.

- **hold over** / 연기하다 postpone, defer; 유임되다 remain in office
  - The matter was **held over** until the next morning. 그 문제는 다음 날 아침까지 미뤄졌다.

- **hold up** / 유지하다, 지지하다 uphold, buttress; 멈추다, 연기하다 delay; 강도질하다 rob wayfarers, mug
  - The proposal is **held up** because there was disagreement.
    의견차가 있었기 때문에 그 제안은 보류된 상태이다.
  - The men who **held up** the store were wearing Halloween masks.
    그 가게를 강도질한 남자는 할로윈 가면을 쓰고 있었다.

- **hold water** / 이치에 맞다 be logical, make sense
  - Frankly, I do not think that the argument **holds water** any more.
    솔직히 나는 그 주장이 더 이상 이치에 맞는다고 생각하지 않는다.

be-, bene-

우선순위
로 보는
PRE
view

Date :

08

★★★★☆	05.	**benign**	상냥한; 유리한	□ □ □
★★★☆☆	16.	**besiege**	포위하다; 괴롭히다	□ □ □
	02.	**benefactor**	자선가	□ □ □
	04.	**benevolent**	인정 많은	□ □ □
★★☆☆☆	08.	**belittle**	경시하다	□ □ □
★☆☆☆☆	02.	**beget**	낳다; 초래하다	□ □ □
	03.	**beguile**	속이다; 즐겁게 하다	□ □ □
	04.	**behold**	보다	□ □ □
	06.	**belated**	시대에 뒤진	□ □ □
	07.	**belie**	잘못 전하다	□ □ □
	10.	**bemuse**	멍하게 하다	□ □ □
	11.	**bequeath**	물려주다	□ □ □
	12.	**berate**	야단치다	□ □ □
	13.	**bereave**	빼앗다	□ □ □
	14.	**beseech**	간청하다	□ □ □
	15.	**beset**	포위하다; 괴롭히다	□ □ □
	01.	**benediction**	기도, 축복	□ □ □
	03.	**beneficent**	자비로운	□ □ □
	06.	**bounteous**	풍부한	□ □ □
☆☆☆☆☆	01.	**befall**	~에게 일어나다	□ □ □
	05.	**belabor**	세게 치다	□ □ □
	09.	**bemoan**	슬퍼하다	□ □ □
	17.	**bethink**	숙고하다	□ □ □
	18.	**betroth**	약혼시키다	□ □ □
	19.	**bewail**	통곡하다	□ □ □
	20.	**bewitch**	마법을 걸다	□ □ □

MD08 mp3

LECTURE
08

be-

▶ **동사형성** Anglo-Saxon 계통의 접두어로서 **'동사 형성**(do, make)'의 의미를 지닌다.

의미 변화

① 하다(do)

> **belíe** : be(do) + lie 거짓말
→ 거짓말하다 → 잘못전하다
/ bemóan 슬퍼하다 / beráte 호되게 야단치다

② 만들다(make)

> **belíttle** : be(make) + little 작은
→ 작게 만들다 → 과소 평가하다
/ befít ~에 적합하다 / begríme 더럽히다

befall

[bifɔ́ːl]

☆☆☆☆☆

01

be(do) + fall 떨어지다 → '어떤 일이 누구에게 떨어지다'에서 유래

v (~의 신상에) **일어나다, 생기다** / happen to; occur

- A similar occurrence **befell** him. 비슷한 일이 그에게도 일어났다.

어근관련 fallacy [fǽləsi] 오류 infallible [infǽləbl] 결코 틀림이 없는, (절대) 확실한

beget

[bigét]

★☆☆☆☆

02

be(do) + get 얻다 → '얻다'에서 유래

vt 1 (아버지가 자식을) **얻다, 낳다** / become the father of; procreate
2 (결과로서) **초래하다** / cause to be; produce

- He **begot** two sons and three daughters. 그는 두 명의 아들과 세 명의 딸을 얻었다.
- Hunger **begets** crime. 배고픔은 범죄를 낳는다.

어근관련 forget [fərgét] 잊다, 망각하다 forgetful [fərgétfəl] 잘 잊는, 잊어버리는

beguile

[bigáil]

★☆☆☆☆

03

be(do) + guile 기만 → '남을 기만하다'에서 유래

vt 1 **속이다, 속여 빼앗다** / trick or mislead a person; deceive
2 **즐겁게 하다** / win the attention of; amuse 뉘앙스 p.181,365, 481

- be **beguiled** by his flattery into trusting him 그의 아첨에 속아서 그를 믿어 버리다
- The old sailor **beguiled** the boys with stories about his life at sea.
그 나이 많은 선원은 바다에서 지낸 그의 인생에 대한 이야기들로 소년들을 기쁘게 해 주었다.

n **begúilement** 기만; 기분 전환 a **begúiling** 속이는; 기분 전환시키는

어근관련 guileless [gáillis] 악의 없는, 순진한 guileful [gáilfəl] 교활[음험]한

behold

[bihóuld]

★☆☆☆☆

04

be(do) + hold 계속 유지하다 → '관심을 가지고 계속해서 보다'에서 유래

vt **~을 보다** / look at; observe

- got up early to **behold** the sunrise 해돋이를 보기 위해 일찍 일어나다

cf **behólden** ≪문어≫ 은혜를 입은 뉘앙스 p.97

어근관련 holder [hóuldər] 소유[보유]자; 그릇, 케이스 holding [hóuldiŋ] 보유; 소유물[주]

belabor

[biléibər]

☆☆☆☆☆

05

be(do) + labor 힘든 일 → '힘든 일을 하다'에서 유래

vt **세게 치다, 때리다** / beat severely; thrash

- **belabor** the tired horse with stick 막대기로 지친 말을 세게 치다

어근관련 labor [léibər] 노동; 산고, 분만 collaborate [kəlǽbəreit] 협동하다

동의어 / 반의어

01	**befall**	=	occur / happen / chance / betide / come about / come to pass
02	**beget**	=	produce / generate / effect / engender / bring about
03	**beguile**	=	deceive / cheat / delude / mislead / gull / hoax / swindle / take in
04	**behold**	=	see / look / view / observe / glare / glance / take notice of ◎ 동의어 보강
05	**belabor**	=	thrash / smack / maul / pound / slap / smash ◎ 동의어 보강

동의어 보감

보다 04	필수	behold (감탄하며) 보다 descry (어렴풋이) 보다 gape 입을 벌리고 쳐다보다 gaze 응시하다 glance 힐끗 보다 glimpse 얼핏 보다 glare 노려보다 look 눈을 돌려 쳐다보다 observe 관찰하다 peep 엿보다 see 보이다 stare 응시하다 view 바라보다 watch 움직임을 지켜보다	
	고급	espy (숨겨진 것을) 찾아내다	숙어: catch sight of 얼핏 보다 / take a look at
	참고	ogle ~에게 추파를 던지다	
치다 05	필수	bash 세게 치다 beat 두들겨 패다 hit 노린 것을 치다 lash (채찍으로) 때리다 maul 나무망치; 때려서 상처를 입히다 pound 계속해서 세게 치다 punch 주먹으로 치다 slap 손바닥으로 때리다 smash 세게 치다 spank 찰싹 때리다 strike 타격을 가하다 thrash 매질하다; 괴로워하다	
	고급	batter 연타하다, 난타하다 / belabor 세게 때리다, 꾸짖다/ lambaste 몹시 때리다/ pommel 연거푸 때리다 / smite 강타하다/ thump 탁 치다/ wallop 흠씬 두들겨 패다	
	숙어	give a blow	

뉘앙스

보다 04	**see**	보다	• I **saw** him on my way to school. 나는 학교에 가던중에 그를 보았다.
	look	(시선을 돌려) **쳐다보다**	• I **looked**, but I couldn't see anything. 나는 쳐다보았지만 아무것도 볼 수 없었다.
	watch	(움직임을) **지켜보다**	• I'm **watching** the boy. 나는 그 소년의 모든 동작을 지켜보고 있다.
	view	**관찰하다, 조사하다**	• The jury **viewed** the evidence. 배심원은 그 증거물을 관찰했다.
	obsérve	(주의깊게) **관찰하다**	• **observe** the solar eclipse 일식을 관찰하다
	behóld	(감탄하며 조용히) **바라보다**	• **behold** the sunset 일몰을 바라보다
	wítness	**목격하다**	• **witness** the accident 그사고를 목격하다
	espý	(숨겨진 것을) **찾아내다**	• He **espied** a snake crawling through the grass. 그는 풀 속으로 기어가는 뱀을 보았다.
	descrý	(먼 곳에 있는 것을) **목격하다**	• He **descried** the distant steeple. 그는 멀리있는 뾰족탑을 보았다.
	gaze	**응시하다**	• **gaze** up at the stars 별들을 가만히 쳐다보다
	stare	(놀라서 눈을 크게 하고) **응시하다**	• **stare** incredulously at the scene 믿을 수 없다는 듯이 그 장면을 빤히 쳐다보다
	gape	(놀라움에 입을 벌리고) **쳐다보다**	• **gape** at the skyscraper 고층 건물을 넋을 잃고 바라보다

Check-up Test

1. Sympathy often engenders love.
   ⓐ begets ⓑ beguiles ⓒ embroiders ⓓ enlightens

2. A similar fate befell in Greek myth.
   ⓐ destroyed ⓑ happened ⓒ corrupted ⓓ underestimated

3. He _______ himself during the long hours by playing solitaire.
   ⓐ misleads ⓑ comports ⓒ beguiles ⓓ belabors

4. The geyser, one of the most unusual phenomena in nature, is beautiful to behold.
   ⓐ view ⓑ relate ⓒ sketch ⓓ withhold

5. He was mercilessly belaboring his opponent on the ground.
   ⓐ smacking ⓑ deceiving ⓒ observing ⓓ staring

정답 **1.** a **2.** b **3.** c **4.** a **5.** a

belated
[biléitid]
★☆☆☆☆
06

be(do) + late 늦은 → '(정해진 시간보다) 늦은'에서 유래

a 1 (때) **늦은** / happening late; delayed
2 **시대에 뒤진** / out-of-date; obsolete
- **belated** birthday greetings 때늦은 생일 축하 인사
- a **belated** view of world economy 세계 경제에 대한 시대에 뒤진 견해

n **belátedness** 늦음; 시대에 뒤짐

어근관련 lately [léitli] 요즈음, 최근에

belie
[bilái]
★☆☆☆☆
07

be(do) + lie 거짓말 → '**거짓말하다**'에서 유래

vt 1 **거짓[잘못] 전하다** / give a false idea of; misrepresent
2 (기대 · 약속 따위에) **어긋나다** / show to be false; break
- The newspaper **belied** the facts of the event. 그 신문은 그 사건의 진실을 잘못 전했다.
- The poor sales of the product **belied** our high hopes. 그 상품의 판매 부진은 우리의 기대에 어긋났다.

어근관련 liar [láiər] 거짓말쟁이

belittle
[bilítl]
★★☆☆☆
08

be(make) + little 작은 → '**작게 만들다**'에서 유래

vt (남을) **과소평가하다, 경시하다** / make seem little or unimportant; depreciate
- **belittle** the explorer's great discoveries 그 탐험가의 위대한 발견을 과소평가하다

n **belíttlement** 과소평가

뉘앙스 p.99

bemoan
[bimóun]
☆☆☆☆☆
09

be(do) + moan 슬퍼하다→ '**슬퍼하다**'에서 유래

v **슬퍼[애도]하다** / moan about or weep for
- **bemoan** one's bitter fate 자신의 쓰라린 운명을 슬퍼하다

어근관련 moanful [móunfəl] 신음소리를 내는, 슬퍼하는

bemuse
[bimjú:z]
★☆☆☆☆
10

be(make) + muse 명상하다 → '**당황하여 명상하게 만들다**'에서 유래

vt **멍하게[어리둥절하게] 하다** / cause to be confused; bewilder
- turn **bemused** eyes toward a person 얼굴을 멍하니 쳐다보다

어근관련 musician [mju:zíʃən] 음악가 amuse [əmjú:z] 즐겁게 하다

bequeath
[bikwí:ð]
★☆☆☆☆
11

be(do)+ queath(say) → '(재산에 관한 유언을) **말하다**'에서 유래

vt (동산 · 재산 등을) **물려주다, 유증하다** / give after death; leave
- His father **bequeathed** him a fortune. 그의 아버지는 그에게 큰 재산을 물려주었다.

n **bequést** 유증, 유산

cf **devíse** (부동산을) 유증하다; 고안[안출]하다 **inhérit** (재산을) 상속하다, 물려받다

어근관련 acquire [əkwáiər] 손에 넣다, 획득하다 inquire [inkwáiər] 묻다, 문의하다

berate
[biréit]
★☆☆☆☆
12

be(do)+ rate 꾸짖다 → '**~의 잘못을 따끔하게 야단치다**'에서 유래

vt **호되게 꾸짖다[야단치다]** / scold sharply; upbraid
- **berated** the boys for teasing one's cat 자신의 고양이를 괴롭힌 아이들을 호되게 야단치다

어근관련 rate [reit] 꾸짖다, 야단치다 underrate [ʌndəréit] 과소평가하다

뉘앙스 p.447

bereave
[birí:v]
★☆☆☆☆
13

be(do) + reave 빼앗다 → '**~에게서 중요한 것[사람]을 빼앗다**'에서 유래

vt 1 (죽음이 가족을) **빼앗다, 잃게 하다** / leave desolate and alone; deprive
2 (희망 등을) **빼앗다** / deprive ruthlessly; rob
- a husband **bereaved** of his wife 아내를 잃은 남편
- the victim **bereft** of all hope 모든 희망을 잃은 조난자

n **beréavement** 사별 **a** **beréaved** (가족을) 잃은 **a** **beréft** (희망 · 재산을) 잃은

동의어 / 반의어

06	**belated**	=	delayed / late / tardy / behindhand / overdue
07	**belie**	=	misrepresent / pervert / falsify / distort / twist ↔ attest
08	**belittle**	=	depreciate / diminish / underestimate / play down ↔ magnify ● 동의어 보감
09	**bemoan**	=	deplore / mourn / bewail / grieve / lament ↔ exult
10	**bemuse**	=	bewilder / daze / stun / benumb / stupefy ● 동의어 보감
11	**bequeath**	=	leave / devise / legate / hand down ↔ inherit
12	**berate**	=	rebuke / scold / reprimand / upbraid / call down ↔ compliment
13	**bereave**	=	deprive / rob / dispossess / strip / divest

동의어 보감

얕보다 · 경시하다 08	필수	belittle 얕보다 · depreciate 경시하다 · disparage 폄하하다, 비난하다 · minimize 얕보다 · underestimate 과소평가하다
	고급	underrate 과소평가하다, 얕보다 / undervalue 과소평가하다, 경시하다
	숙어	make little of / play down / slough over / turn up one's nose at 코웃음 치다

멍하게 하다 · 경악스럽게 하다 10	필수	daze 멍하게 하다 · frighten 무섭게 하다 · horrify 오싹하게 하다 · paralyze 마비시키다 · petrify 석화시키다, 망연자실하게 하다 · stun 멍하게 하다
	고급	bemuse 멍하게 하다 / benumb 무감각하게 하다, 마비시키다 / dumbfound 기막히게 하다 / stupefy 마비시키다, 멍하게 하다
	참고	turn to stone / make sb's hair stand on end

뉘앙스

깎아내리다 08	**depréciate**	(보통 여겨지는 것보다) **깎아내리다**	• **depreciate** the value of freedom 자유의 가치를 경시하다
	decrý	(공개적으로) **비난하다**	• **decry** gambling in all its forms 모든 종류의 도박을 비난하다
	dispárage	(비교 · 빈정댐 따위의 간접적 방식으로) **깔보다**	• **disparage** a critic as an artist who has failed 비평가를 실패한 예술가로 깔보다
	derógate, detráct	(명성 · 장점 등을) **깎아내리다**	• **derogate** from the merit of a person 다른 사람의 장점을 깎아내리다
	belíttle	(경멸적으로) **깔보다**	• **belittle** others' efforts 다른 사람들의 노력을 우습게 보다
	mínimize	**깔보다, 최소한도로 여기다**	• He **minimized** the dangers of the task. 그는 그 일의 위험성을 과소평가했다.

check-up Test

1. In the morning came the telegram saying that he was dead. Then the house was suddenly full of those impressive women, who, in the community, automatically appear at times of _______.
ⓐ crisis ⓑ eulogy ⓒ deliverance ⓓ bereavement

2. Though he was theoretically a friend of labor, his voting record in Congress _______ that impression.
ⓐ implied ⓑ created ⓒ confirmed ⓓ belied

3. Do not <u>disparage</u> anyone's contribution; these little gifts add up to a large sum.
ⓐ reject ⓑ accept ⓒ belittle ⓓ laud

4. Liz <u>bemoans</u> the fact that she has to rewrite her paper.
ⓐ accepts ⓑ refuses to accept ⓒ laments ⓓ ascertains

5. Although their initial anger had _______ somewhat, they continued to _______ the careless worker who had broken the machine.
ⓐ blazed - assail ⓑ diminished - appease ⓒ abated - berate ⓓ subsided - condone

정답 **1.** d **2.** d **3.** c **4.** c **5.** c

beseech
[bisíːtʃ]
★☆☆☆☆
14

be(do) + seech(seek) → '(진심으로)원하는 것을 얻으려고 하다'에서 유래

vt **간절히 원하다[요청하다]** / ask earnestly; implore

- I **beseech** you to forgive him. 그를 용서해 주시기를 당신께 간절히 원합니다.

어근관련 seek [siːk] 찾다, 추구하다; (~하려고) 시도[노력]하다 뉘앙스 p.251

beset
[bisét]
★☆☆☆☆
15

be(do) + set 배치하다 → '(군대를) 정연히 배치하다'에서 유래

vt 1 **에워싸다, 포위(공격)하다** / surround or attack from all sides; enclose
2 (어려움 따위가) **따르다, 괴롭히다** / trouble from all directions; harass

- be **beset** by the crowd 군중에 의해 에워싸이다
- The plan was **beset** with difficulties from the beginning. 그 계획은 초기 단계에서부터 어려움이 따랐다.

n **besétment** 포위 **a** **besétting** 에워싸는, 끊임없이 괴롭히는

어근관련 onset [ánset] (불쾌한 일의) 시작 outset [áutset] 착수, 시작 뉘앙스 p.101

besiege
[bisíːdʒ]
★★★☆☆
16

be(do) + siege 포위하다 → '(공격을 목적으로) 포위하다'에서 유래

vt 1 **~을 포위(공격)하다** / surround with armed forces; beset
2 (요구 · 질문 따위를) **퍼붓다, 괴롭히다** / overwhelm with request or questions; harass

- the Greeks **besieging** the city of Troy 트로이 시를 포위하고 있는 그리스군
- **besiege** a person with questions 남에게 갖가지 질문 공세를 퍼붓다

n **besíegement** 포위(공격)

어근관련 assess [əsés] (재산을) 평가하다 obsess [əbsés] (귀신 등이) 괴롭히다 뉘앙스 p.101

bethink
[biθíŋk]
☆☆☆☆☆
17

be(do) + think 생각하다 → '~에 대하여 곰곰이 생각하다'에서 유래

vt <재귀적> **숙고하다, ~을 생각해내다** / think about; consider

- **bethink oneself of** the need to study 공부의 필요성에 대하여 숙고하다

어근관련 thoughtful [θɔ́ːtfəl] 사려깊은 thoughtless [θɔ́ːtlis] 경솔한

betroth
[bitróuð]
☆☆☆☆☆
18

be(do) + troth(truth) → '사랑의 진실을 약속하다'에서 유래

vt **약혼시키다** / promise in marriage; engage

- **betroth** one's daughter to a rich man 자신의 딸을 어느 부유한 남자와 약혼시키다

n **betróthed** 약혼자 **n** **betróthal** 약혼

어근관련 truth [truːθ] 진리; 진실 truthful [trúːθfəl] 정직[성실]한; 진실의

bewail
[biwéil]
☆☆☆☆☆
19

be(do) + wail 소리내어 울다 → '큰 슬픔에 젖어 소리내어 울다'에서 유래

v **몹시 슬퍼하다, 통곡하다** / mourn for, weep

- a girl **bewailing** the loss of her doll 자신의 인형을 잃어버려 울고 있는 소녀

n **bewáilment** 슬퍼함, 통곡

bewitch
[biwítʃ]
☆☆☆☆☆
20

be(do) + witch 마녀 → '마녀가 사람에게 마법을 걸다'에서 유래

vt 1 **~에게 마법을 걸다** / have a magic effect on; spell
2 **~을 매혹시키다** / charm as if by magic; enchant

- The wicked fairy **bewitched** the princess. 그 사악한 요정은 공주에게 마법을 걸었다.
- **bewitch** a person with one's beauty 자신의 아름다움으로 남을 매혹시키다

n **bewítchment** 매혹, 주문방 **a** **bewítching** 매혹시키는

어근관련 witchcraft [wítʃkræft] 마녀; 마력 뉘앙스 p.237

동의어 / 반의어

14 **beseech** = beg / appeal / implore / entreat / supplicate
15 **beset** = surround / enclose / encompass / besiege / beleaguer
16 **besiege** = beset / encircle / enclose / encompass / beleaguer / blockade ● 동의어 보강
17 **bethink** = consider / deliberate / reflect / remember / recall
18 **betroth** = engage / affiance
19 **bewail** = weep / mourn / lament / deplore / bemoan ↔ delight
20 **bewitch** = attract / enchant / captivate / fascinate / allure ↔ repel

동의어 보강

공격하다 16	필수	ambush 매복하다 / attack 공격하다 / bombard 포격하다 / assail 공격하다 / beset (포위) 공격하다 / charge 돌진하다, 돌격하다 / assault 공격하다 / besiege (포위) 공격하다 / storm (폭풍처럼) 공격하다
	고급	blitz 전격적으로 공격하다
	숙어	fall on 공격하다; ~에 해당하다 / set[turn] on / swoop on 급습하다 / turn on 갑자기 공격하다 / lie in ambush 매복하다 / take by surprise 기습하다 / take the offensive 공세를 취하다
	참고	공격을 개시하다 / launch / mount / stage sortie 출격 / sally 출격, 반격 / skirmish 소규모 접전/ all-out attack 총공격 / war of attrition 소모전 / H - hour 공격 개시 시간
호전적인	필수	aggressive 공격적인; 적극적인 / hostile 적대적인 / quarrelsome 다투기 좋아하는 / bellicose 호전적인 / martial 호전적인 / warlike 호전적인 / belligerent (국가가) 호전적인 / militant 호전적인 / combative 투쟁적인 / pugnacious 싸움을 좋아하는
	고급	trigger-happy 걸핏하면 총질을 하려하는 / truculent 반항적인, 약간 공격적인

뉘앙스

공격하다 16	**attáck**	**공격하다** ≪일반적인 말≫	• **attack** an enemy at night 밤에 적을 공격하다
	assáil	(반복적으로 끈질기게) **공격하다**	• **assail** the fortress 요새를 집요하게 공격하다
	assáult	(갑자기 그리고 격렬히) **공격하다, 폭행하다**	• **assault** an enemy in the dark 어둠 속에서 적을 덮치다
	besét	**포위(공격)하다**	• The beast was **beset** by a mob. 그 맹수는 군중들에게 포위당했다.
	besíege	(특히 군대가) **포위(공격)하다**	• The town was **besieged** by the enemies. 그 마을은 적들에게 포위 공격당했다.
	storm	(폭풍우가 몰아치듯) **공격하다**	• **storm** the enemy camp 적의 주둔지를 습격하다
	bombárd	(대포나 폭탄 따위로) **공격하다, 포격하다**	• **bombard** the enemy port 적의 항구를 포격하다

Check-up Test

1. Joanna is so charming that he is <u>bewitched</u> by her.
ⓐ depreciated ⓑ belated ⓒ attracted ⓓ horrified

2. He heard men crying out, _______ Allah to save them.
ⓐ bewitching ⓑ surrounding ⓒ enriching ⓓ beseeching

3. The company has been <u>beset</u> by plenty of bad publicity.
ⓐ attacked ⓑ hailed ⓒ demolished ⓓ destroyed

4. He placed himself as close as he could to the information booth, just beyond the ring of people <u>besieging</u> the clerks.
ⓐ surrounding ⓑ catching ⓒ telling ⓓ asking

5. The couple was <u>betrothed</u> with approval of both families.
ⓐ consorted ⓑ affianced ⓒ analyzed ⓓ persevered

정답 **1.** c **2.** d **3.** a **4.** a **5.** b

bene-

▶ 좋은 Greek 계통의 접두어로서 '좋은(good)'의 의미를 지닌다.

형태 변화 자음 n 앞에서 → bon(u)- / bónus 상여금

benediction

[benədíkʃən]

★☆☆☆☆

01

bene(good) + dict(speak) → '좋은 말'에서 유래

n (예배 · 의식 등의) 기도, 축복 / the asking of God's blessing; grace

- the **benediction** at the end of the marriage ceremony 결혼식 끝에 하는 축복의 기도

a **benedíctional** 축복의

어근관련 predict [pridíkt] 예언[예보]하다 interdict [intərdíkt] 금지하다

benefactor

[bénəfæktər]

★★★☆☆

02

bene(good) + fac(do) → '좋은 일을 하는 사람'에서 유래

n 자선가, 후원자 / a person who has given money or help; patron

- become a **benefactor** of an orphanage 고아원의 후원자가 되다

n **benefáction** 자선, 후원

어근관련 facility [fəsíləti] 쉬움; 편의 시설 faculty [fǽkəlti] 능력; 교수진

beneficent

[bənéfəsənt]

★☆☆☆☆

03

bene(good) + fic<fac(do) → '좋은 일을 하는'에서 유래

a 선행을 베푸는, 자비로운 / doing good; kind

- give **beneficent** acts to the poor 가난한 사람들에게 선행을 베풀다

n **benéficence** 선행, 자선 (행위) a **benefícial** 이로운

어근관련 deficient [difíʃənt] 모자라는 (것) sufficient [səfíʃənt] 충분한 (것)

benevolent

[bənévələnt]

★★★☆☆

04

bene(good) + vol(will) → '좋은 의지를 지닌'에서 유래

a 자비로운, 인정 많은 / intended to do good; charitable

- Giving money to help the Red Cross is a **benevolent** act.
  적십자를 돕기 위해 돈을 기부하는 것은 자비로운 행동이다.

n **benévolence** 자비심, 선행

어근관련 voluntary [váləntəri] 자발적인 involuntary [inváləntəri] 본의 아닌

benign

[bináin]

★★★★☆

05

beni<bene(good) + gn<gen(birth) → '좋은 천성을 가지고 태어난'에서 유래

a 1 상냥한, 온화한 / having a kind disposition; gracious
2 (상황이) 유리한, 양호한 / exerting a beneficial influence; favorable

- The **benign** old lady had a warm smile. 그 친절한 노부인은 따뜻한 미소를 지니고 있었다.
- be born under a **benign** planet 좋은 운수를 타고나다

n **benígnity** 인자함 cf **benign tumor** 양성 종양

어근관련 congenial [kəndʒíːnjəl] 같은 성질의 congenital [kəndʒénətl] 선천적인

bounteous

[báuntiəs]

★☆☆☆☆

06

bount<bonus(good) → '(수량이) 충분한'에서 유래

a 후한, 풍부한 / given freely; generous

- give **bounteous** gifts to the poor 가난한 사람들에게 후한 선물을 주다

a **bóuntiful** 후한, 풍부한 n **bóunty** 포상금(reward); 후함

어근관련 bonus [bóunəs] 상여금 bonanza [bənǽnzə] 대성공, 뜻밖의 행운

= 동의어 ↔ 반의어

01	**benediction**	= grace / blessing / thanksgiving ↔ malediction	
02	**benefactor**	= patron / supporter / sponsor / contributor / donor ↔ malefactor	
03	**beneficent**	= gentle / merciful / benevolent / altruistic / open-handed ↔ merciless	동의어 보강
04	**benevolent**	= charitable / generous / benign / philanthropic ↔ malevolent	
05	**benign**	= kind / gentle / amiable / affable / genial / clement ↔ merciless	동의어 보강
06	**bounteous**	= generous / munificent / bountiful / open-handed ↔ niggardly	

동의어 보강

자비로운 · 아낌없는 03	필수	altruistic 이타주의적인 / beneficent 자선심이 많은 / benevolent 자비로운 / charitable 자비로운 / generous 자비로운 / humane 인간적인, 인도적인 / lavish 사치스러운; 후한 / merciful 자비로운 / unselfish 이타적인
	고급	humanitarian 인도주의적인 / munificent 아낌없이 주는 / openhanded 아낌없이 주는 / philanthropic 박애주의의
	참고	largesse 아낌없이 주기 / alms 구호품, 의연금 / hand-out 동냥
↔ 인색한	필수	miserly 인색한 / niggardly 인색한 / parsimonious 인색한
	고급	curmudgeon 심술궂은 구두쇠 / penny-pinching 구두쇠의 / skimpy 빈약한, 인색한 / stingy 인색한 / tight-fisted 인색한, 구두쇠의
	참고	구두쇠 / miser / niggard / pennypincher / screw / skinflint 지독한 구두쇠 / tightwad
아끼다	필수	economize 절약하다 / save 절약하다 / spare 아끼다; 할애하다; 용서하다
	고급	scant 몹시 아끼다 / skimp 지나치게 아끼다; 인색하게 굴다 / stint 절약하다
	숙어	cut corners / cut it fine / tighten one's belt
	참고	검소한 / austere 엄격한; 간소한 / economical / frugal / sparing / thrifty

상냥한 05	필수	affable 말 걸기 쉬운, 상냥한 / agreeable 상냥한 / amiable 상냥한 / benign 온화한; 양성의 / clement 자비로운, 온화한 / congenial 서로 마음이 맞는; 친절한 / cordial 정중한, 상냥한 / genial 온화한, 상냥한 / pleasant 기분 좋은, 상냥한
	고급	accommodating 호의적인, 친절한 / debonair (남성이) 사근사근한 / obliging 친절한

check-up Test

1. The school library will be able to build a new wing because it has a very rich benefactor.
ⓐ patron ⓑ investor ⓒ heir ⓓ consultant

2. The opposite of a benediction is a _______.
ⓐ contradiction ⓑ hatred ⓒ blessing ⓓ curse

3. A benefactor is a person who __________.
ⓐ sells something ⓑ receives help from other people ⓒ repairs cars ⓓ helps one in trouble

4. In torrid countries the sun is regarded as evil, and in frigid ones as a beneficent being.
ⓐ tempting ⓑ surprising ⓒ merciful ⓓ attractive

5. He benevolently reigns over the relativity group.
ⓐ violently ⓑ maliciously ⓒ continuously ⓓ kindly

정답 **1.** a **2.** d **3.** d **4.** c **5.** d

141 **clandestine** [klændéstin] ★★★☆☆
clan (secret 비밀의)
a **비밀의** / secret; undercover
- **clandestine** dealings 비밀 거래

---

142 **cleave** [kli:v] ☆☆☆☆☆
cleav (cut 자르다)
v **쪼개다** / cut something into separate parts; split**; 달라붙다** stick
- **cleave** a tree in two 나무를 둘로 쪼개다

n **cleft** 쪼개진 조각; 갈라진 틈

---

143 **clemency** [klémənsi] ★☆☆☆☆
clemen (merciful 자비로운) → '**자비롭고 관대함**' 에서 유래
n **(성격 · 성질 등의) 관대(함)** / willingness not to punish so too severely; mercy
- an appeal for **clemency** 관대함에 대한 호소

a **clément** 관대한, 온화한

---

144 **cliché** [kli:ʃéi] ★☆☆☆☆
clich (overused 틀에 박힌) → '**틀에 박힌 상투어구**' 에서 유래
n **(진부한) 상투 어구** / expression that has been too much used; commonplace
- compositions marred by use of **cliche** 상투 어구 사용으로 망친 작문

---

145 **clientele** [klaiəntél] ★☆☆☆☆
client<clentem (follower 따르는 사람) → '**충고를 따르는 사람**' 에서 유래
n **<집합적> 소송의뢰인, 고객, 단골 손님** / clients as a group
- a lawyer's **clientele** 변호사의 소송 의뢰인

---

146 **climax** [kláimæks] ★☆☆☆☆
clim (slope 경사지다) → '**경사진 곳의 가장 높은 곳**' 에서 유래
n **절정** / summit; apex
- The opera reaches its **climax** in the third act.
  그 오페라는 3막에서 절정에 달한다.

a **climáctic** 절정의, 가장 중요한

---

147 **clique** [kli:k] ☆☆☆☆☆
cliq (make a noise 시끄럽게 굴다) → '**집단을 시끄럽게 만드는 파벌**' 에서 유래
n **(배타적인) 파벌** / small exclusive group; faction
- an academical **clique** 학벌

---

148 **clog** [klɑg] ★☆☆☆☆
clog (lump of wood 나무 덩어리) → '**통로를 막는 나무 덩어리**' 에서 유래
v **움직임을 방해하다** / interfere with; block**; 막히게 하다** / choke up
n **방해물** / anything that hinder; impediment
- Grease **clogged** the drain. 기름이 하수구를 막히게 했다.

a **clóggy** 방해가 되는

---

149 **cloister** [klɔ́istər] ☆☆☆☆☆
clois (close 닫다) → '**닫힌 곳에서 하는 수도원 생활**' 에서 유래
n **수도원 (생활)** / a building where monks or nuns live; monastery
v **은둔하다** / seclude
- the nuns living in the **cloister**
  수도원에서 살고 있는 수녀들

---

150 **clone** [kloun] ★★☆☆☆
clone<klon (작은 나뭇가지) → '**가지에서 가지가 생겨나는 것처럼 복제하다**' 에서 유래
v **복제하다** / produce an identical copy
n **클론, 복제 인간, 복제품** / duplicate
- **clone** a human embryo 인간 배아를 복제하다

---

151 **coax** [kouks] ★★☆☆☆
coax<cokes (바보) → '**바보로 만들어 구슬리다**' 에서 유래
v **감언으로 ~하게 하다** / persuade by soft words; cajole
- He **coaxed** his friend to go clubbing with him.
  그는 친구를 꼬드겨 같이 클럽에 갔다.

---

152 **colossal** [kəlɑ́səl] ★★★☆☆
colos (gigantic 거대한)
a **거대한** / extremely large; huge
- a **colossal** statue 거대한 동상

n **colóssuss** 거인, 거대한 것

153 **coma**
[kóumə]
★☆☆☆☆

coma<koma<deep sleep (깊은 잠) → '깊이 잠든 상태' 에서 유래

n **혼수 상태** / a state of deep unconsciousness; delirium
- He went into a **coma** 1 year ago. 그는 1년 전에 혼수 상태에 빠졌다.

---

154 **comely**
[kʌ́mli]
★☆☆☆☆

comely<cymlic (lovely 사랑스러운) → '사랑스럽게 아름다운' 에서 유래

a **(용모가) 아름다운** / pleasant to look at; beautiful
- A **comely** face is a silent recommendation. 고운 얼굴은 말없는 추천장이다.

n **cómeliness** 예쁨, 적합, 단정함

---

155 **corollary**
[kɔ́:rəleri]
★★☆☆☆

corollary<corollarium(consequence 결과)

n **결론, 결과** / a natural consequence; result
- Destruction and suffering are **corollaries** of war. 파괴와 고통은 전쟁의 결과이다.

---

156 **corpulent**
[kɔ́:rpjulənt]
★★☆☆☆

corp (body 몸) → '몸이 뚱뚱한' 에서 유래

a **뚱뚱한** / very fat; obese
- the **corpulent** man resolving to reduce 체중을 줄이려고 결심한 뚱뚱한 남자

n **córpulence** 비만

---

157 **covetous**
[kʌ́vitəs]
★☆☆☆☆

covet (cupidity 욕망) → '욕망을 절제하지 못해 탐욕스러운' 에서 유래

a **탐욕스러운** / avaricious; **열망하는** / avid
- a **covetous** man of success 성공에 대한 욕구가 강한 사람

v **cóvet** 탐내다, 갈망하다

---

158 **coy**
[kɔi]
☆☆☆☆☆

coy (quiet 조용한) → '성격이 조용하고 수줍어하는' 에서 유래

a **(특히 소녀가) 수줍어하는** / pretending to be shy; bashful
- a **coy** smile 수줍어하는 미소

---

159 **crash**
[kræʃ]
★★☆☆☆

crash 쾅 소리 → '쾅하고 박살나다' 에서 유래

n **굉음; (비행기) 추락** / a fall to the earth of an aircraft; **충돌, 파괴** / collision
- There was a **crash** of two cars at the corner. 모퉁이에서 자동차 두 대의 충돌사고가 있었다.

---

160 **craven**
[kréivn]
★☆☆☆☆

craven<cravanter (fall down 넘어지다) → '넘어지는 것을 겁내 하는' 에서 유래

a **겁 많은, 비겁한** / lacking courage; cowardly
- cry **craven** 졌다고 외치다[항복하다]

★ 중요빈출

Check-up Test

1. Some <u>clandestine</u> operations of the agency are not subject to prior congressional approval.
ⓐ covert ⓑ trivial ⓒ anonymous ⓓ arduous

2. Weeds <u>clog</u> waterways, destroy wildlife habitats, and impede farming.
ⓐ drain ⓑ grow along ⓒ float on ⓓ obstruct

3. Cashing in on the enormous potential of stem cell research, Canada's biotechnology firms are _______ more parents to bank blood from their newborn's umbilical cord.
ⓐ coaxing ⓑ curing ⓒ charging ⓓ exploiting

4. The country itself is not <u>uncomely</u>, despite the dirty grime of the endless mills.
ⓐ unfortune ⓑ ugly ⓒ understanding ⓓ beautiful

5. The <u>corollary</u> is that classic psychoanalysis does not work as well as behavioral therapy in restoring confidence.
ⓐ catch ⓑ axiom ⓒ result ⓓ perception

정답 **1.** a **2.** d **3.** a **4.** b **5.** c

keep

- **keep ~ company** / **~와 동행하다** go along with, accompany
  - I will **keep** you **company** while you are waiting.
    네가 기다리는 동안 함께 있어 줄게.

- **keep abreast of[with]**
  / **~와 보조를 맞추다** go hand in hand with
  - We need to **keep abreast of** new skills in a rapidly changing society. 우리는 빠르게 변화하는 사회에서 새로운 기술에 뒤처지지 않을 필요가 있다.

- **keep close tabs on** / **감시하다, 주의하다** keep an eye on, watch closely, see to
  - Parents have been warned to **keep close tabs on** their children.
    부모들은 아이들은 잘 감시하라는 경고를 받았다.

- **keep good time** / **시간이 잘 맞다** keep correct time
  - During his college life he made a clock which **kept good time**.
    대학 시절 동안 그는 시간이 잘 맞는 시계를 만들었다.

- **keep in mind** / **기억하다, 명심하다** remember
  - Just **keep in mind** the people who cared, and who would miss you. 널 돌봐주었고 널 그리워 할 사람들을 꼭 기억해.

- **keep in touch**
  / **접촉하다, 연락하고 지내다** continue in communication
  - They don't have money to use phones to **keep in touch with** each other. 그들은 서로 연락하고 지내기 위한 전화기를 사용할 만큼의 돈이 없다.

- **keep someone posted**
  / **~에게 정보를 알리다** keep someone informed
  - We will **keep you posted** by updating the information as it becomes available.
    우리는 정보가 입수되는 대로 최신 정보를 당신에게 알려주겠습니다.

- **keep track of** / **기록하다, 추적하다** go after, track (down)
  - Bank statements help you **keep track of** where your money is going. 은행 입출금 내역서는 당신의 돈이 어디에 쓰이고 있는지를 계속 파악하는 데 도움이 된다.

- **keep up** / **지탱하다, 유지하다** continue, keep on, maintain, preserve
  - They were unable to **keep up** the instalments.
    그들은 할부금을 계속 낼 수가 없었다.

- **keep up with** / **따라가다, 뒤지지 않다** keep abreast of
  - Janir struggled to **keep up with** the bigger kids.
    Janir는 덩치가 더 큰 아이들에게 뒤지지 않기 위해 노력했다.

- **keep a straight face** / 웃음을 참다 refrain from smiling, suppress one's laughter
- **keep body and soul together** / 근근이 살아가다
- **keep one's fingers crossed** / 행운을 빌다 hope for good luck
- **keep one's head above water** / 빚지지 않고 있다 keep afloat

look

- **look after** / **유의하다, 돌보다** take care of, attend to
  - My mother is ill, and can't cook or clean, so I took a few days off to **look after** her. 우리 어머니는 편찮으셔서 요리나 청소를 못 하시기에 나는 어머니를 간호해 드리기 위해 며칠 휴가를 냈다.

- **look down on** / **경시하다** despise, think little of, be in contempt of
  - He is very proud of being rich and **looks down on** people who aren't. 그는 자신이 부자임을 자랑스러워하며, 부자가 아닌 사람들을 경시한다.

- **look for** / **찾다** search for, seek
  - We should make every endeavor to **look for** a sensible solution.
    우리는 합리적인 해결책을 찾기 위해 모든 노력을 다해야 한다.

- **look forward to ~ing** / **~을 기대하다** anticipate, expect
  - I **look forward to** hear**ing** about your future successes.
    나는 네가 미래에 이루어낼 성공에 대해 듣기를 고대한다.

- **look into** / **조사하다** investigate, see into
  - I will **look into** all solutions if I have time left. 만약 나에게 시간이 남아있다면, 나는 모든 해결책들을 조사해 볼 것이다.

- **look like** / **~를 닮다** resemble, take after
  - What does your daddy **look like**? 너희 아빠는 어떻게 생겼니?

- **look on A as B**
  / **A를 B로 간주하다** regard A as B, think of A as B, see A as B
  - It has always been **looked on as** a foundation.
    그건 항상 기초로 여겨져 왔다.

- **look out** / **주의하다, 경계하다** keep watch, be on the alert
  - **Look out**! There's a car coming. 조심해! 차가 와.

- **look over** / **훑어보다, 조사하다** examine, look into; **눈감아주다, 간과하다** overlook, pass by
  - I'll **look over** your application and call you in a few days.
    지원서를 검토해보고 며칠 후에 연락드리겠습니다.

- **look to** / **~에게 바라다, ~에 기대하다**
  - She **looks to** her father for advice.
    그녀는 아버지에게서 충고를 기대한다.

- **look up** / **(사전에서) 찾다** search for~ in a dictionary
  - You can **look up** what you need on the internet.
    인터넷으로 필요한 것을 검색해 보세요.

- **look up to** / **존경하다** respect, admire
  - Many new young growing singers **look up to** her as their role model. 많은 어린 신인 가수들은 본인들의 롤 모델로서 그녀를 존경한다.

circum-, com-

우선순위 로 보는 PRE view

Date : /

★★★★☆	06.	**circumvent**	회피하다; 선수치다	□ □ □
	09.	**collaborate**	협력하다	□ □ □
★★★☆☆	02.	**circumference**	원주	□ □ □
	06.	**cognition**	인식	□ □ □
	08.	**coincide**	일치하다	□ □ □
	10.	**collapse**	실패하다; 붕괴	□ □ □
	14.	**collide**	충돌하다	□ □ □
	20.	**commence**	시작하다; 학위를 받다	□ □ □
★★☆☆☆	03.	**cogent**	설득력 있는	□ □ □
★☆☆☆☆	01.	**circuit**	회전; 회로; 연맹	□ □ □
	03.	**circumlocution**	완곡어법	□ □ □
	04.	**circumscribe**	제한하다	□ □ □
	05.	**circumspect**	신중한	□ □ □
	01.	**coalition**	연합	□ □ □
	02.	**coerce**	강요하다; 억제하다	□ □ □
	07.	**cohere**	일관성 있다	□ □ □
	13.	**colleague**	동료	□ □ □
	15.	**colloquial**	구어체의	□ □ □
	17.	**combustion**	연소	□ □ □
	21.	**commend**	칭찬하다; 위탁하다	□ □ □
	22.	**commensurate**	같은 크기의; 적당한	□ □ □
	23.	**commiserate**	동정하다	□ □ □
	24.	**commodious**	널찍한	□ □ □
☆☆☆☆☆	04.	**cogitate**	숙고하다	□ □ □
	05.	**cognate**	동족의; 동계언어	□ □ □
	11.	**collate**	대조하다	□ □ □
	12.	**collateral**	부수적인; 담보(물)	□ □ □
	16.	**collude**	공모하다	□ □ □
	18.	**commandeer**	징발하다	□ □ □
	19.	**commemorate**	기념하다	□ □ □

MD09 mp3

LECTURE 09

circum-

▶ **주위 · 둘레** Latin 계통의 접두어로서 '**주위 · 둘레**(around)'의 의미를 지닌다.

형태 변화 **자음 c 앞에서 → cir-** / círcle 원

circuit
[sə́:rkit]
★☆☆☆☆
01

circu<circum(around) + it(go) → '둥글게 돎'에서 유래

n 1 **회전, 순회** / movement along curving path; revolution
2 **≪전기≫ 배선, 회로** / the circular path of an electric current
3 **(스포츠의) 연맹, 리그** / association; league
- run three **circuits** of the track 트랙을 세바퀴 돌다
- a **circuit** diagram 전기 배선도
- a baseball **circuit** 야구 연맹

a **circúitous** 우회하는

---

circumference
[sərkʌ́mfərəns]
★★★☆☆
02

circum(around) + fer(carry) → '주위를 전부 도는 곡선'에서 유래

n **원주, 둘레** / the boundary line of a circle; periphery
- a point on the **circumference** 원주 위의 한 점

a **circumferéntial** 원주의

어근관련 afferent [ǽfərənt] (신경이) 구심성의 deference [défərəns] 순종, 복종

---

circumlocution
[sə:rkəmloukjú:ʃən]
★☆☆☆☆
03

circum(around) + locu<loqu(speak) → '둘러서 말하는 것'에서 유래

n **넌지시 둘러 말하기, 완곡어법** / a roundabout or indirect expression; periphrase
- without **circumlocution** 단도직입적으로

a **circumlócutory** 돌려 말하는, 완곡한

어근관련 obloquy [ábləkwi] (공개적인) 치욕, 불명예 colloquy [káləkwi] 대화, 대담

---

circumscribe
[sə́:rkəmskraib]
★☆☆☆☆
04

circum(around) + scrib(write) → '둘레에 선을 긋다'에서 유래

vt 1 **~의 둘레에 선을 긋다** / draw a line round; encircle
2 **~을 속박하다, 제한하다** / keep within narrow limits; confine
- **circumscribe** one's signature by a line 서명의 둘레를 선으로 두르다
- **circumscribe** a person's movement within narrow bounds 사람의 활동을 좁게 제한하다

n **circumscríption** 제한, 한정 뉘앙스 p.109

어근관련 conscript [kənskrípt] 징집하다 prescribe [priskráib] 규정하다; 처방하다

---

circumspect
[sə́:rkəmspekt]
★☆☆☆☆
05

circum(around) + spec(look) → '사방을 모두 둘러 보는'에서 유래

a **조심성 있는, 신중한** / watchful on all sides; cautious
- a **circumspect** action 신중한 행동

n **circumspéction** 세심한 관찰, 신중한 행동
a **circumspective** 주의 깊은, 신중한

어근관련 conspicuous [kənspíkjuəs] 눈에 띄는 perspicuous [pərspíkjuəs] 명료한

---

circumvent
[sə:rkəmlvént]
★★★★☆
06

circum(around) + ven(come) → '주변으로 (피해) 가다'에서 유래

vt **(교묘히) 피하다, 함정에 빠뜨리다** / get around by artful maneuvering; avoid
- open an office abroad in order to **circumvent** the tax law
세법을 피하기 위해 해외에 사무소를 열다

n **circumvéntion** 회피, 기만

어근관련 intervene [intərví:n] 중재하다 convention [kənvénʃən] 집회; 관례

동의어 / 반의어

01	**circuit**	=	circumference / ambit / compass / perimeter / periphery
02	**circumference**	=	circuit / compass / perimeter / periphery
03	**circumlocution**	=	periphrase / redundancy / verbiage / tautology ↔ pithiness
04	**circumscribe**	=	confine / restrict / limit / delimitate ↔ dilate (동의어 보강)
05	**circumspect**	=	cautious / careful / considerate / discreet / chary / wary ↔ audacious
06	**circumvent**	=	frustrate / baffle / disappoint / thwart / outwit ↔ cooperate

동의어 보강

제한[한정]하다 04

필수	bound 제한하다 bridle 굴레(를 씌우다) circumscribe 제한하다	confine 제한하다 constrain 강요하다; 제한하다 curb 재갈을 물리다; 억제하다	limit 제한하다 restrain 억제하다, 감금하다 restrict 제한하다
고급	cramp 속박하다; 제한하다 / tether 밧줄(로 잡아매다)		
숙어	bottle up 억누르다, 참다		
참고	감정을 억누르다 / contain / suppress / repress / swallow / bottle up		

뉘앙스

제한[한정]하다 04

límit	**제한하다, 한정하다** ≪일상적인 말≫	• **Limit** your slogan to 10 words. 네 구호를 10단어로 제한해라.
bound	(경계나 둘레 안으로) **한정하다**	• **bound** a garden by a fence 정원을 울타리로 둘러싸다
restríct	(경계 안으로 축소하여) **제한하다, 한정하다**	• The soldier was **restricted** to the camp area. 그 병사는 밖으로 못 나가도록 제한되었다.
confíne	(일정한 한계 · 경계 안에) **제한하다, 가두다**	• The boy was **confined** to his room. 그 소년은 자기 방에 감금되었다.
círcumscribe	(매우 좁은 범위 · 경계 안에) **제한하다, 한정하다**	• He leads the **circumscribed** life of a monk. 그는 수도승의 엄격히 제한된 삶을 살고 있다.

Check-up Test

1. In her usual circumspect manner, she had insured herself against this type of loss caused by fire.
ⓐ pensive ⓑ indirect ⓒ elusive ⓓ prudent

2. The only circumference of the property has been estimated.
ⓐ caliber ⓑ expenses ⓒ perimeter ⓓ territory

3. He was afraid to call a spade a spade and resorted to circumlocutions to avoid direct reference to his subject.
ⓐ quietude ⓑ phrase dulled in meaning by repetitions
ⓒ benignities ⓓ indirect or roundabout expressions

4. A physician may decide to circumscribe the physical activities and diet of a heart disease patient.
ⓐ disdain ⓑ insinuate ⓒ confine ⓓ innovate

5. He circumvented this serious problem.
ⓐ avoided ⓑ copied ⓒ described ⓓ solved

정답 **1.** d **2.** c **3.** d **4.** c **5.** a

com-

▶ **함께 · 서로** Greek 계통의 접두어로서 '**함께 · 서로(together)**'의 의미를 지닌다.

의 미 변 화

① **함께 · 서로(together)**

> **collaborate** : col<com(together) + **labor** 일하다
→ 함께 일하다
→ 공동으로 연구하다; 협력하다
/ colláte 대조하다 / commótion 소요
/ confóund 혼동하다; 당황하게 하다

② **강조(intensive; completely)**

> **compúnction** : com(intensive) + **punc<pung**(prick)
→ 마음이 막 찔림 → 양심의 가책
/ comprehénd 이해하다; 포함하다
/ confíne 한정하다; 한계/ cóntrite 깊이 뉘우치는

형 태 변 화

① **모음과 자음 g · h · p · v 앞에서 → co-**
/ **co**alítion 연합 / **có**gent 설득력있는 / **co**hére 붙다
/ **có**pious 풍부한
/ **có**venant 협정; 서약하다

② **자음 l, r 앞에서 → 각각 col-, cor-**
/ **col**lúde 공모 / **cor**róborate 확증하다

③ **자음 b, m, p 앞에서 → com-**
/ **com**bústion 연소 / **com**ménce 시작하다
/ **com**pássion 동정

④ **자음 b, h, l, m, p, r 이외의 자음 앞에서 → con-**
/ **con**céde 인정하다; 부여하다 / **con**dóne 용서하다
/ **cón**fiscate 몰수하다 / **con**génital 선천적인
/ **con**jécture 추측하다 / **con**núbial 결혼의 / **con**sóle 위로하다
/ **con**táminate 오염시키다 / **con**vóke 소집하다

⑤ **모음 u첨가 형태**
/ **cóun**sel 충고(하다) / **cóun**tenance 용모, 안색

예 외 적 형 태
/ **cóstume** 복장 / **cull** 선택하다

---

coalition
[kouəlíʃən]
★☆☆☆☆
01

co<com(together) + ali<ales(grow) → '(합쳐져) **함께 자람**'에서 유래

n (특히 정당의 일시적인) **연합, 제휴** / a union into one body; alliance
- form a **coalition** government 연립 정부를 구성하다

어근관련 coalesce [kouəlés] 연합[합병]하다 adolescence [ædəlésns] 사춘기, 청년기

---

coerce
[kouə́:rs]
★☆☆☆☆
02

co<com(together) + erc<arc(restrain) → '**이런 저런 이유들로 제한하다**'에서 유래

vt 1 **강제로 ~하게 하다, 강요하다** / make do something by force; compel
2 **억제[진압]하다** / keep under control by using force; suppress
- be **coerced** into making a confession 강제로 자백하게 되다
- The unruly crowd have to be **coerced**. 날뛰는 군중은 진압되어야 한다.

n **coércion** 강제, 억압(compulsion)
a **coércive** 강제[억압]적인

뉘앙스 p.377

---

cogent
[kóudʒənt]
★★☆☆☆
03

co<com(together) + g<ag(to) → '**함께 어떤 일을 하자고 하는**'에서 유래

a **설득력 있는** / having the power to convince; persuasive
- **cogent** argument in favor of the proposal 그 제안에 찬성하는 설득력 있는 논거

어근관련 agile [ǽdʒəl] 민첩한, 재빠른 agenda [ədʒéndə] 안건, 협의사항

---

cogitate
[kádʒətèit]
☆☆☆☆☆
04

co<com(intensive) + git<agit(drive) → '**하나의 생각을 계속 밀어 부치다**'에서 유래

v **곰곰이 생각하다, 숙고하다** / think carefully and seriously; ponder
- **cogitate on[about]** a problem 한 문제를 곰곰이 생각하다

n **cogitátion** 숙고 **a** **cógitative** 심사 숙고하는

어근관련 agitate [ǽdʒiteit] (마음을) 동요시키다 litigate [lítəgeit] 소송을 제기하다

cognate
[kágneit]
☆☆☆☆☆
05

co<com(together) + gn<gen(born) → '같이 태어난'에서 유래

a **조상이 같은, 동족[계]의** / related in origin; kindred
- Dutch, and German are **cognate** languages. 네덜란드어와 독어는 동계 언어들이다.

n 1 **같은 혈족, 친족** / a person related to another by family; kinsman
2 **동계 언어** / a language related to another by having common source
- Cousins and uncles are **cognate**. 사촌들과 삼촌들은 친족들이다.
- 'Wasser' and 'water' are **cognates**. 'Wasser'와 'water'는 동계 언어이다.

n **cognátion** (특히 언어의) 동족 관계

어근관련 progenitor [proudʒénətər] 선조, 조상 progeny [prádʒəni] 자손; 결과

동의어 / 반의어

01	**coalition**	=	alliance / union / federation / league / cartel / syndicate / trust
02	**coerce**	=	compel / force / oblige / constrain / exact
03	**cogent**	=	convincing / persuasive / forceful / valid / compelling ● 동의어 보강
04	**cogitate**	=	ponder / consider / meditate / muse / ruminate / pore over ● 동의어 보강
05	**cognate**	=	kindred / related / consanguine / akin / connate ↔ divergent

동의어 보강

그럴듯한 · 타당한 03	필수	acceptable 그럴듯한 / cogent 설득력 있는 / convincing 그럴듯한 / credible 그럴듯한, 믿을 수 있는 / persuasive 설득력 있는 / plausible 그럴듯한 / rational 합리적인 / reasonable 합리적인, 이성적인 / solid 견고한; 견실한 , 믿을 수 있는 / sound 깊은; 건전한 / tenable 방어할 수 있는, 이치에 맞는 / valid 유효한, 타당한
	고급	specious 외양만 좋은; 그럴듯한
	숙어	make sense 이치에 맞다
숙고하다 04	필수	cogitate 숙고하다 / consider 고려하다 / contemplate 숙고하다 / deliberate 신중한, 고의의; 숙고하다 / meditate 숙고하다 / weigh 무게를 달다; 숙고하다
	고급	ruminate 반추하다; 숙고하다
	숙어	dwell on / ponder on / think over / brood over / chew over / mull over / muse over / pore over / reflect upon / size up
	참고	on second thought(s) 다시 생각해 보니

Check-up Test

1. President Bush knows that a coalition is critical for a military response.
ⓐ strong power ⓑ temporary union ⓒ quick retaliation ⓓ sufficient resource

2. The supervisor could not coerce the employee to take early retirement.
ⓐ force ⓑ advise ⓒ request ⓓ permit

3. You must have cogent reasons for opposing this proposal.
ⓐ convincing ⓑ enough ⓒ probable ⓓ feeble

4. The German word 'Haus' is cognate with the English word 'house'.
ⓐ spontaneous ⓑ fatal ⓒ kindred ⓓ critical

5. The scholar asked his disciples to ______ on the given question.
ⓐ agitate ⓑ cogitate ⓒ mediate ⓓ dictate

정답 **1.** b **2.** a **3.** a **4.** c **5.** b

cognition
[kagníʃən]
★★★☆☆
06

co<com(intensive) + gn<gno(know) → '잘 알고 있음'에서 유래

n **인식, 인식된 것** / the act of knowing or a thing known; perception
- in full **cognition** of the facts 그 사실들을 완전히 인식하여

n **cógnizance** 인식 (범위), 인정; (법원의) 재판 관할권

a **cógnitive** 인식의 • **cognitive** power 인식력

a **cógnizable** 인식할 수 있는(aware) **a** **cógnizant** 인식하고 있는 **v** **cógnize** 인식하다

어근관련 diagnosis [daiəgnóusis] 진단 incognito [inkágnitou] 익명의

---

cohere
[kouhíər]
★☆☆☆☆
07

co<com(together) + her(cling) → '서로 붙다'에서 유래

vi 1 (서로) **붙다, 응집하다** / stick together; adhere
2 (이야기 · 문체 등이) **일관성[조리]있다** / be well connected
- make two surfaces **cohere** 두 물체를 붙이다
- an argument that simply fails to **cohere** 전혀 일관성이 없는 논거

n **cohésion** 응집, 접착 **n** **cohérence** 부착[응집](성); 일관성

a **cohérent** 일관성[조리]있는(consistent; logical) **a** **cohésive** 응집성의, 접착력 있는

어근관련 inherent [inhíərənt] 타고난, 선천적인 hesitant [hézətənt] 주저하는 뉘앙스 p.113

---

coincide
[kouinsáid]
★★★☆☆
08

co<com(together) + in(upon) + cid(fall) → '같이 ~위로 떨어지다'에서 유래

vi 1 **동시에 일어나다[발생하다]** / happen at the same time or place; synchronize
2 (의견 · 성질 따위가) **일치하다** / be in agreement; concur
- The two events **coincided** with each other. 그 두 사건은 동시에 일어났다.
- Her opinion **coincides** with mine. 그녀의 의견은 나의 의견과 일치한다.

n **coíncidence** 동시 발생; (우연의) 일치 • by sheer **coincidence** 순전히 우연의 일치로

a **coíncident** 일치하는 **a** **coincidéntal** 우연히 일치하는

어근관련 accidental [æksədéntl] 우연한 incidental [insədéntl] 부수적인

---

collaborate
[kəlǽbəreit]
★★★★☆
09

col<com(together) + labor 일하다 → '함께 일하다'에서 유래

vi 1 (특별한 목적을 위해) **공동으로 일[연구]하다** / work together; cooperate
2 (적에게) **협력[제휴]하다** / aid or cooperate with the enemies of one's own country
- **collaborate** in writing a book 공동으로 저작하다
- **collaborate** with the enemy 적에게 협조하다

n **collaborátion** 합작; 공동 연구; (적과의) 협력 **a** **colláborative** 합작의; 협력하는

어근관련 elaborate [ilǽbəreit] 정성들여 만들다; 상세히 설명하다 laborious [ləbɔ́:riəs] 힘든, 고된; 근면한

---

collapse
[kəlǽps]
★★★☆☆
10

col<com(completely) + lap(fall) → '완전히 다 떨어지다'에서 유래

v 1 (건물 · 가격 등이) **무너지다, 붕괴[폭락]하다** / fall down suddenly; crumble
2 (계획 · 희망 따위가) **실패[좌절]하다** / fail suddenly and completely; break down
3 **접(히)다** / fold up and become compact
- The roof **collapsed** as a result of the fire. 화재의 결과로 그 지붕은 무너져 내렸다.
- The negotiation **collapsed** after several meetings. 그 협상은 몇 차례 화합 후에 결렬되었다.
- chairs that **collapse** for storage 보관시 접히는 의자

n 1 **붕괴, 폭락** / falling in 2 **실패, 좌절** / breakdown; failure
3 (정신 · 육체적인) **쇠약** / physical or nervous exhaustion; prostration
- the **collapse** of the bridge 다리의 붕괴
- the **collapse** of the economy meetings. 경제의 실패
- suffer from a nervous **collapse** 신경 쇠약을 앓다

어근관련 lapse [læps] (기간이) 끝나다 elapse [ilǽps] (시간이) 경과(하다) 뉘앙스 p.211

동의어 / 반의어

06	**cognition**	=	perception / awareness / conception / sensation
07	**cohere**	=	adhere / stick / cling / attach ◉ 동의어 보강
08	**coincide**	=	concur / agree / consent / accord / correspond ↔ differ
09	**collaborate**	=	cooperate / coact / concert / work together / pull together
10	**collapse**	=	crumble / disintegrate / shatter / break down

동의어 보강

고수하다 07	필수	adhere to ~를 고수하다 · cling to ~를 고수하다 · keep to ~를 고수하다 · insist on ~를 주장하다 · persevere in 인내하다; 고집하다 · persist in ~를 고집하다 · stick to ~를 고수하다
	고급	cleave to ~를 고수하다
	숙어	hold fast to / stick to one's guns / hold one's ground / stand pat on
	참고	관습, 버릇 / tradition 전통 / convention 관습 / custom 관습 / habit 버릇 / mores 관례, 관습

뉘앙스

들러붙다 · 고수하다 07	**stick**	**들러붙다** ≪일반적인 말≫	• **stick to** one's promise 약속을 어김없이 지키다
	adhére	(단단히) **들러붙다, 고수하다**	• **adhere to** a creed 어떤 교리를 신봉하다
	cling	(매달리듯 또는 껴안듯이 찰싹) **달라붙다, 집착하다**	• a vine **clinging to** the trellis 격자 울타리를 휘감고 있는 덩굴
	cohére	(하나의 큰 덩어리가 이루어지듯 서로) **들러붙다**	• Particles of wet flour **cohere to** form a mass. 물을 탄 밀가루 입자는 점착해서 덩어리를 이룬다.

cf. **cleave** (매우 단단히) **들러붙다** ≪시적이고 고상한 말≫

Check-up Test

1. He wants you to be <u>cognizant</u> of the possible political repercussions.
ⓐ conscious ⓑ ignorant ⓒ negligent ⓓ indignant

2. The purpose of scientific inquiry is to build up piecemeal a _______ theory of the universe, of its origin and of its working.
ⓐ unified ⓑ consistent ⓒ coherent ⓓ contentious

3. If a combination of events happen by chance but in such a way that it seems planned or arranged, it is a(n) _______.
ⓐ happening ⓑ accident ⓒ coincidence ⓓ incident

4. So long as conditions exist in one country which offend the moral sense of another country, there can be a question of permanent and organic <u>collaboration</u> between those two countries.
ⓐ struggle ⓑ cooperation ⓒ competition ⓓ collapse

5. Business is to collapses as ship is to _______.
ⓐ flounders ⓑ wrecks ⓒ fluctuations ⓓ settlements

정답 **1.** a **2.** c **3.** c **4.** b **5.** b

collate
[kəléit]
☆☆☆☆☆
11

col<com(together) + lat(bring) → '두 개를 함께 가져와서 보다'에서 유래

vt 1 **대조하다** / compare carefully in order to find differences between them; contrast
2 **페이지[순서]를 맞추다** / arrange in order
- **collate** two ancient manuscripts 두 개의 고문서를 대조하다

n **collátion** 대조; 페이지 순서 검사; 간단한 식사

어근관련 dilate [dailéit] 넓히다 legislate [lédʒisleit] 법률을 제정하다 뉘앙스 p.115

---

collateral
[kəlǽtərəl]
☆☆☆☆☆
12

col<com(together) + later(side) → '어떤 것과 함께 옆에 있는'에서 유래

a 1 **부수[간접]적인** / aside from the main thing; secondary
2 **방계(傍系)의** / descended from the same ancestors, but in a different line; oblique
- a **collateral** aim of the government's industrial strategy 정부 산업 정책의 간접적인 목적
- Cousins are **collateral** relatives. 사촌들은 방계 친척이다.

n ≪경제≫ **담보(물)** / stocks, bonds, or other property pledged as security for a loan; mortgage
- offer one's house as a **collateral** for the loan 대출금에 대한 담보로 자신의 집을 제공하다

cf **líneal** 직계의

어근관련 bilateral [bailǽtərəl] 양측의 multilateral [mʌltilǽtərəl] 다각적인

---

colleague
[káli:g]
★☆☆☆☆
13

col<com(together) + leag<leg(choose) → '자기와 함께 선택된 사람'에서 유래

n (직업상의) **동료** / a person who is in the same profession; associate
- May I introduce one of my **colleagues** at the bank? 은행에 있는 내 직장 동료들 중 한 명을 소개할까요?

n **cólleagueship** 동료 관계(companionship)

어근관련 elegant [éligənt] 품위있는, 우아한 eligible [élidʒəbl] 적격의, 적임의

---

collide
[kəláid]
★★★☆☆
14

col<com(together) + lid<laed(strike) → '서로 맞부딪치다'에서 유래

vi 1 **충돌하다** / rush against each other; crash
2 (의견 따위가) **일치하지 않다, 상충되다** / come into disagreement; conflict
- The two cars **collided with** each other. 그 두 대의 자동차는 서로 충돌했다.
- **collide with** someone over the matter 그 문제에 대해 ~와 의견이 일치하지 않다

n **collísion** 충돌(impact)

어근관련 elide [iláid] (발음을) 생략하다; 무시하다

---

colloquial
[kəlóukwiəl]
★☆☆☆☆
15

col<com(together) + loqui(speak) → '함께 이야기하는'에서 유래

a **일상 회화의, 구어(체)의** / used in common talk; conversational
- a **colloquial** expression 구어체 표현

n **cólloquy** (공식적인) 대화, 회담(conference) **n** **collóquium** 전문가 회의, 세미나

어근관련 apology [əpálədʒi] 사과; 변명 analogy [ənǽlədʒi] 유사(함); 유추

---

collude
[kəlú:d]
☆☆☆☆☆
16

col<com(together) + lud(play) → '다른 사람과 함께 행동하다'에서 유래

vi ≪법≫ **공모[결탁]하다** / act together secretly; conspire
- **collude** with the terrorists 테러분자들과 결탁하다

n **collúsion** 공모(complicity)

어근관련 allude [əlú:d] 암시하다 elude [ilú:d] (교묘히) 피하다

동의어 ↔ 반의어

11	**collate**	=	compare / contrast / bracket
12	**collateral**	=	secondary / indirect / subordinate / auxiliary / accessory
13	**colleague**	=	companion / comrade / fellow / associate / confederate
14	**collide**	=	conflict / differ / disagree / clash
15	**colloquial**	=	conversational / vulgar / informal / oral / vernacular ↔ literary
16	**collude**	=	conspire / connive / collogue / plot / scheme ◎ 동의어 보감

동의어 보감

공모하다 16	필수	collude 공모하다 connive 묵인하다, 공모하다	conspire 공모하다 intrigue 공모하다; 흥미를 일으키다	plot 공모하다
	고급	collogue 밀담하다; 공모하다		
	숙어	be in cahoots with		
	반의어	배후조종하다 / pull strings / pull wires		
공모 · 음모	필수	cabal 음모(단), 비밀결사 collusion 공모 conspiracy 음모, 공모	intrigue 음모, 공모 maneuver 음모, 술수; 군사훈련 plot 공모	scheme 계획, 공모
	고급	machination (공적이고 복잡한) 음모		

뉘앙스

비교하다 · 대조하다 11	**compáre**	**비교하다**	• **compare** two countries 두 나라를 비교하다
	contrást	(차이점을 보기위해) **대조시키다**	• **contrast** two countries 두 나라를 대비시키다
	colláte	(특히 책, 문서 등을) **세심히 대조하다**	• **collate** the copy with the manuscript 복사본을 원고와 대조하다

Check-up Test

1. The two drivers — an elderly man and a young man — were instantly killed in the collision that took place last night.
ⓐ meeting ⓑ fight ⓒ crash ⓓ conference

2. An early form of softball originated in 1895, when a Minneapolis fire fighter decided to provide a simple and inexpensive recreational outlet for his colleagues.
ⓐ fellow workers ⓑ pets ⓒ university ⓓ friends and family

3. When two moving objects strike each other, they are said to ______.
ⓐ collide ⓑ evade ⓒ avoid ⓓ expand

4. Colloquial speech may contain many metaphors and idiomatic expressions.
ⓐ Recorded ⓑ Misunderstood ⓒ Incorrect ⓓ Conversational

5. When the news of his ______ with the enemy became known, he was hanged in effigy.
ⓐ involvement ⓑ conversations ⓒ bickering ⓓ collusion

정답 **1.** c **2.** a **3.** a **4.** d **5.** d

combustion
[kəmbʌ́stʃən]
★☆☆☆☆
17

com(completely) + bu(burn) → '완전히 태워버림'에서 유래

n **연소** / the act or process of burning
- attain a complete **combustion** 완전 연소하다

a n **combústible** 타기 쉬운, 가연성의(inflammable); <보통 pl.> 가연물

어근관련 brand [brænd] 상표 brandy [brǽndi] 브랜디: 술의 일종

---

commandeer
[kəməndíər]
☆☆☆☆☆
18

com(intensive) + mand(commit) → '전적으로 (군부의) 결정에 맡기다'에서 유래

vt (개인 재산을) **징발하다** / take private property for military or public use; confiscate
- **commandeer** a taxicab to chase the criminal 범인을 추적하기 위해 택시를 징발하다

어근관련 commend [kəménd] 칭찬하다 recommend [rekəménd] 추천하다

---

commemorate
[kəméməreit]
☆☆☆☆☆
19

com(together) + memor(memory) → '함께 기억하다'에서 유래

vt (특히 의식을 통해) **기념하다** / honor the memory of; celebrate
- **commemorate** the 400th anniversary of the birth of Shakespeare 셰익스피어 탄생 400주년을 추모하다

n **commemorátion** 기념(식) • in **commemoration** of ~을 기념하여

a **commémorative** 기념의 • a **commemorative** service[stamp] 기념식[기념 우표]

어근관련 memoir [mémwaːr] 회고록 memorial [məmɔ́ːriəl] 기념물; 기념의

---

commence
[kəméns]
★★★☆☆
20

com(intensive) + men<initiar(initiate) → '시작하다'에서 유래

v 1 **시작[개시]하다** / begin; start
2 ≪영≫ **학위를 받다** / take a degree at a university
- **commence** a lawsuit 소송을 시작[제기]하다
- **commence** a M.B.A. 경영학 석사 학위를 받다

n **comméncement** 시작, 개시; 학위 수여식, 졸업식(graduation)

어근관련 initial [iníʃəl] 처음의; 머릿글자 initiative [iníʃiətiv] 시작; 독창력

---

commend
[kəménd]
★☆☆☆☆
21

com(intensive) + mend<mand(commit) → '믿고 맡기다'에서 유래

v 1 **칭찬하다** / speak well of; acclaim
2 (특히 자기 자신을) **맡기다, 위탁하다** / put into the care of; entrust
- be **commended** for one's good conduct 자신의 선행에 대해 칭찬받다
- **commend** one's soul to God 신에게 자신의 영혼을 맡기다[안심하고 죽다]

n **commendátion** 칭찬; 위탁

a **commendable** 칭찬할 만한(praiseworthy; deserving)

cf **commánd** 명하다

어근관련 countermand [kauntərmǽnd] 취소하다 reprimand [réprəmænd] 질책

---

commensurate
[kəménsərət]
★☆☆☆☆
22

com(together) + mens(measure) → '치수가 같은'에서 유래

a 1 **같은 크기의** / equal in size, quality, or length of time; equivalent
2 **~에 상응하는, 적당한** / in the proper proportion; suitable
- They are **commensurate** in size. 그것들은 같은 크기이다.
- The pay should be **commensurate** with the work. 봉급은 일과 상응해야 한다.

a **comménsurable** 동일 단위로 측정할 수 있는; 균형 잡힌(proportionate)

어근관련 dimension [diménʃən] 치수, 크기; ≪수학≫ 차원 immense [iméns] 막대한

commiserate

[kəmízəreit]

★☆☆☆☆

23

com(together) + miser(pity) → '함께 동정하다'에서 유래

vi (심각하지 않은 것에) **동정하다, 가엾게 여기다** / feel or express sympathy for; sympathize

- **commiserate** about the problems of old age 노인 문제들에 대하여 가엾게 여기다

n **commiserátion** 연민, 동정(compassion) **a** **commíserable** 동정할 만한(pitiful)

어근관련 miserable [mízərəbl] 비참한 miser [máizər] 구두쇠

---

commodious

[kəmóudiəs]

★☆☆☆☆

24

com(together) + mod<modus(measure) → '크기가 여러 사람용인'에서 유래

a (방 따위가) **널찍한** / having plenty of space; spacious

- a **commodious** house[room] 널찍한 집[방]

어근관련 commode [kəmóud] 서랍장, 장롱 commodity [kəmádəti] 일용품

동의어 ↔ 반의어

17	**combustion**	=	burning / flame
18	**commandeer**	=	conscript / seize / confiscate / appropriate / arrogate
19	**commemorate**	=	celebrate / memorialize / monument / monumentalize
20	**commence**	=	begin / start / launch / take up / enter into / kick off
21	**commend**	=	praise / compliment / extol / eulogize ↔ censure
22	**commensurate**	=	equivalent / equal / proportional / symmetrical / on a par ● 동의어 보갑
23	**commiserate**	=	sympathize / pity / compassionate / feel for
24	**commodious**	=	spacious / roomy / large / ample / capacious ↔ incommodious

동의어 보갑

동등한 · 비례하는 22				
	필수	commensurate 동등한 coordinate 동등한	equal 동등한 equivalent 동등한	proportionate 비례하는 symmetrical 대칭적인, 균형 잡힌
	고급	tantamount (가치, 힘 등이) 동등한, 같은		
	숙어	on a par 동등한, 같은		

Check-up Test

1. Next to the poor farmer, the voter who seems likely to be <u>commiserated</u> most with at this session of Congress is the poor taxpayer.
ⓐ communicated ⓑ sympathized ⓒ diminished ⓓ vitalized

2. Rome emperors built arches to <u>commemorate</u> their victories.
ⓐ encourage ⓑ record in history ⓒ celebrate ⓓ publicize

3. The immigrant's arrival marked the <u>commencement</u> of a new life.
ⓐ choosing ⓑ beginning ⓒ finishing ⓓ seeking

4. By conscience and courage he <u>commended</u> himself to his fellows.
ⓐ trusted fearlessly ⓑ played an important role to
ⓒ modeled himself on ⓓ made a good impression on

5. The punishment was not <u>commensurate with</u> the seriousness of the crime.
ⓐ less than ⓑ more serious than ⓒ proportionate to ⓓ pleased with

정답 1. b 2. c 3. b 4. d 5. c

161 **credence**
[krí:dns]
★☆☆☆☆

cred (believe 믿다)

n **믿음** / the acceptance of something as true; belief
- a story beyond **credence** 믿을 수 없는 이야기

a **credéntial** 신임의, 신용 증명이 되는

---

162 **credulous**
[krédʒuləs]
★★★☆☆

cred (believe 믿다) → '무엇이든지 쉽게 믿는' 에서 유래

a **쉽게 믿는** / ready to believe; unsuspicious
- coax much money from a **credulous** public
  쉽게 믿는 대중들로부터 많은 돈을 빼앗다

n **credúlity** 믿기 쉬움; 경신(輕信)

---

163 **creed**
[kri:d]
★☆☆☆☆

cred (believe 믿다) → '굳게 믿고 지키려 하는 신조' 에서 유래

n **신조** / a set of beliefs or principles; credo
- follow one's **creed** with 100 percent consistency 끝까지 자기 신조를 지키다

---

164 **cripple**
[krípl]
★★☆☆☆

cripple<crypel (다리가 부자유한 사람) → '수족이 부자유한 사람' 에서 유래

n **신체 장애자** / a person or animal that cannot use body properly

v **불구가 되게 하다** / disable; lame
- He is **crippled** with arthritis. 그는 관절염으로 다리를 전다.

---

165 **criterion**
[kraitíəriən]
★★★☆☆

crit (judge 판단하다) → '판단하는 기준' 에서 유래

n **표준, 기준** / standard used in judging; touchstone <pl.> criteria
- fail to meet the **criterion** established by government
  정부가 세운 기준에 못 미치다

---

166 **cryptic**
[kríptik]
★★★☆☆

cryp (hide 숨다) → '비밀리에 숨기는' 에서 유래

a **숨은, 비밀의** / having a secret meaning; hidden
- a **cryptic** message 비밀 메시지

ad **crýptically** 애매하게, 아리송하게

---

167 **cue**
[kju:]
★★☆☆☆

cue<quando (언제) → '감독이 큐 사인을 보내는 것과 같은 신호' 에서 유래

n **신호, 암시, 단서** / guiding suggestion; hint; **변발** / pigtail
- During the rehearsal the director **cued** the actors.
  리허설 동안 감독은 배우들에게 신호를 보냈다.

---

168 **culminate**
[kʌ́lməneit]
★☆☆☆☆

culmin (peak 꼭대기) → '꼭대기에 이르다' 에서 유래

v **절정에 이르다** / reach the highest point; climax
- **culminate** in amount 최고량에 달하다

n **culminátion** 정점

---

169 **culpable**
[kʌ́lpəbl]
★★★☆☆

culp (blame 비난하다)

a **비난할 만한** / deserving blame; blameworthy
- corrupt politicians to be **culpable** 비난 받아야 하는 부패한 정치인들

n **culpabílity** 과오, 죄

---

170 **cupidity**
[kju:pídəti]
☆☆☆☆☆

cupid (desire 욕망) → '욕망이 지나친 탐욕' 에서 유래

n **탐욕** / very strong desire; greed
- the **cupidity** of the conquerors 정복자들의 탐욕

---

171 **curator**
[kjuəréitər]
★★☆☆☆☆

curator<curare (care 보살피다) → '보살피는 사람' 에서 유래

n **(박물관, 도서관 등의) 관리자** / a person in charge of all or part of a museum or art gallery; custodian
- The museum is seeking an assistant **curator**.
  그 박물관은 부 관장을 구하고 있다.

---

172 **curb**
[kə:rb]
★★★☆☆

curb<ker (bend 구부리다) → '좋지 않은 감정을 억제하다' 에서 유래

v **억제하다** / control or limit; restrict

n **재갈, 고삐; 억제, 구속; 장외시장** / bit; suppression
- Put a **curb** on your temper. 네 성질을 좀 죽여.

173 **cursory**
[kə́ːrsəri]
★☆☆☆☆

curs (run 달리다) →
'달리며 보듯 대충의' 에서 유래

a **대충의** / quick and done without enough attention; careless
- a **cursory** reading of the letter 편지를 대충 읽음

174 **curtail**
[kəːrtéil]
★★★☆☆

tail (cut 자르다) →
'내용을 줄이고 비용을 삭감하다' 에서 유래

v **줄이다** / reduce; shorten
- **curtail** use of vital commodities 생필품의 사용을 줄이다

175 **cutting-edge**
[kʌ́tiŋ-édʒ]
★☆☆☆☆

cutting (예리한) +
edge (날) →
'날이 예리하게 서있는' 에서 유래

a **최선두의, 최첨단의** / the foremost of leading position; most advanced
- an efficient system supported by **cutting-edge** technology
  첨단 기술의 지원을 받고 있는 효율적인 시스템

176 **cynical**
[sínikəl]
★☆☆☆☆

cyn (dog 개) →
'견(犬)유학파와 같은' 에서 유래

a **냉소적인** / unwilling to believe; sardonic
- a **cynical** man not believing in anything 어떤 것도 믿지 않는 냉소적인 사람

n **cýnic** 냉소가, 부정적인 사람

177 **dally**
[dǽli]
★☆☆☆☆

dally<dalier (amuse oneself 즐거워하다) →
'즐거워하며 시간을 낭비하다' 에서 유래

v **가지고 놀다** / act in a playful manner; trifle; flirt;
꾸물거리다 / linger idly; retard
- **dally** away the time 시간을 낭비하다

178 **dampen**
[dǽmpən]
★★☆☆☆

damp (습기 있는, 축축한) →
'습기 찬 것처럼 축축하게 만들다, 기를 꺾다' 에서 유래

v **축축하게 하다** / make damp; moisten; **(남의) 기를 꺾다** / dispirit
- The sad news **dampened** our spirits. 슬픈 소식이 우리의 기를 꺾었다.

n **dámpness** 습기 n **dámper** 기를 꺾는 것 a **damp** 축축한

179 **dastard**
[dǽstərd]
★☆☆☆☆

das (tired 지친) →
'지쳐 도망가는 비겁한 사람' 에서 유래

n **비겁한[비열한] 사람** / a mean coward; poltroon
- This sneak attack is an act of a **dastard**. 이 기습 공격은 비열한 자의 소행이다.

a **dástardly** 비겁한, 비열한

180 **dauntless**
[dɔ́ːntlis]
★☆☆☆☆

daunt<donter (fear 두려움) +
less (~않는) →
'두려워하지 않는' 에서 유래

a **겁을 모르는, 불굴의** / not easily frightened; intrepid
- the **dauntless** soldier 겁을 모르는 병사

★ 중요빈출

check-up Test

1. We often come up with ______ people who easily believe without sufficient evidence.
ⓐ notorious ⓑ credulous ⓒ illiterate ⓓ despondent

2. By what <u>criterion</u> will you judge the theory.
ⓐ consideration ⓑ standard ⓒ result ⓓ decision

3. The police officer was dismissed for <u>culpable</u> neglect of duty.
ⓐ chronic ⓑ blameworthy ⓒ felicitous ⓓ trustworthy

4. What do a rabbit, a bee, an apple, a pine cone, and a buttercup have in common? A <u>cursory</u> glance doesn't reveal much in common.
ⓐ staring ⓑ probing ⓒ casual ⓓ precise

5. Every summer, we sent each other <u>cryptic</u> messages, especially when we were planning a trip across the lake to the girl's camp.
ⓐ brief ⓑ amorous ⓒ platonic ⓓ mysterious

정답 1. b 2. b 3. b 4. c 5. d

make(1)

- **make a difference** / 중요하다 count, matter
  - The words we use make a difference.
  우리가 사용하는 단어들은 중요하다.

- **make a fuss** / 야단법석을 떨다
  - Why are you making such a fuss about fixing such a minor point?
  너는 사소한 부분 고치는 것에 왜 그렇게 야단법석을 떨어?

- **make a point** / 주장하다 suggest ; 습관으로 하다 make it a rule
  - I make a point of skipping breakfast.
  나는 아침 거르는 것을 습관으로 한다.

- **make allowances for**
  / 참작하다, 고려하다 take account of, allow for, consider
  - If you volunteered, I'm sure they'd make allowances for you.
  만약 당신이 지원한다면, 그들이 당신을 고려할 거라고 확신합니다.

- **make away with** / ~을 가지고 가버리다 make off with;
  ~을 멸망시키다 ruin
  - Four teenagers came and threatened me and made away with my money, mobile and my watch. 십대 네 명이 나에게 와서 나를 협박하면서 내 돈, 휴대전화, 그리고 시계를 가지고 가버렸다.

- **make believe** / ~인 체하다 pretend, feign, put on
  - She made believe not to hear me. 그녀는 내 말이 안 들리는 척 했다.

- **make (both) ends meet**
  / 빚지지 않고 살다, 수지를 맞추다 make the accounts balance
  - The man had trouble making both ends meet.
  그 남자는 빚지지 않고 살아가는 데 어려움을 겪었다.

- **make do with** / 임시변통하다 manage with, extemporize
  - We were in a hurry so we had to make do with a quick snack.
  우리는 급해서 재빨리 간단한 식사를 하는 것으로 만족해야 했다.

- **make for** / ~로 향하다 head for ; 공헌하다 contribute to
  - The Young Musician Final will make for a fantastic night.
  젊은 음악가 뮤지션 결승전이 환상적인 밤이 되도록 기여할 것이다.

- **make good** / 이행하다 fulfill, carry out ; 벌충하다 make up, make amends ; 성공하다 succeed
  - She promised me to make good the damage.
  그녀는 그 손해에 대해 보상하기로 내게 약속했다.

- **make good use of** / ~을 잘 이용하다 utilize well
  - We could make better use of our resources.
  우리는 우리의 자원을 더 잘 활용할 수 있다.

- **make great efforts** / 대단히 노력하다 strive hard
  - We must make greater efforts to succeed.
  우리는 성공하기 위해서 더 많은 노력을 쏟아야 한다.

- **make it** / 해내다, 성공하다 accomplish, achieve ;
  (장소에) 닿다, 도착하다 get to, arrive
  - He never really made it as an actor.
  그는 배우로서 결코 진정한 성공은 거두지 못했다.

- **make it up** / 화해하다 be reconciled ; 보충하다 compensate
  - Has he made it up with her yet?
  그가 그녀랑 화해를 했니?

- **make light of** / ~을 경시하다 make little of, belittle
  - I did wrong in making light of the problem.
  그 문제를 얕본 것이 잘못이었다.

- **make no difference** / 중요하지 않다 be of no importance
  - It really makes no difference to me what you think or claim.
  당신이 생각하거나 주장하는 것은 정말 중요하지 않습니다.

- **make off** / 급히 떠나다, 도망치다 flee, run away
  - I managed to make off when no one was looking.
  나는 아무도 안 보는 사이에 겨우 빠져 나갈 수 있었다.

- **make oneself at home** / 마음을 편안히 하다 feel comfortable
  - Please make yourself at home and stay with us as long as you please. 마음 놓고 원하시는 만큼 우리와 함께 지내세요.

- **make one's way**
  / 나아가다, 성공하다 progress, make something of oneself
  - He made his way through the forst.
  그는 숲속을 헤치면서 나아갔다.

- **make oneself understood**
  / 남에게 자기의 생각을 이해시키다 put across
  - If you want to be understood, you have to make yourself understood.
  네가 이해받길 원한다면, 남에게 너의 생각을 이해시켜봐.

- **make out**
  / 작성하다 write out ; 이해하다 understand ; ~인체하다 pretend
  - I'm going to make out a receipt for you.
  영수증을 만들어 드리겠습니다.
  - Can you make out what I'm just saying?
  제가 무슨 말 하는지 이해하십니까?

- **make a clean breast of** / 몽땅 털어놓다 confess
- **make a face** / 얼굴을 찌푸리다 grimace, pull faces
- **make a killing** / 떼돈을 벌다 make big money
- **make a scene** / 소란을 피우다, 야단법석을 떨다 make a fuss, raise a commotion
- **make good time** / 일 속도가 빠르다
- **make head or tail of** / (부정문) 이해하다 , 분간하다 understand, comprehend
- **make one's mouth water** / 군침 돌게 만들다
- **make one's presence felt** / 자신의 존재감을 보여주다

우선순위
로 보는
PRE
view

Date :

com-

★★★★☆	37.	**compliment**	칭찬(하다); 증정하다	□ □ □
	39.	**comprehend**	이해하다; 포함하다	□ □ □
★★★☆☆	26.	**commotion**	소동	□ □ □
	28.	**compassion**	연민	□ □ □
	29.	**compatible**	양립할 수 있는	□ □ □
	30.	**compensate**	보상하다, 보충하다	□ □ □
	32.	**complacent**	자기만족의	□ □ □
	36.	**complicate**	복잡하게 하다	□ □ □
★★☆☆☆	38.	**component**	성분	□ □ □
★☆☆☆☆	25.	**commonplace**	평범한	□ □ □
	27.	**compact**	계약	□ □ □
	31.	**compile**	모으다, 편찬하다	□ □ □
	34.	**complement**	보충물; 보충하다	□ □ □
	42.	**compunction**	양심의 가책	□ □ □
☆☆☆☆☆	33.	**complaisant**	공손한	□ □ □
	35.	**complexion**	안색; 형세	□ □ □
	40.	**compress**	압축하다; 압박붕대	□ □ □
	41.	**comprise**	포함하다; 구성하다	□ □ □

MD 10 mp3

LECTURE
10

commonplace
[kámənpleis]
★☆☆☆☆
25

common 평범한 + place 장소 → '평범한 장소에서 찾을 수 있는'에서 유래

a 흔한, 평범[진부]한 / not regarded as special or unusual; ordinary
- a **commonplace** remark[story] 평범한 말[이야기]

n 평범한[일상적인] 말 / a trite or obvious remark; cliche
- exchange a few **commonplaces** 몇 마디 일상적인 말들을 주고 받다

어근관련 municipal [mju:nísəpəl] 도시의 munificent [mju:nífəsnt] 후한

---

commotion
[kəmóuʃən]
★★★☆☆
26

com(together) + mot(move) → '함께 움직임'에서 유래

n 소요, 소동 / noisy and excited movement or activity; tumult
- make much **commotion** 큰 소동을 피우다

어근관련 demote [dimóut] 강등시키다 remote [rimóut] 먼, 멀리 떨어진

---

compact
[kámpækt]
★☆☆☆☆
27

com(together) + pact(fasten) → '하나로 죄여 놓음'에서 유래

n 계약, 협정 / an agreement between two or more people; contract
- **compact** between parties[countries] 정당 간의 계약[국가 간의 협정]

cf compáct 빽빽한(dense); 간결한(concise); 밀집시키다(compress); 화장품 케이스

어근관련 pact [pækt] 계약, 협정 pack [pæk] 꾸러미, 다발

---

compassion
[kəmpǽʃən]
★★★☆☆
28

com(together) + pass(suffer) → '(남의 고통을) 함께 겪음'에서 유래

n 연민, 동정 / the feeling for another's sorrow or hardship; sympathy
- feel great **compassion** for the orphans 고아들에 대하여 커다란 연민을 느끼다

a compássionate 인정 많은, 동정적인(sympathetic; piteous)

어근관련 passive [pǽsiv] 수동의 impassive [impǽsiv] 냉정한; 무감각한 뉘앙스 p.123

동의어 / 반의어

25	**commonplace**	=	trite / stereotyped / banal / stale / humdrum / hackneyed ↔ fresh ⊙ 동의어 보감
26	**commotion**	=	tumult / turbulence / turmoil / bustle / uproar / disturbance / mayhem ⊙ 동의어 보감
27	**compact**	=	contract / agreement / pact / paction
28	**compassion**	=	sympathy / pity / commiseration / empathy ↔ aloofness ⊙ 동의어 보감

동의어 보감

진부한 · 평범한
25

필수	banal 진부한 / commonplace 흔한 / everyday 진부한, 평범한 / hackneyed 진부한 / humdrum 단조로운, 평범한 / overused 진부해진 / stale 싱싱하지 못한; 진부한 / stereotyped 틀에 박힌, 진부한 / trite 진부한
고급	cut-and-dried 신선함이 없는; 진부한 / run-of-the-mill[mine] 보통의, 예사로운
숙어	in a rut 틀에 박힌
참고	상투어구 / bromide / cliche / platitude / truism 평범한 사람 / mediocrity / platitudinarian / little man / common people / plebeian / rank and file 평사원; 일반 구성원

동의어 보감

혼란 · 소동 26	필수	agitation 동요, 불안 / chaos 혼란 / commotion 소란, 소요 / confusion 혼란 / convulsion 경련; 격동; 포복절도 / disturbance 소란, 불안 / mess 혼란 / muddle 혼란 / pandemonium 지옥, 복마전 / tumult 소란; 폭동 / turmoil 혼란 / unrest 혼란 / upheaval 격변, 대변동 / uproar 혼란
	고급	clutter 혼잡 / bedlam 대소동 / hodgepodge 뒤범벅, 뒤죽박죽 / imbroglio 뒤얽힘; 혼란 / jumble 혼란 / maelstrom 큰 소용돌이; 대혼란 / mayhem 소란 / pell-mell 난잡; 뒤범벅; 큰 소동 / shambles 도살장, 아수라장
	참고	소용돌이 / whirl / vortex / swirl topsy- turvy 거꾸로의, 뒤죽박죽의 / head over heels 거꾸로, 곤두박이로; 격렬하게
연민 · 동정 28	필수	clemency 온화, 관대 / compassion 동정, 연민 / empathy 감정이입, 공감; 동정 / leniency 너그러움 / pity 연민 / sympathy 공감; 동정
	고급	commiseration / condolence 조문
위로하다	필수	comfort 위로하다 / commiserate 위로하다 / condole 조문하다 / console 위로하다 / entertain 즐겁게 하다 / solace 달래다; 위로하다 / soothe 위로하다 / sympathize 공감하다; 동정하다
	고급	cheer up 격려하다 / feel for 더듬어 찾다; 동정하다

뉘앙스

연민 · 동정 28	**píty**	(종종 가벼운 경멸감을 내포하는) **연민, 동정**	• feel **pity** for the poor man 가난한 사람을 불쌍히 여기다
	sýmpathy	(남의 괴로움과 슬픔을 진심으로 같이 하고자 하는) **동정**	• feel **sympathy** for flood victims 수재민들을 동정하다
	compássion	(돕거나 용서하려는 마음을 포함하는) **동정**	• feel **compassion** for the weeping child 우는 아이를 측은히 여기다
	commiserátion	(남의 불행이나 슬픔에 대해 공공연히 표현하는) **동정**	• She wept with her friend in **commiseration**. 그녀는 가엾음에 친구와 함께 울었다.
	condólence	(특히 죽음과 관련하여 슬픔에 빠져 있는 사람에 대한) **애도, 문상**	• send a letter of **condolence** 문상 편지를 써 보내다

check-up Test

1. It suddenly began to rain. The birds had increased <u>commotion</u>, and were wheeling about overhead in a confused, indecisive way.
ⓐ agitation ⓑ grimace ⓒ petulance ⓓ sonority

2. Cindy loves nice things, so she is never satisfied with _______ stuff.
ⓐ aggressive ⓑ commonplace ⓒ charming ⓓ enchanting

3. After the _______ of the city, he welcomed the tranquility of the state park where he camped for two weeks.
ⓐ nutrition ⓑ dexterity ⓒ commotion ⓓ monotony

4. In mountainous regions, much of the snow that falls is <u>compacted</u> into ice.
ⓐ broken down ⓑ embedded ⓒ compiled ⓓ compressed

5. Dr. Albert Schweitzer had not only great scientific ability but a deep sense of <u>compassion</u> for suffering humanity.
ⓐ sympathy ⓑ compact ⓒ tumult ⓓ commodity

정답 **1.** a **2.** b **3.** c **4.** d **5.** a

compatible
[kəmpǽtəbl]
★★★☆☆
29

com(together) + pat(feel) → '함께 느낄 수 있는'에서 유래

a 1 **양립할 수 있는, 조화되는** / able to exist together; congenial
2 ≪컴퓨터≫ **함께 사용할 수 있는, 호환되는** / able to be used with another thing
- **compatible** blood group 양립할 수 있는 혈액형군
- Is this software **compatible** with Apple Macintosh? 이 소프트웨어는 애플 맥킨토시(컴퓨터)와 호환되나요?

n **compatibílity** 일치, 조화

어근관련 passionate [pǽʃənət] 열정적인 dispassionate [dispǽʃənət] 냉정한

compensate
[kámpənseit]
★★★☆☆
30

com(together) + pens(pay) → '갚아 주다'에서 유래

v 1 **보상하다** / make an equal return to; recompense
2 **보충[상쇄]하다** / act as a balance for; offset
- **compensate** a person for loss 남에게 손해에 대하여 보상하다
- Skill sometimes **compensates** for lack of strength. 기술은 종종 힘의 부족을 보충한다.

n **compensátion** 보상, 보충 **a** **compénsative** 보상[보충]의

어근관련 expenditure [ikspénditʃər] 지출, 경비 pension [pénʃən] 연금(을 주다)

compile
[kəmpáil]
★☆☆☆☆
31

com(together) + pil(press) → '자료를 함께 쌓다'에서 유래

vt (자료를) **모으다,** (책을) **편찬[편집]하다**
/ collect or make out of various materials; assemble
- **compile** an encyclopedia 백과사전을 편찬하다

n **compilátion** 편찬, 편집물 **n** **compíler** 편집자(editor); ≪컴퓨터≫ 컴파일러

어근관련 pile [pail] 더미; 쌓다

complacent
[kəmpléisnt]
★★★☆☆
32

com(intensive) + plac(please) → '완전히 즐거워하는'에서 유래

a (특히 자기의 우월성에) **만족해하는, 자기 만족의**
/ satisfied with oneself or what one has; self-satisfied
- the winner's **complacent** smile 승리자의 만족해하는 미소

n **complácency, -ce** 자기 만족

어근관련 placate [pléikeit] 달래다 implacable [implǽkəbl] 진정시킬 수 없는

complaisant
[kəmpléizənt]
☆☆☆☆☆
33

com(intensive) + pla<plac(please) → '남을 매우 기분 좋게 하는'에서 유래

a (성품이) **고분고분한,** (태도가) **공손한** / willing to please; compliant
- the wife **complaisant** to her husband's will 남편의 뜻에 고분고분한 아내

n **compláisance** 고분고분함, 공손함(obedience)

어근관련 placid [plǽsid] 평온한 placable [plǽkəbl] 진정시키기 쉬운

complement
[kámpləmənt]
★☆☆☆☆
34

com(intensive) + ple(fill) → '부족한 것을 채움'에서 유래

n 1 **보충[보완]물** / something that completes or makes perfects; supplement
2 **전량, 전인원** / the number or quantity needed to make something complete
3 ≪문법≫ **보어** / a word or group of words completing a predicate
- Philosophy is a good **complement** of scientific studies. 철학은 과학적 연구에 대한 훌륭한 보완 학문이다.
- The English department has its full **complement** of teachers. 영어과는 필요한 선생님들의 모든 인원을 보유하고 있다.
- In "The man is good", "good" is a **complement**. "그 남자는 훌륭하다"에서, "훌륭한"은 보어이다.

vt **보충[보완]하다** / supply what is lacking in; supplement
- This wine **complements** the food perfectly. 이 와인은 그 음식을 완벽하게 보완한다.

a **compleméntary** 보충[보완]하는 **cf** **cómpliment** 찬사

어근관련 complete [kəmplíːt] 완전한; 완성하다 plenary [plíːnəri] 완전한, 전체의

동의어 = / 반의어 ↔

29 **compatible** = congenial / congruous / harmonious / agreeable / blending ↔ incompatible
30 **compensate** = recompense / atone / repay / reimburse / make amends for ◎ 동의어 보감
31 **compile** = collect / gather / assemble / accumulate / congregate / anthologize ◎ 동의어 보감
32 **complacent** = self-satisfied / self-contented / self-pleased
33 **complaisant** = compliant / obedient / meek / docile / yielding / amenable ↔ stern
34 **complement** = supplement / replenish / make up for

동의어 보감

보상하다 30	필수	atone 속죄하다, 보상하다 / compensate 보상하다 / offset 보상하다, 벌충하다 / recompense 보상하다 / redeem 되찾다; 보상하다; 이행하다 / redress 고치다; 보상하다 / reimburse 보상하다 / remunerate 보상하다 / repay 보상하다 / retrieve 되찾다; 보상하다
	고급	expiate 속죄하다; 보상하다 / indemnify 배상하다, 변상하다 / recoup 되찾다; 변상하다 / requite 보상하다; 복수하다
	숙어	balance up / make amends for / make good / make up (for)
(사물을) 모으다 · 축적시키다 31	필수	accumulate (오랫동안) 축적하다 / amass 모으다 / collect 수집하다; 징수하다; 진정시키다 / compile (자료를) 수집하다, 편집하다 / gather 모으다; 곪다; 추측하다
	고급	accrue 모으다, 축적하다; 이자가 붙다 / cumulate 쌓아올리다 / garner (곡물을) 축적하다, 모으다 / glean (이삭을) 줍다 / hoard 비장하다, 저장하다 / stockpile (대량으로) 비축하다
	숙어	make a subscription 기부금을 거두다 / pile up 축적하다
	참고	(사람을) 모으다 / assemble 소집하다; 조립하다 / congregate / convene / convoke 소집하다

check-up Test

1. Before downloading and installing any program, staff members should check with the company technician whether it is _______ with the existing system.
ⓐ undeniable ⓑ amenable ⓒ complementary ⓓ compatible

2. He was busy compiling all the reports from overseas offices.
ⓐ gathering ⓑ protecting ⓒ decoding ⓓ commeasuring

3. Behind those apparently complacent smiles are countless fears.
ⓐ self-contented ⓑ modest ⓒ diffident ⓓ humble

4. I wouldn't elect Johnson for mayor; the man is too complaisant.
ⓐ agreeable ⓑ intelligent ⓒ unpleasant ⓓ smug

5. Kim proposed Plan A and Lee, Plan B, but these two are complementary.
ⓐ opposed to each other
ⓑ almost the same, but not interrelated
ⓒ praiseworthy in every respect
ⓓ different but together forming a complete whole

정답 **1.** d **2.** a **3.** a **4.** a **5.** d

complexion
[kəmplékʃən]
☆☆☆☆☆
35

com(together) + plex<plect(twine) → '많은 표정들이 함께 뒤얽힘'에서 유래

n 1 **안색, 용모** / the color and appearance of the skin of the face; countenance
2 (사태의) **형세, 양상** / a general character or nature; aspect

- a healthy[pale] **complexion** 건강한 혈색[창백한 안색]
- a new **complexion** of the war 전쟁의 새로운 양상

a **compléxional** 안색의
cf **compléxity** 복잡한 것
어근관련 multiplex [mʌ́ltipleks] 복합적인 perplex [pərpléks] 당황하게 하다 뉘앙스 p.127

---

complicate
[kámpləkeit]
★★★☆☆
36

com(together) + plic(fold) → '함께 안으로 접다'에서 유래

vt 1 **복잡하게 하다** / make difficult to understand or deal with; confuse
2 (특히 병을) **악화시키다** / make worse; aggravate

- Too many rules **complicate** a game. 너무 많은 규칙들은 게임을 복잡하게 한다.
- a serious disease **complicated** by an additional bacterial infection
추가적인 박테리아 감염에 의해 악화된 심각한 병

a **cómplicated** 뒤얽힌, 복잡한(intricate)
n **complicátion** 복잡함(tangle); ≪병리≫ 합병증
n **complícity** (범죄의) 공모, 공범(collusion)
어근관련 implicate [ímplikeit] 관련시키다 explicate [éksplәkeit] 상세히 설명하다

---

compliment
[kámpləmənt]
★★★★☆
37

com(intensive) + ple(fill) → '(칭찬으로) 부족한 부분을 채워줌'에서 유래

n 1 **칭찬, 찬사** / an expression of praise or admiration; tribute
2 <pl.> **인사말, 안부** / good wishes; greeting

- make[pay] a **compliment** 칭찬하다
- with the **compliments** of a friend 친구의 안부 인사와 함께

vt 1 [-ment] **칭찬하다, 찬사를 보내다** / pay a compliment to; congratulate
2 **증정하다** / give something to a person as a polite attention; present

- **compliment** the winner of the contest 그 경연 대회의 우승자에게 찬사를 보내다
- **compliment** a person with a book 남에게 책을 선사하다

a **compliméntary** 찬사의, 경의를 표하는; (무료로) 증정하는, 무료의(free)

- a **complimentary** ticket[copy] 무료 티켓[증정본]

cf **cómplement** 보충물
어근관련 deplete [diplíːt] 고갈[소모]시키다 replete [riplíːt] 가득 찬, 충만한

---

component
[kəmpóunənt]
★★☆☆☆
38

com(together) + pon(put) → '함께 놓아 둔 것'에서 유래

n **성분, 구성요소** / a constituent part, as of a system; element

- the **components** of a record player 레코드 플레이어의 부품

어근관련 proponent [prəpóunənt] 지지자 opponent [əpóunənt] 반대자, 적 뉘앙스 p.345

동의어 ↔ 반의어

35	**complexion**	=	countenance / features / look / visage / expression ⊙ 동의어 보강
36	**complicate**	=	confuse / involve / entangle / ravel / mix up
37	**compliment**	=	commend / praise / extol / eulogize/ hail ↔ belittle ⊙ 동의어 보강
38	**component**	=	element / constituent / factor / ingredient

동의어 보강

얼굴 35	필수	complexion 안색, 얼굴 / mug 머그잔; 보기 흉한 얼굴; 강도짓하다 / visage 얼굴 / countenance 안면; 지지하다 / face 얼굴 / profile (옆) 얼굴
	고급	physiognomy (관상학) 얼굴 / puss 찡그린 얼굴
공짜의 37	필수	complimentary 칭찬의, 인사의; 공짜인 / gratis 공짜의 / gratuitous 공짜의; 까닭 없는
	고급	unpaid 무보수의, 무급의
	참고	free of charge / on the house 공짜인, 공짜로 / for nothing 공짜로; 까닭 없이; 헛되이

뉘앙스

얼굴 35

face	**얼굴** ≪가장 일반적인 말≫	• look a person in the **face** 남의 얼굴을 빤히 쳐다보다
cóuntenance	(심리 상태를 드러내는) **얼굴**	• a sad **countenance** 슬픈 얼굴
compléxion	**안색, 살색**	• a pale **complexion** 창백한 안색
physiógnomy	(인종 · 성격 등을 드러내는) **얼굴, 인상** ≪관상학적 용어≫	• read one's **physiognomy** 관상을 보다
vísage	(어떤 각도에서 본) **얼굴, 용모** ≪격식을 차린 말≫	• an austere **visage** 엄숙한 표정

cf. **mug** (보기 흉한) **얼굴** ≪구어적인 말≫ **puss** **찡그린 얼굴** ≪구어적인 말≫

Check-up Test

1. The chairman introduced the speaker with a few laudatory remarks.
ⓐ explanatory ⓑ complimentary ⓒ brief ⓓ introductory

2. In spite of the complexity of the problem, the mathematician solved it quickly.
ⓐ completeness ⓑ community ⓒ complication ⓓ compression

3. When the arsonist was questioned by the prosecutor, he denied his ______ in the crime.
ⓐ simulation ⓑ complicity ⓒ exuberance ⓓ contingency

4. He paid her a(n) ______ by saying her cake was the best he had ever eaten.
ⓐ satisfaction ⓑ attention ⓒ proposal ⓓ compliment

5. Because alcohol is a solvent, it is a component of many liquid medicines.
ⓐ embargo ⓑ emblem ⓒ afflux ⓓ element

정답 **1.** b **2.** c **3.** b **4.** d **5.** d

comprehend
[kamprihénd]
★★★★☆
39

com(intensive) + prehen(seize) → '어떤 사물을 완전히 붙잡다'에서 유래

vt 1 **이해[파악]하다** / understand the meaning of; grasp
2 **포함[포괄]하다** / include; contain

- do not **comprehend** the book's full meaning 책의 완전한 의미를 이해하지 못하다
- His report of the accident **comprehended** all the facts.
  그 사고에 대한 그의 보고서는 모든 사실들을 포함했다.

n **compreh**é**nsion** 이해(력); 포함, 포괄
- beyond one's **comprehension** 이해할 수 없는

a **comprehénsive** 포괄적인(general); 이해력이 있는, 이해가 빠른(intelligent)

a **comprehénsible** 이해할 수 있는, 이해하기 쉬운(understandable)

어근관련 apprehend [æprihénd] 붙잡다; 이해하다; 염려하다 reprehend [reprihénd] 비난하다

---

compress
[kəmprés]
☆☆☆☆☆
40

com(together) + press 누르다 → '함께 누르다; 압축하다'에서 유래

vt 1 **압축하다** / make smaller by pressure; condense
2 **(말 · 생각 따위를) 요약하다** / put into fewer words; abridge

- **compress** an old car[gas] 낡은 차[가스]를 압축하다
- **compress** one's report into three pages 자신의 보고서를 세 페이지로 요약하다

n [kámpres] **압박 붕대** / a pad of dry or wet cloth applied to a part of the body
- apply a cold **compress** to one's sprained ankle 삔 발에 차가운 압박 붕대를 대다

n **compréssion** 압축; 요약 **n** **compréssor** 압축기

a **compréssed** 압축[요약]된 • **compressed** air[lips] 압축 공기[굳게 다문 입술]

어근관련 oppress [əprés] 억압[압박]하다 repress [riprés] 억제[진압]하다

---

comprise
[kəmpráiz]
☆☆☆☆☆
41

com(together) + pri<prehend(seize) → '함께 붙잡다'에서 유래

vt 1 **포함[포괄]하다** / consist; include
2 **<주로 수동태> ~을 구성하다** / make up; compose

- The United States **comprises** 50 states. 미합중국은 50주를 포함한다.
- The committee is **comprised of** five members. 그 위원회는 다섯 명으로 구성된다.

어근관련 imprison [imprízn] 투옥하다 apprise [əpráiz] 알리다

---

compunction
[kəmpʌ́ŋkʃən]
★☆☆☆☆
42

com(intensive) + punc<pung(prick) → '마음이 막 찔림'에서 유래

n **양심의 가책** / uneasiness of mind because of wrongdoing; remorse
- have a **compunction** about telling a lie 거짓말한 것에 대해서 양심의 가책을 갖다

a **compúnctious** 양심에 가책되는

어근관련 punctual [pʌ́ŋktʃuəl] 시간을 엄수하는 poignant [pɔ́injənt] 신랄한 뉘앙스 p.129

= 동의어 ↔ 반의어

39	**comprehend**	=	grasp / understand / catch / apprehend / take in ● 동의어 보강
40	**compress**	=	condense / squeeze / compact / constrict ↔ stretch
41	**comprise**	=	include / contain / comprehend / encompass / embrace
42	**compunction**	=	remorse / regret / repentance / penitence / contrition ↔ brazenness ● 동의어 보강

동의어 보감

이해[파악]하다 39	필수	apprehend 체포하다; 이해하다; 염려하다 / appreciate (가치를) 이해하다, 평가하다; ~을 고맙게 여기다; 가치 상승하다 / comprehend 포함하다; 이해하다 / grasp 붙잡다; 이해하다 / seize 체포하다; 압수하다; 이해하다
	고급	fathom 수심을 재다; 이해하다
	숙어	catch on 이해하다, 터득하다; 인기를 끌다 / figure out / get a fix[grip] on / get the hang of / get the picture[it] / get the point / make head or tail of / make out / make sense of
	참고	이해하기 쉬운 / comprehensible / intelligible / legible 읽기 쉬운 / plain 쉬운
후회 · 참회 42	필수	compunction 양심의 가책 / contrition 참회 / qualms 양심의 가책, 불안 / regret 후회 / remorse (오래가는) 후회 / repentance 참회 / rue 참회 / scruples 양심의 가책, 주저
	고급	penance 참회, 후회 / penitence 회개, 참회 / self-reproach 자책

뉘앙스

후회 42

regrét	**후회, 유감** ≪일반적인 말≫	• I feel **regret** for past laziness. 나는 과거의 나태함이 후회스럽다.
pénitence	(자신의 죄 · 잘못에 대한) **후회, 참회**	• show no **penitence** 조금도 뉘우치지 않다
repéntance	(회개하려는 마음이 담긴) **후회, 회개**	• **Repentance** acomes too late. 후회는 항상 늦는 법이다.
remórse	(자신의 잘못에 대한 오랫동안의 괴로움 섞인) **후회, 죄책감**	• bitter **remorse** for one's evil deed 자신의 사악한 행동에 대한 심한 죄책감
compúnction	(대개 일시적인) **양심의 가책**	• without the slightest **compunction** 일말의 양심의 가책도 없이

cf. **contrítion** (깊고 진정한) **후회, 회개** ≪신학적인 말≫ **qualm** (불안 섞인) **양심의 가책** ≪문어적인 말≫

Check-up Test

1. By giving readers insight into different people, places, and events, journalists have contributed greatly to our <u>understanding</u> of the world around us.
ⓐ approval ⓑ enjoyment ⓒ examination ⓓ comprehension

2. Although it seemed sophisticated at first glance, the idea was actually ______ to the average mind.
ⓐ compunctious ⓑ composed ⓒ apprehensive ⓓ comprehensible

3. If you <u>compress</u> all the items as much as possible, you will be able to get everything within a single suitcase.
ⓐ regret ⓑ condense ⓒ annoy ⓓ encumber

4. The Supreme Court <u>comprises</u> the chief justice of the United States and eight associate justices.
ⓐ is called to order by ⓑ is made up of ⓒ is organized by ⓓ is the home of

5. I felt a sense of <u>compunction</u> when I saw her.
ⓐ reassurance ⓑ uncertainty ⓒ guilty regret ⓓ pride

정답 **1.** d **2.** d **3.** b **4.** b **5.** c

181 **dawdle**
[dɔ́:dl]
★☆☆☆☆

dawdle<daddle (walk unsteadily 비칠비칠 걷다) → **'비칠비칠 걸으며 시간을 실없이 보내다'**에서 유래

v **빈둥빈둥 시간을 보내다** / waste time; loiter
- **dawdle** over a cup of coffee 커피를 마시며 꾸물거리다

---

182 **deadlock**
[dédlɑk]
★★★★★

dead (absolute 완전한) + lock (fastening 잠금) → **'문이 완전히 잠겨있는 교착상태'** 에서 유래

n **교착상태** / a disagreement which cannot be settled; quandary
- reach a **deadlock** in the dispute over higher wages
  더 높은 임금에 대한 논쟁이 교착상태에 있다

---

183 **dearth**
[də:rθ]
★★★☆☆

dear (precious 소중한) → **'부족하여 소중함'** 에서 유래

n **부족** / a lack of something; scarcity
- a **dearth** of food 식량 부족

---

184 **decimate**
[désəmeit]
★☆☆☆☆

decim<decem (ten 열) → **'열명 중 한명을 죽여 사람들을 살상하다'** 에서 유래

v **대량으로 죽이다, 격감시키다** / destroy a very large number of; wipe out
- War **decimated** the tribe. 전쟁은 그 부족의 많은 사람을 죽였다.

a **décimal** 십진법의

---

185 **decorous**
[dékərəs]
★☆☆☆☆

decorus (proper 적당한) → **'행동이 적합하고 예의바른'** 에서 유래

a **품위있는, 예의바른** / according with custom or propriety; decent
- keep a **decorous** bearing 예의바른 태도를 유지하다 n **decórum** 점잖음, 예의

---

186 **deft**
[deft]
★★☆☆☆

deft<gadaban(be fit 알맞다) → **'주어진 일에 알맞게 기술이 능숙한'** 에서 유래

a **능숙한** / quick and skillful in action; nimble
- The fingers of a surgeon must be **deft**. 외과 의사의 손가락은 능숙해야 한다.

ad **déftly** 능숙하게(skillfully)

---

187 **deleterious**
[delətíəriəs]
★★★☆☆

delet (injure 상처입히다) → **'상처 입힐 만큼 유해한'** 에서 유래

a **유해한** / damaging; harmful
- the **deleterious** effects of smoking 흡연의 유해한 영향

---

188 **delve**
[delv]
★★★☆☆

delve<delfan (dig 파다) → **'어떤 주제에 대해 파고들어 탐구하다'** 에서 유래

v **깊이 파고들다, 탐구하다** / search carefully for information; examine
- Don't **delve** into death too much. 죽음에 대해 깊이 파고들지 마라.

---

189 **dermatologist**
[də:rmətɑ́lədʒist]
★★☆☆☆

dermato 피부의 +logist 학자 → **'피부를 연구하고 치료하는 전문의'**에서 유래

n **피부과 전문의** / a doctor who studies and treats skin diseases
- During treatment, **dermatologist** applied a cream all over my face.
  치료를 받는 동안 피부과 전문의가 얼굴 전체에 크림을 발랐다.

n **dermatólogy** 피부병학 n **dermatósis** 피부병

---

190 **despotism**
[déspətìzm]
★☆☆☆☆

despot (master 주인) → **'주인임을 내세워 독단으로 행하는 독재정치'** 에서 유래

n **독재정치** / rule by a despot; autocracy
- rebel against the **despotism** of the king 왕의 전제 정치에 반항하다

a **despótic** 독재적인; 횡포한 n **déspot** 독재자

---

191 **dexterous**
[dékstərəs]
★☆☆☆☆

dexter (skillful 솜씨 좋은)

a **솜씨 있는** / having skill with the hands; adroit;
민첩한 / quick and skillful in bodily movements
- be **dexterous** in playing a keyboard 키보드 연주에 능하다

n **dextérity** 솜씨, 수완

---

192 **dictum**
[díktəm]
★☆☆☆☆

dict (say 말하다) → **'현인이 말한 격언'** 에서 유래

n **(권위 있는) 선언** / authoritative opinion; pronouncement;
격언 / a maxim; adage
- I wish to pass on an old **dictum**. 오래된 속담을 하나 말씀 드릴게요.

193 **dilettante**
[dilətáːnt]
★☆☆☆☆

dilet (delight 기쁨) → '기쁨을 갖고 즐기며 예술을 하는 아마추어'에서 유래

n **아마추어 예술[평론]가** / aimless follower of the arts; amateur

- pursue the arts as a **dilettante** 아마추어로서 예술을 추구하다

194 **din**
[din]
★★☆☆☆

din<dyne(소음) → '울려 퍼지는 소음'에서 유래

n **소음** / a continued loud sound; noise v **소음으로 귀를 멍멍하게 하다**

- The **din** of the cheering crowd was deafening.
  응원하는 관중들의 소음은 귀청이 터질 것 같았다.

195 **dire**
[daiər]
★★★☆☆

dire<dirus (fearful 무서운)

a **무시무시한, 극심한** / causing great fear; terrible

- live in **dire** poverty 지독한 가난 속에서 살고 있다.

196 **dismal**
[dízməl]
★☆☆☆☆

dis (day 날) + mal (evil 나쁜) → '나쁜 날로 느껴질 정도로 날씨가 음침한' 에서 유래

a **음침한** / having nothing pleasant; dreary

- **dismal** weather 음침한 날씨

197 **ditch**
[diʧ]
★★☆☆☆

ditch<dic 도랑, 참호 → '도랑을 만들다[파다]' 에서 유래

n **도랑, 실개천** / a long and narrow place dug; gutter v **도랑을 파다**

- **Ditches** are usually used to irrigate fields. 도랑은 대개 논에 관개하기 위해 사용한다.

n **dítcher** 도랑을 파는 사람

198 **diurnal**
[daiə́ːrnl]
★☆☆☆☆

diurn (day 날)

a **매일[하루 동안]의** / happening in the daytime or everyday; daily

- **diurnal** tasks 하루 일과

199 **docile**
[dásəl]
★★★★☆

doc (teach 가르치다) → '가르치기 쉬운' 에서 유래

a **지도하기 쉬운, 유순한** / quiet and easily controlled; obedient

- an intelligent and **docile** pupil 총기 있고 지도하기 쉬운 학생

n **docílity** 가르치기 쉬움; 유순

200 **dogmatic**
[dɔːgmǽtik]
★☆☆☆☆

dogma (opinion 의견) → '본인의 의견만을 내세우는 독단적인' 에서 유래

a **독단적인** / having beliefs that you are completely certain; arbitrary

- a **dogmatic** person 자기 주장을 양보하지 않는 사람

★ 중요빈출

Check-up Test

1. Though most of the students have nearly finished, Jane has not yet started her homework. She is still ______.
ⓐ smart ⓑ timid ⓒ dawdling ⓓ stubborn

2. The news from the National Assembly may signal a kind of political deadlock.
ⓐ majority ⓑ standstill ⓒ turning point ⓓ upgrade

3. Novelist Ernest Hemingway deftly depicted the human misery that lay beneath the superficial gaiety of 1920's.
ⓐ skillfully ⓑ prudently ⓒ occasionally ⓓ humorously

4. The economic stability of nations and continents is often affected by the abundance or dearth of precipitation.
ⓐ force ⓑ condensation ⓒ rainfall ⓓ lack

5. The war engendered the principle that the rule of law was preferable to arbitrary despotism.
ⓐ dominance ⓑ empiricism ⓒ submission ⓓ tyranny

정답 1. c 2. b 3. a 4. d 5. d

make(2)

● **make room for** / 자리를 내주다 create space for, accommodate
- Will you please **make room for** the elderly? 연장자를 위해 조금만 비켜 앉아 주시겠습니까?

● **make sense** / 사리에 맞다 be reasonable, be adequate
- The equivocal sentences in his column does not **make sense**. 그가 칼럼에 쓴 애매모호한 문장들은 말이 되지 않는다.

● **make sense of** / ~을 이해하다 understand
- I finally **made sense of** his strange joke. 나는 마침내 그의 이상한 농담의 뜻을 이해했다.

● **make the best[most] of** / ~을 최대한 이용하다; 가장 중시하다
- Foreigners **make the best of** the food they have. 외국인들은 그들이 가진 음식을 최대한 활용한다.

● **make time** / 시간을 내다; 서두르다 make haste
- Despite heavy workload, we should manage to **make time** to rest. 업무가 많음에도 불구하고 어떻게든 시간을 내어 쉬어야 한다.

● **make up** / 구성하다 constitute, compose ; 화장하다; 꾸미다, 날조하다 invent ; 화해하다 make it up ; 보상하다
- The student **made up** an amusing story off hand. 그 학생은 즉석에서 재미있는 이야기를 만들어 냈다.
- I appreciate my husband wanting to **make up** first after a fight. 나는 남편이 싸운 후에 먼저 화해하려고 해줘서 고맙다.

● **make up for** / 보상하다, 보충하다 compensate for, make amends for, atone for
- Education cannot **make up for** a lack of real world experience. 교육은 현실을 경험하는 데 있어서의 부족함을 보충해주지 못한다.

● **make up one's mind** / 결심하다 decide, determine
- I **make up my mind** easily. So I'm not on the horns of a dilemma very often. 나는 잘 결정하는 편이야. 그래서 나는 진퇴양난에 자주 빠지지는 않아.

■ **make someone's hair stand on end** / ~를 소름끼치게 하다 strike with horror, terrify
■ **make something of oneself** / 출세하다 get on in the world, 성공하다
■ **make the rounds** / 순시하다; 소문이 퍼지다

put

● **put a stock in** / ~을 신용하다
- Anyone **putting stock in** him should stop and rethink their position. 그를 믿는 사람이라면, 멈춰서 자신의 입장을 다시 한 번 생각해 봐야만 한다.

● **put across** / 잘 해내다, 성공시키다 stick it ; 이해시키다 put over, get across
- An educator's job is to **put across** orthodoxy. 교사의 일은 정설을 이해시키는 것이다.

● **put away** / 저축하다 put by, put aside ; 피하다, 내버리고 돌보지 않다 desert
- She has a few thousand dollars **put away** for her retirement. 그녀는 은퇴를 대비해서 몇 천 달러를 모아 놓은 것이 있다.

● **put down** / 내려놓다; 기록하다 write [down] ; 진압하다, 억제하다 repress
- I have to correct what I did **put down** in the other mail. 나는 다른 메일에 적었던 것을 수정해야 한다.
- In 1839, the English adventurer James Brooke arrived in Borneo and helped the Sultan **put down** a rebellion. 1839년, 영국의 모험가 James Brooke는 보르네오에 도착해, Sultan을 도와 반란을 진압했다.

● **put ~ into action** / 실행에 옮기다 execute
- He **put** his thoughts **into action** without delay. 그는 곧바로 자신의 생각을 실천에 옮겼다.

● **put off** / 제거하다, 벗다 remove, get rid of ; 연기하다 postpone
- I'll **put off** grieving until it happens. 그 일이 실제로 일어나기 전까지 나는 슬퍼하지 않을 거야.

● **put on** / ~을 입다; ~인체하다 feign, let on
- Are you really stupid, or are you **putting on** an act? 너는 진짜 멍청한 거야, 아니면 멍청한 척 하는 거야?

● **put one's nose into** / ~에 간섭하다 interfere in, meddle in
- Please stop **putting your nose into** my affairs. 제발 내 일에 간섭하지 마세요.

● **put out** / (불을) 끄다 extinguish ; 내밀다, 내쫓다 push out ; 출판하다 bring out
- The fire was completely **put out** in a couple of days. 그 화재는 이틀 만에 완전히 진압되었다.
- In September 1929, Lantz finally **put out** his first cartoon. Lantz는 1929년 9월에 마침내 자신의 첫 번째 만화를 출간했다.

● **put someone through** / ~을 연결시키다 connect
- Can you **put** me **through** to the office of Professor Kim, please? 김 교수님 연구실에 연결 좀 해주시겠습니까?

● **put up with** / 참다 endure, tolerate
- Unfortunately, you just have to **put up with** these old custom. 불행히도, 너는 이런 낡은 관습들을 그저 참아야만 해.

■ **put on weight** / 살이 찌다 gain weight
■ **put one's foot in it[one's mouth]** / (본의 아니게) 실언하다, 실수하다 make a blunder
■ **put oneself in a person's shoes** / 누구의 입장이 되어 생각하다

com-

우선순위 로 보는 PREview

Date : /

★★★☆☆	43.	**concede**	인정하다; 양보하다	□ □ □
	52.	**condone**	용서하다	□ □ □
	60.	**congenial**	같은 성질의; 적합한	□ □ □
★★☆☆☆	56.	**confiscate**	몰수하다	□ □ □
	57.	**conform**	따르다; 같아지다	□ □ □
	59.	**confront**	대항하다; 대질시키다	□ □ □
★☆☆☆☆	44.	**conciliate**	달래다; 조정하다	□ □ □
	45.	**concoct**	만들다; 꾸미다	□ □ □
	47.	**concur**	동의하다	□ □ □
	48.	**condemn**	비난하다; 선고하다	□ □ □
	49.	**condense**	압축하다	□ □ □
	50.	**condescend**	자신을 낮추어 ~하다	□ □ □
	51.	**condole**	애도하다	□ □ □
	53.	**confederate**	동맹국; 동맹하다	□ □ □
	54.	**confer**	주다; 상담하다	□ □ □
	55.	**confine**	한정하다; 감금하다	□ □ □
	58.	**confound**	혼동하다	□ □ □
	61.	**congenital**	선천적인	□ □ □
	62.	**congest**	혼잡하게 하다	□ □ □
	63.	**conglomerate**	집단; 둥글게 뭉치다	□ □ □
☆☆☆☆☆	46.	**concourse**	집합; 광장; 대로	□ □ □

MD11 mp3

LECTURE 11

concede
[kənsíːd]
★★★☆☆
43

con<com(intensive) + ced(go) → '(자기 것이) 남에게 다 가다' 에서 유래'

vt 1 (종종 마지 못해) **인정[양보]하다** / admit as true; acknowledge
2 (권리 · 특권 등을) **주다, 부여하다** / give as a right or privilege; grant

- **concede** one's defeat 자신의 패배를 인정하다
- **concede** a privilege to foreign residents 외국인 거주자들에게 특권을 주다

n **concéssion** 양보, 인정; 허가, 특권; 구내 매점

- **make[grant] concession to** ~에게 양보하다
- an oil[mining] **concession** 석유 채유권[광산 채굴권]

n **concessionáire** 특허권[영업권] 소유자 **a** **concéssive** 양보의[적인]; ≪문법≫ 양보의

어근관련 cede [siːd] (영토를) 양도하다 accede [æksíːd] 동의하다; 취임하다

---

conciliate
[kənsílieit]
★☆☆☆☆
44

con<com(together) + cil<ca(call) → '좋은 감정을 불러일으키다' 에서 유래

vt 1 **달래다, 진정시키다** / satisfy the anger of; soothe
2 (대립 · 분쟁을) **조정하다** / bring into harmony; reconcile

- **conciliate** the crying baby with a candy 사탕으로 우는 아기를 달래다
- **conciliate** disputes among laborers 노동자들 사이의 분쟁을 조정하다

n **conciliátion** 달램; 조정 **a** **concíliatory** 회유적인

어근관련 reconcile [rékənsail] 조정하다, 화해시키다; 만족시키다

---

concoct
[kənkάkt]
★☆☆☆☆
45

con<com(together) + coc<cog(cook) → '함께 섞어 요리하다' 에서 유래

vt 1 (여러 재료를 섞어 음식을) **만들다**/ make by mixing a variety of ingredients; cook
2 (거짓말 · 음모 등을) **꾸미다** / invent so as to deceive; devise

- **concoct** a splendid meal from the leftovers 남은 음식들로부터 근사한 식사를 만들어내다
- **concoct** a feasible excuse for being late 늦은 것에 대해 그럴듯한 변명을 꾸며내다

n **concóction** 혼합(물); 꾸며낸 것[이야기]

어근관련 decoct [dikάkt] 달이다; 끓여 우려내다 precocious [prikóuʃəs] 조숙한

---

concourse
[kάnkɔːrs]
☆☆☆☆☆
46

con<com(together) + cour<cur(run) → '많은 사람들이 함께 달려 듦' 에서 유래

n 1 (사람들의) **집합, 군중** / an act of coming together; crowd
2 (사람들이 모이는) **광장** / a open place where people come; square
3 **산책길, 가로수길, 대로** / boulevard; avenue

- a vast **concourse** of people 사람들의 거대한 집합
- the airport **concourse** 공항 광장
- the **concourse** around the park 공원 주위의 산책길

어근관련 incur [inkə́ːr] (위험 · 비난 따위를) 초래하다 recur [rikə́ːr] 재발하다

---

concur
[kənkə́ːr]
★☆☆☆☆
47

con<com(together) + cur(run) → '함께 달리다'에서 유래

vi 1 (의견 따위가) **동의[일치]하다**/ have the same opinion; agree
2 **동시에 일어나다** / happen at the same time; coincide

- **concur** in giving him the prize 그에게 상을 주는 것에 동의하다
- Her holidays don't **concur** with mine. 그녀의 휴가일과 내 휴가일이 일치하지 않는다.

n **concúrrence** 일치; 동시 발생

a **concúrrent** 동시에 발생하는(contemporary); 일치하는(agreeing)

어근관련 coarse [kɔːrs] 조잡한; 거친 cursory [kə́ːrsəri] 서두르는, 대충의 뉘앙스 p.75

---

condemn
[kəndém]
★☆☆☆☆
48

con(intensive) + demn<damn(loss) → '손해 가는 말을 마구하다' 에서 유래

vt 1 (강도 높게) **비난하다** / express very strong disapproval of; denounce
2 **~에게 유죄판결하다, (형을) 선고하다** / state punishment for; convict

- **condemn** cruelty to animals 동물들에 대한 잔인함을 강도 높게 비난하다
- be **condemned** to death 사형을 선고받다

n **condemnátion** 비난; 선고 **a** **condémned** (형을) 선고받은; 사형수의

cf **contémn** 경멸하다

어근관련 damage [dǽmidʒ] 손해(를 입히다) indemnify [indémnəfai] 배상하다 뉘앙스 p.187

동의어

반의어

43	**concede**	=	acknowledge / admit / allow / grant / confess ↔ dispute
44	**conciliate**	=	soothe / appease / pacify / mollify / propitiate / mitigate / placate
45	**concoct**	=	devise / invent / contrive / fabricate / make up / turn out
46	**concourse**	=	crowd / throng / multitude / assemblage / confluence ↔ parting
47	**concur**	=	agree / consent / accord / coincide / correspond ↔ disagree 동의어 보감
48	**condemn**	=	denounce / criticize / blame / censure / find fault with

동의어 보감

동시(발생)의 47	필수	coincident 동시의 / contemporary 동시대의; 현대의 / concurrent 동시의 / simultaneous 동시의
	고급	coeval 동시대의 / synchronous 동시대의
	참고	동시에 발생하다 / concur / coincide / synchronize

LECTURE 11

check-up Test

1. The government <u>conceded</u> defeat as soon as the election results were known.
ⓐ compromised ⓑ concealed ⓒ admitted ⓓ operated

2. The Athenians charged Socrates with corrupting the youth and he was _______ to death by a jury of five hundred citizens.
ⓐ faced ⓑ blamed ⓒ invoked ⓓ condemned

3. It hurt my pride to be forced to propitiate a person who always insulted me; nevertheless, I tried to _______ him.
ⓐ condign ⓑ avenge ⓒ conciliate ⓓ evaluate

4. Students and dissent citizens <u>concocted</u> Anti-American ideology.
ⓐ supported ⓑ devised ⓒ mixed ⓓ illuminated

5. The street was filled with a large <u>concourse</u> of people.
ⓐ disciple ⓑ excavation ⓒ crowd ⓓ conciliation

정답 **1.** c **2.** d **3.** c **4.** b **5.** c

condense
[kəndéns]
★☆☆☆☆
49

con<com(together) + dense 밀집한 → '밀집하게 하다'에서 유래

v 1 (사물 또는 문장을) **압축하다** / make dense or brief; compress
2 (기체 · 액체가 냉각에 의해 압축되어) **액화[고체화]되다** / become liquid or solid by becoming cooler

- **condense** a long story into a few sentences 긴 이야기를 몇 문장으로 압축하다
- If steam touches cold surfaces, it **condenses** into water. 만일 수증기가 찬 표면에 접하게 되면, 물로 액화된다.

n **condensátion** 압축, 응축 **n** **condénser** 응결[냉각]기; 축전기, 콘덴서
a **condénsed** 응축[농축]된; 요약된(curtailed)

어근관련 density [dénsəti] 밀도 densify [dénsəfai] 밀도를 높이다 뉘앙스 p.33

condescend
[kandəsénd]
★☆☆☆☆
50

con<com(completely) + descend 내려오다 → '내려와서 함께 하다'에서 유래

vi 1 (좋은 의미로) **자신을 낮추어 ~하다** / come down willingly or graciously; stoop
2 (생색내는 태도로) **친절을 베풀다, 선심쓰다** / grant a favor with a haughty attitude; patronize

- The king **condescended** to eat with the beggars. 그 왕은 자신을 낮추어 걸인들과 함께 식사했다.
- **condescend** to help the needy 생색내는 태도로 가난한 사람들을 도와주다.

n **condescénsion** (아랫사람에 대한) 겸손; 생색내는 태도
a **condescénding** (아랫사람에게) 겸손한; 생색내는 듯한

어근관련 ascent [əsént] 상승 descent [disént] 하강 뉘앙스 p.137

condole
[kəndóul]
★☆☆☆☆
51

con<com(together) + dol(grieve) → '(유족과) 함께 슬퍼하다'에서 유래

vi (특히 죽음에 대해) **애도하다, 조의를 표하다** / express sorrow; lament

- **condole** with him on his wife's death 부인의 죽음에 대해 그에게 애도를 표하다

n **condólence** 애도(의 말) • a letter of **condolence** 문상 편지
a **condólatory** 애도를 표하는

어근관련 doleful [dóulfəl] 슬픔에 잠긴 indolent [índələnt] 나태한

condone
[kəndóun]
★★★☆☆
52

con<com(intensive) + don(give)→ '(용서를) 주다'에서 유래

vt **용서하다** / forgive wrong doing; excuse

- **condone** a friend's fault 친구의 잘못을 용서하다

n **condonátion** 용서

어근관련 donate [dóuneit] 기부하다 pardon [pá:rdn] 용서하다 뉘앙스 p.25

confederate
[kənfédərət]
★☆☆☆☆
53

con<com(together) + fed(trust) → '서로 믿고 있는 나라[사람]'에서 유래

n 1 **동맹국, 동지** / a person or country joined with another; ally
2 (범죄의) **공모자** / a person who shares in crime; accomplice

- **confederates** in search for peace 평화를 추구하는 동맹국들
- The thief was arrested, but his **confederate** escaped. 그 도둑은 체포되었지만, 그의 공범은 달아났다.

a **동맹[연합]한** / joined for special purpose; combined

- many **confederate** states in Europe 유럽 내의 많은 동맹국들

v **동맹[연합]하다** / join for special purpose; ally

- The small country **confederated** itself with the stronger power. 그 작은 나라는 더 힘센 강대국과 동맹을 맺었다.

n **confederátion, conféderacy** 동맹, 연합(alliance)
a **conféderative** 동맹[연합]의

어근관련 fidelity [fidéləti] 충실, 충성 perfidy [pə́:rfədi] 불신, 배반 (행위)

동의어 ↔ 반의어

49	**condense**	=	compress / abridge / digest / brief ↔ amplify ● 동의어 보강
50	**condescend**	=	stoop / deign / patronize / lower oneself
51	**condole**	=	console / solace / comfort / cheer up
52	**condone**	=	forgive / pardon / remit / overlook / overpass / vindicate ↔ deprecate
53	**confederate**	=	ally / companion / associate / colleague / fellow

동의어 보강

간결한 49

필수	brief 간결한 compact 빽빽한; 간결한 concise 간결한	condensed 응축된; 요약된 laconic 간결한, 말수적은 pithy 간결한 sententious 훈계조의; 간결한 succinct 간결한 terse 간결한
고급	compendious 간결한, 분량이 많은	
숙어	boiled down / to the point 간단명료한	
반의어	장황한 / blathering / discursive / long-winded / prolix / prosaic 산문체의; 지루한	

뉘앙스

자신을 낮추다 50

condescénd	(지위가 높은 사람이 자발적으로) **자신을 낮춰 ~하다**	• The general **condescends** to eat with the soldiers. 그 장군은 친히 병사들과 식사를 한다.
deign	(마지 못해하며) **자신을 낮춰 ~하다**	• She never **deigned** to answer me 그녀는 결코 내 질문에 대답해 주는 법이 없었다.
stoop	(특히 창피한 행위를 통해 자신의 위엄을 버리고) **자신을 낮춰 ~하다**	• **stoop** to cheating[cheat] 창피하게도 사기를 치다

Check-up Test

1. When my neighbor's dog was run over, we sent a(n) _______ card.
ⓐ congratulation ⓑ insolence ⓒ indolence ⓓ condolence

2. A man who cheats on his income tax and on his expense account tends to condone these practices in his friends.
ⓐ spill ⓑ withstand ⓒ excuse ⓓ retire

3. It took the police several months to track down the embezzler's confederates, but they were eventually able to arrest most of them.
ⓐ accomplices ⓑ agnostics ⓒ atheists ⓓ antidotes

4. This speech is much too long; you'll have to _______ it.
ⓐ condense ⓑ denounce ⓒ conjecture ⓓ yield

5. I was surprised that the president of the company had condescended to talk with me, a mere temporary employee.
ⓐ stoop ⓑ approached ⓒ crouched ⓓ encouraged

정답 **1.** d **2.** c **3.** a **4.** a **5.** a

confer
[kənfə́ːr]
★☆☆☆☆
54

con<com(together) + fer(bring) → '어떤 것을 날라다 주다'에서 유래

vt **주다, 수여하다** / give officially; grant
- **confer** a medal on the winner 우승자에게 메달을 수여하다

vi **상담[협의]하다** / talk things over; consult
- **confer** with one's advisers about a matter 어떤 문제에 관해 고문들과 협의하다

n **cónference** 회의, 협의회(colloquium) **n** **conférment** 수여

어근관련 infer [infə́ːr] 추론하다; 암시하다 proffer [prɑ́fər] 제공(하다)

---

confine
[kənfáin]
★☆☆☆☆
55

con<com(completely) + fin(limit) → '완전히 한계를 정하다'에서 유래

vt 1 **한정[제한]하다** / keep within certain limits; restrict
2 **~을 가두다, 감금하다** / keep indoors or in jail; imprison
- **confine** oneself to two meals a day 자신의 식사를 하루에 두 끼로 제한하다
- **confine** a criminal in jail 범인을 교도소에 감금하다

n [kɑ́nfain] <보통 pl.> **경계, 한계** / borders or limits
- beyond the **confines** of human knowledge 인간 지식의 한계를 뛰어넘은

n **confínement** 한정, 제한(restriction); 감금(imprisonment)

어근관련 define [difáin] (말의) 정의를 내리다 refine [rifáin] 정련[정제]하다 뉘앙스 p.109

---

confiscate
[kɑ́nfəskeit]
★★☆☆☆
56

con<com(together)) + fisc<fiscus(treasury) → '국고로 함께 집어 넣다'에서 유래

vt **몰수[압수]하다** / seize for the treasury; appropriate
- **confiscate** the property of the deposed leaders 해임된 지도자들의 재산을 몰수하다

n **confiscátion** 몰수, 압수 **a** **confíscatory** 몰수[압수]하는

어근관련 fiscal [fískəl] 국고의; (국가) 재정의, 회계의

---

conform
[kənfɔ́ːrm]
★★☆☆☆
57

con<com(together) + form 형성하다 → '함께[동일하게] 형성하다'에서 유래

v 1 (법률 · 규칙에) **따르(게 하)다** / act according to law or rule; comply
2 (모양 · 성질이) **같아지(게 하)다** / make or become similar; correspond
- **conform** to[with] the rules[customs] 규칙[관습]을 따르다
- **conform** in shape to another part 모양이 다른 부분과 같아지다

n **confórmity** (형상 · 성질의) 유사(함), 일치; (규칙 · 습관 등에) 순응, 준수

n **confórmist** 순응주의자; (C-) 영국 국교도 **n** **conformátion** 형태, 구조; 일치, 적합

a **confórmable** 적합한, 일치하는; 순종하는(submissive)

어근관련 transform [trænsfɔ́ːrm] 변형시키다 deform [difɔ́ːrm] 흉하게 만들다 뉘앙스 p.139

---

confound
[kanfáund]
★☆☆☆☆
58

con<com(together) + found(pour) → '여러 가지를 함께 쏟아붓다'에서 유래

vt 1 **혼동하다** / mix up in one's mind; confuse
2 **당황[난처]하게 하다** / confuse and surprise by being unexpected; perplex
- **confound** liberty with license 자유를 방종과 혼동하다
- be **confounded** by the election results 선거 결과에 당황하다

a **confóunded** 당황한, 어리둥절한

어근관련 diffuse [difjúːz] (빛 · 열 등을) 발산하다; (지식 · 소문 등을) 퍼뜨리다
profuse [prəfjúːs] 아낌없는, 후한; 풍부한

동의어 / 반의어

54	**confer**	=	grant / bestow / accord / present / dedicate / endow
55	**confine**	=	restrict / restrain / limit / circumscribe / enclose
56	**confiscate**	=	appropriate / seize / expropriate / commandeer / lay claim to ● 동의어 보강
57	**conform**	=	adapt / adjust / accommodate / fit ● 동의어 보강
58	**confound**	=	perplex / bewilder / puzzle / disconcert / dismay / take aback

동의어 보강

빼앗다 56

필수	appropriate 전유하다, 착복하다 / commandeer 징발하다 / deprive 빼앗다 / arrogate 빼앗다 / confiscate 몰수하다 / seize 압수하다, 압류하다
고급	divest 옷을 벗게 하다 / expropriate 징발하다, 빼앗다 / usurp 강탈하다
숙어	lay claim to
참고	forfeit ~를 몰수당하다 / distrain 동산을 압류하다

적응하다 57

필수	accommodate 적응하다; 수용하다; ~의 부탁을 들어주다 / adapt 적응하다; 개작하다 / conform 순응하다 / adjust 적응하다; 조정하다 / accustom 익숙하게 하다 / comply 순응하다
고급	acclimate (풍토, 환경에) 적응하다
숙어	get accustomed[inured, used] to / fit in
참고	적응성 있는 / adaptable / flexible

뉘앙스

적응하다 57

adápt	(융통성 있게) **적응시키다**	• **adapt** (oneself) to new customs 새로운 관습에 적응하다
accómmodate	(양보나 희생을 통해) **적응시키다**	• He **accommodated** his walk to the halting steps of his friend. 그는 친구의 절름거리는 발걸음에 자신의 걸음을 맞추었다.
acclímate	(새로운 풍토에) **적응시키다, 길들이다**	• **acclimate** (oneself) to the extreme variations in temperature 극심한 온도 변화에 적응하다.
adjúst	(수련된 기술이나 판단에 의해) **조정하다, 맞추다**	• He **adjusted** his expenditures to his income. 그는 자신의 지출을 수입에 맞추었다
confórm	(표준이나 풍속에) **맞추다, 따르다**	• **conform** (oneself) to the customs 그 관습에 따르다

Check-up Test

1. I fear the learning; Italian will ______ your French and Spanish.
ⓐ facilitate ⓑ confound ⓒ tantalize ⓓ orient

2. Nothing is more striking than the absence of intellectual independence in most human beings; they ______ in opinion as they do in manners, and are perfectly content with repeating formulas.
ⓐ arouse ⓑ conform ⓒ disagree ⓓ trade

3. The research team needs to <u>confer</u> with the director before it begins its final report.
ⓐ consult ⓑ compute ⓒ fasten ⓓ retain

4. We tried to ______ our conversation to argument relevant to the topic.
ⓐ confide ⓑ retort ⓒ confine ⓓ resort

5. The authority <u>confiscated</u> the stolen goods.
ⓐ located ⓑ released ⓒ found ⓓ seized

정답 **1.** b **2.** b **3.** a **4.** c **5.** d

confront
[kənfrʌ́nt]
★★☆☆☆
59

con<com(together) + front 정면 → '둘이 함께 서로의 정면을 마주보다'에서 유래

vt 1 <주로 수동태> (어려움 따위에) **맞서다, 대항하다** / meet a difficulty; face
2 (증거 따위를) **들이대다,** (두 명을) **대질시키다** / bring or stand face to face

- be **confronted** with a difficulty 어려움에 직면하다
- **confront** the criminal with the evidence 범인에게 증거를 제시하다

n **confrontátion** 직면; 대결, 대질

어근관련 affront [əfrʌ́nt] 모욕(하다) effrontery [ifrʌ́ntəri] 뻔뻔스러움

---

congenial
[kəndʒí:njəl]
★★★☆☆
60

con<com(completely) + gen(spirit) → '서로 성질 · 기질이 같은'에서 유래

a 1 **같은 성질의, 마음이 맞는** / having similar tastes and interests; sympathetic
2 (건강 · 취미 따위에) **적합한, 쾌적한**
/ in agreement with one's tastes and nature; agreeable

- **Congenial** companions make the work pleasant.
  마음이 맞는 동료들은 일을 즐겁게 만든다.
- a work **congenial** to one's taste 자신의 취미에 적합한 일

n **congeniálity** (성질 · 취미 등의) 일치; 적합성

어근관련 genial [dʒí:njəl] (사람 · 날씨가) 온화한 genius [dʒí:njəs] 천재

---

congenital
[kəndʒénətl]
★☆☆☆☆
61

con<com(together) + gen(birth) → '함께 태어난'에서 유래

a (병 · 결함 따위가) **선천적인, 타고난** / existing from one's birth; inborn

- a **congenital** defect[liar] 선천적인 결함[타고난 거짓말쟁이]

어근관련 genesis [dʒénəsis] 발생, 기원 genus [dʒí:nəs] 종류, 부류

---

congest
[kəndʒést]
★☆☆☆☆
62

con<com(together) + gest(carry) → '여러 가지를 함께 날라다 놓다'에서 유래

vt 1 <수동태> **혼잡하게[붐비게] 하다** / fill too full; overcrowd
2 ≪병리≫ **충혈시키다** / cause too much blood; engorge

- Department stores are always **congested** before Christmas.
  백화점은 크리스마스 전에 항상 혼잡하다.
- His eyes were **congested** by fatigue. 그의 눈은 피로로 인해 충혈되었다.

n **congéstion** (인구의) 밀집, 과잉; (교통 · 장소의) 혼잡; 충혈

a **congéstive** 충혈의

어근관련 digest [didʒést] 소화하다; 요약하다 ingest [indʒést] (음식물을) 섭취하다

---

conglomerate
[kənglɑ́mərit]
★☆☆☆☆
63

con<com(together) + glomerate 공 모양을 이룬 → '함께 공 모양을 이룸'에서 유래

n 1 (둥글게 덩어리진) **집성체, 집단**
/ a mass formed of fragment or a miscellaneous group; agglomerate
2 (거대한) **복합 기업** / a large corporation made up of many companies

- a confused **conglomerate** of ideas 생각의 혼란스런 집성체
- a multinational **conglomerate** 다국적 거대 복합 기업

a **둥글게 뭉쳐진, 덩어리진** / gathered into a rounded mass; clustered

- a **conglomerate** snowball 둥글게 뭉쳐진 눈덩이

v [-reit] **둥글게 뭉치다[뭉쳐지다]** / gather in a rounded mass; accumulate

- Many people **conglomerated** around the popular actress.
  많은 사람들이 그 인기있는 여배우 주위로 몰려 들었다.

n **conglomerátion** 집합, 집성체(aggregation)

어근관련 global [glóubəl] 구의, 공의; 지구전체의 globalism [glóubəlìzm] 세계적 간섭주의

동의어 / 반의어

59	**confront**	=	encounter / meet / face / hit upon / bump into ↔ avoid
60	**congenial**	=	compatible / consonant / congruous ↔ uncongenial (동의어 보강)
61	**congenital**	=	inborn / innate / inherent / inbred / native ↔ acquired (동의어 보강)
62	**congest**	=	overcrowd / crowd / jam
63	**conglomerate**	=	agglomerate / aggregation / agglomeration

동의어 보강

일치하는 · 조화하는 60	필수	accordant 일치하는, blending 조화하는, coherent 논리 정연한, compatible 호환 가능한; 어울리는, 양립할 수 있는, concordant 어울리는, congenial 서로 마음이 맞는, congruent 일치하는, consistent 일치하는, harmonious 조화하는, well-matched 조화하는
	고급	congruous 일치[조화]하는; 적절한 / consonant 일치[조화]하는; 협화음의
	숙어	in unison[chime]
	참고	marital harmony 궁합
↔ 일치하지 않는 · 부조화의	필수	discordant 부조화의, dissonant 부조화의, incompatible 양립 불가능한, incongruous 부조화의
	고급	ill-sorted 어울리지 않는 / incongruent 일치[조화]하지 않는 / inharmonious 조화되지 않은, 불화의 / mismatched 어울리지 않는

선천적인 61	필수	congenital (병이) 선천적인, genetic 유전적인, hereditary 유전적인, inborn 선천적인, inherent 선천적인, inherited 선천적인, innate 선천적인, intrinsic 본질적인, 고유의
	고급	connate 타고난, 선천적인 / inbred 타고난, 근친교배의
	반의어	후천적인 / acquired / postnatal

LECTURE 11

check-up Test

1. He refused to confront his accusers.
ⓐ face ⓑ attack ⓒ have dinner with ⓓ thank

2. The boy found mowing the lawn more congenial work than practicing the piano.
ⓐ inherent ⓑ dilapidated ⓒ exuberant ⓓ pleasant

3. Unfortunately some types of deafness are congenital.
ⓐ brought about by physical contract ⓑ present at birth
ⓒ easily cured ⓓ based on psychological factors

4. The helicopter offers a viable alternative to the often congested surface transportation.
ⓐ subsonic ⓑ meddling ⓒ free ⓓ jammed

5. The population of Seattle is a conglomerate of people from different ethnic and cultural background.
ⓐ a company ⓑ an assortment ⓒ a fluctuation ⓓ a matching

정답 1. a 2. d 3. b 4. d 5. b

201 **dolorous** [dálərəs] ★☆☆☆☆
dol (sorrow 슬픔)
a **비통한, 슬픈** / greatly sad; sorrowful
- the **dolorous** lamentations of the bereaved family 유족들의 슬픈 통곡

202 **dormant** [dɔ́:rmənt] ★★★☆☆
dorm (sleep 잠)
a **잠자는** / not active; lethargic
- **dormant** volcano 휴화산

203 **dour** [dauə:r] ★☆☆☆☆
dour (hard 딱딱한) → '표정이 딱딱하며 시무룩한' 에서 유래
a **시무룩한** / severe and never smiling; sullen
- The man was **dour** and taciturn. 그는 시무룩했으며 말도 없었다.

204 **dowdy** [dáudi] ★☆☆☆☆
uncertain origin
a **초라한, 촌스러운** / poorly dressed; shabby
n **누추한 여자**
- a row of **dowdy** buildings 한 줄로 늘어선 초라한 건물들

a **dówdyish** 볼품 없는

205 **down-to-earth** [dáun-tu-ɔ́:rθ] ★★☆☆☆
down to earth 바닥 → '천상이 아닌 지상과 관련 되어 있는 현실적인' 에서 유래
a **현실적인, 실제적인** / not fanciful; realistic; practical
- Her **down-to-earth** side grabbed public attention.
그녀의 현실적인 면은 대중의 관심을 끌었다.

206 **drastic** [drǽstik] ★★☆☆☆
drast (do 행하다) → '과감하게 행하는' 에서 유래
a **과감한, 격렬한** / acting with force or violent; extreme; violent
- Studying all day long will have **drastic** effects on one's sense of humor.
하루 종일 공부하는 것은 사람의 유머 감각에 지대한 영향을 끼칠 것이다.

207 **drawback** [drɔ́:bæk] ★☆☆☆☆
draw 끌다 + back 뒤 → '성공하지 못하도록 뒤로 끄는 결점' 에서 유래
n **결점** / unfavorable condition; disadvantage
- The only **drawback** to this project is the cost.
이 계획의 유일한 결점은 비용이다.

208 **drudgery** [drʌ́dʒəri] ★★★☆☆
drudg (work 일) → '하기 힘든 일' 에서 유래
n **(단조롭고 기계적인) 힘든 일** / hard boring work; menial work
- rescue one from a life of **drudgery** 힘든 일에서 벗어나게 하다

209 **dub** [dʌb] ★★☆☆☆
dub<aduber (equip with arms 무장시키다) → '무기를 주어 기사로 부르다' 에서 유래
v **~라고 부르다** / give a title to; nickname
- Because of his light hair, he has been **dubbed** Whitey.
그의 밝은 머리 색 때문에, 그는"백인놈"이라 불리었다.

210 **dubious** [djú:biəs] ★★★★☆
dub (doubt 의심)
a **의심하는** / not be sure whether something is good or true; doubtful
- be **dubious** of one's honesty 정직성을 의심하다

211 **ductile** [dʌ́ktəl] ★★☆☆☆
duct (lead 이끌다) → '잘 이끌 수 있는' 에서 유래
a **(금속이) 유연한** / of a metal that can be made into a thin wire; flexible ; **(성격이) 유순한** / easily managed or influenced; docile
- The metal is **ductile** when heated. 이 금속은 열이 가해지면 유연해진다.

n **ductílity** 유연성, 연성

212 **earmark** [íərma:rk] ★★★☆☆
ear 귀 + mark 표시] → '주인의 표시로 짐승의 귀에 표시해 놓음' 에서 유래
n **귀표** / feature that gives information
v **귀표를 하다** / mark out; identify ; **(자금 등을) 배당하다** / assign to a particular cause; allocate
- Careful speech is an **earmark** of the educated man.
언사를 조심하는 것은 교육받은 사람의 귀표이다.

213 **earthy**
[ə́ːrθi]
☆☆☆☆☆

earth (base 낮은) → '품격이 낮아 보이게 상스러운' 에서 유래

a **상스러운** / talking about sex in impolite way; coarse ; **흙의** / of soil
- an **earthy** sense of humor 상스러운 유머 감각

---

214 **eavesdrop**
[íːvzdrɑp]
★☆☆☆☆

eaves 처마 + drop 떨어지다 → '빗방울 떨어지는 처마 밑에서 엿듣다' 에서 유래

v **엿듣다** / listen secretly to a private conversation
- **eavesdrop** on a conversation 대화를 엿듣다

---

215 **ecology**
[ikáləd ʒi]
★☆☆☆☆

eco<oko (house 집) + logy (study 연구) → '인간의 집이라고 할 수 있는 환경' 에서 유래

n **생태계** / the environment as it relates to living organism ; **생태학**
- damage the fragile **ecology** 연약한 생태계를 훼손하다.

a **ecológical** 생태상의, 생태학의

---

216 **edify**
[édəfài]
★☆☆☆☆

edi (build 건설하다) → '타인에게 새로운 마음을 세우다' 에서 유래

vt **교화하다** / improve somebody's mind by teaching; instruct
- the sermon to **edify** the congregation 신도들을 교화하기 위한 설교

---

217 **eerie**
[íəri]
★★☆☆☆

eri (wicked 사악한) → '너무 사악해서 섬뜩한' 에서 유래

a **섬뜩한** / strange and frightening; weird
- the **eerie** sound of an owl hootinge 부엉부엉 하는 올빼미의 섬뜩한 울음소리

---

218 **elasticity**
[ilæstísəti]
★★☆☆☆

elastic (drive 움직이다) → '잘 움직일 수 있는 신축성' 에서 유래

n **탄력; 신축성** / elastic quality; flexibility
- Rubber has great **elasticity**. 고무는 우수한탄성을지닌다.

a **elástic** 탄성있는

---

219 **elegiac**
[èlidʒáiək]
★★☆☆☆

elegy<elegos (poem or song of lament 슬픈 시 또는 노래)

a **애가(풍)의** / expressing sadness; mournful
- **elegiac** verse 애가

n **élegy** 애가

---

220 **emulate**
[émjulèit]
★☆☆☆☆

emul (equal 똑같은) → '똑같이 하려 경쟁하다' 에서 유래

v **경쟁하다** / try to do as well as or better than; rival ; **모방하다** / imitate
- want to **emulate** Korea's reform program
  한국의 개혁 프로그램을 본뜨고 싶어하다

중요빈출

---

check-up Test

1. A powerful orator, Jim is, in fact, less dour than he's made out to be.
ⓐ strong ⓑ faithful ⓒ sullen ⓓ calm

2. Both speakers reached their audience by talking in a down-to-earth manner, strongly expressing their opinions.
ⓐ realistic ⓑ vulgar ⓒ frivolous ⓓ secular

3. As the price has risen, global demand growth has decreased drastically in recent years.
ⓐ shortly ⓑ slowly ⓒ steadily ⓓ severely

4. The public is very dubious about the governor's plans for a tax cut.
ⓐ delightful ⓑ creditable ⓒ doubtful ⓓ trustful

5. John had always taken charge of any conversation he was in, and I had tried to emulate him.
ⓐ annoy ⓑ impress ⓒ imitate ⓓ denounce

정답 1. c 2. a 3. d 4. c 5. c

run

- **run a risk of** / **~의 위험을 무릅쓰다** take risks of
  - People who are overweight **run a risk of** a heart attack or stroke
    과체중인 사람들은 심장마비나 뇌졸중의 위험이 있다.

- **run across** / **우연히 만나다** come across, bump into
  - The other day, I **ran across** him on the street.
    요전날, 나는 길거리에서 우연히 그를 만났다.

- **run away** / **달아나다, 도망치다** escape, take to flight
  - She did not plan to **run away** for her life because she loved her country. 그녀는 조국을 사랑했기에 자신의 삶을 위해 도망치려는 계획을 세우지 않았다.

- **run down** / **떨어지다, 쇠하다** decline, fail ; **넘어뜨리다** knock down ; **비난하다** criticize severely
  - I am feeling extremely **run down** and tired.
    나는 극도로 기운이 없고 피곤하다.
  - She **ran** the battery **down** trying to start the car.
    그녀는 차시동을 걸다가 배터리를 방전시켰다.

- **run for** / **~에 출마하다** stand for
  - He consented to **run for** mayor. 그는 시장 선거에 출마하는 데 동의했다.

- **run into** / **충돌하다** run against, bump into ; **우연히 만나다** encounter
  - If I don't want to **run into** them, I know where to go.
    내가 그들과 마주치는 걸 원치 않을 때 나는 어디로 가야 할지 알고 있다.

- **run out of** / **~이 바닥나다, 떨어지다** be drained, be used up
  - I have **run out of** pocket money. 나는 용돈이 떨어졌다.

- **run over** / **빨리 훑어보다** skim; browse ;
  (차가 사람을) 치다 knock down, run down
  - Let me briefly **run over** the main points we have to remember.
    우리가 꼭 기억해야 할 주요사항들에 대해 간략히 훑어보겠습니다.

- **run short** / **모자라다, 불충분하다** be insufficient
  - They had **run short** of fuel. 그들은 연료가 거의 다 떨어진 상태였다.

- **run up against** / **~에 부딪히다, 직면하다** experience
  - The government is **running up against** considerable opposition to its tax reforms.
    정부는 세금 개혁에 대해 상당한 반대에 부딪히고 있다.

- **run in the family** / 어떤 특성이 가족들에게서 나타나다, 유전되다
- **run-of-the-mill** / 보통의, 평범한 ordinary, run-of-the-mine, average, mediocre

set

- **set about** / **시작하다** begin, set out
  - We need to **set about** finding a solution.
    우리는 해결책을 찾기 시작할 필요가 있다.

- **set back** / **방해하다** hinder ; **비용이 들게 하다** cost
  - The repairs could **set** you **back** over $200.
    그 수리에는 비용이 200달러가 더 들 수도 있다.

- **set forth** / **설명하다** present, explain
  - The President **set forth** his views on television.
    대통령이 TV로 자신의 의견을 설명하였다.

- **set free** / **석방하다** release, liberate
  - The hijackers **set** the hostages **free**.
    납치범들이 인질들을 풀어 주었다.

- **set off** / **출발하다, 시작하다** start, make begin
  ; **~을 촉발[유발]하다** spark off, trigger
  - Panic on the stock market **set off** a wave of selling.
    주식 시장에서의 공포감이 매도 사태를 유발했다.

- **set apart** / **고립시키다** isolate, insulate, cut off
  - It can take courage to **set** yourself **apart** from the crowd.
    당신을 대중으로부터 고립시키는 것은 용기가 필요할 것이다.

- **set out** / **시작하다, 떠나다** set off, leave ; **설명하다, 기술하다**
  - The facts and grounds of the application are **set out** in the judgment.
    그 법적용에 대한 사실과 근거는 그 판결에 설명되어 있다.

- **set store by** / **~을 중요시하다** make much of, think highly of
  - She **sets** great **store by** her appearance.
    그녀는 자신의 외모를 매우 중요하게 여긴다.

- **set to work** / **일을 시작하다**
  - She **set to work** with a vengeance.
    그녀는 맹렬히 일을 하기 시작했다.

- **set up** / **설립하다** found, erect, establish ; **시작[출발]하다**
  ; **(약속을) 정하다** arrange
  - The community centre was **set up** under the auspices of a government initiative. 그 지역 주민 센터는 정부의 후원을 받아 설립되었다.
  - What day shall we **set up** the next meeting?
    다음 회의 날짜를 며칠로 잡을까요?

- **set up for** / **~을 준비하다** prepare for
  - Everything is **set up for** the team to win the game.
    그 팀이 경기에서 승리하기 위해서 모든 것이 준비되어 있다.

- **set at naught** / 무시하다, 경멸하다 ignore, neglect
- **set the seal on** / ~을 마무리하다 bring to an end in a suitable way; formally end

com-

우선순위로 보는 PREview

Date : /

★★★☆☆	65.	**conjecture**	추측하다; 추측	□ □ □
	70.	**consecutive**	연속적인; 일관된	□ □ □
	72.	**conserve**	보존하다; 잼	□ □ □
	74.	**console**	달래다	□ □ □
	82.	**contagious**	전염성의	□ □ □
★★☆☆☆	64.	**congregate**	모으다; 모이다	□ □ □
	66.	**conjure**	마술로 ~하다	□ □ □
	71.	**consensus**	일치	□ □ □
★☆☆☆☆	68.	**conscript**	징집하다; 신병	□ □ □
	69.	**consecrate**	신성하게 하다	□ □ □
	73.	**consign**	맡기다; 위탁하다	□ □ □
	75.	**consolidate**	합병하다; 강화하다	□ □ □
	77.	**conspire**	음모를 꾸미다	□ □ □
	79.	**constrict**	압축하다	□ □ □
	80.	**construe**	해석하다	□ □ □
	81.	**consummate**	완성하다; 완벽한	□ □ □
	83.	**contaminate**	더럽히다	□ □ □
	84.	**contemn**	경멸하다	□ □ □
☆☆☆☆☆	67.	**connubial**	결혼의	□ □ □
	76.	**consort**	사귀다; 배우자	□ □ □
	78.	**constellation**	별자리; 모임	□ □ □

MD12 mp3

LECTURE 12

congregate
[káŋgrigèit]
★★☆☆☆
64

con<com(together) + greg(flock) → '함께 몰려들다'에서 유래

v (사람들이) **모이다, 집합시키다** / come or bring together in a large group; assemble
- **congregate** around the campfire 캠프파이어 주위로 모이다

n **congregátion** 모임(assembly); (종교적인) 집회; (교회의) 회중(會衆)

어근관련 egregious [igrí:dʒəs] 엄청난 gregarious [grigéəriəs] 사교적인 뉘앙스 p.147

---

conjecture
[kəndʒéktʃər]
★★★☆☆
65

con<com(together) + ject(throw) → '여러 사실들을 던져 하나로 모으다'에서 유래

vt **추측하다** / form an opinion of without really knowing; suppose
- **conjecture** what will happen next 다음에 무슨 일이 일어날 지를 추측해보다

n **추측, 짐작** / a conclusion based on uncertain information; guess
- What he said was pure **conjecture**. 그가 말한 것은 순전한 추측이었다

a **conjéctural** 추측의(supposed)

어근관련 abject [ǽbdʒekt] 비참한; 비열한 adjacent [ədʒéisnt] 인접한 뉘앙스 p.497

---

conjure
[kándʒər]
★★☆☆☆
66

con<com(together) + jur(swear) → '맹세와 함께 불러내다'에서 유래

vt 1 **마술[요술]로 ~하다** / cause to appear or disappear by magic; juggle
2 (마음 속에) **떠오르게 하다, 불러 일으키다** / cause to appear in the mind; evoke
- **conjure** a rabbit out of one's hat 마술로 자신의 모자에서 토끼가 나오게 하다
- The place **conjures** up vivid memories. 이 곳은 생생한 기억들을 불러 일으킨다.

n **cónjurer** 마법사, 마술사(magician)

어근관련 abjure [æbdʒúər] 맹세코 버리다 adjure [ədʒúər] 엄명하다; 간청하다

---

connubial
[kənjú:biəl]
☆☆☆☆☆
67

con<com(together) + nub(marry) → '함께 결혼해서 사는'에서 유래

a **결혼[부부]의** / of marriage; conjugal
- living in a state of **connubial** bliss 결혼의 행복 속에서 살아가는

n **connubiálity** 결혼 (생활), 부부 관계

어근관련 nubile [njú:bail] (여자가) 결혼할 나이가 된 nuptial [nʌ́pʃəl] 결혼의

---

conscript
[kənskrípt]
★☆☆☆☆
68

con<com(intensive) + script(write) → '(병적에) 이름을 쓰다'에서 유래

vt 1 (군대에) **징집[징병]하다** / compel by law to serve in the armed forces; draft
2 (사유 · 재산 등을) **징발하다** / take for government use; commandeer
- be **conscripted** for military service 병역 복무를 위해 징집되다
- **conscript** one's land for public purpose 공공 목적을 위해 아무의 땅을 징발하다

n [kánskript] **징집병, 신병** / conscripted soldier; recruit
- a squad of raw **conscripts** 훈련되지 않은 신병 분대

v **conscríbe** 징집하다 **n** **conscríption** 징병; 징발, 징세 **a** **conscríptive** 징병의

어근관련 ascribe [əskráib] ~에(게) 돌리다 inscribe [inskráib] (글자를) 새기다

동의어 / 반의어

64	**congregate**	= assemble / collect / convoke / convene / rally ↔ disperse	동의어 보강
65	**conjecture**	= suppose / guess / surmise / presume / assume ↔ prove	
66	**conjure**	= beg / appeal / beseech / entreat / implore	
67	**connubial**	= conjugal / nuptial / matrimonial / marital	동의어 보강
68	**conscript**	= draft / recruit / conscribe / enroll / muster / levy	

동의어 보강

(사람) 모이다 · 모으다 64

필수	assemble 소집하다; 조립하다 / congregate 모이다 / convene (회의를) 소집하다 / convoke 소집하다 / flock 떼 짓다, 모이다 / gather 모으다; 곪다; 추측하다 / marshal (군대를) 정렬시키다 / mobilize 동원하다 / rally 다시 모이다; 반등하다; 집회
고급	muster 소집하다, 징집하다
숙어	call up 소집하다 / round up (범인 일당을) 검거하다; 가축을 몰아 모으다
참고	집단, 모임 / community / concourse / gathering / club / congregation 회중 / assembly 집회, 회의 군중 / crowd / throng / swarm 떼, 무리 / masses 일반대중, 서민 / mob (무질서한) 군중, 폭도

혼인의 · 결혼의 67

필수	conjugal 부부의, 혼인상의 / connubial 결혼의, 부부의 / marital 결혼의, 부부의 / nuptial 결혼(식)의 / wedding 결혼의
고급	matrimonial 결혼(식)의
참고	pop the question 청혼하다 / get engaged to 약혼하다 / tie the knot 결혼하다 / go to Reno 이혼하다 혼기의, 묘령의 / nubile / of marriageable age

뉘앙스

모이다 · 모으다 64

gáther	**모으[이]다** ≪가장 일반적인 말≫	• **gather** fallen leaves 낙엽을 모으다
assémble	(사람을 어떤 목적을 위해) **모으[이]다**	• The pupils **assembled** to hear the lecture. 그 학생들은 강연을 듣기 위해 모였다.
colléct	(세심한 주의를 기울여) **모으[이]다**	• **collect** coins 동전을 수집하다
cóngregate	(군중을 이루게) **모으[이]다**	• The crowds **congregated** in the square. 군중들이 광장에 모였다.

cf. **márshal** (질서있게) **정렬시키다** ≪군대 용어≫ **múster** (검열 · 점호에) **소집하다** ≪군대 용어≫

Check-up Test

1. The movie showed a man who was deprived of his conjugal rights.
ⓐ legal ⓑ connubial ⓒ conjuring ⓓ performative

2. Because of the sermon, the vicar asked the ______ to sit down.
ⓐ audience ⓑ assembly ⓒ crowd ⓓ congregation

3. The scientist's explanation for the strange behavior of the test animals was conjectural.
ⓐ speculative ⓑ plausible ⓒ unambiguous ⓓ ridiculous

4. It is useless to try to ______ spirits or devils unless you believe in them first.
ⓐ confute ⓑ connive ⓒ conjure ⓓ conscript

5. When there are not enough volunteers for the armed forces, the government ______ additional men.
ⓐ conscripts ⓑ issues ⓒ suspends ⓓ revises

정답 **1.** b **2.** d **3.** a **4.** c **5.** a

consecrate
[kάnsəkrèit]
★☆☆☆☆
69

con<com(together) + secra(sacred) → '성스러운 것과 함께 있다'에서 유래

vt 1 **신성하게 하다, 봉헌(奉獻)하다** / declare as holy; hallow
2 (어떤 목적에) **바치다** / set apart for a purpose; devote
- **consecrate** a new church 새 교회를 (하나님께) 봉헌하다
- **consecrate** one's life to helping the poor 자신의 일생을 가난한 사람들 돕는 일에 바치다

n **consecrátion** 봉헌, 성화(聖化) **a** **cónsecratory** 봉헌의

어근관련 desecrate [désikrèit] (신성을) 모독하다 execrate [éksəkrèit] 저주하다

---

consecutive
[kənsékjutiv]
★★★☆☆
70

con<com(intensive) + secu<sequ(follow) → '자꾸 자꾸 뒤따르는'에서 유래

a 1 **연속[계속]적인** / following on right after another; successive
2 (논리가) **일관된** / made up of parts that follow each other in logical order; consistent
- It's been raining for five **consecutive** days. 연속 5일 동안 비가 내리고 있다.
- a **consecutive** account of the accident 그 사고에 대한 일관된 기사

어근관련 persecute [pə́:rsikjù:t] 박해하다 prosecute [prάsikjù:t] 기소하다

---

consensus
[kənsénsəs]
★★☆☆☆
71

con<com(together) + sens<sent(feel) → '여러 사람들이 함께 느낌'에서 유래

n 1 (의견 등의) **일치** / agreement in opinion; concord
2 (대다수에 의해) **일치된 의견, 여론** / general agreement; public opinion
- reach a **consensus** on an issue 한 문제에 대해 의견 일치에 도달하다
- accept the **consensus** 여론을 수용하다

어근관련 sensible [sénsəbl] 현명한 sentimental [sèntəméntl] 감상적인

---

conserve
[kənsə́:rv]
★★★☆☆
72

con<com(intensive) + serv(keep) → '(손상되지 않도록) 잘 지키다'에서 유래

vt **보존[보호]하다** / keep from harm or decay; preserve
- **conserve** forests for future generations 미래의 후손들을 위해 숲을 보존하다

n <종종 pl.> (과일의) **설탕 절임, 잼** / fruit preserved in sugar; jam
- strawberry[orange] **conserves** 딸기[오렌지] 설탕 절임[잼]

n **conservátion** 보존, 보호, 유지

a **n** **consérvative** (정치적으로) 보수적인(traditional); 조심스러운(cautious); 보수주의자(diehard); ≪C-≫ ≪영≫ 보수당원
- at a **conservative** estimate 조심스럽게 평가해서

n **consérvatism** 보수주의, 보수적인 경향

n **consérvatory** 온실(greenhouse); (음악 등을 가르치는) 예술 학교(conservatoire)

어근관련 deserve [dizə́:rv] ~할 만하다, ~받을 가치가 있다
observe [əbzə́:rv] 준수하다; 관찰[관측]하다; (의견을) 말하다

---

consign
[kənsáin]
★☆☆☆☆
73

con<com(together) + sign 표시 → '물건에 표시를 해서 함께 주다'에서 유래

vt 1 **맡기다, 넘겨주다** / hand over formally; commit
2 (상품을) **보내다,** (판매를) **위탁하다** / send to a person or place for sale; transmit
- The thief was **consigned** to prison. 그 도둑은 감옥으로 넘겨졌다.
- **consign** the goods to a person by express 남에게 상품을 속달로 보내다

n **consígnment** 위탁 (판매); 위탁 상품 **n** **consígnor** 위탁자 **n** **consignée** 수탁자

어근관련 ensign [énsain] (국적을 표시하는) 기, 국기 signature [sígnətʃər] 서명 뉘앙스 p.149

동의어 / 반의어

69	**consecrate**	= devote / dedicate / hallow / sanctify ↔ desecrate ⊙ 동의어 보감
70	**consecutive**	= successive / continuous / serial / sequent / continuative
71	**consensus**	= concord / accord / concurrence / correspondence ↔ disagreement
72	**conserve**	= preserve / save / secure / maintain / keep up ↔ waste
73	**consign**	= commit / commend / entrust / confide / hand over ⊙ 동의어 보감

동의어 보감

신성하게 하다 69	필수	consecrate 신성하게 하다 / devote 바치다 / dedicate 바치다, 헌신하다 / hallow 신성하게 하다
	고급	sanctify 신성하게 하다, 정당화하다
	숙어	make holy
신성한	필수	divine 신성한 / holy 신성한 / sacred 신성한
	고급	hallowed 신성한, 신성시되는 / inviolable 신성불가침의 / sacrosanct 신성불가침의
	참고	경건한, 독실한 / dedicated / devout / pious / religious / reverent / sanctimonious 독실한 체하는
맡기다 73	필수	commit 맡기다; 약속하다; 저지르다 / consign (상품을) 위탁하다 / (en)trust (믿고) 맡기다 / confide 믿고 맡기다 / delegate 대표로 파견하다; (권한을) 위임하다
	고급	commission 위임하다, 권한을 주다

뉘앙스

맡기다 73	**commít**	**맡기다** ≪일반적인 말≫	• **commit** a person to prison 사람을 감옥에 보내다
	entrúst	**믿고 맡기다**	• **entrust** one's money to the bank 돈을 은행에 맡기다
	confíde	(전적으로) **믿고 맡기다**	• The baby was **confided** to her care. 그 아이는 그녀의 보호에 맡겨졌다
	consígn	**남의 손에 넘겨주다, 위탁하다**	• **consign** goods to an agent 대리인에게 물품을 넘기다
	rélegate	(자기 일을 남에게) **떠넘기다**	• **relegate** all the problems to one's assistant 모든 문제를 조교에게 맡기다

Check-up Test

1. Given the existence of so many factions in the field, it was unrealistic of Anna Freud to expect any <u>uniformity</u> of opinion.
ⓐ consensus ⓑ shortage ⓒ constancy ⓓ diversity

2. Choose the one whose meaning is NOT related to the others.
ⓐ consecrate ⓑ revere ⓒ venerate ⓓ delineate

3. In his speech the president said that agricultural exports went up for twelve <u>consecutive</u> years.
ⓐ successive ⓑ alternating ⓒ successful ⓓ full

4. Because our energy resources are limited, we must do everything possible to <u>conserve</u> fuel.
ⓐ revise ⓑ save ⓒ constrain ⓓ suspend

5. We <u>consigned</u> all the available merchandise to our regular customers.
ⓐ committed ⓑ consummated ⓒ forestalled ⓓ emasculated

정답 **1.** a **2.** d **3.** a **4.** b **5.** a

console
[kənsóul]
★★★☆☆
74

con<com(intensive) + sol(comfort) → '편안하게 해주다'에서 유래

vt (슬픔 · 고통 따위를) **달래다, 위로하다** / give comfort or sympathy; soothe
- **console** her daughter by promising to buy her a doll 인형을 사주겠다고 약속함으로써 자신의 딸을 달래다

n **consolátion** 위로, 위안(을 주는 것[사람]) • **consolation** match[money] 패자 부활전[위자료]

a **consólatory** 위안이 되는

cf **condóle** 애도하다

어근관련 solace [sáləs] 위로(하다) disconsolate [diskánsələt] 슬픈, 절망적인

---

consolidate
[kənsálədeit]
★☆☆☆☆
75

con<com(intensive) + solid 굳은 → '서로 합쳐 굳게 하다'에서 유래

v 1 (회사 · 학교 등을) **합병[통합]하다**/ combine into one; merge
2 **강화하다[되다]** / (cause to) become stronger; strengthen
- **consolidate** several local branches into one 몇 개의 지방 지점들을 하나로 통합하다
- **consolidate** one's position[influence] 자신의 지위[영향력]를 강화하다

n **consolidátion** 합병, 통합; 강화 **a** **consólidated** 통합된; 강화된

어근관련 solidify [səlídəfài] 응고하다; 단결하다 solder [sádər] 납땜(하다)

---

consort
[kənsɔ́:rt]
☆☆☆☆☆
76

con<com(together) + sort 부류 → '같은 부류끼리 함께 모이다'에서 유래

vi (특히 나쁜 사람들과) **사귀다, 어울리다** / keep company; associate
- **consort** with criminals 범죄자들과 어울리다

n [kánsɔ:rt] (특히 통치자의) **배우자** / a wife or husband; spouse
- prince[king] **consort** 여왕의 남편 • queen **consort** 왕비

어근관련 assort [əsɔ́:rt] 분류하다 consortium [kənsɔ́:rʃiəm] 컨소시엄; 국제협회

---

conspire
[kənspáiər]
★☆☆☆☆
77

con<com(together) + spire(breathe) → '함께 숨쉬다'에서 유래

vi **음모를 꾸미다, 공모하다** / plan something bad together secretly; plot
- **conspire** to rob a bank 은행을 털기 위한 음모를 꾸미다

n **conspíracy** 음모, 공모(intrigue; machination)

n **conspírator** 공모자, 음모자(plotter)

어근관련 aspire [əspáiər] 야망을 품다 expire [ikspáiər] 끝나다, 죽다

---

constellation
[kɑnstəléiʃən]
☆☆☆☆☆
78

con<com(together) + stella(star) → '함께 모여 있는 별들'에서 유래

n 1 **별자리, 성좌** / a group of stars; asterism
2 (스타 · 유명인들의) **모임, 일단** / an admired group or gathering; assemblage
- a **constellation** in the northern hemisphere 북반구의 별자리
- a **constellation** of famous television performers 유명한 TV 연예인들의 모임

어근관련 stellar [stélər] 별의 asteroid [ǽstərɔ̀id] 소행성; 불가사리

---

constrict
[kənstríkt]
★☆☆☆☆
79

con<com(together) + strict(bind) → '여러 개를 함께 묶다'에서 유래

vt **조이다, 압축하다** / make narrower, smaller, or tighter; compress
- The tight collar **constricted** his neck. 그 팽팽한 칼라가 그의 목을 조였다.

n **constríction** (단단히) 조임, 압박(감)

a **constríctive** 단단히 조이는

어근관련 constrain [kənstréin] 강요하다 restrain [ristréin] 억제하다

동의어 / 반의어

74	**console**	=	soothe / relieve / allay / alleviate / solace ↔ agitate
75	**consolidate**	=	unify / strengthen / reinforce / intensity ↔ sever ● 동의어 보강
76	**consort**	=	associate / mix / mingle / keep company with
77	**conspire**	=	plot / scheme / connive / collude / intrigue / collogue
78	**constellation**	=	asterism / sign of the Zodiac
79	**constrict**	=	compress / compact / squeeze / condense ↔ enlarge

동의어 보강

통합[합병]하다 75	필수	affiliate 부속시키다; 자회사 / consolidate 합병정리하다; 강화하다 / merge (회사를) 합병하다 / annex (영토를) 합병하다 / fuse 녹이다, 합치다 / unify 통일하다 / blend 섞다, 혼합하다 / incorporate 통합시키다; 법인으로 만들다 / unite 결합하다, 합치다 / cement 시멘트로 접합하다; 굳게 결합시키다 / integrate 통합하다 / combine 결합하다; 합병하다 / league 동맹을 맺다; 연합하다
	고급	amalgamate 통합하다 / coalesce 합동[합체]하다 / splice 꼬아 잇다, 접합하다 / weld 용접하다; 결합시키다
	숙어	lump together 뭉뚱그리다 / put together
	참고	기업의 인수 합병 / M&A(merger and acquisition) coalition (정치) 연합, 제휴 / cartel 기업 연합 / syndicate 기업 조합 / trust 기업 합동 / ring (사리적인) 도당, 동맹

check-up Test

1. Artists usually consort with artists.
   ⓐ condole ⓑ aggrieve ⓒ confuse ⓓ associate

2. It is not a consoling thought to Germans to see that Americans have the same kind of problem, too.
   ⓐ considerate ⓑ marvelous ⓒ reasonable ⓓ cheering

3. Research team scientists are productive of this century. And the involvement of the entire citizenry of a country is a development of the past few decades. Every educated person nowadays is regarded _______ of some of the achievements and characteristics of science.
   ⓐ on pioneer folklore ⓑ in opening up the West
   ⓒ as a consolidating agent ⓓ as a barrier to expansion

4. The conspirators planned to kill the warden.
   ⓐ convicts ⓑ traitors ⓒ prisoners ⓓ plotters

5. Cold air causes the arteries around the heart to constrict.
   ⓐ become rigid ⓑ contract ⓒ close ⓓ die

정답 **1.** d **2.** d **3.** c **4.** d **5.** b

construe
[kənstrúː]
★☆☆☆☆
80

con<com(up) + strue<struct(build) → '말[글] 위에 뜻을 세우다'에서 유래

vt (말 · 행동 등을) **해석하다** / put a particular meaning on; interpret
- **construe** somebody's silence as agreement 침묵을 동의하는 것으로 해석하다

어근관련 instruct [instrʌ́kt] 가르치다; 지시하다　obstruct [əbstrʌ́kt] 방해하다

---

consummate
[kάnsəmeit]
★☆☆☆☆
81

con<com(intensive) + summa(highest) → '최고 정점에 도달하다'에서 유래

vt (말 · 행동 등을) **완성[성취]하다** / bring to completion; accomplish
- **consummate** one's ambition 자신의 야망을 성취하다

a [kənsʌ́mit] **완벽한, 완전한**/ perfect; complete
- **consummate** happiness[skill] 더없는 행복[완벽한 기술]

n **consummátion** 완성, 달성

어근관련 summary [sʌ́məri] 요약; 요약[간략]한　summit [sʌ́mit] 정상, 절정

---

contagious
[kəntéidʒəs]
★★★☆☆
82

con<com(with) + tag(touch) → '(병이) 서로 접촉해서 옮는'에서 유래

a (접촉에 의한) **전염성의** / spreading by contact; infectious
- Colds are **contagious**. 감기는 감염된다.

n **contágion** 접촉 전염(병) • a **contagion** of fear[unrest] 공포[불안]의 전염

어근관련 contiguous [kəntígjuəs] 인접한　contingent [kəntíndʒənt] 우연의

---

contaminate
[kəntǽmənèit]
★☆☆☆☆
83

con<com(together) + tam<tag(touch) → '만져서 더럽히다'에서 유래

vt **더럽히다, 오염시키다** / make impure or dirty; pollute
- Drinking water is **contaminated** when sewage seeps into the water supply. 하수가 상수도로 스며들면 식수는 오염된다.

n **contaminátion** 오염(물) • radioactive **contamination** 방사능 오염

n **contáminant, contáminator** 오염 물질[균]

a **contáminative** 오염시키는

어근관련 entangle [intǽŋgl] 엉키게 하다　disentangle [dìsentǽŋgl] 엉킨 것을 풀다

---

contemn
[kəntém]
★☆☆☆☆
84

con(intensive) + temn(despise) → '매우 경시하다'에서 유래

vt **~을 경멸하다** / view with contempt; despise
- He **contemned** the actions of the dictator. 그는 그 독재자의 행위를 경멸했다.

cf **condémn** 비난하다　뉘앙스 p.153

어근관련 contempt [kəntémpt] 경멸, 멸시　contemptible [kəntémptəbl] 경멸할 만한

동의어 / 반의어

80	**construe**	=	interpret / explain / explicate / decipher / break down
81	**consummate**	=	accomplish / achieve / fulfill / finish / complete ● 동의어 보강
82	**contagious**	=	infectious / catching / communicable
83	**contaminate**	=	pollute / soil / taint / defile / sully ↔ purify
84	**contemn**	=	despise / disdain / scorn / scout / flout / look down on ● 동의어 보강

동의어 보감

끝내다 · 완성하다 81	필수	complete 끝내다, 완성하다 / consummate 완성하다 / finish 끝내다 conclude 끝내다, 결론 내다 / end 끝내다
	고급	perorate 연설을 끝맺다 / terminate 끝내다, 종결시키다
	숙어	wind up / wrap up / bring to an end / call it a day 하루 일과를 마치다 / draw to a close
완전무결한 81	필수	complete 완전한 / integral 완전한; 필수적인 / unbroken 깨지지 않은 consummate 완전한 / perfect 완벽한 / undamaged 해를 입지 않은, 완전한 defectless 완전무결한 / sound 깊은; 건전한, 완전한 / whole 전체의; 완전한 entire 전체의; 완전한 / spotless 오점이 없는 flawless 흠없는 / stainless 얼룩지지 않는, 흠없는
	고급	immaculate 깨끗한, 흠 없는 / impeccable 결점 없는 / intact 손대지 않은, 온전한 / plenary 전원 출석의; 완전한 / plenipotentiary 전권을 가진, 완전한
	숙어	in one piece

경멸하다 84	필수	disdain 경멸하다 / ignore 경멸하다 despise 경멸하다 / scorn 경멸하다
	고급	contemn 경멸하다 / flout 모욕하다, 업신여기다 / dis 경멸하다, 깔보다 / snort (경멸의 의미로) 콧방귀를 뀌다
	숙어	look down on
	참고	경멸하는 / contemptuous / derogatory / disdainful / dismissive / scornful 경멸스러운 / contemptible / despicable / ignominious 불명예스러운
	반의어	존경하다 / admire / esteem / venerate / regard / honor / look up to

뉘앙스

경멸하다
84

despíse	**경멸하다, 얕보다** ≪일반적인 말≫	• **despise** one's opponent 상대를 얕보다
contémn	(심하게) **경멸하다** ≪문어적인 말≫	• **contemn** the low images of love 사랑에 대한 저속한 생각을 경멸하다
disdáin	(우월감을 드러내며) **경멸하다, 멸시하다**	• **disdain** the poor 가난한 사람들을 멸시하다
scórn	(분노 · 조소를 섞어) **경멸하다**	• **scorn** a liar 거짓말쟁이를 경멸하다

Check-up Test

1. She <u>despises</u> his refusing to accept responsibility.
ⓐ confines ⓑ condoles ⓒ contemns ⓓ consummates

2. I did not know how to <u>construe</u> his statement.
ⓐ interpret ⓑ tell ⓒ rewrite ⓓ revise

3. Their happiness was _______ when they bought their house.
ⓐ contemned ⓑ interpreted ⓒ consummated ⓓ demolished

4. Because the disease was so _______, everyone in the family got it.
ⓐ sanitary ⓑ contagious ⓒ superfluous ⓓ paternal

5. We are polluting our air, _______ our water supply, killing off wildlife, and raising the noise level of our cities.
ⓐ sustaining ⓑ cramming ⓒ contaminating ⓓ annihilating

정답 **1.** c **2.** a **3.** c **4.** b **5.** c

221 **enigma** [ənígmə] ★★★☆☆

eni (story 이야기) → '이야기가 복잡한 수수께끼'에서 유래

n **수수께끼(같은 사람)** / puzzle
- We regard him as something of an **enigma**. 우리는 그를 수수께끼 같은 사람으로 여긴다

a **enigmátic** 수수께끼 같은, 불가사의한

---

222 **ennui** [a:nwí:] ★★☆☆☆

ennu (hate 싫어하다) → '좋았던 마음이 시들해져 싫어하게 되는 권태'에서 유래

n **<F.> 권태** / a feeling of being tired and bored; boredom
- a feeling of **ennui** to make a person moody 사람을 침울하게 만드는 권태감

---

223 **equanimity** [i:kwənímәti] ★★★☆☆

equa (equal 같은) → '마음의 기울어짐 없이 평온함'에서 유래

n **(마음의) 평정** / calmness of temperament; composure
- bear misfortune with **equanimity** 침착하게 불행을 견디다

---

224 **equity** [ékwəti] ★☆☆☆☆

equi 공평한

n **<pl.> 공정, 공평** / fairness; **(재산의) 순가치, 자기 자본** / the sum of one's assets
- the debt to **equity** ratio (자기 자본 대비) 부채비율

a **équitable** 공정한, 정당한

---

225 **equivocal** [ikwívəkəl] ★★★☆☆

equ (equal 같은) + voc (speak 말하다) → '같은 말을 하여 애매한'에서 유래

a **애매한** / having more than one possible meaning; ambiguous
- use an **equivocal** expression 애매한 표현을 사용하다

v **equívocate** 얼버무리다; 속이다

---

226 **eschew** [istʃú:] ★★★☆☆

eschew (shun 피하다)

vt **피하다** / deliberately avoid; abstain from
- try to **eschew** all display of temper 모든 감정 표시를 피하려고 노력하다

---

227 **ethnic** [éθnik] ★☆☆☆☆

ethn (nation 국가) → '한 국가를 이루는 민족의'에서 유래

a **민족의** / relating to races; racial n **소수 민족**
- an **ethnic** religion 민족 종교

n **ethnólogy** 인류학, 민족학

---

228 **ethos** [í:θas] ★★☆☆☆

ethos (특질) → '(사회, 집단이 가지는) 특질, 기질'에서 유래'

n **(사회, 제도 등의) 기풍, 민족정신** / the distinctive features of a particular group; **(개인의) 기질, 성품** / the characteristic spirit; **도덕적 특질, 윤리적 기품**
- the **ethos** of democracy 민주주의의 정신

---

229 **etymologist** [etəmálədʒist] ★☆☆☆☆

etymo (true sense 본 뜻) + log (word 단어) → '단어의 본래의 뜻을 연구하는 사람'에서 유래

n **어원학자, 어원연구가** / a person who studies etymology
- He is a British **etymologist** and writer. 그는 영국의 어원 학자이자 작가이다.

n **etymólogy** 어원 n **étymon** 어근

---

230 **fabricate** [fǽbrəkèit] ★★☆☆☆

fabric (make 만들다) → '이야기 등을 거짓으로 만들다'에서 유래

vt **(누군가를 속이기 위해) 만들어 내다** / invent a story or piece of information; forge
- **fabricate** a clever tale 교묘한 이야기를 만들어 내다

---

231 **facetious** [fəsí:ʃəs] ★☆☆☆☆☆

facetie (joke 농담) → '매사에 농담을 하듯 익살맞은'에서 유래

a **익살맞은** / saying to be clever and funny; humorous
- make **facetious** remarks at the serious moment 심각한 순간에 익살맞은 이야기를 하다

---

232 **facilitate** [fəsílətèit] ★☆☆☆☆

facilis (easy to do 하기 쉬운) → '일을 쉽게 하다'에서 유래

vt **(일을) 용이하게 하다** / make easier; expedite
- Computer can **facilitate** language learning. 컴퓨터는 언어 학습을 용이하게 할 수 있다

a **fácile** 손쉬운; 경솔한 n **facílity** 쉬움, 용이함; 재능; 편의 시설

233 **faction**
[fǽkʃən]
☆☆☆☆☆

factio (making 만들기) → '분쟁을 만드는 파벌'에서 유래

n **파벌** / a small group of people within a large group; clique
- the two small **factions** within the club 그 클럽 내의 두 개의 작은 파벌

a **fáctious** 당파적인; 당쟁을 일삼는

---

234 **factitious**
[fæktíʃəs]
☆☆☆☆☆

factio (making 만들기) → '만들어 자연스럽지 않고 인위적인'에서 유래

a **인위적인** / made to happen artificially; sham
- **factitious** laughter 인위적인 웃음

---

235 **fallacious**
[fəléiʃəs]
★☆☆☆☆

fal (fail 실패하다) → '실패할 수 밖에 없이 그릇된'에서 유래

a **그릇된** / containing false idea; misleading
- a **fallacious** reasoning 그릇된 추리

n **fállacy** 오류

---

236 **fallout**
[fɔ́:làut]
★☆☆☆☆

fall 떨어지다 + out 밖 → '방사성 물질이 밖에 떨어짐'에서 유래

n **낙진** / dangerous radioactive dust; **영향** / aftermath
- **Fallout** shelters were common in the 1950s.
  방사성 낙진 지하 대피소는 1950년대에는 흔했다.

---

237 **fanaticism**
[fənǽtisìzm]
☆☆☆☆☆

fan (enthusiastic 열심인) → '즐거워하며 시간을 낭비하다'에서 유래

n **열심히 기뻐하며 열광함** / zeal; craze
- control the **fanaticism** of one's followers 추종자들의 열광을 통제하다

v **fanáticize** 열광시키다[하다]

---

238 **fancy**
[fǽnsi]
★☆☆☆☆

fanc<fantas (appear 나타나다) → '생각 속에 나타나다'에서 유래

vt **상상하다** / imagine; picture; **좋아하다** / take a fancy to; like
- **fancy** a blue sky 푸른 하늘을 상상하다

a **fánciful** 상상의; 기발한

---

239 **far-fetched**
[fá:r-fétʃt]
★★☆☆☆

far 멀리서 + fetch 가져오다 → '(본론에서 벗어나) 멀리서 주장을 가지고 온'에서 유래

a **억지로 갖다 댄, 터무니없는** / not naturally pertinent; implausible; improbable
- His excuse was too **far-fetched** for anyone to believe.
  그의 변명은 너무도 터무니없어 아무도 믿을 수 없었다.

---

240 **fastidious**
[fæstídiəs]
★★★☆☆

fastid (disdain 경멸하다) → '맘에 들지 않는 것을 못마땅해하는'에서 유래

a **까다로운** / careful about small details; fussy
- be **fastidious** in dress 옷에 까다롭다

★ 중요빈출

---

check-up Test

1. The professor's lecture was full of enigmatic references to Greek poetry.
ⓐ enlightening ⓑ disturbing ⓒ entertaining ⓓ puzzling

2. Few people are capable of expressing with equanimity opinions which differ from the prejudices of their social environment.
ⓐ fervently ⓑ calmly ⓒ excitedly ⓓ equally

3. Teachers who speak equivocally may cause their students to become confused.
ⓐ ambiguously ⓑ angrily ⓒ aggressively ⓓ abnormally

4. Most firms _______ the use of their executives in ads but a notable exception is the Charles Schwab Corporation, whose founder appears in a series of commercials.
ⓐ eschew ⓑ bolster ⓒ salute ⓓ cuddle

5. Didn't his colleagues insist his recent experiment was a fabrication?
ⓐ invention ⓑ mystery ⓒ failure ⓓ sensation

정답 **1.** d **2.** b **3.** a **4.** a **5.** a

stand

- **stand (someone) up** / **데이트에서 바람맞히다**
  - Stand me up and you are history! 나를 바람맞히면 너와는 끝이야!

- **stand a chance of** / **~할 가망이 있다** be likely to
  - He stands a chance of winning the match.
    그는 그 시합을 이길 가능성이 있다.

- **stand by** / **대기하다** wait; **지지하다** support, stand for; **방관하다** look on
  - He mistakenly believed that his family would stand by him.
    그는 가족이 자기를 지지해줄 것이라고 잘못 믿고 있었다.
  - You stood by and just let the disaster occur.
    당신은 수수방관하여 참사가 일어나게 했다.

- **stand for** / **상징하다, 나타내다** represent; **입후보하다** run for; **지지하다** support, stand by
  - A dove stands for peace. 비둘기는 평화를 상징한다.

- **stand in** / **가담하다** take part in; **대역을 맡아보다** double, act for
  - My assistant will stand in for me while I'm away.
    제가 없는 동안에는 제 조수가 저를 대신할 겁니다.

- **stand out** / **눈에 띠다, 두드러지다** be prominent, distinguish oneself
  - Four points stand out as being more important than the rest.
    네 가지 요점이 나머지 것들보다 더 중요한 것으로 두드러진다.

- **stand to reason** / **이치에 맞다** be logical, make sense
  - It stands to reason that they'll leave if you don't pay them enough.
    당신이 충분한 급여를 주지 않으면 그들이 떠날 것은 당연한 일이다.

- **stand up for** / **지지하다** support
  - You must stand up for your rights.
    당신은 반드시 당신의 권리를 옹호해야 한다.

- **stand up to** / **맞서다, 대항하다** resist
  - They don't have the nerve to stand up to the dictator.
    그들은 그 독재자에 맞설 용기가 없다.

take(1)

- **take A for B** / **A를 B로 착각하다** confuse A with B, mistake A for B
  - To hear him talk, you would take him for a politician.
    그가 말하는 것을 들으면 그를 정치인으로 착각할 것이다.

- **take ~ to task** / **~을 꾸짖다, 책망하다** scold
  - He was taken to task for being absent without leave.
    그는 무단결근을 해서 책망을 들었다.

- **take advantage of**
  / **이용하다** capitalize on, exploit, use, utilize; **속이다** deceive
  - She took advantage of the children's absence to tidy their rooms.
    그녀는 아이들이 없는 것을 기회 삼아 애들 방을 청소했다.

- **take care of** / **~을 돌보다** care for, look after, give attention to
  - It's not easy to take care of a pet. 애완 동물을 돌보는 것은 쉽지 않다.

- **take down**
  / **적어두다, 받아 적다** record, write down; **넘어뜨리다, 무너뜨리다**
  - Bullets took down one soldier after another.
    병사들이 총을 맞고 픽픽 쓰러졌다

- **take exception to**
  / **~에 화내다** be offended by; **~에 이의를 제기하다** object to
  - No one could possibly take exception to his comments.
    아무도 그의 논평에 무슨 이의를 제기할 수 없었다.

- **take in** / **소화하다** assimilate; **이해하다** comprehend; **속이다** deceive, delude
  - It was difficult to take in everything he was saying.
    그가 말했던 모든 걸 이해하기는 어려웠다.
  - I was taken in by the con man. 나는 그 사기꾼에게 속았다.

- **take in one's stride**
  / **~어려운 일을 무난히 해결하다** deal calmly with
  - He is very calm, and he takes everything in his stride. 그는 매우 침착하고 모든 일을 무난히 해결한다.

- **take into account[consideration]**
  / **고려하다, 계산에 넣다** consider, allow for, take account of
  - Coursework is taken into account as well as exam results.
    시험 결과뿐 아니라 수업 활동도 감안한다.

- **take ~ for granted** / **~을 당연히 여기다**
  - We take having an endless supply of clean water for granted.
    우리는 끊임없이 깨끗한 물이 공급되는 것을 당연한 것으로 여긴다.

- **take it** / **믿다, 받아들이다** believe
  - I take it that you have been quite candid with me.
    나는 당신이 내게 매우 솔직했다고 믿는다.

- **take ~ lying down** / **(모욕 등을) 감수하다**
  - She will not take such criticism lying down.
    그녀는 그런 비판을 감수하지 않을 것이다.

- **take off** / **옷 등을 벗다** undress, put off; **제거하다** remove, get rid of; **이륙하다** depart, hop off; **성공적으로 출발하다** succeed
  - My name was taken off the list. 내 이름은 그 명단에서 삭제되었다.
  - It was snowing, so the plane couldn't take off.
    눈이 오고 있어서 비행기가 이륙할 수 없었다.

- **take a rain-check** / (약속, 초대를) 뒤로 미루다 delay invitation, etc.
- **take forty winks** / 잠깐 졸다 take a nap
- **take issue with** / ~와 논쟁하다 argue, debate

com-

우선순위로 보는 PREVIEW

Date : /

★★★☆☆	93.	**convert**	전향시키다; 개종자	□ □ □
	99.	**copious**	많은	□ □ □
★☆☆☆☆	85.	**context**	문맥; 정황	□ □ □
	86.	**contiguous**	인접한; 연속된	□ □ □
	87.	**contingent**	조건으로 하는; 우연한	□ □ □
	89.	**contour**	윤곽; 등고선	□ □ □
	90.	**contrite**	회한의	□ □ □
	92.	**converse**	역의; 역관계	□ □ □
	94.	**convict**	유죄를 입증하다; 죄수	□ □ □
	95.	**convivial**	연회를 좋아하는	□ □ □
	96.	**convoke**	소집하다	□ □ □
	98.	**coordinate**	조정하다; 동등한	□ □ □
	100.	**correlate**	상호 관련시키다	□ □ □
	101.	**corroborate**	확증하다	□ □ □
☆☆☆☆☆	88.	**contort**	비틀다	□ □ □
	91.	**convene**	모이다	□ □ □
	97.	**convoy**	호송하다; 호위	□ □ □

MD 13 mp3

LECTURE 13

context
[kántekst]
★☆☆☆☆
85

con<com(together) + text 본문 → '본문에 함께 짜여진 글의 맥락'에서 유래

n 1 (글의) **전후 관계, 문맥** / the parts of a piece of writing
2 **정황, 배경** / the surrounding conditions in which something takes place; circumstance

- infer the meaning of a word from its **context** 문맥으로부터 어떤 단어의 의미를 추론하다
- The paper should be considered within its social **context**. 그 논문은 그것의 사회적 정황 속에서 고려되어야 한다.

a **contéxtual** 문맥상의

어근관련 pretext [príːtekst] 구실, 핑계 textile [tékstail] 직물(의)

contiguous
[kəntígjuəs]
★☆☆☆☆
86

con<com(together) + tig<tag(touch) → '서로 접촉해 있는'에서 유래

a 1 **맞닿아 있는, 인접한** / in actual contact; touching
2 (사건 등이) **끊이지 않는, 연속된** / next to or near in time or order; continual

- America and Canada are **contiguous**. 미국과 캐나다는 맞닿아 있다.
- **contiguous** murder cases 끊이지 않는 살인 사건들

n **contigúity** 인접(proximity); 연속 **cf** **contágious** 전염적인 뉘앙스 p.41

어근관련 intact [intǽkt] 완전한 intangible [intǽndʒəbl] 만져서 알 수 없는, 무형의

contingent
[kəntíndʒənt]
★☆☆☆☆
87

con<com(together) + ting<tag(touch) → '(다른 일에) 붙어 의존하는'에서 유래

a 1 **~을 조건으로 하는, ~에 달려있는** / depending on something uncertain; conditional
2 **우연한** / happening by accident; accidental

- The company's future is **contingent** on the outcome of the trial. 그 회사의 미래는 그 재판 결과에 달려있다.
- a **contingent** death by drowning 익사에 의한 우연사

n 1 (군인 · 전함 등의) **파견대** / a group of soldiers or ships gathered together to help a large force
2 **우연한[우발] 사건** / something accidental or unexpected; contingency

- a large **contingent** of foreign soldiers 대규모의 외국 군인들의 파견대
- He was prepared for every **contingent**. 그는 앞으로 일어날지 모르는 모든 우발 사건에 대비하고 있었다.

n **contíngency** 우연(chance); 우발 사건(incident)

어근관련 tactful [tǽktfəl] 재치있는 tactile [tǽktil] 촉각의

contort
[kəntɔ́ːrt]
☆☆☆☆☆
88

con<com(intensive) + tor(twist) → '마구 비틀다'에서 유래

vt **비틀다,** (얼굴을) **찡그리다** / twist violently out of shape; distort

- **contort** one's face with pain 고통으로 얼굴을 찡그리다

n **contórtion** 일그러짐, 왜곡

n **contórtionist** (몸을 자유자재로 굽히는) 곡예사; (말 뜻 등을) 곡해하는 사람

어근관련 torment [tɔːrmént] 고통을 주다 torture [tɔ́ːrtʃər] 고문하다 뉘앙스 p.159

contour
[kántuər]
★☆☆☆☆
89

con<com(together) + tour<torn(turn) → '외곽을 돌며 그린 선'에서 유래

n 1 **윤곽, 외형** / the outline of a figure; profile
2 (지도 따위의) **지형선, 등고선** / a line drawn on a map

- the irregular **contours** of the Britain coastline 영국 해안선의 불규칙한 윤곽
- the 500 meters **contour** on the map 지도 위에 있는 500미터의 등고선

어근관련 attorney [ətə́ːrni] 변호사 tourism [túərizm] 관광 여행; <집합적> 관광객

동의어 / 반의어

85	**context**	=	the line of thought
86	**contiguous**	=	touching / adjoining / adjacent / abutting / tangent ↔ remote
87	**contingent**	=	accidental / incidental / possible / probable / likely ↔ certain
88	**contort**	=	distort / deform / misshape / twist / wrench (동의어 보강)
89	**contour**	=	outline / profile / silhouette / sketch

동의어 보강

비틀다 88	필수	contort 비틀다, 왜곡하다 / disfigure (외관을) 손상시키다 / twist 비틀다 / deform 비틀다 / distort 비틀다, 왜곡하다
	고급	wrench (심하게) 비틀다 / warp (판자 등을) 휘게 하다; 왜곡하다
	숙어	screw up 구기다; 엉망으로 만들다

뉘앙스

비틀다 88	**defórm**	(외관을) **흉하게 만들다**	• **deform** one's brow by frowns with pain 찡그려서 이마를 보기 흉하게 만들다
	distórt	**비틀다, 왜곡하다**	• **distort** one's face 얼굴을 찌푸리다
	contórt	(심하게) **비틀다, 왜곡하다**	• **contort** one's face with pain 고통으로 얼굴을 심하게 일그러뜨리다
	warp	(똑바른 것을) **휘게 하다, 비뚤어지게 하다**	• His judgement is **warped** by prejudice. 그의 판단은 선입견으로 비뚤어졌다.

Check-up Test

1. The contiguity of the house and garage is a convenience in bad weather.
ⓐ contagion ⓑ congruity ⓒ usefulness ⓓ proximity

2. As the child is born into a particular sociocultural context, routines of the society come to seem natural as well as right to him.
ⓐ area ⓑ history ⓒ sentence ⓓ environment

3. The gym is contiguous to the library in our school.
ⓐ dissimilar ⓑ expedient ⓒ abutting ⓓ sublime

4. It's mere _______ that Botch had Brant's poem in mind when doing this painting.
ⓐ subjection ⓑ contention ⓒ contingency ⓓ reflection

5. His upper lip was contorted by so much trumpet playing.
ⓐ deformed ⓑ exalted ⓒ prescribed ⓓ interrogated

정답 **1.** d **2.** d **3.** c **4.** c **5.** a

contrite
[kəntráit]
★☆☆☆☆
90

con<com(intensive) + tr<ter(rub) → '양손을 마구 비벼대는'에서 유래

a (죄를) **깊이 뉘우치는, 회한의** / showing guilt for one's actions; penitent
- make a **contrite** apology to ~ ~에게 깊이 뉘우치는 사과를 하다

n **contrítion, cóntriteness** 뉘우침, 회한(repentance)

어근관련 attrition [ətríʃən] 마찰, 마모 detriment [détrəmənt] 손해, 손상 뉘앙스 p.129

---

convene
[kənvíːn]
☆☆☆☆☆
91

con<com(together) + ven(come) → '함께 오다'에서 유래

v (공식 모임을 위해) **모이다, 소집하다** / come together; assemble
- convene the **conference** in an emergency. 비상시에 회의를 소집하다

n **convéntion** 집회, 회의(assembly); (국가 간의) 협정(treaty); (사회적) 관습
a **convéntional** 전통적인; (무기가) 재래식의(traditional); 협정(상)의

어근관련 convent [kánvent] 수녀원 advent [ǽdvent] 도래, 출현

---

converse
[kánvəːrs]
★☆☆☆☆
92

con<com(intensive) + vers(turn) → '완전히 돌아선'에서 유래

a (방향 · 의견 등이) **역의, 반대의** / opposite in direction or opinions; contrary
- hold the **converse** opinion 반대 의견을 가지고 있다

n (특히 말 따위의) **역관계, 반대** / a thing that is turn opposite to something else; reverse
- "Honest but poor" is the **converse** of "Poor but honest". "정직하지만 가난한"은"가난하지만 정직한"의 역관계이다.

ad **cónversely** 거꾸로, 반대로(oppositely; vice versa) **cf** **convérse** 대화하다

어근관련 adversary [ǽdvərseri] 적, 상대자 adversity [ædvə́ːrsəti] 역경, 고난

---

convert
[kənvə́ːrt]
★★★☆☆
93

con<com(intensive) + vert(turn) → '완전히 바꾸다'에서 유래

v 1 **변환[전환]시키다, 변하다** / (cause to) change into another form, substance, or state; transform
2 (종교 · 정당 등을) **전향[개종]시키다** / cause to change from one belief to another; proselyte
- **convert** water power into electricity 수력을 전기로 변환시키다
- be **converted** to Christianity after visiting Jerusalem 예루살렘에 방문한 후 기독교인으로 개종하다

n [kánvəːrt] **개종자, 전향자** / a person who has been converted to a new religion or political party
- a recent **convert** to Buddhism 불교로의 최근 개종자

n **convérsion** 변환, 전환; 개종, 전향 **n** **convérter** 변환[개종]시키는 사람; ≪전기≫ 변환기, 변류기
- an analog-to-digital **converter** 아날로그를 디지털로 변환시키는 변환기

a **n** **convértible** 전환[개종]할 수 있는; 지붕이 덮이는 자동차
- **convertible** bond 전환 사채(주식으로 전환할 수는 권리를 가진 사채(CB))

cf **cúlvert** 지하수로 **cóvert** 감추어진 뉘앙스 p.551

어근관련 averse [əvə́ːrs] <서술적> 싫어하는; 반대하는 adverse [ædvə́ːrs] 반대의

---

convict
[kənvíkt]
★☆☆☆☆
94

con<com(intensive) + vict(overcome) → '(법으로 죄인을) 압도하다'에서 유래

vt **~의 유죄를 입증[선고]하다** / prove or declare guilty after a trial in a court
- **convict** the accused man of theft and arson 피고인의 절도와 방화죄를 입증하다

n [kánvikt] **죄인, 죄수** / a person convicted by a court
- an escaped **convict** 달아난 죄수

n **convíction** 유죄 판결; 설득(persuasion); 신념, 확신(confidence)
- a man of strong **conviction** 신념이 강한 사람

a **convíctive** 설득력 있는, 납득이 가는(convincing) **cf** **convínce** 확신시키다

어근관련 evict [ivíkt] (가옥에서) 퇴거시키다 evince [ivíns] 분명히 나타내다

convivial

[kənvíviəl]

★☆☆☆☆

95

con<com(together) + viv(live) → '남들과 함께 생활하는 것을 좋아하는'에서 유래

a 1 **연회를 좋아하는** / fond of eating and drinking with friends; sociable
2 **유쾌한, 즐거운** / pleasantly merry and friendly; delightful

- enjoy the companionship of **convivial** friends 연회를 좋아하는 친구들과의 교제를 즐기다
- a very **convivial** atmosphere 매우 유쾌한 분위기

n **conviviálity** 연회(를 좋아함); 유쾌함 **n** **cónvive** 식사[술] 친구

어근관련 vital [váitl] 생기 넘치는; 절대 필요한 vivid [vívid] 생생한

동의어 / 반의어

90	**contrite**	=	penitent / regretful / repentant / remorseful / compunctious ◎ 동의어 보강
91	**convene**	=	assemble / summon / gather / collect / congregate / call up
92	**converse**	=	contrary / reverse / adverse / opposite / counter
93	**convert**	=	transform / transmute / transfigure / commute / change
94	**convict**	=	condemn / sentence / doom ↔ acquit ◎ 동의어 보강
95	**convivial**	=	delightful / pleasant / cheerful / jolly / jovial ↔ grave

동의어 보강

죄를 뉘우치는 · 회개하는 90	필수	compunctious 후회하는 contrite 죄를 뉘우치는, 회개한	remorseful 죄를 깊이 뉘우치는 repentant 죄를 뉘우치는, 회개하는	
	고급	penitent 회개하는	참고	후회하다, 참회하다 / regret / repent / cry over / stand in a white sheet
죄인 · 범인 94	필수	con 죄수, 전과자 convict 기결수 criminal 죄인	culprit 미결수 malefactor 악인, 죄인 offender 죄인	outlaw 무법자 wrong-doer 범죄자
	고급	felon 중죄인		
신조 · 주의 · 원칙 94	필수	conviction 신념; 유죄평결 creed 신조	doctrine 원칙 dogma 교리, 독단적 믿음	persuasion 설득; 믿음 tenet 주의, 신조
	고급	credo 신조, 사도신경 / gospel 복음; 신조, 주의		

check-up Test

1. Perhaps because the West is historically new, conventional morality is still felt to be less important than rock-bottom truths.
ⓐ sociable ⓑ rigorous ⓒ changeable ⓓ traditional

2. "I will never do it again." she promised contritely.
ⓐ smoothly ⓑ repeatedly ⓒ repentantly ⓓ tiredly

3. The Republican presidential candidate will be chosen at the national convention.
ⓐ chamber ⓑ habit ⓒ event ⓓ congress

4. We've discussed how plants affect air, so now let's consider the _______ case — the effect of air on plants.
ⓐ convertible ⓑ converse ⓒ diverse ⓓ conversant

5. At one time a composer of abstract music, Aaron Copland later converted to a style that more people could understand.
ⓐ refused to work with ⓑ shifted to ⓒ imitated ⓓ exaggerated

정답 **1.** d **2.** c **3.** d **4.** b **5.** b

convoke
[kənvóuk]
★☆☆☆☆
96

con<com(together) + voke<voc(call) → '함께 불러 모으다'에서 유래

vt **불러 모으다, 소집하다** / call together for a meeting; assemble
- **convoke** all the members of the committee 위원회의 모든 위원들을 소집하다

n **convocátion** 소집(call); 집회, 회합(assembly)

어근관련 invoke [invóuk] 호소하다 evoke [ivóuk] (기억 · 감정을) 불러 일으키다

convoy
[kənvɔ́i]
☆☆☆☆☆
97

con<com(together) + voy<via(way) → '함께 길을 가다'에서 유래

vt (특히 해상으로) **호송[호위]하다** / go with in order to protect; escort
- **convoy** unarmed merchant ships during time of war 전쟁 기간동안 비무장한 상선들을 호위하다.

n [kánvɔi] **호위, 호송** / the act of accompanying for protective purpose; escort
- be moved under **convoy** of armed guards 무장한 경호원들의 호위하에 옮겨지다

cf **convéy** 운반하다

어근관련 envoy [énvɔi] (외교) 사절, 공사 voyage [vɔ́iidʒ] 항해, 긴 여행 뉘앙스 p.163

coordinate
[kouɔ́:rdəneit]
★☆☆☆☆
98

co<com(together) + ordin(order) → '순서가 같은'에서 유래

v (적절하게) **조정하다, 조화시키다** / make work together, so as to increase effectiveness; harmonize
- **coordinate** the playing of the instruments in orchestra 오케스트라 악기들의 연주를 조화시키다

a 1 [kouɔ́:rdənət] **동등[대등]한** / equal in importance or rank; equivalent
2 ≪문법≫ **등위의** / of equal grammatical importance
- have power **coordinate** with~ ~와 동등한 권력을 지니다
- **coordinate** clauses in a sentence joined by "and" 문장에서 "and"로 연결되는 등위절

n 1 **동등한 사람[것]** / a coordinate person or thing
2 <pl.> ≪수학≫ **좌표** / one of a set of numbers and letters that give the exact position of point on a map
- Citizens are **coordinates** in a court of law. 시민들은 법정에서 동등한 사람들이다.
- parallel[polar] **coordinates** 평행[극] 좌표

n **coordinátion** 동등(하게 함); 동격, 등위 관계; 조정, 일치

a **coórdinative** 동등한, 등위[동격]의; 조정된

어근관련 inordinate [inɔ́:rdənət] 과도한 ordain [ɔ:rdéin] (운명 등이) 정하다

copious
[kóupiəs]
★★★☆☆
99

co<com(together) + p<ops(riches) → '함께 모여 있어 풍부한'에서 유래

a **많은, 풍부한** / more than enough; plentiful
- a **copious** harvest of rice 쌀의 풍작

n **cópiousness** 풍부함

어근관련 opulent [ápjulənt] 풍부한, 부유한 뉘앙스 p.435

correlate
[kɔ́:rəleit]
★☆☆☆☆
100

cor<com(together) + relate 관계시키다 → '(두 개를) 서로 관련시키다'에서 유래

v **상호 관련시키다[관련되다]** / (show to) have the connection or relation between; relate
- Smoking and lung cancer are closely **correlated**. 흡연과 폐암은 밀접한 관계가 있다.

n **상호 관련있는 것[사람]** / either of two related things or people; counterpart
- A husband is a **correlate** with a wife 남편은 아내와 관련있는 사람이다.

n **correlátion** 상호 연관성 **a** **corrélative** 상호 관계가 있는

어근관련 collate [kəléit] 대조하다 dilate [dailéit] 넓히다, 넓어지다; 상세히 설명하다

corroborate

[kərάbəreit]

★☆☆☆☆

101

con<com(intensive) + rob(strong) → '더 강하게[확실하게] 하다' 에서 유래

vt (증거 등을 통해) **확증[입증]하다** / make more certain; confirm

- Witnesses **corroborated** the driver's statement. 목격자들이 그 운전자의 진술을 확증했다.

n **corroborátion** 확증 **a** **corróborative** 확증적인, 확실한

어근관련 robust [roubΛ́st] 튼튼한, 강건한 robot [róubət] 로봇

뉘앙스 p.487

동의어 / 반의어

96	**convoke**	=	assemble / convene / summon / call up ↔ adjourn
97	**convoy**	=	escort / accompany / go with ● 동의어 보감
98	**coordinate**	=	harmonize / integrate / reconcile / accommodate / attune
99	**copious**	=	plentiful / abundant / ample / exuberant / opulent ↔ meager
100	**correlate**	=	relate / parallel / connect / link together
101	**corroborate**	=	confirm / support / substantiate / verify / uphold ↔ contradict

동의어 보감

동행하다
97

필수	accompany 동행하다 / convoy (군함이) 호위하다, 호송하다 / attend (상관을) 수행하다 / escort 호위하다, 경호하다
고급	chaperon (여성의) 보호자로 동반하다
숙어	go with / keep company with ~와 어울리다, 동행하다

뉘앙스

동행하다 · 동반하다
97

accómpany	(대등한 사람과) **동행하다**	• **accompany** a friend on a trip 여행에 친구와 동행하다
atténd	(지위가 낮은 사람이 윗사람을) **수행하다**	• **attend** a minister 장관을 수행하다
cháperon	(젊은 여성의 보호자로서) **동반하다**	• **chaperon** one's sister to the party 여동생의 파티에 동행하다
convóy	(해상으로 군함 등이) **호위하다**	• A destroyer **convoyed** the freighter. 구축함이 그 화물선을 호위했다
éscort	(특히 육로로) **호위하다**	• **escort** a national guest to the airport 국빈을 공항까지 호위하다

Check-up Test

1. The cerebellum is the section of the brain that <u>coordinates</u> the movements of voluntary muscles.
ⓐ executes ⓑ integrates ⓒ differentiates ⓓ activates

2. Never did I expect that he would <u>convoke</u> the steering meeting.
ⓐ call ⓑ amass ⓒ dissolve ⓓ adjourn

3. Try to <u>correlate</u> your knowledge of history with your knowledge of geography.
ⓐ separate ⓑ contrast ⓒ parallel ⓓ translate

4. The habitat of an animal should be large enough to yield <u>a copious</u> supply of food.
ⓐ a solid ⓑ a plentiful ⓒ an indefinite ⓓ an elaborate

5. The new theory was <u>corroborated</u>.
ⓐ confirmed ⓑ breached ⓒ hurled ⓓ refrained

정답 **1.** b **2.** a **3.** c **4.** b **5.** a

241 **fatuous**
[fǽtʃuəs]
★☆☆☆☆

fatu (foolish 어리석은)

a **어리석은** / very silly or stupid; foolish
- speak **fatuous** remarks 어리석은 말을 하다

242 **fealty**
[fíːəlti]
☆☆☆☆☆

fealt<fid (trust 믿음) → **'영주를 믿고 따르는 충성'** 에서 유래

n **<<역사>> (영주에 대한 신하의) 충성** / loyalty to a king; faithfulness
- demand **fealty** of one's slaves 노예들에게 충성을 요구하다

243 **feasible**
[fíːzəbl]
★★★★★

feas<fac (do 하다) → **'행할 수 있는'**에서 유래

a **실행할 수 있는** / possible to work; practicable
- a **feasible** plan 실행할 수 있는 계획

n **feasibílity** (실행) 가능성

244 **fecund**
[fíkənd]
☆☆☆☆☆

fecund (fertile 비옥한) → **'땅이 비옥해 생산물이 많은'**에서 유래

a **(동물 · 토지 등이) 많이 생산하는** / able to produce many things; prolific
- a **fecund** imagination 풍부한 상상력

245 **feign**
[fein]
★☆☆☆☆

feig<fig (make 만들다) → **'행동을 만들어 하는 것처럼 보이다'** 에서 유래

v **~인 체하다** / pretend; assume
- **feign** to be sick 아픈 체하다

246 **felicitous**
[filísətəs]
★★★☆☆

fel (happiness 행복) → **'기분 좋게 알맞은'** 에서 유래

a **(행동 · 방식 · 표현 등이) 적절한** / well-chosen; suitable
- a **felicitous** phrase 적절한 표현

n **felícity** 적절; 적절한 표현; 행복, 지복

247 **ferocious**
[fəróuʃəs]
★★★★☆

feroci (fierce 거친) → **'거친 것으로 가득한'** 에서 유래

a **사나운** / very aggressive or violent; fierce
- The bear's **ferocious** growl terrified the hunter.
  곰의 사나운 으르렁거리는 소리가 사냥꾼을 겁에 질리게 했다.

248 **fervent**
[fə́ːrvənt]
★★☆☆☆

ferv (boil 끓다) → **'열정이 끓는'**에서 유래'

a **열렬한** / having or showing very strong and sincere feelings; ardent
- cherish a **fervent** belief 열렬한 믿음을 간직하다

n **férvency** 열렬, 열성

249 **fiasco**
[fiǽskou]
★☆☆☆☆

fiasco<fiare fiasco (turn out a failure 실패하다)

n **대 실패** / humiliating breakdown; failure
- a **fiasco** in the plan 계획의 대 실패

250 **fickle**
[fíkl]
★★★★☆

fickle<ficol (deceitful 기만적인) → **'기만적으로 변하기 쉬운'** 에서 유래

a **(마음 · 날씨 등이) 변하기 쉬운** / changing often and suddenly; variable
- the **fickle** world of fashion 변화가 심한 패션계

251 **fictitious**
[fiktíʃəs]
★☆☆☆☆

fic (make 만들다)→ **'진짜가 아닌 만들어 낸 가짜의'** 에서 유래

a **가짜의** / not real; imaginary
- a **fictitious** address 가짜 주소

252 **fidelity**
[fidéləti]
★☆☆☆☆

fid (trust 믿음) → **'믿고 따르는 충실'**에서 유래

n **<pl.> 충실** / loyalty; faithfulness ; **성능** / performance
- **fidelity** to one's principles 자신의 원칙에 충실함

253 **filthy**
[fílθi]
★☆☆☆☆

fil (foul 더러운) → **'더러운 것으로 가득한'**에서 유래

a **더러운** / disgustingly dirty; squalid
- My hands are **filthy** from working in the garden.
  정원에서 일을 해서 내 손이 더럽다.

n **filth** 오물, 음담패설

254 **finesse**
[finés]
☆☆☆☆☆

fin (end 끝) → **'깔끔하게 끝을 맺는 교묘한 솜씨'** 에서 유래

n **교묘한 솜씨[술책]** / delicate skill; subtlety
v **술책을 쓰다** / trick
- sew up the wound with **finesse** 교묘한 솜씨로 상처를 꿰매다

255 **finite**
[fáinait]
★☆☆☆☆

fin (end 끝) → **'끝이 있는'**에서 유래

a **한정된** / having a definite limit; limited
- a **finite** number of possibilities 한정된 수의 가능성

a **ínfinite** 무한한

256 **fiscal**
[fískəl]
★★☆☆☆

fisc<fiscus 주머니 → '(국가의) **돈주머니와 관련된**' 에서 유래

a **국고의; 재정의** / pertaining to financial matters; monetary
- suffer snowballing **fiscal** deficits
눈덩이처럼 불어나는 재정적자를 겪다

n **fiscálity** 재정 중시, 재정 문제

257 **flagrant**
[fléigrənt]
★★☆☆☆

flag (flame 타오르다) → **'화가 타오를 정도로 극악한'** 에서 유래

a **극악한** / conspicuously wicked; diabolic
- a **flagrant** crime 극악 범죄

n **flágrance** 흉악, 극악

258 **flamboyant**
[flæmbɔ́iənt]
★☆☆☆☆

flam<flag (flame 타오르다) → **'타오르듯 보일 정도로 화려한'** 에서 유래

a **화려한** / brightly colored; ornate
- the **flamboyant** trimming on buildings 건물에 화려한 장식

n **flambóyance** 화려함; 야함

259 **flaunt**
[flɔ:nt]
★★★☆☆

flaunt<flana (gad about 나다니다) → **'이리저리 나다니며 자랑하다'** 에서 유래

v **과시하다** / show off; display
- **flaunt** one's authority 권력을 과시하다

a **fláunty** 과시하는, 자랑 삼아 보이는

260 **fledgling**
[flédʒliŋ]
★★☆☆☆

fledg (fly 날다) + ling 작은 → **'이제 막 날 수 있게 된 작은 새'** 에서 유래

n **애송이, 풋내기** / a young inexperienced person; novice
- a **fledgling** musician 애송이 음악가

★ 중요빈출

✔ Check-up Test

1. Insisting on a luxury car you cannot afford is <u>fatuous</u>.
ⓐ inane ⓑ avarice ⓒ pretentious ⓓ impetuous

2. This is an entirely ______ proposal. I suggest we adopt it. Other proposals are resonable but improbable.
ⓐ feasible ⓑ faithful ⓒ repugnant ⓓ decent

3. She tried her best, but she knew that her efforts to <u>feign</u> cheerfulness weren't convincing.
ⓐ fancy ⓑ curtail ⓒ bristle ⓓ pretend

4. More than 50% of all spouses are reported to be victims of <u>infidelity</u>.
ⓐ charity ⓑ torpedo ⓒ disaster ⓓ unfaithfulness

5. The writer's <u>flamboyant</u> lifestyle was well known in his hometown.
ⓐ luxurious ⓑ colorful ⓒ frugal ⓓ problematic

정답 **1.** a **2.** a **3.** d **4.** d **5.** b

take(2)

- **take on** / **다투다, 싸우다; (일 등을)떠맡다** assume ; **(어떤 양상을) 나타내다** assume ; **고용하다** employ
  - The CEO of the company **takes on** heavy responsibility. 그 회사의 CEO는 막중한 책임을 떠맡고 있다.
  - The company **took on** no workers last year. 그 회사는 작년에 종업원을 한 명도 채용하지 않았다.

- **take over** / **인수하다, 떠맡다** undertake, take charge of
  - The firm was in a hell of a mess when he **took over** it. 그가 인수했을 때 그 회사는 완전 엉망인 상태였다.

- **take part in** / **~에 참석하다** participate in
  - Many people went out to **take part in** a demonstration. 많은 사람들이 시위에 참여하기 위해 밖으로 나갔다.

- **take place** / **발생하다** happen, come to pass
  - Elections **take place** every four years. 선거는 4년마다 열린다.

- **take pride in** / **~을 자랑하다** be proud of, pride oneself on, show off
  - Some people **take pride in** their appearance, worldly possessions, or position in society. 몇몇 사람들은 사회에서 그들의 외모, 세속적인 재산 또는 지위를 자랑한다.

- **take stock in** / **~를 신용하다, 중히 여기다** trust, value, prize
  - I don't **take** much **stock in** the talk about rumors. 나는 루머에 대한 얘기는 너무 믿지 않는다.

- **take the place of** / **~를 대신하다** replace, take over
  - Nothing can **take the place of** experience. 어떤 것도 경험을 대신할 수는 없다.

- **take to** / **몰두하다** be absorbed in ; **좋아지다, 마음에 들다** take a fancy to
  - I **took to** my new friend immediately. 나는 새 친구가 금방 좋아졌다.

- **take up** / **착수하다, 시작하다** begin, commence ; **차지하다** occupy
  - He will **take up** his duties next week. 그는 다음 주에 임무를 시작할 것이다.
  - How much disk space will it **take up**? 그것이 디스크 공간을 얼마나 차지할까?

- **take one's time** / 서두르지 않다 don't hurry
- **take precaution** / 경계하다, 조심하다 keep strict watch, watch out
- **take sides** / 편들다 support, side with
- **take time off[out]** / 휴가를 내다
- **take to one's heels[legs]** / 도망가다 flee, make off, run away, take to flight
- **take turns** / 교대로 하다 change off
- **take ~ with a pinch[grain] of salt** / ~을 에누리해서 듣다 be incredulous, be skeptical

turn

- **turn aside** / **(본론에서) 벗어나다** deflect, digress
  - He skillfully **turned aside** the embarrassing questions. 그는 짓궂은 질문을 잘 받아넘겼다.

- **turn down** / **거절하다** reject, decline ; **약하게 하다, 줄이다**
  - He **turned down** an invitation of her party. 그는 그녀의 파티 초대를 거절했다.
  - **Turn down** the volume when listening to music. 음악을 들을 때는 볼륨을 줄이세요.

- **turn in** / **제출하다** submit ; **(물건을) 되돌려주다** return, give back
  - You should **turn in** your papers on time. 당신은 제시간에 보고서를 제출해야 합니다.

- **turn off** / **불을 끄다** switch off ; **메스껍게 하다** disgust
  - **Turn off** the heat and add vinegar. 불을 끄고 식초를 첨가하세요.

- **turn on** / **불을 켜다** switch on ; **흥분시키다** excite
  - You can **turn on** the light by pushing this button. 당신은 이 버튼을 눌러서 불을 켤 수 있습니다.
  - She **turns** me **on** when she smiles. 그녀가 웃을 때 나를 흥분시킨다.

- **turn one's stomach** / **메스껍게하다** disgust ; **화나게하다** provoke
  - The mere sight of it **turns my stomach**. 그것을 보기만해도 메스껍다.

- **turn out** / **~임이 판명되다** prove ; **내쫓다** expel ; **생산하다** produce ; **모여들다** assemble
  - His films **turn out** to be successful. 그의 영화들은 성공했다고 판명되었다.
  - About 30 people **turned out** for the games. 대략 30명의 사람들이 경기를 위해 모였다. .

- **turn over** / **뒤엎다** capsize ; **숙고하다** think over ; **넘겨주다** transfer, hand over ; **매출을 올리다**
  - The land was **turned over** to the city hall. 그 땅이 시청으로 양도되었다.

- **turn to** / **~에 의지하다** resort to, rely on ; **착수하다** set to work
  - The boy has no one to **turn to**. 그 소년을 의지할 사람이 아무도 없다.

- **turn up** / **나타나다** appear ; **(소리를) 크게 하다**
  - The usual malcontents **turned up** to the meeting and made trouble. 평소 불만을 품고 있던 사람들이 회의 자리에 나타나 소란을 피웠다.

- **turn a blind eye** / 못 본 척하다 ignore, overlook
- **turn a deaf ear to** / 듣고도 못 들은척하다 will not listen to
- **turn one's coat** / 변절하다 betray, change about
- **turn over a new leaf** / 새 출발을 하다 begin a new life
- **turn up one's nose at** / ~을 경멸하다, 비웃다 contemn, sneer at
- **turn tail** / 겁을 먹고 도망치다

우선순위 로 보는 PRE view

Date : /

contra-, counter- de-

★★★☆☆	03.	**contradict**	반박하다; 모순되다	□ □ □
	05.	**controversial**	논쟁의 소지가 있는	□ □ □
	08.	**counterfeit**	가짜의; 위조하다; 인체하다	□ □ □
	01.	**debase**	저하시키다	□ □ □
	05.	**decipher**	해독하다	□ □ □
★☆☆☆☆	01.	**contraband**	밀수; 금지된	□ □ □
	04.	**contravene**	반대하다; 위반하다	□ □ □
	07.	**counteract**	반대로 행동하다	□ □ □
	09.	**countermand**	취소하다	□ □ □
	03.	**debilitate**	쇠약하게 하다	□ □ □
	04.	**deceased**	죽은; 고인	□ □ □
	06.	**decompose**	분해하다; 부패하다	□ □ □
	08.	**decrease**	감소하다[시키다]	□ □ □
	09.	**decrepit**	노쇠한	□ □ □
	10.	**deduce**	연역[추론]하다	□ □ □
	11.	**defer**	따르다	□ □ □
☆☆☆☆☆	02.	**contraception**	피임	□ □ □
	06.	**counter**	거꾸로; 반대하다	□ □ □
	10.	**counterpart**	상대물	□ □ □
	02.	**debauch**	타락시키다	□ □ □
	07.	**decoy**	유인하다; 미끼	□ □ □

MD14 mp3

LECTURE 14

contra-, counter-

▶ **반대** Latin 계통의 접두어로서 **'반대(against)'**의 의미를 지닌다.

contraband
[kántrəbænd]
★☆☆☆☆
01

contra(against) + ban(prohibition) → **'법에 반(反)하여 금지시키는 것'**에서 유래

n 밀수(품) / goods forbidden by law to be imported or exported; smuggling
- go through each bag looking for **contraband**
  밀수품을 찾기 위해 각각의 가방을 철저히 검사하다

a 금지된 / against the law; prohibited
- **contraband** goods 금(禁)수품

n cóntrabandist 밀수입자

어근관련 banish [bǽniʃ] 추방하다 bandit [bǽndit] 강도, 불량배

---

contraception
[kɑntrəsépʃən]
☆☆☆☆☆
02

contra(opposite) + cep(take) → '(아이를) 갖는 것의 반대'에서 유래

n 피임 / the intentional prevention of conception
- The doctors give advice on **contraception**. 의사들은 피임에 관한 조언을 준다.

v contracépt 피임하다 **a n contracéptive** 피임(용)의; 피임약[기구]

어근관련 conceit [kənsí:t] 자부[자만]심 deceit [disí:t] 사기, 속임수

---

contradict
[kɑntrədíkt]
★★★☆☆
03

contra(against) + dic(speak) → **'반대로 말하다'**에서 유래

vt 1 **반박[부인]하다** / assert the opposite of; deny
2 **~과 모순되다** / be contrary or opposed to; conflict
- **contradict** a person's statement 남의 진술을 반박하다
- Their alibis **contradict** each other. 그들의 알리바이는 서로 모순된다.

n contradíction 부정, 반대 **a contradíctory** 모순된

어근관련 verdict [vɔ́:rdikt] (배심원의) 평결 valediction [vælədíkʃən] 고별(사)

---

contravene
[kɑntrəví:n]
★☆☆☆☆
04

contra(against) + ven(come) → **'반대로 오다'**에서 유래

vt 1 (주위 · 진술 따위에) **반대하다, ~와 모순되다** / conflict with; oppose
2 (법률 · 규칙 따위에) **위반하다** / act in opposition to; violate
- A dictatorship **contravenes** the liberty of individuals. 독재는 개인의 자유와 모순된다.
- **contravene** the parking regulations 주차 규칙을 위반하다

n contravéntion 위반 • in **contravention** of ~에 위반해서

어근관련 advent [ǽdvent] 도래, 출현 convene [kənví:n] 소환[소집]하다

---

controversial
[kɑntrəvɔ́:rʃəl]
★★★☆☆
05

contro<contra(against) + vers(turn) → **'반대로 말하는'**에서 유래

a 1 **논쟁의 소지가 있는** / stirring up controversy; debatable
2 **논쟁하기 좋아하는** / liking to take part in controversy; disputatious
- a **controversial** decision 논쟁의 소지가 있는 결정
- a **controversial** politician 논쟁을 좋아하는 정치인

v cóntrovert 논박하다 **n cóntroversy** 논쟁

어근관련 adversary [ǽdvərseri] 적, 상대 averse [əvɔ́:rs] 싫어하는

뉘앙스 p.169

동의어 / 반의어

01	**contraband**	=	banned / disapproved / proscribed / forbidden / prohibited
02	**contraception**	=	birth control
03	**contradict**	=	controvert / oppose / refute / rebut / impugn / gainsay ↔ confirm
04	**contravene**	=	violate / breach / infract / infringe / transgress ↔ observe
05	**controversial**	=	debatable / disputable / questionable / moot ↔ incontrovertible ◎ 동의어 보감

동의어 보감

토론 · 논쟁 05	필수	altercation 언쟁 / argument 논쟁 / bicker 언쟁, 말다툼 / contention 논쟁, 말다툼 / controversy (학문, 종교상의) 논쟁 / debate (공적인) 토론, 논쟁 / discussion 토론 / dispute (열띤) 논쟁 / row 말다툼
	고급	hassle 언쟁, 싸움 / polemic 반론, 논쟁 / squabble 언쟁 / wrangle 언쟁
	숙어	high words 말다툼, 격론
싸움	필수	affray (공공장소의) 싸움, 난투 / bout 한차례; 한판 승부 / brawl 말다툼; 싸움 / fight 싸움 / fray 싸움; 말다툼
	고급	fracas 싸움; 소동 / free-for-all 무질서 상태, 무한 경쟁; 난투극 / melee 난투 / rumpus 야단법석, 언쟁 / tussle 난투
	숙어	free fight 난투극

뉘앙스

토론 · 논쟁 05

discússion	토론	• a question under **discussion** 토론 중인 문제
árgument	(논리적 주장을 통한) **논쟁**	• an **argument** against abortion 낙태에 대한 반대론
dispúte	(격렬한) **논쟁, 말다툼**	• a **dispute** with a neighbor over parking 주차 문제에 관한 이웃과의 말다툼
debáte	(공적인 문제에 관한) **토론**	• heated **debates** in the National Assembly 국회에서의 열띤 토론
contróversy	(중요 문제에 대해 몇 개의 파로 갈리어 오래 계속되는) **논쟁**	• a subject of academical **controversy** 학문상 논쟁의 주제

cf. **altercátion** (심한) **말다툼** **wrángle** (시끄럽고 화난) **말다툼** **conténtion** **싸움, 언쟁**

Check-up Test

1. Galileo's idea that the earth was rotating and moving around the sun _______ all the faith and common sense of his time.
ⓐ combined ⓑ concerned ⓒ composed ⓓ contradicted

2. The name for goods smuggled into a country is _______.
ⓐ parley ⓑ recreant ⓒ contraband ⓓ yardstick

3. The relation between magic and religion is one of the most obscure and the most controversial subjects. The theories of the philosophical anthropologists are widely divergent and often in flagrant _______ with each other.
ⓐ agreement ⓑ contradiction ⓒ difference ⓓ opposition

4. Contravene is antonymous to _______.
ⓐ obey ⓑ extract ⓒ create ⓓ filter

5. Postmodernism is a prominent yet <u>controversial</u> movement in the field of architecture.
ⓐ unanimous ⓑ disputable ⓒ unique ⓓ conventional

정답 **1.** d **2.** c **3.** b **4.** a **5.** b

counter
[káuntər]
☆☆☆☆☆
06

counter(against) → '반대로 행동하는'에서 유래

ad a 거꾸로(의), 반대로(의) / (in) opposed manner; contrary
- act **counter** to all advice 모든 충고에 거꾸로 행동하다

v 반대[반격]하다 / act in order to defend oneself against; oppose
- **counter** a person's plan 남의 계획에 반대하다

cf **cóunter** 계산대, 카운터; 계산기

어근관련 encounter [inkáuntər] 우연히 만나다 contrary [kántreri] 반대의

---

counteract
[kauntərǽkt]
★☆☆☆☆
07

counter(against) + act 행동하다 → '반대로 행동하다'에서 유래

vt (~에) 반대로 행동[작용]하다 / oppose the effect of something by opposite action; neutralize
- The drug **counteracts** the effects of the poison. 그 약은 독의 영향에 반대로 작용한다.

n counteráction (계획의) 방해; 반작용 **a n counteráctive** 반작용의; 반작용제

어근관련 enact [inǽkt] (법을) 제정하다 interact [intərǽkt] 상호 작용하다

---

counterfeit
[káuntərfit]
★★★☆☆
08

counter(against) + feit<fac(make) → '반대로 만든'에서 유래

a 가짜[위조]의 / made like something real in order to deceive; fake
- a **counterfeit** note 위조 지폐

n 위조, 모조품 / something copied as genuine; imitation
- a **counterfeit** of document 문서 위조

vt 1 (지폐 · 그림 따위를) **위조하다** / make a copy of; forge
2 **~을 흉내내다, ~인 체하다** / resemble closely; pretend
- **counterfeit** stamps 우표를 위조하다
- **counterfeit** sorrow 슬픈 체하다

어근관련 forfeit [fɔ́:rfit] 몰수(당하다); 벌금 surfeit [sə́:rfit] 과식(하다)

---

countermand
[kauntərmǽnd]
★☆☆☆☆
09

counter(against) + mand(order) → '반대로 명령하다'에서 유래

vt (명령 따위를) **철회하다, 취소하다** / withdraw or cancel; revoke
- **countermand** a command 명령을 취소하다

어근관련 mandate [mǽndeit] 명령; 통치의 위임 mandatory [mǽndətɔ:ri] 강제적인

---

counterpart
[káuntərpɑ:rt]
☆☆☆☆☆
10

counter(against) + part 부분 → '반대 부분'에서 유래

n 상대[복사]물, 짝을 이루는 것[사람]
/ a person or thing that has a similar function or position;double
- Night is the **counterpart** of day. 밤은 낮과 짝을 이룬다.

어근관련 impartial [impáːrʃəl] 공평한, 편견없는 participate [pa:rtísəpeit] 참가하다

동의어 / 반의어

06	**counter**	=	opposite / antipodal / contradictory / contrary / converse
07	**counteract**	=	counterbalance / neutralize / correct / nullify / offset ↔ synergize
08	**counterfeit**	=	bogus / fake / phony / sham / spurious ↔ genuine 동의어 보감
09	**countermand**	=	withdraw / revoke / recall / rescind / overrule / override
10	**counterpart**	=	complement / correlate / pendant / parallel

동의어 보감

위조의 08	필수	bogus 가짜의 / fake 위조의, 가짜의 / phony 위조의, 가짜의 / counterfeit 위조의, 가짜의 / imitative 모조의, 인조의 / spurious 위조의, 가짜의
	고급	forged / sham / apocryphal 가짜의; (성서가) 외경의
	참고	위조하다 / forge / fake / counterfeit / doctor 조작하다, 변조하다
↔ 진짜의	필수	authentic 진짜의, 믿을 만한 / bona fide 진실한, 성실한 / genuine 진짜의, 성실한 / real 진짜의, 실재하는
	고급	legitimate 합법의, 진짜의 / real-McCoy 진짜의 / sterling 진정한, 순수한 / unaffected 꾸밈없는, 진실한 / unfeigned 거짓 없는, 진실한
	참고	true-to-life 진짜에 가까운

Check-up Test

1. Lovejoy, the hero of Jonathan Gash's mystery novels, is an antique dealer who gives the reader advice on how to tell <u>counterfeit</u> antiques from the authentic ones.
ⓐ spurious ⓑ genuine ⓒ precarious ⓓ enigmatic

2. The discoveries of science are of often a mixed blessing; on the one hand they give us valuable pesticides that enable the farmer to grow more abundant crops and on the other hand they ______ the benefits by destroying the balance of nature.
ⓐ compromise ⓑ mitigate ⓒ mollify ⓓ counteract

3. If something is made or done in imitation of another thing in order to deceive, we call it a ______ money and jewels are often found as this.
ⓐ counterfeit ⓑ counterclaim ⓒ counterbalance ⓓ counteract

4. Reservation is to cancel as directive is to ______.
ⓐ command ⓑ countermand ⓒ proclaim ⓓ demand

5. Our president is the <u>counterpart</u> of your prime minister.
ⓐ subpart ⓑ parallel ⓒ enemy ⓓ conflicting thing

정답 **1.** a **2.** d **3.** a **4.** b **5.** b

de-

▶ **아래 · 이탈** Greek 계통의 접두어로서 '**아래**(down)'와 '**이탈**(off)' 의미를 지니며 다음과 같은 변화를 지닌다.

의미 변화

① **아래(down)**

> **debáse** : de(down) + base 품질이 낮은
→ 품질을 아래로 떨어뜨리다
→ 저하시키다
/ debílitate 쇠약하게 하다 / dejécted 낙심한
/ denóunce 비난하다

② **분리 · 이탈(off)**

> **detách** : de(off) + tach(touch)
→ 붙어있는 것을 떨어 뜨리다 → 분리시키다; 파견하다
/ decompóse 분해하다; 부패하다
/ deránged 미친; 혼란된 / detér 그만두게 하다

③ **강조(intensive)**

> **defráud** : de(intensive) + fraud 사기
→ 사기를 쳐서 빼앗다 → 속여 빼앗다
/ denóte 나타내다
/ deplóre 개탄하다 / dérelict 버려진; 태만한

예외적 형태

▶ **di-, dis-** (이 경우 접두어 dis-와의 혼동에 주의)
/ **dimínish** 줄(이)다 / **distíll** 증류하다

---

debase
[dibéis]
★★★☆☆
01

de(down) + base 품질이 낮은 → '**품질을 아래로 떨어뜨리다**'에서 유래

v (품질 · 가치를) **저하시키다** / reduce in quality or value; degrade
- **debase** oneself by evil actions 사악한 행동으로 자신의 인격을 손상하다
- **debase** the coinage 화폐 가치를 저하시키다

n **debásement** 가치 저하; 타락 뉘앙스 p.173

어근관련 abase [əbéis] (지위 · 품격을) 떨어뜨리다 bastard [bǽstərd] 서자, 사생아

---

debauch
[dibɔ́ːʧ]
☆☆☆☆☆
02

de(off) + bauch(beam) → '**도덕의 대들보[정조]를 뽑아 버리다**'에서 유래

vt (특히 성적으로) **타락시키다** / cause to behave badly; corrupt
- **debauched** young people 타락한 젊은이들

n **debauchée** 방탕자, 난봉꾼(libertine) **n** **debáuchery** 방탕, 난봉

a **debáuched** 타락한, 방탕한(depraved; profligate)

어근관련 beam [biːm] 들보; 광선; 방향 지시 전파; 빛을 발산하다; 방송을 내보내다

---

debilitate
[dibílәteit]
★☆☆☆☆
03

de(down) + bil(strong) → '**강한 것을 떨어뜨려 약하게 하다**'에서 유래

vt (열 · 병 등으로) **쇠약하게 하다** / make weak or feeble; weaken
- be **debilitated** by the extreme heat 심한 더위 탓에 쇠약해지다

n **debílity** (특히 병에 의한) 쇠약 뉘앙스 p.523

---

deceased
[disíːst]
★☆☆☆☆
04

de(off) + cease 끝나다 → '**생명이 끝난**'에서 유래

a (특히 최근에) **죽은, 고(故)** / no longer living; dead
- the **deceased** man's belongings 최근에 죽은 남자의 유품

n <the d-> **고인, 죽은 사람들** / a dead person or persons
- The **deceased** had been a famous actor. 고인은 유명한 배우였다.

n **vi** **decéase** 사망(하다)(die; pass away) **cf** **diséase** 병

어근관련 concede [kәnsíːd] 인정[양보]하다 recede [risíːd] 물러나다, 후퇴하다 뉘앙스 p.299

동의어 / 반의어

01 **debase** = degrade / deteriorate / depreciate / lower / adulterate ↔ improve ● 동의어 보강

02 **debauch** = corrupt / demoralize / debase / deprave / defile

03 **debilitate** = weaken / enfeeble / invalid / enervate / exhaust ↔ strengthen

04 **deceased** = dead / defunct / extinct / lifeless / inanimate ↔ alive

동의어 보강

낮추다 01	필수	abase (자신을) 낮추다 / degrade 낮추다, 타락시키다 / lower 낮추다 / debase 낮추다, 저하시키다 / demean 낮추다; 처신하다
	고급	demote 강등시키다 / derogate (from) (명성, 품위 등을) 훼손하다, 떨어뜨리다 / detract (from) (가치, 평판 등을) 떨어뜨리다
	참고	자신을 낮춰 ~하다 / condescend / deign / stoop 창피하게도 ~하다 (가치 · 명성을) 떨어뜨리다, 훼손하다 / derogate from / detract from
	반의어	높이다 / raise / heighten / enhance / boost
창피하게 하다	필수	embarrass 창피하게 하다 / disgrace 창피하게 하다 / mortify 억제하다; 창피하게 하다 / chagrin 분하게 하다 / humiliate 창피하게 하다 / shame 창피하게 하다
	고급	put ~ to shame ~에게 창피하게 하다
	참고	냉대하다 / give ~ the cold shoulder / snub 냉대하다, 거절하다

뉘앙스

낮추다 · 떨어뜨리다 01

degráde	(지위 · 품위를) **떨어뜨리다**	• Drinking **degrades** a man. 술은 사람을 타락시킨다.
abáse	(특히 자신의 위엄을) **떨어뜨리다**	• He refused to **abase** himself. 그는 자기 자신을 낮추기를 거절하였다.
debáse	(가치 · 품위를) **떨어뜨리다**	• **debase** the currency 통화 가치를 하락시키다
deméan	(사회적 품위 · 지위를) **떨어뜨리다** ≪재귀적 용법≫	• **demean** oneself by accepting the bribe 뇌물을 받음으로써 자신의 품위를 떨어뜨리다
demóte	(지위 · 계급을) **낮추다** ≪미국에서 주로 사용≫	• **demote** an officer to a private. 장교를 사병으로 강등시키다
húmble	**자존심을 꺾다, 콧대를 꺾다**	• We are pleased to see him **humbled**. 그의 콧대가 꺾인 것을 봐서 기분이 좋다.
humíliate	(공공연하게) **창피를 주다, 굴욕을 주다**	• He **humiliated** his wife in public. 그는 대중 앞에서 부인을 망신 주었다.

cf. **mórtify** (당황감을 일으킬 정도로) **굴욕감을 주다**

check-up Test

1. His ______ lifestyle not only ruined his own life but destroyed the lives of all his children at the same time.
ⓐ consecutive ⓑ adroit ⓒ congenial ⓓ debauched

2. What do you say to going out for a walk? This kind of reading is sure to <u>debase</u> your character.
ⓐ demolish ⓑ corrupt ⓒ ameliorate ⓓ humiliate

3. Overindulgence ______ character as well as physical stamina.
ⓐ strengthens ⓑ stimulates ⓒ debilitates ⓓ maintains

4. The <u>deceased</u> left a large sum of money to his son.
ⓐ millionaire ⓑ physician ⓒ auctioneer ⓓ dead person

5. He made many mistakes that <u>debased</u> the value of the member.
ⓐ altered ⓑ discarded ⓒ exalted ⓓ lowered

정답 **1.** d **2.** b **3.** c **4.** d **5.** d

decipher
[disáifər]
★★★☆☆
05

de(off) + cipher 암호로 쓰다 → '암호로 쓴 것을 풀다'에서 유래

vt (글 · 암호 따위를) **해독하다** / read or find the meaning of; decode
- **decipher** a person's handwriting[signature] 남의 글씨[서명]을 판독하다

n **decípherment** 해독, 판독 **a** **decípherable** 판독할 수 있는

어근관련 cipher [sáifər] 숫자의 영; 가치없는 것; 암호; 생각해내다; 암호로 쓰다

decompose
[dì:kəmpóuz]
★☆☆☆☆
06

de(off) + compose 구성하다 → '구성 요소들을 서로 떨어뜨려 분해하다'에서 유래

v 1 (성분 · 원소로) **분해하다** / separate into parts; analyze
2 **썩다, 부패하다** / become bad or rotten; decay
- **decompose** a chemical compound 화학 합성물을 분해하다
- The dead body completely **decomposed**. 그 시체는 완전히 부패됐다.

n **decomposítion** 분해; 부패

어근관련 compose [kəmpóuz] 구성하다; 안정시키다 depose [dipóuz] 면직시키다

decoy
[dikɔ́i]
☆☆☆☆☆
07

de(intensive) + coy<kooi(cage) → '꾀어서 새장으로 들이다'에서 유래

v **꾀어들이다, 유인하다** / trick into a place of danger; lure
- **decoy** ducks into the net 오리를 유인하여 그물로 잡다

n **미끼, 유인물** / bait; lure
- use the stolen car as a **decoy** 도난 차량을 미끼로 사용하다

cf **decóy duck** (사기꾼 일당 중의) 바람잡이

어근관련 coy [kɔi] (소녀가) 수줍어하는

뉘앙스 p.481

decrease
[dikrí:s]
★☆☆☆☆
08

de(down) + cres(grow) → '아래 쪽으로 줄어들다'에서 유래

v **감소하다[시키다]** / (cause to) become less; lessen
- **decrease** in value 가치가 줄다

n **감소** / decreasing
- be on the **decrease** 점점 감소하다

뉘앙스 p.31

어근관련 decrement [dékrəmənt] 감소 decrescent [dikrésnt] 점점 줄어드는

decrepit
[dikrépit]
★☆☆☆☆
09

de(down) + crepit(crackle) → '덜그럭거리는 소리가 날만큼 노쇠한'에서 유래

a **노쇠한, 노후한** / worn out by old age or long use; feeble
- a **decrepit** old man 노쇠한 늙은이
- a **decrepit** old chair 덜컥거리는 오래된 의자

n **decrépitude** 노쇠, 노후

뉘앙스 p.313

어근관련 craven [kréivn] 매우 겁많은 crepitate [krépəteit] 타닥타닥 소리나다

deduce
[didjú:s]
★☆☆☆☆
10

be(down) + duc(lead) → '(아래로 파고 들어) 결론을 끌어내다'에서 유래

vt (이미 아는 것으로부터) **연역하다, 추론하다** / derive from something known or assumed
- **deduce** unknown truth from basic principles 원리에서 미지의 진리를 연역해 내다

n **dedúction** 추론, 연역; 공제 **cf** **dedúct** 공제하다

a **dedúcible** 추론할 수 있는 **a** **dedúctive** 추론적인, 연역적인

어근관련 ductile [dʌ́ktəl] 유연한 conducive [kəndjú:siv] 도움이 되는

defer
[difə́:r]
★☆☆☆☆
11

de(down) + fer(carry) → '고개를 아래로 하고 이끌다'에서 유래

vi (남의 의견에) **따르다** / give way; yield
- **defer** to one's elders 연장자들에게 순순히 복종하다

n **déference** 복종; 존경(reverence) **a** **deferéntial** 경의를 표하는, 공손한(respectful)

cf **defér** 뒤로 미루다 **detér** 방해하다

어근관련 confer [kənfə́:r] 협의하다; 수여하다 differentiate [difərénʃieit] 구별하다

동의어 / 반의어

05 **decipher** = decode / break / crack / decrypt

06 **decompose** = analyze / resolve / dissect / anatomize / break down

07 **decoy** = lure / allure / entice / seduce / inveigle / coax / cajole

08 **decrease** = lessen / reduce / diminish / abate / dwindle ↔ increase

09 **decrepit** = feeble / weak / frail / fragile / infirm ↔ healthy ◎ 동의어 보감

10 **deduce** = infer / conclude / suppose / conjecture / speculate / extrapolate

11 **defer** = yield / submit / obey / accede / acquiesce ↔ defy ◎ 동의어 보감

동의어 보감

황혼 · 쇠퇴 09	필수	decline 쇠퇴 / dusk 땅거미 / twilight 황혼 / dimness 어스름 / ebb 썰물; 쇠퇴 / waning 약해짐, 쇠퇴
	고급	crepuscule / decrepitude 노쇠, 노후
	숙어	불경기 / depression (광범위한) 불황 / recession 경기 후퇴, 불황 / setback 방해물; 경기 후퇴 / slump 불황, 불경기 / stagnation 경기 정체, 불황
쇠퇴하다	필수	decline 쇠퇴하다; 거절하다 / ebb 썰물지다, 쇠하다 / wane 달이 이울다, 쇠하다
	고급	drop off 차에서 내려주다; 졸다; 쇠퇴하다
	참고	경사지다, 기울다 / incline / lean / slant / tilt / lurch 갑자기 기울다 / list 배가 기울다 / bank 비행기가 기울다 / acclivity 오르막 / declivity 내리막

존경하다 11	필수	adore 숭배하다; 열애하다 / honor 존중하다 / respect 존경하다 / esteem 존경하다 / regard 존경하다 / revere 공경하다, 숭배하다
	고급	venerate 존경하다, 숭배하다
	숙어	look up to / defer to ~의 의견을 따르다

Check-up Test

1. The act of interpreting the works of another culture of another time involves both _______ and _______, in order to comprehend as exactly as possible the meaning of the works in their own setting and to give that meaning life in a new setting.
ⓐ erudition - ignorance ⓑ restoring - recapitulating
ⓒ deciphering - creating ⓓ respect - iconoclasm

2. They used cheese as a <u>decoy</u> to catch rats.
ⓐ stronghold ⓑ lullaby ⓒ enticement ⓓ verdict

3. As educators, we must recognize that the problems of older students stem more often from those of obsolescence than <u>decrease</u>, and then we will be able to do a better job of educational programing.
ⓐ increment ⓑ decrement ⓒ implement ⓓ dissipation

4. The poor old man is so _______ that he can scarcely walk.
ⓐ crude ⓑ bereft ⓒ adept ⓓ decrepit

5. It is a mistake to _______ the beliefs of an entire people from the _______ of a few representatives.
ⓐ influence - appointment ⓑ question - success
ⓒ criticize - abilities ⓓ deduce - actions

정답 **1.** c **2.** c **3.** b **4.** d **5.** d

261 **fleeting**
[flíːtiŋ]
★★☆☆☆

fleet 신속히 움직이다 → '신속히 움직여 지나간' 에서 유래

a **덧없는, 일시적인** / moving rapidly; transitory
- Art is long and time is **fleeting**. 예술은 길고 시간은 빨리 간다.

v n **fleet** 빨리 지나가다; 함대 n **fléetness** 빠름, 쾌속

262 **flexible**
[fléksəbl]
★★☆☆☆

flex (bend 구부리다) → '구부릴 수 있는' 에서 유래

a **구부리기 쉬운** / easily bent in all directions; **(성격이) 다루기 쉬운** / easily managed; tractable
- Doctors used a **flexible** and lighted tube. 의사는 구부리기 쉬운 조명이 있는 관을 사용했다.

n **flexibílity** 유연성

263 **flimsy**
[flímzi]
★☆☆☆☆

flim (thin 얇은) → '얇아 부서지기 쉬운' 에서 유래

a **(얇고) 부서지기 쉬운**/ light and thin; fragile
- a **flimsy** fabric 얇은 천

264 **flippant**
[flípənt]
★★★★☆

flip (get excited 신이 나다) → '신이 나서 하는 행동이 경솔한' 에서 유래

a **경솔한** / not respectful; light
- give a **flippant** answer 경솔한 대답을 하다

n **flíppancy** 경솔, 경박 n **flípper** (잠수용) 오리발; 지느러미발

265 **flout**
[flaut]
★☆☆☆☆

flout (whistle 호루라기를 불다) → '호루라기 소리를 내며 비웃다' 에서 유래

v **비웃다** / deliberately disobey; deride
- **flout** a person's advice 남의 충고를 비웃다

ad **flóutingly** 조롱하여

266 **fluctuation**
[flʌktʃuéiʃən]
★★★☆☆

flu (flow 흐르다) → '물 흐르듯 오르내리는 파동' 에서 유래

n **변동** / sudden changes; alternation
- price **fluctuation** 가격 변동

v **flúctuate** 변동[등락]을 거듭하다

267 **foible**
[fɔ́ibl]
★☆☆☆☆

<F.> foible (weak 약한) → '약한 점' 에서 유래

n **(성격의) 결점, 약점** / defect of character; imperfection
- overlook the **foibles** of one's friends 친구들의 약점을 너그럽게 보아주다

268 **foliage**
[fóuliidʒ]
★★★☆☆

foliage<feuille (잎)

n **<집합적> 잎** / leaves
- the glorious autumn **foliage** 오색 찬란한 가을 단풍

v **fóliate** 잎을 내다 n **foliátion** 잎을 냄 a **fóliar** 잎의, 잎 모양의

269 **foment**
[foumént]
★☆☆☆☆

fom (heat 뜨겁게 하다) → '사람들의 마음을 뜨겁게 해 반란을 조장하다' 에서 유래

vt **(불화 · 반란 등을) 조장하다** / make people start fighting; stir up
- **foment** dissension in the club 클럽 내의 알력을 조장하다

270 **foolproof**
[fúːlprùːf]
★★★☆☆

fool 바보 + proof 방지하는 → '잘못하여 바보가 되는 것을 방지할 정도로 확실한' 에서 유래

a **(기계 등이) 누구나 다룰 수 있는, 절대 확실한** / fully reliable
- That machine is not **foolproof** but it works well. 그 기계는 절대 확실치는 않지만 작동이 잘 된다.

271 **forage**
[fɔ́ːridʒ]
★☆☆☆☆

forage<fodr (food 음식) → '먹을 것을 찾아 다니다' 에서 유래

v **마구 뒤지며 찾다** / rummage n **먹이** / provender
- Birds usually **forage** individually or in pairs. 새들은 대개 개별적으로나 짝을 지어서 먹이를 찾는다.

n **fóraging** 수렵 채집 n **fórager** 약탈자

272 **forge**
[fɔːrdʒ]
★★★★☆

forg<fabr (make 만들다) → '대장간에서 만들다' 에서 유래

v **위조[날조]하다** / make a copy of; counterfeit; **(구상을) 이끌어 내다** / form
- **forge** cooperative relations 협력 관계를 이끌어내다

273 **formidable**
[fɔ́ːrmidəbl]
★★★★☆

formid (fear 공포) → '공포감이 들게 할 만큼 끔찍한' 에서 유래

a **끔찍한** / causing fear; dreadful; **가공할 만한** / difficult to defeat; awesom
- a **formidable** prospect[enemy] 끔찍한 광경[가공할 만한 적]

274 **formula**
[fɔ́ːrmjulə]
★★☆☆☆

formu 모양, 형식 → '판에 박힌 형식'에서 유래

n **판에 박은 말, 상투적인 문구** / a set form of words ; **신앙형식, 신조** / a statement of religious belief; creed ; **방식, 공식, 법칙** / method, rule

- draft a fresh **formula** for stabilizing the housing prices
  주택가격 안정을 위한 참신한 방안을 마련하다

v **fórmulate** 공식화하다 **n** **formulátion** 공식화
a **formuláic** 공식적인 **a** **fórmulary** 규정의, 틀에 박힌

---

275 **forte**
[fɔːrt] ★☆☆☆☆

fort(strong 강한) → '강한 점' 에서 유래

n **특기** / strong point; talent

- Cooking is her **forte**. 요리는 그녀의 특기이다.

---

276 **forthright**
[fɔ́ːrθràit]
★★★☆☆

forth 앞으로 + right 바른 → '거리낌 없이 앞으로 똑바로 나아가는' 에서 유래

a **거리낌 없는** / direct and honest in manner and speech; outspoken

- The candidate has a reputation for being **forthright** and candid.
  그 후보자는 거리낌 없고 솔직하기로 명성이 높다.

---

277 **fortify**
[fɔ́ːrtəfài]
★★★☆☆

fort(strong 강한) → '요새를 만들어 튼튼히 하다' 에서 유래

v **요새화하다** / protect against attack ;
강화하다 / give support to; strengthen

- **fortify** the public education system 공교육을 강화하다

n **fortificátion** 방어 시설; 요새화

---

278 **fortitude**
[fɔ́ːrtətjùːd]
★★★☆☆

fort (strong 강한) → '힘든 상황에서도 강하게 견뎌내는 용기'에서 유래

n **용기, 인내** / firm and lasting courage; perseverance

- bear one's illness with great **fortitude** 엄청난 인내로 자신의 병을 견뎌내다

---

279 **fortuitous**
[fɔːrtjúːətəs]
★★★☆☆

fort (chance 우연)

a **우연한** / happening by chance; accidental ; **운좋은** / fortunate

- a **fortuitous** meeting 우연한 만남 **n** **fortúity** 우연; 우연한 일

---

280 **foster**
[fɑ́stər]
★☆☆☆☆

fost (food 음식) → '음식을 주어 자라는 것을 촉진시키다' 에서 유래

vt **촉진[증진]하다** / help to grow or develop; promote ;
(양자 등을) 기르다 / rear

- **foster** a sense of unity among the new recruits
  신입사원들 사이에 일체감을 증진하다.

중요빈출

Check-up Test

1. Sensory memory is an image or memory that enters your mind fleetingly.
   ⓐ easily ⓑ haphazardly ⓒ temporarily ⓓ fundamentally

2. The mayor is adamant that he will not purchase more computers.
   ⓐ regrettable ⓑ hesitant ⓒ inflexible ⓓ confident

3. The rate of inflation in Korea has not gone up and down more than 10 percent in recent years.
   ⓐ fluctuated ⓑ hesitated ⓒ alternated ⓓ lingered

4. I was in Beijing recently and was delighted to see more men and fewer machines at work building formidable structures.
   ⓐ awesome ⓑ habitable ⓒ charitable ⓓ worrisome

5. Flying out of Beirut for Istanbul I sat next to a man who came on board well fortified with reading material. He had the latest Harper's, an airmail edition of the London Times, an Italian literary journal, and a new French novel.
   ⓐ emancipated ⓑ founded ⓒ supplied ⓓ moderated

정답 1. c 2. c 3. a 4. a 5. c

back / beat / blow / bring / carry / catch / consist / correspond / count

- **back out** / (사업 등에서) 손을 떼다 / withdraw, pull out
  - She tried to back out, but the president persuaded.
  그녀는 물러나려 했지만, 회장은 그녀를 설득했다.

- **back up** / 후원하다, 지지하다 support ; 후진하다 move backward
  - I'll back you up even if they don't believe you.
  그들이 널 믿지 않더라도 내가 도와줄 게.

- **beat about** / 이리저리 찾다 seek anxiously
  - The hunters beat about in the woods.
  사냥꾼들은 숲에서 이리저리 사냥감을 찾으러 다녔다.

- **beat around the bush** / 빙빙 돌려서 말하다 take around the point
  - Let's just say it without beating around the bush.
  빙빙 돌려 말하지 말고 말해보세요.

- **blow out** / (타이어가) 펑크가 나다 go flat
  - Tires blew out and a plane got on fire.
  타이어에 펑크가 났고 비행기에 불이 붙었다.

- **blow up** / 폭파시키다, 폭발하다 explode, go off ; 바람을 넣다; 과장하다 exaggerate
  - A police officer was killed when his car blew up.
  경찰관 한명이 자기 차가 폭파될 때 사망했다.

- **bring about** / 발생시키다, 일으키다 cause, give rise to
  - Their change of policy brought about a reconciliation with Britain.
  그들의 정책 변화는 영국에서 화합을 초래했다.

- **bring out** / 내놓다, 드러내다 produce, reveal
  - It's up to me to bring out the best in them.
  그들의 최고 능력을 보이게 하는 것은 나에게 달렸다.

- **bring ~ to an end** / 끝내다 finish
  - This series will be brought to an end with this issue.
  이 연재물은 이번 호로 끝날 거야.

- **bring to light** / 밝히다, ~을 폭로하다 reveal, expose
  - Various facts were brought to light telling his crimes.
  그의 죄상을 말해 주는 여러 사실이 드러났다.

- **bring up** / 양육하다 raise, rear ; 제안하다, 제기하다 mention, suggest ; 토하다 vomit, throw up ; 멈추다 stop
  - It's hard bringing up children alone. 아이들을 혼자서 키우는 것은 힘들다.
  - Many different opinions were brought up on the matter.
  그 문제에 대해 여러 가지 의견이 제시되었다.

- **carry away** / 흥분시키다 excite
  - I was getting a little carried away.
  나는 조금 흥분 했었다.

- **carry on** / 계속하다 continue, run on, go on ; 경영하다, 관리하다 take on
  - Carry on with your work while I'm away.
  내가 없는 동안 공부 계속해.

- **carry out** / 성취하다, 수행하다 execute
  - I promise to carry out my duties to the best of my ability.
  능력이 되는 한 나의 의무를 다할 것을 약속한다.

- **catch sight of** / 찾아내다, 발견하다
  - They caught sight of her red bag in the crowd.
  그들이 군중 속에서 그녀의 빨간 가방을 찾아냈다.

- **catch on** / 인기를 끌다 become popular ; 습득하다, 이해하다 understand
  - He can catch on the bare bones of the problem.
  그는 그 문제에 대한 요점을 이해하고 있다.

- **catch up with** / 따라 잡다 overtake
  - He quickened his pace to catch up with them.
  그는 그들을 따라잡기 위해 걸음을 빨리 했다.

- **consist in** / ~에 있다 lie in, rest in
  - A variety of dialects still consists in the country.
  다양한 방언들이 이 나라에 여전히 존재한다.

- **consist of** / ~로 이루어지다 be composed of; be made up of; comprise
  - Our new house consists of five rooms.
  우리의 새 집은 5개의 방으로 이루어져 있다.

- **correspond with** / ~과 서신을 왕래하다 communicate with ; ~과 부합하다 correspond to
  - Your views exactly correspond to mine.
  당신의 견해는 나와 딱 일치한다.

- **count on** / 의지하다, 믿다 rely on, depend on
  - You can count on me whenever you need some help.
  도움이 필요할 때마다 나에게 의지해도 돼.

- **count out** / 제외시키다 exclude, leave out
  - You will never be counted out. 당신은 절대 제외되지 않을 겁니다.

▪ **blow hot and cold** / 기분이 잘 변하다 vacillate, waver
▪ **blow one's own trumpet** / 자화자찬 하다 boast of one's work
▪ **blow one's top** / 노발대발하다, 몹시 화를 내다 lose one's temper, get angry
▪ **bring ~ to bear on** / ~에 포화를 돌리다, ~에 집중하다
▪ **bring ~ to justice** / 기소하다 bring to court, indict
▪ **carry ~ to excess** / 지나치게 ~하다
▪ **catch a cold** / 감기에 걸리다 get a cold
▪ **catch a glimpse of** / ~을 흘끗 보다 cast a look at, shoot a look at

de-

우선순위로 보는 PREview

Date : /

★★★★☆	23.	**demolish**	파괴하다	□ □ □
★★★☆☆	18.	**delegate**	대표(로 파견하다)	□ □ □
	19.	**deliberate**	고의적인; 숙고하다	□ □ □
	20.	**delinquent**	태만한; 체납된	□ □ □
	30.	**deplete**	감소시키다	□ □ □
	31.	**deplore**	비탄하다	□ □ □
	34.	**deposit**	침전시키다; 맡기다	□ □ □
★★☆☆☆	17.	**dejected**	기죽은	□ □ □
	28.	**denounce**	비난하다	□ □ □
	35.	**deprecate**	불찬성하다, 비난하다	□ □ □
★☆☆☆☆	12.	**defile**	더럽히다	□ □ □
	14.	**defunct**	죽은	□ □ □
	15.	**degenerate**	퇴화하다	□ □ □
	16.	**degrade**	강등시키다	□ □ □
	21.	**delude**	현혹하다	□ □ □
	22.	**demeanor**	행실	□ □ □
	24.	**demonstrate**	증명하다; 시위하다	□ □ □
	25.	**demure**	얌전한 체하는	□ □ □
	27.	**denote**	표시하다	□ □ □
	29.	**depict**	묘사하다	□ □ □
	32.	**deport**	추방하다; 행동하다	□ □ □
	33.	**depose**	퇴위시키다	□ □ □
	36.	**depreciate**	경시하다	□ □ □
	37.	**depredate**	강탈하다, 약탈하다	□ □ □
☆☆☆☆☆	13.	**defraud**	속여 빼앗다	□ □ □
	25.	**demur**	이의제기(하다)	□ □ □

MD15 mp3

LECTURE
15

defile
[difáil]
★☆☆☆☆
12

de(down) + fil<fouler(trample) → '(순결함을) 마구 짓밟아 버리다'에서 유래

vt **더럽히다** / destroy the pureness of; befoul
- disgusting video films that **defile** the mind of the young
  젊은이들의 마음을 더럽히는 역겨운 비디오 영화들

n **defílement** 더럽힘

어근관련 foul [faul] 더러운, 악취가 나는 filthy [fílθi] 더러운, 불결한

---

defraud
[difrɔ́:d]
☆☆☆☆☆
13

de(intensive) + fraud 사기 → '사기를 쳐서 빼앗다'에서 유래

vt (권리 · 재산 따위를) **속여 빼앗다, 사기치다** / get by fraud; cheat
- **defraud** one's employer of thousands of dollars
  자신의 고용주를 속여 수천 달러를 빼앗다

n **defraudátion** 사취, 사기 **n** **defráuder** 사기꾼(swindler)

어근관련 fraudulent [frɔ́:dʒulənt] 사기적인 뉘앙스 p.181

---

defunct
[difʌ́ŋkt]
★☆☆☆☆
14

de(off) + funct(perform) → '더이상 작동하지 않는'에서 유래

a **죽은, 현존하지 않는** / no longer living or existing; deceased
- the **defunct** 고인 • a **defunct** law 폐지된 법률

n **defúnctness** 죽음, 현존하지 않음 뉘앙스 p.299

어근관련 function [fʌ́ŋkʃən] 기능, 작용; 의식, 행사 functionary [fʌ́ŋkʃəneri] 직원

---

degenerate
[didʒénəreit]
★☆☆☆☆
15

de(down) + gen(birth) → '자신이 출생한 종족으로부터 내려가다'에서 유래

vi **퇴화[퇴보]하다** / pass into a lower state; deteriorate
- Liberty is apt to **degenerate** into lawlessness.
  자유는 방종으로 빠지기 쉽다.

n **degenerátion** 퇴보 **a** **degénerative** 퇴보한

어근관련 progeny [prádʒəni] 자손 eugenics [ju:dʒéniks] 우생학

---

degrade
[digréid]
★☆☆☆☆
16

de(down) + grade 등급 → '등급을 떨어뜨리다'에서 유래

vt 1 (~의 지위를) **떨어뜨리다, 강등시키다** / reduce in rank or status; demote
2 (~의 품성을) **타락시키다** / lower in moral character; debase
- **degrade** a captain to the ranks 대위를 병졸로 강등시키다
- **degrade** oneself by cheating 사기를 쳐서 자신의 품위를 떨어뜨리다

n **degradátion** 강등; 타락 **a** **degráded** 타락한 **a** **degráding** 품위를 떨어뜨리는

어근관련 gradation [greidéiʃən] 단계적 변화 upgrade [ʌpgréid] 진급시키다 뉘앙스 p.173

동의어 = / 반의어 ↔

12	**defile**	=	befoul / sully / taint / stain / maculate ↔ purge ○ 동의어 보강
13	**defraud**	=	cheat / trick / swindle / cozen / take in ○ 동의어 보강
14	**defunct**	=	deceased / dead / extinct / lifeless / inanimate ↔ alive
15	**degenerate**	=	deteriorate / worsen / decline / retrograde / retrogress ↔ improve
16	**degrade**	=	demote / lower / reduce / downgrade / disrate ↔ promote

○ 동의어 보강

더럽히다 · 변색시키다 12

필수	(be)smirch 더럽히다 defile 더럽히다 soil 더럽히다	spot 점(을 찍다) stain 얼룩; 더럽히다 sully 더럽히다	taint 더럽히다 tarnish 변색시키다, 더럽히다
고급	(be)daub ~을 온통 칠하다, 더럽히다 / (be)foul 더럽히다; 헐뜯다 / (be)smear 더덕더덕 바르다, (명성 따위를) 더럽히다 / discolor 변색시키다 / smudge 더럽히다, 얼룩지게 하다		

동의어 보감

속이다 · 사기치다 13	필수	beguile 속이다; 즐겁게 하다 / cheat 속이다 / deceive 속이다 / defraud 사기치다, 횡령하다 / delude (철저히) 속이다 / double-cross 공범이 속이다 / fool 놀리다, 속이다 / gull 속이다 / mislead 혼란을 주다, 속이다 / shuffle 발을 끌며 걷다; 속이다 / swindle 사기치다, 사취하다 / trick 속이다 / victimize 속이다
	고급	bilk 속이다, (빚을) 떼어먹다 / con 사기치다 / cozen 속이다, 기만하다 / dupe 속이다 / finagle 속임수를 쓰다 / foist 속여서 팔다 / hoax 골탕 먹이다, 속이다 / hoodwink 속이다 / palm 속여서 팔다 / snow (감언으로) 속이다
	숙어	impose on 속여 팔다 / play upon / pull one's leg 장난치다, 놀리다 / pull the wool over sb's eyes 남의 눈을 속이다 / take advantage of / take in 이해하다; 속이다
속임수 · 사기	필수	chicanery 핑계, 속임수 / deceit 사기, 속임 / deception 속임 / fraud 속임, 속임수 / guile 속임수 / trickery 계략, 속임수
	고급	gimmick 비밀장치, 속임수 / hoax 속이기, 골탕 먹임/ jugglery 마술; 사기/ legerdemain 손재주, 속임수/ rip-off 바가지/ sleight 속임수, 술책
	숙어	a snow job 속이는 일 · 참고: artifice 술책, 책략/ maneuver 책략, 술책; 작전 행동
사기꾼	필수	charlatan 사기꾼, 돌팔이 의사 / fraud 사기꾼 / impostor 사기꾼 / quack 돌팔이 의사, 사기꾼 / swindler 사기꾼
	고급	mountebank 사기꾼, 협잡꾼 / shark 상어; 사기꾼 · 참고: 호구 / pushover / soft touch

뉘앙스

속이다 · 사기치다 13

cheat	(이익을 위해) **속이다, 사기치다** ≪일상적인 표현≫	• **cheat** at cards 카드 놀이에서 남을 속이다
decéive	**속이다** ≪일반적인 말≫	• He was **deceived** into buying it. 그는 속아서 그것을 샀다.
delúde	(철저히) **속이다, 현혹시키다**	• **delude** her with empty dreams 헛된 꿈으로 그녀를 현혹시키다
begúile	(상대가 좋아할 미끼를 써서) **남을 속이다**	• **beguile** a person by flattery 감언이설로 남을 속이다
defráud	**속여 빼앗다, 횡령하다**	• **defraud** a person of his property 남을 속여 재산을 빼앗다
swíndle	(특히 돈을) **속여 빼앗다**	• **swindle** a person out of money 남에게서 돈을 사취하다
tríck	(계략을 써서) **속이다** ≪꼭 나쁜 뜻만은 아님≫	• The police **tricked** the suspect. 경찰은 그 피의자에게 계략을 썼다.
víctimize	(비열한 방법으로) **속이다**	• **victimize** a minor 미성년자를 속이다

15 LECTURE

check-up Test

1. She was accused of <u>defrauding</u> the company of $2 million.
ⓐ buttressing ⓑ deferring ⓒ corroborating ⓓ cheating

2. There used to be a <u>defunct</u> tribe of Indians in the region.
ⓐ extinct ⓑ deficient ⓒ sufficient ⓓ alive

3. Choose the one whose meaning is NOT related to the others.
ⓐ decadent ⓑ degenerate ⓒ profligate ⓓ magnanimous

4. She was tactful enough to take this unsavory subject and present in a way that would not ______ the relationship.
ⓐ degrade ⓑ upgrade ⓒ establish ⓓ improve

5. The extremist group used paint to <u>defile</u> the monument.
ⓐ congregate ⓑ escort ⓒ stain ⓓ revoke

정답 **1.** d **2.** a **3.** d **4.** a **5.** c

dejected
[didʒéktid]
★★☆☆☆
17

de(down) + ject(throw) → '기분이 아래로 던져진'에서 유래'

a **기가 죽은, 낙심한** / having or showing low spirits; depressed
- a **dejected** look[person] 낙심한 표정[사람]

v **deject** 낙담시키다(discourage) **n** **dejection** 낙담; 배설(물)

어근관련 abject [ǽbdʒekt] 비참한; 비열한 adjacent [ədʒéisnt] 인접한, 이웃의 뉘앙스 p.195

delegate
[déligeit]
★★★☆☆
18

de(off) + leg (send) → '여러 사람을 대신해서 보낸 사람'에서 유래

vt 1 **대표[대리]로 파견[임명]하다** / send or appoint as a representative or deputy; depute
2 (권한 따위를) **위임하다** / give to a person acting as one's agent; commit
- **delegate** him to the convention 그를 회의에 대표로 파견하다
- **delegate** the solution of the conflict to UN 분쟁 해결을 UN에 위임하다

n [délәgәt] **대표자, 대리인** / a person given authority to act for others; representative
- send two **delegates** to the meeting 그 회의에 두 명의 대표자를 파견하다

n **delegátion** 대표로 파견[임명]하기; 대표단

어근관련 relegate [rélәgeit] 좌천시키다; (일을) 맡기다

deliberate
[dilíbәrәt]
★★★☆☆
19

de(intensive) + liber(balance) → '저울에 달아 잘 따져보는'에서 유래

a 1 (특히 나쁜 일에 대해) **고의적인** / done as a result of careful planning; intentional
2 (말 · 동작 등이) **신중한, 느린** / not rash or hasty; slow
- a **deliberate** insult 고의로 준 모욕 • **deliberate** murder 고의적인 살인
- walk in a very **deliberate** way 매우 천천히 걷다

v [dilíbәreit] **심사숙고하다** / think or consider carefully; ponder
- **deliberate** (on) what to do 무엇을 할 것인지를 곰곰이 생각하다

n **deliberátion** 숙고; 신중함
a **delíberative** 심의하는, 신중한
ad **delíberately** 고의적으로(intentionally); 신중하게

어근관련 equilibrium [i:kwәlíbriәm] 균형 equilibrate [ikwílәbreit] 균형잡히게 하다

delinquent
[dilíŋkwәnt]
★★★☆☆☆
20

de(off) + linq(leave)→ '정상적인 행동에서 떠나간'에서 유래

a 1 **비행의, 태만한** / having broken a law or duty; remiss
2 (세금 따위가) **지불 기일이 넘은, 체납된** / past the time for payment; overdue
- a **delinquent** teenager 비행을 저지른 10대
- **delinquent** taxes 체납된 세금

n (특히 어린) **범죄인, 과실자** / a delinquent person; offender
- a juvenile **delinquent** 비행 청소년

n **delínquency** (의무의) 태만(neglect); 비행(misdemeanor)

어근관련 derelict [dérәlikt] 버려진; 직무 태만(의) relinquish [rilíŋkwiʃ] 포기하다

delude
[dilú:d]
★☆☆☆☆
21

de(off) + lud(play) → '가지고 놀다'에서 유래

v **현혹하다, 속이다** /mislead the mind of; deceive
- **delude** somebody into believing 남을 속여 믿게 하다

n **delúsion** 현혹, 기만; 망상(false belief) • **delusions** of grandeur 과대망상
a **delúsive, delúsory, delúding** 기만적인(deceptive)
cf **allúsion** 암시 **illúsion** 환상

어근관련 allude [әlú:d] 암시하다 collude [kәlú:d] 공모하다 뉘앙스 p.181

동의어 / 반의어

17 **dejected** = depressed / crestfallen / despondent / downcast / dispirited ↔ animated

18 **delegate** = representative / deputy / agent / proxy / surrogate

19 **deliberate** = ponder / consider / meditate / speculate / turn over

20 **delinquent** = overdue / unpaid / owing / derelict / outstanding 동의어 보감

21 **delude** = deceive / trick / beguile / hoax / dupe / hoodwink / play upon 동의어 보감

동의어 보감

태만한 · 게으른 20	필수	delinquent 태만한; 비행의 / indolent 나태한 / remiss 태만한 / derelict 버려진; 태만한 / lazy 게으른 / slothful 게으른, 느린 / idle 한가한, 놀고 있는 / negligent 태만한 / sluggish 둔한, 느린; 나태한
	고급	lackadaisical 열의 없는, 나태한 / lax 느슨한, 태만한 / recumbent 뒤로 드러누운; 태만한 / slack 태만한, 나른한 / supine 반듯이 누운; 게으른
환상 · 환각 21	필수	daydream 공상, 백일몽 / fantasy 상상, 공상, 환상 / mirage 신기루 / delusion 망상 / illusion 환상
	고급	hallucination 환각 / reverie 몽상, 공상; 환상
	숙어	pipe dream 허무한 공상

뉘앙스

환상 21	**delúsion**	망상, 잘못된 믿음	• **delusions** of persecution 피해 망상
	illúsion	환상	• an optical **illusion** 착시(錯視)
	hallucinátion	(병 · 약에 의한) 환각, 환상	• **hallucination** caused by drug addiction 마약 중독에 의한 환각
	miráge	신기루	• a **mirage** in the desert 사막에서의 신기루

Check-up Test

1. Lisa felt dejected after the interview.
ⓐ elated ⓑ confused ⓒ discouraged ⓓ convinced

2. As chairman, you will have to delegate responsibility to each of the committee members.
ⓐ align ⓑ share ⓒ demand ⓓ assign

3. Human facial expressions differ from those of animals in the degree to which they can be deliberately controlled and modified.
ⓐ noticeably ⓑ intentionally ⓒ incessantly ⓓ apparently

4. While we investigate your question, we cannot report you as delinquent or take any action to collect the amount you question.
ⓐ detective ⓑ investigator ⓒ vendor ⓓ neglecter

5. Even in a crisis, you can be deluded into thinking that everything is going well.
ⓐ deceived ⓑ recognized ⓒ humiliated ⓓ indoctrinated

정답 **1.** c **2.** d **3.** b **4.** d **5.** a

22

demeanor
[dimíːnər]
★☆☆☆☆

de(off) + mean(lead) → '자신을 이끌어 나감'에서 유래

n **행실, 태도** / behavior toward others; bearing
- an arrogant **demeanor** 오만한 태도

v **deméan** 처신하다(behave) **cf** **deméan** 품위를 손상시키다

어근관련 amenable [əmíːnəbl] 순종하는 commence [kəméns] 시작하다 뉘앙스 p.185

23

demolish
[dimáliʃ]
★★★★☆

de(down) + mol(grind) → '갈아서 뭉개버리다'에서 유래

vt (오래된 건물 등을) **파괴하다** / pull or tear down; destroy
- **demolish** the slum district 슬럼가를 철거하다

n **demolítion** 파괴, 철거 뉘앙스 p.211

어근관련 molest [məlést] 괴롭히다 emolument [imáljumənt] (관직의) 수당, 봉급

24

demonstrate
[démənstreit]
★☆☆☆☆

de(intensive) + mon<men(mind) → '자기 마음을 보여주다'에서 유래

vt (추론 · 예 등을 통해) **증명하다, 설명하다** / show clearly; prove
- **demonstrate** that the earth is round 지구가 둥글다는 것을 증명하다

vi **시위운동을 하다** / take part in a demonstration; display
- **demonstrate** against abortion 낙태 반대 시위를 하다

n **demonstrátion** 증명, 실증; 시위운동, 데모

a **demónstrative** 감정을 드러내는(unreserved)

어근관련 remonstrate [rimánstreit] 항의하다 reminiscent [remənísnt] 생각나게 하는

25

demur
[diməːr]
☆☆☆☆☆

de(off) + mur<mor(delay) → '반대하여 미루다'에서 유래

vi **이의를 제기하다** / raise a doubt or an objection; object
- **demur** at working overtime 초과 근무에 반대하다

n **이의 제기** / disapproval or objection
- without **demur** 이의 없이

어근관련 moratorium [mɔːrətɔ́ːriəm] 지불 유예

26

demure
[dimjúər]
★☆☆☆☆

de(intensive) + mur(mature) → '정신이 성숙하여 얌전한'에서 유래

a 1 (여성 · 어린이가) **얌전한** / quiet and not trying to draw attention to oneself; modest
2 **얌전한 체하는** / affectedly modest or shy; coy
- a **demure** young lady 얌전한 젊은 여성
- make a **demure** expression 새침한 표정을 짓다

어근관련 premature [priːmətʃúər] 시기 상조의 immature [imətʃúər] 미숙한 뉘앙스 p.209

27

denote
[dinóut]
★☆☆☆☆

de(intensive) + not(know) → '알 수 있게 하다'에서 유래

vt **~을 표시하다, 나타내다** / be a name of; indicate
- The dotted line on the graph **denotes** profits. 그래프 상의 점선은 이윤을 나타낸다.

n **denotátion** (단어 등의) 의미, 지시 **a** **denótative** 지시적인

cf **connóte** 함축하다(imply)

어근관련 notion [nóuʃən] 관념, 생각 notify [nóutəfai] 통지하다

동의어 / 반의어

22 **demeanor** = bearing / behavior / deportment / conduct / manner ◉ 동의어 보강
23 **demolish** = destroy / ruin / wreck / raze / ravage / devastate / tear down
24 **demonstrate** = prove / attest / verify / substantiate
25 **demur** = object / disapprove / dissent ↔ agree
26 **demure** = coy / modest / shy / bashful / abashed / prim / prudish
27 **denote** = indicate / mean / express / import / signify / refer to

동의어 보강

태도 22		
필수	attitude 태도 / bearing 태도; (아이를) 낳음; 관계; 위치, 방향 / carriage 탈 것; 태도, 몸가짐 / demeanor 태도 / manner 태도 / presence 풍채	
고급	deportment 태도; 품행 / mien 태도; 풍채	

뉘앙스

태도 22

béaring	**몸가짐, 태도** ≪일반적인 말≫	• his noble **bearing** 그의 고상한 몸가짐
cárriage	(걷거나 서 있을 때의) **몸가짐, 태도**	• his upright **carriage** 그의 똑바로 선 자세
deméanor	(남을 대하는) **태도**	• his supercilious **demeanor** 그의 거만한 태도
depórtment	(특히 젊은 여자의) **처신**	• the lady's upper class **deportment** 그 숙녀의 상류계층다운 처신
mánner	(습관적인) **태도**	• a kindly **manner** 친절한 태도
mien	(얼굴에 드러나는) **태도, 표정** ≪격식을 차린 말≫	• a solemn **mien** 근엄한 표정
áttitude	(생각 · 기분을 드러내는) **태도**	• an **attitude** of respect 존경하는 태도

Check-up Test

1. By beginning of last year, part of the school had to be demolished as its foundation had become too unstable.
ⓐ rebuilt ⓑ moved ⓒ destroyed ⓓ remodeled

2. His demeanor left much to be desired.
ⓐ clothing ⓑ judgment ⓒ manner ⓓ indoctrinated

3. The old building was demolished and a new high rise took its place.
ⓐ razed ⓑ remodeled ⓒ sold ⓓ duplicated

4. The speaker demonstrated his knowledge of the subject by his excellent lecture.
ⓐ corrected ⓑ created ⓒ repeated ⓓ showed

5. In astronomy, a scale of magnitude from one to six denotes the brightness of star.
ⓐ signifies ⓑ predicts ⓒ contrasts ⓓ examines

정답 **1.** c **2.** c **3.** a **4.** d **5.** a

denounce
[dináuns]
★☆☆☆☆
28

de(down) + nounce(tell) → '말을 해서 떨어뜨리다' 에서 유래

vt (공공연히) **~을 비난하다** / express strong disapproval of; condemn

- be **denounced** as a traitor 반역자로 비난받다

n **denunciátion, denóuncement** 비난, 규탄 뉘앙스 p.187

어근관련 renounce [rináuns] 포기하다 pronounce [prənáuns] 발음하다; 발표하다

---

depict
[dipíkt]
★☆☆☆☆
29

de(down) + pict(paint) → '그려 내려가다' 에서 유래

vt (생생히) **묘사[서술]하다** / show in the form of a picture; represent

- biblical scenes **depicted** in tapestry 벽에 거는 융단에 묘사된 성경 장면

n **depíction** 묘사

어근관련 picture [píktʃər] 그리다, 상상하다 picturesque [piktʃərésk] 그림 같은, 멋있는

---

deplete
[diplíːt]
★★★☆☆
30

de(down) + ple(fill) → '채워진 것을 다시 아래로 비우다'에서 유래

vt (크게) **감소[고갈]시키다** / lessen greatly in amount; exhaust

- **deplete** current inventory 현 재고를 소진하다

n **deplétion** 감소, 고갈

a **deplétive** 고갈시키는

어근관련 replete [riplíːt] 가득 찬, 충만한 plenary [plíːnəri] 절대적인; 전원 출석의

---

deplore
[diplɔ́ːr]
★★★☆☆
31

de(intensive) + plor(weep) → '너무도 슬프게 울다' 에서 유래

vt <진행형 불가> (남의 죽음 · 과오 등을) **비탄[개탄]하다** / feel or express deep sorrow for; lament

- **deplore** moral decline 도덕의 타락을 개탄하다

a **deplórable** 비통한, 통탄스러운(heartrending; mournful)

어근관련 implore [implɔ́ːr] 애원하다, 간청하다 explore [iksplɔ́ːr] 탐험하다; 탐구하다

---

deport
[dipɔ́ːrt]
★☆☆☆☆
32

de(away) + port(carry) → '멀리 보내버리다' 에서 유래

vt 1 (국외로) **추방하다** / force to leave a country; banish
2 <재귀적> **행동[처신]하다** / behave; conduct

- **deport** dangerous aliens 위험한 거류 외국인을 국외로 추방하다
- **deport** oneself like gentleman 신사답게 행동하다

n **deportátion** 추방 **n** **depórtment** 행실, 품행

cf **dispórt** 즐기다

어근관련 portable [pɔ́ːrtəbl] 휴대용의 purport [pərpɔ́ːrt] 취지, 의도 뉘앙스 p.185

= 동의어 ↔ 반의어

28	**denounce**	=	condemn / criticize / blame / reproach / censure ↔ eulogize ● 동의어 보강
29	**depict**	=	describe / represent / delineate / picture / portray / render
30	**deplete**	=	exhaust / decrease / lessen / diminish / drain / use up
31	**deplore**	=	lament / mourn / grieve / bemoan / bewail ↔ rejoice
32	**deport**	=	banish / expel / exile / expatriate / ostracize / oust

동의어 보감

비판하다 · 비난하다 28		
	필수	accuse 비판하다 / blame 비난하다 / blast 호되게 꾸짖다, 비난하다 / brand 낙인을 찍다 / castigate 벌주다, 혹평하다 / censure 비난하다 / chastise 벌을 주다, 비난하다 / condemn 비난하다, 유죄선고하다 / criticize 비판하다 / denounce 비난하다 / hammer 비판하다 / pan 비판하다 / reprehend 책망하다, 비난하다 / slam 쾅 닫다; 비난하다 / stigmatize 낙인을 찍다
	고급	decry 비난하다, 헐뜯다 / denunciate 탄핵하다; 공공연히 비난하다 / deprecate 불찬성[비난]하다 / excoriate 껍질을 벗기다; 비난하다 / impugn 비난하다; 이의를 제기하다 / inveigh 통렬히 비난하다 / pillory 강력히 비판하다 / reprobate 꾸짖다, 비난하다 / vituperate 욕설하다, 혹평하다
	참고	call a person names 욕하다
	반의어	칭찬하다 / praise / exalt / extol / glorify

뉘앙스

비평하다 · 비난하다 28

críticize	**비평하다, 평론하다**	• **criticize** a person's error 남의 과오를 비판하다
blame	**비난하다** ≪구어적인 말≫	• **blame** a person for his folly 어리석은 짓을 했다고 남을 비난하다
cénsure	(권위있게 맹렬히) **비난하다**	• His recent work was severely **censured** by the authority. 그의 최근 작품은 권위 있는 사람들로부터 혹평을 받았다.
reprehénd	(사람보다는 잘못을 심하게) **비난하다**	• **reprehend** a person's conduct 남의 행동을 비난하다
réprobate	(반대의 뜻을 담아) **비난하다, 질책하다**	• He **reprobated** the heresies of his nephew. 그는 조카의 이단적 행동들을 비난했다.
condémn	(판단을 내려 강하게) **비난하다**	• **condemn** cruelty to animals 동물 학대를 비난하다
denóunce	(공공연하게) **비난하다**	• **denounce** the government's housing policy 정부의 주택 정책을 비난하다

check-up Test

1. It was reported that he was <u>deported</u>.
ⓐ sent out of the country ⓑ carried to bed ⓒ dropped out of school ⓓ invited to come

2. Mark Twain as a satirist <u>denounced</u> the culture, especially the politics of the day.
ⓐ interpreted ⓑ investigated ⓒ described ⓓ condemned

3. The author of the article _______ Dr. Bernard as a very unusual man.
ⓐ depicted ⓑ acquainted ⓒ disposed ⓓ addicted

4. The sharp <u>depletion</u> of supplies is sending crop prices to their highest levels in four years.
ⓐ using up ⓑ asking up ⓒ taking up ⓓ deceiving

5. Some critics have praised James Michener's epic novels for their facts but <u>deplored</u> their characterizations.
ⓐ emulated ⓑ ridiculed ⓒ complimented ⓓ lamented

정답 **1.** a **2.** d **3.** a **4.** a **5.** d

depose
[dipóuz]
★☆☆☆☆
33

de(down) + pos(put) → '밑으로 내려놓다'에서 유래

vt 1 (특히 고위직에서) **물러나게 하다, 퇴위시키다** / remove from a position of power; dethrone
2 ≪법≫ **선서 증언하다** / state solemnly in a court of law; testify
- The dictator was **deposed** by the people. 그 독재자는 국민에 의해 퇴진 당했다.
- **depose** that an event took place 일이 실제로 일어났다고 선서 증언하다

n **depositíon** 파면, 퇴위; 선서 증언; 침전(물)

어근관련 dispose [dispóuz] 배열하다; 처분하다 compose [kəmpóuz] 구성하다

---

deposit
[dipázit]
★★★☆☆
34

de(down) + pos(put) → '밑으로 내려놓다'에서 유래

vt 1 (특정한 장소에) **내려놓다** / put or set down; place , **침전[퇴적]시키다** / lay down or leave behind by a natural process; accumulate
2 (돈 따위를) **맡기다, 예금하다** / put in a bank or safe; bank
- She **deposited** the baby in the crib. 그녀는 갓난 아기를 아기 침대에 내려놓았다.
- Glaciers **deposit** their debris as they melt. 빙하는 녹으면서 그 부스러기를 침전시킨다.
- **deposit** one's paycheck in a bank 봉급을 은행에 예금하다

n 1 **침전물, 퇴적물** / deposited matter; sediment
2 **예금(액), 적립금** / money entrusted as in a bank; bank account
- oil **deposits** 석유 매장량
- a current[fixed] **deposit** 당좌[정기] 예금 • **deposit** money 보증금

n **depositíon** 파면, 퇴위; 선서 증언; 침전(물)
n **depósitor** 예금인 **n** **depósitory** 보관소(storehouse)

어근관련 depot [dí:pou] 저장소; ≪미≫ 정거장 impose [impóuz] 부과하다, 강요하다

---

deprecate
[déprəkeit]
★★☆☆☆
35

de(off) + prec(pray) → '나쁜 것에서 손 떼기를 기도하다' 에서 유래

vt (진지하게) **불찬성하다, 비난하다** / express earnest disapproval of; deplore
- **deprecate** the use of violence 폭력의 사용에 반대하다

n **deprecátion** 반대, 비난 **a** **deprecátory** 불찬성의; 사죄의, 변명의
- a **deprecatory** smile 용서를 구하는 미소

어근관련 imprecate [ímprikeit] (저주를) 빌다 precarious [prikéəriəs] 불안한

---

depreciate
[diprí:ʃieit]
★☆☆☆☆
36

de(down) + prec(price)→ '가격이 떨어지다'에서 유래

v 1 **가치가 떨어지다[떨어뜨리다]** / (make) fall in value or price; deteriorate
2 **경시하다, 얕보다** / speak slightingly of; belittle
- Runaway inflation **depreciated** the country's currency.
악성 인플레이션이 그 나라의 통화 가치를 떨어뜨렸다.
- **depreciate** the value of taking exercise 운동의 가치를 경시하다

n **depreciátion** 가치 감소, 감가상각; 경시 **a** **depréciatory** 경시적인; 가치 감소의

어근관련 appreciate [əprí:ʃieit] 올바르게 평가하다; ~을 고맙게 여기다; 가치 상승하다
appraise [əpréiz] 평가하다

뉘앙스 p.99

---

depredate
[déprideit]
★☆☆☆☆
37

de(intensive) + pred(prey) → '먹이를 닥치는 대로 잡아 먹다'에서 유래

v **강탈[약탈]하다** /rob by force; plunder
- begin to **depredate** the village 그 마을을 약탈하기 시작하다

n **depredátion** 파괴, 약탈
n **dépredator** 약탈자

어근관련 prey [prei] 먹이 predation [pridéiʃən] 약탈

동의어 (=) / 반의어 (↔)

33	**depose**	=	dethrone / unthrone / discrown ↔ enthrone ● 동의어 보감
34	**deposit**	=	sediment / precipitate / grounds / dregs
35	**deprecate**	=	disapprove / object / denounce / denunciate / castigate / brand / excoriate
36	**depreciate**	=	deteriorate / debase / lower / adulterate / put down ↔ enhance ● 동의어 보감
37	**depredate**	=	plunder / pillage / despoil / loot / ransack ● 동의어 보감

동의어 보감

해고하다 33		
	필수	axe 대폭삭감하다, 해고하다 / discharge 해고하다 / fire 해고하다 / depose 면직시키다 / dismiss 해고하다, 내쫓다 / release 석방하다; 해제하다 / discard 버리다; 포기하다; 해고하다 / displace 옮기다, 해고하다 / unseat 지위를 빼앗다; 퇴직시키다
	고급	dethrone / discrown 찬탈하다; 퇴위시키다 / pinkslip 해고하다 / sack 해고하다 / unthrone
	숙어	kiss off / lay off (일시) 해고하다 / put[kick] out / give the pink slip
	참고	layoff 정리 해고하다

악화[저하]시키다 36		
	필수	adulterate 불순하게 하다 / degenerate 퇴보시키다 / deteriorate 악화시키다 / aggravate 악화시키다; 화나게 하다 / depreciate 저하시키다; 경시하다 / worsen 악화시키다
	고급	pejorate 악화시키다 / exacerbate 악화시키다; 격분시키다
	반의어	개선하다 / ameliorate / enhance / get better / improve

약탈하다 37		
	필수	pillage 약탈하다 / plunder 약탈하다
	고급	depredate 약탈하다, 파손하다 / despoil 재산을 빼앗다 / loot (폭동, 화재 시에) 물건을 약탈하다 / ransack 샅샅이 뒤지다; 약탈하다 / sack 해고하다; (군대가 점령지에서) 약탈하다
	참고	전리품 / spoils / booty 뒤지다 / ransack / rummage / forage 여물; 뒤지다 / frisk (경찰이) 몸수색을 하다 / grope for 더듬어 찾다 / fumble for 더듬어 찾다

Check-up Test

1. I regret that my remarks seemed ______; I never intended to belittle you.
ⓐ laudatory ⓑ depreciatory ⓒ mandatory ⓓ delinquent

2. The insurgents aim to <u>depose</u> the king and establish a republic.
ⓐ detract ⓑ dethrone ⓒ obtrude ⓓ elaborate

3. If a foreign object <u>lodged in</u> the eye, medical help is necessary.
ⓐ deposited in ⓑ invisible to ⓒ lived in ⓓ blurry to

4. To express disapproval of is to ______.
ⓐ condescend ⓑ bequeath ⓒ insinuate ⓓ deprecate

5. The Korean currency is moving faster against the U.S. dollar at an accelerating pace these days. But the Korean Won is ______ vis-a-vis the Japanese Yen at a faster slip.
ⓐ slowing ⓑ reducing ⓒ depreciating ⓓ lowering

정답 **1.** b **2.** b **3.** a **4.** d **5.** c

281 **fractious**
[frǽkʃəs]
★☆☆☆☆

frac<frag (break 깨뜨리다) → '(분위기를) 잘 깨뜨리는' 에서 유래

a **까다로운** / bad-tempered; irritable
- a **fractious** child 까다로운 아이

282 **fragment**
[frǽgmənt]
★★☆☆☆

frag (break 깨뜨리다) → '깨진 것' 에서 유래

n **파편** / piece of something broken; chip ; **일부분** / an incomplete or disconnected part
v **산산조각이 되다** / break or divide into fragments
- Because of the noise he could hear only **fragments** of the conversation. 소음 때문에 그는 대화의 일부분밖에 들을 수 없었다.

n **fragmentátion** 분열 a **frágmentary** 파편의

283 **frail**
[freil]
★★★☆☆

fra<frag (break 깨뜨리다) → '쉽게 깨질 만큼 연약한' 에서 유래

a **연약한** / thin and weak; infirm
- a **frail** woman 연약한 여자 n **fráilty** 허약함, 약점

284 **fraternal**
[frətə́:rnl]
★★★☆☆

frat (brother 형제)

a **형제의[다운]** / of or like brothers; brotherly
- **fraternal** love 형제애 n **fratérnity** 형제애, 박애; 협회

285 **fraud**
[frɔ:d]
★★★☆☆

frau (trick 속임수) → '늘 사람을 속이는 사기꾼' 에서 유래

n **사기(꾼)** / a method of illegally getting money; deception
- obtain money by **fraud** 사기로 돈을 얻다

a **fráudulent** 사기를 치는, 부정한

286 **fraught**
[frɔ:t]
★☆☆☆☆

fraught<fraght (cargo 싣다) → '짐을 실어 가득 찬' 에서 유래

a **~으로 가득 찬** / full of something unpleasant; replete
- His heart was **fraught** with sorrow. 그의 마음은 슬픔으로 가득 찼다.

287 **fray**
[frei]
★☆☆☆☆

fra (rub 문지르다) → '문질러 닳게 하다' 에서 유래

v **(천 등이) 문질러 닳게 하다** / wear out; dilapidate
- **frayed** shirts to wear at home 집에서 입는 닳아빠진 셔츠

288 **frenzied**
[frénzid]
★☆☆☆☆

frenzy<phrenesis (delirious 헛소리를 하는) → '미쳐 헛소리를 하는' 에서 유래

a **열광적인** / very much excited; frenetic ; **광포한** / mad
- be murdered in a **frenzied** knife attack 광포한 칼부림에 살해당하다

n v **frénzy** 광란, 열광; 열광시키다

289 **fret**
[fret]
★★★☆☆

fret (devour 먹어 치우다) → '다 먹어 치워 안달하다' 에서 유래

v **안달하다** / worry about n **초조** / discontented condition; irritation
- Don't **fret** about your mistake. 네 실수에 대해 안달하지 마.

a **frétful** 안달하는, 화를 잘 내는

290 **friction**
[fríkʃən]
★☆☆☆☆

fric (rub 문지르다) → '두 물체를 서로 문질러 닳게 하는 마찰' 에서 유래

n **마찰** / disagreement between people; conflict
- **friction** between two nations 두 나라 사이의 마찰

v **fríctionize** ~에 마찰을 일으키다, 마찰로 ~에 작용을 미치다
a **fríctional** 마찰의; 마찰로 일어나는

291 **frigid**
[frídʒid]
★★☆☆☆

frig (cold 추운) → '매우 추운' 에서 유래

a **매우 추운, 혹한의** / very cold; freezing
- Man can live in a **frigid** place. 인간은 극한지에서도 살 수 있다.

n **frigídity** 쌀쌀함; 냉담; 불감증

292 **frolicsome**
[frάliksəm]
★☆☆☆☆

frol (merry 명랑한) → '명랑하여 까불며 뛰노는' 에서 유래

a **까불며 뛰노는** / active and liking to play; sportive
- the **frolicsome** puppy 까불며 뛰노는 강아지

n v **frólic** 놀이, 장난; 즐겁게 뛰놀다

293 **frugal**
[frú:gəl]
★☆☆☆☆

frug (fruit 성과) → '남는 성과가 있도록 아껴쓰는' 에서 유래

a **검소한** / careful to only buy what is necessary; thrifty
• a **frugal** supper of bread and milk 빵과 우유만의 검소한 저녁식사
n **frugálity** 절약, 검소

---

294 **frustrate**
[frʌ́streit]
★★★☆☆

frust (disappoint 실망시키다) → '실망시켜 좌절하게 만들다' 에서 유래

v **좌절[실패]시키다** / prevent a person's plan or efforts from succeeding; thwart
• **frustrate** his plan 그의 계획을 좌절시키다.

---

295 **fulsome**
[fúlsəm]
★☆☆☆☆

fulsom (abundant 풍부한) → '지나치게 풍부한' 에서 유래

a **(칭찬 등이) 지나친** / giving too much praise to be sincere; excessive
• the speech packed with **fulsome** praise 지나친 칭찬으로 가득 찬 연설

---

296 **funereal**
[fju:níəriəl]
☆☆☆☆☆

funer (pass away 죽다) → '사람이 죽어 치르는 장례식의' 에서 유래

a **장례식의** / sad, slow and suitable for a funeral; solemn
• **funereal** music 장례식 음악
n **fúneral** 장례식

---

297 **furrow**
[fə́:rou]
★★☆☆☆

furrow<perk (ridge 두렁, 이랑) → '고랑을 파 이랑을 만들다' 에서 유래

n **밭고랑; 길쭉한 홈** / a narrow groove; ditch
v **이랑을 짓다; 주름살이 지다** / wrinkle
• Heavy trucks made deep **furrows** in the muddy road.
 육중한 트럭이 흙 길에 깊은 고랑을 만들었다.
a **fúrrowy** 이랑진; 주름이 많은

---

298 **furtive**
[fə́:rtiv]
★★★☆☆

furtiv (hidden 숨겨진) → '숨어서 몰래 하는' 에서 유래

a **몰래 하는** / behaving to keep something secret; stealthy
• cast a **furtive** glance 몰래 훔쳐보다

---

299 **fussy**
[fʌ́si]
★☆☆☆☆

fuss 야단 법석한 상태에 대한 의성어 → '늘 야단스럽게 까다로운' 에서 유래

a **(성격이) 까다로운** / hard to please; fastidious
• The flavor is ideal for **fussy** kids. 이 맛은 까다로운 아이들에게 이상적이다.
n v **fuss** 법석, 소란(을 피우다)

---

300 **gainsay**
[géinsèi]
☆☆☆☆☆

gain (against 반대로) + say 말하다 → '반대 의견을 내다' 에서 유래

vt **반박[부인]하다** / say something is not true; contradict
• There is no **gainsaying** his innocence. 그가 결백하다는 것은 부인할 수 없다.

★ 중요빈출

---

check-up Test

1. Humankind possesses only a fragmentary history of ancient times.
ⓐ incomplete ⓑ incomparable ⓒ indispensable ⓓ invaluable

2. Although my grandmother is old and frail, she still enjoys playing cards and listening to dance tunes.
ⓐ deaf ⓑ unhappy ⓒ unpleasant ⓓ weak

3. The technique known as "bypass" still remains opaque and operations employing this technique are fraught with dangers.
ⓐ distorted by ⓑ threatened by ⓒ laden with ⓓ free from

4. Relaxation therapy teaches one not to fret about small problems.
ⓐ look for ⓑ worry about ⓒ get involved in ⓓ embarrass

5. Highly regarded for his integrity and ______, the professor was pointed to the head of Department.
ⓐ extravagance ⓑ frugality ⓒ snatch ⓓ dissipation

정답 **1.** a **2.** d **3.** c **4.** b **5.** b

cut / deal / do / draw / dress

- **cut a fine figure** / 두각을 나타내다 stand out
  - He **cut a fine figure** in that field. 그는 그 분야에서 두각을 나타냈다.

- **cut back on** / (비용을) 절감하다, 줄이다 reduce, cut corners
  - The company is **cutting back on** expanding stores.
  그 회사는 매장을 확장하는데 비용을 줄이고 있다.

- **cut down** / 줄이다, 삭감하다 cut back on, reduce, lower; 베어 넘어뜨리다 fell
  - You should find at least one way to **cut down** the stress.
  스트레스를 줄이기 위해 적어도 한 가지 방법은 찾아야 한다.

- **cut off** / 중단하다, 끊다 hang up, stop
  - Heavy snow **cut off** all traffic into the village.
  폭설로 인해 마을로 들어가는 교통이 모두 끊겼다.

- **cut out for** / ~에 적합한 suited for
  - I think I am **cut out for** teaching students.
  나는 학생들을 가르치는데 적격이라고 생각한다.

- **deal in** / 취급하다, 팔다 sell
  - We don't **deal in** foreign products. 저희는 외국 제품은 취급하지 않습니다.

- **deal with** / 처리하다, 다루다 handle, treat
  - It's not at all easy to **deal with** angry customers.
  화가난 손님을 상대하는 일은 결코 쉬운 일이 아니다.

- **do away with** / ~을 없애다, 폐지하다 eliminate, abolish
  - He thinks it's time we **did away with** the monarchy.
  그는 우리가 군주제를 그만둘 때라고 생각한다.

- **do harm** / 해가 되다
  - Excessive dieting can **do harm** to adolescent growth.
  과도한 다이어트는 사춘기 성장에 해가 될 수 있다.

- **do justice to** / ~을 공정히 평가하다 judge fairly
  - The challenge of my role is to **do justice to** the many contributions.
  내 역할에서의 난제는 그 많은 기여들을 공정하게 평가하는 것이다.

- **do in** / ~을 다치다, 녹초가 되게 하다 wear out; 망치다, 파멸시키다 spoil
  - He **did** his back **in** lifting all those boxes.
  그는 모든 박스들을 들어 올리다가 허리를 다쳤다.

- **do up** / 수리하다, 고치다 repair, mend; 모양내다, 화장하다 make up
  - People cannot find the money to **do up** their houses.
  사람들은 집을 수리하기 위한 돈을 찾을 수 없었다.

- **do well to do** / ~하는 편이 더 낫다 may as well, had sooner, would rather
  - You **did well to** sell when the price was high.
  가격이 높을 때 판 것이 현명했다.

- **do with** / 다루다, 처리하다 deal with; 참다 endure
  - I can't **do with** his rude manner. 나는 그의 무례한 태도는 참을 수 없다.

- **do without** / ~없이 지내다 go without, dispense with
  - I don't know how we'll be able to **do without** you.
  나는 우리가 너 없이 지낼 수 있는 방법을 몰라.

- **draw forth** / (정보 등을) 이끌어 내다 elicit
  - The army interpreter tried to **draw forth** information from the captured soldier.
  군 통역관은 포로에게서 정보를 캐내려 애썼다.

- **draw out** / 뽑다, 끌어내다 withdraw; 해가 길어지다
  - I went to the bank and drew out all the money I had saved.
  은행에 가서 저축한 돈을 몽땅 인출했다.

- **draw up** / 끌어올리다; 문서를 작성하다 draw out; 다가가다, 바짝 달라붙다 stick to; (차를) 세우다 stop
  - Education officials are **drawing up** contingency plans for the forthcoming exam season.
  교육청은 다가올 시험 기간의 긴급 사태 대책에 대한 문서를 작성하고 있다.

- **dress down** / 꾸짖다 reproach, scold
  - My boss **dressed** me **down**.
  사장이 나를 엄하게 야단쳤다.

- **dress up** / 장식하다, 치장하다 deck out
  - I'm going to **dress up** as a witch this Halloween.
  이번 할로윈에는 마녀 분장을 할 것이다.

- **cut corners** / 지름길로 가다; (돈, 시간을) 절약하다 take a shorter way; reduce
- **cut it fine** / (시간, 돈 등을) 바싹 줄이다, 긴축하다
- **cut no ice** / 효과가 없다 fail to make a favorable impression, be of no avail
- **cut someone dead** / 보고도 보지 못한 체 하다 disregard
- **do one's best** / 최선을 다하다 give one's best
- **do someone a favor** / ~의 부탁을 들어주다 do a favor for someone
- **draw a blank** / 실패하다 fall through, get nowhere
- **draw attention to** / ~에 대한 관심을 끌다
- **draw the line** / 한계를 정하다, 제한하다 limit
- **dressed to kill** / 끝내주게 차려입은
- **dressed to the nines** / 완벽히 옷을 차려입은 dressed to the teeth

de-

우선순위로 보는 PRE view

Date : /

★★★★★	56.	**deter**	단념시키다	□ □ □
★★★★☆	59.	**detrimental**	해로운	□ □ □
	61.	**deviate**	빗나가다, 벗어나다	□ □ □
★★★☆☆	38.	**depress**	의기소침 하게하다	□ □ □
	41.	**derelict**	유기된; 태만한	□ □ □
	46.	**designate**	가리키다; 임명하다	□ □ □
	48.	**desolate**	황폐한; 황폐하게 하다	□ □ □
	49.	**despise**	경멸하다	□ □ □
	51.	**destitute**	빈궁한	□ □ □
	53.	**desultory**	산만한	□ □ □
	55.	**detain**	지체하게 하다	□ □ □
	57.	**deteriorate**	떨어뜨리다	□ □ □
	58.	**detest**	몹시 싫어하다	□ □ □
	60.	**devastate**	황폐화하다	□ □ □
	62.	**devour**	게걸스레 먹다	□ □ □
	63.	**devout**	독실한	□ □ □
	64.	**deminish**	줄(이)다	□ □ □
★★☆☆☆	45.	**desiccate**	건조시키다	□ □ □
	50.	**despondent**	낙담한	□ □ □
	65.	**dismay**	당황하게 하다	□ □ □
★☆☆☆☆	40.	**deranged**	혼란된	□ □ □
	42.	**deride**	조롱하다	□ □ □
	43.	**derive**	끌어내다	□ □ □
	44.	**descry**	알아보다	□ □ □
	47.	**desist**	그만두다	□ □ □
	52.	**desuetude**	폐지	□ □ □
	54.	**detach**	분리시키다; 파견하다	□ □ □
☆☆☆☆☆	39.	**deputy**	보좌관; 하원의원	□ □ □

MD16 mp3

LECTURE 16

depress
[diprés]
★★★☆☆
38

de(down) + press 누르다 → '아래로 누르다'에서 유래

vt 1 **의기소침[우울]하게 하다** / cause to feel sad and hopeless; dispirit
2 **불경기로 만들다, 위축시키다** / lessen the activity or strength of; weaken
3 **내리누르다** / press down; lower

- She was **depressed** by her husband's failing health.
  그녀는 남편의 쇠약해지는 건강 때문에 의기소침했다.
- The threat of war has **depressed** business activity. 전쟁의 위협이 경제 활동을 위축시켰다.
- **depress** the keys of a piano 피아노의 건반을 치다

n **depréssion** 의기소침; 불경기 **a** **depréssed** 의기소침한(downcast); 불경기의
a **depréssing** 울적하게 하는(gloomy)

뉘앙스 p.195

어근관련 oppress [əprés] 억압하다; 우울하게하다 suppress [səprés] 진압하다

deputy
[dépjuti]
☆☆☆☆☆
39

de(intensive) + put(think) → '생각끝에 일을 맡긴 사람'에서 유래

n 1 **대리, 보좌관** / a person selected to represent another; agent
2 **(프랑스의) 하원의원** / a member of the lower house in a legislative assembly; representative

- a **deputy** premier 부수상 • the Chamber of **Deputies** (제3공화국 시대) 프랑스의 하원

v **depúte** 대리로 임명하다 **v** **députize** 대리 근무를 하다

어근관련 dispute [dispjú:t] 논쟁(하다) impute [impjú:t] ~의 탓으로 돌리다

deranged
[diréindʒd]
★☆☆☆☆
40

de(off) + range → '정신의 배열이 흩트러진'에서 유래

a 1 **발광한, 미친** / completely unable to think clearly; insane
2 **혼란된** / thrown into disorder; disarranged

- a mentally **deranged** criminal 정신 이상의 범죄자
- **deranged** lines of communication 엉망이 된 통신망

v **derángе** 어지럽히다(disarrange; disturb) **n** **derángement** 혼란; 정신 착란

어근관련 range [reindʒ] 정렬시키다; 조준하다; 열, 줄지움; 범위; 사정 거리
arrange [əréindʒ] 배열하다; 준비하다

derelict
[dérəlikt]
★★★☆☆
41

de(intensive) + re(back) + lict(leave) → '사용되지 않고 뒤에 남겨진'에서 유래

a 1 **(특히 배 · 건물이) 유기된, 버려진** / not used and falling into ruin; abandoned
2 **직무에 태만한** / neglectful of duty; remiss

- a **derelict** old house 오래된 폐가 • **derelict** in civic responsibility 시민의 의무에 태만한

n **사회적 낙오자, 부랑자** / a destitute person without a home; vagrant

- Many **derelicts** in the city live on the streets. 그 도시의 많은 부랑자들은 거리에서 산다.

어근관련 delinquent [dilíŋkwənt] 태만한; 비행의 relinquish [rilíŋkwiʃ] 포기하다

동의어 · 반의어

38	**depress**	= dispirit / deject / disappoint / discourage ↔ encourage ⓞ 동의어 보갑
39	**deputy**	= agent / delegate / proxy / surrogate
40	**deranged**	= insane / mad / crazy / lunatic / demented / berserk / nutty ↔ sane ⓞ 동의어 보갑
41	**derelict**	= remiss / lazy / neglectful / negligent / delinquent ↔ faithful

동의어 보갑

미친 · 정신 나간 40	필수	berserk 미쳐 날뛰는 / crazy 미친; 열광적인 / deranged 미친, 혼란된 / insane 미친, 정신이상의 / lunatic 미친, 정신이상의 / mad 미친, 화난 / psychotic 정신병의, 미친
	고급	amuck 미쳐 날뛰는 / demented 실성한, 발광한 / moonstruck 미친 / nutty 미친
	숙어	beside oneself / out of one's mind / not in one's right mind

동의어 보감

슬픈 · 낙심한 · 우울한 38	필수	bleak 황량한, 쓸쓸한 / blue 우울한 / crestfallen 풀이 죽은 / dejected 낙담한 / depressed 의기소침한 / desolate 황량한, 쓸쓸한 / desperate 절망적인, 필사적인 / despondent 절망적인, 낙심한 / dismal 음침한; 우울한 / dispirited 낙심한, 기가 꺾인 / dour 음울한 / downcast (눈을) 내리뜬, 풀죽은 / dreary 음산한, 황량한 / elegiac 애가풍의 / forlorn 버림받은; 우울한 / funereal 장례식의, 침울한 / gloomy 어두운; 우울한 / lamentable 슬픈 / maudlin 감상적인 / melancholy 우울한 기질의 / moody 침울한; 변덕스러운 / morose 언짢은, 침울한 / mournful 슬퍼하는; 애도하는 / plaintive 구슬픈 / somber 뿌루퉁한, 음울한 / sullen 시무룩한; 음울한 / woeful 비참한; 애처로운
	고급	disconsolate 우울한 / doleful 서글픈; 음울한 / dolorous 슬픈, 고통스러운 / lachrymose 애절한 / lugubrious 애처로운 / mawkish 감상적인; 역겨운 / murky 어두운, 음울한 / plangent 구슬프게 울리는 / saturnine 음울한; 납중독의 / woebegone 수심에 가득 찬
	숙어	down in the dumps[mouth] / out of sorts[spirit, humor, mood]
슬퍼하다	필수	deplore 한탄하다, 개탄하다 / grieve 몹시 슬퍼하다 / lament 슬퍼하다, 후회하다 / mourn 슬퍼하다, 애도하다
	고급	bemoan 슬퍼하다 / bewail 슬퍼하다
	참고	tearjerker 눈물을 흘리게 하는 신파조 영화
울다	필수	cry 소리 내어 울다 / sob 흐느껴 울다 / wail 울부짖다 / wail 울부짖다 / whimper 훌쩍훌쩍 울다 / whine 흐느껴 울다
	고급	blubber 엉엉 울다 / snivel 코를 훌쩍거리며 울다
	숙어	burst into tears 와락 울음을 터트리다 / feel a lump in one's throat 목이 메다

뉘앙스

슬픈 38

sad	슬픈 ≪일반적인 말≫	• a **sad** story 슬픈 이야기
dejécted	(실패나 실망에 의해) **낙심한**	• **dejected** over missing a bus 버스를 놓쳐 낙심한
depréssed	(피로나 공허감으로 인해) **의기소침한**	• be **depressed** in spirits 의기소침하다
glóomy	**어둡고 울적한**	• a **gloomy** person 음울한 사람
dóleful	**쓸쓸하고 슬픈**	• a **doleful** look 처량한 표정
mélancholy	(습관적으로) **우울한**	• a **melancholy** mood 우울한 기분
sórrowful	(죽음 · 실망에 의해) **슬픈**	• A funeral ceremony is a **sorrowful** event. 장례식은 슬픈 일이다.

Check-up Test

1. Dali's paintings can inspire a <u>pensive</u> mood.
ⓐ cheerful ⓑ depressed ⓒ thoughtful ⓓ fresh

2. Now that my veracity has been questioned, I feel deeply _______.
ⓐ honored ⓑ assaulted ⓒ relieved ⓓ depressed

3. Since the president could not be present at the conference he sent one of his staff as a <u>deputy</u>.
ⓐ agent ⓑ deluge ⓒ temperament ⓓ travesty

4. We guessed that she had <u>deranged</u> after the accident.
ⓐ mad ⓑ involuntary ⓒ confined ⓓ interned

5. They have just made a final decision to exploding the <u>derelict</u> ship.
ⓐ forsaken ⓑ neglectful ⓒ solitude ⓓ awesome

정답 **1.** b **2.** d **3.** a **4.** a **5.** a

deride
[diráid]
★☆☆☆☆
42

de(down) + rid(laugh) → '비웃어 상대를 떨어뜨리다'에서 유래'

vt **비웃다, 조롱하다** / laugh at; ridicule
- **deride** one's opponent 자신의 적을 조롱하다

n **derísion** 조롱 • in **derision** of ~을 비웃어 **a** **derísive, derísory** 조롱적인

어근관련 ridiculous [ridíkjuləs] 우스운; 터무니없는 risible [rízəbl] 잘 웃는; 우스운

---

derive
[diráiv]
★☆☆☆☆
43

de(down) + riv(flow) → '~로부터 흘러 내려오다'에서 유래

vt (다른 근원에서) **끌어내다** / obtain from an origin; draw
- **derive** great pleasure from books 책에서 커다란 즐거움을 얻다

vi **유래하다** / originate; stem
- French and Italian **derive** from Latin. 불어와 이탈리아어는 라틴어에서 유래한 말이다.

n **derivátion** 끌어냄; 유래, 파생 **a** **n** **derívative** 유래하는, 파생적인; 파생물, 파생어

어근관련 contrive [kəntráiv] 고안하다 riverine [rívərain] 강(변)의

---

descry
[diskrái]
★☆☆☆☆
44

des<dis(away) + cry 외치다 → '멀리 떨어져 있는 것을 보고 외치다'에서 유래

vt <진행형은 불가> (먼 것 · 희미한 것을) **알아보다, 발견하다** / notice at a distance; espy
- **descry** a ship in the dense fog 짙은 안개 속에서 배를 발견하다

어근관련 decry [dikrái] 비난하다, 헐뜯다

뉘앙스 p.97

---

desiccate
[désikeit]
★★☆☆☆
45

de(off) + sicc(dry)→ '수분을 말리다'에서 유래

v (보존을 위해) **말리다, 건조시키다** / deprive of moisture or water; dehydrate
- **desiccate** fruit in order to preserve it 과일을 보존하기 위해 건조시키다

a **n** **désiccant** 건조시키는; 건조제

어근관련 siccative [síkətiv] 건조력이 있는

---

designate
[dézigneit]
★★★☆☆
46

de(from) + sign 부호, 기호 → '기호를 통해 가리키다'에서 유래

vt 1 **가리키다, 나타내다** / point out; indicate
2 **~라고 부르다, 명명하다** / call by a special name; entitle
3 **임명[지명]하다** / select for an office or position; appoint
- The red lines on this map **designate** main roads.
  이 지도상의 빨간 선은 간선 도로를 가리킨다.
- The ruler of Iran is **designated** shar. 이란의 통치자는 샤라고 불린다.
- be **designated** as the chairman 의장으로 임명되다

a <명사 뒤에 써서> (아직 취임은 안되고) **지명된** / appointed but not yet installed in office; nominated
- a bishop **designate** 지명된 주교

n **designátion** 지명, 임명(nomination); 명칭, 칭호(title)

어근관련 assign [əsáin] 할당하다; 임명하다 consign [kənsáin] 인도하다; 위탁하다

---

desist
[dizíst]
★☆☆☆☆
47

de(intensive) + sist(stand)→ '가고 있는 것을 서게 하다'에서 유래

vi **그만두다, 중지[단념]하다** / stop doing something; cease
- tell the man to **desist** from threatening his wife
  그 남자에게 자신의 아내를 협박하는 행위를 그만두라고 말하다

n **desístance** 중지(cessation)

어근관련 assist [əsíst] 돕다 persist [pərsíst] 고집하다, 지속하다

동의어 / 반의어

42	**deride**	=	ridicule / mock / jeer / scorn / scoff / gibe / taunt ◉ 동의어 보갑
43	**derive**	=	draw / educe / evolve / deduce / extract
44	**descry**	=	espy / spy / discover / find / spot / locate
45	**desiccate**	=	dehydrate / parch / shrivel / wilt / dry up ◉ 동의어 보갑
46	**designate**	=	indicate / show / denote / signify / point out
47	**desist**	=	cease / halt / quit / cut off ↔ continue ◉ 동의어 보갑

동의어 보갑

비웃다 · 조롱하다 42	필수	deride 비웃다 / mock 조롱하다; 흉내내다 / sneer at 비웃다 / jeer at 비웃다 / ridicule 비웃다 / tease 놀리다, 비웃다 / laugh at 비웃다 / scoff at 비웃다
	고급	gibe at 비웃다 / taunt 조롱하다, 비아냥거리다
	숙어	poke fun at / pull one's leg
	참고	풍자 / send-up / spoof / parody 패러디, 풍자적인 개작 냉소적인 / sardonic / sarcastic
마르다 · 시들다 45	필수	droop 축 늘어지다, 시들다 / parch 바싹 마르다 / wither 시들다 / fade 시들다, 사라지다 / shrivel 오그라들다, 시들다
	고급	dehydrate 탈수되다, 마르다 / desiccate (식품이) 건조되다, 마르다 / wilt (화초가) 이울다, 시들다
	숙어	dry up 바싹 마르다
멈추다 47	필수	cease 멈추다 / halt 멈추다 / stop 멈추다 / discontinue 멈추다 / quit 멈추다 / suspend 매달다; 멈추다
	고급	desist 그만두다, 단념하다
	숙어	cut off / bring to a halt

check-up Test

1. During the five-day meeting of the International Whaling Commission, Japan derided the delegates of anti-whaling nations as" mimics for Greenpeace."
ⓐ ridiculed ⓑ designated ⓒ named ⓓ degenerated

2. The plants and animals that lived millions of years ago derived their energy from the sun as do living things today.
ⓐ sustained ⓑ kept ⓒ gave ⓓ obtained

3. I could only just descry the vessel in full sail, at such a distance that I soon lost sight of it.
ⓐ pull ⓑ understand ⓒ send ⓓ discern

4. At the party, Mr. Whitaker drank whisky rather than beer so much, so his friends _______ his driver for the trip home safe.
ⓐ deluded ⓑ discharged ⓒ designated ⓓ depleted

5. His supervisor advised him to desist from continuing with that argument.
ⓐ sustain ⓑ denote ⓒ cease ⓓ deplore

정답 **1.** a **2.** d **3.** d **4.** c **5.** c

desolate
[désələt]
★★★☆☆
48

de(intensive) + sol(sole) → '혼자 있는 상태의'에서 유래

a 1 (장소 · 건물이) **사람이 살지 않는, 황폐한** / laid waste and without people in it; deserted
2 **외로운, 쓸쓸한** / very lonely and sad; solitary
- **desolate** land 황폐한 땅
- a **desolate** street 인적이 끊긴 거리
- a **desolate** life 쓸쓸한 삶

vt [désəleit] **황폐하게[쓸쓸하게] 하다** / make desolate; devastate
- The Vikings **desolated** the lands they attacked.
  바이킹들은 자신들이 공격한 땅을 황폐하게 했다.

n **desolátion** 황폐(하게 하기); 쓸쓸함, 외로움

어근관련 console [kənsóul] 위로하다 solicit [səlísit] 간청하다

---

despise
[dispáiz]
★★★☆☆
49

de(down) + spi(look) → '아래로 보다'에서 유래

vt <진행형은 불가> **경멸하다** / regard as bad or worthless; disdain
- **despise** a hypocrite 위선자를 경멸하다

a **despícable** 경멸스런, 비열한(contemptible, mean) 뉘앙스 p.153

어근관련 despite [dispáit] 무례; 악의; ~에도 불구하고 conspicuous [kənspíkjuəs] 눈에 띄는, 현저한

---

despondent
[dispándənt]
★★☆☆☆
50

de(down) + spond(promise) → '기대했던 약속이 무너진'에서 유래

a **낙담한, 풀이 죽은** / having lost heart, courage, or hope; downcast
- long lines of **despondent**-looking people 풀이 죽어 보이는 사람들의 긴 행렬

vi **despónd** 실망[낙심]하다 **n** **despóndence, -cy** 낙심 뉘앙스 p.199

어근관련 respond [rispánd] 응답하다 correspond [kɔːrəspánd] ~와 일치하다

---

destitute
[déstətjuːt]
★★★☆☆
51

de(down) + stit(stand) → '서 있던 것이 주저 앉은'에서 유래

a 1 **빈궁한, 빈곤한** / strictly poverty-stricken; indigent
2 **~이 없는** / lacking in; devoid
- a **destitute** family 극빈한 가정
- be **destitute** of children 자식이 없다

n **destitútion** 극빈; 결핍, 부족 뉘앙스 p.291

어근관련 standpoint [stǽndpɔint] 입장, 관점 standstill [stǽndstil] 막힘, 정지

---

desuetude
[déswitjuːd]
★☆☆☆☆
52

de(off) + sues(be accustomed) → '익숙해져 있는 것을 멀리함'에서 유래

n **폐지 (상태)** / the condition of not being used any more; disuse
- fall into **desuetude** (말 · 습관 따위가) 폐지되다

어근관련 custom [kʌ́stəm] 관습 costume [kástjuːm] 복장, 의복

---

desultory
[désəltɔːri]
★★★☆☆
53

de(down) + sul(leap) → '이리저리 뛰는'에서 유래

a **종잡을 수 없는, 산만한** / done in an unplanned and disorganized way; discursive
- **desultory** conversation 종잡을 수 없는 대화
- **desultory** reading 산만한 독서

n **désultoriness** 산만함

어근관련 assault [əsɔ́ːlt] 습격(하다); 폭행(하다) exult [igzʌ́lt] 기뻐 날뛰다

동의어 / 반의어

48	**desolate**	=	deserted / barren / devastated / ravaged / uninhabited ↔ fertile
49	**despise**	=	disdain / scorn / contemn / look down on ↔ esteem
50	**despondent**	=	desperate / forlorn / depressed / disheartened / disconsolate ● 동의어 보강
51	**destitute**	=	indigent / poor / needy / impecunious / impoverished ↔ opulent
52	**desuetude**	=	disuse / abolition / abrogation / annulment
53	**desultory**	=	discursive / random / vagrant / unconnected / fitful ↔ steady ● 동의어 보강

동의어 보강

비참한 · 절망적인 50	필수	abject 비참한; 비열한 / desperate 절망적인; 필사적인 / despondent 낙담한 / hopeless 절망적인, 비참한 / miserable 비참한 / pathetic 불쌍한, 비참한 / pitiable 불쌍한, 비참한 / wretched 비참한
	고급	dire 무시무시한; 비참한 / distressing 괴로움을 주는, 비참한
산만한 53	필수	desultory 일관성 없는, 산만한 / diffuse 널리 퍼진; (문체 등이) 산만한 / heedless 부주의한, 산만한 / loose 헐거운; 단정치 못한; 산만한
	고급	diffusive 확산성의; 산만한 / digressive 지엽적인, 산만한 / discursive 광범위한, 산만한 / rambling 방랑하는; 두서없는, 산만한

뉘앙스

절망적인 50	**hópeless**	**희망없는, 절망적인**	• a **hopeless** situation 절망적인 상황
	despóndent	(희망 · 용기를 잃고) **낙심한, 의기 소침한**	• The prolonged illness made him **despondent**. 오랜 병으로 그는 의기소침해졌다.
	despáiring	(희망을 완전히 잃고) **절망적인, 자포 자기의**	• The **despairing** lover spoke of suicide. 그 절망에 빠진 연인은 자살을 생각했다.
	désperate	(극단적인 행동을 일으킬 정도로) **절망적인, 필사적인**	• Hunger makes men **desperate**. 굶주림은 사람을 절망적으로 만든다.

cf. **forlórn** (실패가 확실하여) **절망적인**

Check-up Test

1. He respected his master because he didn't <u>despise</u> the poor.
ⓐ displease ⓑ look up to ⓒ look down on ⓓ take care of

2. <u>Despondent</u> when he arrived, he has since moved to his own apartment and now directs at his school, a transformation Graham calls“ miracle”.
ⓐ Refused ⓑ Depressed ⓒ Guarded ⓓ Neglected

3. Strange to say, the professor is <u>destitute</u> of common sense.
ⓐ abundant ⓑ ahead ⓒ plenty ⓓ devoid

4. The canals were permitted to decay, the army was periodically starved of new equipment, the astronomical clocks built in 1092 were disregarded, the iron-works gradually fell into <u>desuetude</u>.
ⓐ destitute ⓑ decrepitude ⓒ disuse ⓓ dissolution

5. In the Roman circus one of the most popular sports was performed by one who leaps. This leaper rode two horses by vaulting expertly from one animal to the other. When people today speak of _______ conversation, they mean a conversation in which the participants flit from one subject to another.
ⓐ desultory ⓑ compensatory ⓒ inexorable ⓓ obstinate

정답 **1.** c **2.** b **3.** d **4.** c **5.** a

detach
[ditǽtʃ]
★☆☆☆☆
54

de(off) + tach(touch) → '붙어있는 것을 떨어뜨리다'에서 유래

vt 1 **분리시키다** / separate from a larger group or mass; disconnect
2 (군대 · 함선 등을) **파견하다** / send on a special mission; dispatch
- **detach** a locomotive from a train 열차에서 기관차를 떼어내다
- **detach** oneself from the party 정당에서 떠나다
- **detach** a small force to guard the palace 왕궁을 경비하도록 작은 병력을 파견하다

n **detáchment** 분리; 무관심, 초연; 파견

a **detáched** (건물이) 분리된(separate); 공평한, 초연한(impartial; aloof)
- take a **detached** view 공정한 견해를 취하다

어근관련 attach [ətǽtʃ] 붙이다; 소속시키다; 애착을 느끼게 하다
contingent [kəntíndʒənt] 의존하는, 부수적인; 우연한 뉘앙스 p.513

detain
[ditéin]
★★★☆☆
55

de(from) + tain(hold) → '붙들어서 못가게 하다'에서 유래

vt 1 **지체하게 하다, 기다리게 하다** / keep from going on; delay
2 ≪법≫ **유치하다, 감금하다** / keep in a police station; confine
- I'm sorry to have **detained** you so long. 오래 기다리게 해서 죄송합니다.
- **detain** the suspected thief for questioning 심문을 하기 위해 절도 용의자를 유치장에 구금하다

n **deténtion** 억류, 지연; 구류, 감금(imprisonment) n **detáinee** 억류자, 구속자

어근관련 abstain [æbstéin] 삼가다; (투표에) 기권하다 detente [deitá:nt] 긴장 완화

deter
[ditə́:r]
★★★★★
56

de(off) + ter(frighten) → '겁을 줘서 그 일로부터 떨어뜨리다'에서 유래

vt (공포 · 위협 따위로) **그만두게 하다, 단념시키다** / prevent or discourage from acting; dissuade
- **deter** the alcoholic from drinking 알콜 중독자에게 술을 끊게 하다

n **detérment, detérrence** 제지(물) a n **detérrent** 단념하게 하는; 제지물

cf **defér** 연기하다

어근관련 terrible [térəbl] 무서운, 끔찍한 terrific [tərífik] 대단한, 지독한; 훌륭한

deteriorate
[ditíəriəreit]
★★★☆☆
57

de(down) + terior 비교급 접미어 → '아래로 더욱 떨어지다'에서 유래

v (가치 · 품질 따위) **떨어뜨리다[지다]** / make or become worse; depreciate
- His health is **deteriorating**. 그의 건강이 악화되고 있다.

n **deteriorátion** 악화; 저하

어근관련 superior [səpíəriər] 우수한 inferior [infíəriər] 열등한

detest
[ditést]
★★★☆☆
58

de(down) + test(witness) → '신을 증인으로 초청하여 비난하다'에서 유래

vt **몹시 싫어하다, 질색하다** / hate very much; abhor
- **detest** being interrupted 말을 가로 막는 것을 질색하다

n **detestátion** 증오; 몹시 싫은 것[사람] • **hold ~ in detestation** ~을 몹시 싫어하다

a **detéstable** 몹시 싫은(hateful)

어근관련 attest [ətést] 입증하다; 증언하다 protest [próutest] 항의하다; 주장하다

detrimental
[detrəméntl]
★★★★☆
59

de(off) + tri(rub) → '자꾸만 문질러서 떨어뜨리는'에서 유래

a **해로운**/ causing loss or damage; injurious
- a **detrimental** effect on the environment 환경에 대한 해로운 영향

n **détriment** 손해, 손상(loss; damage) • **to the detriment of** ~을 희생하여

어근관련 attrition [ətríʃən] 마멸 contrite [kəntráit] 참회하는

devastate

[dévəsteit]

★★★☆☆

60

de(intensive) + vas(empty) → '텅빈 상태로 만들다' 에서 유래

vt 1 (도시 · 국토를) **유린하다, 황폐화하다** / destroy completely; ravage
2 (정신적으로) **맥을 못 추게 하다, 압도하다** / make helpless; overwhelm

- **devastate** the border towns 국경의 도시들을 황폐화하다
- He was **devastated** by the teacher's criticism. 그는 선생님의 비판을 듣고 맥을 못추었다.

n **devastátion** 황폐 **n** **dévastator** 파괴자, 약탈자

a **dévastating** 황폐화시키는; 매우 매력적인(very attractive)

어근관련 vast [væst] 광대한 wasteful [wéistfəl] 낭비의, 비경제적인

동의어 ↔ 반의어

54	**detach**	=	separate / disconnect / disjoin / dissociate / disunite ↔ attach
55	**detain**	=	imprison / immure / incarcerate / intern / tether / coop up ↔ release
56	**deter**	=	dissuade / prevent / restrain / inhibit / debar ↔ encourage
57	**deteriorate**	=	depreciate / worsen / degenerate / pejorate ↔ ameliorate
58	**detest**	=	abhor / hate / loathe / abominate / execrate ↔ adore
59	**detrimental**	=	harmful / mischievous / deleterious / baneful / noxious ↔ beneficial
60	**devastate**	=	destroy / demolish / ravage / wreck / play havoc with ⊙ 동의어 보감

동의어 보감

매혹적인 60	필수	appealing 매혹적인 / catchy 매력적인; 음조가 외우기 쉬운 / charming 매혹적인 / devastating 황폐화시키는; 매혹적인 / engaging 매력적인 / eye-catching 매혹적인 / inviting 매력적인 / provocative 도발적인; 선정적인 / suggestive 선정적인
	고급	personable 품위 있는, 매력적인 / riveting 매력적인 / winning 승리자의, 매력 있는 / winsome 매력 있는, 명랑한
	참고	swooning 매료된 / have a crush on ~에 홀딱 반하다

Check-up Test

1. Many Chinese immigrants passed the long hours of <u>detainment</u> on Angel Island by inscribing poetry into the wooden walls of their barracks.
ⓐ internment ⓑ allotment ⓒ interview ⓓ dispensation

2. Despite the stormy weather, the mailman could not be <u>deterred from</u> his daily routine.
ⓐ kept from ⓑ left out ⓒ overcome by ⓓ placed at

3. The situation is bound to <u>deteriorate</u>.
ⓐ come about ⓑ continue ⓒ become worse ⓓ improve

4. Of all of the forms of impoverishment that can be seen or felt in America, loss of self, or death in life, is surely the most _______.
ⓐ devastating ⓑ promising ⓒ ingratiating ⓓ preserving

5. He usually ends up by hating grammar and <u>detesting</u> the language.
ⓐ panegyrizing ⓑ abhorring ⓒ appalling ⓓ imperiling

정답 **1.** a **2.** a **3.** c **4.** a **5.** b

deviate
[dí:vieit]
★★★★☆
61

de(off) + via(way) → '길에서 떨어져 나가다'에서 유래

vi (바른 길 등에서 약간) **벗어나다, 빗나가다** / turn aside from a usual or accepted course; diverge

- **deviate** from the usual flight path 평상시의 비행 항로를 이탈하다

n **deviátion** 벗어남, 일탈 **a n** **déviant** (표준에서) 벗어난; 이상 성격자

a **dévious** 꾸불꾸불한(winding), 우회적인

어근관련 via [váiə] ~을 경유해서 obviate [ábvieit] 미연에 방지하다 뉘앙스 p.203

devour
[diváuər]
★★★☆☆
62

de(down) + vor(eat) → '모조리 먹어치우다'에서 유래

vt 1 **게걸스레 먹다** / eat quickly and greedily; gorge
2 (화재 · 질병 따위가) **삼켜버리다, 파괴하다** / consume or destroy; waste
3 <수동형> **~의 마음을 사로잡다** / take up the attention of; possess

- **devour** one's luncheon 점심을 게걸스레 먹다
- The raging fire **devoured** the forest. 맹렬한 화염이 숲을 삼켜버렸다.
- be **devoured** by jealousy 질투에 사로잡혀 있다

어근관련 voracious [vɔ:réiʃəs] 게걸스러운 omnivorous [amnívərəs] 잡식성의

devout
[diváut]
★★★☆☆
63

de(from) + vot(vow) → '신께 맹세를 하는'에서 유래

a 1 **독실한, 경건한** / seriously concerned with religion; pious
2 **충심어린, 열렬한** / felt very deeply; sincere

- a **devout** follower of Buddha 독실한 불교도 • **devout** gratitude 진심어린 감사

n **devóutness** 독실함; 열렬함

어근관련 devote [divóut] 바치다; 전념하다 votary [vóutəri] 열성적인 (신자)

diminish
[dimíniʃ]
★★★☆☆
64

di<de(intensive) + min(lessen) → '줄이다'에서 유래

v **줄(이)다, 축소하다** / (cause to) become smaller; reduce

- **diminish** one's strength[wealth] 자신의 힘[부]을 줄이다

n **diminútion** 감소, 축소 **a n** **dimínutive** 작은 (것) 뉘앙스 p.31

어근관련 miniature [míniətʃər] (축소) 모형; 소형의 minimum [mínəməm] 최소

dismay
[disméi]
★★☆☆☆
65

d<de(intensive) + is<ex(out) + may(can) → '자신감을 없어지게 하다'에서 유래

vt <주로 수동태> (공포 · 걱정 따위가) **당황[실망]하게 하다** / make afraid or discouraged; bewilder

- be **dismayed** to hear the news 그 소식을 듣고 당황하다

n (놀라움 섞인) **낙심, 당황** / a strong feeling of fear and hopelessness; consternation

- **to one's dismay** 당황[실망]스럽게도

어근관련 maybe [méibi:] 아마

동의어 / 반의어

61	**deviate**	=	diverge / depart / digress / swerve / err / stray ● 동의어 보감
62	**devour**	=	gorge / gobble / gormandize / guttle / gulp / guzzle
63	**devout**	=	pious / holy / godly / religious / prayerful ↔ profane ● 동의어 보감
64	**diminish**	=	reduce / decrease / lessen / abate / dwindle ↔ increase
65	**dismay**	=	bewilder / embarrass / perturb / perplex / disconcert

동의어 보감

이탈하다 · 빗나가다 61		
	필수	depart 출발하다, 빗나가다 · digress (이야기가) 빗나가다 · stray 길을 잃다, 빗나가다 · deviate 빗나가다, 벗어나다 · diverge 분기하다
	고급	deflect (광선, 탄알 등이) 빗나가다 / swerve 갑자기 방향을 바꾸다 / veer 방향을 바꾸다
	숙어	get sidetracked 벗어나다, 탈선하다 / turn aside

동의어 보감

간접적인 · 우회적인 61	필수	circuitous 에두르는, 완곡한 / indirect 간접적인 / devious 우회적인, 음흉한 / secondhand 간접적인; 중고의
	고급	roundabout 우회적인, 에두르는
	숙어	beat around the bush 에둘러 말하다
	참고	완곡어법 / circumlocution 에둘러 말함 / euphemism 완곡어법 / tautology 동의어 반복 우회도로 / bypass / detour
게걸스레 먹다 62	필수	devour 게걸스레 먹다 / wolf 게걸스레 먹다 / gorge 게걸스레 먹다 / glut 배불리 먹이다; 포식하다
	고급	gobble 게걸스레 먹다 / gormandize 폭식하다 / gulp 꿀꺽 삼기다; (마실 것을) 벌컥벌컥 마시다 / guzzle 폭음하다; 게걸스레 먹다
	숙어	eat like a horse 돼지처럼 잔뜩 먹다
	참고	gnaw 갉아 먹다 / nibble 갉아 먹다 / sip 홀짝거리다 / quaff[swig] 꿀꺽 꿀꺽 마시다 / swallow 삼키다 glutton 대식가 / gormand 대식가 / gourmet 미식가 / epicure 미식가, 쾌락주의자 / foodie 미식가 / bon vivant 미식가; 유쾌한 사람

뉘앙스

벗어나다 61

déviate	(관습상의 · 바람직한 길에서) **벗어나다, 빗나가다**	• **deviate** from the doctrine 교리에서 벗어나다
depárt	(전통적인 또는 올바른 것을 버리고) **빗나가다**	• **depart** from the superstitious conventions 미신적인 인습을 버리다
digréss	(이야기의 본론에서) **벗어나다**	• He **digressed** too far from the main theme. 그는 주제에서 너무 멀리 벗어났다.
divérge	(둘 이상으로) **갈라지다**	• The road **diverged** in the shape of a Y. 그 길은 Y자 모양으로 갈라졌다.
veer	(특히 바람 · 배가) **방향을 바꾸다**	• The wind **veered** to the east. 바람의 방향이 동쪽으로 바뀌었다.
swerve	(갑자기) **방향을 바꾸다**	• The road **swerves** to the left at that point. 그 길은 그 지점에서 갑자기 왼쪽으로 꺾인다.

Check-up Test

1. The mayor was thoroughly dismayed by the lack of public support for his new project.
ⓐ disrupted ⓑ disavowed ⓒ disappointed ⓓ disabled

2. Mr. Kim always notices the parents when a student neglects his homework, and he will not _______ from this rule in your case.
ⓐ deviate ⓑ secrete ⓒ meet ⓓ reveal

3. A female mantis does not hesitate to devour her own mate if she is hungry.
ⓐ ignore ⓑ fight ⓒ consume ⓓ hurt

4. My mother is a devout supporter of the green cross campaign.
ⓐ lunatic ⓑ sane ⓒ depraved ⓓ sincere

5. The lower ratings for the last debate indicated that the public's interest in the candidates had _______.
ⓐ blossomed ⓑ repealed ⓒ ruptured ⓓ diminished

정답 **1.** c **2.** a **3.** c **4.** d **5.** d

301 **galvanize,-ise**
[gǽlvənaiz]
★☆☆☆☆

Galvani 전기 물리 학자 이름 → '전기를 통하게 하다' 에서 유래

vt **갑자기 활기 띠게 하다** / stimulate by shock; stir up
- **galvanize** the party members into activity
  당원들의 활동에 갑자기 활기를 띠게 하다

a **galvánic** 발작적인, 충격적인

---

302 **gamut**
[gǽmət]
☆☆☆☆☆

gamma (the lowest tone 가장 낮은 음) → '가장 낮은 음부터 높은 음까지의 전 범위'에서 유래

n **전(全)범위** / entire range; scale
- the **gamut** of emotions 오만가지 감정

---

303 **gape**
[geip]
☆☆☆☆☆

gap (yawn 하품하다) → '하품하듯 입을 크게 벌리고 바라보다' 에서 유래

vi **(입을 크게 벌리고) 바라보다** / look hard in surprise or wonder; gaze
- **gape** at her in utter amazement 놀라서 입을 크게 벌리고 그녀를 바라보다

---

304 **garner**
[gá:rnər]
★☆☆☆☆

garner<granarium (store house 창고) → '창고에 곡물을 모으다' 에서 유래

vt **모으다** / gather and store away; preserve
- be based on the information **garnered** 입수한 정보에 의거하다

---

305 **garrulous**
[gǽrələs]
★★★☆☆

garrul (chatter 재잘거리다) → '수다스럽게 재잘거리는' 에서 유래

a **수다스러운** / always talking a lot; talkative; gabby
- a **garrulous** woman 수다스러운 여자

n **garrúlity** 수다, 말 많음

---

306 **generalize**
[dʒénərəlaiz]
★★☆☆☆

general 일반적인 → '일반화하다' 에서 유래

v **일반화하다, 개괄하다** / make into one general statement; induce
- Knowledge is experience **generalized**. 지식은 일반화된 경험이다.

n **generalizátion** 일반화 n **generálity** 일반성 ad **génerally** 보통, 일반적으로

---

307 **generic**
[dʒənérik]
★★★☆☆

gener<genus (kind 종류) → '종류에 관해 포괄적이며 일반적인' 에서 유래

a **≪문법≫ (수, 인칭, 시제가) 총칭적인** / having to do with a kind or class ; **일반적인; 상표등록이 되어있지 않은** / not registered as a trademark
- The **generic** term for apples and oranges is "fruit".
  사과와 오렌지에 대한 일반적인 용어는"과일"이다.

---

308 **genetic**
[dʒənétik]
★★☆☆☆

gene 유전자 → '유전(인)자와 관련된' 에서 유래

a **유전의** / occuring by heredity; hereditary
- be against artificial insemination and **genetic** engineering
  인공수정과 유전자공학에 반대하다

n **genétics** 유전학

---

309 **genial**
[dʒí:njəl]
★★☆☆☆

gen (birth 탄생) → '꽃이 피기 좋게 날씨가 온화한' 에서 유래

a **(날씨 · 성질 등이) 온화한** / having a cheerful and friendly character; amiable
- a **genial** disposition 온화한 성격

---

310 **genteel**
[dʒentí:l]
★☆☆☆☆

gen (birth 탄생) → '좋은 가문에서 태어난' 에서 유래

a **(집안이 좋아서) 품위있는** / well-bred; elegant
- in **genteel** poverty 가난하지만 품위있게

n **gentílity** 품위, 고상함

---

311 **germane**
[dʒərméin]
★★★☆☆☆

german (genuine 진짜의) → '진짜라서 밀접한 관계가 있는' 에서 유래

a **밀접한 관계가 있는** / closely related; pertinent
- economic problems **germane** to the environment
  환경과 밀접한 관계가 있는 경제 문제들

---

312 **germinate**
[dʒə́:rməneit]
★☆☆☆☆

germ (sprout 싹) → '싹이 트다' 에서 유래

v **싹이 트다** / begin to grow; sprout ; **(감정 등이) 생겨나다** / arise
- Seeds **germinate** in the spring. 씨앗은 봄에 싹을 틔운다.

n **germ** 싹; 기원; 세균 n **germinátion** 발아

313 **gesticulation**
[dʒestikjuléiʃən]
★☆☆☆☆

gesticul (gesture 몸짓)

n **몸짓[손짓](을 하기)** / movement used in arms or hands; gesture
- with angry **gesticulation** 화난 몸짓으로

v **gestículate** 몸짓[손짓]으로 가리키다[나타내다]

---

314 **ghastly**
[gǽstli]
★☆☆☆☆

ghast (frighten 위협하다) → **'위협을 하듯이 무서운'** 에서 유래

a **(소름 끼칠 듯이) 무서운** / making one very frightened, upset or shocked; dreadful
- a **ghastly** accident 무서운 사고

---

315 **gingerly**
[dʒíndʒərli]
★☆☆☆☆

ginger<gent (dainty 까다로운) → **'일 처리가 신중하고 까다로운'** 에서 유래

ad **신중하게** / in a careful way; cautiously
- He **gingerly** opened the door and came into the house.
  그는 조심스럽게 문을 열고 집 안으로 들어왔다.

cf **gínger [up]** 활기를 돋우다, 격려하다

---

316 **gist**
[dʒist]
★☆☆☆☆

gist (point 요점)

n **요점** / the main idea; point; crux
- give the **gist** of the essay in two sentences 그 수필의 요점을 두 문장으로 간추리다

---

317 **glib**
[glib]
★☆☆☆☆

glib (slippery 미끄러운) → **'혀가 매끄럽게 굴러가며 말하듯 입심 좋은'** 에서 유래

a **입심 좋은** / saying easily without thinking; fluent
- a **glib** speech 청산유수 같은 연설

---

318 **gloat**
[glout]
★☆☆☆☆

gloat<glotta (show the teeth 치아를 보이다) → **'만족스러워 치아를 보이며 웃다'** 에서 유래

vi **만족스러운 듯이 바라보다** / think about with satisfaction; exult
- **gloat** over her rival's misfortune 경쟁자의 불행을 고소해 하다

ad **glóatingly** 기쁜 듯이, 고소하다는 듯이

---

319 **glossy**
[glási]
★★☆☆☆

glos (shine 빛나다)

a **윤이 나는** / shiny and smooth; polished
- the cat's **glossy** fur 그 고양이의 윤이 나는 털

---

320 **gluttonous**
[glʌ́tənəs]
★☆☆☆☆

glut (devour 게걸스레 먹다)

a **게걸스러운** / eating too much; voracious
- The **gluttonous** boy ate all the cookies.
  그 게걸스런 소년은 과자를 모두 먹어 치웠다

n **glútton** 대식가, 식충이

Check-up Test

1. His priceless collection of Chinese art and artefacts was garnered over three decades.
   ⓐ amassed ⓑ carried on ⓒ drained ⓓ scrutinized
2. Someone who is ______ talks a great deal in the pretending style, especially about things that are important or his private life.
   ⓐ gregarious ⓑ garrulous ⓒ grotesque ⓓ gallant
3. I don't think he can generalize about that with such little evidence.
   ⓐ theorize ⓑ formalize ⓒ visualize ⓓ materialize
4. Software is a generic term for the sets of programs which control a computer.
   ⓐ specific ⓑ technical ⓒ scientific ⓓ general
5. That is an interesting point, but it is not germane to our discussion.
   ⓐ incompatible ⓑ extraneous ⓒ incongruous ⓓ pertinent

정답 **1.** a **2.** b **3.** a **4.** d **5.** d

★ 중요빈출

drop / eat / face / fall / feel / fill / hand / hang / help

- **drop by** / 잠깐 들르다 drop in
  - When I'm free I'll **drop by** your office.
    시간이 나게 되면 당신 사무실에 들를게요.

- **drop off** / 내려주다 drop ; 잠이 들다; 줄다 decrease, diminish
  - We **dropped off** to sleep for a little while. 우리는 잠시 잠에 빠졌다.
  - His friends **dropped off** one by one. 그의 친구들은 한 사람씩 줄어들었다.

- **drop out** / 중도에 그만두다 leave , (학교를) 중퇴하다
  - She **dropped out** of the competition because of an injury. 그녀는 부상으로 인해 시합을 도중에 포기했다.

- **eat humble pie** / 굴욕을 감수하다, 자기의 잘못을 인정하다 eat crow
  - If I'm wrong, I'll **eat humble pie**.
    만약 내가 틀렸다면, 겸허히 잘못을 인정할께.

- **face up to** / 대담하게 맞서다 confront, stand against
  - He was not man enough to **face up to** his responsibility.
    그는 자기 책임에 감연히 맞설 정도로 용감하지 못했다.

- **fall back on** / ~에 의지하다 rely on, depend on
  - They **fall back on** income support. 그들은 소득 지원에 기대어 산다.

- **fall behind** / 뒤처지다 lag behind
  - He tried hard not to **fall behind** in the competition.
    그는 경쟁에서 뒤처지지 않기 위해 열심히 노력했다.

- **fall in with** / ~와 우연히 마주치다 encounter ; ~에 동조하다, 일치하다 agree with
  - The Government are trying to cajole employers to **fall in with** their plans.
    정부는 기업들이 그들의 계획에 동조하도록 부추기는 노력을 하고 있다.

- **fall on** / ~을 습격하다 attack, assail; (날짜가) ~에 해당하다
  - Thanksgiving **falls on** the fourth Thursday of November every year.
    추수 감사절은 매년 11월 넷째 주 목요일이다.

- **fall out with** / 다투다, 싸우다 quarrel, brawl
  - These annoyances caused him to **fall out with** team-mates and club officials. 이러한 골칫거리들로 인해 그는 팀 동료들과 팀 관계자들과 다투었다.

- **feel at home** / 마음이 편하다 feel easy, feel at ease
  - My only hope is that when I next visit, I may still "**feel at home**". 내가 다음에 왔을 때도 편한 마음을 갖는 것이 내 유일한 바람이다.

- **feel for** / 동정하다 commiserate with; 더듬어 찾다 grope for
  - I am **feeling for** a key. 나는 손으로 더듬어 열쇠를 찾고 있다.

- **fill up** / (연료 등을) 가득 채우다, (사람들이) 들어차다
  - We should **fill up** the gas tank to drive all day.
    하루 종일 운전하기 위해 가스 연료통을 채워야한다.

- **fill out** / 빈 곳을 완전히 채우다, 작성하다 complete
  - The new employees will have to **fill out** these tax forms.
    신입 사원들은 이 세금 용지를 작성해야 할 것이다.

- **hand down** / 물려주다 bequeath
  - The priceless treasures have been **handed down** across the generations.
    그 귀중한 보물들은 대대로 전해 내려오고 있다.

- **hand in** / 제출하다 submit, turn in
  - You should **hand in** the report by tomorrow.
    내일까지는 보고서를 제출해야 합니다.

- **hand out** / 나누어주다 distribute
  - Tabloid newspapers are **handed out** free to commuters.
    통근자들에게 타블로이드판 신문들이 무료로 배포되고 있다.

- **hang around[about]** / 어슬렁거리다, 배회하다 ramble, saunter
  - Drunken youths **hang around** outside looking for trouble.
    술 취한 청년들이 밖에서 어슬렁거리며 말썽을 부린다.

- **hang on** / (전화를 끊지 않고) 기다리다 hold on ; ~에 좌우되다, 달려있다 depend on
  - Would you **hang on** for a second? 잠깐만 끊지 말고 기다려 주시겠어요?

- **hang up** / 전화를 끊다 end a phone call ; 지체시키다 delay
  - If they say no, **hang up** and call back to a different agent.
    만일 그들이 싫다고 말한다면, 전화를 끊고 다른 에이전트에게 다시 전화를 해라.

- **help oneself to** / ~를 실컷 먹다 serve oneself
  - **Help yourself to** whatever you want. 마음대로 골라 드세요.

- **help out** / 돕다 assist, give help, aid
  - Could you **help** me **out** with this arrangement?
    내가 정리하는 것을 도와주실 수 있습니까?

- **drop a line** / 편지를 몇 줄 쓰다 write briefly
- **eat one's words** / 앞서 한 말을 취소하다 withdraw one's statement
- **face the music** / 결과를 받아들이다 accept the consequences
- **fall on deaf ears** / 무시당하다
- **fall to ~ing** / ~하기 시작하다
- **feel like a wet rag** / 대단히 피곤하다 be very tired
- **fill one's shoes** / ~를 대신하다 replace
- **hang in the balance** / 불안정한 상태에 있다 be in jeopardy
- **hang out with** / ~와 어울리다, 시간을 보내다

dis-

우선순위로 보는 PRE view

Date : /

★★★★☆	07.	**dilate**	넓히다; 부연하다	□ □ □
★★★☆☆	05.	**digress**	본론에서 벗어나다	□ □ □
	09.	**dilute**	묽게 하다; 묽은	□ □ □
	13.	**discard**	버리다; 버림	□ □ □
	20.	**discrepancy**	불일치	□ □ □
	21.	**discrete**	별개의	□ □ □
	22.	**discriminate**	구별하다; 차별하다	□ □ □
★★☆☆☆	02.	**deluge**	대홍수; 범람케 하다	□ □ □
	03.	**devoid**	빠진	□ □ □
	06.	**dilapidated**	황폐한	□ □ □
	11.	**disable**	불구로 만들다	□ □ □
★☆☆☆☆	01.	**defer**	연기하다	□ □ □
	04.	**diffident**	자신이 없는	□ □ □
	08.	**dilatory**	지연시키는	□ □ □
	10.	**dimension**	치수; 특징; 차원	□ □ □
	12.	**disband**	해산하다	□ □ □
	15.	**disconcert**	평정을 잃게 하다	□ □ □
	16.	**discord**	의견차이	□ □ □
	18.	**discredit**	신용을 떨어뜨리다	□ □ □
	19.	**discreet**	신중한	□ □ □
	23.	**disdain**	경멸(하다); 거부하다	□ □ □
	24.	**disentangle**	풀다	□ □ □
	28.	**disinterested**	공정한, 객관적인	□ □ □
	29.	**disorient**	혼란스럽게 하다	□ □ □
☆☆☆☆☆	14.	**disciple**	제자	□ □ □
	17.	**discourse**	대화[강연](하다)	□ □ □
	25.	**disfigure**	망가뜨리다	□ □ □
	26.	**dishearten**	의기소침케 하다	□ □ □
	27.	**disillusion**	환상에서 깨게 하다	□ □ □

MD17 mp3

LECTURE 17

dis-

▶ **분리 · 부정** Latin 계통의 접두어로서 '**분리**(away, apart)'와 '**부정**(not)'의 의미를 지닌다.

의미 변화

① 분리 · 이탈(away, apart)

> **disillúsion** : dis(away) + illusion 환상
→ 환상에서 멀리 떨어뜨리다
→ 환상에서 깨어나게 하다
/ disbánd 해산하다 / discárd 버리다; 버림
/ disórient 어리둥절하게 하다

② 부정(not)

> **dispárity** : dis(not) + parity 같음
→ 같지않음 → 상이함
/ dísarray 혼란
/ discláim 부인하다 / disproportionate 불균형한

형태 변화

① 자음 f 앞에서 → dif-
/ **dif**fer 다르다 / **dif**fident 수줍어 하는 / **dif**fúse 퍼뜨리다

② 자음 g,l,v 앞에서 → di-
/ **di**gréss 본론에서 벗어나다 / **dí**latory 느린; 지연시키는
/ **di**vúlge 누설하다

예외적 형태

de- (이 경우 접두어 de-와의 혼동에 주의)
/ **de**fér 연기하다 / **de**vóid 전혀 없는
/ **de**míse 서거; 유증

---

defer
[difə́ːr]
★☆☆☆☆
01

de<dis(apart) + fer(carry) → '날짜를 뒤로 보내다'에서 유래

vt **미루다, 연기하다** / put off; delay
- **defer** the decision for a few weeks 몇 주 동안 결정을 연기하다

n **deférment** 연기

cf **defér** (남의 의견에) 따르다, 존중하다(obey) **detér** 방해하다

어근관련 confer [kənfə́ːr] 협의하다; 수여하다 preferable [préfərəbl] ~보다 나은

---

deluge
[délju:dʒ]
★★☆☆☆
02

de<dis(away) + lu(wash) → '모든 것을 멀리 씻어 버림'에서 유래

n 1 **대홍수, 폭우** / a great flood or a very heavy rain; cataclysm
2 (질문 · 주문 등의) **쇄도, 폭주** / any overwhelming rush; flood
- The city was completely destroyed by the **deluge**.
그 도시는 대홍수로 완전히 파괴되었다.
- a **deluge** of questions 질문의 쇄도

vt **~을 범람하게[잠기게] 하다** / cover with a great flood; inundate
- Heavy rains **deluged** the valley. 폭우가 그 계곡을 잠기게 했다.

어근관련 dilute [dilúːt] 묽게 하다; 약하게 하다 launder [lɔ́ːndər] 세탁하다 뉘앙스 p.359

---

devoid
[divɔ́id]
★★☆☆☆
03

de<dis(away) + void 텅 빈 → '비어 있는'에서 유래

a **~이 빠진, 전혀 없는** / wanting or entirely without; empty
- He is **devoid** of human feeling. 그는 인간의 감정이 전혀 없다.

어근관련 avoid [əvɔ́id] 피하다 void [vɔid] 텅 빈; 공간; 무효로 하다

---

diffident
[dífidənt]
★☆☆☆☆
04

dig<dis(away) + fid(trust) → '(자신에 대한) 믿음이 없는'에서 유래

a (자신의 능력 · 자질에) **자신이 없는, 수줍어 하는** / lacking in self-confidence; shy
- be **diffident** about expressing one's opinions 자신의 의견을 표출하는 데 수줍어하다

n **díffidence** 겁 많음, 수줍음 **cf** **dífferent** 다른

어근관련 fidelity [fidéləti] 충실, 충성 fiance [fi:a:nséi] 약혼자 뉘앙스 p.209

동의어 / 반의어

01	**defer**	=	delay / postpone / adjourn / prolong / put off ◎ 동의어 보강
02	**deluge**	=	cataclysm / flood / inundation / overflow ↔ drought
03	**devoid**	=	empty / void / lacking / wanting ↔ full
04	**diffident**	=	shy / bashful / coy / modest / demure ↔ confident ◎ 동의어 보강

동의어 보강

미루다 · 연기하다 01	필수	adjourn (회의, 재판) 연기하다 / delay 연기하다 / defer 미루다 / postpone 미루다
	고급	prorogue (의회를) 정회하다, 연기하다 / shelve 선반에 얹다; 무기한 연기하다 / table (심의를) 보류하다
	숙어	hold off[over] / put off[back] / give a rain check on / put ~ on ice / put ~ on the back burner
수줍어하는 04	필수	demure 새침한 / modest 겸손한, 삼가는 / timid 수줍은; 겁먹은 / diffident 자신 없는, 수줍어하는 / shy 수줍어하는
	고급	abashed 부끄러워하는 / bashful 수줍어하는 / coy 새침한 / prim 깔끔한; 점잔빼는, 새침한 / prudish 숙녀인 체하는, 얌전빼는

뉘앙스

수줍어하는 04	**shy**	(천성으로 또는 경험 부족으로 사람들과의 사귐을 피하고) **수줍어하는**	• She is **shy** of meeting strangers. 그녀는 낯선 사람 만나기를 수줍어한다.
	báshful	(선천적으로 남들 앞에 서면) **수줍어하는, 숫기없는**	• a **bashful** girl 부끄럼 타는 소녀
	díffident	(자신이 없어서) **수줍은**	• He is **diffident** about expressing his opinions. 그는 자신의 의견을 말하는데 자신없어 한다.
	módest	(자신은 있지만) **겸손한**	• Really great men are **modest**. 진정 위대한 사람은 겸손하다.
	demúre	(겸손한 척하고) **새침떼는, 점잔빼는**	• a girl **demure** on her first date 첫 데이트에서 얌전빼는 소녀
	coy	(특히 여자가 교태를 부리며) **수줍어하는**	• a **coy** hostess 교태부리는 여종업원

check-up Test

1. The boy seems to be ______ any sense of right or wrong. Considering what his parents are like, it is not surprising.
ⓐ lack of ⓑ devoid of ⓒ deprived of ⓓ failing in

2. Despite the poor weather conditions, they could not defer their work.
ⓐ postpone ⓑ cancel ⓒ consummate ⓓ neglect

3. The account, in the Bible, of Noah's Ark and the forty-day flood may be based on an actual ______.
ⓐ incineration ⓑ sterility ⓒ extermination ⓓ deluge

4. The twins will accept the invitation to the party with diffidence.
ⓐ avidity ⓑ fortification ⓒ hesitation ⓓ volition

정답 1. b 2. a 3. d 4. c

digress
[daigrés]
★★★☆☆
05

dic<dis(aside) + gress(go) → '(본론으로부터) 멀리 가다'에서 유래

vi (대화 · 논의 도중) **본론에서 벗어나다** / wander away from the main subject; swerve
- **digress** from the subject for a moment 잠시 주제에서 벗어나다

a **digréssive** 주제에서 벗어난 **n** **digréssion** 본론을 벗어남; 여담

어근관련 aggress [əgrés] 공격하다 regress [rigrés] 역행하다, 후퇴하다 뉘앙스 p.203

dilapidated
[dilǽpədeitid]
★★☆☆☆
06

di<dis(away) + lapid(stone) → '돌 부스러기가 멀리 던져진'에서 유래

a (오랜 시간 방치되어) **황폐한, 낡아빠진** / ruined or decayed through neglect; desolate
- a **dilapidated** chair[house] 낡아빠진 의자[집]

v **dilápidate** 망가뜨리다, 황폐하게 하다(ruin; wreck)

n **dilapidátion** 황폐(decay; ruin)

어근관련 lapidary [lǽpəderi] 보석 세공인 뉘앙스 p.211

dilate
[dailéit]
★★★★☆
07

di<dis(apart) + lat(wide) → '넓게 떨어뜨리다'에서 유래

v 1 (둥그렇게) **넓히다, 팽창시키다[하다]** / become or make wider; expand
2 **자세히 설명하다** / speak or write at length; expatiate
- Her eyes **dilated** in surprise. 깜짝 놀라서 그녀의 두 눈이 휘둥그레졌다.
- **dilate** on[upon] one's view 자신의 의견을 자세히 설명하다

n **dilátion** 팽창 **cf** **dilúte** 묽게 하다

어근관련 elate [iléit] 의기 양양하게 하다 dilatory [dílətɔ:ri] 느린; 지연시키는 뉘앙스 p.343

dilatory
[dílətɔ:ri]
★☆☆☆☆
08

dis(away) + lat(carry) → '(시간을) 뒤로 멀리 보내는'에서 유래

a 1 (사람 · 행동이) **느린** / slow in acting; tardy
2 **시간을 끄는, 지연시키는** / causing delay; delaying
- **dilatory** in replying 답장 쓰는 데 느린
- a **dilatory** strategy 지연 작전

어근관련 collate [kəléit] 대조하다 correlate [kɔ́:rəleit] 상호 관련시키다

dilute
[dailú:t]
★★★☆☆
09

dis(apart) + lut(wash) → '물을 넣어 농도를 떨어뜨리다'에서 유래

vt (물을 타서) **묽게 하다, 약하게 하다** / make weaker by adding water; attenuate
- **dilute** whisky with water 물을 타서 위스키를 묽게 하다

a **묽은, 약한** / that has been diluted; thin
- **dilute** sulfuric acid 묽은 황산

n **dilútion** 희석 **cf** **diláte** 크게 하다

어근관련 lavish [lǽviʃ] 풍부한, 사치스러운 ablution [æblú:ʃən] 목욕재계

dimension
[diménʃən]
★☆☆☆☆
10

di<dis(out) + mens<met(measure) → '~의 겉을 잰 것'에서 유래

n 1 (길이 · 폭 · 두께 등의) **치수, 크기** / a measurement in any one direction; extent
2 (문제 · 주제 등의) **특징, 양상** / a particular side or part; aspect
3 ≪수학≫ **차원** / a mode of linear measurement
- take the **dimension** of ~의 치수를 재다
- another **dimension** to this problem 이 문제의 또 다른 특징
- the fourth **dimension** 4차원

a **diménsional** 차원의
- three-**dimensional**[3D] image 3차원의 입체 영상

어근관련 commensurate [kəménsərət] 같은 양[크기]의 immense [iméns] 막대한

동의어

반의어

05	**digress**	=	swerve / deviate / diverge / depart / turn aside ↔ proceed
06	**dilapidated**	=	shabby / desolate / devastated / run-down ◎ 동의어 보강
07	**dilate**	=	expand / distend / widen / enlarge / amplify ↔ shrink
08	**dilatory**	=	tardy / slow / sluggish / laggard / languid ↔ prompt
09	**dilute**	=	thin / weaken / lessen / reduce / attenuate ↔ thicken
10	**dimension**	=	range / size / extent / magnitude

동의어 보강

파괴하다 06		
	필수	collapse (건물 등이) 무너지다 / destroy 파괴하다 / dilapidate 황폐화시키다 / demolish 분쇄하다 / devastate 황폐화시키다 / ravage 파괴하다; 약탈하다
	고급	dismantle 철거하다 / level 평평하게 하다, 무너뜨리다 / raze ~을 철저히 파괴하다
	숙어	pull down / take down / tear down / play havoc with / wreck havoc on
	참고	sabotage 고의적 기물 파괴 / vandalism 예술 문화의 고의적 파괴 / WMD 대량파괴무기(weapon of mass destruction) 파괴적인 / subversive / destructive / disastrous 재난을 일으키는 / ruinous / damaging

뉘앙스

파괴하다 06			
	destróy	**파괴하다** ≪일반적인 말≫	• **destroy** building 건물을 파괴하다
	anníhilate	(완전히) **파괴하다**	• **annihilate** the enemy 적을 전멸시키다
	dilápidate	(부분적으로) **파괴하다, 파손시키다**	• a **dilapidated** barn 허물어진 헛간
	collápse	(허물어서) **무너뜨리다**	• **collapse** the roof 지붕을 무너뜨리다
	demólish	(완전히 분해 되도록) **파괴하다**	• **demolish** a machine 기계를 부수다
	dismántle	(설비, 기계 따위를 떼어 내어) **분해하다**	• **dismantle** the roof 지붕을 떼어내다
	raze	(지면에 넘어뜨려) **파괴하다**	• **raze** a fortress 성채를 부숴 버리다

cf. **rúin** (복구가 불가능하도록) **파괴하다** **wreck** (난폭한 수단으로) **부수다**

Check-up Test

1. Tea has complex compounds called polyphenols which are believed to help the arteries to dilate, thus enabling a smoother flow of blood.
ⓐ straighten ⓑ widen ⓒ collapse ⓓ coagulate

2. The third has a few books or many, every one of which was dog-eared, dilapidated, shaken and loosened by continual use, and marked and scribbled in from front to back.
ⓐ intact ⓑ dates are written in a careless manner ⓒ worn out ⓓ corners turned down

3. Your ______ tactics may compel me to cancel the contract because the job must be finished on time.
ⓐ dilatory ⓑ offensive ⓒ infamous ⓓ confiscatory

4. Her coffee was too strong, so Ellen diluted it with milk.
ⓐ soaked ⓑ attenuated ⓒ softened ⓓ razed

5. This is a large room. Its ______ are 13 meters by 8 meters.
ⓐ environments ⓑ dimensions ⓒ expansions ⓓ extremities

정답 **1.** b **2.** c **3.** a **4.** b **5.** b

disable
[diséibl]
★★☆☆☆
11

dis(away) + able 할 수 있는 → '**할 수 있는 능력을 없애버리다**'에서 유래

vt 1 **~을 불구로 만들다** / make unable to use one's body properly; cripple
2 **~을 무자격하게 하다** / take away a power or right; disqualify
- be **disabled** in the war 전쟁에서 불구가 되다
- be **disabled** from voting 투표 자격을 상실하다

n **disabílity** 불구(handicap); ≪법≫ 무자격

a **disábled** 불구가 된 • a **disabled** soldier 상이 군인

어근관련 enable [inéibl] ~할 수 있게 하다 unable [ʌnéibl] ~할 수 없는

disband
[disbǽnd]
★☆☆☆☆
12

dis(away) + band 묶다 → '**묶여있는 것을 떨어지게 하다**'에서 유래

v **해산하다** / break up and separate; disperse
- **disband** a club[army] 클럽[군대]을 해산하다

n **disbándment** 해산, 해체

어근관련 bandage [bǽndidʒ] 붕대, 안대

discard
[diskɑ́:rd]
★★★☆☆
13

dis(away) + card 카드 → '(포커에서) **필요없는 카드를 멀리 내던지다**'에서 유래

vt (불필요한 것을) **버리다, 포기하다** / get rid of as useless; abandon
- **discard** an old coat 오래된 코트를 버리다

n [dískɑ:rd] **버림** / the act of throwing aside as useless; rejection
- the **discard** of superstition 미신을 버림

어근관련 cardboard [kɑ́:rdbɔ:rd] 판지, 마분지

disciple
[disáipl]
☆☆☆☆☆
14

dis(apart) + cip<cap(seize) → '**떨어져 앉아 가르침을 붙잡는 사람**'에서 유래

n 1 **제자, 문하생** / a learner of any great teacher; follower
2 **그리스도 12제자 중 한 명** / one of the followers of Jesus; apostle
- become a **disciple** of Gandhi 간디의 제자가 되다
- the 12 **disciples** 그리스도 12제자

n **discípleship** 제자로서의 신분[기간]

cf **díscipline** 훈련; 학문 (분야)

어근관련 principal [prínsəpəl] 주요한; 장(長) principle [prínsəpl] 원리, 원칙 뉘앙스 p.213

disconcert
[diskənsə́:rt]
★☆☆☆☆
15

dis(away) + concert 조화 → '(마음 속의) **조화로움을 없어지게 하다**'에서 유래

v <주로 수동형> (한동안) **평정을 잃게 하다, ~을 당황케하다** / disturb the self-possession of; embarrass
- be **disconcerted** by his opposition 그의 반대에 당황해하다

a **disconcérted** 당황한 **n** **disconcértment** 당황

어근관련 concert [kɑ́nsə:rt] 연주회; 조화; 타협하다

discord
[dískɔ:rd]
★☆☆☆☆
16

dis(apart) + cord(heart) → '**마음이 서로 맞지 않음**'에서 유래

n **의견 차이, 불화** / difference of opinion; dissension
- the apple of **discord** 불화의 씨앗[원인]

n **discórdance, -cy** 불화 **a** **discórdant** 일치하지 않는; 귀에 거슬리는, 불협 화음의

어근관련 cordial [kɔ́:rdʒəl] 진심어린, 따뜻한 accord [əkɔ́:rd] 일치하다; 수여하다

동의어 ↔ 반의어

11 **disable** = cripple / lame / maim / mutilate / hamstring / amputate ◎ 동의어 보강
12 **disband** = disperse / dismiss / dissolve / break up ↔ congregate
13 **discard** = abandon / desert / forsake / give up / throw away ↔ adopt
14 **disciple** = supporter / adherent / partisan / votary / protagonist / proponent ◎ 동의어 보강
15 **disconcert** = embarrass / perturb / perplex / bewilder / discomfit
16 **discord** = disagreement / disputing / dissension / conflict ↔ concord

동의어 보강

불구로 하다 11	필수	amputate (수술로) 절단하다 / disable 불구로 하다 / lame 절름발이로 만들다 / cripple 불구로 하다 / handicap 불구로 만들다 / mutilate 불구로 하다
	고급	dismember 사지를 절단하다 / hamstring 절름발이로 만들다 / incapacitate 무능력하게 하다 / maim 불구로 하다
	참고	절름거리다 / limp / hobble / walk lame lacerate 갈기갈기 찢다 / lameduck 절름발이의; 퇴임을 얼마 안 남겨놓은 / mangle 난도질 하다, 토막토막 내다
지지자 · 추종자 14	필수	adherent 지지자 / fanatic 광신자 / supporter 지지자 / disciple 제자 / follower 지지자 / exponent 설명자, 주창자 / partisan (맹목적) 지지자
	고급	henchman 심복, 똘마니 / votary 수도자, 성직자; 신봉자, 지지자
	참고	후원하다 / finance / sponsor / patronize / subsidize

뉘앙스

지지자 · 추종자 14

fóllower	지지자, 추종자	• a **follower** of a theory 어떤 이론의 신봉자
adhérent	(열렬한) **지지자, 신봉자**	• an **adherent** to communism 공산주의의 신봉자
discíple	(교사 · 지도자를 따르는) **제자, 문하생**	• **disciples** of Buddha 부처님의 제자들
pártisan	(맹목적인) **지지자**	• a **partisan** of racism 인종 차별주의의 지지자
suppórter	(반대 · 공격 대상의) **지지자**	• a strong **supporter** of the bill 그 법안에 대한 강력한 지지자

cf. **hénchman** (무조건 복종하는) **추종자, 측근** **sátellite** **추종자, 아첨자**

check-up Test

1. Inevitable differences in taste and readership preclude agreement among experts about what is the "best" anthology in a given field.
ⓐ discipline ⓑ bibliography ⓒ sport ⓓ language

2. The collision did not disable him.
ⓐ frighten ⓑ cripple ⓒ bother ⓓ affect

3. I am going to do away with these clothes.
ⓐ discard ⓑ wash ⓒ keep ⓓ wear

4. Mary was much disconcerted by the claim that to write well demand arduous study.
ⓐ prevailed ⓑ exulted ⓒ vigorous ⓓ embarrassed

5. Using extremely different decorating schemes in adjoining rooms may result in discord and a lack of unity in style.
ⓐ compromise ⓑ disharmony ⓒ disillusion ⓓ anxiety

정답 **1.** a **2.** b **3.** a **4.** d **5.** b

discourse
[dískɔːrs]
☆☆☆☆☆
17

dis(apart) + cour<cur(run) → '사방으로 달려 나가는 발 없는 말'에서 유래

n 1 **이야기, 대화** / talk; conversation 2 **강연, 설교** / lecture; sermon
- pass the hours in learned **discourse** 학술적인 대화로 몇 시간을 보내다
- a **discourse** upon the evils of adultery 간통의 해악에 대한 강연

vi [diskɔ́ːrs] **강연[대화]하다** / make a long formal speech; lecture
- **discourse** on the relationship between crime and environment 범죄와 환경 사이의 관계에 대해서 강연하다

a **discúrsive** 장황한, 산만한

어근관련 cursory [kɔ́ːrsəri] 몹시 서두른, 날림의 coarse [kɔːrs] 조잡한; 거친

---

discredit
[diskrédit]
★☆☆☆☆
18

dis(away) + credit 신용 → '신용을 떨어뜨리다'에서 유래

vt 1 **~의 신용을 떨어뜨리다** / damage the good reputation of; dishonor
2 **~을 믿지 않다** / refuse to believe; disbelieve
- be **discredited** by the scandal 스캔들로 인해 신용이 떨어지다
- **discredit** a statement made under coercion 강압에 의해 이루어진 진술을 불신하다

n 1 **명예의 실추, 악평** / loss of reputation; dishonor
2 **불신, 의심** / disbelief; doubt
- fall into **discredit** 평판이 떨어지다
- cast[throw] **discredit** on ~을 불신하다

a **discréditable** 신용을 해칠만한, 불명예스러운

어근관련 credible [krédəbl] 믿을 수 있는 credulous [krédʒuləs] (남을) 쉽게 믿는

---

discreet
[diskríːt]
★☆☆☆☆
19

dis(away) + creet<cret(separate) → '구별할 줄 아는'에서 유래

a (말 · 행동에 있어서) **신중한, 조심스러운** / careful about what one says or does; prudent
- a **discreet** answer 신중한 대답

n **discrétion** 판단의 자유; 사려 깊음 • years[the age] of **discretion** 분별 연령

cf **discréte** 별개의

어근관련 discern [disə́ːrn] 분별하다; 인식하다 concerned [kənsə́ːrnd] 걱정하는

---

discrepancy
[diskrépənsi]
★★★☆☆
20

dis(away) + crep(creak) → '서로 맞지 않아 삐걱거림'에서 유래

n (진술 · 계산 따위의) **차이, 불일치** / lack of consistency; difference
- **discrepancies** between one's words and action 언행의 불일치

a **discrépant** 일치하지 않는, 모순되는 • be **discrepant** from ~와 모순되다

어근관련 decrepit [dikrépit] 노쇠한 crepitate [krépəteit] 딱딱 소리나다

---

discrete
[diskríːt]
★★★☆☆
21

dis(away) + cret(separate) → '각각 구분되어 있는'에서 유래

a **분리된, 별개의** / not attached to others; distinct
- a series of **discrete** events 일련의 별개의 사건들

cf **discréet** 신중한

어근관련 secrete [sikríːt] 은닉하다 excrete [ikskríːt] 배설하다

---

discriminate
[diskrímənеit]
★★★☆☆
22

dis(away) + cri<cret(separate) → '(두 개를) 구별하기 위해 떨어뜨리다'에서 유래

v 1 **구별하다, 분간하다** / see or note a difference; distinguish
2 **차별 대우하다** / show a difference in treatment; differentiate
- **discriminate** between fact and theory 이론과 실제를 구분하다
- **discriminate** against lower-paid workers 저임금 노동자들을 차별하다

n **discriminátion** 구별; 차별 **a** **discríminating** 구별하는; 식별력이 있는, 예리한

어근관련 discreet [diskríːt] 신중한 discrete [diskríːt] 분리된

뉘앙스 p.215

동의어 / 반의어

17	**discourse**	=	talk / conversation / dialogue / colloquy / confabulation
18	**discredit**	=	dishonor / disgrace / infamy / shame / opprobrium ↔ credit
19	**discreet**	=	prudent / cautious / careful / heedful / circumspect / gingerly ↔ rash ◎ 동의어 보감
20	**discrepancy**	=	difference / disagreement / dissimilarity / unlikeness ↔ accord
21	**discrete**	=	separate / individual / distinct / different ↔ attached
22	**discriminate**	=	distinguish / discern / separate / segregate ◎ 동의어 보감

동의어 보감

현명한 19	필수	discreet 분별력 있는, 신중한 / judicious 분별력 있는 / politic 현명한 / prudent 신중한; 분별력 있는 / sensible 현명한; 상당한 / wise 현명한
	고급	levelheaded 온건한, 분별 있는 / sapient 지혜로운 / sagacious 현명한, 영리한
구별하다 22	필수	discern 구별하다; 식별하다 / differentiate 구별하다 / discriminate 구별하다; 차별하다 / distinguish 구별하다
	고급	demarcate 확실히 구별하다
	숙어	tell apart / draw a distinction / separate wheat from chaff 옥석을 가리다

뉘앙스

구별하다 22	**distínguish**	**구별하다** ≪일반적인 말≫	• **distinguish** right from wrong 옳음과 그름을 구별하다
	differéntiate	(혼동하기 쉬운 것들을) **구별하다**	• **differentiate** a rabbit from a hare 집토끼와 산토끼를 구별하다
	discríminate	(미묘한 차이를 지적인 노력을 들여) **구별하다**	• **discriminate** a word from its synonym 단어를 동의어와 구별하다
	demárcate	(분명하게) **구별하다**	• **demarcate** reproduction from growth 생식과 생육을 구별하다

Check-up Test

1. The delicate aroma and subtle flavor of this wine need a sensitive nose and <u>discriminating</u> palate to be appreciated.
ⓐ incriminating ⓑ dissipating ⓒ dispensing ⓓ discerning

2. Losing five battles <u>discredited</u> that general.
ⓐ found out ⓑ did harm to the reputation of
ⓒ took away the courage of ⓓ destroyed the hope of

3. It wasn't <u>discreet</u> of you to call him around midnight.
ⓐ intelligent ⓑ violent ⓒ wealthy ⓓ prudent

4. The comparison would not reveal such a <u>discrepancy</u> in the knowledge acquired.
ⓐ discretion ⓑ discredit ⓒ difference ⓓ discomfort

5. The universe is composed of <u>discrete</u> bodies.
ⓐ harmonious ⓑ attracting ⓒ abstract ⓓ separate

정답 **1.** d **2.** b **3.** d **4.** c **5.** d

disdain
[disdéin]
★☆☆☆☆
23

dis(away) + dain<dign(worth) → '남의 가치를 멀리 떨어 뜨리다'에서 유래

vt **경멸하다, (경멸하여) 거부하다** / look down on; despise
- **disdain** the offer of a bribe 뇌물을 주겠다는 제안을 거부하다

n **경멸, 모멸** / complete lack of respect; scorn
- **disdain** of dishonest riches 부정한 부에 대한 경멸

a **disdáinful** 경멸적인, 오만한(arrogant; haughty)

어근관련 dignity [dígnəti] 존엄, 위엄 indignity [indígnəti] 모욕, 경멸 뉘앙스 p.153

disentangle
[disentǽŋgl]
★☆☆☆☆
24

dis(apart) + entangle 얽히게 하다 → '얽혀있는 것을 풀다'에서 유래

vt **(얽힘 · 혼란 따위를) 풀다, 구해내다** / free from tangles or complications; extricate
- **disentangle** oneself from an unhappy relationship 불편한 관계에서 빠져나오다

n **disentánglement** 해방

어근관련 tangle [tǽŋgl] 얽히(게 하)다; 얽힌 상태, 혼란

disfigure
[disfígjər]
☆☆☆☆☆
25

dis(away) + figure 모양 → '본래 모양을 변형시켜 망치다'에서 유래

vt **(형태 · 모양을) 망가뜨리다, 흉하게 하다** / spoil the beauty of; deform
- A scar **disfigured** his face. 상처가 그의 얼굴을 흉하게 했다.

어근관련 effigy [éfidʒi] 상(像), 초상 transfigure [trænsfígjər] 모양을 바꾸다

dishearten
[dishá:rtn]
☆☆☆☆☆
26

dis(away) + hearten 격려하다 → '격려해 주는 마음을 없애다'에서 유래

vt **의기 소침하게 하다, 낙담시키다** / cause to lose hope and confidence; discourage
- The long drought **disheartened** the farmer. 오랜 가뭄이 그 농부를 의기 소침하게 했다.

n **dishéartenment** 의기 소침 **a** **dishéartening** 의기 소침하게 하는(depressing)

어근관련 hearty [há:rti] 진심어린, 따뜻한 heartless [há:rtlis] 무정[냉혹]한

disillusion
[disilú:ʒən]
☆☆☆☆☆
27

dis(away) + illusion 환상 → '환상에서 멀리 떨어뜨리다'에서 유래

vt **환상에서 깨어나게 하다** / free from an illusion; disenchant
- be **disillusioned** about a romance 로맨스에 대한 환상에서 깨어나다

n **환멸, 각성** / freedom from illusion; disillusionment
- a painful **disillusion** 뼈아픈 각성

n **disillúsionment** 환멸, 각성 **a** **disillúsive** 환멸적인

어근관련 delude [dilú:d] 속이다 elude [ilú:d] 교묘히 피하다, 빠져나오다

disinterested
[disíntərestid]
★☆☆☆☆
28

dis(not) + interested 사심이 있는 → '사심이 없는'에서 유래

a **공정한, 객관적인** / free from selfish motives; objective
- make **disinterested** decision 공정한 결정을 내리다

n **vt** **disínterest** 공정함; ~와 이해 관계가 없어지게 하다
- **disinterest** oneself from~ ~에서 손을 떼다

cf **unínterested** 무관심한(indifferent)

어근관련 interest [íntərəst] 흥미; 이해 관계; 이익; 이자; 흥미를 일으키다 뉘앙스 p.513

disorient
[disɔ́:rient]
★☆☆☆☆
29

dis(away) + orient 방향을 잡다 → '옳은 방향을 잃게 만들다'에서 유래

vt **어리둥절하게[혼란스럽게] 하다** / cause to lose the sense of direction; embarrass
- His mother's sudden death **disoriented** him.
그의 모친의 갑작스런 사망이 그를 혼란스럽게 했다.

어근관련 oriental [ɔ:riéntl] 동양의; 동양인
orientation [ɔ:riəntéiʃən] (새로운 환경에의) 적응 지도, 오리엔테이션

동의어 / 반의어

23	**disdain**	=	despise / scorn / abhor / contemn / flout / look down on
24	**disentangle**	=	extricate / untangle / untie / disengage / salvage / succor ○ 동의어 보감
25	**disfigure**	=	deform / deface / disfeature / warp ↔ decorate
26	**dishearten**	=	discourage / depress / deject / dispirit / let down ↔ encourage
27	**disillusion**	=	disenchant / disentrance / disabuse
28	**disinterested**	=	objective / fair / impartial / unbiased / neutral ↔ uneven
29	**disorient**	=	confuse / embarrass / confound / perplex

동의어 보감

풀다 · 느슨하게 하다 24	필수	disentangle 구해내다 / extricate 구해내다 / loosen 느슨하게 하다 / undo 풀다 / unfasten 풀다, 망치다 / unfold 풀다 / unknot 풀다 / unravel 얽힌 것을 풀다 / unwrap 풀다 / untie 풀다
	고급	unleash 가죽 끈을 풀다; 해방하다
	숙어	ravel out 얽힌 것을 풀다
	참고	암호를 풀다 / decode / decipher
얽히게 하다	필수	complicate 복잡하게 하다, 뒤얽히게 하다 / embroil 얽히게 하다 / enmesh 얽히게 하다 / (en)tangle 얽히게 하다 / (en)trap 함정에 빠뜨리다 / implicate 연루시키다, 얽히게 하다; 함축하다 / intertwine 서로 얽히게 하다
	고급	(en)snare 덫에 걸리게 하다; 함정에 빠뜨리다 / (en)snarl 얽히게 하다 / interlace 섞어 짜다, 얽히게 하다 / ravel 얽히게 하다

Check-up Test

1. You'll get burned out if you work too hard.
ⓐ become exhausted or disinterested because of overwork
ⓑ become overly enthusiastic because of overwork
ⓒ become extra paid for hard working
ⓓ become inspired by too much work

2. After he was promoted to vice president of the company, he became scornful of his former friends.
ⓐ disdainful ⓑ respectful ⓒ protective ⓓ negligent

3. The phenomena we encounter in our individual experience are various, so complicated and contradictory that we can scarcely disentangle them.
ⓐ unravel ⓑ disregard ⓒ disapprove ⓓ underrate

4. The neutral tribunal inflicts upon the thief such punishment as has seemed just to the ______ legislators.
ⓐ government ⓑ royal ⓒ disinterested ⓓ legal

5. Many classical music lovers feel disoriented when they listen to modern atonal music.
ⓐ disgusted ⓑ disappointed ⓒ confused ⓓ enchanted

정답 **1.** a **2.** a **3.** a **4.** c **5.** c

321 **goad**
[goud]
★☆☆☆☆

goad (spear 찌르다) → '찔러 자극하다'에서 유래

vt **자극[선동]하다** / make somebody do something by annoying them; prod; urge
- **goad** a person to madness 남을 자극하여 미치게 하다

---

322 **gorge**
[gɔ:rdʒ]
★☆☆☆☆

gorg (throat 목구멍) → '목구멍까지 차오를 정도로 배불리 먹다' 에서 유래

v **배불리 먹다** / eat until you are too full to eat any more; glut
- **gorge** on good dinner 성찬을 배불리 먹다

---

323 **gorgeous**
[gɔ́:rdʒəs]
★☆☆☆☆

gorg (throat 목구멍) → '목구멍 안처럼 화려하게 휘감겨진 모습' 에서 유래

a **화려한, 멋진** / very beautiful and attractive; magnificent
- be dressed in **gorgeous** uniform 화려한 제복을 입고 있다

---

324 **gossamer**
[gάsəmər]
★☆☆☆☆

gos (goose 거위) + sumer(summer 여름) → '여름에도 사용하는 거위 털만큼 얇고 가벼운' 에서 유래

a **(거미줄처럼) 얇고 가벼운** / very light and thin; sheer n **거미줄**
- wear a gown of **gossamer** silk 얇은 실크 가운을 입다

---

325 **grandeur**
[grǽndʒər]
★★☆☆☆

grand 큰, 거대한 → '거대한 것, 웅장함' 에서 유래

n **웅장, 장대** / the quality of being impressive; magnificence; splendor
- The **grandeur** of Niagara Falls is famous. 나이아가라 폭포의 웅장함은 유명하다.

---

326 **grandiloquent**
[grændíləkwənt]
★☆☆☆☆

grand 큰 + loq (speak 말하다) → '본래보다 크게 말하여 과장하는' 에서 유래

a **과장된** / using high sounding language; pompous
- an orator's **grandiloquent** gesture 연설자의 과장된 몸짓

---

327 **grandiose**
[grǽndious]
★☆☆☆☆

grand 큰 → '크고 멋진' 에서 유래

a **웅대[장엄]한** / very important or impressive; imposing
- a **grandiose** manner 장엄한 태도 n **grandiósity** 웅장함; 과장

---

328 **graphic**
[grǽfik]
☆☆☆☆☆

graphic<graphicus (picturesque 생생한)

a **사실적인, 생생한** / producing the effect of a picture by words; vivid ; **도표의** / shown by a graph
- a **graphic** description of a battle 전투에 대한 생생한 묘사

ad **gráphically** 사실적으로, 생생하게

---

329 **gratify**
[grǽtəfài]
★★☆☆☆

grat (please 즐겁게 하다) → '(사람을) 만족하거나 즐겁게 해주다'에서 유래

vt **(사람을) 기쁘게 하다** / give pleasure to; entertain ; **(욕망을) 충족시키다** / give satisfaction to; satisfy
- Praise **gratifies** most people 칭찬은 대부분의 사람을 기쁘게 한다.

n **gratificátion** 기쁨, 만족감 a **grátifying** 즐거운, 만족스러운
a **grátified** 기쁜, 만족해하는

---

330 **gratuitous**
[grətjú:ətəs]
★☆☆☆☆

grat (grace 호의) → '호의를 베풀어 값을 받지 않는' 에서 유래

a **공짜의** / given freely; complimentary ; **까닭 없는** / of no reason; uncalled-for
- a **gratuitous** contract 무상 계약

a ad **grátis** 공짜의[로]

---

331 **gregarious**
[grigέəriəs]
★★★★★

greg (flock 떼지어 모이다) → '떼지어 모이는 것을 좋아하는' 에서 유래

a **군집성의** / living in a group ; **사교적인** / liking the companionship of others; sociable
- a **gregarious** man 사교적인 남자

---

332 **grisly**
[grízli]
☆☆☆☆☆

gris (shudder 떨다) → '몸이 떨릴 정도로 무서운' 에서 유래

a **(소름 끼칠만큼) 무서운** / extremely unpleasant; ghastly
- the **grisly** sight 무서운 광경

333 **grouchy**
[gráutʃi]
★★☆☆☆

grouch 불평하는 → '불평을 잘하고 화를 잘 내는'에서 유래

a **화를 잘 내는, 신경질적인** / tending to complain; irascible; irritable
- She became **grouchy** when the cancer started causing her pain.
  암이 통증을 유발하기 시작하자 그녀는 신경질적이 되었다. **v** **n** **grouch** 투덜대다; 잔소리

---

334 **grudge**
[grʌdʒ]
★★★☆☆

grudge<grutch(complain 불평하다) → '불평하며 하기 싫어하다'에서 유래

v **인색하게 굴다, ~주기 싫어하다** / do or give sth unwillingly; **시샘하다** / envy the possession of **n** **원한** / ill-will; resentment
- He **grudged** me my little prize, even though he had won a bigger one.
  그는 더 큰 상을 받았음에도 불구하고, 내가 받은 작은 상을 시샘했다.

a **grúdging** 인색한, 싫어하는

---

335 **grueling**
[grú:əliŋ]
★☆☆☆☆

gruel<grut (fine meal 곱게 빻은 곡식) → '곡식을 곱게 빻느라 녹초가 되는' 에서 유래

a **엄한, 녹초로 만드는** / very tiring; exhausting
- endure a long and **grueling** process 길고 험난한 과정을 견디다

---

336 **gruesome**
[grú:səm]
★★☆☆☆

grue (shudder 떨다) → '몸이 떨릴 정도로 소름끼치는' 에서 유래

a **소름 끼치는** / very unpleasant and shocking; grisly
- a **gruesome** report about torture 고문에 대한 소름 끼치는 보고서

---

337 **gruff**
[grʌf]
☆☆☆☆☆

ruf (rough 거친) → '성격이 거칠어 말투가 퉁명스러운' 에서 유래

a **퉁명스러운** / unfriendly in the way you speak; blunt
- a **gruff** reply 퉁명스러운 대답

---

338 **guile**
[gail]
★☆☆☆☆

guil (wile 교활)

n **음흉한 꾀, 교활** / clever dishonest methods to deceive somebody; deception
- achieve a high position by **guile** 교활함으로 고위직을 얻어내다

a **gúileful** 교활한, 음험한

---

339 **gullible**
[gʌ́ləbl]
★★★☆☆

gull 속이다 → '쉽게 잘 속는' 에서 유래

a **속기 쉬운** / easily deceived; innocent; naive
- prey upon the **gullible** 속기 쉬운 사람들을 수탈하다 **v** **gull** 속이다

---

340 **habitable**
[hǽbitəbl]
★★☆☆☆

habit (live 살다) → '살 수 있는' 에서 유래

a **거주할 수 있는** / fit to live in; inhabitable
- They made the old, abandoned house **habitable**.
  그들은 낡고 버려진 집을 살 만하게 만들었다.

n **hábitat** 서식지 **n** **habitátion** 거주; 거주지

Check-up Test

1. The real estate broker goaded the couple to put down a deposit.
   ⓐ guided ⓑ asked ⓒ forced ⓓ urged
2. My dream house is one that would be in mountains. It would be surrounded by trees and it would have a view of a gorgeous lake.
   ⓐ beautiful ⓑ disturbed ⓒ gloomy ⓓ perplexed
3. The new lifestyle magazine, focusing on fashion and travel, will cater to "modern, multitasking" men aged 25 to 45.
   ⓐ deject ⓑ humiliate ⓒ castigate ⓓ gratify
4. The walrus, a gregarious aquatic mammal related to the seal, is found in arctic waters.
   ⓐ a monstrous ⓑ a sociable ⓒ an ill-tempered ⓓ a belligerent
5. The supervisor grudgingly admitted Mr. Robinson had brought up an important issue.
   ⓐ quickly ⓑ loudly ⓒ unwillingly ⓓ willfully

정답 **1.** d **2.** a **3.** d **4.** b **5.** c

hit / jump / knock / know / laugh / lay / lead

- **hit it off with**
  / **~와 사이 좋게 지내다, 타협하다** get along with, come to terms with
  - They hit it off so well, and they decided to record an album together.
    그들은 죽이 잘 맞았고 앨범을 함께 녹음하기로 결정했다.

- **hit the ceiling** / **격노하다** go into a rage, see red, blow one's top
  - She hit the ceiling as her husband did not answer her question immediately.
    남편이 자신의 질문에 즉시 답하지 않자 그녀는 화가 머리끝까지 났다.

- **hit the nail on the head**
  / **핵심을 찌르다** hit the mark, hit the spot
  - My expectation hit the nail on the head. 내 예상이 들어맞았다.

- **hit the roof** / **버럭 화를 내다; 최고점에 달하다**
  - Oil prices hit the roof last weekend.
    유가가 지난 주말에 최고점에 도달했다.

- **hit upon[on]** / **생각나다; 우연히 만나다** stumble upon, come upon
  - She hit upon the perfect title for her new novel.
    그녀는 불현듯 자신의 새 소설에 완벽한 제목이 떠올랐다.

- **jump on** / **~를 공격하다** fall on
  - The robber jumped on the man and stole everything he got.
    강도는 그 남자를 공격하여 그가 가진 모든 것을 훔쳐갔다.

- **jump to a conclusion** / **속단하다** make a hasty conclusion
  - Don't jump to a conclusion before considering all the facts.
    모든 사실들을 고려해 보기 전에 성급하게 결론을 내리지 마라.

- **knock about[around]** / **방황하다** wander
  - I can't tell the exact location but they're knocking about in China.
    정확한 위치를 알려드릴 수 없지만 그들은 중국 어디엔가에 있습니다.

- **knock up** / **(급히) 만들다** finish up, prepare
  - She knocked up a presentation in ten minutes.
    그녀는 발표 준비를 10분 만에 마쳤다.

- **know better than to do**
  / **~할 정도로 어리석지는 않다** be wise enough not to do
  - You know better than to do such a thing.
    너 그런 일을 할 정도로 어리석진 않잖아.

- **know by heart** / **암기하여 외우다** learn by heart, memorize
  - I've dialled the number so many times that I know it by heart.
    내가 그 번호를 하도 많이 돌려서 그걸 외운다.

- **laugh at** / **비웃다** sneer at, jeer at
  - It's bad to laugh at someone who is so poor at what he's trying to do. 하려고 노력함에도 잘 못하는 사람을 비웃는 건 잘못된 것이다.

- **lay aside** / **저축하다** lay up, lay by, put aside, put by
  - I lay aside 50,000 won each month. 나는 매달 5만 원씩 저축을 한다.

- **lay bare** / **밝히다, 드러내다** expose, reveal
  - The accounts lay bare the perilous state of the company's finances.
    그 회계는 회사의 재정의 위험한 상태를 드러낸다.

- **lay by** / **저축하다** lay aside, lay up, set aside
  - Lay by money for the future. 미래를 위해 돈을 저축하십시오.

- **lay down**
  / **규정하다** prescribe, set down; **버리다** abandon; **계획하다** make plans
  - That is not a matter on which I can lay down a rule.
    그것은 내가 규칙을 정할 수 있는 문제가 아니다.
  - He has a year left to lay down his plans.
    그는 계획을 마무리하는데 1년 정도의 시간밖에 남아 있지 않다.

- **lay down the law** / **꾸짖다, 야단치다** call down, dress down
  - I'm not trying to lay down the law. I'm merely asking questions.
    나는 꾸짖는게 아니야. 단지 질문하는 거야.

- **lay off** / **(일시) 해고하다** fire temporarily, dismiss
  - A sudden slump in business caused many of the plants to lay off their employees.
    갑작스러운 불황으로 인해 많은 공장들이 근로자들을 해고했다.

- **lay out** / **펼쳐 놓다** spread out; **돈을 쓰다** spend; **설계하다** design
  - It is true that young people will lay out large sums of money to go to musical events.
    젊은이들은 음악행사에 가려고 많은 돈을 쓰는 것이 사실이다.

- **lead off with** / **시작하다** start, begin, launch
  - I will lead off with an aggressive question.
    나는 공격적인 질문으로 시작할 것이다.

- **hit the bottom** / 최하점에 도달하다, 바닥이 나다 run out of
- **hit the bull's eye** / 명중하다 hit the mark
- **hit the jackpot** / 대성공하다 come off, have a big success
- **hit the road** / 길을 떠나다, 여행을 떠나다
- **jump at a chance** / 기회를 덥석 붙잡다
- **jump on the bandwagon** / 시류에 편승하다, 우세한 쪽에 붙다 join a popular cause
- **jump the track[rails]** / (차량이) 탈선하다 derail, get out of control
- **know the ropes** / 요령을 잘 알다 know knack
- **laugh in[up] one's sleeve** / 몰래 웃다 giggle
- **lead by the nose** / ~를 마음대로 움직이다 dominate

dis-

우선순위
로 보는
PRE
view

Date :
/

★★★★☆	37.	**dispose**	배열하다; 처분하다	□ □ □
	43.	**disseminate**	퍼뜨리다	□ □ □
★★★☆☆	31.	**disparity**	차이	□ □ □
	32.	**dispatch**	급파(하다); 죽이다	□ □ □
	35.	**disperse**	흩뜨리다; 보급하다	□ □ □
	45.	**dissipate**	흩어지(게 하)다; 낭비하다	□ □ □
	47.	**distort**	비틀다; 왜곡하다	□ □ □
	48.	**distract**	산만하게하다;즐겁게하다	□ □ □
	51.	**diverse**	여러 가지의, 다양한	□ □ □
	52.	**divulge**	누설[폭로]하다	□ □ □
★★☆☆☆	30.	**disparage**	명예를 손상시키다	□ □ □
	39.	**disregard**	무시(하다); 소홀	□ □ □
	46.	**dissuade**	단념시키다	□ □ □
★☆☆☆☆	33.	**dispel**	없애다, 떨쳐버리다	□ □ □
	34.	**dispense**	분배하다	□ □ □
	36.	**displace**	옮기다; 대신하다	□ □ □
	38.	**disproportionate**	불균형한	□ □ □
	40.	**disrupt**	붕괴시키다	□ □ □
	41.	**dissect**	해부하다; 분석하다	□ □ □
	44.	**dissent**	반대하다; 의견차이	□ □ □
	50.	**diverge**	갈라지다; 이탈하다	□ □ □
☆☆☆☆☆	42.	**dissemble**	숨기다, 가장하다	□ □ □
	49.	**distress**	고통; 조난; ~을 괴롭히다	□ □ □

MD 18 mp3

LECTURE
18

disparage
[dispǽridʒ]
★★☆☆☆
30

dis(away) + parage (rank) → '지위를 떨어뜨리다'에서 유래

vt 1 **~을 얕보다, 경시하다** / speak about without respect; depreciate
2 **~의 명예를 손상시키다** / lower the reputation of; discredit

- **disparage** the hero's brave attempt 그 영웅의 용감한 시도를 얕보다
- **disparage** one's family 가문의 명예를 손상시키다

n **dispáragement** 불명예; 경시 **a** **dispáraging** 얕보는, 헐뜯는(belittling)
cf **dísparate** 이종의, 본질적으로 다른

어근관련 compare [kəmpέər] 비교하다; 비유하다 umpire [ʌ́mpaiər] 심판

뉘앙스 p.99

disparity
[dispǽrəti]
★★★☆☆
31

dis(not) + parity 같음 → '같지 않음'에서 유래

n (본질적 · 절대적) **차이, 상이함** / lack of similarity or equality

- a **disparity** in the rates of pay for men and women 남자와 여자의 임금 비율의 차이

a **dísparate** (본질적으로) 다른(dissimilar)

어근관련 par [pa:r] 동등; 표준; (골프의) 기준 타수 peer [piər] 동료

dispatch
[dispǽtʃ]
★★★☆☆
32

dis(intensive) + patch<ped(foot) → '급히 발을 내딛다'에서 유래

vt 1 **급파[급송]하다**/ send off with speed
2 (신속히) **죽이다, 해치우다** / put an end to; kill

- **dispatch** a reporter to take a news 뉴스 취재를 위해 기자를 급파하다
- **dispatch** a bear with one's first shot 곰을 한 방에 해치우다

n 1 **급파, 급송** / a sending off to a place
2 (공무상의) **소식, 공문서** / a written message; news
3 (일처리의) **신속함** / promptness in doing something; haste

- the **dispatch** of a telegram 전보의 급송
- carry a **dispatch** to Seoul 서울로 소식을 전달하다
- work with neatness and **dispatch** 깔끔하고 신속하게 일하다

cf **dispatch box** 공문서 송달함

어근관련 impede [impí:d] 방해하다 expedite [ékspədait] 진척시키다

뉘앙스 p.223

dispel
[dispél]
★☆☆☆☆
33

dis(away) + pel (drive) → '멀리 내몰다'에서 유래

vt (생각 따위를) **없애다, 떨쳐버리다** / drive away; disperse

- **dispel** one's fear[gloom] 공포[우울함]를 떨쳐버리다

어근관련 impel [impél] 강요하다; 추진시키다 expel [ikspél] 추방하다

dispense
[dispéns]
★☆☆☆☆
34

dis(away) + pens(weigh) → '무게를 재서 멀리 내주다' 에서 유래

vt 1 **나누어 주다, 분배하다**/ deal out in portions; distribute
2 (약을) **조제하다** / prepare and give out

- **dispense** food and clothing to the flood victims
홍수 피해자들에게 음식과 옷을 나누어 주다
- **dispense** medicines on prescription from a doctor
의사의 처방전에 따라 약을 조제하다

n **dispensátion** 분배(물); (신의) 섭리; 통치, 체제 • the **dispensation** of justice 법의 집행
n **dispénsary** 약국; 진료소 **a** **dispénsable** 없어도 되는(unimportant)
cf **dispense with** ~없이 지내다(do without); ~을 필요없게 하다
cf **dispérse** 흩어지게 하다

뉘앙스 p.55

어근관련 ponderous [pándərəs] 무거운 preponderant [pripándərənt] 우세한

동의어 / 반의어

30 **disparage** = depreciate / belittle / slight / despise / minimize / make light of ↔ regard
31 **disparity** = difference / dissimilarity / discrepancy / unlikeness / inequality
32 **dispatch** = send / remit / transmit (동의어 보강)
33 **dispel** = scatter / disperse / dissipate / expel / dismiss
34 **dispense** = distribute / share / allot / apportion / give out / mete out

동의어 보강

죽이다 32

필수	butcher 도살하다 execute 실행하다; 사형집행하다 murder (고의로) 죽이다 dispatch (신속히) 죽이다 kill 죽이다
고급	assassinate 암살하다 / massacre 대량학살하다 / slaughter 동물을 도살하다 / slay (잔인하게) 살해하다
숙어	do away with 죽이다 / knock off / dispose of
참고	교살하다 / strangle / throttle

뉘앙스

죽이다 32

kill	**죽이다** ≪일반적인 말≫	• The tiger **killed** two people. 그 호랑이가 두 사람을 죽였다.
assássinate	(특히 정치 지도자를) **암살하다**	• **assassinate** a dictator 독재자를 암살하다
dispátch	(신속히) **해치우다**	• **dispatch** a wounded deer 부상한 사슴을 재빨리 죽이다.
éxecute	**사형을 집행하다**	• He was **executed** for murder. 그는 살인죄로 처형 되었다.
múrder	(불법적으로 계획을 세워서) **살해하다**	• He was **murdered** by the terrorist. 그는 테러리스트에 의해 살해 되었다.

cf. **slay** (고의로 잔인하게) **살해하다** ≪문어적인 말≫ **sláughter, bútcher** (동물을) **도살하다**
mássacre (사람 · 동물 등을) **대량학살하다**

Check-up Test

1. Benjamin Ruth established the first free <u>dispensary</u> in the United States.
ⓐ clinic ⓑ university ⓒ school ⓓ library

2. Do not <u>disparage</u> anyone's contribution; these little gifts add up to a large sum.
ⓐ reject ⓑ accept ⓒ belittle ⓓ refuse

3. Because there was much _______ among the members of the jury, they could reach no common verdict.
ⓐ agreement ⓑ discussion ⓒ plotting ⓓ disparity

4. To send a messenger is to _______.
ⓐ scatter ⓑ dispatch ⓒ banish ⓓ discharge

5. When I listened to his cogent arguments, all my _______ were _______ and I was forced to agree with his point of view.
ⓐ sense - stimulated ⓑ questions - asked ⓒ friends - present ⓓ doubts - dispelled

정답 **1.** a **2.** c **3.** d **4.** b **5.** d

disperse
[dispə́:rs]
★★★☆☆
35

dis(apart) + spers<sparg(scatter) → '따로따로 흩어지게 하다'에서 유래

vt 1 **흩뜨리다** / drive off in different direction; scatter
2 (사상 따위를) **퍼뜨리다, 보급하다** / distribute; circulate; disseminate
- **disperse** the crowd 군중을 흩어지게 하다
- **disperse** knowledge[handbill] 지식을 보급하다[광고 전단을 배포하다]

n **dispérsion** 분산; 유포 **a** **dispérsive** 분산시키는 **cf** **dispénse** 나누어 주다

어근관련 sparse [spa:rs] 드문드문한

---

displace
[displéis]
★☆☆☆☆
36

dis(from) + place 장소 → '원래 있던 장소에서 다른 장소로 옮겨놓다'에서 유래

vt 1 (원래 있던 곳에서) **옮기다, 옮겨놓다** / force out of the usual place
2 (이전의 것을 밀어내며) **대신[대체]하다** / take the place of; supplant
- Please do not **displace** any of my tools. 내 도구들의 어떤 것도 옮겨 놓지 마세요.
- The automobile has **displaced** the horse. 자동차가 말을 대신해 왔다.

n **displácement** 대체; 해고
cf **displáced pérson** (전쟁 따위로 인한) 난민(D.P.)

어근관련 placement [pléismənt] 배치 replace [ripléis] 바꾸다; 대신하다 뉘앙스 p.495

---

dispose
[dispóuz]
★★★★☆
37

dis(apart) + pose 배치하다 → '여러 가지를 따로따로 배치하다'에서 유래

vt 1 **배치[배열]하다** / put in place; arrange
2 **~할 마음이 생기게 하다** / make ready or willing; incline
- **dispose** one's books on the shelves 자신의 책을 선반 위에 배열하다
- The defendant's youth **disposed** the judge to leniency.
  피고의 젊음이 판사로 하여금 관대한 마음이 생기게 했다.

vi **버리다, 처분[처리]하다** / get rid of; remove
- **dispose** of one's car for a low cost 자신의 차를 싼 값에 처분하다

n **dispósal** 처분(권); 배치 **n** **disposítion** (개인의) 성격, 성질; 배치
a **dispósable** 처분할 수 있는(available); 일회용의
a **dispósed** ~할 마음이 생긴(willing) • well[ill]-**disposed** 마음씨가 고운[고약한]
cf **predispóse** (미리) ~할 마음이 생기게 하다
cf **depóse** 해임하다 **depósit** ~을 놓다 뉘앙스 p.225

어근관련 composure [kəmpóuʒər] 침착 impose [impóuz] 강요하다; 부과하다

---

disproportionate
[disprəpɔ́:rʃənət]
★☆☆☆☆
38

dis(not) + pro(according to) + portion 몫 → '몫이 제대로 분배 안된'에서 유래

a **어울리지 않는, 불균형한** / relatively too much or little; unbalanced
- 3,000 won would be **disproportionate** pay for a day's work.
  3000원은 하루 작업에 어울리지 않는 보수일 것이다.

n **dispropórtion** 불균형 **a** **dispropórtional** 불균형의

어근관련 portion [pɔ́:rʃən] 일부; 몫; 분배하다 apportion [əpɔ́:rʃən] 배분[할당]하다

---

disregard
[disrigɑ́:rd]
★★☆☆☆
39

dis(away) + re(back) + gar(see) → '멀찌감치 뒤로 물러나 보다'에서 유래

vt (경고 · 반대 따위를) **무시하다** / pay no attention to; ignore
- **disregard** all our objections 우리의 모든 반대를 무시하다

n **무시, 소홀** / lack of attention; neglect
- **disregard** of passenger safety 승객의 안전에 대한 무시

a **disregárdful** 무시하는, 무관심한

어근관련 regarding [rigɑ́:rdiŋ] ~에 관하여 guard [ga:rd] 지키다; 경호원 뉘앙스 p.393

disrupt

[disrʌ́pt]
★☆☆☆☆
40

dis(apart) + rup<rump(break) → '떨어지게 하여 부숴버리다'에서 유래

vt 붕괴[분열]시키다 / bring into disorder; shatter
- try to **disrupt** the assembly 집회를 해산시키려고 하다.

n disrúption 붕괴(시키기) **a disrúptive** 붕괴시키는

어근관련 corrupt [kərʌ́pt] 부정[타락]한; 타락시키다 erupt [irʌ́pt] 분출[폭발]하다

동의어 / 반의어

35	**disperse**	=	scatter / dissipate / dispel / dismiss ↔ assemble ⊙ 동의어 보강
36	**displace**	=	supplant / replace / supercede / dislocate / dislodge
37	**dispose**	=	arrange / place / order / post / station
38	**disproportionate**	=	unbalanced / asymmetrical / unequal / uneven ↔ proportionate
39	**disregard**	=	ignore / neglect / bypass / slight / take no account of ↔ regard
40	**disrupt**	=	disorganize / disarrange / disarray / break up

동의어 보강

(지식, 사실 등을) 널리 퍼뜨리다 35	필수	circulate 유포하다; 순환하다 / distribute 분배하다, 퍼뜨리다 / radiate 방출하다, 방사하다 / disperse 퍼뜨리다 / propagate (종교, 사상) 퍼뜨리다 / scatter 흩뜨리다 / disseminate 퍼뜨리다 / promulgate 공표하다; 퍼뜨리다, 보급하다 / spread 퍼뜨리다
	고급	diffuse 흐트러뜨리다; 퍼뜨리다 / peddle 행상하다; 소문을 퍼뜨리다 / strew 흩뿌리다, 퍼뜨리다 / trumpet 과시하다, 퍼뜨리다
	숙어	set afloat

뉘앙스

성격 37	**cháracter**	(도덕적) **성격, 인격**	• noble **character** 고매한 인격
	personálity	(남에게 비춰지는) **성격, 개성**	• double **personality** 이중인격
	individuálity	(남과 구분되는 개인적) **특질, 개성**	• His voice lacks **individuality**. 그의 목소리는 개성이 없다.
	disposítion	(타고난) **기질, 성향**	• a cheerful **disposition** 쾌활한 기질
	témperament	**기질, 성질**	• a sanguine **temperament** 다혈질
	témper	(경험에 의해 얻은) **성질**	• a hot **temper** 발끈하는 성질

Check-up Test

1. Their quarrels seem to <u>disrupt</u> the Coalition.
ⓐ disorder ⓑ disdain ⓒ split ⓓ dispute

2. At the request of the police, the huge crowd _______ and everyone went home.
ⓐ dispersed ⓑ banished ⓒ exiled ⓓ excited

3. His neighbor wanted to <u>dispose of</u> the old house and buy a new one.
ⓐ sell ⓑ repair ⓒ expand ⓓ develop

4. The United States Constitution mandates two Houses of Congress so that the larger states will not be <u>disproportionately</u> represented.
ⓐ unequally ⓑ inadequately ⓒ mistakenly ⓓ illegally

5. When a tribe encounters civilization, the first things to get <u>disregarded</u> are the religious beliefs of the tribe.
ⓐ conserved ⓑ ignored ⓒ considered ⓓ attracted

정답 **1.** a **2.** a **3.** a **4.** a **5.** b

dissect
[disékt]
★☆☆☆☆
41

dis(apart) + sect(cut) → '잘라서 가르다'에서 유래

vt 1 (동 · 식물체를) **해부하다** / cut apart in order to examine the structure; anatomize
2 (면밀히) **분석하다** / study very carefully; analyze
- **dissect** a frog 개구리를 해부하다 • **dissect** the election results 선거 결과를 면밀히 분석하다

n **disséction** 해부(체); 분석

어근관련 insect [ínsekt] 곤충 bisect [baisékt] 양분하다

---

dissemble
[disémbl]
☆☆☆☆☆
42

dis(away) + semble(seen) → '다른 것처럼 보이게 하다'에서 유래

vt (감정 등을) **숨기다, 가장하다** / hide one's true feelings; disguise
- **dissemble** one's anger with a smile 자신의 분노를 미소로 숨기다

n **dissémblance** 가장 **n** **dissémbler** 위선자, 시치미 떼는 사람 **cf** **disassémble** 해체하다

어근관련 assemble [əsémbl] 모으[이]다 resemble [rizémbl] ~와 닮다

---

disseminate
[disémәneit]
★★★★☆
43

dis(apart) + semin<semen(seed) → '사방에 씨를 뿌리다'에서 유래

vt (사상 · 소식을) **퍼뜨리다, 유포시키다** / spread widely; diffuse
- News is **disseminated** by means of television and radio.
  뉴스는 TV나 라디오를 통해 퍼진다. **n** **disseminátion** 유포, 보급

어근관련 seminar [sémәna:r] 연구 그룹, 세미나 seminary [sémәneri] 학교

---

dissent
[disént]
★★☆☆☆
44

dis(apart) + sent(feel) → '멀리 떨어져서 다르게 느끼다'에서 유래

vi **의견을 달리하다, 반대하다** / express a different opinion; differ
- **dissent** from public opinion 여론과 의견을 달리하다

n **의견 차이, 이의** / difference of opinion; disagreement
- **dissent** among the members 회원들 사이의 의견 차이

n **dissénsion** 의견 충돌, 불화 **a** **n** **disséntient** 이의를 제기하는; 반대자

cf **décent** 적당한 **descént** 하강

어근관련 assent [әsént] 동의(하다) resent [rizént] 분개하다, 원망하다

---

dissipate
[dísәpeit]
★★★☆☆
45

dis(apart) + sip<sup (throw) → '사방으로 던지다'에서 유래

v 1 (구름 · 안개 따위를) **흩어지(게 하)다** / (cause to) disappear; scatter
2 (시간 · 돈 따위를) **낭비하다** / spend or waste foolishly; squander
- **dissipate** the enemy forces 적군을 격퇴하다
- **dissipate** one's father's fortune 자기 아버지의 재산을 흥청망청 낭비하다

n **dissipátion** 분산; 낭비; 오락, 기분 풀이(entertainment)

---

dissuade
[diswéid]
★★☆☆☆
46

dis(away) + suade(advise) → '(어떤 행동으로부터) 멀어지게끔 충고하다'에서 유래

vt (설득하여) **단념시키다** / persuade not to do something; discourage
- **dissuade** the boy from running away from home
  가출하지 말도록 그 소년을 설득하다

n **dissuásion** 설득하여 그만두게 하기 **a** **dissuásive** 말리는

어근관련 persuasive [pәrswéisiv] 설득력 있는 suasive [swéisiv] 설득력 있는

---

distort
[distɔ́:rt]
★★★☆☆
47

dis(intensive) + tort(twist) → '마구 비틀다'에서 유래

vt 1 (원래 모양을) **비틀다, 일그러뜨리다** / twist out of shape; contort
2 (사실 · 말 등을) **왜곡[곡해]하다** / give a false account of; pervert
- a face **distorted** by pain 고통으로 일그러진 얼굴
- **distort** the facts of the accident 그 사건의 진상을 왜곡하다

n **distórtion** 일그러짐(deformity); 왜곡(perversion)

어근관련 extort [ikstɔ́:rt] (돈 따위를) 강탈하다 retort [ritɔ́:rt] 보복하다; 반박하다 뉘앙스 p.159

distract

[distrǽkt]
★★★☆☆
48

dis(away) + tract(draw) → '~의 생각을 멀리 잡아끌다'에서 유래

vt 1 (마음 · 주의를) **딴 데로 돌리다, 어지럽히다** / draw away the attention; divert
2 **~을 즐겁게 하다** / entertain; amuse

- be **distracted** by the noise outside 밖에 소음 때문에 주의가 산만해지다
- I **distract** myself with bowling. 나는 볼링으로 기분 전환을 한다.

n **distráction** (주의) 산만; 기분 전환; 심란

a **distráught** 산만[심란]해진(distracted) **a** **distráit** 얼빠진, 멍한(absentminded)

어근관련 detract [ditrǽkt] (가치를) 떨어뜨리다 retract [ritrǽkt] 취소[철회]하다

1 8 LECTURE

동의어 / 반의어

41	**dissect**	=	analyze / anatomize / scrutinize / probe / break down
42	**dissemble**	=	disguise / hide / cloak / dissimulate / mask ↔ show ● 동의어 보강
43	**disseminate**	=	circulate / diffuse / spread / disperse / propagate / promulgate
44	**dissent**	=	differ / disagree / discord / disaccord / fall out ↔ assent
45	**dissipate**	=	scatter / dispel / disperse / dismiss ↔ accumulate
46	**dissuade**	=	discourage / prevent / deter / block ↔ persuade
47	**distort**	=	contort / deform / disfigure / misshape / warp / screw
48	**distract**	=	confuse / disturb / perturb / bewilder / mix up

동의어 보강

가장하다 · ~아닌 체하다 42	필수	cloak 망토; 숨기다 / disguise 가장하다 / dissemble 가장하다 / dissimulate ~아닌 체하다 / hide 숨기다, 가장하다 / mask 숨기다, 가장하다 / obscure 모호하게 하다 / screen 가리다; 가려내다
	고급	camouflage 위장; 눈가림하다, 위장하다
	숙어	cover up

check-up Test

1. Instead of <u>dissecting</u> social or political woes, U.S. News reporters offer thoughts about solutions they have run across in recent months to a range of problems, great or small.
ⓐ dissolving ⓑ exacting ⓒ diluting ⓓ analyzing

2. Time talks. It speaks more plainly than words. The message it conveys comes through loud and clear. Because it is manipulated less consciously, it is subject to be less _______ than the spoken language. It can shout the truth where words lie.
ⓐ distorted ⓑ retorted ⓒ extorted ⓓ discharged

3. The country seems to be better set up to <u>disseminate</u> the latest sports research.
ⓐ carry out ⓑ investigate ⓒ spread ⓓ finance

4. We have so many books that our libraries are being choked with them, and our attentions were _______.
ⓐ distracted ⓑ contracted ⓒ subtracted ⓓ attracted

5. If a way could be found to <u>dissipate</u> the fog that often settles over airports, air travel would probably be safer.
ⓐ disperse ⓑ isolate ⓒ disguise ⓓ photograph

정답 **1.** d **2.** a **3.** c **4.** a **5.** a

distress
[distrés]
☆☆☆☆☆
49

dis(apart) + stres<string(draw) → '사방에서 몸을 잡아 끎'에서 유래

n 1 (심신의) **고통, 고민** / great suffering of the mind or body; anxiety
2 **재난,** (배의) **조난** / a state of danger or great difficulty; calamity
- show signs of **distress** 고통스럽다는 표시를 하다
- send out a **distress** signal 조난 신호를 보내다

vt <종종 수동형> **~을 괴롭히다** / cause distress to; bother
- be **distressed** to hear the news of the accident 사고 소식을 듣고 괴로워하다

a **distréssful** 괴로운, 비참한(wretched) 뉘앙스 p.229

어근관련 stress [stres] 긴장, 스트레스; 강조(하다) strangle [strǽŋgl] 목졸라 죽이다

---

diverge
[divə́:rdʒ]
★☆☆☆☆
50

di<dis(apart) + verg(turn) → '다른 방향으로 바뀌다'에서 유래

vi 1 **갈라지다** / move different directions from the same point; branch
2 (의견 따위가) **다르다, 이탈하다** / differ; deviate
- This is where our opinions **diverge**. 여기에서 우리 의견이 갈린다.
- **diverge** from the rule 규칙에서 이탈하다

n **divérgence** 분기; 불일치, 일탈 **a** **divérgent** 갈라지는; 다른(different)

어근관련 convert [kənvə́:rt] 전환하다 pervert [pərvə́:rt] 타락시키다; 곡해하다 뉘앙스 p.203

---

diverse
[divə́:rs]
★★★☆☆
51

di<dis(apart) + vers<vert(turn) → '여러 군데로 뿔뿔이 바뀌는'에서 유래

a **여러가지의, 다양한** / different from each other; various
- a person of **diverse** interests 다양한 관심을 가지고 있는 사람

v **divérsify** 다양화하다 **n** **divérsity** 차이, 다양성
cf **dívers** 두 서너 개의 **divért** 딴 데로 돌리다; 기분 전환시키다

어근관련 avert [əvə́:rt] 피하다 advert [ædvə́:rt] 언급하다; 주의를 돌리다

---

divulge
[divʌ́ldʒ]
★★★☆☆
52

dis(apart) + vulg(people) → '사람들에게 말해버리다'에서 유래

vt (비밀 따위를) **누설[폭로]하다** / tell or make known; reveal
- **divulge** somebody's plan to the press ~의 계획을 언론에 누설하다

n **divúlgence** 누설

어근관련 vulgar [vʌ́lgər] 대중적인; 저속한 vulgarism [vʌ́lgərizm] 상스러운 말[행동]

동의어 / 반의어

49	**distress**	= anxiety / trouble / suffering / anguish / agony / affliction ⊙ 동의어 보강
50	**diverge**	= deviate / swerve / depart / digress / vary ↔ converge
51	**diverse**	= manifold / motley / sundry / variegated / multifarious ↔ identical ⊙ 동의어 보강
52	**divulge**	= reveal / disclose / expose / debunk / unveil / leak / give away / let on ⊙ 동의어 보강

동의어 보강

다양한 51

필수	assorted 구색을 갖춘 divers 두서너 개의 diverse 다양한 manifold 다양한	medley 다양한 miscellaneous 뒤섞인 multitudinous 다수의 sundry 잡다한	variegated 잡색의 various 다양한
고급	motley 잡다한 / multifarious 가지각색의, 잡다한		

동의어 보감

고통 49	필수	affliction 고통 agony 고통 anguish (마음의) 고통 distress 고통, 고난 misery 비참, 고통 ordeal 시련 pain 고통; 수고 pang (격렬한) 고통 suffering 고통 throes (극심한) 고통 woe 비통; 고민
	고급	excruciation (극도의) 고통, 고문 / tribulation 시련, 고난 / twinge (욱신거리는) 고통 / migraine 편두통
	참고	고통스러운 / painful / aching / smarting 쑤시는, 아리는 / sore 아픈, 따가운
괴롭히다, 애먹이다 49	필수	afflict 괴롭히다 aggrieve 괴롭히다 agonize 몹시 괴롭히다 annoy 괴롭히다; 귀찮게하다 badger 괴롭히다 bother 괴롭히다 bug 괴롭히다; 도청하다 bully 약자를 괴롭히다 distress 고민하게하다, 괴롭히다 harass (성적으로) 괴롭히다 harry 괴롭히다 haunt (귀신이) 출몰하다; 괴롭히다 hound 사냥개; 집요하게 괴롭히다 obsess 사로잡다; 괴롭히다 plague 역병; 괴롭히다 rankle 곪다; 마음을 괴롭히다 torture 고문하다, 괴롭히다 torment 괴롭히다 victimize 희생시키다; 괴롭히다
	고급	bludgeon 몽둥이로 치다, 괴롭히다 / fester 상처가 곪다; 괴롭히다 / harrow 써레질하다; 괴롭히다 / molest 괴롭히다; (여성, 어린이를) 성희롱하다 / pester 괴롭히다, (~해달라고) 조르다
	숙어	gnaw at 갉아먹다, 괴롭히다 / pick on 재미로 괴롭히다, 못살게 굴다 / push around
밝히다 · 폭로하다 52	필수	betray 배신하다; 누설하다 disclose 밝히다 divulge 밝히다 expose 밝히다 leak 밝히다 reveal 밝히다 uncover 밝히다 unveil 밝히다
	고급	debunk (정체를) 폭로하다 / denude 노출시키다 / tattle 수다 떨다, 고자질하다
	숙어	give away 폭로하다, 누설하다 / let on 누설하다; ~인 체하다 / tell on 누설하다; 나쁜 영향을 미치다 / kiss and tell / lay bare / let the cat out of the bag / spill the beans / tell tales

뉘앙스

고통 49

distréss	(구제 가능성이 있는) **고통**	• the **distress** of recalling one's follies 자신의 어리석음을 떠올리는 고통
ágony	(견디기 힘들 정도의) **고통**	• die in great **agony** 몹시 괴로워하다 죽다
mísery	(불행하고 비참한) **고통**	• the **misery** of not being loved by anyone 아무에게도 사랑받지 못하는 고통
súffering	(인간이 겪는 현실적) **고통**	• the **sufferings** entailed by war 전쟁에 수반되는 고통
ánguish	(특히 마음의 모진) **고통, 비탄**	• the **anguish** of despair 절망의 고통

cf. **pain** **아픔, 고통** ≪일반적인 말≫   **pang** (짧지만 강렬한) **아픔**
throes (반복되는 격렬한) **아픔**   **twinge** (찌르는 듯한 짧은) **아픔**

Check-up Test

1. The students know that the economy is <u>in a bind</u> and that jobs are scarce.
ⓐ moving ⓑ unproductive ⓒ on the rise ⓓ in distress

2. To diverge means most nearly to ______.
ⓐ meet ⓑ reveal ⓒ deviate ⓓ secrete

3. There are <u>diverse</u> ways of approaching this problem.
ⓐ vulgar ⓑ pungent ⓒ malleable ⓓ various

4. I always tell her my secret because I know she would not ______ it.
ⓐ elicit ⓑ divulge ⓒ take ⓓ show

정답 **1.** d **2.** c **3.** d **4.** b

341 **hackneyed**
[hǽknid]
★☆☆☆☆

hackney (ordinary horse 평범한 말) → '늘 일을 하는 말처럼 진부한'에서 유래

a **진부한** / repeated too often; trite
- a **hackneyed** metaphor 진부한 비유

---

342 **haggard**
[hǽgərd]
★☆☆☆☆

hag 마녀 → '마녀처럼 보일 정도로 초췌한'에서 유래

a **수척한, 초췌한** / looking very tired because of illness; gaunt
- the **haggard** faces of refugees 피난민들의 초췌한 얼굴들

---

343 **haggle**
[hǽgl]
★☆☆☆☆

hag<hack (chop 삭감하다) → '값을 낮추려 언쟁하다'에서 유래

v **(값 · 조건때문에) 언쟁하다** / dispute especially about a price; bargain ; **말다툼하다** / wrangle
- **haggle** over the price 가격을 흥정하다

---

344 **hail**
[heil]
★★☆☆☆

hail<heill 행운 → '(행운과 같은 존재에 대해) 환호하다'에서 유래

v **~을 환호하며 맞이하다** / shout in welcome to; greet; acclaim
- The crowd **hailed** the winner. 군중은 승리자를 환호하며 맞이했다.

n **háiler** 환호하는 사람; 확성기

---

345 **halcyon**
[hǽlsiən]
★☆☆☆☆

halcyon 물총새 → '동지 무렵 바다의 풍파를 가라앉힌다는 새 이름'에서 유래

a **평온한** / peaceful; calm
- recall the **halcyon** days of one's youth
  자신의 평온했던 젊은 시절을 회상하다

---

346 **hallowed**
[hǽloud]
★☆☆☆☆

hal (holy 신성한)

a **신성한** / made holy; blessed
- a **hallowed** ground 성지(聖地)

v **hállow** 신성하게[깨끗하게] 하다, 신성한 것으로 숭배하다

---

347 **hallucination**
[həlu:sənéiʃən]
★☆☆☆☆

hallucin (wander 헤매다) → '꿈 속을 헤매는 듯한 환각'에서 유래

n **환각** / seeming to see something not present; illusion
- drug-induced **hallucinations**
  마약 복용으로 인한 환각

v **hallúcinate** 환각에 빠뜨리다; 환각을 일으키다

---

348 **hamlet**
[hǽmlit]
★★★☆☆

ham (house 집) → '집들이 모여 있는 작은 마을'에서 유래

n **작은 마을**/ a very small village
- be born in an intermontane **hamlet** 산촌에서 태어나다

---

349 **hamper**
[hǽmpər]
★★★☆☆

hamper<top-hamper 갑판 위의 중량물 → '평소에는 도움이 되다가 폭풍 때는 방해가 되는 것'에서 유래

vt **방해하다** / restrict a person's movements; obstruct
- Women's progress is **hampered** by men.
  여성의 진보가 남성들에 의해 방해 받고 있다.

---

350 **haphazard**
[hæphǽzərd]
★★☆☆☆

hap (happen 일어나다) → '일이 우연히 일어나는' 에서 유래

a **우연의** / happening without plan; random
- a **haphazard** collection 닥치는 대로 수집한 것

---

351 **harangue**
[hərǽŋ]
★☆☆☆☆

harang<ring (circular gathering 둥글게 모임) → '사람들을 모여들게 하는 연설' 에서 유래

n **(열렬한) 연설** / a long, pompous, formal speech; tirade; rant

v **열변을 토하다** / speak loudly and angrily
- launch into a long **harangue** 장광설을 늘어놓다

---

352 **harass**
[hərǽs]
★☆☆☆☆

har (drag 끌다) → '끌어당기며 괴롭히다'에서 유래

vt **괴롭히다** / annoy people by continually interrupting them; bother
- **harass** him by her continual demands for attire
  옷을 사달라고 계속 졸라 그를 괴롭히다

353 **harbinger**
[há:rbindʒər]
☆☆☆☆☆

harb (shelter 피난처) → '**피난처를 찾아 주는 선구자**'에서 유래

n **선구자, 전조** / a sign that something is going to happen soon; forerunner
• Frost is a **harbinger** of winter. 서리는 겨울의 전조이다.

354 **harness**
[há:rnis]
★★★★☆

har (army 군대) + nes (provision 공급) → '**군대에 장비를 공급하다**'에서 유래

v **(동력으로) 이용하다** / control ; **마구를 채우다** n **마구; 장치**
• **harness** the sun's rays 태양 광선을 동력화하다

355 **harry**
[hǽri]
★☆☆☆☆

har (army 군대) → '**적군이 약탈하다**'에서 유래

vt **약탈[침략]하다** / keep asking in an upsetting way; pillage
• The guerrilla band **harried** the enemy. 그 게릴라단이 적을 침략했다.

356 **haughty**
[hɔ́:ti]
★★★★☆

haugh (high 높은) → '**자신이 제일 높은 사람인 듯 건방지게 행동하는**'에서 유래

a **건방진** / behaving in a proud unfriendly way; arrogant
• a **haughty** laughter 건방진 웃음

n **háughtiness** 건방짐, 오만

357 **havoc**
[hǽvək]
★★★★★

havoc<havot (looting 약탈하다) → '**마구 약탈하여 혼란에 빠뜨림**'에서 유래

n **대파괴, 대혼란** / great destruction; disorder
v **황폐시키다** / devastate
• play **havoc** with the national economy 국가 경제를 대혼란에 빠뜨리다

358 **hazardous**
[hǽzərdəs]
★★★★☆

hazard (adventure 모험) → '**모험을 즐겨 해 위험이 많은**'에서 유래

a **위험이 많은** / dangerous and likely to harm people; risky
• **hazardous** journey 위험이 많은[모험적인] 여행

n **házard** 위험

359 **hazy**
[héizi]
★☆☆☆☆

haz (dusky 어둑어둑한)

a **흐릿한** / slightly obscure; misty
• a **hazy** sky 흐린 하늘

360 **hedonism**
[hí:dənìzm]
★☆☆☆☆

hedon (pleasure 즐거움) → '**즐거움만을 추구하는 쾌락주의**'에서 유래

n **쾌락주의** / the pursuit of pleasure as a way of life; dissipation
• **hedonism** opposing philosophies 철학에 반대하는 쾌락주의

a **hedonístic** 쾌락주의(자)의

Check-up Test

1. I always thought his line about watching his mother haggle with the healthcare companies while she was dying of cancer was one of the more genuinely moving sections of his speech.
ⓐ suffer from ⓑ support ⓒ get the help from ⓓ argue with

2. He was born in a hamlet, many miles from the nearest city.
ⓐ cottage ⓑ small village ⓒ rural area ⓓ downtown

3. Asking children to read books far above their comprehension level can impede their reading development.
ⓐ incriminate ⓑ hamper ⓒ facilitate ⓓ alleviate

4. The books had been piled on the shelves in a haphazard fashion.
ⓐ random ⓑ neat ⓒ ordered ⓓ scattered

5. The manufacturer claims that Cymetra harnesses the body's own skin-building machinery to fill its wrinkles.
ⓐ is allergic to ⓑ utilizes ⓒ avoids ⓓ is detrimental to

정답 **1.** d **2.** b **3.** b **4.** a **5.** b

leave / let / lie / live / lose

- **leave nothing to be desired**
  / **더할 나위 없이 좋다, 완벽하다** be perfect
  – It will **leave nothing to be desired** if I tie the knot with her.
  내가 그녀와 결혼한다면 더할 나위 없이 좋을 것이다.

- **leave off** / **그만두다, 멈추다** stop
  – I **left off** studying English quite a long time ago.
  나는 영어 공부를 안 한 지 꽤 오래됐어.

- **leave out** / **무시하다; 빠뜨리다** omit, exclude, rule out
  – Don't **leave out** any important information.
  중요한 정보는 하나도 빠뜨리지 마라.

- **leave ~ out of account** / **~을 고려에 넣지 않다** ignore
  – Women's views are **left out of account** in many development programmes. 많은 개발 프로그램들에 있어서 여성의 견해는 고려되지 않는다.

- **let alone** / **~은 말할 것도 없이** not to mention; much more; still more, not to speak of, to say nothing of
  – It's hard to see that they come from the same planet, **let alone** share the same religion. 그들이 같은 종교를 가진다는 건 말할 것도 없고, 같은 행성에서 왔다는 것조차 믿기 힘들어.

- **let down** / **실망시키다** disappoint
  – I knew you wouldn't **let** me **down**!
  나는 당신이 실망시키지 않을 거라는 거 알고 있었어요!

- **let go of**
  / **해방하다, 놓아주다** set free, release, let go ; **해고시키다** dismiss
  – The police officer wouldn't **let go of** the robber's arm.
  경찰관은 그 강도의 팔을 놓아주지 않았다.
  – It's time to **let go of** the past.
  이제 과거는 버려야 할 때이다.

- **let on** / **누설하다** reveal; divulge; betray ; **~인체하다** pretend
  – I didn't **let on** to the staff what our conversation was.
  나는 그 직원에게 내 대화내용을 누설하지 않았다.
  – He **let on** that he was a graduate of a prestigious university.
  그는 일류 대학을 졸업한 척 했다.

- **let up** / **멈추다, 잠잠해지다** stop, slacken
  – I do not **let up** until change happens
  나는 변화가 생길 때까지 멈추지 않을 거야.

- **lie up** / **(병으로) 몸져눕다**
  – She **lies up** because of her broken leg.
  그녀는 다리가 부러져 꼼짝 못하고 있다.

- **live from hand to mouth**
  / **생계를 간신히 유지하다** eke out a living
  – When both my parents were out of work, our family **lived from hand to mouth**.
  부모님 두 분 다 실직하셨을 때, 우리 가족은 근근히 생계를 이어갔다.

- **live it up** / **인생을 즐기다** enjoy life , **사치스럽게 살다** live high
  – I don't know exactly how much I spent on my trip, but I do know that we **lived it up**. 내가 여행에서 얼마나 썼는지 정확히 모르지만 펑펑 썼던 것은 안다.

- **live off** / **신세를 지고 살다, 기생하다**
  – We must learn to **live off** what is available.
  우리는 유용한 것들로부터 도움 받는 법을 배워야 한다.

- **live on** / **~을 먹고 살다** subsist on, feed on
  – It is becoming more and more difficult to **live on** my husband's small salary. 내 남편의 적은 월급으로 사는 것이 점점 더 어려워지고 있다.

- **live up to** / **~의 기대에 부응해 살다, ~에 따라 살다** fulfill, satisfy
  – The event did not **live up to** expectations.
  그 행사는 기대에 부응하지 못했다.

- **lose one's mind** / **평정을 잃다, 미치다** go insane
  – She begins to slowly **lose her mind** as the story progresses.
  이야기가 진전됨에 따라 그녀는 서서히 미쳐가기 시작했다.

- **lose one's temper** / **화를 내다** become angry
  – He has been known on occasion to **lose his temper**.
  그가 가끔 성질을 부리는 것으로 알려져 있다.

- **lose one's touch with**
  / **~와 관계를 끊다** lose one's friendship with
  – I finally **lost touch with** Jane after she moved to London.
  Jane이 런던에 이사 간 이후로 나는 그녀와 결국 연락이 끊겼다.

- **lose oneself in**
  / **~에서 길을 잃다; ~에 몰두하다** be absorbed in, be lost in
  – Whenever he is in despair, he would just **lose himself in** nature.
  그가 절망적일 때마다 그는 단지 자연에 몰두한다.

- **lose sight of** / **~을 시야에서 놓치다**
  – The hunters **lost sight of** their quarry in the forest.
  사냥꾼들은 숲 속에서 뒤쫓던 사냥감을 놓쳤다.

- **lose track of** / **~을 잊어버리다** forget
  – I **lost track of** the time while I was chatting with my friends on my smartphone. 친구들과 스마트폰으로 채팅을 하다가 시간 가는 줄 몰랐어요.

- **leave ~ in the lurch** / 곤경에 빠진 사람을 내버려두다 desert me
- **leave no stones unturned**
  / 온갖 수단을 강구하다 use every means possible
- **let bygones be bygones**
  / 과거는 과거일 뿐이다 let the past be forgotten
- **let the matter rest there** / 문제를 그대로 놓아두다
- **let well enough alone** / 긁어 부스럼 일으키지 않다
- **lie through one's teeth** / 의도적으로 거짓말을 하다 lie intentionally
- **lose one's face** / 창피를 당하다 be humiliated
- **lose heart** / 낙담하다 become discouraged

en-

우선순위로 보는 PRE view

Date : /

★★★★☆	21.	**endorse, indorse**	배서하다	□ □ □
★★★☆☆	14.	**encounter**	우연히 만나다; 직면하다	□ □ □
	15.	**encroach**	침해하다	□ □ □
	18.	**endanger**	위태롭게 하다	□ □ □
	22.	**engender**	발생시키다	□ □ □
	24.	**engross**	몰두시키다	□ □ □
	25.	**enhance**	향상시키다	□ □ □
★★☆☆☆	03.	**embellish**	장식하다	□ □ □
	09.	**empower**	권한을 주다	□ □ □
	20.	**endemic**	풍토성의	□ □ □
★☆☆☆☆	01.	**embargo**	제재; 교역을 금지하다	□ □ □
	02.	**embark**	승선하다; 시작하다	□ □ □
	04.	**embezzle**	횡령하다	□ □ □
	05.	**emblem**	상징, 표상	□ □ □
	06.	**embody**	구체화하다; 포함하다	□ □ □
	07.	**emboss**	튀어나오게 하다	□ □ □
	08.	**embryo**	태아; 미발달 단계	□ □ □
	10.	**enact**	제정하다; 상연하다	□ □ □
	11.	**enchant**	매혹시키다	□ □ □
	12.	**encircle**	에워 싸다	□ □ □
	13.	**encompass**	에워 싸다; 포함하다	□ □ □
	16.	**encumber**	방해하다	□ □ □
	23.	**engrave**	새기다	□ □ □
☆☆☆☆☆	17.	**encyclopedia**	백과사전	□ □ □
	19.	**endear**	애정을 느끼게 하다	□ □ □

MD19 mp3

LECTURE 19

en-

▶ **동사형성** Greek 계통의 접두어로서 '**동사형성**(do, make)'의 의미를 지닌다.

의미 변화

① 동사변화(do, make)

> **enáct** : en(make) + act 법
→ 법으로 만들다 → 제정하다
/ encírcle 에워싸다 / enlíven 생기있게 하다

② 안(in)

> **empówer** : em<en(in) + power 힘
→ ~안에 힘을 넣어 주다 → ~에게 권한을 주다
/ encúmber 방해하다 / engráve 새기다; 명심하다

형태 변화 > 자음 b,p 앞에서

▶ **em-** / **ém**blem 상징 / **em**pírical 경험적인

---

embargo
[imbá:rgou]
★☆☆☆☆
01

em<en(make) + bar 장애물 → '장애물로 막다'에서 유래

n (선박의 출입항 · 교역의) **제재** / an official order forbidding trade; prohibition; restriction
- put an **embargo** on the supply of oil 원유 공급을 금지하다

vt **출입항[교역]을 금지하다** / put an embargo on; inhibit
- **embargo** all foreign ships 모든 외국 선박에 대해 출입항을 금지하다

어근관련 embarrass [imbǽrəs] 당혹[난처]하게 하다 barrier [bǽriər] 울타리, 장벽

---

embark
[imbá:rk]
★☆☆☆☆
02

en(in) + bark (돛)배 → '~을 배 안에 싣다'에서 유래

v 1 **승선하다[시키다]** / go[put] on board a ship or other vehicle; board
2 **기업에 투자하다** / invest in an enterprise; lay out
3 **시작[착수]하다** / set out; start
- **embark** passengers and wool at an Australian port
오스트레일리아 항구에서 승객들과 양털을 싣다
- **embark** one's fortune in the swindler's scheme 사기꾼의 계략에 자신의 재산을 투자하다
- **embark** on a new career 새로운 직업을 시작하다

n **embarkátion, -ment** 승선(자), 적재물

어근관련 debark [dibá:rk], disembark [disembá:rk] 상륙하다[시키다]

---

embellish
[imbéliʃ]
★★☆☆☆
03

em<en(in) + bel(handsome) → '~안에 멋진 것들을 넣다'에서 유래

vt 1 **아름답게[장식]하다** / add beauty to; decorate
2 (이야기를) **재미있게 꾸미다**
/ make more interesting by adding untrue details; embroider
- a white hat **embellished** with pink roses 분홍 장미들로 장식된 흰 모자
- **embellish** the old stories 그 오래된 이야기들을 재미있게 꾸미다

n **embéllishment** 장식; (이야기의) 윤색, 수식

어근관련 belle [bel] 미인, 미녀

뉘앙스 p.235

---

embezzle
[imbézl]
★☆☆☆☆
04

em<en(in) + bezzle<besillier(destroy) → '금고를 파괴하고 돈을 빼내다'에서 유래

vt (공금을) **유용[횡령]하다** / steal money entrusted to one's care; appropriate
- **embezzle** $50,000 from one's company 자신의 회사로부터 5만불을 횡령하다

n **embézzlement** 횡령, 착복

---

emblem
[émbləm]
★☆☆☆☆
05

em<en(do) + bl<bol (throw) → '(대신 표현할 수 있는 것을) 위로 던지다'에서 유래

n **상징, 표상** / sign of an idea; symbol
- The dove is an **emblem** of peace. 비둘기는 평화의 상징이다.

어근관련 parable [pǽrəbl] 우화 hyperbole [haipə́:rbəli] 과장(법)

동의어 / 반의어

01	**embargo**	=	prohibit / forbid / restrict / ban / debar ↔ permit
02	**embark**	=	begin / commence / enter into / get to / set out
03	**embellish**	=	decorate / beautify / adorn / ornament / bedeck / festoon ● 동의어 보감
04	**embezzle**	=	appropriate / misappropriate / peculate / defraud / defalcate
05	**emblem**	=	symbol / mark / indication

동의어 보감

장식하다 03

필수	adorn 장식하다 / embellish 장식하다 / trim 가장자리를 장식하다 / decorate 장식하다 / ornament 장식하다
고급	(be)deck 장식하다, 꾸미다 / bedizen 장식하다, 야하게 치장하다 / drape 가리다, 장식하다 / emblazon 새기다, 장식하다 / embroider 수를 놓다, 장식하다 / festoon 꽃 줄로 장식하다 / garnish (음식을) 장식하다
숙어	dress[make] up
참고	frill 주름장식 / gild 도금하다, 꾸미다

뉘앙스

장식하다 03

adórn	(본래 아름다운 것을 더욱) **꾸미다, 장식하다**	• Her hair was **adorned** with roses. 그녀의 머리는 장미로 장식되어 있었다.
décorate	(별로 아름답지 않은 것을 꾸며) **장식하다**	• **decorate** a wall with pictures 벽을 그림으로 장식하다
embéllish	(매우 화려한 장식물로) **치장하다, 장식하다**	• be **embellished** with jewelry 보석으로 치장되다
órnament	(특히 악세서리로) **장식하다**	• **ornament** a comb with pearls 빗을 진주로 장식하다
gárnish	(음식 또는 문장을) **꾸미다, 장식하다**	• **garnish** fish with lemon 생선을 레몬으로 장식하다

Check-up Test

1. He spends more time attempting to diminish rather than <u>embellish</u> the mythology that grew up around his monumental contributions.
ⓐ decorate ⓑ destroy ⓒ disprove ⓓ appreciate

2. While serving in the Senate in the early 1970's, Babara Jordan supported legislation to <u>ban</u> discrimination and to deal with environmental problems.
ⓐ list ⓑ handle ⓒ investigate ⓓ embargo

3. Last spring biochemist Shannon W. Lucid <u>embarked</u> on a mission of profound historical significance.
ⓐ criticized ⓑ joined ⓒ started ⓓ revealed

4. The bank teller's _______ of the funds was not discovered until the auditors examined the accounts.
ⓐ burglary ⓑ theft ⓒ pilfering ⓓ embezzlement

5. Bay laurel leaves are still an <u>emblem</u> of victory.
ⓐ spoil ⓑ result ⓒ symbol ⓓ suggestion

정답 **1.** a **2.** d **3.** c **4.** d **5.** c

embody
[imbádi]
★☆☆☆☆
06

em<en(in) + body 실체 → '추상적이고 무형적인 것에 실체를 불어 넣다'에서 유래

vt 1 **구체[유형]화 하다** / put into a form that can be seen; materialize
2 **포함하다** / bring together in a single body; include
- **embody** the ideals of democracy 민주주의에 대한 이상을 구체화하다
- The new car **embodies** many improvements. 그 새로운 차는 많은 개선된 기능을 포함하고 있다.

n **embódiment** 구체화, 구현; 화신(incarnation)

어근관련 bodily [bádli] 신체의, 구체의; 구체적으로, 일제히 antibody [ǽntibadi] 항체

emboss
[imbɔ́:s]
★☆☆☆☆
07

em<en(in) + boss 돌기 → '돌기처럼 튀어나오게 하다'에서 유래

vt (금속 · 종이 따위를) **튀어나오게[돋아나게] 하다** / decorate with a design that stands out from the surface
- coins **embossed** with letters and figures 글자와 그림으로 튀어나온 동전들

n **embóssment** 튀어나오게 함, 양각 무늬 (장식)

어근관련 boss [bas] 돌기, 양각 무늬; 양각 무늬로 장식하다

embryo
[émbriou]
★☆☆☆☆
08

em<en(in) + bryo(swell) → '안에서 부풀어 오름'에서 유래

n 1 (동 · 식물의) **태아, 배** / an animal or plant before birth; fetus
2 **미발달[초기] 단계** / an undeveloped stage
- There are many pros and cons presented concerning **embryo** cloning. 태아 복제에 관해 찬반 양론이 거세다.
- a plan still in **embryo** 아직 초기 단계에 있는 계획

a **미발달[초기]의** / not mature; undeveloped
- an **embryo** idea 초기 단계에 있는 생각

a **embryónic** 태아[배]의; 미발달의; 초기의(rudimentary)

cf **émbryo** (임신 8주까지의) 배, 태아 **fétus** (임신 3개월이 지난) 태아

empower
[impáuər]
★★☆☆☆
09

em<en(in) + power 힘 → '~안에 힘을 넣어 주다'에서 유래

vt **~에게 권한[능력]을 주다** / give power or authority to; authorize
- **empower** one's secretary to sign certain contracts 자신의 비서에게 몇몇 계약들에 서명할 수 있는 권한을 주다

n **empówerment** 권한[능력] 부여

어근관련 powerful [páuərfəl] 강력한 powerless [páuərlis] 무력한

enact
[inǽkt]
★☆☆☆☆
10

en(make) + act 법 → '법으로 만들다'에서 유래

vt 1 (법률을) **제정[규정]하다** / make into law; legislate
2 (연극 등을) **상연하다** / act out, as on a stage; perform
- **enact** a bill to restrict the sale of guns 총기 판매 금지 법안을 제정하다
- **enact** a play 연극을 상연하다

n **enáctment** (법률의) 제정, 법규 **a** **enáctive** 법률 제정권이 있는

어근관련 counteract [kauntərǽkt] 반작용하다 transact [trænzǽkt] 거래하다

enchant
[intʃǽnt]
★☆☆☆☆
11

en(against) + chant 노래 → '~를 향하여 아름다운 노래를 부르다'에서 유래

vt 1 **마법을 걸다** / use magic on; bewitch
2 **매혹시키다, 황홀케 하다** / fill with delight; charm
- a palace in an **enchanted** wood 마법에 걸린 숲 속의 궁전
- The music **enchanted** us all. 그 음악이 우리 모두를 황홀하게 했다.

a **enchánting** 매혹적인(fascinating) **n** **enchántment** 마법 뉘앙스 p.237

어근관련 accent [ǽksent] 강세; 강하게 발음하다 recant [rikǽnt] 바꾸다, 취소하다

동의어 ↔ 반의어

06	**embody**	=	materialize / incarnate / externalize ↔ disembody
07	**emboss**	=	adorn / decorate / ornament / bedeck
08	**embryo**	=	incipient / initial / inchoate / germinal / nascent ↔ terminal
09	**empower**	=	authorize / enable / entitle / license / invest ↔ debar
10	**enact**	=	legislate / constitute / establish / institute ↔ abrogate
11	**enchant**	=	charm / fascinate / captivate / bewitch / carry away ↔ disillusion ○ 동의어 보강

동의어 보강

매혹하다 11	필수	attract 끌다, 매혹하다 / allure 매혹하다 / bewitch 매혹하다 / captivate 매혹하다 / charm 매혹하다 / draw (in) 매혹하다 / enamor 매혹하다 / enchant 매혹하다 / enslave 노예로 만들다; 매혹하다 / enthrall 노예로 만들다; 매혹하다 / entrance 매혹하다 / fascinate 매혹하다 / hypnotize 최면을 걸다; 매혹하다 / intoxicate 취하게 하다; 매혹하다 / mesmerize 최면을 걸다; 매혹하다 / transport 수송하다; 매혹하다
	고급	infatuate 홀딱 반하게 하다 / magnetize 자력을 띠게 하다, 매료하다 / spellbind 마법을 걸다; 매혹하다
	숙어	carry away / knock out / turn on 성적으로 흥분시키다 / sweep off sb's feet

뉘앙스

매혹하다 11

attráct	(자석처럼 끌어당겨) **매혹하다, 끌다**	• be **attracted** to a girl 한 소녀에게 마음이 끌리다
allúre	(무엇인가 즐거운 것으로 유혹하여) **매혹하다**	• The advertisement **allured** people to buy the goods. 사람들은 광고에 끌려 상품을 샀다.
charm	(매력적인 것이 마술같은 힘으로) **매혹하다** ≪일반적인 말≫	• Her beautiful voice **charmed** the large audience. 그녀의 아름다운 음성에 많은 청중들은 매혹되었다.
fáscinate, enchánt	(마술적인 힘으로 완전히) **매혹하다, 황홀하게 하다**	• He was **fascinated** with her beauty. 그는 그녀의 아름다움에 완전히 넋을 잃었다.
cáptivate	(사람의 관심을 사로 잡아 특히 일시적으로) **매혹하다**	• I am **captivated** with the music of Mozart. 나는 모짜르트 음악에 매료되어 있다.

cf. **bewítch** (요술을 걸듯이) **매혹하다** **hýpnotize, mésmerize** (엄청나게) **매혹하다** ≪의미가 강한 말≫

Check-up Test

1. Ella Grasso, elected governor of Connecticut in 1974, supported the <u>enactment</u> of the college tuition law.
ⓐ abolition ⓑ legislation ⓒ enforcement ⓓ circulation

2. Your application must <u>embody</u> all the facts that the judges need to make their decision.
ⓐ permeate ⓑ materialize ⓒ obliterate ⓓ manipulate

3. He ran his finger over the letter to see if they had been ______.
ⓐ eluded ⓑ written ⓒ embossed ⓓ irradiated

4. A mature tulip bulb contains the <u>embryo</u> of a plant, which will be dealt with in chapter six.
ⓐ flower bud ⓑ completely undeveloped form ⓒ waste product ⓓ color-producing pigment

5. The principal <u>empowered</u> us to form a student government.
ⓐ ordered ⓑ permitted ⓒ forbade ⓓ helped

정답 **1.** b **2.** b **3.** c **4.** b **5.** b

encircle
[insə́:rkl]
★☆☆☆☆
12

en(make) + circle 원 → '원을 만들다'에서 유래

vt **에워[둘러]싸다** / form a circle round; surround

- Rebel forces had **encircled** the airport.
  반란군이 공항을 에워쌌다.

n **encírclement** 포위

어근관련 circumspect [sə́:rkəmspekt] 신중한 circumference [sərkʌ́mfərəns] 원주; 주변 (지역)

---

encompass
[inkʌ́mpəs]
★☆☆☆☆
13

en(make) + compass 컴퍼스 → '컴퍼스로 둘레를 만들다'에서 유래

vt 1 **둘러[에워]싸다** / reach all the way around; encircle
2 **포함하다** / include or be connected with; comprise

- The atmosphere **encompasses** the earth. 대기는 지구를 에워싸고 있다.
- **encompass** the whole of English literature since 1850
  1850년 이후 영문학 전체를 포함하다

어근관련 surpass [sərpǽs] 능가하다 trespass [tréspəs] 침해(하다)

---

encounter
[inkáuntər]
★★★☆☆
14

en(make) + counter 반대 → '서로 반대'에서 유래

vt 1 (사람과) **우연히 만나다** / meet unexpectedly; run across
2 (어려움 따위에) **부딪치다, 직면하다** / meet or have to deal with something bad; confront

- **encounter** a friend on the plane 비행기에서 한 친구를 우연히 만나다
- **encounter** a lot of problems 많은 문제들에 직면하다

n 1 **뜻밖의 만남** / an unexpected meeting
2 (적과의) **교전, 전투** / a meeting of enemies; battle

- have a close **encounter** with a poisonous snake 독사를 눈 앞에서 보다
- The two armies had a desperate **encounter**. 그 두 군대는 필사적인 전투를 했다.

어근관련 countermand [kauntərmǽnd] (명령을) 취소하다 counterpart [káuntərpɑ:rt] 사본

---

encroach
[inkróutʃ]
★★★☆☆
15

en(in) + croach<croch(hook) → '갈고리 모양으로 구부리듯 파고 들다'에서 유래

vi (남의 재산 · 권리를) **침해하다** / trespass upon rights of another; intrude

- Be careful not to **encroach** on her authority.
  그녀의 권한을 침해하지 않도록 주의하시오

n **encróachment** 침입, 침해 뉘앙스 p.239

어근관련 crouch [krautʃ] (몸을) 웅크리다; 웅크림 crooked [krúkid] 구부러진, 부정직한

---

encumber
[inkʌ́mbər]
★☆☆☆☆
16

en(in) + cum(lie) → '남이 가는 길에 누워 못가게 막다'에서 유래

vt **방해하다, 막다** / make difficult to do; hinder

- Heavy shoes **encumber** a runner in a race.
  무거운 신발은 경주에서 뛰는 사람을 방해한다.

n **encúmbrance** 방해[장애]물

어근관련 succumb [səkʌ́m] 굴복하다 cumbersome [kʌ́mbərsəm] 부담되는

동의어 / 반의어

12	**encircle**	=	surround / enclose / encompass / environ / ensphere ○ 동의어 보강
13	**encompass**	=	encircle / enclose / beset / ensphere / environ
14	**encounter**	=	meet / face / come across / run into / hit upon / fall in with
15	**encroach**	=	intrude / trespass / infringe / invade / break in ○ 동의어 보강
16	**encumber**	=	hinder / impede / obstruct / burden / hamper

동의어 보감

둘러싸다 · 포위하다 13	필수	beset 포위공격하다 / besiege 포위공격하다 / blockade 봉쇄하다 / encircle 둘러싸다 / enclose 둘러싸다 / envelop 싸다; 포위하다 / environ 둘러싸다, 포위하다 / surround 둘러싸다, 포위하다
	고급	beleaguer 포위하다; 괴롭히다 / cordon 비상선으로 치다 / encompass 용접하다; 포위하다
	숙어	hem in / lay siege to
	참고	siege 포위공격 / iron ring 포위망
침입[침략]하다 · 위반하다 15	필수	breach 위반, 위반하다 / break 위반하다, 깨뜨리다, 어기다 / defy 도전하다, 무시하다 / disobey 위반하다 / encroach 침입하다 / infringe (권한을) 침해하다 / intrude 침입하다 / invade 침략하다; 침해하다 / transgress 위반하다 / trespass (토지, 가옥에) 침입하다 / violate 위반하다
	고급	contravene (법, 규칙을) 위반하다 / infract (법률 등을) 어기다 / impinge 영향을 미치다; 침해하다 / overstep (도를) 넘다
	숙어	act against / bend the law 법을 어기다
	참고	commit (범죄를) 저지르다 / renege 약속을 어기다, 번복하다
	반의어	따르다, 준수하다 / obey 복종하다 / observe 준수하다 / conform to 관습 등에 따르다 / acquiesce 마지못해 따르다 / follow 선례 등에 따르다

뉘앙스

침입[침략]하다 15

tréspass	(남의 재산 · 권리를 불법으로) **침입하다, 침해하다**	• **trespass** on a private land 사유지에 불법 침입하다
encróach	(서서히 몰래) **침입하다**	• The sea is **encroaching** upon the land. 바다가 육지를 서서히 침식하고 있다.
infrínge	(법률 · 협정 따위를 위반하고 남의 권리를) **침해하다**	• **infringe** on a copyright 저작권을 침해하다.
intrúde	(제멋대로 쓸데없이) **침입하다**	• **intrude** on a person's privacy 남의 사생활을 침범하다
inváde	(적의를 가지고 폭력적으로) **침략하다, 침해하다**	• **invade** a neighboring country 이웃나라를 침략하다

Check-up Test

1. The mantle is 2,900 kilometers thick and ______ about 84 percent of the total volume of Earth.
ⓐ encompasses ⓑ encounters ⓒ encroaches ⓓ encumbers

2. The settlers'steady <u>encroachment</u> on the Indians'territory ultimately left the Indians homeless.
ⓐ endearment ⓑ infringement ⓒ enchantment ⓓ enforcement

3. If he overstayed his welcome, he would become a hated <u>encumbrance</u>.
ⓐ maintenance ⓑ burden ⓒ encouragement ⓓ exhortation

4. There is a program that <u>encompasses</u> many activities.
ⓐ includes ⓑ bars ⓒ prepares for ⓓ describes

5. I knew that it was going to be difficult to raise funds for our " Save the Environment" drive, but never expected to <u>encounter</u> so many tough problems.
ⓐ confront ⓑ enthrall ⓒ exhume ⓓ repudiate

정답 **1.** a **2.** b **3.** b **4.** a **5.** a

encyclopedia
[insaikləpíːdiə]
☆☆☆☆☆
17

en(in) + cyclo(circle) + ped(child) → '아이들을 교육시키기 위해 만든 책'에서 유래

n **백과사전** / a book giving information on all branches of knowledge
- an **encyclopedia** of modern science 근대 과학에 대한 백과사전

a **encyclopédic** 백과사전의; 박식한

어근관련 pedagogue [pédəgɑg] 교사　pediatrician [piːdiətríʃən] 소아과 의사

---

endanger
[indéindʒər]
★★★☆☆
18

en(in) + danger 위험 → '위험 속으로 빠뜨리다'에서 유래

vt **위태롭게 하다** / cause danger to; imperil
- Fire **endangered** the hotel's guests. 화재가 그 호텔의 손님들을 위태롭게 했다.

a **endángered** 위기에 처한

n **endángerment** 위태롭게 함

어근관련 dangerous [déindʒərəs] 위험한

---

endear
[indíər]
☆☆☆☆☆
19

en(make) + dear 사랑하는 → '사랑하게 만들다'에서 유래

vt **애정을 느끼게 하다** / make dear; love
- Her kindness **endeared** her to all of us.
  그녀의 친절함은 우리 모두로 하여금 그녀에 대해 애정을 느끼게 했다.

a **endéaring** 애정을 느끼게 하는

n **endéarment** 사랑스러움

어근관련 dearly [díərli] 마음 속으로부터; 비싸게　darling [dɑ́ːrliŋ] 가장 사랑하는 사람

---

endemic
[endémik]
★★☆☆☆
20

en(in) + dem(district) → '한 지역 내에만 있는'에서 유래

a **한 지방에만 나타나는, 풍토성의**
/ found regularly in a particular place; indigenous
- a disease **endemic** to the tropics 열대지방에 특유한 병

cf **epidémic** 유행[전염]병(의)　**cf** **pandémic** 유행하는 (병)　뉘앙스 p.341

어근관련 democracy [dimɑ́krəsi] 민주주의　demagogue [déməgɑg] 선동 정치가

---

endorse, indorse
[indɔ́ːrs]
★★★★☆
21

en(on) + dors<dos(back) → '종이 뒷면에 쓰다'에서 유래

vt 1 (수표 따위에) **배서[이서]하다** / write one's name on the back of; back
2 **승인[인정]하다** / express approval or support of; sanction
- **endorse** the check 수표에 이서하다
- **endorse** the government's proposals 정부의 제안을 승인하다

n **endórsement** 배서, 승인

어근관련 dorsal [dɔ́ːrsəl] 등(쪽)의; 등지느러미, 척추　dorsum [dɔ́ːrsəm] 등, 배부

---

engender
[indʒéndər]
★★★☆☆
22

en(in) + gen(produce) → '어떤 일을 일으키다'에서 유래

vt **발생[야기]시키다** / bring into existence; cause
- Racial inequality **engenders** conflict. 인종차별은 대립을 야기시킨다.

어근관련 congenial [kəndʒíːnjəl] 마음이 맞는　congenital [kəndʒénətl] 선천적인

---

engrave
[ingréiv]
★☆☆☆☆
23

en(in) + grave 새기다 → '~안에 글자를 새기다'에서 유래

vt 1 **새기다, 조각하다** / cut deeply in; carve
2 (마음 속에) **새기다, 명심하다** / impress deeply; embed
- a memorial **engraved** on the stone 돌에 새겨진 비문
- Her mother's face is **engraved** on her memory.
  어머니의 얼굴이 그녀의 기억 속에 깊이 새겨져 있다.

어근관련 groove [gruːv] 홈(을 파다); 관례

engross
[ingróus]
★★★☆☆
24

en(in) +
gross 큰 →
'큰 일 속으로 온 마음을 들이다'에서 유래

vt 1 <수동태> (마음을) **빼앗다, 몰두시키다** / take up all the attention of; absorb
2 (공문서 따위를) **큰 글자로[정식으로] 쓰다** / write out in formal manner

- be **engrossed** in the story 그 이야기에 몰두해 있다
- Her name was **engrossed** on the diploma. 그녀의 이름이 졸업장에 큰 글자로 써여 있었다.

a **engróssing** 몰두시키는(absorbing) **n** **engróssment** 몰두; 정식으로 쓴 글

어근관련 grocer [gróusər] 식료품 상인 grocery [gróusəri] <pl.> 식료품류; 식품점

---

enhance
[inhǽns]
★★★☆☆
25

en(up) +
hanc(high) →
'위로 높이 올리다'에서 유래

v **높이다, 향상시키다** / increase in strength or amount; heighten

- **enhance** the prospects of world peace 세계 평화의 전망을 밝게 하다

n **enhâncement** 증진, 고양

어근관련 haughty [hɔ́:ti] 오만[거만]한

동의어 / 반의어

17	**encyclopedic**	=	comprehensive / inclusive
18	**endanger**	=	imperil / risk / jeopardize / hazard ↔ protect
19	**endear**	=	love / attract / fascinate / bewitch / enchant
20	**endemic**	=	native / aboriginal / indigenous
21	**endorse**	=	approve / support / espouse / ratify / stand by ↔ disapprove
22	**engender**	=	cause / produce / generate / provoke / breed / bring about
23	**engrave**	=	carve / inscribe / imprint / incise / enchase ● 동의어 보감
24	**engross**	=	absorb / immerse / preoccupy / captivate / take up
25	**enhance**	=	heighten / lift / elevate / intensify / exalt / boost ↔ belittle

동의어 보감

새기다 · 조각하다
23

필수	carve 조각하다 / inscribe 새기다 / engrave 새기다; 감명을 주다 / sculpture 조각하다
고급	chisel 끌로 파다[새기다] / etch 동판에 새기다
참고	비문 / epigraph / epitaph / inscription

Check-up Test

1. After a while, the men became <u>engrossed</u> in their own business conversation.
ⓐ extremely successful ⓑ somewhat interested
ⓒ a little turned off ⓓ completely occupied

2. After much discussion, the committee decided to <u>endorse</u> the new budget.
ⓐ amend ⓑ approve ⓒ reject ⓓ repeal

3. The Samil Independent Movement <u>engendered</u> enormous nationalist feeling in Korea.
ⓐ awakened ⓑ reached ⓒ created ⓓ cultivated

4. Hawke tried to <u>boost</u> confidence in the Australian economic recovery.
ⓐ inspire ⓑ express ⓒ forfeit ⓓ enhance

5. He is not such a person as to <u>imperil</u> his own status to fight for his friends.
ⓐ paralyze ⓑ corrupt ⓒ enhance ⓓ endanger

정답 **1.** d **2.** b **3.** a **4.** d **5.** d

361 **heedless**
[híːdlis]
★☆☆☆☆

heed (care 주의) + less ~이 없는 → '주의심이 없는'에서 유래

a **부주의한** / not paying attention to something; inattentive
- **heedless** of danger 위험에 부주의한

---

362 **hefty**
[héfti]
★★☆☆☆

heft 중량, 중요성 → '중량이 나가는, 무거운'에서 유래

a **무거운** / weighty; bulky ; **튼튼한** / strong ; **상당한, 많은** / impressively large; substantial
- impose **hefty** fines on a company 회사에 무거운 벌금을 부과하다

---

363 **heinous**
[héinəs]
★★★☆☆

hein (hatred 증오) → '증오를 불러일으킬 정도로 가증스러운'에서 유래

a **극악한, 가증스러운** / very shocking and immoral; hatefully bad
- Hitler's **heinous** crimes 히틀러의 극악한 죄

---

364 **herbivore**
[hə́ːrbəvɔːr]
★★☆☆☆

herb (grass 풀) + vore (eat 먹다) → '풀을 먹고 사는 초식동물'에서 유래

n **초식 동물** / any animal that eats only plants
- Cows are **herbivores**. 소는 초식 동물이다.

a **herbívorous** 초식성의

---

365 **heresy**
[hérəsi]
★☆☆☆☆

heres (choose 선택하다) → '이단을 믿기로 선택함'에서 유래

n **<pl.> 이단** / heterodoxy; paganism
- be burned at the stake for **heresy** 이단으로 화형에 처해지다

n **héretic** 이단자

---

366 **hermitage**
[hə́ːrmitidʒ]
★☆☆☆☆

her<ere (separate 분리하다) → '속세와 분리된 곳에 있는 은신처'에서 유래

n **은신처** / the home of a hermit; shelter
- seclude oneself in a mountain **hermitage** 산중의 암자에 은둔하다

n **hérmit** 종교적 은둔자 a **hermític** 은둔자의

---

367 **hiatus**
[haiéitəs]
★★☆☆☆

hiatus<hiare (gape 입을 벌리다) → '입이 벌어지듯이 틈이 생김'에서 유래

n **(활동 등의) 중단, 단절** / a pause in activity when nothing happens; intermission
- resume after a 5-year **hiatus** 5년 만에 다시 시작하다

---

368 **hibernate**
[háibərneit]
★☆☆☆☆

hibern (winter 겨울) → '잠을 자며 겨울을 보내다'에서 유래'

vi **(동물이) 겨울잠을 자다, 동면하다** / sleep throughout the winter; retire
- Bears and snakes **hibernate**. 곰과 뱀은 겨울잠을 잔다.

---

369 **hideous**
[hídiəs]
★★★☆☆

hid (fright 공포) → '너무 공포스러워 소름이 끼치는'에서 유래

a **소름이 끼치는** / ugly and shocking to the sense; repugnant
- a **hideous** scene 소름 끼치는 장면

---

370 **hierarchy**
[háiərɑːrki]
★☆☆☆☆

hiera (sacred 신성한) + archy (rule 지배하다) → '성직자들이 지배하는 계급 제도'에서 유래

n **계급 제도[조직]** / graded orders
- be high up in the social **hierarchy** 사회적 계급에서 높은 자리에 있다

n **híerarch** 권력자, 고위 성직자 a **hierárchical** 계층제의

---

371 **hilarious**
[hiléəriəs]
★★★☆☆

hilar (cheerful 즐거운)

a **즐거운** / extremely funny; cheerful
- a **hilarious** story about aunt's pet 아줌마의 애완동물에 대한 즐거운 이야기

n **hilárity** 환희, 유쾌

---

372 **hoarse**
[hɔːrs]
★★☆☆☆

hoarse<hors 거친, 마른 → '거친 소리가 나는, 목이 쉰'에서 유래

a **목이 쉰** / having a rough voice; raucous
- A bad cold has made me **hoarse**.
독감은 내 목을 쉬게 했다.

373 **hoax**
[houks]
★★☆☆☆

hoax<hocus 속이다 → '남을 속이다'에서 유래

v **(장난으로) 속이다** / deceive in fun; dupe

n **속임 장난; 날조** / a mischievous trick; imposture

- The report of an attack on the earth was a **hoax**.
  지구 공격에 관한 소문은 날조였다.

---

374 **holistic**
[houlístik]
★☆☆☆☆

uncertain origin

a **전체론의** / considering a whole thing; overall

- a **holistic** approach 포괄적인 접근

---

375 **horrid**
[hɔ́:rid]
★★☆☆☆

horr(shudder 몸을 떨다) → '치가 떨릴 정도로 무시무시한' 에서 유래

a **무시무시한, 지독한** / causing great fear; abominable

- I had a **horrid** time doing my homework on time.
  나는 과제를 제 시간까지 하느라 끔찍한 시간을 보냈다.

---

376 **horticultural**
[hɔ:rtəkʌ́ltʃərəl]
★☆☆☆☆

hort(garden 정원) + culture 경작 → '정원을 가꾸는 일과 관련된' 에서 유래

a **원예의** / pertaining to cultivation of gardens

- books dealing with **horticultural** matters 원예 문제를 다루고 있는 책

n **horticúlture** 원예(술 · 학)

---

377 **hospitality**
[hɑspətǽləti]
★★☆☆☆

hospit(guest 손님) → '손님을 대접하는 하는 행위' 에서 유래

n **환대, 접대** / friendly reception; welcome

- I experienced the full measure of my homestay family's **hospitality**.
  나는 홈스테이 가족의 환대를 충분히 받았다.

a **hóspitable** 친절한

---

378 **hubris**
[hjú:bris]
★★☆☆☆

hubris<hybris(insolence 건방짐) → '건방지게 자기 자신을 과대평가하는 믿음' 에서 유래

n **오만, 자기 과신** / insolent pride; arrogance

- show a sign of **hubris** 오만함의 징후를 보이다

a **hubrístic** 오만한, 자만심이 강한

---

379 **humane**
[hju:méin]
★★★☆☆

human 사람 → '사람이 인정 있는' 에서 유래

a **인정있는** / kind-hearted; beneficent

- a **humane** officer 인정 있는 장교

---

380 **humdrum**
[hʌ́mdrʌm]
★☆☆☆☆

hum(buzz 윙윙 거리는 소리) → '윙윙 거리는 소리를 듣는 것처럼 지루한' 에서 유래

a **지루한** / having very little variety or interest; monotonous

- a **humdrum** task 지루한 일

★ 중요빈출

Check-up Test

1. In the aftermath of World War II and the Nuremberg tribunal, the idea arose of creating a permanent international criminal court that could try the most heinous international criminals.
   ⓐ shocking and immoral ⓑ impotent and helpless
   ⓒ awkward and famous ⓓ chivalrous and notorious

2. Even in his hermitage he could not escape completely from the world.
   ⓐ granary ⓑ composure ⓒ domicile ⓓ refuge

3. The man living next door to Jessica is the most hideous looking person I have ever seen.
   ⓐ suspicious ⓑ repulsive ⓒ hilarious ⓓ exultant

4. When they disembarked at the Los Angeles International Airport, they had to learn about American racial hierarchies.
   ⓐ unfavorable opinions ⓑ graded orders ⓒ sympathetic feelings ⓓ external conditions

5. Nor do I know what hilarious company had invited and resolved his confidences.
   ⓐ wicked ⓑ commercial ⓒ cheerful ⓓ wealthy

정답 1. a 2. d 3. b 4. b 5. c

pass / pay / pick / play / pull

- **pass away** / 죽다 die, be gone
  - Two years later his mother **passed away** leaving seven children.
    2년 후 그의 어머니는 7명의 아이들을 남기고 세상을 떠났다.

- **pass for** / ~로 통하다 be accepted as
  - Thanks to his youthful face, he **passes for** 25.
    그의 동안 덕택에 그는 25세로 통한다.

- **pass out** / 기절하다 faint, black out
  - I feel dizzy. I think I'm going to **pass out**.
    나 현기증 나. 아무래도 정신을 잃을 것 같아.

- **pass over** / 무시하다, 못 본 체하다 ignore; 넘겨주다, 양도하다 disregard
  - They chose to **pass over** her rude remarks.
    그들은 그녀의 무례한 발언을 무시하기로 했다.
  - They **pass over** their houses and virtually everything.
    그들은 그들의 집과 사실상 모든 것을 양도한다.

- **pass up** / 오르다 go up, rise; 기회를 놓치다; 거절하다 reject, turn down
  - I'm not going to **pass up** this opportunity.
    나는 이 기회를 놓치지 않을 것이다.

- **pay[give] attention to** / 주의하다 take note of, heed; attend to, listen up
  - Please **pay** full **attention to** prevention of fire.
    화재 예방에 만전을 기해 주세요.

- **pay lip service to something** / ~에 대해 말만 번지르르하게 하다
  - He **pays lip service to** that principle, but we are putting it into practice.
    그는 이론에 대한 말만 내세우지만 우리는 그것을 실천에 옮긴다.

- **pay off** / 성과를 거두다, 이익을 가져오다 be worthwhile; (빚을) 청산하다 liquidate; (밀린 월급을 주고) 해고하다
  - We are convinced that in the long run, your efforts **pay off**.
    우리는 장기적으로 볼 때 당신의 노력이 성과를 거둘거라고 확신합니다.

- **pay a tribute to** / ~에 찬사를 보내다 honor, extol
  - We are happy to **pay a tribute to** him today.
    우리는 오늘 그에게 찬사를 보내게 되어 행복합니다.

- **pick on** / 괴롭히다, 흠을 찾아내다 annoy, find fault
  - He is ready to **pick on** me for no reason.
    그는 이유 없이 생트집을 잡는다.

- **pick up** / 줍다; 붙잡다, 검거하다 arrest; 도중에 태우다, 마중나가다; 회복하다, 향상하다 recover, get over
  - Buses run over 50 miles away to **pick up** students.
    버스는 학생들을 태우기 위해 50 마일 이상을 달린다.
  - There is an indication of the market **picking up**.
    경기 회복의 조짐이 나타났다.

- **play down** / 얕보다, 경시하다 make light of, belittle
  - The spokesman **played down** the significance of the matter.
    대변인은 그 사건의 중요성을 경시했다.

- **play it by ear** / 임기응변으로 ~하다 improvise
  - We didn't memorize it all, so we decided to **play it by ear**.
    우리는 다 못 외워서 그냥 즉흥적으로 해결하기로 했어요.

- **play on[upon]** / ~을 이용하다, 놀리다, 속이다 exploit, take advantage of, impose on, delude
  - Advertisements often **play on** people's emotions.
    광고는 흔히 사람들의 감정을 이용한다.

- **play up** / 강조하다 stress, highlight, 과장하다 exaggerate, overstate
  - Any attempt to **play up** the matter will go for nothing.
    그 문제를 다시 부각시키려는 어떤 시도도 공연한 짓이 될 것이다.

- **pull off** / 찢어내다 tear away; 잘 해내다 succeed, achieve
  - She's a good actress, so I think she can **pull** it **off**.
    그녀는 좋은 배우라 난 그녀가 잘 해낼 수 있을 것이라고 생각한다.

- **pull oneself together** / 마음을 가라앉히다, 기운을 차리다 calm down
  - I have **pulled myself together** and study hard these days.
    나는 요즘 마음을 잡고 열심히 공부하고 있다.

- **pull over** / 길가에 정차하다 stop, draw up
  - A police officer made me **pull over**.
    경찰관이 내 차를 세우도록 했다.

- **pull through** / 회복하다 recover
  - It's going to be tough but we'll **pull through** it together.
    힘들겠지만 우리는 함께 해낼 것이다.

- **pull together** / 협동하다 cooperate
  - We can win by **pulling together**.
    우리는 힘을 합쳐 승리할 수 있다.

- **pass out of existence** / 사라지다 disappear, vanish, fade
- **pass the buck to someone** / ~에게 책임을 전가하다
- **pick up the tab** / 셈 치르다 pay, foot the bill
- **play a key role in** / 중요한 역할을 하다
- **play second fiddle to** / ~보다 덜 중요한 자리를 차지하다
- **play up to** / ~에 맞장구를 치다, 아첨하다 flatter
- **pull a long face** / 우울한(시무룩한) 표정을 하다 look sad
- **pull one's fingers out** / 다시 한번) 열심히 일하기 시작하다 stop being lazy
- **pull someone's leg** / ~를 놀리다 tease, make a fool of
- **pull strings** / 배후에서 조종하다, 영향력을 행사하다 mastermind

en- epi-

우선순위로 보는 PRE view

Date : /

★★★★☆	37.	**entail**	수반하다	□ □ □
	01.	**ephemeral**	일시적인	□ □ □
★★★☆☆	39.	**enthrall**	매혹시키다	□ □ □
	42.	**entitle**	제목을 붙이다; 권한을 주다	□ □ □
	46.	**envoy**	특사	□ □ □
	05.	**epitome**	개략; 전형	□ □ □
★★☆☆☆	27.	**enlist**	입대하다; 도움을 주다	□ □ □
	30.	**enrage**	격노하게 하다	□ □ □
	35.	**ensue**	계속해서 일어나다	□ □ □
	41.	**entice**	유혹하다	□ □ □
	43.	**entreat**	간절히 원하다	□ □ □
★☆☆☆☆	26.	**enjoin**	명령하다; 금하다	□ □ □
	28.	**enliven**	활기 있게 하다	□ □ □
	31.	**enroll**	등록시키다	□ □ □
	36.	**ensure**	보증하다	□ □ □
	38.	**entangle**	엉키게 하다	□ □ □
	44.	**entrench**	참호로 에워싸다; 정착하다	□ □ □
	02.	**epidemic**	유행병; 널리 퍼진	□ □ □
	03.	**epigram**	짧은 시	□ □ □
	06.	**epoch**	시대	□ □ □
☆☆☆☆☆	29.	**ennoble**	품위 있게 하다	□ □ □
	32.	**ensemble**	전체적 효과; 합주곡	□ □ □
	33.	**ensign**	기; 상징	□ □ □
	34.	**enslave**	노예로 만들다	□ □ □
	40.	**enthrone**	즉위시키다	□ □ □
	45.	**entrust**	맡기다	□ □ □
	04.	**epilogue**	맺음말	□ □ □

MD20 mp3

LECTURE 20

enjoin
[indʒɔ́in]
★☆☆☆☆
26

en(in) + join 결합하다 → '(강제로) 하나로 합치도록 만들다'에서 유래

vt 1 **~에게 명령하다** / order to do something; command
2 **≪법≫ ~을 금하다** / forbid; prohibit
- **enjoin** obedience on the soldiers 병사들에게 복종을 명령하다
- **enjoin** a company from using the dazzling advertisement
회사에 대해 과대 광고를 금하다

어근관련 joint [dʒɔint] 이음매, 관절; 공동의 juncture [dʒʌ́ŋktʃər] 접합; 시기, 위기 뉘앙스 p.351

---

enlist
[inlíst]
★★☆☆☆
27

en(in) + list 명부 → '명부 안에 이름을 넣다'에서 유래

v 1 **≪군사≫ 병적에 넣다, 입대하다** / join the army; enroll
2 **도움을 주다[받다]** / give or obtain help or support of
- He **enlisted** in the navy. 그는 해군에 입대했다.
- **enlist** in the Red Cross drive 적십자 모금 운동에 도움을 주다
- **enlist** a person's help for a campaign 어떤 캠페인에 대해 남의 도움을 얻다

n **enlistée** 지원병 **n** **enlíster** 지원관 **n** **enlístment** 병적 등록, 입대

---

enliven
[inláivən]
★☆☆☆☆
28

en(make) + live 생기있는 → '생기있게 만들다'에서 유래

vt **활기[생기]있게 하다** / make more active or cheerful; animate
- Spring **enlivens** all nature. 봄은 모든 자연을 생기있게 한다.

n **enlívenment** 활력[생기]를 불어 넣음

어근관련 livelihood [láivlihud] 생계, 살림 livestock [láivstak] <집합적> 가축

---

ennoble
[inóubl]
☆☆☆☆☆
29

en(make) + noble 고상한 → '고상하게 만들다'에서 유래

vt **품위있게[고상하게] 하다** / raise in the respect of others; dignify
- A good deed **ennobles** the person who does it.
훌륭한 행동은 그것을 행하는 사람을 품위있게 한다.

n **ennóblement** 고상하게 함

어근관련 ignoble [ignóubl] 비열한; 비천한

---

enrage
[inréidʒ]
★★☆☆☆
30

en(make) + rage 격노 → '격노하게 만들다'에서 유래

vt **격노[분개]하게 하다** / make very angry; infuriate
- Her rude behavior **enraged** him. 그녀의 무례한 행동이 그를 격노하게 했다.

n **enrágement** 격노하게 함

어근관련 rabid [rǽbid] 미친듯한, 맹렬한; 외고집의 rabies [réibi:z] 광견병 뉘앙스 p.339

---

enroll
[inróul]
★☆☆☆☆
31

en(in) + roll 명부 → '명부 안에 이름을 넣다'에서 유래

vt **등록[가입, 입대]시키다** / make officially a member of a group; register
- **enroll** one's son in a music school 아들을 음악 학교에 등록시키다

vi **등록하다** / become a member; sign up
- **enroll** for a course 강좌에 등록하다

n **enróllment** 등록(부), 기재 **cf** **roll book** 출석부

어근관련 role [roul] (배우의) 배역; 역할 control [kəntróul] 통제(하다)

---

ensemble
[a:nsá:mbl]
☆☆☆☆☆
32

en(in) + sem<simul(at the same time) → '안에서 동시에 나타나는 효과'에서 유래

n 1 (조화로운) **한 벌의 여성복** / a coordinated outfit; dress
2 **≪음악≫ 앙상블(중창과 합창을 섞은 대합창), 합주곡**
/ a united performance of the full of performers
- The coat, hat, and shoes make an attractive **ensemble**.
코트, 모자 그리고 신발은 매력적인 한 세트를 이룬다.
- All the singers joined in the **ensemble**. 모든 가수들이 앙상블에 참가했다.

어근관련 simultaneous [saiməltéiniəs] 동시의, 동시에 일어나는

ensign
[énsain]
☆☆☆☆☆
33

en(on) + sign 표시 → **'위에 매다는 표시'**에서 유래

n 1 **(국)기** / a flag to show what nation; colors
2 **상징** / the sign of one's rank or position; symbol
- the **ensign** of the Korea 한국의 국기
- The **ensign** of the queen was her crown. 왕비의 상징은 그녀의 왕관이었다.

어근관련 consign [kənsáin] 건네주다, 맡기다 resign [rizáin] 사임하다; 포기하다

---

enslave
[insléiv]
☆☆☆☆☆
34

en(make) + slave 노예 → **'노예로 만들다'**에서 유래

vt **노예로 만들다, 예속시키다**/ make a slave of; enthrall
- **enslave** the captives 포로들을 노예로 만들다

n **enslávement** 노예로 만듦

어근관련 slavery [sléivəri] 노예 제도[상태], 예속 slavish [sléiviʃ] 노예(근성)의

= 동의어 ↔ 반의어

26	**enjoin**	=	command / order / direct / urge / prescribe
27	**enlist**	=	enroll / join / muster / conscribe / sign up
28	**enliven**	=	animate / brighten / quicken / exhilarate / give life to ↔ subdue ● 동의어 보강
29	**ennoble**	=	dignify / glorify / honor / exalt / sublime ↔ degrade
30	**enrage**	=	anger / madden / infuriate / exasperate / incense / gall ↔ placate
31	**enroll**	=	register / enter / join / enlist / sign up ↔ secede
32	**ensemble**	=	dress / clothing / apparel / array / suit / garment / vestment
33	**ensign**	=	flag / banner / colors
34	**enslave**	=	enthrall / subject / conquer / subdue / subjugate ↔ liberate

● 동의어 보강

활기를 띠게 하다 28		
	필수	activate 활기를 띠게 하다 / animate 활기를 띠게 하다 / energize 활기를 띠게 하다 / actuate 행동하게 하다 / enliven 활기를 띠게 하다 / invigorate 활기를 띠게 하다
	고급	galvanize 전기 자극을 주다; 갑자기 활기를 띠게 하다 / vitalize 활력을 주다 / vivify 생기를 주다, 활기 띠게 하다
	숙어	bring to life / set in motion

✔ check-up Test

1. Ms. Hansen was infuriated to find her seat occupied.
ⓐ ennobled ⓑ enlisted ⓒ enraged ⓓ endorsed

2. Having enlisted in the Marine Corps in August 1918, Opha May Johnson was made a provisional sergeant a month later.
ⓐ considered ⓑ joined ⓒ written to ⓓ risen in

3. Enraged by the British tax on tea, a group of colonists dumped large quantities of tea into the Boston Harbor on December 16, 1773.
ⓐ inspired ⓑ angered ⓒ discouraged ⓓ disillusioned

4. She decided to enroll in the history course at the local evening school.
ⓐ obviate ⓑ perpetrated ⓒ register ⓓ deplete

5. The ensign of the united states is the stars and stripes.
ⓐ biography ⓑ flag ⓒ line ⓓ symbol

정답 **1.** c **2.** b **3.** b **4.** c **5.** b

35
ensue
[insú:]
★★☆☆☆

en(upon) + su<sequ(follow) → '~의 다음에 일어나다'에서 유래

vi **계속해서[결과로서] 일어나다**/ happen afterward; follow
- Thousands of people were killed in the **ensuing** battle.
  수천명이 계속되는 전투로 죽었다.

a **ensúing** (결과로서) 계속되는

어근관련 sequential [sikwénʃəl] 연속되는 pursue [pərsú:] 추적[추구]하다 뉘앙스 p.249

36
ensure
[inʃúər]
★☆☆☆☆

en(make) + sure 확실한 → '확실하게 만들다'에서 유래

vt **책임지다, 보장[보증]하다** / make sure or certain; secure
- This medicine will **ensure** you a good night's sleep.
  이 약이 당신의 편안한 숙면을 보장할 것이다.

cf **insúre** 보장하다; 보험에 들다 **assúre** 확신시키다

어근관련 surety [ʃúərti] 보증, 담보(물) assure [əʃúər] 보장[보증]하다

37
entail
[intéil]
★★★★☆

en(make) + tail 꼬리 → '꼬리 부분을 만들다'에서 유래

vt 1 (필연적인 결과로서) **수반하다, 필요로 하다** / make necessary; involve
2 ≪법≫ (재산의) **상속인을 한정하다** / limit the inheritance of property
- Writing a history book **entails** a lot of work. 역사책을 쓰는 것은 많은 연구를 수반한다.
- **entail** one's property on one's eldest son 장남을 자신의 재산에 대한 상속인으로 한정하다

n ≪법≫ (부동산의) **한사 상속 : 상속권의 한정**
/ a person who has been converted to a new religion or political party
- break the **entail** and leave the estate to someone else
  한사 상속을 파기하고 다른 사람에게 부동산을 남기다

n **entáilment** (부동산의) 상속인 한정; 세습 재산

어근관련 curtail [kə:rtéil] 짧게 줄이다; 빼앗다 detail [ditéil] 세부(사항); 상술하다

38
entangle
[intǽŋgl]
★☆☆☆☆

en(do) + tangle 엉키게 하다 → '엉키게 하다'에서 유래

vt 1 **엉키게 하다** / get twisted up and caught; tangle
2 (어려움에) **빠뜨리다, 말려들게 하다** / get into difficulty; involve
- Threads are easily **entangled**. 실은 쉽게 엉킨다.
- **entangle** a person in a conspiracy 남을 음모에 말려들게 하다

n **entánglement** 얽히게 함; 연루

어근관련 tangled [tǽŋgld] 뒤얽힌 disentangle [dìsentǽŋgl] 얽힘을 풀다

39
enthrall
[enθrɔ́:l]
★★★☆☆

en(make) + thrall 노예 → '노예로 만들다'에서 유래

vt 1 **매혹시키다** / hold the complete attention; captivate
2 **노예화하다** / make a slave of; enslave
- **enthrall** the audience 청중을 매혹시키다
- be **enthralled** by the conquerors 정복자들에 의해서 노예화되다

a **enthrálling** 매혹적인(attractive) **n** **enthrállment** 매혹; 노예화

어근관련 thrall [θrɔ:l] 노예; ~에 사로 잡혀 있는 사람

40
enthrone
[inθróun]
☆☆☆☆☆

en(make) + throne 왕위 → '왕위에 오르게 하다'에서 유래

vt **왕위에 앉히다, 즉위시키다** / seat on a throne
- The insurgents **enthroned** their chief.
  반란자들은 그들의 우두머리를 왕위에 즉위시켰다.

어근관련 throne [θroun] 왕좌(에 앉히다) dethrone [di:θróun] 퇴위시키다

동의어 ↔ 반의어

35	**ensue**	=	follow / succeed / result / supervene / come after ↔ precede (동의어 보강)
36	**ensure**	=	secure / assure / confirm / certify / guarantee
37	**entail**	=	involve / require / accompany / necessitate / go with
38	**entangle**	=	complicate / tangle / ensnare / entrap / embroil / enmesh ↔ disentangle
39	**enthrall**	=	fascinate / entrance / intoxicate / infatuate / spellbind
40	**enthrone**	=	invest / vest / throne / inaugurate / install / coronate

동의어 보강

영향 · 결과 35	필수	aftermath 영향 / consequence 결과; 중요성 / corollary (당연한) 결과 / effect 영향, 결과; 소지품 / fallout 낙진; 영향 / outcome 결과 / ramification 가지, 분파, 지류; 결과 / result 결과 / wake 자국, 자취
	고급	denouement (연극, 소설의) 대단원 / fruition 결실, 성과 / offshoot 옆가지, 분파; 파생물 / repercussion 영향, (소리의) 반향 / sequel 속편, 결과 / upshot 결말, 결론
	숙어	영향을 미치다 / have an impact on / have an effect on / have repercussions on / have influence on / exert influence on / influence in / cut across
	참고	결과로서 일어나다 / ensue / follow / result / succeed / supervene / come off / come out

뉘앙스

결과로서 일어나다 35	**fóllow**	**뒤따르다**	• Victory **followed** the defeat. 그 패전 뒤에 승리를 거두었다.
	succéed	(앞의 것을 대신하여) **뒤따르다**	• Who will **succeed** to the President? 누가 대통령의 뒤를 이을 것인가?
	ensúe	(당연한) **결과로서 일어나다**	• An accident occurred and a traffic jam **ensued**. 사고가 일어나서 교통 혼잡이 생겼다.
	resúlt	(다른 원인의) **결과로서 일어나다**	• Her ignorance **results** from her lack of education. 그녀의 무지는 교육을 제대로 받지 못한데서 연유한다.

Check-up Test

1. U.S. military forces are getting more deeply <u>enmeshed</u> in Columbia's bloody civil war.
ⓐ encroached ⓑ entangled ⓒ embittered ⓓ enlightened

2. A long conversation <u>ensued</u> because of Lisa's casual comment.
ⓐ preceded ⓑ made difficult ⓒ followed ⓓ occurred at the same time

3. Today's dietitians are asking the question, "Do people with poor eating habits get enough nutrients to <u>ensure</u> good health?"
ⓐ acquire ⓑ enjoy ⓒ guarantee ⓓ maintain

4. A bad report will <u>entail</u> his dismissal from the service of the state.
ⓐ develop ⓑ enhance ⓒ cause ⓓ monopolize

5. Rod got <u>entangled in</u> a serious crime while trying to help a friend in trouble.
ⓐ involved in ⓑ arrested for ⓒ accused of ⓓ interfered with

정답 **1.** b **2.** c **3.** c **4.** c **5.** a

entice
[intáis]
★★☆☆☆
41

en(in) + ti<titio(firebrand) → '어둠 속에서 횃불[불빛]로 사람을 유혹하다'에서 유래

vt **꾀다, 유혹하다** / attract by arousing hopes; tempt

- She **enticed** him away from his wife. 그녀는 그를 그의 아내로부터 떠나도록 유혹했다.

n **entícement** 유혹(물) **a** **entícing** 유혹[매혹]적인 뉘앙스 p.481

---

entitle
[intáitl]
★★★☆☆
42

en(in) + title 제목 → '~안에 제목을 붙이다'에서 유래

vt 1 **~에게 제목[이름]을 붙이다** / give the title of; name
2 **~에게 권리[자격]를 부여하다** / give claim or right of; empower

- The book is **entitled** "Crime and Punishment".
그 책은"죄와 벌"이라는 제목이 붙혀져 있다.
- This ticket will **entitle** you to admission.
이 티켓이 당신에게 입장할 수 있는 자격을 부여해 줄 것이다.

n **entítlement** 명칭 부여; 자격[권리] 부여

어근관련 title [táitl] 제목 titular [títʃulər] 이름뿐인; 자격이 있는

---

entreat
[intríːt]
★★☆☆☆
43

en(in) + treat<track(draw) → '상대방의 옷을 끌며 애원하다'에서 유래

vt **간절히 원하다, 간청하다** / keep asking earnestly; implore

- **entreat** him to help her 그녀를 도와 달라고 그에게 간청하다

n **entréaty** 간청, 애원 **a** **entréating** 간청하는(듯한)

어근관련 retreat [ritríːt] 후퇴[퇴각]하다 treatise [tríːtis] (학술) 논문 뉘앙스 p.251

---

entrench
[intréntʃ]
★☆☆☆☆
44

en(in) + trench 참호 → '~안에 참호를 파다'에서 유래

vt 1 **참호로 에워싸다[지키다]** / surround with a trench; trench
2 **확립[정착]하다** / establish firmly; confirm

- Our soldiers were **entrenched** opposite the enemy.
우리 군은 적에 대항하여 참호로 에워싸여 있었다.
- **entrench** one's political philosophy 자신의 정치 철학을 확립하다

n **entrénchment** 참호; 확립 **a** **entrénched** 견고한, 확립된

어근관련 trenchant [tréntʃənt] 신랄한 retrench [ritréntʃ] 긴축하다

---

entrust
[intrʌ́st]
☆☆☆☆☆
45

en(in) + trust 믿음 → '믿음 안에 두다'에서 유래

vt **맡기다, 위탁하다** / charge with a trust; commit

- **entrust** the children to a baby-sitter 아이를 돌보는 사람에게 아이들을 맡기다

어근관련 trustworthy [trʌ́stwəːrði] 믿을 만한 mistrust [mistrʌ́st] 불신(하다) 뉘앙스 p.149

---

envoy
[énvɔi]
★★★☆☆
46

en(on) + voy<via(way) → '바깥의 길 위로 내보내는 사람'에서 유래

n (외교) **사절, 특사** / a person who is sent as a representative; agent

- a special **envoy** of the president 대통령의 특사

어근관련 convey [kənvéi] 나르다; 전달하다 convoy [kánvɔi] 호송(하다)

= 동의어 ↔ 반의어

41 **entice** = tempt / lure / allure / seduce / inveigle / decoy / lead on
42 **entitle** = empower / enable / authorize / qualify / license
43 **entreat** = implore / beg / appeal / beseech / supplicate ⊙ 동의어 보감
44 **entrench** = confirm / establish / fix / settle / set up ↔ dislodge ⊙ 동의어 보감
45 **entrust** = commit / trust / confide / consign / turn over
46 **envoy** = agent / representative / messenger / deputy / emissary

동의어 보감

간청하다 · 요구하다 43	필수	adjure 엄명하다 appeal 호소하다; 흥미를 끌다 beseech 간청하다 canvass 조사하다, 간청[유세]하다 demand 요구하다	entreat 간청하다 implore 애원하다 petition 청원하다 plead 탄원하다, 변호하다 request (정중히) 요청하다, 요구하다	seek 간청하다 solicit 간청하다 supplicate 기원하다
	고급	importune 떼쓰다	숙어	ask[cry] for / call upon / press for 강요하다 / put in for (정식으로) 요청하다
만성의 · 고질적인	필수	chronic 만성의 confirmed 확립된, 만성의	established 확립된, 기존의 habitual 상습적인, 만성의	incorrigible 고칠 수 없는 recurrent 재발하는
	고급	deep-seated 뿌리 깊은; 고질적인 / deep-rooted (편견 등이) 뿌리 깊은 / entrenched 참호를 판; 몸에 밴 / ingrained 깊이 배어든, 뿌리 깊은 / intractable 난치의; 고집 센 / inveterate 난치의; 고집 센 / refractory 난치의		

뉘앙스

간청하다 · 요구하다 43

appéal	(열심히) **호소하다, 간청하다**	• **appeal** to the judge for mercy 그 판사에게 자비를 베풀어 줄 것을 호소하다
adjúre	(명령조로) **간청하다**	• The priest **adjured** him to tell the truth. 사제는 그에게 진실을 말하라고 엄명했다.
beseéch	(열렬하게, 마음을 졸이며) **간청하다**	• **beseech** the judge for mercy 판사에 자비를 베풀어 줄 것을 열렬히 간청하다
entréat	(공손하고 진지하게) **간청하다**	• Stop pulling my leg, **entreat** you. 제발 부탁하건데, 저를 놀리지 마세요.
implóre	(애원조로) **간청하다**	• She **implored** him to pardon her husband. 그녀는 그에게 남편을 용서해 달라고 애원했다.
impórtune	(억지를 쓰며) **요구하다, 떼쓰다**	• **importune** her father for more money 아버지에게 돈을 더 달라고 떼를 쓰다
petítion	(정식으로 문서로써) **청원하다**	• **petition** for more play-grounds 운동장 증설을 청원하다
plead	(법정에서 특히 변명을 통해) **간청하다, 주장하다**	• **plead** for his innocence 결백을 주장하다
solícit	**간청하다** ≪격식을 차린 말≫	• **solicit** a person for help 남의 도움을 간청하다
súpplicate	(기원조로 간절히 빌며) **간청하다, 탄원하다**	• She **supplicated** the judge to spare her husband. 그녀는 판사에게 남편을 용서해 달라고 싹싹 빌었다.

cf. **ask 요구하다** ≪가장 일반적인 말≫
beg (구걸에 가깝게) **빌다, 요구하다**
sue (구제 · 구원 등을 정식으로) **청구하다**
requést (정중하게 격식을 차려) **요구하다**
pray (신에게 빌듯이 간절히) **빌다, 간청하다**

Check-up Test

1. To <u>lure</u> more caring individuals to the field, schools are seeking older students as well as non-science majors.
   ⓐ refer ⓑ employ ⓒ entice ⓓ transform

2. Joe's novel Finnigan's Wake continues to _______ critics, including those who find it incomprehensible and call it _______.
   ⓐ appall - genial ⓑ bore - compelling ⓒ enthrall - nonsensical ⓓ entertain - monotonous

3. He has fallen in love with the lady with a very <u>enticing</u> smile.
   ⓐ alluring ⓑ cold ⓒ elusive ⓓ oblivious

4. Mr. Lee thought Mrs. Kim <u>was entitled to</u> more assistance from the government.
   ⓐ had received ⓑ would obtain ⓒ had a right to ⓓ might apply for

5. All the passers-by paid no attention to her <u>entreaty</u>.
   ⓐ begging ⓑ threat ⓒ menace ⓓ regard

정답 **1.** c **2.** c **3.** a **4.** c **5.** a

epi-

▶ **위, 접촉** Greek 계통의 접두어로서 **'위, 접촉(on, upon)'**의 의미를 지닌다.

ephemeral
[ifémərəl]
★★★★☆
01

ephe<epi(upon) + mera<hemera(day) → '(생명이) **하루밖에 안 가는**'에서 유래

a **일시적인** / lasting for only a very short time; transitory
- His success as a singer was **ephemeral**. 가수로서 그의 성공은 일시적인 것이었다.

n **ephémera** 덧없는 것; 하루살이(mayfly)

어근관련 ephemeris [ifémərìs] 천체력, 천체 위치표

epidemic
[epədémik]
★☆☆☆☆
02

epi(upon) + dem(people) → '**여러 사람들에게서 나타나는**'에서 유래

n 1 **유행[전염]병** / a large number of cases of the same infectious disease; plague
2 (사상 · 현상 등의) **유행, 확산** / the rapid spread; prevalence
- schools closed because of an **epidemic** of flu 유행성 독감으로 인해 문닫은 학교들
- an **epidemic** of buying goods on the installment plan
할부 계획으로 상품을 구매하는 것의 확산

a **유행병의, 널리퍼진** / extremely prevalent; widespread
- an **epidemic** outbreak of influenza 독감의 유행

cf **endémic** 풍토병(의)　**pandémic** 전국적[세계적]으로 퍼지는 (전염병)

cf **epidérmic** 표피의

어근관련 demography [dimágrəfi] 인구통계학　demonstrate [démənstrèit] 논증하다

epigram
[épəgræm]
★☆☆☆☆
03

epi(on) + gram(write) → '**깨달음을 주기 위해 쓴 글**'에서 유래

n **경구, 짧은 시** / a short clever amusing saying or poem; aphorism
- "The only way to get rid of a temptation is to yield to it." is an example of an **epigram**. "유혹을 떨쳐낼 수 있는 유일한 방법은 유혹에 굴복하는 것이다."는 경구의 한 예이다.

a **epigrammátic(al)** 경구(의)

어근관련 diagram [dáiəgræm] 그림, 도형, 도표　telegram [téligræm] 전보

epilogue
[épəlɔ:g]
☆☆☆☆☆
04

epi(in addition) + log(speak) → '**맨 뒤에 덧붙인 말**'에서 유래

n **맺음말, 결어** / a concluding part added to literary or dramatic work; afterword
- An **epilogue** is used to round out the work. 맺음말은 작품을 마무리하는 데 사용된다.

어근관련 apology [əpálədʒi] 사과; 변명　analogy [ənǽlədʒi] 유사; 비유

epitome
[ipítəmi]
★★★☆☆
05

epi(into) + tom(cut) → '**긴 글 안에서 잘라낸 것**'에서 유래

n 1 **개략, 요약** / a condensed account; summary
2 **전형, 표본** / a person or thing that is typical of something; type
- the **epitome** of all one's previous books 자신의 이전의 모든 책들에 대한 요약
- Solomon is often spoken of as the **epitome** of wisdom.
솔로몬은 종종 지혜의 표본으로 불리워진다.

vt **epítomize** 요약하다(sum up); ~의 전형[표본]이 되다(typify)

어근관련 atom [ǽtəm] 원자; 극소량　anatomy [ənǽtəmi] 해부학

epoch
[épək]
★☆☆☆☆
06

ep<epi(upon) + och(hold) → '**과거의 역사를 멈추게 할 만한 새로운 시대**'에서 유래

n **(획기적인) 시대** / a period of time in which striking things happened; era
- The years of the Civil War were an **epoch** in history of the United States.
남북전쟁의 수년간은 미국 역사상 획기적인 시대였다.

a **épochal** 획기적인

뉘앙스 p.253

동의어 / 반의어

01	**ephemeral**	= transitory / transient / evanescent / fleeting ↔ perpetual	동의어 보갑
02	**epidemic**	= current / pandemic / omnipresent / predominant / rampant / ubiquitous	
03	**epigram**	= aphorism / saying / proverb / maxim / precept / adage / axiom	동의어 보갑
04	**epilogue**	= afterword / conclusion / ending / postlude ↔ prologue	
05	**epitome**	= summary / synopsis / abridgement / abstract / recapitulation	
06	**epoch**	= era / period / age / eon / duration	

동의어 보감

덧없는 · 일시적인 01	필수	changeable 변하기 쉬운 / ephemeral 하루살이의, 덧없는 / fleeting 순식간에 지나가는, 덧없는 / interim 임시의, 중간의 / mobile 움직이기 쉬운, 덧없는 / momentary 순간적인, 덧없는 / movable 움직이기 쉬운, 덧없는 / mutable 변하기 쉬운 / passing 일시적인, 덧없는 / provisional 임시의 / short-lived 잠깐의, 덧없는 / temporal 현세의; 일시적인 / tentative 시험적인, 잠정적인 / temporary 일시적인 / transient 덧없는 / transitory 덧없는 / volatile 휘발성의, 덧없는
	고급	evanescent (점점) 사라져가는; 덧없는 / fugacious 변하기 쉬운
격언 · 속담 03	필수	adage 속담, 격언 / aphorism 격언 / axiom 공리 / dictum 격언 / epigram 경구 / maxim 격언, 금언 / precept 교훈, 격언 / proverb 속담 / saying 속담
	고급	truism 자명한 이치 | 참고 | 표어, 구호 / slogan / catch phrase / catchword / watchword / logo / motto

뉘앙스

기간 · 시대 06

périod	**기간, 시대** ≪일반적인 말≫	• a transition **period** 과도기
age	(중심 인물 · 명확한 특징이 지배하는) **시대**	• the stone **age** 석기 시대
éra	(특히 중요한 변화 · 사건에 의한 새로운) **시대**	• the **era** of space travel 우주여행 시대
époch	(현저한 변화를 가져오는 획기적인 새) **시대, 신기원** ≪era의 초기단계를 말함≫	• the **epoch** of the Reformation 종교 개혁의 시대
áeon, éon	(무한히 긴) **시대, 영겁**	• the **aeons** before man's appearance 인간이 출현하기 전 시대

cf. **generátion** (한 인간이 태어나서 자식을 낳을 때까지의) **시대, 세대** ≪약 30년을 말함≫

Check-up Test

1. No sooner did he have the synopsis of a story than he would invite a crowd of his friends to his house.
ⓐ publication ⓑ epitome ⓒ clue ⓓ performance

2. Back when the telephone was a relatively new contraption, people often regarded it as too ephemeral for important communications.
ⓐ speedy ⓑ clumsy ⓒ slow ⓓ transient

3. The health authorities have intensified their effort to check the epidemic.
ⓐ equanimity ⓑ stupor ⓒ plague ⓓ labyrinth

4. TACITURN : VERBOSE
ⓐ epithet : epigram ⓑ epigrammatic : redundant ⓒ soft-spoken : loud ⓓ written : verbal

5. It is regrettable that the author saved many of his most brilliant lines for the _______; by that time, most of the audience had left.
ⓐ ingenue ⓑ climax ⓒ epilogue ⓓ curtain

정답 **1.** b **2.** d **3.** c **4.** c **5.** c

381 **humid**
[hjú:mid]
★☆☆☆☆

hum (moisture 습기) → '습기가 있는'에서 유래

a **습한** / wet; damp
- extremely **humid** Tokyo in mid-summer 한 여름에 상당히 습한 도쿄

n **humídity** 습기; 습도

382 **humility**
[hju:míləti]
★☆☆☆☆

humil (low 낮은) → '남들 앞에서 자신을 낮추는 겸손'에서 유래

n **겸손** / not being too proud about oneself; modesty
- speak with a **humility** and lack of pride 겸손하고 자만심을 갖지 않고 말하다

v **humíliate** 창피하게 하다

383 **hybrid**
[háibrid]
★★★☆☆

hybrid (half-breed 잡종)

n **잡종** / mixed breed; mongrel
- A mule is the **hybrid** from a donkey and a horse.
  노새는 당나귀와 말의 잡종이다.

384 **idiosyncrasy**
[idiəsíŋkrəsi]
★☆☆☆☆

idio (peculiar 독특한) → '독특한 특징'에서 유래

n **(개인의) 특징, 특이성** / an unusual way of behaving; peculiarity
- the **idiosyncrasy** of the poet 그 시인의 특이함

a **idiosyncrátic** 특이한

385 **idolize**
[áidəlaiz]
★★★☆☆

idol (image 초상) → '어떤 초상을 숭배의 대상으로 하다'에서 유래

v **숭배하다** / admire very much; venerate; worship
- **idolize** a pop star 팝 스타를 숭배하다

n **ídol** 우상　**n** **idólatry** 우상 숭배

386 **inkling**
[íŋkliŋ]
★☆☆☆☆

inkle (hint 암시)

n **암시** / a slight idea; cue; innuendo
- have an **inkling** of the plan 그 계획을 어렴풋이 알다

387 **insular**
[ínsələr]
☆☆☆☆☆

insul (island 섬)

a **섬의** / of an island **; 섬나라 근성의, 편협한** / narrow-minded; parochial
- **insular** attitudes toward foreigners 외국인들에 대한 편협한 태도

v **ínsulate** ≪전기≫ 절연하다; 고립시키다

388 **irascible**
[irǽsəbl]
★★☆☆☆

irasci (angry 화난) → '화를 쉽게 내는'에서 유래

a **화를 잘 내는** / easily becoming angry; irritable
- one's **irascible** temper 화를 잘 내는 성질

389 **irksome**
[ə́:rksəm]
★★☆☆☆

irk 괴롭히다 → '괴롭게 하는, 성가신'에서 유래

a **진저리가 나는, 지루한** / tedious; tiresome
- Washing dishes all day is an **irksome** task.
  온종일 설거지하는 것은 성가신 일이다.

390 **ironic(al)**
[airánikəl]
★★★☆☆

iron (speak 말하다) → '(비꼬아) 말함으로써 반어적인'에서 유래

a **반어(反語)적인** / expressing sth and meaning the opposite; sardonic
- make an **ironic** comment 반어적인 논평을 하다

ad **irónically** 비꼬아, 반어적으로　**n** **írony** 반어(법)

391 **isolate**
[áisəlèit]
★★☆☆☆

isol<insul (island 섬) → '섬같이 고립된 장소로 만들다'에서 유래

v **격리하다, 고립시키다**
/ separate from others, keep alone; segregate; insulate
- People with contagious diseases should be **isolated**.
  전염병에 걸린 사람은 격리되어야 한다.

n **isolátion** 격리, 고립

392 **itinerant**
[aitínərənt]
★☆☆☆☆

itiner 여행 → '여행하듯이 순회하는'에서 유래

a **순회하는** / travelling from place to place; roaming; roving
- lead an **itinerant** life 방랑하는 생활을 하다

v **itínerate** 순방하다　**n** **itínerary** 여행 일정

393 **jeopardy**
[dʒépərdi]
★★★☆☆

jeo (game 게임) + pard<part (divide 나누다) → '**승산이 절반인 게임[체스]에서 한 수만 잘못 두면 위험함**' 에서 유래

n **위험** / danger of being lost or harmed; risk
- the ship in **jeopardy** of being wrecked
난파 위험에 빠져 있는 배

394 **jettison**
[dʒétəsn]
★☆☆☆☆

jet (throw 던지다) → '**배 밖으로 짐을 던지다**' 에서 유래

vt **(배 · 항공기에서 짐을) 투하하다** / throw overboard; discard
- **jettison** much of the cargo to sail safely
안전하게 운항하기 위해 많은 뱃짐을 투하하다

395 **jocose**
[dʒoukóus]
★☆☆☆☆

jocose (joke 익살) → '**익살스러운, 익살맞은**' 에서 유래

a **익살맞은** / full of jokes; facetious; jocular
- act in a **jocose** manner 익살맞은 태도로 행동하다

396 **jubilation**
[dʒù:bəléiʃən]
★☆☆☆☆

jubila<jubilare 기뻐 소리치다 → '**기뻐 소리치는 행위, 환호**' 에서 유래

n **환호** / a feeling of great happiness because of a success; rejoicing
- **jubilation** in the crowd 군중들 사이의 환호

397 **judicious**
[dʒu:díʃəs]
★★☆☆☆

jud (judge 판단하다) → '**현명하게 판단하는**' 에서 유래

a **현명한** / done in a sensible and careful way; prudent
- a **judicious** choice 현명한 선택

398 **juncture**
[dʒʌ́ŋktʃər]
★☆☆☆☆

junct (join 연결하다) → '**두 사물의 연결**' 에서 유래

n **접합, 연결** / the manner in which a connection is made; joint **;**
(중대한) 시점, 시기 / a crisis situation; crossroads
- reach a crucial **juncture** 중대한 위기에 처하다

399 **jurisdiction**
[dʒùərisdíkʃən]
★★☆☆☆

juris (law 법) + dict (say 말하다) → '**법이라고 말할 수 있는 권리**' 에서 유래

n **사법권** / the right or power to give out justice **; 권한** / authority
- The principal has **jurisdiction** over the teachers in a school.
교장은 학교의 선생들을 관할한다.

400 **kindle**
[kíndl]
★☆☆☆☆

kindle<candle 촛불을 켜다 → '(촛불을 켜듯) **불을 붙이다**' 에서 유래

v **불을 붙이다** / set fire to; ignite **;**
(정열 따위를)타오르게 하다 / stir up; inspire
- **kindle** an interest in music 음악에 대한 관심에 불을 붙이다

★ 중요빈출

Check-up Test

1. His speech was the most successful one than the others. He spoke with a humility and lack of pride, which impressed his listeners.
ⓐ humiliation ⓑ submission ⓒ modesty ⓓ subordination

2. One of his personal idiosyncrasies was his habit of rinsing all cutlery given him in a restaurant.
ⓐ complaints ⓑ diseases ⓒ worries ⓓ peculiarities

3. During the winter, while the village was empty, several American families and itinerant lead miners had occupied the village and begun planting.
ⓐ unsettled ⓑ unparalyzed ⓒ nonvacated ⓓ nonlinear

4. When Chandra arrived in Cambridge in 1930, his mentors had no inkling of the revolution that his question was to bring about.
ⓐ didn't report ⓑ didn't explain ⓒ didn't write ⓓ didn't know

5. One-room schoolhouses can still be found in isolated areas of North America where there are no other schools for many miles.
ⓐ bare ⓑ deprived ⓒ remote ⓓ developed

정답 **1.** c **2.** d **3.** a **4.** d **5.** c

round / see / shed / show / sit / speak / talk / tell / throw / wait / walk

- **round off**
  / **반올림하다** round up; **마무리하다, 끝내다**
  - We **rounded off** our trip with some shopping.
    우리는 쇼핑으로 여행을 마무리했다.

- **round up** / **모으다, 체포하다** arrest, apprehend; **반올림하다**
  - The suspects of the crime were **rounded up** by the authority.
    범죄의 용의자들이 당국에 의해 체포되었다.

- **see to** / **주의하다, 배려하다** take care of, pay attention to
  - We have to **see to** the visitors. 우리는 방문객들을 배려해야 합니다.

- **see to it that** / **~을 확실히 하다** make sure that ~
  - Can you **see to it that** the fax goes this afternoon?
    그 팩스가 오늘 오후에 꼭 가도록 해 줄 수 있어요?

- **shed light on** / **설명하다** explain, account for
  - This investigation has not **shed light on** how the leak occurred.
    이 조사는 어떻게 그 누출이 발생했는지 설명하지 못했다.

- **show off** / **자랑하다, 과시하다** boast of, brag, swagger
  - He likes to **show off** how well he speaks French.
    그는 자기가 프랑스어를 얼마나 잘 하는지 자랑하고 싶어 한다.

- **show up** / **나타나다, 참석하다** appear, turn up
  - We don't know why he didn't **show up** for the meeting yesterday.
    우리는 그가 어제 회의에 왜 나타나지 않았는지 모른다.

- **sit on(upon)** / **~의 일원이 되다** be a member of
  - She was chosen to **sit on** the jury. 그녀의 배심원으로 선출되었다.

- **sit up** / **잠을 자지 않고 앉아있다** stay up; **윗몸 일으키기하다**
  - I **sat up** all night studying for the exam. 나는 시험공부로 밤을 샜다.

- **speak ill of** / **~를 나쁘게 말하다, 비방하다** malign
  - You would get nothing if you **spoke ill of** others.
    다른 사람을 비방하면 당신은 아무것도 얻지 못할 것이다.

- **speak out** / **솔직히 말하다** call a spade a spade
  - She **spoke out** how she thought about the issue.
    그녀는 그 문제에 대해 어떻게 생각하는지 솔직하게 말했다.

- **speak well of** / **~를 좋게 말하다, 칭찬하다** praise
  - I couldn't find anybody who **spoke well of** you.
    너를 칭찬했던 사람을 찾을 수가 없었어.

- **talk big** / **과장하다, 허풍 치다** exaggerate, brag, swagger
  - He **talks big** but doesn't do anyting.
    그는 허풍만 치고 아무 일도 안 한다.

- **tell A from B** / **A와 B를 구별하다** distinguish[know] A from B
  - It can be difficult to **tell** a broken bone **from** a dislocated bone.
    탈골과 골절을 구별하는 것은 어렵다.

- **tell off** / **할당하다** allocate; **꾸짖다** call down, call on the carpet
  - They were **told off** by the teacher for being late at school.
    그들은 학교에 지각해서 선생님에게 꾸지람을 들었다.

- **tell on** / **영향을 미치다** have an effect on;
  고자질하다, 비밀을 누설하다 tell tales, spill the beans
  - The strain was beginning to **tell on** the employees.
    과로가 직원들에게 영향을 미치기 시작하고 있었다.
  - I'm going to **tell** my teacher **on** you. 선생님한테 너 이를거야.

- **throw a fit** / **노발대발하다** become upset, be very angry
  - She'll **throw a fit** if I wash them.
    내가 그것들을 닦는다면 그녀가 화를 낼 거야..

- **throw up** / **토하다** vomit, bring up
  - The smell was so disgusting that I wanted to **throw up**.
    냄새가 너무 역겨워서 나는 토하고 싶었다.

- **wait for** / **기다리다** await
  - Time and tide **wait for** no man.
    세월은 사람을 기다리지 않는다.

- **wait on** / **시중들다** serve, attend on
  - She **waited on** him hand and foot.
    그녀는 그의 손과 발이 되어 시중들었다.

- **wait up** / **잠 안자고 기다리다**
  - Mom, don't **wait up** for me.
    엄마, 나 기다리지 말고 자요.

- **walk out** / **파업하다** go on strike
  - Workers **walked out** when their pay was cut.
    근로자들은 임금이 삭감되자 파업을 했다.

- **walk out on** / **버리다, 떠나다** dump, forsake, desert, leave
  - You can't **walk out on** me, just like this.
    넌 이렇게 날 떠날 순 없어.

- **see eye to eye** / 견해가 일치하다 agree
- **shed crocodile tears** / 거짓 눈물을 흘리다 pretend grief
- **sit on the fence**
  / 형세를 관망하다, 중립을 지키다 straddle the fence, remain neutral
- **Talk of the devil.** / 호랑이도 제 말하면 온다.
- **talk shop** / 사업 이야기를 하다 talk about things in one's work
- **You are telling me.** / 맞았어, 바로 그거야. I quite agree with you.
- **throw in the sponge[towel]**
  / 패배를 인정하다, 항복하다 admit defeat, surrender

ex-

우선순위로 보는 PRE view

Date : /

★★★★★	11.	**eligible**	적격의	□ □ □
★★★★☆	02.	**eccentric**	괴짜의; 중심이 다른; 기인	□ □ □
	05.	**efface**	지우다	□ □ □
	14.	**emancipate**	해방시키다, 자유롭게 하다	□ □ □
	22.	**erode**	침식하다	□ □ □
★★★☆☆	07.	**elaborate**	정교한; 상세히 설명하다	□ □ □
	12.	**elucidate**	명료하게 설명하다	□ □ □
	13.	**elude**	피하다	□ □ □
	15.	**emerge**	나타나다; 벗어나다	□ □ □
	17.	**eminent**	탁월한	□ □ □
	18.	**emit**	방출하다	□ □ □
	19.	**enervate**	약화시키다; 무기력한	□ □ □
	21.	**eradicate**	근절하다	□ □ □
	23.	**erudite**	박식한	□ □ □
	26.	**evacuate**	대피시키다	□ □ □
	27.	**evade**	피하다	□ □ □
★★☆☆☆	01.	**allege**	주장하다	□ □ □
	04.	**ecstasy**	무아지경	□ □ □
	29.	**evaporate**	증발하다	□ □ □
★☆☆☆☆	03.	**eclipse**	식; 상실; 가리다; 능가하다	□ □ □
	06.	**effigy**	형상	□ □ □
	08.	**elapse**	경과하다	□ □ □
	09.	**elate**	의기 양양하게 하다	□ □ □
	10.	**elicit**	이끌어 내다	□ □ □
	16.	**emigrate**	이주(이민)하다	□ □ □
	20.	**enumerate**	열거하다	□ □ □
	24.	**erupt**	분출하다	□ □ □
	28.	**evaluate**	평가하다	□ □ □
☆☆☆☆☆	25.	**escort**	호송자; 호송하다	□ □ □

MD21 mp3

LECTURE 21

ex-

▶ **밖** Latin 계통의 접두어로서 '밖(out)'의 의미를 지닌다.

의미 변화

① 밖(out)

> **expél** : ex(out) + pel (drive)
→ 밖으로 밀쳐 내다 → 쫓아내다; 배출하다
/ éxcerpt 발췌하다 / expóund 상세히 설명하다

② 분리 · 이탈(away)

> **enervate** : e<ex(away) + nerve 기력
→ 기력을 떨어 뜨리다 → 약화시키다
/ eróde 침식하다 / érudite 박식한

③ 강조(intensive)

> **exhórt** : ex(intensive) + hort (urge) → 마구 재촉하다 → 열심히 타이르다

형태 변화

① 자음 f 앞에서 → ef- / effúse 발산하다

② 자음 c,l,s,z 앞에서 → ec-
/ eccéntric 이상한 / ecléctic 절충하는 / écstasy 무아지경

③ 자음 b,d,g,j,l,m,n,r,v 앞에서 → e-
/ ebúllient 원기완성한 / egrégious 터무니 없는 /
eláte 의기 양양하게 하다 / emáncipate 해방시키다 / eváde 피하다

---

allege
[əlédʒ]
★★☆☆☆
01

al<ex(out) + leg<litigare(sue). → '자신의 생각을 입 밖으로 표출하다'에서 유래

vt (증거없이) **주장하다, 단언하다** / declare without proof; assert
- He **alleges** that his watch has been stolen.
  그는 자신의 시계를 도난당했다고 주장하고 있다.

n **allegátion** 주장, 단언 **a** **allégéd** (근거 없이) 주장된
ad **allégedly** 소문[들리는 바]에 의하면(reportedly; supposedly) 뉘앙스 p.259

어근관련 litigate [lítəgeit] 제소[소송]하다 litigious [litídʒəs] 소송[논쟁]하기 좋아하는

---

eccentric
[ikséntrik]
★★★★☆
02

ec<ex(out) + cent(center) → '중심에서 벗어난'에서 유래

a 1 **괴짜의, 이상한** / out of the ordinary; strange
2 **중심이 다른, 이심(원)의**/ not having the same center; off-center
- People stared at the artist's **eccentric** clothes.
  사람들은 그 예술가의 이상한 옷차림을 응시했다.
- not concentric but **eccentric** circles 동심이 아닌 이심원

n **괴짜, 기인** / a person of odd or unconventional behavior; character
- an **eccentric** who filled his house with statues of himself.
  자신의 동상으로 집을 가득 채우는 괴짜

n **eccentrícity** (복장 · 행동이) 이상함, 엉뚱함 **cf** **esotéric** 비밀의 **exotéric** 대중적인

어근관련 centralize [séntrəlaiz] 집중시키다 concentrate [kánsəntreit] 집중하다

---

eclipse
[iklíps]
★☆☆☆☆
03

ec<ex(out) + lip(leave) → '뒤에 남겨 둠'에서 유래

n 1 (해 · 달의) **식(蝕)** / a passing from sight because light is cut off
2 (명예 등의) **상실, 실추**/ a loss of importance or reputation; decline
- a total[partial] **eclipse** of the sun 개기[부분] 일식
- Marxism remains in relative **eclipse**. 마르크시즘은 상대적으로 중요성이 상실된 상태이다.

vt 1 (천체가 다른 천체를) **가리다** / cut off or dim the light from; darken
2 **능가하다** / obscure the importance or reputation of; surpass
- The moon **eclipsed** the sun. 달이 태양을 가렸다.
- In sports he **eclipsed** his elder brother. 스포츠에서 그는 그의 형을 능가했다.

어근관련 elliptic [ilíptik] 타원(형)의; 생략의 ellipsis [ilípsis] (말의) 생략

---

ecstasy
[ékstəsi]
★★☆☆☆
04

ec<ex(out) + sta(stand) → '입을 열고 서 있는 상태'에서 유래

n **무아지경, 황홀** / a condition of very great joy; rapture
- The little girl was in **ecstasy** over her new puppy.
  그 어린 소녀는 새 강아지에 대해 황홀해 했다.

a **ecstátic** 황홀[도취]한

어근관련 destitute [déstətju:t] 빈곤[궁핍]한, ~이 없는 destiny [déstəni] 운명, 숙명

동의어 / 반의어

01	**allege**	=	assert / affirm / declare / profess / avow ● 동의어 보감
02	**eccentric**	=	peculiar / odd / queer / irregular / bizarre / idiosyncratic ↔ typical ● 동의어 보감
03	**eclipse**	=	surpass / excel / exceed / outdo / outshine / transcend
04	**ecstasy**	=	rapture / bliss / felicity / beatitude / exhilaration ↔ depression

동의어 보감

주장하다 01	필수	affirm 주장하다 / allege 근거 없이 주장하다 / assert 주장하다 / aver 확언하다 / avouch 보증하다, 장담하다 / avow 공언하다 / contend 다투다; 주장하다 / declare 선언하다 / maintain 주장하다 / predicate 단언하다, 단정하다 / protest 항의하다; 주장하다
	고급	asseverate 단언하다, 단호히 주장하다
	참고	의미, 취지 / import / meaning / purport 주장하다 / sense / significance (숨겨진) 의미 / signification

특이한 · 독특한 02	필수	bizarre 별난; 기괴한 / eccentric 괴짜의 / idiosyncratic 특이한 / odd 이상야릇한, 기묘한 / peculiar 특이한 / quaint (고풍스럽고) 기이한 / queer 괴상한 / singular 남다른, 둘도 없는 / unique 특이한
	고급	antic 색다른, 익살스러운 / offbeat 색다른, 별난 / outlandish 이국풍의 / unwonted 예사롭지 않은, 드문
	숙어	far out 참신한, 파격적인 / one of a kind

뉘앙스

주장하다 01

affírm	(증거에 입각하여 확신을 가지고) **주장하다**	• **affirm** the necessity of disarmament 군축의 필요성을 주장하다
assért	(증거는 없지만 개인적 확신에 바탕을 두고) **주장하다**	• **assert** her guilty 그녀의 유죄를 주장하다
allége	(충분히 증거 없이) **단언하다, 우겨대다**	• **allege** abuse of power 권력 남용을 주장하다
avér	(자신의 말이 진실이라 믿고 힘있게) **단언하다, 확언하다** ≪격식을 차리는 말≫	• He **averred** that he had never seen her before. 그는 그녀를 전에 결코 본적이 없다고 주장했다.
avóuch	(말하는 사람이 지식이나 권위를 가지고) **확언하다, 공언하다**	• The clergyman **avouched** the end of this world. 그 목사는 이 세상의 종말을 공언했다.
decláre	(공공연히) **주장하다, 선언하다**	• They **declared** their independence. 그들은 그들의 독립을 선언하였다.
maintáin	(상대적인 논박에 굴하지 않고) **주장하다**	• He **maintained** that he was innocent. 그는 자신이 무죄라고 주장했다.
protést	(반대에 직면해서도 자신의 주장을 공공연히) **주장하다**	• **protest** his innocence 그의 무죄를 주장하다

cf. **avów** (인정하며) **공언하다** ≪문어적인 말≫ **claim** (권리 · 사실을) **주장하다** ≪구어적인 말≫
wárrant (자신의 말이 확실한 것처럼 자신있게) **단언하다, 보증하다** ≪구어적인 말≫

check-up Test

1. It is symptomatic of some newspapers that a(n) ______ criminal is regarded in print as a guilty man.
ⓐ contemptible ⓑ alleged ⓒ insidious ⓓ indigent

2. Lord Byron's <u>eccentric</u> habits alienated many of his countrymen.
ⓐ unconventional ⓑ daily ⓒ typical ⓓ friendly

3. Even when his reputation was in ______, almost everyone was willing to admit that he had genius.
ⓐ dialogue ⓑ retaliation ⓒ eclipse ⓓ rebuttal

4. A spectator is in a state of <u>ecstasy</u> when his team executes a movement to perfection.
ⓐ infuriation ⓑ infatuation ⓒ inebriation ⓓ rapture

정답 **1.** b **2.** a **3.** c **4.** d

efface
[iféis]
★★★★☆
05

ef<ex(out) + face 표면 → '표면 위에 있는 것을 밖으로 빼내다'에서 유래

vt 1 **지우다, 말살[삭제]하다** / rub out the surface of; erase
2 **눈에 띄지 않게 하다**/ keep from being noticed

- It takes many years to **efface** the terrible memories of a war.
  전쟁의 무서운 기억을 지우는 데는 여러 해가 걸린다.
- The shy boy **effaced** himself by staying in the background.
  그 수줍음 많은 소년은 뒤쪽에 머물러 있음으로써 자신을 감추었다

뉘앙스 p.279

어근관련 deface [diféis] (외관을) 손상시키다　surface [sə́ːrfis] 표면; 외관; 평평하게하다

---

effigy
[éfidʒi]
★☆☆☆☆
06

ef<ex(out) + fig(form) → '밖으로 내보이는 형상'에서 유래

n **상(像), 형상** / a statue usually of a person; image

- burn an **effigy** of the enemy 원수의 형상을 불태우다

어근관련 figure [fígjər] 숫자, 모양, 인물　figurative [fígjərətiv] 비유[상징]적인

---

elaborate
[ilǽbərət]
★★★☆☆
07

e<ex(out) + labor 노동 → '노동이라고 생각하지 않고 일하는'에서 유래

a **정성들인, 정교한** / worked out with great care; exquisite

- make **elaborate** preparations for the party 정성들여 파티를 준비하다

vt [ilǽbəreit] **정성들여 만들다** / to work out with great care; study

- **elaborate** one's plans for a new project 새로운 프로젝트에 대한 계획을 정성들여 짜다

vi **상세히 설명하다** / give added details; expound

- The witness was asked to **elaborate** on the scene.
  그 목격자는 그 장면에 대해 상세히 설명하도록 요청 받았다.

n **elaborátion** 공들여 함, 정성

어근관련 laborious [ləbɔ́ːriəs] 고된; 근면한　collaborate [kəlǽbəreit] 협력하다

---

elapse
[ilǽps]
★☆☆☆☆
08

e<ex(away) + lap(slip) → '시간이 미끄러지듯 어느새 흘러가다'에서 유래

vi (때가) **경과하다** / slip away; pass

- Many hours **elapsed** while he slept. 그가 자고 있는 동안 많은 시간이 경과했다.

어근관련 lapse [læps] (일시적인) 쇠퇴(하다); 잘못, 과오; (기간이) 끝나다

---

elate
[iléit]
★☆☆☆☆
09

e<ex(out) + lat(carry) → '(자신의 성취를) 바깥으로 나르다'에서 유래

vt **의기 양양하게 하다** / raise the spirit of; exalt

- His success in the contest **elated** him. 경연 대회에서의 입상이 그를 의기 양양하게 했다.

n **elátion** 의기 양양　**a** **eláted** 의기 양양한(triumphant)

어근관련 dilate [dailéit] 넓히다; 상세히 설명하다　translate [trænsléit] 번역[해석]하다

---

elicit
[ilísit]
★☆☆☆☆
10

e<ex(out) + lic(entice) → '유혹해서 밖으로 빼내다'에서 유래

vt (대답 · 웃음 따위를) **이끌어[유도해] 내다** / draw out; evoke

- **elicit** laughter from the audience 청중으로부터 웃음을 이끌어 내다

n **elicitátion** 이끌어 냄　**cf** **illícit** 불법의

어근관련 delicious [dilíʃəs] 맛있는, 유쾌한　license [láisəns] 면허(증); 방종

---

eligible
[élidʒəbl]
★★★★★
11

e<ex(out) + lig<leg(select) → '선택되어 밖으로 나온'에서 유래

a **적격[적임]의, 자격이 있는** / fit to be chosen; competent

- Anyone over the age of 18 is **eligible** to vote.
  18세를 넘은 사람이라면 누구나 투표할 자격이 있다.

n **eligibílity** 적격성; 피선거 자격　**cf** **illégible** 읽기 어려운

어근관련 elect [ilékt] 선거[선출]하다　eclectic [ikléktik] 절충하는

동의어 / 반의어

05	**efface**	= erase / delete / obliterate / expunge / wipe out / cross out
06	**effigy**	= image / portrait / statue / figure
07	**elaborate**	= exquisite / ornate / detailed / delicate / fancy ↔ simple ⊙ 동의어 보감
08	**elapse**	= pass / flow / glide by / slip away
09	**elate**	= exalt / exhilarate / lift up / buoy up / perk up ⊙ 동의어 보감
10	**elicit**	= evoke / educe / evince / bring out / draw out ↔ eschew
11	**eligible**	= competent / fit / suitable / desirable / qualified ↔ ineligible

동의어 보감

상술하다 07	필수	dilate on 상술하다 / dwell on 상술하다; 숙고하다 / expound (on) 상술하다 / enlarge on 상술하다 / elaborate on 상술하다
	고급	descant on 상세한 설명하다 / expatiate on ~에 대해 상세히 말하다[쓰다]
	참고	ins and outs 상세한 사정, 자초지종; 구석구석; 여당과 야당
즐거운 · 유쾌한 09	필수	beatific 축복스런 / blissful 더없이 행복한; 즐거운 / blithe 명랑한; 즐거운 / buoyant 탄력 있는; 경쾌한; 낙천적인 / cheerful 쾌활한 / delightful 기쁜, 즐거운 / elated 의기양양한 / gay 명랑한; 쾌활한 / hilarious 유쾌한, 즐거운 / jocund 명랑한, 쾌활한 / jolly 즐거운, 유쾌한 / jovial 명랑한; 즐거운 / merry 명랑한, 유쾌한
	고급	exhilarated 크게 기뻐하는 / exultant 매우 기뻐하는 / gleeful 기분이 좋은 / jubilant 환호하는 / mirthful 명랑한
	숙어	over the moon 매우 행복한 / on cloud nine 기분이 날아갈 듯한 / walking on air 기분이 날아갈 듯한
우스운	필수	amusing 재미있는; 우스운 / comical 우스운; 기묘한 / facetious 우스운 / funny 우스운; 재미있는 / laughable 우스운; 재미있는 / ludicrous 우스꽝스러운, 터무니없는 / ridiculous 웃기는; 터무니없는
	고급	droll 우스꽝스러운 / jocose 우스꽝스러운 / jocular 익살맞은 / risible 웃을 수 있는; 잘 웃는; 우스운 / side-splitting 배꼽 빠지게 하는 / waggish 우스꽝스러운, 익살맞은
	참고	웃다 / laugh / smile (살며시) 웃다 / grin 씩 웃다 / giggle 낄낄거리다 / chuckle 흡족해하다, 킬킬 웃다 / titter 킥킥 웃다 / roar 폭소하다 / burst into laughter 폭소를 터트리다 / split one's seams 포복절도하다

Check-up Test

1. The number of United States citizens who are eligible to vote continues to increase.
ⓐ manifest ⓑ convertible ⓒ effusive ⓓ entitled

2. The scars of battle were effaced during the incident.
ⓐ defaced ⓑ confronted ⓒ deformed ⓓ erased

3. As a sign of hatred, people occasionally make a representation of a person in wood, stone, or other material and they burn or hang it. It is called ______.
ⓐ effigy ⓑ effector ⓒ efficiency ⓓ effusion

4. His house was broken into pieces a week after his insurance policy had ______.
ⓐ lapsed ⓑ relapsed ⓒ elapsed ⓓ collapsed

5. ELATED : JUBILATION
ⓐ irresolute : hesitation ⓑ eloquent : indignation ⓒ serious : exhilaration ⓓ clear : brevity

정답 1. d 2. d 3. a 4. a 5. a

elucidate
[ilú:sədeit]
★★★☆☆
12

e<ex(out) + lucid(light) → '빛을 밖으로 비추다'에서 유래

vt (문제 등을) **밝히다, 명료하게 설명하다** / make clear; clarify
- **elucidate** one's theory by a few simple demonstrations
  몇 가지 간단한 실례들로 자신의 이론을 명료하게 설명하다

n **elucidátion** 설명, 해명 **a** **elúcidative** 밝히는, 설명적인

어근관련 luster [lʌ́stər] 광택; 영광 luxury [lʌ́kʃəri] 사치(품); 쾌락

---

elude
[ilú:d]
★★★☆☆
13

e<ex(out) + lud(play) → '장난치듯 밖으로 빠져 나가다'에서 유래

vt (벌 · 책임 따위에서) **교묘히 피하다, 빠져 나오다** / escape by quickness or cleverness; evade
- The sly fox **eluded** the hunter. 교활한 여우는 사냥꾼을 교묘히 피했다

n **elúsion** 도피, 회피 **a** **elúsive** 교묘히 잘 피하는; 알기 어려운(evasive)

cf **allúde** 암시하다

어근관련 delude [dilú:d] 속이다, 기만하다 ludicrous [lú:dəkrəs] 우스운 뉘앙스 p.263

---

emancipate
[imǽnsəpeit]
★★★☆☆
14

e<ex(out) + man(hand) + cip(take) → '잡았던 손을 놓아 밖으로 풀어주다'에서 유래

vt (속박 · 구속에서) **해방시키다, 자유롭게 하다** / make free socially or legally; release
- This new machine will **emancipate** us from all the hard work.
  이 새로운 기계는 모든 힘든 일로부터 우리를 해방시켜 줄 것이다.

n **emancipátion** 해방

cf **emáciate** 여위게 하다 **émanate** 발산하다

어근관련 manipulate [mənípjuleit] 조작하다 manufacture [mænjufǽktʃər] 제조(하다)

---

emerge
[imə́:rdʒ]
★★★☆☆
15

e<ex(out) + merg(dip) → '물 속에 잠겨 있다가 밖으로 나오다'에서 유래

vi 1 (물 · 어둠 속에서) **나오다, 나타나다** / come out from being hidden; appear
2 (가난 · 낮은 신분으로부터) **벗어나다** / come forth from poverty or low condition; escape
- The sun **emerged** from behind a cloud. 태양이 구름 뒤에서 밖으로 나왔다.
- Many people have **emerged** from slums. 많은 사람들이 빈민가에서 벗어났다.

n **emérgence** 출현; 탈출 **n** **emérgency** 비상[긴급] 사태, 위급(crisis)

a **emérgent** (물 속에서) 떠오르는; 뜻밖의, 긴급한; 신생 독립국의

cf **immérge** 담그다

어근관련 immerse [imə́:rs] 잠기게 하다 submerge [səbmə́:rdʒ] 물 속에 담그다

---

emigrate
[émigreit]
★☆☆☆☆
16

e<ex(out) + migrate 이주하다 → '밖[외국]으로 이주하다'에서 유래

vi (외국으로) **이주[이민]하다** / leave one's own country; migrate
- Her family **emigrated** to America. 그녀의 가족은 미국으로 이주했다.

n **a** **émigrant** 이민(가는) **n** **emigrátion** 이민; <집합적> 이주민

어근관련 immigrate [íməgreit] 이주해 오다 transmigrate [trænsmáigreit] 이동하다

= 동의어 ↔ 반의어

12	**elucidate**	=	explain / clarify / illuminate / illustrate / clear up ↔ confuse ⊙ 동의어 보강
13	**elude**	=	avoid / escape / evade / shun / dodge / eschew / sidestep ⊙ 동의어 보강
14	**emancipate**	=	release / free / liberate / manumit / let go of ↔ enslave
15	**emerge**	=	appear / issue / arise / loom / come out ↔ vanish
16	**emigrate**	=	migrate ↔ immigrate

동의어 보감

설명하다 · 명시하다 12	필수	elucidate 밝히다, 해명하다 / illuminate 조명하다; 계몽하다 / illustrate 삽화를 그리다; (생생히) 설명하다 / clarify 명백히 하다 / explain 설명하다
	고급	explicate (사상, 작품을) 설명하다
	숙어	account for 설명하다; 책임지다; ~의 비율을 차지하다 / give an account of / shed light on

달아나다 · ~를 피하다 13	필수	avert 돌리다, 피하다 / avoid 피하다, 막다 / circumvent 회피하다; 우회하다 / duck 물속에 들어가다, (타격, 위험을)피하다 / elude (교묘히 몸을 돌려) 피하다 / escape 달아나다 / eschew 피하다; 삼가다 / evade (책임, 의무를) 회피하다 / shun (싫어서) 피하다 / sidestep (공격을) 옆으로 비켜 피하다, 회피하다
	고급	dodge (재빨리 교묘히) 피하다 / parry 받아 넘기다, 슬쩍 피하다 / shirk 책임을 회피하다
	숙어	bail out 낙하산으로 탈출하다 / get around 피하다; 널리 퍼지다 / go AWOL 탈영하다 / turn tails / take to one's heels[legs]
	참고	슬쩍 빠져나가다 / slip away / sneak away

뉘앙스

달아나다 · 피하다	**escápe**	(임박한 또는 당면한 위험에서) **피하다**	• **escape** suspicion 혐의를 면하다
	avóid	(위험 따위를 의식적으로) **피하다**	• **avoid** suspicion 혐의를 받지 않도록 조심하다
	eváde	(책략을 써서) **피하다**	• **evade** the police 경찰의 눈을 피하다
	elúde	(교묘히 빠져나가듯) **피하다**	• She is adept in **eluding** her obligations. 그녀는 책무를 교묘히 피하는데 능하다.
	shun, eschéw	(싫어서) **피하다**	• **shun** evil companions and practices 나쁜 친구와 습관을 멀리하다

Check-up Test

1. He is particularly adept at eluding his duty.
ⓐ accomplishing ⓑ evading ⓒ executing ⓓ assigning

2. The university should _______ the function of the alumni fund so that its importance will be better appreciated by the school's graduates who are asked to contribute to it.
ⓐ revoke ⓑ elucidate ⓒ ascertain ⓓ entice

3. One who leaves one country to enter another is a(n) _______.
ⓐ emigrant ⓑ native ⓒ patriot ⓓ immigrant

4. Newly _______ states in Eastern Europe want to join the European community.
ⓐ surpassed ⓑ immersed ⓒ dissipated ⓓ emancipated

5. Since the 1950's literary critics have attempted to answer the question: When did children's literature first emerge as a distinct literary genre?
ⓐ improve as ⓑ appear as ⓒ conform to ⓓ respond to

정답 **1.** b **2.** b **3.** a **4.** d **5.** b

eminent
[émənənt]
★★★☆☆
17

e<ex(out) + min(jut) → '(이름이) 세상 밖으로 튀어나온'에서 유래

a **뛰어난, 탁월한** / standing out above other things; outstanding
- Washington was **eminent** both as general and as President. 워싱턴은 장군과 대통령으로서 둘 다 뛰어났다.

n **éminence** (지위 · 신분 따위의) 높음, 고위; 탁월

어근관련 imminent [ímənənt] 절박한 prominent [prámənənt] 저명한; 돌출한

emit
[imít]
★★★☆☆
18

e<ex(out) + mit(send) → '밖으로 내보내다'에서 유래

vt 1 **(빛 · 열 · 소리 따위를) 내다, 방출하다** / send out; discharge
2 **(의견 따위를) 말하다** / utter; express
- The sun **emits** light and heat. 태양은 빛과 열을 낸다.
- **emit** a few curses 몇 마디 저주의 말을 퍼붓다

n **emíssion** 방출, 발산; 발행

어근관련 omit [oumít] 생략하다 remit [rimít] 보내다; 용서하다

enervate
[énərveit]
★★★☆☆
19

e<ex(away) + nerve 체력 → '체력을 떨어뜨리다'에서 유래

vt **기력을 빼앗다, 약화시키다** / lessen the strength of; unnerve
- He was **enervated** by his long illness. 그는 오랜 병으로 인해 기력이 약해졌다.

a [inə́:rvit] **무기력한** / lacking vigor and strength; weak
- A hot day makes me feel **enervate**. 더운 날은 나를 무기력하게 만든다.

n **enervátion** 나약, 허약 **a** **énervated** 힘없는, 약한

어근관련 nervy [nə́:rvi] 건방진; 용기 있는 nervous [nə́:rvəs] 신경의; 불안한 뉘앙스 p.523

enumerate
[injú:məreit]
★☆☆☆☆
20

e<ex(out) + numer(number) → '관련된 숫자를 모두 밖으로 끌어 내다'에서 유래

vt **(일일이) 열거하다**/ name one by one; recount
- **enumerate** the reasons for one's decision 자신의 결정에 대한 이유를 열거하다

n **enumerátion** 열거 **a** **enúmerative** 열거하는

어근관련 numerous [njú:mərəs] 많은 innumerable [injú:mərəbl] 무수히 많은

eradicate
[irǽdəkeit]
★★★☆☆
21

e<ex(out) + radic(root) → '뿌리를 밖으로 뽑아 내다'에서 유래

vt **뿌리째 뽑다, 근절하다** /get rid of entirely; extirpate
- **eradicate** weeds from the garden 정원에 있는 잡초들을 뿌리째 뽑다

n **eradicátion** 근절, 박멸 **a** **erádicative** 근절[박멸]하는
cf **erádiate** (빛 · 열을) 방출[방사]하다

어근관련 radical [rǽdikəl] 급진적인 radicalize [rǽdikəlaiz] 과격하게 하다

erode
[iróud]
★★★★☆
22

e<ex(away) + rod(gnaw) → '차츰 갉아 먹어 들어가다'에서 유래

vt **(병 따위가) ~을 좀먹다, (물이 땅 · 암석을) 침식하다** / eat into; gnaw
- The sea **erodes** the rocks. 바닷물이 바위들을 침식해 들어가고 있다.

n **erósion** 부식, 침식(작용) **a** **erósive** 부식[침식]성의

어근관련 corrosive [kəróusiv] 부식성의 rodent [róudnt] 갉아 먹는; 설치류

erudite
[érjudait]
★★★☆☆
23

e<ex(away) + rude 무례한 → '(못배운) 무례함과는 멀리 떨어진'에서 유래

a **박식한, 학식있는**/ having much knowledge; learned
- an **erudite** teacher[book] 박식한 선생님[학문적인 책]

n **erudítion** 박학, 박식

어근관련 rude [ru:d] 무례한 rudiment [rú:dəmənt] 기본, 기초(원리)

동의어 ↔ 반의어

17	**eminent**	= famous / famed / distinguished / well-known ↔ common	동의어 보강
18	**emit**	= discharge / emanate / radiate / give off / send out	동의어 보강
19	**enervate**	= weaken / exhaust / fatigue / debilitate / unnerve ↔ activate	
20	**enumerate**	= recount / rehearse / recite / detail / expound	
21	**eradicate**	= extirpate / exterminate / annihilate / root up ↔ establish	
22	**erode**	= gnaw / corrode / bite / abrade / eat away	
23	**erudite**	= learned / scholarly / well-read / lettered / literate / savvy ↔ ignorant	동의어 보강

동의어 보강

눈에 띄는 · 탁월한 17	필수	arresting 눈에 띄는; 매력적인 / conspicuous 눈에 띄는 / discernible 인식할 수 있는 / distinct 눈에 띄는 / eminent 탁월한, 저명한 / noted 유명한 / note-worthy 주목할 만한 / noticeable 눈에 띄는 / outstanding 탁월한; 미(지)불인 / patent 특허; 명백한 / prominent 돌출한; 두드러진, 탁월한 / remarkable 주목할 만한, 뛰어난 / striking 눈에 띄는, 현저한
	고급	clear-cut 명백한 / salient 두드러진, 현저한
발산하다 · 뿜어대다 18	필수	diffuse 발산하다 / discharge 발산하다 / emit 발산하다 / exhale 숨을 내쉬다; 발산하다 / radiate 사방으로 방사하다
	고급	emanate (빛, 열, 향기 등이) 발산하다 / exude 스며 나오다 / spurt (액체, 불꽃이) 분출하다 / squirt (액체가) 분출하다
	숙어	give off[out] / let out / send forth[out]
	참고	secrete 분비하다 / ooze 스며 나오다, 분비하다 / seep 스며 나오다
박식한 23	필수	cultivated 교양 있는, 세련된 / cultured 교양 있는, 고상한 / educated 교육받은, 교양 있는 / encyclopedic 박식한, 해박한 / erudite 박식한 / knowledgeable 박식한 / learned 박식한 / scholarly 학술적인, 학자의 / well-informed 박식한 / well-read 박식한
	고급	omniscient 전지의 / savvy (어느 분야에) 정통한, 소식에 밝은
	참고	현학적인 / bookish / pedantic 현학적인 / scholastic 교육의, 학자인 체하는

check-up Test

1. Bats emit sounds to help them detect possible obstacles.
ⓐ put off ⓑ take off ⓒ give off ⓓ dismiss

2. Choose the one whose meaning is NOT related to the others.
ⓐ strong ⓑ eminent ⓒ potent ⓓ robust

3. The might of his opponent's attack enervated the young politician.
ⓐ avenged ⓑ averted ⓒ weakened ⓓ endangered

4. Many countries have now succeeded in eradicating the malarial mosquito.
ⓐ eliminating ⓑ avoiding ⓒ detoxifying ⓓ redistributing

5. I did not anticipate reading such an _______ discussion of the international situation in the morning newspaper; normally, such a treatment could be found only in scholarly magazines.
ⓐ erudite ⓑ arrogant ⓒ ingenious ⓓ overt

정답 1. c 2. b 3. c 4. a 5. a

erupt
[irʌ́pt]
★☆☆☆☆
24

e<ex(out) + rupt(burst) → '밖으로 터져 나오다'에서 유래

v 1 (화산 등이) **분출[폭발]하다** / burst forth; explode
2 **발진하다, 돋아나다** / break out in a rash
- Lava **erupted** from the volcano. 화산에서 용암이 분출했다.
- Her face **erupted** in pimples. 그녀의 얼굴에 여드름이 돋아났다.

a **erúptive** 경분출[폭발]하는; 발진성의 **n** **erúption** 폭발; 발진(rash)

어근관련 disrupt [disrʌ́pt] 붕괴시키다 corrupt [kərʌ́pt] 타락한; 타락시키다

---

escort
[éskɔːrt]
☆☆☆☆☆
25

es<ex(out) + cor(correct) → '옳은 방향으로 이끄는 사람'에서 유래

n **호송[호위]자**
/ a person going with another person to see that he is kept safe; convoy
- an aircraft-carrier with an **escort** of smaller warships
더 작은 전함들의 호위를 받는 항공 모함

v [iskɔ́ːrt] **호송[호위]하다** / go with to keep safe; accompany
- **escort** his cousin to the movies 조카를 영화관까지 바래다 주다

어근관련 correct [kərékt] 올바른; 바로잡다 corrigible [kɔ́ːridʒəbl] 교정 가능한 뉘앙스 p.163

---

evacuate
[ivǽkjueit]
★★★☆☆
26

e<ex(out) + vacu(empty) → '밖으로 나가게 해 비어있게 만들다'에서 유래

vt (사람 · 군대 등을) **대피[철수]시키다** / leave empty; withdraw
- **evacuate** all civilians from the war zone
전쟁이 벌어지는 지대로부터 모든 시민들을 피난시키다

n **evacuátion** 피난, 철수; 배출

어근관련 vacuum [vǽkjuəm] 진공 (상태) vacant [véikənt] 비어있는; 한가한

---

evade
[ivéid]
★★★☆☆
27

e<ex(out) + vad(go) → '밖으로 도망가다'에서 유래

vt (교묘히) **피하다, 벗어나다** / get away from by trickery; avoid
- **evade** pursuer by hiding in a cave 동굴에 숨어서 추종자를 피하다

n **evásion** 회피; 탈세 **a** **evásive** 회피하는; 이해하기 어려운(elusive)

어근관련 invade [invéid] ~에 침입하다 pervade [pərvéid] ~에 널리 퍼지다 뉘앙스 p.263

---

evaluate
[ivǽljueit]
★☆☆☆☆
28

e<ex(out) + value 가치 → '가치를 평가해 밖으로 내보이다'에서 유래

vt **평가하다** / find out the value of; appraise
- **evaluate** the old furniture 고가구의 가치를 평가하다

n **evaluátion** 평가 **a** **eváluative** 평가의[하는]

어근관련 equivalent [ikwívələnt] 동등한 (것) prevalent [prévələnt] 널리 보급된 뉘앙스 p.267

---

evaporate
[ivǽpəreit]
★★☆☆☆
29

e<ex(out) + vapor 수증기 → '수증기로 빠져 나가다'에서 유래

v 1 **증발하다** / turn into vapor; vaporize
2 (사람 · 희망 등이) **사라지다** / vanish; disappear
- Boiling water **evaporates** rapidly. 끓는 물은 빠르게 증발한다.
- Hopes are beginning to **evaporate**. 희망이 사라지기 시작하고 있다.

n **evaporátion** 증발 (작용), (수분의) 발산, 탈수 **a** **eváporative** 증발[발산]시키는

어근관련 vapid [vǽpid] 맛이 없는; 지루한 vaporer [véipərər] 허풍쟁이

동의어 ↔ 반의어

24	**erupt**	=	burst / explode / detonate / squirt / go off
25	**escort**	=	accompany / attend / conduct / convoy / go with
26	**evacuate**	=	withdraw / remove / empty / vacate
27	**evade**	=	elude / shun / eschew / dodge / parry / sidestep / get around
28	**evaluate**	=	estimate / value / rate / assess / appraise ○ 동의어 보감
29	**evaporate**	=	vanish / disappear / evanesce / fade

동의어 보감

평가하다 28	필수	appraise (전문적) 평가하다 / measure 평가하다 / value 평가하다; 중시하다 / estimate 어림잡다 / rank 등급을 매기다, 평가하다 / evaluate (성질, 가치를) 평가하다 / rate 등급을 매기다, 측정하다
	고급	assess 과세평가하다 / gauge 계량기; 평가하다, 측정하다
	숙어	size up / take the gauge of

뉘앙스

평가하다 28

éstimate	**어림잡다, (대략) 평가하다**	• **estimate** the population of a city 한 도시의 인구를 어림잡다
appráise	(전문지식을 가지고 주로 금전적 가치를) **평가하다**	• **appraise** a flood loss 홍수의 손해를 사정하다
eváluate	(주로 금전 이외의 것을) **평가하다**	• **evaluate** a student's performance 학생의 성적을 평가하다
válue	(주로 금전적 가치를) **평가하다**	• The gems were **valued** at 100,000 won. 그 보석들은 100,000원으로 감정되었다.
rate	(등급을 매기려) **평가하다**	• **rate** one profession above another 어떤 직업을 다른 것보다 높게 평가하다

cf. **asséss** (특히 과세를 위해) **평가하다** **assáy** (분석적으로) **평가하다**

Check-up Test

1. Today much of this enthusiasm has not only <u>evaporated</u> but turned into antipathy.
ⓐ increased ⓑ disappeared ⓒ transformed ⓓ sharpened

2. Perhaps the greatest volcanic ______ of modern times took place in 1883 when the island of Krakatoa blew up.
ⓐ exposure ⓑ signs ⓒ appearance ⓓ eruption

3. EVACUATE : BUILDING
ⓐ analyze : argument ⓑ restore : antique truthfulness ⓒ abandon : ship ⓓ evaluate : project

4. He is particularly adept at <u>evading</u> his duty.
ⓐ accomplishing ⓑ executing ⓒ eluding ⓓ assigning

5. A teacher <u>evaluates</u> a student's work by marks in numbers or in letters.
ⓐ appraises ⓑ infuriates ⓒ enrages ⓓ aggravates

정답 **1.** b **2.** d **3.** c **4.** c **5.** a

401 **kindred** [kíndrid] ☆☆☆☆☆

kin 친척

n a **친척[동족](의)** / belonging to the same group; related; cognate
- **kindred** language 동족어

---

402 **kleptomaniac** [kleptəméiniæk] ★☆☆☆☆

klep (steal 훔치다) + mania 열광 → **'병적으로 물건을 훔치는 사람'** 에서 유래

n **병적 도벽자** / a person who has a compulsive desire to steal
- the wealthy **kleptomaniac** 부유한 병적 도벽자

n **kleptománia** 병적 도벽

---

403 **laborious** [ləbɔ́:riəs] ★★☆☆☆

labor (work 일) → **'일을 많이 해야 하는'** 에서 유래

a **힘든, 공들인** / needing or taking much time and effort; toilsome ; **부지런한** / willing to work; diligent
- Hoeing a garden is **laborious.** 정원을 괭이질 하는 것은 힘이 든다.

n **lábor** 노동, 수고; 산고

---

404 **labyrinth** [lǽbərinθ] ★☆☆☆☆

abyrinth<laberynthe(maze 미로)

n **미로, 미궁** / a complicated series of paths; maze
- get lost in a **labyrinth** of streets 미로 같은 길에서 길을 잃다

---

405 **laconic** [ləkɑ́nik] ★★★☆☆

lacon(brief 간결한)

a **(말 · 문체 등이) 간결한** / using only a few words; concise; terse
- **laconic** comments on news 간결한 시사 논평

---

406 **lamentable** [lǽməntəbl] ★☆☆☆☆

lament 한탄 → **'한탄스러운'** 에서 유래

a **슬픈, 유감스러운** / very disappointing; deplorable
- It was a most **lamentable** day when our dog was run over. 우리 강아지가 차에 치였을 때가 가장 슬픈 날이었다.

n v **laméent** 비탄, 애도; 슬퍼하다 n **lamentátion** 비탄

---

407 **landmark** [lǽndmɑ:rk] ★★☆☆☆

land 토지 + mark 표시 → **'토지를 표시하는 경계표'** 에서 유래

n **경계표** / something used as a guide; milestone ; **획기적인 사건** / an important event
- Televisions are **landmarks** in the history of communications. 텔레비전은 통신의 역사에 획기적인 사건이다.

---

408 **languid** [lǽŋgwid] ★★★☆☆

langui (weary 지친, 피곤한) → **'피곤해서 나른하고 활기 없는'** 에서 유래

a **나른한, 활기 없는** / feeling weak; listless
- A hot, sticky day makes people feel **languid**. 덥고 습한 날은 사람들을 나른하게 만든다.

---

409 **lassitude** [lǽsətju:d] ★☆☆☆☆

lassitude<lassitudinem (weariness 피곤함)

n **나른함, 권태, 피로** / lack of energy; languor
- Sometimes we feel **lassitude** on a hot summer day. 뜨거운 여름날 우리는 가끔 나른함을 느낀다.

---

410 **lavish** [lǽviʃ] ★★★★★

lav (flow 흐르는) → **'돈이나 자원이 풍부해 넘쳐 흐르는'** 에서 유래

a **풍부한** / very abundant; profuse ; **사치스러운** / too free in giving or spending; prodigal

v **아낌없이 주다** / give very freely
- It is a mistake to **lavish** kindness on ungrateful people. 배은망덕한 사람에게 친절을 아끼지 않는 것은 실수이다.

---

411 **legislate** [lédʒisleit] ★★☆☆☆

legis (law 법) + lat (carry 실행하다)→ **'법이 실행되도록 만들다'** 에서 유래

v **법률을 제정하다** / make laws; enact
- **legislate** against racial discrimination 인종차별을 금하는 법을 제정하다

n **legislátion** 법률, 입법 n **législature** 입법부 a **législative** 입법상의

412 **legitimate**
[lidʒítəmət]
★★★★★

legit(law 법) → '**법을 따르는**'에서 유래

a **합법적인** / allowed by law; lawful
- The claim was **legitimate**. 그 요구는 아주 합법적이었다.

n **legítimacy** 합법성; 정통

413 **lenient**
[lí:niənt]
★★★★☆

leni(soft 부드러운) → '**판사의 선고가 부드러운**'에서 유래

a **관대한** / characterized by tolerance and mercy; indulgent
- give a **lenient** sentence 관대한 판결을 내리다

414 **lethal**
[lí:θəl]
★★★★☆

leth (death 죽음) → '**죽음에 이르게 하는**' 에서 유래

a **치사의, 치명적인** / causing death; deadly; fatal
- a **lethal** dose[weapon] (약의) 치사량[살인 무기]

415 **lethargic**
[ləθá:rdʒik]
★★★★☆

letharg (forgetful 잘 잊어버리는) → '**나른해 잘 잊어버리는**' 에서 유래

a **나른한** / sleepy and lacking in energy; indolent
- a **lethargic** feeling 나른한 느낌 **n** **léthargy** 무기력, 노곤함

416 **lewd**
[lu:d]
★☆☆☆☆

lewd (unlearned 배우지 못한) → '**배우지 못한 사람처럼 외설적인**' 에서 유래

a **음탕한** / using rude words; lecherous
- **lewd** stories 음탕한 이야기

417 **lexicon**
[léksəkɑn]
★★☆☆☆

lexi (word 단어) → '**단어가 모여있는 사전**' 에서 유래

n **사전** / a book containing an alphabetical list; dictionary
- I can's find this word in any **lexicon**. 나는 어떤 사전에서도 이 단어를 찾을 수가 없다.

418 **libel(l)ous**
[láibələs]
★★★☆☆

lib (book 책) → '**누군가를 비방하기 위해 쓰여진**' 에서 유래

a **비방하는** / injurious to the good name of a person; slanderous
- **libelous** gossip 비방하는 소문 **n** **líbel** 명예 훼손; 모욕

419 **licentious**
[laisénʃəs]
★☆☆☆☆

lice<leik (bargain 매매하다) → '**성을 매매하는 방탕한**' 에서 유래

a **(성적으로) 방탕한, 음탕한** / behaving in sexually immoral way; lewd; debauched
- the **licentious** monarch 방탕한 군주

420 **limber**
[límbər]
★★☆☆☆

limb 팔다리 → '**팔다리가 유연한**' 에서 유래

a **(근육이) 유연한** / bending easily; flexible ; **융통성 있는** / pliable; supple; lithe
- A pianist should have **limber** fingers. 피아니스트는 유연한 손가락을 가져야 한다.

check-up Test

1. Tom and Betty were lost in the <u>labyrinth</u> of secret caves.
ⓐ maze ⓑ exterior ⓒ fragrance ⓓ fluency

2. A couple of giraffes <u>languidly</u> picking at some leaves and a glimpse of a few more impalas represented our last look at game.
ⓐ passionately ⓑ hilariously ⓒ aggressively ⓓ feebly

3. These parents can afford to _______ more on their children, including extra spending money.
ⓐ vacillate ⓑ lavish ⓒ reminisce ⓓ mesmerize

4. Three different scientists have a <u>legitimate</u> claim to the discovery of oxygen.
ⓐ legible ⓑ justifiable ⓒ stubborn ⓓ agreeable

5. Many people will receive <u>lethal doses</u> of radiation at the first stage.
ⓐ prescribed dosages ⓑ horrendous quantities ⓒ deadly amounts ⓓ analyzed outcomes

정답 **1.** a **2.** d **3.** b **4.** b **5.** c

a~c

- **abide by** / ~을 지키다, 따르다 obey, stick to
  - We can have freedom. However, we are required to **abide by** the provisions of the Act.
    우리는 자유로울 수 있다. 그러나 우리는 법 조항들을 따르도록 요구된다.

- **account for** / ~을 설명하다 explain; 책임지다 answer for; ~의 비율을 차지하다
  - It's necessary to bring him to **account for** his mistake.
    그의 잘못에 대한 책임을 묻는 것이 필요하다.
  - Coursework **accounts for** 40% of the final marks.
    수업 활동이 기말 성적의 40%를 차지한다.

- **amount to** / 총계 ~가 되다 add up to, come up to, total to
  - That kind of money would **amount to** 30 percent of the government's budget.
    그 정도의 돈이면 정부 예산의 30%에 달하는 금액이다.

- **answer for** / 책임을 지다, 죄 값을 받다 be responsible for
  - They're real, and they **answer for** what they do and say.
    그들은 진실된 사람이며, 그들의 말과 행동에 책임을 진다.

- **apply oneself to** / ~에 전념하다 give oneself to
  - One must **apply oneself to** the present and keep one's eyes firmly fixed on one's future goals. 누구든지 현재에 전념하면서도 자신의 미래 목표를 확실히 바라볼 줄 알아야만 한다.

- **avail oneself of** / ~을 이용하다 utilize, make use of, take advantage of
  - You must **avail yourself of** this great opportunity.
    너는 이 절호의 찬스를 이용해야한다.

- **bear in mind** / ~을 기억하다, 명심하다 keep in mind, remember
  - **Bear in mind**, however, he isn't very sympathetic to terrorists or terrorist supporters. 하지만 그가 테러리스트 혹은 테러리스트 지지자들을 매우 동정하진 않는다는 걸 명심해.

- **bear on** / ~과 관계가 있다 have an bearing on; ~에 효과가 있다 affect
  - The argument does not **bear on** the issue. 이 논쟁은 그 사안과는 관계가 없다.

- **become of** / ~이 (어떻게) 되다 happen to
  - The old man started to cry and said he was sorry to see what had **become of** our country. 그 노인은 우리나라가 어떻게 될지 모른다는 게 슬프다고 말하며 울기 시작했다.

- **beware of** / ~을 주의하다, 조심하다 be careful about
  - Either way, people should **beware of** taking what he says seriously.
    어떤 경우라도, 그가 진지하게 말한 것을 받아들이는 데 신중해야 해.

- **black out** / 잠시 의식을 잃다 pass out ; 등화 관제하다
  - It was discovered that he had collapsed because a drink problem caused him to **black out**.
    그는 술 문제로 인해 기절해서 쓰러진 것이었다는 게 밝혀졌다.

- **blank out** / 정신이 멍해지다 be unable to think clearly
  - I was trying to **blank out** previous situations from my mind.
    나는 내 머릿속으로부터 이전 상황들을 지워내려 노력하고 있었다.

- **boil down to** / ~로 요약되다 amount to, sum up to, add up to, end up, come down to
  - The idea can seem to **boil down to** a sort of 'I will if You will' type of idea.
    그 생각은 '네가 하면 나도 할 거야'와 같은 종류의 생각이라 볼 수 있다.

- **brush up on** / 재검토하다, 복습하다 review, improve, go over
  - If you want something not listed, let me know so I can **brush up on** it. 표에 기재되지 않은 걸 원하신다면, 재검토할 수 있도록 알려주세요.

- **care for** / 돌보다 take care of, be concerned; look after ; 좋아하다 like
  - Animal shelters in the country **care for** millions of stray dogs.
    그 나라의 동물 보호소는 수백만 마리의 유기견들을 돌본다.

- **cash in on** / 이용하다 capitalize on, exploit
  - His first films were made to **cash in on** his singing popularity.
    그의 첫 영화는 그의 음악적 대중성을 이용해 만들어졌다.

- **cater to** / 영합하다, 요구에 응하다 gratify
  - Various antique shops **cater to** tourists' curiosities.
    다양한 골동품가게가 관광객들의 호기심을 충족시킨다.

- **check up** / 조사하다, 검토하다 work over, see into
  - In general, adoptive parents are **checked up** thoroughly.
    일반적으로 양부모는 철저하게 검토된다.

- **bail out** / 낙하산으로 탈출하다; 금융구제하다, 도와주다
- **bark up the wrong tree** / 헛물켜다, 잘못 짚다
- **beef about** / 불평하다 complain about
- **beef up** / 강화하다 reinforce, strengthen
- **bend the law** / 불법을 저지르다 offend against the law
- **bid up** / 경매에서 값을 올리다 offer a higher price
- **bite one's tongue** / 말하지 않다, 침묵하다
- **bone up (on)** / 열심히 공부하다, 벼락공부하다 cram for
- **brace oneself for** / ~에 대비하다 be ready for
- **bustle about** / 분주히 돌아다니다 walk energetically

ex-

우선순위 PREVIEW

Date : /

★★★☆☆	31.	**evolve**	발전하다; 고안하다	□ □ □
	40.	**exonerate**	무죄를 증명하다	□ □ □
	41.	**exorbitant**	터무니 없는	□ □ □
	47.	**expire**	끝나다	□ □ □
	48.	**explicit**	명백한	□ □ □
	49.	**exploit**	개발하다;착취하다	□ □ □
	53.	**exterminate**	근절하다	□ □ □
	54.	**extinct**	꺼진; 멸종한	□ □ □
	56.	**extort**	강탈하다	□ □ □
	57.	**extricate**	구출시키다	□ □ □
★★☆☆☆	45.	**expel**	쫓아내다	□ □ □
	59.	**exuberant**	풍부한	□ □ □
★☆☆☆☆	30.	**evoke**	불러 일으키다	□ □ □
	32.	**exalt**	칭찬하다	□ □ □
	33.	**exasperate**	몹시 화나게 하다	□ □ □
	34.	**excavate**	구멍을 파다	□ □ □
	35.	**excerpt**	발췌(하다)	□ □ □
	36.	**exempt**	면제하다; 면제된	□ □ □
	38.	**exhort**	열심히 타이르다	□ □ □
	39.	**exile**	추방(하다)	□ □ □
	42.	**exotic**	외래의; 이국적인 것	□ □ □
	43.	**expedient**	편리한; 방편	□ □ □
	44.	**expedite**	재촉하다	□ □ □
	46.	**expend**	소비하다	□ □ □
	50.	**expound**	상세히 설명하다	□ □ □
	44.	**expunge**	지우다	□ □ □
	52.	**extemporize**	즉석에서 하다	□ □ □
	55.	**extol**	칭찬하다	□ □ □
	60.	**exult**	의기 양양해 하다	□ □ □
	61.	**scourge**	천벌	□ □ □
☆☆☆☆☆	37.	**exhale**	내뿜다	□ □ □
	58.	**extrude**	밀어내다	□ □ □

MD22 mp3

LECTURE 22

evoke
[ivóuk]
★☆☆☆☆
30

e<ex(out) + vok(call) → '밖으로 불러 내다'에서 유래

vt (기억 · 감정 등을) **불러 일으키다, 자아내다** / call forth; elicit

- **evoke** a dead man's spirit 죽은 이의 영혼을 불러내다

n **evocátion** 불러 일으킴 **a** **evócative** 불러 일으키는, 자아내는

어근관련 provoke [prəvóuk] 자극하다 revoke [rivóuk] 취소하다

---

evolve
[iválv]
★★★☆☆
31

e<ex(out) + volv(roll) → '밖으로 굴러나오다' 에서 유래

v 1 **발전[진화]하다** / develop gradually by a long continuous process; develop
2 (해답 · 계획 등을) **고안하다** / work out; devise

- Some people believe that we **evolved** from the apes.
  어떤 사람들은 우리가 원숭이들로부터 진화했다고 믿는다.
- **evolve** a plan for earning money 돈 벌 계획을 고안해 내다

n **evolútion** 발전, 진화; 고안 **a** **evolútionary** 발달[진화]의

어근관련 involve [inválv] 관련[연루]시키다 revolve [riválv] 회전하다

---

exalt
[igzɔ́:lt]
★☆☆☆☆
32

ex(out) + alt(high) → '높게 하다' 에서 유래

vt 1 (명예 · 직위 따위를) **높이다, 올리다** / make in high; elevate
2 **칭찬하다, 의기 양양케하다** / fill with pride or joy; elate

- He was **exalted** to the position of president. 그는 사장으로 지위가 높아졌다.
- She was **exalted** by success. 그녀는 성공으로 의기 양양해졌다.

n **exaltátion** 높임; 칭찬; 의기 양양
a **exálted** (지위 · 신분이) 높은, 고귀한; 의기 양양한
cf **exúlt** 크게 기뻐하다

어근관련 altar [ɔ́:ltər] (제사 지내는) 제단 altitude [ǽltətju:d] 높이, 고도, 해발

---

exasperate
[igzǽspəreit]
★☆☆☆☆
33

ex(not) + asper(rough) → '기분을 거칠게 만들다' 에서 유래

vt **몹시 화나게 하다** / make extremely angry; enrage

- The little child's constant noise **exasperated** his father.
  그 어린 아이의 끊임없는 소음은 아버지를 몹시 화나게 했다.

a **exasperáting** 화나(게 하)는 **n** **exasperátion** 격분, 격노

어근관련 asperity [əspérəti] (기질 · 말투 · 표면 등의) 거침; 고난 뉘앙스 p.339

---

excavate
[ékskəveit]
★☆☆☆☆
34

ex(out) + cav<cave 동굴 → '흙을 밖으로 파내다' 에서 유래

vt **~에 구멍[굴]을 파다[뚫다]** / make a hole by digging; dig

- **excavate** a large hole before putting in foundations
  기초를 쌓기 전에 큰 구멍을 뚫다

n **excavátion** (구멍 · 굴을) 팜, 굴착

어근관련 cavern [kǽvərn] (특히 큰) 동굴 cavity [kǽvəti] 구멍; 충치 뉘앙스 p.273

동의어 / 반의어

30	**evoke**	= elicit / educe / call forth / draw out	
31	**evolve**	= develop / grow / unfold / expand	↔ recede
32	**exalt**	= elevate / glorify / honor / ennoble / sublime	↔ abase
33	**exasperate**	= provoke / enrage / outrage / infuriate / incense / exacerbate	↔ appease
34	**excavate**	= dig / hollow / bore / punch	◉ 동의어 보강

동의어 보강

구멍 34	필수	burrow (짐승, 도적의) 굴 cave 구멍 cavern 구멍	cavity (신체의) 구멍; 충치 excavation 구멍 hole 구멍	hollow 구멍, 움푹 들어간 곳
	고급	orifice (파이프, 굴뚝 등의) 구멍		
구멍을 뚫다 · 관통하다	필수	dig 파다 impale 찌르다, 뚫다	penetrate 구멍을 뚫다 perforate 구멍을 뚫다	pierce 찌르다, 구멍을 뚫다 transfix 찌르다, 고정시키다
	고급	puncture		
	숙어	bore a tunnel 터널을 뚫다		

뉘앙스

구멍 34	**hole**	**구멍** ≪일반적인 말≫	• dig a **hole** in the ground 땅에 구멍을 파다
	cave	**동굴**	• The bear crawled into the **cave**. 곰이 굴로 기어 들어갔다.
	cávern	(크고 깊은) **동굴** ≪격식을 차리는 말≫	• The tourists hurried out of the **cavern**. 관광객들은 서둘러 동굴에서 빠져 나왔다.
	hóllow	(표면에서 움푹 들어간) **구멍, 우묵한 곳**	• a **hollow** in an old tree trunk 고목 몸통에 생긴 구멍
	excavátion	(땅을 파서 만든 굴) **구멍**	• the **excavation** before the construction 공사전의 굴착공

cf. **cávity** (특히 신체 기관의) **구멍** ≪전문적인 용어≫ **burrow, den** (짐승의) **굴,** (도둑의) **소굴**

Check-up Test

1. In my opinion you'll exasperate your students if you use that textbook.
ⓐ encourage ⓑ disadvantage ⓒ amuse ⓓ frustrate

2. The sight of the old tower always _______ a sense of wonder to him.
ⓐ evoked ⓑ provoked ⓒ invoked ⓓ innovated

3. Biological oceanographers study how organisms live in the sea and how various species evolve and adapt to their environment.
ⓐ rotate ⓑ circle ⓒ develop ⓓ survive

4. EXALT : CONDEMN
ⓐ dwell : live ⓑ indiscreet : imprudent ⓒ prolong : elongate ⓓ abase : elevate

5. The teacher gave the students extra work because she was _______ by all the noise and talking in the classroom.
ⓐ degenerated ⓑ consummated ⓒ exasperated ⓓ expended

정답 **1.** d **2.** a **3.** c **4.** d **5.** c

excerpt
[éksə:rpt]
★☆☆☆☆
35

ex(out) + cerpt(pluck) → '밖으로 뽑아 냄'에서 유래

n **발췌, 인용** / a passage taken out of a book or other source; extract
- **excerpts** from her new book 그녀의 새 책으로부터의 발췌

v [iksə́:rpt] **발췌[인용]하다** / take out from books or other source; quote
- This article is **excerpted** from Lincoln's speeches. 이 기사는 링컨의 연설로부터 발췌된 것이다.

n **excérption** 발췌, 인용

어근관련 scarce [skɛərs] 불충분한, 모자란; 거의 ~않다

---

exempt
[igzémpt]
★☆☆☆☆
36

ex(out) + empt(take) → '밖으로 데리고 가다'에서 유래

vt **(의무 따위를) 면제하다** / make free; release
- be **exempted** from military service 군복무로부터 면제되다

a **면제[면세]된** / freed from a duty or other restriction; released
- be **exempt** from all taxes 모든 세금으로부터 면제되다

n **exémption** 면제

어근관련 exemplify [igzémpləfai] 예증[예시]하다　redeem [ridí:m] 되찾다; 벌충하다

---

exhale
[ekshéil]
☆☆☆☆☆
37

ex(out) + hale(breathe) → '숨을 내쉬다'에서 유래

v 1 **(숨을) 내쉬다** / breathe out
2 **내뿜다, 발산하다** / give off; emit
- Breathe in deeply and then **exhale** slowly. 깊이 들이쉬고 천천히 내쉬세요.
- **exhale** clouds of smoke 자욱한 담배 연기를 내뿜다

n **exhalátion** 내쉬기; 내뿜기, 발산

어근관련 inhale [inhéil] 숨을 들이쉬다

---

exhort
[igzɔ́:rt]
★☆☆☆☆
38

ex(intensive) + hort(urge) → '마구 재촉하다'에서 유래

v **~에게 열심히 타이르다, 권고[재촉]하다** / urge strongly; advise
- The general **exhorted** his men to fight bravely. 그 장군은 병사들에게 용감히 싸우도록 재촉했다.

n **exhortátion** 권유, 훈계　**a** **exhórtative** 타이르는, 훈계하는

어근관련 hortative [hɔ́:rtətiv] 권고[장려]의

뉘앙스 p.275

---

exile
[égzail]
★☆☆☆☆
39

ex(out) + il<sed(sit) → '밖으로 내보내 방랑하게 함'에서 유래

n 1 **추방, 유배(지)** / forced removal from one's native country; banishment
2 **추방된 자, 망명자** / a person who has left or been forced to leave their country; expatriate
- be sent into **exile** 추방되다
- a political **exile** 망명 정치가

vt **추방[유배]하다** / make leave home or country; banish
- **exile** the traitor 반역자를 추방하다

어근관련 sediment [sédəmənt] 침전물, 앙금　assiduous [əsídʒuəs] 근면한

---

exonerate
[igzánəreit]
★★★☆☆
40

ex(out) + oner(burden) → '죄에 대한 괴로움 밖으로 벗어나게 하다'에서 유래

vt **~의 무죄[결백]를 증명하다, 혐의를 풀어 주다** / free from blame; exculpate
- Witnesses to the accident **exonerated** the taxi driver. 그 사고의 목격자들이 택시 기사의 혐의를 풀어 주었다.

뉘앙스 p.25

어근관련 onerous [ánərəs] 짐이 되는

동의어 / 반의어

35	**excerpt**	=	quote / extract / select / cite / cull
36	**exempt**	=	release / discharge / absolve / excuse / let off
37	**exhale**	=	blow / puff / breathe out ↔ inhale
38	**exhort**	=	urge / spur / prompt / goad / prod / hie ↔ impede ⊙ 동의어 보강
39	**exile**	=	banish / expel / expatriate / deport / oust / ostracize / drive out ⊙ 동의어 보강
40	**exonerate**	=	exculpate / pardon / acquit / absolve / amnesty

동의어 보강

재촉하다 · 촉구하다 38

필수	exhort 강력히 권고하다 / press 재촉하다 / spur 고무하다, 자극하다 / hasten 재촉하다 / prick 찌르다, 재촉하다 / urge 촉구하다 / precipitate 재촉하다 / prompt 촉구하다
고급	goad 막대기로 찌르다; 재촉하다 / hie 서두르다, 재촉하다 / prod 막대기로 지르다, 재촉하다
숙어	egg on 부추기다
참고	candlelight vigil 촛불집회

도망치다 39

필수	abscond 도망하다 / bolt 도망하다; 탈당하다 / flee (잽싸게) 도망치다
고급	decamp 야영을 거두다, 도망치다 / elope 남녀가 도망치다
숙어	get[run] away / make off / fly the coop 탈옥하다, 도망치다 / take to flight
참고	망명하다 / defect / exile oneself / seek asylum 도망 중이다 / be on the run / be at large 아직 안 잡혔다

도망자

필수	defector 망명자, 탈당자 / escapee 도망자; 탈옥수 / deserter 탈영병, 탈옥수 / runaway 도망자; 가출소년
고급	fugitive 도망자, 탈주자

뉘앙스

재촉하다 · 권하다 38

urge	(설득 · 간청 따위로 남을) **재촉하다, 촉구하다**	• He **urged** me to accept the offer. 그는 나에게 그 제안을 받아들이라고 촉구하였다.
exhórt	(옳은 일을 하도록 강력하게) **권하다**	• The clergyman **exhorted** them to live honestly. 목사는 그들에게 정직하게 살라고 권했다.
press	(상대가 거절하기 어려울 정도로 끈질기게) **재촉하다**	• They **pressed** us to withdraw our proposal. 그들은 우리들에게 제안을 철회하라고 압력을 가했다.

check-up Test

1. As far as power imbalance of the present regime is concerned, no politician can claim <u>immunity</u>.
ⓐ impurity ⓑ legality ⓒ exemption ⓓ extinction

2. Choose an appropriate <u>excerpt</u>.
ⓐ topic ⓑ title ⓒ selection ⓓ leader

3. The houses are <u>exempt</u> from paying rates.
ⓐ close inspected ⓑ not liable ⓒ to sell ⓓ going to be demolished

4. The antonym of exhort is _______.
ⓐ discourage ⓑ infuriate ⓒ greet ⓓ condemn

5. The confession of one prisoner <u>exonerated</u> the other suspects.
ⓐ infuriated ⓑ denounced ⓒ condemned ⓓ acquitted

정답 **1.** c **2.** c **3.** b **4.** a **5.** d

exorbitant
[igzɔ́ːrbətənt]
★★★☆☆
41

ex(out) +
orbit 궤도 →
'정상적인 궤도를 벗어난'에서 유래

a **터무니없는, 과도한** / exceeding what is proper; excessive
- The hotel charges **exorbitant** prices. 그 호텔은 터무니없는 요금을 부과하고 있다.

n **exórbitance** 과도, 부당

어근관련 orb [ɔːrb] 구, 천체　suborbital [sʌbɔ́ːrbitl] 궤도에 오르지 않은

---

exotic
[igzάtik]
★☆☆☆☆
42

exo(outside) +
tic 형용사형 접미어 →
'바깥의'에서 유래

a **외래의, 이국적인** / from a foreign country; alien
- many **exotic** plants at the flower show 꽃 전시회에서의 많은 외국 식물들

n **이국적인[색다른] 것[사람]** / an exotic person or thing
- many **exotics** on the display stand 진열대 위의 많은 이국적인 상품들

n **exótica** 이국적인 것

어근관련 frantic [frǽntik] 미친 듯한　rustic [rʌ́stik] 시골풍의

---

expedient
[ikspíːdiənt]
★☆☆☆☆
43

ex(out) +
ped(foot) →
'(방해가 되는) **발을 밖으로 빼는**'에서 유래

a **편리한, 편의(주의)의** / helping to bring about a desired result; useful
- She thought it **expedient** not to tell her mother where she had been.
  그녀는 어디에 있었는지 엄마에게 말하지 않는 것이 편하다고 생각했다.

n **수단, 방편** / a way of getting something; resource
- get into the house by simple **expedient** of climbing through a window
  창문을 넘는 간단한 방편으로 집안에 들어가다

n **expédience, -cy** 편의(주의); 방편　**a** **expediéntial** 편의주의의

어근관련 dispatch [dispǽtʃ] 급파하다; 급히 해치우다　impede [impíːd] 방해하다

---

expedite
[ékspədait]
★☆☆☆☆
44

ex(out) +
ped(foot) →
'방해가 되는 발을 빼다'에서 유래

vt **재촉[촉진]하다, 진척시키다** / make easy and quick; quicken
- **expedite** the release for the political prisoners 정치범들의 석방을 촉구하다

n **expedítion** 급속, 신속; 긴 여행, 탐험, 원정　**a** **expedítious** 날쌘, 신속한

어근관련 pedestal [pédəstl] 주춧돌; 기초　pedestrian [pədéstriən] 보행자(의)

---

expel
[ikspél]
★★☆☆☆
45

ex(out) +
pel (drive) →
'밖으로 밀쳐 내다'에서 유래

vt 1 **쫓아내다, 추방[면직]시키다** / put a person out; banish
2 (세차게) **방출[배출]하다** / drive out with much force; eject
- **expel** a traitor from a country 반역자를 국외로 추방하다
- **expel** the air from lungs 폐로부터 공기를 배출하다

a **n** **expéllant, -lent** 내쫓는 힘[구제력]이 있는; 구제약

n **expúlsion** 추방; 배출　**a** **expúlsive** 배제적인

어근관련 dispel [dispél] (걱정 · 근심 등을) 일소하다　impel [impél] 강요하다; 추진하다

---

expend
[ikspénd]
★☆☆☆☆
46

ex(out) +
pend(pay) →
'(가지고 있던 것을) **밖으로 지불하다**'에서 유래

vt (시간 · 노력 따위를) **소비하다, 쓰다** / use up; spend
- **expend** energy on a useless job
  쓸모없는 일에 정력을 쓰다

n **expénditure** 지출, 소비; (공적인) 비용　**n** **expénse** 비용

a **expénsive** 돈이 드는, 값비싼　**a** **n** **expéndable** 소모할 수 있는; <pl.> 소모품

어근관련 depend [dipénd] 의지[의존]하다　impend [impénd] 절박[임박]하다

expire

[ikspáiər]

★★★☆☆

47

ex(out) + pire<spire(breathe) → '숨을 밖으로 (다) 내쉬다'에서 유래

vt 1 (기한이) **끝나다, 만료[만기]되다** / come to an end; terminate
2 **숨을 거두다** / breathe one's last; die

- The trade agreement between the two countries will **expire** next year.
  양국 사이의 무역 협정은 내년에 만료된다.
- **expire** of a heart attack from overwork 과로에 의한 심장 발작으로 숨을 거두다

a **expíratory** 숨을 내쉬는 **n** **expirátion** 만기, 만료(termination); 숨을 내쉼; 사망

어근관련 conspire [kənspáiər] 공모하다 inspire [inspáiər] 고무[격려]하다; 고취하다

동의어 / 반의어

41	**exorbitant**	=	excessive / extravagant / inordinate / immoderate ↔ reasonable
42	**exotic**	=	foreign / alien / extrinsic / external / strange ↔ indigenous
43	**expedient**	=	useful / advantageous / profitable / advisable, facile
44	**expedite**	=	quicken / hurry / hasten / accelerate / speed up ↔ delay
45	**expel**	=	banish / exile / deport / expatriate / drive out ↔ admit ● 동의어 보감
46	**expend**	=	spend / use / consume / employ / lay out
47	**expire**	=	terminate / end / cease / close / finish / come to an end

동의어 보감

추방하다 · 내쫓다 45	필수	banish 추방하다 exile 국외로 추방하다 expel 추방하다, 내쫓다 deport 국외로 추방하다; 처신하다 expatriate 국외로 추방하다 ostracize 국외로 추방하다
	고급	excommunicate 제명하다, 파문하다 / extradite 범인을 본국에 인도하다 / oust 내쫓다
	숙어	cast out / drive out
	참고	repatriate 포로를 본국에 송환하다

Check-up Test

1. The department store has developed rapid order processing to _______ deliveries to customers.
ⓐ expedite ⓑ degrade ⓒ submerge ⓓ fluctuate

2. The recent typhoon caused _______ damage.
ⓐ exorbitant ⓑ exclusive ⓒ intensive ⓓ covert

3. She thought it <u>expedient</u> not to tell her mother where she had been.
ⓐ useful ⓑ cruel ⓒ foolish ⓓ insolent

4. If you go on a health diet, you may be able to burn off <u>expendable</u> calories.
ⓐ expensive ⓑ expanded ⓒ unnecessary ⓓ explosive

5. His term of office as President will <u>expire</u> next year.
ⓐ terminate ⓑ speed up ⓒ experience ⓓ begin

정답 **1.** a **2.** a **3.** a **4.** c **5.** a

explicit
[iksplísit]
★★★☆☆
48

ex(out) + plic(fold) → '접혀 있는 것을 활짝 펼치는'에서 유래

a **명백[분명]한, 숨김없는** / clearly and fully expressed; definite
- I gave him **explicit** instructions. 난 그에게 명백한 지침을 주었다.

어근관련 complicate [kámpləkeit] 복잡하게 하다 explicate [ékspləkeit] 해명하다

exploit
[iksplóit]
★★★☆☆
49

ex(out) + ploi<pli(fold) → '접혀 있던 것을 활짝 펼치게 하다'에서 유래

vt 1 **개발[개척]하다** / use so as to get profit; develop
2 (이기적인 목적으로) **이용[착취]하다** / make unfair use of; impose on
- **exploit** the country's mineral resources 국가의 광물 자원을 개발하다
- The firm **exploits** its workers. 그 회사는 근로자들을 착취했다.

n (큰) **공, 업적** / a brave and successful act; feat
- the **exploits** of Robin Hood against the evil
  악에 대항하는 로빈훗의 업적

n **exploitátion** 이용, 개발; 불법 이용, 착취

어근관련 accomplice [əkɔ́mplis] 공범(자) appliance [əpláiəns] 기구, 장치

expound
[ikspáund]
★☆☆☆☆
50

ex(out) + pound(put) → '(감춰진 의미를 풀어) 밖으로 놓다'에서 유래

v **상세히 설명[해설]하다** / make clear; explain
- **expound** (on) objections to the bill 그 법안에 대한 반대 의견을 상세히 설명하다

n **expónent** 해설자, 설명자; 옹호자

어근관련 expose [ikspóuz] 폭로하다; 진열[전시]하다 impose [impóuz] 부과하다

expunge
[ikspʌ́ndʒ]
★☆☆☆☆
51

ex(out) + pung(prick) → '칼로 찍어서[집어서] 밖으로 빼내다'에서 유래

vt **지우다, 삭제하다** / remove completely; erase
- **expunge** certain remarks from the record 문서로부터 확실한 비평들을 삭제하다

n **expúnction** 삭제, 말소 뉘앙스 p.279

어근관련 compunction [kəmpʌ́ŋkʃən] 회한 punctual [pʌ́ŋktʃuəl] 시간을 엄수하는

extemporize
[ikstémpəraiz]
★☆☆☆☆
52

ex(out) + tempo(time) → '준비한 시간 없이 하다'에서 유래

v **즉석에서[즉흥적으로] 하다** / do something offhand; improvise
- **extemporize** instead of following the score
  악보를 보고 연주하는 것 대신에 즉석에서 하다

a **extemporáneous** 준비없는, 즉흥[즉석]의(impromptu)

ad **a** **extémpore** 즉석에서(의), 준비없이(하는) 뉘앙스 p.293

어근관련 contemporary [kəntémpəreri] 동시대인 temporary [témpəreri] 일시적인

exterminate
[ikstə́:rməneit]
★★★☆☆
53

ex(out) + termin(boundary) → '정해 놓은 경계 밖으로 몰아내다'에서 유래

vt (잡초 · 해충 등을) **근절[박멸]하다** / destroy completely; eradicate
- This poison will **exterminate** roaches.
  이 독약은 바퀴벌레들을 박멸할 것이다.

n **exterminátion** 근절, 박멸 **a** **extérminatory** 근절[박멸]하는

어근관련 determine [ditə́:rmin] 결심[결정]하다 terminate [tə́:rməneit] 끝내[나]다

동의어 / 반의어

48	**explicit**	=	definite / distinct / clear / evident / unequivocal ↔ unclear
49	**exploit**	=	develop / use / utilize / employ / take advantage of
50	**expound**	=	explain / clarify / describe / explicate / illustrate
51	**expunge**	=	erase / delete / efface / obliterate / blot out ○ 동의어 보감
52	**extemporize**	=	improvise / ad-lib / make do with / play by ear
53	**exterminate**	=	eradicate / extirpate / annihilate / blot out / root up

동의어 보감

지우다 51	필수	delete 지우다 / erase 지우다, 잊어버리다 / obliterate 흔적 없이 지우다 / efface 지우다, 지워 없애다 / expunge 지우다; (죄를) 씻다
	고급	bowdlerize 불온한 것을 삭제하다 / expurgate 불온한 것을 삭제하다
	숙어	blot out 완전히 가리다 / cross out 사선을 그어서 지우다 / rub out 문질러서 지우다 / strike out / white out 수정 액으로 지우다

뉘앙스

지우다 51	**eráse**	(문질러) **지우다**	• **erase** the equation from the blackboard 흑판에서 등식을 지우다
	expúnge	(완전히) **지워 없애다**	• **expunge** his name from the list 명단에서 그의 이름을 없애다
	effáce	(표면에서 완전히) **지우다**	• **efface** the scribblings on the wall 벽의 낙서를 지우다
	deléte	(쓴 것이나 인쇄한 것을) **지우다, 삭제하다**	• **delete** a few lines in a poem 시에서 몇 행을 삭제하다
	oblíterate	(모든 얼룩 · 흔적을 완전히) **없애다**	• The nuclear bomb **obliterated** the entire city. 핵 폭탄이 도시 전체를 말살했다.

Check-up Test

1. During the 1990s boom days, a number of younger American women capitalized on the European desire to adopt Yankee business culture.
ⓐ emphasized ⓑ resisted ⓒ exploited ⓓ upheld

2. The instructions he had left regarding his burial were very explicit.
ⓐ clear ⓑ ambiguous ⓒ unexpected ⓓ surprising

3. If you behave well from now on, I will expunge this notation from your record card.
ⓐ extract ⓑ obliterate ⓒ expurgate ⓓ enter

4. The president delivered an excellent extemporaneous speech.
ⓐ impromptu ⓑ political ⓒ patriotic ⓓ eloquent

5. They hoped to exterminate the insects.
ⓐ destroy ⓑ drive away ⓒ prevent ⓓ preserve

정답 **1.** c **2.** a **3.** b **4.** a **5.** a

extinct
[ikstíŋkt]
★★★☆☆
54

ex(out) + tinct<stinct(quench) → '완전히 불이 꺼진'에서 유래

a 1 (불이) **꺼진, 활동[생명]이 없는** / no longer active; extinguished
2 **전멸[멸종]한** / no longer existing; dead
- an **extinct** volcano 활동을 그친 화산
- The dinosaur is an **extinct** animal. 공룡은 멸종한 동물이다.

n **extínction** 전멸; 소등 **a** **extínctive** 소멸시키는

어근관련 distinct [distíŋkt] 각각의; 명백한 instinct [ínstiŋkt] 본능, 육감 뉘앙스 p.299

extol
[ikstóul]
★☆☆☆☆
55

ex(up) + tol(raise) → '위로 올려주다'에서 유래

vt **칭찬[칭송]하다** / praise very highly; commend
- **extol** the merits of a new car 새 차의 장점을 칭찬하다

어근관련 tolerable [tálərəbl] 참을 수 있는 intolerable [intálərəbl] 참을 수 없는

extort
[ikstɔ́:rt]
★★★☆☆
56

ex(out) + tort(twist) → '비틀어 밖으로 빼내다'에서 유래

vt (돈 따위를) **강제로 빼앗다, 강탈하다** / obtain by force or threats; seize
- **extort** money with menaces 온갖 협박으로 돈을 빼앗다

어근관련 contort [kəntɔ́:rt] 왜곡하다 tornado [tɔ:rnéidou] 토네이도, 대폭풍우

extricate
[ékstrəkeit]
★★★☆☆
57

ex(out) + tric(perplexities) → '난처한 상황에서 밖으로 빼내다'에서 유래

vt (위험 · 곤경에서) **구출[탈출]시키다** / set free; release
- **extricate** oneself from the difficult situation 곤란한 상황에서 탈출하다

어근관련 intricate [íntrikət] 뒤얽힌, 복잡한 intrigue [intrí:g] 흥미를 끌다; 계략을 꾸미다

extrude
[ikstrú:d]
☆☆☆☆☆
58

ex(out) + trud(thrust) → '밖으로 밀치다'에서 유래

vt **밀어 내다, 내밀다** / thrust out; push
- **extrude** toothpaste from the tube 튜브에서 치약을 밀어 내다

n **extrúsion** 밀어 냄 **a** **extrúsive** 밀어 내는

어근관련 intrude [intrú:d] 밀어넣다; 간섭하다 obtrude [əbtrú:d] 강요[강제]하다

exuberant
[igzú:bərənt]
★★☆☆☆
59

ex(thoroughly) + uber(fertile) → '대단히 비옥한'에서 유래

a 1 **풍부한, 넘치는** / very abundant; lavish
2 (식물이) **무성[울창]한** / profuse in growth; luxuriant
- receive an **exuberant** welcome 넘치는 환영을 받다
- the **exuberant** vegetation of the jungle 정글의 무성한 식물

vi **exúberate** 넘치다, 무성하다

exult
[igzʌ́lt]
★☆☆☆☆
60

ex(forth) + ul<sal(leap) → '(너무 기뻐서) 팔짝팔짝 뛰다'에서 유래

vi **크게 기뻐하다, 의기 양양해하다** / be very glad; rejoice
- The winners **exulted** in their victory. 그 승자들은 승리한 것을 크게 기뻐했다.

a **exúltant** 크게 기뻐하는, 승리를 뽐내는 **n** **exultátion** 몹시 기뻐함, 환희 **cf** **exált** 높이다

어근관련 sultry [sʌ́ltri] 무더운 desultory [désəltɔ:ri] 산만한

scourge
[skə:rdʒ]
★☆☆☆☆
61

s<ex(away) + courg<corrig(whip) → '벌하기 위한 채찍'에서 유래

n 1 (벌할 때 쓰는) **회초리, 매** / a whip used formerly for punishment; lash
2 **천벌, 재앙(의 원인)** / a cause of great harm of suffering; calamity
- use a **scourge** to punish a child 아이를 벌하기 위해 회초리를 사용하다
- the **scourge** of war 재앙의 원인이 되는 전쟁

vt (호되게) **벌주다, 고통을 주다**/ punish or trouble very much; afflict
- a country **scourged** by war and disease 전쟁과 질병으로 고통받은 나라

동의어 ↔ 반의어

54	**extinct**	=	dead / lifeless / extinguished / deceased / defunct ↔ extant
55	**extol**	=	commend / glorify / laud / rave / tout / trumpet ↔ blame ● 동의어 보감
56	**extort**	=	seize / wring / squeeze / extract / force
57	**extricate**	=	disentangle / untangle / unravel / emancipate / disengage ↔ entangle
58	**extrude**	=	push / thrust / expel / eject / throw out
59	**exuberant**	=	lavish / abundant / plentiful / copious / affluent ↔ scanty
60	**exult**	=	rejoice / delight / triumph / jubilate / show off ↔ grieve
61	**scourge**	=	plague / curse / pestilence

동의어 보감

칭찬하다 · 칭송하다 55	필수	acclaim 환호하다 / applaud 갈채하다, 칭찬하다 / cheer 응원하다, 환호하다 / commend 칭찬하다 / compliment 칭찬하다 / eulogize 칭송하다 / exalt 칭찬하다, 높이다 / extol 격찬하다 / glorify 찬미하다 / hail 환영하다, 환호하다 / laud 칭찬하다 / panegyrize 칭송하다 / praise 칭찬하다 / trumpet 포고하다; 칭찬하다
	고급	rave 헛소리하다; 격찬하다 / tout 손님을 끌다; 몹시 칭찬하다
	숙어	pay tribute to 찬사를 드리다 / speak highly of
	반의어	꾸짖다, 질책하다 / chide / rate / rebuke / reprimand / reproach / reprobate / reprove
칭찬	필수	accolade 영예, 표창 / applause 갈채, 칭찬 / compliment 칭찬, 찬사 / eulogy 칭송 / praise 칭찬, 찬사 / tribute 찬사; 공물
	고급	encomium / panegyric 격찬, 찬사 / plaudit 갈채, 칭찬
	숙어	high terms / pat on the back
	참고	standing ovation 기립박수
	반의어	적의, 적대감 / animosity / animus / antagonism / enmity / grudge / hatred / hostility

Check-up Test

1. Her <u>exuberant</u> attitude toward her studies tends to disappear.
ⓐ serious ⓑ reluctant ⓒ admirable ⓓ enthusiastic

2. As a man encroaches on their nesting and wintering grounds, the number of birds continues to dwindle and so officials of the country fear that the species may become ______.
ⓐ extinct ⓑ distinguished ⓒ single ⓓ existing

3. The astronauts were <u>extolled</u> as the pioneers of Space Age.
ⓐ banished ⓑ extirpated ⓒ detailed ⓓ celebrated

4. We would make a mistake, however, to see in the <u>exuberant</u> celebration of Vietnamese <u>manumission</u> as only an aimless pursuit of the moment.
ⓐ overflowing - emancipation ⓑ external - work with hands
ⓒ heraldic - independence ⓓ cantankerous - transmission

5. He told me such a lie with a view to making me <u>exult</u>.
ⓐ rejoice ⓑ ameliorate ⓒ appreciate ⓓ evolve

정답 **1.** d **2.** a **3.** d **4.** a **5.** a

421 **limp**
[limp]
★☆☆☆☆

limp<lomb (slack 늘어진) → '힘 없이 늘어진' 에서 유래

a **흐느적거리는, 무기력한, 맥 빠진** / lacking strength or energy; lifeless; drooping
- feel **limp** and exhausted 축 늘어지고 기진맥진한 기분이다

---

422 **limpid**
[límpid]
★☆☆☆☆

limp (water 물) → '물처럼 맑은' 에서 유래

a **(물 · 공기 · 마음 등이) 맑은** / clear; transparent
- a **limpid** stream 맑은 시내

n **limpídity** 투명; 명쾌

---

423 **lineage**
[líniidʒ]
★★☆☆☆

line 계통 → '사람이 같은 계통으로 맺어진 혈통' 에서 유래

n **혈통, 계통** / the series of families that sb comes from originally; ancestry
- trace back one's **lineage** 자신의 혈통을 되짚어 보다

---

424 **liquidate**
[líkwideit]
★☆☆☆☆

liqui (melt 녹다) → '녹아 없어지듯 부채를 청산하다' 에서 유래

v **(부채 등을) 청산하다** / pay off; clear up ; **숙청하다** / kill
- **liquidate** all debts in a short period of time
  짧은 기간 내에 모든 빚을 청산하다

n **liquidátion** 청산, 정리; 타파, 숙청

---

425 **lithe**
[laið]
★☆☆☆☆

lith<lent (flexible 유연한)

a **유연한** / moving easily and gracefully; flexible; supple
- the dancer's **lithe** body 무용수의 유연한 몸

---

426 **litigation**
[litəgéiʃən]
★☆☆☆☆

litig (dispute 논쟁하다) → '논쟁이 커져 소송에까지 이르게 됨' 에서 유래

n **소송** / the process of taking claims to a law court; lawsuit
- bring a **litigation** for damages 손해 배상 청구 소송을 하다

---

427 **livid**
[lívid]
★☆☆☆☆

livere (bluish 푸르스름한) → '얼굴빛이 파랗게 질릴 정도로 화난' 에서 유래

a **격노한** / extremely angry; furious ; **검푸른** / dark blue
- turn **livid** with fury 격노하여 납빛이 되다

---

428 **loathe**
[louð]
★★☆☆☆

loath (hateful 싫어하는)

vt **몹시 싫어하다** / hate something very much; abhor
- **loathe** snakes 뱀을 아주 싫어하다

a **loath** ~하기를 꺼리는 a **lóathful** 싫은 a **lóathsome** 혐오스러운

---

429 **loiter**
[lɔ́itər]
☆☆☆☆☆

loit (dawdle 빈둥거리다) → '빈둥대며 어슬렁거리다'에서 유래

v **어슬렁거리다** / go slowly and stop frequently; dawdle
- **loiter** around till late at night
  밤늦게까지 어슬렁거리며 다니다

---

430 **longevity**
[landʒévəti]
★★☆☆☆

long 긴 + ev(age 나이) → '오랫동안 나이를 먹는 장수' 에서 유래

n **장수** / long life ; **수명** / length or duration of life
- Good eating habits promote **longevity**. 좋은 식습관은 장수하게 한다.

---

431 **loom**
[lu:m]
★★☆☆☆

loom (move slowly 느리게 움직이다) → '느리게 움직여 나타나다' 에서 유래

v **어렴풋이 나타나다** / appear dimly; emerge
- War **loomed** ahead. 전쟁의 위협이 다가왔다.

---

432 **loophole**
[lú:phoul]
★☆☆☆☆

loophole<loupe (opening in a wall 벽의 구멍) → '벽으로 막힌 곳에서 빠져나갈 수 있는 구멍' 에서 유래

n **빠져나갈 구멍, (법률의) 허점** / a means of escape
- plug a tax **loophole**
  세금을 피할 법의 허점을 막다

433 **loquacious** [loukwéiʃəs] ★★★★☆
log (speak 말하다) → '말하는 것을 즐겨하는' 에서 유래
a **수다스러운** / liking to talk a lot; talkative
- She is **loquacious** and speaks for hours. 그녀는 수다스러워서 수시간 동안 이야기한다.

434 **lubricant** [lú:brikənt] ★☆☆☆☆
lubr (slippery 미끄러운) → '미끄럽게 하는 (것)' 에서 유래
n **윤활유, 윤활제** / oil; grease a **미끄럽게 하는** / making slippery; oily
- be coated with **lubricant** 윤활유로 덮여있다

v **lúbricate** 기름을 치다, 윤활제 구실을 하다 n **lubricátion** 윤활, 미끄럽게 함
a **lúbricous** 미끄러운

435 **lucid** [lú:sid] ★★☆☆☆
luc (light 빛) → '빛이 나서 분명하고 명쾌한' 에서 유래
a **투명한** / clear; pellucid; **명쾌한** / easy to understand; plain
- A good explanation is **lucid**. 좋은 설명은 명쾌하다.

436 **lucrative** [lú:krətiv] ★★★★★
lucra (gain 얻다) → '얻는 것이 많은' 에서 유래
a **수지 맞는** / earning a lot of money; profitable
- a **lucrative** business 수지 맞는 사업

n **lúcre** 돈, 이득

437 **ludicrous** [lú:dəkrəs] ★★☆☆☆
lud (laugh 웃다) → '웃음을 자아내는' 에서 유래
a **웃기는, 우스꽝스러운** / absurd but amusing; ridiculous
- the **ludicrous** acts of a clown 광대의 우스운 행동

438 **lugubrious** [lugjú:briəs] ★☆☆☆☆
lugubrious<lugubris (mournful 애절한) → '애처로운' 에서 유래
a **침울한, 애처로운** / excessively mournful; melancholy
- wear a **lugubrious** expression 애처로운 표정을 짓다

439 **lukewarm** [lú:kwɔ:rm] ★★★★☆
luke (tepid 미지근한)
a **미지근한** / slightly warm; tepid;
미온적인, 무관심한 / half-hearted; unconcerned
- a **lukewarm** response 미온적인 반응

440 **luminous** [lú:mənəs] ★★★★☆
lumin (light 빛)
a **빛나는** / shiny in the dark; bright
- a **luminous** body 발광체

Check-up Test

1. When a late spring frost touches a wooded area, it can leave a fearful mark. Tender leaves, just budding, turn black and become <u>limp</u>.
ⓐ lanky ⓑ stiff and firm ⓒ burnt ⓓ lifeless and drooping

2. Native Americans refer to Americans of Indian <u>descent</u>.
ⓐ character ⓑ temperament ⓒ alliance ⓓ lineage

3. Mom was <u>livid</u> when she found out we used her dress to clean up the Coke we spilled on the floor.
ⓐ anguished ⓑ appalled ⓒ furious ⓓ disappointed

4. For Koreans, losing face is a very serious matter, so negotiations involve a great deal of high-context behavior, including an <u>abhorrence</u> of saying no directly.
ⓐ compliance ⓑ loathing ⓒ prohibition ⓓ formality

5. The climbers were astonished to see the peak of the mountain <u>loom</u> before them.
ⓐ shake ⓑ collapse ⓒ explode ⓓ emerge

정답 **1.** d **2.** d **3.** c **4.** b **5.** d

c~f

- **cling to** / ~에 달라붙다, 고수하다 hold fast to, cleave to
  - She **clung to** the edge to save herself.
    그녀는 죽지 않기 위해 가장자리에 매달렸다.

- **compensate for** / 보상하다 make up for
  - Nothing can **compensate for** the loss of my friend.
    내 친구를 잃은 것은 무엇으로도 보상받을 수 없다.

- **comply with** / ~에 따르다, 순응하다 conform to, obey
  - It is important that everyone **complies with** the law.
    모든 사람이 법을 준수하는 것은 중요하다.

- **concentrate on** / ~에 집중하다 focus on, zero in on
  - I cannot **concentrate on** my work because of the noise.
    소음 때문에 내 일에 집중할 수가 없다.

- **confer with** / ~와 협의하다 consult with
  - We should continue to **confer with** the local health authority.
    우리는 지역 보건 당국과 계속적으로 협의해야 한다.

- **coincide with** / ~와 동시에 일어나다 synchronize with
  - His birthday party was arranged to **coincide with** our trip.
    그의 생일파티는 우리의 여행과 겹치게 정해졌다.

- **contribute to**
  / ~에 공헌하다, 기여하다 minister to; 기부하다, 기고하다
  - The old man **contribute** all his property **to** a local charity.
    그 노인은 자신의 전재산을 한 지역 자선 단체에 기부했다.

- **cope with** / 대처하다 deal with, treat
  - They are not prepared to **cope with** a large influx of additional complaints.
    그들은 수많은 다른 불만 사항들을 대처할 수 있는 준비가 되어 있지 않다.

- **cross one's mind** / 생각이 떠오르다 strike, occur to
  - The possibility had not **crossed my mind**.
    그 가능성은 나에게 떠오르지 않았다.

- **delve into** / 탐구하다, 깊이 파고들다 explore
  - The further they **delve into** the case the more murky it becomes.
    그들이 그 사건에 더 파고들수록 그 사건은 더 모호해질 것이다.

- **depend on** / 의지하다 rely on; fall back on; rest on; resort to; turn to
  - The answer will **depend on** the circumstances and specifics at the time. 대답은 그 당시의 상황과 구체적인 것들에 의존할 것이다.

- **deprive A of B** / A로부터 B를 빼앗다
  - Advances in technology **deprive** young people **of** their future.
    기술의 발전은 젊은이들의 미래를 빼앗는다.

- **dispense with** / ~없이 지내다 do without, go without
  - I think you can **dispense with** the formalities.
    나는 당신이 딱딱한 형식은 생략해도 된다고 생각한다.

- **dispose of** / 처분하다, 제거하다 sell, get rid of
  - The government should make a plan how to **dispose of** radioactive waste. 정부는 방사물 폐기물을 어떻게 처리할 것인지 계획을 세워야 한다.

- **drive ~ crazy** / ~을 미치게 하다, 화나게 하다
  - I don't want someone who will **drive** me **crazy**.
    나는 나를 화나게 할 사람은 원하지 않는다.

- **dwell on** / ~을 곰곰이 생각하다 ponder on; think over; brood over; contemplate, mull over
  - I try not to **dwell on** the bad things.
    나는 나쁜 일들에 신경쓰지 않도록 노력한다.

- **enter into** / 시작하다 begin, embark upon
  - We are prepared to **enter into** peace talks to resolve the dispute.
    우리는 그 논쟁을 해결하기위해 평화 회담을 시작할 준비가 되어있다.

- **feed on** / ~를 먹고 살아가다 eat on; live on
  - The adult beetles **feed on** materials rich in sugar, especially tree sap and fruit.
    다 자란 딱정벌레는 특히 나무 수액과 과일같이 당분이 많은 물질을 먹으며 살아간다.

- **figure out** / 이해하다 understand
  - I cannot **figure out** what he is saying.
    나는 그가 무슨 말을 하는지 알수가 없다.

- **file a lawsuit** / 소송을 제기하다 sue
  - The two of the directors **filed a lawsuit** against their former employer. 그 두 관리자는 자신들의 예전 고용주를 상대로 소송을 제기했다.

- **find fault with**
  / ~을 비난하다 criticize; ~의 흠을 잡다 carp, run down
  - It is impossible, without more information, to **find fault with** them.
    더 많은 정보 없이 그들의 흠을 잡는 것은 불가능하다.

- **clear one's throat**
  / 말을 시작하기 전에 헛기침을 하다 give a dry cough, harrumph
- **cool one's heels** / 오랫동안 기다리다 wait long
- **crack down on** / 단속하다 enforce law; clamp down
- **dine out** / 외식하다 eat out
- **dote on** / 애지중지하다 have too much fondness for
- **earn one's salt** / 밥값을 하다 be worth one's salary
- **fade away** / (서서히) 사라지다, 감소하다 die away
- **fend for** / ~을 보살피다 look after, take care of
- **ferret out** / 흰 족제비로 사냥하다, 범인 따위를 찾아내다

in- (부정)

우선순위 로 보는 PREview

Date :

★★★★★	13.	**impartial**	공평한	□ □ □
★★★☆☆	03.	**ignominious**	수치스러운	□ □ □
	06.	**illicit**	불법의	□ □ □
	07.	**illiterate**	무식한; 문맹자	□ □ □
	11.	**immortal**	죽지 않는; 불후의	□ □ □
	12.	**immune**	면제된	□ □ □
	16.	**imperceptible**	알아차릴 수 없는	□ □ □
	19.	**impotent**	무력한; 무력자	□ □ □
	21.	**impregnable**	난공불락의	□ □ □
	24.	**improvise**	즉석으로 만들다	□ □ □
	26.	**impudent**	뻔뻔스러운	□ □ □
★★☆☆☆	09.	**immature**	미숙한	□ □ □
	17.	**impertinent**	건방진; 부적절한	□ □ □
★☆☆☆☆	01.	**enmity**	증오	□ □ □
	02.	**ignoble**	비열한; 비천한	□ □ □
	04.	**illegible**	읽기 어려운	□ □ □
	05.	**illegitimate**	불법의; 서출의	□ □ □
	08.	**immaculate**	깨끗한	□ □ □
	14.	**impassive**	무감각한	□ □ □
	15.	**impecunious**	가난한	□ □ □
	18.	**impious**	불경스런	□ □ □
	20.	**impracticable**	실행 불가능한	□ □ □
	22.	**improbable**	일어날 것 같지 않은	□ □ □
	23.	**improper**	부적당한	□ □ □
	25.	**imprudent**	경솔한	□ □ □
☆☆☆☆☆	10.	**immemorial**	태고의	□ □ □

MD23 mp3

LECTURE 23

in- (부정)

▶ **부정** Latin 계통의 접두어로서 '**부정**(not)의 의미를 지닌다.

의미 연구

부정(not)

> **incompléte** : in(not) + complete 완전한
→ 완전하지 않은
→ 불완전한
/ illícit 불법의 / immatúre 미숙한
/ irrátional 비이성적인

형태 변화

① ▶ 자음 l,r 앞에서 → 각각 il-, ir-
/ illégible 읽기 어려운 / irrévocable 돌이킬 수 없는

② ▶ 자음 b,m,p 앞에서 → 각각 im-
/ imbálance 불균형 / immóral 부도덕한 / impártial 공평한

예외적 형태 / énmity 적의 / ignóble 비천한

---

enmity
[énməti]
★☆☆☆☆
01

en<in(not) + m<am(love) → '사랑하지 않음'에서 유래

n **증오, 적의** / the feeling that enemies have for each other; hostility
- have[harbor] **enmity** against enemy 적에 대하여 적의를 품다

어근관련 amiable [éimiəbl] 호감을 주는, 친절한 inimical [inímikəl] 적의 있는

---

ignoble
[ignóubl]
★☆☆☆☆
02

ig<in(not) + noble 귀족의 → '귀족이 아닌'에서 유래

a 1 (성품이) **비열한** / without honor; base
2 (태생 · 신분이) **비천한** / not of noble birth or position; humble
- To betray a friend is **ignoble**. 친구를 배반하는 것은 비열하다.
- come from **ignoble** families 비천한 가문에서 태어나다

어근관련 ignorant [ígnərənt] 무식한 cognizant [kágnəzənt] 인식하고 있는

---

ignominious
[ignəmíniəs]
★★★☆☆
03

ig<in(not) + nomin(name) → '자신의 이름에 전혀 득이 되지 않는'에서 유래

a **수치스러운, 치욕적인** / shameful; disgraceful; disreputable
- an **ignominious** defeat 치욕적인 패배

n **ígnominy** 불명예, 치욕(disgrace)

어근관련 anonym [ǽnənim] 가명; 익명 nominal [námənl] 명목상의

---

illegible
[ilédʒəbl]
★☆☆☆☆
04

il<in(not) + legible 읽기 쉬운 → '읽기 어려운'에서 유래

a **읽기[판독하기] 어려운** / very hard or impossible to read; indecipherable
- His handwriting is almost **illegible**. 그의 글씨는 거의 읽기 힘들다.

n **illegibílity** 읽기 어려움 cf **éligible** 적임의

어근관련 legend [lédʒənd] 전설, 신화 lecture [léktʃər] 강의[강연](하다)

---

illegitimate
[ilidʒítəmət]
★☆☆☆☆
05

il<in(not) + legitimate 합법의 → '법에 어긋나는'에서 유래

a 1 **불법의** / not according to the law or the rules; unlawful
2 **서출[사생]의** / born to parents who are not married; bastard
- strictly prohibit an **illegitimate** behavior 불법행위를 엄격히 막다
- secretly have an **illegitimate** child 은밀히 사생아를 두다

vt [- meit] **불법화하다** / declare or pronounce illegitimate
- **illegitimate** a peddling in the subway 지하철 내에 행상을 불법화하다

n **사생아** / an illegitimate person; bastard
- discriminate against **illegitimate** 사생아를 차별대우하다

n **illegítimacy** 불법; 사생 n **illegitimátion** 불법화함

어근관련 legislate [lédʒisleit] 제정하다 privilege [prívəlidʒ] 특권, 특전

illicit

[ilísit]

★★★☆☆

06

il<in(not) +
licit 합법의 →
'법에 어긋나는'에서 유래

a **불법[위법]의** / not permitted by law; forbidden

- become rich with an **illicit** income 불법 소득으로 부자가 되다

n **illícitness** 불법, 위법　　**cf** **elícit** 끌어내다

어근관련 leisure [líːʒər] 여가　　license [láisəns] 면허(증); 방종; ~에게 면허를 주다

---

illiterate

[ilítərət]

★★★☆☆

07

il<in(not) +
literate 읽고 쓸 수 있는 →
'읽고 쓸 수 없는'에서 유래

a **무식한, 문맹의** / not knowing how to read and write; ignorant

- People who have never gone to school are usually **illiterate**.
  학교에 다니지 않았던 사람들은 대개 문맹이다.

n **무식자, 문맹자** / a person who does not know how to read and write

- a boorish **illiterate** 촌스러운 무식자

n **illíteracy** 무식, 문맹; 틀리게 씀[말함]

어근관련 obliterate [əblítəreit] 지우다, 말살하다　　literal [lítərəl] 문자 그대로의

동의어 ↔ 반의어

01	**enmity**	=	animosity / antagonism / antipathy / rancor / grudge / spite ↔ amity
02	**ignoble**	=	base / mean / abject / sordid / dishonorable ↔ noble
03	**ignominious**	=	disreputable / discreditable / dishonorable / shameful ↔ creditable
04	**illegible**	=	indecipherable / unreadable ↔ legible
05	**illegitimate**	=	unlawful / illegal / illicit / wrongful / unchartered ↔ legitimate
06	**illicit**	=	forbidden / illegal / illegitimate / unlawful / unlicensed ↔ licit ◉ 동의어 보감
07	**illiterate**	=	ignorant / rude / unlearned / uneducated / unlettered ↔ literate

동의어 보감

불법의

05

필수	illegal 불법의 / illicit 불법의 / unlawful 불법의 / illegitimate 불법의 / unauthorized 권한이 없는 / unlicensed 허가받지 않은	
고급	unchartered 특허를 받지 못한; 불법의 / unconstitutional 위헌의	
숙어	against the law	
반의어	합법적인 / legal / legitimate / licit / lawful / law-abiding	

Check-up Test

1. The recollection of their ignoble defeat was still fresh in his mind.
   ⓐ disgraceful　ⓑ deceitful　ⓒ threatening　ⓓ astonishing

2. The lover of democracy has an enmity to totalitarianism.
   ⓐ repugnance　ⓑ empathy　ⓒ sympathy　ⓓ antipodes

3. The ink faded with time and so parts of the letter were ______.
   ⓐ illegible　ⓑ illiterate　ⓒ illegitimate　ⓓ inscrutable

4. Customs officials at the Mexican border try to prevent illicit traffic in drugs.
   ⓐ unlawful　ⓑ diminishing　ⓒ off-hand　ⓓ increasing

5. In many censuses, the interviewer asks if each interviewee can read and write in order to find out what proportion of the population is ______.
   ⓐ employed　ⓑ in school　ⓒ illiterate　ⓓ aged

정답 **1.** a　**2.** a　**3.** a　**4.** a　**5.** c

immaculate
[imǽkjulət]
★☆☆☆☆
08

im<in(not) + maculate 흠 있는 → '흠 없는'에서 유래

a 1 (흠 하나 없이) **깨끗한, 순결한** / without a spot or stain; pure
2 **틀림[오점]없는** / free from fault or errors
- wear **immaculate** gym shoes 깨끗한 운동화를 신다
- complete an **immaculate** manuscript 틀림없는 원고를 완성하다

n **immáculacy** 깨끗함, 순결; 틀림없음

어근관련 macula [mǽkjulə] 흠, 오점 maculate [mǽkjuleit] 얼룩지게 하다

immature
[imətʃúər]
★★☆☆☆
09

im<in(not) + mature 성숙한 → '성숙하지 못한'에서 유래

a **미숙한, 미성년의** / not mature; undeveloped
- **Immature** apples are usually green. 익지 않은 사과는 대개 녹색이다.

n **immatúrity** 미숙(상태), 미완

어근관련 mature [mətjúər] 성숙한; 신중한 premature [pri:mətʃúər] 시기상조의

immemorial
[imәmɔ́:riəl]
☆☆☆☆☆
10

im<in(not) + memorial 기억에 남는 → '기억에 남지 않는'에서 유래

a **태고의, 먼 옛날의** / going back to ancient times; antique
- from **immemorial** times to now 먼 옛날부터 지금까지

어근관련 memorize [méməraiz] 암기하다 memorialize [məmɔ́:riəlaiz] ~을 기념하다

immortal
[imɔ́:rtl]
★★★☆☆
11

im<in(not) + mortal 죽음의 → '언제까지라도 죽지 않는'에서 유래

a **죽지 않는, 불후[멸]의** / living forever; everlasting
- write an **immortal** literary work 불후의 문학 작품을 쓰다

n **불후의 명성을 가진 사람** / a person remembered forever
- Shakespeare is one of **immortals**. 셰익스피어는 불후의 명성을 가진 사람들 중 한 명이다.

n **immortálity** 불사, 불후

어근관련 mortgage [mɔ́:rgidʒ] 저당(잡히다) mortify [mɔ́:rtəfai] 수치스럽게 하다

immune
[imjú:n]
★★★☆☆
12

im<in(not) + mun(duty) → '의무로 지워지지 않는'에서 유래

a (병 · 비난 · 세금 따위에서) **면제[면역]된** / protected from disease, criticism, or tax; exempt
- make a person **immune** to an epidemic 사람을 전염병에 면역되도록 만들어 주다

n **면역[면제]자** / an immune person; exempt
- an **immune** from taxes 세금으로부터 면제받은 자

n **immúnity** 면제, 면역(성) **cf** **impúnity** (처벌의) 면제

어근관련 municipal [mju:nísəpəl] (도)시의 municipality [mju:nisəpǽləti] 자치제

impartial
[impá:rʃəl]
★★★★★
13

im<in(not) + part 일부분 → '일부분에 치우치지 않는'에서 유래

a **공평한, 편견없는** / not giving special favor to any one side; fair
- A judge should be **impartial**. 판사는 공정해야 한다.

n **impartíality** 공평, 공명정대

어근관련 impart [impá:rt] 나누어 주다 departure [dipá:rtʃər] 출발

impassive
[impǽsiv]
★☆☆☆☆
14

im<in(not) + pass<pat(feel) → '감정을 느끼지 못하는'에서 유래

a **감정이 없는, 무감각한** / without feeling or emotion; apathetic
- endure pain with **impassive** face 무감각한 얼굴로 고통을 참다

n **impassívity** 무감각 **cf** **impássable** 지나갈 수 없는 뉘앙스 p.87

어근관련 compassionate [kəmpǽʃənət] 동정적인 dispassionate [dispǽʃənət] 냉정한

동의어 ↔ 반의어

08	**immaculate**	=	pure / clean / spotless / taintless / unblemished ↔ maculate
09	**immature**	=	undeveloped / callow / infantile / unfledged / unripe ↔ mature ⦿ 동의어 보강
10	**immemorial**	=	ancient / old / antique / primeval / primitive
11	**immortal**	=	everlasting / undying / eternal / endless / imperishable ↔ mortal ⦿ 동의어 보강
12	**immune**	=	exempt / free / released / discharged / absolved ↔ susceptible
13	**impartial**	=	fair / just / equitable / unbiased / disinterested ↔ partial
14	**impassive**	=	apathetic / phlegmatic / stolid / stoic ↔ responsive

동의어 보강

미숙한 · 무경험의 09	필수	callow 미숙한, 무경험의 / immature 미숙한 / raw 미숙한 / green 초보의, 미숙한 / inexperienced 무경험의
	고급	fledgling 어린 새; 풋내기의, 미숙한 / unfledged 아직 깃털이 다 나지 않은; 미숙한
	숙어	wet behind the ears 머리에 피도 안 마른
	반의어	full-fledged 깃털이 다 자란; 완전히 성숙한
초보 · 신참자	필수	apprentice 도제, 견습공 / immature 초보 / recruit 신병 / beginner 초보 / neophyte 신개종자, 신참자 / rookie 초보, 신인 선수 / fledgling 어린 새; 풋내기 / novice 초보
	고급	cadet 사관생도 / greenhorn 풋내기 / laity 평신도; 초심자 / layman 평신도; 초심자 / tyro 초보자; 초심자
	숙어	a green hand (참고: probationer 수습사원)
영원한 11	필수	abiding 영구적인 / everlasting 영원한, 끊임없는 / permanent 영원한 / ceaseless 끊임없는 / immortal 불멸의 / perpetual 영원한 / endless 끝없는, 영원한 / incessant 끊임없는 / unceasing 끊임없는 / eternal 영원한 / perennial 다년생의, 영원한
	고급	indelible 지워지지 않는 / interminable 끝없는, 지루하게 긴
	숙어	around the clock 24시간 내내, 계속 / day and night 밤낮, 매일 / day in (and) day out 밤낮, 매일

check-up Test

1. The cadets were <u>immaculate</u> as they lined up for inspection.
ⓐ inviolable ⓑ spotless ⓒ impassioned ⓓ motionless

2. Although her younger brother is physically and socially <u>immature</u>, mentally he's an adult.
ⓐ imperious ⓑ bothered ⓒ undeveloped ⓓ strange

3. The Alps have towered majestically over Europe since time <u>immemorial</u>.
ⓐ primeval ⓑ impartial ⓒ vulgar ⓓ stoical

4. Youth cannot accept death as inevitable. His mother is Nature, and he believes himself to be, like her, ______.
ⓐ mortal ⓑ immortal ⓒ seasonal ⓓ transient

5. The fabric of modern society is not <u>immune</u> from decay.
ⓐ vexed ⓑ rude ⓒ alive ⓓ safe

정답 **1.** b **2.** c **3.** a **4.** b **5.** d

15
impecunious
[impikjú:niəs]
★☆☆☆☆

im<in(not) + pecuni(money) → '돈을 갖고 있지 않은'에서 유래

a **돈이 없는, 가난한** / having little or no money; needy
- an **impecunious** man from gambling 도박으로 인해 돈이 없는 남자

n **impecuniósity** 무일푼, 가난

어근관련 peculate [pékjəleit] (공금을) 횡령하다 pecuniary [pikjú:nieri] 금전의 뉘앙스 p.291

16
imperceptible
[impərséptəbl]
★★★☆☆

im<in(not) + perceptible 알 수 있는 → '알 수 없는'에서 유래

a **알아차릴 수 없는, 극히 적은** / that cannot be perceived or felt; impalpable
- **imperceptible** differences between the original painting and the copy 진짜 그림과 사본과의 알아차릴 수 없는 미미한 차이

n **imperceptibílity** 알아차릴 수 없음 **a** **imperceptive** 감지하지 않는, 지각력이 없는

어근관련 perceive [pərsí:v] 인지하다 perceptive [pərséptiv] 통찰력 있는

17
impertinent
[impə́:rtənənt]
★★☆☆☆

im<in(not) + pertinent 적절한 → '적절하지 못한'에서 유래

a 1 **건방진, 뻔뻔한** / rude or not respectful; impolite
2 **부적절한** / not to the point; inappropriate
- the suspect's **impertinent** manner 용의자의 건방진 태도
- **Impertinent** remarks wasted valuable time. 부적절한 말들이 귀중한 시간을 낭비했다.

n **impértinence** 건방짐, 무례함; 부적절 **cf** **impénitent** 뉘우치지 않는

어근관련 tenant [ténənt] 소작인 tenure [ténjər] 보유(기간)

18
impious
[ímpiəs]
★☆☆☆☆

im<in(not) + pious 신앙심이 깊은 → '신앙심이 깊지 않은'에서 유래

a **불경스런, 불신앙의** / not showing reverence for God; profane
- commit an **impious** act in the church 교회 안에서 불경스런 행동을 범하다

n **impíety** 불경스러움(blasphemy)

어근관련 piety [páiəti] 경건, 효도 purify [pjúərəfai] 정화하다

19
impotent
[ímpətənt]
★★★☆☆

im<in(not) + potent 힘있는 → '힘없는'에서 유래

a 1 **무력한, 허약한** / not having power; helpless
2 **성불능의** / incapable of sexual intercourse; sterile
- man **impotent** against the hurricane 허리케인의 힘에 무력한 인간
- Her husband was **impotent**. 그녀의 남편은 성불능이었다.

n **무력[성불능]자** / an impotent person
- an **impotent** unable to perform the sex act 성행위 불능자

n **ímpotence, -cy** 무력; 성불능 **cf** **impórtant** 중요한

어근관련 despot [déspət] 전제 군주, 독재자 omnipotent [amnípətənt] 전능한

= 동의어 ↔ 반의어

15	**impecunious**	=	poor / penniless / needy / indigent / destitute ↔ wealthy ⊙ 동의어 보강
16	**imperceptible**	=	invisible / indiscernible / insensible / impalpable ↔ perceptible
17	**impertinent**	=	impolite / rude / impudent / insolent / pert / stuck-up ↔ civil
18	**impious**	=	profane / irreverent / blasphemous / sacrilegious / iconoclastic ↔ devout ⊙ 동의어 보강
19	**impotent**	=	weak / helpless / powerless / feeble / infirm ↔ potent

동의어 보감

가난한 · 부족한 15	필수	badly-off 부도난 / bankrupt 부도난 / destitute 가난한, 결핍된 / (flat) broke 가난한 / impecunious 가난한 / impoverished 가난해진 / indigent 가난한 / insolvent 파산한 / needy 가난한 / penniless 가난한 / poor 가난한 / poverty-stricken 가난한
	고급	penurious 가난한; 인색한 / pinched 초췌한
	숙어	hard up / as poor as a church mouse
	참고	부족, 결핍 / lack / want / shortage / dearth / insufficiency / scarcity / destitution
↔ 부유한	필수	affluent 부유한, 풍부한 / rich 부유한 / wealthy 부유한 / well-off 부유한 / well-to-do 부유한
	고급	opulent 부유한, 화려한 / uptown 주택 지구에 사는, 부촌의
	숙어	be born with a silver[gold] spoon in one's mouth 부유한 집안에 태어나다
	참고	재산 / means / fortune (큰) 재산 / resources 자원; 자산, 부; 재략, 기략 / property 재산; 성질 / assets / estate 소유지, 재산; 시기, 신분

불경스러운 · 신성모독의 18	필수	blasphemous 불경스러운 / desecrating 불경스러운 / iconoclastic 성상파괴의 / impious 불경스러운 / irreverent 불경스러운 / profane 불경스러운 / sacrilegious 불경스러운
	고급	irreligious 신앙심이 없는, 불경스러운 / ungodly 신을 섬기지 않는; 사악한
	참고	heterodox 이단의 / unorthodox 비 정통의, 이단의 / lese majesty 불경죄

뉘앙스

가난한 15

poor	**가난한** ≪일반적인 말≫	• a **poor** family 가난한 가족
índigent, néedy	(당면의 생활에 곤란을 겪을 정도로) **가난한**	• books for **indigent** children 가난한 아이들을 위한 책
déstitute	(간단한 생필품을 사기 힘들 정도로) **가난한, 극빈한**	• a **destitute** and starving family 극빈하고 굶주린 가족
impóverished	(원래 부자였던 사람이) **가난해진**	• an **impoverished** star 가난해진 스타
impecúnious	(늘) **가난한** ≪격식을 차리는 말≫	• an **impecunious** gambler 늘 돈이 없는 도박꾼

cf. **pénniless** **무일푼의** **póverty-stricken** **가난에 시달리는**

check-up Test

1. In the face of an uncooperative Congress, the President may find himself ______ to accomplish the political program to which he is committed.
ⓐ impotent ⓑ equipped ⓒ neutral ⓓ contingent

2. His criticism is nothing but an armchair opinion.
ⓐ negligible ⓑ impractical ⓒ optimistic ⓓ sedate

3. The problems of impecunious young people are lately an important social issue.
ⓐ reckless ⓑ level-headed ⓒ old-fashioned ⓓ unpaid

4. The sugar dissolved in the water ______; finally, all that remained was an almost ______ residues on the bottom of the glass.
ⓐ subsequently - glassy ⓑ immediately - fragrant ⓒ gradually - imperceptible ⓓ spectacularly - opaque

5. I regard your remarks as ______ and offensive to him.
ⓐ imperceptible ⓑ impotent ⓒ impertinent ⓓ impracticable

정답 1. a 2. b 3. d 4. c 5. c

impracticable
[impræ̀ktikəbl]
★☆☆☆☆
20

im<in(not) + practicable 실행 가능한 → '실행하기 불가능한'에서 유래

a 1 (방법 · 계획 따위가) **실행[실시] 불가능한** / not working well in practice; impossible
2 (길 따위가) **다닐[통행할] 수 없는** / that cannot be used; impassable

- an **impracticable** plan for the problem 그 문제에 대하여 실행 불가능한 계획
- an **impracticable** road because of the accident 사고로 인해 통행할 수 없는 도로

n **impracticabílity** 실행 불가; 통행 불가 a **impráctical** 비현실적인

어근관련 pragmatic [prægmǽtik] 실용적인 practical [prǽktikəl] 실제의

---

impregnable
[imprégnəbl]
★★★☆☆
21

im<in(not) + preg<prehend(grasp) → '쉽게 잡히지 않는'에서 유래

a **난공불락의, 확고부동한**/ that cannot be overthrown by force; unconquerable

- win the case with an **impregnable** argument 견고한 주장으로 소송에서 승리하다

cf **imprégnable** (알 따위가) 수정 가능한

어근관련 prehensile [prihénsl] (앞발 · 꼬리 등이) 잡기에 적합한; 이해력이 있는

---

improbable
[imprábəbl]
★☆☆☆☆
22

im<in(not) + probable 있음직한 → '있음직 하지 않은'에서 유래

a **일어날 것 같지 않은** / not likely to happen; unlikely

- They may win, but it's **improbable**. 그들이 이길 수는 있으나 그런 일은 일어날 것 같지 않다.

n **improbabílity** 일어날 것 같지 않음

어근관련 probable [prábəbl] 있음직한 probability [prɑbəbíləti] 가망(성)

---

improper
[imprápər]
★☆☆☆☆
23

im<in(not) + proper 적당한 → '적당하지 않은'에서 유래

a 1 **부적당한** / not suitable; inappropriate
2 **점잖치 못한, 예의에 벗어난** / not decent; rude

- bright dress **improper** for a funeral 장례식에 부적당한 밝은 복장
- What an **improper** behavior! 그 얼마나 점잖치 못한 행동인가!

n **impróperness** 부적당함; 잘못됨; 점잖치 못함 뉘앙스 p.509

어근관련 proper [prápər] 적당한; 고유의 property [prápərti] <집합적> 재산; 성질

---

improvise
[ímprəvaiz]
★★★☆☆
24

im<in(not) + pro(ahead) + vis(see) → '사전에 미리 보지 않다'에서 유래

v **즉석으로 하다[만들다]** / do or make owing to an unexpected situation; extemporize

- **improvise** a new stanza for the school song
  학교 응원가를 위한 새로운 절(節)을 즉석으로 만들다

n **imprόvident** 무절제한; 경솔한

어근관련 revise [riváiz] 개정하다 supervise [sú:pərvaiz] 감독하다 뉘앙스 p.293

---

imprudent
[imprú:dnt]
★☆☆☆☆
25

im<in(not) + prudent 신중한 → '신중하지 않은'에서 유래

a **경솔한, 무분별한** / not prudent; unwise

- **imprudent** behavior to rush into something without thinking
  생각없이 어떤 일에 달려드는 무분별한 행동

n **imprúdence** 경솔, 무분별

어근관련 providence [právədəns] 섭리 provision [prəvíʒən] 준비; <pl.> 식량; ≪법≫ 조항

---

impudent
[ímpjudnt]
★★★☆☆
26

im<in(not) + pud(shameful) → '부끄러워하지 않는'에서 유래

a **뻔뻔스러운, 염치없는** / without shame or modesty; insolent

- The **impudent** boy made face at the teacher. 그 무례한 소년은 선생님 앞에서 인상을 찌푸렸다.

n **ímpudence** 뻔뻔스러움, 건방짐

어근관련 pudency [pjú:dnsi] 내성적임; 수줍음

동의어 / 반의어

20	**impracticable**	=	impossible / infeasible / out of the question ↔ practicable
21	**impregnable**	=	invincible / unconquerable / indomitable / invulnerable ↔ susceptible
22	**improbable**	=	unlikely / doubtful / dubious / questionable / implausible ↔ probable
23	**improper**	=	inappropriate / unsuitable / unfitting / unseemly / undue
24	**improvise**	=	extemporize / ad-lib / make do with / play it by ear ○ 동의어 보강
25	**imprudent**	=	rash / careless / flippant / frivolous / headlong / heedless ↔ prudent ○ 동의어 보강
26	**impudent**	=	insolent / impertinent / presumptuous / blatant / brazen

동의어 보강

즉석의 · 즉흥적인 24	필수	ad-lib 즉석의 / impromptu 즉흥적인 / improvised 즉석에서 만든 / makeshift 임시의, 즉석의 / off-hand 즉석의 / spontaneous 자연 발생적인 / unrehearsed 예행연습이 없는
	고급	extemporaneous 즉석의, 임시변통의 / off-the-cuff 즉석의 / on-the-spot 현장에서의, 즉석의 / spur-of-the-moment 충동적인, 즉흥적인 / stopgap 임시변통의, 미봉책의
임시변통하다	필수	ad-lib 임시변통하다 / improvise 임시변통하다
	고급	extemporize 즉석에서 이야기[연설]하다, 임시변통하다
	숙어	make do with ~로 임시변통하다 / play it by ear 임기응변하다 (참고: dream up ~를 문득 생각해내다)
무모한 · 경솔한 25	필수	careless 부주의한, 무모한 / flippant 경솔한 / foolhardy 무모한 / frivolous 경솔한 / headlong 무모한, 성급한 / heedless 신중치 못한 / imprudent 신중치 못한, 경솔한 / rash 경솔한, 성급한 / reckless 무분별한, 무모한 / thoughtless 부주의한, 경솔한
	고급	harebrained 경솔한, 무모한 / heady 무모한; 고집 센 / temerarious 무모한, 무분별한

뉘앙스

즉석의 · 즉흥적인 24	**imprómptu**	**즉흥적인**	• an **impromptu** verse 즉흥시
	extemporáneous, extémpore	(특히 연설이 약간의 준비만 되어) **즉흥적인**	• an **extemporaneous** speech 즉흥 연설
	ímprovised	(특히 대리품을 사용하여) **즉석에서 만든, 즉흥적인**	• an **improvised** bed for the night 하룻밤을 보내기 위한 간이 침대

Check-up Test

1. Again and again, the army unsuccessfully attacked the fortress, only to conclude that it is impregnable.
ⓐ inconceivable ⓑ unconquerable ⓒ implausible ⓓ improbable

2. It is improbable that the company will get in the black this year.
ⓐ undue ⓑ uncertain ⓒ unlikely ⓓ unlovely

3. A number of his remarks were obviously improvised.
ⓐ thought up on the spot ⓑ not supported by fact ⓒ all out of proportion ⓓ tongue in cheek

4. By today's standards, early farmers were imprudent because they planted the same crop repeatedly, exhausting the soil after a few harvests.
ⓐ unwise ⓑ stubborn ⓒ tiresome ⓓ unscientific

5. Asked the simplest question, she is always ready with an impudent response.
ⓐ incalculable ⓑ insolent ⓒ ardent ⓓ careless

정답 **1.** b **2.** c **3.** a **4.** a **5.** b

441 **luscious**
[lʌ́ʃəs]
★★☆☆☆

lusc (delicious 맛있는)

a **맛[향]이 좋은** / very pleasing to taste and smell; delicious ; **관능적인** / voluptuous
- a **luscious** peach[woman] 맛 좋은 복숭아[관능적인 여자]

---

442 **luster/lustre**
[lʌ́stər]
★★★☆☆

lust (light 빛)

n **광택, 윤기** / an attractive shiny appearance; gloss
- give **luster** to one's hair 머리에 윤기를 더하다

---

443 **luxuriant**
[lʌgʒúəriənt]
☆☆☆☆☆

lux (abundance 풍부) → '식물 등이 무성하게 나는' 에서 유래

a **(식물 · 땅 등이) 무성한** / growing strongly and thickly; fertile; overgrown
- **Luxuriant** forests covered the hills. 무성한 숲이 그 언덕을 덮어 버렸다.

---

444 **maelstrom**
[méilstrəm]
★☆☆☆☆

mael (grind 갈다) + strom (stream 개울) → '맷돌을 갈듯이 계속 돌아가는 개울' 에서 유래

n **<the -> 소용돌이, 대혼란** / a situation full of uncontrolled events; whirlpool
- the **maelstrom** of war 전쟁의 대혼란

---

445 **magnanimous**
[mægnǽnəməs]
★☆☆☆☆

magn (great 큰) + anim (mind 마음) → '마음이 넓은' 에서 유래

a **도량이 넓은**/ showing generosity; broad-minded
- the **magnanimous** philanthropist 도량이 넓은 박애주의자

---

446 **magnitude**
[mǽgnətjuːd]
★☆☆☆☆

magni (great 큰)

n **크기, 중요성** / greatness of size or importance; extent
- comprehend the **magnitude** of his crime 그의 죄가 얼마나 큰가를 깨닫다

---

447 **maim**
[meim]
★☆☆☆☆

mai (cut 자르다) → '사지를 잘라 불구로 만들다' 에서 유래

vt **~을 불구로 만들다** / injure so very seriously and often permanently; cripple
- be seriously **maimed** in the war 전쟁에서 심한 불구가 되다

---

448 **makeshift**
[méikʃìft]
★★☆☆☆

make 만들다 + shift 바꾸다 → '다른 것을 바꾸기 위해서 임시로 만든'에서 유래

a **임시(변통)의** / used for a time instead of the right thing; temporary
- **makeshift** shelters made from blankets 담요로 만들어진 임시 거처

---

449 **mammoth**
[mǽməθ]
☆☆☆☆☆

mam (earth 흙) → '흙에서 파낸 것'에서 유래

a **거대한** / extremely large; gigantic **n** **매머드** / a large hairy elephant
- a **mammoth** corporation 거대 기업

---

450 **mandatory**
[mǽndətɔ̀ːri]
★★★★★

mand (command 명령하다) → '명령하여 강제적으로 하게 하는' 에서 유래

a **강제[의무]적인** / of conveying a command; obligatory
- **mandatory** rules of society 강제적인 사회 규칙

n **v** **mándate** 명령; 권한; 통치를 위임하다; 명령하다

---

451 **maneuver**
[mənúːvər]
★★☆☆☆

man (hand 손) + euver 작동하다, 일하다 → '손을 써서 조종하다' 에서 유래

n **책략, 술책** / trick; intrigue
v **조종하다** / steer; **계략을 써서 ~하게 하다** / entrap
- We **maneuvered** them into a compromise.
  우리는 책략을 써서 그들을 타협으로 이끌었다.

---

452 **manifest**
[mǽnəfest]
★★★★☆

man (hand 손) + fest (strike 치다) → '손으로 쳐서 보여주는 것처럼 명백한' 에서 유래

a **명백한** / apparent
vt **분명히 보여주다, 입증하다** / show; evince
- a **manifest** error of judgement 명백한 판단의 실수

n **manifésto** 성명서, 선언문

---

453 **manipulate**
[mənípjuleit]
★☆☆☆☆

man (hand 손) → '손으로 조종하다'에서 유래

vt **(사람 · 기계 등을) 조종[조작]하다** / operate with skill; manage
- **manipulate** the market 시장 가격을 조작하다 **n** **manipulátion** 조종, 조작

454 **manuscript**
[mǽnjuskript]
★★☆☆☆

man (hand 손) + script (write 쓰다) → '손으로 쓴 것' 에서 유래

n **원고** / the original handwritten or typed text of a book

a **손으로 쓴** / handwritten

- The **manuscript** is under examination. 원고는 검토 중에 있다.

---

455 **maritime**
[mǽrətaim]
★☆☆☆☆

mari (sea 바다)

a **바다의** / connected with the sea or ships; nautical

- **maritime** insurance 해상 보험

a n **maríne** 바다의; 해병대원

---

456 **martial**
[mά:rʃəl]
☆☆☆☆☆

mar (Mars 전쟁의 신) → '전쟁을 좋아하는' 에서 유래

a **호전적인, 전쟁의** / connected with war and fighting; belligerent

- **martial** spirit 호전적인 정신

cf **márital** 결혼의, 부부의

---

457 **maternal**
[mətə́:rnl]
☆☆☆☆☆

mater(mother 어머니)

a **어머니의** / typical of the way a good mother behaves; motherly

- **maternal** love 모성애

n **matérnity** 어머니[임부]인 상태

---

458 **maudlin**
[mɔ́:dlin]
★☆☆☆☆

Maudelen 여자 이름 → '성경 속에 나오는 잘 우는 여자 이름'에서 유래

a **감상적인** / talking or behaving in sad and silly way; sentimental

- **maudlin** thinking about one's childhood
자신의 어린 시절에 대한 감상적인 생각

---

459 **maul**
[mɔ:l]
★★☆☆☆

maul<mealle (heavy hammer 무거운 망치) → '무거운 망치를 사용해 때리다'에서 유래

v **때리다, 상처를 입히다** / handle roughly and carelessly; beat

- receive a **mauling** from the critics 비평가들로부터 혹평을 받다

---

460 **mauve**
[mouv]
☆☆☆☆☆

mallow 당아욱속 → '당아욱속의 색깔' 에서 유래

n **연한 자주빛** / pale purple

- the **mauve** tint in the lilac bush 라일락 숲의 연한 자줏빛 색조

★ 중요빈출

Check-up Test

1. We want to seize the value and perspective of passing things, and so to pull ourselves up out of the <u>maelstrom</u> of daily circumstance.
ⓐ place of trade ⓑ front trench in the siege of truth
ⓒ main stream ⓓ confused and disordered state of affairs

2. The president finally understood the <u>magnitude</u> of the message.
ⓐ importance ⓑ application ⓒ sense ⓓ certainty

3. This is <u>a makeshift</u> plan until we decided what to do.
ⓐ a temporary ⓑ an urgent ⓒ an ignoble ⓓ an outrageous

4. Many school districts have now abandoned <u>mandatory</u> busing and they allow children to attend the school in their own neighborhood, black or white.
ⓐ optional ⓑ obligatory ⓒ discretionary ⓓ meticulous

5. Her _______ of the stock market made her a millionaire.
ⓐ cleverness ⓑ manipulation ⓒ accounting ⓓ references

정답 1. d 2. a 3. a 4. b 5. b

f~r

- **follow suit** / 선례를 따르다 follow in someone's footsteps
  - If you behave in this manner, then others will **follow suit**.
  네가 이 방식으로 행동한다면 다른 사람들도 선례를 따를 것이다.

- **gear up** / 준비를 갖추다 prepare for, get ready for
  - We are **gearing up** for a much busier holiday period.
  우리는 훨씬 더 바쁠 휴가 기간을 준비하고 있어.

- **head off**
  / 가로막다, 저지하다 block off, forestall, interrupt ; 출발하다 start
  - I have to **head off** now and will see you tomorrow.
  나 지금은 가야 하니까 내일 보도록 하자.

- **hook up** / 연결하다, 중계하다 relay, translate
  - The program was **hooked up** by satellite.
  그 프로그램은 위성으로 중계되었다.

- **impose on[upon]**
  / ~을 속이다, ~을 이용하다 take advantage of, exploit
  - Everyone **imposes on** Alex's good nature.
  모든 사람들이 알렉스의 선량함을 이용한다.

- **interfere with** / 방해하다 disturb, get in the way of, interrupt
  - Nobody **interferes with** what I do.
  누구도 내가 하는 일을 방해하지 않는다.

- **kick off** / 시작하다 start, lead off
  - The game **kicked off** in hammering rain.
  비가 억수같이 퍼붓는 가운데 경기가 시작되었다.

- **lag behind** / 뒤처지다 fall behind
  - The little girl **lagged behind** her peers in the race.
  그 여자 아이는 달리기에서 또래들보다 뒤쳐졌다.

- **meet ~ halfway** / ~와 타협하다 compromise, come to terms with
  - We decided to **meet** the company **halfway** on this matter.
  우리는 이 문제에 대해 그 회사와 타협하기로 했다.

- **owe A to B** / A는 B덕분이다
  - I **owe** it **to** my sister that I could go through college.
  내가 대학을 마칠 수 있었던 것은 내 누나 덕분이다.

- **participate in** / 참가하다 take part in
  - He was prepared to support the project, but not **participate in** it. 그는 그 프로젝트를 지지할 준비는 되어있었지만 참여할 준비는 되어 있지 않았다.

- **pave the way for**
  / ~의 길을 열다, ~을 가능케 하다 prepare for, make possible
  - The bill **paved the way for** changes in employment rights for women. 그 법안이 여성의 고용권에 변화를 가져오는 길을 마련했다.

- **pitch in** / 협력하다 help each other
  - If we all **pitch in**, I'm sure we'll make it!
  우리 모두 협력하면, 분명히 해낼 수 있을 거야!

- **place[set, put] much value on**
  / ~을 높이 평가하다 value highly
  - I **place much value in** happiness, as do the majority of the people on this earth. 지구에 있는 다수의 사람들이 그러하듯이 나도 행복을 높이 여긴다.

- **pore over** / 심사숙고 하다 think over, mull over, 자세히 살펴보다
  - I found her **poring over** a picture book at her desk.
  나는 그녀가 책상에서 그림책을 자세히 보고 있는 것을 발견했다.

- **prevail on(upon)** / 설득하다 persuade
  - The parents **prevailed on** their daughter to finish college.
  부모는 딸에게 대학을 마치라고 설득하였다.

- **pride oneself on**
  / 자랑하다 be proud of, take pride in, plume oneself on
  - We **pride ourselves on** the fact that our workers are dedicated.
  우리는 우리의 근로자들이 헌신적이라는 사실을 자랑스러워한다.

- **provide A with B** / A에게 B를 제공하다 supply, furnish
  - Could you **provide** us **with** an update?
  우리에게 최신 정보를 제공해줄 수 있습니까?

- **refer to** / ~대해 언급하다 argue on, speak to, mention ; 참고하다
  - What is a common way of **referring to** a married woman?
  결혼한 여성을 부르는 일반적인 방법이 무엇인가?

- **rely on** / ~에 의지하다 depend on, hinge on, resort to
  - Some bands **rely on** drum machines instead of a human drummer.
  몇몇 밴드들은 드러머들 대신에 드럼 머신에 의지한다.

- **fly off the handle** / 자제력을 잃다, 발끈하다 lose one's temper
- **fret about[over]** / ~에 대해 우려하다, 걱정하다 worry about
- **gloat over**
  / (남의 불행을) 고소한 듯이 바라보다 gaze with great satisfaction
- **hinge on** / ~에 달려있다 depend on, rely on
- **jack up** / 밀어 올리다, 들어 올리다 elevate, lift up
- **jot down** / 적어두다, 메모하다 write down, memo
- **kick the bucket** / 죽다 die
- **meet the mark** / 목표에 도달하다 achieve the goal
- **rack one's brains**
  / 머리를 짜내다 think very hard, beat[drag] one's brains
- **read between the lines**
  / 행간의 숨은 뜻을 알아내다 read hidden meanings

in-(부정)

우선순위로 보는 PREview

Date : /

★★★★☆	51.	**indolent**	나태한; 무통의	□ □ □
	57.	**infamous**	악명 높은	□ □ □
★★★☆☆	27.	**impunity**	(처벌로부터) 안전	□ □ □
	31.	**inappropriate**	부적당한	□ □ □
	38.	**incompatible**	양립할 수 없는	□ □ □
	39.	**incompetent**	무능력한; 무능력자	□ □ □
	42.	**incongruous**	일치 하지 않는	□ □ □
	48.	**indignant**	분개한	□ □ □
	50.	**indiscriminate**	무차별의	□ □ □
★★☆☆☆	29.	**inadvertent**	부주의한; 우연의	□ □ □
	30.	**inanimate**	생명없는	□ □ □
	34.	**incessant**	끊임없는	□ □ □
	44.	**incredible**	믿을 수 없는	□ □ □
	45.	**incredulous**	의심하는 듯한	□ □ □
	54.	**inexorable**	무정한, 냉혹한	□ □ □
★☆☆☆☆	28.	**inaccessible**	접근하기 어려운	□ □ □
	33.	**incalculable**	헤아릴 수 없는	□ □ □
	36.	**incognito**	익명의; 익명자	□ □ □
	40.	**incomprehensible**	이해할 수 없는	□ □ □
	41.	**inconceivable**	상상할 수 없는	□ □ □
	43.	**inconsistent**	모순된	□ □ □
	46.	**indemnify**	변상하다; 면제하다	□ □ □
	47.	**indescribable**	형언할 수 없는	□ □ □
	49.	**indiscreet**	무분별한, 경솔한	□ □ □
	52.	**indomitable**	불굴의	□ □ □
	53.	**inert**	활동하지 않는	□ □ □
	55.	**inextricable**	벗어날 수 없는	□ □ □
	56.	**infallible**	확실한	□ □ □
	58.	**infinitesimal**	극소의	□ □ □
☆☆☆☆☆	32.	**inarticulate**	불분명한	□ □ □
	35.	**inclement**	혹독한	□ □ □
	37.	**incomparable**	견줄 데 없는	□ □ □

MD24 mp3

LECTURE 24

impunity
[impjú:nəti]
★★★☆☆
27

im<in(not) + pun(punish) → '처벌되지 않음'에서 유래

n (처벌로부터) **무사, 안전** / freedom from any punishment; immunity
- commit a crime with **impunity** 처벌받지 않으면서 범죄를 저지르다

cf **immúnity** 면역(성)

어근관련 penalty [pénəlti] 형벌; 벌금 punishment [pʌ́niʃmənt] 형벌, 처벌

---

inaccessible
[inəksésəbl]
★☆☆☆☆
28

in(not) + accessible 접근하기 쉬운 → '접근하기 어려운'에서 유래

a **접근하기[도달하기] 어려운** / hard to reach or enter; inapproachable
- a library **inaccessible** to the people at large 일반인들은 들어갈 수 없는 도서관

n **inaccessibílity** 접근[도달]하기 어려움

어근관련 precede [prisí:d] 선행하다, 앞서다 proceed [prəsí:d] 나아가다; 계속하다

---

inadvertent
[inədvə́:rtnt]
★★☆☆☆
29

in(not) + advertent 주의하는 → '주의하지 않는'에서 유래

a 1 **부주의한** / not attentive; careless
2 **고의가 아닌, 우연의** / not done on purpose; unintentional
- An **inadvertent** mistake ruined the experiment. 부주의한 실수가 실험을 망쳐 놓았다.
- His rudeness was **inadvertent** and we forgave it.
  그의 무례함은 고의가 아니었기에, 우리는 그것을 용서했다

n **inadvértence, -cy** 부주의, 소홀

어근관련 avert [əvə́:rt] 돌리다; 피하다 pervert [pərvə́:rt] 악용[곡해]하다

---

inanimate
[inǽnəmət]
★★☆☆☆
30

in(not) + animate 살아 있는 → '살아 있지 않은'에서 유래

a **생명없는, 무생물의** / not alive or animate; lifeless
- A stone is an **inanimate** object. 돌은 무생물이다.

n **inanimátion** 생명이 없음 뉘앙스 p.299

어근관련 magnanimous [mægnǽnəməs] 관대한 unanimous [ju:nǽnəməs] 만장일치의

---

inappropriate
[inəpróupriət]
★★★☆☆
31

in(not) + appropriate 적당한 → '부적당한'에서 유래

a **부적당한** / not appropriate; improper
- Jokes are **inappropriate** at a funeral. 농담은 장례식에 부적당하다.

n **inappròpriateness** 부적당함

어근관련 propriety [prəpráiəti] 적당; 예의바름 expropriate [ekspróuprieit] 몰수하다

---

inarticulate
[ina:rtíkjulət]
☆☆☆☆☆
32

in(not) + articulate 명료한 → '명료하지 않은'에서 유래

a (발음 · 의견 등이) **불분명한** / not uttered in distinct syllables or words; obscure
- A baby makes **inarticulate** sounds. 아기는 모호한 발음을 한다.

어근관련 article [á:rtikl] 물품; (신문) 기사 articulation [a:rtikjuléiʃən] 발음; 마디, 절

= 동의어 ↔ 반의어

27	**impunity**	=	immunity / safety / security / exemption / absolution
28	**inaccessible**	=	inapproachable / unattainable / unavailable ↔ accessible
29	**inadvertent**	=	careless / heedless / thoughtless / negligent ↔ advertent
30	**inanimate**	=	lifeless / dead / deceased / extinct / defunct ↔ animate ◎ 동의어 보강
31	**inappropriate**	=	improper / unfit / unsuitable / unbecoming ↔ appropriate
32	**inarticulate**	=	obscure / vague / unclear / indistinct / equivocal ↔ articulate

동의어 보감

죽은 30	필수	dead 죽은 / extinct 멸종한 / lifeless 생명 없는, 죽은 / deceased 사망한 / inanimate (무생물) 생명이 없는 / departed 죽은, 타계한 / late 고(故)〈한정 용법〉
	고급	defunct 죽은; 폐지된
죽다	필수	decease 사망하다 / depart 출발하다; 세상을 떠나다 / expire 죽다; 만기가 되다 / demise 서거하다 / die 죽다 / perish 사멸하다
	숙어	bite the dust / cross the river / go west / kick the bucket / pass away 돌아가시다 / pop off 급사하다
시체	필수	body 신체; 시체 / carrion (썩은) 시체 / corpse (사람의) 시체
	고급	cadaver (해부용) 시체 / carcass (짐승의) 시체
	참고	매장하다 / bury / inhume / inter cremate 화장하다 / taxidermy 박제술

뉘앙스

죽은 30

dead	죽은 ≪일반적인 표현≫	• a **dead** man 죽은 남자
decéased	(최근에) **죽은** ≪법률적인 용어≫	• the **deceased** father 선친
depárted	(최근에) **죽은** ≪주로 종교 용어≫	• the soul of the **departed** father 선친의 영혼
defúnct	(사람 · 물체가) **현존하지 않는**	• the **defunct** corporation 그 파산한 회사
extínct	**멸종된**	• **extinct** species 멸종된 종
inánimate	**무생물의, 생기가 없는** ≪무생물에 주로 쓰임≫	• **inanimate** rocks 무생물인 바위
late	**고(故), 전(前)**	• the **late** president 고(故)대통령
lífeless	**무생물의, 생명이 없는** ≪생물 · 무생물에 두루 쓰임≫	• her **lifeless** body 그녀의 시체

Check-up Test

1. The MRI scan allows a safe, painless, and rapid diagnosis of previously inaccessible areas of the body.
ⓐ immutable ⓑ unreachable ⓒ imperceptible ⓓ unfeasible

2. Nature is kind to us in many ways, but we must learn that we cannot violate nature's laws with impunity.
ⓐ immunity ⓑ apprehension ⓒ imputation ⓓ mien

3. Unfortunately, I made an inadvertent remark about Irma's failure while she was present.
ⓐ stylish ⓑ thoughtless ⓒ forgiving ⓓ inedible

4. Life arose on the earth billions of years ago through the ______ of the ______ into man.
ⓐ ecology - mobile ⓑ contraction - astronomical
ⓒ induction - physical ⓓ transformation - inanimate

5. Your facetiousness was quite inappropriate to such a solemn occasion.
ⓐ proper ⓑ coherent ⓒ defunct ⓓ unsuitable

정답 **1.** b **2.** a **3.** b **4.** d **5.** d

incalculable
[inkǽlkjuləbl]
★☆☆☆☆
33

in(not) + calculable 계산할 수 있는 → '계산할 수 없는'에서 유래

a **헤아릴 수 없는, 무수한** / too many to be counted; innumerable
- The sands of the sea are **incalculable** in number. 바다의 모래는 숫자를 헤아릴 수 없다.

n **incalculabílity** 셀 수 없음, 무수

어근관련 calculate [kǽlkjuleit] 계산하다; 추정하다 calculative [kǽlkjulətiv] 계산의; 신중한

---

incessant
[insésnt]
★★☆☆☆
34

in(not) + cess (stop) → '그치지 않는'에서 유래

a **끊임없는** / never stopping; continual
- the **incessant** noise from the factory 공장으로부터의 끊임없는 소음

n **incéssantness** 끊임없음, 계속됨

어근관련 decease [disíːs] 죽다 cessation [seséiʃən] 정지, 중지

---

inclement
[inklémənt]
☆☆☆☆☆
35

in(not) + clement 관대한 → '관대하지 않음'에서 유래

a 1 (날씨가) **험악한, 혹독한** / rough or stormy; rigorous
2 (성격이) **냉혹한, 무자비한** / not merciful or kindly; severe
- **Inclement** weather is common in winter. 혹독한 날씨는 겨울에 일반적이다.
- The dictator was an **inclement** ruler. 그 독재자는 냉혹한 통치자였다.

n **inclémency** (날씨의) 험악; 무자비, 냉혹

어근관련 climate [kláimit] 기후 acclimate [ǽkləmeit] 새 풍토에 길들이다

---

incognito
[inkágnitou]
★☆☆☆☆
36

in(not) + co<com(intensive) + gni<gno(know) → '알지 못하는'에서 유래

a **ad** **익명의[으로], 신분을 숨긴[숨겨]** / hiding one's identity; anonymous
- The king traveled **incognito** to avoid crowds.
  그 왕은 군중들을 피하기 위해 신분을 숨겨 여행했다.

n **익명(자), 신분을 숨긴 사람** / a person who is incognito
- reveal one's **incognito** 신분을 밝히다

n **incógnita** incognito의 여성형

어근관련 diagnose [dáiəgnous] 진단하다 incognizant [inkágnizənt] 모르는 뉘앙스 p.301

---

incomparable
[inkámpərəbl]
☆☆☆☆☆
37

in(not) + comparable 비교되는 → '비교되지 않는'에서 유래

a **견줄[비길] 데 없는** /without an equal; matchless
- a man of **incomparable** genius 비길 데 없는 천재적인 사람

n **incómparableness** 견줄[비길] 데 없음

어근관련 disparage [dispǽridʒ] 비방하다 disparity [dispǽrəti] 부등, 불일치

---

incompatible
[inkəmpǽtəbl]
★★★☆☆
38

in(not) + comparable 같은 감정을 느끼는 → '같은 감정을 느끼지 않는' 에서 유래

a **양립할 수 없는** / not suitable to be together with; inconsistent
- Bad eating habits are **incompatible** with good health.
  나쁜 식사 습관은 건강과 상반된다.

n **incompátibleness, incompatibílity** 양립할 수 없음, 상반됨

어근관련 compassion [kəmpǽʃən] 동정 sympathy [símpəθi] 동정; 공감

= 동의어 ↔ 반의어

33	**incalculable**	=	innumerable / numerous / countless / inestimable ↔ calculable
34	**incessant**	=	continual / ceaseless / perpetual / interminable ↔ intermittent
35	**inclement**	=	severe / rigorous / harsh / pitiless / merciless ↔ clement ⊙ 동의어 보강
36	**incognito**	=	anonymous / nameless / unnamed / pseudonymous ↔ onymous ⊙ 동의어 보강
37	**incomparable**	=	matchless / peerless / unparalleled / nonpareil ↔ average
38	**incompatible**	=	inconsistent / opposite / contrary / incongruent ↔ compatible

동의어 보감

가혹한 · 무자비한 35	필수	barbarian 야만적인 barbarous 야만적인 cruel 무자비한 heartless 무정한, 매정한 inclement 가혹한	inexorable 변경할 수 없는, 가차 없는 merciless 무자비한 pitiless 무자비한 relentless 가혹한 ruthless 가혹한	savage 야만적인 scathing 가차 없는, 통렬한 truculent 잔혹한; 신랄한 unrelenting 무자비한
	고급	draconian (처벌 등이) 엄격한, 가혹한 / hard-plucked 무자비한 / implacable 달래기 어려운, 무자비한 / unsparing		
(논평, 비판 등이) 신랄한	필수	acrid 매운, 얼얼한; 신랄한 acrimonious 신랄한 biting 신랄한 bitter 신랄한 caustic 부식성의, 신랄한	cutting 신랄한 harsh 신랄한 incisive 신랄한; 예리한 inclement 험악한, 혹독한 poignant 통렬한, 신랄한	pungent 톡 쏘는; 신랄한 scathing 신랄한, 가차없는 stinging 신랄한 trenchant 신랄한, 통렬한 truculent 공격적인; 신랄한
	고급	acerbic 신랄한; (맛이) 신, 떫은 / mordant 신랄한, 통렬한, 부식성의 / piquant 얼얼한, 톡 쏘는; 신랄한 / tart 시큼한; 신랄한 / vitriolic 신랄한, 통렬한		

가명 36	필수	alias (범인의) 가명 incognito 익명, 가명	pen name 필명 pseudonym 익명, 필명	stage name 예명
	고급	moniker 이름, 별명 / sobriquet 별명, 가명	숙어	John Doe (본명을 모르거나 나타내고 싶지 않을 때 쓰는) 가명
	참고	무명의 / anonymous / incognito / innominate / nameless / unknown		

뉘앙스

가명 36

pséudonym	**가명, 필명** ≪가장 일반적인 말≫	• She wrote novels under a **pseudonym**. 그녀는 가명으로 소설을 썼다
álias	(특히 범인이 쓰는) **가명**	• Many criminals commit a fraud with various **alias**. 많은 범죄자들이 다양한 가명으로 범죄를 저지른다.
incógnito	(유명한 사람이 신분을 숨기려고 쓰는) **가명**	• The politician prefers to travel **incognito**. 그 정치인은 익명으로 여행하는 것을 선호한다.
pén name	(특히 작가가 쓰는) **필명**	• write a book under the **pen name** of Eddie 에디라는 필명으로 책을 쓰다

cf. **nom de plume** (작가의) **필명** ≪프랑스어≫ **nom de guerre** (행동의 자유를 위해 사용하는) **가명, 예명** ≪프랑스어≫

Check-up Test

1. These two statements are <u>incompatible</u>.
ⓐ not able to be denied ⓑ not in harmony with each other
ⓒ not to be tolerated ⓓ not to be separated

2. If the result of this drawn-out quarrel is to inoculate the American public against the idea of ever coming to the aid of the Europeans again, the harm Bosnia will have done will be ______.
ⓐ reduced ⓑ inconsiderate ⓒ incalculable ⓓ denounced

3. It is almost impossible to cross our street during the rush hour because of the <u>incessant</u> flow of traffic.
ⓐ worthless ⓑ noisy ⓒ illogical ⓓ unceasing

4. She blamed the game on the ______ weather, but we knew that was sour grapes.
ⓐ inclement ⓑ devastating ⓒ vitalizing ⓓ salubrious

정답 **1.** b **2.** c **3.** d **4.** a

incompetent
[inkámpətənt]
★★★☆☆
39

in(not) + competent 유능한 → '유능하지 못한'에서 유래

a **무능(력)한, 자격이 없는** / completely lacking skill or ability; incapable
- quite **incompetent** to be the leader 리더가 되기에는 아주 무능한

n **무능력[비적격]자** / a person who is without ability
- **Incompetents** need someone to look after them. 무능력자들은 그들을 돌봐줄 누군가가 필요하다

어근관련 appetite [ǽpətait] 식욕, 욕구 perpetual [pərpétʃuəl] 영원한, 끊임없는

---

incomprehensible
[inkamprihénsəbl]
★☆☆☆☆
40

in(not) + comprehensible 이해할 수 있는 → '이해할 수 없는'에서 유래

a **이해할 수 없는, 불가해한** / difficult or impossible to understand; unintelligible
- His signature was an **incomprehensible** scrawl. 그의 서명은 이해할 수 없이 갈겨 써져 있다.

n **incomprehensibílity, incomprehénsion** 이해할 수 없음

a **incomprehénsive** 포괄적이 아닌; 이해력이 부족한

어근관련 apprehend [æprihénd] 염려하다; 체포하다; 이해하다
reprehend [reprihénd] 꾸짖다, 비난하다

---

inconceivable
[inkənsí:vəbl]
★☆☆☆☆
41

in(not) + conceivable 상상할 수 있는 → '상상할 수 없는'에서 유래

a **상상[생각]할 수 없는** / impossible to imagine; unthinkable
- an event **inconceivable** to Koreans 한국인에게는 생각할 수 없는 사건

n **inconceivabílity** 상상도 할 수 없음

어근관련 conceit [kənsí:t] 자부심, 자만(심) deceit [disí:t] 속임, 책략

---

incongruous
[inkáŋgruəs]
★★★☆☆
42

in(not) + congruous 일치하는 → '일치하지 않는'에서 유래

a **일치[조화]하지 않는, 어울리지 않는** / lacking in agreement or harmony; inconsistent
- shoes **incongruous** with a party dress 파티복과 어울리지 않는 신발

n **incongrúity** 부조화, 안어울림(disharmony)

어근관련 congruent [káŋgruənt] 일치하는 congruence [káŋgruəns] 일치; ≪수학≫ 합동

---

inconsistent
[inkənsístənt]
★☆☆☆☆
43

in(not) + consistent 일관된 → '일관되지 않은'에서 유래

a **일치[조화]되지 않은, 모순된** / lacking in agreement with itself or something else; incongruous
- The two statements are **inconsistent**. 그 두 진술은 일치하지 않는다

n **inconsístence, -cy** 불일치, 모순

어근관련 insist [insíst] (끝까지) 주장하다 resist [rizíst] 저항[방해]하다

---

incredible
[inkrédəbl]
★★☆☆☆
44

in(not) + credible 믿을 수 있는 → '믿을 수 없는'에서 유래

a **믿을[신용할] 수 없는** / hard to believe; unbelievable
- The hero fought with **incredible** bravery. 그 영웅은 믿을 수 없을 만큼 용맹하게 싸웠다.

n **incredibílity** 믿을 수 없음(absurdity)

어근관련 credence [krí:dəns] 믿음 credential [kridénʃəl] 신임장

---

incredulous
[inkrédʒuləs]
★★☆☆☆
45

in(not) + credulous 쉽사리 믿는 → '쉽사리 믿지 않은'에서 유래

a **쉽사리 믿지 않는, 의심하는 듯한** / showing a lack of belief; unbelieving
- listen to the neighbor's story with an **incredulous** smile 의심하는 듯한 웃음을 띠며 이웃의 이야기를 듣다

n **incredúlity** 쉽사리 믿지 않음(unbelief)

어근관련 creed [kri:d] 교리, 신조 discredit [diskrédit] 불신(하다)

indemnify

[indémnəfai]
★☆☆☆☆
46

in(not) + demn (damage) → '손해가 가지 않게 하다'에서 유래

vt 1 **~에게 변상[보상]하다** / compensate for damage or loss; recompense
2 **≪법≫ ~의 법적 책임[형벌]을 면제하다** / secure against damage or loss; insure

- **indemnify** him for his injuries 그가 입은 상처에 대하여 그에게 변상하다
- **indemnify** the police officer's act 그 경찰관의 행동을 법적 책임에서 면제하다

n **indemnificátion, indémnity** 보상(금), 변상; 면책

어근관련 damn [dæm] 비난[저주](하다) condemn [kəndém] 저주하다

동의어 / 반의어

39	**incompetent**	=	incapable / unfit / impotent / ineligible / disqualified ↔ competent
40	**incomprehensible**	=	unintelligible / mysterious / inscrutable ↔ comprehensible
41	**inconceivable**	=	unthinkable / beyond one's grasp ↔ conceivable ⊙ 동의어 보갈
42	**incongruous**	=	inconsistent / inappropriate / dissonant ↔ congruous
43	**inconsistent**	=	incongruous / incompatible / inconsonant ↔ consistent
44	**incredible**	=	unbelievable / inconceivable / beyond belief ↔ credible
45	**incredulous**	=	unbelieving / suspicious / dubious / skeptical ↔ credulous
46	**indemnify**	=	compensate / repay / recompense / reimburse / remunerate

동의어 보갈

터무니없는 · 모순된 41	필수	absurd 불합리한 / egregious 터무니없는; 언어도단의 / illogical 비논리적인 / implausible 터무니없는 / improbable 터무니없는 / inconceivable 상상할 수 없는 / incredible 믿을 수 없는 / laughable 우스운, 터무니없는 / ludicrous 우스운; 바보 같은 / outrageous 난폭한; 엉뚱한 / preposterous 앞뒤 바뀐, 터무니없는 / ridiculous 우스운, 터무니없는 / unbelievable 믿을 수 없는 / unreasonable 불합리한
	고급	chimerical 공상적인 / far-fetched 터무니없는, 설득력 없는 / quixotic 비현실적인 / untenable 이치에 맞지 않은
	숙어	make no sense 터무니없다 / can't hold water 이치에 맞지 않다

Check-up Test

1. Insurance companies in certain states do not have to <u>indemnify</u> a driver who causes accidents.
ⓐ locate ⓑ compensate ⓒ penalize ⓓ prosecute

2. They found his story <u>incomprehensible</u>.
ⓐ true to life ⓑ extremely dull ⓒ hard to believe ⓓ beyond understanding

3. Your ______ remarks has confused the discussion.
ⓐ insightful ⓑ bored ⓒ prosperous ⓓ incongruous

4. The defense attorney pressed the witness to explain why her testimony was <u>inconsistent</u> with the known facts of the case.
ⓐ fictitious ⓑ discrepant ⓒ nomadic ⓓ ingenuous

5. Jules Verne's stories deal with the <u>incredible</u>.
ⓐ phony ⓑ sinister ⓒ entertaining ⓓ unbelievable

정답 **1.** b **2.** d **3.** d **4.** b **5.** d

indescribable
[indiskráibəbl]
★☆☆☆☆
47

in(not) + describable 표현할 수 있는 → '**표현할 수 없는**'에서 유래

a **형언할 수 없는** / that cannot be described; unspeakable
- a scene of **indescribable** beauty 형언할 수 없이 아름다운 장면

n **indescribabílity** 형언할 수 없음

어근관련 ascribe [əskráib] (원인을) ~에 돌리다 inscribe [inskráib] 적다, 새기다

---

indignant
[indígnənt]
★★★☆☆
48

in(not) + dign(worth) → '**자신의 가치[위엄]가 없는**'에서 유래

a **분개한, 성난** / angry at something unworthy or unjust; wrathful
- an **indignant** expression on his face 그의 얼굴에 나타난 분노의 표정

n **indignátion** 분개, 분노(fury) **n** **indígnity** 모욕, 경멸(insult; affront)
cf **índigent** 가난한

어근관련 dignify [dígnəfai] 위엄을 갖추다 disdain [disdéin] 경멸(하다)

---

indiscreet
[indiskrí:t]
★☆☆☆☆
49

in(not) + discreet 분별있는 → '**분별없는**'에서 유래

a **무분별한, 경솔한** / not discreet; imprudent
- The **indiscreet** girl revealed secrets to strangers
  그 경솔한 소녀가 낯선 사람들에게 비밀을 누설했다.

n **indiscrétion** 무분별, 경솔

어근관련 decree [dikrí:] 법령, 포고 excrete [ikskrí:t] 배설[분비]하다

---

indiscriminate
[indiskrímənət]
★★★☆☆
50

in(not) + discriminate 차별하는 → '**차별하지 않는**'에서 유래

a **무차별의, 가리지 않는** / not discriminating; sweeping
- the terrorists' **indiscriminate** violence 테러리스트들의 무차별한 폭력

a **indiscríminating, -tive** 무차별의 **n** **indiscrímination** 무차별

어근관련 distinct [distíŋkt] 뚜렷한, 명백한 distinguish [distíŋgwiʃ] 구별하다

---

indolent
[índələnt]
★★★★☆
51

in(not) + dole(painful) → '(먹고 사는 데) **고통을 느끼지 않는**'에서 유래

a 1 **나태한, 게으른** / disliking effort or activity; idle
2 ≪병리≫ **무통(성)의** / causing little or no pain
- a naturally **indolent** man 본래 게으른 남자
- an **indolent** tumor and ulcer 무통성 종양과 종기

n **índolence** 게으름(fury); 무통 **cf** **ínsolent** 거만한

어근관련 dole [doul] 슬픔 doleful [dóulfəl] 슬픈, 우울한

= 동의어 ↔ 반의어

47	**indescribable**	= unspeakable / inexpressible / indefinable	↔ describable
48	**indignant**	= angry / mad / incensed / provoked / irate	↔ gratified ⭘ 동의어 보강
49	**indiscreet**	= imprudent / unwise / rash / injudicious / impolitic	↔ discreet
50	**indiscriminate**	= unselective / wholesale / random / haphazard / chance / casual	⭘ 동의어 보강
51	**indolent**	= idle / lazy / easy-going / sluggish / slothful	↔ diligent

⭘ 동의어 보강

무차별적인 · 임의의 50

필수	casual 우연의, 되는 대로의 / chance 우연한, 뜻밖의 / indiscreet 무분별한, 경솔한 / indiscriminate 무차별적인 / random 닥치는 대로의, 임의의 / unselective 임의의
고급	haphazard 우연의, 닥치는 대로의
숙어	hit or miss 되는 대로의, 엉터리의

동의어 보감

화난 48	필수	angry 화난 / boiling 화난 / cross 시무룩한, 약간 화가 난 / fiery 화난 / fuming 화난 / furious 화난 / incensed 화난 / indignant 화난 / livid 검푸른, 시퍼런; 격노한 / mad 미친; 화난; 열광하는 / resentful 화난 / upset 화난
	고급	disgruntled 뾰로통한, 심술 난 / freaked / rabid 맹렬한, 열렬한 / seething 속이 끓어오르는 / simmering (노염, 반란 등이) 당장에라도 폭발할 것 같은
	숙어	hot under the collar — 참고: 화, 분노 / anger / fury / indignation / ire / rage / wrath
화내다	필수	bristle 머리털이 곤두서다 / foam 화내다 / fume 화내다 / rage 화내다 / resent 화내다 / seethe 비등하다
	고급	flare (up) 격발하다 / simmer (속이) 부글부글 끓다 / smolder (노여움이) 마음속에 쌓이다 / chafe at 짜증내다
	숙어	blow one's top / fly off the handle / get angry with / go off the deep end 버럭 화를 내다; 욱하다 / hit the ceiling / hit the roof 화를 버럭 내다; 최고점에 도달하다 / lose one's temper 화를 내다 / throw a fit 화를 버럭 내다
	참고	진정해라 / Calm down. / Calm yourself. / Chill out. / Control yourself. / Cool it. / Don't be uptight. / Keep your shirt on. / Simmer down. / Take it easy.
화를 잘 내는 · 신경질적인	필수	choleric 화를 잘 내는 / fractious 화를 잘 내는 / fretful 화를 잘 내는 / hot-tempered 화를 잘 내는 / irascible 화를 잘 내는 / irritable 화를 잘 내는 / petulant 화를 잘 내는 / querulous 화를 잘 내는 / sensitive 화를 잘 내는 / testy 화를 잘 내는 / touchy 신경질적인; 다루기 어려운
	고급	bilious 담즙의 / cantankerous 심술궂은, 잘 다투는 / cranky 까다로운; 짜증을 잘 내는 / dyspeptic 소화불량의 / grouchy 투덜대는 / hot-headed 성마른, 성급한 / inflammable 흥분[격분]하기 쉬운 / peevish 역정 잘 내는; 고집불통인 / splenetic 비장의, 성마른 / whiny 불평하는, 투덜대는
까다로운	필수	bad-tempered 까다로운 / choosy 까다로운 / fussy 까다로운 / particular 까다로운 / punctilious 꼼꼼한 / scrupulous 꼼꼼한, 양심적인
	고급	fastidious 까다로운; 지나치게 결벽한 / finicky (외양 등에) 몹시 까다로운 / meticulous 지나치게 세심한 / picky 법석을 떠는, 까다로운 / prim 꼼꼼한, 깔끔한; 새침한 / squeamish
	참고	지나친 요구를 하는 / exacting / demanding

Check-up Test

1. She was filled with indignation at the conditions under which miners were forced to work.
ⓐ pity ⓑ anger ⓒ disappointment ⓓ sympathy

2. The sultry weather in the tropics encourages a life of indolence.
ⓐ insolvency ⓑ lampoon ⓒ laziness ⓓ sobriety

3. The recession-weary British public has _______ over the royal wealth and life-style.
ⓐ indignation ⓑ discrimination ⓒ indolence ⓓ reservation

4. He is one of those reviewers who gave indiscriminate praise to new books.
ⓐ selective ⓑ sweeping ⓒ polite ⓓ impolite

정답 **1.** b **2.** c **3.** a **4.** b

indomitable
[indámətəbl]
★☆☆☆☆
52

in(not) + domit(tame) → '(외부의 힘에) 길들여지지 않는'에서 유래

a **굴하지 않은, 불굴의** / that cannot be conquered; unconquerable
- show **indomitable** courage against enemies 적에 대항하여 불굴의 용기를 보이다

어근관련 domain [douméin] 영토; 분야, 영역; 토지 소유권

inert
[inə́:rt]
★☆☆☆☆
53

in(not) + ert<art(skill) → '(움직일 수 있는) 기술을 갖추지 않은'에서 유래

a 1 **활동하지 않는, 느릿느릿한** / inactive; slow
2 ≪화학≫ **불[비]활성의** / not readily reactive with other elements
- a fat and **inert** woman 뚱뚱하고 느릿느릿한 여자 • **inert** gases 불활성 기체

n **inértness** 움직이지 못함; 활발하지 않음 **n** **inértia** 무기력함; ≪물리≫ 관성

어근관련 artifice [á:rtəfis] 고안; 책략 artificial [à:rtəfíʃəl] 인공의; 일부러 꾸민

inexorable
[inéksərəbl]
★★☆☆☆
54

in(not) + ex(out) + ora(pray) → '아무리 빌어도 들어주지 않는'에서 유래

a **무정한, 냉혹한** / not influenced by prayers; relentless
- The forces of nature are **inexorable**. 자연의 힘은 냉혹하다.

어근관련 adore [ədɔ́:r] 존경[숭배]하다 oration [ɔ:réiʃən] 연설

inextricable
[inékstrikəbl]
★☆☆☆☆
55

in(not) + extricable 벗어날 수 있는 → '벗어날 수 없는'에서 유래

a (문제에서) **벗어날 수 없는** / that one cannot get out of; insoluble
- **inextricable** financial troubles 벗어날 수 없는 재정 곤란

어근관련 intricate [íntrikit] 복잡한 intrigue [intrí:g] 음모; 음모를 꾸미다

infallible
[infǽləbl]
★☆☆☆☆
56

in(not) + fallible 틀리기 쉬운 → '틀릴 수 없는'에서 유래

a (절대로) **틀림이 없는, 확실한** / free from error; certain
- an **infallible** rule[remedy] 절대로 틀림이 없는 규칙[치료]

어근관련 fallacious [fəléiʃəs] 불합리한 fallacy [fǽləsi] 잘못된 생각[의견]; 궤변, 오류

infamous
[ínfəməs]
★★★★☆
57

in(not) + fam(fame) → '나쁜 쪽으로 유명한'에서 유래

a **악명높은** / having a very bad reputation; notorious
- an **infamous** criminal[traitor] 악명 높은 범죄자[반역자]

n **ínfamy** 악평, 불명예(opprobrium; disgrace)

어근관련 famous [féiməs] 유명한; 훌륭한 defame [diféim] ~의 명예를 훼손하다

infinitesimal
[infinitésəməl]
★☆☆☆☆
58

in(not) + fin(limit) → '등급을 무한히 나눈'에서 유래

a **n** **극소의 (량)** / extremely small (quantity); microscopic
- Germs are **infinitesimal** animals. 세균은 극히 작은 동물이다.

cf **ínfinite** 무한한

어근관련 define [difáin] 규정짓다; ~의 정의를 내리다 refine [rifáin] 정제하다

= 동의어 ↔ 반의어

52	**indomitable**	= invincible / impregnable / matchless / peerless / unrivaled ⊙ 동의어 보강
53	**inert**	= sluggish / tardy / languid / lethargic / listless / torpid ↔ animated ⊙ 동의어 보강
54	**inexorable**	= relentless / ruthless / merciless / implacable / truculent / scathing ↔ lenient
55	**inextricable**	= insoluble / insolvable / irresolvable ↔ extricable
56	**infallible**	= certain / sure / reliable / faultless / impeccable ↔ fallible
57	**infamous**	= atrocious / egregious / flagrant / heinous / nefarious / infernal ⊙ 동의어 보강
58	**infinitesimal**	= smallest / minimum / microscopic ↔ immense

동의어 보감

무적인 · 난공불락의 52		
필수	impregnable 난공불락의, 확고한 indomitable 불굴의 insuperable 이겨내기 어려운 insurmountable 이겨내기 어려운 invincible 무적의	invulnerable 다치지 않는, 이겨낼 수 없는 matchless 무적의 peerless 비할 데 없는 unbeatable 패배시킬 수 없는	unconquerable 무적의 unequaled 무적의 unparalleled 비할[견줄] 데 없는 unrivaled 무적의 untouchable 만질 수 없는; 무적의
고급	impenetrable 관통할 수 없는, 불가해한 / nonpareil 비할 데 없는	숙어	next to none
참고	요새 / fort / fortress / fortifications / stronghold 요새, 최후의 거점 / citadel 성, 요새 / bulwark 성채, 보루 / bunker 엄폐호, 은신처		

느린 · 활발치 못한 53			
필수	dilatory 꾸물거리는 dormant 휴면중인 inactive 활발하지 않은 inert 비활성의; 느린	languid 노곤한 lethargic 나른한 limp 축 늘어진; 절름거리다 listless 노곤한	slow 느린 sluggish 느린, 게으른 tardy 더딘, 느린 torpid 둔한, 느린
고급	flabby 축 늘어진 / flaccid 축 늘어진 / flagging 축 늘어진 / lackluster 광택이 없는; 활기 없는 / laggard 느림보의, 꾸물거리는 / slack 나른한, 태만한		
참고	지치다 / be fatigued / be worn out / be tired / run out of stream 피로, 피곤 / fatigue / tiredness / weariness / strain / lassitude / languor		

↔ 민첩한 · 기민한			
필수	agile 민첩한 brisk 민첩한	nimble 민첩한 quick (움직임이) 신속한	swift 민첩한
고급	sprightly 활발한, 쾌활한 / spirited 활기찬 / spry (특히 노인이) 기운찬, 활발한		
숙어	on the double 황급히, 신속히		

아주 나쁜 · 극악한 57			
필수	atrocious 잔인무도한 blatant 명백한; 뻔뻔스러운 egregious 극악한; 언어도단의	flagrant 극악한 infamous 악명 높은 notorious 악명 높은	outrageous 잔인무도한; 터무니없는; 우스운 sinister 불길한; 사악한
고급	demonic 악마의 / diabolic 악마의, 극악한 / fiendish 악마 같은, 극악한 / heinous 가증스러운, 극악한 / infernal 지옥의, 악마의 / nefarious 극악한, 사악한 / villainous 악당 같은		
참고	오명 / bad name / ill fame / stigma / scarlet letter 주홍 글씨		

Check-up Test

1. He is infamous for his dishonesty in business matters.
ⓐ dreaded ⓑ inconsiderate ⓒ notorious ⓓ loathed

2. Cobalt in infinitesimal amounts is one of the metals essential to life.
ⓐ minute ⓑ prescribed ⓒ limited ⓓ restricted

3. When the opposing team took the field, they seemed _______, but we were able to defeat them.
ⓐ indubitable ⓑ indomitable ⓒ mandatory ⓓ redoubtable

4. The inexorable dictator will not suspend the persecution.
ⓐ foolish ⓑ iniquitous ⓒ insane ⓓ unrelenting

5. The body and mind are _______ interwoven in all of us; they cannot be separated.
ⓐ inaptly ⓑ inaccurately ⓒ inadequately ⓓ inextricably

정답 1. c 2. a 3. b 4. d 5. d

461 **maxim**
[mǽksim]
★★★☆☆

max (great 큰) → '**현인들의 큰 마음이 담겨 있는 격언**' 에서 유래

n **격언** / a well-known phrase; proverb
- inscribe the **maxim** in one's heart 격언을 자신의 마음에 새기다

---

462 **maze**
[meiz]
★★☆☆☆

maze<amasen 어리둥절하게 만들다 → '**어리둥절하게 만드는 미로, 또는 그 혼란한 상태**' 에서 유래

n **미로** / labyrinth ; **혼란** / a state of confusion; perplexity
v **혼란하게 하다** / confound
- He was in such a **maze** that he couldn't speak.
  그는 혼란스러워서 말을 할 수 없었다.

---

463 **meander**
[miǽndər]
☆☆☆☆☆

Maiandros 강 이름 → '**구불구불하기로 유명했던 강 이름**' 에서 유래

v **구불구불 나아가다** / turn a lot as if flows; wind; wander
- The brook **meanders** through fields. 개천이 들판을 구불구불 흐르고 있다.

n **a** **meándering** 구불구불한 길; 만담; 굽이치는

---

464 **meddle**
[médl]
★★☆☆☆

med (mix 섞다)→ '**남의 일에 자신의 의견을 껴 넣어 참견하다**' 에서 유래

vi **참견하다** / deliberately become involved; interfere
- **meddle** in other people's lives 남들의 생활에 간섭하다

a **méddlesome** 참견하길 좋아하는

---

465 **mediate**
[mí:dieit]
★★★☆☆

med (middle 중간의)→ '**중간의 입장에서 분쟁을 조정하다**' 에서 유래

v **(분쟁 등을) 조정[중재]하다** / try to end a quarrel; arbitrate
- **mediate** a dispute 분쟁을 조정하다

n **mediátion** 조정, 중재

---

466 **mediocre**
[mi:dióukər]
★★★☆☆

med (middle 중간의) → '**딱 중간인**' 에서 유래

a **평범한** / not very good; ordinary
- a **mediocre** story 평범한 이야기

n **mediócrity** 평범; 평범한 사람

---

467 **meditation**
[medətéiʃən]
★★★☆☆

medi (consider 숙고하다)

n **숙고, 명상** / the act of thinking deeply; reflection
- reach one's decision after **meditation** 숙고 끝에 결정을 내리다

v **méditate** 명상하다 **a** **méditative** 명상에 잠긴; 명상적인

---

468 **memento**
[məméntou]
★☆☆☆☆

me<mens (mind 마음) → '**마음속에 간직하는 추억**'에서 유래

n <pl.> **기념물, 추억거리** / sth serving as a reminder or remembrance; token
- a **memento** of our trip abroad 우리의 해외 여행을 기념하는 기념품

---

469 **mendacious**
[mendéiʃəs]
★☆☆☆☆

mend (flaw 결점) → '**결점에 대해 거짓을 말하는**'에서 유래

a **거짓의** / not truthful; false
- a **mendacious** account 거짓 이야기(보도)

n **mendácity** 거짓된 행동, 거짓말

---

470 **mendicant**
[méndikənt]
★☆☆☆☆

mendicant<mendicantem (beggar 거지) → '**구걸하는 거지**' 에서 유래

a **구걸하는** / begging; cadging
n **탁발승, 거지** / beggar
- become a **mendicant** priest 탁발승이 되다

---

471 **menial**
[mí:niəl]
★☆☆☆☆

men<mean 천한

a **천한; 천한 일을 하는** / of work not skilled or important; humble; servile
n **하인** / servant
- do **menial** tasks like cleaning the floor 바닥 청소 같은 천한 일을 하다

---

472 **mercenary**
[mə́:rsəneri]
★☆☆☆☆

mercen (pay 보수) → '**보수를 받기 위해 하는**' 에서 유래

a **돈[보수]을 목적으로 하는** / influenced by the wish for money
- act from **mercenary** motives 돈을바라는동기에서행동하다

473 **mercurial**
[mərkjúəriəl]
☆☆☆☆☆

Mercury 수성 → '**수성처럼 빨리 변하는**' 에서 유래

a **(수은처럼) 변덕스러운** / changing mood suddenly and unexpectedly; fickle
- an unpredictably **mercurial** temperament 예측할 수 없이 변덕스러운 기질

---

474 **mesmerize**
[mézməraiz]
☆☆☆☆☆

Mesmer 의사 이름 → '**오스트리아의 최면 술사 이름**' 에서 유래

vt **최면술을 걸다, 매혹하다** / hold the complete attention; fascinate
- be **mesmerized** by the flashing colors of the fish 물고기의번쩍이는색에매혹당하다

---

475 **mete**
[mi:t]
☆☆☆☆☆

me (measure 측정하다) → '**정도를 측정하여 상이나 벌을 주다**' 에서 유래

vt **(상 · 벌 등을) 주다** / give someone punishment; distribute
- **mete** out harsh sentences for car theft 차 절도에 대해 가혹한 형벌을 주다

---

476 **meticulous**
[mətíkjuləs]
☆☆☆☆☆

met (fear 두려움) → '**두려울 정도로 꼼꼼한**' 에서 유래

a **세심[꼼꼼]한** / very careful about small details; precise; fussy
- be **meticulous** in checking one's accounts 세심하게 자신의 계산서를 검토하다

---

477 **mettle**
[métl]
★☆☆☆☆

mett<metal 금속 → '**금속처럼 단단한 마음**' 에서 유래

n **용기, 기개(氣槪)** / the ability and determination to do sth successfully; courage
- put on one's **mettle** 용기를 돋우다

---

478 **mien**
[mi:n]
☆☆☆☆☆

mien<mine (look 보이다) → '**겉으로 드러나 보이는 태도**' 에서 유래

n **≪문학≫ 태도** / way of behaving; demeanor
- the gracious **mien** of a queen 여왕의 우아한 태도

---

479 **migrant**
[máigrənt]
☆☆☆☆☆

migr (move 이동하다)

a **이주하는** / changing its habitant; migratory **n** **이주자**
- **migrant** birds 철새

n **migrátion** 이주

---

480 **milestone**
[máistoun]
★★★★☆

mile 마일 : 거리단위 + stone 돌 → '**남은 마일을 표시해주는 석판인 이정표**' 에서 유래

n **이정표; 획기적인 사건** / epoch-making event; landmark
- The incident was a **milestone** in my life. 그 사건은 내 인생의 중대사건이었다.

Check-up Test

1. After author David Foster Wallace committed suicide last September, his longtime agent, Bonnie Nadell, found herself lost in a <u>maze</u> of words.
ⓐ labyrinth ⓑ gumption ⓒ entrance ⓓ missive

2. The absent-minded man is often a man who is making the best of life and, therefore, has no time to remember the <u>mediocre</u>; who would have trusted Socrates or Shakespeare to post a letter or turn off the gas when leaving the house?
ⓐ ordinary ⓑ incredulous ⓒ bad ⓓ considerate

3. Many immigrants, when they first arrived in the United States, were forced to engage in <u>menial</u> jobs.
ⓐ significant ⓑ lowly ⓒ rough ⓓ remedial

4. My brother was so <u>mercurial</u> that he constantly changed his political outlooks.
ⓐ charming ⓑ troublesome ⓒ capricious ⓓ physical

5. Your mood seems very <u>meditative</u> this evening.
ⓐ gleeful ⓑ thoughtful ⓒ selfish ⓓ cautious

정답 **1.** a **2.** a **3.** b **4.** c **5.** b

r~z

- **remind A of B** / A에게 B를 상기시키다 bring back, ring a bell
  - These bracelets **remind** me **of** my grandmother.
    이 팔찌는 나에게 할머니를 떠올리게 한다.

- **resign oneself to** / 체념하고 받아들이다 accept without complaint, settle for
  - I'd already **resigned myself to** the game. 난 이미 그 시합을 체념했어.

- **root out[up]** / 뿌리 뽑다, 근절하다 uproot, get rid of
  - It is vital that we **root out** corruption.
    부패를 근절하는 것은 필수적이다.

- **rule out** / 배제하다, 제외하다 exclude, exempt
  - The player has been **ruled out** with injury.
    그 선수는 부상으로 제외되었다.

- **sign up for** / ~에 등록하다 register for, enroll for
  - I'm going to **sign up for** several classes this semester.
    나는 이번 학기에 몇몇 강좌를 등록할 것이다.

- **single out** / 선발하다, 고르다 choose, pick out
  - It is impossible to **single out** one player among 10 candidates.
    열명의 후보 중 선수를 한 사람만 추릴 수는 없다.

- **slip one's mind** / 깜빡하다, 잊다 forget something
  - I tried to absorb so much information in such a short time, but that **slipped my mind**. 짧은 시간 내에 많은 정보를 받아들이려고 했으나 잊어버리고 말았다.

- **stop by** / ~에 잠시 들르다, 잠깐 들르다 drop in, drop by
  - Let's **stop by** a furniture shop on the way home to order a new table. 새 테이블을 주문해야 되니까 집에 가는 길에 가구점에 잠깐 들르자.

- **suit oneself** / 마음대로 하다 indulge oneself
  - You can **suit yourself** about going or remaining here.
    가든지 여기에 남든지 네 마음대로 해도 좋다.

- **tamper with** / (멋대로) 고치다, 변조하다; 간섭하다 alter, meddle in, interfere with
  - Someone had obviously **tampered with** the brakes of my car.
    누군가가 분명히 내 차 브레이크에 손을 댔던 모양이었다.

- **tick off** / 확인하다, 점검하다 show with marking ; 꾸짖다 scold
  - He **ticked off** the names of the people who had replied.
    그는 대답했던 사람들의 이름을 확인하였다.

- **tip off** / ~에게 귀띔하다, 언질을 주다 advise, tell
  - The police were **tipped off** about the robbery.
    누군가 그 강도 사건에 관해 경찰에 밀고했다.

- **touch off** / 유발하다, 촉발하다 trigger, cause
  - Experts say that could **touch off** a global pandemic.
    전문가들은 그것이 전 세계적인 유행병을 유발시킬 수도 있다고 말한다.

- **use up** / 다 써버리다, 고갈시키다 exhaust, deplete
  - When you **use up** more calories than you take in, you'll lose weight.
    당신이 섭취한 것보다 더 많은 칼로리를 써버렸을 때 살이 빠질 것입니다.

- **vouch for** / 보증하다 guarantee, warrant
  - Are you willing to **vouch for** him?
    기꺼이 그의 보증인이 되시겠습니까?

- **watch over** / 감독하다 supervise, oversee
  - We are **watching over** your welfare day and night.
    밤낮으로 우리는 당신의 복지를 지켜보고 있습니다.

- **wear out** / 닳게 하다 rub out; wear away[down] ; 지치게 하다 exhaust, tire out
  - You'll **wear** yourself **out** if you carry on working so hard.
    너 계속 그렇게 열심히 하다가는 지치고 말 것이다.

- **weed out** / 제거하다 eliminate, get rid of
  - How do we **weed out** the bad from the good?
    어떻게 선에서 악을 제거해야 하는가?

- **wind up** / 끝내다 finish, stop, bring to an end, wrap up
  - We can **wind up** the discussion when we all agree.
    우리 모두가 동의하면 그 논의를 끝낼 수 있다.

- **work out** / 해결하다, 성취하다 achieve, accomplish ; 연습하다, 운동하다 exercise
  - I'm sure things will **work out** for the best in the near future.
    가까운 장래에 모든 일이 잘 되게끔 해결되리라 확신합니다.

- **wrap it up** / 끝내다, 마치다 finish
  - It's time for us to **wrap it up** for the day.
    오늘 일을 마칠 시간이다.

- **yearn for** / 동경하다, 갈망하다 crave for, pant for
  - I **yearn for** a quiet life. 나는 조용한 삶을 동경한다.

- **zero in on** / ~에 집중하다 concentrate on
  - **Zero in on** what you hope to achieve.
    당신이 성취하고 싶은 것에 집중해라.

- **rub someone the wrong way** / ~를 화나게 하다 irritate, annoy
- **save one's face** / 체면을 지키다 preserve one's honor
- **spill the beans** / 비밀을 누설하다 tell tales, let the cat out of the bag
- **step on the gas** / 속력을 내다, 서두르다 speed up, accelerate, step on it
- **stick to one's guns** / 주장을 고수하다 hold one's ground
- **swallow one's words** / 한 말을 취소하다 eat one's words
- **wreak havoc on** / ~을 대파괴하다 raze, play havoc with

in- (부정)

우선순위 로 보는 PRE view

Date : /

★★★★☆	73.	**intrepid**	대담한	□ □ □
	79.	**irrelevant**	부적절한	□ □ □
★★★☆☆	66.	**insipid**	맛없는; 지루한	□ □ □
	67.	**insolent**	무례한	□ □ □
	68.	**insolvent**	파산한	□ □ □
	69.	**intangible**	무형의; 모호한	□ □ □
	74.	**invaluable**	매우 귀중한	□ □ □
★★☆☆☆	63.	**inordinate**	무절제한	□ □ □
★☆☆☆☆	59.	**infirm**	허약한	□ □ □
	60.	**inhospitable**	불친절한; 부적당한	□ □ □
	61.	**iniquitous**	사악한	□ □ □
	62.	**innumerable**	무수한	□ □ □
	64.	**insensible**	무감각한; 적은	□ □ □
	65.	**inseparable**	분리할 수 없는	□ □ □
	70.	**integral**	완전한; 필수의	□ □ □
	71.	**integrate**	통합하다	□ □ □
	72.	**integrity**	성실; 완전	□ □ □
	75.	**invariable**	불변의	□ □ □
	76.	**invincible**	이길 수 없는	□ □ □
	77.	**involuntary**	강제적인; 무심코 한	□ □ □
	78.	**irrational**	비이성적인	□ □ □
	80.	**irreparable**	고칠 수 없는	□ □ □
	81.	**irresistible**	저항할 수 없는	□ □ □
	83.	**irrevocable**	취소할 수 없는	□ □ □
☆☆☆☆☆	82.	**irresolute**	우유 부단한	□ □ □

MD25 mp3

LECTURE 25

infirm
[infə́:rm]
★☆☆☆☆
59

in(not) +
firm 튼튼한 →
'**튼튼하지 않는**'에서 유래

a (몸 · 의지가) **허약한** / lacking strength or health; feeble

- an old and **infirm** man 늙고 허약한 남자

어근관련 affirm [əfə́:rm] 확인하다 confirm [kənfə́:rm] 확인하다 뉘앙스 p.313

---

inhospitable
[inhάspitəbl]
★☆☆☆☆
60

in(not) +
hospitable 친절한 →
'**친절하지 않은**'에서 유래

a 1 (손님에게) **불친절한, 대접이 나쁜** / not hospitable; unkind
2 (살기에) **부적당한, 불모의** / providing no shelter or entertainment; barren

- That **inhospitable** host never offers visitors any refreshments.
대접이 나쁜 저 주인은 손님들에게 결코 어떠한 음식도 내주지 않는다.
- **inhospitable** desert areas 불모의 사막 지역

n **inhospitálity** 불친절, 냉대(unfriendliness)

어근관련 hospital [hάspitl] 병원(의); 자선 시설 hotel [houtél] 호텔

---

iniquitous
[iníkwətəs]
★☆☆☆☆
61

in(not) +
iqu<equ (just) →
'**정당하지 않은**'에서 유래

a **부정한, 사악한** / very unjust; wicked

- an **iniquitous** suggestion[opinion] 사악한 제안[의견]

n **iníquity** 부정 (행위), 사악

어근관련 equivalent [ikwívələnt] 동등한 (것) equivocal [ikwívəkəl] 애매[모호]한

---

innumerable
[injú:mərəbl]
★☆☆☆☆
62

in(not) +
numerable 셀 수 있는 →
'(너무나 많아) **셀 수 없는**'
에서 유래

a **셀 수 없는, 무수한** / too many to count; countless

- an **innumerable** swarm of beess 무수한 벌 떼

n **innúmerableness** 무수히 많음

어근관련 numerical [nju:mérikəl] 수의 numerous [njú:mərəs] 다수의, 수많은

---

inordinate
[inɔ́:rdənət]
★★☆☆☆
63

in(not) +
ordin(order) →
'**질서가 없는**'에서 유래

a **무절제한, 터무니없는** / much too great; excessive

- **inordinate** demands for higher wages 더 높은 임금을 지급하라는 터무니없는 요구

n **inórdinateness** 무절제[과도]함

어근관련 ordain [ɔ:rdéin] (신 · 운명 등이) 정하다, (법률 등이) 규정[제정]하다
ordinance [ɔ́:rdənəns] 법령, 포고

---

insensible
[insénsəbl]
★☆☆☆☆
64

in(not) +
sensible 느끼기 쉬운 →
'**느끼지 못하는**'에서 유래

a 1 (몸이) **무감각한, 의식을 잃은** / not able to feel; senseless
2 (느끼지 못할 정도로) **적은** / too small to be noticed; imperceptible

- become **insensible** from cold 추위로 무감각해지다
- grow cold by **insensible** degrees 느끼지 못할 정도로 조금씩 추워지다

n **insensibílity** 무감각; 둔감(apathy)

어근관련 consent [kənsént] 승낙(하다) dissent [disént] 의견을 달리하다

---

inseparable
[insépərəbl]
★☆☆☆☆
65

in(not) +
separable 분리할 수 있는 →
'**분리할 수 없는**'에서 유래

a **분리할 수 없는** / not separable; indivisible

- Heat is **inseparable** from fire. 열은 불로부터 분리할 수 없다.

n **inséparables** 분리할 수 없는 것[사람] **n** **inseparabílity** 불가분성

어근관련 par [pa:r] 동위, 동가; 평균, 기준량[액] disparity [dispǽrəti] 부동, 부등

동의어 / 반의어

59	**infirm**	=	weak / decrepit / feeble / frail / flimsy ↔ sturdy (동의어 보감)
60	**inhospitable**	=	unkind / unfavorable / unfriendly / hostile ↔ hospitable
61	**iniquitous**	=	wicked / evil / vicious / unrighteous / nefarious
62	**innumerable**	=	countless / numberless / uncountable / myriad / infinite / untold
63	**inordinate**	=	excessive / immoderate / exorbitant / outrageous ↔ moderate
64	**insensible**	=	senseless / unfeeling / insensitive / insentient ↔ sensible
65	**inseparable**	=	intimate / close / familiar / confidential / chummy ↔ separable

동의어 보감

약한 · 허약한 59	필수	breakable 깨지기 쉬운 / brittle 깨지기 쉬운 / decrepit 노쇠한 / delicate 섬세한; 연약한; 다루기 힘든 / faint 희미한 / feeble 연약한 / flimsy 얇은, 연약한 / fragile 깨지기 쉬운 / frail 허약한 / frangible 깨지기 쉬운 / infirm 병약한, 노쇠한 / weakly 약골인 / weakling 병약자; 약골인
	고급	dainty 가냘픈 / effete 정력이 빠진, 나약한 / rickety 곱사등의; (가구 등이) 흔들흔들하는
	참고	tenuous 얇은, 가는; 빈약한
↔ 신체 건강한 · 튼튼한	필수	stout 튼튼한; 살찐 / robust 강건한, 튼튼한 / strong 튼튼한 / sturdy 튼튼한
	고급	brawny 근골이 억센, 강건한 / burly 억센, 건장한 / herculean 괴력의; 몹시 어려운 / sinewy 힘줄이 많은; 건강한 / stalwart 건장한, 강건한 / virile 성년 남자의, 강건한
	참고	puissant 세력이 있는, 권력이 있는 / muscular 근육질인 / macho 남자다운

뉘앙스

약한 · 허약한 59

weak	**약한** 《가장 일반적인 말》	• a **weak** constitution 약한 체질
féeble	(동정 또는 경멸을 일으킬 정도로) **연약한, 허약한**	• a **feeble** old woman 허약한 노파
frail	(본래 체질이) **연약한**	• her **frail** body 그녀의 연약한 몸
frágile	(특히 물건이 부서지기 쉽고) **약한**	• a **fragile** china teacup 깨지기 쉬운 사기 찻잔
decrépit	**늙어서 쇠약해진, 노쇠한**	• a **decrepit** old pensioner 노쇠한 연금 수령자
infírm	(병이나 고령으로 심신이) **허약한**	• be **infirm** with age 고령으로 노쇠해 있다

cf. **wéakly** (만성적으로) **병약한**

check-up Test

1. Americans have the reputation of being very hospitable people.
ⓐ harsh ⓑ friendly ⓒ hostile ⓓ faithful

2. We cannot condone such knavery in public officials.
ⓐ conjecture ⓑ frailty ⓒ iniquity ⓓ complaint

3. They had to live under an iniquitous regime.
ⓐ wicked ⓑ benevolent ⓒ ubiquitous ⓓ disinterested

4. The different parts of the cotton plant are utilized in the manufacture of innumerable commodity.
ⓐ numerous ⓑ risible ⓒ underrated ⓓ priceless

5. They made inordinate demands.
ⓐ continuous ⓑ excessive ⓒ regular ⓓ irregular

정답 **1.** b **2.** c **3.** a **4.** a **5.** b

insipid
[insípid]
★★★☆☆
66

in(not) + sipid(tasty) → '맛이 없는'에서 유래

a 1 (음식이) **맛없는** / without any particular flavor; unpalatable
2 (성격이나 이야기가) **재미없는, 지루한** / lacking interest or spirit; dull
- His **insipid** speech bored everyone. 그의 재미없는 연설이 모두를 지루하게 했다.

어근관련 sap [sæp] 수액; 약화시키다 sapid [sǽpid] 맛있는

---

insolent
[ínsələnt]
★★★☆☆
67

in(not) + sol(be accustomed) → '(전통적인 예절에) 익숙치 않은'에서 유래

a **무례한, 거만한** / showing disrespectable rudeness; arrogant
- an **insolent** remark[behavior] 무례한 말[행동]

n **ínsolence** 오만, 무례 **cf** **insólvent** 파산한 **insóluble** 해결할 수 없는

어근관련 obsolete [ɑbsəlíːt] 쇠퇴한, 구식의 obsolescent [ɑbsəlésnt] 쇠퇴하고 있는

---

insolvent
[insɑ́lvənt]
★★★☆☆
68

in(not) + solvent 지급 능력이 있는 → '지급 능력이 없는'에서 유래

a **지급불능의, 파산한** / not able to pay one's debt; bankrupt
- The bank was declared **insolvent**. 그 은행은 파산 선고되었다.

n **insólvency** 파산 (상태)

어근관련 soluble [sɑ́ljubl] 녹는; 해결 가능한 dissolve [dizɑ́lv] 용해되다[시키다]

---

intangible
[intǽndʒəbl]
★★★☆☆
69

in(not) + tangible 만질 수 있는 → '만질 수 없는'에서 유래

a 1 **만질 수 없는, 무형의** / not capable of being touched; impalpable
2 (확실히) **알 수 없는, 모호한** / not easily grasped by the mind; vague
- Sound and light are **intangible**. 소리와 빛은 만질 수 없다.
- feel an **intangible** sense of gloom 알 수 없는 우울감을 느끼다

n **intangibílity** 만질 수 없음; 알 수 없음

어근관련 entangle [intǽŋgl] 엉클어지게 하다; (함정 · 곤란에) 빠뜨리다
disentangle [disentǽŋgl] ~의 엉킨 것을 풀다

---

integral
[íntigrəl]
★☆☆☆☆
70

in(not) + teg<tag(touch) → '아무도 손대지 않은 본래 그대로의'에서 유래

a 1 **완전한, 빠진 것이 없는** / having all the parts; entire
2 (전체를 구성하는 데) **필수의** / necessary to make something complete; essential
- an **integral** set of Shakespeare's plays 세익스피어 희곡 전집
- an **integral** part of the argument 토론에 필수적인 부분

n 1 **전체** / an integral whole; integer
2 ≪수학≫ **적분** / integration • a definite[indefinite] **integral** 정[부정]적분

n **íntеger** 완전한 것; ≪수학≫ 정수

어근관련 intact [intǽkt] 완전한 integration [intəgréiʃən] 통합, 완성; ≪수학≫ 적분법

= 동의어 ↔ 반의어

66	**insipid**	=	unpalatable / flat / tasteless / bland / vapid ↔ savory ⊙ 동의어 보강
67	**insolent**	=	rude / impudent / haughty / arrogant / pert / saucy ↔ deferential ⊙ 동의어 보강
68	**insolvent**	=	bankrupt / destitute / indigent / needy / broke ↔ solvent
69	**intangible**	=	imperceptible / impalpable / invisible / insensible ↔ tangible
70	**integral**	=	entire / whole / complete / total / intact / in one piece ⊙ 동의어 보강

동의어 보감

맛없는, 김빠진 66	필수	bland 맛이 순한, 맛없는 dull 단조로운; 맛없는 flat 평평한; 맛없는, 불쾌한	insipid 맛없는 stale 싱싱하지 않은, 진부한 tasteless 맛없는	unpalatable 맛없는 vapid 김빠진, 맛없는
	고급	unsavory 맛없는, 불쾌한		
↔ 맛있는	필수	delicious 맛있는 flavorous 맛있는	juicy 즙 많은 savory 맛있는	tasty 맛있는 yummy 맛있는
	고급	delectable 즐거운; 맛이 있는 / luscious 달콤한, 향긋한; 육감적인 / lush 싱싱한 / mouth-watering 군침 돌게 하는 / palatable 맛 좋은, 즐거운 / sapid 맛있는, 재미있는 / succulent 즙 많은		
	참고	whet (식욕을) 자극하다		

건방진 67	필수	arrogant 건방진, 거만한 assuming 젠체하는, 건방진 brazen 철면피의 bumptious 거만한, 건방진	forward 뻔뻔스러운, 주제넘은 haughty 거만한 impertinent 부적절한; 무례한 impudent 염치없는, 무례한	insolent 건방진 stuck-up 거만한, 건방진
	고급	presumptuous 주제넘은, 건방진 / pert 버릇없는; 활발한 / sassy 건방진, 활발한 / saucy 뻔뻔스러운, 쾌활한		

중요한 · 필수의 70	필수	capital 가장 중요한, 으뜸가는 critical 비판적인; 중요한, 위기의 foremost 으뜸가는, 제일의 important 중요한 indispensable 필수불가분한	integral 완전한; 필수적인 leading 으뜸가는, 제일의 main 주요한, 중요한 major 주요한, 중요한 material 물질의; 중요한	momentous 중요한 principal 주된, 중요한 significant 의미심장한, 중요한 vital 활기찬; 필수적인
	고급	cardinal 진홍색의; 주요한 / pivotal 중추적인		
↔ 사소한 · 하찮은	필수	immaterial 무형의; 중요하지 않은 insignificant 사소한 insubstantial 미량의	minor 사소한 petty 사소한 slight 사소한	trifling 사소한 trivial 사소한
	고급	exiguous 근소한, 미량의 / paltry 얼마 안 되는, 하찮은 / peddling 행상하는; 시시한 / picayune 얼마 안 되는, 조금의 / piddling 사소한 / puny 아주 작은, 보잘것없는		
	반의어	상당한 / considerable / respectable / sizable / substantial		

Check-up Test

1. The benefits are <u>intangible</u>.
ⓐ nonexistent ⓑ having a religious meaning ⓒ hidden ⓓ without physical substance

2. The manager was sometimes <u>insolent</u> on duty.
ⓐ insane ⓑ rude ⓒ polite ⓓ rash

3. A business is _______ if its liabilities exceed its assets.
ⓐ intrepid ⓑ invaluable ⓒ intangible ⓓ insolvent

4. The Airlines has become a part of an <u>integral</u> transportation company in the sea, sky and land.
ⓐ absolute ⓑ importing ⓒ adept ⓓ extravagant

5. Every single book I touch upon is so <u>insipid</u> that I cannot finish it.
ⓐ grave ⓑ dull ⓒ difficult ⓓ hard-bound

정답 **1.** d **2.** b **3.** d **4.** a **5.** b

integrate
[íntəgreit]
★☆☆☆☆
71

in(not) + teg(touch) → '아무도 손대지 않은 완전한 상태가 되게 하다'에서 유래

vt (각 부분을 전체에) **통합하다, 완전하게 하다** / make into a whole; complete

- **integrate** the different circuits of a television or computer
  텔레비전 또는 컴퓨터의 다른 회로들을 (하나로) 통합하다

n **integrátion** 통합, 조화(harmony); 인종 차별 철폐; ≪수학≫ 적분

어근관련 tangible [tǽndʒəbl] 만져서 알 수 있는　tangential [tændʒénʃəl] 접선의; 별로 관계가 없는

---

integrity
[intégrəti]
★☆☆☆☆
72

in(not) + teg<tag(touch) → '아무도 손대지 않은 인간 본연의 심성'에서 유래

n 1 **성실, 정직** / the quality of being of sound moral principle; honesty
2 **완전(한 상태)** / undivided or unbroken condition; completeness

- a man of complete **integrity** 철저히 정직을 지키는 남자
- defend the **integrity** of one's country against enemy
  적에 대항하여 자기 나라 영토의 완전한 상태를 지키다

어근관련 tact [tækt] 재치, 기지　tactics [tǽktiks] (군사) 작전, 전술

---

intrepid
[intrépid]
★★★★☆
73

in(not) + trepid(alarmed) → '어떤 일에도 놀라지 않는'에서 유래

a **용맹스러운, 대담한** / showing no fear; dauntless

- the **intrepid** mountaineers[explorers] 대담한 등반가들[탐험가들]

n **intrepídity** 대담(한 행위)

어근관련 trepidation [trepədéiʃən] 공포, 전율

---

invaluable
[invǽljuəbl]
★★★☆☆
74

in(not) + valuable 금전적 가치가 있는 → '금전적 가치로 따질 수 없는'에서 유래

a **매우 귀중한** / valuable beyond measure; priceless

- Good health is an **invaluable** blessing. 건강은 값을 헤아릴 수 없는 축복이다.

n **inváluableness** 매우 귀중함

어근관련 value [vǽlju:] 평가하다; 중시하다　evaluate [ivǽljueit] 평가하다

---

invariable
[invέəriəbl]
★☆☆☆☆
75

in(not) + variable 변하기 쉬운 → '변하지 않는'에서 유래

a **변하지 않은, 불변의** / always the same; unchangeable

- an **invariable** quantity[habit] 변하지 않는 양[습관]

n ≪수학≫ **상수** / something invariable; constant

- an **invariable** having an unchangeable value 변하지 않는 값을 갖는 상수

ad **inváriably** 언제나, 항상(always)　n **inváriableness** 불변

어근관련 varied [vέərid] 가지각색의　variant [vέəriənt] 다른, 상이한

---

invincible
[invínsəbl]
★☆☆☆☆
76

in(not) + vincible 정복 할 수 있는 → '정복할 수 없는'에서 유래

a **정복할[이길] 수 없는** / not to be overcome; unconquerable

- The champion wrestler seemed **invincible**. 그 챔피언 레슬러는 무적인 것처럼 보였다.

n **invincibílity** 무적

어근관련 convince [kənvíns] 확신시키다　evince [ivíns] 분명히 나타내다

동의어 / 반의어

71	**integrate**	=	complete / coordinate / amalgamate / incorporate / interface
72	**integrity**	=	honesty / sincerity / uprightness / probity / faithfulness ↔ mendacity
73	**intrepid**	=	brave / audacious / bold / dauntless / valiant / gallant / plucky ↔ craven
74	**invaluable**	=	priceless / precious / inestimable / costly / valuable ↔ worthless ⊙ 동의어 보감
75	**invariable**	=	unchangeable / constant / uniform / inalterable ↔ variable
76	**invincible**	=	insurmountable / insuperable / nonpareil / impregnable ↔ vincible

동의어 보감

비싼 · 아주 귀중한 74	필수	costly 값진, 비싼 / dear (너무) 비싼 / inestimable 비싼 / invaluable 매우 귀중한 / priceless 값을 매길 수 없는 / prohibitive 엄청 비싼 / steep 가파른; 매우 비싼 / valuable 가치 있는, 귀중한
	고급	exorbitant 터무니없이 비싼 / ritzy 아주 고급의
	숙어	beyond[above, without] price / at a premium 프리미엄이 붙은
	참고	affordable 가격이 적당한
↔ 야한 · 싸구려의	필수	flashy 야한 / gaudy 야한 / showy 야한 / tawdry 값싼, 야한
	고급	chintzy 값싼, 야한 / garish 지나치게 화려한, 야한 / kitschy 저속한, 저질의 / meretricious 저속한, 야한

Check-up Test

1. Hollywood has mutated from an industry of ______ corporations into the world's best example of a network economy. Eventually, every knowledge-intensive industry will end up in the same flattened atomized state. Hollywood just has gotten there first.
ⓐ flexibly structured ⓑ internally fragmented ⓒ vertically integrated ⓓ financially aligned

2. He has always been the most <u>intrepid</u> explorer.
ⓐ successful ⓑ reliable ⓒ timid ⓓ fearless

3. I learned <u>invaluable</u> lessons one night in Seoul.
ⓐ very valuable ⓑ worthless ⓒ very expensive ⓓ easy

4. Our perception of other people <u>invariably</u> involves guesses and judgments about internal causes of their behavior.
ⓐ occasionally ⓑ spasmodically ⓒ involuntarily ⓓ always

5. We learned that the strict discipline and superior leadership of the Roman legions made them all but <u>invincible</u>.
ⓐ mercenary ⓑ unconquerable ⓒ judicious ⓓ meticulous

정답 **1.** c **2.** d **3.** a **4.** d **5.** b

involuntary
[inválənteri]
★☆☆☆☆
77

in(not) + voluntary 자발적인 → '자발적으로 한 것이 아닌'에서 유래

a 1 **타의에 의한, 강제적인** / not done of one's own free will; compulsory
2 **고의가 아닌, 무심코 한** / not done on purpose; automatic

- sentence the criminal to five years' **involuntary** servitude
  그 범죄자에게 5년간의 강제 노동을 선고하다
- give an **involuntary** yawn 무심코 하품을 하다

n **invóluntariness** 본의 아님

뉘앙스 p.319

어근관련 benevolent [bənévələnt] 자비로운 malevolent [məlévələnt] 악의에 찬

---

irrational
[irǽʃənl]
★☆☆☆☆
78

ir<in(not) + rational 이성적인 → '비이성적인'에서 유래

a **비이성적인, 무분별한** / not using reason; unreasonable

- a completely **irrational** decision 완전히 비이성적인 결정

n **irrationálity** 불합리, 무분별 **n** **irrátionalism** 비합리주의; 무분별

v **irrátionalize** 불합리하게[이성을 잃게] 하다

어근관련 ratio [réiʃou] ≪수학≫ 비(율) ration [rǽʃən] (식량의) 배급; 배급하다

---

irrelevant
[iréləvənt]
★★★★☆
79

ir<in(not) + relevant 적절한 → '적절하지 않은'에서 유래

a **부적절한, 관계없는** / not to the point; inappropriate

- a question **irrelevant** in a music lesson 음악 수업과 관계 없는 질문

n **irrélevance** 부적절, 무관계

어근관련 relieve [rilíːv] (고통을) 경감시키다; 구원하다 levity [lévəti] 경솔

---

irreparable
[irépərəbl]
★☆☆☆☆
80

ir<in(not) + reparable 고칠 수 있는 → '고칠 수 없는'에서 유래

a **고칠 수 없는**/ that cannot be repaired; irrecoverable

- an **irreparable** loss to the firm 그 회사에 돌이킬 수 없는 손실

n **irréparableness** 돌이킬 수 없음

어근관련 prepare [pripέər] 준비하다 reparation [repəréiʃən] 보상(금)

---

irresistible
[irizístəbl]
★☆☆☆☆
81

ir<in(not) + resistible 저항할 수 있는 → '저항할 수 없는'에서 유래

a 1 **저항할 수 없는** / that cannot be resisted; overwhelming
2 **너무나 매력적인** / impossible to dislike; attractive

- the **irresistible** force of his logic 저항할 수 없는 그의 논리의 힘
- her **irresistible** beauty 그녀의 반할만한 아름다움

n **irresistibílity** 저항할 수 없음; 너무나 매력적임

어근관련 destitute [déstətjuːt] 빈곤한; ~이 없는 superstition [suːpərstíʃən] 미신

---

irresolute
[irézəluːt]
☆☆☆☆☆
82

ir<in(not) + resolute 굳게 결심한 → '(무엇이든) 굳게 결심하지 못하는'에서 유래

a **결단력이 없는, 우유 부단한** / unable to make decision; hesitant

- **Irresolute** persons make poor leaders. 결단력 없는 사람들은 무능한 지도자들이 된다.

n **irresolútion** 우유 부단

어근관련 console [kənsóul] 위로[위안]하다 solace [sáləs] 위로[위안](하다)

---

irrevocable
[irévəkəbl]
★☆☆☆☆
83

ir<in(not) + revocable 취소할 수 있는 → '취소할 수 없는'에서 유래

a **취소할 수 없는, 돌이킬 수 없는** / not to be revoked; irreversible

- his **irrevocable** decision to leave 떠나려고 하는 그의 취소할 수 없는 결정

n **irrevocabílity** 취소할 수 없음

어근관련 vocation [voukéiʃən] 생업, 직업 avocation [ævəkéiʃən] 부업, 취미

동의어 ↔ 반의어

77 **involuntary** = compulsory / obligatory / mandatory / unwilling ○ 동의어 보감
78 **irrational** = unreasonable / absurd / illogical / fallacious / insane ↔ rational
79 **irrelevant** = inappropriate / impertinent / inapposite / extraneous ↔ relevant
80 **irreparable** = irrecoverable / irretrievable / irremediable ↔ reparable
81 **irresistible** = attractive / fascinating / engaging / mesmeric ↔ resistant
82 **irresolute** = hesitant / faltering / vacillating / doubtful / uncertain ↔ resolute
83 **irrevocable** = final / unchangeable / unalterable / irreversible ↔ revocable

동의어 보감

자발적인 · 스스로 하는 77		
	필수	autonomous 자발적인, 자율적인 / instinctive 본능적인 / voluntary 자발적인 / impulsive 충동적인 / spontaneous 자발적인, 자연발생적인 / willing 기꺼이 ~하는
	고급	discretionary 임의의, 자유재량의 / unconstrained 자유로운, 자발적인 / volitional 의지의; 의욕적인
	숙어	of one's own accord 자발적으로 / with good grace 흔쾌히, 기꺼이
	참고	자동적인 / automatic / involuntary 강요된; 자동적인

뉘앙스

자발적인 · 무의식적인 77			
	spontáneous	(외부의 자극없이) **자발적인, 자생적인**	• They embraced in a **spontaneous** gesture of affection. 그들은 자발적인 애정의 제스처로서 포옹했다.
	impúlsive	**충동적인**	• She is an **impulsive** shopper. 그녀는 충동적으로 물건을 산다.
	instínctive	(교육 · 훈련에 의하지 않고) **본능적인**	• an **instinctive** dread of fire 불에 대한 본능적인 두려움
	automátic	(자극에) **기계적으로 반응하는, 자동적인**	• **automatic** shrinking of the pupils of the eyes 눈동자의 자동적인 수축
	invóluntary	(선택 · 의도가 없이) **무의식의, 무심결의**	• make an **involuntary** movement of fear 무심결에 두려운 몸짓을 하다

check-up Test

1. He refused to give up irrational belief that everybody was his enemy.
ⓐ tenable ⓑ absurd ⓒ innocent ⓓ audacious

2. That matter was totally irrelevant to the discussion at hand.
ⓐ alien ⓑ suitable ⓒ uninvited ⓓ disappointing

3. People forget their childhood, no doubt, and it is a loss which, no matter how lightly they take it, is irreparable.
ⓐ irreproachable ⓑ irrecognizable ⓒ irrespirable ⓓ irretrievable

4. High interest rates have made these saving plans irresistible to small investors.
ⓐ versatile ⓑ uncouth ⓒ vacuous ⓓ attractive

5. Tom was so _______ about whether to go out for basketball or swimming that he ended by going out for neither.
ⓐ irreparable ⓑ irresistible ⓒ irresolute ⓓ irrevocable

정답 **1.** b **2.** a **3.** d **4.** d **5.** c

481 **millennium**
[miléniəm]
★★☆☆☆

mille (thousand 천) + enni (year 해, 년) → '천 년의 기간'에서 유래

n **천 년간** / a thousand years <pl. millennia>
- The dawn of a new **millennium** is beginning.
새 천 년의 여명이 밝아온다.

482 **minuscule**
[mínəskjù:l]
★☆☆☆☆

min (small 작은) → '작은 글자인 소문자'에서 유래

a **아주 작은** / miniature; diminutive n **소문자** / a small letter
- a **minuscule** amount of time 매우 짧은 기간

483 **miserly**
[máizərli]
★★☆☆☆

miser<mantrausis (money-raker 돈 모으는 사람) → '돈을 모으기만 하고 쓰지 않아 인색한' 에서 유래

a **인색한** / of a person hating to spend money; stingy
- criticize the **miserly** behavior 인색한 행동을 비난하다

n **míser** 구두쇠

484 **mitigate**
[mítəgeit]
★★★★☆

mitig<mei (soft 부드러운) → '부드럽게 만들어 누그러뜨리다' 에서 유래

v **누그러뜨리다** / make a situation less unpleasant, harmful or serious; relieve
- The pain was **mitigated** by taking aspirin.
아스피린을 먹어서 통증이 누그러졌다.

485 **mobile**
[móubəl]
★☆☆☆☆

mob (move 움직이다)

a **움직일 수 있는** / able to move; portable; movable; mutable
- **mobile** library 이동 도서관

n **mobílity** 유동성; 기동성 v **móbilize** 동원되다[하다]

486 **mode**
[moud]
☆☆☆☆☆

mod (manner 방법)

n **양식, 방식** / prevailing style; method
- a **mode** of life 생활 양식

487 **moderate**
[mádərət]
★☆☆☆☆

mod (fit 적합한) → '적합하게 만드는' 에서 유래

a **보통의, 적당한** / not extreme; temperate ; **온건한** / not severe; calm
v **완화하다** / make less severe; diminish n **온건주의자**
- take a **moderate** tone 온건한 입장을 취하다

n **moderátion** 온건, 절제 n **móderator** 중재자, 사회자
ad **móderately** 알맞게

488 **moist**
[mɔist]
★★☆☆☆

moist<muscidus (moldy 곰팡내 나는) → '곰팡내 날 정도로 축축한' 에서 유래

a **습기 있는, 축축한** / slightly wet; damp
- It's important to keep the roots **moist** at all times.
뿌리를 항상 축축하게 유지하는 것은 중요하다.

v **móisten** 축축하게 하다 v **móisturize** 습기를 공급하다 n **móisture** 습기

489 **mollify**
[máləfài]
☆☆☆☆☆

moll (soft 부드러운) → '부드럽게 만들어 누그러뜨리다' 에서 유래

vt **누그러지게 하다** / make someone feel less angry and upset; pacify
- **mollify** her anger by apologizing 사과함으로써 그녀의 화를 누그러뜨리다

490 **momentous**
[mouméntəs]
☆☆☆☆☆

mom (move 움직이다) → '모든 것을 움직이게 할 정도로 중요한' 에서 유래

a **중대[중요]한** / very important or serious; crucial
- a **momentous** decision 중대한 결정

491 **monetary**
[mánəteri]
☆☆☆☆☆

mone (money 돈)

a **화폐의** / pertaining to money; financial
- a **monetary** unit 화폐 단위

492 **monumental**
[mɑnjuméntl]
★☆☆☆☆

mon (remind 상기시키다) + ment (mind 마음, 정신) → '마음속에 기억하게 될 정도로 기념이 되는' 에서 유래

a **기념비적인** / very important and having a great influence; outstanding
- accomplish a **monumental** work 기념비적인 업적을 달성하다

n **mónument** 기념물, 기념비 ad **monuméntally** 매우, 몹시

493 **morbid**
[mɔ́:rbid]
☆☆☆☆☆
mor(die 죽다) → '죽음을 생각할 정도로 병적인' 에서 유래
a **(정신 · 사상 등이) 병적인** / having a strong and unhealthy interest; unwholesome
- a **morbid** interest in suicide 자살에 대한 병적인 관심

494 **mordant**
[mɔ́:rdənt]
☆☆☆☆☆
mord(bite 깨물다) → '깨물듯이 말이 신랄한' 에서 유래
a **신랄한** / cruel and insulting; acrimonious
- **mordant** criticism 신랄한 비평

495 **moribund**
[mɔ́:rəbʌnd]
☆☆☆☆☆
mori(die 죽다)
a **소멸해[죽어]가는** / coming to an end; dying
- a **moribund** political party 소멸해 가는 정당

496 **morose**
[məróus]
☆☆☆☆☆
moros(peevish 투정부리는)→ '투정을 부리다가 시무룩해진' 에서 유래
a **시무룩한** / bad-tempered and unhappy and silent; sullen
- get **morose** and depressed after one's failure
  실패한 후에 시무룩하고 풀이 죽다

497 **mortician**
[mɔ:rtíʃən]
☆☆☆☆☆
mor(die 죽다) → '장례에 필요한 일을 하는 장의사' 에서 유래
n **장의사** / a person whose job is to arrange funerals; undertaker
- His job is a **mortician**. 그의 직업은 장의사이다.

498 **mortify**
[mɔ́:rtəfai]
★★★★☆
mor(die 죽다) → '죽고 싶을 정도로 굴욕감을 느끼게 하다' 에서 유래
v **굴욕감을 느끼게 하다**
/ make feel extremely embarrassed or ashamed; humiliate
- be **mortified** by one's blunder 자신의 큰 실수로 인해 굴욕감을 느끼다

499 **motif**
[moutí:f]
★★☆☆☆
mot(move 움직이다) → '작품의 전체를 움직이는 중심내용인 주제'에서 유래
n **(문학 등의) 주제** / a subject for development or treatment; theme
- What is the main **motif** of this novel? 이 소설의 주된 주제는 무엇입니까?

500 **muddle**
[mʌ́dl]
★☆☆☆☆
mud 진흙 → '진흙탕으로 만들다' 에서 유래
v **뒤죽박죽을 만들다** / mix something up; confuse
n **혼란** / chaos
- be **muddled** up all the papers on the desk
  책상 위의 모든 서류가 뒤죽박죽이 되다

★ 중요빈출

Check-up Test

1. Time was, national crises stimulated saving. But thrift today has a negative, <u>miserly</u> connotation.
ⓐ misfiring ⓑ stingy ⓒ ominous ⓓ generous

2. The camera manufacturer George Eastman brought amateur photography within the reach of consumers with <u>moderate</u> incomes.
ⓐ model ⓑ rising ⓒ disposable ⓓ medium

3. A baby's first word is typically a(n) <u>momentous</u> occasion, witnessed with proud smiles and teary eyes.
ⓐ important ⓑ decisive ⓒ treacherous ⓓ transient

4. In 1974 Hank Aaron broke Babe Ruth's <u>monumental</u> lifetime record of 714 homeruns.
ⓐ archaic ⓑ degrading ⓒ outstanding ⓓ entire

5. Linguists can study <u>moribund</u> languages and seek to preserve the components of the language: the sounds, the vocabulary, the grammar, and the traditions.
ⓐ dying ⓑ dominant ⓒ extant ⓓ eloquent

정답 **1.** b **2.** d **3.** a **4.** c **5.** a

- **be absorbed in** / **열중하다, 몰두하다** be lost in, be preoccupied, be engrossed in, soak oneself in, devote oneself to
  - He is so absorbed in his own affairs that he cannot afford to pay any attention to other people.
    그는 자기 일에 너무나 열중하여 다른 사람들에게 주목할 여유가 없다.

- **be accustomed to** / **~에 익숙하다** be used to
  - He was accustomed to rising early.
    그는 일찍 일어나는 데 익숙해 있었다.

- **be acquainted with** / **~을 잘 알다** be familiar[conversant] with
  - We are acquainted with our neighborhood.
    우리는 이웃을 잘 알고 있다.

- **be at home in** / **~에 정통하다** be familiar with, be grounded in
  - Many directors are at home in this sort of movie.
    많은 영화감독들은 이러한 유형의 영화에 대해 잘 안다.

- **be based on** / **~에 근거를 두다** be founded on, be grounded in
  - The relationship between us is based on trust.
    우리사이의 관계는 신뢰를 바탕으로 한다.

- **be bound for** / **~로 향하다** head for
  - The government says the ship was bound for Africa but did not specify where. 정부는 그 배가 아프리카고 향했다고 말했지만 어느 곳으로 갔는지 구체적으로 말하지 않았다.

- **be bound to do** / **~하지 않을 수 없다** cannot help ~ing
  - Politicians are bound to do the right thing.
    정치인들은 옳은 일을 하지 않을 수 없다.

- **be comparable to** / **~에 필적하다** be a match for
  - Its durability and sharpness can be comparable to our rival's.
    이것의 내구성과 날카로움은 라이벌 회사와 겨룰만하다.

- **be concerned about**
  / **~에 염려하다** be anxious about, be worried about
  - I am concerned about my mother's health.
    나는 어머니의 건강이 걱정된다.

- **be concerned with**
  / **~과 관계가 있다, ~에 관심을 갖다** be interested in
  - You have to be concerned with how to interact with people.
    너는 사람들과 교류하는 방법에 관심을 가져야만 해.

- **be conscious of** / **~을 의식하다, 알아채다** become aware of
  - We are conscious of each other's financial situations.
    우리는 서로의 경제 사정을 알고 있다.

- **be contingent upon**
  / **~을 조건으로 하다, ~에 달려있다** be dependent on
  - Her bonus is contingent upon delivering a completed book.
    결과는 성공을 위해서 기울인 노력에 달려 있었다.

- **be crazy about** / **~에 열광하다, ~에 푹 빠져있다** be mad about
  - He is crazy about baseball and hopes to play as a career one day.
    그는 야구에 푹 빠져 있으며 언젠가 직업 삼아 경기하는 것을 희망한다.

- **be cut out for** / **~에 적임이다** be suitable for, be eligible for
  - I'm not cut out for taking care of babies.
    아이 보는 일은 내 체질이 아니다.

- **be engaged in** / **~에 종사하다** be occupied with
  - Most of the population is engaged in Agriculture.
    인구의 대부분은 농업에 종사한다.

- **be engaged to** / **~과 약혼한 사이다** be betrothed to
  - The famous model was engaged to the singer.
    유명한 모델은 그 가수와 약혼하였다.

- **be engrossed in** / **~에 열중하다** be absorbed in, be lost in
  - We were engrossed in conversation. 우리는 대화에 몰두해 있었다.

- **be entitled to** / **~의 자격이 있다, 권리가 있다** have a right to
  - Everyone is entitled to the presumption of innocence until they are proved to be guilty.
    모든 사람들에게는 유죄가 입증될 때까지 무죄로 간주될 권리가 있다.

- **be equal to**
  / **~을 감당할 수 있다, ~에 합당하다** be suitable for, be suited to
  - He is equal to any difficult task.
    그는 어떠한 임무도 수행할 수 있는 사람이다.

- **be familiar to**
  / **~에게 잘 알려져 있다** be well-known to
  - Many characters of animations are familiar to children.
    애니메이션의 많은 캐릭터들은 어린이들에게 잘 알려져 있다.

- **be familiar with**
  / **~을 잘 알고 있다, ~에 정통하다** be conversant with
  - A legal secretary must be familiar with legal procedures.
    법률 비서는 법적 절차에 정통해야 한다.

- **be fed up with** / **~에 질리다, 싫증나다** be (sick and) tired of
  - I'm fed up with your crying over such a trifle.
    나는 네가 그런 사소한 일로 우는데 질렸다.

- **be good at** / **~에 능숙하다** be clever or skillful at
  - He is good at speaking English.
    그는 영어로 잘 말한다.

▪ **be absent from** / ~에서 결석하다 absent oneself from
▪ **be all ears** / 경청하다 listen with all one's attention
▪ **be bent on** / ~에 열중하고 있다, ~하려고 결심하다 be keen on, be intent on
▪ **be caught red-handed** / 현장에서 잡히다 be arrested on the spot
▪ **be dead set against** / 완전히 반대하다 completely oppose
▪ **be geared to** / ~에 맞추어져있다 be oriented to
▪ **be hard on** / ~에 모질게 대하다 bother, show no kindness

in- (안)

우선순위 로 보는 PRE view

Date : /

★★★★★	07.	**imminent**	절박한	□ □ □
	10.	**impart**	주다	□ □ □
	15.	**impending**	절박한	□ □ □
★★★★☆	08.	**impact**	충돌; 강한 충격을 주다	□ □ □
	17.	**impetuous**	격렬한; 충동적인	□ □ □
	19.	**implement**	도구; 실행하다	□ □ □
	25.	**impromptu**	즉석의	□ □ □
	26.	**impute**	탓으로 하다	□ □ □
★★★☆☆	09.	**impair**	손상시키다	□ □ □
	12.	**impeach**	탄핵하다; 의심하다	□ □ □
	13.	**impede**	방해하다	□ □ □
	16.	**imperative**	명령적인; 긴급한	□ □ □
	23.	**impose**	부과하다; 강요하다; 속여 팔다	□ □ □
★★☆☆☆	03.	**illustrate**	설명하다	□ □ □
	05.	**immerse**	담그다; 몰두시키다	□ □ □
	22.	**implore**	애원하다	□ □ □
	27.	**inaugurate**	취임시키다; 시작하다	□ □ □
★☆☆☆☆	01.	**ambush**	매복; 급습(하다)	□ □ □
	02.	**illuminate**	조명하다; 계몽하다	□ □ □
	04.	**imbibe**	마시다; 받아 들이다	□ □ □
	06.	**immigrate**	이주해오다	□ □ □
	11.	**impassioned**	감동적인	□ □ □
	14.	**impel**	재촉하다; 움직이게 하다	□ □ □
	20.	**implicate**	관련시키다; 함축하다	□ □ □
	21.	**implicit**	함축적인; 절대적인	□ □ □
	24.	**impoverish**	가난하게 하다	□ □ □
	28.	**inborn**	타고난	□ □ □
	29.	**incandescent**	백열의	□ □ □
☆☆☆☆☆	18.	**implant**	주입하다; 심어진 것	□ □ □
	30.	**incarnate**	육체를 갖게 하다	□ □ □

MD26 mp3

LECTURE 26

in- (안)

▶ 안 Latin 계통의 접두어로서 '안(in)'의 의미를 지닌다.

의미 변화

① 안(in)

> **inbórn** : in(in) + born 태어난
→ 이미 안으로 지니고 태어난
→ 타고난
/ impéde 방해하다 / infúse 주입하다
/ intuítion 통찰력

② 위(on)

> **imprínt** : m<in(on) + print 찍다
→ ~위에눌러찍다
→ (도장 등을) 찍다; ~에게 인상을 주다; 자국
/ incípient 초기의 / inflíct (타격 · 고통 따위를) 가하다)

③ 강조(intensive)

> **ínnovate** : in(intensive) + nov<novus (new)
→ 완전히 새롭게 하다 → 혁신하다; 도입하다
/ impáir 손상시키다 / incandéscent 백열의 / íncense 향

예외적 형태

> am-, an- (이 경우 접두어 ad- 와의 혼동에 주의)
ámbush 매복; 급습하다 / anóint 연고를 바르다

> 보충 접두어 endo-(within), eso-(within)
éndocrine 내분비선(의) / esotéric * 심오한; 비밀의; 비결을 전수받은 사람

---

ambush

[æmbuʃ]

★☆☆☆☆

01

am<in(in) +
bush 덤불 →
'덤불 안으로 들어가 숨다'
에서 유래

n 1 **매복, 잠복(한 곳)** / the place where the attackers hide; lurk
2 **급습, 습격** / a surprise attack from some hiding place; assault

- lie in **ambush** waiting for the signal 신호를 기다리며 매복해 있다
- trap enemies by **ambush** 갑작스런 습격으로 적을 함정에 빠뜨리다

v **급습하다** / attack unexpectedly and from a hidden position; raid

- **ambush** the retreating enemy 퇴각하는 적을 급습하다

어근관련 bush [buʃ] 관목, 덤불숲; 관목으로 뒤덮다; 풋내기의

---

illuminate

[ilú:məneit]

★☆☆☆☆

02

il<in(in) +
lumin(light) →
'~안에 불을 밝히다'
에서 유래

vt 1 **조명하다** / give light to; lighten
2 **설명[해명]하다** / cause to understand; explain
3 **계몽[계발]하다** / enlighten intellectually; edify

- The room was **illuminated** by four large lamps. 그 방은 4개의 큰 램프로 불 밝혀져 있었다.
- Our teacher could **illuminate** any subject we studied.
우리 선생님은 우리가 공부했던 어떠한 주제라도 명확히 설명하실 수 있었다.
- **illuminate** young students 어린 학생들을 계몽하다

a **illúminating** 비추는; 설명[계몽]적인 **n** **illuminátion** 조명; 설명, 계몽; 장식

어근관련 luminous [lú:mənəs] 빛을 내는; 총명한 lunatic [lú:nətik] 미친; 미치광이

---

illustrate

[íləstreit]

★★☆☆☆

03

il<in(in) +
lust(light) →
'~안에 불을 밝히다'
에서 유래

v (실례 · 그림 따위로) **설명하다** / add pictures to; clarify

- These graphs **illustrate** the results of the experiment.
이 그래프들은 그 실험에 대한 결과를 잘 설명해 주고 있다.

a **illústrative** 설명의, 실례가 되는 **a** **illústrious** 뛰어난; (공로 따위가) 빛나는

n **illustrátion** 삽화, 도해; 설명, 실례(example)

어근관련 luster [lʌ́stər] 광택, 윤; 영광, 명예 lackluster [lǽklʌstər] 흐릿한; 활기없는

---

imbibe

[imbáib]

★☆☆☆☆

04

im<in(in) +
bib(drink) →
'안으로 들이마시다'
에서 유래

vt 1 (술 등을) **마시다** / drink in; quaff
2 (사상 등을) **받아 들이다** / take into one's mind; absorb

- **imbibe** moisture from the earth 땅으로부터 수분을 빨아 들이다
- A child often **imbibes** superstitions. 아이는 종종 미신을 받아 들인다.

n **imbibítion** 흡수, 흡입

어근관련 bib [bib] 턱받이 beverage [bévəridʒ] 음료수

immerse
[imə́:rs]
★★☆☆☆
05

im<in(in) + mers(plunge) → '물 속으로 뛰어들다'에서 유래

vt 1 (물 속에) **잠기게 하다, 담그다** / put deep into liquid; dip
2 <수동태> (일 등에) **빠지게 하다, 몰두시키다** / involve deeply; absorb
- **immerse** feet in a bucket 양동이 안에 발을 담그다
- **immersed** in thought[debts] 생각에 몰두하고 있는[빚더미에 빠진]

n **immérsion** 담금; 몰두, 열중

뉘앙스 p.325

어근관련 emerge [imə́:rdʒ] 나타나다 submerge [səbmə́:rdʒ] 물 속에 담그다, 가라 앉히다

동의어 / 반의어

01	**ambush**	=	raid / assault / assail / waylay / swoop down
02	**illuminate**	=	explain / clarify / elucidate / illustrate / clear up / shed light on
03	**illustrate**	=	exemplify / instance / elucidate / expound / show
04	**imbibe**	=	drink / swallow / sip / quaff / guzzle
05	**immerse**	=	absorb / engross / engage / occupy / preoccupy ● 동의어 보강

동의어 보강

담그다 · 적시다 05

필수	dip (살짝) 담그다 / plunge 던져 넣다; 뛰어들다 / submerge 가라앉히다; 침몰하다 / drench 흠뻑 적시다 / soak 적시다 / founder (침수하여) 침몰시키다[하다] / immerse (깊이) 담그다 / steep 우려내다 / sink 담그다
고급	duck 물속으로 들어가다, 머리를 물속에 처박다 / dunk (빵, 도넛 등을 커피나 밀크에) 적시다 / pickle 절이다 / souse 소금에 절이다
참고	가라앉다 / subside / sink / settle down / go under / abate (세력, 강도가) 가라앉다

뉘앙스

담그다 · 적시다 05

dip	(살짝) **담그다**	• **dip** one's hand into water 물에 손을 살짝 담그다
immérse	(물속에 깊이) **담그다**	• **immerse** the washing in soapy water 세탁물을 비눗물에 담그다
drench	**흠뻑 젖게하다**	• I am **drenched** to the skin. 나는 흠뻑 젖었다.
sáturate	(수분이 더 이상 스며들지 않을 정도로) **흠뻑 젖게하다**	• **saturate** a handkerchief 손수건을 흠뻑 적시다
soak	(수분이 흡수되도록) **담가 두다**	• **soak** rice in water 쌀을 물에 담가 두다
steep	(특히 맛을 우려내려고) **담가 두다**	• **steep** tea in boiling water 끓는 물에 차를 담가 두다

cf. **plunge** (난폭하게) **던져넣다** **duck** **갑자기 처넣었다가 빼다** **dunk** (특히 빵 따위를 음료수에) **적시다**
souse, píckle (긴 시간 동안 흠뻑 적셔) **절이다** **submérge** **물속에 가라 앉히다**

check-up Test

1. We were worried that he might get hurt in training or ambushed by the terrorists on his journey to and back from the camp.
ⓐ hidden from sight ⓑ spied on from afar ⓒ attacked by surprise ⓓ shadowed on sight

2. He turned on a switch and the whole studio was lit up.
ⓐ was illuminated ⓑ was blacked out ⓒ was shattered ⓓ was illusory

3. In economics, graphs are used to illustrate functions.
ⓐ rate ⓑ list ⓒ verify ⓓ represent

4. If you imbibe something such as ideas or arguments, you listen to them, accept them, and believe that they are right or true.
ⓐ shun ⓑ instill ⓒ indoctrinate ⓓ absorb

5. I _______ myself in work so as to stop thinking about the problem.
ⓐ intercepted ⓑ imputed ⓒ inspired ⓓ immersed

정답 **1.** c **2.** a **3.** d **4.** d **5.** d

immigrate
[íməgreit]
★☆☆☆☆
06

im<in(in) + migrate 이주하다 → '**안으로 이주해오다**'에서 유래

v (타국에서) **이주해오다[시키다]** / (make) come into a foreign country; settle in
- **immigrate** cheap labor 값싼 노동력을 이주시키다

a n **ímmigrant** (타국에서) 이주해오는; 이주민

n **immigrátion** 이주; <집합적> 이민단 **cf** **émigrate** (타국으로) 이민가다

어근관련 migrate [máigreit] 이주하다 transmigrate [trænsmáigreit] 이전하다; 이주하다

---

imminent
[ímənənt]
★★★★★
07

im<in(in, over) + min(hang) → '**~안에[위에] 매달려 있는**'에서 유래

a **절박[긴급]한** / likely to happen soon; impending
- be in **imminent** danger of death 절박한 죽음의 위험에 처하다

n **ímminence, -cy** 절박, 긴급 **cf** **ímmanent** 내재하는

어근관련 eminent [émənənt] 저명한, 뛰어난 prominent [prámənənt] 현저한; 돌출한

---

impact
[ímpækt]
★★★★☆
08

im(on) + pac<pan(strike) → '**~에 부딪힘**'에서 유래

n 1 **충돌** / a striking of one thing against another; collision
2 (강한) **충격, 영향** / a strong and powerful effect; influence
- the **impact** of the two swords 두 검의 부딪힘
- make a great **impact** on ~에 커다란 영향을 미치다

v **강한 충격[영향]을 주다** / have an impact on; strike
- These costs will **impact** on our profitability.
  이러한 가격은 우리의 이익에 큰 영향을 줄 것이다.

a **impácted** 빽빽하게 들어 찬 **a** **impáctive** 충격적인, 강렬한 **n** **impáction** 꽉 채움

어근관련 compact [kəmpǽkt] 빽빽한; 간결한 pact [pækt] 계약, 협정

---

impair
[impéər]
★★★☆☆
09

im<in(intensive) + pair<pejor(worse) → '**나빠지게 하다**'에서 유래

vt (힘 · 가치 · 건강 등을) **손상시키다, 해치다** / make worse; damage
- His illness has **impaired** his efficiency. 그의 병이 그의 능력을 손상시켰다.

n **impáirment** 손상, 해침

어근관련 pejoration [pedʒəréiʃən] (질 등의) 저하, 악화 뉘앙스 p.327

---

impart
[impá:rt]
★★★★★
10

im<in(in) + part 나누다 → '**물건을 나누어 건네주다**'에서 유래

vt 1 (나누어) **주다** / give a share in; bestow
2 (지식 · 비밀 따위를) **전해주다** / make known; communicate
- The music **imparts** a feeling of excitement to the film.
  그 음악은 영화에 대한 흥분의 감정을 더해준다.
- **Impart** the secret to me. 저에게 그 비밀을 전해주세요.

n **impartátion, impártment** 나누어 줌; 전달

어근관련 partial [pá:rʃəl] 부분의; 편파적인 impartial [impá:rʃəl] 공평한

---

impassioned
[impǽʃənd]
★☆☆☆☆
11

im<in(in) + pass(feel) → '**마음속으로 느끼는**'에서 유래

a **감동적인, 열의에 찬** / full of strong feeling; stirring
- make an **impassioned** speech 감동적인 연설을 하다.

cf **impássive** 감정이 없는, 무감동의

어근관련 compassion [kəmpǽʃən] 동정, 연민 dispassion [dispǽʃən] 냉정; 공평

동의어 / 반의어

06	**immigrate**	=	migrate / settle ↔ emigrate
07	**imminent**	=	impending / urgent / imperative / pressing / in the offing
08	**impact**	=	collision / clash / crash / strike / hit
09	**impair**	=	damage / harm / hurt / injure / spoil ↔ improve ⊙ 동의어 보강
10	**impart**	=	give / grant / bestow / confer / present
11	**impassioned**	=	stirring / moving / touching / ardent / fervent ↔ dispassionate

동의어 보강

해를 입히다 09	필수	damage (사물에) 해를 입히다 / harm 해를 입히다 / hurt 다치게 하다, 해를 입히다 / impair 해를 입히다 / injure 상처를 주다 / mar 상처 입히다, 망치다 / spoil 망치다, 해를 입히다 / undermine 서서히 약화시키다 / wound 부상 입히다
	고급	do damage to
	참고	상처 / cut 베인 상처 / bruise 타박상 / contusion 타박상 / rupture 파열 / fracture 골절 / scar 흉터, 자국 / scratch 찰과상

뉘앙스

손상시키다 09

ínjure	**상처를 입히다** ≪일반적인 말≫	• be **injured** in an accident 사고로 상처를 입다
harm	(고통 · 손해를 일으키는) **상처를 입히다** ≪injure보다 의미가 센 말≫	• He won't **harm** a fly. 그는 파리라도 함부로 안 죽이지 않는다.
dámage	(주로 물건의 가치나 유용성을) **손상시키다**	• The church was **damaged** by bombing. 그 교회는 폭격으로 파손되었다.
impáir	(물건의 가치나 힘을 떨어뜨려) **손상시키다** ≪격식을 차리는 말≫	• His hearing was **impaired** by age. 그는 나이가 들면서 귀가 어두워졌다.
mar	(손상하여) **보기 싫게 만들다**	• Age cannot **mar** her beauty. 나이가 들어도 그녀의 아름다움은 상하지 않는다.
spoil	(손상하여) **완전히 망쳐놓다** ≪mar보다 의미가 센 말≫	• She **spoiled** the meat by overcooking it. 그녀는 고기를 너무 구워서 망쳐 놓았다.

cf. **hurt** (육체적 · 정신적) **상처를 입히다** ≪구어적인 말≫ **wound** (고의로) **부상을 입히다**

Check-up Test

1. I don't think it is <u>impartial</u> for the professor to flunk my chemistry test.
ⓐ compatible ⓑ unbiased ⓒ excessive ⓓ effusive

2. The economy was in <u>imminent</u> danger of boiling over.
ⓐ imposing ⓑ imitative ⓒ imperative ⓓ impending

3. Military spending cuts have strongly <u>impacted</u> manufacturing businesses in the United States.
ⓐ affected ⓑ threatened ⓒ strengthened ⓓ supported

4. Continued irresponsible criticism of the leaders could <u>impair</u> efforts to ease tension in the continent.
ⓐ cripple ⓑ enhance ⓒ balance ⓓ control

5. The mutilated nose <u>imparts</u> a rather grotesque expression to the face of the statue.
ⓐ infringes ⓑ premeditates ⓒ bestows ⓓ denotes

정답 **1.** b **2.** d **3.** a **4.** a **5.** c

impeach
[impíːtʃ]
★★★☆☆
12

im<in(in) + peach<pedi(foot) → '~의 발에 족쇄를 채우다'에서 유래

vt 1 (관리를) **탄핵[고발]하다** / accuse a public officer of wrongdoing; charge
2 **의심하다** / raise doubts about; distrust
- **impeach** a corrupt official 타락한 관리를 탄핵하다
- **impeach** a person's honor 어떤 사람의 명성에 의문을 제기하다

n **impéachment** 탄핵, 고발; 이의 제기

어근관련 pedigree [pédəgriː] 가계, 혈통 pedestal [pédəstl] (조각상의) 대좌, 토대

---

impede
[impíːd]
★★★☆☆
13

im<in(in) + ped(foot) → '누군가 걸어가는 데 발을 안으로 넣어 걸리게 하다'에서 유래

vt **방해하다** / stand in the way of; hinder
- The rescue attempt was **impeded** by bad weather.
  그 구조 시도는 나쁜 날씨 탓에 방해를 받았다.

n **impédiment** 방해(물), 신체 장애 a **impéditive** 방해되는

어근관련 expedite [ékspədait] 진척시키다 expedient [ikspíːdiənt] 편리한 뉘앙스 p.381

---

impel
[impél]
★★☆☆☆
14

im<in(intensive) + pel(push) → '강하게 밀어 붙이다'에서 유래

vt 1 **재촉하다, 강제로 ~하게 하다** / drive to take action; compel
2 **움직이게[쭉쭉 나가게] 하다** / cause to move; push along
- **impel** a person to make greater efforts 더 많은 노력을 기울이게 하다
- The wind **impelled** the boat toward the shore. 바람이 배를 바닷가 쪽으로 움직이게 했다.

n **ímpulse** 추진(력); 자극; (마음의) 충동(impetus) a **impúlsive** 충동적인

어근관련 expel [ikspél] 추방시키다 repel [ripél] 쫓아 버리다; 불쾌감을 주다 뉘앙스 p.377

---

impending
[impéndiŋ]
★★★★★
15

im<in(in, over) + pend(hang) → '~안에[위에] 불안하게 매달려 있는'에서 유래

a **절박[임박]한** / about to happen; imminent
- an **impending** war between two nations 양국 간에 임박한 전쟁

v **impénd** (위험 · 사건 따위가) 절박[임박]하다

어근관련 depend [dipénd] ~에 의지하다 suspend [səspénd] 매달다; 중지하다

---

imperative
[impérətiv]
★★★☆☆
16

im<in(in) + pera(command) → '~에게 명령하는'에서 유래

a 1 **명령[강제]적인** / expressing a command; commanding
2 **긴급[급박]한** / that must be done; urgent
- an **imperative** manner[statement] 명령적인 태도[말]
- It's **imperative** that we reach the doctor. 우리가 의사에게 연락하는 일은 긴급하다.

---

impetuous
[impétʃuəs]
★★★★☆
17

im<in(in) + pet(rush) → '~안으로 돌진하는'에서 유래

a 1 (바람 · 속도 등이) **격렬[맹렬]한** / moving with great force or speed; violent
2 **성급한, 충동적인** / characterized by sudden and forceful emotion; impulsive
- an **impetuous** torrent of water 격렬한 물살
- an **impetuous** decision which she soon regretted 그녀가 곧 후회하게 된 성급한 결정

n **impetuósity** 격렬; 성급함 n **ímpetus** (움직이는 물체의) 힘, 운동력; 자극, 충동

어근관련 petition [pətíʃən] 청원(하다) petulant [pétʃulənt] 화를 잘 내는, 까다로운 뉘앙스 p.421

동의어 / 반의어

12	**impeach**	=	accuse / charge / incriminate / inculpate / arraign ↔ exonerate ◉ 동의어 보감
13	**impede**	=	hinder / obstruct / encumber / block / hamper / stymie / balk
14	**impel**	=	compel / force / constrain / oblige / urge ↔ restrain
15	**impending**	=	imminent / urgent / pressing / imperative / exigent ◉ 동의어 보감
16	**imperative**	=	commanding / compulsory / obligatory / mandatory / imperious ◉ 동의어 보감
17	**impetus**	=	stimulus / impulse / incentive / motivation / spur

동의어 보감

기소하다 · 고발하다 12	필수	accuse 고소하다 / charge 고소하다 / impeach 탄핵하다 / indict 기소하다 / prosecute 기소하다 / sue 고소하다
	고급	arraign 소환하다, 비난하다 / litigate 고소하다, 소송하다
	숙어	bring to justice / file a suit against / proceed against

임박한 15	필수	imminent 임박한 / impending 임박한 / pressing (문제가) 긴급한, 임박한
	고급	pending 미결정의; 임박한 / overhanging 임박한
	숙어	around the corner / (close) at hand / in the offing

긴급한 16	필수	exigent 긴급한 / imperative 명령의; 긴급한 / pressing 긴급한 / urgent 긴급한
	고급	burning 열렬한; 화급한 / top-priority 최우선의
	숙어	emergency 긴급사태 / scramble (영공 침범에 대한) 긴급출격

check-up Test

1. Intellectual curiosity acts as an impelling force in science.
ⓐ a deterrent ⓑ an organizing ⓒ a motivating ⓓ an encroaching

2. The great impediment to action is not discussion but the want of that knowledge which is gained by discussion preparatory to action.
ⓐ problem ⓑ hindrance ⓒ preference ⓓ force

3. The feeling of impending disaster haunted him all the time.
ⓐ brutal ⓑ agile ⓒ dumping ⓓ approaching

4. As man becomes more and more a social being, as the world becomes more and more a social community, communication grows even more imperative.
ⓐ urgent ⓑ expensive ⓒ impervious ⓓ bustling ⓔ popular

5. He is a man of impetuous temperament.
ⓐ lazy ⓑ competitive ⓒ stubborn ⓓ impulsive

정답 **1.** c **2.** b **3.** d **4.** a **5.** d

implant
[implǽnt]
☆☆☆☆☆
18

im<in(in) + plant 심다 → '~안에 심다'에서 유래

vt (몸 · 마음에) **심다, 주입하다** / fix in deeply; instill
- **implant** high ideals in children 아이들에게 높은 이상을 심어주다

n **끼워진[심어진] 것** / a piece of substance grafted into the body

cf **transplánt** 옮겨 심다, 이식[이동]시키다

어근관련 plantation [plæntéiʃən] (대규모의) 농장, 농원 transplant [trænsplǽnt] 옮겨 심다, 이식하다

---

implement
[ímpləmənt]
★★★★☆
19

im<in(in) + ple(fill) → '~의 안에 쓸 것을 채워주는 것'에서 유래

n **도구** / a useful piece of equipment; tool
- a set of farming **implements** 한 세트의 농기구들

vt **실행[이행]하다** / carry out; fulfill • **implement** an order 명령을 이행하다

n **implementátion** 이행, 수행 뉘앙스 p.331

어근관련 complement [kámpləmənt] 보충(하다) supplement [sʌ́pləmənt] 보충(하다)

---

implicate
[ímplikeit]
★☆☆☆☆
20

im<in(not) + plic(fold) → '사람을 어떤 일 안으로 개입시키다'에서 유래

vt 1 **관련[연루]시키다** / show to be concerned; involve
2 (의미를) **함축하다** / have as a consequence or an inference; imply
- a letter **implicating** him in the robbery 강도 범행에 그가 관련되었음을 보여주는 편지
- His remark **implicates** a great deal. 그가 한 말에는 함축성이 많다.

a **ímplicative** 내포하는; 말려들게 하는 **n** **implicátion** 함축; 연루; 얽힘
cf **implý** 함축[암시]하다

어근관련 complicate [kámpləkeit] 복잡하게 하다 supplicate [sʌ́pləkeit] 탄원[애원]하다

---

implicit
[implísit]
★☆☆☆☆
21

im<in(in) + plic(fold) → '의미가 안에 접혀 있는'에서 유래

a 1 **함축[암시]적인** / implied though not directly expressed; suggestive
2 **무조건[절대]적인** / without doubting or hesitating; absolute
- Their request seems to contain **implicit** threat.
  그들의 요구에는 암시적인 협박을 담고 있는 것처럼 보인다
- He has **implicit** trust in his friends. 그는 자신의 친구들을 절대적으로 신뢰한다.

어근관련 accomplice [əkámplis] 공범자 applicant [ǽplikənt] 응모[지원]자

---

implore
[implɔ́:r]
★★☆☆☆
22

in(toward) + plor(cry) → '~를 향해 소리치다'에서 유래

v **애원[간청]하다** / beg earnestly for; entreat
- The prisoner **implored** pardon. 그 죄수는 용서해 달라고 애원했다

a **implóring** 애원하는

어근관련 deplore [diplɔ́:r] 통곡[애도]하다 explore [iksplɔ́:r] 탐험[탐구]하다 뉘앙스 p.251

---

impose
[impóuz]
★★★☆☆
23

im<in(in) + pose 놓다 → '강제로 ~의 안에 놓다'에서 유래

vt 1 (의무 · 세금 따위를) **지우다, 부과하다** / put a burden or tax on ; inflict
2 **강요하다** / force on another; compel
3 (불량품을) **속여 팔다**
- **impose** a fine on the guilty man 범법자에게 벌금을 부과하다
- **impose** strict conditions for the repayment of the loan
  대출금의 상환에 대하여 매우 엄격한 조건들을 강요하다
- **impose** a fake upon customers 손님에게 가짜 물건을 속여 팔다

vi (자신의 이익을 위해) **이용하다, 속이다** / take advantage of; cheat
- have a tendency to **impose** on neighbors 이웃을 속이는 성향이 있다

a **impósing** 위압적인, 당당한(impressive) **n** **imposítion** 부과; 기만

어근관련 compose [kəmpóuz] 구성하다; 진정시키다 repose [ripóuz] 휴식(하다)

동의어

반의어

18	**implant**	=	instill / drill / enlighten / imbue / inculcate	동의어 보강
19	**implement**	=	tool / instrument / utensil / appliance / gadget	동의어 보강
20	**implicate**	=	involve / concern / embroil / entangle / tangle	↔ absolve
21	**implicit**	=	implied / undeclared / unexpressed / unspoken / unuttered	↔ explicit
22	**implore**	=	entreat / beg / beseech / importune / supplicate	
23	**impose**	=	inflict / burden / levy / exact / put on	

동의어 보강

주입하다 · 가르치다 18	필수	discipline 훈련시키다; 처벌하다 / drill 훈련하다; 철저히 주입하다 / enlighten 계몽하다 / ground 기초를 가르치다 / imbue 불어넣다, 물들이다 / implant 주입하다, 심다 / inculcate 가르치다, 주입하다 / infuse 주입하다 / instill 주입하다 / school 가르치다 / tutor 가정교사로 가르치다
	고급	brainwash 세뇌하다 / indoctrinate (사상을) 주입하다 / inseminate 임신시키다; 주입하다 / transfuse 수혈하다, 주입하다

도구 · 기구 19	필수	apparatus 장치 / appliance 가전기구 / gadget 장치, 도구 / hardware 철물, 무기 / implement 도구; 이행하다 / instrument (과학, 예술의) 도구, 악기 / mechanism 기계장치 / tool 연장 / utensil 요리기구
	고급	contraption 기묘한 장치 / gauge 측정 장치

뉘앙스

도구 · 기구 19

ímplement	도구 ≪일반적인 말≫	• fishing **implements** 낚시 도구
tool	(직공이 손에 들고 쓰는) **연장**	• a carpenter's **tools** 목수의 연장
ínstrument	(과학적 · 예술적 목적에 쓰이는 정확성을 요구하는) **기구**	• musical **instruments** 악기
uténsil	(특히 요리에 쓰이는 가사용) **도구**	• kitchen **utensils** 부엌용품
applíance	(특히 가정용) **(전기) 기구**	• household **appliance** 가정용 기구

check-up Test

1. His innovative policy must be ______ gradually to avoid much confusion.
ⓐ implemented ⓑ exercised ⓒ resulted ⓓ affected

2. Monetary policy was ______ primarily through the flexible use of both open market operations and adjustment in the discount rate.
ⓐ justified ⓑ unified ⓒ implemented ⓓ deliberated

3. Johnson's statement included an <u>implicit</u> threat of U.S. intervention.
ⓐ ambiguous ⓑ plainly expressed ⓒ indefinite ⓓ implied though not plainly expressed

4. She <u>implored</u> her mother to give permission for her to go on the trip.
ⓐ persuaded ⓑ suggested ⓒ beseeched ⓓ enforced

5. You should not <u>impose upon</u> Nancy's kindness.
ⓐ make fun of ⓑ look down on ⓒ take advantage of ⓓ compel

정답 **1.** a **2.** c **3.** d **4.** c **5.** c

impoverish
[impávəriʃ]
★☆☆☆☆
24

im<in(in) + pover(poor) → '~안에 가난을 넣다'에서 유래

vt 1 **가난하게 하다** / make very poor; pauperize
2 **고갈시키다** / exhaust the strength, richness, or resources of; deplete
- A long drought **impoverished** the farmers. 오랜 가뭄이 농부들을 가난하게 만들었다.
- **impoverish** the useful resource 유용한 자원을 고갈시키다

a **impóverished** 가난해진; 고갈된 **n** **impóverishment** 가난; 고갈

어근관련 poverty [pávərti] 가난, 빈곤 pauper [pɔ́:pər] 극빈자, 빈민 뉘앙스 p.291

impromptu
[imprámptju:]
★★★★☆
25

im<in(in) + promptu(readiness) → '항상 준비가 되어있는'에서 유래

a **즉석[즉흥]의** / made or done without preparation; improvised
- give an **impromptu** speech 즉석 연설을 하다

ad **즉석으로, 준비없이** / without previous preparation; offhand
- a speech made **impromptu** 즉석으로 만든 연설 뉘앙스 p.293

어근관련 prompt [prampt] 신속한; 격려[고무]하다 promptitude [prámptitju:d] 신속

impute
[impjú:t]
★★★★☆
26

im<in(not) + put 놓다 → '어떤 일의 책임을 남에게 놓다'에서 유래

vt (잘못 따위를) **~의 탓으로 하다** / charge a fault to a person or cause; attribute
- **impute** his failure to laziness 그의 실패를 게으름의 탓으로 돌리다

a **impútable** (책임을) 돌릴 수 있는 **n** **imputátion** 책임 전가

어근관련 deputy [dépjuti] 대표자; 대리(의) reputation [repjutéiʃən] 평판, 명성 뉘앙스 p.73

inaugurate
[inɔ́:gjureit]
★★☆☆☆
27

in(on) + augur 점치다 → '(점을 쳐서) 시작하게 하다'에서 유래

vt 1 **취임시키다** / swear in office with a ceremony; install
2 (공식적으로) **시작하다** / make a formal beginning of; begin
- A president is **inaugurated** every five years. 대통령은 5년마다 취임하게 된다.
- **inaugurate** the new no-smoking policy 새로운 금연 정책을 시작하다

a **ináugural** 취임[개회](식)의 **n** **inaugurátion** 취임; 시작

어근관련 augur [ɔ́:gər] 점쟁이; 점치다 augury [ɔ́:gjuri] 점; 예언; 징조, 조짐

inborn
[ínbɔ:rn]
★☆☆☆☆
28

in(in) + born 태어난 → '이미 안으로 지니고 태어난'에서 유래

a **타고난, 선천적인** / present from birth; innate
- an **inborn** sense of music 음악에 대한 타고난 감각

어근관련 newborn [nju:bɔ́:rn] 신생의; 신생아 reborn [ri:bɔ́:rn] 다시 태어난; 갱생한

incandescent
[inkəndésnt]
★☆☆☆☆
29

in(intensive) + cand(glow white) → '백열을 내며 타는'에서 유래

a **백열의, 빛나는** / giving a bright light when heated; glowing
- an **incandescent** lamp 백열등

cf **fluoréscent** 형광의 **iridéscent** 무지개 빛의

어근관련 candle [kǽndl] 양초 incendiary [inséndieri] 방화범, 선동자

incarnate

[inká:rneit]

☆☆☆☆☆

30

in(in) + carn(flesh) → '~안에다 살을 붙이다'에서 유래

vt 1 **육체[육신]를 갖게 하다** / give bodily form to; embody

2 **구체화하다** / put into an actual form; realize

- the devil **incarnated** as a snake 뱀의 모습을 한 악마
- **incarnate** one's vision in a beautiful statue 자신의 상상력을 아름다운 조각상에 구체화하다

a [inká:rnət] **육신을 갖춘, 화신[化身]의** / embodied in flesh; personified

- The villain was evil **incarnate**. 그 악한은 악의 화신이었다.

n **incarnátion** 육체를 갖추게 함; 구체화; 화신, 정수

어근관련 carnage [ká:rnidʒ] 대학살 carnivorous [ka:rnívərəs] 육식성의

동의어 ↔ **반의어**

24	**impoverish**	=	deplete / exhaust / consume / drain / use up ↔ enrich
25	**impromptu**	=	extemporaneous / improvised / offhand / unrehearsed / ad-lib / makeshift
26	**impute**	=	attribute / accredit / ascribe / assign / refer / pass the buck
27	**inaugurate**	=	begin / commence / launch / start / trigger / install / get off ● 동의어 보감
28	**inborn**	=	innate / inherent / inbred / congenital / intrinsic ↔ acquired
29	**incandescent**	=	glowing / radiant / luminous / red-hot / fluorescent ↔ somber ● 동의어 보감
30	**incarnate**	=	embody / personify / materialize / substantiate / externalize

동의어 보감

시작하다 27	필수	assume 착수하다 / begin 시작하다 / commence 시작하다 / inaugurate 취임시키다, 시작하다 / initiate 시작하다, 창시하다 / institute 설립하다, 시작하다 / launch 진수하다, 시작하다 / resume 재개하다 / undertake 착수하다; 보증하다
	고급	germinate 싹트다, 시작되다
	숙어	embark on / enter into / kick off / lead off / set off / take up
	참고	break the ice 말문을 열다; 개시하다

눈부신 · 번쩍번쩍 빛나는 29	필수	dazzling 눈부신, 휘황찬란한 / fluorescent 형광의 / glittering 반짝반짝 빛나는 / luminous 빛을 내는 / radiant 빛을 내는, 찬란한 / shining 눈부신
	고급	incandescent 백열의 / iridescent 무지갯빛의 / lustrous 광택이 나는, 번쩍이는 / opalescent 유백광을 내는

check-up Test

1. We should not ______ false motives to those who are kind.
ⓐ notify ⓑ improvise ⓒ incarnate ⓓ impute

2. Don't complain too much about the increase in dues; it will not ______.
ⓐ outrun ⓑ extract ⓒ disguise ⓓ impoverish

3. The crowd at the bus station turned out to be so large that the candidate felt obliged to deliver a(n) ______ speech.
ⓐ absurd ⓑ arbitrary ⓒ perverse ⓓ impromptu

4. It is hard to <u>impute</u> a rise in output to any one factor.
ⓐ attribute ⓑ cause ⓒ cancel ⓓ generate

5. Psychologists still wonder if some personal traits are <u>inborn</u>.
ⓐ interminable ⓑ inadvertent ⓒ innate ⓓ inevitable

정답 **1.** d **2.** d **3.** d **4.** a **5.** c

501 **muggy**
[mʌ́gi]
★★☆☆☆

muggy<mugen (drizzle 이슬비) → '**이슬비가 내려 습하고 더운**' 에서 유래

a **(기후 등이) 찌는 듯이 더운** / of warm and damp weather; sultry
- The weather was hot and **muggy**. 날씨가 덥고 후덥지근했다.

---

502 **multiracial**
[mʌltiréiʃəl]
★★☆☆☆

multi (many 많은) + racial 인종의 → '**많은 인종의**' 에서 유래

a **다민족(인종)의** / including or involving several different races of people
- live in a **multiracial** society 다민족 사회 속에 살다

---

503 **mumble**
[mʌ́mbl]
★★☆☆☆

mumble<momelen (ineffective manner 효과 없는 방식) → '**의견 전달에 부족한 방식으로 중얼거리다**' 에서 유래

v **중얼거리다** / speak indistinctly; murmur
- **mumble** to oneself 혼자 중얼거리다

---

504 **mundane**
[mʌndéin]
★★★★★

mund (world 세상) → '**세상에 물들어 세속적인**' 에서 유래

a **세속적인** / worldly as opposed to spiritual; earthly
- be concerned only with **mundane** matters 세속적인 일에만 관계하다

---

505 **munificent**
[mju:nífəsnt]
☆☆☆☆☆

mun (gift 선물) + fic (make 만들다) → '**선물을 만들어 아낌없이 주는**' 에서 유래

a **아낌없이 주는** / very generous; liberal; lavish
- a **munificent** reward 후한 보수

n **munífcence** 아낌없이 줌, 후함

---

506 **muse**
[mju:z]
★☆☆☆☆

muse<muser (loiter 빈둥거리다) → '**빈둥거리며 생각만 골똘히 하다**' 에서 유래

v **깊이 생각하다** / think in a dreamy way; contemplate
- **muse** on the far-distant past 먼 옛날을 골똘히 생각하다

---

507 **mushroom**
[mʌ́ʃru:m]
★★☆☆☆

mushroom<moss 이끼 → '**이끼처럼 갑자기 자라다**' 에서 유래

n **버섯** / any of various fleshy fungi

v **갑자기 성장[발전]하다** / develop quickly; flourish
- When he opened the new store, his business **mushroomed**.
  그가 새 상점을 열자, 사업은 급격히 성장했다.

---

508 **mutable**
[mjú:təbl]
★★☆☆☆

mut (change 변하다) → '**변할 수 있는**'에서 유래

a **변할 수 있는, 변하기 쉬운** / capable of change; changeable
- Political power is **mutable**. 정치권력은 변하기 쉽다.

v **mútate** 변화시키다 **n** **mutátion** 변화, 돌연 변이

---

509 **mutilate**
[mjú:təleit]
★☆☆☆☆

mutil (cut 자르다) → '**사지를 잘라 불구로 만들다**'에서 유래

vt **불구로 만들다** / severely and violently damage someone's body; maim
- threaten to **mutilate** victims 피해자들을 불구로 만들겠다고 위협하다

---

510 **myriad**
[míriəd]
☆☆☆☆☆

myria (countless 셀 수 없는) → '**셀 수 없이 무수히 많은**' 에서 유래

a **무수한** / too many to count; countless

n **1만** / ten thousand ; **무수** / a large indefinite number
- **myriad** bright stars 무수히 빛나는 별들

---

511 **myth**
[miθ]
★☆☆☆☆

myth<mythos (story 이야기) → '**신성한 존재에 관한 이야기인 신화**' 에서 유래

n **신화; 근거 없는 이야기** / story that isn't true
- peddle the **myth** of racial superiority 인종 우월성에 관한 신화를 퍼뜨리다

v **mýthicize** 신화화 하다 **n** **mythólogy** 신화(학) **a** **mýthic** 신화의

---

512 **nadir**
[néidər]
★★☆☆☆

nazir (opposite to ~의 반대인) → '**천상 및 최고점과 반대되는 천저, 최하점**' 에서 유래

n **천저(天底); 최하점** / the lowest point
- reach the **nadir** of one's career 자신의 경력의 최악의 상태에 도달하다

513 **naive** [na:í:v] ★★☆☆☆

naiv<nasci (born태어난) → '**태어난 그대로 변하지 않고 순진한**'에서 유래

ⓐ **순진한** / lacking experience of life; unaffected ; **믿기 쉬운** / willing to believe; gullible

• He **naively** assumed that he would be paid for the work. 그는 순진하게도 그 일에 대해 보수를 받게 될 것이라고 생각했다.

ⓝ **naiveté** 소박, 단순, 순진한 말[행위]

---

514 **narrative** [nǽrətiv] ★☆☆☆☆

narrare (story 이야기)

ⓝ **이야기** / a description of events, especially in a novel; story

• use a very unusual **narrative** style 매우 독특한 서술 방식을 사용하다

ⓥ **nárrate** 말하다, 이야기하다 ⓝ **narrátion** 서술, 해석 ⓝ **nárrator** 이야기하는사람

---

515 **nascent** [nǽsnt] ★★★★☆

nasc (born 태어난) → '**이제 막 태어나려고 할 만큼 초기의**'에서 유래

ⓐ **발생하려고 하는, 초기의** / beginning to exist; initial

• be in a very **nascent** stage 매우 초기 단계에 있다 ⓝ **náscency** 발생, 기원

---

516 **nauseate** [nɔ́:zieit] ★☆☆☆☆

nausea(navigate 항해하다) → '**항해로 인해 구역질 나다**'에서 유래

ⓥ **구역질나게 하다** / cause to become sick; disgust

• His flattery **nauseates** me. 그의 아부에는 구역질이 난다.

---

517 **nebulous** [nébjuləs] ★★★☆☆

nebut(mist 안개) → '**안개가 끼어 희미한**'에서 유래

ⓐ **(구름이 낀 것처럼) 희미한** / not at all clear; vague

• a **nebulous** recollection of the meeting 그 모임에 관한 희미한 기억

---

518 **nefarious** [niféəriəs] ★☆☆☆☆

ne (not 부정) + far (law 법) → '**법에 위배되는 행동을 할 만큼 극악한**'에서 유래

ⓐ **극악한** / evil or criminal; wicked

• **nefarious** activity such as drug trafficking 마약 부정거래 같은 극악한 행동

---

519 **negligent** [néglidʒənt] ★★☆☆☆

neg (not 부정) + lig (gather 모으다) → '**모으는 것을 하지 않고 태만한**'에서 유래

ⓐ **태만한, 부주의한** / showing neglect; remiss; careless

• They are **negligent** of their duties. 그들은 임무를 소홀히 한다.

ⓥ **negléct** 무시[방치]하다(ignore) ⓝ **négligence** 태만, 부주의

ⓐ **négligible** 사소한

---

520 **nepotism** [népətizm] ★☆☆☆☆

nepot (nephew 조카) → '**조카와 같은 연고자를 뽑아 씀**'에서 유래

ⓝ **연고자[친척] 등용** / giving the best job to members of your family; favoritism

• advancement based on **nepotism** 연고자 등용에 따른 승진

★ 중요빈출

Check-up Test

1. The child mumbled so badly that I could not understand a word he said.
ⓐ ranted ⓑ rambled ⓒ muttered ⓓ baffled

2. He was concerned only with mundane matters, especially the daily stock market quotations.
ⓐ global ⓑ futile ⓒ spiritual ⓓ worldly

3. Instead of musing about his past successes, Robert had better wake up and face his life as it is today.
ⓐ bragging about ⓑ meditating on ⓒ talking about ⓓ making comments on

4. Do you actually believe you'll win praise for being so negligent?
ⓐ unpleasant ⓑ ambitious ⓒ careful ⓓ forgetful

5. Prestige is nebulous word, meaning many things to many people.
ⓐ negligible ⓑ mnemonic ⓒ memorable ⓓ vague

정답 **1.** c **2.** d **3.** b **4.** d **5.** d

- **be hard up** / **돈 따위에 쪼들리다, 궁색하다** be in great need
  - We're hard up for money at the moment.
    우리는 현재 돈이 부족하다.

- **be in the black** / **흑자이다** go into the black
  - The company's balance of trade has been in the black for five years.
    그 회사의 무역수지는 5년 연속 흑자를 기록해왔다.

- **be in charge of** / **~을 책임지고 있다** be responsible for
  - Who is in charge of the sales department?
    누가 영업부를 책임지고 있느냐?

- **be in the red** / **적자를 내다** owe, run into debt
  - My accounts are in the red at the end of every month.
    나의 계좌는 매월 월말에 적자가 된다.

- **be inclined to do** / **~하는 경향이 있다, ~하고 싶어 하다** feel inclined to do
  - I am inclined to believe what my friend says.
    나는 친구가 하는 말을 믿으려는 경향이 있다.

- **be indulged in** / **~에 빠지다, 탐닉하다** be immersed in
  - He is indulging in hyperbole. 그는 과장법에 빠져있다.

- **be involved in** / **~에 연루되다** be implicated in
  - The gene appears to be involved in controlling body temperatures.
    그 유전자는 체온을 조절하는 기능에 관여하는 것으로 보인다.

- **be known by** / **~으로 알 수 있다** you can guess from~
  - Some companies are known not by their name but by their product.
    몇몇 기업들은 이름이 아닌 그들의 상품으로 알려진다.

- **be likely to do** / **아마~할 것 같다** It's likely that~, probably
  - Infections are likely to spread. 감염은 퍼질 것 같다.

- **be lost in** / **~에서 길을 잃다** go astray, **~에 몰두하다** be absorbed in, be immersed in, be engrossed in
  - The man was lost in deep thought. 그 남자는 깊은 생각에 잠겨 있었다.

- **be made up of** / **구성되다** consist of
  - The team is made up of six students from different universities.
    그 팀은 다른 대학에서 온 6명의 학생들로 구성되어 있다.

- **be noted for** / **~로 유명하다** be known for, be famous for
  - She was noted for being kind. 그녀는 친절했던 것으로 유명했다.

- **be poor at** / **~에 서투르다** be not good at
  - I am poor at mathematics.
    나는 수학에 약하다.

- **be proud of** / **~을 자랑하다** take pride in, pride oneself on. show off
  - I'm proud of what I have contributed to the world.
    나는 내가 세상에 기여한 바를 자랑스럽게 여긴다.

- **be responsible for** / **~에 책임을 지다** take the responsibility of
  - Parents should be responsible for their own children within the rules of the house.
    부모들은 집안 내 규칙 안에서 자녀들을 책임져야만 한다.

- **be subject to** / **~을 받기 쉽다, ~에 걸리기 쉽다** be susceptible to
  - Babies should be taken care of carefully because they are subject to disease. 아기들은 병에 걸리기 쉽기 때문에 보살핌을 잘 받아야 한다.

- **be taken aback** / **~에 놀라다** be astonished
  - I was taken aback by his rudeness. 나는 그의 무례함에 깜짝 놀랐다.

- **be tired of** / **~로 지겹다** be fed up with
  - I am tired of reading all of the assignments.
    나는 모든 과제를 읽는데 지쳤어.

- **be tired with** / **~로 피곤하다[지치다]** be fatigued with
  - I was tired with his inaction. 나는 그의 게으름에 지쳤다.

- **be true of** / **~에 적용되다** apply to, go for
  - Exactly the same is true of management costs.
    정확히 똑같은 것이 관리 비용에도 적용된다.

- **be true to** / **~에 충실하다** be faithful to
  - She has always been true to her colors.
    그녀는 언제나 자신의 신념에 충실해 왔다.

- **be up to**
  / **~에게 있다, 달려 있다** rest with ; **~을 계획하고 있다** be planning to do
  - It is up to him to say whether he is satisfied.
    그가 만족하는지의 여부를 말하는 것은 그에게 달려있다.
  - There is no knowing what he is up to now.
    그가 지금 무슨 일을 꾸미는지 모르겠어.

- **be willing to do** / **기꺼이 ~하다** be ready to do
  - They're willing to pay more for a high-quality product.
    우리는 품질이 더 좋은 제품에대해 돈을 더 낼 용의도 있어요.

- **be in labour** / 분만 중이다 be in the act of giving birth
- **be in the charge of** / ~의 책임 하에 있다 be controlled by
- **be known as** / ~로 알려져 있다
- **be known for** / ~로 유명하다
- **be known to** / ~에게 알려져 있다
- **be on pins and needles** / 매우 불안해하다 be on edge
- **be saddled with** / ~의 책임 · 부담 등을 지다 assume
- **be taken by surprise** / 기습공격을 받다
- **be tied up** / 바쁘다 be busy
- **be wrapped up in** / ~에 열중하다 be absorbed in

in- (안)

우선순위 로 보는 PRE view

Date :　　/

★★★★★	38.	**indigenous**	토착의	□ □ □
★★★☆☆	36.	**incumbent**	의무인; 재직중인; 재직자	□ □ □
	39.	**indigent**	가난한	□ □ □
	40.	**induce**	유도하다	□ □ □
	45.	**infringe**	위반하다	□ □ □
	48.	**ingenious**	영리한	□ □ □
	52.	**ingredient**	성분	□ □ □
★★☆☆☆	34.	**incite**	자극하다	□ □ □
	42.	**infer**	추리하다	□ □ □
★☆☆☆☆	31.	**incense**	향; 격분시키다	□ □ □
	32.	**incentive**	자극적인; 자극제	□ □ □
	33.	**incipient**	시초의	□ □ □
	35.	**incorporate**	합동시키다	□ □ □
	41.	**indulge**	만족시키다; 내버려 두다	□ □ □
	43.	**inflate**	부풀리다; 우쭐하게 하다	□ □ □
	44.	**inflict**	가하다	□ □ □
	46.	**infuriate**	격분시키다	□ □ □
	47.	**infuse**	주입하다	□ □ □
	48.	**ingenuous**	솔직한; 순진한	□ □ □
	50.	**ingrained**	깊이 배어든	□ □ □
	51.	**ingratiate**	비위를 맞추다	□ □ □
☆☆☆☆☆	37.	**indent**	톱니 모양을 내다; 주문서	□ □ □
	53.	**inhale**	흡입하다	□ □ □

MD27

LECTURE 27

incense
[ínsens]
★☆☆☆☆
31

in(intensive) + cen<candere(glow) → '불빛을 내며 타는 것'에서 유래

n **향(냄새)** / a substance giving off a fragrant smell when burned
- a burning **incense** emitting fragrance 향기를 내면서 타고 있는 향

vt **격분시키다** / make very angry; enrage
- He felt deeply **incensed** at her remark. 그는 그녀의 말에 매우 격분했다. 뉘앙스 p.339

어근관련 candle [kǽndl] 양초 incendiary [inséndieri] 방화의; 선동적인; 방화범; 선동자

---

incentive
[inséntiv]
★☆☆☆☆
32

in(in) + cen<cant(sing) → '~에게 노래를 들려주어 자극시키는'에서 유래

a **자극[고무]적인** / arousing to feeling or action; stimulative
- an **incentive** pay raise 고무적인 임금 인상

n **자극(제)** / a thing that urges a person on; motive
- The promise of a bonus acted as an **incentive**. 보너스의 약속이 자극제로 작용했다.

어근관련 chant [tʃænt] 노래; (노래 · 성가를) 부르다 enchant [intʃǽnt] 매혹하다

---

incipient
[insípiənt]
★☆☆☆☆
33

in(on) + cip(take) → '처음으로 일을 잡는'에서 유래

a **시초[초기]의** / at an early stage; initial
- the children's **incipient** cough 아이들의 초기의 기침

어근관련 anticipate [æntísəpeit] 예상[기대]하다 participate [pa:rtísəpeit] 참가[관여]하다

---

incite
[insáit]
★★☆☆☆
34

in(in) + cit(arouse) → '~의 마음속에 ~을 일으키다'에서 유래

vt **자극[선동]하다** / cause or encourage to; provoke
- Agitators **incited** the men to strike. 선동자들은 파업을 부추겼다.

n **incítement** 격려; 자극, 선동

어근관련 excite [iksáit] 흥분시키다; (감정을) 일어나게 하다 recite [risáit] 암송[낭독]하다

---

incorporate
[inkɔ́:rpəreit]
★☆☆☆☆
35

in(into) + corp(body) → '형체를 지니게 하다'에서 유래

vt **합동[통합]시키다** / make a part of a group; combine
- **incorporate** his suggestion in this new plan 이 새로운 계획 속에 그의 제안을 반영하다

n **incorporátion** 합동, 합병; 법인 단체

어근관련 corporal [kɔ́:rpərəl] 육체의, 신체의 corpse [kɔ:rps] (사람의) 시체, 송장

---

incumbent
[inkʌ́mbənt]
★★★☆☆
36

in(on) + cumb(lie) → '~위에 누워있는'에서 유래

a 1 **~의 의무인** / being duty or responsibility; obligatory
2 **재직[현직]중** / currently holding an office or position; present
- It is **incumbent** on you to do so. 그렇게 하는 것이 네 의무다.
- the **incumbent** president[priest] 현직 대통령[목사]

n **재직[현직]자** / a person holding an office or position
- an **incumbent** who has a good job 좋은 직업을 가지고 있는 사람

n **incúmbency** 재직 (기간)(term; tenure); 의무

어근관련 encumber [inkʌ́mbər] 방해하다 succumb [səkʌ́m] 굴복하다; 죽다

= 동의어 ↔ 반의어

31	**incense**	=	fragrance / scent / perfume / balm / redolence ● 동의어 보강
32	**incentive**	=	motive / stimulus / impulse / spur / goad
33	**incipient**	=	initial / beginning / commencing / inceptive / nascent ● 동의어 보강
34	**incite**	=	provoke / stimulate / inspire / urge / stir up ↔ curb
35	**incorporate**	=	combine / join / integrate / merge / affiliate / fuse / amalgamate
36	**incumbent**	=	obligatory / compulsory / mandatory / binding / imperative

동의어 보강

화나게 하다

31

필수	aggravate 악화시키다; 화나게 하다 / anger 화나게 하다 / annoy 화나게 하다 / bait 괴롭히다, 못살게 굴다 / bug 짜증나게 하다 / chafe 쓸려서 벗겨지게 하다; 화나게 하다 / enrage 격분시키다 / exasperate 화나게 하다 / incense 향; 격분시키다 / infuriate 격분시키다 / irritate 화나게 하다 / madden 화나게 하다 / offend 화나게 하다 / outrage 격분시키다 / pester 괴롭히다, 들볶다 / provoke 도발하다 / upset 기분을 상하게 하다
고급	exacerbate 악화시키다; 격분시키다 / gall 화나게 하다 / irk 지루하게 하다; 짜증나게 하다 / nettle 약 올리다 / peeve 화나게 하다 / rile 화나게 하다 / ruffle 헝클어놓다; 성나게 하다 / vex 성가시게 하다
숙어	get on sb's nerves / get one's back up / piss off / rub the wrong way 불쾌하게 하다
참고	기분 좋게 하다 / appease / gladden / mollify / soften

초기의

33

필수	incipient 초기의 / inchoate 초기의; 불완전한 / initial 초기의 / nascent 초기의, 발생기의
고급	embryonic 배아의; 초기의 / germinal 새싹의, (발달) 초기의
반의어	terminal 말기의

뉘앙스

화나게 하다

31

írritate	화나게 하다 ≪가장 뜻이 넓은 말≫	• I was **irritated** by the noise. 나는 그 소음에 짜증이 났다.
annóy	(귀찮게 하여 일시적으로) **성나게 하다**	• He **annoyed** me asking too much. 그는 너무 많이 질문해서 나를 언짢게 했다
exásperate	(자제심을 잃을 정도로) **화나게 하다**	• He **exasperated** his mother with a lie. 그는 거짓말로 어머니를 격분시켰다.
provóke	(갑작스럽게) **성나게 하다**	• **provoke** a dog 개에게 장난을 쳐서 성나게 하다
néttle	(따끔 따끔 찌르듯이 약을 올려) **화나게 하다**	• Her impudent questions **nettled** me. 그녀의 무례한 질문이 나를 화나게 했다.
ággravate	**화나게 하다** ≪구어적인 말≫	• feel **aggravated** with her 그녀에게 화가 나다

cf. **rile** (마음의 안정을 깨뜨리고) **화나게 하다** ≪구어적인 말≫ **peeve 안달나게 하다, 약올리다** ≪구어적인 말≫
enráge, infúriate, incénse 격분하게 하다 ≪의미가 센 말들≫

Check-up Test

1. In a government election, <u>the incumbent</u> generally has a strong advantage over a newcomer. History has shown a strong proclivity in elections at all levels of government to return the incumbent to the post.
ⓐ a political party ⓑ a positive propaganda ⓒ a current office-holder ⓓ a special kind of election

2. He seems to have no <u>incentive</u> to improve himself.
ⓐ that which provides a good reason for action ⓑ legal requirement ⓒ financial support ⓓ objection

3. Hydroelectric plants require a large <u>initial</u> investment, since complete installation must be done at the outset.
ⓐ incipient ⓑ capital ⓒ financial ⓓ main

4. We will <u>incorporate</u> that idea in our plans.
ⓐ inflict ⓑ include ⓒ deter ⓓ infer

5. She felt it <u>incumbent</u> upon her to answer the letter immediately.
ⓐ derogatory ⓑ insufficient ⓒ cancelled ⓓ obligatory

정답 **1.** c **2.** a **3.** a **4.** b **5.** d

indent
[indént]
☆☆☆☆☆
37

in(in) + den(tooth) → '~안에 이빨자국을 내다'에서 유래

v **톱니 모양을 내다, 움푹 들어가게 하다** / make notches in; nick
- an **indented** coast 움푹 들어간 해안

n 1 **움푹 들어감[간 곳]** / a dent; indentation
2 **주문(서)** / an order for goods; indenture
- an **indent** of surface 표면의 움푹 들어간 곳 • an **indent** of raw materials 원자재의 주문

n **indentátion** 움푹 들어감; 한 자 들여 쓰기

n **indénture** (톱니 모양의 절취선이 있는) 날인 증서, 계약서; 도제살이 계약서

어근관련 dent [dent] 움푹 패인 곳; 움푹 들어가게 하다 dentist [déntist] 치과 의사

---

indigenous
[indídʒənəs]
★★★★★
38

indi<in(in) + gen (birth) → '~안에서 태어난'에서 유래

a **토착[고유, 원산]의** / originating in the region or country; native
- Lions are **indigenous** to Africa. 사자들은 아프리카가 원산이다.

n **índigene** 원주[토착]민, 원산종

cf **índigent** 가난한 **indígnant** 분개하는 뉘앙스 p.341

어근관련 congenial [kəndʒíːnjəl] 마음이 맞는 congenital [kəndʒénətl] 선천적인

---

indigent
[índidʒənt]
★★★☆☆
39

ind<in(in) + ig<eg(want) → '~안에 ~이 없는'에서 유래

a **가난한, 궁핍한** / lacking the necessities of life; needy
- become a legendary hero to the **indigent** 가난한 사람들에게 전설적인 영웅이 되다

n **índigence** 가난, 빈곤 뉘앙스 p.291

---

induce
[indjúːs]
★★★☆☆
40

in(in) + duc(lead) → '~하는 것 안으로 마음을 이끌게 하다'에서 유래

vt 1 **유도하다, 설득하여 ~하게 하다** / lead to do something; persuade
2 **귀납하다** / infer by reasoning from particular facts to a general rule; generalize
- Advertisements **induce** people to buy. 광고는 사람들로 하여금 사도록 만든다.
- From results, a law is **induced**. 결과들로부터 법칙은 귀납된다

n **indúcement** 유인; 권유 **n** **indúction** 유도; 귀납법 **a** **indúctive** 귀납적인

cf **indúct** 가입시키다; (비결 따위를) 전수하다

어근관련 abduct [æbdʌ́kt] 유괴하다 seduce [sidjúːs] 부추기다; 매혹시키다 뉘앙스 p.427

---

indulge
[indʌ́ldʒ]
★☆☆☆☆
41

in(intensive) + dulg(endure) → '상대의 요구대로 하도록 너무 참다'에서 유래

v 1 (욕망 · 정열 따위를) **만족[충족]시키다** / let oneself have or do; satisfy
2 (제멋대로) **내버려 두다** / allow to do what they want; leave
- **indulge** all one's desires 자신의 모든 욕망들을 채우다
- spoil children by **indulging** them too much 너무 많이 아이들을 제멋대로 내버려 둠으로써 망치다

n **indúlgence, -cy** (지나친) 관대(tolerance); 탐닉(addiction)

a **indúlgent** 멋대로 하게 하는; 눈감아 주는, 관대한(tolerant)

---

infer
[infə́ːr]
★★☆☆☆
42

in(in) + fer(carry) → '마음속으로 생각을 옮기다'에서 유래

vt 1 **추리[추론]하다** / find out by reasoning; reason
2 (결론으로서) **암시하다** / be a sign or hint of; imply
- **infer** his displeasure from his refusal 그의 거절을 통해 그의 불쾌감을 추측하다
- Ragged clothing **infers** poverty. 누더누덕한 옷은 가난을 암시한다.

n **ínference** 추리, 추정 **a** **inférable** 추론할 수 있는

a **inferéntial** 추리[추론]에 의한, 추론의

어근관련 confer [kənfə́ːr] 협의하다; 수여하다 transfer [trænsfə́ːr] 옮기다; 갈아타다

동의어 / 반의어

37	**indent**	=	notch / dent / indentation
38	**indigenous**	=	native / aboriginal / endemic / inherent / inborn ↔ foreign ◎ 동의어 보강
39	**indigent**	=	needy / destitute / penniless / penurious / pinched / impecunious ↔ rich
40	**induce**	=	persuade / draw / argue / prevail upon
41	**indulgent**	=	generous / lenient / magnanimous / munificent / liberal / broad-minded ◎ 동의어 보강
42	**infer**	=	reason / deduce / conclude / gather / read between the lines

동의어 보강

토착의 38	필수	aboriginal 토착의, 호주 원주민의 / indigenous (동식물이) 토착의 / native 토착의 / endemic 풍토성의, 고유한 / local 토착의
	고급	autochthonous 토착의, 자생의
	참고	pandemic 퍼진, 전국적[세계적]으로 유행하는 / epidemic 전염성의, 유행성의 제품의 원산지 / indigenous 원산의, 토착의 / domestic 국산의, 국내의 / overseas 해외의 / exotic 이국적인, 외래종의
관대한 · 너그러운 41	필수	bounteous 관대한, 손이 큰 / generous 관대한 / magnanimous 도량이 넓은 / bountiful 풍부한, 관대한 / indulgent 응석을 받아주는, 관대한 / mild 온화한, 관대한 / broad-minded 관대한 / lenient 너그러운, 관대한 / permissive 허용하는, 관대한 / clement 온화한; 관용적인 / liberal 관대한 / tolerant 관용적인
	고급	laissez-faire 자유방임주의의

뉘앙스

토착의 38

nátive	(사람 · 사물의) **출생지의, 토착의**	• a **native** Korean 토박이 한국인
indígenous	(종족이나 동 · 식물의 종(種)이) **토착인**	• The potato is **indigenous** to South America. 감자는 남미의 토착 식물이다.
aboríginal	**원주민의, 원래의**	• The Indians are the **aboriginal** Americans. 인디언들이 원래의 아메리카인들이다.
endémic	(특히 질병이) **한 지방에 고유한, 풍토성의**	• **endemic** disease 풍토병

Check-up Test

1. We must be particularly cautious when we <u>infer</u> that a person is guilty on the basis of circumstantial evidence.
ⓐ overrun ⓑ ruminate ⓒ reason ⓓ savor

2. Tobacco is one of the <u>indigenous</u> plants which the early explorers found in this country.
ⓐ natural ⓑ native ⓒ fragrant ⓓ beneficial

3. Everyone knows that hospitals are institutions where the sick are treated, but how many people realize that they were once homes for the <u>indigent</u> and the friendless?
ⓐ needy ⓑ underfed ⓒ unhealthy ⓓ marginal

4. Boris has no <u>inducement</u> to go to the university and obtain a degree.
ⓐ ken ⓑ money ⓒ incentive ⓓ plans

5. The <u>indulgent</u> grandparents granted the three-year-old's every wish.
ⓐ lenient ⓑ inherent ⓒ resourceful ⓓ courageous

정답 **1.** c **2.** b **3.** a **4.** c **5.** a

inflate
[infléit]
★☆☆☆☆
43

in(into) + flat<flare(blow) → '안으로 불어 넣다'에서 유래

vt 1 (공기 · 가스 따위로) **부풀리다, 팽창시키다** / fill until swelled with air or gas; expand
2 **우쭐하게 하다** / puff up with pride; elate
- to **inflate** a tire 타이어에 공기를 주입시키다
- After his success he was **inflated** with self-importance. 성공 후 그는 자만심으로 우쭐해졌다.

n **inflátion** 부풀림, 팽창; ≪경제≫ 통화 팽창, 인플레이션 **a** **inflátionary** 통화 팽창의

어근관련 conflate [kənfléit] 하나로 합치다 deflationary [difléiʃəneri] 통화 수축의 뉘앙스 p.343

inflict
[inflíkt]
★☆☆☆☆
44

in(on) + flic (strike) → '~를 때리다'에서 유래

vt (타격 · 고통 따위를) **가하다** / cause to have or suffer; strike
- **inflict** the severest possible penalty 실행가능한 가장 가혹한 형벌을 가하다

n **inflíction** (고통 · 형벌 따위를) 가함 **a** **inflíctive** (고통 · 형벌 따위를) 가하는

어근관련 afflict [əflíkt] 괴롭히다 conflict [kánflikt] 충돌, 투쟁; 충돌하다; 모순되다

infringe
[infríndʒ]
★★★☆☆
45

in(in) + fringe(break) → '~의 범위 안에서 그것을 깨뜨리다'에서 유래

vt (법규 · 규정을) **위반하다, 어기다** / act contrary; break
- **infringe** the food and drug law 식품 의약품법을 위반하다

vi (타인의 권리를) **침해하다** / encroach upon someone or something; trespass
- **infringe** on woman's rights 여성의 권리를 침해하다

n **infríngement** 위반; 침해

어근관련 fragile [frǽdʒəl] 깨지기 쉬운; 허약한 fracture [frǽktʃər] 골절 뉘앙스 p.239

infuriate
[infjúərieit]
★☆☆☆☆
46

in(into) + furia(fury) → '~의 마음속에다 화를 넣다'에서 유래

vt **격분시키다** / make extremely angry; enrage
- Their insults **infuriated** him. 그들의 모욕이 그를 격노케 했다.

n **infuriátion** 격노케 함

어근관련 fury [fjúəri] 격노, 격분 furious [fjúəriəs] (격정에) 날뛰는, 격노한; 맹렬한 뉘앙스 p.339

infuse
[infjú:z]
★☆☆☆☆
47

in(in) + fus(pour) → '~안에 부어 넣다'에서 유래

vt (액체 · 사상 따위를) **주입하다, 불어넣다** / pour into a place; inspire
- **infuse** a liquid into a vessel 그릇에 액체를 붓다

n **infúsion** 주입, 불어넣음

어근관련 confuse [kənfjú:z] 혼란시키다 diffuse [difjú:z] 발산하다; 퍼진; 장황한

ingenious
[indʒí:njəs]
★★★☆☆
48

in(in) + gen(birth) → '좋은 재능을 가지고 태어난'에서 유래

a (발명의) **재능이 있는, 영리한** / good at inventing; clever
- The **ingenious** boy made a radio set for himself.
  그 영리한 소년은 혼자 힘으로 라디오 세트를 만들었다.

n **ingenúity** 발명의 재능, 영리함

어근관련 genial [dʒí:njəl] 온화한; 친절한 cognate [kágneit] 동족의; 동계의

= 동의어 ↔ 반의어

43	**inflate**	=	swell / amplify / expand / dilate / distend / bloat ↔ deflate 동의어 보강
44	**inflict**	=	strike / beat / force / impose / lay open to ↔ guard
45	**infringe**	=	break / violate / transgress / contravene / infract ↔ keep
46	**infuriate**	=	enrage / incense / madden / piss off / give umbrage to
47	**infuse**	=	inspire / instill / insinuate / implant / inculcate
48	**ingenious**	=	clever / bright / inventive / creative / originative / resourceful / canny 동의어 보강

동의어 보감

넓히다 · 팽창시키다 43	필수	bloat 부풀리다 / dilate 넓히다; 부연하다 / distend 팽창시키다 / enlarge 넓히다; 부연하다 / expand 확장시키다 / inflate (불어넣어) 팽창시키다 / swell 부풀리다
	고급	aggrandize 확대하다, 증대하다
	숙어	blow up (사진을) 확대하다; 과장하다; 폭발시키다
증가시키다	필수	augment 증가시키다 / boost 인상하다; 증가하다 / hike 갑자기 올리다, 증가시키다 / increase 증가하다[시키다] / upgrade (등급을) 높이다
	고급	bring up / jack up 인상하다
	참고	증가하다 / accrue 이자가 붙다 / mount 증가하다 / wax 커지다, 증대하다 폭등하다 / soar / skyrocket / jump
영리한 48	필수	astute 예리한, 빈틈없는 / brainy (여자아이가) 영리한 / bright 영리한 / canny 영리한, 빈틈없는 / clever 영리한 / ingenious 발명에 재주 있는, 영리한 / intelligent 총명한, 영리한 / keen 날카로운, 예리한 / penetrating 통찰력 있는 / perspicacious 통찰력 있는, 예리한 / piercing 통찰력 있는 / resourceful 기지가 좋은 / shrewd 빈틈없는, 기민한 / smart 영리한
	고급	clairvoyant 선견지명[투시력]이 있는 / scintillating 번득이는, 영리한

뉘앙스

넓히다 · 팽창시키다 43

expánd	**팽창시키다** ≪가장 일반적인 말≫	• Heat **expands** metal. 열은 금속을 팽창시킨다.
swell	(비정상적인 크기 이상으로) **팽창시키다**	• The river was **swollen** with melted snow. 강물은 녹은 눈 때문에 불어났다.
disténd	(내부 압력에 의해) **팽창시키다**	• a stomach **distended** by gas 가스가 차서 부어 오른 배
infláte	(인위적으로) **팽창시키다**	• **inflate** a balloon 풍선을 불어 팽창시키다
diláte	(둥근 것의 지름을) **넓히다, 팽창시키다**	• eyes **dilated** with fear 공포로 크게 벌어진 눈

Check-up Test

1. The owner posted a sign to discourage strangers from <u>infringing</u> on his land.
ⓐ patronizing ⓑ refraining ⓒ imposing ⓓ trespassing

2. The senior steward <u>infused</u> courage into the new stewardesses.
ⓐ showed ⓑ inspired ⓒ tempted ⓓ regarded

3. Check out what is not synonymous with other words.
ⓐ amplify ⓑ inflate ⓒ swell ⓓ expend

4. I think your machine <u>infringes</u> on my patent.
ⓐ undergoes ⓑ encroaches ⓒ taints ⓓ indicates

5. The use of barbed-wire fencing by farmers in the nineteenth century <u>infuriated</u> cattle ranchers, whose herds were often injured after becoming entangled in the trap spikes.
ⓐ puzzled ⓑ enraged ⓒ concerned ⓓ amazed

정답 **1.** d **2.** b **3.** d **4.** b **5.** b

ingenuous
[indʒénjuəs]
★☆☆☆☆
49

in(in) + gen(birth) → '태어난 모습 그대로 꾸미지 않는'에서 유래'

a 1 **솔직한** / free from restraint or reserve; frank
2 **순진한, 천진난만한** / simple and natural; innocent

- give an **ingenuous** account of one's acts 자신의 행동에 대한 솔직한 설명을 하다
- an **ingenuous** smile 천진난만한 미소

n **ingénuousness** 솔직함; 천진난만함

어근관련 engender [indʒéndər] 야기시키다 generate [dʒénəreit] 발생시키다

---

ingrained
[ingréind]
★☆☆☆☆
50

in(in) + grain<gran (seed) → '땅 속에 씨가 깊이 박힌'에서 유래

a (사상 따위가) **깊이 배어든** / deeply fixed in one's nature; rooted

- **ingrained** habits[prejudices] 몸에 밴 습관 / 뿌리 깊은 선입견

v **ingráin** 깊이 스며들게하다

어근관련 grain [grein] 낟알, 곡물; 극히 조금 granary [gréinəri] 곡물 창고

---

ingratiate
[ingréiʃieit]
★☆☆☆☆
51

in(into) + grat(thankful) → '고마움을 집어 넣다'에서 유래

vt **비위를 맞추다, 환심 사다** / bring into favor; flatter

- **ingratiate** oneself with the teacher 선생님의 비위를 맞추다

어근관련 ingrate [íngreit] 배은 망덕자 gratis [grǽtis] 공짜로[의]

---

ingredient
[ingríːdiənt]
★★★☆☆
52

in(in) + gred<grad(go) → '안으로 들어가 있는 것'에서 유래

n (식품, 약의) **성분, 요소** / one of the parts of mixture; component

- Honesty is an important **ingredient** of character.
  정직은 인격의 중요한 요소이다.

뉘앙스 p.345

어근관련 degrade [digréid] 강등시키다 upgrade [ʌ́pgreid] 승격시키다; 향상(시키다)

---

inhale
[inhéil]
☆☆☆☆☆
53

in(in) + hale(breathe) → '숨을 안으로 들이마시다'에서 유래

v (공기 따위를) **흡입하다** / draw into the lungs; breathe

- These days we can't help **inhaling** car exhaust gas.
  오늘날 우리는 자동차 배기 가스를 마시는 것을 피할 수 없다.

a **n** **inhálant** 흡입하는; 흡입기 **n** **inhalátion** 흡입(제)

어근관련 exhale [ekshéil] (숨을) 내쉬다

= 동의어 ↔ 반의어

49	**ingenuous**	=	artless / childlike / gullible / naive / unaffected / unsophisticated
50	**ingrained**	=	rooted / confirmed / chronic / inveterate / deep-seated ↔ exterior
51	**ingratiate**	=	flatter / fawn / blandish / adulate / curry favor with ⊙ 동의어 보강
52	**ingredient**	=	component / element / factor / constituent / facet ⊙ 동의어 보강
53	**inhale**	=	breathe / inspire / imbibe ↔ exhale

동의어 보감

아첨하다 · 비위 맞추다
51

필수	adulate 아첨하다 / blandish 아첨하다 / cajole 꾀다 / coax 꾀다 / fawn 아양 떨다 / flatter 아첨하다 / ingratiate 아첨하다 / wheedle 꾀다
고급	bootlick 아첨하다 / grovel 기다, 비굴하게 행동하다 / inveigle 꾀다 / sweettalk 감언으로 꾀다, 아첨하다 / toady 아첨하다, 알랑거리다
숙어	butter up / curry favor with / pay lip service 거짓 칭찬하다 / play up to 맞장구치다, 아첨하다 / polish the apple
참고	감언 / candied words / honey words

요소 · 성분
52

필수	component 요소 / constituent 구성요소; 선거구민 / element 기본 요소 / factor 요인 / ingredient (식품, 약품의) 원료 / requisite 필요조건, 요소 / unit 요소
고급	part and parcel 핵심요소, 요점

뉘앙스

요소 · 성분
52

élement	(기본적인) **요소** ≪일반적인 말≫	• Words are the **element** of a sentence. 단어는 문장의 요소다.
compónent	(분리 가능한 존재로서의) **구성 요소**	• the **components** of a machine 기계의 부품
constítuent	(특히 필수 불가결한) **구성 요소**	• Salt is a **constituent** of seawater. 소금은 바닷물의 구성 성분이다.
ingrédient	(특히 식품 · 약 따위의) **구성 요소, 원료**	• the **ingredient** of a cocktail 칵테일의 원료
fáctor	(어떤 결과를 가져오는) **요소, 요인**	• **factors** of Korea's economic troubles 한국의 경제적 어려움의 요인

Check-up Test

1. The headwaiter, with an ingratiating smile on his false face, came up to us bear- ing a large basket full of huge peaches.
   ⓐ a revengeful ⓑ a flattering ⓒ a dissident ⓓ a sorrowful
2. The people in the house had died from inhaling noxious smoke.
   ⓐ blandishing ⓑ breaking ⓒ boosting ⓓ breathing
3. He is too _______ to deceive you.
   ⓐ illiterate ⓑ ingenious ⓒ ingenuous ⓓ gratuitous
4. Television became so deeply _______ in American life that in at least one state the television set has attained the rank of a legal necessity.
   ⓐ ingrained ⓑ derived ⓒ noted ⓓ satisfied
5. After we measured out the _______ that the recipe called for, we used a mixer to _______ them in a bowl.
   ⓐ amounts - separate ⓑ temperature - bake
   ⓒ directions - shred ⓓ ingredients - combine

정답 **1.** b **2.** d **3.** c **4.** a **5.** d

521 **niggardly** [nígərdli] ★☆☆☆☆

nig (stingy 인색한)

a **인색한** / unwilling to spend money; stingy

• The landlord was **niggardly** about repairs. 집주인은 집 수리에 대해 인색했다.

n **níggard** 구두쇠

522 **nitty-gritty** [níti-gríti] ★★☆☆☆

nitty-gritty (finely ground corn 가늘게 갈은 옥수수) → '**사물의 핵심을 이루는 작은 알갱이**' 에서 유래

n **핵심** / the essential or fundamental part; kernel

• get down to the **nitty-gritty** 본론으로 들어가다

523 **nocturnal** [naktə́:rnl] ☆☆☆☆☆

noct (night 밤) → '**밤에 일어나 활동하는**' 에서 유래

a **(동 · 식물 등이) 밤에 활동하는** / done at night; nightly

• **nocturnal** birds like owls 올빼미와 같은 밤에 활동하는 조류

524 **nomadic** [noumǽdik] ★☆☆☆☆

nomad<nomas (roaming 방랑) → '**이리저리 떠도는 유목민의**' 에서 유래

a **유목민의** / of nomads ; **방랑하는** / wandering; roving

• be from a **nomadic** tribe 유목 민족 출신이다

n **nómad(e)** 유목민

525 **nostalgia** [nastǽldʒə] ☆☆☆☆☆

nost (homecoming 귀향) + algia (pain 고통) → '**귀향하고 싶어 고통을 겪음**' 에서 유래

n **향수(鄕愁)** / sentimental longing from the past; homesickness

• **nostalgia** for the good old days 좋았던 옛 시절에 대한 향수

526 **nosy** [nóuzi] ★☆☆☆☆

nose 코 → '**남의 일에 자꾸 코를 가져다 대고 냄새를 맡는**' 에서 유래

a **참견하기 좋아하는, 꼬치꼬치 캐묻는** / too interested in things that do not concern you; inquisitive

• Don't be so **nosy**! 그렇게 꼬치꼬치 캐묻지 마라.

527 **notorious** [noutɔ́:riəs] ★☆☆☆☆

not (known 알려진) → '**나쁜 것으로 널리 알려진**' 에서 유래

a **(나쁜 뜻으로) 악명높은** / famous for something bad; infamous

• a **notorious** gambler 유명한 도박사

528 **novice** [návis] ★★★★☆

nov (new 새로운) → '**어떤 일을 새롭게 배우는 초심자**' 에서 유래

n **초심자** / a person who has no experience in a skill; beginner

• a **novice** in history 신출내기 역사가

529 **noxious** [nákʃəs] ★★★☆☆

nox (hurt 해) → '**해를 끼치는**'에서 유래

a **유해한** / harmful; poisonous

• **noxious** foods 유해 식품

530 **numerical** [nju:mérikəl] ★★☆☆☆

numer (number 숫자) → '**숫자의**' 에서 유래

a **수의** / of number ; **숫자로 나타낸** / shown by numbers

• sit in **numerical** order 번호순으로 앉다

531 **nurture** [nə́:rtʃər] ★☆☆☆☆

nurture<nutritia (feed 먹이를 주다) → '**먹이를 먹이고 키우다**' 에서 유래

vt **양육하다** / care for and protect; rear

• be **nurtured** by loving parents 애정 어린 부모의 양육을 받다

532 **odious** [óudiəs] ★☆☆☆☆

odi (hate 싫어하다) → '**싫어질 정도로 불쾌감을 주는**' 에서 유래

a **불쾌감을 주는** / extremely unpleasant; disgusting

• What an **odious** man! 정말 혐오스러운 남자군!

533 **officious** [əfíʃəs] ★★★☆☆

of<opus (work 일) + fic (make 만들다) → '**일을 만들어 참견을 하는**' 에서 유래

a **참견 잘 하는** / too eager to tell people; meddlesome

• a meddlesome and **officious** person 남의 일에 참견 잘 하는 사람

534 **offspring**
[ɔ́:fspriŋ]
★★☆☆☆

off 떨어져 + spring 나오다 → '부모로부터 떨어져 나온 자식' 에서 유래

n **자식, 자손** / a child or children from particular parents; descendant
- produce **offspring** 아이를 낳다

535 **ominous**
[ámənəs]
★★★★★

omin<omen (foreboding 예감) → '예감이 불길한' 에서 유래

a **(조짐이) 불길한** / of a bad sign; foreboding
- **ominous** silence 불길한 정적

536 **onerous**
[ánərəs]
☆☆☆☆☆

oner (burden 짐) → '짐을 지우는, 부담스러운' 에서 유래

a **부담스러운** / needing great effort; burdensome
- take on an **onerous** duty 부담되는 임무를 떠맡다

537 **ooze**
[u:z]
★★☆☆☆

ooze<wos (sap 수액) → '수액처럼 스며 나오다' 에서 유래

v **빠져 나오다, 새어 나오다** / leak out little by little; exude; seep
- Her courage **oozed** away as she waited.
  기다리는 동안 그녀의 용기가 점차 꺾여갔다.

a **óozy** 줄줄 흘러나오는

538 **opaque**
[oupéik]
★☆☆☆☆

opag (shady 그늘진) → '그늘져 불투명해진' 에서 유래

a **불투명한** / too thick or too dark to see through; impermeable
- an **opaque** glass door 불투명 유리문

n **opácity** 불투명; 불투명체

539 **ophthalmologist**
[ɑfθəlmálədʒist]
★★☆☆☆

op (eye 눈) + logi (study 연구) → '눈을 연구하고 치료하는 안과의사' 에서 유래

n **안과의사** / a doctor who studies and treats the diseases of the eye; oculist
- Get your eyes tested regularly by an **ophthalmologist**.
  안과의사에게 정기적으로 눈을 검진 받으시오.

n **ophthalmólogy** 안과학

540 **opt (for)**
[ɑpt]
☆☆☆☆☆

opt (choose 선택하다)

v **선택하다** / make a choice; choose
- **opt for** a career in music 음악가의 길을 택하다

n **óption** 선택, 선택권

★ 중요빈출

Check-up Test

1. I feel we're not really getting to the ______ of the issue.
ⓐ nitty-gritty ⓑ zigzag ⓒ piggy-wiggy ⓓ handy-dandy

2. Langdon was having trouble concentrating as a scattering of a park's <u>nocturnal</u> residents were already emerging from the shadows.
ⓐ busy ⓑ gathered ⓒ night ⓓ wild

3. Professional hockey teams are <u>notorious</u> for the fights among players during games.
ⓐ exciting ⓑ unbearable ⓒ expecting ⓓ infamous

4. Our Guitar Club has two groups; one for experienced players and the other for <u>novices</u>.
ⓐ beginners ⓑ applicants ⓒ professionals ⓓ graduates

5. Even though some genetic mutations may be useful under some circumstances, most are unconditionally <u>deleterious</u> in all existing environment.
ⓐ expendable ⓑ noxious ⓒ prevalent ⓓ disposable

정답 **1.** a **2.** c **3.** d **4.** a **5.** b

according / across / around / as / aside / at / behind / by

- **according to + 구** / ~에 따라서 in proportion to
  - The project was done **according to** her instructions.
    그 프로젝트는 그녀의 지시에 따라 행해졌다.

- **across the board** / 전면적으로, 일률적으로 overall, collectively, on every item
  - We work together to improve services **across the board**.
    우리는 전반적으로 서비스를 향상시키기 위해 협력한다.

- **around the clock** / 24시간 내내 day and night
  - We will work **around the clock** to fulfill every one of our campaign promises. 우리는 우리의 선거 공약을 지키기 위해 24시간 내내 일할 것입니다.

- **around the corner** / 임박하여 impending, at hand, very near
  - Summer is just **around the corner** in Korea. 여름이 성큼 다가왔다.

- **as a rule** / 대체로 generally, in general, at large, by and large, on the whole
  - **As a rule** he did what he could to be helpful.
    보통은 그가 도움이 되기 위해 할 수 있는 일을 했다.

- **as well as** / ~뿐만 아니라 in addition to, besides
  - **As well as** helping the environment, energy conservation reduces your fuel bills.
    에너지 절약은 환경을 살릴 뿐만 아니라 당신의 연료비까지도 줄여줍니다.

- **aside from** / ~은 별도로 하고, ~을 제외하고 apart from, except for
  - **Aside from** the hockey, another aspect of the show was the members' love life.
    하키는 별도로 하고, 그 쇼의 또 다른 측면은 그 선수들의 연애 생활이었다.

- **at a loss** / 당황하여, 어찌할 바를 몰라서 perplexed, at one's wit's end
  - I'm still **at a loss** as to what the entire mess was about.
    나는 전체적 혼란이 무엇에 관한 건지 여전히 모르겠어.

- **at a person's disposal** / ~의 마음대로 할 수 있는
  - The only weapon **at my disposal** is my use of my vote.
    내 마음대로 할 수 있는 유일한 무기는 선거권이다.

- **at first hand** / 직접적으로 directly
  - He witnessed **at first hand** the ceasefires and the subsequent twists and turns of the peace process. 그는 휴전과 뒤따르는 의외의 급진전, 그리고 평화 절차의 변화를 직접 목격했다.

- **at hand** / 가까이 near by; near in time; 언제든지 쓸 수 있게 ready for use
  - The apparatus is ready **at hand**. 기구는 바로 쓸 수 있도록 준비되어 있다.

- **at large** / 일반적으로 in general; 상세히 in detail; 범인이 안 잡힌 on the run
  - She tried to explain the situation **at large**.
    그녀는 그 상황을 자세히 설명하려고 노력했다.
  - The remaining six are **at large** and believed to be hiding in Iraq.
    나머지 6명은 잡히지 않았고 이라크에 숨어있는 것으로 알려진다.

- **at length** / 상세하게 in detail; 마침내, 결국은 at last
  - **At length** he got over his disease.
    그는 드디어 병에서 회복했다.

- **at odds** / 사이가 나쁜, 의견이 일치하지 않는 in disagreement, at strife
  - Iran is finding itself **at odds** with the rest of the world because of its ambitious nuclear program. 이란은 그들의 야심찬 핵 프로그램 때문에 전세계와 사이가 좋지 않음을 알고 있다.

- **at random** / 무작위로, 닥치는 대로 randomly
  - I took a day to ride the subway and get off **at random** places.
    나는 전철을 타고 무작위로 정한 장소에 내리는 데 하루가 걸렸어.

- **at stake** / 위험에 처하여 in danger, dangerous, at risk
  - He condoned his superiors putting his own life **at stake**.
    그는 그 자신의 목숨을 위험에 빠뜨린 그의 상사들을 용서했다.

- **at the expense of** / ~을 희생하여 at the cost of
  - Self improvement is the name of the game but not **at the expense of** others.
    자기 수양은 본질적인 것이지만, (그것으로 인해) 남을 희생시켜선 안 됩니다

- **at the mercy of** / ~에 좌우되어 under the control of, subject to, in the power of
  - I might be **at the mercy of** a bad employer who would try to hustle me. 나는 아마도 날 쫓아내려 하는 그 나쁜 고용주에 좌우될 거야.

- **at the same time** / 동시에 simultaneously, at once
  - You sometimes seem to believe in differing opinions **at the same time**. 너는 가끔 다른 의견을 동시에 믿는 것 같아.

- **by all means** / 꼭, 반드시 at any risk, certainly
  - **By all means** keep your culture but do not force it on others.
    반드시 네 문화를 지켜라. 하지만 타인에게 네 문화를 강요하진 말아라.

- **by and large** / 대체로, 대개 on the whole, all in all, roughly
  - **By and large**, elections passed off without incident.
    대체로 선거는 사고 없이 진행되었다.

- **as a last resort** / 최후의 수단으로서
- **as a matter of fact** / 사실은, 실은 in fact, actually
- **as fit as a fiddle** / 매우 건강한 as sound as a horse
- **as good as one's word** / 언행이 일치하는 keeping one's promise
- **as like as two peas** / 흡사한, 꼭 닮은 alike, the exact counterpart of
- **as luck would have it** / 운 좋게, 다행히도 fortunately, luckily
- **at first hand** / 직접적으로 directly
- **at the eleventh hour** / 마지막 순간에 at the very last moment
- **behind the times** / 시대에 뒤진 out of date
- **behind time** / 늦은 late

in- (안)

우선순위로 보는 PRE view

Date : /

★★★★★	73.	**intimidate**	위협하다	□ □ □
★★★★☆	54.	**inherent**	선천적인	□ □ □
	56.	**inhibit**	금지하다	□ □ □
	76.	**intrigue**	음모(를 꾸미다)	□ □ □
	79.	**inundate**	범람시키다	□ □ □
★★★☆☆	59.	**innate**	선천적인	□ □ □
	60.	**innovate**	쇄신하다	□ □ □
	64.	**insidious**	교활한; 잠행성의	□ □ □
	75.	**intricate**	뒤얽힌	□ □ □
	81.	**irrigate**	관개하다; 소독하다	□ □ □
★★☆☆☆	57.	**inject**	주사하다	□ □ □
	63.	**inscribe**	새기다	□ □ □
	67.	**inspire**	고무하다; 불어넣다	□ □ □
	69.	**instigate**	부추기다	□ □ □
	72.	**intimate**	매우 친한; 암시하다	□ □ □
	78.	**intuition**	직관력	□ □ □
★☆☆☆☆	55.	**inherit**	상속하다	□ □ □
	61.	**innuendo**	암시(하다)	□ □ □
	62.	**inoculate**	접종하다	□ □ □
	65.	**insinuate**	넌지시 비추다	□ □ □
	66.	**inspect**	조사하다	□ □ □
	68.	**install**	설치하다; 취임시키다	□ □ □
	70.	**insurrection**	반란	□ □ □
	71.	**intensify**	격렬하게 하다	□ □ □
	74.	**intoxicate**	취하게 하다	□ □ □
	77.	**intrude**	밀어 넣다; 간섭하다	□ □ □
☆☆☆☆☆	58.	**inmate**	입원자	□ □ □
	80.	**invert**	뒤집다	□ □ □

MD28 mp3

LECTURE 28

inherent
[inhíərənt]
★★★★☆
54

in(in) +
her(stick) →
'태어날 때부터 몸에 붙어 있는'에서 유래

a **선천적인, 고유의** / present naturally as a part of; intrinsic
- The pretty woman kept her **inherent** modesty.
  그 아름다운 여인은 선천적인 정숙함을 지니고 있다.

n **inhérence** 타고남, 천성 **vi** **inhére** (성질 따위가) 본래부터 타고나다[내재하다]

어근관련 adherent [ædhíərənt] 들러붙는; 지지자 coherent [kouhíərənt] 응집성의; 일관된

inherit
[inhérit]
★☆☆☆☆
55

in(in) +
her<heir 상속인 →
'상속인으로서 재산을 상속하다'에서 유래

vt (재산 · 권리 따위를) **상속하다, 물려받다** / get or have after someone dies; succeed to
- She **inherited** the land from her grandfather. 그녀는 할아버지로부터 땅을 상속했다.

n **inhéritance** 상속(재산); 유산; 유전

cf **bequéath** ≪법≫ (동산을) 유증하다, 물려주다; 후세에 전하다

cf **devíse** ≪법≫ (부동산을) 유증하다, 물려주다; 생각[고안]해 내다

어근관련 heritage [héritidʒ] 상속재산; 전승 heredity [hərédəti] 유전 (형질)

inhibit
[inhíbit]
★★★★☆
56

in(in) +
hib<habere (hold) →
'못 나가도록 안으로 붙잡아 놓다'에서 유래

vt **금지[방해]하다** / forbid; prohibit
- regulations that have **inhibited** the growth of new business
  새 사업의 성장을 억제해 온 규제들

n **inhibítion** 금지; 억제

어근관련 exhibit [igzíbit] 진열하다 prohibit [prouhíbit] 금지하다 뉘앙스 p.351

inject
[indʒékt]
★★☆☆☆
57

in(in) +
ject(throw) →
'안으로 던져 넣다'에서 유래

vt (액체를) **주사[주입]하다** / put into with a special needle; syringe
- **inject** the invalid with the new drug 환자에게 새로운 약을 주사하다

n **injéction** 주입, 주사

어근관련 abject [ǽbdʒekt] 비참한; 비열한 reject [ridʒékt] 거절[거부]하다

inmate
[ínmeit]
☆☆☆☆☆
58

in(within) +
mate 동료 →
'~안에 함께 있는 동료'에서 유래

n (병원 · 교도소 따위의) **입원자, 수감자**
/ a person confined in a prison, asylum, or hospital; prisoner
- One of the **inmates** has escaped. 수감자 중 한명이 달아났다.

어근관련 classmate [klǽsmeit] 급우 roommate [rú:mmeit] 동숙생

innate
[inéit]
★★★☆☆
59

in(in) +
nat (born) →
'태어날 때부터 안에 지니고 있는'에서 유래

a (성질 따위가) **타고난, 선천적인** / which someone was born with; natural
- an **innate** sense of humor 유머에 대한 타고난 감각

n **innáteness** 타고남, 선천적임

어근관련 national [nǽʃənl] 국민[국가]의 nationality [næʃənǽləti] 국적; 국민(성)

innovate
[ínəveit]
★★★☆☆
60

in(intensive) +
nov<novus(new) →
'완전히 새롭게 하다'에서 유래

vi **쇄신[혁신]하다** / make changes; reform
- **innovate** in the past wrong regulation 과거의 잘못된 규제를 혁신하다

vt (새로운 것을) **받아들이다, 도입하다** / bring in for the first time; introduce
- **innovate** new ways of research 새로운 연구 방법을 도입하다

n **innovátion** (기술) 혁신; 새로이 도입 **a** **ínnovative** 혁신적인

cf **rénovate** ~을 쇄신[개혁]하다

어근관련 novelty [návəlti] 새로움, 신기함 novice [návis] 신참자, 초보자

동의어

반의어

54	**inherent**	=	intrinsic / native / innate / inborn / congenital ↔ acquired
55	**inherit**	=	receive / accept / obtain / succeed to / take over ↔ bequeath
56	**inhibit**	=	prohibit / forbid / ban / enjoin / interdict / outlaw ↔ allow ◎ 동의어 보감
57	**inject**	=	insert / infuse / throw in / interject ↔ eject
58	**inmate**	=	occupant / inhabitant / resident / dweller / denizen
59	**innate**	=	natural / inherent / intrinsic / inborn / inbred ↔ acquired
60	**innovate**	=	change / reform / renovate

동의어 보감

금지하다 56

필수	ban 금지하다 deter 저지하다, 막다 embargo 금수조치하다 enjoin 명령하다; 금지하다	forbid (개인적으로) 금지하다 inhibit 억제하다, 금하다 interdict 금지하다 outlaw 무법자; 금지하다	prohibit (법적으로) 금지하다 restrict 제한하다
고급	sanction 인가하다; 제재하다 / taboo 금기시하다		
참고	desist 단념하다, 그만두다		

뉘앙스

금지하다 56

forbíd	(개인적으로) **금지하다**	• His father **forbade** him to smoke. 아버지는 그에게 담배를 피우지 말라고 했다.
prohíbit	(법령에 의해 공적으로) **금지하다**	• **prohibit** the use of narcotics 마약 사용을 금지하다
inhíbit	(긴급한 필요에 의해) **금지하다**	• **inhibit** the importation of meat from a contaminated area 오염된 지역으로부터의 육류 수입을 금지하다
ban	(강한 비난을 담아 법에 의해) **금지하다**	• **ban** all obscene magazines 모든 음란 잡지를 금지하다
tabóo	(사회 관습상) **금지하다**	• **taboo** kissing in public 다른 사람들이 보는 데서 키스하는 것을 금지하다

cf. **enjóin** (법원의 명령에 의해) **금지하다** **ínterdict** (보통 일시적으로) **금지하다**

Check-up Test

1. I feel that man's <u>innate</u> tendencies are negative, yet I also think a man is what you make him.
ⓐ essential ⓑ artificial ⓒ internal ⓓ natural

2. This virus replicate, which means that this viral enzyme is no longer <u>inhibited</u> by the drug.
ⓐ vanished ⓑ hindered ⓒ varied ⓓ verified

3. Freedom of speech is an _______ right in a civilized society.
ⓐ incoherent ⓑ incessant ⓒ inherent ⓓ incredible

4. Although men strive for the same culture, they reach it by different paths, for men _______, not only in their _______ capabilities, but also in their opportunities.
ⓐ change - learned ⓑ differ - developed ⓒ vary - innate ⓓ remain - inherited

5. As is often with those who spend themselves in the agony of revolutionizing set patterns, many of the _______ for which he broke ground were left to be fully recognized by others.
ⓐ provocations ⓑ necessities ⓒ initiation ⓓ innovations

정답 **1.** d **2.** b **3.** c **4.** c **5.** d

innuendo
[injuéndou]
★☆☆☆☆
61

in(in) +
nue(nod) →
'고개를 끄덕여 줌'에서 유래

n (부정적인 내용에 대한) **암시, 풍자** / a remark that suggests something disapproving without saying it directly; insinuation
- spread his scandal by **innuendoes** 암시로 그의 스캔들을 퍼뜨리다

v **빗대어 말하다, 암시하다** / suggest by innuendo; hint
- **innuendo** a political event 어떤 정치적 사건을 빗대어 말하다

---

inoculate
[inákjuleit]
★☆☆☆☆
62

in(in) +
nocul(bud) →
'~안에 다른 싹을 붙이다'
에서 유래

vt (예방) **접종하다, 접목하다** / introduce a weak form of a disease as a protection against the disease; vaccinate
- **inoculate** a virus into a person 사람에게 바이러스를 예방 접종하다

n **inoculátion** 예방 접종; 접목 **a** **inóculative** 예방 접종의

cf **ímmunize** 면역이 되게 하다

어근관련 ocular [ákjulər] 눈의, 시각의 binocular [bainákjulər] 두눈의; 쌍안경

---

inscribe
[inskráib]
★★☆☆☆
63

in(on) + scrib (write) →
'~위에 글씨를 쓰다'에서 유래

vt 1 (비석 · 금속 · 종이 등에) **글을 새기다, 쓰다** / write on stone, metal, paper, or other material; engrave
2 (마음 속에) **깊이 새기다** / impress deeply; embed
- He **inscribed** his name on the sculpture. 그는 조각상에 자신의 이름을 새겼다.
- My father's words are **inscribed** in my memory. 아버지가 하신 말씀이 내 기억 속에 깊이 새겨져 있다.

a **inscríptive** 비문의 **n** **inscríption** 새김; 비문

어근관련 ascribe [əskráib] (원인 따위를) ~로 돌리다 describe [diskráib] 기술[묘사]하다

---

insidious
[insídiəs]
★★★☆☆
64

in(in) +
sid(sit) →
'~안에 앉아 있는'에서 유래

a 1 **음흉[교활]한** / seeking to entrap or ensnare; sly
2 (병 · 태도 등이) **잠행성의** / working secretly or subtly
- **insidious** intent 악의
- the **insidious** spreading of corruption 모르는 사이에 퍼지는 퇴폐 풍조

n **insídiousness** 음흉[교활]함

어근관련 preside [prizáid] 주관[통할]하다 reside [rizáid] 살다; 존재하다

---

insinuate
[insínjueit]
★☆☆☆☆
65

in(in) +
sinu<sinus(curve) →
'간접적으로 돌려 말하다'
에서 유래

vt 1 (사상 등을) **은근히 심어주다** / push in by an indirect way; inspire
2 **넌지시 비추다** / suggest in an indirect way; hint
- He tried to **insinuate** himself into the boss's favor. 그는 사장의 마음에 들기 위해 은근히 자신의 존재를 심으려고 노력했다.
- He **insinuated** that the mayor had accepted bribes. 그는 시장이 뇌물을 받았다는 것을 넌지시 비추었다.

n **insinuation** 슬며시 스며듦; 넌지시 비춤

a **insínuative, insínuating** 넌지시 비추는; 교묘히 환심을 사는 뉘앙스 p.357

어근관련 sinuous [sínjuəs] 꾸불꾸불한 sinus [sáinəs] ≪해부≫ 부비강, 움푹 들어간 곳

동의어

반의어

61	**innuendo**	=	insinuation / implication / intimation / suggestion / cue / inkling
62	**inoculate**	=	vaccinate / prevent / protect / take precaution against
63	**inscribe**	=	engrave / write / scribe / engross / carve / sculpture
64	**insidious**	=	sly / cunning / crafty / guileful / tricky ↔ naive ● 동의어 보강
65	**insinuate**	=	suggest / connote / hint / imply / intimate ↔ affirm

동의어 보강

교활한 64	필수	artful 교묘한, 교활한 crafty 교활한 cunning 교활한 devious 우회적인; 음흉한	foxy 여우같은, 교활한 guileful 교활하게 속이는 insidious (병) 잠행성인; 음흉한 sly 몰래 하는; 음흉한	sneaky 엉큼한, 비열한 tricky 교활한; 까다로운
	고급	disingenuous 솔직하지 않은; 음흉한 / Machiavellian 권모술수를 부리는 / slippery 믿을 수 없는, 교활한 / wily 약삭빠른, 교활한		
	참고	책략 / artifice / trick / maneuver / guile 거짓의 / deceitful / false / fraudulent / insincere / mendacious		

check-up Test

1. In addition to being a deadly disease, cancer is an especially ______ one, often hiding in the body for years before it becomes apparent.
ⓐ tremendous ⓑ insidious ⓒ ostentatious ⓓ preposterous

2. The famous actor says he has been frustrated by gossip and ______ on the Internet.
ⓐ praises ⓑ compliments ⓒ affections ⓓ innuendos

3. Most live animals will be carried subject to advance arrangements and in compliance with health <u>inoculations</u> and other requirements of countries of origin and destination.
ⓐ sentinels ⓑ tyros ⓒ vaccinations ⓓ vents

4. They <u>inscribed</u> the words on the wall.
ⓐ wrote ⓑ read ⓒ interpreted ⓓ induced

5. If I understand what you are trying to ______ by that remark, I find it in very poor taste.
ⓐ intimidate ⓑ insinuate ⓒ interpret ⓓ imprint

정답 **1.** b **2.** d **3.** c **4.** a **5.** b

inspect
[inspékt]
★☆☆☆☆
66

in(in) + spec(look) → '안을 들여다 보다'에서 유래

vt (세밀하게 또는 공적으로) **조사[검사]하다** / examine carefully or officially; scrutinize
- **inspect** a used car 중고차를 면밀히 검사하다

n **inspéction** 검사, 조사(check) **n** **inspéctor** 조사관

어근관련 speculate [spékjuleit] 추측하다; 투기하다 specimen [spésəmən] 견본 뉘앙스 p.355

inspire
[inspáiər]
★★☆☆☆
67

in(in) + spir(breathe) → '~의 안으로 숨을 불어 넣다'에서 유래

vt 1 **고무[격려]하다** / encourage in the ability to take action; stimulate
2 (사상 · 감정 등을) **불어 넣다** / fill with a thought or feeling; instill
- I was **inspired** to work harder by her example.
  난 그녀를 본보기로 해서 더 열심히 일하도록 고무되었다.
- His sly ways **inspired** me with distrust. 그의 교활한 태도가 나에게 불신을 불어 넣었다.

n **inspirátion** 영감; 고취, 격려 **a** **inspíring** 분발[고무]시키는

어근관련 aspire [əspáiər] 갈망[열망]하다 conspire [kənspáiər] 공모하다, 음모를 꾸미다

install
[instɔ́:l]
★☆☆☆☆
68

in(in) + stall 마굿간 → '~에 마구간을 짓다'에서 유래

vt 1 **설치[장치]하다** / put in place for use; equip
2 (정식으로) **취임[임명]시키다** / settle in an official position; inaugurate
- The new owner of the house had a telephone **installed**. 그 집의 새 주인은 전화를 설치했다.
- The new judge was **installed** without delay. 새로운 재판관이 지체없이 임명되었다.

n **installátion** 임명; 설치; <pl.> (설치된) 장치, 시설 **n** **instállment** 할부; 1회분

어근관련 stall [stɔ:l] 마굿간; 매점 forestall [fɔ:rstɔ́:l] ~을 미연에 방지하다

instigate
[ínstəgeit]
★★☆☆☆
69

in(in, on) + stig(prick) → '~하도록 찔러대다'에서 유래

vt **부추기다, 선동하다** / bring about by inciting; urge
- **instigate** a quarrel between two boys 두 소년의 싸움을 부추기다

n **instigátion** 부추김, 선동 **a** **ínstigative** 부추기는, 선동하는

어근관련 stigma [stígmə] 치욕, 오명 sting [stiŋ] 찌르다; 자극하다; 괴롭히다

insurrection
[insərékʃən]
★☆☆☆☆
70

in(against) + sur<surg (rise) → '~에 대항하여 일어남'에서 유래

n **반란, 폭동** / a rising against established authority; revolt
- an **insurrection** aimed at the overthrow of the government
  정부의 전복을 목표로 한 반란

a n **insurréctionary** 반란의; 반란자 뉘앙스 p.525

어근관련 insurgent [insə́:rdʒənt] 모반자; 폭도 surge [sə:rdʒ] 큰 파도(가 일다); (감정의) 격동(하다); (물가가) 급등하다

동의어 / 반의어

66	**inspect**	= canvass / survey / scrutinize / screen / sift / check over ⊙ 동의어 보감
67	**inspire**	= stimulate / encourage / incite / quicken / stir up
68	**install**	= equip / furnish / plant / position / station / set up
69	**instigate**	= urge / provoke / incite / abet / agitate / foment / stir up ⊙ 동의어 보감
70	**insurrection**	= riot / insurgency / mutiny / rebellion / revolt / coup ↔ order

동의어 보감

선동하다 · 부추기다 69

필수	abet 선동하다 / agitate 교란하다, 선동하다 / foment 조장하다, 선동하다 / incite 선동하다 / instigate 선동하다			
고급	goad 막대기로 찌르다; 자극하다, 선동하다 / prod 막대기로 찌르다; 자극하다	숙어	egg on / set on / stir up	
참고	incendiary 방화범; 선동가 / demagogue 선동 정치가			

동의어 보감

조사 · 연구 66	필수	examination 조사 / inquiry 조사 / inspection 조사 / investigation 조사 / probe 탐침; (철저한) 조사 / research 조사 / scan 조사 / scrutiny (정밀한) 조사
	고급	audit (회계) 조사 / inquest (배심원 앞에서의) 심리, 검사 / inquisition 심문, (공적) 조사
	참고	질문 / question 문제 / inquiry 질문, 조사 / query 질문 / interrogation 심문 / inquisition 심리, 취조 / census 인구조사 / opinion poll 인구조사
조사하다 66	필수	canvass 선거 유세하다; 조사하다 / examine 조사하다 / filter 조사하다 / investigate 조사하다 / inspect 검사하다 / probe 충조사하다 / scan 훑어보다; 정밀 검사하다 / scrutinize 조사하다 / screen 가리다; 가려내다; 신원 조사를 하다 / survey 조사하다
	고급	sift 체로 거르다, 조사하다
	숙어	go over[into] / look into / delve into / dig into / check up on / sift through 엄밀히 조사하다 / comb through 구석구석 찾다
	참고	사항, 항목 / item 기사 / article 기사 / particular / detail / specification / inventory 목록 / clause 조항

뉘앙스

조사 · 연구 66

examinátion	(사물의 가치 · 사실성 여부를 판단하기 위한 주의 깊은) **조사, 검사**	• make a physical **examination** 신체검사를 하다
investigátion	(감추어진 진실을 찾기 위한 조직적이고 철저한) **조사**	• The narcotic traffic is under **investigation**. 그 마약 거래는 조사 중에 있다.
inspéction	(특히 결점 · 결함을 찾기 위한 공식적인) **조사, 검사**	• a regular auto **inspection** 정기적인 자동차 검사
inquíry	(질문 또는 입수 가능한 증거에 의한) **조사, 연구** ≪가장 일반적인 말≫	• make an **inquiry** about her birth 그녀의 출생에 관한 조사를 하다
probe	(특히 불법 행위 적발을 위한 철저하고 광범위한) **조사**	• a legislative **probe** of banking activities 은행 거래에 대한 입법기관의 조사
reséarch	(특히 과학적인 또는 학문적인) **조사, 연구**	• make a market **research** 시장 조사를 하다

cf. **ínquest** (배심원 앞에서 하는) **심리,** (사인을 밝히기 위한) **검사**
inquisítion (특히 심하게 추궁하는 철저한) **조사, 종교 재판**
scan (정밀한) **조사; 대충 읽기** ≪반대되는 의미를 보유하는 말≫
scrútiny (매우 정밀한) **조사**
áudit **회계 감사**

Check-up Test

1. The view below is not <u>inspiring</u>: dreary streets, concrete buildings, uncollected trash everywhere.
ⓐ encouraging ⓑ expiring ⓒ disgusting ⓓ stifling

2. Myths have <u>inspired</u> many of the world's greatest poets, musicians, and scientists.
ⓐ contradicted the idea of ⓑ fired the imagination of ⓒ overwhelmed ⓓ comforted

3. We decided to pay for the furniture on the <u>installment</u> plan.
ⓐ cash-and-carry ⓑ credit card ⓒ piece by piece ⓓ monthly payment

4. The leader was charged with _______ the men to violence.
ⓐ instigating ⓑ inclining ⓒ incapacitating ⓓ imprinting

5. Troops had to be used in 1794 to put down <u>an insurrection</u> in Pennsylvania known as the Whisky Rebellion.
ⓐ a revolt ⓑ an institution ⓒ a campaign ⓓ a resurrection

정답 **1.** a **2.** b **3.** d **4.** a **5.** a

intensify
[inténsəfai]
★☆☆☆☆
71

in(toward) + ten<tend(stretch) → '~에 손을 뻗치다'에서 유래

vt 격렬[강렬]하게 하다 / make more intense; strengthen
- The strong wind seemed to **intensify** the cold.
  강한 바람이 추위를 더욱 가중시키는 듯 했다.

n **inténsity** 강렬; 긴장 a **inténsive** 강렬한; 집중적인

어근관련 contend [kənténd] 다투다; 주장하다 extend [iksténd] 늘리다, 넓히다

---

intimate
[íntəmət]
★★☆☆☆
72

<intimus(in의 라틴어 최상급) → '가장 속에 있는 것까지 아는'에서 유래

a 1 **매우 친한** / very close; confidential
2 **사사로운, 개인적인** / personal; private
- be on **intimate** terms with~ ~와 친밀한 사이이다
- one's **intimate** beliefs 개인적인 신조

vt [íntəmeit] **암시하다** / make known subtly; hint
- He **intimated** to me that he would quit his job.
  그는 일자리를 그만 둘 것이라고 내게 넌지시 알려 주었다.

뉘앙스 p.357

---

intimidate
[intímədeit]
★★★★★
73

in(in) + timid 겁먹은 → '~안에 겁을 집어 넣다'에서 유래

vt **위협[협박]하다** / make threats; frighten
- **intimidate** one's opponents with threats 협박으로 자신의 적들을 위협하다

n **intimidátion** 위협, 협박 a **intímidatory** 위협[협박]적인

어근관련 timid [tímid] 겁 많은, 소심한 timorous [tímərəs] 겁먹은

---

intoxicate
[intáksikeit]
★☆☆☆☆
74

in(in) + toxic(poison) → '~안으로 독을 넣다'에서 유래

vt 1 **취하게 하다** / make drunk; inebriate
2 **도취시키다, 열광케 하다** / stimulate or excite; exhilarate
- driving while **intoxicated** 음주 운전
- The joy of victory **intoxicated** us. 우리는 승리의 기쁨에 도취되었다.

a **intóxicating** 취하게 하는; 열중[도취]케 하는 n **intoxicátion** 취하게 함, 중독

어근관련 toxic [táksik] 독의, 중독성의 toxicant [táksəkənt] 유독한; 유독성 물질

---

intricate
[íntrikət]
★★★☆☆
75

in(in) + tric(hindrance) → '장애물이 안에 있는'에서 유래

a **뒤얽힌, 복잡한** / with many twists and turns; entangled
- an **intricate** plot of the novel 그 소설의 복잡한 줄거리

n **íntricateness** 뒤얽힘, 복잡함

어근관련 extricate [ékstrəkeit] 구출[해방]하다 intrigue [intríːg] 음모(를 꾸미다)

동의어 / 반의어

71	**intensify**	=	strengthen / increase / heighten / elevate / enhance ↔ abate
72	**intimate**	=	confidential / close / familiar / friendly ⊙ 동의어 보강
73	**intimidate**	=	frighten / terrify / scare / menace / browbeat / blackmail / bully ⊙ 동의어 보강
74	**intoxicate**	=	inebriate / alcoholize / poison / make drunk ↔ sober
75	**intricate**	=	entangled / complicated / complex / involved / knotty ↔ simple ⊙ 동의어 보강

동의어 보감

암시하다 · 넌지시 알리다 72	필수	allude 암시하다 / hint 암시하다 / intimate 암시하다 / connote (언외로) 함축하다, 암시하다 / imply 암시하다 / suggest 암시하다; 제안하다
	고급	implicate 연루시키다; 함축하다 / insinuate 암시하다
	숙어	give a hint
	참고	암시 / allusion / cue / inkling / innuendo / implication / insinuation / intimation / suggestion / denote 표시하다, 나타내다 / refer to 직접 가리키다 / signify 의미하다
협박하다 · 겁주다 73	필수	bully 왕따 시키다; 협박하다 / menace 협박하다 / intimidate 협박하다 / threaten 협박하다
	고급	blackmail 공갈협박하다 / browbeat 위협하다 / cow 위협하다
	숙어	eat nails 무서운 표정을 짓다
	참고	coerce 협박하여 강요하다
복잡한 · 얽혀있는 75	필수	complex 복잡한; 복합의 / elaborate 복잡한 / involved 복잡한 / complicated 뒤얽힌, 복잡한 / intricate 복잡한 / sophisticated 세련된; 세상에 밝은; 복잡한, 정교한
	참고	knotty 뒤얽힌, 복잡한
구불구불한	필수	awry 구부러진, 잘못된 / curved 구불구불한 / tortuous 구불구불한 / crooked 구불구불한 / meandering 굽이쳐 흐르는 / winding 구불구불한
	참고	flexuous 굴곡이 많은 / serpentine 뱀같은 / zigzag 구불구불한

뉘앙스

암시하다 72

suggést	(마음속에 어떤 일이 생각나도록) **암시하다**	• The color **suggests** fire. 그 색깔은 불을 암시한다.
hint	(자신의 기분이나 의향을 넌지시) **암시하다**	• He **hinted** that he would come. 그는 오겠다고 암시했다.
implý	(말로 분명히 표현하지 않았지만 상대가 추론하여 알 수 있도록) **암시하다**	• His answer **implied** a refusal. 그의 대답은 거절을 암시했다.
insínuate	(주로 불쾌한 일을) **암시하다**	• Are you **insinuating** that I am dishonest? 당신은 내가 부정직하단 말인가요?
íntimate	(아주 희미하게) **암시하다**	• He **intimated** his intention of retiring. 그는 은퇴 의사를 희미하게 밝혔다.

Check-up Test

1. The newly released animation movie will ______ children and charm the parents.
ⓐ intimidate ⓑ implicate ⓒ intoxicate ⓓ install

2. She gave me no intimation of her plans.
ⓐ explanation ⓑ hint ⓒ proof ⓓ account

3. Everything that elevates an individual above the herd and intimidates the neighbor is henceforth called evil.
ⓐ inverts ⓑ disapproves ⓒ disbelieves ⓓ threatens

4. The circuit of the television set was an intricate maze of wires, transistors, and resisters.
ⓐ expensive ⓑ complex ⓒ planned ⓓ wonderful

5. As the dust storms from the deserts ______ year after year, many people are worried about their health.
ⓐ intensify ⓑ lessen ⓒ abate ⓓ decrease

정답 **1.** c **2.** b **3.** d **4.** b **5.** a

intrigue
[intríːg]
★★★★☆
76

in(in) + trig<tric(hindrance) → '안에 방해물을 넣음'에서 유래

n **음모** / secret scheming and plotting; conspiracy
- The royal palace was filled with **intrigue**. 왕궁은 음모로 가득찼다.

vi **음모를 꾸미다** / make secret plan; conspire
- **intrigue** against one's boss 자신의 사장에 반대하는 음모를 꾸미다

vt **흥미를 자아내다** / excite the curiosity and interest of; appeal
- The book's unusual title **intrigued** me into reading it. 그 책의 생소한 제목이 나에게 그 책을 읽고 싶은 호기심을 자아냈다.

a **intríguing** 음모를 꾸미는; 흥미[호기심]를 자아내는(interesting)

어근관련 extricate [ékstrəkeit] 구출[해방]하다 intricate [íntrikət] 뒤얽힌, 복잡한

---

intrude
[intrúːd]
★☆☆☆☆
77

in(in) + trud(thrust) → '안에다 억지로 밀어 넣다'에서 유래

vt (억지로) **밀어 넣다, 강요하다** / give something unasked and unwanted; force
- Do not **intrude** your opinions upon others. 다른 사람들에게 당신의 의견을 강요하지 마시오.

vi **간섭하다** / thrust oneself in; interfere
- If you are busy, I will not **intrude**. 바쁘시다면, 간섭하지 않겠습니다.

n **intrúsion** 강요; 침입; 간섭 **a** **intrúsive** 강요하는; 침입하는; 간섭하는

어근관련 extrude [ikstrúːd] 밀어내다 protrude [proutrúːd] 밀어내다; 불쑥 나오다 뉘앙스 p.239

---

intuition
[intjuːíʃən]
★★☆☆☆
78

in(in) + tui(look) → '안을 들여다 보는 능력'에서 유래

n **직관[통찰]력** / the power of understanding or knowing something; insight
- By experience the doctor has developed great power of **intuition**. 경험에 의해 그 의사는 대단한 직관력을 갖게 되었다.

a **intúitive** 직관적인

어근관련 tuition [tjuːíʃən] 교육; 수업료

---

inundate
[ínəndeit]
★★★★☆
79

in(onto) + und(flow) → '~위로 (많은 양이) 흘러 들어 오다'에서 유래

vt 1 (강물 등이) **범람[침수]시키다** / flood over in large amounts; overflow
2 (요구 · 인파 등이) **쇄도하다** / overwhelm by great numbers; overwhelm
- The river overflowed and **inundated** the village. 강물이 흘러 넘쳐 그 마을을 침수시켰다.
- Requests for free tickets **inundated** the studio. 무료 티켓에 대한 요구가 스튜디오에 쇄도했다

n **inundátion** 범람, 침수; 쇄도 뉘앙스 p.359

어근관련 abound [əbáund] 풍부하다, 많이 있다 redundant [ridʌ́ndənt] 여분의, 과다한

---

invert
[invə́ːrt]
☆☆☆☆☆
80

in(in) + vert(turn) → '안에 있던 것을 밖으로 빼내 위치를 바꾸다'에서 유래

vt **거꾸로 하다, 뒤집다** / turn upside down; reverse
- catch the insect by **inverting** the cup 컵을 뒤집어서 곤충을 잡다

n [ín-] ≪의학≫ **성 도착자** / a sexual invert; pervert
- **invert**'s aberrant behavior 성욕 도착자의 비정상적인 행동

n **invérsion** 거꾸로 하기, ≪문법≫ 도치 **a** **n** **vt** **invérse** 반대의, 역의; 반대, 역; 거꾸로 하다

어근관련 avert [əvə́ːrt] (시선 등을) 돌리다; 피하다 advert [ædvə́ːrt] 언급하다; 주목하다

irrigate

[írəgeit]
★★★☆☆
81

ir<in(into) + rig(water) → '~안에 물을 대다'에서 유래

vt 1 (토지에) **물을 대다, 관개하다** / supply water to land; water
2 ≪의학≫ (상처 등을) **소독[세척]하다** / wash with a flow of liquid; syringe

- build canals to **irrigate** the desert 사막에 물을 대서 운하를 짓다
- **irrigate** nose and throat with hot water 뜨거운 물로 코와 목을 소독하다

n **irrigátion** 관개

동의어 / 반의어

76	**intrigue**	=	plot / scheme / cabal / maneuver / machination
77	**intrude**	=	force / compel / oblige / thrust / impose
78	**intuition**	=	insight / hunch / second sight / a sixth sense ↔ ratiocination
79	**inundate**	=	overflow / flood / deluge / submerge / drown ◎ 동의어 보강
80	**invert**	=	reverse / turn / change / revert
81	**irrigate**	=	water

동의어 보강

홍수
79

필수	deluge 홍수 / flood 홍수 / inundation 범람
고급	freshet (폭우, 해빙에 의한) 홍수 / spate (감정의) 격발, 홍수
반의어	가뭄 / drought / dry spell 건조기
참고	tsunami 지진에 의한 해일 / avalanche 눈사태 / landslide 산사태

뉘앙스

홍수
79

flood	홍수 ≪일반적인 말≫	• His home was washed away by the **flood**. 그의 집이 홍수로 떠내려 갔다.
déluge	(큰) 홍수	• The whole hamlet was washed away by the **deluge**. 마을 전체가 그 홍수로 떠내려 갔다.
inundátion	범람, 홍수	• the annual **inundation** by the Nile 매년의 나일강의 범람

cf. **fréshet** (큰 비, 해빙에 의한) **홍수, 큰물** **spate** **홍수, 범람** ≪영국에서 쓰임≫

check-up Test

1. Ephemeral wetlands are characterized by their tendency to completely dry out most summers, only to become _______ again the following fall, winter, or spring.
ⓐ inundated ⓑ situated ⓒ truncated ⓓ supplanted

2. Mr. Grobacher rejected allegations that Soviet submarines have been <u>intruding</u> into Swedish water.
ⓐ instigating ⓑ detracting ⓒ invading ⓓ repudiating

3. Genuine leaders have an <u>intuition</u>, an ability to visualize the big picture, that inspires people to follow them.
ⓐ inquisitive thinking from birth ⓑ insensate feeling without sensibility
ⓒ immediate understanding without reasoning ⓓ impromptu speaking without drinking

4. I'm <u>intrigued</u> with dreams. I'm fascinated by the mysterious symbols in dreams.
ⓐ deceived ⓑ intuitive ⓒ unusually interested ⓓ attributed

5. Rice requires a great deal of water in order to grow. In most rice-growing regions, the rainfall does not provide sufficient moisture for the crop. The rice field must be _______.
ⓐ elevated ⓑ irrigated ⓒ fertilized ⓓ cultivated

정답 **1.** a **2.** c **3.** c **4.** c **5.** b

541 **optimistic**
[ɑptəmístik]
☆☆☆☆☆

optim (best 가장 좋은) → '가장 좋은 생각과 사고를 하는 낙천주의'에서 유래

a **낙천주의의** / inclined to look on the bright side of things; sanguine
- Many cheerful people are **optimistic** and refuse to worry. 활기찬 많은 사람들은 낙천적이며 걱정하는 것을 거부한다.

v **óptimize** 낙관하다 n **óptimism** 낙관론 n **óptimist** 낙천가

542 **opulent**
[ɑ́pjulənt]
★★☆☆☆

op (rich 풍부한)

a **부유한, 풍부한** / very rich; abundant
- **opulent** sunshine 풍부한 햇빛

n **ópulence** 부유; 풍부

543 **ordeal**
[ɔ:rdí:əl]
★★☆☆☆

ordeal<ordel (judgement 재판) → '재판에서 형을 선고 받는 가혹한 시련'에서 유래

n **가혹한 시련** / an extremely severe trial or experience; hardships
- She underwent her **ordeal** with great fortitude. 그녀는 의연하게 시련을 견뎠다.

544 **ordinance**
[ɔ́:rdənəns]
★★☆☆☆

ordin (order 명령) → '법률에서의 명령'에서 유래

n **법령** / an order given by governing organization; decree
- a city **ordinance** 시의 법령

v **ordáin** 임명하다; 명하다

545 **ornate**
[ɔ:rnéit]
★☆☆☆☆

orn (deck 꾸미다, 장식하다) → '잘 꾸며져 화려한'에서 유래

a **화려한** / covered with a lot of decoration; elaborate
- a mirror in an **ornate** gold frame 화려하게 장식된 금색 틀에 끼운 거울

546 **ostracize**
[ɑ́strəsaiz]
★★☆☆☆

ostra (potsherd 질그릇 조각) → '질그릇 조각에 투표를 하여 가장 이름이 많이 적힌 사람을 추방하다'에서 유래

vt **추방하다** / stop accepting someone as a member; exile
- be **ostracized** by the whole members 모든 구성원들에 의해 추방당하다

547 **ovation**
[ouvéiʃən]
★★☆☆☆

ova (triumph 승리) → '승리한 자에게 보내는 큰 갈채'에서 유래

n **대단한 갈채** / burst of loud clapping; applause;
(대중의) 환영 / an enthusiastic public welcome
- The president received a great **ovation**. 대통령은 큰 환영을 받았다.

v **ováte** 크게 박수 갈채하다

548 **overt**
[ouvə́:rt]
★☆☆☆☆

over (open 공개된) → '모든 사람들에게 공개된'에서 유래

a **공공연한** / done openly and publicly; apparent
- show **overt** hostility 공공연한 적의를 표출하다

549 **painstaking**
[péinztèikiŋ]
★★☆☆☆

pain 수고 + take 하다 → '수고하는'에서 유래

a **애쓰는, 노력하는** / showing hard work; assiduous
n **수고, 공들임** / careful effort
- The baby was eventually rescued after hours of **painstaking** effort. 수시간의 눈물겨운 노력 끝에 아기는 결국 구조되었다.

550 **palatable**
[pǽlətəbl]
☆☆☆☆☆

palat (palate 입천장) → '맛이 입에 맞는'에서 유래

a **입에[기분에] 맞는** / having a pleasant or acceptable; savory
- a **palatable** wine 입에 맞는 와인

551 **palliate**
[pǽlièit]
★☆☆☆☆

pall (cloak 가리다) → '고통을 일시적으로 가려 가볍게 하다'에서 유래

vt **(죄 · 병 등을) 가볍게 하다** / lessen without curing; relieve
- **palliate** the symptoms of a disease 질병의 증상을 완화하다

n **pálliative** 완화제 n **palliátion** 경감, 완화책

552 **pallid**
[pǽlid]
★☆☆☆☆

pall (pale 창백한) → '안색이 창백한'에서 유래

a **(안색이) 창백한** / lacking color; wan
- have a **pallid** complexion 창백한 안색을 하고 있다

553 **palpable** [pǽlpəbl] ★☆☆☆☆

palp (touch 만지다) → '만질 수 있을 만큼 명백한' 에서 유래

a 명백한 / easily and clearly noticed; obvious
- a **palpable** blunder 명백한 실수

554 **paltry** [pɔ́:ltri] ★☆☆☆☆

palt (ragged 초라한) → '초라해 보잘것없는' 에서 유래

a (금액 등이) 보잘것없는 / too small to be useful; petty; puny
- a **paltry** 3% pay increase 보잘것없는 3%의 임금 상승

555 **parity** [pǽrəti] ★★☆☆☆

par (equal 동등한) → '동등한 상태' 에서 유래

n 동등, 동질 / the state of being equal; equality
- be on a **parity** with ~과 동등하다 n **par** 동등; 액면 가격; (골프의) 기준 타수

556 **parsimonious** [pɑ:rsəmóuniəs] ☆☆☆☆☆

par (spare 아끼다) → '아끼는 태도가 지나쳐 인색한' 에서 유래

a 인색한 / extremely unwilling to spend money; stingy
- a **parsimonious** nature 인색한 성질 n **pársimony** 인색함

557 **partial** [pá:rʃəl] ★☆☆☆☆

part 부분 → '부분적인' 에서 유래

a 부분적인 / not complete; fragmentary
- a **partial** success 부분적인 성공

n **partiálity** 편애, 편파 n **part** 일부, 약간

558 **pastoral** [pǽstərəl] ☆☆☆☆☆

pastoral<pastoralis (pertaining to shepherds 양치기와 관계된) → '양치기가 활동하는 전원의' 에서 유래

a 전원 생활의 / of shepherds or country life; rural
- show a typical **pastoral** scene 전형적인 목가적인 풍경을 보이다

n **pástoralist** 전원 시인 n **pástoralism** 목축, 전원 취미

559 **patent** [pǽtnt] ★☆☆☆☆

pat (open 공개된) → '공개되어 명백한' 에서 유래

a 명백한 / open for the public to read; obvious n 특허
- That the earth is flat is a **patent** absurdity.
  지구가 평평하다는 것은 명백한 부조리이다.

560 **paterfamilias** [peitərfəmíliəs] ★★★★☆

pater (father 아버지) → '아버지는 집안의 가장' 에서 유래

n 가장 / the man who is the head of a family; patriarch
- In ancient Rome, the **paterfamilias** had great power.
  고대로마에서 가장은 막강한 힘을 가졌다.

n **patérnity** 부권, 아버지임 n **patérnalism** 가족주의
a **patérnal** 아버지의 a **patérnalistic** 가장적인

★ 중요빈출

check-up Test

1. Paul lived the life of a playboy in an opulent Florida mansion.
ⓐ drastic ⓑ wealthy ⓒ miserable ⓓ monotonous

2. When Dan returned home after his first year in college, he tried to impress us with his sophisticated and ______ manner.
ⓐ brash ⓑ ornate ⓒ callous ⓓ feeble

3. The orchestra and their conductor were given a ______ at the end of the concert.
ⓐ prime-time ⓑ final curtain ⓒ standing ovation ⓓ supporting role

4. Because his occupation required that he work at night and sleep during the day, he had an exceptionally ______ complexion.
ⓐ pallid ⓑ vicious ⓒ ruddy ⓓ terrified

5. There was a palpable tension between the two groups.
ⓐ a mild ⓑ a vague ⓒ a strong ⓓ an obvious

정답 **1.** b **2.** b **3.** c **4.** a **5.** d

by / down / en / for / from / in

- **by chance** / **우연히** accidentally
  - I met her **by chance** at the bus stop.
    나는 그녀를 버스 정류장에서 우연히 만났다.

- **by halves** / **불완전하게** imperfectly, incompletely
  - He's not the kind of person to do things **by halves**.
    그는 일을 어중간하게 하는 사람이 아냐.

- **by means of** / **~에 의하여** by dint of
  - The project was set up **by means of** a vote.
    프로젝트는 투표에 의해 결정되었다.

- **by no means** / **결코 아니다** anything but, far from
  - That is **by no means** the only problem.
    그것은 결코 유일한 문제가 아니다.

- **by the book** / **원칙대로, 정식으로** correctly, right
  - She practices law strictly **by the book**.
    그녀는 원칙대로 엄격하게 변호사 일을 한다.

- **by the way** / **그런데** incidentally ; **도중에**
  - **By the way**, I sent my girlfriend flowers today.
    그런데 나 오늘 여자 친구에게 꽃을 보냈어.

- **down-to-earth** / **현실적인, 실용적인** practical
  - She seemed levelheaded and **down to earth**.
    그녀는 분별 있고 현실적인 사람처럼 보였다.

- **for a song** / **헐값으로** at a very low price
  - I bought this television **for a song**.
    나는 이 텔레비전을 헐값으로 샀다.

- **for good** / **영원히** forever, permanently
  - He is leaving this country **for good**. 그는 영원히 이 국가를 떠난다.

- **for nothing**
  / **공짜로** free, at no cost ; **까닭 없이** without any reason ; **헛되이** in vain
  - He's too fond of getting something **for nothing**.
    그는 공짜를 너무 좋아한다.
  - American soldiers aren't here **for nothing**.
    미국 군인들인 까닭 없이 여기 있는 것은 아니다.

- **for one thing**
  / **무엇보다도, 우선** above all, first of all , in the first place
  - **For one thing**, the Budget will provide encouragement for small businesses. 무엇보다 그 예산이 소기업들을 격려해 줄 것이다.

- **for one's life** / **필사적으로** desperately
  - I ran away from the dog **for my life**. 나는 그 개에게서 필사적으로 도망쳤다.

- **for the life of one** / **도저히, 아무리해도** for the world
  - I wouldn't miss this opportunity **for the life of one**.
    나는 무슨 일이 있어도 이 기회를 놓치지 않을 것이다.

- **for the sake of** / **~을 위하여** for the good of, in behalf of
  - He sacrificed his life **for the sake of** his son.
    그는 아들을 위해 그의 삶을 희생하였다.

- **for the time being** / **당분간** for the present
  - You can leave your luggage here **for the time being**.
    당신의 짐은 당분간 여기 두셔도 돼요.

- **from now on** / **차후, 앞으로는** after this, in (the) future
  - I ask for questions and answers **from now on**.
    지금부터 질문과 대답을 요청합니다.

- **from scratch** / **무에서, 처음부터** out of nothing
  - We need to build democratic societies **from scratch**.
    우리는 처음부터 민주 사회를 건설할 필요가 있다.

- **in a coma** / **혼수상태인** unconscious
  - Sandra was **in a coma** by the time the paramedics arrived.
    구급대원이 도착했을 때 산드라는 혼수상태였다.

- **in a row** / **연속하여** successively
  - If we had two days **in a row**, then the second would be picnic time.
    만약 우리가 이틀을 연속으로 보낸다면, 두 번째 날은 소풍을 갈 거야.

- **in accordance with** / **~에 따라서** according to
  - The provisions are **in accordance with** the law.
    그 조항은 법을 따른다.

- **in addition to** / **~에 더하여, ~외에도** besides
  - All dishes have cheese **in addition to** the other ingredients.
    다른 재료에 더하여 모든 음식에 치즈가 들어간다.

- **in advance** / **미리** beforehand, previously
  - We know **in advance** what the results will be.
    우리는 어떤 결과가 나올 것인지 이미 알고 있다.

- **in behalf of** / **~의 이익을 위해, ~을 대신해서** in the interest of
  - We collected money **in behalf of** the homeless.
    우리는 노숙자들을 위해 모금을 했다.

- **by leaps and bounds** / 급속하게 rapidly
- **by the same token** / 같은 이유로, 게다가 furthermore
- **by the skin of one's teeth**
  / 가까스로, 간신히 with the narrowest margin
- **down in the mouth[dumps]**
  / 낙담하여, 풀이 죽어 in low spirits, depressed
- **en route** / 도중에 on the way
- **for the long haul[pull]** / 오랫동안, 장기간의 시련을 겪으며
- **in a jam** / 곤경에 빠져 in a bind, in hot[deep] water
- **in a nutshell** / 아주 간결하게 very clearly and briefly

inter-
mal(e)-
mis-

우선순위 로 보는 PRE view

Date : /

★★★★☆	03.	**misgiving**	걱정	□ □ □
★★★☆☆	10.	**interrupt**	중단(하다)	□ □ □
	02.	**malady**	병; 병폐	□ □ □
	06.	**malice**	악의	□ □ □
	07.	**malign**	유해한; 중상하다	□ □ □
	12.	**misdemeanor**	경범죄	□ □ □
	12.	**mishap**	불행	□ □ □
★★☆☆☆	06.	**interject**	첨가하다	□ □ □
	12.	**interstice**	갈라진 틈	□ □ □
★☆☆☆☆	01.	**entertain**	즐겁게 하다; 대접하다	□ □ □
	03.	**interchange**	교환하다; 입체 교차로	□ □ □
	04.	**interdict**	금지(하다)	□ □ □
	05.	**interim**	중간의, 임시의	□ □ □
	07.	**intermediate**	중간의; 중개하다	□ □ □
	08.	**intermission**	중지	□ □ □
	09.	**interrogate**	질문하다	□ □ □
	01.	**maladroit**	서투른	□ □ □
	03.	**malediction**	악담	□ □ □
	05.	**malevolent**	사악한	□ □ □
	08.	**malinger**	꾀병을 부리다	□ □ □
	01.	**miscarry**	실패하다; 유산하다	□ □ □
	06.	**misuse**	학대하다; 오용	□ □ □
☆☆☆☆☆	02.	**intercept**	가로채다; 차단하다	□ □ □
	11.	**intersect**	횡단하다	□ □ □
	04.	**malefactor**	죄인	□ □ □
	05.	**mislead**	현혹시키다	□ □ □

MD29 mp3

LECTURE
29

inter-

▶ 사이 · 중간 Latin 계통의 접두어로서 '사이 · 중간(between)'의 의미를 지닌다.

의미 연구

사이 · 중간(between)

> interpóse : inter(between) + pose 놓다
→ ~사이에 놓다
→ 사이에 놓다; 불쑥 끼어들다

/ intercépt 가로채다; 차단하다
/ interdíct 금지하다

예외적 형태

entertáin 즐겁게 해주다; 대접하다; (생각을) 품다 /
entrepreneúr 기업가

entertain

[entərtéin]
★☆☆☆☆
01

enter<inter(between) + tain<ten(hold) → '좋은 분위기를 유지하다'에서 유래

vt 1 **즐겁게 해주다** / keep pleasantly interested; amuse
2 **대접하다** / give a party for; treat
3 (생각을) **품다** / take into the mind; harbor

- The circus **entertained** the children. 서커스가 아이들을 즐겁게 했다.
- **entertain** one's neighbors at dinner 이웃들에게 저녁 식사를 대접하다
- **entertain** a foolish idea 어리석은 생각을 품다

n **entertáinment** 오락(물), 대중 연예; 대접 n **entertáiner** 연예인(performer)

어근관련 abstain [æbstéin] 삼가다, 그만두다 detain [ditéin] 붙잡아 두다 뉘앙스 p.365

intercept

[intərsépt]
☆☆☆☆☆
02

inter(between) + cep<cap(catch) → '~사이에서 잡아채다'에서 유래

vt 1 **가로채다** / take on the way from one place to another; seize
2 (빛 · 물 따위를) **차단[저지]하다** / cut off; check

- **intercept** a letter before it is delivered 배달되기 전에 편지를 가로채다
- **intercept** the flight of the escaped criminal 탈주범의 도주를 저지하다

n **가로채기, 차단** / an act of interception

- the **intercept** of secret messages 비밀 서신의 가로채기

n **intercéption** 가로채기, 차단 a **intercéptive** 가로막는, 방해하는

어근관련 conception [kənsépʃən] 개념, 생각, 임신 conceit [kənsíːt] 자부심, 자만

interchange

[intərtʃéindʒ]
★☆☆☆☆
03

inter(together) + change 바꾸다 → '서로 바꾸다'에서 유래

v **교환[교체]하다, 주고 받다** / give and take; change

- The two girls **interchanged** hats. 두 소녀는 모자를 주고 받았다.

n 1 [ín-] **상호 교환, 주고 받기** / processing of giving and taking; exchange
2 (고속 도로의) **입체 교차로**
/ the point at which a highway connects with another main route

- the useful **interchange** of commodities 일용품의 유용한 상호 교환
- We should leave the highway at the next **interchange**.
우리는 다음 입체 교차로에서 고속 도로를 벗어나야 한다.

a **interchángeable** 바꿀[교환할] 수 있는

어근관련 changeable [tʃéindʒəbl] 변하기 쉬운 unchanged [ʌntʃéindʒd] 불변의

interdict

[intərdíkt]
★☆☆☆☆
04

inter(between) + dict(speak) → '~사이에서 하지 말라고 말하다'에서 유래

vt **금지[제지]하다** / speak one must not do something; forbid

- **interdict** one's daughter from going out at night 자신의 딸에게 밤에 외출하는 것을 금지하다

n [ín-] **금지(명령)** / formal order forbidding something; inhibition

- a papal **interdict** 교황의 금지 명령

n **interdíction** 금지, 금령 뉘앙스 p.351

어근관련 jurisdiction [dʒuərisdíkʃən] 재판[관할]권 vindicate [víndəkeit] 입증하다

동의어 ↔ 반의어

01	**entertain**	=	amuse / beguile / divert / distract / delight / regale ⊙ 동의어 보강
02	**intercept**	=	seize / snatch / deprive / divest / plunder ↔ miss
03	**interchange**	=	change / exchange / trade / barter / swap
04	**interdict**	=	forbid / prohibit / inhibit / ban / enjoin ↔ sanction

동의어 보강

즐겁게 하다 01	필수	amuse 즐겁게 하다 / beguile 즐겁게 하다; 속이다 / delight 매우 즐겁게 하다 / divert 기분 전환시키다; 주의를 돌리다 / entertain 즐겁게 하다; 환대하다 / gladden 즐겁게 하다 / please 즐겁게 하다 / rejoice 즐겁게 하다
	고급	regale 매우 즐겁게 하다, 대접하다
	참고	기뻐하다 / delight / rejoice / exult 기뻐 날뛰다
만족시키다	필수	cater 요구를 들어주다, 영합하다 / entertain 즐겁게 하다, 환대하다 / gloat 만족시키다 / gratify 만족시키다 / indulge 너무 만족시키다, 버릇없이 키우다 / satiate 충분히 만족시키다 / surfeit 물리게 하다
	고급	cloy 물리게 하다 / pamper 만족시키다, 응석 받아주다 / pander (저속한 욕망에) 영합하다 / quench (갈증 등을) 가시게 하다, 채우다 / sate 물리게 하다 / slake (갈증, 욕망을) 채우다
	참고	만족 / contentment / satisfaction / gratification 만족시키기 불만 / discontent / dissatisfaction / disgruntlement / grievance 불평 거리 / grumbling 투덜거림 응석받이하다 / baby / coddle 약한 불로 삶다; 버릇없이 기르다 / cosset 응석받이로 기르다 / spoil 망치다; 버릇없이 기르다 / dote on

뉘앙스

즐겁게 하다 01	**amúse**	**즐겁게 하다**	• The joke didn't **amuse** us at all. 그 농담은 우리를 전혀 즐겁게 하지 않았다.
	begúile	(무료함을 달래며) **즐겁게 하다**	• She **beguiled** her child with tales. 그녀는 이야기를 해서 아이를 즐겁게 했다.
	divért	(주의를 다른 데로 돌려) **기분 전환시키다**	• **divert** oneself in singing 노래를 불러 기분을 전환하다
	entertáin	(미리 계획하여) **즐겁게 하다**	• **entertain** the guest with music 음악으로 손님을 즐겁게 하다

Check-up Test

1. Custody of the child was to <u>alternate</u> between the mother and the father.
ⓐ depict ⓑ prevent ⓒ interest ⓓ interchange

2. The movie will <u>entertain</u> the young very much.
ⓐ protect ⓑ amuse ⓒ arbitrate ⓓ impede

3. A special task force is trying to <u>intercept</u> the enemy column advancing on the capital city.
ⓐ forbid ⓑ concrete ⓒ check ⓓ jettison

4. Because of the danger from terrorist kidnappers, travel to Lebanon was placed under <u>interdiction</u> by the State Department.
ⓐ jeopardy ⓑ ban ⓒ inventory ⓓ conception

5. I <u>interchanged</u> the shirt with a smaller one.
ⓐ exposed ⓑ forbade ⓒ traded ⓓ divested

정답 **1.** d **2.** b **3.** c **4.** b **5.** c

interim
[íntərəm]
★☆☆☆☆
05

interim<inter(between) → '~의 사이에'에서 유래

a **중간[임시]의** / for the meantime; temporary
- take **interim** measures to help the unemployed 실직자들을 돕기 위한 임시 조치를 취하다

n 1 **중간시기, 한동안** / the time between; meantime
2 **임시 가협정** / a temporary arrangement
- in the **interim** of ten years 10년의 세월 동안
- the **interim** between two countries 양국 사이의 임시 협정

interject
[intərdʒékt]
★★☆☆☆
06

inter(beween) + ject(throw) → **'~사이에 던져 넣다'** 에서 유래

v (말 따위를) **불쑥 끼워 넣다, 첨가하다** / make a sudden remark between other remarks; insert
- if I may **interject** a few comments for this point 이 점에 대해서 제가 몇 마디 첨가해 본다면

n **interjéction** 갑자기 외치는 소리, 감탄사

어근관련 abject [ǽbdʒekt] (상황이) 비참한; 비열한 adjacent [ədʒéisnt] 인접한

intermediate
[intərmí:diət]
★☆☆☆☆
07

inter(between) + medi (middle) → **'~의 중간에'** 에서 유래

a **중간의** / being or occurring between; middle
- at an **intermediate** stage of development 발전의 중간 단계에서

n **중개[매개]자** / something in between; medium
- an **intermediate** of electric transmission 전기 전달의 매개체

vi [intərmí:dieit] **중개[조정]하다** / act between others; mediate
- **intermediate** between two contending parties 분쟁 중인 양쪽 당사자들 사이에서 조정하다

어근관련 medieval [mi:dií:vəl] 중세(풍)의 mediocre [mi:dióukər] 보통의

intermission
[intərmíʃən]
★☆☆☆☆
08

inter(between) + mit (send) → **'진행되는 중간에 잠시 딴 데로 보냄'**에서 유래

n **중지, 막간, 휴식** / a time between periods of activity; pause
- study for hours without an **intermission** 계속해서 몇 시간을 공부하다

v **intermít** 일시적으로 멈추다 **a** **intermíttent** 때때로 끊기는, 간헐적인(spasmodic)

어근관련 dismiss [dismís] 해산시키다; 해고하다 remiss [rimís] 태만한

interrogate
[intérəgeit]
★☆☆☆☆
09

inter(between) + rog(ask) → **'~에게 물어보다'**에서 유래

v (공식적으로) **질문하다** / question formally for a special purpose; inquire
- **interrogate** the suspect for several hours 몇 시간 동안 용의자를 심문하다

n **interrogátion** 질문, 심문 **a** **n** **interrógative** 질문하는; ≪문법≫ 의문(형)의; 의문사

어근관련 arrogant [ǽrəgənt] 거만[오만]한 prerogative [prirágətiv] 특권[특전](의)

interrupt
[intərʌ́pt]
★★★☆☆
10

inter(between) + rupt(break) → **'~사이에서 중단하다'** 에서 유래

v **가로막다, 중단[저지]하다** / break in upon; stop
- The building **interrupts** the view from our window.
  그 건물이 우리집 창문으로부터 바깥 전망을 가로막고 있다.

n **일시 정지[중단]** / a temporary stop; intermission
- continue without **interrupt** all day 중단없이 온종일 계속되다

a **interrúpted** 중단된, 가로막힌 **n** **interrúption** 중단, 가로막음

어근관련 abrupt [əbrʌ́pt] 갑작스러운; 퉁명스런 disrupt [disrʌ́pt] 붕괴[분열]시키다

intersect
[intərsékt]
☆☆☆☆☆
11

inter(between) +
sect (cut) →
'~사이를 자르듯 지나가다'
에서 유래

v 가로지르다, 교차[횡단]하다 / cut by passing through; cross
- A path **intersects** the field. 길이 들판을 가로지르고 있다.

n intersection 가로지름, 교차

어근관련 bisect [baisékt] 이분[양분]하다 dissect [disékt] 해부[절개]하다

---

interstice
[intə́:rstis]
★★☆☆☆
12

inter(between) +
sti(stand) →
'~사이에 벌어진 마치 서 있는 듯한 틈새'
에서 유래

n 갈라진 틈(새) / a narrow space between things; crevice
- the **interstices** in the stone wall 돌담에 갈라진 틈

어근관련 statute [stǽtʃu:t] 법령, 법규 stature [stǽtʃər] 키, 신장

동의어 ↔ 반의어

05	**interim**	=	gap / breach / break / interval
06	**interject**	=	introduce / insert / interpose / fill in
07	**intermediate**	=	middle / center / mid / mean
08	**intermission**	=	interval / break / pause / interlude / hiatus
09	**interrogate**	=	ask / inquire / examine / investigate / question
10	**interrupt**	=	stop / halt / cease / intermit / suspend ↔ activate
11	**intersect**	=	cross / traverse / pass through / cut across
12	**interstice**	=	crevice / chasm / fissure / split / rift ● 동의어 보갑

동의어 보갑

틈 12				
	필수	aperture 구멍, 틈 chasm (깊게 갈라진) 틈 cleft 틈	crack 균열, 틈 crevice 갈라진 틈 fissure 틈, 균열	rift 찢어진 틈 split 틈
	고급	interstice 작은 틈 / orifice (관, 몸의) 구멍		

check-up Test

1. The student broke in on the conversation without waiting for the speaker to stop talking.
ⓐ seized ⓑ regarded ⓒ interrupted ⓓ withdrew from

2. The speaker interjected a funny story into his lecture.
ⓐ abashed ⓑ condoned ⓒ inserted ⓓ deluded

3. I wish you wouldn't keep _______ me. Let me finish what I'm saying.
ⓐ violating ⓑ releasing ⓒ fostering ⓓ interrupting

4. The police officer interrogated the suspect for two hours.
ⓐ baited ⓑ watched ⓒ infiltrated ⓓ questioned

5. We're picking up the radio signal, but barely. It's _______, you know, on and off.
ⓐ intermittent ⓑ insidious ⓒ inordinate ⓓ inscrutable

정답 **1.** c **2.** c **3.** d **4.** d **5.** a

mal(e)-

▶ 나쁜 Latin 계통의 접두어로서 '나쁜(bad)'의 의미를 지닌다.

의미 연구

나쁜(bad)

> **málefactor** : male(bad) + fac(do)
→ 나쁜 짓을 하는 사람 → 죄인
/ maladróit 서투른 / maledíction 악담 / málice 악의

보충 접두어

> **caco-(bad)** : cacógraphy 악필; 오자 / cacóphony 불협화음

> **dys-(bad)** : dysfúnction 기능 장애 / dyspépsia 소화 불량
/ dýstrophy 영양 실조

---

maladroit
[mælədróit]
★☆☆☆☆
01

mal(bad) + adroit 솜씨 좋은 → '솜씨가 나쁜'에서 유래

a **솜씨 없는, 서투른** / not skillful in action or behavior; clumsy
- a **maladroit** movement 서투른 움직임

n **maladróitness** 서투름

어근관련 dextrous [dékstrəs] 솜씨 좋은 ambidextrous [æmbidékstrəs] (매우) 능숙한

---

malady
[mǽlədi]
★★★☆☆
02

mal(bad) + ad<hab(hold) → '나쁜 것이 몸을 붙잡고 있는 상태'에서 유래

n 1 **(특히 만성적인) 병** / any bodily disease; illness
2 **(사회의) 병폐** / any unwholesome or disordered condition
- Cancer and Malaria are serious **maladies**. 암과 말라리아는 심각한 질병들이다.
- Poverty and slums are social **maladies**. 가난과 빈민가는 사회적인 병폐들이다.

어근관련 habituate [həbítʃueit] 습관을 들이다 inhabit [inhǽbit] (~에) 살다, 거주하다

---

malediction
[mælədíkʃən]
★☆☆☆☆
03

mal(bad) + dict(speak) → '나쁜 말'에서 유래

n **저주, 악담** / speaking evil of; curse
- cast a **malediction** of a person's arrogance 남의 오만함에 대하여 악담을 퍼붓다

a **maledíctory, -tive** 저주[악담]의

어근관련 contradict [kɑntrədíkt] 모순되다, 반박하다 interdict [intərdíkt] 금지하다, 막다

---

malefactor
[mǽləfæktər]
☆☆☆☆☆
04

mal(bad) + fac(do) → '나쁜 짓을 하는 사람'에서 유래

n **죄인, 악인** / a person who does evil things; villain
- The scoundrel is an incurable **malefactor**. 그 건달은 치료 불능의 악인이다.

n **malefáction** 범죄, 악행

어근관련 defect [dí:fekt] 결점, 결함; 도망치다 infect [infékt] 감염[전염]시키다

---

malevolent
[məlévələnt]
★☆☆☆☆
05

mal(bad) + vol(will) → '나쁜 의지를 가진'에서 유래

a **악의 있는, 사악한** / wishing evil to happen to others; wicked
- **malevolent** inclinations to destroy the happiness of others
다른 사람들의 행복을 파괴하려는 사악한 경향

n **malévolence** 악의, 적의

어근관련 volition [voulíʃən] 의지(력) voluntary [vɑ́lənteri] 자발적인

---

malice
[mǽlis]
★★★☆☆
06

malice<malus(evil) → '사악한 마음'에서 유래

n **악의, 적의** / a wish to hurt or make suffer; spite
- bear a person a **malice** 남에게 냉혹한 악의를 품다

a **malícious** 악의 있는, 심술 궂은

malign
[məláin]
★★★☆☆
07

mali<male(bad) + gn<gen(birth) → '나쁜 형질을 가지고 태어난'에서 유래

a **유해한, (병이) 악성인** / causing evil; injurious

- a **malign** influence 악영향

vt **중상[비방]하다** / speak ill of; slander

- She was **maligned** by the press. 그녀는 언론에 의해 비방당했다.

n **malígnancy, -nity** 악의, 적의 **a** **malígnant** 유해한, 악성인; 악의 있는

어근관련 engender [indʒéndər] 낳다, 일으키다 generate [dʒénəreit] 발생시키다

---

malinger
[məlíŋgər]
★☆☆☆☆
08

mal(bad) + inger<heingre(sick) → '나쁜 마음으로[거짓으로] 아픈척 하다'에서 유래

vi **꾀병을 부리다** / pretend to be sick to escape work; shirk

- He says he's got flu, but he's **malingering**.
  그는 독감에 걸렸다고 말하지만, 꾀병을 부리고 있는 것이다.

n **malíngery** 꾀병

동의어 / 반의어

01	**maladroit**	=	awkward / inept / ungainly / gauche / all thumbs ↔ adroit ◎ 동의어 보감
02	**malady**	=	sickness / disease / affection / ailment
03	**malediction**	=	curse / imprecation / execration / anathema ↔ benediction
04	**malefactor**	=	criminal / offender / felon / lawbreaker / evil-doer ↔ benefactor
05	**malevolent**	=	wicked / evil / malicious / vicious / spiteful ↔ benevolent
06	**malice**	=	spite / grudge / malevolence / animosity / animus / rancor / ill will
07	**malign**	=	slander / libel / traduce / vilify / revile / carp / cavil
08	**malinger**	=	feign illness / play sick

동의어 보감

서투른 01	필수	awkward 어색한 / inept 서투른 / ungainly 어색한, 볼품없는 / clumsy 서투른 / maladroit 서투른
	고급	butter-fingered 물건 잘 떨어뜨리는; 서투른 / gauche 눈치 없는, 세련되지 못한
	숙어	all thumbs
실수	필수	blunder 큰 실수 / lapse 경과; 부주의, 실수 / slip (작은) 실수 / bungle 큰 실수 / mistake 실수 / error 실수 / peccadillo 가벼운 죄[실수]
	고급	faux pas 실례, 무례 / fiasco 대실패, 큰 실수 / fumbling / gaffe 실수, 결례 / solecism (말, 글에서의) 실수
	숙어	slip of tongue 말실수

Check-up Test

1. This leaves his speeches open to all sorts of <u>malign</u> interpretation.
ⓐ evil ⓑ benign ⓒ flattering ⓓ exaggerated

2. The chairman was criticized for his <u>maladroit</u> handling of the press conference.
ⓐ lucid ⓑ proper ⓒ awkward ⓓ ripe

3. Separation anxiety was <u>a malady</u> she was intimately acquainted with.
ⓐ a symptom ⓑ a bad habit ⓒ an illness ⓓ an apprehension

4. The king, facing his enemies, uttered a <u>malediction</u> upon them.
ⓐ farewell ⓑ plea for mercy ⓒ warning ⓓ curse

5. His failures made him <u>malevolent</u> toward the successful.
ⓐ malicious ⓑ reverent ⓒ contemptuous ⓓ covetous

정답 1. a 2. c 3. c 4. d 5. a

mis-

▶ **나쁜 · 틀린** Anglo-saxon 계통의 접두어로서 '**나쁜(bad)**' 또는 '**틀린(wrong)**'의 의미를 지닌다.

miscarry
[miskǽri]
★☆☆☆☆
01

mis(wrong) + carry 옮기다 → '**잘못 옮기다**'에서 유래

vi 1 (일 · 계획 따위가) **실패하다** / fail to have the intended result; miss
2 (아이를) **유산하다** / have a miscarriage; abort

- Their strike **miscarried**. 그들의 파업은 실패했다.
- **miscarry** several times before her first child was born 그녀의 첫 아기가 태어나기 전에 몇 차례 유산하다

n **miscárriage** 실패; 유산 **cf** **a miscarriage of justice** 오심(誤審)

어근관련 carriage [kǽridʒ] 마차; 운송; 태도 carrier [kǽriər] 배달원; 항공모함

misdemeanor
[misdimíːnər]
★★★☆☆
02

mis(bad) + demeanor 행동 → '**나쁜 행동**'에서 유래

n ≪법≫ **경범죄, 비행** / an act of breaking the criminal law; delinquency

- The theft of a small amount of money is a **misdemeanor**. 적은 돈에 대한 절도는 경범죄이다.

n **misdeméanant** 경범죄인, 비행자 **cf** **félony** ≪법≫ 중죄

어근관련 demean [dimíːn] 행동[처신]하다

misgiving
[misgíviŋ]
★★★★☆
03

mis(bad) + give 주다 → '(마음 속에) **나쁜 것을 가져다 줌**'에서 유래

n <pl.> **걱정, 불안** / a feeling of suspicion or anxiety; apprehension

- have **misgivings** about lending one's car 자신의 차를 빌려준 것에 대해 불안해 하다

v **misgíve** 걱정[염려]하(게 하)다

어근관련 gift [gift] 증여; 선물; 재능; 선물[증정]하다 forgive [fərgív] 용서하다

mishap
[míshæp]
★★★☆☆
04

mis(bad) + hap(happen) → '**나쁜 일이 일어나다**'에서 유래

n **불행, 불운** / an unlucky accident; misfortune

- The long journey passed without **mishap**. 그 오랜 여행은 무사히 지나갔다. 뉘앙스 p.537

어근관련 happening [hǽpniŋ] (우연한) 사건 haphazard [hæphǽzərd] 우연한 (일)

mislead
[mislíːd]
☆☆☆☆☆
05

mis(wrong) + lead 이끌다 → '(틀린 방향으로) **잘못 이끌다**'에서 유래

vt (판단을) **현혹시키다, 속이다** / lead to think what is not so; deceive

- His lies **misled** me. 그의 거짓말이 나를 속였다.

a **misléading** 그르치게 하는, 현혹시키는

misuse
[misjúːs]
★☆☆☆☆
06

mis(wrong) + use 사용하다 → '(본래 목적을 벗어나) **잘못 사용하다**'에서 유래

vt 1 **잘못 사용하다** / use for the wrong purpose; misapply
2 **학대하다** / treat badly; abuse

- **misuse** one's knowledge[position] 자신의 지식[지위]을 잘못 사용하다
- prevent the prisoner from being **misused** 죄수의 학대를 금지하다

n **오용, 남용** / a wrong or improper use; misapplication

- an unforgivable **misuse** of power 용서할 수 없는 권력의 남용

n **misúsage** 오용; 학대

어근관련 utensil [juːténsəl] 가정용품, 기구 utility [juːtíləti] 유용성, 효용

동의어 / 반의어

01	**miscarry**	=	fail / go wrong / fall through / draw a blank / come to nothing
02	**misdemeanor**	=	misbehavior / misconduct / misdeed / misdoing / wrongdoing
03	**misgiving**	=	apprehension / care / fear / anxiety / foreboding ● 동의어 보감
04	**mishap**	=	misfortune / unluckiness / adversity / mischance / misadventure
05	**mislead**	=	deceive / beguile / delude / dupe / cozen / victimize / impose on
06	**misuse**	=	misapply / misemploy / abuse / pervert

동의어 보감

공포 03	필수	dread 불안, 공포 / horror (오싹한) 공포 / scare 공포 / fear 공포 / nightmare 악몽, 가위눌림 / terror (커다란) 공포 / fright 놀람, 공포 / panic (집단적) 공포 / trepidation 공포
	고급	angst 불안, 걱정; 공포 / jitter 초조, 공포감 / tremor 떨림; 전전긍긍, 겁
	숙어	cold feet
	참고	걱정 / worry / anxiety / apprehension / misgiving
소심한 · 겁 많은	필수	cowardly 겁쟁이의 / dastardly 비겁한 / timorous 소심한 / craven 비겁한 / timid 소심한, 겁 많은
	고급	chickenhearted 소심한; 겁 많은 / fainthearted 용기 없는, 겁 많은 / pusillanimous 마음이 약한, 겁 많은 / skittish 잘 놀라는, 겁이 많은
	숙어	get cold feet 겁을 먹다
	참고	poltroon 겁쟁이

Check-up Test

1. Recently abortion has become common.
ⓐ well-being ⓑ famine ⓒ malnutrition ⓓ miscarriage

2. The child's misdemeanors were never taken seriously by his parents.
ⓐ periods of sickness ⓑ wrongdoings ⓒ rude words ⓓ mistakes

3. I like your plan in principle; my only misgiving is that it may take too long to carry out.
ⓐ belief ⓑ suggestion ⓒ solicitude ⓓ plasma

4. With a little care you could have avoided this mishap.
ⓐ downfall ⓑ misfortune ⓒ privy ⓓ skylark

5. Some traffic signs are so confusing that they ______ the traveler.
ⓐ console ⓑ disable ⓒ mislead ⓓ overcast

정답 **1.** d **2.** b **3.** c **4.** b **5.** c

561 **pathetic(al)**
[pəθétik(əl)]
★★★☆☆

path (feel 느끼다) → '**감동을 느끼게 하는**' 에서 유래

a **측은한, 감동적인** / making you feel pity or sympathy; touching
• a **pathetic** scene 감동적인 장면
n **páthos** 연민을 자아내는 힘, 비애감

---

562 **patriarch**
[péitriɑ:rk]
★★☆☆☆

patr (father 아버지) → '**가족이나 부족의 아버지**' 에서 유래

n **족장** / father and ruler of a family or tribe; elder
• a **patriarch** as the head of a family 가족의 우두머리로서의 족장

---

563 **patron**
[péitrən]
★★☆☆☆

patr (father 아버지) → '**아버지 같이 든든한 보호자 또는 후원자**' 에서 유래

n **보호자** / a guardian ;
후원자 / a person who gives money and support; sponsor ;
단골손님 / a person who buys regularly
• an influential **patron** of charities 자선단체에 대한 영향력 있는 후원자
v **pátronize** 후원하다, 단골로 다니다; 생색을 내다 n **pátronage** 보호, 후원

---

564 **pecuniary**
[pikjú:nieri]
★★★☆☆

pecun (money 돈)

a **금전(상)의** / connected with money; financial
• **pecuniary** difficulties 금전상의 어려움

---

565 **pedagogue**
[pédəgɑg]
★☆☆☆☆

ped (child 아이) + ag (lead 이끌다) → '**아이를 이끄는 선생**' 에서 유래

n **(경멸적) 선생** / teacher who cares too much about rules; schoolteacher
• a stuffy **pedagogue** 딱딱한 선생

---

566 **pedantic**
[pədǽntik]
☆☆☆☆☆

ped (child 아이) + ant (lead 이끌다) → '**아이를 이끄는 방법이 현학적인**' 에서 유래

a **현학적인** / paying too much attention to rules and details; pompous
• a **pedantic** approach to marketing 마케팅의 현학적 접근
n **pédant** 현학자

---

567 **peerless**
[píərlis]
★★☆☆☆

peer (equal 동등한) → '**매우 뛰어나 함께 비교할 데 없는**' 에서 유래

a **비할 데 없는** / without an equal; matchless; nonpareil
• His **peerless** performance won him a prize.
그의 비할 데 없는 연기가 그에게 상을 안겼다.
n v **peer** 동등한 사람, 동등한 것; ~에 필적하다

---

568 **penal**
[pí:nəl]
★★☆☆☆

pen (punishment 형벌) → '**형벌이 가혹한**'에서 유래

a **형벌의** / of or given as punishment; criminal
• Robbery is a **penal** offense. 강도는 형사 범죄이다.
v **pénalize** 벌하다 n **pénalty** 벌칙, 형벌

---

569 **penance**
[pénəns]
★☆☆☆☆

pen (repent 뉘우치다) → '**잘못을 깨닫고 뉘우치는 참회**'에서 유래

n **참회** / the action of making yourself suffer; penitence
• do **penance** for one's sins 자신의 죄를 참회하다

---

570 **penchant**
[péntʃənt]
★☆☆☆☆

pench<pend (hang 매달리다) → '**매달려 하고자 하는 경향**' 에서 유래

n **<for> 경향** / a liking for something; inclination
• show a **penchant** for jazz music 재즈 음악에 대한 경향을 보여주다[좋아하다]

---

571 **penitent**
[pénətənt]
★☆☆☆☆

pen (repent 뉘우치다)

a **(죄를) 뉘우치는** / feeling regret; repentant
• **penitent** tears 참회의 눈물
n **pénitence** 참회, 뉘우침

---

572 **pension**
[pénʃən]
★★☆☆☆

pens (pay 지불하다) → '**정기적으로 주는 연금**'에서 유래

n **연금** / a regular payment to a person; annuity
v **~에게 연금을 주다**
• introduce a retirement **pension** program 퇴직연금제도에 대해 소개하다
n **pénsioner** 연금 수령자 a **pénsionable** 연금을 받을 자격이 있는

573 **pensive**
[pénsiv]
★★★☆☆

pens<pend (ponder 심사숙고하다) → '심사숙고하며 근심하는' 에서 유래

a **수심에 잠긴** / thinking deeply and sadly; meditative
- a **pensive** mood 수심에 잠긴 기분

---

574 **penurious**
[pənjúəriəs]
★☆☆☆☆

penuri (want 결핍) → '살림살이가 결핍되어 가난한' 에서 유래

a **(지독히) 가난한; 인색한** / very poor; impecunious ; **인색한** / stingy; parsimonious
- **penurious** tenant life 궁핍한 세입자의 삶 **n** **pénury** 가난; 결핍

---

575 **pessimistic**
[pesəmístik]
★★☆☆☆

pessim (worse 나쁜) → '비관적으로 인생의 나쁜 면만을 보는' 에서 유래

a **비관적인** / expecting that bad things will happen; gloomy
- a **pessimistic** view of the policy 그 정책에 대한 비관적 견해

n **péssimist** 비관주의자 **n** **péssimism** 비관주의, 염세론

---

576 **petrify**
[pétrəfai]
★★★☆☆

petri (stone 돌) → '돌처럼 감각을 느끼지 못하게 하다'에서 유래

v **돌처럼 무감각하게 하다** / cause to change into stone; frighten
- His sudden appearance **petrified** her.
  그의 갑작스런 출현이 그녀를 돌처럼 굳어지게 했다.

---

577 **petulant**
[pétʃulənt]
★★☆☆☆

pet(rush 덤벼들다) → '항상 무언가에 덤벼들려는 것처럼 화를 잘 내는'에서 유래

a **화를 잘 내는** / bad-tempered and unreasonable; peevish
- behave like a **petulant** child 심술부리는 아이처럼 행동하다

n **pétulance** 성마름

---

578 **philanthropist**
[filǽnθrəpist]
★★☆☆☆

phil (love 사랑) + antrop (man 사람) → '모든 사람을 사랑해야 한다고 주장하는 박애주의자'에서 유래

n **박애주의자** / lover of mankind; benefactor
- become famous as a **philanthropist** 박애주의자로 유명해지다

a **philanthrópic** 박애(주의)의, 인자한
v **philánthropize** 자선을 베풀다; 자선 사업을 하다

---

579 **phlegmatic(al)**
[flegmǽtik(əl)]
★☆☆☆☆

phlegm 점액 → '체액의 하나로서 무기력을 일으키는 점액'에서 유래

a **냉정한** / scalm and not easily excited; unemotional
- a very **phlegmatic** character 매우 냉정한 성격

n **phlegm** 담, 가래; 무기력, 냉담

---

580 **phon(e)y**
[fóuni]
★★☆☆☆

phony<fawney (gilt brass ring 금을 입힌 놋쇠 반지) → '사기꾼이 속이는 데 사용하는 위조품'에서 유래

n **위조(품)** / something pretended, false or intended to deceive; fake
- give the police a **phony** address 경찰에게 가짜 주소를 주다

Check-up Test

1. By 1929, two years after the start of the "talkies,"motion picture theaters in the United States were attracting 100 million patrons every week.
ⓐ owners ⓑ actors ⓒ customers ⓓ critics

2. In criminal law, a fine is a pecuniary penalty imposed on an offender by a court.
ⓐ strict ⓑ civil ⓒ monetary ⓓ discretionary

3. It's obvious that the cat has a penchant for sunny windows and tuna tidbits. He always leaps from the kitchen windowsill and runs into his dish when he smells fish.
ⓐ discipline ⓑ definite liking ⓒ lack of appreciation ⓓ abhorrence

4. After he heard the news from his father, he was in a very pensive mood.
ⓐ cheerful ⓑ thoughtful ⓒ pessimistic ⓓ amusing

5. Hiding under furniture while your life is in mortal danger from aerial bombardment is a petrifying experience.
ⓐ paralyzed ⓑ exhilarating ⓒ terrifying ⓓ impressionable

정답 1. c 2. c 3. b 4. b 5. c

in / into

- **in case** / ~에 대비하여, ~한 경우에
  - Always keep your words soft and sweet, just **in case** you have to eat them. 말을 취소해야 할 경우를 대비해서, 말은 항상 부드럽고 다정하게 해야 합니다.
- **in detail** / 상세히 minutely, at length, at large, item by item; detailedly
  - This handbook describes **in detail** the differences between thousands of jobs. 이 안내서는 수천개의 직업 간의 차이를 상세히 설명한다.
- **in favor of** / ~에 찬성하여, ~을 위하여 in support of, in behalf of
  - I am **in favor of** cutting taxes. 나는 세금을 삭감하는 것에 대해 찬성한다.
- **in full accord** / 만장일치로 unanimously, with one accord
  - We provide high-quality products **in full accord** with the purpose of our company. 우리는 회사의 목표와 일치하는 고품질의 제품을 제공한다.
- **in good taste** / 적합한, 점잖은 polite, decent
  - I don't think that the outfits are **in good taste**. 나는 그 옷이 적합하다고 생각하지 않는다.
- **in honor of** / ~에게 경의를 표하여, ~을 기념하여 in remembrance of, in token of
  - The statue was made **in honor of** the general who led his troops to victory. 그 조각상은 부대를 승리로 이끈 장군에 대한 경의를 표하여 만들어졌다.
- **in no time** / 바로, 즉시 at once, immediately
  - He will be out on bail **in no time**. 그는 곧 보석으로 석방될 것이다.
- **in particular** / 특히 particularly
  - Do you know anything about his car **in particular**? 당신은 그의 차에 대해 특별히 아는 것이 있습니까?
- **in person** / 본인이, 자기 스스로
  - You have to bring in your resume **in person**. 당신이 직접 이력서를 제출해야 합니다.
- **in proportion to** / ~에 비례하여
  - My kidneys are small, **in proportion to** my body, but work perfectly. 내 신장은 내 몸에 비례하여 작지만 완벽하게 기능한다.
- **in return for** / ~에 대한 답례로
  - **In return for** his services, people brought presents of food and money. 그의 서비스에 대한 답례로 사람들은 선물로 음식과 돈을 가져왔다.
- **in spite of** / ~에도 불구하고 regardless of, despite, notwithstanding
  - They fell in love **in spite of** the language barrier. 그들은 언어적 장벽에도 불구하고 사랑에 빠졌다.
- **in spite of oneself** / 자신도 모르게 involuntarily
  - I told him about the vicious rumor about her **in spite of myself**. 나는 무심결에 그에게 그녀에 대한 나쁜 소문에 대해 말해버렸다.
- **in terms of** / ~의 견지에서, ~의 관점에서 보면 in the light of
  - He looks at the environment **in terms of** ecology. 그는 생태학의 관점에서 환경을 바라본다.
- **in that** / ~이기 때문에, ~이므로 since
  - In crisis situations, she was fortunate **in that** she had friends to help her. 위기 상황에서 그녀는 자신을 도와줄 친구들이 있었으므로 운이 좋았다.
- **in the air** / 계획이 미정인 uncertain, up in the air, not settled yet
  - Whether we will win the bid is still **in the air**. 우리가 그 입찰을 따낼 지는 아직 정해지지 않았다.
- **in the balance** / 불안정한 상태에 있다 in jeopardy
  - The fate of the world remained **in the balance**. 세상의 운명이 불안정한 상태에 놓여있었다.
- **in the face[teeth] of** / ~의 앞에서 in front of ; 불구하고 despite, with all, for all, notwithstanding
  - They continue whaling **in the face of** international opprobrium. 그들은 국제적인 비난에도 불구하고 고래잡이를 계속하고 있다.
- **in the long run** / 결국 at last, in the end, ultimately
  - We need to increase the size of the military **in the long run**. 우리는 결국에 군대의 규모를 증가시켜야 할 것이다.
- **in the nick of time** / 아슬아슬하게 시간에 맞게 just in time
  - I got to the airport **in the nick of time**. 나는 아슬아슬하게 제시간에 공항에 도착했다.
- **in the same boat** / 같은 처지에 있는
  - You can get help and advice from people **in the same boat**. 당신은 같은 처지에 있는 사람들로부터 도움과 충고를 받을 수 있을 것이다.
- **in the wake of** / ~의 뒤를 이어 following ; ~의 결과로서 as a result of
  - Many buildings were broken down **in the wake of** the earthquake. 지진의 여파로 많은 건물이 무너졌다.
- **in token of** / ~의 표시로; 기념으로 in remembrance of, in honor of
  - The king offered food and drink **in token of** victory. 왕은 승리의 기념으로 음식과 술을 제공했다.
- **into the bargain** / 게다가, 덤으로 besides, moreover, in addition
  - He was late for work, and told a lie **into the bargain**. 그는 지각을 했고, 게다가 거짓말까지 했다.

- **in conjunction with** / ~와 함께, ~와 관련하여 together with
- **in earnest** / 진지하게, 진심으로 to a great extent
- **in line with** / ~과 동의하는 in agreement with
- **in retrospect** / 되돌아보면 looking back
- **in succession** / 연달아, 계속하다 one by one
- **in the same boat** / 같은 처지에 있는

ob-

우선순위 로 보는 PRE view

Date : /

★★★★★	15.	**obstinate**	고집 센	□ □ □
★★★★☆	05.	**oblique**	비스듬한; 간접의	□ □ □
	14.	**obsolete**	사라진	□ □ □
★★★☆☆	04.	**oblige**	강요하다; 은혜를 베풀다	□ □ □
	06.	**obliterate**	삭제하다	□ □ □
	07.	**oblivion**	망각; 사면	□ □ □
	10.	**obnoxious**	불쾌한; 면할 수 없는	□ □ □
	11.	**obscene**	외설한	□ □ □
	13.	**obsess**	망상에 들다	□ □ □
	16.	**obstruct**	방해하다	□ □ □
	19.	**obviate**	제거하다	□ □ □
	24.	**ostensible**	표면상의, 명백한	□ □ □
	25.	**ostentatious**	허세 부리는	□ □ □
★★☆☆☆	17.	**obtrude**	강요하다; 끼어들다	□ □ □
★☆☆☆☆	01.	**hostage**	담보물	□ □ □
	03.	**obese**	비만인	□ □ □
	09.	**obloquy**	오명; 책망	□ □ □
	12.	**obsequious**	아부하는	□ □ □
	20.	**occidental**	서양의	□ □ □
	21.	**occult**	신비로운	□ □ □
	22.	**opponent**	상대자; 대립하는	□ □ □
	23.	**opportune**	시기 적절한	□ □ □
☆☆☆☆☆	02.	**obdurate**	완고한	□ □ □
	08.	**oblong**	옆으로 긴	□ □ □
	18.	**obtuse**	무딘	□ □ □

MD30

LECTURE 30

ob-

▶ **반대 · 저항** Latin 계통의 접두어로서 '**반대 · 저항**(against)'의 의미를 지닌다.

의미 변화

① 반대 · 저항(against)

> **oppónent** : op<ob(against) + pon(place)
→ 반대쪽에 있는 사람
→ 상대자; 반대의
/ oblíterate 삭제하다 / óbloquy 불명예; 책망

② 방향(toward, to)

> **óblong** : ob(toward) + long 긴
→ 옆으로 길게 향하는 → 타원형의
/ opportúne 시기 적절한 / osténsible 표면상의; 명백한

③ 강조(intensive)

> **obése** : ob(intensive) + es<ed (eat)
→ 지나치게 많이 먹는 → 비만인
/ óbdurate 완고한 / occúlt 불가사의한; 비학

형태 변화

① 자음 c · f · p 앞에서 → 각각 oc-, of-, op-
/ occidéntal 서양의 / opprόbrious 모욕적인

② 자음 t 앞에서 → os-
/ ostentátious 허세부리는

---

hostage
[hástidʒ]
★☆☆☆☆
01

ho<ob(against) + st<sid(sit) → '나쁜 목적에 이용하려고 앉혀 놓은 사람'에서 유래

n **담보물, 인질** / a person or thing left as a pledge; security
- keep children as **hostages** 아이들을 인질로 잡아두다

어근관련 dissident [dísədənt] 적 insidious [insídiəs] 교활한; 잠행성의

---

obdurate
[ábdjurit]
☆☆☆☆☆
02

ob(intensive) + dur(harden) → '너무도 완고한'에서 유래

a **완고한, 고집 센** / not giving in to persuasion; intractable
- an **obdurate** refusal 완고한 거절

n **óbduracy** 완고함, 냉혹함

어근관련 endurance [indjúərəns] 인내(력) duration [djuréiʃən] 지속; 기간

---

obese
[oubíːs]
★☆☆☆☆
03

ob(intensive) + es<ed(eat) → '지나치게 많이 먹는'에서 유래

a **비만인** / very fat; fleshy
- an **obese** child 비만아

n **obésity** 비만

어근관련 edible [édəbl] 먹기에 좋은 inedible [inédəbl] 식용에 적합치 않은

---

oblige
[əbláidʒ]
★★★☆☆
04

ob(to) + lig(bind) → '~을 얽매이게 하다'에서 유래

vt 1 **~에게 강요하다** / bind by a duty; compel
2 <수동형으로 쓰임> **~을 고맙게 여기게 하다** / make indebted or grateful; favor
- I was **obliged** to go at once. 나는 당장 가지 않을 수 없다.
- I am very much **obliged** to you for your kindness. 당신의 친절에 깊이 감사하고 있습니다.

v **óbligate** ~에게 의무를 지우다 **n** **obligátion** 의무(duty)

a **oblíging** 친절한(good-natured; amiable)

a **oblígatory** 의무적인(mandatory; compulsory)

어근관련 liability [laiəbíləti] 책임, 의무; 부채 religion [rilídʒən] 종교, 신앙(심) 뉘앙스 p.377

동의어 / 반의어

01	**hostage**	=	pledge / security / pawn / mortgage
02	**obdurate**	=	inflexible / intractable / unyielding / dogged / die-hard / headstrong ● 동의어 보강
03	**obese**	=	overweight / chubby / corpulent / stubby / dumpy / plump / stout
04	**oblige**	=	force / compel / coerce / constrain / drive / hustle ● 동의어 보강

동의어 보감

고집 센
02

필수	bullheaded 황소고집의 / die-hard 죽지 않는, 오래가는 / headstrong 고집 센 / inflexible 구부러지지 않는, 완고한 / intractable 난치의, 고집 센 / obdurate 고집 센 / obstinate 고집 센 / persevering 끈기 있는, 불굴의 / persistent 끈기 있는, 불굴의 / perverse 외고집의 / restive 차분하지 못한; 다루기 힘든, 반항적인 / stubborn 고집 센 / tenacious 끈질긴 / unyielding 고집이 센, 유연성이 없는 / wayward 제멋대로인, 고집 센 / willful 고집 센; 의도적인
고급	bigoted 고집불통인, 편협한 / dogged 고집 센; 끈질긴 / intransigent 비타협적인 / mulish 노새 같은; 고집 센 / opinionated 자기주장을 고집하는, 완고한 / pertinacious 끈질긴, 집요한 / pigheaded 완고한 / recalcitrant 반항하는, 고집 센 / refractory 난치의, 고집 센 / untoward 버릇없는, 고집 센
숙어	as stubborn as / a mule[donkey]
참고	단호한 / flat / resolute / stiff / adamant / determined

강요하다
04

필수	coerce 강요하다 / compel 강요하다 / constrain 강요하다; 제한하다 / enforce 강요하다; 시행하다 / exact 지나치게 요구하다 / extort 강요하다, 빼앗다 / force 강요하다 / impel (욕망이) ~하게 하다 / impose 부과하다; 강요하다 / oblige 강요하다 / push 강요하다
고급	hustle 세게 밀치다; 강요하다 / obligate 의무를 지우다; 강요하다
숙어	obtrude on / press for ~를 계속 요구하다, 강요하다
참고	강제적인 / compulsive / compulsory / compelling / obligatory / mandatory / coercive / forceful / peremptory / imperative

뉘앙스

강요하다
04

force	**억지로 시키다, 강요하다**	• Circumstances **forced** him to betray his friend. 주위의 사정이 그로 하여금 친구를 배신하도록 했다.
compél	**강요하다** ≪force보다 의미가 약함≫	• Nothing can **compel** me to do such a thing. 어떤 것도 내가 그런 일을 하게 할 수는 없다.
oblíge	(의무 · 필요상) **어쩔 수 없이 시키다** ≪compel 보다 의미가 약함≫	• be **obliged** to follow the custom 어쩔 수 없이 관습을 따르다
constráin	(속박 · 제한의 힘으로) **강요하다**	• be **constrained** to lie in bed with a cold 감기로 누워있지 않을 수 없다
cóerce	(폭력 · 협박을 써서) **강요하다**	• be **coerced** into resigning with a sword 칼로 강요되어 사임하다
impél	(감정 · 욕망이 충동적으로) **하게 하다**	• His hunger **impelled** him to steal. 그는 배가 고파서 도둑질을 했다.

check-up Test

1. A few tiny facts which remain ______ to explanation are sufficient to refute a whole scientific theory accounting for a multitude of others.
ⓐ arbitrary ⓑ facile ⓒ unprejudiced ⓓ obdurate

2. If you come to the conference table with such an ______ attitude, we cannot expect to reach any harmonious agreement.
ⓐ ancillary ⓑ indolent ⓒ obdurate ⓓ unwonted

3. He had an extremely obese friend whose mind was constantly occupied with the thought of delicacies.
ⓐ corpulent ⓑ thin ⓒ charming ⓓ dirty

4. John said he was obliged to his neighbors for all their help.
ⓐ polite ⓑ opposed ⓒ accepted ⓓ thankful

정답 **1.** d **2.** c **3.** a **4.** d

oblique
[əblíːk]
★★★★☆
05

ob(against) + liqu<liquus(bent) → '굽은'에서 유래

a 1 **비스듬한, 기울어진** / having a slanting position; inclined
2 **간접의, 완곡한** / indirect or evasive; circuitous
- an **oblique** line 사선 • **oblique** hints 간접적인 암시

n **oblíquity** 경사; 부정 **cf** **opáque** 불투명한

---

obliterate
[əblítəreit]
★★★☆☆
06

ob(against) + liter (letter) → '글자를 넣는 것의 반대행위를 하다'에서 유래

vt (흔적을) **말소하다,** (문자에서) **삭제하다** / remove all signs of; delete
- **obliterate** landmarks (역사상 따위의) 현저한 사건을 말소하다

n **obliterátion** 삭제, 말소 **a** **oblíterative** 말소하는

어근관련 illiterate [ilítərət] 문맹의 transliterate [trænslítəreit] 음역(音譯)하다 뉘앙스 p.279

---

oblivion
[əblíviən]
★★★☆☆
07

ob(out) + liv<livisci(smooth) → '~을 빼내서 잠잠해지게 하다'에서 유래

n 1 (세상에서) **잊혀진 상태, 망각** / the condition of being entirely forgotten; forgetfulness
2 **대사(大赦), 사면** / official overlooking of offenses; amnesty
- Many ancient cities fell into **oblivion**. 많은 고대 도시들이 잊혀졌다.
- act of **oblivion** 대사령[사면령]

a **oblívious** 잘 잊어버리는(forgetful) **cf** **amnésia** 건망증

어근관련 alleviate [əlíːvieit] 완화시키다 levity [lévəti] 경솔(한 행위)

---

oblong
[ábləːŋ]
☆☆☆☆☆
08

ob(toward) + long 긴 → '옆으로 길게 향하는'에서 유래

a **옆으로 긴, 타원형의** / longer than broad; oval
- an **oblong** loaf of bread 타원형의 빵 한 덩어리

어근관련 elongate [ilɔ́ːŋgeit] 길게 하다 longevity [landʒévəti] 장수, 장기근속

---

obloquy
[ábləkwi]
★☆☆☆☆
09

ob(against) + loquy<loqui (speak) → '반대로 나쁘게 말하는 것'에서 유래

n 1 **오명, 불명예** / public shame or disgrace; dishonor
2 **책망** / abusively detractive language or utterance; calumny
- glory and **obloquy** 명예와 불명예
- receive **obloquy** for one's negligence 태만함에 대해 책망을 받다

어근관련 colloquialism [kəlóukwiəlizm] 구어체 loquacious [loukwéiʃəs] 수다스런

---

obnoxious
[əbnákʃəs]
★★☆☆☆
10

ob(against) + noxious 해로운 → '(유익한 것과는) 반대로 해로운'에서 유래

a 1 **아주 싫은, 불쾌한** / very disagreeable; hateful
2 (해를) **입기 쉬운, ~을 면할 수 없는** / exposed to harm; liable
- **obnoxious** smell 불쾌한 냄새
- be **obnoxious** to censure 비난을 면할 수 없다

n **obnóxiousness** 불쾌함

어근관련 pernicious [pərníʃəs] 해로운, 유독한 innocent [ínəsənt] 순진한; 죄없는

---

obscene
[əbsíːn]
★★★☆☆
11

ob(against) + scene 장면 → '장면이 안 좋은'에서 유래

a **외설한, 음란한** / sexually indecent; lewd; licentious
- an **obscene** book 음란 도서

n **obscénity** 외설, 음담패설

어근관련 proscenium [prousíːniəm] (극장에서 막과 오케스트라 석 사이의) 앞무대
scenario [sinέəriou] (극, 오페라, 영화의) 각본, 장래 일에 대한 예상

동의어 / 반의어

05 **oblique**	=	slanting / sloping / inclined / askew / tilting / squint ↔ straight ◎ 동의어 보감
06 **obliterate**	=	erase / expunge / delete / eliminate / expurgate / bowdlerize / wipe out
07 **oblivion**	=	unawareness / forgetfulness / disregard / unconsciousness
08 **oblong**	=	rectangular / egg-shaped / oval-shaped / elliptic / ovoid
09 **obloquy**	=	disgrace / disesteem / dishonor / ignominy / infamy / stigma
10 **obnoxious**	=	repugnant / abominable / loathsome / detestable / invidious / odious
11 **obscene**	=	indecent / salacious / prurient / bawdy / libidinous / risque ◎ 동의어 보감

동의어 보감

비스듬한 05	필수	askance 곁눈질로; 의심하여 / oblique 사선의, 간접적인 / tilted 경사진
	고급	askew 비스듬한, 비틀어진 / careen 경사진 / slanting 경사진 / squint 사시의
음란한 · 호색적인 11	필수	indecent 점잖지 못한, 외설의 / licentious 음탕한, 방탕한 / rude 음란한, 무례한 / lewd 외설적인 / obscene 외설적인 / wanton 음탕한; 무성한
	고급	amorous 호색적인, 연애의 / bawdy 야한, 외설적인 / lascivious 호색적인, 음탕한 / lecherous 호색의, 음란한 / libidinous 호색의, 선정적인 / lustful 욕정에 가득 찬, 음탕한 / off-color 안색이 좋지 못한; 음란한 / pornographic 포르노의, 음란한 / prurient 호색의, 외설적인 / ribald 음란한 말을 하는; (말이) 상스러운 / risque 외설스러운, 음란한 / salacious 호색의, 음란한

check-up Test

1. The film was considered <u>lewd</u> by some people.
ⓐ prim ⓑ decent ⓒ obscene ⓓ vigorous

2. The snow was so heavy that it <u>obliterated</u> the highway.
ⓐ blocked ⓑ froze ⓒ endangered ⓓ effaced

3. With time, the memory faded into _______.
ⓐ negation ⓑ nourishment ⓒ oblivion ⓓ longevity

4. When a man belongs to a larger community, the scope of his duties and possible sins becomes wider and the considerations involved become more complex, but there is still a code to which he must conform on pain of public <u>obloquy</u>.
ⓐ eulogy ⓑ ill fame ⓒ obligation ⓓ soliloquy

5. They would gladly purchase the emperor's protection by the sacrifice of an <u>obnoxious</u> fugitive.
ⓐ lustrous ⓑ anomalous ⓒ random ⓓ disagreeable

정답 **1.** c **2.** d **3.** c **4.** b **5.** d

obsequious
[əbsíːkwiəs]
★☆☆☆☆
12

ob(after) + sequ(follow) → '~의 뒤를 따라다니는' 에서 유래'

a **아부하는, 비굴한** / too eager to obey, having too little self-respect; flattering
- **obsequious** behavior 비굴한 행동

n **obséquiousness** 아첨

어근관련 consecutive [kənsékjutiv] 연속적인 subsequent [sʌ́bsikwənt] 후속적인

obsess
[əbsés]
★★★☆☆
13

ob(against) + sess (sit) → '방해가 되도록 들어앉다' 에서 유래

vt (악마 · 망상이) **~에 들다, ~에 붙어 괴롭히다** / preoccupy the mind of excessively; haunt
- be **obsessed** by a fixed idea 고정 관념에 사로잡히다

n **obséssion** 강박관념(complex)

어근관련 assiduous [əsídʒuəs] 근면한 dissident [dísidnt] (의견이 다른) 적

obsolete
[ɑbsəlíːt]
★★★★☆
14

ob(away) + solet<soletus(accustomed) → '익숙해질 대로 익숙해진' 에서 유래

a **사라진, 구식의** / no longer used; out of date
- an **obsolete** word 폐어

n **óbsoleteness** 구식

어근관련 obsolescence [ɑbsəlésns] 쇠퇴, 퇴화 insolent [ínsələnt] 건방진 뉘앙스 p.535

obstinate
[ɑ́bstənət]
★★★★★
15

ob(against) + stin(stand) → '방해하며 서 있는 상태인' 에서 유래

a 1 **완고한, 고집 센** / unwilling to submit; stubborn
2 (병이) **난치인** / hard to cure; intractable
- as **obstinate** as a mule 대단히 고집 센
- an **obstinate** fever 좀처럼 낫지 않는 열

n **óbstinacy** 고집; (병 등의) 난치

어근관련 outstanding [autstǽndiŋ] 현저한 constant [kɑ́nstənt] 불변의

obstruct
[əbstrʌ́kt]
★★★☆☆
16

ob(against) + struct(build) → '방해가 되도록 세워져 있다' 에서 유래

vt (길 · 일 등을) **막다, 방해하다** / put difficulties in the way of; hinder
- **obstruct** a one's plan 남의 계획을 방해하다

n **obstrúction** 방해(impediment) **a** **obstrúctive** 방해하는

어근관련 structure [strʌ́ktʃər] 구조 construct [kənstrʌ́kt] 건설하다 뉘앙스 p.381

obtrude
[əbtrúːd]
★★☆☆☆
17

ob(toward) + trud(thrust) → '~를 향해 밀고 나가다' 에서 유래

v 1 (의견을) **강요하다** / impose ideas on others; intrude
2 <재귀용법> (~을) **주제넘게 나서도록 하다** / to thrust out; push forward
- **obtrude** one's opinions upon others 자기 의견을 남에게 강요하다
- **obtrude** oneself on the notice of others 남의 눈에 띄도록 주제넘게 나서다

n **obtrúsion** (의견 따위의) 강요 **a** **obtrúsive** 강요하는, 주제넘게 나서는(impertinent)

어근관련 abstruse [æbstrúːs] 심원한, 난해한 intrusion [intrúːʒən] 강요, 침입

= 동의어 ↔ 반의어

12	**obsequious**	=	flattering / fawning / submissive / ingratiating / subservient
13	**obsess**	=	possess / dominate / haunt
14	**obsolete**	=	outmoded / unfashionable / moldy / behind the times ↔ current
15	**obstinate**	=	stubborn / tenacious / persistent / perverse / willful / wayward ↔ pliable
16	**obstruct**	=	hamper / impede / hinder / interrupt / clog / interfere with ● 동의어 보감
17	**obtrude**	=	intrude / impose / thrust / force ● 동의어 보감

동의어 보감

막다 · 방해하다 16	필수	bar (길을) 막다, 금지하다 / bind 묶다, 강제하다 / block (길을) 막다 / check 방해하다; 억제하다 / clog 방해하다, 막다 / dam (흐름을) 막다 / disturb 방해하다 / encumber 방해하다, 막다 / hamper 방해하다, 구속하다 / hinder 방해하다, 막다 / impede 방해하다 / obstruct 막다, 방해하다
	고급	balk 망설이다; 방해하다 / brake 브레이크를 걸다 / retard 지연시키다; 방해하다 / stunt (발육을) 방해하다 / stymie (계획 등을) 방해하다
	숙어	bog down / fend off / head off 막다; 출발하다 / stave off / ward off
방해물	필수	barrier 장애, 장벽 / barricade 바리케이드 / encumbrance 방해물 / hindrance 방해 / impediment 방해(물); 장애 / setback 방해물; 경기후퇴
	숙어	bog 늪, 수렁 / clog 방해(물); 고장 / drag 방해물 / roadblock 노상 장애물, 방책
간섭하다 17	필수	break in 간섭하다 / cut in 간섭하다 / intercede in 간섭하다 / interfere in 간섭하다 / interrupt 간섭하다 / intervene in 간섭하다 / meddle in 간섭하다 / obtrude on 간섭하다
	고급	butt in (상관없는 일에) 참견하다 / chime in 찬성의 뜻으로 끼어들다 / interlope 간섭하다 / nose in 간섭하다
	숙어	barge in / poke[put] one's nose in
	참고	잔소리하다 / nag / nitpick 잔소리가 심한 여자 / shrew / virago / termagant 참견 잘하는 사람 / busybody
간섭하기 좋아하는	필수	busy 간섭하기 좋아하는 / meddlesome 간섭하기 좋아하는 / officious 간섭하기 좋아하는
	고급	intrusive 주제넘게 참견하는 / nosy 꼬치꼬치 캐기 좋아하는; 참견하기 좋아하는 / obtrusive 주제넘게 참견하는; 눈에 거슬리는 / prying 캐기 좋아하는, 호기심 많은

뉘앙스

막다 · 방해하다 16	**hínder**	**방해하다**	• The rain **hindered** their going. 비 때문에 그들은 갈 수가 없었다.
	impéde	(운동 · 진행 등을) **방해하다, 지연시키다**	• **impede** the operation of a machine 기계의 작동을 방해하다
	block, obstrúct	(완전히) **차단하다**	• The rail was **blocked** by a landslide. 산사태로 철도가 봉쇄되었다.

cf. **dam** (흐름을) **방해하다** **hámper** (곤란하게 하여) **방해하다** **bar** (길을) **막다, 금지하다**

check-up Test

1. Anxiety arises in response to inner stimuli which <u>obtrude</u> from the unconscious levels of the mind.
ⓐ vanish ⓑ relinquish ⓒ suffer ⓓ emerge

2. He was thought of as the most _______ man in our company since he accepted whatever his superiors suggested without reflective thinking.
ⓐ suspicious ⓑ intractable ⓒ competent ⓓ obsequious

3. When someone is obsessed by an idea, he has a bee in his _______.
ⓐ cap ⓑ hair ⓒ hat ⓓ bonnet

4. He wants to get his money's worth before the appliance becomes <u>obsolete</u>.
ⓐ up-to-date ⓑ out-of-date ⓒ obstinate ⓓ burdensome

5. These children are too <u>obstinate</u> to deal with.
ⓐ obedient ⓑ waxy ⓒ peculiar ⓓ stubborn

정답 **1.** d **2.** d **3.** d **4.** b **5.** d

obtuse
[əbtjúːs]
☆☆☆☆☆
18

ob(on) + tus(strike) → '~위를 계속 때려서 무뎌진'에서 유래'

a 1 (날 · 각이) **무딘** / not sharp or acute; blunt
2 (감각이) **둔한** / not sensitive; dull
- an **obtuse** weapon 둔기(鈍器)
- an **obtuse** person 감각이 둔한 사람

n **obtúsity** 둔함 **cf** **abstrúse** 심오한

어근관련 tussle [tʌ́sl] 심한 격투

---

obviate
[ɑ́bvieit]
★★★☆☆
19

ob(away) + vi(a) (way) → '길 위에 방해되는 것을 없애다'에서 유래

vt (곤란 · 위험 · 장애를) **제거하다, 미연에 방지하다** / to remove or dispose of; eliminate
- **obviate** danger 위험을 제거하다

n **obviátion** 방지, 제거

어근관련 deviate [díːvieit] 빗나가다 triviality [triviǽləti] 하찮음, 시시한 것

---

occidental
[ɑksədéntl]
★☆☆☆☆
20

oc<ob(away) + cid(fall) → '태양이 떨어지는 곳'에서 유래

a **서양의** / of the countries of the Occident; western
- **occidental** civilization 서양 문명

v **occidéntalize** ~을 서양식으로 하다
n **Óccident** 서양 **n** **occidéntalism** 서양풍, 서양 문화

어근관련 accident [ǽksədənt] 사고, 재난 deciduous [disídʒuəs] 낙엽성의

---

occult
[əkʌ́lt]
★☆☆☆☆
21

oc<ob(intensive) + cult<cel(hide) → '누구도 모르는 곳에 숨어있는'에서 유래

a **신비로운, 불가사의한** / magical and mysterious; recondite
- **occult** powers[arts] 신비로운 힘[신비술]

n <the> **비학, 비술** / mysterious sciences
- There were many students of the **occult** in northern Europe.
  북유럽에는 비학을 공부하는 학생들이 많았다.

n **occúltness** 신비로움, 비밀스러움

어근관련 conceal [kənsíːl] 숨기다 cult [kʌlt] 제식; 예찬, 숭배

---

opponent
[əpóunənt]
★☆☆☆☆
22

op<ob(against) + pon(place) → '반대쪽에 있는 사람'에서 유래

n **상대자, 적수** / a person who is on the other side in a fight or game; antagonist
- defeat one's **opponent** in the election 선거에서 상대자를 패배시키다

a **대립하는, 반대의** / being opposite; opposing
- There are **opposing** opinions about it. 의견이 대립되어 있다.

v **oppóse** ~에 반대하다(object) 뉘앙스 p.383

어근관련 juxtapose [dʒʌ́kstəpouz] 병렬하다 postpone [poustpóun] 연기하다

동의어 / 반의어

18	**obtuse**	=	dull / blunt / stolid / thick / cloddish ↔ sharp ⊙ 동의어 보강
19	**obviate**	=	prevent / deter / interfere / preclude / rule out
20	**occidental**	=	western / European
21	**occult**	=	magical / mystical / inexplicable / recondite / abstruse ⊙ 동의어 보강
22	**opponent**	=	antagonist / adversary / enemy / con / foe ↔ proponent ⊙ 동의어 보강

동의어 보감

어리석은 · 둔한 18	필수	asinine 어리석은, 나귀의 / blunt 무딘; 둔한 / dense 밀집한; 우둔한 / dull 어리석은; 지루한 / fatuous 매우 어리석은 / idiotic 백치의 / obtuse 무딘; 둔한 / retarded 느린, 정신 지체의 / silly 어리석은, 어처구니없는 / slow 느린, 둔한 / stupid 어리석은, 바보 같은
	고급	doltish 멍청한 / imbecile 저능한; 우둔한 / inane 어리석은 / thickheaded 머리가 둔한
	참고	바보 / bonehead / blockhead / dunce / fool / idiot / moron amentia 백치, 정신박약 / dementia 치매
심오한 · 난해한 21	필수	abstruse 심오한 / cryptic 심오한, 수수께끼 같은 / mysterious 신비로운, 비밀의 / mystic 신비로운, 비법의 / occult 초자연적인, 신비한 / profound 심오한 / puzzling 어리둥절하게 하는 / recondite 심오한 / supernatural 초자연적인 / uncanny 초자연적인, 난해한 / unintelligible 이해하기 힘든, 난해한
	고급	arcane 비밀의, 불가해한 / esoteric 비교의, 난해한 / paranormal 초자연적인 / preternatural 기이한, 초자연적인 / runic 룬 문자의; 신비로운
	참고	불가사의 / mystery / wonder / miracle / marvel
적 22	필수	adversary 적 / antagonist 적 / enemy 적 / match 경쟁 상대 / opponent 적 / rival 경쟁 상대
	고급	dissident 의견을 달리하는 사람, 반체제 인사 / foe 적, 원수
	참고	dissentient 의견을 달리하는 사람

뉘앙스

적 22

énemy	(적의 · 악의를 품고 있는) **적, 원수**	• make many **enemies** 많은 적을 만들다
ádversary	**적, 대항자** ≪가장 넓은 의미의 말≫	• The two countries were ancient **adversaries**. 그 두 나라는 옛날부터 적대국이었다.
oppónent	(경기 · 선거 · 논쟁 등의) **적수, 상대**	• one's **opponent** in a game 게임의 상대
antágonist	(적극적인) **적수, 상대**	• Science and superstition are eternal **antagonists**. 과학과 미신은 영원한 적대자다.

cf. **foe 적, 원수** ≪시어 · 문어적인 말≫

check-up Test

1. Choose the one whose meaning is opposite to 'occidental.'
   ⓐ oriental ⓑ supplement ⓒ accidental ⓓ confidential
2. Because he was so obtuse, he could not follow the teacher's reasoning and asked foolish questions.
   ⓐ subtle ⓑ polite ⓒ dull ⓓ succinct
3. Energy conservation obviates the need for further generating capacity.
   ⓐ averts ⓑ obstructs ⓒ devastates ⓓ redeems
4. During the medieval epoch, the sciences were considered to be based on the occult.
   ⓐ theoretical ⓑ anthropological ⓒ fundamental ⓓ supernatural
5. Without a good opponent, a tennis player does not play his best game.
   ⓐ teammate ⓑ house guest ⓒ person on the other side ⓓ counterpart

정답 1. a **2.** c **3.** a **4.** d **5.** c

opportune
[apərtjú:n]
★☆☆☆☆
23

op<ob(toward) + port 항구 → '바람이 항구 쪽으로 불어주는'에서 유래

a **알맞은, 시기 적절한** / (of times) right for a purpose; timely
- an **opportune** advice 시기 적절한 충고

n **opportúnity** 기회, 호기 **n** **opportúnism** 기회주의
n **opportúnist** 기회주의자 **a** **opportunístic** 기회주의적인

어근관련 transport [trænspɔ́:rt] 수송하다 portable [pɔ́:rtəbl] 휴대할 수 있는

---

ostensible
[asténsəbl]
★★★☆☆
24

os<ob(toward) + tens (stretch) → '밖을 향해 내밀고 있는 부분의'에서 유래

a 1 **표면상의, 겉으로만의** / pretended, but perhaps not really true; seeming
2 **명백한, 분명한** / declared as genuine; apparent
- **ostensible** purpose 표면적인 목적
- an **ostensible** mistake 명백한 실수

n **ostensibílity** 겉보기

어근관련 contend [kənténd] 다투다 superintend [su:pərinténd] 감독하다

---

ostentatious
[astəntéiʃəs]
★★★☆☆
25

os<ob(toward) + ten(stretch) → '남에게 보이기 위해 내미는'에서 유래

a **허세 부리는, 과시하는** / intended to attract notice; pretentious
- His religion was sincere, not **ostentatious**.
그의 종교는 허세 부리는 것이 아닌 진실함이다.

n **ostentátion** 과시, 겉치레

어근관련 distend [disténd] 팽창시키다 tentative [téntətiv] 임시의

23	**opportune**	= timely / favorable / auspicious / propitious ↔ inopportune ◉ 동의어 보감
24	**ostensible**	= apparent / pretended / illusive / specious
25	**ostentatious**	= showy / boastful / pretentious / flamboyant ↔ unostentatious ◉ 동의어 보감

= 동의어
↔ 반의어

◉ 동의어 보감

적절한 23	필수	adequate 적당한, 충분한 / appropriate 적절한 / apt 적절한 / felicitous 적절한 / fitting 적절한, 어울리는 / germane 적절한 / opportune 시기적절한 / pertinent 적절한 / proper 적절한 / propitious 호기의, 길조인 / relevant 적절한 / suitable 적절한 / timely 시기적절한
	고급	apposite 동격의; 적당한 / apropos 시의적절한
	숙어	to the point

자랑하다 25	필수	boast (of) 자랑하다 / brag (of) 자랑하다, 허풍떨다 / flaunt 자랑하다 / vaunt 자랑하다
	고급	swagger 호언장담하다, 허풍떨다
	숙어	show off / be proud of / pride oneself on / put on airs 젠체하다; 점잔빼다 / take pride in
	참고	a feather in one's cap 자랑거리 / a skeleton in the closet 집안의 수치 / ostentatious 자랑해 보이는, 허세 부리는 / braggart 허풍선이 / self-praise 자화자찬
화려한 · 장엄한	필수	baroque 화려한 / brilliant 빛나는, 화려한 / flamboyant 화려한 / gallant 용감한; 화려한; 친절한 / gorgeous 매우 화려한 / loud 시끄러운; 화려한 / magnificent 웅장한, 화려한 / splendid 호화로운, 화려한
	고급	ornate 화려하게 장식한 / refulgent 빛나는, 찬란한 / resplendent 눈부시게 빛나는, 화려한 / rococo 지나치게 화려한
	참고	수수한 / ordinary / plain / simple / unpretentious
사치스런	필수	extravagant 사치스러운; 지나친 / lavish 사치스러운, 화려한; 후한 / luxurious 사치스런 / prodigal 낭비하는, 방탕한 / profuse 풍부한; 사치스런
	고급	deluxe 사치스러운 / sumptuous 고가의, 사치스러운 / ritzy 아주 고급의, 사치스러운

Check-up Test

1. I picked an <u>opportune</u> moment to ask a favour of her.
ⓐ timely ⓑ casual ⓒ grand ⓓ punctual

2. His <u>ostensible</u> motives concealed his real one.
ⓐ egoistic ⓑ avowed ⓒ pretended ⓓ bad

3. The young lawyer had <u>ostentatiously</u> hung his Harvard diploma on the door to his office.
ⓐ boastfully ⓑ quietly ⓒ confidently ⓓ irrationally

정답 **1.** a **2.** c **3.** a

581 **physiologist** [fiziálədʒist] ★★☆☆☆

physio 자연 과학 + logy 학문 → '자연의 섭리에 따른 생물 전반에 관한 학문' 에서 유래

n **생리학자** / a person who is skilled in physiology
- An optical illusion was discovered by the German **physiologist**. 착시 현상이 독일의 생리학자에 의해 발견되었다.

n **physiólogy** 생리학

---

582 **pillage** [pílidʒ] ☆☆☆☆☆

pill (plunder 약탈하다)

v **약탈[강탈]하다** / use violence to steal; plunder
- **pillage** the quiet village 고요한 마을을 약탈하다

---

583 **pinnacle** [pínəkl] ★☆☆☆☆

pinna (peak 절정) → '절정을 이루는 정상' 에서 유래

n **정상** / the most successful and powerful of something; acme
- reach the **pinnacle** of prosperity 번영의 절정에 달하다

---

584 **pious** [páiəs] ★☆☆☆☆

piou (pure 깨끗한) → '깨끗한 마음으로 신앙에 충실한' 에서 유래

a **신앙심이 깊은** / having strong religious belief; devout
- the **pious** old woman 신앙심이 깊은 노부인

n **píety** 신앙심, 경건

---

585 **piquant** [pí:kənt] ☆☆☆☆☆

piqua (prick 찌르다) → '혀를 찌르는 듯이 매운' 에서 유래

a **매운** / having a pleasantly sharp taste; pungent
- a **piquant** tomato sauce 매운 토마토 소스

---

586 **pithy** [píθi] ☆☆☆☆☆

pith 핵심 → '핵심만 모아서 간결한' 에서 유래

a **간결한** / strongly stated without wasting any words; concise
- give **pithy** advice 간단한 충고를 하다

n **pith** 핵심, 요점

---

587 **placate** [pléikeit] ★★★☆☆

plac (please 기쁘게 하다) → '기쁘게 하여 화를 진정시키다'에서 유래

v **(노여움 등을) 진정시키다** / make someone stop feeling angry; appease
- try to **placate** the angry mother 화난 어머니를 진정시키다

---

588 **placid** [plǽsid] ★☆☆☆☆

plac (please 기쁘게 하다) → '기쁘고 평온한'에서 유래

a **평온한** / not easily irritated; peaceful
- a **placid** and well-suited nature to teaching 가르치기에 아주 적합하고 평온한 성격

n **placídity** 평온, 온화

---

589 **plagiarism** [pléidʒərizm] ★★★☆☆

plagia (kidnapping 납치) → '남의 생각을 훔치는 표절' 에서 유래

n **(사상 · 고안 · 문장 등의) 표절** / the act of using someone else's words; imitation
- be accused of **plagiarism** in a thesis 논문 표절로 기소되다

---

590 **plaintive** [pléintiv] ★☆☆☆☆

plaint (lament 슬퍼하다) → '처량하게 슬퍼하는' 에서 유래

a **구슬픈** / expressing sorrow; pathetic
- hear a **plaintive** whimpering 구슬프게 흐느껴 우는 소리를 듣다

---

591 **platitude** [plǽtətju:d] ★☆☆☆☆

plat (flat 지루한) → '지루함을 주는 진부한 문구' 에서 유래

n **진부(한 문구)** / a statement having been made many times before; triteness; cliche
- a speech full of **platitudes** 상투 어구로 가득한 연설

---

592 **plaudit** [plɔ́:dit] ★☆☆☆☆

plaud (strike 치다) → '손뼉을 치는 행위인 박수를 통한 찬사' 에서 유래

n **찬사** / enthusiastic expression of approval; praise
- win hearty **plaudits** from the critics 비평가들로부터 열렬한 박수갈채를 받다

593 **plausible**
[plɔ́:zəbl]
★★★★★

plau (applaud 박수치다) → '박수 받을 정도로 그럴듯한' 에서 유래

a **그럴듯한** / appearing true; reasonable **; 말주변이 좋은**
- His inference sounds **plausible**. 그의 추론은 그럴듯하게 들린다.

594 **plebeian**
[pləbí:ən]
☆☆☆☆☆

plebe<ple (full 가득 찬) → '나라를 가득 채우는 평민의' 에서 유래

a **평민의** / pertaining to the common people; vulgar
- speeches to aim at the **plebeian** emotions 평민의 정서에 맞도록 한 연설

595 **plenary**
[plí:nəri]
★☆☆☆☆

ple (full 가득 찬) → '모두 출석하여 강의실이 가득 찬' 에서 유래

a **완전한** / complete; full **; 전원 출석의** / attended by everyone
- **plenary** power 절대적인 권력

596 **plethora**
[pléθərə]
★☆☆☆☆

ple (full 가득 찬) → '가득 채우고도 과하게 넘침' 에서 유래

n **과잉, 과다** / excess; surfeit
- a **plethora** of suggestions[food] 과다한 제안들[음식]

597 **pliant**
[pláiənt]
★★★★☆

pli (bend 휘다) → '휘어지는, 유연한' 에서 유래

a **잘 휘는, 유연한** / bending easily; flexible **;**
유순한 / easily influenced; yielding
- a more **pliant** successor 좀 더 순종적인 후임자

598 **plumb**
[plʌm]
☆☆☆☆☆

plumb (lead 납) → '수심을 재는 데 쓰였던 납으로 된 연추' 에서 유래

v **꿰뚫어 보다** / understand something completely; penetrate **n** **연추**
- **plumb** the deepest mysteries 가장 심원한 신비를 꿰뚫어 보다

n **plúmber** 배관공

599 **plump**
[plʌmp]
★★☆☆☆

plump<plumpen (부풀어 오른) → '부풀어 오른 듯이 포동포동한, 살찐' 에서 유래

a **포동포동한** / fat in an attractive way; chubby
- A healthy baby has **plump** cheeks. 건강한 아기는 포동포동한 볼을 갖고 있다.

600 **poignant**
[pɔ́injənt]
★☆☆☆☆

poig<pung (prick 찌르다) → '가슴에 사무쳐 찌르는' 에서 유래

a **가슴에 사무치는** / making you feel sad; moving
- **poignant** sorrow 가슴에 사무치는 슬픔

Check-up Test

1. On a warm sunny day the river seems _______ and benign. It was an exact scene of exceeding beauty that I read in the novel depicting rural life.
ⓐ malignant ⓑ dispassionate ⓒ placid ⓓ impartial

2. The music has a very plaintive air about it.
ⓐ healthy ⓑ noisy ⓒ melancholy ⓓ pleasant

3. The candidate's speech was filled with empty promises, _______, and cliches.
ⓐ candor ⓑ platitudes ⓒ anguish ⓓ ingenuity

4. Her explanation seemed entirely plausible to me, but then again I could be wrong.
ⓐ ridiculous ⓑ acceptable ⓒ incorrect ⓓ arbitrary

5. The union leader was given plenary power to negotiate a new contract with the employers.
ⓐ florid ⓑ considerable ⓒ full ⓓ impressive

정답 **1.** c **2.** c **3.** b **4.** b **5.** c

of / off / on

- **of itself** / 저절로, 자발적으로 spontaneously, automatically
  - The light turned off **of itself**.
  불이 저절로 꺼졌다

- **of moment** / 중요한 important, momentous
  - He is convinced that something **of moment** is about to happen.
  그는 중요한 어떤 일이 막 일어나려고 함을 확신한다.

- **of one's own accord** / 자발적으로 voluntarily, spontaneously, willingly
  - He will never leave **of his own accord**.
  그는 절대 자발적으로 떠나지 않을 것이다.

- **off hand** / 즉시 at once, immediately, off the cuff
  - I cannot answer your question **off hand**.
  당신의 질문에 즉시 대답할 수 없습니다.

- **off the record** / 비공식적의, 발표해서는 안 될 unofficial, not known to the public
  - What I am telling you now is **off the record**.
  지금 당신께 하는 말은 비공개를 전제로 합니다.

- **on a par with** / ~과 동등한 equivalent to, of the same rank
  - The situation is **on a par with** global warming.
  그 상황은 지구 온난화와 동등하다.

- **on account of** / ~ 때문에 because of
  - The student was absent from school **on account of** a cold.
  그 학생을 감기 때문에 학교에 결석하였다.

- **on and off** / 때때로, 불규칙하게 irregularly, intermittently, off and on
  - It rained **on and off** all day. 하루 종일 비가 불규칙하게 내렸다.

- **on and on** / 계속해서 continuously, in succession
  - She talked about her husband **on and on** for 3 hours.
  그녀는 자기 남편에 대해 3시간 동안 계속해서 말했다.

- **on behalf of** / ~을 대신하여 in someone's shoes
  - I'm going to introduce our new product **on behalf of** the CEO.
  나는 CEO를 대신해서 새 제품을 소개할 것이다.

- **on good[friendly] terms with** / ~와 친한 관계인
  - I am **on good terms with** my mom and dad.
  나는 엄마 아빠와 친한 사이다.

- **on hand** / 수중에, 이용 가능한 available, near
  - The emergency services were **on hand** with medical advice.
  의료 관련 조언과 함께 구급대의 도움을 받을 수가 있었다.

- **on leave** / 휴가 중인 away from work, on vacation
  - A temporary employee is hired to substitute for the employee who is **on leave**. 임시 직원은 휴가 중인 직원을 대신하기 위해 고용된다.

- **on purpose** / 고의로 intentionally, purposely
  - He would never kill his best friend **on purpose**.
  그는 절대 고의로 그의 가장 친한 친구를 죽이지 않았을 것이다.

- **on the air** / 방송 중인 broadcasting
  - The soap opera will be **on the air** right before the evening news.
  그 연속극은 저녁 뉴스 바로 전에 방송될 거야.

- **on the alert** / 경계하는 watchful, vigilant
  - Police are warning the public to be **on the alert** for suspicious man.
  경찰은 대중들에게 수상한 남자를 경계하라고 경고하고 있다.

- **on the contrary** / 그렇기는커녕, 도리어, 반대로 oppositely
  - None of the original themes lost in the film; **on the contrary**, they were amplified. 원래 주제들은 영화 속에서 사라지지 않았다. 도리어 그 주제들이 확대되었다.

- **on the go** / 바쁜, 분주한 busy
  - I've been **on the go** all day long. 나는 하루 종일 정신없이 바빴다.

- **on the horns of a dilemma** / 진퇴양난인 in a dilemma, in a quandary
  - Many are **on the horns of a dilemma** on this matter.
  많은 사람들이 이 문제에 대해 진퇴양난인 상황이다.

- **on the house** / 공짜로, 술집에서 서비스로 주는 free of charge, for nothing
  - You can enjoy anything because the foods are **on the house**.
  음식은 무료이기 때문에 당신은 어느 것이나 즐길 수 있습니다.

- **on the point of ~ing** / 막 ~하려고 하는 on the verge[brink] of ~ing
  - We were **on the point of** giv**ing** up the test.
  우리는 시험을 막 포기하려는 순간에 있었다.

- **on the spur of the moment** / 충동적으로 on impulse
  - He proposed to her **on the spur of the moment**.
  그는 충동적으로 그녀에게 청혼하였다.

- **on the way to** / ~로 가는 도중에 en route to
  - He lost consciousness **on the way to** the hospital.
  그는 병원으로 가던 중에 의식을 잃었다.

- **on the whole** / 전반적으로, 대체로 generally, by and large
  - **On the whole**, they are impressive.
  전반적으로 그들은 인상적이다.

- **on cloud nine** / 매우 행복한 very happy, over the moon, walking on air
- **on the spur** / 전속력으로, 매우 급히 at full speed
- **on the square** / 정직한, 믿을만한 honest, on the level
- **on the wane** / 줄어가는, 하락하는 dwindling, on the decrease
- **on the wax** / 증가하는 on the increase, increasing

over-

우선순위로 보는 PRE view

Date : /

★★★☆☆	01.	**overall**	전체의; 작업복	□ □ □
	20.	**overwhelm**	압도하다; 덮치다	□ □ □
★★☆☆☆	02.	**overbearing**	거만한	□ □ □
	15.	**override**	짓밟다; 무효로 하다	□ □ □
★☆☆☆☆	05.	**overdue**	기한이 지난	□ □ □
	07.	**overhaul**	철저 조사하다; 따라잡다	□ □ □
	12.	**overlook**	전망하다; 간과[용서]하다	□ □ □
	19.	**overweight**	중량이 초과된	□ □ □
☆☆☆☆☆	03.	**overcast**	흐리게 하다; 음침한	□ □ □
	04.	**overcrowd**	너무 많이 들이다	□ □ □
	06.	**overhang**	걸쳐 있다; 위협하다	□ □ □
	08.	**overhear**	귓결에 듣다	□ □ □
	09.	**overland**	육로로	□ □ □
	10.	**overlap**	위에 겹치다; 중복	□ □ □
	11.	**overload**	너무 많이 싣다; 과적재	□ □ □
	13.	**overnight**	밤새도록; 갑자기	□ □ □
	14.	**overpower**	제압하다; 억누르다	□ □ □
	16.	**overrun**	만연하다; 초과하다	□ □ □
	17.	**oversea(s)**	해외로	□ □ □
	18.	**overtime**	초과 근무; 시간외의	□ □ □

MD31 mp3

LECTURE 31

over-

▶ 위 Anglo-Saxon 계통의 접두어로서 주로 '위(above)'의 의미를 지닌다.

의미 변화

① 위(above)
> **óverland** : over(above) + land 땅
→ 땅위의
→ 육로의[로]
/ overríde 짓밟다; 무효로 하다
/ óvertime 초과 근무(수당); 시간외의[로]

② 너무 많이(too much)
> **overlóad** : over(too much) + load 짐을 싣다
→ 짐을 너무 많이 싣다 → (~에 짐을) 너무 많이 싣다 ; 과적재
/ overdó 과로하다; 과장하다 / overtáx 지나치게 과세하다; 혹사하다

③ ~보다 우세한(superior)
> **overpówer** : over(superior) + power 힘
→ ~보다 우세한 힘으로 제압하다 → 제압하다; 억누르다
/ overwhélm 압도하다; 물속에 가라 앉히다

④ 횡단(across)
> **overséas** : over(across) + sea 바다
→ 바다를 건너서 → 해외의[로]
/ overrún 만연하다; 초과하다; 초과(량)

overall
[óuvərɔ:l]
★★★☆☆
01

over(above) + all 전체의 → '(위에서부터 아래까지) 전체의'에서 유래

a **전체의, 총체적인** / including everything; whole
- the **overall** view of the economic situation 경제 상황 전반에 대한 관찰

ad **어느 곳이나, 전체적으로** / on the whole; generally
- **Overall**, prices are still rising. 전체적으로, 물가가 여전히 상승하고 있다.

n <pl.> (가슴받이가 달린) **작업복**
/ a garment made in one piece to cover the whole body
- sweep the inside of the house in **overalls** 가슴받이가 달린 작업복을 입고 집안을 청소하다

cf **all over** 도처에; 완전히 끝나서

어근관련 be-all [bí:ɔ:l] 궁극적인 것[목적]

overbearing
[ouvərbéəriŋ]
★★☆☆☆
02

over(above) + bear 행동하다 → '남보다 위라는 생각으로 행동하는'에서 유래

a **거만[오만]한** / forcing others to one's own will; conceited
- a very **overbearing** person 대단히 거만한 사람

어근관련 bearing [béəriŋ] 태도, 몸가짐; 결실, 출산; 인내; 관계, 영향; 입장

overcast
[ouvərkǽst]
☆☆☆☆☆
03

over(above) + cast 던지다 → '~을 던져 위의 빛을 가리다'에서 유래

v **흐리게[어둡게] 하다** / cover with clouds or darkness; darken
- Ominous clouds began to **overcast** the sky. 불길한 구름들이 하늘을 뒤덮기 시작했다.

a [óuvərkæst] **흐린, 음침한** / cloudy or dark; gloomy
- an **overcast** sky[day] 흐린 하늘[날]

어근관련 casting [kǽstiŋ] 주물(鑄物); (영화배우 섭외를 위한) 캐스팅

overcrowd
[ouvərkráud]
☆☆☆☆☆
04

over(above) + crowd 빽빽히 들어차다 → '~에 너무 많이 들어차다'에서 유래

v (~에 사람을) **너무 많이 들이다** / put in too much or too many
- Enthusiastic listeners **overcrowded** the concert hall. 열광적인 청중들로 그 연주회장은 초만원이되었다.

n **overcrówding** 대혼잡, 초만원

어근관련 crowded [kráudid] 붐비는, 혼잡한

overdue
[ouvərdjú:]
★☆☆☆☆
05

over(above) + due 만기된 → '만기를 넘긴'에서 유래

a (지급) **기한이 지난, 늦은** / more than due; late
- an **overdue** gas bill 연체된 가스 요금 고지서

어근관련 duly [djú:li] 정식으로; 제시간에 undue [ʌndjú:] 부당한; 지나친

overhang

[ouvərhǽŋ]
☆☆☆☆☆
06

over(above) + hang 걸다 → '~위에 걸다'에서 유래

v 1 (~위에) **걸쳐있다,** (~위에) **내밀다[튀어 나오다]** / hang over or stick out over; project
2 (위험 · 불행 따위가) **위협하다** / hang over to threaten
- The rock **overhung** the path. 바위가 길에 튀어 나와 있었다.
- The risk of war **overhangs** mankind. 전쟁의 위험이 인류를 위협하고 있다.

n [óuvərhæŋ] **돌출, 튀어 나옴** / something that projects; protrusion
- The **overhang** of the roof shaded the flower. 지붕의 튀어 나온 부분이 꽃을 그늘지게 했다.

어근관련 hanger [hǽŋər] 매다는 것, 옷걸이   hanging [hǽŋiŋ] 교수형

동의어 ↔ 반의어

01	**overall**	=	general / integral / generic / catholic / sweeping / inclusive / far-reaching ⊙ 동의어 보강
02	**overbearing**	=	conceited / pompous / supercilious / overweening / high-handed ⊙ 동의어 보강
03	**overcast**	=	darken / obscure / overshadow / overcloud / becloud
04	**overcrowd**	=	crowd / throng / congest / jam / pack
05	**overdue**	=	late / belated / behindhand / tardy ↔ early
06	**overhang**	=	project / protrude / bulge / stick out

동의어 보강

보편적인 01	필수	catholic 포용적인, 보편적인 / cosmic 보편적인 / cosmopolitan 전세계적인 / extensive 광범위한 / far-reaching 보편적인 / generic 보편적인 / inclusive 포괄적인, 보편적인 / overall 보편적인 / universal 보편적인
	고급	all-embracing 포괄적인 / ecumenical 보편적인, 세계적인
거만한 · 젠체하는 02	필수	bloated 거만한 / conceited 자만하는 / imperious 전제적인, 거만한; 긴급한 / overbearing 거만한 / pompous 젠체하는, 거만한 / pretentious 허세부리는 / self-important 젠체하는 / self-sufficient 자급자족의; 거만한 / supercilious 거만한, 건방진 / vainglorious 자만심이 강한
	고급	bumptious 거만한, 건방진 / cavalier 대범한; 교만한 / cocksure 자신만만한; 자부심[자만심]이 너무 강한 / cocky 건방진, 젠체하는 / domineering 거만한, 횡포한 / high-and-mighty 잘난 척하는 / high-handed 고압적인; 횡포한 / overweening 거만한; 허풍 심한 / puffed-up 잘난 체하는, 의기양양한
	숙어	on one's high horse 거만한 / put on airs 잘난 체하다

Check-up Test

1. The worker's declaration of an <u>all-out</u> strike forced management to improve working conditions.
ⓐ overall ⓑ hard-up ⓒ run-down ⓓ opposed

2. When you read a novel, get a quick <u>overall</u> view.
ⓐ important ⓑ normal ⓒ impressive ⓓ comprehensive

3. The sky was <u>overcast</u> before the storm.
ⓐ gloomy ⓑ normal ⓒ impressive ⓓ clear

4. Your remittance is <u>overdue</u>.
ⓐ too large ⓑ late ⓒ in the mail ⓓ canceled

5. The room was ______ and it was difficult to breathe.
ⓐ clean ⓑ overcrowded ⓒ dirty ⓓ evacuated

정답 1. a 2. d 3. a 4. b 5. b

overhaul
[ouvərhɔ́:l]
★☆☆☆☆
07

over(above) + haul 잡아끌다 → '위로 잡아 끌다'에서 유래

vt 1 **~을 철저히 조사[수리]하다** / examine thoroughly and perhaps repair if necessary; investigate
2 **따라잡다** / come up with; overtake
- **overhaul** a government department 정부 부처를 철저히 조사하다
- An automobile can **overhaul** any horse. 자동차는 어떤 말도 따라잡을 수 있다.

n [óuvərhɔ:l] **철저한 조사[수리]** / a thorough examination; scrutiny
- give the car a complete **overhaul** 자동차를 철저히 조사하다

어근관련 hale [heil] (거칠게) 잡아끌다

overhear
[ouvərhíər]
☆☆☆☆☆
08

over(above) + hear 듣다 → '위에 지나가는 소리를 무심결에 듣다'에서 유래

vt **귓결에[어쩌다] 듣다** / hear by accident
- **overhear** some cruel remarks 어쩌다 몇몇 잔인한 말들을 듣다

cf **éavesdrop** (몰래) 엿듣다, 도청하다

어근관련 hearing [híəriŋ] 청취(력); 청문회 hearsay [híərsei] 소문[풍문](의)

overland
[óuvərlænd]
☆☆☆☆☆
09

over(above) + land 땅 → '땅 위의'에서 유래

a **ad** **육로[육상]의, 육로로** / on land; by land
- travel **overland** from Seoul to Pusan 서울에서 부산까지 육로로 가다

어근관련 inland [ínlənd] 내륙의; 국내의 outland [áutlænd] 변두리(의)

overlap
[ouvərlǽp]
☆☆☆☆☆
10

over(above) + lap ~에 겹치다 → '~위에 겹치다'에서 유래

v (부분적으로) **~위에 겹치다** / lap over; pile up
- a roof made with **overlapping** tiles 타일을 겹쳐 만든 지붕

n [óuvərlæp] (부분적) **중복[일치]** / the act of lapping over
- **Overlaps** can be touched up at any time.
  부분적으로 중복된 부분들은 언제든지 수정될 수 있다.

overload
[ouvərlóud]
☆☆☆☆☆
11

over(too much) + load 짐을 싣다 → '짐을 너무 많이 싣다'에서 유래

v (~에 짐을) **짐을 너무 많이 싣다** / load too heavily; overburden
- Don't **overload** the boat. 그 보트에 짐을 너무 많이 싣지 마시오.

n [óuvərloud] **과적재, 과부하** / too great a load
- the **overload** of electric current 전류의 과부하

어근관련 unload [ʌnlóud] 짐을 내리다 lodestar [lóudstɑ:r] 길잡이 별, 북극성

overlook
[ouvərlúk]
★☆☆☆☆
12

over(over) + load 보다 → '위에서 보다'에서 유래

v 1 **내려다보다, 전망하다** / have a view of from above; command
2 **무시하다, 못 보고 넘어가다** / fail to see; neglect
3 **눈감아주다, 용서하다** / pretend not to see; forgive
4 **감독[감시]하다, 돌보다** / direct; watch
- Our room **overlooks** the sea. 우리 방은 바다를 내려다보고 있다.
- These little details are easily **overlooked**. 이런 작은 세부사항들은 쉽게 간과될 수 있다.
- **overlook** a person's mistake 남의 실수를 눈감아주다
- be **overlooked** by the competent foreman 그 유능한 현장감독에 의해 감독되다

어근관련 outlook [áutluk] 전망 onlooker [ánlukər] 구경꾼

뉘앙스 p.393

overnight

[ouvərnáit]

☆☆☆☆☆

13

over(above) + night 밤 → '하룻밤을 넘어'에서 유래

a ad 1 **밤을 새는, 밤새도록** / for or during the night
2 **전날밤의[에]** / on the night before
3 **하룻밤 사이의[에], 갑자기** / all at once; sudden(ly)

- talk **overnight** with a friend 친구와 함께 밤새도록 이야기하다
- Preparations were made **overnight** for an early start. 일찍 출발하기 위해 전날 밤에 준비를 갖추었다.
- become famous **overnight** 하룻밤 사이에 유명해지다

vi 하룻밤을 지내다 / stay overnight

- **overnight** at a hotel 호텔에서 하룻밤을 지내다

어근관련 nightfall [náitfɔːl] 해질녘, 황혼이 nightmare [náitmɛər] 악몽

동의어 / 반의어

07	**overhaul**	=	investigate / inspect / scrutinize / probe / inquire into
08	**overhear**	=	eavesdrop / tap / bug / wiretap
09	**overland**	=	by land
10	**overlap**	=	overlie / pile up
11	**overload**	=	overburden / overcharge / overlade
12	**overlook**	=	neglect / disregard / ignore / bypass / pass up / shrug off ● 동의어 보감
13	**overnight**	=	in one night / all of a sudden / out of the blue

동의어 보감

무시하다 · 간과하다 12

필수	bypass 회피하다, 무시하다 / ignore 무시하다 / overlook 무시하다 / disregard 무시하다 / neglect 소홀히 하다, 무시하다 / slight 얕잡다, 무시하다
고급	blink 눈을 깜빡이다; 못 본 체하다; 무시하다
숙어	cut dead 보고도 모른 체하다 / pass up / put[set] aside / shrug off (시시하다고) 무시해버리다 / turn a deaf ear 귀를 기울이지 않다

뉘앙스

무시하다 · 간과하다 12

negléct	(태만 · 부주의로 의무를) **게을리하다, 간과하다**	• **neglect** one's duty 자신의 의무를 소홀히하다
disregárd	(고의로) **무시하다, 등한시하다**	• She always **disregards** his wishes. 그녀는 항상 그의 바램을 무시한다.
ignóre	(적의 · 경멸을 담아 고의로) **무시하다**	• She **ignored** his invitation. 그녀는 그의 초대를 무시했다.
overlóok	(부주의나 관대함으로 인해) **못보다, 못 본 척하다**	• **overlook** typographical errors 오식을 보지 못하고 넘기다
slight	(경멸감 · 오만을 품고) **무시하다, 깔보다**	• He ignored my advice because he **slighted** me. 그는 나를 얕보고 있었기 때문에 내 충고를 무시했다.

check-up Test

1. We should not <u>overlook</u> the problems resulting from the widening gap.
ⓐ scrutinize ⓑ glance at ⓒ recollect ⓓ pass over

2. Are you afraid someone might be <u>eavesdropping</u>?
ⓐ overlooking ⓑ overloading ⓒ overlapping ⓓ overhearing

3. A variety of steel structures on the roof <u>overlap</u> one another.
ⓐ neglect ⓑ pile up ⓒ unveil ⓓ inspect

4. The company needs to <u>overhaul</u> its entire inventory tracking system.
ⓐ develop gradually ⓑ inflate ⓒ boost rapidly ⓓ examine thoroughly

5. They <u>overloaded</u> their rather outdated computer system and the whole thing stopped.
ⓐ overlapped ⓑ overdid ⓒ overestimated ⓓ overpassed

정답 **1.** d **2.** d **3.** b **4.** d **5.** b

overpower
[ouvərpáuər]
☆☆☆☆☆
14

over(superior) + power 힘 → **'보다 우세한 힘으로 제압하다'**에서 유래

vt 1 (힘으로) **눌러 버리다, 제압하다** / defeat by great power; overwhelm
2 (감정 따위를) **억누르다** / make helpless; overcome
- **overpower** all one's enemies 힘으로 자신의 모든 적들을 눌러 버리다
- Anger **overpowered** every other feeling. 노여움이 모든 다른 감정을 억눌렀다.

a **overpówering** 압도적인, 우세한

어근관련 empower [impáuər] 권한을 주다　powerless [páuərlis] 무력[무능]한

override
[ouvəráid]
★★☆☆☆
15

over(above) + ride 타다 → **'말 위에 타고 마구 짓밟아 버리다'**에서 유래

vt 1 **짓밟다, 유린하다** / ride over; trample
2 (결정 따위를) **무효로[무시]하다** / take no notice of; repeal
- **override** another's happiness 다른 사람의 행복을 짓밟다
- **override** all previous judgements 모든 이전의 판결들을 무효로 하다

a **overríding** 지배적인; 우선하는

어근관련 rider [ráidər] 타는 사람, 기수; (난간의) 손잡이; (보험, 법률의) 추가 조항

overrun
[ouvərʌ́n]
☆☆☆☆☆
16

over(across) + run 뛰다 → **'여기 저기를 가로지르며 뛰어다니다'**에서 유래

vt 1 **마구 퍼지다, 만연[창궐]하다** / spread over in great numbers; infest
2 (범위 · 제한을) **넘다, 초과하다** / go beyond; exceed
- the city **overrun** with rats 쥐들이 창궐한 도시
- **overrun** the limited time 제한 시간을 초과하다

n [óuvərʌn] **초과[잉여](량)** / an amount overrunning; excess
- the **overrun** in the capital expenditure 자금 지출상의 초과

어근관련 runaway [rʌ́nəwei] 도망자[한]　run-around [rʌ́nəraund] 핑계, 속임수

oversea(s)
[óuvərsi:(z)]
☆☆☆☆☆
17

over(across) + sea 바다 → **'바다를 건너서'**에서 유래

a **ad** **해외의[로], 해외로부터의[에서]** / to or in somewhere across the sea; foreign
- **overseas** military service[investments]s 해외 군복무[투자]

어근관련 seashore [sí:ʃɔ:r] 해변, 바닷가　seasick [sí:sik] 배멀미가 난

overtime
[óuvərtaim]
☆☆☆☆☆
18

over(above) + time 시간 → **'규정된 시간을 초과함'**에서 유래

n **초과 근무 (수당)** / (payment for) time beyond the regular time
- do two hours' **overtime** 두시간 초과 근무하다

a **ad** **시간외의[로]** / beyond or of the regular hours
- **overtime** work[pay] 시간외 근무[수당]

어근관련 timely [táimli] 적시의　untimely [ʌntáimli] 때 아닌, 시기상조의

overweight
[óuvərweit]
★☆☆☆☆
19

over(too much) + weight 무게 → **'너무 많이 나가는 무게'**에서 유래

a **중량이 초과된, 지나치게 뚱뚱한** / having too much weight; obese
- be **overweight** for one's age and height 자신의 나이와 키에 비해 중량이 초과되다

vt [ouvərwéit] **지나치게 짐[부담]을 싣다[지우다]** / overburden; overload
- a small child **overweight** with heavy schoolbooks
무거운 교과서들로 지나치게 짐이 지워진 작은 아이

어근관련 weighty [wéiti] 무거운; 중대한; 유력한　weightless [wéitlis] 무게가 없는

overwhelm
[ouvərhwélm]
★★★☆☆
20

over(superior) + whelm 앞도하다 → '보다 우세한 힘으로 압도하다' 에서 유래

vt 1 **제압[압도]하다** / overcome completely; crush
2 (물결이) **위에서 덮치다, 물 속에 가라앉히다** / cover completely; submerge
- **overwhelm** the opposing army 적군을 제압하다
- A great wave **overwhelmed** the boat. 거대한 파도가 그 배를 덮쳤다.

a **overwhélming** 압도적인(dominant)

동의어 / 반의어

14	**overpower**	= overwhelm / conquer / subdue / subjugate / beat down
15	**override**	= repeal / revoke / nullify / invalidate / vitiate / overrule / set aside
16	**overrun**	= infest / cover / invade / rage / overspread
17	**overseas**	= foreign / alien / exotic / abroad ↔ domestic
18	**overtime**	= extra time
19	**overweight**	= obese / fat / gross / portly / corpulent ↔ underweight ⊙ 동의어 보감
20	**overwhelm**	= crush / conquer / overcome / overpower / beat down

동의어 보감

살찐 · 뚱뚱한 · 비만의 19	필수	adipose 지방질의, buxom (여성이) 풍만한, chubby 토실토실한, corpulent 뚱뚱한, gross 총합의; 엄청난; 크고 뚱뚱한, obese 비만한, overweight 지나친 비만의, rotund 통통한, stout 튼튼한, 살찐
	고급	fleshy 살찐 / plump 포동포동한 / portly 뚱뚱한 / sebaceous 지방과다의
	숙어	땅딸막한 / chunky / pudgy / stocky / stubby / stodgy / tubby thickset 몸집이 딱 벌어진 / bulky 덩치가 큰
↔ 마른 · 여윈	필수	bony 깡마른, haggard 수척한, gaunt 수척한, lean 여윈, meager 불충분한, 마른, skinny 깡마른, slender 날씬한, slim 날씬한, thin 마른, underweight 체중이 표준이하인
	고급	emaciated 수척한, 여윈 / lanky 크고 마른 / scraggy 말라빠진, 앙상한 / scrawny 수척한, 앙상한 / willowy 늘씬한
	숙어	마르고 키 큰 / lanky / gangling 키다리 / beanpole

Check-up Test

1. The doctor said I was <u>overweight</u> and that I needed to take more exercise.
ⓐ overbearing ⓑ slender ⓒ winsome ⓓ obese

2. With their greatly superior technology, the western forces completely <u>overpowered</u> Saddam's conscript army.
ⓐ vindicated ⓑ overwhelmed ⓒ subsided ⓓ stalked

3. The U.S. Congress can <u>override</u> a presidential veto with the approval of two-thirds of both houses.
ⓐ nullify ⓑ extend ⓒ regulate ⓓ negotiate

4. Employees who agree to work longer hours must be paid _______.
ⓐ overrun ⓑ overtime ⓒ overpower ⓓ surcharge

5. The radio broadcast is for <u>overseas</u> listeners.
ⓐ vitriolic ⓑ wily ⓒ foreign ⓓ articulate

정답 **1.** d **2.** b **3.** a **4.** b **5.** c

601 **poisonous** [pɔ́izənəs] ★★★☆☆
poison<potion (drink 음료) → '해로운 음료인'에서 유래
[a] **독이 있는** / containing poison; toxic
- The rattlesnake's bite is **poisonous**. 방울뱀에게 물리는 것은 유독하다.

[n] [v] **póison** 독, 독극물; 타락시키다 [n] **póisoning** 중독

---

602 **polemic** [pəlémik] ★★☆☆☆
polemic<polemikos 전쟁 같은, 호전적인 → '전쟁을 치르듯 서로 대항하여 논쟁하는' 에서 유래
[n] **논쟁** / a disputing discussion; argument
[a] **논쟁의, 논쟁을 좋아하는** / controversial
- This lecture includes a **polemic** against atomic weapons. 이 강의는 핵무기에 관한 논쟁이 포함되어 있다.

[v] **polémicize** 논쟁하다, 반론하다 [a] **polémical** 논쟁의, 논쟁을 좋아하는

---

603 **politic** [pálətik] ☆☆☆☆☆
poli (city 도시) → '도시의 구성원들이 사려 깊은' 에서 유래
[a] **사려 깊은** / sensible and likely to bring advantage; prudent
- a **politic** man[advice] 사려 깊은 남자[충고]

---

604 **potable** [póutəbl] ★★★★☆
potable<potabilis (drinkable 마실 수 있는)
[a] **마실 수 있는** / fit for drinking; drinkable
- This tap water is **potable**. 이 수돗물은 마셔도 된다.

---

605 **pragmatic** [prægmǽtik] ★★☆☆☆
preg (act 행동하다) → '직접 행동하듯이 실제적인' 에서 유래
[a] **실제[실용]적인** / dealing with problems in a sensible way; practical
- a **pragmatic** approach to politics 정치학의 실제적인 접근

[n] **prágmatism** 실용주의

---

606 **precarious** [prikέəriəs] ★★★★☆
prec (pray 기도하다) → '기도가 필요할 정도로 불안정한' 에서 유래
[a] **불안정한** / becoming very dangerous; unsteady
- make a **precarious** living 불안정한 하루살이 생활을 하다

---

607 **prime** [praim] ★☆☆☆☆
prim (first 첫 번째) → '처음으로 준비시키다' 에서 유래
[v] **준비시키다** / prepare by putting sth in or on
[a] **주요한** / first in rank or importance; principal
- be **primed** for battle 전투를 할 준비가 되어 있다

---

608 **pristine** [prísti:n] ★☆☆☆☆
prim (first 첫 번째) → '발달이 첫 단계에 있는' 에서 유래
[a] **원시 시대의** / of early times; prehistoric; **본래의, 초기의** / original; primary
- contaminate the **pristine** environment 자연 그대로의 환경을 오염시키다

---

609 **privatize** [práivətàiz] ★☆☆☆☆
priv (individual 개인) → '개인의 소유로 만들다' 에서 유래
[v] **민영화하다** / make private; denationalize
- nationalizing losses and **privatizing** gains 손실의 국영화와 이익의 민영화

---

610 **probity** [próubəti] ★☆☆☆☆
prob (worthy 가치 있는) → '가치 있는 정직, 성실' 에서 유래
[n] **정직, 성실** / the quality of being completely honest; integrity
- I trust his financial **probity**. 나는 그의 금전적 정직성을 신뢰한다.

[n] **impróbity** 정직하지 않음, 불성실

---

611 **prone** [proun] ★★☆☆☆
pro (forward 앞으로) → '앞으로 기운' 에서 유래
[a] **~하기 쉬운, ~하는 경향이 있는** / having a natural tendency to something; liable; disposed; **엎드린** / lying face down
- Young people are **prone** to neglecting their health. 젊은이들은 자신의 건강을 등한시 여기는 경향이 있다.

---

612 **prowess** [práuis] ★★★☆☆
prow<prou (brave 용감한)
[n] **용기** / bravery; pluck; **훌륭한 솜씨** / great skill at doing sth
- demonstrate great **prowess** in battle 전투에서 대단한 기량을 보이다

613 **proximity**
[praksímәti]
★★☆☆☆

proxim (near 가까운) → '가까운 거리에 위치함' 에서 유래

n **근접** / nearness in distance or time; adjacency
- **Proximity** to a good school is important. 좋은 학교에 근접한 것은 중요하다.

a **próximate** 근접한

614 **proxy**
[prάksi]
★☆☆☆☆

prox (procure 획득하다) → '대리인의 권리를 획득함' 에서 유래

n **대리(권)** / someone that you choose to represent you; agent
- act as one's **proxy** 대리인으로 행동하다

615 **prying**
[práiiŋ]
★☆☆☆☆

pry<prien (peep in 안을 보다) → '일의 속사정을 캐묻기 좋아하는' 에서 유래

a **캐묻기 좋아하는** / looking or searching too curiously; inquisitive
- live away from **prying** eyes 사람들의 시선을 피해 살다 v **pry** 엿보다, 캐내다

616 **pseudonym**
[sú:dәnim]
★★★☆☆

pseud (false 거짓의) + onym (name 이름) → '글을 쓸 때 사용하는 거짓 이름' 에서 유래

n **필명** / an invented name; alias
- write under the pseudonym of 'surrer Bell' 'surrer Bell'이라는 필명 하에 작품을 쓰다

617 **psychiatrist**
[sikáiәtrist]
★☆☆☆☆

psychi (spirit 정신) → '정신과 의사' 에서 유래

n **정신과 의사** / doctor who treats mental diseases
- conference with a **psychiatrist** 정신과 의사와의 상담

618 **pugnacious**
[pʌgnéiʃәs]
★☆☆☆☆

pugna (fight 싸움) → '싸움을 좋아하는' 에서 유래

a **싸움을 좋아하는** / very eager to quarrel; aggressive
- the **pugnacious** tribe 싸움을 좋아하는 부족

619 **punctilious**
[pʌŋktíliәs]
★★☆☆☆

punct (prick 찌르다) → '작은 것도 찌르듯이 꼼꼼한' 에서 유래

a **꼼꼼한** / being very careful to behave correctly; precise
- be **punctilious** about repaying any loans 모든 대출 상환에 대해서 꼼꼼하다

620 **punctuate**
[pʌ́ŋktʃueit]
★★☆☆☆

punctu (point 점) → '점[구두점]을 찍다' 에서 유래

v **구두점을 찍다** / mark with punctuation marks in writing ; **강조하다** / give emphasis; accentuate
- He **punctuated** his remarks with gestures. 그는 몸짓으로 이야기를 강조했다.

n **punctuátion** 구두, 구두점

★ 중요빈출

Check-up Test

1. The smoke that comes from a lit cigarette contains many different <u>poisonous</u> chemicals.
ⓐ toxic ⓑ beneficial ⓒ intolerable ⓓ false

2. The teacher instructed her students to bring a canteen of water on the trip because there was no <u>drinkable</u> water at the camp site.
ⓐ palatable ⓑ pitiable ⓒ potable ⓓ portable

3. The drug dealer admitted in the holding cell that he'd been living a <u>precarious</u> existence for the past four years and regretted his wrongdoings.
ⓐ immaculate ⓑ precocious ⓒ uncertain ⓓ unprecedented

4. Lions in the Tsavo region are <u>prone</u> to prey on livestock during the rainy season.
ⓐ likely ⓑ sensitive ⓒ akin ⓓ starving

5. The 21st century has already been proclaimed the "Chinese century,"and shock waves from China's frenzied entrepreneurialism, manufacturing <u>prowess</u> and low-cost labor are rocking industries throughout the world.
ⓐ affordability ⓑ diversity ⓒ skill ⓓ individuality

정답 **1.** a **2.** c **3.** c **4.** a **5.** c

out / to / under / up / with / without

- **out and out** / 철저히, 완전히 completely
  - You'll get different stories, even if no one is **out and out** lying.
  그 누구도 완전히 거짓말하고 있지는 않지만 당신은 다른 내용을 얻을 것이다.

- **out of date** / 구식의, 시대에 뒤떨어진 old-fashioned, outmoded, behind the times
  - The figures you cite are either **out of date** or wrong.
  당신이 인용한 수치는 시대에 뒤떨어지거나 잘못된 것입니다.

- **out of humor** / 기분이 안 좋은, 풀이 죽어 out of mood[sorts, spirits]
  - He was a little **out of humor** all day.
  그는 하루 종일 약간 기분이 좋지 않았다.

- **out of one's mind** / 미쳐서, 제정신을 잃고
  - You had to be **out of your mind** to want to go back into that area to fight. 싸우기 위해 그 구역으로 돌아가려고 했던 너는 제정신이 아니었어.

- **out of order** / 고장 난 broken, not working properly
  - The next morning, the hotel elevator is **out of order**, so Tony takes the stairs.
  다음날 아침 호텔 엘리베이터가 고장이 나서 Tony는 계단을 이용했다.

- **out of question** / 확실한 for certain , 틀림없이, 물론 undoubtedly, surely
  - It was impossible to beat the opposite side and the use of force was **out of question**.
  상대편 입장을 이기는 것이 불가능했기 때문에 폭력을 쓸 수밖에 없었다.

- **out of the blue** / 뜻밖에, 불시에 abruptly, all of a sudden, out of a clear blue sky
  - He called me the other day **out of the blue**.
  그는 어느날 갑자기 나에게 전화를 했다.

- **out of the question** / 불가능한 impossible
  - If taking a bus or train is **out of the question**, consider car pooling and splitting the cost. 버스나 기차를 타는 것이 불가능하다면 자동차에 합승해서 비용을 분담하는 것을 고려해보세요.

- **out of work** / 실직 중인 unemployed, jobless
  - Many young people including me are **out of work**.
  나를 포함한 많은 젊은이들이 실직중이다.

- **to a turn** / 적당히, 알맞게 moderately
  - We had a wonderful dinner, with chicken done **to a turn** and home-grown vegetables. 우리는 적당히 익은 닭고기와 집에서 키운 채소들로 훌륭한 저녁 식사를 했다.

- **to no end** / 헛되이 in vain, for nothing
  - Three years have been spent **to no end**. 3년이 헛되이 지나갔다.

- **to the point** / 적절한, 요령 있는 pertinent, relevant, germane
  - Choose statements that are clear and **to the point**.
  명료하고 적절한 성명서를 선택하세요.

- **under one's breath** / 작은 목소리로 in an undertone, below ones breath
  - She hugged me and mumbled something **under her breath**.
  그녀는 나를 안고 작은 목소리로 무언가를 중얼거렸다.

- **under the weather** / 아픈, 몸이 좋지 않은 sick, feeling unwell
  - My dog definitely knows when I am **under the weather** and seldom leave my side.
  나의 강아지는 내가 몸이 좋지 않을 때를 분명히 알고 좀처럼 내 곁을 떠나지 않는다.

- **under way** / 진행 중인 going on
  - Currently huge plans are **under way** to regenerate the entire town.
  현재 마을 전체를 재건하려는 엄청난 계획들이 진행 중에 있다.

- **up to** / ~까지; ~의 책임인; ~를 꾸미고 있는 plotting
  - You can refrigerate this beverage **up to** 2 days.
  당신은 이 음료를 이틀동안 냉장보관 할 수 있습니다..

- **with all** / ~에도 불구하고 despite, for all, in spite of
  - Mr. Todd has enough money **with all**, he wants to have more.
  토드씨는 충분한 돈을 가지고 있음에도 불구하고 더 많은 돈을 원한다.

- **with regard to** / ~에 관하여 in regard to, in respect of
  - His policies **with regard to** England were evidently not to the taste of all his subjects. 영국에 대한 그의 정책은 확실히 국민들이 원하는 것이 아니었다.

- **with reserve** / 마지못해, 꺼려하며 reluctantly
  - I accepted his offer **with reserve**.
  나는 그의 제의를 마지못해 수락하였다.

- **without fail** / 틀림없이, 반드시 for certain, by all means
  - I will carry out my promise **without fail**.
  나는 내 약속을 반드시 이행할 것이다.

- **without letup** / 끊임없이 without a pause, ceaselessly, in succession
  - It has been snowing **without letup** since yesterday.
  어제부터 눈이 계속해서 내리고 있다.

- **without reserve** / 기탄없이, 솔직히 frankly, without reservation
  - You need to tell us what you saw **without reserve**.
  당신이 본 것을 솔직하게 말할 필요가 있습니다.

- **out of one's wits** / 제정신을 잃고
- **out of place** / 어울리지 않는, 적당한 자리가 아닌 unsuitable
- **out of stock** / 품절되어 sold out
- **to the letter** / 충실히, 엄밀히 faithfully, exactly
- **under a cloud** / 의심을 받고 있는 suspicious
- **up-to-the-minute** / 최신의 latest, up-to-date
- **with the aim of** / ~을 목적으로 with the view of, with a view to

out-
para-

우선순위로 보는 PRE view

Date :

★★★☆☆	09.	**outrageous**	잔인무도한; 터무니없는	□ □ □
	16.	**outweigh**	~보다 더 뛰어나다	□ □ □
	04.	**paralysis**	마비	□ □ □
★★☆☆☆	10.	**outright**	솔직한; 완전히	□ □ □
	14.	**outspoken**	솔직한	□ □ □
★☆☆☆☆	01.	**outburst**	폭발	□ □ □
	05.	**outlaw**	무법자; 금지하다	□ □ □
	07.	**outlive**	오래 살다	□ □ □
	01.	**parable**	우화	□ □ □
	03.	**paradox**	역설	□ □ □
	05.	**paramount**	최고의	□ □ □
☆☆☆☆☆	02.	**outcry**	비명	□ □ □
	03.	**outdo**	능가하다	□ □ □
	04.	**outgoing**	떠나는; 외향적인	□ □ □
	06.	**outlay**	지출	□ □ □
	08.	**out-of-date**	시대에 뒤떨어진	□ □ □
	11.	**outrun**	초과하다	□ □ □
	12.	**outset**	시작	□ □ □
	13.	**outskirt**	주변	□ □ □
	15.	**outstretched**	펼친	□ □ □
	02.	**paradigm**	모범	□ □ □
	06.	**paraphrase**	바꾸어 말하다	□ □ □

MD32

LECTURE 32

out-

▶ **밖 · 초월** ANGLO-SAXON 계통의 접두어로서 '**밖**(outside)'과 '**초월**(more than)'의 의미를 지닌다.

의미 변화

① **밖(outside)**

> **óutburst**: out(outside) + **burst** 폭발하다
→ 밖으로 폭발하는 것 → (감정의) 폭발
/ óutcry 비명 / óutlay 지출(액) / óutskirt 교외

② **초월, ~보다 더(more than)**

> **outdó**: out(more than) + **do** 하다
→ ~보다 잘하다 → 능가하다
/ outlíve ~보다 오래 살다 / outwéigh ~보다 뛰어나다

---

outburst
[áutbəːrst]
★☆☆☆☆
01

out(outside) + burst 폭발하다 → '밖으로 폭발하는 것'에서 유래

n (감정의) **폭발, 분출** / the art of bursting forth; explosion
- an **outburst** of laughter 폭소

어근관련 burst [bəːrst] 폭발(하다); 갑자기 ~하다

---

outcry
[áutkrai]
☆☆☆☆☆
02

out(outside) + cry 울다 → '밖으로 소리내어 울부짖다'에서 유래

n **부르짖기, 비명** / sudden cry or scream; outburst
- an **outcry** of disgust by the students 학생들의 괴비명

어근관련 decry [dikrái] 비방하다　descry [diskrái] (먼 것을) 발견하다

---

outdo
[autdúː]
☆☆☆☆☆
03

out(more than) + do 하다 → '~보다 잘하다'에서 유래

vt (행위 따위가) **~을 능가하다** / do more or better than; surpass
- **outdo** her brother at work and games 일과 게임에서 그녀의 오빠를 능가하다

cf **outdo oneself** 이제까지 보다도 잘하다, 크게 노력하다
cf **undó** (묶인 것 등을) 풀다; 망치다

어근관련 doing [dúːiŋ] 행하기; 행실　wrongdoing [rɔ́ːŋduːiŋ] 비행

뉘앙스 p.401

---

outgoing
[áutgouiŋ]
☆☆☆☆☆
04

out(outside) + go 나가다 → '밖으로 나가는'에서 유래

a 1 (장소 · 지위를) **떠나는, 출발하는** / going out; departing
2 **외향적인** / very friendly and helpful to others; sociable
- an **outgoing** ship[secretary] 출항선[사퇴하는 장관]
- a very **outgoing** person 매우 외향적인 사람

n **v** **outgó** 출발; 지출; 능가하다

어근관련 forgo [fɔːrgóu] 그만두다　foregoing [fɔːrgóuiŋ] 이전의, 전술한

---

outlaw
[áutlɔː]
★☆☆☆☆
05

out(outside) + law 법 → '법 밖으로 벗어난 사람'에서 유래

n **법의 피박탈자, 무법자** / a person outside the protection of the law; criminal
- bands of **outlaws** who are living in the forest 숲 속에서 살고 있는 무법자 패거리들

vt **~의 법적 효력을 잃게 하다, ~을 금지하다** / deprive of legal force; prohibit
- **outlaw** smoking in a theater 극장 안에서의 흡연을 금지하다

n **óutlawry** 법의 박탈, 무법 (행위)

어근관련 lawful [lɔ́ːfəl] 합법적인

---

outlay
[áutlei]
☆☆☆☆☆
06

out(outside) + lay 놓다 → '돈을 밖으로 놓는 것'에서 유래

n (돈의) **지출(액)** / the action of spending; expense
- a large **outlay** for education 고액의 교육비

어근관련 inlay [inléi] (금속 등을) 상감 세공으로 장식하다

동의어 / 반의어

01	**outburst**	=	outbreak / eruption / explosion / outpouring / effusion
02	**outcry**	=	outburst / protest / complaint / indignation / clamor
03	**outdo**	=	exceed / surpass / excel / overcome / outweigh ● 동의어 보강
04	**outgoing**	=	departing / retiring / emeritus / leaving / unreserved ↔aloof
05	**outlaw**	=	criminal / outcast / gangster / robber / bandit
06	**outlay**	=	expense / cost / spending / disbursement / payment

동의어 보강

능가하다 · 초월하다 03	필수	eclipse (천체가) 가리다; 능가하다 / exceed (양, 정도가) 초과하다 / excel 뛰어나다, 능가하다 / outdo 능가하다 / outrun 능가하다 / outshine 능가하다 / surpass 초월하다
	고급	outstrip 능가하다, 이기다 / transcend (경험, 이성 등을) 초월하다; 능가하다
	숙어	go beyond / have[get] an edge on ~보다 우세하다 / get the upper hand 우세하다

뉘앙스

능가하다 03

excél	(특히 성취 · 업적에서) **능가하다**	• He **excels** his friends in archery. 그는 궁술에서 친구를 능가한다.
excéed	(수량 · 정도가) **능가하다**	• Average annual temperatures **exceed** centigrade 20. 평균 연중 기온이 섭씨 20도를 능가한다.
outdó	(특히 이전의 기록이나 사람을) **능가하다**	• **outdo** the previous record 종전의 기록을 갱신하다
surpáss	(다른 물건이나 사람보) **초월하다, 능가하다**	• He **surpasses** all others in keenness. 그는 총명함에 있어서 모든 다른 이들을 초월한다.
transcénd	(훨씬) **초월하다, 능가하다**	• His joy **transcended** all earthly happiness. 그의 즐거움은 지상의 모든 행복을 능가했다.

cf. **outstríp** (특히 남들과의 경쟁에서) **능가하다**

Check-up Test

1. The reality of feminism is a lot of frenzied and overworked women dropping kids off at day-care centers.
ⓐ outburst ⓑ frozen ⓒ tired ⓓ poor

2. Each year, autumn leaves announce the end of summer and the approach of winter in an outburst of color.
ⓐ an epidemic ⓑ an explosion ⓒ a range ⓓ a disruption

3. The runner outdid the previous record.
ⓐ surpassed ⓑ supplanted ⓒ prosecuted ⓓ tarnished

4. It is our custom to honor the outgoing president.
ⓐ peculating ⓑ departing ⓒ ornate ⓓ magnifying

5. I look forward to a great future for Korea, a future in which our country will match its economic strength with our moral restraint, its wealth with our wisdom. I look forward to Korea which will not be afraid of ________.
ⓐ outlaws and criminals ⓑ foreign invasions
ⓒ indoor and outdoor life ⓓ order, grace, and beauty

정답 **1.** a **2.** b **3.** a **4.** b **5.** a

outlive
[autlív]
★☆☆☆☆
07

out(more than) + live 살다 → '~보다 오래 살다'에서 유래

vt **~보다 오래 살다** / live or last longer than; survive

- **outlive** one's brothers 형제들보다 오래 살다

어근관련 enliven [inláivən] 생기있게 하다 lively [láivli] 활기찬, 생기있는

---

out-of-date
[áut-əv-déit]
☆☆☆☆☆
08

out(more than) + date 시대 → '지금 시대보다 훨씬 오래된'에서 유래

a **시대에 뒤떨어진, 케케묵은** / not in present use; old-fashioned

- A horse and buggy is an **out-of-date** means of traveling.
  말과 마차는 시대에 뒤떨어진 여행 수단이다.

어근관련 antedate [ǽntideit] ~에 앞서다; 앞당긴 날짜를 적다
update [ʌpdéit] (날짜를) 갱신하다; (최신 정보로) 갱신

---

outrageous
[autréidʒəs]
★★★☆☆
09

out<outre(beyond) → '정도를 넘어서는'에서 유래

a 1 **매우 모욕적인, 잔인 무도한** / grossly offensive to decency or morality; egregious
2 **터무니없는, 엉뚱한** / extremely unusual or unconventional; shocking

- **outrageous** treatment of prisoners 죄수들에 대한 포악한 처우
- sell at an **outrageous** price 터무니없는 값에 팔리다

n **óutrage** 난폭, 비행

---

outright
[áutrait]
★★☆☆☆
10

out(outside) + right 옳은 → '옳은 상황을 밖으로 표출하려는'에서 유래

a **분명한, 솔직한** / without any doubt or reservation; obvious

- an **outright** expression of opinion 기탄 없는 의견의 표명

ad **모두, 완전히** / clearly and completely; entirely

- He is mad **outright**. 그는 완전히 미쳤다.

어근관련 upright [ʌ́prait] 수직의; 정직한 downright [dáunrait] 솔직한; 노골적인

---

outrun
[autrʌ́n]
☆☆☆☆☆
11

out(more than) + run 달리다 → '~보다 빨리 달리다'에서 유래

v **~보다 빨리 달리다, ~을 초과하다** / run faster than; exceed

- He can **outrun** his older sister. 그는 그의 누이보다 빨리 달릴 수 있다.

n **óutrunner** 앞지르는 사람

어근관련 overrun [ouvərʌ́n] 만연하다; 초과하다 forerunner [fɔ́:rʌnə(r)] 선구자; 전조

---

outset
[áutset]
☆☆☆☆☆
12

out(outside) + set 놓다 → '마음속에 있는 것을 밖으로 끄집어 놓는 것'에서 유래

n (보통 the ~) **시작, 최초** / a beginning; start

- The book fascinated the reader from the **outset**. 그 책은 시작부터 독자를 매료했다.

어근관련 beset [bisét] 포위 공격하다 onset [ánset] (불쾌한 일의) 시작; 공격

---

outskirt
[áutskə:rt]
☆☆☆☆☆
13

out(outside) + skirt 에워싸다 → '밖을 에워싸고 있는 곳'에서 유래

n **주변, 교외** / the outer parts or edges of a town; suburb

- a sparsely populated **outskirts** 인구가 희박한 교외

어근관련 skirt [skə:rt] 스커트; 가장자리; (~을) 회피하다

---

outspoken
[áutspoukən]
★★☆☆☆
14

out(outside) + spoken 말하는 → '밖으로 끄집어내서 말하는'에서 유래

a **거리낌 없는, 솔직한** / saying openly what one thinks; frank

- be **outspoken** in one's remarks 논평에 솔직하다

vt **outspéak** ~을 솔직하게 말하다

어근관련 bespeak [bispí:k] 미리 부탁하다; ~을 나타내다
speechless [spí:tʃlis] 말을 못하는; 형언할 수 없는

outstretched

[autstrétʃt]

☆☆☆☆☆

15

out (outward) + stretch 뻗다 → '밖을 향해 쭉 뻗친'에서 유래

a **펼친, 뻗친** / stretched out; extended

- lie **outstretched** on the ground 땅에 큰 대자로 눕다

vt **outstrétch** ~을 뻗다, 펴다

어근관련 stretch [stretʃ] (손발 · 날개 등을) 쭉 뻗다; 긴장시키다; 왜곡하다; 거리, 범위

outweigh

[autwéi]

★★★☆☆

16

out (more than) + weigh ~의 무게를 달다 → '~보다 무게가 더 나가다'에서 유래

vt **(가치 · 중요성이) ~보다 뛰어나다** / exceed in value or importance; overweigh

- The advantages of the plan **outweigh** its disadvantages. 그 계획의 이점이 불이익 보다 많다.

어근관련 weighty [wéiti] 무거운; 중대한; 유력한 weight [weit] 무게(를 더하다); 부담

동의어 / 반의어

07	**outlive**	=	outlast / outwear / survive / outstand
08	**out-of-date**	=	old-fashioned / antique / archaic / outdated ↔ up-to-date
09	**outrageous**	=	extreme / extravagant / excessive / intolerable ↔ normal
10	**outright**	=	complete / full / unrestricted / unreserved / direct / definite
11	**outrun**	=	outstrip / outdistance / outpace
12	**outset**	=	start / beginning / onset / set-out / opening / portal
13	**outskirt**	=	periphery / suburb / environs / vicinity / exurb
14	**outspoken**	=	candid / plain / downright / straightforward / on the level ◎ 동의어 보강
15	**outstretched**	=	expanded / extended / outspread / unfolded
16	**outweigh**	=	overbalance / overweigh / surpass / exceed / outshine

동의어 보강

솔직한 · 정직한 14

필수	candid 솔직한 downright 솔직한; 철저한 forthright 직설적인, 솔직한 frank 솔직한	level 솔직한; 공평한 outright 솔직한; 철저한 outspoken 솔직한 plain 솔직한, 있는 그대로의	righteous 바른, 정직한 straightforward 직설적인 upright 곧추 선; 솔직한
고급	unreserved 솔직한, 거리낌 없는	숙어	on the level
참고	정직 / honesty / integrity 완전함; 정직 / probity / uprightness / veracity		

Check-up Test

1. Some educators believe that printed communication will become out of date with the growth of electronic media.
ⓐ modern ⓑ old ⓒ powerful ⓓ obsolete

2. The man outlived his three sisters.
ⓐ loved ⓑ survived ⓒ envied ⓓ destroyed

3. Lukewarm acceptance is much more bewildering than outright rejection.
ⓐ resentful ⓑ prudent ⓒ judicious ⓓ direct

4. Most motels are located near busy interchanges of major highways, on the outskirts of towns.
ⓐ in the scenic areas ⓑ at the crossroads ⓒ in the commercial centers ⓓ at the edges

5. She has not bought any clothing, so all her apparels are the most _______.
ⓐ modish ⓑ out-of-date ⓒ outstanding ⓓ light

정답 1. d 2. b 3. d 4. d 5. b

para-

▶ 옆 LATIN 계통의 접두어로서 '옆(beside)'의 의미를 지닌다.

parable
[pǽrəbl]
★☆☆☆☆
01

para(beside) + bl(throw) → '함께 내던져 옆에 두고 비유한 것'에서 유래

n **우화, 비유담** / simple story designed to teach a moral lesson
- read the **parable** of the lost sheep 길 잃은 양의 우화를 읽다

a **parabólical** 비유담의, 우화적인

어근관련 emblem [émbləm] 상징, 표상 problematic [prɑbləmǽtik] 문제가 되는

paradigm
[pǽrədaim]
☆☆☆☆☆
02

para(beside) + digm<deik(show) → '옆에 놓고 보이는 것'에서 유래

n **모범, 예** / a model or example; pattern
- a **paradigm** of the successful businesswoman 성공적인 여자 사업가의 예

a **paradigmátic** 모범이 되는, 전형적인(typical; exemplary)

어근관련 deictic [dáiktik] ≪문법≫ 직시적인 apodictic [æpədíktik] 자명한, 명확한

paradox
[pǽrədɑks]
★☆☆☆☆
03

para(beside) + dox(opinion) → '정설 옆에 나란히 놓인 반대 의견'에서 유래

n **역설, 모순된 일** / a seemingly contradictory but true statement; contradiction
- "The child is father to the man" is a **paradox**. "아이는 어른의 아버지이다"라는 말은 역설이다.

a **paradóxical** 역설적인, 불합리한

어근관련 orthodox [ɔ́:rθədɑks] 정통의, 정설의 doctrine [dɑ́ktrin] 주의, 원리, 학설

paralysis
[pərǽləsis]
★★★☆☆
04

para(beside) + lyein(loosen) → '힘이 느슨해진'에서 유래

n ≪병리≫ **마비, 불구** / a lessening or loss of the power of motion in any part of the body
- The accident left him with **paralysis** of the legs. 그 사고가 그를 다리 불구자로 만들었다.

vt **páralyze** ~을 마비시키다, 저리게 하다(benumb)

어근관련 alien [éiljən] 외국의; 이방인 allegory [ǽligɔ:ri] 풍유, 비유

paramount
[pǽrəmaunt]
★☆☆☆☆
05

para(beside) + mount(rise) → '옆에 있는 사람들 가운데 일어서 있는'에서 유래

a (지위 · 권위 따위가) **남보다 위인, 최고의** / greater than all others in importance or influence; supreme
- This task is **paramount** to all others. 이 일은 다른 어느 것에도 우선한다.

n **páramountcy** 최고권, 주권; 우월

어근관련 surmount [sə:rmáunt] 극복하다 tantamount [tǽntəmaunt] 동등한

paraphrase
[pǽrəfreiz]
☆☆☆☆☆
06

para(beside) + phrase 말하다 → '옆으로 빗대어 말하다'에서 유래

n (알기 쉽게 하기위해 자세한 설명으로) **바꾸어 말하기, 의역** / an expression of the meaning of a passage in other words; version
- a close **paraphrase** of Dixon's own original article 딕슨의 원본 기사에 가까운 의역

v (알기 쉽도록) **바꾸어 말하다** / express or interpret a passage in other words; rephrase
- Try to **paraphrase** those involved ideas. 이런 복잡한 생각들을 바꾸어 쓰도록 해라.

a **paraphrástic** 바꾸어 말하는, 의역의

cf **métaphrase** 번역

어근관련 phrase [freiz] 구, 말씨, 관용구 phrasing [fréiziŋ] 어법, 말씀

뉘앙스 p.405

동의어 / 반의어

01	**parable**	=	allegory / fable / lesson / apologue
02	**paradigm**	=	model / archetype / example / pattern / standard
03	**paradox**	=	contradiction / incongruity / enigma / ambiguity / dilemma
04	**paralysis**	=	disablement / cripple / numbness / prostration
05	**paramount**	=	chief / supreme / dominant / prime / premium / classic / banner ◎ 동의어 보감
06	**paraphrase**	=	restatement / translation / rephrasing / rendition

동의어 보감

최고의 05	필수	banner 최고의 / classic 일류의 / foremost 최고의 / leading 최고의 / paramount 최고의 / premium 고급의 / primary 최고의 / prime 최상의 / principal 주요한, 최고의
	고급	topnotch 최고점, 일류의 / vintage 포도주 (양조)의; (포도주가) 고급의
	숙어	second to none
최첨단의	필수	cutting-edge 최첨단의 / frontier 변경 개척자의 / high-tech 첨단기술의 / pioneering 선구적인, 개척의 / state-of-the-art 최첨단의 / ultramodern 최신의 / up-to-date 최신의
	고급	newfangled 최신의, 최신 유행의 / spearhead 창끝, 최전선, 선봉
	숙어	top of the line
	참고	유행을 따르는 / fashionable / modish / stylish / chic 멋진 / sleek 산뜻한, 맵시 나는

뉘앙스

번역 · 고쳐쓰기 06

translátion	(다른 나라 말로의) **번역**	• literal **translation** 직역
páraphrase	(같은 언어로의) **바꾸어 쓰기**	• prose **paraphrase** of a song 노래의 산문역
transliterátion	**음역(音譯)**(어떤 말의 발음에 따라 다른 나라말로 바꾸어 쓰기)	• **transliteration** of Greek words 그리이스어 단어의 음역
vérsion	(특히 성경의 여러 개로 되어있는) **번역**	• The king James **Version** of the Bible 제임스왕 흠정역(欽定譯) 성서

check-up Test

1. The teacher often used paradigms, or models, to illustrate difficult concepts.
ⓐ illustrated books ⓑ mastery tests ⓒ typical examples ⓓ brief reviews

2. The well-born young Athenians who gathered around Socrates found it quite ______ that their hero was so intelligent, so brave, so honorable - so ugly.
ⓐ paradoxical ⓑ charitable ⓒ deliberate ⓓ turbulent

3. Throughout the storm, the safety of the passengers was the captain's ______ concern.
ⓐ equal ⓑ paramount ⓒ well-known ⓓ ready

4. A statement that seems contradictory, unbelievable, or absurd but that may actually be true in fact is ______.
ⓐ a metaphor ⓑ an analogy ⓒ a thesis ⓓ a paradox

5. In the study of grammatical forms, the ______ is very helpful.
ⓐ syllogism ⓑ spoonerism ⓒ paradigm ⓓ acronym

정답 1. c 2. a 3. b 4. d 5. c

621 **pundit**
[pʌ́ndit]
★★☆☆☆

pundit<payndit(learned ma 배운 사람) → '많이 배워 박식한 사람' 에서 유래

n **학자, 박식한 사람** / a very learned person; savant
- a well-known political **pundit** 잘 알려진 정치 권위자

---

622 **pungent**
[pʌ́ndʒənt]
★☆☆☆☆

pung (prick 찌르다) → '코끝을 찌르도록 자극하는' 에서 유래

a **(미각 · 후각 등을) 자극하는** / strong and sharp; piquant; stinging
- the **pungent** aroma of the flower 그 꽃의 자극적인 향기

---

623 **purge**
[pə:rdʒ]
☆☆☆☆☆

purg (cleanse 깨끗이 하다)

v **(마음 · 몸 등을) 깨끗이 하다** / clean by removing impurities; purify

n **정화, 숙청** / liquidation
- **purge** away one's evil thoughts 나쁜 생각들을 떨쳐버리다

n **púrgatory** ≪신학≫ 연옥

---

624 **putative**
[pjú:tətiv]
★☆☆☆☆

put (think 생각하다) → '~로 생각되거나 가정되는' 에서 유래

a **추정되고 있는, 가정되는** / believed to be the person or thing mentioned; assumed
- the **putative** father of a child 아이의 추정상의 아버지

---

625 **quack**
[kwæk]
★☆☆☆☆

quack<quakke (croakin 까악까악 우는 소리) → '듣기 싫게 허풍을 치는 사람' 에서 유래

n **돌팔이 의사** / someone who pretends to have medical knowledge; charlatan
- a **quack** doctor 돌팔이 의사

---

626 **qualm**
[kwa:m]
★☆☆☆☆

qualm<cwealm (death 죽음) → '죽음에 관련된 마음이 불안' 에서 유래

n **양심의 가책** / scruple ; **불안** / a sudden, disturbing feeling in the mind; uneasiness
- without a blink or **qualm** 아무렇지도 않게

a **quálmish** 양심의 가책을 받는

---

627 **quandary**
[kwάndəri]
★☆☆☆☆

quand (when 때) → '난처한 때' 에서 유래

n **<pl.> 난처한 처지** / state of doubt or perplexity; predicament
- be in a **quandary** 난처한 입장에 처하다

---

628 **quarterly**
[kwɔ́:rtərli]
★☆☆☆☆

quarter<quatarius (a fourth part 4분의 1) → '한 해를 4분의 1 등분한' 에서 유래

a ad **연4회 발행의, 한해 네 번의** / happening or done four times a year; every three months
- a highbrow **quarterly** magazine 식자층이 보는 계간지

---

629 **quell**
[kwel]
★☆☆☆☆

quel<kwel (pain 고통) → '고통을 주어 진압하다' 에서 유래

vt **(폭동 · 혼란 등을) 진압하다** / bring an end to a violent situation; suppress
- **quell** the rioters 폭도들을 진압하다

---

630 **querulous**
[kwérjuləs]
★★☆☆☆

quer (ask 묻다) → '어떤 부분이 맘에 들지 않아 계속 묻고 불평하는' 에서 유래

a **불평하는** / complaining; faultfinding
- be in a **querulous** mood 불만스러운 상태이다

---

631 **quintessence**
[kwintésns]
★★☆☆☆

quint (fifth 제5의) + essence (본질)

n **전형, 제 5원(元)** / a perfect type; embodiment
- the **quintessence** of good manners 훌륭한 예절의 전형

a **quintesséntial** 전형적인; 제5원의

---

632 **quixotic**
[kwiksάtik]
☆☆☆☆☆

Quixote (중세의 기사 이름) → '공상적인 기사로 유명했던 소설 속의 기사 돈키호테' 에서 유래

a **공상적인** / idealistic but impractical; unrealistic
- a silly **quixotic** proposal 어리석고 비현실적인 제안

633 **ramification** [ræməfikéiʃən] ★☆☆☆☆	ram (branch 가지) + fic (make 만들다) → '가지를 만들 듯 나누는 행위인 분파'에서 유래	**n** **가지, 분파** / a dividing or spreading out into branches or parts; **결과** / complicated and unexpected results; consequence • widespread social **ramifications** 광범위한 사회적 파문
634 **rancid** [rǽnsid] ★☆☆☆☆	rancid<rancere(rotten 썩은) → '썩은 냄새가 나고 불쾌한'에서 유래	**a** **썩은 냄새가 나는** / tasting or smelling like stale fat; stinking • Butter can go **rancid**. 버터는 상하기 쉽다.
635 **ranco(u)r** [rǽŋkər] ★☆☆☆☆	ranc (grudge 원한)	**n** **원한** / a feeling of hatred; malice • speak about the war without a trace of **rancor** 원한의 흔적도 없이 전쟁을 이야기하다
636 **ransack** [rǽnsæk] ★★★☆☆	ran (house 집) + sack<saka (search 수색하다) → '집을 수색하다'에서 유래	**v** **샅샅이 뒤지다** / comb through; rummage • **ransack** a drawer for jewelry 보석을 찾으려고 서랍을 뒤지다
637 **rapacious** [rəpéiʃəs] ★★☆☆☆	rap (seize 빼앗다) → '남의 것을 빼앗는' 에서 유래	**a** **강탈하는, 탐욕스러운** / taking everything by using violence; avaricious • a **rapacious** band of robbers 강탈하는 강도단
638 **rational** [rǽʃənl] ★☆☆☆☆	ratio (reason 이성) → '이성적으로 생각하는' 에서 유래	**a** **합리[이성]적인** / based on clear, practical or scientific reasons; reasonable • a **rational** explanation 합리적인 설명
639 **raucous** [rɔ́:kəs] ☆☆☆☆☆	raucus (hoarse 목이 쉰) → '목이 쉰 소리가 나 귀에 거슬리는'에서 유래	**a** **귀에 거슬리는** / unpleasantly loud; husky; shrill • **raucous** shouts 귀에 거슬리는 고함소리
640 **ravage** [rǽvidʒ] ★★★☆☆	rav (seize 강탈하다) → '강탈하여 파괴하다' 에서 유래	**v** **n** **황폐화[파괴](하다)** / damage something very badly; devastate • The hurricane **ravaged** the city. 허리케인이 그 도시를 파괴했다.

★ 중요빈출

Check-up Test

1. Last year, before the start of the World Cup, many German officials and pundits were deathly afraid that their countrymen would be less than gracious hosts to millions of visiting soccer fans.
ⓐ entertainers ⓑ hooligans ⓒ gamblers ⓓ experts

2. It's ironic that so many people tore themselves apart over the death of Schiavo but had no qualms about sending thousands of able-bodied young men and women off to Iraq to kill and be killed in a needless war.
ⓐ certainties ⓑ wishes ⓒ misgivings ⓓ incentives

3. The government appears to be in a quandary about what to do with so many people.
ⓐ insolvency ⓑ delusion ⓒ collocation ⓓ plight

4. Ordinary conversation is made up of linguistic strategies that have been thought quintessentially literary.
ⓐ related with five ⓑ essentially ⓒ solely ⓓ unbelievably

5. People in our neighborhood opposed a road-building program because they reckoned that its environmental _______ had not been fully considered.
ⓐ redemptions ⓑ ramifications ⓒ radiations ⓓ reactions

정답 **1.** d **2.** c **3.** d **4.** b **5.** b

- **a bone of contention** / 불화의 원인 the apple of discord
  - A bone of contention cited by some critics in past years has been the province's historically low minimum wage. 지난 몇 년 동안 몇몇 비평가에 의해 인용된 불화의 원인은 그 지방의 역사적으로 낮은 최저임금이다.
- **a chip off the old block** / 부모를 꼭 닮은 자식 a carbon copy
  - The son, a chip off the old block, is eager to join his father in his activities.
    부모를 쏙 빼닮은 아들은 자신의 활동을 아버지와 함께 하고 싶어 한다.
- **a drop in the bucket** / 아주 적은 양 a very small amount
  - Foreign aid is such a drop in the bucket for us.
    대외원조는 우리에게 매우 부족하다.
- **a feather in one's cap** / 자랑거리 a source of pride
  - It's a feather in his cap to represent his country in the Olympics.
    올림픽에서 나라를 대표해 나오는 것은 그의 자랑거리이다.
- **a fish out of water** / 물을 떠난 물고기, 어색한 상황에 처한 사람
  - I feel like a fish out of water here. 난 이곳에서 물 떠난 고기 같은 기분이야.
- **a green thumb[fingers]** / 식물재배의 뛰어난 재능
  - The gentleman has been growing plants for decades and truly has a green thumb. 그 신사는 수십 년간 식물을 키워왔고 정말로 원예의 재능을 가지고 있다.
- **a hot potato** / 다루기 어려운 문제 a very difficult problem
  - The president had some very hot potatoes early in his presidency.
    대통령은 그의 임기 초반에 몇몇 다루기 어려운 문제를 겪었다.
- **a jack-of-all-trades** / 만물박사, 팔방미인 everybody's friend
  - Grace was a jack-of-all-trades who was singing, dancing, and even beat-boxing.
    그레이스는 노래 부르고 춤추며 심지어 비트박스까지 했던 팔망미인이었다.
- **a man of his word** / 약속을 잘 지키는 사람
  - The director knew of Wilson's reputation as a man of his word.
    그 감독은 윌슨이 약속을 잘 지킨다는 평판을 알고 있었다.
- **a piece of cake** / 누워서 떡먹기 very easy thing
  - Internet banking is a piece of cake for people who know how to handle it. 인터넷 뱅킹을 이용할 줄 아는 사람에게는 누워서 떡먹기이다.
- **a rule of thumb** / 손대중, 주먹구구 rough estimate
  - A rule of thumb for meetings should be quality not quantity.
    경험으로 보아 회의는 양보단 질이어야 한다.
- **a skeleton in the closet** / 수치스러운 비밀 a skeleton in the cupboard
  - I have no skeleton in the closet, so nobody can blackmail me.
    나는 어떤 수치스러운 비밀도 갖고 있지 않아서 아무도 날 협박할 수 없다.
- **a stone's throw** / 가까운 거리 short distance
  - The new gymnasium is a stone's throw from my house.
    새 체육관은 우리 집에서 가까운 곳에 있다.
- **a trump card** / 으뜸 패, 비장의 수단 an ace in the hole
  - Erin has strong trump cards to obtain success in life.
    에린은 인생에서 성공을 얻기 위해서 강력한 비장의 수단을 가지고 있다.
- **Achilles' heel** / 유일한 약점
  - The reliance on energy in large quantities can be an Achilles heel.
    많은 양의 에너지에 의존한다는 것이 유일한 약점이 될 수 있다.
- **better half** / 배우자, (특히) 아내
  - My better half is expecting our 4th child.
    내 아내는 우리의 4번째 아이를 임신 중이다.
- **close call** / 위기일발, 아슬아슬한 순간 narrow escape
  - There were some close calls with horses on dangerous terrain.
    위험한 지형에서 말들에게 몇몇 위기의 순간들이 있었다.
- **crocodile tears** / 거짓 눈물
  - Danny posted a couple of pathetic messages on the board, crying with crocodile tears. 대니는 거짓 눈물을 흘리면서 두 개의 애처로운 메시지를 게시판에 올렸다.
- **far cry** / 큰 차이, 현격한 차이 a wide difference
  - Jason is now living in a small apartment which is a far cry from the homes he once occupied. 제이슨은 현재 그가 한때 거주했던 집들과는 현저한 차이가 있는 작은 아파트에서 살고 있다.
- **fringe benefit** / (연금, 유급휴가, 보험급여 등의) 부가급부 an added favor
  - Increases in the minimum wage lead to a reduction in fringe benefits. 최저임금의 증가는 부가급부의 삭감을 초래한다.
- **grass roots** / 풀뿌리, (사상 등의) 기초, 근본, 일반대중 the ordinary people
  - You did a great job raising money from the grass roots.
    너는 일반 대중에게서 모금을 해낸 훌륭한 일을 했다.

- **a back seat driver** / 참견 잘 하는 사람 busybody, noser
- **a baker's dozen** / 빵집의 한 다스, 13개
- **a hard nut to crack** / 어려운 문제 혹은 사람 a difficult question or person to deal with
- **a pain in the neck** / 골칫거리, 지겨운 존재 a thing that makes one angry
- **a slip of one's tongue** / 실언 a verbal mistake
- **act of God** / 천재지변, 불가항력 inevitability
- **black sheep** / 악한, (한집안의) 말썽꾼 villain
- **dry run** / 예행연습 rehearsal
- **Gordian knot** / 어려운 문제(일) very difficult matter

per-

우선순위로 보는 PRE view

Date : /

★★★★☆	04.	**perfunctory**	형식적인	□ □ □
★★★☆☆	05.	**perjury**	위증	□ □ □
	07.	**pernicious**	치명적인	□ □ □
★★☆☆☆	12.	**perspicacious**	통찰력이 있는	□ □ □
★☆☆☆☆	01.	**peremptory**	절대적인	□ □ □
	02.	**perennial**	연중 계속되는	□ □ □
	03.	**perfidy**	배반	□ □ □
	06.	**permeate**	침투하다	□ □ □
	08.	**perpetrate**	범하다	□ □ □
	09.	**persecute**	박해하다	□ □ □
	11.	**perspective**	원근법; 조망	□ □ □
	14.	**perturb**	어지럽히다	□ □ □
	15.	**peruse**	정독하다	□ □ □
	17.	**perverse**	외고집의	□ □ □
☆☆☆☆☆	10.	**persevere**	고집하다	□ □ □
	13.	**pertain**	관련하다	□ □ □
	16.	**pervade**	가득 차다	□ □ □
	18.	**pervert**	타락시키다; 왜곡하다	□ □ □

MD33 mp3

LECTURE 33

per-

▶ **관통 · 통과** Latin 계통의 접두어로서 '**관통 · 통과**(through)'의 의미를 지닌다.

의미 변화

① 관통 · 통과(through)

> **pérmeate** : per(through) + mea(pass)
→ 물체를완전히 통과하다 → 침투하다
/ pérsecute 박해하다

② 강조(intensive, completely)

> **pernícious** : per(completely) + nic<nec(kill)
→ 완전히 죽음에 이르게 하는 → 치명적인
/ perémptory 절대적인 / perfúnctory 형식적인

③ 나쁘게(wrongly)

> **pérjury** : per(wrongly) + jur (swear)
→ 나쁘게 마음을 먹고 맹세함 → 위증
/ pervérse 외고집의 / pervért 타락시키다; 왜곡하다

---

peremptory
[pərémptəri]
★☆☆☆☆
01

per(intensive) + empt(take) → '철저히 자기주장을 취하는' 에서 유래

a **절대적인, 단호한** / leaving no choice; imperative
- a **peremptory** order 절대적인 명령

n **perémptoriness** 단호, 확정

어근관련 preempt [priémpt] 선점하다 redemption [ridémpʃən] 되찾음; 구조

---

perennial
[pəréniəl]
★☆☆☆☆
02

per(through) + enn<ann(year) → '연중 내내 계속되는' 에서 유래

a **연중 계속되는, 영구히 계속하는** / lasting for a long time; perpetual
- the **perennial** beauty 영원한 아름다움

n **다년생 식물** / a plant that lives for many years
- hardy **perennials** 내한성의 다년생 식물

n **perenníality** 다년간 계속됨, 영속성

어근관련 anniversary [ænəvə́:rsəri] (해마다의) 기념일 annuity [ənjú:əti] 연금

---

perfidy
[pə́:rfədi]
★☆☆☆☆
03

per(wrongly) + fid(faith) → '믿음으로 나쁘게 저버림' 에서 유래

n **배반, 불성실** / breaking faith; betrayal
- a base act of **perfidy** 비겁한 배반의 행동

a **perfídious** 불신의, 불성실한(disloyal; faithless)

어근관련 confidential [kɑnfədénʃəl] 기밀의; 친한 defiant [difáiənt] 도전적인

---

perfunctory
[pərfʌ́ŋktəri]
★★★★☆
04

per(intensive) + funct(perform) → '철저히 기계처럼 수행하는' 에서 유래

a **형식적인, 기계적인** / done merely for the sake of getting rid of the duty; mechanical
- a **perfunctory** handshake 형식적인 악수

어근관련 defunct [difʌ́ŋkt] 죽은; 소멸한 functionary [fʌ́ŋkʃəneri] 공무원, 관리

---

perjury
[pə́:rdʒəri]
★★★☆☆
05

per(wrongly) + jur (swear) → '나쁘게 마음 먹고 맹세함' 에서 유래

n **≪법≫ 위증, 거짓** / the act of swearing to a lie; false witness
- commit **perjury** 위증죄를 범하다

vt **pérjure** <재귀적> 거짓 맹세하다 **n** **pérjurer** 위증자

어근관련 abjure [æbdʒúər] 포기하다 conjure [kɑ́ndʒər] 주문으로 불러내다

---

permeate
[pə́:rmieit]
★☆☆☆☆
06

per(through) + mea (pass) → '물체를 완전히 통과하다' 에서 유래

v (~을) **침투하다, 스며들다** / spread into every part of; penetrate
- The rain has **permeated** the sand. 비가 모래 속에 스며들었다.

n **permeátion** 침투 **n** **permeabílity** 침투[투과] **a** **pérmeable** 침투할 수 있는

어근관련 meatus [miéitəs] (귀 · 코의) 도, 관 irremeable [irémiəbl] 돌아갈 수 없는

동의어 ↔ 반의어

01	**peremptory**	=	imperative / obligatory / irrefutable / mandatory ↔ optional
02	**perennial**	=	durable / constant / persistent / perpetual / everlasting ↔ temporary
03	**perfidy**	=	disloyalty / traitorship / treachery / treason / infidelity / betrayal ↔ fealty ● 동의어 보강
04	**perfunctory**	=	superficial / cursory / shallow / surface / skin-deep / one-dimensional ● 동의어 보강
05	**perjury**	=	lying / mendacity / prevarication / falsification
06	**permeate**	=	penetrate / pervade / percolate / saturate / infiltrate

동의어 보강

배신 03	필수	betrayal 배신 / disloyalty 불충, 배신 / perfidy 배신 / treachery 배신, 배반 / treason 반역, 대역죄
	고급	apostasy 배교, 탈당, 배신
	숙어	a stab in the back (믿는 사람에 대한) 배신
	참고	외도, 부정 / infidelity / unfaithfulness
배신하는 · 반역적인	필수	disloyal 배신하는 / perfidious 배신하는 / rebellious 반역하는, 반체제적인 / treacherous 기만적인, 믿지 못할
	고급	traitorous 배반하는, 반역적인 / treasonous 반역적인
	참고	배신자 / betrayer / turncoat / Judas 유다, 배신자 / sell-out 매진; 배신자 / two-timer (애인의) 배신자

피상적인 · 얄팍한 04	필수	halfway 어중간한 / cursory 서두르는, 피상적 / perfunctory 형식적인, 피상적인 / shallow 얕은, 피상적인 / superficial 피상적인 / surface 피상적인
	고급	half-read 어설프게 아는 / one-dimensional 일차원의, 피상적인 / sketchy 대충의, 피상적인 / skin-deep 깊지 않은, 피상적인
	참고	수박 겉핥기하다 / smatter in / dip into

Check-up Test

1. The newly committee members finally accepted his <u>perfunctory</u> energy.
ⓐ plated ⓑ unwilling ⓒ artless ⓓ downright

2. The mill still worked on, food being a <u>perennial</u> necessity.
ⓐ temporary ⓑ demanding ⓒ total ⓓ lasting

3. Treason is punished by death because _______ constitutes a threat to the very _______ of the state.
ⓐ patriotism - well-being ⓑ perfidy - survival
ⓒ grief - existence ⓓ pacifism - dismantling

4. Because he inspected the car in a(n) _______ manner, he overlooked many defects which he should have noticed.
ⓐ forceful ⓑ theatrical ⓒ alert ⓓ perfunctory

5. Neon light is utilized in airport beacons because it can <u>permeate</u> fog.
ⓐ pass through ⓑ transmit ⓒ suspend ⓓ break up

정답 **1.** b **2.** d **3.** b **4.** d **5.** a

pernicious
[pərníʃəs]
★★★☆☆
07

per(completely) + nic<nec(kill) → '완전히 죽음에 이르게 하는'에서 유래

a **해로운, 치명적인** / highly injurious or harmful; noxious
- Smoking is a **pernicious** habit. 흡연은 해로운 습관이다.

n **perníciousness** 해로움

어근관련 innocuous [inákjuəs] 무해한 obnoxious [əbnákʃəs] 몹시 불쾌한

뉘앙스 p.413

---

perpetrate
[pə́:rpətreit]
★☆☆☆☆
08

per(intensive) + pet(cause)<pater(father) → '(나쁜 짓)을 하다'에서 유래

vt (나쁜 짓을) **하다, 범하다** / do or commit; effect
- **perpetrate** a crime 범죄를 저지르다

n **pérpetrator** 가해자, 범죄자 **n** **perpetrátion** 범죄

어근관련 paternal [pətə́:rnl] 부계의 patrimony [pǽtrəmouni] 세습 재산

---

persecute
[pə́:rsikjù:t]
★☆☆☆☆
09

per(through) + secu<sequi(follow) → '끝까지 따라가서 못살게 굴다'에서 유래

vt (종교 · 정치적으로) **박해하다, 괴롭히다** / treat badly because of one's principles or beliefs; oppress
- **persecute** pagans 이교도를 박해하다

n **persecútion** 박해, 학대 **a** **pérsecutive** 박해하는

cf **prósecute** 기소하다

어근관련 consecutive [kənsékjutiv] 연속적인 prosecute [prásikjù:t] 기소하다

---

persevere
[pə̀:rsəvíər]
☆☆☆☆☆
10

per(very) + sever(strict) → '(자신의 원칙을) 매우 엄격하게 지켜나가다'에서 유래

vi (곤란 · 장애 따위에) **굴하지 않고 꾸준히 하다, 고집하다** / continue steadily in doing something hard; persist
- **persevere** in one's studies 꾸준히 연구해 나가다

n **persevérance** 인내 **a** **persevérant** 불굴의

어근관련 asseverate [əsévərèit] 단언하다 severe [sivíər] 심한, 엄한

---

perspective
[pərspéktiv]
★☆☆☆☆
11

per(through) + spec(look) → '~을 통과해서 봄'에서 유래

n 1 **원근법, 투시 도법** / the technique of representing three dimensional objects
2 **전망, 조망, 견지** / distant view; vista
- The objects in the background are out of **perspective**.
  그 배경의 사물들은 원근법에 어긋난다.
- This hill commands a fine **perspective**. 이 언덕은 조망이 좋다.

cf **in perspective** 원근법에 따라서 **cf** **prospéctive** 미래의

어근관련 inspection [inspékʃən] 검사, 시찰 spectacular [spektǽkjulər] 볼만한

---

perspicacious
[pə̀:rspəkéiʃəs]
★★☆☆☆
12

per(through) + spic<spec(look) → '완전히 꿰뚫어 보는'에서 유래

a **통찰력이 있는, 예리한** / keen in observing and understanding; clear-sighted
- a **perspicacious** comment 예리한 논평

n **perspicácity** 명석, 통찰력(wit; acumen) **cf** **perspícuous** 이해하기 쉬운(clear)

어근관련 circumspect [sə́:rkəmspèkt] 신중한 spectator [spékteitər] 관객

동의어 ↔ 반의어

07	**pernicious**	=	noxious / baneful / poisonous / venomous / virulent ↔ innocuous ● 동의어 보강
08	**perpetrate**	=	commit / execute / effectuate / carry out
09	**persecute**	=	oppress / suppress / subjugate / torment ↔ support
10	**persevere**	=	endure / persist / resolve / continue / carry on ↔ give up
11	**perspective**	=	prospect / view / overview / standpoint / viewpoint
12	**perspicacious**	=	clear-sighted / astute / shrewd / sharp / keen / scintillating

동의어 보강

해로운 · 유독성의
07

필수	baleful 해로운 baneful 사악한, 해로운 damaging 해로운 deadly 치명적인 deleterious 해로운 detrimental 해로운 fatal 치명적인 harmful 해로운 injurious 해로운 lethal 치명적인 noxious 유해한, 유독한 pernicious 해로운, 치명적인 poisonous 유독성의 toxic 유해한 unwholesome 유해한 virulent 치명적인, 악성의
고급	nocuous 유해한, 유독한 / venomous 독이 있는, 악의에 찬, 해로운
반의어	무해한 / harmless / unharmful / innocuous / innoxious

뉘앙스

해로운
07

pernícious	(모르는 사이에 커다란) **해를 끼치는, 치명적인**	• an ideology **pernicious** to a society 사회에 해를 끼치는 이데올로기
báneful	(독에 의해) **해로운, 유독한**	• a **baneful** mushroom 독버섯
nóxious	(육체적 · 정신적 건강에) **해로운, 유해한**	• **noxious** foods 유해 식품
deletérious	(서서히 건강에) **해를 끼치는**	• the **deleterious** effects of smoking 흡연의 해로운 영향
detriméntal	**해로운, 손해가 되는**	• His error was **detrimental** to our cause. 그의 실수는 우리 목적에 해가 되었다.

check-up Test

1. Training is the key to ensure that an individual has a good <u>perspective</u> of what is going on around him.
ⓐ conviction ⓑ overview ⓒ interpretation ⓓ appreciation

2. Throughout the first two decades of the century, the diagnosis of <u>pernicious</u> anemia, like that of diabetes mellitus, was almost equivalent to a death sentence.
ⓐ false ⓑ alluring ⓒ aboriginal ⓓ deadly

3. He was punished because of having <u>perpetrated</u> a serious blunder.
ⓐ evaded ⓑ eluded ⓒ incurred ⓓ committed

4. It has always been dangerous to teach men new ideas contradictory to those which are generally accepted. The first man who taught that the earth is round was ________.
ⓐ rewarded ⓑ right ⓒ conformists ⓓ persecuted

5. If we <u>persevere</u>, we can overcome many of our inhibitions.
ⓐ give up ⓑ ask for help ⓒ keep at it ⓓ leave town

정답 **1.** b **2.** d **3.** d **4.** d **5.** c

pertain
[pərtéin]
★☆☆☆☆
13

per(intensive) + tain(hold) → '꼭 붙들어 두다'에서 유래

vi **속하다, 관련[상관]하다** / belong or be connected as a part or possession; appertain
- documents **pertaining** to the case 그 사건과 관련있는 문서들

n **pértinence** 적절; 타당(relevance)

a **pértinent** 적절한, 관련된(germane) • a **pertinent** question 적절한 질문

어근관련 attainment [ətéinmənt] 도달, 달성 sustain [səstéin] (아래서) 떠받치다

---

perturb
[pərtə́:rb]
★☆☆☆☆
14

per(completely) + turb(agitate) → '완전히 정신 못차리게 흔들어 대다'에서 유래

vt (마음을) **어지럽히다, 교란하다** / make uneasy or troubled; disturb
- a man who is never **perturbed** 절대 흔들리지 않는 남자

n **perturbátion** (마음의) 동요, 혼란 **a** **pertúrbative** 혼란시키는, 소란케 하는

어근관련 turbulent [tə́:rbjulənt] 몹시 거친 turbid [tə́:rbid] 무질서한, 어수선한

---

peruse
[pərú:z]
★☆☆☆☆
15

per(comepletely) + us(use) → '완전히 다 쓰다'에서 유래

vt **정독하다, 통독하다** / read through carefully; read
- **Peruse** the instructions before you fill out your application. 원서를 쓰기 전에 지시사항을 주의 깊게 읽어라.

n **perúsal** 숙독, 정독

어근관련 abuse [əbjú:z] 학대하다; 남용하다 usurer [jú:ʒərər] 고리 대금업자

---

pervade
[pərvéid]
☆☆☆☆☆
16

per(through) + vad(go) → '사방으로 퍼져 나가다'에서 유래

vt **~에 온통 퍼지다, 가득차다** / spread through every part of; permeate
- The odor of pines **pervades** the air. 파인 향기가 공중에 퍼진다.

n **pervásion** 충만; 보급 **a** **pervásive** 넘치는

어근관련 evade [ivéid] 벗어나다, 피하다 invade [invéid] 침입하다, 훼방놓다

---

perverse
[pərvə́:rs]
★☆☆☆☆
17

per(wrongly) + vers(turn) → '나쁘게 바뀐'에서 유래

a **성질이 비뚤어진, 외고집의** / wrongly self-willed; obstinate
- angered by his **perverse** attitude 그의 외고집의 태도에 화가 난

n **pervérsity** 성미가 비뚤어짐, 외고집

어근관련 introvert [íntrəvə̀:rt] 내향적인 사람 traverse [trǽvə:rs] 가로지르다, 관통하다

---

pervert
[pərvə́:rt]
☆☆☆☆☆
18

per(wrongly) + vert(turn) → '나쁜쪽으로 바꾸다'에서 유래

vt 1 **타락시키다** / lead or turn from the right way; debase
2 **왜곡하다** / give a wrong meaning to; distort
- **pervert** the order of nature 자연의 질서를 어지럽히다
- **pervert** one's words 남의 말을 곡해하다

a **pervérted** 변태의(debauched)

n **pervérsion** 타락; 악용 • sexual **perversion** 성욕도착

어근관련 subvert [səbvə́:rt] 파괴하다, 전복시키다 divert [divə́:rt] 돌리다, 전환하다

동의어 ↔ 반의어

13	**pertain**	=	belong / appertaine / concern
14	**perturb**	=	disturb / fluster / disconcert / ruffle / discompose ↔ compose ◎ 동의어 보강
15	**peruse**	=	inspect / scrutinize / examine / review / scan
16	**pervade**	=	permeate / penetrate / percolate / saturate / transfuse
17	**perverse**	=	stubborn / obdurate / mulish / recalcitrant / refractory / restive
18	**pervert**	=	abuse / misuse / misapply / mishandle / misemploy

동의어 보강

당황하게 하다 14	필수	abash 부끄럽게 하다 / baffle 당황하게 하다, 좌절시키다 / bewilder 당황하게 하다 / confound 혼란[당황]하게 하다 / confuse 혼동하다, 당황하게 하다 / discomfit 당황하게 하다, 좌절시키다 / disconcert 당황하게 하다 / dismay 낙담[당황]시키다 / embarrass 당황하게 하다 / nonplus 당황하게 하다 / perplex 당황하게 하다 / puzzle 당황하게 하다 / upset 뒤엎다, 당황하게 하다
	고급	befuddle 어리둥절하게 하다 / bemuse 멍하게 하다 / fluster 혼란시키다 / obfuscate 당황하게 하다, 흐리게 하다 / rattle 덜걱덜걱 소리 나게 하다; 당황하게 하다
	숙어	knock sideways / throw off
	참고	동요시키다 / agitate 동요시키다, 선동하다 / discompose 불안하게 하다 / disquiet / disturb / perturb
(계획 등을) 좌절시키다	필수	baffle 당황하게 하다, 좌절시키다 / circumvent 회피하다; 선수 치다 / discourage 낙담시키다 / frustrate 좌절시키다 / thwart 좌절시키다
	고급	balk 망설이다; 방해하다, 좌절시키다 / discomfit 좌절시키다; 당황케 하다 / foil 좌절시키다, 패배시키다 / outwit ~을 앞지르다
	숙어	set back 좌절시키다, 퇴보시키다

뉘앙스

동요시키다 14	**distúrb**	(평정을 깨고 집중력을) **어지럽히다**	• My meditation was **disturbed** by a caller. 내 명상은 손님이 찾아오는 통에 깨어졌다.
	discompóse	(마음의 침착을 잃게 하여) **심란하게 하다**	• Don't let their jeers **discompose** you. 그들의 야유에 동요하지 말아라.
	ágitate	(감정적으로 격렬히) **흥분시키다**	• The crowd was **agitated** by the speaker. 군중들은 그 연사의 말에 흥분했다.
	pertúrb	(마음의 동요 · 불안을 일으켜) **혼란시키다, 교란시키다** ≪disturb보다 의미가 강함≫	• be **perturbed** by a threat 협박에 당황하다

Check-up Test

1. It is perverse of Tim to insist on having the window seat, since looking down from great heights makes him airsick.
ⓐ kind ⓑ generous ⓒ contrary ⓓ interesting

2. You should peruse the instructions with great care before you fill out your application for admission.
ⓐ write ⓑ read ⓒ vote on ⓓ approve

3. Anxiety and apprehension seem to pervade Moscow whenever Mikhail Gorvachev is out of town.
ⓐ spread throughout ⓑ face ⓒ scorn ⓓ reinstate

4. The constant study and lack of free time perturb the students constantly.
ⓐ perverse ⓑ upset ⓒ affectionate ⓓ outrage

5. She claimed that the editors had perverted her thoughtful article.
ⓐ evolved ⓑ collided ⓒ distorted ⓓ pervaded

정답 **1.** c **2.** b **3.** a **4.** b **5.** c

641 **ravenous** [rǽvənəs] ☆☆☆☆☆	rav (seize 빼앗다) → '**남의 것을 빼앗고 탐욕스러운**' 에서 유래	a **굶주린** / extremely hungry; famished; **탐욕스러운** / rapacious; greedy • a **ravenous** dog 굶주린 개
642 **raze** [reiz] ★★☆☆☆	raz<ras (scrape 문지르다)→ '**문질러 지워 없애다**' 에서 유래	vt **완전히 파괴하다** / destroy completely; demolish • houses that had been **razed** to the ground in the war 전쟁으로 완전히 파괴된 집들
643 **realm** [relm] ☆☆☆☆☆	real<reg (rule 지배하다) → '**지배하는 영역**' 에서 유래	n **영역** / a general area of knowledge; sphere; **왕국** / kingdom • the **realm** of possibilities for the new invention 새로운 발명에 대한 가능성의 영역
644 **reckon** [rékən] ★★☆☆☆	reckon (count 계산하다, 생각하다) → '**꼼꼼히 계산하다, 생각하다**' 에서 유래	v **세다, 계산하다** / count up; calculate; **~로 간주[생각]하다** / consider; regard • She is **reckoned** the best speller in the class. 그녀는 반에서 철자를 가장 잘 아는 학생으로 간주된다. n **réckoning** 계산
645 **rectify** [réktəfài] ★☆☆☆☆	rect (right 옳은) → '**틀린 것을 옳게 고치다**' 에서 유래	vt **고치다** / correct something that is wrong; revise • **rectify** errors 틀린 것을 고치다 n **rectificátion** 수정; 교정
646 **rectitude** [réktətjù:d] ★☆☆☆☆	rect (right 옳은) → '**마음이 거짓 없이 옳은 정직**' 에서 유래	n **정직** / honesty and moral correctness; integrity • be renowned for one's **rectitude** and integrity 정직하고 성실하기로 유명하다
647 **regal** [rí:gəl] ☆☆☆☆☆	reg (rule 지배하다) → '**나라를 지배하는 왕의**' 에서 유래	a **왕의** / typical of a king; royal • the **regal** power 왕권
648 **regime** [rəʒí:m] ★☆☆☆☆	reg (rule 지배하다) → '**지배하는 정치 권력**' 에서 유래	n **제도, 정권**/ method or system of government; institution • the old **regime** 구(舊)제도
649 **relish** [réliʃ] ☆☆☆☆☆	relis (leave behind 뒤에 남다) → '**먹고 난 뒤에 남는 맛**' 에서 유래	n **맛, 풍미** / taste; flavor n **즐기다** / enjoy an experience; delight • **relish** a good joke 악의 없는 농담을 즐기다 a **rélishable** 맛있는; 재미있는
650 **rend** [rend] ☆☆☆☆☆	rend (tear 찢다)	v **찢다** / tear something violently into pieces; split • **rend** one's garments 자신의 의복을 찢다
651 **restive** [réstiv] ★★★☆☆	rest (remain 남아있다) → '**움직이지 않고 가만히 있으려 하는**' 에서 유래	a **들떠있는** / unable to stay still; restless; **반항적인, 고집 센** / hard to manage; intractable • be in a **restive** mood 들뜬 기분이다
652 **rife** [raif] ★☆☆☆☆	rife<rive (abundant 풍부한) → '**도처에 많이 존재하며 유행하고 있는**'에서 유래	a **만연한, 가득 찬** / prevalent; infested • Litigations are **rife** in our society. 소송은 우리 사회에 만연하다.
653 **rigo(u)r** [rígər] ★★☆☆☆	rig (stiff 경직된) → '**경직되게 만드는 엄격함**' 에서 유래	n (생활 · 처벌 등의) **엄격[혹독]함** / strictness; severity • train the new recruits with great **rigor** 신병들을 매우 엄격하게 훈련시키다 a **rígorous** 엄격한 a **rígid** 굳은, 딱딱한; 엄격한, 융통성 없는

654 **riveting**
[rívitiŋ]
★☆☆☆☆

rivet<wriven (고정시키다) → '시선을 고정시킬 정도로 매혹적인' 에서 유래

a **매혹적인** / so interesting or exciting that it holds one's attention completely; exciting
- find the most **riveting** tale 가장 매혹적인 이야기를 찾다

n v **rívet** 리벳, 대갈못; 고정시키다; (시선 등을) 집중하다, 끌다

---

655 **roam**
[roum]
★★★☆☆

roam<ramian (act of wandering about 방랑 행위) → '여기저기 방랑하다' 에서 유래

v **돌아다니다, 배회하다** / to walk or travel around an area without any definite aim; wander
- **roam** the countryside 시골지역을 방랑하다

---

656 **robust**
[roubʌ́st]
★★★☆☆

rob (strong 강한)

a **건장[건강]한** / strong and healthy; sturdy
- a **robust** physique 건장한 체격

---

657 **rudimentary**
[rù:dəméntəri]
★★★☆☆

rud (rough 다듬지 않은) → '다듬지 않은 초보적인' 에서 유래

a **초보적인, 기본적인** / very simple and basic; elementary
- a **rudimentary** knowledge of Japanese 기본적인 일본어 지식

n **rúdiment** 기본; 조짐

---

658 **ruminate**
[rú:mənèit]
★☆☆☆☆

rumin (chew the cud 반추하다)

v **반추하다, 심사숙고하다** / think for a long time; ponder
- **ruminate** upon the plan 그 계획에 대해 심사숙고하다

---

659 **rummage**
[rʌ́midʒ]
★☆☆☆☆

rum (room 방) → '모든 방을 샅샅이 뒤지다' 에서 유래

v **샅샅이 뒤지다** / thoroughly search; ransack
- **rummage** a house 집안을 샅샅이 뒤지다

---

660 **run-down**
[rʌ́n-dáun]
★★☆☆☆

run down (넘어 뜨리다, 쇠약하게 하다)

a **(사람이) 병든** / sick **; (지역이) 황폐한** / devastated; desolate
- an old **run-down** house 낡고 황폐한 집

★ 중요빈출

Check-up Test

1. The central trend over the course of American history is the broadening <u>ambit</u> of voluntarism, the expanding interaction of questing selves and the several communities they seek to join and from which they expect affirmation and sustenance, both emotional and material.
ⓐ cohort ⓑ disciple ⓒ realm ⓓ granule

2. Fifty years later he knew, and they knew as well, that there was no way to <u>rectify</u> his betrayal.
ⓐ correct ⓑ qualify ⓒ integrate ⓓ disdain

3. People tend to vote for a candidate who promises a return to law and order, <u>rectitude</u>, and low taxes.
ⓐ sacrifice ⓑ faithfulness ⓒ uprightness ⓓ sensitivity

4. Not surprisingly, those who are averse to surrendering their sovereignty have become increasingly <u>restive</u> of late.
ⓐ agitated ⓑ obedient ⓒ resolute ⓓ forcible

5. He made a <u>rigorous</u> study of the plants in the area.
ⓐ requiring a lot of time ⓑ various ⓒ recent ⓓ thorough

정답 **1.** c **2.** a **3.** c **4.** a **5.** d

- **green-eyed monster** / **질투심** jealousy
  - It sounds like a case of the **green-eyed monster** to me.
    나한테는 질투하는 걸로 들리는데.

- **green light** / **허가, 승인**
  - I think drugs like heroin should never get the **green light**.
    헤로인과 같은 마약은 절대 승인을 받아서는 안 된다고 생각한다.

- **hot air** / **과장, 허풍** a tall tale, big talk
  - The man is full of **hot air** and self regard.
    그 남자는 허풍과 자만심으로 가득 차 있다.

- **ins and outs** / **세부사항** the details; **구석구석; 여당과 야당**
  - Sophia quickly learned the **ins and outs** of the job.
    소피아는 그 일의 세부사항을 빨리 배웠다.

- **no big deal** / **중요하지 않은 일** nothing
  - If I don't win it's **no big deal**.
    내가 이기지 못한다 해도 그건 중요한 일이 아니다.

- **odds and ends** / **나머지, 잡동사니** miscellaneous task, sundries
  - We spent the whole day sorting through a box full of **odds and ends** before moving into a new house.
    우리는 새 집으로 이사가기 전에 잡동사니가 가득 담긴 상자를 정리하며 하루를 보냈다.

- **part and parcel** / **중요부분, 요점** integral part, gist
  - They want to create art which becomes **part and parcel** of the life of people.
    그들은 사람들의 삶에서 중요한 부분이 되는 예술을 창조하길 원한다.

- **red tape** / **관료적 형식주의** unnecessary official rules
  - Members on both sides of the parliament spoke about reducing **red tape**. 의회의 양원들은 관료적 형식주의를 줄이는 것에 대해 말했다.

- **smoking gun** / **확실한 증거** concrete evidence
  - This recorded conversation later became known as the **Smoking Gun**. 녹음된 대화내용이 나중에 확실한 증거로 알려졌다.

- **snow job** / **감언이설** flattery, sweet talk, honeyed word
  - That guy gave me a real **snow job**. 그 남자는 나를 감언이설로 속였다.

- **soap opera** / **연속극, 멜로드라마**
  - There are elements of **soap opera** in almost all dramatic fiction.
    거의 대부분의 모든 극적 소설에서는 멜로드라마적 요소들이 있다.

- **standing ovation** / **기립박수**
  - Everywhere he goes, he is greeted with cheers and **standing ovations**. 그가 어느 곳을 가든 그는 응원과 기립박수로 환영받는다.

- **status quo** / **현상** the state of things as they are
  - There are some conservatives who want to maintain the **status quo**. 현상을 유지하고 싶어 하는 보수주의자들이 몇 명 있다.

- **the apple of one's eye** / **아주 소중한 것** very precious thing
  - Adriana's only daughter is **the apple of her eye**. Adriana의 외동딸은 아주 소중한 존재이다.

- **the Midas touch** / **돈 버는 재주** the ability to make money
  - Rachel has **the Midas touch** - she makes lots of money whatever she does. 레이첼은 돈 버는 능력을 가지고 있다. 그녀가 뭘 하던지 간에 많은 돈을 번다.

- **the salt of the earth** / **착하고 고결한 사람들** wholesome high-profile local citizen
  - The white urban population was regarded once as **the salt of the earth**.
    백인 도시 주민들은 한때 착하고 고결한 사람들로 여겨졌었다.

- **the tides and currents** / **조류; 경향, 풍조**
  - The boat was moving to and fro in **the tide and currents**.
    그 배는 조류에 따라 앞뒤로 움직이고 있었다.

- **the upper hand** / **유리함, 장점** advantage, merit , edge
  - Religion has held **the upper hand** in ways of thinking about the unexplainable. 종교는 설명할 수 없는 것들을 생각하는 방법에 있어서는 우위를 가진다.

- **ups and downs** / **오르내림, 영고성쇠** rise and fall, vicissitude
  - Due to some negative rumors, he and his wife's relationship has had some **ups and downs**. 몇몇 나쁜 소문들로 인해 그와 그의 아내의 관계에는 기복이 있었다.

- **walks of life** / **신분, 지위, 직업** a social position, occupation
  - Many people have to make their living in different **walks of life**.
    많은 사람들이 다양한 직업으로 자신의 생계를 꾸려나가야 한다.

- **wet blanket** / **흥을 깨뜨리는 사람**
  - Megan was such a **wet blanket** at the party that they never invited her again.
    메건은 파티에서 흥을 깨뜨리는 사람이어서 그들은 그녀를 다시 초대하지 않았다.

- **white lie** / **선의의 거짓말**
  - We tell **white lies** to impress our friends and colleagues from time to time.
    우리는 친구들과 동료들을 감동시키기 위해서 가끔 선의의 거짓말을 한다.

- **windfall profit** / **우발이익, 불로소득** an unexpected lucky gift or gain
  - This nonsense policy will bring huge **windfall profits** to private universities in Korea.
    이 터무니없는 정책은 한국의 사립대학들에게 막대한 불로소득을 가져다 줄 것이다.

- **nuts and bolts** / (사물의) 요점 gist, nitty-gritty
- **sweet talk** / 감언, 아첨쟁이
- **the second childhood** / 노망 senility
- **whistle blower** / 내부 고발자 deep throat
- **white elephant** / 성가신[처치 곤란한] 물건

pre-

우선순위 로 보는 PRE view

Date :

★★★★☆	27.	**prevail**	우세하다; 설득하다	□ □ □
★★★☆☆	02.	**precipitate**	촉진시키다; 충동적인	□ □ □
	07.	**predicament**	곤경	□ □ □
	09.	**predilection**	편애	□ □ □
	17.	**premise**	전제; 건물; 전제하다	□ □ □
	20.	**preposterous**	터무니없는	□ □ □
	21.	**prerogative**	특권	□ □ □
	24.	**prescribe**	규정하다; 처방하다	□ □ □
★★☆☆☆	04.	**precursor**	선구자	□ □ □
	11.	**predominate**	뛰어나다	□ □ □
★☆☆☆☆	01.	**precept**	교훈; 명령서	□ □ □
	03.	**preclude**	차단하다	□ □ □
	05.	**predecessor**	전임자	□ □ □
	08.	**predicate**	단언하다; 술부의	□ □ □
	10.	**predispose**	마음이 생기게 하다	□ □ □
	12.	**preeminent**	우수한	□ □ □
	13.	**pregnant**	임신한; 내포한	□ □ □
	14.	**prehistoric**	선사 시대의	□ □ □
	16.	**premature**	너무 이른	□ □ □
	19.	**preoccupy**	선점하다; 열중케 하다	□ □ □
	22.	**presage**	예감; 예고하다	□ □ □
	23.	**prescience**	예지	□ □ □
	25.	**prestige**	위신; 명성 있는	□ □ □
	26.	**pretext**	구실	□ □ □
☆☆☆☆☆	06.	**predetermine**	예정하다	□ □ □
	15.	**prelude**	전주; 예고	□ □ □
	18.	**premonition**	예감	□ □ □

MD34 mp3

LECTURE 34

pre-

▶ **앞 · 전** Latin 계통의 접두어로서 '**앞 · 전**(before)'의 의미를 지닌다.

의미 변화

앞 · 전(before)

> **prehistóric** : pre(before) + historic(역사의) ➜ 역사가 쓰이기 이전의 ➜ 선사 시대의
/ preclúde 미리 막다 / precúrsor 선구자 / prélude 전주

---

precept
[príːsept]
★☆☆☆☆
01

pre(before) +
cep<cap(take) →
'**선인들이 먼저 깨달은 생각**'
에서 유래

n 1 (삶의) **교훈, 격언** / a rule of action or behavior; maxim
2 ≪법≫ **명령서, 영장** / a written order issued pursuant to law; writ

- follow few basic **precepts** 몇 개의 근본적인 격언들을 따르다
- get a **precept** from the judge 판사로부터 영장을 받다

a **precéptive** 교훈적인

어근관련 conception [kənsépʃən] 개념; 임신 perception [pərsépʃən] 지각, 인식

---

precipitate
[prisípəteit]
★★★☆☆
02

pre(forth) +
cip<cap(head) →
'**머리를 앞으로 내밀게 하다**'
에서 유래

v 1 **촉진시키다, 재촉하다** / make happen sooner; hasten
2 (아래로) **떨어뜨리다, 빠뜨리다** / throw forwards or downwards; drop
3 ≪화학≫ **침전시키다** / separate solid matter from a liquid

- **precipitate** the great economic crisis 큰 경제 위기를 재촉하다
- **precipitate** a rock down a cliff 바위를 절벽 아래로 떨어뜨리다
- **precipitate** chloride from solution 용액으로부터 염화물을 침전시키다

a [-ət] **조급한, 충동적인** / acting with too much hurry; impulsive

- make a rather **precipitate** departure 다소 조급하게 출발하다

n **precipitátion** 촉진; 투하; 강우량(rainfall) **a** **precípitous** 가파른; 경솔한
n **précipice** 절벽; 위기

뉘앙스 p.421

어근관련 capricious [kəpríʃəs] 변덕스러운 capitulate [kəpítʃuleit] (조건부로) 항복하다

---

preclude
[priklúːd]
★☆☆☆☆
03

pre(before) +
clud(shut) →
'**못 들어오도록 미리 문을 닫아버리다**'에서 유래

vt **미리 막다, 차단하다** / make impossible; prevent

- **preclude** possible retaliatory attack later 나중에 일어날 수 있는 보복 공격을 미리 막다

n **preclúsion** 차단, 방지 **a** **preclúsive** 차단[방지]하는

어근관련 include [inklúːd] 포함하다 exclude [iksklúːd] 제외[배제]하다

---

precursor
[prikə́ːrsər]
★★☆☆☆
04

pre(before) +
cur(run) →
'(인생을) **먼저 달려간 사람**'
에서 유래

n **선구자, 전조** / something that comes before another; forerunner

- a **precursor** to recession 경기 후퇴의 전조

a **precúrsory** 선구[전조]의

어근관련 concur [kənkə́ːr] 의견이 같다, 일치하다 occur [əkə́ːr] 일어나다, 생기다

---

predecessor
[prédəsesər]
★☆☆☆☆
05

pre (before) +
de (from) + cess (go) →
'**먼저 거쳐간 사람**'에서 유래

n **전임자, 선배** / a person who held a position before someone else; forerunner

- Our new doctor is much younger than his **predecessor**.
  우리의 새로운 의사 선생님은 그의 전임자보다 훨씬 젊다.

어근관련 access [ǽkses] 접근; 발작 excess [iksés] 초과(량); 과도(함)

predetermine

[pri:ditə́:rmin]

☆☆☆☆☆

06

pre(before) + determine(결정하다) → '**미리 결정하다**'에서 유래

vt 미리 결정하다, 예정하다 / determine or decide beforehand; predestine

- meet at a **predetermined** time 예정된 시간에 만나다

n predeterminátion 예정

어근관련 terminate [tə́:rməneit] 끝내다 exterminate [ikstə́:rməneit] 근절하다

동의어 / 반의어

01	**precept**	=	maxim / teaching / adage / axiom / direction ↔ practice
02	**precipitate**	=	hasten / speed / hurry / quicken / step up ◎ 동의어 보감
03	**preclude**	=	prevent / avert / deter / obviate / rule out / ward off / fend off
04	**precursor**	=	forerunner / herald / harbinger / usher / vanguard / bellwether
05	**predecessor**	=	forerunner / precursor / herald / foregoer
06	**predetermine**	=	predestine / foreordain / predestinate / preordain

동의어 보감

갑작스러운 02	필수	abrupt 돌연한; 퉁명스러운; 가파른 precipitate 성급한 unexpected 갑작스러운 impetuous 충동적 sudden 갑작스러운
	숙어	갑자기 / all at once / all of a sudden / at short notice / out of the blue

뉘앙스

갑작스러운 02

súdden	**갑작스러운** ≪가장 일반적인 말≫	• His **sudden** death upset everybody. 그의 갑작스런 죽음은 모든 사람들을 당황케했다.
abrúpt	(놀라움 · 불쾌감을 일으키게) **갑작스러운, 돌연한**	• The bus came to an **abrupt** halt. 그 버스는 급정차했다.
precípitate	(신중한 생각없이 경솔하게) **갑작스러운, 조급한**	• make a **precipitate** decision 조급한 결정을 하다
unexpécted	(받아들이는 쪽의 준비가 안 된 상태에서) **갑작스러운, 의외**	• The rainstorm was entirely **unexpected**. 그 폭풍우는 전혀 뜻밖이었다.

cf. **impétuous 충동적인, 성급한** **héadlong** (앞 뒤 가리지 않고) **무모한**

check-up Test

1. "Fundamental" is the most over-used word in the debate. There is nothing more fundamental than the markets, which had sound reasons to precipitate the crisis
ⓐ prevent ⓑ pacify ⓒ foretell ⓓ accelerate

2. They tried to live according to his precept that the unexamined life was not worthy of man.
ⓐ idea ⓑ teaching ⓒ pattern ⓓ wish

3. My present car is far superior to its predecessor.
ⓐ enemies ⓑ the one that went before it ⓒ successors ⓓ the one that have opposed it

4. PRECLUDE : IMPEDE
ⓐ preface : foreword ⓑ foe : friend ⓒ persist : desist ⓓ pertinent : irrelevant

5. The temporary cease-fire agreement does not preclude possible retaliatory attacks later.
ⓐ presume ⓑ prescribe ⓒ precede ⓓ prevent

정답 **1.** d **2.** b **3.** b **4.** a **5.** d

predicament
[pridíkəmənt]
★★★☆☆
07

pre (before) + dic (speak) → '말하기조차 힘든 상황'에서 유래

n **곤경, 궁지** / a difficult or unpleasant situation; plight

- be in a dangerous **predicament** 위험한 곤경에 있다

어근관련 dictator [díkteitər] 독재자 jurisdiction [dʒuərisdíkʃən] 재판권; 관할권

predicate
[prédəkeit]
★☆☆☆☆
08

pre (before) + dic (speak) → '앞서 말하다'에서 유래

v 1 **단언[단정]하다** / affirm to be real or true; declare
2 (~를) **기초[근거]로 하다** / take something as a reason for doing something else; base

- **predicate** the motive to be bad 그 동기가 나쁘다고 단정하다
- Their marketing strategy is **predicated** on consumer spending.
  그들의 마케팅 전략은 소비자 지출을 근거로 하고 있다.

n **a** [- dikit] ≪문법≫ **술부[술어](의)**
/ (of) the part of a sentence which makes a statement about the subject

- In "she is an artist", "is an artist" is **predicates**.
  "그녀는 예술가이다"에서," 예술가이다"는 술부이다.

n **predicátion** 단정, 단언 **a** **predícative** 단정적인; ≪문법≫ 서술적인
cf **predíct** 예언하다

어근관련 abdicate [ǽbdəkèit] 퇴위하다 contradict [kantrədíkt] 부정[반박]하다

predilection
[predəlékʃən]
★★★☆☆
09

pre(before) + di<dis (apart) + lect (choose) → '좋아하는 것을 미리 선택함'에서 유래

n **애호, 편애** / a special liking; preference

- a **predilection** for dangerous sports 위험한 스포츠에 대한 애호

어근관련 elect [ilékt] (선거를 통해) 선출하다 select [silékt] 선택하다; 정선한

predispose
[pridispóuz]
★☆☆☆☆
10

pre(before) + dispose ~하고 싶게 하다 → '미리 ~하고 싶게 하다'에서 유래

vt 1 (미리) **~할 마음[경향]이 생기게 하다** / put into a favorable mind; incline
2 **병에 걸리기 쉽게 만들다** / make liable or suitable

- Her kindness **predisposed** me to like her.
  그녀의 친절함은 내가 그녀를 좋아할 마음이 생기게 했다.
- A cold **predisposes** a person to other diseases.
  추위는 사람을 다른 병에 걸리기 쉽게 만든다.

n **predisposítion** 경향, 성질

어근관련 compose [kəmpóuz] 구성하다; 진정시키다 expose [ikspóuz] 진열하다

predominate
[pridámәneit]
★★☆☆☆
11

pre(before) + dominate 우세하다 → '~보다 우세함이 앞서다'에서 유래

vi **뛰어나다, 우세하다** / be greater in numbers of force; excel

- Sunny days **predominate** over rainy days in desert regions.
  사막 지역에서는 햇볕이 내리쬐는 날이 비오는 날보다 많다.

vt (~을) **지배[통제]하다** / have the main power; control

- **predominate** a vast empire 광대한 제국을 지배하다

a **predóminant, -nating** 뛰어난, 우세한 **n** **predóminance, -nation** 우월, 탁월

어근관련 domineer [damәníər] 권력을 휘두르다 dominion [dəmínjən] 지배권; 영토

preeminent
[priémənənt]
★☆☆☆☆
12

pre(before) + eminent 유명한 → '유명함에서 앞서는'에서 유래

a **우수[탁월]한, 발군의** / standing out above all others; excellent

- the country **preeminent** in the field of medical research
  의학 연구 분야에서 탁월한 나라

n **preéminence** 탁월, 발군

어근관련 imminent [ímənənt] 절박[긴급]한 prominent [prámənənt] 저명한; 돌출한

pregnant
[prégnənt]
★☆☆☆☆
13

pre (before) +
gn<gen (birth) →
'**탄생시키기 전의**'에서 유래

a 1 **임신한** / having an unborn young in the body
2 (의미 · 생각 따위를) **내포한, 의미 심장한** / filled with meaning; significant

- She was **pregnant** with her second child. 그녀는 둘째 아이를 임신했다.
- Every phrase in this poem is **pregnant** with meaning.
  이 시의 모든 구는 의미를 내포하고 있다.

n **prégnancy** 임신; 내포; 풍부

어근관련 generous [dʒénərəs] 후한; 풍부한 genuine [dʒénjuin] 진짜의; 진심의

동의어 / 반의어

07	**predicament**	=	plight / difficulty / hardship / dilemma / impasse
08	**predicate**	=	declare / assert / affirm / profess / avow / aver
09	**predilection**	=	preference / liking / fondness / partiality / predisposition ● 동의어 보강
10	**predispose**	=	incline / dispose / bend / bias ↔ indispose
11	**predominate**	=	excel / surpass / exceed / outdo / transcend ● 동의어 보강
12	**preeminent**	=	excellent / supreme / transcendent / surpassing / incomparable
13	**pregnant**	=	significant / meaningful / rich / expressive

동의어 보강

편견에 치우친 09

필수	biased 편견에 치우친 / one-side 편견에 치우친 / preferential 우선적인; 차별적인 / colored 편애하는 / partial 편파적인; 편애하는 / discriminatory 편견에 치우친 / prejudiced 선입견이 있는
고급	bigoted 편협한, 고집불통인 / jaundiced 황달에 걸린; 편견의 / tendentious 편향적인
참고	편견 / bias / favoritism / prejudice / preconception / prejudgement / preoccupation / predilection 편애 / preference / partiality 편협한 / insular 섬사람의; 편협한 / parochial 교구의, 편협한 / provincial 지방의, 편협한 / sectarian 분파적인; 편협한

널리 퍼진 11

필수	current 현재의, 현행 / prevailing 널리 퍼진 / ubiquitous 편재하는 / epidemic 유행병의 / prevalent 만연된 / widespread 널리 퍼진 / pervasive 널리 퍼진 / rife 퍼져있는, 가득한 / predominant 지배적인, 널리 퍼진 / rampant 맹렬한, 사나운; 만연된
고급	omnipresent 편재하는, 어디에나 있는 / pandemic (병이) 전국으로 유행하는

Check-up Test

1. The results of psychological studies of animals are often misled by <u>biased</u> experiments.
ⓐ superficial ⓑ irrelevant ⓒ impartial ⓓ predisposed

2. Despite advanced techniques, manual packing is still <u>predominant</u>.
ⓐ long-sighted ⓑ available ⓒ prevalent ⓓ specific

3. The directors faced <u>a predicament</u> in trying to meet the deadlines.
ⓐ an enigma ⓑ a failure ⓒ a dilemma ⓓ an extension

4. Although the artist used various media from time to time, he had a <u>predilection</u> for water color.
ⓐ impartiality ⓑ preference ⓒ abhorrence ⓓ duplicity

5. Psychologists think of attitudes as being <u>predispositions</u> towards objects or events that determine the way people react to different stimuli.
ⓐ prior inclinations ⓑ prescriptions ⓒ precautions ⓓ principal commitments

정답 **1.** d **2.** c **3.** c **4.** b **5.** a

prehistoric
[priːhistɔ́ːrik]
★☆☆☆☆
14

pre(before) + historic 역사의 → '역사가 쓰여지기 이전의'에서 유래

a **유사 이전의, 선사 시대의** / of a time before recorded history
- Some **prehistoric** people lived in caves. 몇몇 선사 시대 사람들은 동굴에서 살았다.

n **prehístory** 선사 시대

어근관련 historian [histɔ́ːriən] 역사가, 사학자 story [stɔ́ːri] 이야기; 줄거리

prelude
[prélju:d]
☆☆☆☆☆
15

pre(before) + lud(play) → '앞서 하는 연주'에서 유래

n 1 **≪음악≫ 전주, 서곡** / a short piece of music that introduces a large musical work; overture
2 **예고, 전조** / something that is followed by something larger; omen
- play the **prelude** to the music 그 음악의 전주를 연주하다
- serve as a **prelude** of one's misfortune 아무의 불행의 전조가 되다

v (~의) **전조가[서곡이] 되다** / be a prelude or introduction to
- The small fighting **preluded** the more serious trouble.
  그 작은 싸움은 더 심각한 불화의 전조가 되었다.

cf **ínterlude** ≪음악≫ 간주; 동안, 막간

어근관련 collude [kəlúːd] 공모하다 delude [dilúːd] 속이다, 기만하다 뉘앙스 p.425

premature
[priːmətʃúər]
★☆☆☆☆
16

pre(before) + mature 익은 → '미리 익어버린'에서 유래

a **시기 상조의, 너무 이른** / developing before the proper time; untimely
- The baby was two months **premature**. 그 아기는 두 달 일찍 태어났다.

n **prematúrity** 조숙, 시기 상조

premise
[prémis]
★★★☆☆
17

pre(before) + mis<mit(send) → '먼저 보내 놓음'에서 유래

n 1 **≪논리≫ 전제** / a statement on which reasoning is based
2 <pl.> **건물, 구내** / a building with any surrounding land; precincts
- the **premise** that an accused person is innocent until he's proved guilty
  그의 죄가 입증될 때까지 피고인은 결백하다는 전제
- Keep off the **premises**. 구내 출입 금지.

v **전제[가정]하다** / have as a premise; postulate
- Geometry **premises** certain things as a basis for its reasoning.
  기하학은 그것의 추론에 대한 근거로 확실한 것들을 전제로 한다.

어근관련 emit [imít] (빛 · 열 · 소리 따위를) 내다 omit [oumít] 빼다; 게을리 하다

premonition
[priːməníʃən]
☆☆☆☆☆
18

pre(before) + moni(admonish) → '앞서 경고함'에서 유래

n (불길한) **예감, 전조** / a warning of what is to come; foreboding
- a vague **premonition** of disaster 재난에 대한 희미한 예감

v **premónish** 미리 경고[예고]하다 **a** **premónitory** 예고[전조]의

어근관련 admonish [ædmániʃ] 훈계하다 summon [sʌ́mən] 소환[소집]하다

preoccupy
[priːákjupai]
★☆☆☆☆
19

pre(before) + occupy 점유하다 → '먼저 점유하다'에서 유래

vt 1 **선점하다** / take possession of before others
2 **열중케 하다, 몰두 시키다** / take up all the attention of; absorb
- Our favorite seats had been **preoccupied**. 우리가 좋아하는 자리들이 먼저 선점되었다.
- Something's been **preoccupying** you lately - what is it?
  최근에 넌 무엇인가에 푹 빠져 있어 - 그게 뭐니?

n **preoccupátion** 선취; 몰두 **cf** **preóccupied** 선취된; 몰두한(engrossed)

어근관련 anticipate [æntísəpeit] 예상[기대]하다 participate [paːrtísəpeit] 참가하다

동의어 / 반의어

14	**prehistoric**	=	ancient / antique / antediluvian / primitive / preliterate
15	**prelude**	=	omen / sign / presage / portent / foreboding ↔ postlude ◎ 동의어 보강
16	**premature**	=	untimely / precocious / early
17	**premise**	=	assumption / presumption / supposition / presupposition / postulation
18	**premonition**	=	foreboding / omen / sign / presage / portent ◎ 동의어 보강
19	**preoccupy**	=	absorb / occupy / immerse / engross / take up

동의어 보강

서론 · 머리말 15	필수	foreword 서언, 머리말 / preface (저자의) 서문 / prelude 전주곡; 서론 / introduction 서론 / preliminary 예비단계 / prologue 서언
	고급	exordium (일의) 시작, (강연 등의) 서론 / overture 제안, 예비교섭 / preamble (법률의) 서문
	참조	시작 / alpha / commencement 시작; 학위수여식 / genesis 창세기; 시작 / inauguration 취임; 시작 / inception / kickoff / onset / opening / portal 정문; 시작 / threshold 문턱
전조 · 전령 18	필수	forerunner 선구자, 전조 / messenger 전령 / torchbearer 계몽가, 지도자 / harbinger 전조 / pioneer 개척자, 전조 / usher 안내인 / herald 사자, 전령 / precursor 선구자, 전조 / vanguard 돌격대, 선봉대
	고급	avant-garde 전위파 예술가들 / bellwether 길잡이 양; 선구자 / pathfinder 탐험가 / trailblazer 개척자, 선구자
	참조	징조 / foreboding / omen (불길한) 징조 / premonition / presage / presentiment / portent

뉘앙스

서론 15

introdúction	(본문의 일부를 이루는) **서문, 서론**	• an excellent **introduction** and notes 훌륭한 서문과 주석
préface	(본문 앞에 따로 붙는) **머리말, 서문**	• write a **preface** to a book 책의 머리말을 쓰다
fóreword	(간결하고 격식을 차리지 않으며 주로 저자 이외의 사람이 쓰는) **머리말, 서문**	• **foreword** by a news reporter 취재 기자가 쓴 머리말
préamble	(특히 헌법이나 조약 따위의) **전문(前文)**	• stated in the **preamble** 전문에 명시된
prólogue	(희곡이나 긴 시의) **서언, 머리말**	• the **prologue** to the novel 소설의 도입부
prélude	(음악의) **전주곡,** (어떤 행위나 현상의) **예비행위, 서막**	• the **prelude** to tragedy 비극의 서막

cf. **exórdium** (특히 연설 · 논문의) **머리말, 서론** **óverture** (음악의) **서곡; 예비 교섭**

check-up Test

1. This speech has been hailed by his supporters as the _______ to his return to political world.
ⓐ preclude ⓑ prelude ⓒ assumption ⓓ evanescence

2. All visitors must show at least one form of identification to the security guard before entering the premises.
ⓐ assumptions ⓑ buildings ⓒ personalities ⓓ records

3. When the black cat crossed her path, Ellen had a(n) _______ of disaster.
ⓐ foresight ⓑ prediction ⓒ premonition ⓓ implication

4. When they let their minds wander from their _______, unutterable boredom seizes upon them.
ⓐ efforts ⓑ tedium ⓒ preoccupation ⓓ absent-mindedness

5. His career was brought to a _______ end by a succession of knee injuries.
ⓐ preoccupied ⓑ premature ⓒ preferable ⓓ prefixed

정답 **1.** b **2.** b **3.** c **4.** c **5.** b

preposterous
[pripástərəs]
★★★☆☆
20

pre (before) + post (after) → '앞뒤가 뒤바뀐'에서 유래

a **앞뒤가 뒤바뀐, 터무니없는** / completely unreasonable; absurd
- It would be **preposterous** to shovel snow with teaspoon. 티스푼으로 눈을 퍼내는 것은 터무니없는 일일 것이다.

n **prepósterousness** 터무니없음

어근관련 postpone [poustpóun] 미루다, 연기하다 posterity [pastérəti] 후손, 자손

---

prerogative
[prirágətiv]
★★★☆☆
21

pre (before) + rog (ask) → '먼저 요청할 수 있도록 해주다'에서 유래

n **(관직 · 지위에 따르는) 특권, 특전** / a special right belonging to a particular person; privilege
- The president may use his **prerogative** to pardon a criminal. 대통령은 범죄자를 용서할 수 있는 자신의 특권을 행사할 수 있다.

어근관련 abrogate [ǽbrəgeit] 취소[폐지]하다 arrogate [ǽrəgeit] 사취[침해]하다

---

presage
[présidʒ]
★☆☆☆☆
22

pre(before) + sag (perceive) → '(앞 일을) 먼저 감지함'에서 유래

n **예감, 전조** / a feeling or sign that something is about to happen; omen
- have a **presage** of danger 위험에 대한 예감이 들다

v **(~의) 전조가 되다, 예고하다** / give warning of; predict
- A circle around the moon **presages** a storm. 달 주변의 테두리는 폭풍을 예고한다.

어근관련 sagacious [səgéiʃəs] 현명[총명]한 sapient [séipiənt] 아는 체하는; 영리한

---

prescience
[préʃəns]
★☆☆☆☆
23

pre (before) + sci (know) → '앞서 앎'에서 유래

n **예지, 선견** / knowledge of things before they happen; foresight
- an instinctive **prescience** of the approach of danger 위험이 접근해 온 것에 대한 본능적인 예지

a **préscient** 선견지명이 있는

어근관련 science [sáiəns] 과학 conscience [kánʃəns] 양심; 의식, 자각

---

prescribe
[priskráib]
★★★☆☆
24

pre (before) + scribe (write) → '미리 쓰다'에서 유래

v 1 **규정[지시]하다** / lay down as a rule to be followed; order
2 **(약을) 처방하다** / order as medicine or treatment
- do what the laws **prescribe** 법이 규정한 대로 행동하다
- **prescribe** for the pain 통증에 대하여 처방하다

n **a** **préscript** 명령[규정](된) **n** **prescríption** 명령, 법규; 처방(전)
cf **proscríbe** 금지하다

어근관련 describe [diskráib] 묘사[기술]하다 inscribe [inskráib] 새기다; 명심하다

---

prestige
[prestíːʒ]
★☆☆☆☆
25

pre (before) + stig (bind) → '(선입관에 의해) 미리 마음을 묶어둠'에서 유래

n **위신, 명성** / general respect felt for someone; reputation
- enhance the national **prestige** 국위를 선양하다

a **명성[위신]이 있는** / causing admiration; reputable
- a **prestige** school[car] 명문교[명차]

a **prestígious** 명성[신망]이 있는

어근관련 constrain [kənstréin] 강요[강제]하다 restrain [ristréin] 금지[억제]하다

---

pretext
[príːtekst]
★☆☆☆☆
26

pre (before) + text 본문 → '미리 둘러댈 본문[말]'에서 유래

n **구실, 핑계** / a false reason concealing the real reason; excuse
- a **pretext** for not going to school 학교를 가지 않은 것에 대한 핑계

어근관련 context [kántekst] 문맥 texture [tékstʃər] 직물; 결, 감촉

prevail

[privéil]
★★★★☆

27

pre (before) + vail (strong) → '강함에서 앞서다'에서 유래

vi 1 **우세하다, 이기다** / gain control or victory; win
2 **널리 보급되다, 유행하다** / exist in many places; spread
3 **설득하다** / make willing to do something; persuade

- Reason **prevailed** over emotion. 이성이 감정을 이겨냈다.
- The epidemic **prevailed** in the village. 전염병이 그 마을에 퍼졌다.
- He **prevailed** upon her to visit his parents.
  그는 그녀에게 부모님을 방문해 달라고 설득했다.

a **preváiling** 우세한, 유행하는 a **prévalent** (습관 · 병 등이) 만연된
n **prévalence** 보급, 유행

어근관련 valid [vǽlid] 근거가 확실한; ≪법≫ 유효한 invalid [ínvəlid] 병약한; 병자 뉘앙스 p.427

동의어 / 반의어

20	**preposterous**	=	absurd / foolish / senseless / ridiculous / extravagant ↔ reasonable
21	**prerogative**	=	privilege / right / perquisite / perk
22	**presage**	=	omen / sign / foreboding / presentiment / portent / premonition
23	**prescience**	=	foresight / prudence / providence / discretion / forethought
24	**prescribe**	=	order / command / direct / ordain / enjoin
25	**prestige**	=	reputation / fame / celebrity / renown / eminence
26	**pretext**	=	excuse / pretense / plea / guise / cloak / alibi
27	**prevail**	=	win / overcome / beat / triumph / predominate ○ 동의어 보감

동의어 보감

설득하다 27

필수	argue 주장하다; 설득하다 induce 유도하다, 설득하다 persuade 설득하다
숙어	prevail upon / reason with / talk into / win over

뉘앙스

설득하다 · 유도하다 27

persuáde	**설득하다** ≪가장 일반적인 말≫	• **persuade** him to consult a doctor 의사의 진찰을 받도록 그를 설득하다
induce	(넌지시 또는 교묘히) **유도하다**	• Praise **induces** a child to behave. 칭찬을 하면 아이들은 얌전히 굴게된다.
prevál	(상당히 노력하여 간신히) **설득하다**	• **prevail** upon him to resign 그로 하여금 사임하도록 설득하다

Check-up Test

1. The distant rumbling we heard this morning was a portent of the thunderstorm that hit our area this afternoon.
ⓐ presage ⓑ tremor ⓒ upheaval ⓓ plethora

2. His belief in a hard core of historical facts existing objectively and independently of the interpretation of the historian is a preposterous fallacy, but one which is very hard to eradicate.
ⓐ encouraging ⓑ edifying ⓒ prerequisite ⓓ senseless

3. Weight Lifting is the gymnastic sport of lifting weights in a prescribed manner.
ⓐ careful ⓑ popular ⓒ vigorous ⓓ certain

4. The doctor had great prestige among the members of his profession.
ⓐ initiative ⓑ capability ⓒ advantage ⓓ reputation

5. Under the prevailing system, no one but the politicians gets all the power.
ⓐ previous ⓑ autocratic ⓒ compliant ⓓ current

정답 **1.** a **2.** d **3.** d **4.** d **5.** d

661 **run-of-the-mill**
[rʌ́n-əv-ðə-míl]
☆☆☆☆☆

mill 방앗간 → '**방앗간에서 대량으로 만들어져 나오는 평범한 것**' 에서 유래

a **보통의, 평범한** / ordinary; average
- write a **run-of-the-mill** story 지극히 평범한 이야기를 쓰다

---

662 **rustic**
[rʌ́stik]
★★☆☆☆

rus (country 시골) → '**시골 풍의**' 에서 유래

a **시골의** / belonging to the country; rural ; **소박한** / simple n **시골 사람**
- a **rustic** lane in the quiet countryside 조용한 지방의 시골길

v **rústicate** 시골로 보내다[은퇴하다] n **rustícity** 소박, 시골풍

---

663 **ruthless**
[rú:θlis]
★★☆☆☆

ruth (grieve 슬퍼하다) + less ~않는 → '**슬퍼하지도 않는 무자비한**'에서 유래

a **무자비한** / without pity; merciless; unsympathetic
- a dangerous and **ruthless** murderer 위험스럽고도 무자비한 살인자

---

664 **sacrilegious**
[sækrəlídʒəs]
★☆☆☆☆

sacri (sacred 신성한) + leg (take away 제거하다) → '**신성한 것을 없애 더럽히는**'에서 유래

a **신성(神聖)을 더럽히는** / showing disrespectful treatment; profane
- a **sacrilegious** act 신성을 더럽히는 행위

---

665 **sadistic**
[sədístik]
★☆☆☆☆

Sade 귀족 이름 → '**폭력적인 행동으로 악명 높았던 프랑스의 귀족 이름**' 에서 유래

a **남을 학대하는** / cruel and enjoying making other people suffer; abusive
- the **sadistic** warden 남을 학대하는 교도소장

---

666 **sag**
[sæg]
★☆☆☆☆

sag<sacken (sink 가라앉다) → '**기분이나 몸 상태가 가라앉다**' 에서 유래

v **축 늘어지다** / hang or bend down unevenly; droop; **약해지다** / become less firm or elastic
- My skin starts to **sag** with age. 나이가 들며 내 피부가 축 쳐지기 시작한다.

---

667 **salient**
[séiliənt]
☆☆☆☆☆

sal<sel (jump 뛰다) → '**갑자기 뛰어 눈에 띄는**' 에서 유래

a **눈에 띄는** / of the most noticeable part; prominent
- **salient** traits 눈에 띄는 특징

---

668 **saline**
[séili:n]
☆☆☆☆☆

salin (salt 소금) → '**소금을 함유한**' 에서 유래

a n **소금기 (있는)** / containing of salt; salty; brackish
- the slightly **saline** taste of this mineral water 이 광천수의 약간 짠 맛

---

669 **salubrious**
[səlú:briəs]
★☆☆☆☆

sal (health 건강) → '**건강에 좋은**' 에서 유래

a **(기후 등이) 건강에 좋은** / favorable or conducive to good health; healthful
- live in a **salubrious** part of town 그 도시에서 건강에 좋은 지역에 살다

---

670 **salutary**
[sǽljutèri]
★★☆☆☆

sal (health 건강) → '**건강이나 사람에 좋은**' 에서 유래

a **(경험 등이) 유익한** / having a good effect on sb/sth; beneficial
- have a **salutary** effect 유익한 영향을 미치다

---

671 **salvage**
[sǽlvidʒ]
★★★☆☆

salv (save 구하다)

v **구조[구출]하다** / save from loss; rescue
- **salvage** the wrecked ship 파괴된 선박을 구조하다

---

672 **sanction**
[sǽŋkʃən]
★★★★☆

sanct (holy 성스러운) → '**신의 말씀을 빌어 성스럽게 인가하다**' 에서 유래

v **인가[승인]하다** / approve
n **인가, 승인** / a permission with authority; approval ; **(경제, 군사적인) 제재** / restriction; embargo
- require the **sanction** of the court 법원의 허가를 필요로 하다

---

673 **sang-froid**
[sa:ŋ-frwά:]
☆☆☆☆☆

sang (blood 피) + froid (cold 추운) → '**차가운 피가 흐르듯 침착함**' 에서 유래

n **침착** / calmness in face of danger; equanimity
- the captain's **sang-froid** 그 선장의 침착성

674 **sanguinary**
[sǽŋgwəneri]
★★★☆☆

sang (blood 피) →
'피 냄새 가득한'에서 유래

a **피비린내 나는** / involving violence and killing; bloodthirsty
- a **sanguinary** battle 피비린내 나는 전투

675 **sanitary**
[sǽnəteri]
★★☆☆☆

san (healthy 건강에 좋은) →
'건강을 좋게 만드는 데 필요한 위생의'에서 유래

a **위생의** / connected with keeping places healthy; **청결한** / hygienic
- He worked to improve the **sanitary** condition of slums.
  그는 빈민가의 위생상태를 개선시키기 위해 일을 하였다.

n **sanitátion** 위생

676 **sap**
[sæp]
★★☆☆☆

sap<sappe (spade 삽) →
'삽으로 적지에 참호를 파서 적을 약화시키다'에서 유래

v **서서히 약화시키다** / weaken gradually; run down
- Years of failure have **sapped** him of his confidence.
  오랫동안의 실패가 그의 자신감을 서서히 약화시켰다.

cf **sap** 수액; 활력

677 **sapient**
[séipiənt]
★☆☆☆☆

sap<sav (know 알다) →
'잘 알고 있는'에서 유래

a **<종종 반어적> 현명한** / having great intelligence or knowledge; shrewd
- make a **sapient** remark 현명한 말을 하다

n **sápience** 지혜; 아는 체함　a **sapiéntial** 지혜의, 슬기로운

678 **sardonic(al)**
[sa:rdánik(əl)]
☆☆☆☆☆

sardonic<sardonios (scornful laughter 경멸적인 웃음) → '경멸적인 웃음을 짓는' 에서 유래

a **냉소적인** / coldly scornful; cynical
- give a **sardonic** smile 냉소적인 미소를 짓다

679 **satiate**
[séiʃieit]
★★☆☆☆

sa (enough 충분한) → '충분하여 만족시키다' 에서 유래

v **(너무) 만족시키다** / satisfy too much; surfeit
- be **satiated** with food 물릴 정도로 음식을 먹다

n **satiátion[satíety]** 물림, 포만(감)

680 **saturate**
[sǽtʃəreit]
★☆☆☆☆

sa (enough 충분한) → '충분히 흠뻑 적시다' 에서 유래

vt **흠뻑 적시다** / make something very wet; drench
- **saturate** a handkerchief with water 손수건을 물에 흠뻑 적시다

a **sáturant** 포화시키는　n **saturátion** 침투, 포화 상태

★ 중요빈출

Check-up Test

1. Boy, have I been in a real rut lately! Same old <u>run-of-the-mill</u> stuff day after day.
ⓐ difficult　ⓑ exciting　ⓒ boring　ⓓ humorous

2. Many flooded houses are bent over and <u>sagging</u> from the weight of the water.
ⓐ stinking　ⓑ soaking　ⓒ drooping　ⓓ drowning

3. The punishment had <u>a salutary</u> effect on the boy as he became a model student.
ⓐ a useful　ⓑ a hygienic　ⓒ a dubious　ⓓ an enforcing

4. Among Joe's <u>salient</u> features is his square jaw.
ⓐ noticeable　ⓑ ugly　ⓒ strange　ⓓ attractive

5. In certain societies shame was the only _______ against wrongdoing.
ⓐ sanction　ⓑ approbation　ⓒ ramification　ⓓ plethora

정답 **1.** c　**2.** c　**3.** a　**4.** a　**5.** a

- **all at once** / **갑자기** suddenly, all of a sudden, out of the blue
  - Children and teenagers are naturally curious and bold **all at once**.
    아이들과 10대들은 본래 갑자기 호기심이 많고 대담하다.

- **all but** / **거의** almost, nearly
  - The festival was **all but** over when we arrived.
    우리가 도착했을 때는 축제가 거의 끝나 가고 있었다.

- **all Greek** / **금시초문인, 이해할 수 없는** incomprehensible
  - Isabel tried to explain how the machine works, but it's **all Greek** to me. Isabel은 그 기계가 돌아가는 원리에 대해 설명해주려 노력했지만, 나는 이해할 수 없었다.

- **all in all** / **대체로** in general
  - **All in all**, I don't know quite what we've learned, but it definitely kept my attention. 대체로 나는 우리가 배워왔던 것을 완전히 알지는 못하지만, 그것은 확실히 내 주의를 끌었다.

- **all of a sudden** / **갑자기** out of the blue, suddenly, unexpectedly, at short notice
  - **All of a sudden** there was automatic gunfire. 대체로 나는 우리가 갑자기 자동 기관총의 총성이 울렸다.

- **all or nothing** / **전부 아니면 무의** life or death, absolute
  - The judge and jury do not take an **all or nothing** approach.
    판사와 배심원단은 모 아니면 도의 접근을 취하지 않는다.

- **all over** / **도처에, 모든 점에서** throughout
  - Although most of her books were published in 1980's and 90's, they are still read **all over** the world.
    그녀의 책들은 1980년대와 90년대에 출간되었음에도 불구하고 여전히 전 세계적으로 읽혀진다.

- **all the same** / **그래도, 여전히** still, yet , **그럼에도 불구하고** nonetheless
  - Most people cast doubt on her statement. **All the same**, there's some truth in what she says.
    대부분의 사람들은 그녀의 진술에 의구심을 가진다. 그래도 그녀의 말에도 어느 정도 진실성은 있다.

- **all thumbs** / **손재주가 없는** clumsy, awkward
  - Austin is **all thumbs** when it comes to fixing machines.
    오스틴은 기계를 고치는 데에는 손재주가 없다.

- **cool as a cucumber** / **침착한** calm, unexcited
  - He may have been **cool as a cucumber** because he was innocent.
    그는 결백했기 때문에 침착했던 것일지도 모른다.

- **day in and day out** / **날이면 날마다** everyday; day and night
  - I'm sick and tired with dealing with the same inquiries **day in and day out**. 매일 똑같은 문의 사항들만 처리하는 것은 지긋지긋하다.

- **depend upon it** / **틀림없이** to be sure
  - **Depend upon it**, we won't give up.
    절대로, 우리는 포기하지 않을 것이다

- **devoid of** / **~이 결여된(부족한)** lacking in
  - Their arguments are largely **devoid of** logic and substance.
    그들의 논쟁은 주로 논리와 본질이 결여되어있다.

- **due to** / **~에 기인하는** caused by, ascribed to
  - Most of the problems were **due to** human error.
    문제들은 대부분이 인간의 실수로 인한 것이었다.

- **far from ~ ing** / **~하기는커녕** not at all
  - The domestic economy is **far from being** favorable.
    국내 경제 사정이 결코 좋지 않다.

- **few and far between** / **아주 드문** rare
  - Competitive games between the two teams in recent years have been **few and far between**.
    두 팀사이의 경쟁적인 경기는 최근 몇 년 동안 매우 드물었다.

- **hard and fast** / **엄격한** strict , **일정불변의** unchangeable
  - There are no **hard and fast** rules for how long a paragraph should be. 한 문단의 길이가 얼마나 길어야 하는지에 대한 엄격한 규정은 없다.

- **hard up (for money)** / **돈에 쪼들리는** short of money
  - This woman must be really **hard up for money** to reveal her mother's plight to the world. 이 여성은 자신의 어머니가 겪은 고난을 세상에 폭로할 정도로 정말 돈이 궁한 상태임에 틀림없다.

- **head over heels** / **거꾸로** topsy-turvy; **완전히** completely, **열렬히**
  - I fell clear of the aircraft, tumbling **head over heels** until my parachute opened. 나는 낙하산이 펼쳐질 때까지 항공기에서 거꾸로 뒹굴면서 떨어졌다.

- **high and dry** / **배가 좌초된** stranded ; **(사람이) 고립된, 곤경에 빠진**
  - Exporters are worried that at the end of the year they will be left **high and dry**.
    수출업자들은 올해 말 그들이 어려움을 겪을 것이라고 걱정한다.

- **high and low** / **도처에, 모든 곳에** everywhere, throughout
  - I have searched **high and low** for my wallet.
    나는 지갑을 찾기 위해 구석구석을 다 뒤졌다.

- **ill at ease** / **불편한, 불안한** an uncomfortable
  - Susan looked very **ill at ease** during her speech.
    수잔은 발표하는 동안 매우 불안해 보였다.

- **all the time** / 항상 always, invariably, ever, continuously
- **black and blue** / 멍든
- **brand-new** / 새로운 quite new
- **dead to the world** / 깊이 잠든 sound asleep, fast asleep
- **flat broke** / 무일푼의 penniless
- **full of beans** / (사람 · 말 등이) 원기 왕성한
- **Greek to someone** / ~에게 도무지 이해가 안 되는
- **hand over fist** / 성큼성큼, 자꾸자꾸 very quickly

우선순위
로 보는
PRE
VIEW

Date :

pro-

Rating	No.	Word	Meaning	Check
★★★★☆	12.	**prolific**	다산의	□ □ □
★★★☆☆	02.	**procrastinate**	지체하다	□ □ □
	03.	**prodigal**	방탕한	□ □ □
	14.	**prominent**	돌출한; 탁월한	□ □ □
	15.	**promiscuous**	난잡한	□ □ □
	19.	**propensity**	성질	□ □ □
	24.	**proscribe**	금지하다	□ □ □
★★☆☆☆	05.	**profane**	불경스런; 모독하다	□ □ □
	12.	**proficient**	숙달한	□ □ □
	13.	**prolong**	연장하다	□ □ □
	16.	**promising**	장래가 촉망되는	□ □ □
	23.	**propriety**	예절; 타당성	□ □ □
★☆☆☆☆	01.	**proclivity**	경향	□ □ □
	04.	**prodigious**	거대한; 놀랄만한	□ □ □
	06.	**profess**	공언하다; 인체하다	□ □ □
	07.	**proffer**	내놓다; 제출	□ □ □
	09.	**profile**	윤곽; 인물 소개	□ □ □
	10.	**profuse**	사치스런; 풍부한	□ □ □
	11.	**prognosticate**	예언하다	□ □ □
	17.	**promulgate**	공포하다	□ □ □
	18.	**propel**	추진하다	□ □ □
	20.	**prophesy**	예언하다	□ □ □
	21.	**propitious**	길조의; 자비로운	□ □ □
	22.	**proportional**	균형잡힌	□ □ □
	25.	**prosecute**	기소하다; 수행하다	□ □ □

MD35 mp3

LECTURE
35

pro-

▶ 앞 Latin 계통의 접두어로서 '앞(forth)'의 의미를 지닌다.

의미 변화

① 앞(forth)

> **protrúde** : pro(forth) + trud(thrust)
→ 앞으로 내밀다 → 내밀다
/ próffer 증정하다 / proscríbe 금지하다

② 전(before)

> **prognósticate** : pro(before) + gno(know)
→ 미리 알다 → 예지하다
/ prósecute 기소하다; 추진하다 / progénitor 조상

형태 변화

① 자음 d 앞에서 → pru-
/ prúdent 신중한

② 자음 p, v 앞에서 → pur-
/ purpórt 주장하다; 취지 / púrview 범위, 권한

---

proclivity
[prouklívəti]
★☆☆☆☆
01

pro (forth) + cliv(slope) → '(마음이) 앞으로 기울어짐'에서 유래

n (특히 나쁜) **경향, 기질** / a strong natural liking or tendency; tendency
- a **proclivity** of finding fault 남의 흠을 잡는 버릇

어근관련 acclivity [əklívəti] 오르막길 declivity [diklívəti] 내리막길 뉘앙스 p.433

---

procrastinate
[proukrǽstəneit]
★★★☆☆
02

pro (forth) + crastin (tomorrow) → '(오늘 할 일을) 내일로 가게 하다'에서 유래

vi **질질 끌다, 지체하다** / put things off until later; delay
- It is not wise to **procrastinate**. 지체하는 것은 현명하지 않다.

n **procrastinátion** 지연, 꾸물거림

---

prodigal
[prádigəl]
★★★☆☆
03

pro(forth) + ig(drive) → '모조리 앞으로'에서 유래

a **낭비하는, 방탕한** / spending too much; lavish
- his **prodigal** lifestyle 그의 낭비하는 생활방식

n **prodigálity** 낭비, 방탕(extravagance) **cf** **pródigy** 천재, **prógeny** 자손

어근관련 cogent [kóudʒənt] 설득력 있는 agitate [ǽdʒiteit] 선동하다

---

prodigious
[prədídʒəs]
★☆☆☆☆
04

pro (forth) + ig<ag (say) → '말로 하기에는 너무 큰'에서 유래

a 1 **거대한, 막대한** / wonderfully large; huge
2 **놀랄만한** / wonderful; amazing
- a **prodigious** sum 막대한 금액
- a **prodigious** feat 놀랄만한 묘기

n **pródigy** 천재; 기이한 현상(wonder)

동의어 ↔ 반의어

01	**proclivity**	=	tendency / penchant / propensity / inclination / temperament ○ 동의어 보강
02	**procrastinate**	=	dawdle / dally / linger / loiter / tarry / fall into arrears ○ 동의어 보강
03	**prodigal**	=	lavish / extravagant / luxurious / sumptuous / profligate ↔ parsimonious
04	**prodigious**	=	enormous / vast / colossal / titanic / tremendous / stupendous / gigantic ○ 동의어 보강

동의어 보강

경향 · 성향 01

필수	bent 기호, 경향 disposition 기질 inclination 경향 leaning 기울기; 경향	makeup 체질, 성질 penchant (강한) 경향 proclivity (나쁜) 경향 propensity 경향	temper 성질, 경향 temperament 기질, 경향
고급	flair 재능, 능력; 경향 / mind-set 사고방식, 심적 경향		

동의어 보감

꾸물거리다 · 늑장부리다 02	필수	dally 장난치다, 꾸물거리다 / lag 뒤처지다, 꾸물거리다 / procrastinate 꾸물거리다, 자꾸 미루다 / dawdle 빈둥거리다, 헛되이 보내다 / linger 남아 있다, 꾸물거리다 / drag 질질 오래 끌다, 느릿느릿 걷다 / loiter 빈둥거리다, 늑장 부리다
	고급	tarry 머무르다, 늑장 부리다
	숙어	drag one's feet 발을 질질 끌다, 꾸물거리다 / goof off 빈둥거리다
빈둥거리다	필수	idle 빈둥거리다 / lounge 느긋하게 앉아있다, 빈둥거리다 / laze 빈둥거리다 / vegetate 무위도식하다
	고급	fiddle 바이올린; 빈둥빈둥 시간을 보내다 / loaf 빈둥거리다; 놀고 지내다
	숙어	fool[hang, sit, knock] around / fritter[idle, while] away / kill[waste] time

거대한 · 웅장한 04	필수	colossal 거대한 / immense 거대한 / titanic 거대 / enormous 거대한 / mammoth 거대한 / tremendous 거대한; 굉장한 / gigantic 거대한 / massive 크고 육중한 / vast 광대한, 거대한 / huge 거대한 / prodigious 엄청난; 거대한
	고급	elephantine 거대한; 서투른 / gargantuan 거대한 / humongous 거대한; 터무니없는 / jumbo 거대한 / seismic / stupendous 놀랄만한, 거대한 / walloping 엄청난; 거대한 고급
	참고	널찍한 / ample (남을 정도로) 충분한, 넓은 / capacious 용량이 큰, 널찍한 / commodious / roomy / spacious

뉘앙스

경향 · 성향 01

inclinátion	(어떤 사물에 대한) **마음의 기울음, 경향**	• have an **inclination** to refuse 거절하고 싶은 마음이다
léaning	(어떤 방향으로) **마음의 끌림** ≪약한 의미의 말≫	• have a **leaning** toward socialism 사회주의에 마음이 끌리다
bent	(천성적인) **경향, 성향**	• have a **bent** for music 선천적으로 음악을 좋아하다
propénsity	(천성적이고 억제할 수 없는) **경향, 성향**	• have a **propensity** to consume 소비 성향이 있다
proclívity	(습관적이고 나쁜) **경향, 성향**	• have a **proclivity** to steal 도벽이 있다

cf. **pénchant** (강한) **경향, 기호** **flair** (천부적인) **경향, 재능**

check-up Test

1. The chef of the restaurant spent thousands of dollars on ingredients for what was supposed to be a simple meal. He was _______ with his employer's money.
ⓐ prodigal ⓑ careful ⓒ devoted ⓓ stingy

2. There have been some politicians who had a great <u>proclivity</u> for violence and authoritarianism.
ⓐ backwardness ⓑ rainfall ⓒ edict ⓓ inclination

3. It was wise not to _______. We find ourselves bogged down in a mass of work which should have been finished long ago.
ⓐ obliterate ⓑ propagate ⓒ procrastinate ⓓ promulgate

4. He ate a <u>prodigious</u> amount of the homemade bread.
ⓐ slight ⓑ huge ⓒ tiny ⓓ moderate

정답 **1.** a **2.** d **3.** c **4.** b

profane
[prəféin]
★★☆☆☆
05

pro (forth) + fan (shrine) → '성당 앞으로 뛰쳐 나온'에서 유래

a **불경스런** / with contempt or disregard for God; impious
- a **profane** act[talk] 불경스런 행동[대화]

vt **~의 신성을 더럽히다, 모독하다** / treat holy things with contempt or disregard; desecrate
- **profane** a national flag 국기를 모독하다

n **profánity, profanátion** 신성을 더럽힘, 불경(blasphemy)

어근관련 fan [fæn] 지지자; 애호가　fanatic [fənǽtik] 광신자

---

profess
[prəfés]
★☆☆☆☆
06

pro (forth) + fess (say) → '앞에다 대고 말하다'에서 유래

vt 1 **공언[언명]하다** / affirm openly; declare
2 **~인 체하다** / make a pretense of; pretend
- They **professed** themselves (to be) quite contented. 그들은 꽤 만족스럽다고 말했다.
- Everyone **professed** to study hard. 모두가 열심히 공부하는 체했다.

a **proféssed** 공언한, 명백한

어근관련 confess [kənfés] 자백하다, 고백하다　profession [prəféʃən] (전문) 직업

---

proffer
[prɑ́fər]
★☆☆☆☆
07

pro (forth) + offer 제공하다 → '~의 앞에 제공하다'에서 유래

vt **~을 내놓다, 증정하다** / offer for acceptance; render
- **proffer** a present 선물을 증정하다

n **제출, 제안, 증정(품)** / the act of offering; proposal
- Her **proffer** of advice was accepted. 그녀가 제안한 충고가 받아들여졌다.

어근관련 offertory [ɔ́:fərtɔ̀:ri] 봉납, 헌금　offering [ɔ́:fəriŋ] 봉납(물)

---

proficient
[prəfíʃənt]
★★☆☆☆
08

pro (forth) + fic (make) → '무엇이든 척척 만들어 내는'에서 유래

a **(예술 · 과학 따위에) 숙달한, 능숙한** / advanced in any art, science, or subject; skillful
- **proficient** in[at] surgery 외과술에 능한

n **profíciency** 숙달, 능숙

어근관련 beneficence [bənéfəsəns] 선행, 자선 행위　efficiency [ifíʃənsi] 능숙, 능력

---

profile
[próufail]
★☆☆☆☆
09

pro (forth) + fil (thread) → '(얼굴) 외곽의 선'에서 유래

n 1 **(사진 · 조각의) 옆 얼굴상, 윤곽** / a side view; outline
2 **프로필, 인물 소개** / a short description of a person's life and character
- She has a beautiful **profile**. 그녀는 옆 모습이 아름답다.
- an exclusive **profile** of the new tennis champion 새로운 테니스 챔피언에 대한 독점적인 프로필

어근관련 filament [fíləmənt] 가는 실; (전구의) 필라멘트　fillet [fílit] 머리끈

---

profuse
[prəfjú:s]
★☆☆☆☆
10

pro (forth) + fus (pour) → '앞으로 쏟아내는'에서 유래

a 1 **아끼지 않는, 사치스런** / spending or giving freely; extravagant
2 **풍부한** / very abundant; copious
- be **profuse** of[with] one's money 돈을 헤프게 쓰다
- a **profuse** flow of blood 많은 양의 출혈

n **profúsion** 풍부; 사치

어근관련 diffuse [difjú:z] 흩다; 퍼뜨리다　transfuse [trænsfjú:z] 수혈하다

뒤양스 p.435

동의어 ↔ 반의어

05 **profane** = impious / irreverent / ungodly / blasphemous / iconoclastic ↔ sacred
06 **profess** = confess / declare / enunciate / pronounce / set forth
07 **proffer** = offer / extend / present / tender / hold out
08 **proficient** = skillful / expert / dexterous / competent / adroit ↔ clumsy
09 **profile** = outline / silhouette / contour / delineation
10 **profuse** = abundant / luxuriant / copious / galore ↔ scant ◎ 동의어 보강

동의어 보강

~로 가득 찬

필수	crammed with ~로 가득 찬 / full of ~로 가득 찬 / replete with ~로 가득 찬 / filled with ~로 가득 찬 / laden with 짐이 실린 / surfeited with ~로 가득 찬; ~에 물린 / fraught with ~로 가득 찬 / loaded with 짐이 가득 실린
고급	awash in ~로 가득 찬 / infested with ~로 우글거리는 / rife with 유행하는, 무성한
참조	plethora 충만 / surplus 과잉
반의어	devoid of ~이 없는 / void of ~이 전혀 없는 / lacking in ~이 부족한

풍부한 10

필수	abundant 풍부한 / copious 풍부한 / profuse 지나친, 풍부한; 사치스런 / ample 넓은; 풍부한 / plenteous 풍부한 / bountiful 풍부한 / plentiful 풍부한
고급	bounteous 풍부한, 관대한 / galore 〈후치 수식〉 충분한 / opulent 부유한; 풍부한

뉘앙스

풍부한 10

pléntiful	(공급량이) **풍부한**	• a **plentiful** supply of food 풍부한 식량 공급량
abúndant	(넘칠 만큼) **풍부한, 충분한**	• The lake is **abundant** in fishes. 그 호수는 물고기가 굉장히 많다.
ámple	(모든 요구를 충족시킬 만큼) **충분한, 넉넉한**	• I have **ample** money for the journey. 나는 충분한 여비를 갖고 있다.
cópious	(생산 · 소비량이 매우) **풍부한**	• a **copious** crop of wheat 밀의 풍부한 수확고
profúse	(지나칠 정도로) **풍부한**	• He was **profuse** in his thanks. 그는 지나칠 정도로 감사를 표했다.

Check-up Test

1. He turned his head to see himself in <u>profile</u>.
ⓐ in a realistic manner ⓑ from above ⓒ in bright light ⓓ from the side

2. He rejected the <u>proffered</u> gift and returned it.
ⓐ offered for acceptance ⓑ accumulated ⓒ cut down ⓓ dear

3. Only someone entirely <u>proficient</u> in both languages can do simultaneous translation.
ⓐ inexperienced ⓑ awkward ⓒ slow ⓓ skillful

4. He had red roses <u>in profusion</u>, but no blue rose.
ⓐ privately ⓑ abundantly ⓒ as a decoration ⓓ proudly

5. Tourists were urged not to <u>profane</u> the sanctity of holy places by wearing improper garb.
ⓐ predicate ⓑ insinuate ⓒ desecrate ⓓ beseech

정답 **1.** d **2.** a **3.** d **4.** b **5.** c

prognosticate
[pragnɑ́stikeit]
★☆☆☆☆
11

pro (before) + gno (know) → '미리 알다'에서 유래

vt **(징후를 통해) 예언하다, 예지하다** / predict from facts; forecast
- **prognosticate** a rebellion 반란을 예지하다

n **prognosticátion** 예언; 전조, 징후

어근관련 diagnose [dáiəgnous] 진단하다 connoisseur [kanəsə́:r] 감정인, 전문가

---

prolific
[prəlífik]
★★★★☆
12

pro (forth) + l<al (nourish) + fic<fac (make) → '영양분을 얻어 많이 만드는'에서 유래

a **다산의, 다작의** / producing many offspring; productive
- a **prolific** novelist 다작 소설가

어근관련 proletariat [proulətéəriət] 무산자 계급 proliferate [prəlífəreit] 증식하다

---

prolong
[prəlɔ́:ŋ]
★★☆☆☆
13

pro (forth) + long 긴 → '앞으로 길게 늘이다'에서 유래

vt **(시간적 · 공간적으로) 연장하다** / make longer; lengthen
- **prolong** a sick person's life 환자의 삶을 연장시키다

n **prolongátion, prolóngment** 연장 **v** **prolóngate** 연장하다

어근관련 elongate [ilɔ́:ŋgeit] 길게하다 longevity [landʒévəti] 장수; 수명 뉘앙스 p.437

---

prominent
[prɑ́mənənt]
★★★☆☆
14

pro (forth) + min (project) → '앞으로 불쑥 내밀어져 있는'에서 유래

a 1 **돌출한** / projecting outward or upward; protruding
2 **눈에 띄는, 탁월한** / of great importance; outstanding
- the **prominent** eyeballs of a frog 돌출한 개구리의 눈
- a **prominent** music critic 탁월한 음악 비평가

n **próminence** 돌기; 탁월

어근관련 eminent [émənənt] 저명한, 현저한 menace [ménis] 위협, 협박

---

promiscuous
[prəmískjuəs]
★★★☆☆
15

pro (forth) + misc (mix) → '이것저것 섞인 상태인'에서 유래

a **뒤섞인, 난잡한** / mixed and in disorder; miscellaneous
- a **promiscuous** heap of clothing 뒤섞여 있는 옷 더미

어근관련 mingle [míŋgl] 섞(이)다 miscellany [mísəleini] (잡다한) 모음; 잡동사니

---

promising
[prɑ́misiŋ]
★★☆☆☆
16

pro (before) + mis<mit (send) → '앞서 약속된 미래를 보내는'에서 유래

a **장래가 촉망되는** / showing signs of likely future success; hopeful
- a **promising** young writer 장래가 촉망되는 젊은 작가

n **v** **prómise** 약속; 전도 유망함; 약속하다; ~의 가망이 있다

어근관련 demise [dimáiz] 사멸, 몰락, 서거 surmise [sərmáiz] 추측하다, 짐작하다

= 동의어 ↔ 반의어

11	**prognosticate**	=	foretell / predict / prophesy / forecast / forebode
12	**prolific**	=	productive / fertile / abundant / fecund / plentiful ↔ barren
13	**prolong**	=	lengthen / elongate / extend / protract ↔ shorten ● 동의어 보강
14	**prominent**	=	noticeable / outstanding / remarkable / patent / clear-cut / salient
15	**promiscuous**	=	miscellaneous / heterogeneous / indiscriminate / multifarious ● 동의어 보강
16	**promising**	=	hopeful / encouraging / propitious / auspicious ↔ unpromising

동의어 보감

늘이다 · 연장하다 13	필수	elongate (길이를) 늘이다 extend 늘이다, 연장하다	lengthen 늘이다 prolong (기간을) 연장시키다	protract 늘이다 stretch 늘이다
	고급	perpetuate 영구화하다		
	숙어	let out / string out		
	참고	abate 완화시키다, 누그러들다 / decrease / diminish / dwindle / lessen / reduce / retrench (비용을) 줄이다		
방탕한 15	필수	debauched (성적으로) 타락한 dissipated 방탕한 dissolute 방탕한	loose 느슨한, 방탕한 prodigal 낭비하는, 방탕한 promiscuous (성적으로) 난잡한	wanton 방탕한
	고급	libertine 방탕한; 난봉꾼 / profligate 방탕한; 난봉꾼		
	숙어	sow one's wild oats 젊은 혈기로 난봉을 부리다		
↔ 절제하는	필수	abstemious 절제하는 abstinent 절제하는 ascetic 금욕적인, 절제하는	austere 검소한; 엄격한 continent (성욕) 절제하는 moderate 적당한, 절제의	stoical 금욕의, 극기의 temperate 도를 넘지 않는, 절제하는
	고급	celibate 독신의, 금욕하는 / puritanical 청교도의, 금욕적인		

뉘앙스

늘이다 13	**exténd**	**늘이다, 확장하다**	• words with **extended** meanings 확대된 의미를 지닌 단어들
	léngthen	(공간적 · 시간적으로) **길게 하다**	• **lengthen** a chain 사슬을 길게 하다
	elóngate	(주로 공간적 길이를) **늘이다** ≪주로 기술적 용어로 쓰임≫	• fibers **elongated** by stretching 잡아당겨 늘어난 천
	prolóng	(기간을 정상보다) **늘이다**	• He **prolonged** his stay. 그는 체류기간을 연장했다.
	protráct	(시간을 부당하게) **늘이다, 질질 끌다**	• **protract** a speech 말을 질질 끌다

Check-up Test

1. In later years he came to be a <u>prominent</u> citizen of the town, and there was even talk one year of running him for mayor.
ⓐ sharp ⓑ important ⓒ clear ⓓ enviable

2. I ______ disaster unless we change our extravagant way of life.
ⓐ prognosticate ⓑ corroborate ⓒ deprecate ⓓ depreciate

3. The writers of mystery fiction who turn out several books a year may be considered ______.
ⓐ plentiful ⓑ ambitious ⓒ stupendous ⓓ prolific

4. Pianist Duke Ellington was the first musician to compose <u>prolonged</u> jazz works.
ⓐ extended ⓑ published ⓒ melodic ⓓ slow

5. As secrets are to be made cheap by <u>promiscuous</u> publication, he calls a select audience about him.
ⓐ confused ⓑ prominent ⓒ affluent ⓓ extricate

정답 **1.** b **2.** a **3.** d **4.** a **5.** a

promulgate
[prάməlgeit]
★☆☆☆☆
17

pro (forth) + mulg<vulg (people) → '사람들 앞에서 말하다'에서 유래

vt **~을 공포[발표]하다** / announce officially; proclaim
- The king **promulgated** a decree. 왕이 법령을 공포했다.

n **promulgátion** 공포, 발표, 선언

어근관련 divulge [diváldʒ] (비밀을) 누설하다 vulgarian [vʌlgέəriən] 속물

---

propel
[prəpél]
★☆☆☆☆
18

pro (forth) + pel (drive) → '앞으로 밀어 부치다'에서 유래

vt **~을 나아가게 하다, 추진하다** / drive or push forward; thrust
- He was **propelled** by the desire of fame. 그는 명예욕에 사로잡혀 움직였다.

n **propúlsion** 추진, 추진력 n **propéller** 프로펠러, 추진기
n **propéllant** 추진력 원(源) a **propúlsive** 추진하는

어근관련 appeal [əpíːl] 상고하다, 간청하다 repeal [ripíːl] (법률 따위를) 무효로 하다

---

propensity
[prəpénsəti]
★★★☆☆
19

pro (forth) + pens (hang) → '마음이 매달려 있는 상태'에서 유래

n **(보통 나쁜 뜻으로) 성벽, 성질** / a natural tendency; proclivity
- a **propensity** for the lavish spending of money 돈을 낭비하는 버릇 뉘앙스 p.433

어근관련 impending [impéndiŋ] 임박한 preponderance [pripάndərəns] 우위, 우월

---

prophesy
[prάfəsai]
★☆☆☆☆
20

pro (before) + phe (speak) → '앞서서 말하다'에서 유래

v **(~을) 예언하다** / tell what will happen; predict
- He **prophesied** that the war would come to an end before long.
  그는 머지 않아 종전이 된다고 예언했다.

n **próphecy** 예언 n **próphet** 예언자 a **prophétic** 예언자의, 예언자적인

어근관련 aphasia [əféiʒə] 실어증 emphatic [imfǽtik] 어세가 강한, 강조한

---

propitious
[prəpíʃəs]
★☆☆☆☆
21

pro (forth) + pit (go) → '앞으로 잘 나가는'에서 유래

a 1 **징조가 좋은, 길조의** / well-disposed; favorable
2 **(특히 하나님이) 호의를 가진, 자비로운** / favorably inclined; gracious
- **propitious** weather for our trip 여행 가기에 안성맞춤인 날씨
- **propitious** benefits 자비로운 은혜

어근관련 competence [kάmpətəns] 적성, 자격 perpetual [pərpétʃuəl] 영원한

---

proportional
[prəpɔ́ːrʃənl]
★☆☆☆☆
22

pro (for) + portion 몫 → '각각에 대하여 적당한 몫인'에서 유래

a **균형잡힌, 비례하는** / in the proper proportion; commensurable
- a starting salary **proportional** to her experience 그녀의 경력에 비례하는 초봉

n vt **propórtion** 비율; 조화, 균형; 크기; 비례[조화]시키다
a **propórtionable** 비례하는, 균형을 잡을 수 있는

어근관련 apportion [əpɔ́ːrʃən] 배당하다 disproportion [disprəpɔ́ːrʃən] 불균형

---

propriety
[prəpráiəti]
★★☆☆☆
23

pro (intensive) + pri (proper) → '남을 대하는 적당한 태도'에서 유래

n 1 **예의바름, 예절** / proper behavior; etiquette
2 **타당(성), 적당** / the quality or condition of being proper; fitness
- observe the **proprieties** 예의를 지키다
- doubt the **propriety** of making use of the method
  그 방법을 이용하는 것이 적당한지 의문을 갖다

a **próper** 적당한, 알맞은(fit); 고유의(peculiar)

어근관련 appropriate [əpróuprieit] 횡령하다; 적절한
expropriate [ekspróuprieit] 몰수하다, 징수하다

proscribe
[prouskráib]
★★★☆☆
24

pro (before) +
scrib (write) →
'미리 써서 막다'에서 유래

vt (습관 따위를) **금지하다, 배척하다** / prohibit as wrong or dangerous; forbid

- **proscribe** fat from diet 지방을 규정식에 넣지 않다

n **proscríption** 금지; 법률의 보호 박탈, 추방 **cf** **prescríbe** 지시하다; 처방하다

어근관련 circumscribe [sə́ːrkəmskraib] 한계를 정하다, 제한하다
subscribe [səbskráib] (돈을) 기부하다; 서명하다; (신문 · 잡지를) 구독하다

---

prosecute
[prásikjuːt]
★☆☆☆☆
25

pro (forth) +
secu<sequi (follow) →
'법을 따르게 하다'
에서 유래

vt 1 ≪법≫ **기소하다** / bring before a court of law; indict
2 **추진하다, 수행하다** / pursue until completion; carry on

- Trespassers will be **prosecuted**. 불법 침입자들은 기소될 것이다.
- **prosecute** one's duties 의무를 수행하다

n **prosecútion** ≪법≫ 기소, 소추 **n** **prósecutor** ≪법≫ 기소자; 검사

어근관련 persecute [pə́ːrsikjuːt] 박해하다 consecutive [kənsékjutiv] 연속적인

= 동의어 ↔ 반의어

17	**promulgate**	=	declare / proclaim / disseminate / announce
18	**propel**	=	drive / impel / thrust / push / shove
19	**propensity**	=	leaning / bent / disposition / inclination / penchant ↔ antipathy
20	**prophesy**	=	predict / foretell / forecast / prognosticate / portend
21	**propitious**	=	auspicious / promising / rosy / roseate ↔ unpropitious
22	**proportional**	=	comparable / symmetrical / commensurate ↔ disproportional
23	**propriety**	=	suitability / properness / fitness / appropriateness ↔ impropriety ● 동의어 보강
24	**proscribe**	=	forbid / inhibit / ban / enjoin ↔ permit
25	**prosecute**	=	arraign / indict / charge / sue / bring to justice

● 동의어 보강

예절 23	필수	courtesy 예절 / etiquette 예절 / propriety 예절 바름, 적당 / decency 품위, 예절 / manners 예의범절, 매너
	고급	decorum 예의 바름, 예절 / protocol 의전, 의례
	참조	사교상의 재치 / tact / diplomacy / savoir faire 사교상의 재치

✔ Check-up Test

1. Some conductors <u>proscribe</u> sound amplification at the concerts.
ⓐ permit ⓑ propose ⓒ demand ⓓ ban

2. As soon as the board of elections <u>promulgates</u> the list of candidates, a ballot is prepared.
ⓐ informally discusses ⓑ officially declares ⓒ quickly contacts ⓓ critically reviews

3. I resent your _______ to belittle every contribution he makes to our organization.
ⓐ injection ⓑ propensity ⓒ drive ⓓ predilection

4. In the eighteenth century, <u>propitious</u> social conditions created a large potential audience for the printed word.
ⓐ changing ⓑ encouraging ⓒ favorable ⓓ prosperous

5. Some of the gangs that terrorized Chicago in the 1920's did not have the <u>propriety</u> to keep their activities off the streets.
ⓐ decency ⓑ resources ⓒ ability ⓓ courage

정답 1. d 2. b 3. b 4. c 5. a

681 **saunter**
[sɔ́:ntər]
★☆☆☆☆
saunt (muse 생각하다) → '생각하며 천천히 산책하다' 에서 유래
vi **산책하다** / walk in a slow unhurried way; stroll
• **saunter** through the park 공원을 산책하다

682 **savo(u)r**
[séivər]
★☆☆☆☆
savor (taste 맛)
n **(~의) 맛** / a pleasant smell or taste; flavor
• soup with a **savor** of garlic 마늘 맛이 나는 수프
a **sávory** 맛 좋은, 향긋한

683 **scathing**
[skéiðiŋ]
★☆☆☆☆
scathe<skath (hurt 다치게 하다) → '말로 상대를 다치게 할 정도로 통렬한' 에서 유래
a **가차 없는, (비판 등이) 통렬한** / bitterly severe; ruthless
• draw **scathing** public criticism 국민의 비난여론이 들끓다

684 **scheme**
[ski:m]
★★☆☆☆
scheme<skhematos(appearance 출연) → '일을 실행하기 위해 어떻게 출연할 것인지를 계획함' 에서 유래
n **계획, 음모** / a program of action; plan; plot
v **책략을 꾸미다** / devise plans or schemes
• a **scheme** to cheat the government with tax evasion
탈세를 하여 정부를 속이기 위한 책략

685 **scintillate**
[síntəleit]
★☆☆☆☆
scintil<ski (shine 빛나다) → '빛이 나며 번쩍이다' 에서 유래
v **(불꽃 · 재치 등이) 번쩍이다** / shine with small quick flashes of light; sparkle
• **scintillate** with wit 재치로 번뜩이다
n **scíntilla** 불꽃; 소량

686 **scrupulous**
[skrú:pjuləs]
★★★★☆
scrupu (sharp stone 날카로운 돌) → '죄를 짓고 마음에 돌이 있는 것처럼 불편함을 느끼는 양심적인' 에서 유래
a **꼼꼼한, 양심적인** / careful to be honest and fair; conscientious
• a **scrupulous** politician 양심적인 정치인
n **scrúple** 양심의 가책; 거리낌

687 **scrutinize**
[skrú:tənàiz]
★★★★★
scrut (examine 검사하다) + in 안 → '내부를 세밀히 조사하다' 에서 유래
v **세밀히 조사하다** / examine carefully; probe
• Prosecutors **scrutinized** the state-run organizations.
검찰은 국영 기관을 세밀히 조사했다.

688 **secular**
[sékjulər]
★★★★☆
secul (age 시대) → '종교와 관계없이 그 시대와 관계된' 에서 유래
a **세속적인** / not pertaining to church matters; worldly; mundane
• a **secular** affair 세속적인 일

689 **sedate**
[sidéit]
★☆☆☆☆
sed (sit 앉다) → '차분히 가라앉은' 에서 유래
a **차분한** / undisturbed by passion or excitement; composed
• a **sedate** country town 조용한 시골 도시
n **sédative** 진정제

690 **sedentary**
[sédnteri]
★★★☆☆
sed<sid (sit 앉다)
a **앉아 있는** / sitting down; inactive
• a **sedentary** occupation 앉아서 일하는 직업

691 **seethe**
[si:ð]
☆☆☆☆☆
seeth (boil 끓다)
v **(들)끓다** / be in a state of anger; boil
• **seethe** with conflicting emotions 상충되는 감정으로 들끓다

692 **self-sufficient**
[sélf-səfíʃənt]
★★☆☆☆
self 스스로 + sufficient 충분한 → '스스로 충분하게 만드는' 에서 유래
a **자급할 수 있는** / needing no help; independent; **거만한** / self-important; conceited
• The province will be developed to become **self-sufficient**.
그 지방은 자족도시로 개발될 것이다.

693 **semblance**
[sémbləns]
☆☆☆☆☆
sem (same 같은) → '외관이 같아 유사함'에서 유래
n **<of> (외형의) 유사** / likeness; resemblance
• There is not even a **semblance** of proof. 증거 비슷한 것조차 없다.

694 **senility** [siníləti] ☆☆☆☆☆
sinil (old 늙은) → '늙어서 망령을 부림' 에서 유래
n (고령으로 인한) 노망 / feeble-mindedness of old age; decrepitude
• symptoms of premature **senility** 너무 일찍 노망이 들려는 징후
a **sénile** 노망한, 노인의

695 **sententious** [senténʃəs] ☆☆☆☆☆
sent (opinion 의견) → '귀중한 의견이 담겨 있는 금언의' 에서 유래
a 금언 같은 / saying clever things about morality; aphoristic
• a **sententious** speech 금언과도 같은 연설

696 **sentient** [sénʃənt] ★★☆☆☆
sent (feel 감각) → '감각을 잘 느끼는' 에서 유래
a 감각력이 있는 / capable of feeling
• define animals as **sentient** beings 동물들을 지각력이 있는 존재로 정의하다

697 **sequester** [sikwéstər] ★☆☆☆☆
sequi<sekw (follow 뒤따르다) → '뒤따를 수 없도록 격리하다' 에서 유래
v <주로 재귀용법> 격리[은퇴]하다 / keep away other people; seclude
• **sequester** oneself from the world 세상에서 은퇴하다

698 **serenity** [sərénəti] ★☆☆☆☆
seren (calm 고요한)
n 평온 / calm and relaxed; tranquility
• the **serenity** of the sleepy city 조는 듯한 도시의 평온함
a **seréne** 평온한; 화창한

699 **servile** [sə́:rvil] ★☆☆☆☆
serv (slave 노예) → '노예처럼 비굴한' 에서 유래
a 노예와 같은, 비굴한 / having like a slave; submissive
• a **servile** attitude (노예처럼) 비굴한 태도
n **servílity** 노예 상태; 노예 근성 n **sérvitude** 노예 상태; 노역

700 **setback** [sétbæk] ★★★☆☆
set 놓다 + back 뒤로 → '뒤로 놓아 앞으로 나가는 것을 방해함' 에서 유래
n (진보 등의) 방해 / something that prevents successful progress; retardation
• receive a **setback** 방해 받다

중요빈출

Check-up Test

1. There is a tendency on the part of the guardians of the elite to be perhaps a little more <u>scathing</u> of someone to whom they haven't given permission to be successful.
ⓐ candid ⓑ ruthless ⓒ generous ⓓ skeptical

2. If you shop online where there is no face-to-face interaction, less <u>scrupulous</u> sellers may send products that are similar in appearance but deceptive in contents.
ⓐ renowned ⓑ inadvertent ⓒ nonchalant ⓓ conscientious

3. These "supersmart" rats which performed acrobatic feats grew an enormous amount of brain tissue compared with their <u>sedentary</u> partners, says Dr. Greenough.
ⓐ inactive ⓑ restless ⓒ exhausted ⓓ aggressive

4. I can remember very vividly the first time I become aware of my existence; how for the first time I realized that I was a <u>sentient</u> human being in a perceptible world.
ⓐ senile ⓑ melancholy ⓒ vulnerable ⓓ conscious

5. It was a <u>serene</u> summer night as the girl walked by the ocean.
ⓐ romantic ⓑ hot ⓒ calm ⓓ exciting

정답 1. b 2. d 3. a 4. d 5. c

중요빈출숙어(형용사,부사)

- **irrespective of** / ~에 관계없이 regardless of, without regard to
  - They believe that all humans are equal **irrespective of** race, color or religion. 그들은 모든 인류가 인종, 색깔, 혹은 종교와는 무관하게 평등하다고 믿는다.

- **more often than not** / 흔히 as often as not, very frequently
  - In the old days, the milk supplied was **more often than not** sour. 옛날에는 공급된 우유에서 자주 신 맛이 났다.

- **next to** / 거의 almost, nearly, all but
  - It is **next to** impossible to go there alone. 그곳을 내가 혼자 가는 것은 거의 불가능하다.

- **next to none** / 최고인 second to none; the best
  - In sport he is **next to none**. 운동에 관한 한 그가 최고다.

- **no more than** / 단지, 오로지 none but, only, merely, nothing but
  - All your statements are **no more than** personal opinion. 당신의 모든 진술은 개인적인 의견일 뿐이다.

- **not a bit** / 결코~하지 않는 never, anything but, not ~at all
  - I'm surprised you're **not a bit** afraid yourself. 나는 당신의 전혀 두려워하지 않는 모습에 놀랐어요.

- **not a few** / 많은 수의 many, no few, a number of
  - There will be **not a few** wrestling matches this year. 올해 많은 레슬링 경기들이 있을 것이다.

- **not a little** / 많은 양의 much, no little
  - Another matter has caused me shock, surprise and **not a little** disappointment. 다른 사건으로 인해 나는 충격과 놀람, 그리고 많은 실망을 느꼈다.

- **once and for all** / 최종적으로 definitively, for the last time
  - I need to have it out with her **once and for all**. 내가 최종적으로 그 문제에 대해 그녀와 터놓고 얘기를 해 봐야겠어.

- **once in a blue moon** / 아주 드물게 very rarely
  - Such a weird thing happens **once in a blue moon**. 그런 기묘한 일은 아주 드물게 일어난다.

- **once in a while** / 가끔씩 occasionally, from time to time, now and then
  - We may bicker **once in a while**, but we are fundamentally on the same side. 우리는 가끔씩 언쟁을 할 때도 있지만 근본적으로 우리는 같은 편이다.

- **quite a few** / 꽤 많은 many; a lot of, a great number of; not a few; no few
  - The city hosts **quite a few** events in winter. 그 도시는 겨울에 꽤 많은 행사를 주최한다.

- **run-of-the-mill** / 보통의, 평범한 ordinary, run-of-the-mine
  - **Run-of-the mill** places in good areas are easier to evaluate. 좋은 지역에서의 평범한 장소는 견적을 내기에 더 쉽다.

- **second to none** / 누구에게도 뒤지지 않는, 최고의 the best, next to none
  - Our opportunity for growth is **second to none**. 우리의 성장 가능성은 누구에게도 뒤지지 않는다.

- **side by side** / 나란히 tandem
  - They were standing **side by side**. 그들은 나란히 서 있었다.

- **such as it is** / 비록 변변치 않지만 although it is not good
  - I made this cake for you, **such as it is**. 변변치 않지만 너를 위해 케이크를 만들었어.

- **ten to one** / 십중팔구, 아마도 probably, nine out of ten
  - I know **ten to one** he'll be late. 나는 십중팔구 그가 늦을 거라는 것을 안다.

- **tooth and nail** / 전력을 다하여, 필사적으로 desperately, in desperation, frantically
  - He worked **tooth and nail** not to lose his job. 그는 직업을 잃지 않기 위해 필사적으로 일했다.

- **upside down** / 거꾸로, 뒤집혀 topsy-turvy
  - The boat floated **upside down** on the lake. 그 보트는 뒤집힌 채 호수 위에 떠 있었다.

- **well-to-do** / 유복한 wealthy, well off, rich
  - His family was **well-to-do** and had a high socio-economic influence. 그의 가족은 부유했고 사회 경제적으로 많은 영향력을 가졌다.

- **wide of the mark** / 무관한 irrelevant, off the point, beside the point
  - Unfortunately, his attempt was quite **wide of the mark**. 안타깝게도 그의 시도는 꽤나 적절치 못한 것이었다.

- **worth one's salt** / 밥값을 하는
  - Any businessman **worth his salt** needs a smartphone to keep up with his emails. 밥값은 하는 사업가는 그의 이메일에 뒤처지지 않기 위해 스마트폰이 필요하다.

▪ **middle-of-the-road** / 온건한, 중도의 moderate
▪ **not worth the candle** / 수지가 맞지 않는, 투자할 만한 가치가 없는
▪ **once in a blue moon** / 아주 드물게
▪ **prior to** / ~보다 앞선, 이전에 before
▪ **second-rate** / 2류의, 열등한, 평범한 second class, inferior
▪ **straight from the shoulder** / 솔직하게 frankly, straight out
▪ **stuck-up** / 거만한, 건방진 conceited
▪ **topsy-turvy** / (아래위) 거꾸로 upside down; 뒤죽박죽
▪ **wet behind the ears** / 미숙한, 풋내기의 inexperienced, immature

pro-
re-

우선순위로 보는 PREview

Date : /

★★★★★	08.	**reciprocal**	상호의	□ □ □
★★★★☆	30.	**prudent**	현명한	□ □ □
★★★☆☆	28.	**protract**	연장하다	□ □ □
	31.	**purport**	주장하다; 요지	□ □ □
	05.	**recant**	취소하다	□ □ □
	06.	**recede**	물러나다	□ □ □
	12.	**recoil**	주춤하다; 되튀다	□ □ □
★★☆☆☆	27.	**prosper**	번영하다	□ □ □
	09.	**reclaim**	반환 요구하다; 교정하다	□ □ □
★☆☆☆☆	26..	**prospective**	장래의; 유망한	□ □ □
	29.	**protrude**	내밀다	□ □ □
	02.	**react**	반작용하다	□ □ □
	03.	**rebate**	할인; 환불하다	□ □ □
	04.	**rebuke**	책망하다; 질책	□ □ □
	07.	**recipe**	요리법; 수단	□ □ □
	11.	**recluse**	은둔자	□ □ □
☆☆☆☆☆	01.	**ransom**	몸값	□ □ □
	10.	**recline**	기대다	□ □ □
	13.	**recompense**	보상하다; 보수	□ □ □

MD36 mp3

LECTURE 36

prospective
[prəspéktiv]
★☆☆☆☆
26

pro (forth) + spect (look) → '앞을 내다보는'에서 유래

a 1 **장래의, 미래의** / looking forward in time; future
2 **가망이 있는, 유망한** / that is looked forward to as likely or promised; promising

- a **prospective** bride of mine 미래의 내 신부
- a **prospective** enterprise 장차 유망한 기업

v n **próspect** 답사하다; 가망이 있다; 가망; 전망, 경치
cf **perspéctive** 원근법; 경치, 전망

어근관련 circumspect [sə́:rkəmspekt] 신중한 spectacular [spektǽkjulər] 장관인

prosper
[práspər]
★★☆☆☆
27

pro (forth) + sper<sperus (succeed) → '성공적으로 앞으로 나아가다'에서 유래

vi **번영하다, 성공하다** / be fortunate or successful; succeed

- Everything **prospers** with him. 그는 하는 일마다 성공한다.

n **prospérity** 번영, 성공(boom) **a** **prósperous** 번영하고 있는(thriving)

어근관련 speed [spi:d] 신속; 속도; 속도를 올리다

protract
[proutrǽkt]
★★★☆☆
28

pro (forth) + tract (draw) → '앞으로 길게 끌다'에서 유래

vt **~을 연장하다, 오래 끌게 하다** / lengthen in time; prolong

- **protract** a debate 토론을 오래 끌다

n **protráction** 오래 끌기, 연장 **a** **protráctive** 오래 끄는, 지연하는

어근관련 detract [ditrǽkt] 비방하다 tractable [trǽktəbl] 다루기 쉬운 뉘앙스 p.437

protrude
[proutrú:d]
★☆☆☆☆
29

pro (forth) + trud (thrust) → '앞으로 내밀다'에서 유래

v **(~을) 내밀다, 튀어나오다** / (be) thrust forth; stick out

- The child **protruded** her tongue. 그 아이가 자신의 혀를 내밀었다.
- Her teeth **protrude** too far. 그녀의 이는 너무 튀어 나왔다.

n **protrúsion** 돌출, 융기 **a** **protrúsive** 돌출한; 주제넘게 나서는(presumptuous)

어근관련 abstruse [æbstrú:s] 심원한, 난해한 intruder [intrú:dər] 방해자, 침입자

prudent
[prú:dnt]
★★★★☆
30

pr<pro (before) + ud<vid (see) → '먼저 살펴 보는'에서 유래

a **사려깊은, 현명한** / thinking carefully before taking action; wise

- a **prudent** housekeeper 사려깊은 주부

a **prudéntial** 신중한, 조심성 있는 **n** **prúdence** 사려, 분별

어근관련 envisage [invízidʒ] 마음에 그려보다 subdivide [sʌbdiváid] 세분하다

purport
[pərpɔ́:rt]
★★★☆☆
31

pur<pro (forth) + port (carry) → '뜻을 앞으로 전달하다'에서 유래

vt **주장하다, ~의 취지이다** / claim to be; profess

- a man **purporting** to be a policeman 경관이라고 자칭하는 사람

n [pɔ́:r-] (문서 · 연설 따위의) **요지, 취지**
/ the general meaning or intention of someone's words or actions; purpose

- The **purport** of her letter was that she could not come.
  그녀의 편지 요지는 그녀가 올 수 없다는 것이었다.

a **purpórted** 소문난

어근관련 deport [dipɔ́:rt] 추방하다 importunate [impɔ́:rtʃunət] 귀찮은 뉘앙스 p.445

동의어 / 반의어

26	**prospective**	=	anticipated / expected / forthcoming / approaching ○ 동의어 보감
27	**prosper**	=	flourish / thrive / succeed / progress / get ahead ↔ slump
28	**protract**	=	extend / lengthen / prolong / elongate / draw out
29	**protrude**	=	bulge / pouch / overhang / stick out
30	**prudent**	=	careful / cautious / discreet / sagacious ↔ imprudent ○ 동의어 보감
31	**purport**	=	meaning / significance / import / tenor

동의어 보감

희망찬 · 미래가 밝은 26

필수	auspicious 길조의 / favorable 호의적인; 순조로운 / hopeful 희망찬 / optimistic 낙천적인 / promising 장래가 촉망되는 / propitious 길조의 / prospective 장래의; 유망한 / roseate 장밋빛의, 낙관적인 / rosy 장밋빛의, 희망찬 / sanguine 혈색 좋은; 낙천적인
고급	up-and-coming 유망한 / upbeat 낙천적인, 즐거운

신중한 · 조심스러운 30

필수	alert 방심 않는, 조심하는 / careful 신중한 / cautious 조심스러운 / circumspect 신중한 / considerate 신중한, 사려 깊은 / deliberate 신중한; 고의의; 숙고하다 / discreet 신중한, 조심스러운 / prudent 신중한 / scrupulous 양심적인, 신중한 / thoughtful 사려 깊은, 신중한 / wary 조심하는, 신중한 / watchful 경계하는
고급	cagey 빈틈없는, 조심성 있는 / chary 주의 깊은, 신중한 / gingerly 매우 신중한 / leery 조심스러운; 의심 많은 / vigilant 방심 않는
숙어	thinking twice / playing safe / on the lookout

뉘앙스

의미 31

méaning	**의미** ≪일반적인 말≫	• the **meaning** of her smile 그녀의 미소의 의미
sense	(단어 · 어구의 특정한) **의미**	• This word has some slangy **senses**. 이 말은 약간의 속어적인 뜻을 지니고 있다.
signíficance	(숨어있는 중요한) **의미**	• the real **significance** of his action 그의 행동의 진정한 의미
púrport	(문장 · 담화의) **의미, 취지 ≪문어적인 말≫**	• the **purport** of the letter 편지의 요지
ímport	(언행에 나타나는 중요한) **의미, 취지 ≪격식을 차리는 말≫**	• grasp the full **import** of his remarks 그의 말의 취지를 파악하다

cf. **significátion** (부호나 기호의) **의미**

check-up Test

1. If <u>purported</u> truths turn out to be falsehoods, we naturally become wary and suspicious.
ⓐ implied ⓑ alleged ⓒ designed ⓓ retracted

2. Obtaining a patent can be a <u>protracted</u> process.
ⓐ permitted ⓑ uncomplicated ⓒ wretched ⓓ extended

3. The boy's arm was broken, but the bone did not ______ through the skin.
ⓐ provide ⓑ proscribe ⓒ protract ⓓ protrude

4. He was so <u>prudent</u> and systematic that he did well whatever he set out to do.
ⓐ quick ⓑ dirty ⓒ attractive ⓓ cautious

5. A resume should be thought of as a tool for selling oneself to a <u>prospective</u> employer.
ⓐ particular ⓑ prudent ⓒ potential ⓓ prominent

정답 **1.** b **2.** d **3.** d **4.** d **5.** c

re-

▶ 뒤 · 다시 Latin 계통의 접두어로서 '뒤 · 다시(back)'의 의미를 지닌다.

의미 변화

① 뒤(back)

> **recéde** : re(back) + ced(go)
→ 뒤로 가다 → 물러나다
/ reclíne 기대다 / reclúse 은둔자 / remíss 태만한

② 다시(again)

> **reinfórce** : re(again) + in(in) + force(힘)
→ 다시 힘을 넣어주다 → 보강하다
/ recánt 취소하다 / recúperate 회복하다 / reimbúrse 변상하다

예외적 형태

> **ránsom** 몸값 / **rámpart** 성벽 / **rappórt** 관계

---

ransom
[rǽnsəm]
☆☆☆☆☆
01

rans<re (again) + om<em (take) → '**사람을 다시 데려가기 위해 내는 돈**'에서 유래

n **몸값, 배상금** / the price demanded for such release; reparations
- hold a person to **ransom** 남을 인질로 해서 몸값을 요구하다

어근관련 redeem [ridíːm] 되찾다; 보상하다

뉘앙스 p.455

---

react
[riǽkt]
★☆☆☆☆
02

re (back) + act 작용하다 → '**뒤로 작용하다**'에서 유래

v (어떤 작용 · 힘에 대해) **반작용하다, 상호 작용하다** / act in opposition to a former act; counteract
- Cause and effect **react** upon each other. 원인과 결과는 상호작용을 한다.

n **reáction** 반작용 **a** **reáctionary** 반작용의, 반응하는

어근관련 acting [ǽktiŋ] 활동중인; 대리의 enact [inǽkt] 제정하다

---

rebate
[ríːbeit]
★☆☆☆☆
03

re(back) + bat<abat (abate) → '(값을) **내림**'에서 유래

n **할인, 환불** / a return of part of money paid; discount
- claim a **rebate** on one's tax 세금에 대한 환불을 요구하다

vt (지불액의 일부를) **환불하다** / return part of money paid; decrease
- **rebate** one third of the price 가격의 ⅓을 환불하다

어근관련 combative [kəmbǽtiv] 전쟁을 좋아하는 debatable [dibéitəbl] 문제시되는

---

rebuke
[ribjúːk]
★☆☆☆☆
04

re (back) + buke (strike) → '(어떤 사람의 행위를) **뒤로 치다**'에서 유래

vt (남을) **책망[비난]하다** / express disapproval of; reprove
- **rebuke** a person for his carelessness 그의 부주의를 책망하다

n **책망, 질책** / an expression of disapproval; admonishment
- The child feared the teacher's **rebuke**. 아이는 선생님의 책망을 두려워했다.

뉘앙스 p.447

---

recant
[rikǽnt]
★★★☆☆
05

re (back) + cant (sing) → '(앞서 부른 노래와) **반대로 노래부르다**'에서 유래

vt (진술 · 신념 따위를) **취소[철회]하다** / take back formally or publicly; revoke
- The critics of the government publicly **recanted** their errors.
정부의 비평가들이 공식적으로 그들의 오류를 취소하였다.

n **recantátion** (진술 따위의) 취소, 철회

어근관련 cantankerous [kæntǽŋkərəs] 심술궂은, 잘 싸우는
incantation [inkæntéiʃən] 주문(呪文), 마법

동의어 / 반의어

01	**ransom**	=	redemption / rescue / deliverance / release / liberation
02	**react**	=	counteract / interact / interplay
03	**rebate**	=	discount / deduction / abatement / repayment
04	**rebuke**	=	reproach / admonish / reprove / reprimand / criticize ↔ applaud ◎ 동의어 보감
05	**recant**	=	recall / deny / withdraw / abandon / reverse / take back

동의어 보감

꾸짖다 · 질책하다 04

필수	chide 꾸짖다 / reprimand 견책하다 / reprove 꾸짖다 / rate 꾸짖다 / reproach 꾸짖다 / scold 꾸짖다 / rebuke 꾸짖다 / reprobate 꾸짖다
고급	berate 몹시 꾸짖다 / fulminate 큰소리로 야단치다 / objurgate 꾸짖다, 책망하다 / rant 고함치다, 야단치다 / upbraid 꾸짖다, 비난하다
숙어	call down / call on the carpet / dress down / take to task / tell off
참고	간언하다, 훈계하다 / remonstrate with / expostulate with
반의어	칭찬하다 / applaud / commend / compliment / extol / flatter

뉘앙스

꾸짖다 04

repróve	(다정하게 타이르듯) **꾸짖다**	• The priest **reproved** him for not attending church services. 그 성직자는 그가 예배에 참석하지 않았다고 꾸짖었다.
repróach	(창피를 주며 크게) **꾸짖다**	• They **reproached** him for cowardice. 그들은 그가 비겁하다고 크게 꾸짖었다.
rebúke	(주로 행위 중에 공적(共的)으로 날카롭게) **야단치다**	• She often **rebuked** John for his authoritarian attitude. 그녀는 존의 권위적인 태도를 종종 야단쳤다.
réprimand	(윗 사람이 공적(共的)으로 하급자를 심하게) **질책하다**	• The judge **reprimanded** the young lawyer. 판사는 그 젊은 변호사를 질책했다.
upbráid	(어떤 뚜렷한 과실이나 비행에 대해 심하게) **꾸짖다** ≪격식을 차리는 말≫	• The teacher **upbraided** Tom for having been late. 선생님은 탐이 지각했다고 꾸짖었다.
rate, beráte	(장황하고 심한 말로) **꾸짖다**	• He continued to scream and **berate** me. 그는 계속해서 소리를 지르며 나를 꾸짖었다.

cf. **scold** (화가 나서 큰소리로) **꾸짖다** **chide** (점잖게) **나무라다, 타이르다**
admónish (경고의 뜻을 담아) **훈계하다, 타이르다** ≪문어적인 말≫

check-up Test

1. The teacher continually _______ the pupil for missing assignment.
ⓐ regarded ⓑ rebuked ⓒ revoked ⓓ refined

2. The teacher rebukes the students because of the wrong behavior.
ⓐ prescribes ⓑ intercedes ⓒ infests ⓓ scolds

3. All organisms react to changes in their environment.
ⓐ cause ⓑ respond to ⓒ require ⓓ submit to

4. As incentive to buyers of new cars, the manufacturers were giving rebates of hundreds of dollars.
ⓐ discounts ⓑ estimation ⓒ values ⓓ bonus

5. However much it may cost me, I will not recant the ideas and principles to which I have devoted my life.
ⓐ grovel ⓑ travel ⓒ argue ⓓ withdraw

정답 **1.** b **2.** d **3.** b **4.** a **5.** d

recede
[risíːd]
★★★☆☆
06

re (back) +
cede (go) →
'뒤로 가다'에서 유래

v **물러나다, (빛깔 · 인상 따위가) 희미해지다** / move backward; retreat
- The event **receded** into the dim past. 그 사건은 희미한 과거 속으로 잊혀져 갔다.

n **recéss** 휴식(rest); 후미진 곳 **n** **recéssion** 퇴거, 후퇴, 경기후퇴(depression)

어근관련 antecede [æ̀ntəsíːd] ~에 선행하다 accede [æksíːd] 동의하다; 즉위하다

---

recipe
[résəpi]
★☆☆☆☆
07

re (intensive) +
cip (take) →
'어떤 사물을 확실히 잡을 수 있는 방법'에서 유래

n 1 **(요리의) 조리법, 요리법** / a set of directions for preparing something to eat; cookery
2 **수단, 비결** / method of achieving something; secret
- a **recipe** for (making) chocolate cake 초콜릿 케익을 만드는 요리법
- a **recipe** for happiness 행복의 비결

어근관련 precept [príːsept] 가르침, 교훈 emancipate [imǽnsəpeit] 해방시키다

---

reciprocal
[risíprəkəl]
★★★★★
08

reci<re (back) +
proc<pro (forth) →
'서로 앞뒤로 오가는' 에서 유래

a **상호의, 호혜적인** / given and received in return; mutual
- **reciprocal** help 상호 부조

v **recíprocate** 보답하다(recompense); 서로 상응하다(correspond)
n **reciprocátion** 교환, 보복

어근관련 inception [insépʃən] 시작, 개시 participant [paːrtísəpənt] 참가자, 관계자

---

reclaim
[rikléim]
★★☆☆☆
09

re (back) +
claim (cry) →
'되돌려 달라고 외치다' 에서 유래

vt 1 **반환을 요구하다** / ask for the return of something; recover
2 **개간하다** / make land fit for use; develop
3 **~을 교정[선도]하다** / reform something; rehabilitate
- **reclaim** the book he borrowed a year ago 1년 전에 그가 빌려간 책의 반환을 요구하다
- the land **reclaimed** from the sea 바다를 매립하여 개간한 토지
- **reclaim** a person from a life of sin 남을 죄악의 생활에서 선도하다

n **reclamátion** 교정; 개척; 재생 이용 **a** **recláimable** 회복할 수 있는; 교정할 수 있는

어근관련 clamorous [klǽmərəs] 시끄러운 proclamation [prɑkləméiʃən] 선언, 포고

---

recline
[rikláin]
☆☆☆☆☆
10

re (back) + clin (lean) →
'뒤로 기대다'에서 유래

vi **기대다, 눕다** / lie back or down; lean
- **recline** against a wall 벽에 기대다

a **reclíning** 뒤로 눕는(supine) • **reclining** chair 안락 의자

어근관련 decline [dikláin] 거절하다 incline [inkláin] (마음을) 돌리다, 기울이다

---

recluse
[rékluːs]
★☆☆☆☆
11

re (back) + clus (shut) →
'뒤로 숨어 세상과 문닫은 사람'에서 유래

n **은둔자, 속세를 버린 사람** / a person who lives shut up from the world; hermit
- live the life of a **recluse** 은둔자의 삶을 살다

n **reclúsion** 은둔, 입산 **a** **reclúsive** 속세를 버린, 은둔한

어근관련 disclosure [disklóuʒər] 폭로 clause [klɔːz] (계약의) 조항; ≪문법≫ 절

---

recoil
[rikɔ́il]
★★★☆☆
12

re (back) +
coil<cul (rump) →
'엉덩이를 뒤로 하고 물러나다' 에서 유래

vi 1 **주춤[움찔]하다** / move back suddenly in fear; shrink
2 **(용수철 따위가) 되튀다, 되돌아오다** / spring back; rebound
- He **recoiled** at the sight. 그는 그 광경을 보고 움찔했다.
- Our acts **recoil** on ourselves. 우리 행동은 결국 우리 자신에게 되돌아 온다.

recompense

[rékəmpens]

☆☆☆☆☆

13

re (back) + com (together) + pense (weigh) → '함께 평가해서 부족을 메꾸다'에서 유래

vt **보상하다, 답례하다** / pay back; repay

- **recompense** a person or his efforts 남의 노력에 대하여 보답하다

n **보상, 보수** / a payment; reward

- in **recompense** for ~의 보수[보상]로서

어근관련 expenditure [ikspénditʃər] 지출 stipend [stáipend] (정기적으로 받는) 장학금

동의어 / 반의어	06	**recede**	= fade / withdraw / retreat / move back ↔ proceed
	07	**recipe**	= method / approach / way / means
	08	**reciprocal**	= mutual / complementary / correlative / exchanged ↔ one-side ⊙ 동의어 보감
	09	**reclaim**	= regenerate / rejuvenate / retrieve / regain / restore
	10	**recline**	= repose / lounge / sprawl / lean back / lie back
	11	**recluse**	= secluded / hermitic / cloistered / sequestered / seclusive
	12	**recoil**	= shrink / cower / flinch / wince ⊙ 동의어 보감
	13	**recompense**	= compensate / reciprocate / indemnify / redeem / reimburse / atone for

동의어 보감

교환하다 · 바꾸다 08	필수	barter 물물교환하다	interchange 주고받다	redeem (쿠폰 등을) 상품으로 바꾸다
		exchange 교환하다	reciprocate 답례하다	switch 바꾸다
	고급	dicker 물물교환하다 / swap 맞바꾸다, 교환하다		
	숙어	give and take / trade off		

위축되다 · 움찔하다 12	필수	cower 위축되다	crouch 웅크리다, 위축되다	shrink 위축되다
	고급	cringe 움츠리다, 아첨하다 / flinch 겁내어 피하다, 움찔하다 / recoil 꽁무니를 빼다, 움찔하다 / quail 겁내다, 움찔하다 / wince 움츠리다, 겁내다		

Check-up Test

1. They _______ land from the sea and made it into an industrial area.
ⓐ reciprocated ⓑ conveyed ⓒ reclaimed ⓓ irrigated

2. The child's fever <u>receded</u> after he had taken the medicine.
ⓐ ran forward ⓑ began again ⓒ stood still ⓓ went down

3. In a trade agreement, nations generally make <u>reciprocal</u> concessions when setting tariffs.
ⓐ functional ⓑ enthusiastic ⓒ mutual ⓓ graduated

4. After she became ill, she refused to see anyone but her doctor, and lived like <u>a person apart from society</u>.
ⓐ hero ⓑ colleague ⓒ recluse ⓓ moron

5. She <u>recompensed</u> him for his service.
ⓐ blamed ⓑ lauded ⓒ rebuked ⓓ paid in return

정답 **1.** c **2.** d **3.** c **4.** c **5.** d

701 **sham**
[ʃæm]
★★☆☆☆

sham<shame (부끄러운 일) → '부끄러운 일과 같은 속임수, 모조품' 에서 유래

n **가짜, 속임수** / fraud a **가짜의, 허위의** / false; pretended
v **~인 체하다** / assume the appearance of; pretend; feign
- He **shammed** sickness so he didn't go to school.
  그는 아픈 체하여 학교에 가지 않았다.

---

702 **shambles**
[ʃǽmblz]
☆☆☆☆☆

sham<skabh (support 지지하다) → '지지하던 것이 무너져 생긴 난장판' 에서 유래

n **(도살장과 같은) 수라장** / great disorder; pandemonium
- turn cities into **shambles** 도시들을 수라장으로 만들다

---

703 **sheer**
[ʃiər]
★★★★☆

sheer<scir (clear 깨끗한) → '깨끗하여 불순물이 없고 순수한' 에서 유래

a **순수한, 섞인 것이 없는** / unmixed with anything else; pure; **얇은** / almost transparent; thin
- pass the exam by **sheer** luck 순전히 운이 좋아서 시험에 합격하다

---

704 **shoddy**
[ʃádi]
☆☆☆☆☆

shod (wool 양모, 모직물) → '오래된 누더기 등으로 만든 모직물' 에서 유래

a **조잡한, 가짜의** / made or done cheaply or carelessly; coarse
- sell **shoddy** merchandise 조잡한 제품을 팔다

---

705 **shudder**
[ʃʌ́dər]
★☆☆☆☆

shudder<schuderen (shudder 떨다)

v **떨다** / shake with dislike; shiver
- **shudder** with cold and fear 추위와 공포로 몸을 떨다

---

706 **sift**
[sift]
★★☆☆☆

sift<sife (체) → '체를 통과시켜 가루나 재 등을 걸러내다' 에서 유래

v **체질하다, 거르다** / separate in a sieve; winnow; filter; **엄밀히 조사하다** / scrutinize
- **sift** fact from fiction 허구와 사실을 가려내다

---

707 **simulate**
[símjuleit]
★★☆☆☆

sim<sem (same 같은) → '같은 모습이 되게 가장하다' 에서 유래

v **~인 체하다** / pretend to be; feign; **흉내 내다** / imitate
- **simulate** insanity to avoid punishment
  처벌을 피하기 위해 정신이상을 가장하다

n **simulátion** ~인 체하기; 모의 실험, 시뮬레이션

---

708 **sinister**
[sínəstər]
☆☆☆☆☆

sinist<sen (left-hand 왼손) → '느리고 약한 왼손을 사용하는 것이 불길한'에서 유래

a **불길한** / suggesting evil or the likelihood of coming misfortune; ominous
- a **sinister** beginning 불길한 시초

---

709 **sip**
[sip]
★★★☆☆

sip<sippen (sip 조금씩 마시다) → '조금씩 마시다'에서 유래

v **조금씩 마시다** / drink slowly
- She sat **sipping** at her tea. 그녀는 앉아서 차를 홀짝거리고 있었다.

---

710 **skeptical**
[sképtikəl]
★★★★☆

skep (examine 검사하다) → '꼼꼼히 따져 조사해 봐야하는 성미를 가지고 있는'에서 유래

a **의심 많은, 회의적인** / inclined to doubt; incredulous
- be **skeptical** to the proposal 그 제안을 회의적으로 보다

ad **sképtically** 회의적으로

---

711 **slake**
[sleik]
☆☆☆☆☆

slak<(s)leg (slack 늘어진) → '고인 물(slack water)로 갈증을 풀다' 에서 유래

v **(갈증 · 욕망 등을) 풀다** / satisfy or make less strong thirsty or desire; quench
- **slake** one's thirst 갈증을 풀다

---

712 **slander**
[slǽndər]
★★★☆☆

sland<skand (snare 덫) → '덫에 걸려 들도록 비방하다'에서 유래

n v **비방[훼손](하다)** / harm by making a false statement; insult
- bring a **slander** action against a person
  남을 명예훼손죄로 고소하다

a **slánderous** 비방적인, 중상적인

713 **sloppy**
[slάpi]
★☆☆☆☆

slop (slip 미끄러지다) → '미끄러져 흙탕물에 지저분해진' 에서 유래

a **엉성한** / lacking neatness; imperfect **;** **질척질척한** / muddy **;** **감상적인** / emotional
- a **sloppy** piece of work 엉성한 작품

---

714 **sloth**
[slɔːθ]
★☆☆☆☆

slo (slow 느린) → '게을러 행동이 느림' 에서 유래

n **게으름** / laziness; indolence **;** **나무늘보**
- Such **sloth** in a young person is deplorable.
  젊은 사람의 그런 태만은 통탄할 일이다.

a **slóthful** 게으른, 나태한

---

715 **slovenly**
[slʌ́vənli]
★★★☆☆

slov (dirty 더러운) → '더럽고 단정치 못한' 에서 유래

a **단정하지 못한** / lazy and not caring about your appearance; untidy
- be **slovenly** in dress 옷차림이 단정하지 못하다

---

716 **sluggish**
[slʌ́giʃ]
★★★★★

slug (slow 느린) → '동작이 느리고 게으른' 에서 유래

a **게으른, 동작이 느린** / moving slowly; languid
- feel **sluggish** after the meal 식사 후에 나른하게 느끼다

n **slug** 민달팽이 **n** **slúggard** 게으름뱅이, 건달

---

717 **sly**
[slai]
★★☆☆☆

sly<slogis (able to hit 칠 수 있는) → '언제든 뒷통수를 칠 정도로 교활한' 에서 유래

a **음흉한, 몰래 하는** / able to deceive; cunning
- The **sly** cat stole the meat while the cook's back was turned.
  음흉한 고양이는 요리사가 뒤돈 사이 고기를 훔쳤다.

---

718 **smack**
[smæk]
★☆☆☆☆

smack<smacken (strike 치다)

v **세게 때리다** / hit sb with an open hand; bash
- She **smacked** the boy on the leg. 그녀는 그 소년의 다리를 때렸다.

n **smácker** 철썩 때리는 사람; 1달러(파운드)

---

719 **smother**
[smʌ́ðər]
★☆☆☆☆

smo<smel (smoke 연기) → '짙은 연기에 숨막히게 하다' 에서 유래

v **숨이 막히게 하다, 질식시키다** / make unable to get air; suffocate **;** **(감정을) 억누르다** / hold back; suppress
- The gas almost **smothered** the coal miners
  탄부들은 가스로 거의 숨을 쉴 수 없었다.

a **smóthery** 숨막히는, 질식시키는

---

720 **smug**
[smʌg]
★★☆☆☆

smug<smuk (neat 단정한) → '항상 단정하고 자부심이 강한' 에서 유래

a **잘난 체하는, 자기 만족하는** / too pleased with one's ability; conceited, proud **;** **단정한** / neat
- I felt **smug** at the fact that Yuna Kim is Korean.
  김연아가 한국인이라는 사실에 우쭐함을 느꼈다.

★ 중요빈출

Check-up Test

1. Most often, managers bullied subordinates for the <u>sheer</u> pleasure of exercising power.
ⓐ pure ⓑ decent ⓒ scanty ⓓ transparent

2. Wild optimism is youth's prerogative; but older women slightly <u>shudder at</u> the giddy expectations of today's high school and college students.
ⓐ get angry at ⓑ shake with dislike ⓒ ignore ⓓ are surprised at

3. The test will <u>winnow</u> out the congressmen who study from those who don't bother.
ⓐ kick ⓑ sift ⓒ cut ⓓ drive

4. On the <u>skeptical</u> side, psychologist Shawn Bryant observes that some reports of alien encounters have been linked to strong electromagnetic fields.
ⓐ doubtful ⓑ authentic ⓒ universal ⓓ psychological

5. The nests of most finches are constructed <u>sloppily</u>.
ⓐ elaborately ⓑ messily ⓒ characteristically ⓓ annually

정답 1. a 2. b 3. b 4. a 5. b

※ 복합어(compound words)는 숙어들이 한 단어로 결합된 형태가 많기 때문에 중요 빈출 숙어 파트를 모두 학습하고 나서 보는 것이 좋습니다.

① ~+ up 형 복합어

- **addup** / 결론, 요점 conclusion, gist
- **all-up** / 총중량; 전체의, 총계의 total
- **backup** / 후원자; 막힘; 예비 reserve
- **beat-up** / 낡은, 닳은 worn out
- **beefup** / 증강, 보강 enhancement
- **boozeup** / 술잔치 carousal
- **breakup** / (조직의) 해체 disorganization ; (친구 · 부부간 등의) 이별, 불화
- **builtup** / 짜 맞춘 조립한 set ; 건물이 빽빽이 들어선
- **bust-up** / (소란스런) 언쟁; 이혼, 파경 divorce
- **checkup** / 대조, 검사; 건강 진단 medical examination
- **chinup** / 턱걸이; 용감한, 불굴의 gallant
- **coverup** / 은폐 concealment
- **crossup** / 혼란, 분규 disorder, tangle
- **cutup** / 익살 떠는 사람, 장난꾸러기
- **dressup** / 정장을 요하는
- **followup** / 추적, 속행 pursuit ; 사후점검 feedback
- **frame-up** / 날조 fabrication ; 조작한 경기
- **grownup** / 어른이 된; 어른, 성인
- **hard-up** / 결핍한, 쪼들리는 penurious
- **hookup** / 접속, (방송국 간의) 중계 relay ; (정부 · 정당 사이의) 동맹
- **lashup** / 임시변통의 makeshift
- **let-up** / (강도 · 어려움 등의) 완화, 정지 slackening
- **liftup** / 황홀감 rapture
- **lineup** / (사람 · 물건의)정렬; (프로그램 · 행사 등의)예정표 schedule
- **mock-up** / (실물 크기의) 모형 life-size model
- **mopup** / 소탕, 마무리 cleanup, sweeping
- **pickup** / (우편물 등의) 집배; (사람을) 태우러 감; 개선 improvement
- **pinup** / 핀업(핀으로 벽에 붙이는 미인 사진); 미인
- **pop-up** / 펑하고 튀어 오르는
- **pullup** / 정지 halt ; 휴게소; 턱걸이 chin-up
- **pushup** / 엎드려 팔굽혀펴기 press-up
- **putup** / 미리 꾸며놓은, 야바위의 fraudulent
- **raveup** / 소란한 파티 revelry
- **roundup** / 가축 몰아들이기; (범인의) 검거; (정보 · 뉴스 등의) 요약
- **runner-up** / 차점자
- **runup** / (중요 행사의) 준비(기간), 도움닫기; 급상승 jump
- **send-up** / 흉내 내어 놀림 parody
- **shakeup** / 격동 disturbance ; 대개편 reshuffle ; 급조한 물건
- **sit-up** / 윗몸 일으키기, 복근 운동
- **sizeup** / 평가, 판단 measurement
- **slapup** / 일류의, 훌륭한 classic
- **slip-up** / 사소한 실수 error
- **slowup** / 지체, 지연 delay
- **startup** / (새로운) 착수; 신생 기업
- **steamed-up** / 매우 흥분한, 화난 indignant
- **straightup** / 정직한, 성실한 honest
- **stuckup** / 거드름피우는, 거만한 arrogant
- **tieup** / 정체 suspension ; 유대, 제휴 bonds
- **top-up** / 보충, 충전; 추가 량 supplement

re-

우선순위로 보는 PRE view

Date : /

★★★★☆	24.	**redundant**	과잉의	□ □ □
	26.	**refute**	반박하다	□ □ □
	37.	**relinquish**	포기하다	□ □ □
★★★☆☆	19.	**recur**	되풀이하다	□ □ □
	25.	**refine**	순화하다	□ □ □
	28.	**rehabilitate**	교정하다; 재건하다	□ □ □
	30.	**reimburse**	변상하다	□ □ □
	32.	**reiterate**	반복하다	□ □ □
	36.	**relevant**	관련된	□ □ □
	38.	**reluctant**	꺼리는	□ □ □
★★☆☆☆	14.	**reconcile**	조정하다; 중재하다	□ □ □
	39.	**reminiscent**	연상시키는	□ □ □
★☆☆☆☆	15.	**recondite**	심오한; 알려지지 않은	□ □ □
	16.	**recourse**	의지	□ □ □
	18.	**recuperate**	회복하다	□ □ □
	20.	**redeem**	되찾다; 보상하다	□ □ □
	21.	**redolent**	향기로운; 연상시키는	□ □ □
	22.	**redoubtable**	존경할 만한	□ □ □
	23.	**redress**	고치다; 배상	□ □ □
	27.	**regenerate**	재생시키다	□ □ □
	31.	**reinforce**	보강하다	□ □ □
	33.	**rejuvenate**	다시 젊어지게 하다	□ □ □
	34.	**relegate**	내쫓다; 위탁하다	□ □ □
	35.	**relent**	누그러지다	□ □ □
	40.	**remiss**	태만한	□ □ □
	41.	**remit**	송금하다; 면제하다	□ □ □
	42.	**remnant**	나머지	□ □ □
☆☆☆☆☆	17.	**recruit**	신병	□ □ □
	29.	**rehearse**	예행 연습을 하다	□ □ □

MD37 mp3

LECTURE 37

reconcile
[rékənsail]
★★☆☆☆
14

re (again) +
concil (conciliate) →
'**다시 조정하다**'에서 유래

vt 1 **~을 조정하다, 조화[일치]시키다** / find agreement between; harmonize
2 **~을 화해시키다, 중재하다** / bring back friendly relations between; mediate

- **reconcile** a statement with a fact 언행을 일치시키다
- **reconcile** him with Mr. Kim 그를 김씨와 화해시키다

n **reconciliátion** 조정, 화해 **a** **reconcíliatory** 화해적인, 조화적인

어근관련 council [káunsəl] 회의 conciliation [kənsiliéiʃən] 달램; 조정

---

recondite
[rékəndait]
★☆☆☆☆
15

re (back) +
cond (hide) →
'**뒤로 깊숙이 숨은**'에서 유래

a 1 **심오한, 난해한** / hard to understand; profound
2 (거의) **알려지지 않은** / little known; obscure

- the **recondite** principles of philosophy 철학의 심오한 원리
- a **recondite** writer 알려지지 않은 작가

n **réconditeness** 심오함 **cf** **recondítion** 수리하다

어근관련 abscond [æbskánd] 도망하다, 자취를 감추다

---

recourse
[ríːkɔːrs]
★☆☆☆☆
16

re(back) + cour<cur (run) →
'(힘들 때마다) **뒤로 달려가게 되는 것**'에서 유래

n **의지(가 되는 것[사람])**
/ a person or thing appealed to or turned to for help or protection; resort

- by **recourse** to violence 폭력에 호소하여

어근관련 discursive [diskə́ːrsiv] (화제 따위가) 산만한, 두서없는
concurrent [kənkə́ːrənt] 동시에 일어나는

---

recruit
[rikrúːt]
☆☆☆☆☆
17

re (again) +
cru<cresce (grow) →
'(새로운 곳에 들어가) **다시 성장하는 사람**'에서 유래

n **신병, 신참자** / a newly enlisted soldier, sailor, or other member; novice

- a raw **recruit** 풋내기

vt (신병 · 신입 회원을) **보충[충원]하다** / strengthen or supply with new personnel; draft

- **recruit** young new executives 참신한 젊은 임원들을 충원하다

n **recrúital** 보급, 보충[품] **n** **recrúitment** 신병 징집, 징병

어근관련 accrue [əkrúː] 생기다; (이자가) 붙다 increment [ínkrəmənt] 이윤, 증가

---

recuperate
[rikjúːpəreit]
★☆☆☆☆
18

re (again) +
cup<cap (take) →
'(잃었던 것을) **다시 잡다**'에서 유래

v (병 · 피로에서) **회복하다[시키다], 경제적 손실을 만회하다**
/ recover as from sickness or loss; recover

- **recuperate** after illness 병후 건강을 회복하다

n **recuperátion** 회복 **a** **recúperative** 회복시키는

어근관련 preoccupy [priάːkjupai] 열중케 하다 occupier [άkjupaiər] 점유자

---

recur
[rikə́ːr]
★★★☆☆
19

re (again) +
cur (run) →
'(똑같은 길을) **다시 달리다**'에서 유래

vi 1 (사건이) **다시 일어나다, 되풀이되다** / come up again; repeat
2 (본래의 화제 · 생각 따위로) **되돌아가다** / return in thoughts or speech; revert

- A leap year **recurs** every four years. 윤년은 4년마다 돌아온다.
- **recur** to the matter of cost 다시 비용 문제로 돌아가다

n **recúrrence** 재발, 재현 **a** **recúrrent** 다시 일어나는, 재발하는(chronic)

어근관련 concurrence [kənkə́ːrəns] 동의, 일치 succor [sʌkər] 원조, 구조

redeem

[ridíːm]

★☆☆☆☆

20

red<re (again) + em (buy) → '(잃었던 것을) 다시 사다'에서 유래

vt 1 구하다, ~을 되찾다 / buy back; regain
2 (잘못 · 결점 등을) 메우다, 보상하다 / make up for; compensate
3 (채무를) 상환하다, 변제하다 / pay off; repay

- **redeem** mortgaged land 저당 잡혔던 토지를 다시 찾다
- The beautiful eyes **redeem** the face from ugliness. 아름다운 눈이 못생긴 얼굴을 그나마 메우고 있다.
- **redeem** a loan[mortgage] 융자금[담보 대출금]을 상환하다

n **redémption** 되사기; 상환; 해방, (그리스도에 의한) 구제 cf **deem** 생각하다

어근관련 ransom [rǽnsəm] 몸값 preemption [priémpʃən] 선매(권); 선취 뉘앙스 p.455

동의어 / 반의어

14	reconcile	=	conciliate / accommodate / coordinate / harmonize / reunite
15	recondite	=	abstruse / occult / enigmatic / esoteric / paranormal / runic / uncanny
16	recourse	=	resource / resort / expediency / stopgap
17	recruit	=	novice / beginner / apprentice / neophyte ↔ veteran
18	recuperate	=	recover / regain / convalesce / renovate ↔ aggravate
19	recur	=	return / react / relapse / revert / turn back / come back
20	redeem	=	recover / retrieve / reclaim / get back ○ 동의어 보강

동의어 보강

구해내다 20

필수	deliver 배달하다; 구해내다 disentangle 구해내다 extricate 구해내다	ransom (몸값주고) 구해내다 redeem 되찾다, 구원하다; 보상하다; 교환하다; 이행하다	rescue 구해내다 salvage 구출하다, 인양하다 save 구해내다
고급	succor 구조하다, 원조하다	숙어	take out of

뉘앙스

구하다 · 해방시키다 20

save	**구하다** ≪가장 일반적인 말≫	• He **saved** my life. 그가 내 목숨을 구했다.
réscue	(민첩한 행동으로) **구해내다, 구조하다**	• **rescue** a person from drowning 물에 빠진 사람을 구해내다
delíver	(갇혀있는 사람을) **구해내다, 해방시키다**	• **deliver** a soldier from the hands of the enemies 적의 손아귀에서 병사를 구해내다
redéem	(속박 · 죄악 상태에서) **구해내다**	• I came to **redeem** you from sin. 나는 너를 죄악에서 구하기 위해 왔다.

cf. **ránsom** (몸값을 치르고) **구해내다**

check-up Test

1. Although the economy suffers downturns, it also has strong _______ and self-correcting tendencies.
ⓐ unstable ⓑ recuperative ⓒ self-destructive ⓓ coherent

2. After the quarrel, they finally were reconciled and became friends again.
ⓐ made off ⓑ made up ⓒ made through ⓓ made out

3. The boy's only recourse was to appeal to his father for aid.
ⓐ way of getting help ⓑ legal proceeding ⓒ intention ⓓ recommendation

4. Korean Air constructed a training airfield on Cheju Island to provide actual flight training for newly _______ pilots.
ⓐ adapted ⓑ personnel ⓒ private ⓓ recruited

5. The fertility of the natural world and the ideas of birth, death, and resurrection appear as recurring themes throughout mythology.
ⓐ respected ⓑ repeated ⓒ reliable ⓓ religious

정답 **1.** b **2.** b **3.** a **4.** d **5.** b

redolent
[rédələnt]
★☆☆☆☆
21

re (again) + ol (smell) → '냄새가 나는'에서 유래

a 1 **향기로운, ~의 냄새가 나는** / having a pleasant or strong smell; fragrant
2 **~을 생각나게 하는, 연상시키는** / making one think of; reminiscent

- The kitchen was **redolent** of onions. 부엌에서 양파 냄새가 났다.
- an old house **redolent** of mystery 신비스러움을 연상시키는 오래된 집

n **rédolence** 방향, 향기

어근관련 olfactory [alfǽktəri] 후각의, 냄새의

redoubtable
[ridáutəbl]
★☆☆☆☆
22

re (again) + doubt 의심하다 → '다시금 의심하게 만드는'에서 유래

a **가공할[존경할] 만한** / deserving to be feared and respected; formidable

- a **redoubtable** enemy 가공할 만한 적

cf **redóubt** 요새, 보루

어근관련 indubitable [indjú:bitəbl] 확실한 dubious [djú:biəs] 의심스런; 애매한

redress
[ridrés]
★☆☆☆☆
23

re (again) + dress (arrange) → '(잘못된 것을) 다시 배열하다'에서 유래

vt (잘못 따위를) **고치다, 교정하다** / set right; correct

- **redress** social evils 사회악을 시정하다

n 1 **교정, 시정** / the act or process of setting right; correction
2 **배상** / the means of a remedy; reparation

- Anyone who has been injured unfairly deserves **redress**.
  불공평하게 상처받은 사람은 시정을 요구할 만하다.
- There is no **redress** for loss of honor. 명예를 잃으면 벌충할 길이 없다.

redundant
[ridʌ́ndənt]
★★★★☆
24

re (again) + dund<und (wave) → '(너무 많아) 출렁거리는'에서 유래

a **과잉의** / not needed; surplus

- **redundant** population 과잉 인구

n **redúndancy** 군더더기말, 과잉 **cf** **abúndant** 풍부한

어근관련 inundate [ínəndeit] 범람시키다 redound [ridáund] ~에 크게 도움이 되다

refine
[rifáin]
★★★☆☆
25

re (again) + fine 정제하다 → '다시 정제하다'에서 유래

vt **~을 순화[정제]하다** / remove impurities from something; purify

- continue to **refine** the liquid till all the impurities are gone
  불순물이 없어질 때까지 액체를 계속 정제하다

a **refíned** 정제된, 순화된 **n** **refínement** 정제, 순화
n **refínery** 정제소, 정련소

어근관련 fine [fain] 화창한; 섬세한 finesse [finés] (판단의) 예리함, 솜씨

refute
[rifjú:t]
★★★★☆
26

re (again) + fut (beat) → '(상대방을) 자꾸 때리다'에서 유래

vt **~을 논박[반박]하다** / prove to be false or erroneous; confute

- **refute** his allegation 그의 주장에 반박하다

n **refutátion** 논박, 반박 **a** **refútable** 논박할 수 있는

어근관련 confute [kənfjú:t] 논박하다 irrefutable [irifjú:təbl] 반박할 수 없는

regenerate
[ridʒénəreit]
★☆☆☆☆
27

re (again) + gen (birth) → '다시 태어나게 하다'에서 유래

v **재생[갱생]시키다** / give new life in an improved state; revive

- lizards that **regenerate** lost tails 없어진 꼬리를 재생시키는 도마뱀

n **regenerátion** 재생, 재건 **a** **regénerative** 재생시키는

어근관련 ingenuous [indʒénjuəs] 솔직한; 순진한 progenitor [proudʒénətər] 조상

= 동의어 ↔ 반의어

21 **redolent** = fragrant / aromatic / perfumed / odorous / odoriferous / balmy ● 동의어 보감
22 **redoubtable** = fearful / dreadful / formidable / terrible / horrible
23 **redress** = neutralize / annul / counteract / frustrate / amend / mend / adjust / rectify
24 **redundant** = superfluous / surplus / excessive / extra ↔ concise
25 **refine** = polish / perfect / smooth
26 **refute** = disprove / confute / controvert / disconfirm / rebut / impugn ● 동의어 보감
27 **regenerate** = refresh / reinvigorate / renew / revive

● 동의어 보감

향기로운 21	필수	aromatic 향기로운 / balmy 향기로운, 온화한 / fragrant 향기로운 / odorous 향기로운 / redolent 좋은 냄새가 나는; 상기시키는
	고급	odoriferous 향기로운 / scented 향수를 뿌린; 좋은 냄새가 나는
↔ **악취가 나는**	필수	fetid 악취가 나는 / malodorous 악취가 나는 / musty 곰팡내 나는
	고급	noisome 악취가 나는, 유해한 / putrid 부패한 / rancid 악취가 나는, 불쾌한 / stenchy 악취가 나는 / stinking 악취를 풍기는; 몹시 싫은
	참조	reek 악취를 풍기다 / stink 악취를 풍기다

반박하다 26	필수	confute 반박하다 / contradict 반박하다 / counter 반박하다 / deny 부인하다 / disprove 반증하다 / gainsay 부정하다, 반대하다 / refute 반박하다 / retort 보복하다, 반박하다
	고급	controvert 논박하다 / impugn 의문을 제기하다; 논박하다 / rebut 반박하다

✔ Check-up Test

1. The _______ scent which came from the bakery created in Eloise a sense of nostalgia for her grandmother's bread.
ⓐ condoling ⓑ indolent ⓒ redolent ⓓ insolent

2. He is a(n) _______ opponent; you must respect and fear him at all times.
ⓐ redoubtable ⓑ invincible ⓒ courageous ⓓ insignificant

3. Do you mean to tell me that I can get no <u>redress</u> for my injuries?
ⓐ health ⓑ remedy ⓒ costume ⓓ custom

4. Your composition is <u>redundant</u>; you can easily reduce its length.
ⓐ unnecessary ⓑ harsh ⓒ confused ⓓ loud

5. I don't think that we can <u>refute</u> his argument in this matter.
ⓐ disprove ⓑ ignore ⓒ analyze ⓓ weaken

정답 **1.** c **2.** a **3.** b **4.** a **5.** a

28
rehabilitate
[ri:həbíləteit]
★★★☆☆

re (again) + hab (dwell) → '다시 하다'에서 유래

vt 1 **원상태로 돌리다, 사회에 복귀시키다** / restore to a good condition; recover
2 **~을 재건[부흥]하다, 명예를 회복시키다** / bring back to a former high rank or in public opinion; reconstruct
- **rehabilitate** patients 환자를 다시 건강해지게 하다
- **rehabilitate** a disgraced former leader 실추된 前지도자의 명예를 회복시키다

n **rehabilitátion** 사회 복귀, 복직; 재활

어근관련 habituate [həbítʃueit] 습관 들이다 habitat [hǽbitæt] 서식지

29
rehearse
[rihə́:rs]
☆☆☆☆☆

re (again) + hercer (harrow) → '되풀이 해서 써레질을 하다'에서 유래

vt (음악 · 연극 따위의) **예행 연습을 하다** / practice in preparation for a public performance; try out
- **rehearse** a play 연극의 리허설을 하다

n **rehéarsal** 예행 연습(dummy run)

30
reimburse
[ri:imbə́:rs]
★★★☆☆

re (again) + in (in) + burs (purse) → '다시 지갑 안에 돈을 넣어 주다'에서 유래

vt **~에게 변상하다, 갚다** / pay back; repay
- **reimburse** the loss 그 손실을 변상하다

n **reimbúrsement** 변상, 상환

어근관련 disburse [disbə́:rs] (돈을) 지불하다 bursar [bə́:rsər] (대학의) 회계원

31
reinforce
[ri:infɔ́:rs]
★☆☆☆☆

re (again) + in(in) + force 힘 → '다시 힘을 넣어주다'에서 유래

vt **~을 보강[강화]하다** / strengthen with new force or materials; energize
- **reinforce** a wall with mud 진흙으로 벽을 보강하다

n **reinfórcement** 보강, 강화; 보급품

어근관련 enforce [infɔ́:rs] 시행하다; 강요하다 perforce [pərfɔ́:rs] 필연적으로, 부득이

32
reiterate
[ri:ítəreit]
★★★☆☆

re (again) + iter (repeat) → '자꾸자꾸 반복하다'에서 유래

vt (행위 · 발언 따위를) **반복하다** / say or do several times; repeat
- The policeman **reiterated** his command. 그 경찰관은 명령을 반복했다.

n **reiterátion** 되풀이, 반복(repetition) **a** **reíterative** 되풀이하는

어근관련 itinerant [aitínərənt] 순회하는 perishable [périʃəbl] 빨리 썩는

뉘앙스 p.459

33
rejuvenate
[ridʒú:vəneit]
★☆☆☆☆

re (again) + juven (young) → '다시 젊어지게 하다'에서 유래

vt **다시 젊어지게[활기띠게] 하다** / make young or vigorous again; refresh
- The long rest and new clothes have **rejuvenated** her.
  긴 휴식과 새 옷이 그녀를 젊어지게 하였다.

n **rejuvenátion** 회춘; 회복

어근관련 juvenile [dʒú:vənl] 젊은 juvenescence [dʒu:vənésns] 청춘

34
relegate
[réləgeit]
★☆☆☆☆

re (back) + leg (send) → '뒤쪽의 낮은 지위로 보내다'에서 유래

vt 1 (낮은 지위 · 상태로) **~을 내쫓다, 좌천시키다** / put away to a lower position
2 (일 따위를) **위탁하다** / hand over a matter or task; commit
- **relegate** a person to an inferior post 남을 좌천시키다
- He **relegated** the task to his assistant. 그는 그 일을 조수에게 위탁했다.

n **relegátion** 좌천, 추방, 위탁 **a** **rélegable** 좌천시켜야 할

어근관련 delegation [deligéiʃən] 대표단, 위임 sacrilege [sǽkrəlidʒ] 신성 모독

뉘앙스 p.149

동의어 / 반의어

28 **rehabilitate** = re-establish / reinstate / reform / restore / rebuild
29 **rehearse** = practice / exercise / train / drill / go through
30 **reimburse** = repay / recompense / refund / remunerate / expiate / off-set / pay back
31 **reinforce** = strengthen / energize / invigorate / fortify / rally / beef up ◎ 동의어 보강
32 **reiterate** = repeat / restate / iterate / recapitulate / go over ◎ 동의어 보강
33 **rejuvenate** = renew / refresh / renovate / restore / regenerate ↔ enervate
34 **relegate** = degrade / demote / downgrade / lower ↔ promote

동의어 보강

강화하다 31

필수	energize 활기차게 하다 fortify 강화하다	rally 회복시키다 refresh 다시 활기차게 하다	reinforce 강화하다 strengthen 강화하다
고급	brace 떠받치다, 보강하다 / corroborate (증거로) 보강하다; 확증하다		
숙어	beef up 보강하다; 강화하다 / build up 창조하다; 강력하게 만들다 / tone up (몸, 근육을) 강화하다		

반복하다 32

필수	iterate 반복하다	reiterate 반복하다	repeat 반복하다
고급	recapitulate 요점을 반복하다		
숙어	harp on 같은 말을 되풀이하다 / go over 검토하다; 복습하다 / brush up on 복습하다		

뉘앙스

반복하다 32

repéat	**반복하다** ≪일반적인 말≫	• The teacher **repeated** the question. 그 선생님은 질문을 되풀이했다.
recapítulate	(이야기 등의 요점을) **되풀이하다**	• **recapitulate** what has been said 발언의 요지를 다시 한번 말하다
reíterate	(집요하게 여러 번) **되풀이하다**	• The doctor **reiterated** his earlier warning to stop smoking. 그 의사는 담배를 끊으라는 이전의 경고를 되풀이했다.

Check-up Test

1. We must ______ those whom we sent to prison.
ⓐ incarcerate ⓑ observe ⓒ punish ⓓ rehabilitate

2. When you send me a statement of your expenses, I will ______ you.
ⓐ reinstate ⓑ reincarnate ⓒ reimburse ⓓ restore

3. I shall <u>reiterate</u> this message until all have understood it.
ⓐ repeat ⓑ report ⓒ revise ⓓ review

4. The charlatan claimed that his elixir would <u>rejuvenate</u> the aged and weary.
ⓐ renew ⓑ scrub ⓒ kneel ⓓ slur

5. If we ______ these experienced people to positions of unimportance because of their political persuasions, we shall lose the services of valuably trained personnel.
ⓐ assign ⓑ banish ⓒ relegate ⓓ restrict

정답 **1.** d **2.** c **3.** a **4.** a **5.** c

relent
[rilént]
★☆☆☆☆
35

re (again) + lent (slow) → '마음 상태가 느려지고 완화되다'에서 유래

vi (마음이) **누그러지다** / become less harsh or cruel; abate
- **relent** at the sight of misery 비참한 광경을 보고 가여워하다

a **reléntless** 무정한, 잔인한(unrelenting; merciless)

어근관련 lenient [lí:niənt] 너그러운, 관대한 lenity [lénəti] 자비로움, 인정많음

---

relevant
[réləvənt]
★★★☆☆
36

re (again) + leva (raise) → '적당한 높이까지 끌어 올리는'에서 유래

a (당면한 문제에) **관련된, 적절한** / connected with the matter in hand; proper
- matters **relevant** to the subject 문제와 관련이 있는 사항

n **rélevance** 관련성, 적절, 적당

어근관련 alleviate [əlí:vieit] 덜다, 완화하다 elevate [éləveit] 들어올리다

---

relinquish
[rilíŋkwiʃ]
★★★★☆
37

re (back) + linqu (leave) → '(자기 것을) 뒤로 하고 떠나다'에서 유래

vt (소유물 따위를) **포기[양도]하다, 단념하다** / let out of one's possession or control completely; abandon
- **relinquish** the throne to a person 왕위를 남에게 양도하다

n **relínquishment** 포기, 양도

어근관련 delinquent [dilíŋkwənt] 의무 태만의, 비행의 relic [rélik] 유물; 잔재 뉘앙스 p.547

---

reluctant
[rilʌ́ktənt]
★★★☆☆
38

re (back) + luc (struggle) → '뒤로 떨쳐 버리려고 노력하는'에서 유래

a **싫어하는, 꺼리는** / showing unwillingness; hesitant
- I am **reluctant** to go out in very cold weather. 나는 추운 날 밖에 나가는 것을 꺼려한다.

n **relúctance** 내키지 않음, 본의 아님

어근관련 pellucid [pəlú:sid] 투명한, 명료한 illustrate [íləstreit] 설명하다, 예증하다

---

reminiscent
[remənísnt]
★★☆☆☆
39

re (again) + min<men (mind) → '다시 마음속에 떠오르게 하는'에서 유래

a (과거 · 다른 것을) **생각나게 하는, 연상시키는** / recalling past persons or events, or places where one has been; remindful
- a cloud **reminiscent** of a ship 배를 연상시키는 구름

v **reminísce** ~을 추억하다, 회상에 잠기다 뉘앙스 p.461

어근관련 admonitory [ædmánitɔ:ri] 훈계의, 경고의 premonition [pri:məníʃn] 예감

---

remiss
[rimís]
★☆☆☆☆
40

re (back) + mis<mit (send) → '일을 뒤로 보내는'에서 유래

a **태만한, 무책임한** / careless or slack in doing what one has to do; neglectful
- be **remiss** in one's duties 직무에 태만하다

n **remíssness** 태만함, 무기력함

어근관련 premise [prémis] 전제 surmise [sərmáiz] 추측하다, 짐작하다

---

remit
[rimít]
★☆☆☆☆
41

re (back) + mit (send) → '뒤로 보내다'에서 유래

v 1 (돈 · 화물을) **보내다, 송금하다** / send money to a person or place; transmit
2 (세금 따위를) **면제하다,** (죄 따위를) **용서하다** / free sb from a debt or punishment; forgive
- **Remit** me the money at once. 즉시 내게 송금하여 주십시오.
- **Remit** by check. 수표로 송금해 주십시오.
- **remit** taxes to half the amount 세금을 반감하다

n **remíttance** 송금(액) n **remíssion** 용서, 사면 뉘앙스 p.25

어근관련 manumit [mænjmít] (노예 · 농노를) 해방하다 missionary [míʃəneri] 선교사

remnant

[rémnənt]

★☆☆☆☆

42

re (back) + mn<man (stay) → '뒤에 남겨져 있는 것'에서 유래

n **나머지, 잔여, 자취** / a small part left; rest

- **remnants** of a banquet 연회 후에 남은 음식들

어근관련 immanent [ímənənt] 고유의 permanent [pə́:rmənənt] 영구의, 불변의

동의어 / 반의어

35	**relent**	=	relax / soften / yield / moderate / come round
36	**relevant**	=	pertinent / appropriate / proper / associated ↔ irrelevant
37	**relinquish**	=	yield / abandon / surrender / forsake / give up
38	**reluctant**	=	unwilling / hesitant / loath / indisposed / antagonistic ↔ willing
39	**reminiscent**	=	remindful / redolent / recalling / evocative ● 동의어 보감
40	**remiss**	=	negligent / careless / indolent / delinquent / slothful ↔ scrupulous
41	**remit**	=	condone / absolve / exculpate / acquit / vindicate / pass over
42	**remnant**	=	remainder / residue / rest / remains / leftover

동의어 보감

회상하다 · 기억하다 39

필수	recall 회상하다; 취소하다 · relive 소생하다; 상기하다 · retrospect 회상하다 · recollect 회상하다 · remember 기억하다 · reflect 반사하다, 반영하다; 반성하다 · retain 간직하다, 기억하다
고급	reminisce 추억하다, 회상에 잠기다
숙어	call to mind / keep in mind 유념하다 / look back on 회상하다, 돌아보다
참조	암기하다 / memorize / learn by heart 상기시키다 / remind / ring a bell [flashback 똑똑하게 회상되는 과거사]
반의어	잊다 / forget / let bygones be bygones 지난 일을 잊다 망각 / forgetfulness 건망증 / amnesia 기억 상실, 건망증 / paramnesia 기억착오 / lethe 망각(의 강)

뉘앙스

기억 39

mémory	**기억(력)** ≪가장 일반적인 말≫	• have a good **memory** 기억력이 좋다
recolléction	(잊혀져 가는 것에 대한 노력이 담긴) **기억, 회상**	• My **recollection** of the journey is not so clear. 그 여행에 대한 내 기억은 그리 분명하지가 않다.
reminíscence	(먼 과거에 대한 그리움이 담긴) **회상, 추억** ≪품위있는 말≫	• his **reminiscence** of his first love 그의 첫사랑에 대한 추억

cf. **remémbrance** (행위나 과정으로서의) **기억, 추억** ≪현재는 드물게 쓰이는 말≫

---

check-up Test

1. Please <u>remit</u> the money you owe her.
ⓐ send back ⓑ withhold ⓒ figure up ⓓ promise ⓔ censure

2. Smith was told he would have to <u>relinquish</u> most of his property to his former wife.
ⓐ give up ⓑ pay back ⓒ show off ⓓ carry out

3. The students were <u>reluctant</u> at first to listen to the young teacher.
ⓐ indifferent ⓑ interested ⓒ impatient ⓓ hesitant

4. There is only a <u>remnant</u> of his former glories.
ⓐ memory ⓑ small part remaining ⓒ most but not all ⓓ written account

5. We would be <u>remiss</u> if we were to leave anything undone which would assure peace.
ⓐ unpleasant ⓑ slow ⓒ noisy ⓓ careless

정답 **1.** a **2.** a **3.** d **4.** b **5.** d

721 **smuggle** [smʌ́gl] ★★☆☆☆

smuggle<smokkelen (sneak 몰래 움직이다) → '몰래 들여오다[내가다]' 에서 유래

v 밀수입[수출]하다 / import or export goods secretly and illegally
- a **smuggling** ring 밀수단

n **smúggler** 밀수입자

---

722 **sober** [sóubər] ★★★☆☆

so<se (without ~이 없는) + ber<ebri (drunk 술취한) → '술 취하지 않고 진지한' 에서 유래

a 술취하지 않은; 진지한 / serious; solemn
- make a **sober** estimate of what is possible 무엇이 가능한가에 대해 진지한 평가를 하다

n **sobríety** 술 취하지 않음, 절제

---

723 **solicitous** [səlísətəs] ★★★☆☆

sol (whole 전체의) + cit (aroused 흥분한) → '전체가 흥분해 걱정하는' 에서 유래

a 애쓰는, 걱정하는 / anxiously caring; concerned
- be **solicitous** about one's son's health 자기 아들의 건강을 걱정하다

v **solícit** 간청하다 n **solícitude** 근심, 걱정 a **solícitant** 탄원하는

---

724 **soliloquy** [səlíləkwi] ★☆☆☆☆

sol (sole 혼자의) + log (speak 말하다) → '혼자 말하는 행위'에서 유래

n 혼잣말; <pl.> (연극 속의) 독백 / talking to oneself; monologue
- the character's **soliloquy** 그 등장 인물의 독백

---

725 **solvent** [sálvənt] ★☆☆☆☆

slove (dissolve 녹이다) → '빚을 없앨 수 있는, 고체를 녹일 수 있는' 에서 유래

a 지불 능력이 있는 / able to pay all one owes ; 용해력이 있는 / able to dissolve
- keep the company **solvent** 회사가 지불 능력을 갖게 하다

---

726 **somnolent** [sámnələnt] ★☆☆☆☆

somn (sleep 잠) → '잠이 오는' 에서 유래

a 졸리는/ almost starting to sleep; drowsy
- a **somnolent** summer's afternoon 졸리는 여름 오후

n **sómnolence** 졸림; 비몽사몽

---

727 **sonorous** [sənɔ́:rəs] ☆☆☆☆☆

son (sound 소리) → '소리가 잘 울리는' 에서 유래

a 잘 울리는, 우렁찬 / giving out or having a pleasant full deep sound; resonant
- have a deep and **sonorous** voice 깊고 낭랑한 목소리를 가지고 있다

n **sonórant** 공명음 a **sonorífic** 음향을 내는

---

728 **sophisticated** [səfístəkèitid] ★★☆☆☆

soph (wise 현명한) → '현명하게 잘 만들어진' 에서 유래

a 세련된, 세상에 밝은 / having a lot of experience of the world; worldly- wise; cultured ; 정교한 / very complex and advanced in design
- use **sophisticated** plastic surgery techniques 정교한 성형 수술 기술을 이용하다

n **sóphist** 궤변가 a **sophístic** 궤변의

---

729 **spasmodic(al)** [spæzmádik(əl)] ☆☆☆☆☆

spasm<spe (stretch 뻗다) → '팔 다리를 갑자기 뻗는 발작' 에서 유래

a 발작적인 / happening for short irregular periods; fitful
- the **spasmodic** coughing 발작적인 기침

n **spasm** 발작

---

730 **spatial** [spéiʃəl] ★★☆☆☆

spat (space 공간) → '공간의' 에서 유래

a 공간의 / relating to space ; 공간에 존재하는 / existing in space
- the problems relating to **spatial** distribution of cities 도시의 공간분배에 관한 문제

---

731 **specimen** [spésəmən] ★★☆☆☆

spec (look 보다) → '눈으로 볼 수 있는 표본' 에서 유래

n 견본; 표본 / a single example of sth; instance
- collect **specimens** of all kinds of rocks and minerals 돌과 광물의 온갖 종류의 표본을 모으다

---

732 **specious** [spí:ʃəs] ★★★☆☆

spec (look 보다) → '그럴듯해 보이는' 에서 유래

a 그럴듯한 / seeming to be true; plausible
- a **specious** hypocrite 겉만 그럴듯한 위선자

733 **spectrum**
[spéktrəm]
★★☆☆☆

spec (look 보다) → '빛을 분해했을 때 보이는 스펙트럼'에서 유래

n **스펙트럼, 분광** / a band of colored lights in order of their wavelengths; (일시적인) **범위** / range

- a broad **spectrum** of electronic knowledge 전자 지식의 광대한 범위

---

734 **speculative**
[spékjuleitiv]
★★☆☆☆

spec (look 보다) → '관찰하고 숙고하다'에서 유래

a **사색적인** / carefully thoughtful; reflective; **투기적인, 불확실한** / risky; conjectural

- **speculative** ventures in real estate 부동산 투기 사업

v **spéculate** 추측하다; 투기하다 n **speculátion** 추측; 투기

---

735 **spin-off**
[spín-ɔ̀(:)f]
★☆☆☆☆

spin<spen (stretch 뻗다) + off 떨어져 → '어떤 일에서 떨어져 나온 부산물'에서 유래

n **부산물, 파급효과, 부작용** / a byproduct of similar activity; derivative

- Water pollution is the most undesirable **spin-offs** of heavy industrialization. 수질오염은 중공업화의 가장 바람직하지 못한 부작용이다.

---

736 **split**
[split]
★★☆☆☆

split<splitten (쪼개다) → '한 덩어리였던 것이 쪼개지다'에서 유래

v **쪼개다; 분열하다** / break or cut from end to end; breach
n **쪼개짐, 균열** / crack

- She **split** the cake and filled it with chocolate. 그녀는 케이크를 갈라서 초콜릿으로 채웠다.

n a **splítting** 파편; 머리가 쪼개질 것 같은

---

737 **sporadic**
[spərǽdik]
★★★★☆

spor<sper (sow 씨 뿌리다) → '씨를 뿌릴 때처럼 간격을 두고 일어났다 쉬었다 하는' 에서 유래

a **간헐적인** / happening often but not regularly; intermittent

- **sporadic** fighting in the west of the city 그 도시 서쪽에서 때때로 일어나는 싸움

n **spore** ≪생물≫ 홀씨, 포자

---

738 **spur**
[spəːr]
☆☆☆☆☆

spur<spura (kick 차다) → '(말 따위에) 박차를 가하는 것과 같은 자극, 격려' 에서 유래

n **박차; 자극, 격려** / anything that urges on; stimulus
v **~에 박차를 가하다, 자극하다** / urge

- Pride **spurred** the boy to fight. 자존심이 소년을 싸우게 자극했다.

---

739 **spurious**
[spjúəriəs]
★★★☆☆

spuri (false 거짓의)

a **가짜의** / not based on facts; counterfeit

- a **spurious** painting[document] 가짜 그림[문서]

---

740 **squalid**
[skwɑ́lid]
★★★☆☆

squal (dirty 더러운)

a **불결한** / dirty and unpleasant; filthy

- a tiny **squalid** apartment 작고 불결한 아파트

n **squálor** 더러움, 누추함

★ 중요빈출

Check-up Test

1. The judge had a very sober expression on his face.
ⓐ serious ⓑ painful ⓒ mysterious ⓓ ambiguous

2. Specimens of bone are used for DNA typing.
ⓐ Samples ⓑ Spots ⓒ Units ⓓ Discoloration

3. Very often names echo the past; they carry with them a spectrum of information about family origins, social position, race, heritage, and religious affiliation.
ⓐ definition ⓑ group ⓒ range ⓓ uniqueness

4. We may expect some potential invisible earnings from spinoff industries, such as trade, tourism and finance.
ⓐ derivative ⓑ lucrative ⓒ deductive ⓓ economical

5. The audience laughed sporadically while watching the romantic comedy.
ⓐ occasionally ⓑ noisily ⓒ joyfully ⓓ continuously

정답 **1.** a **2.** a **3.** c **4.** a **5.** a

※ 복합어(compound words)는 숙어들이 한 단어로 결합된 형태가 많기 때문에 중요 빈출 숙어 파트를 모두 학습하고 나서 보는 것이 좋습니다.

② ~+ up 형 복합어

- **tuneup** / 예행연습 rehearsal
- **warmup** / 준비운동 sweating
- **workup** / (인쇄의) 오점, 얼룩 blot, spot
- **wrapup** / 간추린 뉴스, 결말 termination
- **writeup** / 호의적인 기사, 과대평가 overestimation

up + ~ 형 복합어

- **up-and-coming** / 유망한 promising
- **up-and-down** / 오르내리는; 완전한
- **upbeat** / 낙관적인 optimistic
- **upbringing** / 양육, 훈육 raising
- **up-coming** / 다가오는 forthcoming
- **upend** / (위아래를) 거꾸로 뒤집다 turn over ; 패배시키다 beat
- **uphill** / 올라가는 acclivitous ; 힘든 hard
- **upkeep** / 유지(유지비), 부양비 maintenance
- **upland** / 고지 highland
- **up-market** / 고급이고 값비싼, 고소득자를 겨냥한 upscale
- **upscale** / 수입이나 교육이 평균이상인
- **upshot** / (최종) 결과, 결말 result
- **upstart** / 갑자기 출세한 사람 parvenu ; 건방진 놈
- **uptake** / 빨아올림; 이해 understanding
- **uptight** / 긴장한, 초조해하는; (재정적으로) 곤란한
- **up-to-date** / 최신의 up-to-the-minute, up-to-the-second
- **uptown** / 주택지구의; 부촌인
- **upwind** / 바람이 불어오는 쪽으로 향한 against the wind

down + ~ 형 복합어

- **down payment** / 계약금 deposit ; 첫 할부금
- **down-and-out** / 가난한 destitute , 빈털터리, 노숙자
- **down-at-heel** / 뒤축이 닳은 신을 신은
- **downbeat** / 비관적인 pessimistic
- **downcast** / 의기소침한 dejected
- **downfall** / 하락, 파멸 collapse
- **downhill** / 내리막의 downward-sloping ; 수월한, 쉬운 easy
- **down-home** / 남부의, 시골풍의, 소박한
- **down-market** / 저소득층을 겨냥한, 싸구려의 low-end
- **downplay** / 경시하다 belittle
- **downpour** / 폭우 deluge
- **downsize** / 소형화하다, 축소하다 reduce
- **down-the-line** / 완전한, 전면적인 full-scale, all-out
- **down-to-earth** / 실용적인 practical
- **downtown** / 도심의; 도심지에서
- **downturn** / 침체, 하락 recession

re-

우선순위
로 보는
PRE
view

Date : /

38

★★★★☆	51.	**repeal**	폐지하다	□ □ □
★★★☆☆	44.	**remorse**	후회	□ □ □
	45.	**remunerate**	보답하다	□ □ □
	57.	**reprimand**	질책; 질책하다	□ □ □
	61.	**repute**	생각하다; 평판	□ □ □
	62.	**resentment**	분개	□ □ □
	65.	**restraint**	억제	□ □ □
	68.	**retaliate**	복수하다	□ □ □
	73.	**retrieve**	되찾다; 구해내다	□ □ □
	74.	**reverence**	공경	□ □ □
★★☆☆☆	54.	**replica**	사본	□ □ □
	55.	**reprehend**	비난하다, 꾸짖다	□ □ □
	59.	**reprove**	비난하다	□ □ □
	63.	**resolute**	단호한	□ □ □
	70.	**retort**	말대꾸하다	□ □ □
	72.	**retribution**	보복	□ □ □
	77.	**revise**	바꾸다; 교정하다	□ □ □
	78.	**revoke**	무효로 하다	□ □ □
★☆☆☆☆	43.	**remonstrate**	반대하다	□ □ □
	46.	**renegade**	배신자	□ □ □
	47.	**renovate**	새 것으로 만들다	□ □ □
	48.	**renounce**	버리다; 관계를 끊다	□ □ □
	49.	**renowned**	명성 있는	□ □ □
	50.	**reparation**	보상	□ □ □
	52.	**repel**	혐오감을 주다	□ □ □
	53.	**replete**	충만한	□ □ □
	56.	**repress**	억제하다	□ □ □
	58.	**reprisal**	보복	□ □ □
	60.	**repudiate**	부인하다	□ □ □
	64.	**respire**	호흡하다	□ □ □
	66.	**restrict**	제한하다	□ □ □
	67.	**retail**	소매(하다)	□ □ □
	69.	**reticent**	말이 없는	□ □ □
	71.	**retrench**	절약하다	□ □ □
	75.	**revert**	복귀하다	□ □ □
	76.	**revile**	비방하다	□ □ □

MD38 mp3

LECTURE
38

remonstrate
[rimánstreit]
★☆☆☆☆
43

re (intensive) + monstra (show) → '자신의 입장을 확실히 보여주다'에서 유래

vi 반대[불평]하다 / make a protest; object
- **remonstrate** with a boy about[against] his rude behavior 소년의 무례한 행동에 불쾌감을 표하다

n **remónstrance** 항의, 간언 a **remónstrative** 충고[항의]의

어근관련 demonstrate [démənstreit] 증명하다; 시위하다 monstrous [mánstrəs] 괴물의, 거대한

remorse
[rimɔ́:rs]
★★★☆☆
44

re (again) + mors<mord (bite) → '자꾸만 콕콕 쏘는 생각'에서 유래

n 후회, 양심의 가책 / painful regret for having done wrong; penitence
- feel **remorse** for one's fault 과오를 후회하다

a **remórseful** 후회하고 있는(contrite) a **remórseless** 무정한(ruthless)

어근관련 mordant [mɔ́:rdənt] 신랄한, 비꼬는 morsel [mɔ́:rsəl] (특히 음식의) 조금 뉘앙스 p.129

remunerate
[rimjú:nəreit]
★★★☆☆
45

re (again) + muner(give) → '(받은 만큼) 다시 주다'에서 유래

vt ~을 보답[보상]하다 / pay a suitable equivalent in return for goods provided; compensate; reimburse
- **remunerate** a person for his labor 남의 노고에 보답하다

a **remúnerative** 유리한, 수지 맞는(profitable, rewarding, lucrative)
n **remunerátion** 보수, 급료(pay)

어근관련 immune [imjú:n] 면역의, 면제된 munificent [mju:nífəsnt] 아낌없는, 후한

renegade
[rénigeid]
★☆☆☆☆
46

re (again) + neg (deny) → '믿음을 다시 부정하는 사람'에서 유래

n 탈당자, 변절자, 배신자 / a deserter from a religious faith or a political party; traitor
- He is not a **renegade** Catholic. 그는 카톨릭 변절자가 아니다.

어근관련 abnegation [æbnəgéiʃən] 포기, 극기 negotiate [nigóuʃieit] 협상하다

renovate
[rénəveit]
★☆☆☆☆
47

re (again) + nov (new) → '다시 새롭게 하다'에서 유래

vt ~을 새 것으로 만들다 / restore to a previous or better condition's; renew; innovate
- **renovate** old house 낡은 집을 수리하다
- **renovate** the discipline in bureaucracy 공직 사회의 기강을 쇄신하다

어근관련 novel [nával] 새로운, 기발한 novice [návis] 초심자

renounce
[rináuns]
★☆☆☆☆
48

re (back) + nounc<nuntia (announce) → '뒤로 물러 나겠다고 발표하다'에서 유래

vt 1 ~을 포기하다, 버리다 / give up one's own wishes or feelings; abandon
2 ~과 관계를 끊다, 인연을 끊다 / refuse to recognize as one's own; repudiate
- **renounce** a demand[right] 요구[권리]를 포기하다
- **renounce** one's friend 벗과 절교하다

n **renóuncer** 기권자, 포기자 n **renóuncement** 포기; 부인 뉘앙스 p.547

어근관련 denounce [dináuns] 비난하다 pronounce [prənáuns] 발음하다

renowned
[rináund]
★☆☆☆☆
49

re (again) + no<nomen (name) → '자꾸자꾸 불리워지는 이름인'에서 유래

a 유명한, 명성있는 / well known to the general public; famous
- Edison is **renowned** as an inventor. 에디슨은 발명가로서 유명하다.

n **renówn** 명성, 유명

어근관련 denominate [dinámәneit] ~에 이름을 붙이다
nomenclature [nóumənkleitʃər] (조직적) 명명법

reparation

[repəréiʃən]

★☆☆☆☆

50

re (again) + par (prepare) → '(무엇을 할 수 있도록) 다시 준비해 주는 것'에서 유래

n **보상, 배상[금]** / a return for something lost or suffered; compensation

- Japanese **reparations** for the war 전쟁에 대한 일본의 배상

a **reparátive** 보상하는, 수리의

어근관련 imperative [impérətiv] 긴급한, 필수적인, 명령적인
irreparable [irépərəbl] (손실, 상해 따위가) 회복할 수 없는, 돌이킬 수 없는

동의어 / 반의어

43	**remonstrate**	=	expostulate / protest / inveigh / resist / withstand
44	**remorse**	=	regret / repentance / penitence / rue / contrition / penance
45	**remunerate**	=	compensate / reimburse / recompense / redeem / make amends for ● 동의어 보감
46	**renegade**	=	deserter / defector / traitor / apostate ↔ adherent ● 동의어 보감
47	**renounce**	=	surrender / abandon / forsake / desert / give up / lay down
48	**renovate**	=	renew / innovate / restore / restitute
49	**renowned**	=	famous / distinguished / acclaimed / prominent / notable ↔ anonymous
50	**reparation**	=	amends / compensation / recompense / reprisal

동의어 보감

유익한 45	필수	beneficial 이로운 / conducive 이바지하는 / contributive 공헌하는 / helpful 유익한 / instrumental 유익한 / salutary 유익한 / serviceable 유익한 / useful 유용한 / wholesome 유익한
	고급	salubrious 건강에 도움이 되는
	참조	수지가 맞는 / lucrative / rewarding / remunerative pay off 수지가 맞다 / break even 손익 분기점에 도달하다
이교도 46	필수	apostate 배교자, 탈당자, 변절자 / heretic 이단자 / renegade 변절자, 배교자
	고급	heathen 이교도 / pagan 이교도
	참조	개종자 / convert / neophyte / proselyte totemism 토템 숭배 / animism 물활론(物活論) / pantheism 범신론

check-up Test

1. A commencement address will be made by Willie Mayer, a renowned football player.
ⓐ confident ⓑ renamed ⓒ celebrated ⓓ humble

2. He remonstrates with his friends.
ⓐ reproves ⓑ cooperates ⓒ travels ⓓ wanes

3. She was full of remorse for being so cruel to her young brother.
ⓐ recover ⓑ regret ⓒ redesign ⓓ defy

4. Because he refused to support his fellow members in their drive, he was shunned as a(n) ______.
ⓐ apostle ⓑ patriot ⓒ heretic ⓓ renegade

5. My father renounced smoking and drinking last week.
ⓐ gave up ⓑ held up ⓒ put down ⓓ wrote down

정답 1. c 2. a 3. b 4. d 5. a

repeal
[ripí:l]
★★★★☆
51

re (back) + peal (drive) → '뒤로 밀어 부치다'에서 유래

vt ~을 취소하다, 폐지하다 / put an official end; revoke
- **repeal** a license 면허를 취소하다

a **repéalable** 취소할 수 있는 cf **repél** 쫓아 버리다 뉘앙스 p.469

어근관련 appeal [əpí:l] 상고[항소]하다, 간청하다 dispel [dispél] 쫓아버리다

repel
[ripél]
★☆☆☆☆
52

re (back) + pel (drive) → '뒤로 몰아내다'에서 유래

vt 1 ~을 쫓아버리다, 퇴짜놓다 / force back; repulse
2 ~에게 혐오감[불쾌감]을 주다 / be displeasing to; disgust
- **repel** an enemy 적을 격퇴하다
- His untidy appearance **repelled** her. 그녀는 그의 단정치 못한 몰골에 혐오감을 느꼈다.

a n **repéllent** 불쾌한(abhorrent; obnoxious); 구충제 cf **repéal** 철회하다

어근관련 compel [kəmpél] 강요하다 pulsate [pʌ́lseit] (맥박이) 뛰다

replete
[riplí:t]
★☆☆☆☆
53

re (again) + ple (fill) → '자꾸자꾸 채우는'에서 유래

a ~으로 가득한, 충만한 / fully provided or filled; full
- be **replete** with every comfort and luxury 모든 편의 시설과 사치품으로 가득하다

n **replétion** 충만, 포식

어근관련 plenary [plí:nəri] 완전한; 전원 출석의 plentiful [pléntifəl] 풍부한

replica
[réplikə]
★★☆☆☆
54

re (again) + plic (fold) → '다시 접어도 똑같은 모양'에서 유래

n 사본, 복제 / a copy of a work of art; reproduction
- The young artist made a **replica** of the famous painting.
젊은 예술가는 자신의 유명한 그림의 사본을 만들었다.

어근관련 accomplice [əkámplis] 공범자 complicity [kəmplísəti] 공모, 연루

reprehend
[reprihénd]
★★☆☆☆
55

re (back) + prehen (seize) → '뒤를 붙잡다'에서 유래

vt ~을 비난하다, 꾸짖다 / express disapproval of; blame
- His conduct deserves to be **reprehended**. 그의 행동은 비난받아 마땅하다.

n **reprehénsion** 비난, 질책 a **reprehénsible** 비난 받을 만한(blameworthy)

어근관련 apprehensive [æprihénsiv] 염려하는 prehensile [prihénsil] 잡기에 알맞은 뉘앙스 p.187

repress
[riprés]
★☆☆☆☆
56

re (again) + press 누르다 → '누르고 또 누르다'에서 유래

vt ~을 억제[진압]하다 / prevent from acting; suppress
- **repress** a rebellion 반란을 진압하다

n **représsion** 억압, 저지 a **représsive** 억압하는, 억제하는

어근관련 depression [dipréʃən] 의기소침; 불경기 oppressive [əprésiv] 포악한

reprimand
[réprəmænd]
★★★☆☆
57

re (back) + prima<press (press) → '뒤로 누르다'에서 유래

n (특히 공식적인) 질책 / a severe or formal reproof; scolding
vt ~을 질책하다 / reprove severely or formally; reproach
- **reprimand** the sentry for deserting post 보초가 정위치를 이탈한 것을 질책하다

어근관련 pressing [présiŋ] 긴급한, 긴요한 express [iksprés] 급행(의) 뉘앙스 p.447

동의어 / 반의어

51	**repeal**	=	revoke / cancel / abolish / annul / nullify / recant / recall ↔ enact 동의어 보강
52	**repel**	=	repulse / reject / rebuff / drive back
53	**replete**	=	full / brimful / crammed / stuffed / overflowing ↔ devoid
54	**replica**	=	copy / duplicate / imitation / carbon / facsimile
55	**reprehend**	=	condemn / denounce / reproach / reprove / reprobate / stigmatize / fulminate
56	**repress**	=	suppress / restrain / subdue / frustrate / put down 동의어 보강
57	**reprimand**	=	reproach / reprove / chide / berate / fulminate ↔ eulogize

동의어 보강

폐지하다 · 철회하다 51	필수	abolish (제도, 법률, 습관 등을) 폐지하다 / abrogate (법률, 습관 등을) 폐지하다 / annul 무효로 하다, 폐기하다 / cancel 취소하다, 무효로 하다 / countermand (명령, 주문을) 철회하다 / eliminate 제거하다 / invalidate 무효로 만들다 / lift 들어 올리다, 철폐하다 / nullify (법적으로) 무효로 하다 / undo 원점으로 돌리다 / recall 상기하다; 취소하다 / recant (신앙, 주장을) 철회하다 / remove 제거하다 / repeal (법률을) 폐지하다 / rescind (법률을) 폐지하다 / reverse ~을 파기하다, 취소하다 / revoke 취소하다, 폐지하다 / void 무효로 하다, 비우다
	고급	override 우위에 서다, 무효화하다 / vitiate 약화시키다, 무효화하다
	숙어	phase out 단계적으로 폐지하다 / rule out / take out / do away with / put an end to / eat one's words 약속을 철회하다
고문하다 · 박해하다 56	필수	abuse 학대하다; 남용하다 / maltreat 고문하다 / mistreat 고문하다 / oppress 억압하다, 박해하다 / rack 고문하다 / repress 억제하다; 진압하다 / suppress 억압하다 / torment 괴롭히다 / torture 고문하다
	고급	crucify 십자가에 못 박다 / excruciate (육체적, 정신적으로) 몹시 괴롭히다; 고문하다 / persecute 박해하다
	숙어	put on the rack 고문하다

뉘앙스

폐지하다 51	**abólish**	(오랫동안 유지되던 관습 · 법률을) **폐지하다**	• **abolish** slavery 노예 제도를 폐지하다
	ábrogate, annúl	(권위있는 조치를 통해) **폐지하다, 무효화하다**	• **abrogate** the law 법을 폐지하다 • **annul** a contract 계약을 파기하다
	cáncel	(개인적으로) **취소하다**	• **cancel** an order 주문을 취소하다
	repéal, rescínd, revóke	(법률 · 명령 따위를 정식으로) **폐기[폐지]하다**	• **repeal** the martial law 계엄령을 해제하다 • **rescind** an order 명령을 취소하다 • **revoke** a license 면허를 취소하다

Check-up Test

1. As the kidnapper's actions were so <u>repellent</u>, it was hard to have any sympathy for her.
ⓐ reserved ⓑ insincere ⓒ aggressive ⓓ unpleasant

2. Civil right advocates are campaigning to _______ the new labor laws.
ⓐ repeal ⓑ renounce ⓒ repel ⓓ report

3. This book is <u>replete with</u> humorous situations.
ⓐ spoiled by ⓑ devoid of ⓒ enlivened by ⓓ filled with

4. It takes a lot of training to be able to distinguish a <u>replica</u> from an original work of art.
ⓐ model ⓑ painting ⓒ miniature ⓓ copy

5. Part of learning is helping students learn how to _______ ambiguity, consider possibilities, and ask questions that are unanswerable.
ⓐ ignore ⓑ repress ⓒ tolerate ⓓ yield

정답 **1.** d **2.** a **3.** d **4.** d **5.** b

reprisal
[ripráizəl]
★☆☆☆☆
58

re (back) + pris<prehen (seize) → '뒤에서 잡아 당김'에서 유래

n **보복, 앙갚음** / injury done in return for injury; revenge
- They bombed the enemy village as a **reprisal**. 그들은 보복으로서 적의 마을을 폭파하였다.

어근관련 enterprising [éntərpraiziŋ] 기업심이 왕성한, 진취적인 뉘앙스 p.473
imprisonment [impríznmənt] 투옥, 수감

---

reprove
[riprú:v]
★★☆☆☆
59

re (back) + prove 증명하다 → '이전으로 돌아가서 잘못된 점을 증명하다'에서 유래

vt **~을 야단치다, 비난하다** / talk to angrily; reproach
- The mother **reproved** her child for disobedience.
  말을 안 듣는다고 어머니가 자식을 야단쳤다.

n **repróval, repróof** 책망, 비난

어근관련 disprove [disprú:v] 반증을 들다 improve [imprú:v] 개선하다 뉘앙스 p.447

---

repudiate
[ripjú:dieit]
★☆☆☆☆
60

re (back) + pud<ped (foot) → '뒤로 차버리다'에서 유래

vt **부인[거부]하다** / refuse to accept or acknowledge; reject
- **repudiate** a charge as untrue 비난을 사실이 아니라고 부인하다

n **repudiátion** 거부, 거절, 부인

어근관련 impudence [ímpjudns] 무례함 pudency [pjú:dnsi] 수줍음, 겸손 뉘앙스 p.471

---

repute
[ripjú:t]
★★★☆☆
61

re (again) + put (think) → '어떤 사람을 다시 생각해보다'에서 유래

vt **<보통 수동형>(사람을) 평하다, 생각하다** / suppose to be; consider
- He is **reputed** (to be) the richest man in the city.
  그는 그 도시에서 가장 부자로 여겨진다.

n **평판, 소문** / reputation; fame
- a man of good **repute** 평판이 좋은 사람

n **reputátion** 평판, 명성 **a** **repúted** 평판이 좋은

어근관련 imputation [impjutéiʃən] 전가, 비난 putative [pjú:tətiv] 추정상의

---

resentment
[rizéntmənt]
★★★☆☆
62

re (back) + sent (feel) → '뒤로 끌어 내야겠다고 절실히 느낌'에서 유래

n **분개, 분노** / the feeling that one has at being injured; indignation
- **Resentment** is never an asset. 분노는 결코 가치 있는 것이 아니다.

v **resént** ~에 분개하다, 원망하다 **a** **reséntful** 화난, 분개한(furious)

어근관련 consensus [kənsénsəs] 일치, 합의 sententious [senténʃəs] 교훈적인, 금언의

---

resolute
[rézəlu:t]
★★☆☆☆
63

re (back) + solu (loosen) → '느슨하게 푸는 것의 반대되는'에서 유래

a **결심이 굳은, 단호한** / constant in pursuing a purpose; firm
- He is **resolute** to fight. 그는 싸울 결심을 하고 있다.

n **resolútion** 결심, 결의; 해결; (의회 · 집회 따위의) 결의안

v **resólve** 결심하다; 해결하다

어근관련 dissolute [dísəlu:t] (행동 따위가) 방탕한, 타락한 insolvent [insálvənt] 파산한

---

respire
[rispáiər]
★☆☆☆☆
64

re (again) + spire (breathe) → '반복해서 숨을 쉬다'에서 유래

v **호흡하다, 숨쉬다** / breathe in and out; inhale and exhale
- **respire** irregularly 불규칙하게 호흡하다

n **respirátion** 호흡 작용 **a** **réspiratory** 호흡의, 호흡기와 관련된

어근관련 aspire [əspáiər] 열망하다 inspire [inspáiər] ~을 기운나게 하다, 격려하다

동의어

반의어

58 **reprisal** = retaliation / revenge / vengeance / requital / retribution / nemesis
59 **reprove** = rebuke / reprimand / reproach / belabor / rant / objurgate / upbraid
60 **repudiate** = decline / dismiss / refuse / reprobate / turn down ↔ adopt ◉ 동의어 보감
61 **repute** = fame / notoriety / renown / reputation
62 **resentment** = anger / fury / indignation / ire / rage / wrath
63 **resolute** = resolved / determined / decided / firm / purposeful ↔ irresolute
64 **respire** = breathe

동의어 보감

거절하다 60	필수	decline (정중히) 거절하다 refuse 거절하다 reject 거절하다
	고급	rebuff 거절하다, 퇴짜 놓다 / repudiate 거부하다; 부인하다 / repulse 거절하다, 퇴짜 놓다 / spurn 퇴짜 놓다
	숙어	thumb down / turn down
↔ 승인하다	필수	approve 승인하다 ratify 비준하다 endorse 이서하다, 승인하다 sanction 인가하다
	고급	approbate 승인하다; ~찬성하다
	숙어	give the thumbs-up 승인하다, 찬성하다

뉘앙스

거절하다 60

refúse	**거절하다** ≪일반적인 말≫	• **refuse** a request for help 원조 요청을 거절하다
rejéct	(단호하게) **거절하다**	• **reject** an impolite courtship 무례한 구혼을 퇴짜놓다
declíne	(정중하게) **거절하다**	• **decline** an invitation to dinner 저녁식사 초대를 거절하다
repúdiate	(~와의 관계를) **거부하다, 거절하다**	• **repudiate** a son 자식과의 인연을 끊다
spurn	(분노와 경멸감을 느끼며) **거절하다**	• The judge **spurned** a bribe. 그 판사는 뇌물을 일축했다.

Check-up Test

1. It's one of the most <u>prestigious</u> schools in the country.
ⓐ repugnant ⓑ reputable ⓒ susceptive ⓓ presumptuous

2. The raid on the Iranian oil-drilling platform was a _______ for the Iranians earlier attack on the American tanker.
ⓐ respite ⓑ reprisal ⓒ restitution ⓓ recrimination

3. I usually admonished my brother for distorting facts, but Mother seldom _______ him.
ⓐ reproved ⓑ remanded ⓒ encouraged ⓓ praised

4. The Romantics did not simply <u>repudiate</u> the faith in reason.
ⓐ blame ⓑ reject ⓒ imitate ⓓ discern

5. Despite dangers and difficulties, the soldiers were <u>resolute</u>.
ⓐ uncomplaining ⓑ untiring ⓒ well-disciplined ⓓ determined

정답 **1.** b **2.** b **3.** a **4.** b **5.** d

restraint
[ristréint]
★★★☆☆
65

re (back) + strain<string (draw tight) → '(못 가도록) **단단하게 끌어 당김**'에서 유래

n 억제, 제지 / holding back or hindering from action or motion; restriction
- lay **restraint** on one's emotion 감정을 억누르다

v restráin ~을 억누르다, 억제하다(withhold; repress) **a restráined** 자제하는, 차분한

어근관련 constrain [kənstréin] 강제하다; 억제하다 distrain [distréin] 압류하다

---

restrict
[ristríkt]
★★☆☆☆
66

re (back) + stric<string (draw tight) → '(못 가도록) **단단히 끌어 당기다**' 에서 유래

vt ~을 제한하다, 금지하다 / keep or confine within limits; circumscribe
- Our membership is **restricted** to twenty. 우리 회원은 20명으로 한정되어 있다.

n restríction 제한, 한정(limitation) **a restrícted** 제한된(definite)

어근관련 constrict [kənstríkt] 압축하다, 죄다 stricture [stríkʧər] 혹평, 비난 뉘앙스 p.109

---

retail
[rí:teil]
★☆☆☆☆
67

re (back) + tail (cut) → '**커다란 것의 뒤를 잘라 판매함**' 에서 유래

n 소매 / the sale of goods in shops to customers
- a **retail** dealer 소매 상인

v ~을 소매하다, 소매되다 / sell or be sold by retail; merchandise
- It **retails** at 500 won. 그것은 소매로 500원이다. **n rétailer** 소매 상인

어근관련 detail [ditéil] 세부, 상세 entail [entéil] ~을 일으키다, 수반하다

---

retaliate
[ritǽlieit]
★★★☆☆
68

re (back) + talia (punishment) → '**뒤에서 벌을 주다**'에서 유래

vi 복수하다, 보복하다 / pay back a wrong or injury; revenge
- **retaliate** for an injury 상해를 입고 같은 방법으로 보복하다

n retaliátion 앙갚음, 복수 **a retáliatory** 보복적인 뉘앙스 p.473

---

reticent
[rétəsənt]
★☆☆☆☆
69

re (back) + tic (silent) → '**뒤로 물러나 침묵하는**' 에서 유래

a 말이 없는, 조심하는 / not expressing as much as is known; silent
- be **reticent** about the matter 그 일에 대해서는 입을 다물고 있다

n réticence 과묵, 조심

어근관련 tacit [tǽsit] 무언의, 침묵의 taciturn [tǽsətə:rn] 말수 적은, 과묵한

= 동의어 ↔ 반의어

65	**restraint**	=	restriction / constraint / limitation / ban / proscription
66	**restrict**	=	circumscribe / restrain / limit / confine / cramp / mark off
67	**retail**	=	sell / market / merchandise
68	**retaliate**	=	revenge / repay / avenge / requite / get even with ● 동의어 보강
69	**reticent**	=	quiet / silent / taciturn / reserved / close-mouthed ↔ unreticent ● 동의어 보강

동의어 보강

말 없는 · 과묵한 69	필수	laconic 간결한, 말수 적은 / reserved 말 없는 / speechless 말 없는 / mute 말 없는 / reticent 말 없는 / uncommunicative 말 없는
	고급	tight-lipped 과묵한 / taciturn 말 없는
	숙어	as close as an oyster
↔ 말 많은	필수	big-mouthed 말 많은 / loquacious 말 많은 / verbose 말 많은, 장황한 / chatty 말 많은 / talkative 말 많은 / wordy 말 많은, 다변의
	고급	gabby 수다스러운, 말 많은 / garrulous 수다스러운, 말 많은 / voluble 달변의, 수다스러운
	숙어	have a big mouth 입이 싸다, 말이 많다 / have a loose tongue 입이 싸다, 말이 많다 / talk big 허풍 치다

동의어 보감

복수하다 68	필수	avenge 복수하다 / revenge 복수하다 / repay 갚다; 복수하다 / square 일치시키다; 복수하다
	고급	requite 보상하다; 복수하다 / retaliate 보복하다
	숙어	get back on[at] / get even with
	참조	have it in for ~에 대한 앙심을 품다
복수 · 보복	필수	reprisal (정치, 군사) 복수 / retribution 응보, 천벌 / vengeance 앙갚음, 보복 / retaliation 복수 / revenge 복수 / retortion 복수 / scourge 회초리, 천벌
	고급	nemesis 복수의 여신; 천벌, 응보 / requital 보상, 보복 / vendetta 원수 갚기
	숙어	an eye for an eye / a measure for measure / quid pro quo 답례, 보상; 보복

뉘앙스

복수 · 보복 68

revénge	**복수** ≪가장 일반적인 말≫	• take **revenge** on the murderer 살인자에게 복수하다
véngeance	(받은 만큼 돌려주는) **복수, 앙갚음**	• My desire for **vengeance** was unbearable. 복수에 대한 내 욕망은 참을 수 없을 만큼 엄청났다.
retaliátion	(상대에게서 받은 것과 똑같은 방법으로 돌려주는) **보복, 앙갚음**	• the **retaliation** of blow for blow 주먹질을 주먹질로 갚기
reprísal	(특히 정치 · 군대 내에서의) **보복**	• We are ready for **reprisals** against the enemy. 우리는 적을 보복할 준비가 되었다.
retribútion	(비행에 대한 정당한 처벌로서의) **복수, 응보**	• the day of **retribution** 최후의 심판일

cf. **vai** (나쁜 짓에 대한) **보복** ≪격식을 차리는 말≫
vendétta **피의 복수, 원수 갚기**
retórtion, retórsion (높은 관세에 대한) **보복**

Check-up Test

1. Jerry wants to get even with Bill.
ⓐ assist ⓑ imitate ⓒ humiliate ⓓ retaliate

2. She soon loses her inhibitions when she has had two or three glasses of wine.
ⓐ happiness ⓑ senses ⓒ restraints ⓓ sorrows

3. So there is likely to be a temptation on both sides to 'strike first,' and since there is or will be so little time to _______, this in turn leads to the development of what are called 'launch on warning' systems. With such systems, the chances of an accidental _______ are dramatically increased
ⓐ retaliate - catastrophe ⓑ restitute - connivance
ⓒ restrain - confluence ⓓ retrieve - cannibalism

4. The United States has laws that restrict the numbers and kinds of immigrants allowed to enter this country.
ⓐ limit ⓑ retreat ⓒ pursue ⓓ effuse

5. He had been characteristically reticent regarding the details of his own financial affairs.
ⓐ loquacious ⓑ garrulous ⓒ taciturn ⓓ talkative

정답 **1.** d **2.** c **3.** a **4.** a **5.** c

retort
[ritɔ́:rt]
★★☆☆☆
70

re (back) + tort (twist) → '뒤에서 비틀다'에서 유래

vt (상대방의 말에) **응수하다, 말대꾸하다** / reply in a quick, caustic manner; answer
- **retort** a sarcasm (야유에) 야유로 응수하다

어근관련 distort [distɔ́:rt] 찡그리다; (사실을) 왜곡하다 torture [tɔ́:rtʃər] 고문, 큰 고통

---

retrench
[ritréntʃ]
★☆☆☆☆
71

re (back) + trench (cut) → '뒤를 잘라서 부피를 줄이다'에서 유래

vt (비용 · 경비를) **절약하다, 긴축하다** / cut down or reduce; curtail
- **retrench** school expenses 학비를 줄이다

n **retrénchment** 삭감, 축소 뉘앙스 p.33

어근관련 trenchant [tréntʃənt] 통렬한, 날카로운 entrench [intréntʃ] 참호를 두르다

---

retribution
[retrəbjú:ʃən]
★★☆☆☆
72

re (back) + tribu (bestow) → '다시 갚아 주는 것' 에서 유래

n (나쁜 짓의) **보복** / severe deserved punishment; revenge
- **retribution** for one's sin 죄에 대한 벌 뉘앙스 p.473

어근관련 tribute [tríbju:t] 찬사, 공물 attribute [ətríbju:t] 특성; ~탓으로 돌리다

---

retrieve
[ritrí:v]
★★★☆☆
73

re (again) + triv<trouver (find) → '잃어버린 것을 다시 찾다' 에서 유래

vt 1 **~을 되찾다, 복구하다** / get again; recover
2 (불행 따위에서) **구해내다** / rescue from eternal misery; rescue
- **retrieve** freedom 자유를 되찾다
- **retrieve** a person from ruin 남을 파멸로부터 구하다

n **retríeval** 되물림, 만회

---

reverence
[révərəns]
★★★☆☆
74

re (back) + ver (fear) → '상대방을 두려워하는 마음' 에서 유래

n **외경, 공경** / great respect and admiration mixed with love; homage
- pray with **reverence** 경건한 마음으로 기도하다

v **revére** ~을 외경하다(adore) **a** **réverent** 숭배하는, 공경하는
cf **revérse** 완전히 바꾸다 **resérve** 남겨두다

어근관련 irreverent [irévərənt] 불손한, 불경한 reverend [révərənd] 존경할 만한

---

revert
[rivə́:rt]
★☆☆☆☆
75

re (back) + vert (turn) → '뒤로 돌다'에서 유래

vi (원래의 습관 · 상태 따위로) **되돌아가다, 복귀하다** / back to a former condition; return
- **revert** to the old system 구제도로 되돌아가다

n **revérsion** 역행, 복귀 **n** **revérsal** 역행, 파기 **v** **a** **revérse** 파기하다; 역행하는

어근관련 perversion [pərvə́:rʒən] 곡해, 악용 subversive [səbvə́:rsiv] 전복하는

---

revile
[riváil]
★☆☆☆☆
76

re (again) + vil (vile) → '나쁜 점을 자꾸 말하다'에서 유래

vt **~의 욕을 하다, 비방하다** / express hatred of; upbraid
- He **reviled** me with a stream of abuse. 그는 나를 마구 비방했다.

n **revílement** 욕지거리, 욕설, 비방

어근관련 vilify [víləfài] 비방하다, 헐뜯다 villain [vílən] 악인, 악한

---

revise
[riváiz]
★★☆☆☆
77

re (again) + vis<vid (see) → '다시 들여다 보다'에서 유래

vt 1 (마음 · 의견 따위를) **바꾸다** / reconsider and change; alter
2 **~을 개정[교정]하다** / make improvements and put mistakes right; rewrite
- **revise** one's opinion 자신의 견해를 고치다
- **revise** a book 책을 교정하다

n **revísal** 정정, 수정 **n** **revísion** 개정, 교정

어근관련 provision [prəvíʒən] 예비, 준비 supervise [sú:pərvaiz] 감독하다

revoke

[rivóuk]

★★☆☆☆

78

re (back) + voke (call) → '(앞서 한 말에) 반대로 외치다' 에서 유래

vt **~을 취소하다, 무효로 하다** / void or annul by recalling; cancel

- **revoke** a license 면허를 취소하다

뉘앙스 p.469

어근관련 provoke [prəvóuk] 자극하다, 도발하다 invoke [invóuk] 호소하다

동의어 / 반의어

70	**retort**	=	return / respond / contort / rebut / come back with
71	**retrench**	=	curtail / economize / slash / trim / cut back on ↔ lengthen
72	**retribution**	=	revenge / scourge / nemesis / retaliation / measure for measure
73	**retrieve**	=	redeem / recover / regain / rescue / reclaim / take back
74	**reverence**	=	respect / esteem / admiration / obeisance / deference ↔ contempt
75	**revert**	=	return / retreat / regress / relapse / go back ↔ advance
76	**revile**	=	scold / vituperate / defame / traduce / bawl out
77	**revise**	=	rectify / modify / revamp / amend / correct / proofread / set right ● 동의어 보강
78	**revoke**	=	cancel / repeal / rescind / recall / reverse / call off

동의어 보강

수정하다

77

필수	amend (법을) 개정하다 / modify 조정하다 / redress 교정하다 / correct 수정하다 / patch 임시로 수리하다, 고치다 / revamp 개조하다, 개정하다 / emend (책을) 교정하다 / rectify 수정하다 / revise 수정하다
고급	proofread (오자를) 교정하다
숙어	set right
참조	orthography 바른 철자법, 정서법

Check-up Test

1. There are not many people in this society who one can <u>revere</u>.
ⓐ implicate ⓑ respect ⓒ condescend ⓓ agitate

2. To the derogatory comments from the older generation the teen-agers might <u>retort</u> that new fashions and styles are adopted by the elders with alacrity.
ⓐ reply ⓑ understand ⓒ surrender ⓓ smooth

3. A team of navy divers was dispatched to <u>retrieve</u> the sunken ship.
ⓐ hurl ⓑ revive ⓒ survive ⓓ salvage

4. <u>Reverting</u> to old bad habits will only be a step backward.
ⓐ Contracting ⓑ Returning ⓒ Converting ⓓ Retrieving

5. She <u>reviled</u> him so thoroughly that I never again mentioned his name in her hearing.
ⓐ thanked ⓑ rewarded ⓒ ignored ⓓ called abusive names

정답 **1.** b **2.** a **3.** d **4.** b **5.** d

741 **squander** [skwándər] ★☆☆☆☆
squand (scatter 흩뿌리다) → '여기저기 흩뿌리며 소비하다' 에서 유래
vt (돈 · 시간 등을) 낭비하다 / spend money or time carelessly; dissipate
- **squander** the family estate 가족의 재산을 낭비하다

---

742 **squeeze** [skwi:z] ★☆☆☆☆
squeeze<quetschen (squeeze 짜내다) → '짜내다' 에서 유래
v 짜내다, 압착하다 / press hard; compress; 꼭 껴안다 / hug
- **squeeze** toothpaste onto the toothbrush 칫솔에 치약을 짜다

a **squéezable** 짤 수 있는; 압박에 못 이기는

---

743 **staggering** [stǽgəriŋ] ★★★☆☆
stag (push 밀다) → '밀어서 걸음걸이를 비틀거리게 만드는' 에서 유래
a 어마어마한, 경이적인 / so great, shocking or surprising; astonishing
- accumulate a **staggering** amount of money 어마어마한 거액을 모으다

v **stágger** 비틀거리다; 깜짝 놀라게 하다

---

744 **stagnant** [stǽgnənt] ★☆☆☆☆
sta (stand 서다) → '움직이지 않고 제자리에 정지해 있는' 에서 유래
a 고인, 정체된 / not moving or changing; still
- water lying **stagnant** in ponds and ditches 못과 도랑에 고인 물

v **stágnate** 침체되다; 고이다　n **stágnancy** 침체; 불황

---

745 **standstill** [stǽndstil] ★★☆☆☆
stand 서있다 + still 가만히 있는 → '가만히 서있는 정지' 에서 유래
n 정지, 멈춤 / a complete stop; halt; 답보(상태) / a state of being unable to proceed
- Negotiations were at a near **standstill**. 협상이 거의 정체상태에 있다.

---

746 **stark** [sta:rk] ★★☆☆☆
stark<stearc (strong 강한) → '완전히 강하고 엄격한' 에서 유래
a 완전한 / complete; absolute; (장소 등이) 황량한 / barren; 가혹한, 엄격한 / harsh
- talk **stark** nonsense 완전히 말도 안 되는 소리를 하다

---

747 **statute** [stǽtʃu:t] ★☆☆☆☆
sta (stand 서다) → '제정되어 세워진 것' 에서 유래
n 《법》 법령 / a law passed by a lawmaking body
- a public **statute** 공법

a **státutory** 법으로 정한, 법에 명시된

---

748 **stereotype** [stériətàip] ★★☆☆☆
stereo 인쇄용 연판 + type 형식 → '연판으로 계속 찍어 낸 것, 판에 박은 투'에서 유래
n 정형; 고정관념 / a fixed idea or image; 연판 / a printing plate cast from a mold
v 정형[유형]화하다 / form a fixed idea
- **stereotyped** images of gentleman in children's books
아동 도서에 나오는 정형화된 신사의 이미지

---

749 **stifling** [stáifliŋ] ★☆☆☆☆
stifle<estouffer (stifle 숨막히게 하다) → '숨막히게 하듯이 답답한' 에서 유래
a (공기가) 숨막힐 듯한, 답답한 / oppressively close; suffocating
- get away from the **stifling** heat of the desert
사막의 숨 막힐 듯한 열기로부터 빠져 나오다

v **stífle** 숨 막히게 하다, 질식시키다

---

750 **stigmatize** [stígmətàiz] ★☆☆☆☆
stig (prick 찌르다) → '말로 상대를 찌르듯이 비난하다'에서 유래
vt 비난하다 / set some mark of disgrace on; defame
- **stigmatize** a person as a liar 남을 거짓말쟁이로 낙인 찍다

n **stígma** 오명, 불명예　a **stigmátic** 불명예스러운

---

751 **stingy** [stíndʒi] ★★★★☆
sting (sharp 날카로운) → '돈에 대해 너그럽지 않고 날카로운' 에서 유래
a 인색한 / unwilling to spend; parsimonious
- **stingy** in sharing skills 기술을 나누는 데 인색한

---

752 **stolid** [stálid] ★☆☆☆☆
stol (foolish 어리석은) → '어리석고 감각이 둔한'에서 유래
a 둔감한 / not easily excited; impassive
- a **stolid** face 둔감한 얼굴

n **stolídity** 둔감, 무신경

753 **streamline** [stríːmlain] ★☆☆☆☆

stream 물의 흐름 + line 작업라인 → '**작업라인이 물 흐르듯 매끄럽게 돌아가 능률적으로 하다**' 에서 유래

v **능률적으로 하다, 합리화하다** / make more efficient; simplify
n **유선형** / aerodynamic design
- **streamline** the manufacturing process 제조 과정을 능률화하다

---

754 **strident** [stráidnt] ★☆☆☆☆

strid (inarticulate sound 분명치 않은 소리) → '**발음이 정확하지 않아 귀에 거슬리는**' 에서 유래

a **귀에 거슬리는** / of loud and harsh sound; grating
- the **strident** voice 귀에 거슬리는 목소리

---

755 **stringent** [stríndʒənt] ★★★★★

string (draw tight 팽팽히 당기다) → '**규율이나 명령이 팽팽한**' 에서 유래

a **엄격한** / demanding strict attention to rules; rigorous
- **stringent** safety codes 엄격한 안전 규정

---

756 **stumble** [stʌ́mbl] ★★★★★

stump 그루터기 → '**그루터기에 걸려 비틀거리다**' 에서 유래

v **발에 걸리다** / trip by striking the foot against sth ; **비틀거리며 걷다** / walk or move in an unsteady way; stagger ; **실수하다, 말 더듬다**
- **stumble** along the way 비틀거리며 걸어가다

ad **stúmblingly** 비틀거리며, 더듬거리며

---

757 **sturdy** [stə́ːrdi] ★★☆☆☆

sturdy (stout 튼튼한) → '(사람, 팔다리, 몸 등이) **튼튼한**' 에서 유래

a **(몸이나 물건이) 튼튼한** / strong; stout ; **완강한** / not yielding; uncompromising
- This car has **sturdy** wheels. 이 차는 튼튼한 바퀴를 가지고 있다.

---

758 **succulent** [sʌ́kjulənt] ★★★☆☆

suc (suck 빨다) → '**빨아 먹을 수 있게 수분이 많은**' 에서 유래

a **수분이 많은, 맛있는** / juicy and delicious; luscious ; **흥미진진한** / interesting
- a **succulent** steak[story] 맛 좋은 스테이크[흥미진진한 이야기]

---

759 **sullen** [sʌ́lən] ★★☆☆☆

sul<soul (single 혼자의) → '**혼자여서 기분이 언짢고 음울한**' 에서 유래

a **시무룩한, 기분이 언짢아 말을 하지 않는** / bad-tempered and not speaking; **음침한, 음울한** / gloomy; dour
- The **sullen** skies threatened rain. 음울한 하늘이 비를 퍼부을 듯했다.

---

760 **sultry** [sʌ́ltri] ★☆☆☆☆

sult (swelter 무더위로 고생하다) → '**너무 더워서 고생하는**' 에서 유래

a **무더운** / unpleasantly hot with no wind; muggy
- the **sultry** climate of the tropics 열대 지방의 무더운 기후

Check-up Test

1. While I have carefully saved money to buy the piano I have always wanted, my friend Sean has ______ his earning on thousands of lottery tickets.
ⓐ stockpiled ⓑ subjugated ⓒ augmented ⓓ squandered

2. The financial impact of the new construction project on the town was <u>staggering</u>.
ⓐ amazing ⓑ destructive ⓒ constructive ⓓ bewildering

3. Jane, listening to the debate of her two suitors, noticed the ______ contrasts between them: faith and kindness on one side, and skepticism and hostility on the other.
ⓐ slight ⓑ stark ⓒ sterile ⓓ specious

4. It was almost as cold within the house as without. A small fire of wood chips was burning in the hearth and the smoke of it was <u>suffocating</u>.
ⓐ damp ⓑ dense ⓒ fragrant ⓓ stifling

5. In 1914, John R. Bray <u>streamlined</u> the animation process, using assembly-line techniques to turn out cartoons.
ⓐ revolutionized ⓑ bypassed ⓒ invented ⓓ simplified

정답 **1.** d **2.** a **3.** b **4.** d **5.** d

※ 복합어(compound words)는 숙어들이 한 단어로 결합된 형태가 많기 때문에 중요 빈출 숙어 파트를 모두 학습하고 나서 보는 것이 좋습니다.

~+ down 형 복합어

- **backdown** / 퇴각, 단념 retreat, withdrawal
- **blastdown** / (로켓의) 착륙
- **breakdown** / 고장 failure ; 붕괴, 쇠약 collapse ; 분석 analysis
- **bringdown** / 실망; 신랄한 비꼼 sarcasm
- **buttondown** / 단추로 잠그는; 보수적인 conservative
- **crack-down** / 엄격한 단속 control
- **cutdown** / 축소, 삭감 reduction
- **dressing-down** / 질책, 꾸지람
- **hand-me-down** / 물림 옷, 기성복
- **knockdown** / 때려눕히기; 할인, 삭감; 조립식으로 된 것
- **low-down** / 비열한, 야비한; (무엇에 대해 가장 중요한) 실정(내막)
- **pulldown** / 펴고 접는 식의 fold-down, collapsible
- **putdown** / 착륙; 말대꾸, 혹평 stricture
- **run-down** / 황폐한 devastated ; 건강을 망친
- **scaledown** / 계획적 축소, 규모 축소 reduction
- **showdown** / 최후의 결판 final, play-off
- **shutdown** / 임시휴업, 조업중단
- **sit-down** / 연좌 파업 sit-in ; 앉아서 하는
- **standdown** / 중지, 철수 resignation
- **stepdown** / 단계적으로 감소하는; 감소
- **sundown** / 일몰 sunset
- **thumbsdown** / 불찬성, 거절 refusal
- **topdown** / 말단까지 잘 조직된 systematic
- **touchdown** / (비행기 · 우주선의) 착륙 landing ; (럭비 · 미식축구에서) 터치다운; 득점
- **turndown** / (옷깃을) 접어 젖힌; 거절; 하강
- **upsidedown** / 거꾸로의 topsy-turvy
- **watered-down** / 물 탄 diluted

~+ in 형 복합어

- **add-in** / 증설용의 increased
- **all-in** / 모든 것을 포함한 inclusive ; 녹초가 된 exhausted
- **built-in** / 붙박이의 fixed
- **call-in** / (라디오 · TV의) 시청자 전화 참가 프로
- **cave-in** / (광산의) 붕괴, 함몰 collapse ; 실패
- **check-in** / (호텔) 체크인, 숙박절차; (항공기) 탑승 수속
- **cut-in** / (영화 · 방송의) 삽입 장면, 삽입 광고
- **drive-in** / 드라이브인 식의; 차를 몰고 들어가는 영화관, 식당
- **fade-in** / (영화 · 방송 등의) 페이드인 (음향 · 영상이 점점 분명해지는 것)
- **lead-in** / (주제 · 행사 · 방송 등의) 도입부 introduction
- **sign-in** / 서명운동
- **pay-in** / 계좌 입금
- **stick-in-the-mud** / 인습적인, 보수적인 conservative, buttoned-up
- **stand-in** / 대역 understudy
- **stock-in-trade** / 상투적인 수단; 재고품
- **tie-in** / 끼워 파는 bundling
- **trade-in** / 신품 구입의 일부 금액용으로 내놓는 중고품
- **walk-in** / 예약 없이 들어가는, 뜨내기의; 서서 들어갈수있는
- **write-in** / 기명의 signed , 기명 투표

se- sub-

우선순위 로 보는 PRE view

Date : /

★★★★☆	04.	**segregate**	분리하다; 차별하다	□ □ □
	01.	**sojourn**	체류하다	□ □ □
	11.	**substantiate**	증명하다; 구체화하다	□ □ □
★★★☆☆	07.	**subsequent**	잇따른	□ □ □
	13.	**subvert**	파괴하다	□ □ □
	15.	**suffocate**	질식시키다	□ □ □
	17.	**supple**	유연한; 온순한	□ □ □
	18.	**supplement**	보충물	□ □ □
	21.	**surreptitious**	은밀한	□ □ □
	23.	**susceptible**	영향 받기 쉬운	□ □ □
★☆☆☆☆	01.	**seclude**	격리하다	□ □ □
	02.	**sedition**	선동	□ □ □
	03.	**seduce**	부추기다	□ □ □
	05.	**sever**	절단하다; 중단하다	□ □ □
	02.	**somber**	어두운; 우울한	□ □ □
	03.	**subjugate**	정복하다	□ □ □
	04.	**submerge**	잠기다	□ □ □
	05.	**subordinate**	종속적인; 종속시키다	□ □ □
	06.	**subscribe**	서명하다; 정기 구독하다	□ □ □
	08.	**subside**	가라앉다	□ □ □
	09.	**subsidiary**	보조의; 자회사	□ □ □
	10.	**subsist**	살아가다; 존재하다	□ □ □
	12.	**subtract**	빼다	□ □ □
	14.	**succumb**	굴복하다; 죽다	□ □ □
	16.	**suffrage**	선거권	□ □ □
	19.	**supplicate**	애원하다	□ □ □
	20.	**surge**	격동; 쇄도하다	□ □ □
	22.	**surrogate**	대리인	□ □ □

MD39 mp3

LECTURE 39

se-

▶ **분리 · 이탈** Latin 계통의 접두어로서 '**분리 · 이탈**(apart)'의 의미를 지닌다.

seclude
[siklúːd]
★☆☆☆☆
01

se (apart) + clud (shut) → '세상으로부터 떨어뜨려 문을 닫다'에서 유래

vt **격리하다, 은둔시키다** / keep away from other people; isolate
- **seclude** oneself from society 사회로부터 은둔하다

n **seclúsion** 격리, 은둔 **a** **seclúded** 격리된, 은둔한(recluse)

어근관련 include [inklúːd] 포함하다 exclude [ikisklúːd] 배제[제외]하다

sedition
[sidíʃən]
★☆☆☆☆
02

se (apart) + dit<it (go) → '질서로부터 떨어져 나가게 함'에서 유래

n (반란, 폭동 등의) **선동, 교사** / incitement to discontent or rebellion; seduction
- **sedition** against the government 정부에 반대하는 폭동 교사

a **sedítious** 선동적인 **a** **n** **sedítionary** 선동적인; 선동자

어근관련 itinerant [aitínərənt] 순회하는 transient [trǽnʃənt] 일시적인

seduce
[sidjúːs]
★☆☆☆☆
03

se (away) + duc (lead) → '남을 바른 길에서 이탈하도록 이끌다'에서 유래

vt (나쁜 일을 하도록) **부추기다, 유혹하다** / persuade to do something; mislead
- **seduce** a person into committing a crime 범죄를 저지르도록 남을 유혹하다

n **sedúction** 유혹 **a** **sedúctive** 유혹하는

어근관련 deduce [didjúːs] 연역[추론]하다 induce [indjúːs] 꾀다; 유발하다 뉘앙스 p.481

segregate
[ségrigeit]
★★★★☆
04

se (apart) + greg (flock) → '모여있는 상태에서 따로 떨어뜨리다'에서 유래

vt 1 **분리[격리]하다** / separate from others; isolate
2 **인종 차별하다** / keep apart one racial group from another; discriminate
- Boys and girls are **segregated** in this school. 이 학교에서 남학생들과 여학생들은 분리된다.
- **segregate** the colored 유색 인종을 차별하다

n **segregátion** 분리; 인종 차별 **a** **ségregative** 분리시키는

어근관련 gregarious [grigέəriəs] 사교적인 egregious [igríːdʒəs] 지독한

sever
[sévər]
★☆☆☆☆
05

se (apart) + ver<per (divide) → '나누어 떨어뜨리다'에서 유래

v 1 **끊(기)다, 절단하다** / divide into two parts; cut
2 (관계를) **끊다, 중단하다** / bring to an end; break
- **sever** the rope with a knife 칼로 밧줄을 끊다
- **sever** all diplomatic relations with the country 그 나라와의 모든 외교 관계를 끊다

n **séverance** 절단; (관계의) 단절 **cf** **séverance pay** 퇴직[해직] 수당

어근관련 several [sévərəl] 몇 개의 separate [sépəreit] 분리하다; 각각의

동의어 / 반의어

01	**seclude**	=	cloister / sequester / separate / quarantine / insulate ⊙ 동의어 보강
02	**sedition**	=	treason / coup / insurrection / mutiny ↔ allegiance
03	**seduce**	=	tempt / lure / decoy / entice / lead on ⊙ 동의어 보강
04	**segregate**	=	isolate / separate / discriminate / sequester / cut off ↔ desegregate
05	**sever**	=	separate / dichotomize / dissect / divide / bisect

동의어 보감

분리[격리] 시키다 01	필수	insulate 절연하다 / isolate 고립시키다 / seclude 격리하다; 은둔하다 / separate 분리하다 / sequester 격리하다; 가압류하다
	고급	cordon 비상선을 치다 / quarantine (환자를) 격리하다
	숙어	block[close] off / leave ~ out in the cold 따돌리다 / split up 분리하다; 헤어지다
	참조	bully 따돌리다, 왕따시키다 / outcast 왕따

유혹하다 · 꾀다 03	필수	coax 꾀다 / decoy 꾀다, 유혹하다 / entice 유혹하다 / hook 유혹하다 / lure 유혹하다 / seduce (여성을) 유혹하다 / tempt 유혹하다
	고급	bamboozle 교묘한 말로 꾀다 / cajole 꾀다 / inveigle 꾀다 / wheedle 꾀다
	숙어	lead on / lead down the garden path

뉘앙스

유혹하다 03

lure	(저항할 수 없을 만큼 강하게) **유혹하다**	• be **lured** to the pleasures of city life 도시생활의 쾌락에 유혹되다
allúre	(이익 · 기쁨 따위를 제공하여) **유혹하다** ≪좋은 뜻으로 많이 쓰임≫	• Switzerland **allures** many tourists. 스위스는 많은 관광객을 끌어 들인다.
entíce	(매우 교묘히) **유혹하다**	• She **enticed** him into investing his money. 그녀는 그를 유혹하여 돈을 투자하게 했다.
invéigle	(속임수나 아첨을 통해) **유혹하다**	• They **inveigled** him with false promises. 그들은 그를 거짓 약속으로 유혹했다.
decóy	(함정에 빠지도록 거짓 미끼를 써서) **유혹하다**	• be **decoyed** into danger 미끼에 유혹되어 위험에 빠지다
sedúce	(나쁜 길로, 특히 여성의 정조를 잃도록) **유혹하다**	• **seduce** a girl 소녀를 유혹하다

cf. **tempt** (매우 강하게) **유혹하다** **begúile** (교묘히 술책으로 남을) **꼬드기다, 속이다**

Check-up Test

1. Microsurgery is now used successfully to reattach severed limbs.
ⓐ burned ⓑ disconnected ⓒ reorganized ⓓ divided

2. King George considered the Declaration of Independence an act of ______.
ⓐ allegiance ⓑ sedition ⓒ authority ⓓ accord

3. The audience was allured by the star's radiance.
ⓐ seceded ⓑ excluded ⓒ seduced ⓓ severed

4. Birmingham is probably the most thoroughly segregated city in the United States.
ⓐ democratic ⓑ racially divided ⓒ held together ⓓ united

5. He said that evidently the government had made a plan to seclude us from the young.
ⓐ isolate ⓑ abstain ⓒ refrain ⓓ judge

정답 **1.** b **2.** b **3.** c **4.** b **5.** a

sub-

▶ **아래** Latin 계통의 접두어로서 '**아래**(under)'의 의미를 지닌다.

의미 연구

아래(under)

> **subtráct** : sub(under) + tract(draw)
→ 아래로 끌어 내리다 → 빼다
/ súbjugate 정복하다 / subsíde 가라앉다; 진정되다 / succúmb 굴복하다; 죽다

형태 변화

자음 c, f, p, r 앞에서 → suc-, suf-, sup-, sur-

> **suc**cínct 간결한 / **súf**frage 참정권 / **súp**plicate 애원하다 / **sur**reptítious 은밀한

예외적 형태

> **só**journ 체류(하다) / **só**mber 음침한, 우울한

sojourn
[sóudʒəːrn]
★★★★☆
01

so<sub (under) + journ (day) → '~아래서 며칠을 보내다'에서 유래

vi **묵다, 체류하다** / live for a time in a place; lodge
- **sojourn** many days in the desert 많은 날들을 사막에서 체류하다

n **체류, 체재** / a brief stay
- enjoy a **sojourn** in Europe 유럽에서의 체류를 즐겁게 보내다

어근관련 adjourn [ədʒə́ːrn] 휴회[연기]하다 journey [dʒə́ːrni] 긴 여행

somber
[sámbər]
★☆☆☆☆
02

s<sub (under) + omber<umbra (shadow) → '어둠 속에 있는'에서 유래

a 1 **어두운** / having deep shadows; dark 2 **우울한** / gloomy; dismal
- a **somber** room with dark furniture 어두운 색의 가구로 음침한 방
- A funeral is a **somber** occasion. 장례식은 우울한 일이다.

n **sómberness** 어두움; 우울함

어근관련 umbrage [ʌ́mbridʒ] 불쾌, 노여움 umbrella [ʌmbrélə] 우산, 양산

subjugate
[sʌ́bdʒugeit]
★☆☆☆☆
03

sub (under) + jug (yoke) → '부자유스럽게 속박을 씌워 아래에 두다'에서 유래

vt **정복하다, 복종[예속]시키다** / make obedient; conquer
- Ancient Rome **subjugated** most of Europe. 고대 로마는 유럽 전역을 정복했다.

n **subjugátion** 정복, 진압

submerge
[səbmə́ːrdʒ]
★☆☆☆☆
04

sub (under) + (merge 점차 ~로 바뀌다) → '점차 (물) 아래로 내려가다'에서 유래

v **물 속에 잠기다, 가라앉(히)다** / put under water; sink
- A big wave **submerged** us. 큰 파도가 우리를 물 속에 잠기게 만들었다.

a **submérged** 물 속에 가라앉은 **n** **submérgence** 가라앉음, 침수

어근관련 emergency [imə́ːrdʒənsi] 비상 사태, 위급 immerse [iməːrs] 가라 앉히다

subordinate
[səbɔ́ːrdənət]
★☆☆☆☆
05

sub (under) + ordin (order) → '명령권 하에 있는'에서 유래

a **예하[하위]의, 종속[부차]적인** / of a lower rank or position; subject
- All other considerations are **subordinate** to our aim.
다른 모든 고려 사항들은 우리의 목표에 종속된다.

n **하위에 있는 사람[것]** / a subordinate person or thing
- treat one's **subordinates** very badly 부하들을 몹시 나쁘게 다루다

vt [-neit] **하위에 두다, 종속시키다** / place in a lower rank; subject
- **subordinate** one's wishes to general good 자신의 바람을 전체 이익의 하위에 두다

n **subordinátion** 예속[종속]시킴; 하위 **a** **subórdinative** 종속적인, 하위의
cf **únderling** 아랫사람, 부하

어근관련 coordinate [kouɔ́ːrdənət] 동등한(것); 대등하게 하다
inordinate [inɔ́ːrdənət] 과도한, 터무니없는

동의어 / 반의어

01	**sojourn**	=	stay / visit / tarry / stop over ⊙ 동의어 보감
02	**somber**	=	doleful / dour / morose / sullen / lachrymose / lugubrious / saturnine / murky
03	**subjugate**	=	conquer / defeat / subdue / vanquish / beat down
04	**submerge**	=	sink / subside / dip / plunge / immerse ↔ emerge
05	**subordinate**	=	subject / subsidiary / auxiliary / dependent / secondary ↔ main ⊙ 동의어 보감

동의어 보감

체류하다 · 살다 01	필수	abide 머무르다, 살다 / inhabit ~에 거주하다 / populate 살다 / board 하숙하다 / lodge 머무르다, 살다 / reside 눌러 앉다, 살다 / colonize 식민지로서 개척하다 정착하다 / occupy 점유하다 / sojourn 체류하다 / people ~에 살다
	고급	tenant 세입자, 소작인; 차용하다, 빌려 살다
	참고	주민 / inhabitant / resident / denizen
정복하다 · 패배시키다 05	필수	beat 패배시키다 / rout 궤멸시키다 / trample 짓밟다 / conquer 정복하다 / subdue 정복하다 / trump 으뜸패; 이기다 / defeat 패배시키다 / subordinate 종속시키다 / vanquish 정복하다 / overcome 극복하다 / suppress 진압하다, 억제하다 / quell 진압하다 / surmount 정복하다
	고급	crush 궤멸시키다 / quash 진압하다, 억누르다 / subjugate 복종시키다
	숙어	prevail over / put down 진압하다 / triumph over / win over / walk over ~에게 낙승하다
패배하다 · 항복하다	필수	lose 패배하다 / succumb 패배하다 / yield 굴복하다; 생산하다 / submit 제출하다; 굴복하다 / surrender 항복하다
	고급	capitulate (조건부로) 항복하다
	숙어	give in 제출하다; 굴복하다 / show the white flag / throw in the sponge[towel]

check-up Test

1. The mood was somber, reflecting decade of frustration, failure and mounting tragedy.
ⓐ pure or good ⓑ having had no alcohol
ⓒ serious and sad in appearance or feeling ⓓ causing or likely to cause strong admiration

2. During his sojourn in Asia, he learned much about native customs.
ⓐ exploration ⓑ performance ⓒ military service ⓓ brief stay

3. It is not our aim to subjugate our foe; we are interested only in establishing peaceful relation.
ⓐ conquer ⓑ make allies of ⓒ bow down to ⓓ reconcile

4. The ship was ______ under a hundred feet of water.
ⓐ submerged ⓑ sailing ⓒ floating ⓓ constructed

5. She is a subordinate to the editor-in-chief.
ⓐ child ⓑ neighbor ⓒ fellow-worker ⓓ assistant

정답 1. c 2. d 3. a 4. a 5. d

subscribe
[səbskráib]
★☆☆☆☆
06

sub (under) + scribe (write) → '문서의 아래에 쓰다'에서 유래

vt 1 (돈을) **기부하다** / give money regularly; contribute
2 (문서의 끝에) **쓰다, 서명하다** / write at the end of a document; sign
- **subscribe** $10,000 to the hospital 병원에 10,000 달러를 기부하다
- **subscribe** one's name at the end of the will 유언장의 끝에 자신의 이름을 서명하다

vi 1 **동의[승낙]하다** / give one's consent; agree
2 (신문 · 잡지 등을) **정기 구독하다** / pay regularly in order to receive a magazine or newspaper
- **subscribe** to a person's opinion 남의 의견에 동의하다
- **subscribe** to a few magazines 몇 권의 잡지를 정기구독하다

n **subscríption** 기부(금); 서명(승낙); 정기구독
cf **underwríte** 서명하다; 보험을 계약하다; ≪상업≫ (주식 · 사채 등을) 일괄 인수하다

어근관련 prescribe [priskráib] 규정[지시]하다; (약을) 처방하다 proscribe [prouskráib] 금지하다

---

subsequent
[sʌ́bsikwənt]
☆☆☆☆☆
07

sub (under) + sequent 잇따라 일어나는 → '뒤에 잇따라 일어나는'에서 유래

a **뒤[차후]의, 잇따른** / following something else; later
- **Subsequent** events proved that he was right.
  잇따른 사건들이 그가 옳다는 것을 증명해 주었다.

n **súbsequence** 잇따라 일어남 **ad** **súbsequently** 후에(later)
cf **cónsequent** 결과의, 결과로서 일어나는

어근관련 consequence [kánsəkwens] 결과; 중요성 sequence [síːkwəns] 연속

---

subside
[səbsáid]
★☆☆☆☆
08

sub (under) + sid (sit) → '~아래에 가라 앉다'에서 유래

vi 1 **가라앉다, 침전하다** / sink gradually further into the ground or water
2 (비바람 · 소동 따위가) **진정되다** / become less active; abate
- The submarine **subsided** to escape enemy attack.
  그 잠수함은 적의 공격을 피하기 위해 가라앉았다.
- The waves **subsided** when the wind stopped. 바람이 멈추자 파도가 잠잠해졌다.

n **súbsidence** 가라앉음, 침전

어근관련 preside [prizáid] 사회를 보다; 주재하다 reside [rizáid] 살다; 존재하다 뉘앙스 p.31

---

subsidiary
[səbsídieri]
★☆☆☆☆
09

sub (under) + sid (sit) → '아래에 앉아 있는'에서 유래

a **보조의, 부차[부가]적인** / useful to assist or supplement; subordinate
- ask a **subsidiary** question 부가 질문을 하다

n **부가[부속]물, 자회사** / a thing or company that assists or supplements
- The **subsidiary** is in France but the parent company is in America.
  자회사는 프랑스에 있지만 모회사는 미국에 있다.

어근관련 residue [rézədjuː] 나머지, 찌꺼기 sediment [sédəmənt] 침전물

---

subsist
[səbsíst]
☆☆☆☆☆
10

sub (up to) + sist (stand) → '존속해 갈 수 있는 능력을 지니다'에서 유래

vi 1 **살아가다** / keep alive; live
2 **존재[존속]하다** / continue to be; exist
- **subsist** chiefly on fish and meat 주로 어류와 육류를 먹고 살아가다
- A club cannot **subsist** without members. 클럽은 회원들 없이는 존속할 수 없다.

n **subsístence** 생존; 생활 **a** **subsístent** 실재[존재]하는

어근관련 insist [insíst] 강요하다; 강조[주장]하다 persist [pərsíst] 고집하다; 존속하다

substantiate

[səbstǽnʃièit]
★★★★☆
11

sub (under) + stant (stand) → '실제의 것으로 서게 하다'에서 유래

vt 1 **증명[입증]하다** / prove the truth of; verify
2 **구체[실체]화하다** / give concrete form to; embody

- **substantiate** one's claim in a court 법정에서 자신의 주장을 입증하다
- **substantiate** one's principles in one's behavior 자신의 원칙들을 행동으로 구체화하다

n **súbstance** 물질; 본질; 재산 **a** **substántial** 물질의; 상당한 ~ 뉘앙스 p.487

어근관련 instant [ínstənt] 즉시의; 긴급한; 순간 extant [ékstənt] (문서가) 현존하는

동의어 / 반의어

06	**subscribe**	=	contribute / donate / chip in
07	**subsequent**	=	later / following / consequent / succeeding / ensuing ↔ antecedent
08	**subside**	=	submerge / sink / dip / plunge / founder ⊙ 동의어 보감
09	**subsidiary**	=	subordinate / auxiliary / supplementary / secondary / side-bar
10	**subsist**	=	live / exist / fare / get along
11	**substantiate**	=	confirm / corroborate / justify / verify ⊙ 동의어 보감

동의어 보감

물러나다 · 후퇴하다 08

필수	ebb 쇠퇴하다 / retreat 물러나다, 후퇴하다 / withdraw 물러나다; 철수시키다 / recede 물러가다, 감퇴하다 / subside 가라앉다 / regress 되돌아가다; 퇴보하다 / wane 약해지다
고급	backslide 퇴보하다, 타락하다 / retrogress 후퇴하다, 퇴화하다
숙어	fall back / pull back

확인하다 · 증명하다 11

필수	ascertain 확인하다 / confirm 확인하다 / testify 확인하다 / assure ~에게 확신시키다; 보증하다 / corroborate 보강하다, 확증하다 / validate 확인하다 / attest 증명하다 / ensure 확인하다 / verify (사실을) 확인하다 / authenticate 진품임을 확인하다 / identify (신원을) 확인하다 / vouch 보증하다, 증명하다 / certify 확인하다 / substantiate 실증하다
고급	seal 도장을 찍다, 승인하다; 봉인하다; 보증하다, 확인하다
숙어	make sure
참조	명확한 / certain / definite / precise / determinate / concrete 구체적인 unidentified 정체불명의 / UFO(Unidentified Flying Object) 미확인 비행 물체

Check-up Test

1. The mobile operators have lowered the price of the new high-end smartphone by providing ______.
ⓐ allowances ⓑ subsidies ⓒ supplements ⓓ substitutes

2. Subsequent events proved the man to be right
ⓐ few ⓑ later ⓒ earlier ⓓ many

3. During the winter many animals ______ on food they have stored in the other seasons.
ⓐ insist ⓑ consist ⓒ resist ⓓ subsist

4. You'd better leave after the storm ______.
ⓐ submerges ⓑ subsides ⓒ transmits ⓓ migrates

5. This information may be used as subsidiary evidence but is not sufficient by itself to prove your argument.
ⓐ translucent ⓑ dominant ⓒ auxiliary ⓓ timorous

정답 1. b 2. b 3. d 4. b 5. c

subtract
[səbtrǽkt]
★☆☆☆☆
12

sub (under) + tract (draw) → '아래로 끌어 내리다'에서 유래

v **빼다, 감하다** / take away; deduct
- **subtract** 50 from 100 100에서 50을 빼다

n **subtráction** 빼기, 공제

어근관련 attract [ətrǽkt] 매혹하다 distract [distrǽkt] (주의 등을) 흩뜨리다

subvert
[səbvə́:rt]
★★★☆☆
13

sub (under) + vert (change) → '서 있는 것을 아래로 방향을 바꾸게 하다'에서 유래

vt **뒤엎다, 파괴하다** / try to destroy the power of; overthrow
- Dictators **subvert** democracy. 독재자들은 민주주의를 파괴시킨다.

n **subvérsion** 전복, 타도 **a** **subvérsive** 전복시키는, 파괴적인

어근관련 pervert [pərvə́:rt] 타락시키다; 변태 vertigo [və́:rtigou] 현기증

succumb
[səkʌ́m]
★☆☆☆☆
14

suc<sub (up) + cumb (lie) → '아래로 눕다'에서 유래

vi 1 **지다, 굴복하다** / give way; yield 2 **죽다** / stop living; die
- **succumb** to the temptation 유혹에 굴복하다
- **succumb** of old age 고령으로 죽다

어근관련 encumber [inkʌ́mbər] 방해하다 incumbent [inkʌ́mbənt] 재직 중의; 재직자

suffocate
[sʌ́fəkeit]
★★★☆☆
15

suf<sub (up) + foc (throat) → '목졸라 숨을 못 쉬게 하다'에서 유래

v (~의) **숨을 막다, 질식시키다** / keep from breathing; choke
- be **suffocated** by heavy smoke 심한 연기로 인해 숨을 쉴 수 없다

어근관련 faucal [fɔ́:kəl] ≪의학≫ 인후(咽喉)의

suffrage
[sʌ́fridʒ]
★☆☆☆☆
16

suf<sub (nearby) + frag (crash) → '권리를 외치는 군중들의 함성'에서 유래

n **투표(권), 선거[참정]권** / the right to vote; vote
- grant **suffrage** to women 여성에게 투표권을 부여하다

supple
[sʌ́pl]
★★★☆☆
17

sup<sub (under) + ple<plic (bend) → '몸을 아래로 자유롭게 굽히는'에서 유래

a 1 (몸 · 물체 등이) **유연한** / bending or folding easily; pliant
2 (성격이) **온순한** / yielding easily; compliant
- exercise to keep oneself **supple** 몸을 유연한 상태로 유지하기 위해 운동하다

어근관련 duplicate [djú:plikeit] 복제하다; 사본 implicit [implísit] 절대적인; 은연중의

동의어 / 반의어

12	**subtract**	=	deduct / reduce / diminish / abate / take away
13	**subvert**	=	overthrow / topple / overturn / capsize / turn turtles ◎ 동의어 보감
14	**succumb**	=	yield / submit / surrender / give in
15	**suffocate**	=	choke / smother / stifle / strangle ◎ 동의어 보감
16	**suffrage**	=	franchise / vote
17	**supple**	=	pliant / bendable / flexible / plastic / elastic ↔ rigid ◎ 동의어 보감

동의어 보감

전복하다 13

필수	overthrow 전복하다 subvert 전복하다 overturn 전복하다 upset 뒤엎다, 뒤흔들다
고급	capsize 뒤집다, 전복시키다 / topple 넘어뜨리다; (권좌 등에서) 끌어내리다
숙어	keel over / turn over / turn turtles
참조	wrecked 난파된 / shipwreck 난파(하다) / stranded 좌초된 / salvage 인양하다 / a signal of distress 조난신호(S.O.S)

동의어 보강

더운 15	필수	arid 사막 같은, 건조한 / humid 덥고 습한 / sultry 더운 / hot 더운 / muggy 후덥지근한
	고급	broiling 찌는 듯한, 더운 / scorching 태우는, 몹시 뜨거운 / sizzling 몹시 뜨거운 / suffocative 숨이 막히는, 숨 막히게 더운 / sweltering 더위에 지친, 무더운 / torrid 타는 듯한, 무더운
	참고	stifling 답답한, 숨 막힐 듯한 / stuffy 통풍이 잘 안되는, 답답한
↔ 추운	필수	arctic 북극의, 극한의 / freezing 얼어붙을 듯한 / icy 추운 / cold 추운 / frigid 혹한의 / wintry 추운 / chilly 차가운, 한기나는 / frosty 서리 내리는, 혹한의
	고급	gelid 얼음 같은, 얼어붙는 듯한 / hyperborean 북쪽 끝의; 매우 추운
	숙어	below zero
유연한 17	필수	bendable 구부릴 수 있는 / flexible 유연한 / pliable 휘기 쉬운, 유연한 / ductile 두들겨 펼 수 있는 / malleable 유연한 / pliant 잘 휘는, 유연한 / elastic 잘 늘어나는 / plastic 유연한 / yielding 잘 구부러지는, 유연한
	고급	limber 유연한, 융통성 있는 / lithe (몸이) 유연한 / supple 몸이 유연한
	참조	resilient 회복력 있는; 탄력 있는 / springy (용수철처럼) 탄력 있는

뉘앙스

확인하다	**confírm**	**확인하다** ≪가장 일반적인 말≫	• **confirm** the reservations 예약을 확인하다
	corróborate	(새로운 증거를 통해) **확인하다, 확증하다**	• The bystanders **corroborated** his statement. 구경꾼들이 그의 진술을 확인해 주었다.
	substántiate	(충분한 증거를 통해) **실증하다**	• **substantiate** one's theory 자신의 이론을 실증하다
	vérify	(사실임을) **확인하다**	• **verify** the suspect's statement 그 용의자의 진술이 사실임을 확인하다
	authénticate	(진품임을) **확인하다**	• The painting was **authenticated** by experts. 그 그림은 전문가들에 의해 진품임이 확인되었다.
	válidate	(특히 법적으로 유효함을) **확인하다**	• **validate** a passport 여권을 확인하다

check-up Test

1. In times of war, we must take precautions against acts of <u>sabotage</u> as well as of direct violence.
ⓐ subversion ⓑ heinousness ⓒ subterfuge ⓓ infiltration

2. In Nathaniel Hawthorn's *The Scarlet Letter*, Reverend Dimmesdale <u>succumbed to</u> Hester's Charms.
ⓐ yielded to ⓑ conversed about ⓒ appealed to ⓓ cared nothing for

3. The movement for women's <u>suffrage</u> was a social, economic and political reform movement, aimed at extending the suffrage to women.
ⓐ voting right ⓑ freedom ⓒ monogamy ⓓ divorce right

4. Because gymnasts exercise regularly, they have <u>supple</u> bodies.
ⓐ aching ⓑ humble ⓒ super ⓓ limber

5. Choose the one whose meaning is opposite to 'subtract'.
ⓐ design ⓑ multiply ⓒ conduce ⓓ add

정답 **1.** a **2.** a **3.** a **4.** d **5.** d

supplement
[sʌ́pləmənt]
★★★☆☆
18

sup<sub (under) + ple (fill) → '(완전하게 만들기 위해) 아래에 채우는 것'에서 유래

n **보충물, 부록** / something added to complete a thing; complement
- a travel **supplement** in the newspaper 신문의 여행 기사 부록

vt [- ment] **보완[보완]하다** / add to complete a thing; complement
- **supplement** one's diet with vitamin pills 비타민 알약을 먹어서 자신의 규정식을 보충하다

a **suppleméntary, suppleméntal** 보충[부록]의
n **supplementátion** 보충, 추가

어근관련 deplete [diplíːt] 감소[고갈]시키다 replete [riplíːt] 충만한

---

supplicate
[sʌ́pləkeit]
★☆☆☆☆
19

sup<sub (under) + plic (bend) → '몸을 아래쪽으로 굽히다'에서 유래

v **애원하다, 간절히 부탁하다** / beg humbly and earnestly; entreat
- **supplicate** the judge to pardon him 판사에게 그의 용서를 애원하다

n **supplicátion** 간청 **a** **n** **súpplicant** 애원하는 (사람)
a **súpplicatory** 애원하는

어근관련 supple [sʌ́pl] 유연한; 온순한 pliable [pláiəbl] 유연한; 온순한 뉘앙스 p.251

---

surge
[səːrdʒ]
★☆☆☆☆
20

su<sub (up from under) + rg (reach) → '아래서부터 위까지 도달하는 것'에서 유래

n 1 **큰 파도** / swelling wave; billow
2 **(감정의) 격동** / a violent swelling up as of feelings; outburst
- The sea was rolling in immense **surges**. 그 바다에는 거대한 파도가 굽이치고 있었다.
- a **surge** of public opinion 여론의 격동

vi 1 **(파도가) 요동치다** / rise or swell with great force; billow
2 **(군중 · 물가 따위가) 쇄도[급등]하다** / sweep forward as waves do; rush
- A great wave **surged** over us. 우리 위로 거대한 파도가 일었다.
- The angry mob **surged** through the streets. 성난 폭도들이 거리에 밀어 닥쳤다.

cf **surf** (모래 사장에) 밀려드는 파도; 파도타기를 하다

---

surreptitious
[səːrəptíʃəs]
★★★☆☆
21

sur<sub (under) + rept<rap (snatch) → '(남 모르게) 밑에서 잡아채는'에서 유래

a **(주로 부정한 이유로) 비밀의, 은밀한** / acting by stealth; furtive
- a **surreptitious** peep 은밀한 엿보기

어근관련 rapacious [rəpéiʃəs] 강탈하는, 탐욕스러운 rapture [rǽptʃər] 환희, 황홀

---

surrogate
[sʌ́rəgət]
★☆☆☆☆
22

sur<sub (under) + rog (ask for) → '윗사람 아래에 있도록 요청된 사람'에서 유래

n **대리인** / a person acting in place of another; deputy
- the **surrogate** of an ecclesiastical judge 교회 재판관의 대리인

---

susceptible
[səséptəbl]
★★★☆☆
23

sus<sub (under) + cept<cap (take) → '~의 영향력 하에 있는'에서 유래

a 1 **느끼기 쉬운, 영향받기[걸리기] 쉬운** / easily influenced by feelings or affection; sensitive
2 **~할 수 있는** / capable of undergoing or being affected by; able
- She is very **susceptible** to persuasion. 그녀는 설득에 매우 약하다.
- a sentence **susceptible** to various interpretations 여러 가지의 해석이 가능한 문장

n **susceptibílity** 영향받기[걸리기] 쉬움, 민감
a **suscéptive** 받기 쉬운, 민감한

어근관련 accept [æksépt] 받아들이다 intercept [intərsépt] 가로채다; 차단하다

동의어 / 반의어

18	**supplement**	=	complete / complement / replenish / fill up
19	**supplicate**	=	entreat / implore / beseech / petition / importune
20	**surge**	=	soar / jump / skyrocket / boom / shoot up
21	**surreptitious**	=	furtive / sneaky / stealthy / clandestine ⊙ 동의어 보강
22	**surrogate**	=	deputy / delegate / substitute / agent / proxy
23	**susceptible**	=	subject / liable / open / exposed / vulnerable ↔ immune ⊙ 동의어 보강

동의어 보강

비밀스런 21	필수	clandestine 비밀스런 / confidential 친밀한; 은밀한 / covert 비밀스런 / cryptic 비밀스런, 수수께끼 같은 / furtive 은밀한; 음흉한 / mystic 비전의, 신비로운 / secret 비밀스런 / sly 음흉한; 비밀의 / stealthy 몰래 하는, 비밀스런 / surreptitious 비밀스런 / undercover 비밀스런 / underground 비밀스런 / underhanded 비밀스런
	고급	arcane 비밀의; 불가사의한 / esoteric 난해한, 비교의 / hush-hush 극비의 / privy 비밀히 관여하는 / sealed 봉인을 한, 비밀의 / sub-rosa 비밀리에
	숙어	on the quiet 남몰래 / under the table 비밀리에; 곤드레만드레 취하여
민감한 · 영향 받기 쉬운(to) 23	필수	exposed 노출된, 취약한 / impressionable 감동 잘 받는 / liable ~하기 쉬운; 영향 받기 쉬운; 책임이 있는 / open 민감한 / precarious 불안정한, 위태로운 / prone 앞으로 엎드린; 당하기 쉬운 / responsive 민감하게 반응하는 / sensitive 민감한 / subject 당할 수 있는, 지배를 받는 / susceptible 민감한 / tender 예민한, 감수성이 강한 / vulnerable 다치기 쉬운 / weak 약한, 민감한
	고급	highstrung 과민한 / suggestible 암시에 걸리기 쉬운, 영향을 잘 받는

check-up Test

1. The police fired bullets into ______ crowds of demonstrators.
ⓐ mitigating ⓑ exciting ⓒ standing up ⓓ surging

2. Art is a surrogate for the individual imaginations of its audience.
ⓐ abrogate ⓑ derogatory ⓒ replacement ⓓ superstition

3. Researchers are now trying to prove that certain genes increase ______ to Alzheimer's disease.
ⓐ susceptibility ⓑ tenacity ⓒ immunity ⓓ pugnacity

4. Even when their diets include meat, some people obtain protein supplementarily by eating peanut butter.
ⓐ effectively ⓑ economically ⓒ additionally ⓓ conveniently

5. We supplicate your majesty to grant him amnesty.
ⓐ honor ⓑ describe ⓒ pray to ⓓ build temples for

정답 1. d 2. c 3. a 4. c 5. c

761 **sumptuous** [sʌ́mptʃuəs] ★☆☆☆☆
sum (spend 쓰다) → '비싼 값을 치러야 하는' 에서 유래
a 고가의, 사치스러운 / very impressive and expensive; luxurious
• **sumptuous** clothes 고가의 의상

762 **sundry** [sʌ́ndri] ☆☆☆☆☆
sund (separate 분리된) → '분리된 여러 가지가 모여 잡다한' 에서 유래
a 잡다한 / various; miscellaneous
• **sundry** suggestions 잡다한 제안들
n **súndries** 잡동사니, 잡화; 잡비

763 **surly** [sə́:rli] ★☆☆☆☆
sur (imperious 오만한) → '오만하여 말투가 퉁명스런' 에서 유래
a 무뚝뚝한, 퉁명스런 / bad-tempered, unfriendly, and often rude; cantankerous
• a **surly** look[refusal] 퉁명스런 표정[거절]

764 **swallow** [swάlou] ★★☆☆☆
swal<swel (destroy 파괴하다) → '먹어 삼켜 모두 없애다'에서 유래
v 꿀꺽 삼키다 / take into the stomach through the throat; gulp; 곧이곧대로 듣다 / believe too easily; 견디다 / put up with
• I had to **swallow** the insult. 나는 모욕을 견뎌야 했다.

765 **swamp** [swɑmp] ★★☆☆☆
swamp<swampuz (sink 가라앉다) → '바닥이 낮은 물 구덩이' 에서 유래
n 늪, 습지 / wet ground; marsh; bog
v 궁지에 빠뜨리다; (일 등이) 밀어닥치다 / overwhelm with difficulties
• be **swamped** by debts 빚더미에 앉다
a **swámpy** 늪 같은, 질퍽질퍽한

766 **sway** [swei] ★★☆☆☆
sway<swingan (swing 흔들다) → '흔들어 동요하다' 에서 유래
v 흔들다, 흔들리다 / swing back and forth; fluctuate; 동요시키다[하다] / change in opinion or feeling; vacillate
n 동요; 영향
• Nothing could **sway** her after she had made up her mind.
그녀가 결심한 후에는 어떤 것도 그녀를 동요시킬 수 없었다.

767 **swindle** [swíndl] ★★☆☆☆
swind (cheat 속이다) → '남의 것을 거짓으로 속여 빼앗다' 에서 유래
v (돈 등을) 사취하다 / cheat to get money illegally; defraud
• be **swindled** out of all the savings 모은 돈을 사기 당하다
n **swíndler** 사기꾼, 협잡꾼

768 **tacit** [tǽsit] ★★★★☆
tac (silent 조용한) → '입으로 말하지 않고 조용한' 에서 유래
a 무언의, 암묵[묵시]적인 / accepted without being officially agreed; unvoiced; implied
• reach a **tacit** agreement 암묵적인 합의에 도달하다

769 **taciturn** [tǽsətə:rn] ★★☆☆☆
tac (silent 조용한) → '조용해 말이 없는' 에서 유래
a 말수가 적은 / speaking very little; mute
• a **taciturn** little girl 말수가 적은 여자 아이

770 **tackle** [tǽkl] ★★☆☆☆
tack<take (잡다) → '손으로 잡는 도구' 에서 유래
n 연장, 도구 / equipment; <운동> 태클
v (힘든 문제에) 부딪히다, 다루다 / deal with; undertake; 태클하다 / obstruct to get the ball
• Everyone has his own problems to **tackle**.
모든 사람은 자신만의 해결해야 할 문제가 있다.
n **táckling** 붙잡고 방해함, 밧줄

771 **tactful** [tǽktfəl] ★★☆☆☆
tact 사교상의 재치 + ful (full 가득찬)
a 재치 있는, 빈틈없는 / diplomatic; polite
• A **tactful** reply does not hurt a person's feelings.
요령 있는 답변은 사람의 감정을 다치게 하지 않는다.
n **tact** (사교상의) 재치, 약삭빠름
a **táctless** 재치가 없는

772 **tactile** [tǽktil] ★☆☆☆☆
tact (touch 만지다) → '만져서 느껴질 수 있는' 에서 유래
a 촉각의 / connected with your sense of touch; tactual
• a **tactile** organ 촉각 기관

773 **tainted**
[téintid]
★☆☆☆☆

taint<tact (touch 만지다) → '사람의 손이 많이 닿아 오염된'에서 유래

a **부패[오염]된** / decayed or containing poison; contaminated
- **tainted** milk 부패된 우유 n v **taint** 오점, 오명; 오염시키다, 오점을 남기다

774 **tamper**
[tǽmpər]
★★★☆☆

tamper<temper (stretch 손을 뻗다) → '여기 저기 손을 뻗듯이 간섭하다'에서 유래

v **간섭하다** / interfere with; meddle; **함부로 변경하다** / make changes to sth without permission
- be accused of **tampering** with evidence 증거 조작 혐의로 고소되다

775 **tantalize**
[tǽntəlaiz]
★☆☆☆☆

Tantalus 신화 속 인물 → '음식이 닿을 듯 말 듯 한채로 물 속에 있는 처벌을 받았던 탄탈로스의 신화'에서 유래

vt **애태우게 하여 괴롭히다** / raise hopes that cannot be realized; tease
- **tantalize** one's younger brother 자기의 남동생을 애타게 하여 괴롭히다

776 **tantamount**
[tǽntəmàunt]
★★☆☆☆

tant (as much 동일하게 ~만큼) + amount (amount to ~와 같다) → '동등하게 거의 같은'에서 유래

a **동등한, 같은** / as much as; equivalent
- The withdrawal of his statement is **tantamount** to an apology.
  그의 발언 취소는 사과를 표한 것과 마찬가지이다.

777 **tarnish**
[tá:rniʃ]
★★★☆☆

tarn (darken 어둡게 하다) → '색과 명예를 어둡게 해 더럽히다' 에서 유래

v **(광택을) 흐리게 하다** / dull the luster; blacken; **(명예를) 더럽히다** / bring disgrace upon reputation; taint
- **tarnish** its corporate image 기업의 이미지를 더럽히다

778 **tarry**
[tǽri]
★★☆☆☆

tarry<tardare (delay 늦추다)

v **체제하다, 늦어지다** / delay leaving; linger
a [tá:ri] **타르(질)의, 타르를 칠한**
- Time and tide **tarry** for no man. 세월은 사람을 기다리지 않는다.

779 **tease**
[ti:z]
★★☆☆☆

tease<tesen (pull 당기다) → '잡아당기며 괴롭히다'에서 유래

v **괴롭히다, 졸라대다** / vex by jokes or requests; provoke; **빗다** / comb
- That boy **teases** for everything he sees.
  저 소년은 보이는 모든 것을 사달라고 졸라댄다.

780 **tedium**
[tí:diəm]
☆☆☆☆☆

ted (disgust 싫음) → '싫고 지루함'에서 유래

n **지루함** / the quality of boring; weariness
- conceal one's **tedium** 자신의 지루함을 숨기다 a **tédious** 지루한, 싫증나는

중요빈출

Check-up Test

1. They love his <u>sumptuous</u> croon and his songs about eggshell hearts breaking on the stones of romance.
   ⓐ luxurious ⓑ chippy ⓒ cheap ⓓ infectious

2. Cocaine addicts and sticky-fingered <u>finaglers</u> are harmful to the best interests of the community.
   ⓐ peddlers ⓑ swindlers ⓒ wanderers ⓓ gamblers

3. Do I exist? Am I real? Is what I see and touch real? Human beings are different from animals in that they raise questions about the meaning of life. People always come across new problems. Whether they are light or serious, the understanding of the relationship between self and the world is the base for one to <u>tackle</u> problems.
   ⓐ complicate ⓑ correct ⓒ analyze ⓓ undertake

4. If Blair's credibility is <u>tarnished</u>, it will lessen his influence in Europe.
   ⓐ blemished ⓑ enhanced ⓒ questioned ⓓ shattered

5. Not wanting to face the dire consequences of her actions, Jane <u>tarried</u> as long as she could before she appeared in front of the committee.
   ⓐ officiated ⓑ waned ⓒ skittered ⓓ delayed

정답 **1.** a **2.** b **3.** d **4.** a **5.** d

※ 복합어(compound words)는 숙어들이 한 단어로 결합된 형태가 많기 때문에 중요 빈출 숙어 파트를 모두 학습하고 나서 보는 것이 좋습니다.

in + ~형 복합어

- **in-crowd** / 배타적인 집단, 소수 핵심 그룹 ingroup
- **in-depth** / 면밀한, 상세한 detailed ; 심층의 profound
- **in-flight** / 비행중의
- **in-house** / 조직 내부의(에서), 사내의(에서) intra-office
- **in-kind** / 현물 지급의, 같은 종류의 물건에 의한
- **inland** / 내륙의 interior ; 국내의 domestic
- **in-laws** / 결혼으로 인한 친척(시부모, 장인, 장모 등)
- **inlay** / 박아 넣다, 끼워 넣다 inset, implant
- **inlet** / 입구 entry, ingress
- **in-service** / 근무 중의, 재직 중에 진행되는
- **inside job** / 내부 범죄
- **intake** / 받아들이는 곳; 흡입 inhalation, suction
- **ingroup** / 배타적인 소집단 clique
- **injoke** / 특정 집단 내에서만 통용되는 조크 inside joke

~ + out 형 복합어

- **all-out** / 철저한, 전면적인 whole, overall
- **beatout** / 녹초가 된 worn out, exhausted
- **blackout** / 정전 power failure ; 일시적 기억 상실; 보도 금지
- **checkout** / (호텔) 체크아웃, 계산; 점검 examination
- **close-out** / 정리세일; 완료, 성취 completion
- **comb-out** / 일제 정리; 철저 수색 thorough investigation
- **comingout** / 사교계 정식데뷔
- **dropout** / 중도 포기자[낙오자] straggler
- **far-out** / 파격적인, 과격한 offbeat, unusual
- **full-out** / 전면적인, 총력을 기울인 overall
- **handout** / 유인물; 동냥 alms
- **iceout** / 해빙 thawing
- **knockout** / 녹아웃; 매력적인 사람
- **let-out** / (곤란 · 의무로부터) 빠져나갈 길
- **living-out** / 통근하는; 통근 commute
- **rollout** / 첫 공개 commute ; 착륙 후 활주
- **sellout** / 매진; 배신자, 밀고자 betrayer
- **shakeout** / (경기의) 진정화; 폭락; 재조직, 개편
- **shootout** / 총격전; 언쟁; 승부차기
- **sleepout** / 통근하는 commuting
- **standout** / 뛰어난; 뛰어난 사람
- **straight-out** / 철저한, 단도직입의 outright
- **stressed-out** / 스트레스가 쌓인 under pressure
- **turnout** / 모인 사람, 참석자 수; 생산액 output, yield
- **walkout** / 동맹파업 strike
- **washout** / (비로 인한) 행사의 실패; (홍수로 인한) 도로 유실
- **wayout** / 진보적인 final ; 이국적인 exotic
- **wipeout** / 완패, 전멸; 극도의 피로
- **workout** / 운동, 연습 exercise ; 기업가치 회생작업
- **worn-out** / 완전히 지친 exhausted ; 닳은, 낡아빠진

우선순위로 보는 PRE view

Date : /

super-, sur- trans-

★★★★☆	02.	**superfluous**	불필요한	□ □ □
	11.	**surpass**	초월하다	□ □ □
★★★☆☆	02.	**tranquil**	평온한	□ □ □
	05.	**transcribe**	베끼다	□ □ □
	07.	**transient**	덧없는; 부랑자	□ □ □
	08.	**transition**	변천	□ □ □
	15.	**trespass**	불법 침해(하다)	□ □ □
★★☆☆☆	03.	**superintend**	감독하다	□ □ □
	06.	**supersede**	대신하다	□ □ □
	04.	**transcend**	초월하다	□ □ □
★☆☆☆☆	01.	**superb**	장엄한; 뛰어난	□ □ □
	05.	**supernatural**	초자연적인	□ □ □
	07.	**supervise**	관리하다	□ □ □
	08.	**surfeit**	과식(하다)	□ □ □
	09.	**surmise**	추측(하다)	□ □ □
	10.	**surmount**	오르다; 극복하다	□ □ □
	12.	**surplus**	과잉	□ □ □
	03.	**transaction**	처리; 거래	□ □ □
	06.	**transgress**	넘다; 위반하다	□ □ □
	09.	**transmit**	발송하다; 옮기다	□ □ □
	10.	**transparent**	투명한; 솔직한	□ □ □
	11.	**transpire**	새다; 배출하다	□ □ □
	12.	**transplant**	이식하다	□ □ □
	13.	**traverse**	통과하다; 반대하다	□ □ □
	14.	**travesty**	모방; 흉내 내다	□ □ □
☆☆☆☆☆	04.	**superlative**	최상의; 본보기	□ □ □
	01.	**traduce**	비방하다	□ □ □

MD40 mp3

LECTURE 40

LECTURE 40

super- sur-

▶ **위** Latin 계통의 접두어로서 '**위(over)**'의 의미를 지닌다.

의미 변화

① 위(over)

> **súpervise** : super(over) + vis(see)
→ 위에서 내려다 보다 → 관리하다
/ supérfluous 불필요한 / supercéde 대체하다
/ súrfeit 과식(하다)

② 초월(beyond)

> **supernátural** : super(beyond) + natural(자연의)
→ 자연적인 것을 뛰어넘는 → 초자연적인
/ supérlative 최고의 (사람); 최상급(의)
/ superégo 초자아

superb
[supə́:rb]
★☆☆☆☆
01

superb<super (over) → '(보통보다 훨씬) **위에 있는**'에서 유래

a 1 **장엄[당당]한, 화려한** / grand and stately; majestic
2 **훌륭한, 뛰어난** / of the highest quality; excellent

- the **superb** prospect of the Grand Canyon 그랜드 캐년의 장엄한 경관
- give a **superb** performance 뛰어난 연기를 하다

n **supérbness** 당당함; 뛰어남

어근관련 super [sú:pər] 최고(급)의 superior [səpíəriər] 상위의

superfluous
[supə́:rfluəs]
★★★★☆
02

super (over) + flu (flow) → '**~위에 흘러 넘친**'에서 유래

a **불필요한, 여분의** / more than is necessary; unnecessary

- In writing telegrams it pays to omit **superfluous** words.
전보를 쓸 때 불필요한 말들을 빼야 수지가 맞는다.

n **superflúity** 여분, 불필요한 물건

어근관련 affluent [ǽfluənt] 풍부한 influential [influénʃəl] 영향을 미치는; 유력한

superintend
[su:pərinténd]
★★☆☆☆
03

super (over) + intend 의도하다 → '**위에서 자기 의도대로 하다**'에서 유래

v **지휘[감독]하다** / oversee and direct; manage

- **superintend** all interior decoration 모든 실내 장식을 감독하다

n **superinténdence** 지휘, 감독 **n** **superinténdent** 감독관(curator)

어근관련 intensive [inténsiv] 격렬한; 집중적인 intentional [inténʃənl] 고의적인

superlative
[səpə́:rlətiv]
☆☆☆☆☆
04

super (beyond) + lat (carry) → '**보통을 훨씬 뛰어 넘어 옮긴**'에서 유래

a **최상[최고]의** / of the highest kind; supreme

- a **superlative** performance[goods] 최고의 공연[상품]

n **최고의 사람[본보기]** / a person or thing above all others; example

- He is the **superlative** of honesty. 그는 정직한 점에서 최고의 본보기다.

어근관련 dilate [dailéit] 넓히다, 팽창시키다 dilatory [dílətɔ:ri] 더딘, 시간을 끄는

supernatural
[su:pərnætʃrəl]
★☆☆☆☆
05

super (beyond) + natural 자연의 → '**자연적인 것을 뛰어 넘은**'에서 유래

a **초자연적인, 불가사의한** / impossible to explain by natural law; mysterious

- Angels and devils are **supernatural** beings. 천사들과 악마들은 초자연적인 존재들이다.

n **초자연적인 현상[존재]** / supernatural agencies, influences, or phenomena

- belief in the **supernatural** 초자연적 현상에 대한 믿음

어근관련 nationalize [nǽʃənəlaiz] 국유화하다 naturalize [nǽtʃərəlaiz] 귀화시키다

supersede

[su:pərsí:d]
★★☆☆☆
06

super (over) +
sed (sit) →
'기존에 있던 것을 밀어내고 그 위에 앉다'에서 유래

vt **(사람 · 사물이) ~에 대신[대체]하다** / take the place of; replace
- The cinema has been **superseded** by television. 영화는 텔레비전으로 대체되어 왔다.

n **supersession, supersédure** 대체, 교체; 경질 뉘앙스 p.495

어근관련 sediment [sédəmənt] 앙금, 침전 residue [rézədju:] (돈을) 나머지, 찌꺼기

동의어 / 반의어

01	**superb**	=	magnificent / stately / splendid / resplendent / gorgeous / ornate / baroque
02	**superfluous**	=	surplus / excessive / spare / unnecessary / needless ↔ deficient
03	**superintend**	=	manage / administer / supervise / overlook / oversee
04	**superlative**	=	supreme / superb / excellent / magnificent / supereminent
05	**supernatural**	=	mysterious / miraculous / inexplicable / metaphysical
06	**supersede**	=	replace / displace / substitute / supplant ○ 동의어 보감

동의어 보감

대신하다 · 교체하다 06	필수	displace 대신하다, 쫓아내다 replace 대신하다 supplant 대신하다
	고급	supersede 대신하다, 교체하다
	숙어	substitute for / take the place of

뉘앙스

대신하다 06			
	replace	**대신하다** ≪가장 일반적인 말≫	• Can anything **replace** a mother's love and care? 무엇이 어머니의 사랑과 보살핌을 대신 할 수 있겠는가?
	displace	(이전의 것을 강제로 쫓아내고) **대신 들어앉다, 대치하다**	• He was **displaced** in Mary's affection by another man. 그는 메리의 애정을 다른 남자에게 빼앗겼다.
	supersede	(낡고 뒤쳐진 것을 보다 새롭고 우수한 것이) **대신하다**	• The refrigerator has **superseded** the icebox. 전기 냉장고가 아이스 박스 대신 들어섰다.
	supplant	(특히 음모 · 책략 따위를 써서) **대신 들어앉다**	• **supplant** a lawful heir 정당한 상속인의 지위를 빼앗다

check-up Test

1. The existence of life in Mars is a treasure beyond assessing, and the preservation of that life must supersede any other possible use of Mars.
ⓐ replace ⓑ supplement ⓒ verify ⓓ facilitate

2. The Eskimos are superb hunters.
ⓐ fast ⓑ clumsy ⓒ excellent ⓓ nocturnal

3. In your sentence, "She refused to accept my invitation to the party." Omit the words 'to accept,' they are superfluous.
ⓐ necessary ⓑ witty ⓒ additional ⓓ needless

4. The members of the board of trustees of the museum expected the new curator to plan events and exhibit ions which would make the museum more popular.
ⓐ parliamentarian ⓑ superintendent ⓒ conciliator ⓓ lawyer

5. This regulation will supersede all previous rules.
ⓐ enforce ⓑ take the place of ⓒ repeal ⓓ continue

정답 1. a 2. c 3. d 4. b 5. b

supervise
[sú:pərvaiz]
★☆☆☆☆
07

super (over) + vis (see) → '위에서 내려다 보다'에서 유래

vt **관리[감독]하다** / look after and direct; superintend
- Study halls are **supervised** by the teachers. 자습실은 선생님들에 의해 관리된다.

n **supervísion** 관리, 감독 **a** **supervísory** 관리[감독]하는

어근관련 improvise [ímprəvaiz] 즉석에서 ~하다 improvident [imprávədənt] 무분별한

surfeit
[sə́:rfit]
★☆☆☆☆
08

sur<super (over) + feit<fac (do) → '너무 많은 식사를 함'에서 유래

n **과식, 과다** / an excessive amount of something; excess
- A **surfeit** of food makes one sick. 과식은 사람을 병들게 한다.

v **과식[과음]하다, 물리게 하다** / (cause to) have too much; satiate
- He is weary and **surfeited** of the business. 그는 지쳐 있고 일에 신물이 났다.

어근관련 facile [fǽsil] 손쉬운, 간편한 feasible [fí:zəbl] 실행 가능한, 그럴 듯한

surmise
[sərmáiz]
★☆☆☆☆
09

sur (upon) + mis<mit (send) → '어떤 점에 대해서 생각을 보냄'에서 유래

n **추측** / an opinion not based on clear proof; conjecture
- His remarks were pure **surmise**. 그의 말은 순전히 추측이었다.

v **추측[짐작]하다** / suppose as a reasonable guess; infer
- I **surmised** that he was unhappy. 나는 그가 불행하다고 짐작했다.

a **surmísable** 추측[짐작]할 수 있는 뉘앙스 p.497

어근관련 emit [imít] (빛 · 소리 등을) 내다, 방출하다 omit [oumít] 생략하다; 게을리하다

surmount
[sərmáunt]
★☆☆☆☆
10

sur (over) + mount 산 → '산 위를 오르다'에서 유래

vt 1 (산 · 언덕에) **오르다, 넘다** / go up and across; climb
2 **~위에 놓다[올라 있다]** / rest on the top of; crown
3 (어려움을) **이겨내다, 극복하다** / prevail over; overcome
- **surmount** a hill 언덕을 넘다
- a steeple **surmounting** a church 교회 위에 놓여 있는 뾰족 탑
- I think most of these obstacles can be **surmounted**. 난 대부분의 이런 장애들은 극복될 수 있다고 생각한다.

a **surmóuntable** 이겨낼 수 있는(conquerable)

어근관련 paramount [pǽrəmaunt] 최고[권위자] dismount [dismáunt] 내리다

surpass
[sərpǽs]
★★★★☆
11

sur (beyond) + pass 지나가다 → '다른 사람의 능력 범위를 넘어 지나가다'에서 유래

vt **~보다 낫다, 초월하다** / do more or better than; excel
- The results **surpassed** all our expectations. 그 결과들은 우리의 모든 예상을 초월했다.

a **surpássing** 뛰어난, 우수한

어근관련 encompass [inkʌ́mpəs] 둘러싸다 trespass [tréspæs] 침해하다 뉘앙스 p.401

surplus
[sə́:rplʌs]
★☆☆☆☆
12

sur (over) + plus 더함 → '너무 많이 더해짐'에서 유래

n **과잉, 잉여물** / the amount above what is needed; excess
- Mexico has a large oil **surplus**. 멕시코는 많은 양의 원유 잉여량을 가지고 있다

n **súrplusage** 잉여, 과잉

어근관련 plural [plúərəl] ≪문법≫ 복수(의) nonplus [nanplʌ́s] 당황(하게 하다)

동의어 / 반의어

07 **supervise** = superintend / manage / administer / overlook / oversee
08 **surfeit** = satiate / overfeed / cloy / indulge / sate / feed up
09 **surmise** = guess / suppose / presume / assume / conjecture / a shot in the dark (동의어 보감)
10 **surmount** = overcome / conquer / subjugate / vanquish / get the better of
11 **surpass** = excel / exceed / transcend / outdo / go beyond
12 **surplus** = excess / residue / remainder / overflow / overabundance

동의어 보감

추측하다 · 추론하다 09

필수	conjecture 추측하다 deduce 연역하다, 추론하다 gather 추측하다	guess 추측하다 infer 추론하다 reckon 계산하다; 측정하다; 추정하다	speculate 추측하다; 투기하다 surmise 추측하다
고급	extrapolate 외삽하다, 추론하다 / postulate 요구하다; 가정하다		
숙어	a shot in the dark 어림짐작, 억측		

뉘앙스

추측하다 09

guess	추측하다	• **Guess** the number of beans in the jar. 병 속의 콩의 수를 맞춰 보아라.
conjécture	(불충분한 증거에 의해) **추측하다**	• I cannot **conjecture** what his plans are. 나는 그의 계획이 어떤 것인지 추측할 수 없다.
surmíse	(직감이나 상상에 의해) **추측하다**	• I can only **surmise** that this happened last week. 나는 단지 이 일이 지난 주에 일어났다는 것만 추측할 수 있다.

Check-up Test

1. The number of plants that bear flowers exceeds the number of those that do not.
ⓐ surpasses ⓑ outlasts ⓒ resembles ⓓ complements

2. It is important for a manager to supervise the work of his staff.
ⓐ inspect ⓑ oversee ⓒ undertake ⓓ undergo

3. I was surfeited with the sentimentality of the average moving picture film.
ⓐ belittled ⓑ overfed ⓒ dropped ⓓ claimed

4. However imaginative you may be, you can't surmise as much as I.
ⓐ conquer ⓑ conjecture ⓒ accomplish ⓓ simple joke

5. His qualifications surpass the job requirements.
ⓐ exceed ⓑ encompass ⓒ ascend ⓓ aid

정답 **1.** a **2.** b **3.** b **4.** b **5.** a

trans-

▶ **횡단** Latin 계통의 접두어로서 '**횡단**(across)'의 의미를 지닌다.

의미 변화

① 횡단(across)

> **transgréss** : trans(across) + gress(go)
→ 넘어서 가다 → (범위 따위를) 넘다; 위반하다

/ transcénd 초월하다 / transmít 발송하다; (병을) 옮기다
/ transplánt 옮겨심다; 이식하다

② 관통 · 통과(through)

> **transpárent** : trans(through) + par(appear)
→ 투과시켜 볼 수 있는 → 투명한; 솔직한; 명쾌한

/ transfúse 불어넣다 / translúcent 반투명의
/ transpíre 누설되다; (일이) 일어나다; 배출하다

형태 변화

① 자음 p 앞에서 → tres-
/ tréspass 불법 침해하다; 불법 침해 행위

② 자음 q, s 앞에서 → tran-
/ tránquil 평온한 / transcénd 초월하다

③ 자음 d, j, v 앞에서 → tra-
/ tradúce 비방하다 / trajéctory 탄도 /
tráverse 가로지르다; 반대하다

---

traduce
[trədjúːs]
☆☆☆☆☆
01

tra<trans (across) + duc (lead) → '(상대방의 모든 나쁜 점들을) **이끌어내다**'에서 유래

vt (남을) **비방하다, 중상하다** / speak evil of falsely; defame
- a vain attempt to **traduce** one's political opponent
정치적 적수를 비방하려는 헛된 시도

n **tradúcement** 비방, 중상

어근관련 induce [indjúːs] 꾀다, 설득하다; 귀납하다 seduce [sidjúːs] 유혹하다

---

tranquil
[trǽŋkwil]
★★★☆☆
02

tran<trans (intensive) + qui (quiet) → '**완전히 조용한**'에서 유래

a **조용한, 평온한** / pleasantly calm; quiet; serene
- the **tranquil** waters of the lake 잔잔한 호수

vt **tránquilize** 가라 앉히다
n **tranquílity** 조용함, 평화 **n** **tránquilizer** 진정제

어근관련 quiescent [kwiésnt] 정지한 requiem [rékwiəm] 진혼곡, 애가

---

transaction
[trænsǽkʃən]
★☆☆☆☆
03

trans(through) + act 행하다 → '(일을) **처음부터 끝까지 실행함**'에서 유래

n 1 (업무의) **처리, 취급** / the carrying on of any kind of business; affair
2 <종종~s> **거래** / a piece of business transacted; dealings
- attend to the **transaction** of important matters 중요한 일의 처리에 신경을 쓰다
- cash **transactions** 현금 거래

v **transáct** (업무 · 교섭 따위를) 수행하다(deal)

어근관련 interaction [intərǽkʃən] 상호 작용 radioactive [reidiouǽktiv] 방사성의

---

transcend
[trænsénd]
★★☆☆☆
04

tran<trans (beyond) + scend (climb) → '(어떤 것을) **뛰어 넘어 오르다**'에서 유래

v (경험 · 지능 따위의 범위를) **넘다, 초월하다** / go beyond the limits or powers of; surpass
- ideas that **transcend** our comprehension 우리가 이해할 수 없는 생각

a **transcendéntal** 초월한; 뛰어난(superior)
n **transcendéntalism** 초월주의; ≪철학≫ (칸트의) 선험적 철학 뉘앙스 p.401

어근관련 ascendant [əséndənt] 상승하는 descendant [diséndənt] 자손, 후예

---

transcribe
[trænskráib]
★★★☆☆
05

trans (over) + scrib (write) → '(얇은 종이를) **위에 대고 똑같이 적다**'에서 유래

vt **베끼다, 필기하다** / copy in writing or in typewriting; copy
- **transcribe** her shorthand notes 그녀의 속기 노트를 베끼다

n **tránscript** 필사, 사본 **n** **transcríption** 복사, 녹음 (방송)

어근관련 manuscript [mǽnjuskript] 원고 proscribe [prouskráib] 금지하다

transgress
[trænsgrés]
★☆☆☆☆
06

trans (across) + gress (go) → '(정해진 구역을) **건너서 가다**'에서 유래

vt 1 (제한 · 범위 따위를) **넘다, 벗어나다** / go or pass beyond a limit or bound; exceed
2 (법률 · 명령 따위를) **위반하다, 어기다** / break a law or command; violate
- **transgress** the bounds of common sense 상식에서 벗어나다
- **transgress** the law 법률을 위반하다

n **transgréssion** 위반, 죄 **a** **transgréssive** 위반하기 쉬운, 죄를 범하기 쉬운

어근관련 retrogress [retrəgrés] 퇴보하다 digress [daigrés] 본론에서 벗어나다

동의어 / 반의어

01	**traduce**	=	malign / calumniate / defame / denigrate / slander / revile / backbite (동의어 보감)
02	**tranquil**	=	calm / quiet / unagitated / peaceful / placid ↔ agitated
03	**transaction**	=	deal / negotiation / affair / business / action
04	**transcend**	=	surpass / exceed / excel / overshadow / go beyond
05	**transcribe**	=	translate / transliterate / render / represent / write out
06	**transgress**	=	contravene / breach / defy / overstep / infringe ↔ observe

동의어 보감

중상하다 · 비방하다
08

필수	asperse 중상하다, 비방하다 / calumniate 중상하다, 비방하다 / defame 중상하다, 비방하다 / denigrate 중상하다, 비방하다 / derogate (가치, 명성을) 손상하다, 떨어뜨리다 / detract (가치, 명성을) 손상하다, 떨어뜨리다 / libel 글로 비방하다 / malign 중상하다, 비방하다 / revile 중상하다, 비방하다 / slander 말로 비방하다
고급	backbite 뒤에서 험담하다 / carp 트집 잡다 / cavil 트집 잡다 / traduce 비방하다 / vilify 비방하다
숙어	speak ill of / cast aspersions on
참고	흠잡는 / captious / carping / nitpicking 인민재판 / a kangaroo court / a people's court

Check-up Test

1. The smooth surface of the placid lake mirrored the surrounding mountains.
ⓐ perturbed ⓑ tranquil ⓒ frozen ⓓ clean

2. His opponents tried to traduce the candidate's reputation by spreading rumors about his past.
ⓐ appraise ⓑ surmount ⓒ transmute ⓓ defame

3. On the whole, the general led a tranquil life.
ⓐ calm ⓑ secluded ⓒ turbulent ⓓ self-centered

4. The magnificence of the scene far transcended my ability to describe it in words.
ⓐ remained ⓑ went beyond ⓒ incarnated ⓓ ingrained

5. Let us transcribe the Latin verse into English.
ⓐ undulate ⓑ collate ⓒ transmit ⓓ translate

정답 **1.** b **2.** d **3.** a **4.** b **5.** d

transient
[trǽnʃənt]
★★★☆☆
07

trans(across) + i<it(go) → '(매우 빠르게) 건너서 휙 지나가는'에서 유래

a **일시의, 덧없는** / lasting for only a short time; temporary
- a **transient** gleam of hope 순간적인 희망
- a **transient** lodger 단기 숙박자

n **단기 투숙객, 부랑자** / a person who moves from place to place; vagabond
- **transients** sleeping in the park 공원에서 잠을 자는 부랑자들

n **tránsience** 일시적임, 무상

어근관련 perish [périʃ] 멸망하다, 썩어 없어지다 reiterate [riːítəreit] 반복하다

---

transition
[trænzíʃən]
★★★☆☆
08

trans(across) + it(go) → '(한쪽에서 다른 쪽으로) 가로질러 건너감'에서 유래

n (위치 · 지위 · 상태의) **변천, 전이, 과도기** / a change from one form or state to another; alteration
- She made the **transition** to married life with ease. 그녀는 손쉽게 결혼생활로 전환했다.

a **transítional** 변천하는 **a** **tránsitory** 일시의, 순간의

어근관련 ambit [ǽmbit] 경계, 범위 circuit [sɔ́ːrkit] 순회, 주유, 우회

---

transmit
[trænsmít]
★☆☆☆☆
09

trans(across) + mit(send) → '가로질러 보내다'에서 유래

v 1 **~을 보내다, 발송하다** / send from one person or thing to another; dispatch
2 (병을) **옮기다** / cause to spread; pass on
- **transmit** a parcel by rail 소포를 철도편으로 보내다
- **transmit** a disease to others 다른 사람들에게 병을 옮기다

n **transmíssion** 송달, 전도

어근관련 permit [pərmít] 허락하다 submit [səbmít] ~에 복종하다; ~을 제출하다

---

transparent
[trænspéərənt]
★☆☆☆☆
10

trans(through) + par(appear) → '투과시켜 볼 수 있는'에서 유래

a 1 **투명한, 비쳐보이는** / allowing light to pass through so that objects behind can be clearly seen; pellucid
2 **솔직한, 있는 그대로의** / free from pretense or deceit; frank
3 (문체 따위가) **명쾌한, 이해하기 쉬운** / easily recognized or understood; clear
- **transparent** glass 투명 유리
- **transparent** earnestness 솔직한 열의
- a **transparent** discourse 명쾌한 논문

n **transpárence** 투명; 명백 뉘앙스 p.501

어근관련 apparent [əpǽrənt] (눈에) 또렷한, 명백한 apparition [æpəríʃən] 유령, 귀신

동의어 / 반의어

07	**transient**	=	transitory / temporary / momentary / evanescent / passing ↔ permanent
08	**transition**	=	change / alteration / transformation / conversion / modification ⊙ 동의어 보강
09	**transmit**	=	send / transfer / dispatch / transport / remit
10	**transparent**	=	clear / pellucid / crystalline / sheer / see-through ↔ opaque ⊙ 동의어 보강

동의어 보감

기간 · 시대 08	필수	age 시대 duration 기간 epoch 신기원, 신시대	era 시대 generation 세대 period 시대	span 한 뼘, (짧은) 기간 spell 기간, 한 동안 term 학기, 기간
	고급	(a)eon 영겁 / bout 한 판 승부; 일시적인 기간		
	참고	transition 과도기 / interim government 임시 정부		
맑은 · 투명한 10	필수	clear 맑은 limpid (물이) 맑은	see-through 비쳐 보이는 sheer 얇은, 비쳐 보이는	transparent 비쳐 보이는
	고급	diaphanous 속이 비치는 / pellucid 투명한, 명백한 / translucent 반투명의		
↔ 불투명한	필수	blurred 흐릿해진 cloudy 불투명한 milky 유백색의; 불투명한	muddy 불투명한 opaque 불투명한 thick 불투명한	turbid 불투명한
	고급	frosted 서리가 낀		

뉘앙스

맑은 · 투명한 10

clear	**맑은** ≪일반적인 말≫	• a **clear** sky 맑은 하늘
pellúcid	**매우 맑은**	• a **pellucid** ice 수정처럼 맑은 얼음
transpárent	**투명한**	• **transparent** glass 투명 유리
translúcent	**반투명의**	• **translucent** glass 반투명의 유리
diáphanous	(얇고) **투명한**	• a **diaphanous** veil 속이 비치는 면사포
límpid	(맑고) **투명한**	• **limpid** water 맑고 투명한 물

check-up Test

1. Love is <u>transitory</u>, but art is eternal.
ⓐ perpetual ⓑ increasing ⓒ nothing ⓓ momentary

2. The Judeo-Christian tradition teaches that material things are _______, while spiritual values are eternal.
ⓐ permanent ⓑ desultory ⓒ violated ⓓ transient

3. When Korea won the right to host the Olympic Games, back in 1981, the country was still in <u>transition</u> to full-fledged industrialization.
ⓐ alteration ⓑ transportation ⓒ transmission ⓓ intervention

4. The teacher <u>transmitted</u> the instructions to the students.
ⓐ elicited ⓑ passed along ⓒ blocked ⓓ explained

5. Material that we can see through is called _______.
ⓐ external ⓑ persistent ⓒ vertical ⓓ transparent

정답 **1.** d **2.** d **3.** a **4.** b **5.** d

transpire
[trænspáiər]
★☆☆☆☆
11

trans (through) + spir (breathe) → '숨을 죽이고 몰래 말하다'에서 유래

vi 1 (비밀 따위가) **새다, 누설되다** / become known; leak out
2 **일어나다, 생기다** / take place; happen
3 (노폐물 따위를) **배출하다, 발산하다** / give off through the surface of the body; come out

- It later **transpired** that he hadn't been telling the truth. 그가 진실을 말하지 않았다는 사실이 나중에 알려졌다.
- I heard later what **transpired** at the meeting. 나는 그 회의에서 일어난 일을 나중에 들었다.
- Moisture **transpires** through the skin. 수분은 피부를 통해 배출된다.

n **transpirátion** 증발; 배출; 누설 **a** **transpíratory** 발산하는, 증발 작용의

어근관련 conspiracy [kənspírəsi] 공모, 음모 perspire [pərspáiər] 땀을 흘리다

---

transplant
[trænsplǽnt]
★☆☆☆☆
12

trans (across) + plant 심다 → '옆으로 옮겨 심다'에서 유래

vt 1 (식물을) **옮겨 심다** / move (a plant) from one place to another; graft
2 (조직이나 심장 따위를 다른 몸에) **이식하다** / move from one part of the body to another

- **transplant** flowers to a garden 뜰에 꽃을 옮겨 심다
- **transplant** a kidney 콩팥을 이식하다

n **transplantátion** 이식, 이주

어근관련 supplant [səplǽnt] 대신하다 implant [implǽnt] 불어넣다

---

traverse
[trǽvə:rs]
★☆☆☆☆
13

tra<trans (across) + vers (turn) → '가로질러 횡단하다'에서 유래

vt 1 **~을 가로지르다, 통과하다** / pass across, over, or through; cross
2 (계획 · 의견 따위에) **반대하다, 부인하다** / go counter to; deny

- a district **traversed** by canals 운하가 가로지르는 지방
- I must **traverse** several points. 나는 몇 가지 점에 대하여 반대하지 않을 수 없다.

n **tráverser** 횡단자, ≪법≫ 부인자 **a** **tráversable** 횡단할 수 있는
cf **transvérse** 가로 놓인

어근관련 subversive [səbvə́:rsiv] 파괴하는 versatile [və́:rsətl] 다재 다능한

---

travesty
[trǽvəsti]
★☆☆☆☆
14

tra<trans (over) + vest (dress) → '~와 똑같이 옷을 입힘'에서 유래

n **익살스럽게 고친 것, 모방** / any treatment or imitation that makes a serious thing seen ridiculous; parody

- a **travesty** of justice 익살스럽게 고친 모의 재판

vt **~을 웃기게 만들다, 흉내내다** / make a serious subject or matter ridiculous; mimic

- **travesty** his mode of speech 그의 연설 방식을 우스꽝스럽게 흉내내다

어근관련 investiture [invéstətʃər] 서임식, 수여식 vestment [véstmənt] 의복, 예복

---

trespass
[tréspəs]
★★★☆☆
15

tres<trans (across) + pass 통과하다 → '(서슴없이) 가로질러 통과하다'에서 유래

vi ≪법≫ (재산 · 권리 따위의) **불법 침해하다** / enter privately owned property withoutpermission; invade

- **trespass** on a person's land 남의 토지에 불법 침입하다

n **불법 침해 행위** / an act of trespassing; disturbance

- the laws relating to **trespass** 불법 침해 행위와 관련한 법률

n **tréspasser** (가택) 침입자 뉘앙스 p.239

어근관련 impassable [impǽsəbl] 통행할 수 없는 surpass [sərpǽs] ~을 능가하다

동의어 ↔ 반의어

11	**transpire**	=	happen / occur / materialize / turn out
12	**transplant**	=	displace / move / resettle / transfer
13	**traverse**	=	cross / pass / walk / transverse / cut across
14	**travesty**	=	mimic / burlesque / caricature / imitate / mock (동의어 보강)
15	**trespass**	=	invade / intrude / infringe / encroach / offend / sin

동의어 보강

흉내 내다 · 모방하다 14	필수	ape 유인원; 흉내 내다 / copy 복사하다, 모방하다 / duplicate 복사하다, 복제하다 / emulate 경쟁하다; 모방하다 / imitate 모방하다, 흉내 내다 / mimic 흉내 내다, 흉내 내서 놀리다 / mock 흉내 내다; 조롱하다 / parody 패러디; 서투르게 흉내 내다 / parrot 앵무새; 앵무새처럼 따라 말하다 / simulate 흉내 내다; 가장하다 / travesty 서투르게 흉내 내다; 희화화하다
	고급	burlesque 희화화하다, 익살스럽게 모방하다 / impersonate (남의 목소리를) 흉내 내다; 의인화하다
	숙어	follow suit 전례를 따르다
	참조	전례 / case 사례 / example 표본, 모범 / instance 보기 / precedent
~인 체하다 · 가장하다	필수	affect 영향을 주다; ~인 체하다 / assume 잡다; 가정하다; ~인 체하다 / fake ~인 체하다 / feign ~인 체하다 / pretend 흉내 내다, ~인 체하다 / simulate ~인 체하다, 흉내 내다
	고급	impersonate ~인 체하다, 흉내 내다 / sham ~인 체하다, 가장하다
	숙어	let on 누설하다; ~인 체하다 / make believe / put on 입다; ~인 체하다
	참고	ostensible 표면상의 / malinger 꾀병부리다 / play sick 꾀병부리다

Check-up Test

1. If he couldn't prepare his case properly, the trial would be a <u>travesty</u>.
ⓐ parody ⓑ tragedy ⓒ comedy ⓓ romance

2. After a few days it <u>transpired</u> that the accident had been more serious than at first supposed.
ⓐ gave ⓑ got along ⓒ was revealed ⓓ was tantalized

3. My father bought shrubs from the florist and <u>transplanted</u> them in our garden.
ⓐ planted in another place ⓑ planted in a row
ⓒ dug ground before planting ⓓ uprooted before watering

4. The immigrants <u>traversed</u> the Bering sea on the dry land.
ⓐ crossed ⓑ immigrated ⓒ emigrated ⓓ elicited

5. The owner erected a "keep off" sign to discourage strangers from <u>trespassing</u> on his land.
ⓐ inverting ⓑ transgressing ⓒ translating ⓓ imitating

정답 **1.** a **2.** c **3.** a **4.** a **5.** b

781 **temerity**
[təmérəti]
★★★☆☆

temer (blind 눈 먼) → '현실을 직시하지 못하고 눈 먼 상태' 에서 유래

n **무모함** / extremely confident behavior; boldness; bravado
- have the **temerity** to answer back 무모하게도 말대꾸를 하다

a **temerárious** 무모한, 무턱대고 하는

---

782 **temporal**
[témpərəl]
★☆☆☆☆

temper (time 시간) → '짧은 시간 동안의' 에서 유래

a **세속의** / existing in time; secular; **일시적인** / temporary
- **temporal** affairs 세속의 일

n **temporálity** 세속적 소유물; 세속적 권력

---

783 **tenable**
[ténəbl]
★★☆☆☆

ten (hold 유지하다) → '이론을 유지하고 비난이나 비평에 견딜 수 있는' 에서 유래

a **공격에 견딜 수 있는, 유지할 수 있는** / easy to defend against attack; defensible; well-founded; **이치에 맞는**
- Your explanation is not **tenable** if you had witnessed it yourself.
  만약 당신 혼자 목격한 것이라면, 당신의 설명은 옹호될 수 없다.

---

784 **tenacious**
[tənéiʃəs]
★★★☆☆

ten (hold 유지하다) → '꽉 쥐고 유지하려는' 에서 유래

a **완강한** / holding firm to a course of action; stubborn
- a very **tenacious** resistance 매우 완강한 저항

n **tenácity** 고집; 강인함

---

785 **tenet**
[ténit]
★★☆☆☆

ten (hold 유지하다) → '유지하고자 하는 생각이나 사상' 에서 유래

n (특정 집단의) **주의(主義), 신조, 교리** / one of the principles or beliefs held as true; doctrine
- a central **tenet** of the educational philosophy 교육 철학의 중심 신조

---

786 **tenor**
[ténər]
★☆☆☆☆

ten (hold 갖고 있다) → '어떤 것이 갖고 있는 고유의 성질' 에서 유래

n **취지, 성질** / the general meaning or drift; nature; **방침, 방향** / general tendency; direction; ≪음악≫ **테너**
- apprehend the general **tenor** of a speech 연설의 전반적 취지를 이해하다

---

787 **tentative**
[téntətiv]
★★★☆☆

tent (try 시도하다) → '시험 삼아 해 보는' 에서 유래

a **시험[일시]적인** / not definitive; experimental; provisional
- draw up a **tentative** plan 시안(試案)을 짜다

---

788 **tenuous**
[ténjuəs]
★★★★☆

tenu (thin 얇은)

a **얇은, 가는** / very thin; **빈약한** / meager; insignificant
- the **tenuous** thread of a spider's web 거미줄의 가는 실

n **tenúity** 얇음, 빈약

---

789 **tenure**
[ténjər]
★☆☆☆☆

ten (hold 갖고 있다) → '어떤 것을 갖고 있는 것' 에서 유래

n **보유(권, 기간)** / period or condition of holding; possession
- the **tenure** of the office of president 의장직의 재임 기간

---

790 **tepid**
[tépid]
★★★☆☆

tep(warm 따뜻한)

a **미지근한** / slightly warm; lukewarm
- take a **tepid** bath 미지근한 물에 목욕하다

n **tepídity** 미지근함, 미온　v **tépefy** 미지근하게 하다; 미지근해지다

---

791 **terse**
[təːrs]
★☆☆☆☆

ter (clean 깨끗한) → '지저분한 문장을 깨끗이 해 간결한'에서 유래

a (문체 등이) **간결한** / brief and to the point; concise
- **terse** style of writing 간결한 문체

---

792 **tether**
[téðər]
★☆☆☆☆

teth (fasten 묶다) → '밧줄로 묶다'에서 유래

n vt **밧줄(로 매다)** / tie with a rope; fasten
- **tether** the horses 말들을 밧줄로 매다

793 **therapeutic(al)** [θèrəpjúːtik] ☆☆☆☆☆

therapeutic<therapeuticus (curing 치료)

a **치료의** / designed to help treat an illness; remedial
- Laughter is always of **therapeutic** benefit. 웃음은 언제나 치료에 도움을 준다.

n **thérapy** 요법, 치료 **n** **thérapist** 치료사 **n** **therapéutics** 치료학

---

794 **thermal** [θə́ːrməl] ★☆☆☆☆

therm (heat 열)

a **열의** / connected with heat; thermic
- the **thermal** barrier 열의 장벽

---

795 **thorough** [θə́ːrou] ★★★☆☆

thorough<thurkh (through 내내) → '**동안 내내 철저한**' 에서 유래

a **철저한** / being all that is needed; complete, exhaustive
- make a **thorough** search for the lost money 잃어버린 돈을 철저히 조사하다

ad **thóroughly** 완전히, 철저히

---

796 **thoroughfare** [θə́ːroufɛər] ★★★☆☆

through<thurkh (through 직통의) + fare<faru (journey 여행) → '**직통으로 여행할 수 있는 큰 도로**' 에서 유래

n **주요도로, 큰길** / a public road or street used by traffic
- congested traffic of a main **thoroughfare** 간선도로의 혼잡한 교통

---

797 **throe** [θrou] ★★☆☆☆

throe<throwe (pain 고통) → '**심한 고통**' 에서 유래

n **<pl.> 심한 고통** / violent pain; agony
- be in the **throes** of creating a book 책을 쓰기 위해 창작의 고통을 겪다

---

798 **throng** [θrɔːŋ] ★★☆☆☆

throng<drang (crowd 군중) → '**군중**' 에서 유래

n **군중, 다수** / crowd; mob

v **떼를 지어 모이다** / fill with a crowd; cram
- People **thronged** the theater to see the famous actress.
  사람들은 유명한 여배우를 보기 위해 극장으로 모여들었다.

---

799 **thwart** [θwɔːrt] ★★★★★

thwar (twist 비틀다) → '**일이 잘못되도록 비틀다**' 에서 유래

vt **방해하다** / prevent someone from doing something; frustrate
- be **thwarted** in one's aims 자신의 목표가 방해 받다

---

800 **timid** [tímid] ★☆☆☆☆

tim (fear 두려움) → '**두려움이 많은**' 에서 유래

a **겁 많은** / not having courage; cowardly
- as **timid** as a hare 토끼처럼 겁이 많은

Check-up Test

1. It is hard to understand how any educated person of the present age could have the <u>temerity</u> to declare that members of one ethnic group are invariably more intelligent than those of another.
   ⓐ ignorance ⓑ distress ⓒ audacity ⓓ affectivity

2. The plan turned out to be_______ since it would have required more financial backing than was available.
   ⓐ unfathomable ⓑ irreversible ⓒ untenable ⓓ congenial

3. I think he may have lost his job in broadcasting because he was too <u>tenacious</u>.
   ⓐ aggressive ⓑ lazy ⓒ hardworking ⓓ persistent

4. "The show must go on."is the oldest <u>tenet</u> of show business; every true performer lives by that creed.
   ⓐ euphemism ⓑ doctrine ⓒ allegory ⓓ corroboration

5. The business survived on a <u>tenuous</u> relationship with one customer.
   ⓐ tentative ⓑ insubstantial ⓒ salient ⓓ lucrative

정답 **1.** c **2.** c **3.** d **4.** b **5.** b

※ 복합어(compound words)는 숙어들이 한 단어로 결합된 형태가 많기 때문에 중요 빈출 숙어 파트를 모두 학습하고 나서 보는 것이 좋습니다.

out + ~ 형 복합어

- **outback** / (호주의) 오지 remote area
- **outcome** / 결과 consequence
- **out-country** / 외국의; 전원의, 오지, 벽지 outback
- **outfront** / 진보적인; 솔직한 straightforward
- **outgo** / 지출 expenditure
- **outlay** / 지출한 돈 expenditure, disbursement
- **outlet** / 출구 exit, hole; 가게, 점포 store
- **out-of-stock** / 품절된 sold out
- **out-of-the-way** / 먼, 외딴 remote
- **out-of-work** / 실직 중인 unemployed
- **out-party** / 야당 opposition party
- **outpost** / 전초부대 outstation
- **out-relief** / 시설 외에서의 빈민 구제, 원외 구제 outdoor relief

over + ~ 형 복합어

- **overboard** / 배 밖으로, 물속으로
- **overcoat** / 외투, 오버코트; (페이트 등의) 보호막
- **overhead** / 총 경비 all-around cost
- **overland** / 육로로 by land
- **overlay** / 씌우다, 붙이다 cover, coat
- **overplay** / 과장해서 하다 exaggerate
- **overstaffed** / 필요 이상의 직원을 둔 overmanned
- **overstay** / 너무 오래 머무르다 outstay
- **overstep** / 지나치게 가다, 한도를 넘다 violate, contravene
- **overtime** / 초과 근무(수당) extra duties
- **over-the-counter** / 장외거래의; 처방전 없이 살 수 있는 OTC
- **over-the-top** / 정도를 지나친, 상식을 벗어난 excessive
- **over-the-hill** / 인생의 전성기를 지난 past one's peak
- **overtheroad** / 장거리 도로 수송의

~ + over 형 복합어

- **callover** / 점호 roll call
- **carry-over** / 이월, 이월품
- **going-over** / 철저한 조사; 엄한 꾸짖음
- **hand-over** / (경영권 · 재산 등의) 양도, 이양 transfer
- **hangover** / 잔존물, 숙취 morning after
- **made-over** / 다시 고쳐 만든, 개조한 reformed
- **pullover** / 풀오버(머리부터 입는 스웨터)
- **quickover** / 얼른 훑어보기 scanning
- **rollover** / 공중제비; 전복; 롤오버(금융기관이 만기부채의 상환을 연장해주는 조치)
- **run-over** / (인쇄) 지면을 초과한; (구두의 뒤축이) 한쪽만 닳은
- **sleepover** / 외박
- **stopover** / 잠시 들르기, 도중하차 layover
- **takeover** / 기업인수; (정권 등의) 탈취
- **turnover** / 전복 overthrow; 거래액, 총 매상고 gross proceeds
- **walk-over** / 낙승, 일방적 승리 pushover
- **warmed-over** / (요리를) 다시 데운; (작품 등을) 재탕한 rehashed

우선순위로 보는 PRE VIEW

un-

Date :

★★★☆☆	23.	**unprecedented**	선례 없는	□ □ □
	24.	**unquenchable**	억누를 수 없는	□ □ □
★★☆☆☆	04.	**unbiased**	공정한	□ □ □
	16.	**uninterested**	무관심한	□ □ □
	28.	**unscrupulous**	비양심적인	□ □ □
★☆☆☆☆	02.	**unattended**	단독의; 방치된	□ □ □
	07.	**undaunted**	용감한	□ □ □
	10.	**undue**	부적당한; 기한이 되지 않은	□ □ □
	14.	**unfavorable**	나쁜; 비호의적인	□ □ □
	15.	**unfold**	펴다; 나타내다	□ □ □
	17.	**unkempt**	흐트러진	□ □ □
	18.	**unlikely**	있을 것 같지 않은	□ □ □
	19.	**unload**	짐을 내리다; 덜다	□ □ □
	21.	**unoccupied**	비어있는; 한가한	□ □ □
	25.	**unreliable**	믿을 수 없는	□ □ □
	26.	**unremitting**	꾸준한	□ □ □
	27.	**unrest**	불안	□ □ □
☆☆☆☆☆	01.	**unarmed**	비무장의	□ □ □
	03.	**unbecoming**	부적당한	□ □ □
	05.	**unbroken**	완전한	□ □ □
	06.	**unconditional**	절대적인	□ □ □
	08.	**undo**	풀다; 망치다	□ □ □
	09.	**undress**	옷을 벗다; 평상복	□ □ □
	11.	**uneven**	평평치 않은; 홀수의	□ □ □
	12.	**unfair**	부당한; 부정직한	□ □ □
	13.	**unfamiliar**	익숙하지 않은	□ □ □
	20.	**unlock**	자물쇠를 열다	□ □ □
	22.	**unofficial**	비공식의	□ □ □

MD41 mp3

LECTURE 41

un-

▶ **부정** Anglo-Saxon 계통의 접두어로서 '**부정(not)**'의 의미를 지니며, 동사 앞에 붙을 때는 '**되돌리다(reverse)**'의 의미를 나타내기도 한다

의미 변화

① 부정(not)

> **unbelíevable** : un(not) + believable(믿을 수 있는)
→ 믿을 수 없는
/ unbecóming 어울리지 않는 / uncondítional 무조건적인
/ unfáir 불공평한

② 되돌리다(reverse)

> **untíe** : un(reverse) + tie(묶다)
→ 묶기 전으로 되돌리다 → 풀다
/ unbínd 풀다 / unfásten 풀다

---

unarmed
[ʌnáːrmd]
☆☆☆☆☆
01

un (not) + armed 무장한 → '무장하지 않은'에서 유래

a **비무장의** / without weapons or armor; weaponless

- The army became used to **unarmed** combat. 그 군대는 비무장 전투에 익숙해졌다.

v **unárm** (~을) 무장 해제하다 **cf** **D.M.Z. : demilitarized zone** 비무장 지대

어근관련 armament [áːrməmənt] (군)장비, 병기 armistice [áːrməstis] 휴전, 정전

---

unattended
[ʌnəténdid]
★☆☆☆☆
02

un (not) + attend 수행하다 → '수행하는 사람이 없는'에서 유래

a 1 **수행원이 없는, 단독의** / without attendants; alone
2 **방치된, 돌보지[치료 받지] 않는** / not taken care of; disregarded

- an **unattended** summit conference 단독 정상 회담
- **unattended** luggage[wounds] 방치된 수하물[치료받지 못한 상처]

어근관련 distend [disténd] 넓히다, 팽창시키다 extend [iksténd] 연장하다

---

unbecoming
[ʌnbikʌ́miŋ]
☆☆☆☆☆
03

un (not) + becoming 어울리는 → '어울리지 않는'에서 유래

a **어울리지 않는, 부적당한** / not becoming; inappropriate

- **unbecoming** clothes[behavior] 어울리지 않는 옷[행동]

어근관련 income [ínkʌm] 수입 outcome [áutkʌm] 결과

뉘앙스 p.509

---

unbiased
[ʌnbáiəst]
★★☆☆☆
04

un (not) + biased 편견이 있는 → '편견이 없는'에서 유래

a **편견이 없는, 공정한** / not prejudiced; impartial

- an **unbiased** opinion 공정한 의견

어근관련 bias [báiəs] 사선; 경향; 편견

---

unbroken
[ʌnbróukən]
☆☆☆☆☆
05

un (not) + broken 파손된 → '파손되지 않은'에서 유래

a 1 **파손되지 않은, 완전한** / not broken; whole
2 **길들여지지 않은** / not tamed; undomesticated

- an **unbroken** dish 파손되지 않은 접시
- an **unbroken** colt 길들여지지 않은 망아지

어근관련 breakage [bréikidʒ] 파손, 손상 breakdown [bréikdaun] 붕괴; 분석

---

unconditional
[ʌnkəndíʃənl]
☆☆☆☆☆
06

un (not) + conditional 조건부의 → '조건부가 아닌'에서 유래

a **무조건적인, 절대적인** / not limited by any conditions; absolute

- an **unconditional** refusal 무조건적인 거절

cf **uncondítioned** 무조건적인 • **unconditioned** response 무조건 반사

어근관련 contradict [kɑntrədíkt] 부인하다 vindicate [víndəkeit] 입증하다

동의어 ↔ 반의어

01	**unarmed**	=	weaponless / unarmored / disarmed / demilitarized
02	**unattended**	=	alone / sole / solitary / only / one and only
03	**unbecoming**	=	improper / inappropriate / inapt / inept / indecent ↔ seemly ⊙ 동의어 보갑
04	**unbiased**	=	impartial / fair / just / even / detached / neutral ↔ partial ⊙ 동의어 보갑
05	**unbroken**	=	whole / entire / sound / intact / undamaged / in one piece
06	**unconditional**	=	absolute / unqualified / unrestricted

동의어 보갑

부적절한 03	필수	improper 부적절한 / inappropriate 부적절한 / inapt 부적절한 / indecent 외설적인; 부적절한 / indecorous 보기 흉한, 상스러운 / indelicate 무례할 수 있는 / inept 부적절한; 서투른 / unbecoming 어울리지 않는 / undue 과도한; 기한이 되지 않은 / unseemly 꼴사나운, 부적절한 / unsuitable 부적당한
	고급	malapropos (시기가) 부적당한
	숙어	beside[off] the point 요점을 벗어난, 부적절한 / out of place / wide of the mark 빗나간; 엉뚱한
공정한 04	필수	detached 떼어진; 무관심한; 공정한 / disinterested 사심이 없는 / equitable 공정한 / even 균등한; 동등한 / fair 공정한 / impartial 공정한 / just 공정한 / neutral 중립의, 공정한 / righteous 공정한 / unbiased 편견이 없는, 공정한 / unprejudiced 편견이 없는, 공정한
	고급	dispassionate 냉정한; 공정한 / evenhanded 공평한 / nonpartisan 당파심이 없는, 공정한
	숙어	above board 공명정대한[하게] / on the level 공명정대하게, 정직하게

뉘앙스

부적절한 03	**imprόper**	**부적절한** ≪일반적인 말≫	• **improper** behavior in church 교회 내에서의 부적절한 행동
	indécent	(예의 · 도덕에) **어긋나는, 버릇없는** ≪비난의 뜻이 강한 말≫	• **indecent** literature 외설 문학
	unbecóming	(특정한 직업 · 신분에) **어울리지 않는, 부적절한**	• a conduct **unbecoming** to a student 학생답지 않은 행위
	unséemly	(어떤 특정한 경우에) **어울리지 않는, 부적절한**	• an **unseemly** laughter at a funeral 장례식장에 어울리지 않는 웃음

cf. **indécorous** (관습 · 예절에) **맞지 않은, 예의 없는** **indélicate** (천하고) **점잖치 못한, 상스러운**

Check-up Test

1. You cannot love someone <u>unconditionally</u> if they don't love you back, and then that person can't fall in love with you.
ⓐ conversely ⓑ absolutely ⓒ presumably ⓓ unexpectedly

2. In the first weeks of the war, dozens of <u>unarmed</u> merchant ships were sunk by submarines.
ⓐ contemptible ⓑ random ⓒ weaponless ⓓ despondent

3. Cowbirds will lay eggs in the nests of other birds if those nets are left <u>unattended</u>.
ⓐ disorganized ⓑ unguarded ⓒ incomplete ⓓ unwonted

4. Conduct <u>unbecoming</u> for a man of letters should be reprimanded.
ⓐ insatiable ⓑ unseemly ⓒ trenchant ⓓ splendid

5. The longest <u>unbroken</u> border in the world is that between Canada and the United States.
ⓐ reciprocal ⓑ enduring ⓒ undue ⓓ uninterrupted

정답 **1.** b **2.** c **3.** b **4.** b **5.** d

undaunted
[ʌndɔ́:ntid]
★☆☆☆☆
07

un (not) + daunt 기를 꺾다 → **'조금도 기가 꺾이지 않는'**에서 유래

a (자신의 뜻을) **굽히지 않는, 용감한** / not afraid; fearless; intrepid
- an **undaunted** leader 용감한 지도자

n **undáuntedness** 용감함

어근관련 dauntless [dɔ́:ntlis] 겁 없는, 용감한　tame [teim] (야생 동물이) 길들여진

undo
[ʌndú:]
☆☆☆☆☆
08

un (reverse) + do 하다 → **'~한 것을 원래대로 되돌리다'**에서 유래

vt 1 (묶인 것 등을) **풀다, 열다** / unfasten something tied or wrapped; open
2 (노력 · 결과 등을) **망치다** / bring to ruin; spoil
- **undo** the parcel 소포를 풀다
- The fire **undid** months of hard work. 그 화재가 수개월간의 고된 작업을 헛수고로 만들었다.

n **undóing** 풀기, 열기; 취소; 실패, 몰락(downfall)

a **undóne** 열려 있는(loose); 파멸한; 완성되지 않은

cf **outdó** ~보다 뛰어나다

어근관련 deed [di:d] 행위, 업적　well-done [wéldʌ́n] 잘 처리된; 바싹 구워진

undress
[ʌndrés]
☆☆☆☆☆
09

un (reverse) + dress 옷을 입히다 → **'옷을 벗기다'**에서 유래

v **옷을 벗(기)다** / take the clothes off; strip
- **undress** oneself to go into the swimming pool 수영장 안으로 들어가기 위해 옷을 벗다

n 1 [ʌ́n-] **평상복** / loose, informal dress; casual
2 **옷을 안 입은 상태** / lack of clothes; nakedness
- go to work in wearing the **undress** 평상복을 입고 출근하다
- **undress** uniform 평상 군복
- run out in a state of **undress** 옷을 안 입은 채로 뛰쳐나가다

a **undréssed** 옷을 벗은; (가죽 따위를) 손질하지 않은

어근관련 erect [irékt] 직립한; 짓다, 세우다　rectify [réktəfai] 개정하다

undue
[ʌndjú:]
★☆☆☆☆
10

un (not) + due 적당한 → **'적당하지 않은'**에서 유래

a 1 **부적당한** / not fitting; improper
2 **과도한, 지나친** / more than is necessary; excessive
3 (지불) **기한이 되지 않은** / not payable
- make rude and **undue** remarks 무례하고 부적당한 말을 하다
- leave with **undue** haste 지나치게 서둘러 떠나다
- discount an **undue** bill 지불 기한이 되지 않은 어음을 할인하다

어근관련 debt [det] 빚, 부채　indebted [indétid] 빚을 진, 은혜를 입은

uneven
[ʌní:vn]
☆☆☆☆☆
11

un (not) + even 평평한 → **'평평하지 않은'**에서 유래

a 1 **평평하지 않은** / not level, flat, or smooth; rough
2 **불규칙한** / not uniform or regular; inconsistent
3 (양측의) **균형이 맞지 않는, 대등하지 않은** / not equal or balanced equally; asymmetric
4 **홀수의** / that cannot be divided by 2 without a remainder; odd
- The road surface is very **uneven** here. 이곳의 도로 표면은 매우 울퉁불퉁하다.
- His heart beat at an **uneven** rate. 그의 심장은 불규칙하게 뛰었다.
- an **uneven** contest 대등하지 않은 경쟁
- 1, 3, 5, 7, and 9 are **uneven** numbers. 1, 3, 5, 7, 9는 홀수이다.

n **unévenness** 울퉁불퉁함; 불규칙함; 불균형

어근관련 eve [i:v] 전야　evening [í:vniŋ] 저녁, 밤

unfair

[ʌnfέər]
☆☆☆☆☆
12

un (not) + fair 공평한 → '**공평하지 않은**'에서 유래

a 1 **불공평한, 부당한** / not fair or equitable; unjust
2 **부정직한** / not right or proper; dishonest

- an **unfair** decision by an umpire 심판에 의한 불공정한 판정
- **unfair** business practices 부정직한 사업 관행

n **unfáirness** 불공평함; 부정직함

어근관련 fairly [féərli] 공평하게; 적절하게; 꽤, 상당히

동의어 / 반의어

07	**undaunted**	=	fearless / brave / valiant / valorous / intrepid ● 동의어 보감
08	**undo**	=	open / unfasten / unstop / untie / loose
09	**undress**	=	strip / disrobe / denude / take off
10	**undue**	=	improper / inappropriate / unsuitable / unfitting / inapt
11	**uneven**	=	rough / harsh / rugged / craggy / bumpy
12	**unfair**	=	unjust / partial / inequitable / unrighteous

동의어 보감

용감한 07	필수	audacious 담대한 / bold 담대한, 용감한 / brave 용감한 / courageous 용감한 / daredevil 무모한 / daring 담대한, 용감한 / dauntless 불굴의, 용감한 / fearless 겁 없는, 용감한 / gallant 용감한; (여자에게) 친절한 / intrepid 용감한 / undaunted 용감한; 의연한 / valiant 용감한 / valorous 용감한
	고급	chin-up 용감한, 불굴의 / chivalrous 기사도적인, 용감한 / doughty 담대한, 용감한 / gritty 용기있는, 대담한 / plucky 용기 있는, 기운 좋은 / spunky 용기 있는, 원기 왕성한 / stalwart 강건한, 용감한
용기	필수	courage 용기 / fortitude 강인함, 용기 / guts 내장; 배짱, 용기 / nerve 신경; 배짱 / prowess 용기; 솜씨, 능력 / valiance 용기 / valor 용기
	고급	pluck 용기, 담력 / gallantry 용기; 용감 / mettle 용기, 기상
	참조	bravado 허세 / temerity 만용

---

check-up Test

1. The parents felt undue concern about the child's illness.
ⓐ equal ⓑ excessive ⓒ biased ⓓ necessary

2. Peter, _______ by repeated rejections of his novel, _______ to submit his manuscript to other publishers.
ⓐ encouraged - declined ⓑ undaunted - continued
ⓒ elated - planned ⓓ inspired - complied

3. He walked into the room, undoing his tie and loosening his collar.
ⓐ venerating ⓑ discording ⓒ undergoing ⓓ unfastening

4. That night she didn't undress, but waited until everyone fell asleep and then crept out.
ⓐ waive ⓑ strip ⓒ fasten ⓓ interrupt

5. He spoke to his employees with undue severity.
ⓐ pretended ⓑ painful ⓒ improper ⓓ rare

정답 **1.** b **2.** b **3.** d **4.** b **5.** c

unfamiliar
[ʌnfəmíliə(r)]
☆☆☆☆☆
13

un (not) +
familiar 잘 아는 →
'잘 모르는'에서 유래

a **생소한, 익숙하지 않은** / not well known; strange
- the **unfamiliar** face[subject] 생소한 얼굴[주제]

어근관련 family [fǽməli] 가족; 가문 familiarize [fəmíljəraiz] 익숙해지게 하다

unfavorable
[ʌnféivərəbl]
★☆☆☆☆
14

un (not) +
favorable 유리한 →
'유리하지 않은'에서 유래

a 1 (~하기에) **나쁜, 불리한** / opposite to what is needed or wanted; adverse
2 **비호의적인, 비판적인** / not pleasing or hospitable; unfriendly
- an **unfavorable** situation for starting a new business 새로운 사업을 시작하기에 불리한 상황
- an **unfavorable** attitude 비호의적인 태도

어근관련 favor [féivər] 호의(를 베풀다) favorite [féivərit] 마음에 드는 (것)

unfold
[ʌnfóuld]
★☆☆☆☆
15

un (reverse) +
fold 접다 →
'접은 것을 펴다'에서 유래

v 1 **펴다, 펼치다** / open from a folded position; spread
2 (~의 생각을) **나타내다,** (이야기가) **전개되다[하다]** / (cause to) become clear, more fully known; develop
- **unfold** a map[newspaper] 지도[신문]를 펼치다
- **unfold** the plot of a story 이야기의 줄거리를 전개하다

uninterested
[ʌníntrəstid]
★★☆☆☆
16

un (not) +
interested 흥미를 갖고 있는 →
'흥미를 갖고 있지 않은'에서 유래

a **무관심한, 냉담한** / showing or having no interest; indifferent
- be **uninterested** in politics 정치에 무관심하다

a **unínteresting** 재미없는(boring) **cf** **disínterested** 사심 없는, 공평 무사한

어근관련 interest [íntərəst] 흥미, 관심; 중요성; 이해 관계; 이자; 흥미롭게하다 뉘앙스 p.513

unkempt
[ʌnkémpt]
★☆☆☆☆
17

un (not) +
kempt 머리를 빗질한 →
'머리를 빗질하지 않은'에서 유래

a (머리 · 복장이) **단정치 못한, 흐트러진** / having untidy clothes and hair; slovenly
- the **unkempt** hair and clothes of a tramp 방랑자의 흩뜨러진 머리와 옷

어근관련 comb [koum] 빗; 빗질하다

unlikely
[ʌnláikli]
★☆☆☆☆
18

un (not) +
likely 있을 것 같은 →
'있을 것 같지 않은'에서 유래

a **있을[일어날] 것 같지 않은** / not likely; improbable
- The horse is **unlikely** to win the race. 그 말이 경주에서 승리하는 일은 일어날 것 같지 않다.

n **unlíkelihood, unlíkeliness** 있을(일어날) 것 같지 않음
cf **unlíke** 닮지 않은, 다른; ~을 닮지 않고

어근관련 liken [láikən] (~에) 비유하다, 견주다 likewise [láikwaiz] 마찬가지로

= 동의어 ↔ 반의어

13	**unfamiliar**	=	strange / unusual / unaccustomed / unacquainted / unused
14	**unfavorable**	=	adverse / bad / disadvantageous / inimical ● 동의어 보강
15	**unfold**	=	spread / open / expand / extend / stretch
16	**uninterested**	=	indifferent / aloof / detached / incurious
17	**unkempt**	=	slovenly / dowdy / untidy / disheveled / sloppy ↔ neat ● 동의어 보강
18	**unlikely**	=	improbable / doubtful / dubious / questionable

동의어 보감

불리한 · 비호의적인 14	필수	adverse 반대의, 불리한 / antagonistic 반대의 / disadvantageous 불리한 / hostile 적의를 가진 / ill 해로운, 적의를 품은 / inconvenient 불편한 / inimical 적대적인 / ominous 불길한 / unfavorable 호의적이 아닌 / unfortunate 불운한, 불리한 / unfriendly 비우호적인
	고급	calamitous 불행을 가져오는 / inauspicious 불길한
단정치 못한 17	필수	disarranged 단정치 못한 / disheveled 단정치 못한 / sloppy 질펀한; 지저분한; 감상적인 / slovenly 단정치 못한 / untidy 단정치 못한
	고급	bedraggled 흠뻑 젖은, 더럽혀진 / cluttered 어수선한, 어질러진 / dowdy 여자가 단정치 못한, 맵시 없는 / slipshod 뒷굽이 닳은, 단정치 못한 / unkempt 머리가 단정치 못한
	반의어	단정한 / dapper / neat / tidy
더러운	필수	dingy 거무죽죽한, 때묻은 / dirty 더러운 / filthy 더러운 / foul 더러운, 불결한 / messy 뒤범벅의 / sleazy 누추한 / sordid 더러운 / squalid 불결한
	고급	cluttered 뒤죽박죽의 / grimy 더럽혀진, 때묻은 / lousy 이가 끓는, 몹시 더러운 / slimy 진흙투성이의 / smutty 더러워진, 음란한 / soiled 때묻은
	참고	ragged 누더기의 / tattered 누더기의

뉘앙스

무관심한 16

indífferent	(좋고 싫은 감정 없이) **무관심한** ≪가장 일반적인 말≫	• **indifferent** to a stranger 낯선 사람에게 무관심한
unconcérned	(걱정을 해야 될 상황에서) **무관심한**	• **unconcerned** about one's future 자신의 장래에 대해 무관심한
detáched	(선입관 · 이해 관계가 없어서) **초연한**	• take a **detached** attitude 제삼자적인 태도를 취하다
unínterested	(흥미가 없이) **무관심한**	• cast an **uninterested** glance 무관심한 시선을 던지다

cf. **disínterested** (사심이 없이) **공정한, 공평무사한**

4 1 LECTURE

check-up Test

1. Fritz had a large beer-belly, a heavy moustache and long, unkempt hair.
ⓐ untidy ⓑ inharmonious ⓒ tidy ⓓ harmonious

2. The formality of the committee meeting was unfamiliar to her.
ⓐ unpleasant ⓑ unaccustomed ⓒ valiant ⓓ soothed

3. He took out his handkerchief, unfolded it and blew his nose.
ⓐ attested ⓑ divulged ⓒ spread ⓓ thrilled

4. He was always aloof and uninterested in the widespread debauches of those days.
ⓐ vague ⓑ indifferent ⓒ invaluable ⓓ turgid

5. Students invent all sorts of unlikely explanations as to why they can't do their homework.
ⓐ deleterious ⓑ improbable ⓒ complete ⓓ authentic

정답 **1.** a **2.** b **3.** c **4.** b **5.** b

unload
[ʌnlóud]
★☆☆☆☆
19

un (reverse) + load 짐을 싣다 → '실은 짐을 내리다'에서 유래

vt 1 (배 · 차 등에서) **짐을 내리다** / remove a load from; discharge
2 (마음의 짐을) **덜다, 없애다** / get rid of; unburden
- **unload** the parcels from the car 차에서 짐 꾸러미를 내리다
- **unload** one's trouble onto one's mother 엄마에게 털어 놓아서 자신의 고민을 덜다

어근관련 lade [leid] (짐을) 싣다　laden [léidn] (짐을) 실은; 고민하는

unlock
[ʌnlá:k]
☆☆☆☆☆
20

un (reverse) + lock 자물쇠를 잠그다 → '잠겨 있는 자물쇠를 열다'에서 유래

vt 1 **자물쇠를 열다** / open the lock of; unfasten
2 (마음을) **털어놓다, 드러내다** / disclose; reveal
- **unlock** the door and then open it 자물쇠를 풀고 문을 열다
- **unlock** one's inmost thought 자신의 마음속 깊은 생각을 털어놓다

어근관련 locker [lákər] 자물쇠가 있는 장, 로커　locket [lákit] 칼집의 걸쇠, 로켓

unoccupied
[ʌná:kjupaid]
★☆☆☆☆
21

un (not) + occupied 점유된 → '점유되지 않는'에서 유래

a 1 **점유되지 않는, 비어있는** / not occupied; vacant
2 **할 일이 없는, 한가한** / not in action or use; idle
- an **unoccupied** house[parking space] 비어 있는 집[주차 공간]
- **unoccupied** hours of a holiday 휴일의 한가한 시간

어근관련 preoccupy [priá:kjupai] 먼저 점유하다; 열중하게 하다
recuperate [rikjú:pəreit] (건강을) 회복하다

unofficial
[ʌnəfíʃl]
☆☆☆☆☆
22

un (not) + official 공식적인 → '공식적인 아닌'에서 유래

a **비공식의** / not official; informal
- an **unofficial** meeting[visit] 비공식 모임[방문]

어근관련 edifice [édəfis] 큰 건축물; 조직, 체계　efficacy [éfikəsi] 효력, 효능

unprecedented
[ʌnprésədentid]
★★★☆☆
23

un (not) + precedented 선례가 있는 → '선례가 없는'에서 유래

a **선례[전례]없는** / never having happened before; unexampled
- **unprecedented** rainfall[price increases] 전례 없는 강우량[물가 상승]

어근관련 precede [prisí:d] 선행하다　incessant [insésnt] 끊임없는

unquenchable
[ʌnkwéntʃəbl]
★★★☆☆
24

un (not) + quenchable 억누를 수 있는 → '억누를 수 없는'에서 유래

a **억누를 수 없는** / that cannot be quenched or extinguished; insatiable
- an **unquenchable** thirst 억누를 수 없는 갈증

어근관련 squelch [skweltʃ] 눌러서 찌그러뜨리다

unreliable
[ʌnriláiəbl]
★☆☆☆☆
25

un (not) + reliable 믿을 만한 → '믿을만하지 않은'에서 유래

a **믿을[신뢰할] 수 없는** / not reliable; untrustworthy
- an **unreliable** person[source] 믿을 수 없는 사람[소식통]

어근관련 ally [əlái] 동맹하다; 동맹국　rally [rǽli] 다시 모으[이]다

unremitting
[ʌnrimítiŋ]
★☆☆☆☆
26

un (not) + remit 늦추다 → '늦추지 않는'에서 유래

a **끊임 없는, 꾸준한** / not slackening; continuous
- an **unremitting** struggle 꾸준한 노력

cf **unremítted** (죄 · 빚 따위가) 면제되지 않은; 꾸준한, 부단한

어근관련 emit [imít] (빛 · 열 · 소리 등을) 발산하다　omit [oumít] 생략하다

unrest

[ʌnrést]
★☆☆☆☆
27

un (not) +
rest 안정 →
'안정되지 않은 상태'
에서 유래

n **(특히 대중적인) 불안** / a state of troubled or dissatisfied confusion; uneasiness

- a period of industrial **unrest** with continual strikes
  계속적인 파업으로 인한 산업계의 불안의 시기

a **unréstful** 불안한(nervous; restless)

어근관련 estate [istéit] 토지; 재산; (인생의) 시기, 상태 obstacle [ábstəkl] 장애

---

unscrupulous

[ʌnskrú:pjələs]
★★☆☆☆
28

un (not) +
scrupulous 양심적인 →
'양심적인 아닌'에서 유래

a **비양심[비도덕]적인** / not careful about right or wrong; unprincipled

- an **unscrupulous** salesman 비양심적인 세일즈맨

n **unscrúpulousness** 비양심적임

어근관련 scruple [skrú:pl] 양심의 가책 scrupulous [skrú:pjuləs] 양심적인; 빈틈 없는

동의어 / 반의어

19	**unload**	=	discharge / unship / unlade / jettison / break bulk
20	**unlock**	=	reveal / disclose / divulge / unveil / give away
21	**unoccupied**	=	vacant / empty / void / unfilled
22	**unofficial**	=	informal / unceremonious / irregular
23	**unprecedented**	=	unexampled / new / only / unique
24	**unquenchable**	=	insatiable / inextinguishable / rapacious / avaricious / covetous ● 동의어 보강
25	**unreliable**	=	untrustworthy / unbelievable / incredible / inconceivable / unthinkable
26	**unremitting**	=	continuous / constant / unceasing / incessant / uninterrupted
27	**unrest**	=	uneasiness / restlessness / inquietude / disquiet
28	**unscrupulous**	=	unprincipled / conscienceless / unconscionable

동의어 보강

욕심 많은 · 탐욕스러운 24	필수	avaricious 탐욕스러운, avid 열렬한, 몹시 탐내는, covetous 탐욕스러운, desirous 간절히 원하는, gluttonous 욕심 많은, greedy 탐욕스러운, rapacious 강탈하는, 탐욕스러운, ravenous 굶주린, 게걸스레 먹는; 탐욕스러운, voracious 게걸스러운
	고급	acquisitive 획득하려 하는, 탐내는 / insatiable 채워지지 않는 / grasping 붙잡는; 욕심 많은 / unquenchable 억제할 수 없는
	참고	욕심, 탐욕 / avarice / covetousness / cupidity / greed

Check-up Test

1. Snowflakes laced with fine, gray ash fell on communities south of Anchorage as a series of volcanic eruptions continued early Saturday on an <u>uninhabited</u> island dozens of miles away.
ⓐ prohibited ⓑ isolated ⓒ unoccupied ⓓ frequented

2. It's <u>unofficial</u> but I know he's got the job.
ⓐ informal ⓑ servile ⓒ derogatory ⓓ droll

3. The depression that started in mid-1929 was a catastrophe of <u>unprecedented</u> dimensions for the United States.
ⓐ advanced ⓑ exuberant ⓒ unexampled ⓓ introverted

4. She is totally _______. She never does anything she promises to do.
ⓐ disloyal ⓑ unreliable ⓒ discreet ⓓ untold

5. The doctor was <u>unremitting</u> in his attention to the case.
ⓐ negligent ⓑ unceasing ⓒ unwise ⓓ unwilling

정답 **1.** c **2.** a **3.** c **4.** b **5.** b

801 **timorous** [tímərəs] ★★☆☆☆

tim (fear 두려움) → '**두려움을 가지고 겁이 많은**' 에서 유래

a **겁이 많은** / easily frightened; timid
- The **timorous** rabbit ran away. 겁 많은 토끼가 달아났다.

802 **tirade** [táireid] ★★☆☆☆

tir (volley 일제 사격) → '**말로서 일제 사격하듯이 하는 긴 연설**' 에서 유래

n **긴 비난 연설** / a long angry speech criticizing sb or sth; denunciation; harangue
- a **tirade** against the church 교회에 대한 긴 비난 연설

803 **titular** [títʃulər] ★☆☆☆☆

titul (title 이름) → '**이름만 있는**'에서 유래

a **이름뿐인** / existing in name but not having authority; nominal
- the **titular** ruler 이름뿐인 통치자

804 **toil** [tɔil] ★★☆☆☆

toil<toiler (stir up 휘젓다) → '**여기저기 휘젓고 다니며 힘써 일하다**' 에서 유래

n **(뼈 빠지는) 일, 노역** / laborious work; drudgery
v **힘써 일하다, 고생하다** / work hard; labor; strive
- a life of hardship and **toil** 역경과 노역의 삶

n **tóiler** 임금 노동자; 고생하는 사람 a **tóilsome** 힘 드는, 고생스러운

805 **topple** [tápl] ★★★☆☆

top 정상 → '**전복하여 정상을 차지하다**' 에서 유래

v **(정권을) 전복시키다, 타도하다** / knock down; overthrow
- plot to **topple** the government 정부타도를 음모하다

806 **torpid** [tɔ́:rpid] ★★★☆☆

torp (numb 둔한) → '**둔하여 활발하지 못한**' 에서 유래

a **둔한, 활발하지 못한** / not active; lethargic
- The heat and humidity made us **torpid**.
  열과 습기는 우리를 활발하지 못하게 했다.

n **torpídity** 무기력; 무감각; 휴면

807 **tortuous** [tɔ́:rtʃuəs] ☆☆☆☆☆

tort (twist 뒤틀다) → '**뒤틀려서 꾸불꾸불한**' 에서 유래

a **꾸불꾸불한** / full of twists; winding
- hike along a **tortuous** trail 꾸불꾸불한 오솔길을 따라 걷다

808 **touchy** [tʌ́tʃi] ★★☆☆☆

touch 만지다 → '**만지는 손길에 민감한**' 에서 유래

a **(사람 · 문제 등이) 까다로운** / easily offended; fastidious **; 과민한** / sensitive
- a **touchy** subject in scientific communities 과학계 내의 민감한 사안

809 **toxic** [táksik] ★★★☆☆

tox (poison 독) → '**독이 있는**' 에서 유래

a **유독한** / containing poison; noxious; venomous
- **toxic** fumes[waste] 유독한 연기[폐기물]

n **toxícity** 유독성

810 **tractable** [trǽktəbl] ★★☆☆☆

tract (draw 끌다) → '**원하는 대로 잘 끌려와 다루기 쉬운**' 에서 유래

a **다루기 쉬운** / easy to control; docile
- the **tractable** children 다루기 쉬운 아이들

811 **trample** [trǽmpl] ★☆☆☆☆

tramp<trampen (stamp 밟다) → '**짓밟다**' 에서 유래

v **짓밟다, 뭉개다** / tread heavily on; crush
- **trample** grass down 잔디를 밟아 뭉개다

812 **traumatic** [trəmǽtik] ★☆☆☆☆

traumatic<traumaticus (pertaining to a wound 부상과 관련된) → '**정신적인 부상을 입을 정도로 충격적인**' 에서 유래

a **외상성의** / having to do with or produced by a wound, injury **;**
(매우) 충격적인 / deeply shocking
- a painful and **traumatic** experience 고통스럽고 충격적인 경험

v **tráumatize** 외상을 입히다; 충격을 주다
n **tráuma** 외상; 정신적 충격

813 **travail** [trəvéil] ★☆☆☆☆
travailler<travail (toil 노역)
n **노고** / very tiring work; pains
- require a lot of efforts and **travail** 많은 노력과 고생을 필요로 하다

814 **treaty** [trí:ti] ★☆☆☆☆
(treat 다루다) → '국가간의 문제를 다룸'에서 유래
n **조약, 협정** / an agreement made between countries; pact
- a commercial **treaty** 통상 조약

815 **tremendous** [triméndəs] ★★☆☆☆
trem (shudder 떨다) → '떨 정도로 너무나 크고 대단한' 에서 유래
a **무서운** / dreadful ; **거대한** / enormous ; **굉장한** / enormous; excellent
- a wrestler of **tremendous** strength 엄청난 힘의 레슬링 선수

816 **trenchant** [tréntʃənt] ★☆☆☆☆
trench (cut 자르다) → '자르듯이 날카로운'에서 유래
a **날카로운** / expressed very strongly and directly; keen
- **trenchant** wit 날카로운 기지

n **trénchancy** 예리; 통렬

817 **trepidation** [trepədéiʃən] ★★☆☆☆
trep (tremble 떨다) → '몸을 떨게 만드는 두려움' 에서 유래
n **두려움** / a feeling of anxiety or fear; fright; dread
- face the enemy without **trepidation** 두려움 없이 적에 대항하다

818 **tribunal** [traibjú:nl] ★★★☆☆
tribun (head of a tribe 족장) → '족장을 정하는 법정' 에서 유래
n **법정, 법원** / court of justice; judicatory
- the decision of the **tribunal** 법원의 판결

819 **tribute** [tríbju:t] ★☆☆☆☆
trib (pay 주다) → '나라에 바치는 공물' 에서 유래
n **찬사, 공물** / mark of respect; recognition
- pay **tribute** to dead soldiers 사망한 병사들에게 찬사를 보내다

a **tríbutary** 공물을 바치는, 속국의; 공헌하는

820 **trite** [trait] ★☆☆☆☆
trit (wear out 닳다) → '많이 사용해 닳고 진부한' 에서 유래
a **진부한** / used so often; hackneyed; banal
- The plot of this play is **trite**. 이 희곡의 줄거리는 진부하다.

★ 중요빈출

check-up Test

1. The late Chinese leader Deng Xiaoping ordered the violent 1989 Tiananmen Square crackdown out of fear that demonstrators could <u>topple</u> the communist party.
ⓐ overturn ⓑ defile ⓒ slander ⓓ vilify

2. Security is a <u>touchy</u> subject among government officials at the moment.
ⓐ interesting ⓑ difficult ⓒ sensitive ⓓ heavy

3. A university is a place to be stripped of your naivete, to have heated debates, to hear your core beliefs <u>trampled on</u>.
ⓐ weighed ⓑ vindicated ⓒ advocated ⓓ crushed

4. Virtual reality holds exciting potential for' exposure therapy,'in which patients are encouraged to relive <u>traumatic</u> memories.
ⓐ painful ⓑ puerile ⓒ hallucinatory ⓓ drastic

5. The obligation to close was satisfied without physical contact or as much emotional <u>travail</u>.
ⓐ drudgery ⓑ upside ⓒ perusal ⓓ vanity

정답 **1.** a **2.** c **3.** d **4.** a **5.** a

※ 복합어(compound words)는 숙어들이 한 단어로 결합된 형태가 많기 때문에 중요 빈출 숙어 파트를 모두 학습하고 나서 보는 것이 좋습니다.

on + ~ 형 복합어

- **on-dit** / 소문, 평판 reputation
- **on-limits** / 출입이 허가된
- **on-line** / 온라인으로, 인터넷으로
- **onramp** / 진입로 ramp, driveway
- **on-scene** / 현지의, 현장의 on-site
- **onset** / 습격, 공격 assault ; 개시, 시작 beginning
- **on-target** / 정확한, 적중한
- **on-the-record** / 보도를 전제로 한
- **onward** / 전방으로, 앞으로 forward

~ + on 형 복합어

- **bang-on** / 딱 들어맞는, 굉장한
- **carry-on** / 기내 휴대 수화물 hand baggage
- **come-on** / 유혹하는 것; 경품, 싸구려 상품
- **dead-on** / 아주 정확한
- **goings-on** / (비난받을 만한) 행위
- **hanger-on** / 식객 parasite, sponger
- **head-on** / 정면으로 부딪히는
- **knock-on** / 도미노효과 domino effect
- **odds-on** / 승산이 있는
- **puton** / 겉치레(의) pretentious
- **right-on** / 완전히 옳은, 시대정신에 맞는, 진보적인
- **switched-on** / 유행의 첨단을 걷는, 유행 등에 민감한
- **tryon** / 시도, 입어보기
- **walk-on** / 단역의, (대사 없이 아주 잠깐 등장하는) 단역

off + ~ 형 복합어

- **off-and-on** / 불규칙한, 간헐적인 irregular
- **offbeat** / 기묘한, 별난 far-out
- **offduty** / 비번의 off-guard
- **off-balance** / 균형을 잃은 unbalanced ; 쩔쩔매는 at a loss
- **off-guard** / 방심한, 부주의한
- **off-hand** / 즉석의 unrehearsed
- **offhour** / 휴식 시간 rest, break
- **off-key** / 음정이 안 맞는; 비정상적인, 부적절한
- **off-limits** / 출입금지의 out of bounds
- **offline** / 오프라인의; 정기노선 외의
- **offroad** / 일반[포장] 도로 외에서도 행해지는
- **offset** / 상쇄하다, 벌충하다 compensate, redeem
- **off-the-cuff** / 즉석의 off-hand
- **off-the-rack** / 기성품인 ready-made
- **off-the-record** / 보도되지 않는, 비공식의 informal
- **off-the-road** / 차가 고장난 broken, out of order

un-, under-, up-

우선순위 로 보는 PRE view

Date : /

★★★☆☆	32.	**unstable**	불안정한	□ □ □
	04.	**undermine**	밑을 파다; 훼손시키다	□ □ □
★★☆☆☆	35.	**unwholesome**	해로운; 건강하지 못한	□ □ □
	05.	**undertake**	책임지다; 시작하다	□ □ □
★☆☆☆☆	29.	**unseemly**	부적당한	□ □ □
	31.	**unsophisticated**	순진한; 단순한	□ □ □
	01.	**underestimate**	낮게 평가하다	□ □ □
	03.	**underlying**	기초적인	□ □ □
	01.	**upbraid**	비난하다	□ □ □
	02.	**upgrade**	승진시키다; 향상시키다	□ □ □
	03.	**upheaval**	대혼란	□ □ □
	07.	**uproar**	소동	□ □ □
☆☆☆☆☆	30.	**unsettled**	미해결의; 불안정한	□ □ □
	33.	**unsuitable**	부적당한	□ □ □
	34.	**untold**	밝혀지지 않은; 막대한	□ □ □
	02.	**underhand**	비밀의; 밑으로 던지는	□ □ □
	04.	**uplift**	올리다; 고양시키다	□ □ □
	05.	**uppermost**	최고의	□ □ □
	06.	**uprising**	반란	□ □ □
	08.	**uproot**	근절하다; 떠나다	□ □ □

MD42 mp3

LECTURE 42

unseemly
[ʌnsíːmli]
★☆☆☆☆
29

un (not) + seemly 어울리는 → '어울리지 않는'에서 유래

a **어울리지 않는, 부적당한** / not suitable; improper
- leave with **unseemly** haste 부적절하게 서둘러 떠나다

n **unséemliness** 어울리지 않음

어근관련 seem [siːm] ~처럼 보이다, ~인 것 같다 seeming [síːmiŋ] 외관상의 뉘앙스 p.509

unsettled
[ʌnsétld]
☆☆☆☆☆
30

un (not) + settled 정해진 → '정해지지 않은'에서 유래

a 1 **결정되지 않은, 미해결의** / not yet settled; undecided
2 **변하기 쉬운, 불안정한** / not fixed or firmly established; unstable
3 (사람이) **거주[정착]하지 않은** / not populated; uninhabited
- The dispute remains **unsettled**. 그 분쟁은 여전히 미해결인 상태다.
- an **unsettled** mind[government] 불안정한 마음[정부]
- Some parts of the world are still **unsettled**.
세계의 몇몇 지역에는 여전히 사람이 거주하지 않는다.

v **unséttle** (안정된 것을) 뒤흔들다; (마음을) 어지럽히다, 동요시키다

어근관련 assiduous [əsídʒuəs] 근면한 sedulous [sédʒuləs] 근면한; 공들인

unsophisticated
[ʌnsəfístɪkeitid]
★☆☆☆☆
31

un (not) + sophisticated 세련된 → '꾸밈없이 순진한' 에서 유래

a 1 (사람이) **순진한** / not sophisticated; naive
2 (기계 등의) **복잡하지 않은, 단순한** / not complicated; simple
- an **unsophisticated** young woman 순진한 젊은 여자
- **unsophisticated** machinery 복잡하지 않은 기계

어근관련 sophist [sɑ́fist] 궤변가, 학자

unstable
[ʌnstéibl]
★★★☆☆
32

un (not) + stable 안정된 → '안정되지 않은'에서 유래

a **불안정한, 흔들(거)리는** / not stable; unsettled
- an **unstable** bookcase[mind] 흔들거리는 책장[마음]

n **unstábleness** 불안정함

어근관련 stale [steil] (술 따위가) 김빠진; 진부한 static [stǽtik] 정적인

unsuitable
[ʌnsúːtəbl]
☆☆☆☆☆
33

un (not) + suitable 적당한 → '적당하지 않은'에서 유래

a **부적당한, 적임이 아닌** / not suitable; inappropriate
- Milk is **unsuitable** for freezing. 우유는 얼리기에 부적당하다.

n **unsúitableness** 부적당함

어근관련 suit [suːt] (복장의) 한 벌; ≪법≫ 소송 suite [swiːt] 일행, 수행원

untold
[ʌntóuld]
☆☆☆☆☆
34

un (not) + told 말하여진 → '말해지지 않은'에서 유래

a 1 **밝혀지지 않은** / not told or expressed; unrevealed
2 **헤아릴 수 없는, 막대한** / too great to be counted or measured; innumerable
- an **untold** secret[doubt] 밝혀지지 않은 비밀[의혹]
- spend **untold** money 막대한 자금을 지출하다

어근관련 tale [teil] (구전되는) 이야기, 설화 talkative [tɔ́ːkətiv] 말이 많은

unwholesome
[ʌnhóulsəm]
★★☆☆☆
35

un (not) + wholesome 건강에 좋은 → '건강에 좋지 않은'에서 유래

a 1 (정신적 혹은 육체적) **건강에 해로운, 유해한** / not good for the body or mind; harmful
2 **건강하지 못한** / not in good health; unhealthy
- an **unwholesome** diet 건강에 해로운 음식
- an **unwholesome** child 건강하지 못한 아이

n **unwhólesomeness** 건강에 해로움, 유해함; 건강하지 못함

어근관련 wholehearted [hóulhɑ́ːrtid] 성심 성의의 wholesale [hóulseil] 도매(의)

동의어 ↔ 반의어

29 **unseemly** = indecorous / improper / unbecoming / indecent
30 **unsettled** = restless / uneasy / unrestful / unquiet
31 **unsophisticated** = naive / artless / ingenuous / unaffected ↔ artful ● 동의어 보강
32 **unstable** = movable / mobile / unsteady / insecure
33 **unsuitable** = inappropriate / unfit / improper / incompetent / incongruous
34 **untold** = innumerable / countless / uncountable / numberless / huge ● 동의어 보강
35 **unwholesome** = harmful / injurious / hurtful / pernicious / detrimental ↔ conducive

동의어 보강

순진한 31	필수	artless 꾸밈없는, 순수한 / childlike 어린애다운 / credulous 남을 잘 믿는, 순진한 / gullible 속기 쉬운, 순진한 / ingenuous 천진난만한 / innocent 순진한; 무죄의 / naive (너무) 순진한 / unaffected 꾸밈없는, 진실한
	고급	unsophisticated 세련되지 못한, 순진한
	숙어	born yesterday 풋내기인, 쉽사리 속는
촌스러운 · 시골의	필수	bucolic 전원의, 목가적인 / churlish 천한, 야비한 / crude 조잡한, 저속한 / pastoral 전원의 / provincial 시골의; 편협한 / rural 시골의 / rustic 촌스러운 / unpolished 촌스러운 / unrefined 촌스러운 / unsophisticated 세련되지 못한
	고급	boorish 촌티나는 / idyllic 전원의 / inelegant 우아하지 않은 / sylvan 숲의; 전원의
	숙어	hamlet 작은 마을, 촌락
	반의어	세련된 / urbane / sophisticated / polished
수많은 34	필수	countless 셀 수 없는, 수많은 / incalculable 무수한, 수많은 / infinite 무한한, 수많은 / innumerable 셀 수 없이 많은 / numerous 수많은 / uncountable 셀 수 없는, 수많은 / untold 말로 다 할 수 없는, 막대한
	고급	myriad 1만의, 무수한

check-up Test

1. Despite the <u>detrimental</u> effects of cigarette smoking, many people refuse to give up the habit.
ⓐ innocent ⓑ unwholesome ⓒ addictive ⓓ lasting

2. During the winter, while the village was empty, several American families and <u>itinerant</u> lead miners had occupied the village and begun planting.
ⓐ nonlinear ⓑ unparalyzed ⓒ nonvacated ⓓ unsettled

3. A recent study concluded that <u>unstable</u> weather patterns may cause migraine headaches.
ⓐ unforeseen ⓑ variable ⓒ violent ⓓ unusual

4. These toys are <u>unsuitable</u> for children under three.
ⓐ venomous ⓑ ulterior ⓒ inappropriate ⓓ tranquil

5. Mr. Simms' remarks at the meeting were, in my opinion, <u>unseemly</u>.
ⓐ improper ⓑ long ⓒ detailed ⓓ boring

정답 **1.** b **2.** d **3.** b **4.** c **5.** a

under-

▶ **아래** Anglo-Saxon 계통의 접두어로서 **'아래(below)'**의 의미를 지닌다.

의미 변화

① 아래(below)

> **underéstimate** : under(below) + estimate(평가하다) → (실제보다) 낮게 평가하다 → 과소평가(하다)
/ úunderlying 근본적인 / undermíne 밑을 파다; 훼손시키다 / undernutrítion 영양 부족

---

underestimate

[ʌndəréstɪmeit]
★☆☆☆☆
01

under(below) + estimate 평가하다 → '(실제보다) **낮게 평가하다**'에서 유래

v **낮게[과소] 평가하다** / estimate too low value for; depreciate

- **underestimate** the cost of materials 원료의 가격을 낮게 평가하다

n **underéstimation** 과소평가 　 반 **overéstimate** 과대평가(하다)

어근관련 esteem [istíːm] 존경[존중](하다) 　 estimable [éstəməbl] 존경할만한

---

underhand

[ʌ́ndərhæ̀nd]
☆☆☆☆☆
02

under(below) + hand 손 → **'손을 아래로 한'**에서 유래

a **ad** 1 **비밀의[로], 음흉한[하게]** / not open or honest; secret
2 **밑으로 던지는[던져]** / done with the hand below the shoulder; underarm

- acquire the money in a most **underhand** manner 가장 비밀스런 방법으로 돈을 얻다
- an **underhand** pitch (어깨 아래에서 위로) 던지는 투구

a **únderhanded** 비밀리의; 일손이 부족한
cf **óverhand** (어깨 위에서 아래로) 내리 던지는, 내리치는

어근관련 handy [hǽndi] 편리한; 가까이에 있는 　 handicap [hǽndikæ̀p] 불리한 조건

---

underlying

[ʌndərlaiiŋ]
★☆☆☆☆
03

under(below) + lying 누워 있는 → **'아래에 누워 있는'**에서 유래

a **기초[근본]적인** / forming the basis or foundation of; basic

- The **underlying** message of the report was quite optimistic.
그 보고서의 근본적인 메시지는 상당히 낙관적이었다.

vt **underlíe** ~의 밑[근저]에 있다, ~에 우선하다

어근관련 lie [lai] 눕다; (~의 상태에) 있다 　 lay [lei] 두다, 놓다

---

undermine

[ʌndərmáɪn]
★★★☆☆
04

under(below) + mine 파다 → **'~의 아래를 파다'**에서 유래

vt 1 (~의) **밑을 파다,** (~의) **토대를 침식하다** / wear away the foundation of
2 (명성 따위를) **훼손[손상]시키다** / weaken or destroy by unfair means; slander

- The wave had **undermined** the cliff. 파도가 절벽의 토대를 침식시켰다.
- **undermine** the chairman's influence by spreading lies about him
그에 대한 거짓말을 퍼뜨림으로써 회장의 영향력을 약화시키다

어근관련 metal [métl] 금속(을 입히다) 　 mineral [mínərəl] 광물(의), 무기물 　 뉘앙스 p.523

---

undertake

[ʌndərtéik]
★★☆☆☆
05

under(below) + take 떠맡다 → '(일 · 책임 따위를) **떠맡다**'에서 유래

vt 1 **떠맡다,** (~의) **책임을 지다** / agree to do; take on
2 **약속[보증]하다** / promise; guarantee
3 **시작[착수]하다** / set about to accomplish; begin

- **undertake** responsibility for the failure 실패에 대한 책임을 지다
- **undertake** to pay the money back within six months 6개월 안에 돈을 갚기로 약속하다
- **undertake** a journey[an enterprise] 여행[사업]을 시작하다

n **undertáking** 사업; 인수; 약속 　 **n** **undertáker** 기업가; 장의사(mortician)

어근관련 intake [ínteik] 흡입구; 흡입[섭취]량 　 retake [riːtéik] 되찾다, 탈환(회복)하다

동의어 ↔ 반의어

01	**underestimate**	=	depreciate / underrate / undervalue / devaluate ↔ overestimate
02	**underhand**	=	arcane / covert / cryptic / furtive / stealthy / sealed / surreptitious ↔ overt
03	**underlying**	=	basic / fundamental / essential / elemental / foundational
04	**undermine**	=	slander / libel / defame / malign / debilitate ↔ reinforce ○ 동의어 보감
05	**undertake**	=	begin / start / commence / set about / put one's hand to

동의어 보감

약하게 하다 04

필수	attenuate 가늘어지게 하다 / enfeeble 약하게 하다 / unnerve 무기력하게 하다 / dilute 묽게 하다, 약하게 하다 / sap 서서히 약화시키다 / weaken 약하게 하다 / enervate 무기력하게 하다 / undermine 손상하다, 훼손하다
고급	castrate 거세하다; 약화시키다 / debilitate 쇠약[허약]하게 하다 / devitalize 활력을 빼앗다, 약화시키다 / effeminate 여자 같은; 나약하게 하다 / emaciate 여위게 하다 / emasculate 거세하다, 약하게 하다
숙어	run down / water down 물을 타다, 희석하다

뉘앙스

약하게 하다 04

wéaken	**약하게 하다** ≪가장 일반적인 말≫	• **weakened** eyesight 약해진 시력
debílitate	(병 · 방탕 따위가 일시적으로) **약하게 하다**	• Overindulgence **debilitated** his physical stamina. 방탕한 생활이 그의 체력을 약화시켰다.
énervate	(날씨 · 병 · 방탕 따위가 원기를) **약하게 하다**	• an **enervating** climate 무기력하게 만드는 기후
enféeble	(고령 · 병 따위가) **쇠약하게 하다**	• She was **enfeebled** by her long illness. 그녀는 오랜 병으로 약해졌다.
undermíne	(서서히 손상하여) **약하게 하다**	• Smoking **undermines** your health. 흡연은 당신의 건강을 해칩니다.

cf. **emásculate** (남성적인 활력을) **약하게 만들다**

Check-up Test

1. The children's uncooperative behaviors considerably ______ their teacher's efforts to teach new subjects.
ⓐ undermined ⓑ revealed ⓒ underestimated ⓓ undertook

2. The Bush team clearly <u>underestimated</u> the extent of Americans' discontent with the country which was being run.
ⓐ depreciated ⓑ venerated ⓒ unraveled ⓓ recompensed

3. The <u>underhand</u> way in which they planned the undertaking shows that they were aware of its illegal character.
ⓐ vague ⓑ tranquil ⓒ significant ⓓ surreptitious

4. One of the <u>underlying</u> causes of the present recession is the burden of debt that companies accumulated in the 1980's.
ⓐ concentrated ⓑ current ⓒ vacuous ⓓ fundamental

5. The army's morale has been <u>undermined</u> by the successive defeats.
ⓐ unearned ⓑ debilitated ⓒ suffused ⓓ subverted

정답 **1.** a **2.** a **3.** d **4.** d **5.** b

up-

▶ **위** Anglo-Saxon 계통의 접두어로서 '**위(up)**'의 의미를 지닌다.

의미 변화

① 위(up)

> **uplift**: up(up) + lift(올리다) → 올리다; 고취시키다 / uphéaval 대격변 / úprising 반란 / úpland 고지(의)

---

upbraid
[ʌpbréid]
★☆☆☆☆
01

up (up) + braid 머리를 땋다 → '머리카락이 위로 바짝 서게 하다'에서 유래

vt (신랄하게) **비난하다, 야단치다** / rebuke severely or bitterly; blame

- **upbraid** a person for his errors 잘못에 대해 남을 심하게 야단치다

n a **upbráiding** 비난(하는) 뉘앙스 p.447

어근관련 braid [breid] 꼰 끈; (끈을) 꼬다 embroider [imbrɔ́idər] 수 놓다, 자수 놓다

---

upgrade
[ʌ́pgreid]
★☆☆☆☆
02

up (up) + grade 등급 → '등급을 위로 끌어 올리다'에서 유래

vt 1 (직원 등을) **승진시키다** / raise to a higher position; promote
2 (제품의) **질을 높이다, 향상시키다** / improve in quality or effectiveness; enhance

- He's hoping to be **upgraded**. 그는 승진될 희망에 부풀어 있다.
- **upgrade** a computer by adding expansion chip 확장칩을 추가함으로써 컴퓨터의 성능을 향상시키다

어근관련 gradual [grǽdʒuəl] 점진적인 gradient [gréidiənt] 경사도; 경사진

---

upheaval
[ʌphíːvl]
★☆☆☆☆
03

up (up) + heav<heb (seize) → '갑자기 위로 확 들어올림'에서 유래

n (사회의) **대격변, 대혼란** / a sudden or violent agitation; turmoil

- post-war political and social **upheaval** 전후 정치 · 사회적 대격변

v **upheáve** 들어 올리다(lift)

어근관련 heavy [hévi] 무거운; 대량의; 힘든; 소화가 잘 안되는

---

uplift
[ʌplíft]
☆☆☆☆☆
04

up (up) + lift 올리다 → '위로 올리다'에서 유래

vt 1 **올리다, 높이다** / lift or move up; raise
2 (사기를) **고양[고취]시키다** / exalt emotionally or spiritually; encourage

- Let your voices be **uplifted** in song. 노래 부를 때 너의 목소리를 높여라.
- **uplift** the mind and soul by prayer 기도로 마음과 영혼을 고취시키다

어근관련 loft [lɔːft] 다락(에 저장하다) lofty [lɔ́ːfti] 높은; 고상한

---

uppermost
[ʌ́pərmoust]
☆☆☆☆☆
05

up의 최상급 → '가장 위에 있는'에서 유래

a ad **최고[최상]의[으로]** / in the highest position; topmost

- the **uppermost** reaches of the Amazon 아마존의 최상류 지역

반 **lówermost** 최저[최하]의

---

uprising
[ʌ́praiziŋ]
☆☆☆☆☆
06

up (up) + rise 일어나다 → '(분노에 차) 위로 들고 일어남'에서 유래

n **반란, 폭동** / the act of rebelling; revolt

- a popular **uprising** against tyranny 폭정에 반대하는 민중의 반란

vi n **upríse** 떠오르다, 일어나다; 상승, 오름

어근관련 arise [əráiz] 일어나다, 나타나다 뉘앙스 p.525

---

uproar
[ʌ́prɔː(r)]
★☆☆☆☆
07

up (up) + roar 고함소리 → '사람들이 마구 고함을 지르는 모습'에서 유래

n **소란, 소동** / a noisy disturbance; tumult

- The whole place was in an **uproar**. 그 곳은 소란에 휩싸여 있었다.

어근관련 roar [rɔːr] 고함치다; 크게 웃다; 울부짖음; 고함

uproot
[ʌprúːt]
☆☆☆☆☆
08

up (up) + root 뿌리 → '뿌리를 위로 뽑아버리다'에서 유래

vt 1 (나무를) **뿌리째 뽑다,** (악습을) **근절하다** / pull up by the root; eradicate
2 (정든 집 · 가족을) **떠나다, 몰아내다** / remove from one's home or family; displace

- The storm **uprooted** many trees. 폭풍이 많은 나무들을 뿌리째 뽑아버렸다.
- To look for the new job, she had to **uproot** her family.
  새로운 직업을 찾기 위해 그녀는 가족을 떠나야 했다.

어근관련 radical [rǽdikəl] 근본적인; 급진적인; 과격론자

동의어 / 반의어

01	**upbraid**	=	blame / scold / reproach / reprove / censure / call down / tell off
02	**upgrade**	=	promote / raise / elevate / boost / jack up ↔ downgrade
03	**upheaval**	=	turmoil / tumult / cataclysm / convulsion / imbroglio / maelstrom / ferment
04	**uplift**	=	raise / heave / elevate / enhance / take up
05	**uppermost**	=	topmost / loftiest / supreme / superb / superlative / topnotch ↔ lowermost
06	**uprising**	=	revolt / rebellion / mutiny / insurrection ◎ 동의어 보감
07	**uproar**	=	commotion / turmoil / chaos / pandemonium / shambles / jumble / muddle
08	**uproot**	=	eradicate / exterminate / extirpate / annihilate / root out

동의어 보감

반란 · 폭동 06

필수	insurrection 반란 / revolt (소규모) 반란 / uprising 반란 / mutiny (배, 군대에서의) 반란 / revolution 반란 / rebellion 반란 / riot 반란
고급	coup 쿠데타 / insurgency 반란
참고	treason 반역 / junta 군사정권

뉘앙스

반란 · 폭동 06

rebéllion	(조직적으로 무장했지만 보통은 실패로 끝난) **반란**	• a **rebellion** against a dictator 독재자에 대한 반란
revólt	(충성을 버리고 현 지배를 거부하는) **반란**	• rise in **revolt** 반란을 일으키다
insurréction	(정권 탈취를 노리는 국지적인) **반란, 폭동**	• a widespread armed **insurrection** 광범위한 무장 폭동
mútiny	(특히 배 · 군대 내에서의) **반란, 하극상**	• a **mutiny** against the officers 장교들에 맞선 하극상
úprising	(조직적인 반란의 전조로서 소규모의) **반란, 봉기**	• an abortive **uprising** 실패로 끝난 반란

cf. **riot** (작은) **폭동, 소동** **revolútion** (대규모의) **반란, 혁명** **coup (d'état)** (군대에 의한) **무력정변, 쿠데타**

Check-up Test

1. There was pandemonium when the company announced it was cutting wages.
ⓐ gloom ⓑ luxury ⓒ a wild uproar ⓓ a diseased state

2. Urban renewal programs strive to upgrade areas that are becoming slums.
ⓐ reproach ⓑ improve ⓒ fortify ⓓ uproot

3. A third world war will meet such a global upheaval as mankind has never known.
ⓐ commotion ⓑ thrall ⓒ tantrum ⓓ upsurge

4. Listening to the sermon should uplift your thought.
ⓐ transmit ⓑ enhance ⓒ degrade ⓓ exonerate

5. At last, we arrived at the uppermost peak of the mountain.
ⓐ zealot ⓑ vertigo ⓒ topmost ⓓ bottom

정답 **1.** c **2.** b **3.** a **4.** b **5.** c

821 **truce** [tru:s] ★★☆☆☆

truce<trewe (covenant 약속, 계약) → '전쟁을 잠시 멈추거나 끝내자는 약속' 에서 유래

n **휴전(협정), 정전** / the act of stopping fighting; armistice, cease-fire; (고통의) **중지, 경감** / cessation v **휴전하다**

- The hot weather gave the old man a **truce** from rheumatism.
  더운 날씨는 노인에게 류마티즘의 고통을 없애주었다.

---

822 **truculent** [trʌ́kjulənt] ★★☆☆☆

truculent<truculentus (fierce 포악한)

a **호전적인, 잔혹한** / tending to argue or be bad-tempered; fierce

- fall into a **truculent** mood 살기를 띠다

n **trúculence** 흉포, 야만; 호전성

---

823 **tumble** [tʌ́mbl] ★☆☆☆☆

tumble<tummelen (turn 춤추다) → '춤을 추다가 넘어지다' 에서 유래

v **넘어지다** / fall down; <to> **~을 깨닫다**

- **tumble** down the stairs 계단에서 굴러 떨어지다

---

824 **turbid** [tə́:rbid] ★☆☆☆☆

turb (stir up 휘젓다) → '더러운 것을 넣고 휘저어 탁한' 에서 유래

a **탁한** / not clear; muddy

- the **turbid** waters of the river 그 강의 탁한 물

n **turbídity** 탁도; 흐림, 혼란

---

825 **turbulent** [tə́:rbjulənt] ★★☆☆☆

turb (stir up 휘젓다) → '국민들이 동요하는' 에서 유래

a (풍파 · 사회 등이) **동요하는** / disorderly; uncontrolled

- a **turbulent** mob 폭도

n **túrbulence** 격동; 난류

---

826 **turgid** [tə́:rdʒid] ★☆☆☆☆

turg (swell 부풀다)

a **부풀은** / swollen; bloated; **과장된** / pompous; grandiloquent

- the **turgid** and pedantic harangue 과장되고 현학적인 연설

n **turgídity** 팽창; 과장

---

827 **turmoil** [tə́:rmɔil] ★★★★☆

tur<turb (agitate 뒤흔들다) → '마음을 뒤흔들게 만드는 혼란' 에서 유래

n **소동, 혼란** / a condition of agitation; commotion; tumult

- Six robberies put our village in **turmoil**.
  여섯 명의 강도는 우리 마을을 혼란에 빠뜨렸다.

---

828 **tutelage** [tjú:təlidʒ] ★☆☆☆☆

tut (protect 보호하다) → '(아동을) 보호하거나 후견하는 것'에서 유래

n **지도, 후견(後見)** / the teaching and instruction; guardianship

- grow up under the **tutelage** of one's aunt 이모의 후견아래 성장하다

---

829 **typify** [típəfài] ★★☆☆☆

type (form 형상, 전형) → '형상을 만들다' 에서 유래

v **표본[전형]이 되다, 특징을 나타내다** / be a symbol of; epitomize; **예시하다, 상징하다** / have the common characteristics of; exemplify

- The Statue of Liberty **typifies** the American tradition of freedom.
  자유의 여신상은 자유에 관한 미국전통을 상징한다.

n **type** 전형 a **týpical** 대표적인, 전형적인 ad **týpically** 대체로, 전형적으로

---

830 **tyranny** [tírəni] ★★★☆☆

tyrannus (master 주인) → '자신이 주인이라는 태도' 에서 유래

n **독재[전제] 정치** / unfair or cruel use of power or authority; despotism

- groan under **tyranny** 압제에 시달리다

v **týrannize** 압제하다, 학정을 펴다 n **týrant** 폭군
a **tyránnical** 압제적인, 전제 군주적인

---

831 **tyro** [táiərou] ★☆☆☆☆

tyro<tiro (beginner 초보자)

n <pl.> **초심자** / beginner; novice

- produce a marvelous result as a mere **tyro** 단순한 초보자로서 경이적인 결과를 내다

---

832 **ubiquitous** [ju:bíkwətəs] ★★★☆☆

ubiqui (anywhere 어디든지) → '어느 곳에서나 볼 수 있는' 에서 유래

a (동시에) **도처에 존재하는** / seeming to be everywhere; omnipresent

- the **ubiquitous** mosquito 도처에 존재하는 모기

833 **ulterior**
[ʌltíəriər]
☆☆☆☆☆

ulter(beyond 저편의) → '저편 넘어 숨겨진, 이면의'에서 유래

a **(의도 · 동기 등이) 이면의** / intentionally kept concealed; hidden
- have an **ulterior** motive 이면의 동기가 있다

---

834 **ultimate**
[ʌ́ltəmət]
★☆☆☆☆

ultim(end 끝)

a **최종의** / final; terminal **; 근본적인** / basic; fundamental
- **ultimate** goal[principles] 최종 목적[근본 원리]

n **ultimátum** 최후통첩; 근본 원리

---

835 **umbrage**
[ʌ́mbridʒ]
☆☆☆☆☆

umbra(shadow 그림자) → '마음에 그림자가 드리워짐'에서 유래

n **분개** / anger; resentment
- take **umbrage** at a person's remarks 남의 말에 분개하다

a **umbrágeous** 성 잘 내는; 그늘진

---

836 **undulate**
[ʌ́ndʒuleit]
☆☆☆☆☆

und(wave 물결치다)

v **물결[파동]치다** / move with a wavelike motion; fluctuate
- The waters **undulated** in the breeze. 그 호수는 산들바람에 물결이 일었다.

---

837 **urbane**
[əːrbéin]
★★☆☆☆

urb(city 도시) → '도시 풍의'에서 유래

a **우아한** / behaving in a relaxed and confident way; elegant
- her **urbane** charm 그녀의 우아한 매력

n **urbánity** 우아, 세련

---

838 **usher**
[ʌ́ʃər]
★★★☆☆

usher<usser(door keeper 문지기) → '문을 지키고 집안으로 안내하는 사람 또는 안내하다'에서 유래

v **안내하다**
n **안내인** / a person who shows people where to sit in a church, public hall; guide
- **usher** the callers into the living room 응접실로 방문자들을 안내하다

---

839 **uxorious**
[ʌksɔ́ːriəs]
☆☆☆☆☆

uxor(wife 아내) → '아내를 너무 위하는'에서 유래

a **아내를 너무 사랑하는** / excessively devoted to one's wife
- an **uxorious** husband 아내를 너무 사랑하는 남편

---

840 **vacillate**
[vǽsəleit]
★★☆☆☆

vacil(sway 흔들리다)

vi **동요하다, 흔들리다** / continue to change your opinion; fluctuate; oscillate
- **vacillate** between two opinions 두 의견 사이에서 흔들리다

★ 중요빈출

Check-up Test

1. And as this <u>turbulent</u> summer for the market draws to a close, it will be interesting to see on an almost real-time basis what insiders are doing.
ⓐ initial ⓑ prosperous ⓒ wild ⓓ lackluster

2. The <u>turmoil</u> in the city following the earthquake brought out all the fire-fighters and police.
ⓐ terror ⓑ liberation ⓒ commotion ⓓ emergency

3. The manufactured products and ready-made experiences with which Americans surrounded themselves were part of a modern era <u>epitomized</u> by TV screens, slick magazines and fast food.
ⓐ gloried ⓑ supervised ⓒ systemized ⓓ typified

4. This sort of phenomenon is <u>ubiquitous</u> in principles of morphology.
ⓐ exceptional ⓑ heuristic ⓒ pervasive ⓓ typical

5. The ______ gentleman graciously accepted the honor bestowed upon him.
ⓐ decant ⓑ filch ⓒ urbane ⓓ osculating

정답 **1.** c **2.** c **3.** d **4.** c **5.** c

※ 복합어(compound words)는 숙어들이 한 단어로 결합된 형태가 많기 때문에 중요 빈출 숙어 파트를 모두 학습하고 나서 보는 것이 좋습니다.

~ + off 형 복합어

- **brush-off** / (매정한) 거절, 해고 rejection
- **cut-off line** / 커트라인
- **dropoff** / 감소, 하락 decline; 렌터카를 이용 후 현장에서 인계하는
- **faceoff** / 대결 contest, confrontation
- **goof-off** / 게으름뱅이 lazybones
- **kickoff** / 시작, 개시 beginning
- **kissoff** / 해고, 파면 dismissal
- **pay-off** / 봉급 지급; 이익, 보수 reward ; 보복 revenge ; 결정적인
- **playoff** / 우승 결정전 시리즈 showdown
- **ripoff** / 강탈, 사기(꾼), 갈취, 바가지 overcharge
- **run-off** / (동점자의) 결승전
- **show-off** / 과시, 자랑; 과시적인 사람
- **takeoff** / 이륙 departure ; 흉내; 제거
- **tipoff** / 비밀정보, 조언 advice
- **tradeoff** / 거래, 교환협정 swap, exchange
- **sendingoff** / (반칙을 한 선수에 대한) 퇴장 leaving
- **sendoff** / 전송, 송별 farewell
- **selloff** / (대량) 매각 disposal
- **signoff** / 방송 종료 end, wrap-up
- **spinoff** / 계열사 branch ; 파생효과, 부산물 by-product
- **writeoff** / 삭제, 탕감; 결손처분, 미수계정

by 결합 복합어

- **by-and-by** / (the ~) 미래, 장래
- **by-blow** / 우연한 일격; 사생아 bastard
- **by-corner** / 외진 곳 out-of-the-way place
- **by-effect** / 부수적 효과, 예상 밖의 효과
- **by-election** / 보궐선거 special election
- **by-end** / 2차적 목적; 이기적인 동기, 사심
- **bygone** / 과거의 past
- **by-job** / 부업 by-work
- **by-pass** / 우회로 circuitous way by road ; 우회하다 detour
- **by-liner** / (신문 · 잡지의) 집필자 이름을 밝힌 기사
- **by-product** / 부산물 outgrowth, offshoot
- **by-law** / 조례, 내규 regulations
- **by-stander** / 구경꾼 on-looker
- **by-talk** / 여담, 잡담 idle talk
- **by-time** / 여가 spare time
- **byword** / 속담; 전형, 본보기 model ; 별명 nickname
- **byway** / 샛길 shortcut ; 별로 알려지지 않은 분야
- **close-by** / 바로 옆의, 인접한 nearby
- **fly-by-night** / 불안정한, 눈앞의 이익만 노리는
- **passer-by** / 행인 walker, stroller
- **sell-by date** / 유통기한 expiration date

PART 1

필수★어휘 ②

ESSENTIAL WORDS

기타 접두어

OTHER PREFIXES

우선순위로 보는 PREview

Date : /

MD43

LECTURE 43

★★★★★	26.	**catastrophe**	큰 재해	□ □ □
★★★★☆	01.	**ambiguous**	불확실한	□ □ □
	02.	**anachronism**	시대착오	□ □ □
★★★☆☆	03.	**analogy**	유사함; 비교	□ □ □
	05.	**antecedent**	이전의; 선례	□ □ □
	07.	**anticipate**	예상하다; 앞지르다	□ □ □
	12.	**archaic**	고풍의	□ □ □
	17.	**autonomy**	자치권	□ □ □
	19.	**biennial**	2년마다의	□ □ □
	31.	**diagnosis**	진단	□ □ □
★★☆☆☆	08.	**antique**	고풍스러운; 골동품	□ □ □
★☆☆☆☆	04.	**anathema**	저주	□ □ □
	11.	**archaeology**	고고학	□ □ □
	13.	**archive**	공문서	□ □ □
	14.	**autobiography**	자서전	□ □ □
	15.	**autocracy**	전제 정치	□ □ □
	16.	**autograph**	자필 서명	□ □ □
	18.	**autopsy**	부검	□ □ □
	20.	**bilateral**	상호간의	□ □ □
	22.	**bygone**	지나간; 과거사	□ □ □
	23.	**by-pass**	우회로; 우회하다	□ □ □
	27.	**catholic**	전반적인; 가톨릭 교도	□ □ □
	28.	**dilemma**	진퇴양난	□ □ □
	29.	**duel**	결투	□ □ □
	30.	**duplicate**	복사; 복사하다	□ □ □
	33.	**dialect**	방언	□ □ □
☆☆☆☆☆	06.	**anterior**	앞의	□ □ □
	09.	**apostle**	사도; 주창자	□ □ □
	10.	**apotheosis**	신격화; 전형	□ □ □
	21.	**binary**	둘로 이루어진	□ □ □
	24.	**by-product**	부산물	□ □ □
	25.	**bystander**	방관자	□ □ □
	32.	**diagonal**	대각선	□ □ □
	34.	**dialectic**	변증법	□ □ □

ambi-

▸ 접두어 ambi-는 Latin 계통의 접두어로서 '양 · 둘(both)'의 의미를 지닌다.

ambiguous [æmbígjuəs] ★★★★☆ 01

ambi (both) + g<ag (drive) → '두 가지 의미를 함께 밀어부치는'에서 유래

a **불확실한, 모호한** / having more than one possible meaning; equivocal
- an **ambiguous** reply[attitude] 모호한 대답[태도]

n **ambigúity** 모호함

ana-

▸ 접두어 ana-는 Greek 계통의 접두어로서 '위(up) 또는 뒤(back)'의 의미를 지닌다.

anachronism [ənǽkrənizm] ★★★★☆ 02

ana (back) + chron (time) → '시간상으로 뒤져 있는 것'에서 유래

n **시대착오**
/ a thing that is or appears to be in the wrong period of time
- The sword is an **anachronism** in modern warfare. 칼은 현대의 전쟁에서 시대착오이다.

a **anachronístic** 시대착오의

---

analogy [ənǽlədʒi] ★★★☆☆ 03

ana (up) + log (speech) → '두 개를 비슷하게 말함'에서 유래

n 1 **유사함** / a likeness in some ways between things; similarity
2 **비교, 비유** / the act of comparing one thing with another thing
- the **analogy** between the eye and the camera 눈과 카메라의 유사함
- explain the movement of light by **analogy** with that of water 물의 흐름과 비교하여 빛의 움직임을 설명하다

a **análogous** 유사한 **n** **a** **ánalogue** 유사물; 아날로그식인 뉘앙스 p.53

---

anathema [ənǽθəmə] ★☆☆☆☆ 04

ana (up) + tithenai (set) → '제물을 올려 놓으며 하는 말'에서 유래

n **저주, 혐오(스러운 것)** / a curse or imprecation; malediction
- pronounce an **anathema** against a person 남을 공공연히 저주하다

v **anáthematize** 저주하다(execrate)

ante-

▸ 접두어 ante-는 Latin 계통의 접두어로서 '앞 · 전(before)'의 의미를 지닌다.

antecedent [æntəsí:dnt] ★★★☆☆ 05

ante (before) + ced (go) → '먼저 간'에서 유래

a **앞서는, 이전의** / coming or happening before; previous
- a period of history **antecedent** to written records 기록되기 이전의 역사 시대

n **선례, 선행자** / a previous person thing or event; precedent
- an **antecedent** to this one 이번 일에 앞선 사건

vt **antecéde** (시간 · 공간적으로) ~에 선행하다 **n** **antecédence, -cy** 선행, 우선

---

anterior [æntíəriər] ☆☆☆☆☆ 06

ante (before) + rior 비교급 접미어 → '~보다 이전의'에서 유래

a (시간적으로) **앞의, 이전의** / going before; prior
- events **anterior** to the war 전쟁 이전의 사건들

n **anterióríty** (시간적으로) 앞, 이전

---

anticipate [æntísəpèit] ★★★☆☆ 07

anti<ante (before) + cip (take) → '미래의 일을 미리 생각해보다'에서 유래

v 1 **~을 예상[예측]하다** / think likely to happen; expect
2 **~을 앞당기다, 앞지르다** / cause to happen sooner; hasten
- **anticipate** a good time at the party 파티에서의 좋은 시간을 예상하다
- **anticipate** one's dismissal by stealing money 돈을 훔침으로써 자신의 해고를 앞당기다

n **anticipátion** 예상, 예측 **a** **antícipative, -tory** 예상[예측]하는

antique
[æntíːk]
★★☆☆☆
08

anti<ante (before) + que 형용사 형성 접미어 → '이전[옛날]의'에서 유래

a **고풍스러운** / made in an earlier period; ancient
- wear an **antique** gown to the party 파티에서 고풍스러운 가운을 입다

n **골동품** / something belonging to an earlier age; curio
- The palace is full of priceless **antiques**. 그 궁전은 귀중한 골동품들로 가득하다.

n **antíquity** 고풍스러움; 고대(유물)
n **a** **ántiquary** 골동품 수집가; 골동품을 취급하는

뉘앙스 p.535

동의어 / 반의어

01	**ambiguous**	=	hazy / indistinct / blurred / nebulous / noncommittal ↔ definite ● 동의어 보강
02	**anachronism**	=	solecism / faux pas
03	**analogy**	=	likeness / affinity / semblance / similarity ↔ difference
04	**anathema**	=	curse / imprecation / malediction / censure ↔ eulogy
05	**antecedent**	=	previous / preceding / earlier / former / prior ↔ subsequent
06	**anterior**	=	earlier / former / previous / precedent / prior ↔ posterior
07	**anticipate**	=	expect / forecast / foresee / await / look forward to
08	**antique**	=	ancient / old-fashioned / archaic / out-of-date ↔ current

동의어 보강

애매한 01	필수	ambiguous 애매한 / blurred 흐릿해진, 모호한 / cloudy 애매한 / dim 어두침침한, 흐릿한 / dubious 의심스러운, 모호한 / equivocal (의도적으로) 모호한 애매한 / hazy 흐릿한 / indefinite 정해지지 않은, 애매한 / indistinct 또렷하지 않은, 희미한 / obscure 애매한; 비운의; 무명의 / vague 막연한
	고급	ambivalent 양면가치의, 애매한 / amphibolous 두 가지로 해석되는, 모호한 / nebulous 모호한 / noncommittal (태도가) 애매한
↔ 정확한	필수	accurate 정확한 / correct 정확한 / definite 확실한; 분명한, 뚜렷한 / exact 정확한 / precise 정확한
	숙어	on the button 정확히 / hit the nail on the head 정확히 맞는 말을 하다 / on the dot 정각에
얼버무리다	필수	equivocate 얼버무리다 / evade 회피하다, 얼버무리다 / quibble 얼버무리다 / shuffle 섞다; 속이다, 얼버무리다
	고급	palter 얼버무리다; 흥정하다 / prevaricate 발뺌하다, 거짓말하다
	숙어	gloss over

뉘앙스

애매한 01	**obscúre**	(이해가 안되며) **애매한** ≪가장 일반적인 말≫	• the **obscure** letters of the sign 표지판의 애매한 글씨
	vague	(표현이 불명확하고) **막연한**	• the vague **description** of the accident 그 사고에 대한 막연한 묘사
	ambíguous	(두 가지 이상으로 해석이 가능하여) **애매한**	• an **ambiguous** phrase 두 가지 다른 해석이 가능한 어구
	equívocal	(고의로) **애매하게 한**	• give an equivocal answer 애매모호한 대답을 하다

apo-

▸ 접두어 **apo-**는 Greek 계통의 접두어로서 **'분리·이탈(off)'**의 의미를 지닌다.

apostle
[əpásl]
☆☆☆☆☆
09

apo (off) +
stl<send →
'복음을 멀리 보내는 사람'
에서 유래

n 1 <A-> **그리스도의 12제자, 사도**
/ anyone of the twelve disciples chosen by Christ

2 (새로운 사상의) **주창자** / a leader of a new political or other belief; advocate

- the **Apostles** of Jesus Christ 예수 그리스도의 12제자
- the **apostle** of non-violent doctrine 비폭력주의의 주창자

a **apostólic** 사도의 **n** **apóstleship** 사도의 직[임무]

---

apotheosis
[əpɑθióusis]
☆☆☆☆☆
10

apo (away) +
theos (god) →
'속세로부터 떨어뜨려 신의 경지로 여김'에서 유래

n 1 (사람 · 사물의) **신격화, 신성시**
/ the raising of a human being to the rank of a god; deification

2 **이상형, 전형** / the ideal example; quintessence

- the **apotheosis** of the emperor 황제의 신격화
- the very **apotheosis** of a lady 숙녀의 바로 그 이상형

vt **apótheosize** 신격화하다

arch-

▸ 접두어 **arch-**는 Greek 계통의 접두어로서 **'주요한(chief) 또는 고대의(ancient)'**의 의미를 지닌다.

archaeology
[ɑːrkiálədʒi]
★☆☆☆☆
11

archaeo<arch (ancient) +
logy (study) →
'예전 것을 연구하는 것'
에서 유래

n **고고학** / the scientific study of the people, customs, and life of ancient times

- **Archaeology** is the study of the buried remains of ancient times.
  고고학은 고대의 매장된 유물에 대한 연구이다.

a **archaeológical** 고고학적인

---

archaic
[aːrkéiik]
★★★☆☆
12

arch (ancient) +
aic 형용사형 접미사 →
'고대의'에서 유래

a **고대의, 고풍의** / belonging to the past; ancient

- an **archaic** word 고어

n **árchaism** 고문체, 고어 뉘앙스 p.535

---

archive
[áːrkaiv]
★☆☆☆☆
13

arch (ancient) +
ive 명사형 접미사 →
'과거의 것'에서 유래

n **공문서 (보관소)** / (a place for storing) public or historical documents

- an interesting old newsreel from the KBS **archives**
  KBS 공문서 보관소의 흥미로운 옛날 뉴스 영화

n **árchivist** 공문서 담당자 **a** **archíval** 공문서의

auto-

▸ 접두어 **auto-**는 Anglo-Saxon 계통의 접두어로서 **'자신의, 스스로(self)'**의 의미를 지닌다.

autobiography
[ɔːtəbaiágrəfi]
★☆☆☆☆
14

auto (self) + bio (life) +
graph (write) →
'자신의 삶을 쓴 것'에서 유래

n **자서전**
/ the story of a person's life written by himself; memoir

- the **autobiography** by Benjamin Franklin 벤자민 플랭클린의 자서전

a **autobiógraphic(al)** 자서전(체)의

---

autocracy
[ɔːtákrəsi]
★☆☆☆☆
15

auto (self) +
cracy (govern) →
'모든 것을 자기 혼자서 통치하는 것'에서 유래

n **전제 정치, 독재 정부**
/ government by a single person having unrestricted power; tyranny

- The opposite of democracy is **autocracy**. 민주 정치의 반대는 전제 정치이다.

n **áutocrat** 전제 군주, 독재자(tyrant; despot) **a** **autocrátic** 전제의, 독재의

autograph
[ɔ́:təgræf]
★☆☆☆☆
16

auto (self) + graph (write) → '자신이 직접 쓴 것'에서 유래

n **자필 서명, 사인** / person's own hand writing, esp. his signature; signature
- **autograph** seekers 사인을 해 달라고 조르는 사람들

vt (자필) **서명(사인)하다** / write one's name or signature on; sign
- The author **autographed** my book. 그 작가가 나의 책에 사인해 주었다.

---

autonomy
[ɔ:tánəmi]
★★★☆☆
17

auto (self) + nom (rule) → '스스로 통치함'에서 유래

n **자치권** / the right of self-government; independence
- Algeria achieved **autonomy** from France in 1962.
  알제리는 1962년에 프랑스로부터 자치권을 얻어냈다.

a **autónomous** 자치의(sovereign)

---

autopsy
[ɔ́:tɑpsi]
★☆☆☆☆
18

auto (self) + op (eye) → '자기 자신이 직접 보는 것'에서 유래

n (시체의 사인 규명을 위한) **부검, 시체 해부**
/ a medical examination of a dead body to find the cause of death; postmortem
- the **autopsy** of a murder victim 살해된 자에 대한 시체 부검

동의어 / 반의어

09	**apostle**	=	advocate / pioneer / promoter / exponent / prime mover
10	**apotheosis**	=	epitome / quintessence / ideal / model / avatar / picture / living end
11	**archaeology**	=	archeology
12	**archaic**	=	old-fashioned / antiquated / old / outdated ⊙ 동의어 보감
13	**archive**	=	document / monument / record / papers / parchments
14	**autobiography**	=	biography / confessions / memoir / diary
15	**autocracy**	=	tyranny / despotism / dictatorship / totalitarianism / autarchy
16	**autograph**	=	signature / subscribe
17	**autonomy**	=	independence / self-government / freedomy
18	**autopsy**	=	necropsy / postmortem / examination

동의어 보감

오래된 12

필수	ancient 고대의, 오래된 anachronistic 시대착오적인 antiquated 시대에 뒤진, 케케묵은 antique 고미술의, 고풍스러운	archaic 고풍스러운 moldy 곰팡내 나는, 케케묵은 obsolete 지금 사용 안 되는 old-fashioned 유행에 뒤진, 구식의	outdated 시대에 뒤진 outmoded 시대에 뒤진 prehistoric 선사시대의 primitive 원시의
고급	antediluvian 대홍수 이전의, 태고의 / dated 구식의, 구세대의 / hoary 백발의, 고색창연한 / primeval 태고의 / preliterate 문자시대 이전의 / primordial 원시의 / superannuated 노후화된, 구식의		
숙어	behind the times 시대에 뒤떨어진, 구식의 / out of date 시대에 뒤진		
참고	최신의 / up-to-date / up-to-the-minute / up-to-the-second / newfangled 최신유행의		

뉘앙스

오래된

old	**오래된** ≪일반적인 말≫	• **old** shoes 헌 신발
áncient	**아주 오래된, 고대의**	• **ancient** civilization 고대 문명
ántiquated	(너무 오래되어) **구식인**	• He is **antiquated** in ideas. 그는 생각이 구식이다.
antíque	**오래되어 가치있는**	• **antique** furniture 제작 연도가 오래되어 귀중한 가구
archáic	**더 이상 사용되지 않는, 낡은**	• an **archaic** word 고어
óbsolete	(언어 · 물건 · 유행 등이) **지금은 쓰이지 않는**	• an **obsolete** word 폐어

cf. **óld-fáshioned** **옛날에 유행했던, 구식의** **outmóded** **구식의** ≪미국 영어≫

bi-
▸ 접두어 bi-는 Latin 계통의 접두어로서 '둘(two)'의 의미를 지닌다.

biennial
[baiéniəl]
★★★☆☆
19

bi (two) +
enn<ann (year) →
'2년의'에서 유래

a 1 **2년마다의** / happening every second year
2 **(식물이) 2년 생인** / of a plant living for two years
- a **biennial** election 2년마다 있는 선거
- Daisy is **biennial**. 데이지는 2년생 식물이다.

cf **biánnual** 연 2회의(semiannual)

---

bilateral
[bailǽtərəl]
★☆☆☆☆
20

bi (two) +
later (side) →
'면이 두 개인'에서 유래

a **양쪽의, 상호간의** / affecting both sides equally; reciprocal
- a **bilateral** contract 상호 협정

n **biláteralism** 좌우 대칭

---

binary
[báinəri]
☆☆☆☆☆
21

bi (two) +
ary 형용사형 접미사 →
'둘의'에서 유래

a **둘로 이루어진** / consisting of two parts; twofold
- The **binary** system is used in computers.
2진법은 컴퓨터에 사용된다.

by-
▸ 접두어 by-는 Anglo-Saxon 계통의 접두어로서 '옆(side) 또는 부차적인(secondary)'의 의미를 지닌다.

bygone
[báigɔːn]
★☆☆☆☆
22

by (aside) +
gone 지나간 →
'이미 지나가 버린'
에서 유래

a **과거의, 지나간** / gone by; past
- relics of a **bygone** era 지나간 시대의 유물

n **과거(사)** / something in the past
- Let bygones be **bygones**. 과거(사)는 용서하고 잊어버려라.

---

by-pass
[bái-pæs]
★☆☆☆☆
23

by (side) + pass 길 →
'옆으로 돌아가는 길'
에서 유래

n **우회로** / a road that passes round the side of a town; detour
- take a **by-pass** to avoid the traffic jam
교통 체증을 피하기 위해 우회로로 가다

vt **~를 우회하다** / go around; detour
- The new highway **by-passes** the entire city.
그 새로운 간선 도로는 도시 전체를 우회한다.

---

by-product
[bái-prɑdəkt]
☆☆☆☆☆
24

by (secondary) +
product 산물) →
'부차적인 산물'에서 유래

n **부산물**
/ something of value produced in making the main product; outgrowth
- Kerosene is a **by-product** of petroleum refining.
등유는 석유 정제에서 생기는 부산물이다.

cf **síde effect** (약물 따위의) 부작용 **gréenhouse effect** 온실 효과

---

bystander
[báistændə(r)]
☆☆☆☆☆
25

by (near by) +
stander 서있는 사람 →
'옆에 서 있는 사람'
에서 유래

n **방관자, 구경꾼**
/ a person who stands near but does not take part; onlooker
- the **bystanders** of the accident
그 사고의 구경꾼들

catastrophe
[kətǽstrəfi]
★★★★★
26

cata (down) + stroph (turn) → '(안전하게 서 있던 것이) 아래로 확 뒤바뀜'에서 유래

n **큰 재해, 대변동**
/a sudden and terrible event that causes great misfortune; disaster
- A modern war produces a **catastrophe**. 현대 전쟁은 큰 재해를 낳는다.

a **catástrophic** 재앙적인(disastrous)

뉘앙스 p.537

catholic
[kǽθəlik]
★☆☆☆☆
27

cat<cata (in respect to) + hol (whole) → '전체와 관련된'에서 유래

a **전반[보편]적인** / of interest or use to all persons; general; universal
- a **catholic** feeling[principle] 보편적인 정서[원리]

n **a** **<C-> 가톨릭(의), 가톨릭 교도**
/ (a member) of the Christian church governed by the Pope
- become a **Catholic** 가톨릭 신자가 되다

n **catholícity** 보편성(universality) **n** **Cathólicism** 가톨릭의 교리[신앙]

동의어 / 반의어

19	**biennial**	=	every second year
20	**bilateral**	=	mutual / reciprocal / two-sided
21	**binary**	=	double / dualistic / duplex / bifold / twofold
22	**bygone**	=	past / gone / former / departed / preceding ↔ later
23	**by-pass**	=	detour / circumvolution / byway
24	**by-product**	=	outgrowth / derivative / offshoot / spin-off ↔ staple
25	**bystander**	=	by-sitter / onlooker / spectator / beholder / looker-on
26	**catastrophe**	=	disaster / calamity / misfortune / act of God ⊙ 동의어 보강
27	**catholic**	=	universal / cosmic / cosmopolitan / worldwide ↔ parochial

동의어 보강

사고 · 재난 26

필수	accident 사고 adversity 역경, 고난 calamity 큰 재난, 참사	catastrophe 종말적 재앙; 파국 disaster 재난 mischance 사고	misfortune 사고 mishap 가벼운 사고, 재난 upheaval 격동
고급	cataclysm 대홍수, 격변		
숙어	act of God 천재지변		

뉘앙스

사고 · 재난 26

áccident	(예기치 못한) **사고**	• an automobile **accident** 자동차 사고
advérsity	**역경, 불운**	• companions in **adversity** 역경에 처한 동료
calámity	(특히 넓게 퍼지는 커다란 자연적인) **재난, 재해**	• The drought was a great **calamity**. 가뭄은 대단한 재난이었다.
cátaclysm	(대홍수 · 지진 · 혁명 따위의) **대변동, 대사건**	• The presidential election was a great **cataclysm**. 대통령 선거는 대사건이었다.
catástrophe	(종말적) **대재앙**	• A third world war will be a **catastrophe**. 3차 세계 대전은 인류의 종말적인 재앙이 될 것이다.
disáster	(갑작스럽고 큰 손해를 가져오는) **재난, 재해**	• natural **disaster** 천재지변
mischánce, míshap	(작은) **재난, 불운**	• The collision was a **mishap**. 그 충돌 사고는 불상사였다.
misfórtune	**재난, 불운** ≪일반적인 말≫	• by **misfortune** 불행히도

cf. 재난의 강도가 높은 것에서 낮은 순으로 나열하면
'catastrophe > calamity > disaster > misfortune > mishap > mischance' 이다.

di-, duo-

▸ 접두어 **di-, duo-**는 Greek 계통의 접두어로서 '**둘(two)**'의 의미를 지닌다.

dilemma
[dilémə]
★☆☆☆☆
28

di (two) +
lemma (proposition) →
'두 가지 명제 사이에 있음'
에서 유래

n **딜레마, 진퇴양난**
/a situation which poses two or more difficult choices; predicament

- be in an awkward **dilemma** 진퇴양난이다

a **dilemmátic** 딜레마의, 진퇴양난의

뉘앙스 **p.**539

---

duel
[djú:əl]
★☆☆☆☆
29

du<duo (two) +
el<bell (fight) →
'둘이서 하는 싸움'에서 유래

n (특히 두 사람 간의) **결투**
/formal combat between two persons; fight

- He was killed in a **duel**. 그는 결투를 하다 죽었다.

---

duplicate
[djú:plikət]
★☆☆☆☆
30

du<duo (two) +
plicare (fold) →
'두 개로 접혀진'에서 유래

n a **복사[사본](의)** /(something that is) exactly like another; facsimile

- **duplicate** bridge 똑같은 다리
- a **duplicate** of letter 편지의 사본

v [- keit] **~을 복사[모방]하다** /make an exact copy of; copy

- **duplicate** a key 열쇠를 복사하다

n **duplicátion** 이중; 복사

dia-

▸ 접두어 **dia-**는 Greek 계통의 접두어로서 '**횡단(across) 또는 통해서(through)**'의 의미를 지닌다.

diagnosis
[daiəgnóusis]
★★★☆☆
31

dia (across) + gno (know) →
'전반적으로 상황을 파악하는 것'에서 유래

n **≪의학≫ 진단(법)** / the act of identifying the cause of a disease

- an erroneous **diagnosis** 오진

vt **díagnose** (병, 잘못 따위를) 진단하다

---

diagonal
[daiǽgənl]
☆☆☆☆☆
32

dia (across) + gon (angle) →
'가로질러 각이 있는'
에서 유래

n a **≪수학≫ 대각선(의)**
/ (a straight line)crossing a straight-sided figure from corner to corner; bias

- a **diagonal** plane 대각면

---

dialect
[dáiəlekt]
★☆☆☆☆
33

dia (across) +
lect (choose) →
'한 지방에서 선택한 말'
에서 유래

n **방언, 사투리**
/ a form of speech spoken in a certain district; slang

- the cockney[the London] **dialect** 런던 사투리

a **dialéctal** 방언의 **cf** **dialéctic** 변증법

뉘앙스 **p.**539

---

dialectic
[daiəléktik]
☆☆☆☆☆
34

dia (through) +
lect (choose) →
'여러 분석을 통해 얻어지는 것'에서 유래

n **≪철학≫ 변증법, 논리적 논증**
/ act of discovering by discussion and logical argument; disputation

- materialistic **dialectic** 유물론적 변증법

a **dialéctical** 변증법적인 **n** **dialectícian** 변증가

동의어 / 반의어

28	**dilemma**	=	predicament / deadlock / distress / quandary / hot water (동의어 보감)
29	**duel**	=	fight / shootout / brawl / affray / scuffle
30	**duplicate**	=	copy / imitate / replicate / reproduce
31	**diagnosis**	=	determination / identification / pinpoint / interpretation
32	**diagonal**	=	bevel / bias / slanted / inclined
33	**dialect**	=	phraseology / vernacular / slang / jargon
34	**dialectic**	=	argumentation / debate / disputation / forensic

동의어 보감

궁지 · 곤경 28

필수	bind 속박, 곤경 deadlock 교착상태 dilemma 진퇴양난 distress 고민, 고통, 곤궁 fix 곤경, 궁지	impasse 난국, 궁지 jam 곤란, 궁지 pickle 곤란한 입장, 곤경 plight 곤경, 궁지 predicament 곤경, 궁지	quandary 곤경, 난국 scrape 긁음, 곤경 stalemate 수가 막힘; 궁지 standoff 막힘, 막다름 standstill 정지, 막다름
고급	catch-22 딜레마 / cul-de-sac 막다른 골목 / gridlock 교통정체; 교착상태 / lurch 불리한 입장, 곤경 / (quag)mire 수렁, 진창; 곤경		
숙어	dire strait / hot water		
참고	곤경에 처한 / in a dilemma, on the horns of a dilemma leave ~ in the lurch 곤경에 내버려두다 / off the hook 곤경에서 벗어난		

뉘앙스

궁지 · 곤경 28

predícament	(빠져 나오기 힘든) **궁지, 곤경**	• be in a financial **predicament** 재정적인 곤경에 처해있다
dilémma	(이러지도 저러지도 못하는) **궁지, 진퇴양난**	• be on the horns of a **dilemma** 진퇴양난이다
quándary	(어떻게 해야 할지 곤혹스러워 하는) **궁지, 곤경**	• She was in a **quandary** about whether to go. 그녀는 갈지 말지 곤혹스러웠다.
plight	(매우 고통스럽고 불행한) **곤경**	• the **plight** of jobless people 실업자들의 곤궁한 상태
scrape	(명예를 손상시킬 만한, 스스로 자초한) **곤경**	• get into a **scrape** 곤경에 빠지다

cf. **fix, jam** (빠져 나올 수 없는) **곤경** ≪구어적인 말≫ **píckle** (매우 고통스럽고 불행한) **곤경** ≪구어적인 말≫

뉘앙스

방언 33

díalect	**지역 사투리, 방언**	• in the Cockney **dialect** 런던 사투리로
vernácular	(외국어와 비교하여 격식을 차리지 않는) **자기 나라[지방] 말, 일상어**	• the local **vernacular** 지방 사투리
cant	(특수한 종파와 계층이 사용하는) **암호말, 은어**	• talk in **cant** 은어로 말하다
járgon	(일반 사람은 알아들을 수 없는 특수한 그룹의) **전문 용어**	• medical **jargon** 의학 용어
árgot	(특히 도둑 사회에서 쓰이는) **은어**	• talk in the **argot** of the under world 지하 세계의 은어로 말하다

cf. **slang 속어** **língo 뜻을 알 수 없는 말** ≪익살 · 경멸감을 내포함≫

Check-up Test

01. The fear of smallpox which terrorized the eighteenth century, has no <u>analogy</u> today.
ⓐ occurrence ⓑ remnants ⓒ witness ⓓ parallel

02. The movement toward equality of human rights had some <u>antecedents</u> which helped the cause of aspiring women.
ⓐ element ⓑ procedure ⓒ precedents ⓓ justification

03. The Magna Carta is <u>anterior</u> to the U.S. constitution by more than 500 years.
ⓐ antiquated ⓑ prior ⓒ obsolete ⓓ bothersome

04. This is the third time today Dad has given us an <u>ambiguous</u> reply.
ⓐ angry ⓑ uncertain ⓒ clear ⓓ humorous

05. To predict from the symptoms of the probable source of disease is to ______.
ⓐ diagnose ⓑ devitalize ⓒ prescribe ⓓ proscribe

06. The baseball star wrote his ______ for an admirer who came up to him with a pencil and scoreboard.
ⓐ autograph ⓑ appearance ⓒ postscript ⓓ memoir

07. The abacus is an <u>archaic</u> form of a calculating instrument.
ⓐ advance ⓑ outstanding ⓒ extraordinary ⓓ ancient

08. Within their courtrooms, judges are virtual <u>autocrats</u>.
ⓐ autonomous ⓑ dictators ⓒ dealers ⓓ coaches

09. The purpose of a(n) ______ is to discover the cause of death.
ⓐ autocracy ⓑ autopsy ⓒ autonomy ⓓ automaton

10. Since creative people are self-starters, giving them greater ______ can be a powerful reward.
ⓐ interference ⓑ leisure ⓒ autonomy ⓓ salary

11. The plant bears flowers <u>biennially</u>.
ⓐ twice a year ⓑ twice a month ⓒ every two years ⓓ every two months

12. The extent of capacity was to be negotiated in the <u>bilateral</u> agreement.
ⓐ active ⓑ multilateral ⓒ concentrated ⓓ mutual

13. Silver is often obtained as a <u>by-product</u> during the separation of lead from rock.
ⓐ derivative ⓑ canker ⓒ colloquy ⓓ caprice

14. Music makes a <u>catholic</u> appeal to all ages, races, and classes of men.
ⓐ capacious ⓑ centrifugal ⓒ universal ⓓ chaffing

15. She is faced with the <u>dilemma</u> of telling a lie or betraying her friend.

ⓐ herald ⓑ rebate ⓒ predicament ⓓ disparity

16. His ______ directions mislead us; we did not know which road to take.

ⓐ lengthy ⓑ precise ⓒ ambiguous ⓓ clear

17. The function of a car engine is <u>analogous</u> to the human heart.

ⓐ mixed ⓑ similar ⓒ opposite ⓓ contradictory

18. Make sure when you are filling out these forms that you press hard because we need them in ______ for our records.

ⓐ double ⓑ two ⓒ dual ⓓ duplicate

19. I <u>anticipate</u> great pleasure from my trip to Italy.

ⓐ look up to ⓑ look down on ⓒ look forward to ⓓ look back on

20. Nearby, a man sits on an <u>antique</u> bike and talks into a mobile phone.

ⓐ old-fashioned ⓑ antarctic ⓒ sophisticated ⓓ exquisite

21. The monk has been known as an <u>apostle</u> of plain living and continence.

ⓐ antagonist ⓑ apostate ⓒ tutor ⓓ advocate

22. In late-modern society, the psychologically complex and autonomous individual is ______. Individual decisions and reflection give way in more and more spheres of life to corporatist policy making and the repetitive formulae of mass culture.

ⓐ a luminary ⓑ an exemplar ⓒ a prototype ⓓ an anachronism

23. Janet is interested in <u>autographs</u> of famous jazz performers.

ⓐ autobiographies ⓑ families ⓒ pictures ⓓ signatures

24. The freeze on population funds was a <u>catastrophe</u> for poor women and their children.

ⓐ disaster ⓑ blessing ⓒ surprise ⓓ disappointment

25. The first step in any treatment is the ______: the doctor or the medicine man has to find out why the patient is ill and decide what to do about it.

ⓐ prognosis ⓑ symptom ⓒ hospitalization ⓓ diagnosis

정답 **01.** d **02.** c **03.** b **04.** b **05.** a **06.** a **07.** d **08.** b **09.** b **10.** c **11.** c **12.** d **13.** a **14.** c
15. c **16.** c **17.** b **18.** d **19.** c **20.** a **21.** d **22.** d **23.** d **24.** a **25.** d

841 **vacuous**
[vǽkjuəs]
★☆☆☆☆

vac (empty 빈) → '공간이나 마음이 비어있는' 에서 유래

a **공허한** / empty ; **얼빠진** / showing no thought or intelligence; stupid
- be obsessed with a **vacuous** mind 얼빠진 생각에 사로잡혀있다

842 **vagary**
[vəgέəri]
★★☆☆☆

vag (wander 방황하다) → '마음이 갈피를 못잡고 방황하는 변덕' 에서 유래

n **변덕** / changes in sb/sth that are difficult to predict or control; caprice
- the **vagaries** of shipping schedules 운송계획의 갑작스러운 변동

a **vagárious** 엉뚱한, 상식을 벗어난

843 **vainglorious**
[vèingló:riəs]
★☆☆☆☆

vain 헛 된 + glory 영광 → '헛 된 영광에 취해 자부심만 강한'에서 유래

a **자부심이 강한** / excessively proud or boastful; haughty
- be criticized as a **vainglorious** snob 허영심이 강한 속물로 비판 받다

n **váinglory** 자만심, 크게 뽐냄

844 **valiant**
[vǽljənt]
★☆☆☆☆

val (strong 강한) → '마음이 강건한'에서 유래

a **용맹한; 단호한** / very brave and determined; courageous
- **valiant** warriors 용맹한 전사들

n **válor** 용맹 a **válorous** 용맹한

845 **validity**
[vəlídəti]
★★☆☆☆

val (strong 강한) → '권위에 의해 강력히 지지되는 효력'에서 유래

n **(법적인) 효력** / legal acceptance; force
- the term of **validity** 유효 기간

a **válid** 유효한, 정당한

846 **vanguard**
[vǽngɑ:rd]
☆☆☆☆☆

van (in front 앞서서) + guard 호위자 → '다른 사람보다 앞 선 사람'에서 유래

n **선구자** / people who lead a procession or a movement; herald
- the **vanguard** of scientific progress 과학 발달의 선구자

847 **vanquish**
[vǽŋkwiʃ]
★☆☆☆☆

van<vin (conquer 정복하다) → '정복하다' 에서 유래

v **정복하다** / defeat completely in a competition; conquer
- **vanquish** enemy in battle 전투에서 적을 정복하다

848 **vapid**
[vǽpid]
★☆☆☆☆

vap (steam 김, 증기) → '김빠지거나 그로 인해 맛이 없는' 에서 유래

a **맛없는, 김빠진** / without much life or flavor; tasteless ; **지루한** / lacking interest; insipid
- drink **vapid** champagne 김빠진 샴페인을 마시다

n **vapídity** 맛없음, 생기 없음

849 **vegetarian**
[vèdʒətéəriən]
☆☆☆☆☆

vegetable 채소 → '채소를 주식으로 하는 사람' 에서 유래

n **채식주의(자)** / a person who eats only vegetable foods
- request a **vegetarian** meal 채식주의 식사를 요청하다

a **채식주의(자)의**

850 **vegetate**
[védʒətèit]
★☆☆☆☆

vegetable 식물 → '식물처럼 하는 일 없이 지내다' 에서 유래

v **(식물처럼) 단조로운 생활을 하다** / live in a monotonous way
- **vegetate** in the quiet village 조용한 마을에서 단조롭게 생활하다

a **végetal** 식물(성)의

851 **vehement**
[ví:əmənt]
★★☆☆☆

vehem (eager 열망하는)

a **열렬[맹렬]한** / showing very strong feelings or opinions; impetuous
- **vehement** opposition 맹렬한 반대

n **véhemence** 맹렬함; 열정

852 **venal**
[ví:nl]
★☆☆☆☆

ven (sale 판매) → '관직을 사고 팔 수 있을 정도로 부패한' 에서 유래

a **매수할 수 있는, 부패한** / influenced or obtained by bribery; bribable
- a greedy and **venal** official 탐욕적이고 부패한 관리

853 **venerable**
[vénərəbl]
★★☆☆☆

vener (worship 존경)

a (연령 · 품성 · 지위 등으로 보아) **존경할 만한** / deserving high respect; estimable
- a **venerable** statesman 존경할 만한 정치가

---

854 **vent**
[vent]
★★☆☆☆

vent (come 오다) → '공기를 들어오거나 나가게 하는 배출구'에서 유래

n **배출구** / a hole or opening; passage
vt **발산하다, 표현하다** / let out; express
- **vent** anger through the internet 인터넷을 통해 분노를 표출하다

v **véntilate** 공기를 통하다 **n** **ventilátion** 통풍
n **véntilator** 통풍기, 환기 담당자

---

855 **veracious**
[vəréiʃəs]
☆☆☆☆☆

ver (true 진실) → '진실만을 말하는'에서 유래

a **정직[진실]한** / telling the truth; veridical
- a **veracious** witness 정직한 증인

n **verácity** 정직, 진실

---

856 **verbatim**
[vərbéitim]
★☆☆☆☆

verb (word 말) → '말을 그대로 옮긴'에서 유래

ad **말 그대로, 축어적으로** / exactly as spoken or written; word for word
- The speaker repeated her remarks **verbatim**.
  그 연사는 그녀가 한 말을 똑같이 반복했다.

---

857 **verbiage**
[və́:rbiidʒ]
☆☆☆☆☆

verb (word 말) → '쓸데없이 말이 김' 에서 유래

n (문장 · 말 등의) **장황** / too many unnecessary words; prolixity
- lose oneself in **verbiage** 장황설을 늘어놓다

---

858 **verbose**
[vəːrbóus]
★★☆☆☆

verb (word 말) → '말을 많이 하는' 에서 유래

a **말이 많은** / using too many words; wordy
- a **verbose** sermon 장황한 설교 **n** **verbósity** 수다; 장황

---

859 **verdant**
[və́:rdnt]
★☆☆☆☆

verd (green 녹색의) → '초목으로 뒤덮여 녹색 빛이 나는' 에서 유래

a (초목으로) **푸릇푸릇한** / covered with freshly growing grass; green
- a **verdant** valley 푸른 초목으로 뒤덮인 골짜기 **n** **vérdure** 신록

---

860 **vernal**
[və́:rnl]
☆☆☆☆☆

vern (spring 봄)

a **봄의, 봄다운** / connected with the spring season; springlike
- **vernal** weather 봄다운 날씨

중요빈출

Check-up Test

1. I couldn't wait to leave the dinner because of the vacuous conversation at the table.
ⓐ vehement ⓑ immaculate ⓒ sycophantic ⓓ unintelligent

2. Her decision to wear only red dress was pure vagary.
ⓐ good manners ⓑ caprice ⓒ up to date fashion ⓓ attitude

3. Cowards die many times before their death; the valiant never taste of death but once.
ⓐ cowardly ⓑ hostile ⓒ brave ⓓ weak

4. The temperamental tennis player was known for his vehement dislike of linesmen.
ⓐ concealed ⓑ disarmed ⓒ displeased ⓓ passionate

5. Originally there was enough money to cover all expenses but venal officials took most of it.
ⓐ bribable ⓑ needy ⓒ violent ⓓ greedy

정답 **1.** d **2.** b **3.** c **4.** d **5.** a

※ 복합어(compound words)는 숙어들이 한 단어로 결합된 형태가 많기 때문에 중요 빈출 숙어 파트를 모두 학습하고 나서 보는 것이 좋습니다.

back + ~ 형 복합어

- **back-biting** / 험담, 뒷 담화 slander
- **backbone** / 등골, 척추; 중추, 주력; 의연함, 기개 spirit
- **backbreaking** / 매우 힘든 very difficult
- **back-burner** / 2차적인; (계획 등을) 뒤로 미루다 delay
- **backdate** / 소급하다 retroact
- **back-dated** / (날짜를) 소급하여, 소급 적용된 applied retroactively
- **backdrop** / 배경(막) background
- **back-fence** / (대화 등이) 담 너머로의, 이웃끼리의
- **backfire** / 맞불을 놓다; 역효과를 낳다, 실패하다
- **back-formation** / ≪언어학≫ 역성어
- **backhanded** / 백핸드의; 간접적인, 빈정대는 sarcastic
- **backlash** / 역회전; 반발 resistance
- **back-order** / 이월 주문하다
- **backpack** / 배낭을 지고 걷다
- **back-pat** / 등을 가볍게 두드리다; 격려하다 encourage
- **back pay** / 체불 임금
- **back-pedal** / 입장을 바꾸다, (의견 등을)철회하다 withdraw
- **backslide** / 퇴보하다 regress
- **back-stabbing** / (겉으론 친한 척 하면서) 교묘하게 험담하기
- **backstage** / 무대 뒤에서; 몰래 furtively
- **backstreet** / 불법적인 illegal
- **backup** / 지원, 예비품; 반주자
- **backwater** / (강의 잔잔한) 후미; 침체, 낙후된 지역 backwoods

~ + back 형 복합어

- **back-to-back** / 등을 서로 맞댄; 연속적인 continuous
- **bowback** / 곱사등의 humpbacked
- **carry-back** / (소득세의) 환불(액) refund
- **comeback** / 회복 recovery ; 재치 있는 말대꾸 quip
- **cutback** / 감축, 삭감 reduction
- **drawback** / 흠, 결함 defect
- **feedback** / 반응, 의견 reaction, opinion
- **hatchback** / 뒷부분에 문이 위로 열리게 되어있는 차
- **kickback** / 반동, 반발 recoil ; (불법적인) 리베이트, 뇌물 bribe
- **laid-back** / 느긋한 relaxed ; 냉담한 insensitive
- **mellow-back** / 맵시 나게 입은, 멋있게 잘 차린
- **money-back** / 환불이 가능한 refundable
- **outback** / (호주의) 오지 remote area
- **pullback** / 되돌림, 장애; 철수, 감소 withdrawal
- **setback** / 방해 hindrance ; 좌절, 후퇴
- **swept-back** / 머리카락을 얼굴 뒤로 넘긴, (머리가) 올백의
- **talk-back** / (방송) 스튜디오와 조정실 간의 인터폰; (시청자 등의) 반응, 응답
- **turnback** / 반환 return

~ + around 형 복합어

- **all-around** / 전반에 걸친, 다재다능한 all-round
- **goaround** / 한차례의 격론; 우회로 detour
- **roll-around** / 이동 가능한 mobile
- **runaround** / 핑계, 발뺌, 속임 cover-up, shuffling
- **turnaround** / 전환; U턴 지점; 흑자전환
- **workaround** / 예비수단, 차선책 backup plan

우선순위

Date : /

MD44 mp3

LECTURE 44

★★★★★	04.	**extraneous**	밖의; 관계없는	□ □ □
★★★☆☆	03.	**euthanasia**	안락사	□ □ □
	05.	**extravagant**	낭비하는	□ □ □
	19.	**hyperbole**	과장법	□ □ □
	22.	**intrinsic**	본질적인	□ □ □
	27.	**metamorphosis**	변형	□ □ □
★★☆☆☆	01.	**eulogy**	찬사	□ □ □
	09.	**forsake**	버리다	□ □ □
	11.	**foreboding**	예감; 전조가 되는	□ □ □
	12.	**forerunner**	선구자; 전조	□ □ □
★☆☆☆☆	02.	**euphoria**	행복감	□ □ □
	06.	**forfeit**	잃다; 벌금	□ □ □
	07.	**forgo**	포기하다	□ □ □
	08.	**forlorn**	버려진; 고독한	□ □ □
	14.	**forestall**	미리 막다	□ □ □
	16.	**heterodox**	이단의	□ □ □
	17.	**heterogeneous**	이종의	□ □ □
	18.	**holocaust**	전멸	□ □ □
	20.	**hypercritical**	혹평적인	□ □ □
	24.	**microcosm**	소우주	□ □ □
	28.	**metaphor**	은유	□ □ □
	30.	**misanthrope**	인간 혐오론자	□ □ □
	35.	**monotony**	단조로움	□ □ □
☆☆☆☆☆	10.	**forswear**	맹세코 그만두다	□ □ □
	13.	**foresight**	예견	□ □ □
	15.	**foretell**	예언하다	□ □ □
	21.	**infra(structure)**	하부 구조	□ □ □
	23.	**macroeconomics**	거시 경제학	□ □ □
	25.	**microeconomics**	미시 경제학	□ □ □
	26.	**microscopic**	극미의	□ □ □
	29.	**metaphysical**	형이상학의	□ □ □
	31.	**monarchy**	군주제	□ □ □
	32.	**monocracy**	독재 정치	□ □ □
	33.	**monologue**	독백	□ □ □
	34.	**monopolize**	독점하다	□ □ □

eu-

▸ 접두어 eu-는 Greek 계통의 접두어로서 '좋은(good)'의 의미를 지닌다.

01

eulogy
[jú:lədʒi]
★★☆☆☆

eu (good) + log (speak) → '좋은 말'에서 유래

n **찬사, 칭송** / a speech in praise of a person; laudation

- an **eulogy** to the royal family 그 왕가에 대한 찬사

v **eúlogize** 찬사[칭송]하다(laud) **a** **eulogístic** 찬사[찬미]의

02

euphoria
[ju:fɔ́:riə]
★☆☆☆☆

eu (good) + phori (bear) → '좋은 느낌을 날라다 줌'에서 유래

n **행복감, 쾌감** / a feeling of happiness and bodily well-being; bliss

- She was full of **euphoria** after the birth. 그녀는 출산 후 행복감으로 가득찼다.

a **euphóric** 행복감을 주는

03

euthanasia
[ju:θənéiʒə]
★★★☆☆

eu (good) + thanasia (death) → '(아픔 없는) 좋은 죽음'에서 유래

n **안락사** / a painless killing; mercy-killing

- **Euthanasia** is illegal in most countries. 안락사는 대부분의 국가에서 불법이다.

v **euthanize** 안락사시키다 **a** **euthanáic** 안락사의

cf **hospice** (말기 환자와 가족의 고통을 덜어 주는) 시설, 호스피스

extra-

▸ 접두어 extra-는 Latin 계통의 접두어로서 '밖(outside)'의 의미를 지닌다.

04

extraneous
[ikstréiniəs]
★★★★★

extra (outside) → '밖의'에서 유래

a 1 **외부로부터의, 밖의** / being or coming from outside; external
2 **관계[관련]없는** / not belonging or directly connected; irrelevant

- **Extraneous** noises hindered my sleep. 밖에서 들려오는 소음이 내 수면을 방해했다.
- make a lot of **extraneous** remarks 주제와 관련 없는 말들을 많이 하다

05

extravagant
[ikstrǽvəgənt]
★★★☆☆

extra (outside) + vag (wander) → '밖으로 돌아다니며 돈을 마구 쓰는'에서 유래

a 1 **돈을 낭비하는** / spending carelessly and lavishly; wasteful
2 **과도한, 터무니 없는** / beyond the bounds of reason; excessive

- have **extravagant** tastes and habits 돈을 낭비하는 기호와 습성을 지니다
- make an **extravagant** claim 터무니없는 요구를 하다

n **extrávagance** 낭비; 과도

for-

▸ 접두어 for-는 Anglo-Saxon 계통의 접두어로서 '분리 · 이탈(away)'의 의미를 지닌다.

06

forfeit
[fɔ́:rfit]
★☆☆☆☆

for (away) + feit<fac (do) → '~의 소유권에서 분리시키다'에서 유래

vt **(죄 · 과실로 인해 재산 · 권리를) 몰수당하다, 잃다** / lose by one's own act, neglect, or fault; yield

- **forfeit** one's life by careless driving 부주의한 운전으로 목숨을 잃다

n **벌금, 몰수물** / a thing lost because of some act, neglect, or fault; price

- pay the **forfeit** for violating traffic rules 교통 법규를 위반해서 벌금을 물다

07

forgo
[fɔ:rgóu]
★☆☆☆☆

for (away) + go 가다 → '~없이 (생활해) 나가다'에서 유래

v **포기하다, 그만두다** / do without; relinquish

- decide to **forgo** the movies 영화보는 것을 그만두기로 결정하다

forlorn
[fərlɔ́:rn]
★☆☆☆☆
08

for (away) + lorn 버려진 → '(세상으로부터) 멀리 버려진'에서 유래

a 1 **버려진, 버림받은** / left alone; deserted
2 **고독한, 쓸쓸한** / left alone and unhappy; solitary

- a row of **forlorn** old buildings down by the port
  항구를 따라 늘어서 있는 버려진 오래된 건물들
- She had a **forlorn** look. 그녀는 쓸쓸한 표정을 지었다.

뉘앙스 p.199

---

forsake
[fərséik]
★★☆☆☆
09

for (away) + sake 위함 → '~를 위하는 마음을 떼어내다'에서 유래

v (벗 · 가족을) **버리다, 떠나다** / give up completely; desert

- **forsake** one's home and friends
  자신의 집과 친구들을 버리다

뉘앙스 p.547

---

forswear
[fɔ:rswέər]
☆☆☆☆☆
10

for (away) + swear 맹세하다 → '나쁜 일에서 손을 떼겠다고 맹세하다'에서 유래

v (나쁜 습관 등을) **맹세코 그만두다** / swear solemnly to give up; abjure

- order the team to **forswear** smoking
  흡연을 맹세코 그만두라고 그 팀원들에게 명령하다

동의어 / 반의어

01	**eulogy**	=	laudation / plaudit / tribute / encomium / kudos ↔ slander
02	**euphoria**	=	bliss / glee / rapture / felicity / the seventh heaven
03	**euthanasia**	=	mercy-killing / easy death
04	**extraneous**	=	irrelevant / inappropriate / impertinent / foreign ↔ inherent
05	**extravagant**	=	wasteful / lavish / profuse / prodigal / expensive ↔ frugal
06	**forfeit**	=	fine / penalty / amercement
07	**forgo**	=	relinquish / abandon / abjure / forswear / walk out on
08	**forlorn**	=	desolate / solitary / lonely / lonesome / forsaken
09	**forsake**	=	leave / quit / desert / abandon / give up ○ 동의어 보강
10	**forswear**	=	quit / desert / abandon / abjure / give up

동의어 보강

버리다 · 포기하다 07,09,10

필수	abandon 버리다[떠나다] abdicate 퇴위하다, 포기하다 abjure 맹세코 버리다 desert (사람, 책임을) 버리다 discard 버리다, 포기하다	disclaim (자기 것임을) 포기하다 dump 내버리다 forgo 삼가다, 버리다 forsake 저버리다, 버리다 forswear 맹세코 버리다	relinquish 부득이 포기하다 renounce (공식적) 포기하다 scrap 폐기하다, 버리다
고급	abnegate 버리다, 자제하다 / waive 자발적으로 포기하다		
숙어	give up / lay down 내려놓다; 포기하다; 규정하다 / walk out on		

뉘앙스

버리다 · 포기하다 07,09

abándon	(필요상 또는 자신이 싫어서) **버리다**	• **abandon** one's child 아이를 버리다
desért	(의무 · 맹세를) **어기고 버리다**	• **desert** one's family 가족을 버리다
forgó	**단념하다, 그만두다** ≪격식을 차리는 말≫	• I must **forgo** the pleasure of your company. 유감이지만 당신과 함께 동행 할 수 없을 것 같습니다.
forsáke	(관계를) **포기하다, 단절하다**	• **forsake** one's love 애인을 저버리다
relínquish	(부득이) **포기하다**	• **relinquish** all hope 모든 희망을 포기하다
waive	(자발적으로) **포기하다**	• **waive** a jury trial 배심원의 재판을 받을 권리를 포기하다
renóunce	(명백히 언명하여) **버리다**	• **renounce** war 전쟁을 포기하다
ábdicate	(왕위 · 권리를) **버리다, 퇴위하다**	• **abdicate** the throne 왕위에서 물러나다

fore-

▸ 접두어 fore-는 Anglo-Saxon 계통의 접두어로서 '앞 · 전(before)'의 의미를 지닌다.

foreboding
[fɔ:rbóudiŋ]
★★☆☆☆
11

fore (before) + boding 예감 → '미리 느껴지는 예감'에서 유래

n **(불길한) 예감, 조짐** / a feeling of coming; presentiment
- She had a **foreboding** that she would never see him again.
  그녀는 그를 다시 볼 수 없을 것 같은 예감이 들었다.

a **불길한, 전조가 되는** / that forebodes; ominous
- **foreboding** signs 불길한 조짐들

v **forebóde** (불길한 일의) 조짐을 보이다

---

forerunner
[fɔ́:rʌnər]
★★☆☆☆
12

fore (before) + runner 달리는 사람 → '먼저 달려간 사람'에서 유래

n 1 **선구자** / a person that goes before something more is coming; herald
2 **전조, 조짐** / a sign of something to come; omen
- a **forerunner** of the modern women's movement 근대 여성 운동의 선구자
- a **forerunner** of misfortune 불행의 조짐

vt **forerún** ~에 선행하다

---

foresight
[fɔ́:rsait]
☆☆☆☆☆
13

fore (before) + sight 봄 → '(미래를) 미리 내다 봄'에서 유래

n **예견, 선견지명** / the power to see beforehand what is likely to happen; prevision
- a man of **foresight** 선견지명이 있는 사람

a **foresíghted** 선견지명이 있는 **cf** **híndsight** 나중에 생각나는 묘안, 뒷궁리

---

forestall
[fɔ:rstɔ́:l]
★☆☆☆☆
14

fore (before) + stall 칸막이 → '칸막이로 앞을 막다'에서 유래

vt **~을 미리 막다, 선수를 치다** / prevent by acting first; preclude
- The mayor **forestalled** a strike by starting to negotiate early with the union.
  그 시장은 일찍이 노동 조합과 협상을 시작함으로써 파업을 미리 막았다.

n **forestállment** 기선 제압, 선수치기

---

foretell
[fɔ:rtél]
☆☆☆☆☆
15

fore (before) + tell 말하다 → '앞서 말하다'에서 유래

vt **예언하다** / tell what will happen in the future; prophesy
- The fortune-teller **foretold** the man's death.
  그 점쟁이는 그 남자의 죽음을 예언했다.

hetero-, homo-

▸ 접두어 hetero-, homo-는 Greek 계통의 접두어로서 '다른(other) / 같은(same)'의 의미를 지닌다.

heterodox
[hétərədɑks]
★☆☆☆☆
16

hetero (other) + dox (opinion) → '다른 견해를 갖는'에서 유래

a **(교양, 학설 등이) 이단의, 비정통적인**
/ rejecting generally accepted beliefs or doctrines; unorthodox
- **heterodox** sermons 이단의 설교

n **héterodoxy** 비정통적인 것, 이단

---

heterogeneous
[hetərədʒí:niəs]
★☆☆☆☆
17

hetero (other) + gen (birth) → '출생이 다른'에서 유래

a **이종의, 다른 성분으로 이루어지는**
/ consisting parts that are different from one another; miscellaneous
- a **heterogeneous** team 이질적인 팀

n **heterogenéity** 이종, 불균질 **cf** **homogéneous** 동종의

holo- ▸ 접두어 holo-는 Greek 계통의 접두어로서 '전체(whole)'의 의미를 지닌다.

holocaust
[hɑ́ləkɔ:st]
★☆☆☆☆
18

holo (whole) + caust (burn) → '완전히 불태워 없애버림'에서 유래

n (특히 화재에 의한) **전멸**, (특히 유태인) **대학살** / complete destruction by fire; massacre

- the **holocaust** of millions during the war
  전쟁 중 수백만명의 대학살

hyper-, hypo- ▸ 접두어 hyper-, hypo-는 Greek 계통의 접두어로서 '위(over) / 아래(down)'의 의미를 지닌다.

hyperbole
[haipə́:rbəli]
★★★☆☆
19

hyper (beyond) + bol (throw) → '정도를 넘어서 지나친 말을 던짐'에서 유래

n **과장(법)** / an exaggerated statement used for effect; overstatement

- To say "wave high as mountain"is an example of **hyperbole**.
  "산처럼 높은 파도"라고 말하는 것은 과장법의 한 예이다

v **hypérbolize** 과장하다 **n** **hypérbolism** 과장법
a **hyperbólic** 과장된 **cf** **hypérbola** 쌍곡선

---

hypercritical
[haipərkrítikəl]
★☆☆☆☆
20

hyper (over) + critical 비판적인 → '강도 높게 비판하는'에서 유래

a **혹평적인** / too eager to see faults; overcritical

- a **hypercritical** column of the government's policy 정부 정책에 대한 혹평적인 컬럼

v **hypercríticize** 혹평하다 **n** **hypercríticism** 혹평 **n** **hypercrític** 혹평가

동의어 / 반의어

11	**foreboding**	=	apprehension / misgiving / premonition / presage
12	**forerunner**	=	precursor / harbinger / herald / torchbearer / trailblazer / pathfinder
13	**foresight**	=	prudence / caution / discretion / forethought ↔ hindsight
14	**forestall**	=	prevent / avert / deter / preclude / ward off ↔ promote
15	**foretell**	=	predict / forecast / presage / portend
16	**heterodox**	=	heretical / dissident / nonconformist / sectarian ↔ orthodox
17	**heterogeneous**	=	miscellaneous / assorted / sundry / mixed ↔ homogeneous ● 동의어 보감
18	**holocaust**	=	massacre / slaughter / butchery / carnage / genocide
19	**hyperbole**	=	exaggeration / overstatement / tall tale ↔ depreciation
20	**hypercritical**	=	captious / carping / fault-finding / overcritical

동의어 보감

유사한 17	필수	akin 혈족의, 유사한 / cognate 동족의, 유사한 / kindred 혈연; 동족의 / analogous 유사한 / comparable 유사한
	고급	homologous 상응하는, 상동의 / homogeneous 동종의
	반의어	다른 / different / dissimilar / heterogeneous 이종의 / xenogeneic 이종의
잡동사니 · 뒤범벅	필수	litter 쓰레기; 잡동사니 / miscellany 잡동사니 / medley 혼합; 잡동사니 / motley 잡동사니
	고급	hodgepodge 뒤죽박죽; 잡동사니 / jumble 뒤범벅; 혼란 / mishmash 뒤범벅; 잡동사니 / potpourri 포푸리; 잡탕; 모음 / melting pot 도가니
	숙어	odds and ends

infra-

▸ 접두어 infra-는 Latin 계통의 접두어로서 '아래(below)'의 의미를 지닌다.

infra(structure)
[ínfrə(strʌktʃər)]
☆☆☆☆☆
21

infra (below) + structure 구조(물) → '저변에 깔린 구조물들'에서 유래

n **하부 구조, 기반 (시설)**
/ the structures which are necessary for operation of country or organization
- a country's economic **infrastructure** 국가 경제의 기반

반 **súperstructure** (기초 위에 세워진) 상부 구조[공사]; 건조물

intra-, intro-

▸ 접두어 intra-, intro-는 Latin 계통의 접두어로서 '안(within)'의 의미를 지닌다.

intrinsic
[intrínsik]
★★★☆☆
22

intri<intra (within) + si<sequ (follow) → '(본래부터) 내부에 딸려 있는'에서 유래

a **본질적인, 고유의**
/ belonging to a thing by its very nature; inherent
- the beauty **intrinsic** to the work of art
  그 예술 작품 고유의 아름다움

macro-, micro-

▸ 접두어 macro-, micro-는 Greek 계통의 접두어로서 '큰(large) / 작은(small)'의 의미를 지닌다.

macroeconomics
[mækrouekənámiks]
☆☆☆☆☆
23

macro (large) + economics 경제학 → '큰 의미의 경제학'에서 유래

n **거시 경제학**
/ economics of the overall aspects and workings of a national economy
- **Macroeconomics** means the study of the determinants of national income, employment, prices, and economic growth.
  거시 경제학은 국가의 수입, 고용, 물가, 그리고 경제 성장의 결정 요인에 관한 연구를 의미한다.

---

microcosm
[máikrəkazm]
★☆☆☆☆
24

micro (small) + cosm (universe) → '작은 우주'에서 유래

n **소우주, 축소판**
/ something considered as representing mankind or the universe on a small scale
- a **microcosm** of human society 인간 사회의 축소판

cf **mácrocosm** 대우주

---

microeconomics
[maikrouekənámiks]
☆☆☆☆☆
25

micro (small) + economics 경제학 → '작은 의미의 경제학'에서 유래

n **미시 경제학**
/ a study of economics in terms of individual areas of activity
- **Microeconomics** means the study of the operations of the components of national economy. 미시 경제학은 국가 경제 구성요소들의 활동에 대한 연구를 의미한다.

---

microscopic
[maikrəskápik]
☆☆☆☆☆
26

micro (small) + scop (look) → '작게 보이는'에서 유래

a **현미경으로만 보이는, 극미의**
/ that cannot be seen without using a microscope; infinitesimal
- a **microscopic** organism 미생물

n **mícroscope** 현미경

meta-

▸ 접두어 meta-는 Greek 계통의 접두어로서 '위(over)'의 의미를 지닌다.

metamorphosis
[metəmɔ́:rfəsis]
★★★☆☆
27

meta (over) + morph (form) → '이전의 형태를 벗어나 다른 형태로 변함'에서 유래

n **변형, 변태**
/ a complete change from one form to another; transformation
- A butterfly is produced by metamorphosis from a caterpillar.
  나비는 유충으로부터 변태 과정을 통해 태어난다.

v **metamórphose** 변형[변태]시키다 **a** **metamórphic** 변형[변태]의 뉘앙스 p.551

metaphor
[métəfɔːr]
★☆☆☆☆
28

meta (over) + phor (carry) → '(어떤 것에) **다른 뜻을 옮겨 놓음**'에서 유래

n **은유, 비유** / an implied comparison between two different things; analogy
- "Life is a journey" is an example of a **metaphor**.
  "인생은 긴 여행이다"는 은유적 예이다.

a **metaphórical** 은유의, 비유적인 **cf** **símile** 직유

---

metaphysical
[metəfízikəl]
☆☆☆☆☆
29

meta (over) + physical 물리학의 → '**물리학 위에 있는 학문의**'에서 유래

a **형이상학의** / a branch of philosophy that tries to explain reality
- **Metaphysical** philosophy includes epistemology, ontology, and cosmology.
  형이상학은 인식론, 존재론, 우주론을 포함한다.

n **metaphýsics** <단수 취급> 형이상학

동의어 / 반의어

21	**infra(structure)**	=	base / bottom / substructure / cornerstone ↔ superstructure
22	**intrinsic**	=	inherent / natural / essential / innate / ingrained ↔ extrinsic
23	**macroeconomics**	↔	microeconomics
24	**microcosm**	=	miniature universe
25	**microeconomics**	↔	macroeconomics
26	**microscopic**	=	infinitesimal / minute ↔ macroscopic ⊙ 동의어 보강
27	**metamorphosis**	=	transformation / transfiguration / transmutation / variation ⊙ 동의어 보강
28	**metaphor**	=	analogy / comparison / allegory / trope
29	**metaphysical**	=	immaterial / bodiless / incorporeal / spiritual

동의어 보강

변화[변형] 시키다 27	필수	alter (부분적) 변화시키다 / change 변화시키다 / convert 변화시키다 / deface 외관을 흉하게 만들다 / disfigure 외관을 흉하게 만들다 / transfigure 변화시키다 / transform 변화시키다 / transmute 변화시키다 / vary 변화시키다 / warp 뒤틀다
	고급	deform 변형시키다, 기형으로 만들다 / metamorphose (놀랍게) 변형시키다
	숙어	make over 변경하다; 넘겨주다 / tamper with 함부로 변경하다
작은 26	필수	infinitesimal 극소의 / microscopic 극소의 / miniature 축소 모형의 / minuscule 아주 작은; 소문자의 / minute 미세한; 상세한 / tiny 작은
	고급	diminutive 소형의, 작은; 아주 작은 / dwarfish 난쟁이 같은, 유난히 작은

뉘앙스

변화[변형] 시키다 27

transfórm	(외형 · 성질을) **변형시키다** ≪가장 넓은 의미의 말≫	• **transform** electric energy into heat 전기 에너지를 열로 바꾸다
transmúte	(보다 좋게) **변형시키다**	• **transmute** sorrow into joy 슬픔을 기쁨으로 변화시키다
transfígure	(외관을 매우 고귀한 것으로) **변화시키다**	• The frog was **transfigured** into a prince. 그 개구리는 왕자로 변했다.
metamórphose	(마술처럼 놀랍게) **변화시키다**	• The man was **metamorphosed** into a bird. 그 남자는 돌연 새로 변했다.
convért	(새로운 용도에 맞게) **변화시키다**	• **convért** a seat into a bed 좌석을 침대로 전환하다

cf. **change** **바꾸다, 변화시키다** ≪가장 일반적인 말≫ **álter** (부분적으로) **변화시키다**
vary (불규칙하거나 간헐적으로) **변화시키다**

miso-

▸ 접두어 miso-는 Greek 계통의 접두어로서 '증오(hatred)'의 의미를 지닌다.

misanthrope
[mísənθroup]
★☆☆☆☆
30

mis<miso (hate) + anthrope<anthropos (man) → '다른 사람을 싫어하는 사람'에서 유래

n **인간 혐오론자** / a person who dislikes people; misanthropist

- He is a **misanthrope** who mistrusts humankind.
  그는 인간을 불신하는 인간 혐오론자이다.

a **misanthrópic(al)** 인간 혐오의, 염세적인 **n** **misánthropy** 인간 혐오, 염세

mono-

▸ 접두어 mono-는 Greek 계통의 접두어로서 '하나(one)'의 의미를 지닌다.

monarchy
[mánərki]
☆☆☆☆☆
31

mon<mono (one) + arch (govern) → '혼자서 지배하다'에서 유래

n **군주제, 군주국** / the system of rule by a king or queen

- Britain is a constitutional **monarchy**. 영국은 입헌 군주국이다.

n **mónarchism** 군주주의 **n** **mónarch** 군주(sovereign)

---

monocracy
[mounákrəsi]
☆☆☆☆☆
32

mono (alone) + crat (rule) → '혼자서 지배하는 정치'에서 유래

n **독재 정치** / government by one person; autocracy

- proletarian **monocracy** 무산 계급의 독재 정치

n **mónocrat** 독재자(despot)

---

monologue
[mánəlɔ:g]
☆☆☆☆☆
33

mono (one) + log (speech) → '혼자서 말하는 것'에서 유래

n (극의) **독백** / a long speech for a single actor; soliloquy

- Shakespeare used many **monologues** in his play.
  셰익스피어는 그의 극에서 많은 독백을 사용하였다.

vi **monólogize** 독백하다

---

monopolize
[mənápəlaiz]
☆☆☆☆☆
34

mono (one) + poli (many) → '혼자서 많은 것을 가지다'에서 유래

v **독점하다** / have and control exclusively

- **monopolize** the entire cigarette industry 담배 산업을 독점하다

n **monópoly** 독점

---

monotony
[mənátəni]
★☆☆☆☆
35

mono (one) + ton (tone) → '하나의 음'에서 유래

n **단조로움, 지루함** / a tedious sameness or reiteration; boredom

- The **monotony** of his job finally got to him.
  그의 일의 지루함이 마침내 그에게 영향을 끼쳤다.

a **monótonous** 단조로운, 지루한(dull, humdrum, irksome)

= 동의어 ↔ 반의어

30	**misanthrope**	=	antisocialist / recluse ↔ philanthropist
31	**monarchy**	=	kingship / sovereignty
32	**monocracy**	=	autocracy / despotism / tyranny / dictatorship ⊙ 동의어 보강
33	**monologue**	=	soliloquy / aside / talking to oneself ↔ dialogue
34	**monopolize**	=	dominate / corner / patent / keep to oneself ⊙ 동의어 보강
35	**monotony**	=	boredom / tedium / ennui / weariness ⊙ 동의어 보강

⊙ 동의어 보강

독재자 32	필수	autocrat 독재자 / dictator 독재자 / tyrant 폭군, 독재자 / despot 폭군, 독재자 / monocrat 독재자 / oppressor 억압자; 독재자
	고급	authoritarian 권위주의적인, 독재적인; 독재자 / martinet 엄격한 교관
	참고	거물 / tycoon / mogul 거물, 실력자 / big shot[cheese, wheel] / bigwig
엄한	필수	austere 검소한; 엄격한 / rigorous 엄한 / strict 엄한 / grim 엄한; 암울한, 끔찍한 / severe 엄한 / rigid 엄한 / stern 엄격한, 단호한
	고급	astringent 수렴성의; 엄한 / draconian (처벌 등이) 엄격한, 가혹한 / grueling 녹초로 만드는; 엄한 / stringent 엄한; 엄격한

이익 34	필수	advantage 유리, 이익 / gain 이익 / proceeds 수익, 매상 / benefit 이익 / good 이익 / profit (금전적) 이윤
	고급	boon 큰 이익, 은혜 / turnover 총 매상
	참고	bonanza 노다지 / serendipity 운 좋은 뜻밖의 발견 / windfall profit 뜻밖의 이윤, 불로소득 / fringe benefit 부가급여 / perquisite (사회적 지위에 따른) 특권, 특전 monopoly 독점 / exclusive right 독점권 / oligopoly 과점, 소수 독점
	반의어	손해 / damage / loss / disadvantage / disbenefit

지루한 35	필수	boring 지루한 / dull 재미없는, 지루한 / flat 단조로운, 따분한 / monotonous 지루한 / humdrum 단조로운, 지루한 / tedious 지루한
	고급	drab 생기 없는; 단조로운 / irksome 지루한, 싫증나는 / wearisome 지치게 하는, 지루한
	참고	지루함, 권태 / boredom / ennui / languor / tedium / weariness

Check-up Test

01. A speech full of praise for a particular person is ______.
ⓐ an eulogy ⓑ a tirade ⓒ an epilogue ⓓ an incantation

02. A man who commits a wrong, may be required to ______ his property as a penalty.
ⓐ destroy ⓑ forfeit ⓒ assess ⓓ eschew

03. She looks forlorn since her children married and moved away.
ⓐ congenial ⓑ phony ⓒ dispirited ⓓ gruesome

04. I have a distinct feeling of foreboding about them.
ⓐ good fortune coming to ⓑ evil coming to ⓒ happiness for ⓓ being auspicious

05. In such ______ grouping, a wide range of talent must be expected.
ⓐ formal ⓑ casual ⓒ homogeneous ⓓ heterogeneous

06. In that terrific ______, many people lost their lives and countless others were burned.
ⓐ sirocco ⓑ deluge ⓒ typhoon ⓓ holocaust

07. Mile after mile passed the same monotonous landscape.
ⓐ dull ⓑ multifarious ⓒ outrageous ⓓ extraordinary

08. The most recent ______ case involved a young doctor who disconnected a patient's life-support systems at the request of the patient's family.
ⓐ panacea ⓑ insomnia ⓒ impotence ⓓ euthanasia

09. Female turtles forsake their ocean homes to spawn.
ⓐ enter ⓑ make use of ⓒ go to the edge of ⓓ leave

10. The Western Baseball League was a 19th-century forerunner of the modern major leagues.
ⓐ player ⓑ dictator ⓒ transformer ⓓ ancestor

11. Diamonds have little intrinsic value and their price depends almost entirely on their scarcity.
ⓐ normally considered ⓑ belonging naturally ⓒ rarely recognized ⓓ usually mistaken

12. The night before the rebellion the leader of the rebels had forebodings about the outcome of their efforts.
ⓐ encouragements ⓑ confidence ⓒ presentiments ⓓ hindsight

13. Mr. Lee's eulogy of Mr. Kim at his funeral was both eloquent and emotional.
ⓐ prayer ⓑ hatred ⓒ speech ⓓ praise

14. Your comment is actually extraneous to the topic.
ⓐ essential ⓑ demonstrated ⓒ irrelevant ⓓ exchanged

15. We can't resist our urge to <u>speculate on</u> what will happen next, and when, and how much.
ⓐ invest ⓑ foretell ⓒ destroy ⓓ undermine

16. _______ is a practice by which a doctor ends a patient's life after a long period of suffering.
ⓐ Eulogy ⓑ Euphemism ⓒ Euthanasia ⓓ Euphoria

17. They were in a state of <u>euphoria</u> for days after they won the prize.
ⓐ estrangement ⓑ acrophobia ⓒ impact ⓓ glow

18. As an act of solidarity with his fellow employees, the president of the company volunteered to <u>forgo</u> his salary.
ⓐ renege ⓑ bestow ⓒ dole ⓓ waive

19. The couple were lavish and _______ in their expenditures.
ⓐ frugal ⓑ parsimonious ⓒ fussy ⓓ extravagant

20. We are pleased with your <u>foresight</u> and your great ability.
ⓐ sightseeing ⓑ insight ⓒ prevision ⓓ hindsight

21. The newspaper always assumes the <u>hypercritical</u> attitude.
ⓐ fault-finding ⓑ all-round ⓒ care-free ⓓ run-of-the-mill

22. French toys: one could not find a better illustration of the fact that the adult Frenchman sees the child as another self. All the toys one commonly sees are essentially a _______ of the adult world.
ⓐ homesickness ⓑ microcosm ⓒ wonderland ⓓ reverse

23. He was considered as a _______ by his neighbors, for he chose to live in seclusion, totally estranged from his family.
ⓐ misanthrope ⓑ philanthropist ⓒ sycophant ⓓ raconteur

24. We should closely look at the U.S. _______ figures which would affect Korean stock prices in the near term.
ⓐ intrinsic ⓑ counterfeit ⓒ macroeconomic ⓓ unstable

25. Even though some people feel historians have an exclusive right to act as the interpreters of bygone eras, most historians insist their profession has no _______ interpreting the past.
ⓐ monopoly on ⓑ interest in ⓒ consensus for ⓓ responsibility in

정답 **01.** a **02.** b **03.** c **04.** b **05.** d **06.** d **07.** a **08.** d **09.** d **10.** d **11.** b **12.** c **13.** d **14.** c **15.** b **16.** c **17.** d **18.** d **19.** d **20.** c **21.** a **22.** b **23.** a **24.** c **25.** a

861 **versatile** [və́:rsətl] ★★★★☆
vers (turn 변하다) → '여러 분야에 능숙한 사람으로 잘 변하는'에서 유래
a **다재다능한** / good at doing lots of different things; many-sided
• a **versatile** actor 다재다능한 배우
n **versatílity** 다재다능, 융통성 있음

862 **vertex** [və́:rteks] ☆☆☆☆☆
vers (turn 변하다) → '방향이 바뀌는 꼭대기 점' 에서 유래
n <pl.-es or tices> **최고점** / the highest point; summit
• the **vertex** of a hill 언덕 꼭대기

863 **vertigo** [və́:rtigou] ☆☆☆☆☆
vert (turn 돌다) → '빙빙 돌아 생기는 현기증' 에서 유래
n 《병리》 **현기증** / a sick dizzy feeling; giddiness
• height **vertigo** 고소 현기증
a **vertíginous** 어지러운, 아찔한

864 **vestige** [véstidʒ] ★★★☆☆
vestig (footprint 발자국) → '발자국이 남듯이 무언가 남은 것' 에서 유래
n **흔적** / all that remains; trace
• **vestiges** of remains of ancient civilization 고대 문명의 유적의 자취
a **vestígial** 흔적의, 퇴화한

865 **vex** [veks] ★★☆☆☆
vex<vexare (harass 괴롭히다) → '괴롭히고 짜증나게 하다' 에서 유래
v **짜증나게 하다** / harass by aggression or interference; irritate
• The child's rude remarks **vexed** his father.
아이의 무례한 말이 아버지를 짜증나게 했다.
n **vexátion** 짜증
a **vexátious, véxing** 성가신

866 **viable** [váiəbl] ★★★☆☆
vi<vit (life 삶) → '살아갈 수 있는' 에서 유래
a **생존할 수 있는** / able to keep alive; **실행 가능한** / that can be done; feasible
• There is no **viable** alternative. 실행 가능한 대안이 없다.
n **viabílity** 생활력, 생존 능력

867 **vicarious** [vaikέəriəs] ★☆☆☆☆
vicar (substitute 대신하다) → '남을 대신하는' 에서 유래
a **남을 대신하여 하는** / done by one person for others; delegated
• **vicarious** punishment 남 대신 받는 형벌

868 **vicinity** [visínəti] ★★★☆☆
vicin (neighbor 이웃하다) → '이웃에 있을 정도로 가까운 부근' 에서 유래
n **근처, 부근** / the region near a place; neighborhood; **근접** / nearness in place; proximity
• gather in the **vicinity** of a school 학교 근처로 모이다
n **vícinage** 근처, 주변
a **vícinal** 인근의, 한 지방만의

869 **vicious** [víʃəs] ★★★☆☆
vic<vice (악) → '악이 있고 사악한'에서 유래
a **사악한, 악의 있는** / violent and cruel; wicked
• a bully with a **vicious** temper 포악한 성질을 가진 불량배

870 **vicissitude** [visísətjù:d] ★☆☆☆☆
vic (turn 바뀌다) → '변하는 것' 에서 유래
n **변화** / a change in circumstances; ups and downs; mutation
• No one is immune to the **vicissitudes** of change.
누구도 변화의 우여곡절을 피할 수 없다.
a **vicissitúdinous** 변화 있는, 성쇠 있는

871 **vie** [vai] ★☆☆☆☆
vie<envie (challenge 도전하다) → '목표를 위해 도전하다' 에서 유래
v **우열을 다투다** / compete with someone to get something; contend
• **vie** with another for power 권력을 잡으려고 남과 다투다

872 **vigilance** [vídʒələns] ★★☆☆☆
vigil (watch 보다) → '주변을 살펴보며 지킴' 에서 유래
n **경계** / keeping watch; observance
• be guarded with special **vigilance** 특별한 경계로 보호되다
a **vígilant** 경계하고 있는; 조심성 있는

873 **vigorous** [vígərəs] ★★☆☆☆

vigor 원기 → '원기가 왕성한' 에서 유래

a **활발한, 활기찬** / full of vigor; energetic ; **강건한** / strong and healthy; strenuous

- She keeps herself **vigorous** by taking exercise. 그녀는 운동을 하여 원기를 유지했다.

n **vígor** 활기, 힘　ad **vígorously** 발랄하게, 힘차게

---

874 **vilify** [víləfai] ★★☆☆☆

vil (base 천한) → '타인을 천하다고 비방하다' 에서 유래

vt **중상[비방]하다** / say bad things about someone; defame

- **vilify** a person's reputation 남의 명성을 훼손하다　n **vilificátion** 비방, 욕설

---

875 **vindicate** [víndəkeit] ★★☆☆☆

vin (force 힘) + dict (say 말하다) → '힘주어 자신의 결백을 말하다' 에서 유래

vt **정당성[결백]을 입증하다** / prove that someone is right or true; absolve

- have **vindicated** his judgement 그의 판단의 정당성을 입증했다

n **vindicátion** 해명; 옹호, 지지　a **vindícative** 옹호하는, 변호적인

---

876 **vindictive** [vindíktiv] ★★☆☆☆

vin (force 힘) + dict (say 말하다) → '힘을 실어 상대에게 받은 상처를 다시 말하는, 보복하는' 에서 유래

a **보복적인** / wanting revenge; retaliatory

- feel **vindictive** toward immediate superior 직속상관에게 앙심을 품다

---

877 **virtuoso** [vəːrtʃuóusou] ★★☆☆☆

virtue 장점, 미덕 → '뛰어난 장점을 가진 사람' 에서 유래

n <pl. -sos, -si> **(예술 등의) 대가** / highly skilled artist; master

- a violin **virtuoso** 바이올린의 대가

---

878 **virulent** [vírjulənt] ★☆☆☆☆

vir (poison 독) → '독이 들어있는' 에서 유래

a **독기 있는** / very poisonous; deadly

- beat **virulent** computer viruses 악성 컴퓨터 바이러스들을 없애다

n **vírulence** 독성, 악의, 증오

---

879 **visage** [vízidʒ] ★☆☆☆☆

vis (see 보다) → '마주할 때 보게 되는 얼굴' 에서 유래

n **얼굴** / a face of a human being; appearance

- the stern **visage** of the judge 그 판사의 엄격한 얼굴

---

880 **vitiate** [víʃieit] ★☆☆☆☆

viti (vice 결함) → '결함을 유발시켜 질을 나쁘게 하다' 에서 유래

vt **~의 질을 나쁘게 하다** / impair the quality of; abolish

- Carbonic acid gas **vitiates** the air. 탄산 가스는 공기를 나쁘게 한다.

★ 중요빈출

Check-up Test

1. These upright stones are the vestiges of some ancient religion.
ⓐ patterns　ⓑ traces　ⓒ versions　ⓓ proofs

2. During Eisenhower's first term, the conduct of Senator Joseph R. McCarthy was one of the most vexing problems facing the administration.
ⓐ serious　ⓑ notorious　ⓒ annoying　ⓓ unsolvable

3. The infant, though prematurely born, is viable and has a good chance to survive.
ⓐ energetic　ⓑ hungry　ⓒ capable　ⓓ strong

4. A metropolitan area consists of a central city and any suburban areas in its vicinity.
ⓐ utensil　ⓑ portion　ⓒ fragment　ⓓ neighborhood

5. Arafat's go-it-alone strategy was vindicated by the crushing defeat of Arab.
ⓐ blamed　ⓑ blackened　ⓒ acquitted　ⓓ proved

정답 **1.** b **2.** c **3.** c **4.** d **5.** c

※ 복합어(compound words)는 숙어들이 한 단어로 결합된 형태가 많기 때문에 중요 빈출 숙어 파트를 모두 학습하고 나서 보는 것이 좋습니다.

round+ ~ 형 복합어

- **roundabout** / 로터리; 회전목마 merry-go-round ; 우회적인 circuitous
- **round-eyed** / (놀람 · 공포 등으로) 눈이 휘둥그레진, 눈을 크게 뜬
- **roundsman** / 순회감시인
- **roundtable** / 원탁의, 원탁에 둘러앉은
- **round-trip** / 일주여행의; 왕복여행의 of a double journey
- **round-tripper** / 홈런, 왕복 여행자
- **roundup** / 몰아 모으기 gathering ; 검거 arrest
- **full-round** / 철저한, 미치지 않는 곳이 없는
- **year-round** / 연중 계속되는 throughout the year

well + ~ 형 복합어

- **well-advised** / 신중한, 분별력 있는 judicious
- **well-bred** / 가정교육을 잘 받은, 교양 있는 cultivated
- **well-built** / 몸이 좋은 stalwart
- **well-connected** / 연줄이 좋은 having a pull
- **well-done** / 고기가 잘 익은 well baked
- **well-found** / (특히 배가) 장비를 잘 갖춘 well-equipped
- **well-founded** / 근거가 있는 well-grounded
- **well-groomed** / 잘 정돈된 tidy
- **well-grounded** / 기초교육을 잘 받은; 정당한 이유가 있는 valid
- **well-heeled** / 유복한 wealthy
- **well-informed** / 박식한 erudite
- **well-knit** / 튼튼한, 건장한; (주장이) 논리 정연한 coherent
- **well-known** / 잘 알려진, 유명한 eminent
- **well-meant** / 선의로 한 good-willed
- **well-principled** / 신조가 뚜렷한
- **well-read** / 박식한 scholarly
- **well-rounded** / 포동포동한 plump ; 다재다능한 all-round ; 균형잡힌, 원만한 well-balanced
- **well-timed** / 시기적절한 opportune, timely
- **well-upholstered** / (사람이) 뚱뚱한, 살찐
- **well-wisher** / 호의를 보이는 사람, 지지자
- **well-worn** / 낡은 outworn ; 진부한 banal

ill + ~ 형 복합어

- **ill-advised** / 현명치 못한 impolitic
- **ill-assorted** / 어울리지 않는 inharmonious
- **ill-boding** / 불길한 ominous
- **ill-bred** / 버릇없는, 막 자라난 ill-mannered
- **ill-conditioned** / 심술궂은; 건강이 좋이 않은, (병이) 악성인
- **ill-favored** / 못생긴 homely, plain
- **ill-founded** / 근거 없는, 정당한 이유가 없는 groundless
- **ill-gotten** / 부정한 수단으로 얻은 dirty
- **ill-judged** / 무분별한, 잘못 판단한 misjudged
- **ill-mannered** / 무례한, 정중치 못한 rude
- **ill-natured** / 품성이 나쁜 ill-tempered
- **ill-omened** / 불길한 ominous
- **ill-spent** / 낭비된, 잘못 쓴 wasted
- **ill-timed** / 시기적절치 못한 unseemly
- **ill-starred** / 팔자가 사나운; 불운한, 불행한 unfortunate
- **ill-treat** / 학대하다 maltreat

우선순위 로 보는 PREview

Date : /

MD45 mp3

LECTURE 45

★★★★★	33.	**withdraw**	인출하다; 철회하다	□ □ □
★★★★☆	22.	**symptom**	증상	□ □ □
	28.	**unanimous**	만장일치의	□ □ □
★★★☆☆	12.	**periphery**	주위	□ □ □
	15.	**posthumous**	사후의	□ □ □
★★☆☆☆	05.	**nonchalant**	무관심한	□ □ □
★☆☆☆☆	02.	**multiply**	증가시키다	□ □ □
	07.	**omnipotent**	전능한	□ □ □
	08.	**omnivorous**	잡식의	□ □ □
	10.	**panegyric**	찬사	□ □ □
	09.	**panacea**	만병통치약	□ □ □
	13.	**polygamy**	일부 다처제	□ □ □
	20.	**prototype**	원형	□ □ □
	16.	**postmortem**	시체 해부	□ □ □
	21.	**symmetric(al)**	균형 잡힌; 대칭적인	□ □ □
	23.	**synchronize**	동시에 일어나다	□ □ □
	25.	**synthesis**	종합	□ □ □
	34.	**withhold**	보류하다, 억제하다	□ □ □
	35.	**withstand**	항거하다	□ □ □
☆☆☆☆☆	01.	**multiloquent**	수다스러운	□ □ □
	03.	**neologism**	신조어구	□ □ □
	04.	**neophyte**	초보자	□ □ □
	06.	**omnibus**	염가판 작품집; 총괄적인	□ □ □
	10.	**panegyric**	찬사	□ □ □
	11.	**pantomime**	무언극	□ □ □
	14.	**posterior**	뒤의	□ □ □
	17.	**postscript**	추신	□ □ □
	18.	**protagonist**	주인공; 주창자	□ □ □
	19.	**protocol**	의정서	□ □ □
	24.	**syndicate**	기업연합	□ □ □
	26.	**telegraph**	전신(을 보내다)	□ □ □
	27.	**telepathy**	이심전심	□ □ □
	29.	**unification**	통일	□ □ □
	30.	**unison**	일치; 조화	□ □ □
	31.	**unity**	단일; 화합	□ □ □
	32.	**vice-president**	부통령	□ □ □

multi-

▸ 접두어 multi-는 Latin 계통의 접두어로서 '**많은**(many, much)'의 의미를 지닌다.

multiloquent
[mʌltíləkwənt]
☆☆☆☆☆
01

multi (many) +
loqu (speak) →
'**많은 말을 하는**'에서 유래

a **수다스러운** / speaking much; talkative
- a **multiloquent** guide 수다스러운 안내원

n **multíloquence** 다변, 수다

---

multiply
[mʌ́ltəplai]
★☆☆☆☆
02

multi (many) +
ply (fold) →
'**몇 겹으로 하다**'에서 유래

v 1 **배가시키다, 증가시키다** / increase the amount or number; increase
2 **≪수학≫ ~을 곱하다** / perform multiplication
- Spending on military equipment has **multiplied**. 군장비 지출이 증가되었다.
- 4 **multiplied** by 2 is 8. 4곱하기 2는 8이다.

a **n** **múltiple** 많은 부분으로 이루어진; 배수 **n** **multiplicátion** 증가, 번식
n **multiplícity** 다수, 다양성

neo-

▸ 접두어 neo-는 Greek 계통의 접두어로서 '**새로운**(new)'의 의미를 지닌다.

neologism
[niːɑ́lədʒizm]
☆☆☆☆☆
03

neo (new) +
log (speak) →
'**새로 만들어진 말**'에서 유래

n (기존의 말을 이용한) **신조어(구)**
/ a new expression or a new meaning for an older word; coinage
- The term" user-friendly"is a **neologism** of the computer industry.
  "사용자가 친숙하게"라는 말은 컴퓨터 산업계의 신조어이다.

vi **neólogize** 신조어를 만들다 **a** **neologístic** 신조어의

---

neophyte
[níːəfait]
☆☆☆☆☆
04

neo (new) + phy (plant) →
'**새로운 것에 몸과 마음을 심다**'에서 유래

n 1 **신개종자** / a new member of a religious group; convert
2 **초보[신참]자** / a person who is new at something; novice
- a **neophyte** swimmer 수영 초보자

non-

▸ 접두어 non-는 Latin 계통의 접두어로서 '**부정**(not)'의 의미를 지닌다.

nonchalant
[nɑnʃəlɑ́ːnt]
★★☆☆☆
05

non (not) +
chal (concern) →
'**관심을 갖지 않는**'에서 유래

a **무관심[냉담]한, 태연한**
/ showing lack of interest; indifferent
- a **nonchalant** attitude to one's debts 자신의 빚에 무관심한 태도

n **nónchalance** 무관심한 태도

omni-

▸ 접두어 omni-는 Latin 계통의 접두어로서 '**모든**(all)'의 의미를 지닌다.

omnibus
[ɑ́mnibʌs]
☆☆☆☆☆
06

omni (all) + bus 버스 →
'**전부 실은 버스**'에서 유래

n (한 작가의 출간된 작품 또는 동종의 작품을 한 권에 모은) **염가판 작품집, 옴니버스**
/ a book containing several works; anthology
- the **omnibus** of the soap opera 멜로 드라마의 작품집

a **총괄적인** / dealing with many things at once; overall
- an **omnibus** training program for teachers, translators, and guides
  교사, 번역가, 안내원 등을 위한 총괄적인 훈련 과정

---

omnipotent
[amnípətənt]
★☆☆☆☆
07

omni (all) + pot (powerful) →
'**모든 것을 할 수 있는 힘이 있는**'에서 유래

a **전능한** / able to do anything; almighty
- The monarch regarded himself as **omnipotent**.
  그 군주는 자신을 전능하다고 생각했다.

n **omnípotence** 전능

omnivorous
[ɑmnívərəs]
★☆☆☆☆
08

omni (all) + vor (eat) → '모든 것을 먹는'에서 유래

a 무엇이나 먹는, 잡식의 / eating everything; polyphagous
- **Omnivorous** animals eat both meat and vegetables.
  잡식성의 동물들은 고기와 채소를 둘 다 먹는다.

= 동의어 ↔ 반의어

01	**multiloquent**	=	talkative / babbling / garrulous / loquacious
02	**multiply**	=	increase / aggrandize / augment
03	**neologism**	=	coinage / mintage / new word
04	**neophyte**	=	beginner / apprentice / tyro / rookie / cadet / probationer ↔ veteran
05	**nonchalant**	=	indifferent / collected / sedate / self-possessed / poised ↔ nervous ⊙ 동의어 보강
06	**omnibus**	=	anthology / album / analects / miscellany
07	**omnipotent**	=	almighty / all-powerful / divine / unrestricted ↔ impotent
08	**omnivorous**	=	polyphagous

⊙ 동의어 보강

침착한 05	필수	calm 잔잔한, 침착한 / composed 침착한 / nonchalant 태연한, 무관심한 / collected 수집한, 침착한 / cool 시원한, 침착한 / sedate 침착한, 수수한
	고급	self-possessed 침착한 / unruffled 침착한, (옷 등이) 주름 잡히지 않은 / poised 침착한 / staid 침착한, 안정된
	참고	as cool as a cucumber
↔ **걱정[염려]하는 · 불안한**	필수	apprehensive 걱정하는 / restive 들떠 있는; 움직이려하지 않는 / uneasy 걱정하는 / impatient 조급해하는 / restless 안절부절못하는 / nervous 초조한, 걱정하는 / tense 긴장된
	고급	fidgety 안절부절못하는 / edgy 초조한 / jittery 신경과민의 / overwrought 너무 긴장한; 지나치게 공들인
	숙어	on edge / on pins and needles / have ants in one's pants 불안해하다 / have butterflies in one's stomach 불안해하다
	참조	안절부절못하다 / fidget
망설이다 · 주저하다	필수	balk 방해하다; 망설이다 / fluctuate 오르락내리락하다 / vacillate 망설이다 / falter 말을 더듬다, 주춤하다 / hesitate 망설이다 / waver 망설이다
	고급	dither 망설이다, 떨다 / jib 주저하다, 어물어물하다 / oscillate 진자운동하다, 동요하다 / straddle 양다리 걸치다 / teeter 변동하다, 동요하다 / waffle 애매한 태도를 취하다 / wobble 떨리다, 동요하다
	숙어	sit on the fence / hang back
	참조	망설임 / inner conflict 내적 갈등 / hesitation / indecision 우유부단 / vacillation
흔들리다 · 떨리다	필수	drift 표류하다; (영상이) 흔들리다 / quake 떨다, 전율하다 / sway 흔들리다 / flicker 깜박이다; 나풀나풀 흔들리다 / roll 배가 좌우로 흔들리다 / swing 흔들리다 / flutter (조명, 빛이) 흔들리다 / shiver (몸을) 떨다 / tremble 흔들리다 / pitch 배가 앞뒤로 흔들리다 / shudder 몸서리치다 / vibrate 흔들리다
	고급	jitter 안절부절못하다 / jolt 차가 흔들리다 / quaver 부들부들 떨다 / quiver 떨다, 전율하다 / teeter 흔들리다, 망설이다 / waggle / wobble 떨리다, 동요하다
	참조	비틀거리다 / reel 갈지자걸음으로 걷다 / stagger / stumble 비틀거리다, 넘어지다 / totter 아장아장 걷다

pan-

▸ 접두어 pan-는 Greek 계통의 접두어로서 '모든(all)'의 의미를 지닌다.

panacea
[pænəsíːə]
★☆☆☆☆
09

pan (all) + acea (cure) → '모든 것을 치료하는 약'에서 유래

n **만병 통치약**
/ a medicine that is supposed to cure any illness; cure-all
- It is not easy to find a **panacea** for all our social problems.
  우리의 모든 사회문제에 대한 만병 통치약을 찾는 것은 쉽지 않다.

---

panegyric
[pænidʒírik]
☆☆☆☆☆
10

pan (all) + egyr (bring together) → '모든 사람 앞에서 하는 말'에서 유래

n **칭찬하는 연설(문), 찬사**
/ a speech or piece of writing praising someone highly; eulogy
- listen to the **panegyrics** about his valorous act
  그의 용기있는 행동에 대한 찬사에 귀를 기울이다

v **pánegyrize** 칭찬하다(eulogize)

---

pantomime
[pǽntəmaim]
☆☆☆☆☆
11

panto<pan (all) + mim (mimic) → '모든 것을 흉내냄'에서 유래

n **무언극, (무언의) 몸짓, 손짓** / performance without words
- express oneself in **pantomime** 몸짓으로 자신의 뜻을 나타내다

a **pantomímic** 무언극의

peri-

▸ 접두어 peri-는 Greek 계통의 접두어로서 '주변(around)'의 의미를 지닌다.

periphery
[pərífəri]
★★★☆☆
12

peri (around) + phery (carry) → '~의 주위를 돎'에서 유래

n **(원형 따위의) 주위, 원주**
/ a line that forms the boundary of an area; circumference
- a factory built on the **periphery** of the town 마을 주위에 지어진 공장

a **perípheral** 주위의, 외면의; 덜 중요한, 지엽적인(minor)

poly-

▸ 접두어 poly-는 Greek 계통의 접두어로서 '많은(many)'의 의미를 지닌다.

polygamy
[pəlígəmi]
★☆☆☆☆
13

poly (many) + gam (marriage) → '여러번 결혼하는'에서 유래

n **일부 다처[일처 다부]제** / custom of having more than one spouse
- The **polygamy** is illegal in many countries. 일부 다처제는 여러 나라에서 불법이다.

a **polýgamous** 일부 다처의

post-

▸ 접두어 post-는 Latin 계통의 접두어로서 '후(after)'의 의미를 지닌다.

posterior
[pɑstíəriər]
☆☆☆☆☆
14

post (after) + rior 비교급 접미어 → '~보다 이후의'에서 유래

a 1 **(공간적으로) 뒤의** / situated behind; back
2 **(시간적으로) 이후의** / coming after; later
- the **posterior** part of a car 자동차의 뒷부분
- events **posterior** to the war 전쟁 이후의 사건들

n **posteriórity** (시간 · 공간적으로) 뒤, 다음 **n** **postérity** 후손, 자손

---

posthumous
[pástʃuməs]
★★★☆☆
15

post (after) + hum (earth) → '땅 속으로 들어간 후에'에서 유래

a 1 **사후의, 사후에 출판된** / happening or published after death; postmortem
2 **유복자로 태어난** / born after the death of the father
- a **posthumous** book 사후에 출판된 책
- a **posthumous** child 유복자로 태어난 아이

postmortem

[poustmɔ́ːrtəm]

★☆☆☆☆

16

post (after) + mort (death) → '죽은 후의'에서 유래

n 1 **시체 해부[검시]** / an examination after death; autopsy
2 **사후(事後) 검토[분석]** / an examination of plan that failed in order to discover the cause

- a **post-mortem** on the dead body 사체에 대한 시체 검시
- a **post-mortem** on the company's poor sales results 그 회사의 빈약한 판매 실적에 대한 사후 분석

---

postscript

[póustskript]

☆☆☆☆☆

17

post (afte) + scrip<scribe (write) → '맨 뒤에 쓰는 글'에서 유래

n (편지의) **추신**, (책의) **후기** / a short addition to a letter or book

- add a brief **postscript** to one's letter 자신의 편지에 간단한 추신을 첨가하다

cf 약자 : **p.s.**

동의어 / 반의어

09	**panacea**	=	cure-all / nostrum / elixir / universal remedy ◎ 동의어 보강
10	**panegyric**	=	eulogy / encomium / citation / salutation / tribute
11	**pantomime**	=	dumb show
12	**periphery**	=	circumference / ambit / circuit / compass / perimeter
13	**polygamy**	=	polyandry
14	**posterior**	=	later / subsequent / following / ensuing / succeeding ↔ anterior
15	**posthumous**	=	post-mortem / post-obituary ↔ antemortem
16	**postmortem**	=	autopsy / necropsy
17	**postscript**	=	appendix / addendum

동의어 보강

다재다능한 09	필수	versatile 다재다능한
	고급	all-purpose 다목적의, 만능의 / all-round 전반적인; 다재다능한 / many-sided 다변의, 다재다능한 / multifarious / multi-purpose 다목적의 / protean 변화무쌍한; 다방면의 / well-rounded 포동포동한; 균형이 잡힌; 다재다능한
	참고	panacea 만병통치약 / jack-of-all-trades 팔방미인 / gifted 재능이 있는
세속적인	필수	earthly 세속적인 / secular 세속적인 / worldly 세속적인 / mundane 세속적인 / temporal 현세의; 일시적인
	고급	fleshly 관능적인; 세속적인 / terrestrial 지상의, 속세의
실용적인	필수	practicable 실용적인 / realistic 현실적인 / utilitarian 공리주의의, 실용적인 / practical 실용적인 / serviceable 실용적인 / utility 유용, 공리, 공익설비; 실용적인
	고급	down-to-earth 실제적인; 세상물정에 밝은 / pragmatic 실용적인
	반의어	비현실적인 / impractical / unrealistic / idealistic 이상주의의 / armchair 탁상공론의, 이론뿐인
천상의	필수	celestial 천국의, 거룩한 / heavenly 천국의 / unearthly 천국의
	고급	empyreal 천상의, 하늘의 / ethereal 가벼운, 영묘한 / supernal 천상의, 숭고한
	참조	lofty 매우 높은, 고상한 / metaphysical 형이상학의 / sublime 숭고한, 거룩한

proto-

▶ 접두어 proto-는 Greek 계통의 접두어로서 '처음(first)'의 의미를 지닌다.

protagonist
[proutǽgənist]
☆☆☆☆☆
18

prot<proto (first) + agon (struggle) → '처음으로 투쟁하는 사람'에서 유래

n 1 (연극의) **주연,** (소설 · 이야기의) **주인공** / the main character in a play or story; hero[heroine]
2 (주의(主義) 따위의) **주창자, 지도자** / a person who takes a leading part; pioneer

- The opposite of **protagonist** is deuteragonist. 주연의 반대는 조연이다.
- a leading **protagonist** of the women's movement 여성 운동의 주도적인 주창자

---

protocol
[próutəkɔ:l]
☆☆☆☆☆
19

proto (first) + col<coll (glue) → '문서에 붙여진 최초의 풀'에서 유래

n 1 **외교 의례[의정서]** / the rules of etiquette of the diplomatic corps, courtesy
2 (정보 전송을 위한) **통신 규약, 프로토콜** / an established method of connecting computers so that they can exchange data

- **Protocol** demands that the queen meet him at the airport.
외교 의례에 의하면 여왕이 공항에서 그를 만나야 한다.
- use a different **protocol** with the new modem 새 모뎀에 다른 프로토콜을 사용하다

---

prototype
[próutətaip]
★☆☆☆☆
20

proto (first) + type 형태 → '최초의 형태'에서 유래

n **원형, 본보기** / the first or primary type of anything; original

- the **prototype** of a new car 새로운 차의 원형

a **prototýpical** 원형의, 모범의

syn-

▶ 접두어 syn-는 Latin 계통의 접두어로서 '함께(together), 같은(same)'의 의미를 지닌다.

symmetric(al)
[simétrikəl]
★☆☆☆☆
21

sym<syn (together) + metr (measure) → '서로 치수가 같은'에서 유래

a **균형이 잡힌, 대칭적인** / having both sides exactly alike; balanced

- The leaves of most trees are **symmetric**. 대부분의 나뭇잎은 대칭적이다.

v **sýmmetrize** ~의 균형을 잡다 **n** **sýmmetry** 대칭(↔ asymmetry)

---

symptom
[símptəm]
★★★★☆
22

sym<syn (together) + pt<piptein (fall) → '여러 가지가 함께 떨어짐'에서 유래

n 1 **증상, 조짐** / an outward sign of a bad condition; indication
2 **≪병리≫ 징후** / an outward sign of disease

- a **symptom** of widespread dissatisfaction among the work force
전직원 사이에 퍼진 불만의 조짐
- a **symptom** of illness 병의 증상

a **symptomátic** <of> ~을 나타내는

---

synchronize
[síŋkrənaiz]
★☆☆☆☆
23

syn (together) + chron (time) → '같은 시간에 일어나다'에서 유래

vi (두 사건이) **동시에 일어나다** / occur at the same time; coincide

- one event **synchronizes** with another 한 사건이 다른 사건과 동시에 일어나다

vt 1 **동일 시간으로 맞추다** / make agree in time
2 **≪영화≫ 동시 녹음하다** / make sound and action coincide

- **synchronize** all the clocks in a building 건물의 모든 시계들을 같은 시간으로 맞추다
- **synchronize** the soundtrack with the film 그 영화와 사운드 트랙을 동시 녹음하다

n **synchronizátion** 동시 발생; 시간 맞추기; 동시 녹음
a **sýnchronous** 동시의(concurrent)

syndicate

[síndikət]

☆☆☆☆☆

24

syn (together) + dic (judgement) → '함께 재판 받는 단체'에서 유래

n 1 **기업[개인] 연합, 신디케이트** / a group of companies or persons combined together for particular purpose; cartel

- form a **syndicate** to bid for the big new contract 대규모의 새로운 계약에 입찰하기 위해 기업 연합을 조직하다

v 1 [síndikeit] **~을 신디케이트로 조직하다** / organize into as a syndicate

2 (기사 등을) **동시에 각종 신문사에 배급하다** / sell through a syndicate for simultaneous publication

- **syndicate** a number of newspapers 많은 신문사들을 신디케이트로 조직하다
- His column is **syndicated** through America. 그의 컬럼은 미국 전역의 각종 신문사에 동시에 배급된다.

n **syndicátion** 신디케이트 조직

---

synthesis

[sínθəsis]

★☆☆☆☆

25

syn (together) + thes (put) → '함께 놓음'에서 유래

n 1 **종합, 통합** / the combination of parts into a whole; integration

2 ≪화학≫ **합성, 인조** / the formation of a compound by the chemical union of various elements

- a **synthesis** of Eastern and Western religions 동서양 종교들의 통합
- the **synthesis** of rubber from petroleum 석유로부터 고무의 합성

v **sýnthesize** 종합[통합]하다

a **synthétic** 인공적인, 합성의(artificial); 종합적인

= 동의어 ↔ 반의어

18	**protagonist**	=	hero / leader / champion / exponent ↔ antagonist ● 동의어 보감
19	**protocol**	=	diplomacy / decency / decorum / etiquette / propriety
20	**prototype**	=	model / archetype / original / pattern / precedent
21	**symmetric(al)**	=	balanced / proportional / commensurate ↔ asymmetric
22	**symptom**	=	indication / sign / hint / suggestion / inkling
23	**synchronize**	=	coincide / concur / happen together
24	**syndicate**	=	cartel / conglomerate / association / union
25	**synthesis**	=	integration / unification / generalization / colligation ↔ analysis

● 동의어 보감

외치다 · 소리치다 18	필수	exclaim 외치다 / scream 외치다 / yell 외치다 / howl 울부짖다 / shout 외치다 / roar 외치다 / utter 외치다
	고급	bellow 큰 소리로 울다 / ejaculate 갑자기 외치다 / shriek 새된 소리를 지르다
	숙어	blurt out / cry out / rap out
	참고	protagonist 주창자 / ideology 이데올로기, 이념 / entourage 수행원, 추종자 / followership 추종자, 문하생
호언장담하는	필수	pompous 과장된, 젠체하는 / swollen 과장된, 거만한
	고급	bombastic 과장된, 허풍의 / grandiloquent 과장된, 허풍 떠는 / overblown 부풀린; 과장된 / vaunting 자랑하는, 호언장담하는
	숙어	talk tall 호언장담하다
	참고	braggart 허풍선이

tele-

▸ 접두어 tele-는 Greek 계통의 접두어로서 '먼(distant)'의 의미를 지닌다.

telegraph
[téligræf]
☆☆☆☆☆
26

tele (distant) +
graph (write) →
'글을 써서 멀리 보냄'
에서 유래

n 1 **전신, 전보** / a method of sending messages either by using radio signals or electrical signals along wire
2 **전신기** / apparatus for sending coded messages
- by **telegraph** 전신으로
- invent the **telegraph** 전신기를 발명하다

v **전신을 보내다** / send or inform by telegraph; wire
- **telegraph** somebody the result ~에게 결과를 전보로 알리다

n **telégraphy** 전신술 **a** **telegráphic** 전신의, 전보의 • a **telegraphic** code 전신부호

telepathy
[təlépəθi]
☆☆☆☆☆
27

tele (distant) +
path (feel) →
'멀리 떨어진 상태에서 느낌'
에서 유래

n **정신 감응, 이심전심** / the sending of thoughts from one mind to another without the ordinary use of the sense
- understand each other by a sort of **telepathy** 이심전심으로 서로의 기분을 알다

v **telépathize** 텔레파시로 전하다 **a** **telepáthic** 정신 감응의, 이심전심의

uni-

▸ 접두어 uni-는 Latin 계통의 접두어로서 '하나(one)'의 의미를 지닌다.

unanimous
[ju:nǽnəməs]
★★★★☆
28

un<uni (one) +
anim (mind) →
'하나의 마음'에서 유래

a **만장일치의, 동의하는** / all agreeing completely; consentient
- a **unanimous** vote 만장일치의 표결

n **unanímity** (의견 따위의) 일치, 합의

unification
[ju:nəfikéiʃən]
☆☆☆☆☆
29

uni (one) +
fic (make) →
'하나로 만드는 것'에서 유래

n **통일, 단일화** / an act or result of unifying; union
- The **unification** of Italy resulted in a single country instead of several kingdoms. 이탈리아의 통일은 여러 왕국들 대신에 단일 국가를 낳았다.

vt **únify** ~을 통일[단일]하다

unison
[jú:nəsn]
☆☆☆☆☆
30

uni (one) +
son (sound) →
'하나의 소리'에서 유래

n (소리 · 목소리 따위의) **일치, 조화** / concord or agreement; harmony
- They responded in **unison** to her question. 그들은 그녀의 질문에 똑같이 대답하였다.

a **unísonous** 동음의, 일치한

unity
[jú:nəti]
☆☆☆☆☆
31

un<uni (one) →
'하나임'에서 유래

n 1 **단일, 통일체** / the state of being united; unification
2 **일치, 화합** / harmony; unison
- find **unity** in variety 다양성 가운데 통일을 찾아내다
- live in **unity** with all 누구와도 사이좋게 살아가다

vice-

▸ 접두어 vice-는 Latin 계통의 접두어로서 '대신에(instead of)'의 의미를 지닌다.

vice-president
[váis-prézidənt]
☆☆☆☆☆
32

vice (deputy) +
president 대통령 →
'대통령을 대신하는 사람'
에서 유래

n **부통령, 부회장, 부사장** / an officer next in rank to the president
- our executive **vice-president** for marketing 마케팅에 관해 실세인 우리의 부사장

a **více-presidéntial** 부통령(부회장, 부사장, 부총장)의

with- ▸ 접두어 with-는 Anglo-Saxon 계통의 접두어로서 '뒤(back) · 저항(against)'의 의미를 지닌다.

withdraw
[wiðdrɔ́ː]
★★★★★
33

with (back) + draw 끌다 → '뒤로 끌다'에서 유래

vt 1 (돈을) **인출하다, 회수하다** / take back
2 **물러나(게 하)다, 철회하다** / (cause to) move back; draw back

- **withdraw** $500 from one's bank account 자신의 은행 계좌에서 500 달러를 인출하다
- The general **withdrew** his army. 그 장군은 자신의 군대를 철수시켰다.

n **withdráwal** 인출; 철수 **cf** **withdráwal symptoms** 금단 증세

withhold
[wiðhóuld]
★☆☆☆☆
34

with (back) + hold 잡다 → '(앞으로 나가려는 것을) **뒤로 붙잡다**'에서 유래

v **보류하다, 억제하다** / keep back on purpose; restrain

- **withhold** one's payment 지불을 보류하다

a **withhéld** 보류된

withstand
[wiðstǽnd]
★☆☆☆☆
35

with (against) + stand 서다 → '**반대 입장에서 맞서다**'에서 유래

vt (사람 · 힘 · 곤란에) **항거하다, 견디어 내다** / stand against or hold out against; resist

- They **withstood** the enemy's attack. 그들은 적의 공격에 항거했다.

동의어 / 반의어

26	**telegraph**	=	telegram / dispatch
27	**telepathy**	=	psychomancy
28	**unanimous**	=	concurrent / concordant / harmonious / solid / like-minded ⊙ 동의어 보감
29	**unification**	=	union / combination / consolidation / coalition ↔ disunification
30	**unison**	=	concurrence / consensus / conformity / consistency
31	**unity**	=	oneness / singleness / singularity / congruity ↔ disunity
32	**vice-president**	=	director
33	**withdraw**	=	retract / recoil / recant / draw back / take back
34	**withhold**	=	retain / reserve / restrain / hold back ↔ accord
35	**withstand**	=	resist / defy / oppose / confront / stand against ↔ capitulate

동의어 보감

분파 · 파벌 28	필수	cabal 비밀결사, 음모집단 / faction 당파 / sect 종교 분파 / clan 씨족, 족 / ramification 가지, 분파; 결과 / cult 종파, 소수 신앙 집단 / ring 도당, 동맹
	고급	clique 파벌, 도당 / coterie 한패, 동아리 / schism (교회의) 분파
	참고	nonpartisan 초당파의, 무소속인 / bipartisan 양당 연립의, 초당파적인 / unanimity 만장일치
쪼개다 · 나누다	필수	bisect 양분하다 / dichotomize 양분하다 / prune (가지를) 치다 / chop 잘게 썰다 / disunite 쪼개다 / sever 절단하다 / cleave 쪼개다; 고수하다 / divide 나누다 / slice 얇게 썰다 / cut 쪼개다 / mince 잘게 썰다 / split 쪼개다 / dice 주사위 꼴로 자르다 / part 쪼개다 / trim 다듬다, 자르다
	고급	hack 난도질하다, 썰다 / halve 양분하다 / hew 토막 내다 / mow 풀을 베다
	숙어	cut in two 양분하다

Check-up Test

01. The modest hero blushed as he listened to the panegyric uttered by the speaker about his valorous act.
ⓐ dictum ⓑ ordinance ⓒ eulogy ⓓ perjury

02. The movie was difficult to watch because the soundtrack and the picture were synchronized.
ⓐ aimed ⓑ deserted ⓒ coincided ⓓ subsidized

03. The vote for the treaty was unanimous.
ⓐ limited ⓑ concurrent completely ⓒ acrimonious ⓓ unsightly

04. A portion of an employee's wages is withheld by employer for income taxes.
ⓐ borrowed ⓑ retained ⓒ guaranteed ⓓ paid

05. Alligators are unable to withstand extreme temperature.
ⓐ escape ⓑ exploit ⓒ measure ⓓ tolerate

06. She was so multiloquent about her experiences and family that her friends kept her at a distance.
ⓐ loquacious ⓑ logical ⓒ tepid ⓓ frigid

07. Stung by the high-octane rhetoric emanating from Capital Hill over Taiwan, China has _______ the congressional liaison staff to fire the diplomats.
ⓐ withdrawn ⓑ relinquished ⓒ beefed up ⓓ laid off

08. It is very dangerous idea that science has become omnipotent.
ⓐ immortal ⓑ grandiloquent ⓒ almighty ⓓ opulent

09. Red jungle fowls are _______ , eating a wide range of insects, earthworms and berries.
ⓐ officious ⓑ omnivorous ⓒ off-hand ⓓ obsolete

10. Although research has shown that asparagus does contain many important nutrients, it is not, as it was once regarded, a panacea.
ⓐ a cure-all ⓑ an anomaly ⓒ a life-form ⓓ a delicacy

11. The Garden of Eden, a novel by Ernest Hemingway, was published posthumously.
ⓐ after his death ⓑ after much debate ⓒ after his discovery ⓓ after much revision

12. The postmortem examination showed that he was a natural death.
ⓐ autopsy ⓑ analysis ⓒ association ⓓ catharsis

13. Companies are increasingly keen to contract out peripheral activities like training.
ⓐ minor ⓑ hostile ⓒ important ⓓ momentous

14. The graduate committee must be in full accord in their approval of a dissertation.
ⓐ indecisive ⓑ vocal ⓒ unanimous ⓓ sullen

15. France is the only other country to offer congratulations, although it retracted the statement within 24 hours.
ⓐ confirmed ⓑ revised ⓒ announced ⓓ withdrew

16. As the two of you that, you try to sound as nonchalant as possible, even though your heart is pounding.
ⓐ indifferent ⓑ anxious ⓒ keen ⓓ frantic

17. Getting a good education is not a panacea. Unfortunately, it will not automatically get you a good job.
ⓐ goal ⓑ problem ⓒ practice ⓓ cure-all

18. The process by which malignant cancer cells multiply isn't fully understood.
ⓐ generate ⓑ lessen ⓒ append ⓓ swell

19. He is no longer the neophyte but a fully polished player.
ⓐ veteran ⓑ pedant ⓒ novice ⓓ bachelor

20. The dog had a serious injury in the posterior leg.
ⓐ hind ⓑ behind ⓒ right ⓓ left

21. The robot may serve as a prototype for mining and construction vehicles.
ⓐ agent ⓑ model ⓒ disciple ⓓ device

22. They seemed to communicate by ______ without talking.
ⓐ telephone ⓑ sympathy ⓒ telepathy ⓓ microphone

23. The book, published ______, revived interest in the author who had just passed away.
ⓐ posthumously ⓑ anonymously ⓒ privately ⓓ secretly

24. All of us must agree on the plan, but so far we have not achieved ______.
ⓐ animosity ⓑ unanimity ⓒ serenity ⓓ equanimity

25. You had better have a chorus of exuberant male voices sing the lyrics in unison.
ⓐ harmony ⓑ osmosis ⓒ incision ⓓ disjunction

정답 **01.** c **02.** c **03.** b **04.** b **05.** d **06.** a **07.** a **08.** c **09.** b **10.** a **11.** a **12.** a **13.** a **14.** c
15. d **16.** a **17.** d **18.** d **19.** c **20.** a **21.** b **22.** c **23.** a **24.** b **25.** a

881 **vivacious** [vivéiʃəs] ☆☆☆☆☆

viv (lively 생기에 넘친) → '생기 넘치고 활발한' 에서 유래

[a] **활발한** / vigorous; animated
- a **vivacious** girl 활발한 소녀

[n] **vivácity** 활발; 장난

---

882 **vociferous** [vousífərəs] ★☆☆☆☆

voc (voice 목소리) + fer (carry 운반하다) → '목소리가 커 크게 외치는' 에서 유래

[a] **큰소리로 외치는** / expressing your opinions loudly and strongly; clamorous
- a **vociferous** crowd 큰소리로 외치는 군중

---

883 **vogue** [voug] ★☆☆☆☆

vog (fluctuate 변동하다) → '매번 변하는 유행' 에서 유래

[n] **유행** / something currently being done or used; fashion
- the **vogue** of miniskirts 미니 스커트의 유행

---

884 **volatile** [válətil] ★★★☆☆

vola (fly 날다) → '쉽게 날아가 버리는 휘발성의' 에서 유래

[a] **휘발성의** / easily changing into a gas **; 변덕스러운** / fickle; capricious
- **volatile** liquid 휘발성 액체
- **volatile** character 변덕스러운 성격

---

885 **volition** [voulíʃən] ★☆☆☆☆

vol (will 의지)

[n] **의지(력)** / power of using one's own will; discretion
- select the dress of one's own **volition** 자신의 의지대로 의상을 고르다

[a] **volitional** 의지의; 의욕적인

---

886 **voluble** [váljubl] ★★★★☆

vol (roll 굴리다) → '혀를 잘 굴리며 유창한' 에서 유래

[a] **다[달]변의** / talking a lot; fluent
- a **voluble** speaker 달변가

---

887 **voluptuous** [vəlʌ́ptʃuəs] ★☆☆☆☆

volupt (pleasure 기쁨) → '성적으로 기쁨을 주는, 육감적인' 에서 유래

[a] **육감[관능]적인** / gratifying the sense; sensual
- the dancer's **voluptuous** movements 그 댄서의 육감적인 움직임

---

888 **voracious** [vɔːréiʃəs] ★☆☆☆☆

vor (eat 먹다) → '마구 먹어대 게걸스러운' 에서 유래

[a] **게걸스러운** / eating or wanting large quantities of food; ravenous
- a **voracious** shark 게걸스레 먹는 상어

[n] **vorácity** 폭식; 탐욕

---

889 **vouch** [vautʃ] ★☆☆☆☆

vouc<voc (call 외치다) → '크게 옳다고 외쳐 단언하다' 에서 유래

[v] **보증하다, 단언하다** / declare one's belief; guarantee
- I can **vouch** for his character. 그의 인격을 보증할 수 있다.

[n] **vóucher** 보증인, 상품권, 증명서 [n] **vouchée** 피 보증인

---

890 **vulnerable** [vʌ́lnərəbl] ★★★★★

vulner (wound 상처)

[a] **상처 입기 쉬운** / easily harmed or hurt; weak; susceptible
- a **vulnerable** young child 상처 입기 쉬운 어린 아이

[n] **vulnerabílity** 상처받기 쉬움, 취약성

---

891 **waive** [weiv] ★☆☆☆☆

waive<weyver (abandon 포기하다) → '가지고 있는 권리를 포기하다' 에서 유래

[vt] **(권리 등을) 포기하다** / give up; relinquish
- **waive** one's claim for something ~에 대한 자신의 요구를 포기하다

[n] **wáiver** 권리 포기 증서

---

892 **wane** [wein] ★★★☆☆

wane<wanian grow less 더 작아지다 → '점점 더 작아지다' 에서 유래

[vi] **작아지다, 이지러지다** / become gradually weaker; ebb

[n] <on> **감소; (달의) 이지러짐** / dwindling
- Her popularity was beginning to **wane**. 그녀의 인기는 시들기 시작했다.

893 **wanton**
[wántən]
★☆☆☆☆

wan (want 원하다) + ton (train 훈련하다) → '훈련을 필요로 할 만큼 방종한' 에서 유래

a **무자비한** / done maliciously; merciless; **방종한, 방탕한** / loose; lewd
- an act of **wanton** aggression 무자비한 공격 행위

---

894 **wary**
[wέəri]
★★★☆☆

war (attentive 주의 깊은)

a **조심성 있는** / careful; vigilant
- be **wary** of strangers 낯선 사람들을 조심하다 v **ware** 주의하다, 조심하다

---

895 **wheedle**
[hwí:dl]
★★★☆☆

wheedle<wedeln (wag the tail 꼬리를 흔들다) → '꼬리를 흔들 듯 상대에게 아첨하여 설득하다' 에서 유래

vt <into> **감언으로 꾀다** / persuade by flattery, smooth words; cajole
- She **wheedled** me into lending her my money.
그녀가 나를 구슬려 내 돈을 자기에게 빌려 주게 했다.

---

896 **whimsical**
[hwímzikəl]
★☆☆☆☆

whim<whimwham (fancy 공상) → '공상으로 인해 생각이 갑자기 떠오르는' 에서 유래

a **변덕스러운** / unusual or strange and often amusing; capricious
- **whimsical** weather 변덕스러운 날씨

n **whim** 변덕

---

897 **whitewash**
[hwáitwaʃ]
★★★☆☆

white 흰 + wash 씻다 → '하얗게 발라 깨끗이 함으로써 결점이나 진실을 덮는 것' 에서 유래

n **백색 도료** / a mixture of chalk or lime and water; **속임수** / the act of covering up faults; camouflage
v **회칠하다; 속이다** / cover up the faults
- try to **whitewash** the incident 사건을 은폐하려 하다

---

898 **worldly**
[wə́:rldli]
★★★★☆

world 세상 → '세상에 속한' 에서 유래

a **세속의** / engrossed in matter of this earth; mundane
- **worldly** ambitions 세속적인 야심

---

899 **zealot**
[zélət]
★☆☆☆☆

zeal 열정 → '열정적으로 날뛰는 사람' 에서 유래

n **열광자** / someone who has extremely strong beliefs; fanatic
- religious **zealot** 종교적 열광자 n **zeal** 열의, 열성

---

900 **zenith**
[zí:nəθ]
★★★☆☆

zenith<semita (path 길) → '태양이 지나가는 머리 위의 길' 에서 유래

n **정점** / the most successful point; acme
- reach the **zenith** of one's power 권력의 정점에 도달하다

Check-up Test

1. The market will be robust, if a little volatile in 2008, buoyed by immigration, lower interest rates and a lack of supply.
ⓐ prolific ⓑ vulnerable ⓒ explosive ⓓ predictable

2. She is a voracious reader of all kinds of love stories.
ⓐ romantic ⓑ imaginative ⓒ gluttonous ⓓ securely

3. Young people are vulnerable to the influences of television and the internet.
ⓐ persuaded by ⓑ appeased by ⓒ programmed to ⓓ susceptible to

4. As an act of solidarity with his fellow employees, the president of the company volunteered to forgo his salary.
ⓐ renege ⓑ bestow ⓒ dole ⓓ waive

5. Infants as young as 4 months can tell when a speaker switches languages just by watching the mouth ? a marker of how important visual cues are to language learning. But by 8 months, only babies raised in bilingual households have this ability; without continued exposure, some perceptual abilities ______.
ⓐ recuperate ⓑ intensify ⓒ evolve ⓓ wane

정답 **1.** c **2.** c **3.** d **4.** d **5.** d

※ 복합어(compound words)는 숙어들이 한 단어로 결합된 형태가 많기 때문에 중요 빈출 숙어 파트를 모두 학습하고 나서 보는 것이 좋습니다.

기타 복합어

- **about-face** / 180도의 입장변화 volte-face, about-turn
- **aide-de-camp** / (장성 전속의) 부관
- **belly-land** / (비행기 고장으로) 동체 착륙하다 crash-land
- **brass-collar** / 자기 정당의 의견을 항상 지지하는
- **cat-and-dog** / 사이가 나쁜
- **clockwise** / 시계방향으로 sunwise
- **cross-examine** / (증인에게) 반대 심문하다
- **cross-purposes** / (두 사람이 서로) 동문서답을 하는
- **custom-built** / 주문 제작한 custom-made
- **devil-may-care** / 태평한 happy-go-lucky, carefree ; 부주의한, 무모한 headlong
- **double-cross** / (공범이) 속이다
- **double-dealer** / 표리부동한 사람 hypocrite
- **double-decker** / 이층 버스; (빵 세 조각의) 이중 샌드위치
- **double-dutch** / 알아들을 수 없는 말
- **double-edged** / 양날의; 두 가지로 해석되는 ambiguous
- **edgewise** / 옆으로 edgeways
- **eye-opener** / 놀라운 사건
- **far-reaching** / 멀리까지 영향을 미치는 extensive
- **foot-and-mouth disease** / 구제역
- **four-letter word** / 욕설 abusive language
- **forthcoming** / 임박한 upcoming ; 기꺼이 말하는 extroverted
- **forthright** / 직설적인, 솔직한 straightforward
- **free-for-all** / 자유 토론; 난투극 free fight
- **full-bodied** / 힘이 센, 뚱뚱한; (술이) 감칠맛이 있는
- **henceforth** / 지금부터 from now on
- **hitherto** / 지금까지 until now
- **hindleg** / 뒷다리
- **hindsight** / (총의) 가늠자; 뒤늦은 지혜
- **hindmost** / 맨 뒤쪽의 rearmost
- **lese-majesty** / 대역죄 treason ; (중요 인물에 대한) 모독
- **level-headed** / 침착한, 분별 있는 judicious
- **light-fingered** / 도벽이 있는; 손재주가 있는
- **light-headed** / 경솔한 flippant, rash
- **like-minded** / 유사한, 같은 생각의 similar, unanimous
- **likewise** / 마찬가지로 as well
- **lop-sided** / 한쪽으로 기운, 균형을 잃은 askew, tilted
- **mind-blowing** / 매우 신나는, 환각 상태로 만드는
- **mouth-watering** / 군침이 도는, 맛있어 보이는 savory
- **parti-colored** / 여러 가지 색의, 다채로운 multicolored
- **point-blank** / 단도직입적인 straightforward
- **red-letter day** / 기억할 만한 날, 기념일 anniversary
- **scissors-and-paste** / 가위와 풀로 편집한, 독창성이 없는 cut-and-dried, mere patchwork
- **second-guess** / 결과를 안 다음에 비판하다, 예측하다
- **short-list** / 최종 선발 후보자 명단 final list
- **sought-after** / 인기 있는, 수요가 많은 popular
- **tight-lipped** / 입을 굳게 다문, 과묵한 reserved
- **touch-and-go** / 위험한, 불안정한 perilous
- **tug-of-war** / 줄다리기, 쟁탈전 scramble, contest
- **two-edged** / 양날의, 두 가지 뜻이 가진 ambiguous
- **two-time** / (애인 · 배우자)를 배신하다, 바람피우다 cheat on
- **volte-face** / (의견 등의) 180도 방향 전환 about-face
- **weather-beaten** / 비바람에 시달린 weatherworn ; 햇볕에 그을린
- **weather-bound** / 악천후로 움직이지 못하는
- **wheeler-dealer** / 수완이 좋은 사업가 go-getter

PART 2

기본어휘

BASIC WORDS

MD VOCA 33000의 Part 2 기본어휘는 기본어휘 실력이 어느 정도 갖추어져 있는 학생들이 간단하면서도 효율적으로 자신의 실력을 체크하고 보완을 할 수 있도록 마련하였습니다. 그러므로 MD를 잡으면 우선 이 파트를 자신이 모르는 부분에 유념하면서 빠르게 정리하셔야 합니다. 만약 본서의 기본어휘 편을 공부하는 것이 많이 부담스럽다면 그것은 자신의 기본어휘 실력이 많이 부족하다는 것을 의미하는 것이기 때문에, 따로 고교 기본어휘 전문 어휘교재인 「고필히 영단어」를 미리 학습하실 것을 강력히 권합니다. 기본어휘 실력이 튼튼하지 않으면 결코 제대로 된 어휘실력을 갖출 수 없다는 점을 명심하시기 바랍니다.

① 다의어

② Speed Check

다의어

abide
[əbáid]
★★★☆☆

v ① **살다** stay ② 〈by〉 **준수하다** stick to, obey
③ **~을 참다** bear ; tolerate

- **abide** by (약속 등을) 지키다

n. **abode** 주소, 거주지

---

absent
[ǽbsənt]
★☆☆☆☆

a ① **~에 빠진** missing ② **멍한** absent-minded

v **결석하다** keep away

- be absent from ~에 결석하다

n. **ábsence** 부재, 결석; 결핍 lack
n. **absentée** 결석[부재]자

---

absorb
[æbsɔ́:rb]
★★☆☆☆

vt ① **흡수하다** suck ② **몰두시키다** engross; immerse

- be **absorbed** in ~에 몰두하다

n. **absórption** 흡수; 몰두
n. a. **absórbent** 흡수제; 흡수하는

---

accommodate
[əkámədèit]
★★☆☆☆

vt ① **적응시키다** adapt
② **공간을 제공하다** provide, **수용하다** lodge
③ **남의 부탁을 들어주다** oblige ④ (분쟁을) **조정하다** arrange

n. **accommodátion**
숙소 quarters, 합의 agreement
a. **accómmodating**
(남을) 잘 돌봐주는, 친절한 obliging

---

accord
[əkɔ́:rd]
★☆☆☆☆

n **일치** agreement **vi** 〈with〉 **~와 일치하다**

vt **주다** give

- in **accord** with ~과 조화되는
- of one's own **accord** 자발적으로 voluntarily

n. **accórdance**
일치, 합의, 조화; 인가, (권리 등의) 수여
- in **accordance** with ~와 일치하여

---

account
[əkáunt]
★★★☆☆

n ① **계산** ② (은행) **구좌** ③ **이야기, 설명** description
④ **중요성, 고려** consideration

v ① **설명하다** ② **책임지다** answer for
③ **~라고 생각하다** consider

- on **account** of ~ 때문에 • be of **account** 중요하다
- take **account** of = take into **account** ~을 고려하다 consider
- **account** for 설명하다; 책임지다; ~의 비율을 차지하다

a. **accóuntable** 책임이 있는 responsible
n. **accóuntant** 회계사
cf. **tréasurer** (회사내의) 회계 담당자

---

accuse
[əkjú:z]
★★★☆☆

vt ① **~를 고소하다** charge ② **비난하다** blame

- **accuse** A of B A를 B혐의로 고소하다

a. **accúsed** 혐의를 받는 charged
cf. **accúrsed** 증오할만한
the accúsed (특히 형사) 피고인

---

acquaint
[əkwéint]
★★★☆☆

vt **~에게 알려주다** familiarize

- **acquaint** A with B A에게 B를 알리다
- be **acquainted** with ~에 익숙하다 be familiar with

n. **acquáintance**
친분, 아는 사람; 지식 knowledge

---

address
[ədrés]
★★☆☆☆

n ① **주소** abode ② **연설** speech

v ① **연설하다** deliver ② (문제를) **다루다** deal with

- **address** oneself to ~에게 말하다
- **address** a hard problem 어려운 문제를 다루다

adjust
[ədʒʌ́st]
★☆☆☆☆

v ① 〈to〉 **~에 적응하다** adapt
② **~을 조정하다** arrange

n. **adjústment** 조정
a. **adjústable** 조정할 수 있는

---

admit
[ædmít]
★★★☆☆

vt ① **인정하다** ② (입장) **허가하다** let in

n. **admíssion** 입장(료), 입회; 인정
n. **admíttance** 입장(권리)

---

advance
[ædvǽns]
★☆☆☆☆

v ① **전진하다** proceed; go forward ② (의견을) **제출하다** present

n **선불**
- in **advance** 미리

a. **advánced** 발달한, 고수준의

---

advise
[ædváiz]
★☆☆☆☆

v **~에게 충고[조언]하다** admonish
- **advise** A of B A에게 B를 알리다

n. **advíce** 충고; <pl.> 보고
a. **advísable** 권할만한; 현명한
a. **advísory** 충고의, 자문의

---

affect
[əfékt]
★★★★★

vt ① **영향을 미치다** influence; have an effect on
② **~인 체하다** pretend

n. **afféction** 애정 fondness
n. **affectátion** 거짓, 꾸밈 pretense
a. **afféctionate** 다정한 fond
a. **affécted** 가장된, 꾸민 artificial; 병에 걸린

---

afford
[əfɔ́:rd]
★★★☆☆

v ① (시간적 · 금전적) **여유가 있다** ② **주다, 공급하다** provide
- cannot **afford** (to buy) a new car 새 차를 살 여유가 없다

a. **affórdable** (가격이) 적당한 reasonable

---

ahead
[əhéd]
☆☆☆☆☆

ad ① **앞에, 미래에** in the future ② **미리**
- **ahead** of ~에 앞서, ~보다 먼저
- get **ahead**[on] 성공[출세]하다

---

alight
[əláit]
☆☆☆☆☆

v ① 〈on〉 **~에 내려앉다** ② 〈from〉 **~에서 내리다** get off

a **빛나는, 불타는** afire

---

check-up Test

1. Robert did not hear the bell because he was completely ________ in his reading.
ⓐ bent ⓑ suspended ⓒ absorbed ⓓ confirmed

2. In making the final decision, each applicant's age, health condition and job experience are taken into account.
ⓐ numbered ⓑ stabilized ⓒ contrasted ⓓ considered

3. The police accused him of theft.
ⓐ charged ⓑ affirmed ⓒ declared ⓓ aroused

4. You should try to ________ yourself with the facts before you express an opinion.
ⓐ familiar ⓑ inform ⓒ acquaint ⓓ apprise

5. Public access to most libraries began in the nineteenth century.
ⓐ funding for ⓑ admiration for ⓒ admittance to ⓓ contribution to

정답 **1.** c **2.** d **3.** a **4.** c **5.** c

allowance [əláuəns] ★★★★☆

n ① 허용 admission ② (세금) 공제액 deduction
③ 수당, 용돈 pocket money ④ 고려, 참작 consideration
- make allowance for ~를 고려하다

v. allów
허락[허가]하다 permit; (시간, 돈을) 주다 give
- allow for
~을 고려[감안]하다 take account of

---

alternate [ɔ́:ltərnət] ★☆☆☆☆

a 번갈아 하는 alternative • alternate energy 대체 에너지
n 교대자
v [-neit] <with, between> 번갈아 일어나다

n. alternátion 교대
n. a. altérnative 대안(적인) another choice
ad. álternately 교대로 by turns

---

apart [əpá:rt] ★☆☆☆☆

ad 따로따로, 떨어져 asunder
- apart from ~은 제쳐 놓고, ~은 제외하고 aside from
- know[tell] ~apart ~을 구별하다

n. apártment 아파트 flat

---

appeal [əpí:l] ★☆☆☆☆

n ① 호소, 간청 entreaty ② 매력, 흥미 interest
vi ① 호소하다, 간청하다 beg ② ~의 흥미를 끌다 attract
- appeal to[against] ~에 항소하다

a. appéaling 매력적인; 호소하는

---

apply [əplái] ★☆☆☆☆

v ① 적용하다 ② 사용하다 use ③ 신청[지원]하다 request
- apply A to B A를 B에 적용하다
- apply for 지원하다
- apply oneself to ~에 전념[노력]하다 devote oneself to

n. applicátion 신청; 적용; 전념 diligence
n. ápplicant 신청[지원]자
n. applíance (특히 가정용) 전기 기구
a. ápplicable 적용될 수 있는, 유효한
a. applíed 응용된 ↔ pure

---

appreciate [əprí:ʃièit] ★★★☆☆

vt ① ~의 진가를 인정하다 recognize
② 인식하다, 이해하다 understand
③ ~을 고맙게 여기다 be grateful for
vi 가치 상승하다 ↔ depreciate

n. appreciátion
감상; 이해; 감사; (가격의) 상승 markup
a. appréciative 감사해하는; 감탄하는
a. appréciable 상당한 considerable

---

approach [əpróutʃ] ☆☆☆☆☆

vt ① ~에 접근하다 approximate
② (일에) 착수[대처]하다 get down to
n 접근 access

a. appróachable 친근감 있는 friendly

---

arrange [əréindʒ] ★☆☆☆☆

vt ① 정돈하다 order ② 준비하다 prepare; set up

n. arrángement
정돈; 조정, 합의 accommodation;
준비 preparation

---

assign [əsáin] ★★★☆☆

vt ① 할당하다 allot ② 임무를 주다 appoint
③ ~탓으로 돌리다 attribute

n. assígnment 임무 mission; 숙제

---

associate [əsóuʃièit] ★☆☆☆☆

v ① 연관시키다 connect ② 어울리다 keep company; mingle
n 동료, 패거리 partner a 준(準), 부(副)
- associate with ~와 교류[제]하다
- an associate member 준회원

n. associátion 제휴, 연합 organization; 연상

assume
[əsú:m]
★☆☆☆☆

vt ① **떠맡다** undertake; take on ② **가정하다** suppose
③ **~인 체하다** pretend

n. **assúmption** 가정, 추측; 인수
a. **assúming** 주제넘은, 건방진
a. **assúmed** 거짓의

attach
[ətǽtʃ]
★☆☆☆☆

v ① **붙(이)다** stick ↔ detach ② **애착을 느끼게 하다**
③ **차압하다** seize
- be **attached** to ~에 애착[애정]을 느끼다, ~에 소속[부속]하다

n. **attáchment**
부착; 부속품; 애착 fondness; 차압
cf. **attaché** 대사관원 embassy

attend
[əténd]
★☆☆☆☆

v ① **참석하다** participate in ② **〈to〉 주의하다** deal with
③ **〈on〉 돌보다, 보살피다** ④ **수행[동행]하다** accompany

n. **atténtion** 주의, 주목 care
- pay **attention** to ~에 주의를 기울이다

n. **atténdance** 출석 인원; 시중, 간호
n. a. **atténdant**
수행원, 안내원; 수반하는; 정중한
a. **atténtive** 주의 깊은; 예절 바른 polite

avail
[əvéil]
★★★☆☆

vi **쓸모 있다** be useful vt **~을 이용하다** take advantage of
n **소용, 효과** advantage
- **avail** oneself of ~를 이용하다
- to no **avail** 헛되이

a. **aváilable** 이용할 수 있는
; 입수할 수 있는 usable; obtainable

balance
[bǽləns]
★☆☆☆☆

n ① **균형** equilibrium ② **저울** ③ **나머지, 잔액** ④ (무역) **수지**
v **균형을 잡다**
- hang in the **balance** 불안정하다
- **balance** of trade 무역수지
- the **balance** of the account 계정 잔액

bar
[ba:r]
★☆☆☆☆

v **금지하다** prevent
- **bar** A from doing B A가 B하는 것을 금지하다

n ① **막대기** ② **장애[차단](물)** ③ **술집** ④ <the B-> **변호사직**
prep **~을 제외하고** except

bargain
[bá:rgən]
★★★☆☆

n ① **염가, 싼 물건** ② **거래, 협상** deal
v **거래하다, 협상하다** deal
- a good **bargain** 싸게 산 물건
- into the **bargain** 게다가
- collective **bargaining** 단체 협상
- strike a **bargain** 협상을 타결하다

check-up Test

1. We <u>appealed</u> him not to ruin his life by doing such follies.
ⓐ improved ⓑ implored ⓒ accredited ⓓ identified

2. Also noteworthy is the trend that Korean nationals, who generally prefer cash to credit cards, began to ______ the benefits the travelers checks provide.
ⓐ cover ⓑ appreciate ⓒ eliminate ⓓ alloy

3. It is difficult for each driver to be <u>assigned</u> to a parking space in the metropolis.
ⓐ housed ⓑ failed ⓒ equipped ⓓ allotted

4. I made a mistake and I will ______ responsibility for it.
ⓐ attenuate ⓑ assume ⓒ attain ⓓ attribute

5. When computers became ______ to assist scientific research, several scientists suggested that the computer should be used to translate one language into another.
ⓐ expensive ⓑ productive ⓒ available ⓓ intelligible

정답 **1.** b **2.** b **3.** d **4.** b **5.** c

become
[bikʌ́m]
★★☆☆☆

vi ~로 되다 get; grow
vt 어울리다 match; befit
- become of ~에게 일어나다 happen to

a. becóming 어울리는, 적당한 suitable

belong
[bilɔ́ːŋ]
★☆☆☆☆

vi 속하다 pertain
- belong to ~에 속하다, ~의 것이다

n. belóngings 소지품, 재산 property

benefit
[bénəfit]
★★★☆☆

n ① 이익, 이점 advantage ② 자선 charity ③ 수당, 지급금 subsidy
v 이익을 주다[받다] profit
- child benefit 아동 수당

n. benefíciary 수령자
a. benefícial 이로운, 유익한

betray
[bitréi]
★★☆☆☆

vt ① ~를 배반하다 turn one's coat ② 드러내다 reveal

n. betráyal 배반 treachery; 누설

board
[bɔːrd]
★☆☆☆☆

n ① 판자 ② 게시판 ③ 식사 ④ 위원회 committee
v ① 탑승하다 ② 하숙하다[시키다]
- be on the board 이사회의 일원이다
- a bulletin board 게시판

bond
[bɑnd]
★☆☆☆☆

n ① 묶는 것 ② 속박, 구속 ③ 유대감 tie ④ 채권 ⑤ 접착제
- a bond of friendship 우정어린 유대감
- enter into a bond with ~와 계약을 맺다

case
[keis]
☆☆☆☆☆

n ① 사례, 사건 ② 경우, 예 ③ 주장 argument ④ 병세, 상태 ⑤ 상자, 용기
- a murder case 살인 사건
- make out a case for ~에 대한 옹호론을 펴다

charge
[ʧɑːrdʒ]
★★★☆☆

n ① 책임, 의무 ② 혐의 ③ 요금, 경비
v ① 맡기다, 위탁하다 ② 요금 청구하다 ③ 고소하다 ④ 공격하다 ⑤ 주장하다
- take charge of ~를 떠맡다
- in charge of ~을 맡아서
- on a charge of ~혐의로
- charge A with B A를 B혐의로 고소하다

circumstance
[sə́ːrkəmstæns]
★☆☆☆☆

n ① 상황, 정황 surroundings ② (재정적) 형편
- under no circumstances 어떠한 일이 있더라도[결코]

class
[klæs]
☆☆☆☆☆

n ① 계급, 계층 ② 수업

v. clássify 분류하다
a. clássic 일류의; 대표적인
a. clássical 고전의

collect
[kəlékt]
★☆☆☆☆

v ① 수집하다 gather ② (세금을) 징수하다 raise ③ 마음을 가다듬다 compose
a ad (전화 요금이) 수신자 부담인[으로] toll-free

n. colléction 수집(품); 모금; 더미 pile
a. collécted 차분[침착]한 calm
a. colléctive 총체적인, 공유된 shared

command
[kəmǽnd]
☆☆☆☆☆

n ① **명령, 지휘** control ② (말의) **자유로운 구사** ③ **사령부, 관할부대**
v ① **명령하다** order, direct ② (장소를) **내려다 보다** look down on ③ **받을 만하다** deserve ④ **~을 갖고 있다** ⑤ **쓸 수 있다** hold

- have a good **command** of French 불어를 잘 구사하다

n. **commánder** 사령관, 지휘관
n. **commándment** (십계명의) 계율
a. **commánding** 책임을 맡고 있는; 위엄[권위]있는 authoritative; 내려다보는

---

commit
[kəmít]
★★★☆☆

vt ① **맡기다** entrust ② **약속하다** promise ③ **저지르다** perpetrate

- **commit** oneself to ~ing ~하는데 헌신하다
- **commit** oneself to do ~하겠다고 약속하다

n. v. **commíssion** 수수료 margin ; 임무, 일 task; <C-> 위원회 committee ; ~에게 위임하다, ~를 임명하다 appoint
n. **commítment** 약속; 헌신, 전념 enthusiasm
n. **commíttee** 위원회 board
n. **commíssioner** 장관 minister; (위원회의) 위원
a. **commítted** 헌신적인 devoted ; 약속[다짐]한

---

communicate
[kəmjúːnəkèit]
☆☆☆☆☆

v ① **의사소통하다** ② **전달하다**

- **communicate** with ~과 의사소통하다
- **communicate** A to B A를 B에게 전달하다

a. **commúnicable** 접촉 전염성의 contagious

---

compact
[kəmpǽkt]
★☆☆☆☆

v **~을 압축하다** condense
n ① **휴대용 분첩** ② **소형차** compact car ③ **협정** agreement
a ① **빽빽한** dense ② **간결한** concise ③ **소형의** small

---

compare
[kəmpέər]
★☆☆☆☆

vt ① **~비유하다** liken ② **~을 비교하다** contrast

- **compare** A with B A와 B를 비교하다
- **compare** A to B A를 B에 비유하다

n. **compárison** 유사한 점 similarity; 비교 contrast

---

compete
[kəmpíːt]
★☆☆☆☆

v <with / for> **경쟁하다** contend

n. **cómpetence, -cy** 능력
n. **competítion** 경쟁 rival ; 대회 contest; 경쟁자들
a. **compétitive** 경쟁하는, 경쟁력 있는
- competitive product 경쟁력 있는 제품
- competitive price 경쟁력 있는 가격

a. **cómpetent** 능력[권한]이 있는 ↔ incompetent

Check-up Test

1. The dress you bought for your daughter is not becoming one.
ⓐ suitable ⓑ homely ⓒ formal ⓓ fashionable

2. Her red face betrayed the fact that she was very nervous.
ⓐ covered ⓑ hid ⓒ revealed ⓓ did not show

3. The essence of classicism in music is formality of design combined with command of context.
ⓐ observation ⓑ love ⓒ awareness ⓓ mastery

4. The candidate issued electoral commitment during the bandwagon campaign.
ⓐ promise ⓑ commodious ⓒ sturdy ⓓ vigor

5. In mountainous regions, much of the snow that falls is compacted into ice.
ⓐ broken down ⓑ embedded ⓒ compiled ⓓ compressed

정답 **1.** a **2.** c **3.** d **4.** a **5.** d

complain
[kəmpléin]
★★★☆☆

v 불평하다 grumble
- **complain** of ~에 관하여 불평하다

n. **compláint** 불평, 불만 grievance; 병 illness

---

comply
[kəmplái]
★★★☆☆

vi <with> 따르다 assent; agree

n. **complíance** 준수 observance; 동의 consent
a. **complíant** 순종하는 obedient

---

compose
[kəmpóuz]
★☆☆☆☆

vt ① 구성하다 consist of; be made up of ② 작곡하다 produce ③ 가라앉히다 soothe ④ (분쟁을) 해결하다 settle
- be **composed** of ~로 구성되다
- **compose** oneself 진정하다

n. **composítion** 구성 성분 constituent; 작곡, 작문
n. **compósure** 침착, 냉정 calmness
n. **compónent** 구성, 성분, 부분 element
a. n. **compósite** 혼성의, 합성의 mosaic; 합성물

---

compromise
[kámprəmàiz]
★★★★☆

n 타협, 절충 arrangement v 타협하다 meet halfway
- **compromise** on a price 가격에 대해 타협을 보다

a. **cómpromising** 타협적인; 수치스러운 shameful

---

conceive
[kənsí:v]
★☆☆☆☆

v ① ~을 생각해 내다 think of ② 임신하다 become pregnant

n. **cóncept** 개념 notion
n. **concéption** 개념 idea; 임신 pregnancy
cf. **contracéption** 피임

---

concern
[kənsə́:rn]
★★☆☆☆

vt ① 관련시키다 relate to ② 걱정시키다 worry
n ① (책임이나 알 권리가 있는) 일 business ② 걱정, 염려 anxiety ③ 회사 company
- be **concerned** with ~와 관계가 있다
- be **concerned** about ~에 대해 염려하다

a. **concérned** 걱정[염려]하는; 간절히 바라는; 관계되어 있는
prep. **concérning** ~에 관하여

---

concert
[kánsə:rt]
★☆☆☆☆

n ① 공연, 콘서트 performance ② 일치, 조화 concord
- in **concert** 일제히, 협력[제휴]하여

v. **concérted** 협력[협동]된 combined
cf. **disconcért** ~를 당황하게 하다 perturb

---

condition
[kəndíʃən]
☆☆☆☆☆

n ① 상태, 조건 state; situation ② 병 complaint
v ① ~에 의해 결정[좌우]되다 determine ② ~하는 (좋은) 상태로 만들다
- on **condition** that ~라는 조건으로

a. **condítional** ~을 조건으로 하는(↔ unconditional)
n. **condítioner** 조절기, 컨디셔너

---

conduct
[kándʌkt]
★★★☆☆

v ① 행동하다 behave; bear ② 지휘하다 ③ 안내하다 guide ④ 전도하다
n ① 행위 behavior ② 수행, 관리 management
- **conduct** oneself well 잘 처신하다

n. **condúctor** 도체
n. **condúction** (열 · 전기 등의) 전도
a. **condúctive** 전도성의
cf. **condúcive** 도움이 되는

---

confide
[kənfáid]
★☆☆☆☆

v ① 믿고 털어놓다 put out one's heart[soul] ② 〈in〉 신뢰하다 trust

n. **cónfidence** 자신감 self-assurance; 믿음, 신뢰 trust; faith; 비밀 secret
a. **cónfident** 자신(감) 있는
a. **confidéntial** 비밀의 covert; 친밀한 close

---

conscious
[kánʃəs]
★☆☆☆☆

a ① 의식이 있는 awake ② 〈of〉 ~을 알고 있는 aware ③ 의도적인 intentional

n. **cónsciousness** 의식, 인지 perception
cf. **cónscience** 양심

consequence [kánsəkwèns] ★★★☆☆

n ① **결과** result ② **중요성** importance

- of no **consequence** 중요하지 않은

a. **cónsequent** 결과의
a. **consequéntial** 중요한
ad. **cónsequently** 결과적으로

---

consider [kənsídər] ★★☆☆☆

v **~을 고려하다** take into account

n. **considerátion** 고려; 보수 reward
a. **consíderate** 사려 깊은 thoughtful
a. **consíderable** 상당한
prep. conj. **consídering** ~을 감안[고려]하면

---

consist [kənsíst] ★☆☆☆☆

vi ① 〈of〉 **~로 구성되다** be made up of ② 〈in〉 **~에 있다**

n. **consístency, -ce** 일관성; (액체의) 농도 thickness
a. **consístent** 일관된, 일치하는(↔ inconsistent)

---

constitution [kɑnstətjú:ʃən] ★☆☆☆☆

n ① **구성** formation ② **헌법, 규정** regulation ③ **체질, 체격**

v. **cónstitute** 구성하다 form; make up
n. **constítuent** 유권자 electorate; 구성요소 component; 선거구민

---

consult [kənsʌ́lt] ★☆☆☆☆

v ① **협의하다** confer ② **상담하다, 조언을 구하다** seek advice from ③ **참고하다** refer to

- **consult** a doctor 의사의 진찰을 받다

n. **consultátion** 협의; 상담; 참고

---

consume [kənsú:m] ★☆☆☆☆

v ① **소비하다** use up ② **먹어치우다** devour ③ **사로잡다** obsess

- be **consumed** with jealousy 시기심에 사로잡히다

n. **consúmption** 소비; 폐결핵

---

contain [kəntéin] ★☆☆☆☆

v ① **포함하다, 담아두다** hold ② **억제하다** hold back

n. **contáiner** 용기 receptacle; 컨테이너
n. **contáinment** 억제 restraint
n. a. **cóntinent** 대륙; 절제하는
n. **cóntinence** 자제, 절제

---

contend [kənténd] ☆☆☆☆☆

v ① **경쟁하다** compete ② **주장하다** claim

n. **conténtion** 주장 assertion; 논쟁 controversy
a. **conténtious** 논쟁의 여지가 있는 arguable; 논쟁하기 좋아하는 quarrelsome

---

Check-up Test

1. It is difficult for a speaker to maintain his or her <u>composure</u> when there is heckling from an audience.
ⓐ disturbance ⓑ turbulence ⓒ turmoil ⓓ equanimity

2. The kinetic theory is <u>concerned</u> with the continual motion that is attributed to all atoms and molecules.
ⓐ augmented ⓑ related ⓒ admitted to ⓓ confirmed

3. If no one can or should tell you what to do with your life when you evaluate alternative, make choice and initiate change, you will increase your sense of _______ and control.
ⓐ confidence ⓑ charity ⓒ benevolence ⓓ justice

4. The visiting group <u>was made up of</u> five members.
ⓐ consisted in ⓑ consisted with ⓒ conferred with ⓓ consisted of

5. The 1990s will be a decade of increasing AIDS deaths but perhaps also the decade of the disease's _______ through global preventing programs.
ⓐ delineation ⓑ ammunition ⓒ containment ⓓ vicissitude

정답 **1.** d **2.** b **3.** a **4.** d **5.** c

content [kəntént] ★★★☆☆
- vt 만족시키다 satisfy
- a 〈with〉 ~에 만족한 happy
- n ① 만족 ↔ discontent ② 내용(물) ③ 목차 list

n. **conténtment** 만족

---

contract [kɑ́ntrækt] ★★★★☆
- v ① 계약하다 promise; strike ② 수축하다 shrink ③ 병에 걸리다 come down with
- n 계약(서) agreement

n. **contráction** 수축, 축약
a. **contráctual** 계약(서)상의

---

contrary [kɑ́ntreri] ★★★☆☆
- a ① 반대의 opposite; adverse ② 고집을 부리는 obstinate
- n 〈the -〉 반대(인 것) reverse
  - on the **contrary** 반대로
  - to the **contrary** 그와는 달리

---

contrast [kəntrǽst] ★☆☆☆☆
- v 〈with〉 비교하다
- n 비교, 대조, 차이
  - **contrast** A with B A와 B를 비교하다
  - in **contrast** with ~와 대조적으로

---

contribute [kəntríbju:t] ★★★☆☆
- v ① 기부하다 donate ② 기여하다 help ③ 기고하다 write
  - **contribute** (money) to the Red Cross 적십자사에 기부하다

---

contrive [kəntráiv] ★★☆☆☆
- vt ① 해내다 manage ② 고안해내다 devise; make out

n. **contrívance** 고안, 발명품 invention; <pl.> 계책 scheme
a. **contríved** 부자연스런 unnatural

---

convenient [kənví:njənt] ★★☆☆☆
- a 편리한 comfortable
  - if it is **convenient** for[to] you 당신만 편하다면

n. **convénience** 편리, 편의; 편의 시설

---

correspond [kɔ̀:rəspɑ́nd] ★☆☆☆☆
- v ① 〈with〉 서신왕래하다 communicate ② 〈with, to〉 일치하다 accord
  - His deeds don't **correspond** to his principles. 그의 행동은 그의 원칙과 일치하지 않는다.

n.a. **correspóndent** 통신원; 일치하는

---

couch [kautʃ] ★☆☆☆☆
- v ① 웅크리다 bend down ② 눕히다 lay down ③ 표현하다 express indirectly
- n 소파, 침상
  - **couch** doctor 정신과 의사
  - **couch** potato TV광

---

count [kaunt] ★☆☆☆☆
- v ① 세다, 계산하다 reckon ② 생각하다 look on ③ 중요하다 matter
- n 계산, 총계
  - **count** on 믿다, 의지하다 depend on
  - **count** in[out] 포함[제외]시키다

a. **cóuntless** 셀 수 없는, 무수한 innumerable

countenance
[káuntənəns]
★☆☆☆☆

n ① **얼굴, 표정** face, complexion ② **지지** support
③ **찬성** approval
v **지지하다** support; sanction ↔ discountenance

court
[kɔːrt]
★☆☆☆☆

n ① **뜰** courtyard ② **법정**
v ① **구애하다** woo ② **호의를 얻으려고 하다** flatter

n. **córtship** 구애
n. **córtesy** 예절 manner; 호의 generosity
a. **córteous, córtly** 예절바른 polite

cover
[kʌ́vər]
★☆☆☆☆

v ① **덮다** ② **보호하다** protect ③ **보상하다** compensate
④ **보도하다** report ⑤ **이동하다**
n ① **뚜껑, 덮개, (책의) 표지** lid ② **은신처** shelter
③ **보상** insurance

- beyond **coverage** 보상해줄 수 없는 • **cover** up ~을 숨기다, 은폐하다

n. **cóverage**
보도 범위; 적용 범위; (보험의) 보상 금액
n. **cóvering** 덮개
a. **cóvert** 비밀의, 은밀한 ↔ overt

custom
[kʌ́stəm]
★★☆☆☆

n ① **관습** ② 〈-s〉 **세관, 관세** ③ 〈집합적〉 **단골, 고객**
a **주문한, 맞춤의** custom-made

- **custom** officer 세관원
- clear **customs** 세관을 통과하다 • **custom** clothes 맞춤복

a. **cústomary** 관례적인, 습관적인
v. **cústomize** 주문 제작하다

deal
[diːl]
☆☆☆☆☆

v ① 〈in, with〉 **취급[처리]하다** ② **분배하다** distribute
③ **거래하다** trade
n ① **거래, 장사** ② **정책, 협정** ③ **대우, 취급**

- be no big **deal** 별일 아니다

decline
[dikláin]
★★★★★

vi ① **쇠퇴하다** ② **경사가 기울다** slope
vt **거절하다** turn down; refuse
n ① **경사** ② **쇠퇴** decrease

n. **declinátion** 감소, 쇠퇴; 방위각
n. **declívity** 내리막, 경사 ↔ acclivity

defect
[diːfékt]
★★☆☆☆

n **결점** flaw; shortcoming
v ① **도망치다** flee ② **탈당하다, 망명하다** desert

n. **deféction** 탈당, 탈퇴
a. **deféctive** 결함이 있는 faulty

check-up Test

1. When a muscle is made to <u>contract</u> by regularly repeated stimulation of its motor nerve, it continues to respond for a very long time.
ⓐ lengthen ⓑ leap ⓒ extend ⓓ shrink

2. The hostess attempted to ______ a romantic atmosphere that would bring the two young people together in ______.
ⓐ simulate-conflict ⓑ contrive-matrimony ⓒ present-collusion ⓓ introduce-cacophony

3. The problem is that what she says does not <u>correspond</u> with what she does.
ⓐ cooperate ⓑ confront ⓒ persuade ⓓ agree

4. I think the weather will hold steady for a day or two, but I wouldn't <u>count on</u> it.
ⓐ expect ⓑ rely on ⓒ look forward to ⓓ mind

5. The Russian composer <u>defected</u> to the United States in 1989.
ⓐ traveled ⓑ performed ⓒ escaped ⓓ criticized

정답 1. d 2. b 3. d 4. b 5. c

degree [digríː] ☆☆☆☆☆

n ① **정도** grade ② **온도, 각도** ③ **학위** diploma
- to a **degree** 어느 정도
- by **degrees** 점점, 단계적으로

delicate [délikət] ★★★☆☆

a ① **연약한** fragile ② **미묘한** subtle ③ **섬세한** exquisite ④ **까다로운**
- a **delicate** child 허약한 아이
- a **delicate** operation 까다로운 수술

n. **délicacy** 정교함; 사려깊음; (지역의) 별미

deliver [dilívər] ★★★☆☆

v ① **~을 배달하다** carry ② **연설을 하다** address ③ **분만시키다** give birth to ④ **〈from〉 구출하다** rescue ⑤ **이행하다** carry out ⑥ **타격을 가하다** hit

n. **delívery** 배달; 연설, 발표 presentation; 분만
n. **delíverance** 해방, 구출

depart [dipáːrt] ★☆☆☆☆

v **〈from〉 ~를 떠나다, 출발하다** leave

n. **depárture** 출발; (기존의 틀에서의) 탈피, (아주 새로운) 시도

depend [dipénd] ★★★☆☆

v ① **〈on〉 ~에게 의지하다** rely[fall back] on ② **~에 달려있다** hinge on

a. **depéndable** 의존할 수 있는, 믿을만한 trustworthy
n. **depéndence** 의존 ↔ independence; 믿음 trust
a. n. **depéndent** 의존하는, 좌우되는; 부양가족

deprive [dipráiv] ★★☆☆☆

vt **~에게서 빼앗다** rob
- **deprive** A of B A에게서 B를 빼앗다

n. **deprivátion** 박탈; 빈곤 lack
a. **deprived** 가난한 poor

desert [dizə́ːrt] ★★★☆☆

v ① **버리다** abandon ② **이탈하다** leave
n [dézərt] **사막, 황무지** wilderness; moor a **사막의, 불모의** arid

n. **desértion** 버림; 탈영
a. **desérted** 사람이 없는, 황량한 desolate

deserve [dizə́ːrv] ★☆☆☆☆

v **받을 만하다** merit
- You **deserve** it. 너는 그럴 자격이 있다.[자업자득이다.]

a. **desérving** (칭찬 · 도움 등을) 받을 만한 prize-worthy
a. **desérved** 응당한 condign

design [dizáin] ☆☆☆☆☆

v ① **디자인하다** draw ② **~을 계획[의도]하다** intend
n ① **디자인** ② **계획, 의도** scheme
- by **design** 계획[의도]적으로 intentionally

destine [déstin] ★☆☆☆☆

vt **〈수동태〉 ~할 운명이다, 반드시 ~하다** be bound to
- be **destined** to meet again 다시 만날 운명이다

n. **déstiny** 운명 fate
n. **destinátion** 목적지

develop [divéləp] ★★☆☆☆

v ① **개발하다, 발전시키다** improve ② **(사진을) 현상하다** ③ **발병하다** contract
- **develop** into ~로 발전하다
- **develop** a habit 버릇이 생기다

n. **devélopment** 개발, 발전; (사진의) 현상

devote [divóut] ★☆☆☆☆

vt **(몸, 시간, 돈을) 바치다**
- **devote** A to B A를 B에 바치다

n. **devótion** 헌신, 전념 commitment
n. **devotée** 신자; 애호가 enthusiast
a. **devóted** 헌신적인 dedicated

differ [dífər] ★★★☆☆

v (의견이) 다르다 disagree
- A and B **differ**. / A **differ** from B. A와 B가 다르다

n. **dífference** (의견) 차이
a. **dífferent** 다른; 각양각색의
a.n. **differéntial** 차별화된; 차등
v. **differéntiate** 구별[식별]하다 distinguish

---

digest [didʒést] ☆☆☆☆☆

v ① 소화하다 assimilate ② 요약하다 sum up
n 요약 summary
- a monthly **digest** 월간 뉴스 요약판

n. **digéstion** 소화

---

direct [dirékt] ★★★★★

v ① ~로 향하다 turn ② 지도하다 manage ③ 명령하다 command
a ① 똑바른, 직접의 straight; immediate ↔ indirect ② 솔직한 candid
ad 곧장, 직접적으로
- in the **direction** of ~의 방향으로

n. **diréction** 방향; 관리; <pl.> 지침 instruction
n. **diréctor** 책임자 leader
n. **diréctory** 주소록, 전화번호부

---

discharge [distʃá:rdʒ] ★★★☆☆

v ① 석방하다 set free ② 해고하다 dismiss ③ 방출[배출]하다 release ④ (짐을) 내리다 unload ⑤ 이행하다 carry out
n 배출, 방출

---

discipline [dísəplin] ★☆☆☆☆

v ① 훈련하다 train ② 징계하다 punish
n ① 훈련 drill ② 벌 punishment ③ 규율, 통제 control ④ 학과 department
- military **discipline** 군기

a. **dísciplinary** 징계의 punitive

---

dismiss [dismís] ★★★★★

vt ① 해산시키다 disperse ② (생각, 의견을) 떨쳐버리다 dispel ③ ~을 해고하다 fire

n. **dismíssal** 해고; 해산
a. **dismíssive** 깔보는 contemptuous

---

dissolve [dizálv] ★☆☆☆☆

v ① 녹이다 melt ② 해산시키다 dissipate ③ 사라지다, 희미해지다 fade

n. **dissolútion** 해산, 파경 break up; 파멸, 종식 doom

Check-up Test

1. He earned his living by <u>delivering</u> lectures throughout the country.
ⓐ addressing ⓑ pleasing ⓒ using ⓓ playing

2. He is the last man to <u>desert</u> a friend in need.
ⓐ wasteland ⓑ deserve ⓒ abandon ⓓ pudding

3. In ancient Roman paintings, royal figures were <u>differentiated</u> by making them several times larger than others.
ⓐ estranged ⓑ deferred ⓒ enlarged ⓓ distinguished

4. We mustn't <u>dismiss</u> the possibility that Brennan lied to us.
ⓐ put out of our minds ⓑ accept completely ⓒ give serious thought to ⓓ put up with

5. For faster relief from pain, _______ the tablet in water.
ⓐ dissolve ⓑ elevate ⓒ rotate ⓓ light

정답 **1.** a **2.** c **3.** d **4.** a **5.** a

distinguish
[distíŋgwiʃ]
★★★☆☆

vt **구별하다** discern
- **distinguish** oneself 두각을 나타내다 cut one's fine figure

a. **distínguished** 유명한; 우수한 celebrated

disturb
[distə́:rb]
★★★☆☆

vt ① **방해하다** hinder; prohibit ② **걱정시키다** worry ③ **동요시키다** shake
- **disturb** the public order 공공질서를 어지럽히다

n. **distúrbance** 방해 obstruction
a. **distúrbed** (정신적으로) 장애가 있는

divert
[divə́:rt]
★☆☆☆☆

vt ① **방향을 돌리다** turn ② **주의를 다른데로 돌리다** distract ③ **즐겁게 하다** amuse
- Children are easily **diverted**. 아이들은 즐겁게 해 주기가 쉽다.

n. **divérsion** 전환; 오락시설 amenities

divide
[diváid]
★☆☆☆☆

v ① **~로 나누[뉘]다, 구분하다[되다]** separate ② (조직을) **분열시키다** split
- **divide** into (둘 이상으로) 나누어지다

n. **divísion** 분할, 구분; (의견) 차이 dissension ; 부서, ≪군대≫ 사단
n. **dívidend** (주식) 배당금
a. **divísive** 분열시키는

doctor
[dáktər]
★☆☆☆☆

n ① **의사** ② **박사**
v ① **조작하다, 변조하다** modify ② (음식물에) **유독 물질을 섞다**
- **doctor** the birthdate 출생일을 위조하다

draft
[dræft]
★★☆☆☆

n ① **초안** drawing ② **징집** conscription ③ **한 모금** ④ **통풍** ⑤ **환어음**
v ① **설계하다, 밑그림을 그리다** sketch ② **징집하다** ③ **선발하다**
- make out a **draft** of ~의 초안을 작성하다
- a **draft** of water 물 한 모금

draw
[drɔ:]
★☆☆☆☆

v ① **끌다** pull ② **그리다, 묘사하다** sketch ③ **매혹하다** attract ④ **비기게 하다** equal
- **draw** a person's attention 남의 주의를 끌다

dry
[drai]
★☆☆☆☆

a ① **마른** ② **지루한** boring ③ **금주의** abstinent
- a **dry** lecture 지루한 강의 • go **dry** 금주하다

due
[dju:]
☆☆☆☆☆

n 〈pl.〉 **부과금, 세금, 수수료**
a ① **적당한** suitable ② **만기가 된** owed ③ **~할 예정인** expected ④ **~때문인** resulting
- **due** to ~때문에 • in **due** course 정해진 순서를 따라[마침내]

effect
[ifékt]
★★★★☆

n ① **결과** ② **영향, 효과** influence ③ **느낌** ④ 〈pl.〉 **소지품**
vt (결과를) **가져오다, 초래하다** bring about
- in **effect** 사실상; (법이) 유효하여
- to the **effect** that ~라는 취지로

n. **effíciency** 능률
n. **éfficacy** 효력
a. **effícient** 능률적인
a. **efféctive** 효과적인 effectual
a. **efficácious** (약이) 효험 있는

employ
[implɔ́i]
★☆☆☆☆

vt ① **고용하다** hire ② **사용하다** use

n. **emplóyment** 고용 ↔ unemployment; 이용
n. **employér** 고용주
n. **employée** 피고용인

endow
[indáu]
★☆☆☆☆

v ① **기부하다** donate ② **부여하다**
- **endow** A with B A에게 B를 부여하다

n. **endówment** 부여; 천부적 재능

engage
[ingéidʒ]
★☆☆☆☆

v ① **~와 약혼하다** ② (주의 · 흥미를) **끌다** attract ③ **고용하다** employ ④ **예약하다** reserve ⑤ **교전하다** encounter
- **engage** oneself to ~와 약혼하다
- **engage** in ~에 관여하다

n. **engágement** 약혼; 약속 appointment ; 고용; 전투 battle
a. **engáged** 약속 있는; 통화중인 busy
a. **engáging** 매력적인 charming

enjoy
[indʒɔ́i]
☆☆☆☆☆

v **즐기다** relish
- **enjoy** oneself 즐겁게 시간을 보내다

n. **enjóyment** 즐거움 delight
a. **enjóyable** 즐거운 pleasant

enter
[éntər]
☆☆☆☆☆

v ① (~에) **들어가다** go into ② 〈into〉 **참여[시작]하다** take part in ③ (공식 문서를) **제출하다** submit
- **enter** into a discussion 토론을 시작하다

n. **éntrance** 입장, 입구 ↔ exit; 입장(권) admission
n. **éntry** 입장; 목록; (대회의) 참가자 명단
n. **éntree** 참여권; 주요리 main dish

estate
[istéit]
★☆☆☆☆

n ① **재산** property ② **시기** age ③ **지위, 계급** class
- real **estate** 부동산
- reach man's **estate** 성년에 도달하다

even
[íːvn]
☆☆☆☆☆

a ① **평평한** ② **공정한** fair ③ **짝수의**
ad **~조차도**
- get **even** with 복수하다
- break **even** 손익 분기점에 도달하다

event
[ivént]
★★★☆☆

n ① **사건** incident ② **경우** case ③ **종목**
- at all **events** 적어도

a. **evéntual** 궁극적인 ultimate
a. **evéntful** 사건이 많은; 흥미로운 interesting

check-up Test

1. She divides his time between working and looking after the children.
ⓐ informs ⓑ splits ⓒ rejects ⓓ ignores

2. His music had a strong effect on his listeners.
ⓐ compact ⓑ impact ⓒ defect ⓓ fact

3. Word of the latest engagement reached Washington shortly before the meeting of the National Security Council.
ⓐ betrothal ⓑ appointment ⓒ battle ⓓ news

4. Todd entered upon a new phase of his life.
ⓐ demonstrated ⓑ began ⓒ released ⓓ developed

5. Jerry wants to get even with Bill.
ⓐ assist ⓑ imitate ⓒ humiliate ⓓ retaliate

정답 1. b 2. b 3. c 4. b 5. d

exact
[igzǽkt]
★★☆☆☆

a ① **정확한** accurate; precise ② **세심한, 꼼꼼한** meticulous
v ① **강요하다, 요구하다** demand; extort

a. **exácting** (주의, 노력 따위를) 요하는, 힘든 demanding
cf. **not exactly** 반드시 ~는 아니다 not really

---

except
[iksépt]
★☆☆☆☆

prep **~을 빼고, 제외하고** besides, but
conj **〈that〉 ~을 제외하고는**
vt **~을 제외시키다** exclude
- take **exception** (to) ~을 제외시키다, ~에 이의를 제기하다

n. **excéption** 제외
a. **excéptional** 예외적인, 특별한
prep. **excépting** ~을 제외하고 excluding

---

exclude
[iksklú:d]
★★☆☆☆

v **~을 제외시키다** shut out ↔ include

n. **exclúsion** 제외, 배제 exception
a. **exclúsive** 배타적인; 독점적인 privileged; 고가의 high-class
ad. **exclúsively** 배타적으로, 오로지 only
prep. **exclúding** ~을 제외하고 ↔ including

---

excuse
[ikskjú:z]
★☆☆☆☆

vt ① (가벼운 잘못을) **용서하다** forgive ② **변명[정당화]하다** justify
n ① **이유, 변명** reason, plea ② **핑계**
- make an **excuse** for ~에 대한 변명을 찾다

---

execute
[éksikjù:t]
★☆☆☆☆

v ① **실행하다** fulfill; carry out ② **사형 집행하다** hang

n. **execútion** 실행 conduct; 연주 performance; 사형 capital punishment
cf. **C.E.O. : Chief Executive Officer** 최고 경영자

---

exercise
[éksərsàiz]
☆☆☆☆☆

n ① **운동, 연습** practice ② (힘, 권리 등의) **발휘, 행사** use
v ① **운동하다[시키다]** work out ② (힘, 권리 등을) **행사하다** use
- the **exercise** of one's civil rights 시민권의 행사

---

exhaust
[igzɔ́:st]
★★★☆☆

vt ① **지치게 하다** tire out
② **~을 다쓰다** use up

n. **exháustion** 고갈 consumption; 녹초 fatigue
a. **exháustive** 철저한 sweeping; complete; 소모적인 thorough

---

expand
[ikspǽnd]
★☆☆☆☆

v ① **확장하다** inflate
② **〈on〉 설명하다** enlarge

n. **expánsion** 확장 extension
n. **expánse** (광활한) 대지, 벌판

---

expect
[ikspékt]
★☆☆☆☆

v ① **기대하다** wish ② **요구하다**
③ **임신 중이다**

n. **expectátion** 기대, 예상 anticipation
a. **expéctant** 기다리는; 임신한 pregnant
n. **expéctancy** 기대, 희망 hope
- life **expectancy** 평균 수명

---

expose
[ikspóuz]
★☆☆☆☆

v ① **노출시키다** uncover ② **폭로하다** reveal

n. **expósure** 노출; 폭로
n. **exposítion** 설명 account; 박람회 exhibition

---

express
[iksprés]
★☆☆☆☆

v ① **표현하다, 나타내다** show ② (즙을) **짜다** squeeze
③ **속달로 보내다**
n ① **급행열차** express train ② **속달** express delivery
a ① **급행의** quick ② **속달의** ③ **분명한**
- **expressway** 고속도로 superhighway
- by **express** 급행으로

extend
[iksténd]
★★★☆☆

v ① **계속하다** stretch ② **확장하다** expand
③ (호의 · 도움을) **주다** offer

n. **exténsion** 확대, 연장
n. **extént** 크기, 정도 degree
a. **exténsive** 넓은, 광범위한 far-reaching

---

extra
[ékstrə]
☆☆☆☆☆

a ① **여분의** additional ② **특별히 좋은**
ad **여분으로** additionally
n ① **별도[추가] 요금** ② (신문의) **호외, 특별판** ③ (영화의) **엑스트라**

- do **extra** work 잔업하다
- **extra** good wine 최고급 포도주

---

extract
[ikstrǽkt]
★★★★☆

v ① **뽑다, 추출하다** pull out ② **발췌하다**
n ① **발췌** ② **추출물**

- **extract** A from B B로부터 A를 추출하다
- yeast **extract** 효모 추출물

---

extreme
[ikstríːm]
★★☆☆☆

a ① **극도의, 극심한** severe
② **과격한, 급진적인** radical

n. **extrémism** 극단주의
n. **extrémity**
극도; <pl.> 사지, 손발; 극단적인 행동

---

faint
[feint]
★★★☆☆

a ① (소리 · 색 · 생각 등이) **희미한** indistinct
② 〈서술 용법〉 **어지러운** dizzy
v **실신하다** pass out

- **faint** with hunger 배가 고파 기절하다

---

fashion
[fǽʃən]
★☆☆☆☆

v **형성하다, 만들다** make up; form
n ① **방식, 풍** ② **유행** mode

- in **fashion** 유행중인
- out of **fashion** 유행이 지난

a. **fáshionable** 유행하는 popular

---

favor
[féivər]
★★★☆☆

n **호의, 친절**
v ① **호의를 베풀다** oblige ② **좋아하다** fancy

- in **favor** of ~을 위하여[~에 찬성하여]
- do ~ a **favor** ~에게 호의를 베풀다

a. **fávorable** 호의적인; 유리한

Check-up Test

1. Accounting is a very exacting profession; there is no room for error.
ⓐ exciting ⓑ scientific ⓒ mandatory ⓓ tiring

2. It was executed with wisdom and discretion.
ⓐ turned down ⓑ call off ⓒ dropped out ⓓ carried out

3. A good writer is exhaustive in his accumulation of materials.
ⓐ thorough ⓑ diligent ⓒ convertible ⓓ eligible

4. The first exposition in the United States was held in Philadelphia in 1876.
ⓐ exhibition ⓑ excursion ⓒ concert ⓓ contest

5. We should extend sympathy and kindness to our neighbors.
ⓐ reach ⓑ offer ⓒ stretch ⓓ deliver

정답 **1.** d **2.** d **3.** a **4.** a **5.** b

feature
[fí:tʃər]
★☆☆☆☆

n ① 이목구비, 용모 countenance ② 특징 ③ 특집 기사 ④ 장편 영화 v ① 대서 특필하다 ② 주연시키다
- a **featured** actor 주연 배우 • beauty of **feature** 미모

figure
[fígjər]
★★☆☆☆

n ① 인물 ② 모습, 모양 pattern ③ 숫자, 수량 number; amount ④ ⟨-s⟩ 산수 v ① 계산하다 calculate ② ~로서 나타나다
- **figure** out 이해하다 • in single **figures** 한 자리의 숫자로

fit
[fit]
★★★☆☆

v (사이즈가) 맞다 n ① 발작 access ② 어울림
a ① 건강한, 튼튼한 in good health ② 적당한, 어울리는 suitable
- be **fit** for the position 그 자리에 적임이다 • a **fit** of rage 발작적 격노

fix
[fiks]
★☆☆☆☆

v ① 수리하다 repair ② 고정시키다 ③ 준비하다 ④ 매수하다, 뇌물을 주다 buy off
n ① 곤경, 궁지 ② 이해, 파악
- **fix** a meal 식사를 준비하다 • **fix** one's eyes on ~에 시선을 집중하다

flat
[flæt]
★☆☆☆☆

a ① 평평한 ② 맛없는 ③ 냉담한 impassive ④ 부진한, 불경기의 inactive n 아파트
- a **flat** price 정가 • a **flat** refusal 단호한 거절

found
[fáund]
★★★☆☆

v ① 설립하다 establish ② 근거를 두다 base ③ (금속을) 녹이다 • be **founded** on ~에 기반을 두다

n. **foundátion** 창설

founder
[fáundər]
★★★☆☆

v ① (배가) 침몰하다 ② 무너지다 collapse ③ (계획 등이) 실패하다 fail n 설립[창립]자
- the **founder's** day 설립자 기념일

free
[fri:]
★☆☆☆☆

v 석방하다, 자유롭게 하다 release
a ① 자유로운, 한가한 ② 무료의, 면제된
- set ~ **free** 해방하다 • **free** from ~이 없는

grave
[greiv]
★☆☆☆☆

n ① 무덤 ② ⟨the -⟩ 죽음
a ① 중대한 important ② 진지한 serious
- a **grave** crisis 중대한 위기

n. **grávity** 중력; 중대함, 심각성

ground
[graund]
★☆☆☆☆

v ① (발사를) 연기하다 delay ② (배를) 좌초시키다 strand ③ 기초를 가르치다
n ① 땅 ② 근거, 이유 ③ 입장, 의견
- reach common **ground** 공통된 의견에 도달하다

hand
[hænd]
☆☆☆☆☆

v 건네주다 n ① 손 ② 시계바늘 ③ 박수 ④ 일손, 도움
- give a **hand** 돕다 • get a big **hand** 대단한 박수 갈채를 받다
- **hand** in 제출하다 submit

hold
[hould]
☆☆☆☆☆

v ① 잡고 있다 grasp ② 유지하다 ③ 수용하다 ④ 개최하다 conduct • **hold** good 유효하다
- **hold** out 저항하다 • **hold** a meeting 회의를 개최하다

ignore
[ignɔ́ːr]
★★★☆☆

v 무시하다 pay no attention to; disregard
- **ignore** evidence 증거를 무시하다

n. **ígnorance** 무지, 무식
a. **ígnorant** 무식한, 무지한
a. **ignórable** 무시해도 좋은, 사소한

immediate
[imíːdiət]
★★★☆☆

a ① 즉각적인 instant ② 인접한 near
- an **immediate** answer 즉답

n. **immédiacy** 긴급함; 현재 상황
ad. **immédiately**
즉시 at once; 직접적으로

import
[impɔ́ːrt]
☆☆☆☆☆

v 수입하다 ↔ export
n ① 수입품 importation ② 취지, 의도 meaning; intention
③ 중요성 importance
- the **import** of an event 사건의 의미

individual
[indəvídʒuəl]
☆☆☆☆☆

n 개인, 사람 person
a ① 각각의 respective ② 개인적인 personal
③ (남들과) 다른, 독특한 distinctive

v. **indivídualize** ~을 개성[특성]화하다
n. **individuálity** 개성 personality
n. **indivídualism** 개인주의
ad. **indivídually** 각각, 따로따로; 독특하게

industry
[índəstri]
★☆☆☆☆

n ① 산업 ② 근면 diligence
- heavy **industry** 중공업

a. **indústrious** 부지런한 hardworking
a. **indústrial** 산업의

inferior
[infíəriər]
★☆☆☆☆

a 〈to〉 ~보다 열등한, 하위의 ↔ superior
n 부하 subordinate
- **inferior** goods 질 낮은 물건들

cf. **inferiority complex**
열등감 ↔ superiority complex 우월감

initiate
[iníʃièit]
★★★☆☆

v ① 시작하다 launch ② ~에게 전수하다 instruct
③ ~를 가입[입회]시키다 affiliate
- **initiate** A into B A가 B를 (처음으로) 접하게 하다

n. **inítiative**
자립성 self-reliance; 발단; 발의; 주도권
- take the **initiative** 주도하다, 솔선수범하다
n. **initiátion** 가입, 입문
a.n.v. **inítial** 처음의 incipient; 첫 글자(를 따다)

Check-up Test

1. The principles of mathematics resulted from attempts to <u>figure out</u> everyday problems, such as how to measure parcels of land.
ⓐ list ⓑ solve ⓒ divide ⓓ express

2. The Philippines' trade has been <u>flat</u> this year, due to low international commodities prices and local investors' reluctance to diversify into new areas of business.
ⓐ exuberant ⓑ inactive ⓒ insatiable ⓓ extravagant

3. Professor Lee asked me to <u>hand in</u> the assignment by Friday.
ⓐ check out ⓑ submit ⓒ return ⓓ examine

4. When I answered the telephone this morning, I knew <u>immediately</u> the lady had the wrong number.
ⓐ right away ⓑ right now ⓒ right along ⓓ right down

5. She follows orders well, but she seldom <u>initiates</u> action.
ⓐ relates ⓑ imitates ⓒ starts ⓓ infuriates

정답 **1.** b **2.** b **3.** b **4.** a **5.** c

inquire
[inkwáiər]
★★★★☆

v ① **묻다, 질문하다** ask ② 〈into〉 **~을 조사하다** investigate
- She **inquired** of me how to get there.
  그녀는 내게 그곳에 가는 방법을 물었다.

n. **inquíry** 질문, 조사 scrutiny
n. **inquisítion, ínquest** 질문, 질의
a. **inquísitive** 꼬치꼬치 캐묻는, 호기심 많은 curious

---

institute
[ínstətjù:t]
★★☆☆☆

v ① **설립하다** establish ② **시작하다** start **n** **기관, 단체**
- a private English language **institute** 사설 영어 학원

n. **institútion** 기관; 보호시설; 제도 system

---

intellect
[íntəlèkt]
★☆☆☆☆

n ① **지능, 지력** intelligence
② **지식인** intellectual

n. **intélligence** 지능; 정보 information
n. **intélligent** 지능적인, 영리한 clever
a. **intélligible** 이해할 수 있는
a. n. **intelléctual** 지식을 요하는; 머리가 좋은 intelligent; 지식인

---

intend
[inténd]
★☆☆☆☆

vt **의도하다** mean
- **intend** to do ~할 작정이다

a.n. **intént** 열정적인 eager; (범행) 의도
n. **inténtion** 의도, 목적 purpose
a. **inténtional** 의도적인 deliberate

---

interest
[íntərəst]
☆☆☆☆☆

v **관심을 일으키다** intrigue
n ① **관심, 흥미** concern ② **이자** ③ **지분** share
④ **이해관계, 이익** benefit

a. **ínteresting** 재미있는, 흥미로운 exciting
a. **ínterested** 관심 있어 하는, 이해관계가 있는
cf. **disínterested** 공정한; 관심 없는

---

interfere
[ìntərfíər]
★★☆☆☆

v ① **방해하다** impede
② 〈in, between〉 **~에 간섭[참견]하다** meddle
- **interfere** with ~를 방해하다

n. **interférence** 방해

---

intervene
[ìntərví:n]
★★☆☆☆

v ① **개입하다, 중재하다** mediate
② (일이) **일어나다, 벌어지다** happen
- **intervene** in a fight 싸움을 중재하다

n. **intervéntion** 개입, 중재 arbitration

---

invalid
[ínvəlid]
★★★☆☆

a ① **무효인** ↔ valid ② **병약한** sick
n **환자** patient • **invalid** documents 무효 문서

v. **inválidate** 무효로 하다 nullify
n. **invalídity** 무효; 병약함

---

invent
[invént]
★☆☆☆☆

vt ① **발명하다** devise ② **생각해내다** think of
- **invent** excuses 핑계를 꾸며내다

a. **invéntive** 창의력 있는 creative
cf. **ínventory** 재고 목록 stock

---

involved
[inválvd]
★★★☆☆

a ① **연루된** ② **복잡한** complicated
- be **involved** in ~에 연루되다

v. **invólve** 연관 시키다

---

irregular
[irégjulər]
☆☆☆☆☆

a ① **불규칙적인** ② **일정하지 않은** fitful
③ **불법의** illegal

n. **irregulárity** 불규칙함; 불법 행위 wrongdoing

issue
[íʃuː]
★☆☆☆☆

n ① 문제, 주제 subject ② 발간, 발행(물) publication
③ 유출 outflow ④ 결과 result
v ① 발행[발표]하다 put forth ② 〈from〉 ~에서 나오다 result from
③ ~을 주다, 지급하다 provide

- the March **issue** 3월호 • an **issue** of blood 출혈
- **issue** an order 명령을 내리다

---

level
[lévəl]
★☆☆☆☆

n ① 수준 ② 관점 ③ 층
a ① 평평한, 동등한 ② 솔직한
v ① 평평[동등]하게 하다 ② 파괴하다 destroy

- a **level** plane 수평면 • on the **level** 정직한
- **level** the score 동점으로 하다

---

liability
[làiəbíləti]
★☆☆☆☆

n ① 책임 ② 〈-ties〉 부채 debts ③ 약함, 경향

a. **líable** ~하기 쉬운; 책임이 있는
- be **liable** to do ~할 것 같다

---

lie
[lai]
☆☆☆☆☆

v 〈lie - lay - lain〉 ① 누워있다 ② ~에 위치해 있다
〈lie - lied - lied〉 ③ 거짓말하다
n 거짓말

---

maintain
[meintéin]
★★★★☆

v ① 유지하다 ② 부양하다 support ③ 주장하다

- **maintain** one's health 건강을 유지하다

n. **máintenance**
유지; 생활비, 양육비; 주장

---

major
[méidʒər]
★☆☆☆☆

v 전공하다
n 전공
a 주요한, 대부분의

n. **majórity** 대부분; 득표 차; 성년
- an absolute **majority** 절대다수
- win by a large **majority**
큰 표 차로 이기다

---

check-up Test

1. Even as a child Einstein had a very inquisitive mind, at the age of three he performed his first experiment.
ⓐ complex ⓑ mature ⓒ brilliant ⓓ curious

2. In the early days of the factory system, people thought that the government had no right to interfere in business, and so no one forced the factory owners to treat their workers fairly.
ⓐ cooperate ⓑ combine ⓒ discuss ⓓ meddle

3. Because the strike had been going on for so long, the courts decided to ______ by asking for a "cooling off" period for both sides.
ⓐ intervene ⓑ dispose ⓒ persist ⓓ transmit

4. All the store's employees came in on Saturday to take the annual ______.
ⓐ invention ⓑ inventory ⓒ itinerary ⓓ overture

5. He likes a man to be playful, comic, irregular, and unpredictable.
ⓐ astute ⓑ auspicious ⓒ erratic ⓓ contagious

정답 **1.** d **2.** d **3.** a **4.** b **5.** c

mark
[ma:rk]
☆☆☆☆☆

v ① ~에 표시를 하다 ② 채점하다 ③ 특징 짓다 characterize
n ① 표시, 흔적, 자국 symbol ② 점수 grade
- road **marking** 도로표시 • **mark** exam papers 시험지를 채점하다
- full **mark** 만점

---

mean
[mi:n]
☆☆☆☆☆

v ① 의미하다 ② 의도하다
a ① 평균의 average ② 비열한 base
n ① 중용 ② (수학) 평균 ③ 〈pl.〉 수단, 방법 ④ 〈pl.〉 돈, 재산 property
- a **mean** between A and B A와 B사이의 중용
- a man of **means** 재력가

---

miss
[mis]
☆☆☆☆☆

v ① 놓치다 ② 피하다 ③ 그리워하다 ④ 실종되다
- **miss** the train 기차를 놓치다 • a **missing** child 미아

---

mold
[mould]
★☆☆☆☆

v (틀에 넣어) 만들다, 주조하다 form
n ① 주물, 형틀 ② 곰팡이

n. **móldiness** 곰팡이가 핀 상태

---

move
[mu:v]
★☆☆☆☆

v ① 움직이다 ② 감동시키다 impress ③ 제안하다, 제출하다 propose
n 수단, 조처, 수(手) • a clever **move** 묘수

a. **móving** 감동적인 stirring

---

object
[ábdʒekt]
★☆☆☆☆

v 〈to〉 반대하다 oppose
n ① 물건, 물체 stuff ② 목표 purpose

n.a. **objéctive** 목표 aim; 객관적인 fair
n. **objéction** 반대, 이의 resistance
a. **objéctionable** 불쾌한 offensive

---

obscure
[əbskjúər]
★★★★★

v ① 어둡게 하다, 가리다 conceal; hide ② 애매하게 하다
a ① 애매한 vague; ambiguous ② 무명의 unknown
- an **obscure** artist 무명의 예술가

---

observe
[əbzə́:rv]
★★★☆☆

v ① 관찰하다 view ② 준수하다 abide by ③ 언급하다 remark; mention

n. **observátion** 관찰; 말
n. **obsérvance** 준수
n. **obsérvatory** 관측소
a. **obsérvant** 관찰력 있는, 금방 알아채는

---

occasion
[əkéiʒən]
☆☆☆☆☆

n ① 기회 chance ② 행사 event ③ 원인 cause
v 야기하다 cause • on **occasion** 가끔

a. **occásional** 이따금씩의, 가끔의

---

occupy
[ákjupài]
★☆☆☆☆

vt ~을 차지하다 take up

n. **occupátion** 직업 vocation; 점령, 차지
n. **óccupancy** 거주, 점유 (기간)
n. **óccupant** 거주지 resident

---

occur
[əkə́:r]
★☆☆☆☆

v (일이) 일어나다 take place
- **occur** to (어떤 생각이) ~에게 들다, 떠오르다 strike

n. **occúrrence** (벌어지는) 일, 사건 event

offend
[əfénd]
★☆☆☆☆

v ① **~를 화나게 하다, 불쾌감을 주다** upset
② **죄를 범하다** do wrong
- take the **offensive** 공격하다

n. **offénse** 위반, 범죄 crime; 화, 불쾌감 resentment; (스포츠에서의) 공격 ↔ defense
a. n. **offénsive** 불쾌한, 무례한 unpleasant; 공격의; (군사) 공격 attack

---

offer
[ɑ́:fər]
☆☆☆☆☆

v ① **주다, 제공하다** hold out ② **제안[제의]하다** suggest
n **제공, 제의** provision
- on **offer** 팔 것으로 나와 있는

---

outstanding
[autstǽnd]
★★★★★

a ① **눈에 띄는, 뛰어난** noticeable, distinguished
② **미지불된** unpaid
- **outstanding** debts 미불 채무

---

parallel
[pǽrəlèl]
★★☆☆☆

n **유사** similarity
a ① **평행한** cf. horizontal 수평의 ② **일치하는** corresponding
vt ① **유사하다** ② **필적하다** match
- in **parallel** 평행하여
- without **parallel** 유례없는

cf. **unpáralleled** 비길 데 없는

---

perform
[pərfɔ́:rm]
★★★☆☆

v ① **수행하다** carry out ② **공연[연기/연주]하다**
③ **작동되다** ④ **활동하다** work
- **perform** an operation 수술을 하다
- **perform** on a piano 피아노를 치다

n. **perfórmance**
공연[연기/연주]; 실적, 성과; 성능; 성가신 일

---

persist
[pərsíst]
★★★★☆

vt ① ⟨in⟩ **~을 계속하다** continue
② **존속하다** exist

n. **persístence** 고집, 지속 endurance
a. **persístent** 고집스런, 집요한 obstinate; 지속적인 continuous

---

plain
[plein]
★★☆☆☆

a ① **명백한** ② **쉬운** ③ **간소한** simple ④ **못생긴** ugly; homely
- in **plain** words 알기 쉽게 말하면
- **plain** food 소박한 음식

ad. **pláinly** 명백히 obviously

Check-up Test

1. The <u>object</u> of each player in the game of chess is to trap the other player. King into a position from which escape is impossible.
ⓐ skill ⓑ aim ⓒ aid ⓓ screw

2. Alice Hamilton was one of the first doctors to study the relation between one's health and one's <u>occupation</u>.
ⓐ heredity ⓑ job ⓒ happiness ⓓ childhood

3. Numerous <u>parallels</u> exist between Ernest Hemingway's life and his characters.
ⓐ similarities ⓑ problems ⓒ studies ⓓ biases

4. Modern designers of industrial appliances are concerned with appearance as well as <u>performance</u>.
ⓐ price ⓑ function ⓒ shape ⓓ longevity

5. Adams Company failed to find the universal law of commerce that should be <u>persistently</u> sought.
ⓐ hurriedly ⓑ secretly ⓒ continuously ⓓ slyly

정답 **1.** b **2.** b **3.** a **4.** b **5.** c

practice
[prǽktis]
☆☆☆☆☆

n ① 관습, 관행 ② 연습 ③ 개업
v ① 연습하다 exercise ② 개업하다

- common **practice** 일반적인
- open one's own **practice** 개업하다

---

prefer
[prifə́:r]
★★★☆☆

vt ~을 선호하다 like more

n. **préference** 선호; 우선권, 특권 privilege
a. **préferable** 더 나은, 바람직한 desirable
a. **preferéntial** 우선적인 prior
ad. **préferably** 되도록이면

---

prepare
[pripέər]
★☆☆☆☆

v ~을 준비[대비]하다 provide for

a. **prepáred** 준비된 ready; 기꺼이 ~할 준비되어 있는 willing
n. **preparátion** 준비, 채비 readiness
a. **prepáratory** 준비[예비]의

---

present
[préznt]
★☆☆☆☆

v ① 주다, 선물하다 give; offer ② 나타내다 exhibit ③ 소개하다 introduce ④ 〈재귀용법〉 참석[도착]하다 attend
n [préznt] ① 현재, 지금 now ② 선물 gift
a ① 출석한 ↔ absent ② 현재의, 지금의 current

n. **présence** 현재(상황); 참석자들; 분위기
- **presence** of mind 침착 composure
- make one's **presence** felt 두각을 나타내다 cut a fine figure

n. **presentátion** 제시, 수여; 발표
ad. **présently** 지금 currently; 곧, 이내

---

presume
[prizú:m]
★★★☆☆

v ① 가정하다 assume ② 〈to -〉 감히 ~하다 dare

n. **presúmption** 추측; 건방짐 insolence
a. **presúmptive** 추정상의 probable
a. **presúmptuous** 주제넘은, 건방진 arrogant

---

pretend
[priténd]
★★★☆☆

v ① ~하는 체하다 assume ② 주장하다 claim

n. **preténse** 가장 affectation; 주장
n. **preténsion** 주장
a. **preténtious** 허세 부리는, 가식적인 insincere
a. **preténded** 거짓의, 가장된

---

proceed
[prəsí:d]
★★★☆☆

v 진행하다 **n** 〈pl〉 수익, 매상고 turnover

- **proceed** with one's work 일을 진행하다

n. v. **prócess** 과정; 공정; 가공처리하다
n. **procédure** 절차
n. **procéssion** 행렬

---

profit
[prɑ́fit]
★★★☆☆

n 이윤, 이익 gain; returns **v** 이익을 주다[얻다] benefit

- a rise in **profits** 수익 증가

n. **profitabílity** 수익(성)
a. **prófitable** 유익한
v. **profitéer** 폭리를 취하다

---

project
[prədʒékt]
★★★☆☆

v ① 계획하다 plan ② 예상하다, 추정하다 forecast; estimate ③ 발사하다 propel ④ 튀어나오다, 돌출되다 protrude ⑤ 〈재귀용법〉 자신을 잘 나타내다
n [prɑ́dʒekt] ① (연구) 과제 task ② 목표 (활동)

- a **projected** population growth 추정 인구 증가율
- **project** a missile 미사일을 발사하다

n. **projéction** 예상; 돌출
n. **projéctor** 영사기

---

pronounce
[prənáuns]
★★★☆☆

v ① 발음하다 ② 발표하다 declare; proclaim

- **pronounce** an opinion 의견을 표명하다

n. **pronunciátion** 발음
n. **pronóuncement** 발표

proper
[prάpər]
★★★☆☆

a ① 적당한, 알맞은 suitable
② 〈to〉 ~에 고유한, 특유의 specific

n. **próperty** 재산; 건물, 부동산 realestate; 속성, 특징 attribute
n. **propríety** 예의 decency; 타당성, 적합성 fitness
n. **propríetor** 소유인 owner
a. **propríetary** (개인) 소유의

---

proportion
[prəpɔ́ːrʃən]
★☆☆☆☆

n ① 조화, 균형 balance ② 비율, 비례 rate ③ 〈pl.〉 크기, 규모 size
v 균형을 맞추다 balance
- **proportion** the expenses to the receipts 지출을 수입에 맞추다

a. **propórtional** 균형 잡힌, 비례하는 proportionate

---

provide
[prəváid]
★☆☆☆☆

vt ① 공급하다 furnish ② 규정하다 lay down
- **provide** A with B A에게 B를 제공하다
- **provide** for 부양하다; 대비하다; 규정하다

n. **provísion** 공급; 식량; 대비; 규정
n. **próvidence** (신의) 섭리
a. **próvident** 대비하는, 절약한
conj. **províded** 만일 ~라면 if
n. **provísional** 임시의 temporary

---

purpose
[pə́ːrpəs]
☆☆☆☆☆

n 목적, 의도 intention v 의도적으로 ~하다 intend
- on **purpose** 고의로 by design
- for the **purpose** of ~ing ~하기 위하여

a. **púrposeful** 의도적인 deliberate

---

raise
[reiz]
★★☆☆☆

v ① 들어 올리다 ② 제안하다 suggest ③ 기르다, 재배하다 rear
④ (기금을) 모으다 n 인상, 상승
- **raise** one's glass to ~를 위해 축배를 들다
- **raise** funds 기금을 모으다

---

rally
[rǽli]
★☆☆☆☆

v ① 모으다, 결집하다 assemble ② (장세가 반등하여) 회복하다 get over
n ① 집회, 대회 assembly ② 자동차 경주 race
③ (배구, 테니스 등의) 랠리
- **rally** behind ~를 지지하다

---

receive
[risíːv]
★☆☆☆☆

v ① ~을 받다, 얻다 get; come by
② 접견[환영]하다 welcome

n. **recéipt** 영수증; 수취
n. **recéption** 환영(회)
n. **recéptacle** 그릇, 용기
n. **recípient** 수령인
a. **recéptive** 잘 받아들이는; 감수성이 풍부한

Check-up Test

1. Lasers are often the preferred tools of surgeons in the modern operating room.
ⓐ sole ⓑ best ⓒ favored ⓓ required

2. All of the proceeds from the book will be donated to a children's charity.
ⓐ accounts ⓑ yields ⓒ losses ⓓ taxes

3. David Ricardo theorized in 1817 that free trade between nations would be mutually profitable if each specialized in goods for which it had a comparative advantage.
ⓐ disadvantageous ⓑ agreeable ⓒ recognized ⓓ lucrative

4. Laser light beamed onto glass fibers casts a characteristic pattern.
ⓐ projects ⓑ decrements ⓒ removes ⓓ cuts

5. I need to find an apartment before I can move. _______ I can find one in the next week or so, I will move to Seoul the first of next month.
ⓐ Only if ⓑ Even if ⓒ But still ⓓ Provided that

정답 **1.** c **2.** b **3.** d **4.** a **5.** d

recite
[risáit]
☆☆☆☆☆

v ① **암송하다** repeat ② **열거하다** enumerate
- **recite** a poem 시를 낭송하다

n. **recitátion** 암송(문)
n. **recítal** 독주회; 설명 account

---

refer
[rifə́:r]
★★☆☆☆

v ① **언급하다** mention ② **참조하다** consult ③ **~을 보내다** send
- **refer** to a dictionary 사전을 참조하다

n. **réference** 언급; 참조
- in[with] **reference** to ~에 관하여 about

n. **referéndum** 국민투표 plebiscite
n. **referée** (축구, 복싱 따위의) 심판
cf. **úmpire** (야구, 배구의) 심판

---

reflect
[riflékt]
★★☆☆☆

v ① **비추다, 반사하다** throw back ② **나타내다, 반영하다** show
- **reflect** on ~에 대해 생각[숙고]하다

n. **refléction** 반사(된 모습), 반영; 숙고 contemplation
n. **réflex** (신체의) 반사
a. **refléctive** 숙고하는 pensive; (빛을) 반사하는

---

refresh
[rifréʃ]
★☆☆☆☆

v ① **기운나게 하다, 재충전시키다** renew ② (화면이) **다시 뜨다** update

n. **refréshment** 재충전; 간식, 다과
a. **refréshing** 기운나게 하는; 즐거운, 재미있는 interesting

---

regard
[rigá:rd]
★☆☆☆☆

v ① **보다, 간주하다** consider; look on ② **존중[주의]하다** pay attention to
n ① **존경, 존중** respect ② **관계, 관련** relation
- with **regard** to ~와 관련하여 regarding
- give one's (best) **regards** to ~~에게 안부를 전하다

ad. **regárdless (of)** ~에 관계없이, ~에도 불구하고

---

relate
[riléit]
☆☆☆☆☆

v ① **~을 말하다, 이야기하다** tell ② 〈to〉 **관련[연관]시키다** connect
- **relate** to ~와 관련이 있나 refer to

n. **relátion** 관계, 관련 relationship; 친척 relative
- in[with] **relation** to ~와 관련해서 with regard to

n. a. **rélative** 친척; 관련 있는; 비교[상대]적인
a. **rélevant** 관련 있는 related

---

relieve
[rilí:v]
★☆☆☆☆

vt ① (고통을) **덜어주다,** (지루함을) **달래다** lessen ② **교대 근무하다** replace ③ **구제하다, 해방시키다** deliver
- **relieve** A of B A에게서 B를 덜어주다

a. **relíef** 위로 consolation; 구조 aid; 세금 감면; 교대자 shift; 양각
- in high **relief** 높은 돋을새김으로

---

remain
[riméin]
☆☆☆☆☆

v ① (~에) **남다, 머무르다** stay ② **~한 상태로 있다**
n 〈pl.〉 ① **나머지, 남은 음식** leftovers ② **유해** relics

n. v. **remáinder** <the –> 나머지 the rest; 싼 값에 팔다

---

remark
[rimá:rk]
★★★☆☆

vt **~을 말하다** say
n ① **말, 언급** comment ② **주목, 인지** attention
- **remark** on ~을 알아차리다 notice

a. **remárkable** 눈에 띄는 noticeable

---

remove
[rimú:v]
★★★☆☆

v ① **~을 제거하다** get rid of ② **이사하다** move
n (떨어져 있는) **단계, 등급** stage; degree

n. **remóval** 제거; 이동

render [réndər] ★☆☆☆☆

vt ① **~이 되게 하다** make ② **주다** give ③ **~을 번역하다** translate ④ **공연하다** perform

- **render** a name famous 이름을 떨치다

n. **rendítion** 연주; 번역

---

replace [ripléis] ★★★☆☆

vt ① **~을 대신하다** supplant ② **~을 되돌려 놓다** put back

- **replace** A with B A를 B로 대신하다

n. **replácement** 교체(물); 후임자 successor

---

report [ripɔ́:rt] ☆☆☆☆☆

n ① **보고, 보도** account; description ② **소문** rumor ③ **폭발음, 총성**

v **~을 보고[보도]하다**

- submit a **report** 보고서를 제출하다
- a loud **report** 큰 폭발음

n. **repórter** 기자, 리포터
ad. **repórtedly** 소문에 따르면

---

repose [ripóuz] ★☆☆☆☆

n ① **휴식** rest ② **침착, 차분함** composure

v ① **~에 눕다, 안치되다** lie ② (믿음, 희망을) **두다, 걸다** place

n. **repósitory** 창고, 저장소 warehouse

---

reserve [rizə́:rv] ★★★☆☆

vt ① **남겨두다** set aside ② **예약하다** book ③ **삼가다** abstain from

n ① 〈pl.〉 **저장(물)** ② **보호 구역** ③ **신중함, 자제**

- without **reserve**[reservation] 기탄없이, 솔직히

n. **reservátion** 보류; 예약
- confirm a **reservation** 예약확인하다

---

reside [rizáid] ★☆☆☆☆

vi 〈in〉 **살다, 거주하다** dwell

n. **résidence** 거주(지)
a. n. **résident** 거주하는; 거주자
a. **residéntial** 주거(용)의; (일정 기간 동안) 거주하는

---

check-up Test

1. Regardless of his diligence, he failed in his enterprise.
ⓐ In comparison ⓑ Despite ⓒ Except for ⓓ In regard with

2. By the first century A.D. Roman glassmakers had succeeded in making relatively clear transparent sheets of glass.
ⓐ essentially ⓑ surprisingly ⓒ functionally ⓓ comparatively

3. With remarkable swiftness the falcon dropped on its prey.
ⓐ capable ⓑ remaining ⓒ familiar ⓓ noticeable

4. With the emergence of the highly skilled experts, one-man surgery was gradually _______ team surgery.
ⓐ applied to ⓑ judged by ⓒ replaced by ⓓ known to

5. When in repose, her little face is sad.
ⓐ disturbance ⓑ tranquility ⓒ worry ⓓ rapture

정답 1. b 2. d 3. d 4. c 5. b

respect [rispékt] ★★★☆☆
- **n** ① 존경(심) esteem ② 고려, 존중 ③ (특별한) 점, 사항 ④ 〈pl.〉 안부 인사
  - in **respect** of[with **respect** to] ~에 대해서
  - without **respect** to ~에 관계없이
  - pay one's **respects** to ~에게 문안드리다
- a. **respéctful** 존경하는, 경의를 표하는
- a. **respéctive** 각각의
- a. **respéctable** 존경스러운; 상당한

---

respond [rispάnd] ★★☆☆☆
- **v** 〈to〉 ① 답하다, 답장 쓰다 reply ② 반응하다
  - **respond** to a stimulus 자극에 반응하다
- n. **respónse** 대답; 반응
- a. **respónsive** 민감한; 이해가 빠른
- a. **respónsible (for)** (~에 대해) 책임이 있는

---

rest [rest] ★☆☆☆☆
- **n** ① 휴식 repose ② 나머지 ③ 정지, 중지 pause
- **v** ① 쉬다 ② 그대로 있다
  - **rest** on ~에 의지하다
- a. **réstful** 평온한
- a. **réstless** 들뜬, 불안한

---

retirement [ritáiərmənt] ★★☆☆☆
- **n** 은퇴, 퇴직
  - **retirement** benefit 퇴직연금
- v. **retíre** 은퇴하다 resign; 퇴각하다 back off

---

return [ritə́ːrn] ☆☆☆☆☆
- **v** 뒤돌아오다[가다] come or go back
- **n** ① 복귀 ② 반환 ③ 수익
  - in **return** for ~에 대한 보답으로
- a. **retúrnable** 반환할 수 있는

---

reverse [rivə́ːrs] ★★☆☆☆
- **v** 바꾸다, 뒤집다 come or go back
- **a** 반대의, 거꾸로의 contrary; inverse
- **n** ① 반대 ② 패배
  - the **reverse** direction 반대 방향
  - business **reverse** 사업의 실패
- n. **revérsal** 반대; 불운

---

revolt [rivóult] ★☆☆☆☆
- **vt** ① 〈against〉 (~에) 반대하다 rebel ② (~에) 혐오감을 느끼(게 하)다 repel
- **n** ① 반란, 항쟁 riot ② 혐오, 불쾌 revulsion
  - rise in **revolt** 반란을 일으키다
- n. **revolútion** 혁명 shake-up; 공전, 회전 rotation
- a. **revólting** 역겨운 disgusting
- cf. **revólve** 회전하다[시키다] spin
  revólver (회전식) 연발 권총 pistol

---

run [rʌn] ★☆☆☆☆
- **v** ① 달리다 ② 경영하다 ③ 참가하다 ④ 진행되다
  - **run** a temperature 열이 나다
  - **run** for ~에 출마하다

---

subject [sʌbdʒékt] ★☆☆☆☆
- **v** ~의 지배를 받게 하다
- **n** [sʌ́bdʒikt] ① 주제 ② 과목 ③ 신하
- **a** ① ~의 지배를 받는 ② 하기 쉬운
  - **subject** A to B A를 B의 지배를 받게하다
  - required **subjects** 필수 과목
- n. **subjéction** 정복; 의존
- a. **subjéctive** 주관적인; 상상의

---

submit [səbmít] ★★★☆☆
- **v** ① 제출하다 hand in ② 굴복하다
  - **submit** to the police 경찰에 복종하다
- n. **submíssion** 복종; (의견의) 제기, 개진
- a. **submíssive** 순종하는, 고분고분한

substance
[sʌ́bstəns]
★☆☆☆☆

n ① 물질 ② 본질, 요지
- in **substance** 실제로

v. **substántiate** ~을 증명하다
a. **substántial** 실체의; (양, 크기 등이) 상당한
a. **súbstantive** 실질적인

substitute
[sʌ́bstətjùːt]
★☆☆☆☆

v 대신 사용하다
n 대리인, 대체물
- **substitute** A for B B대신에 A를 대용하다

n. **súbstitution** 대용, 대체

succeed
[səksíːd]
★★☆☆☆

vi ① 〈in〉 성공하다 ② 〈to〉 계승하다
- **succeed** in life 출세하다
- **succeed** to the throne 왕위를 계승하다

n. **succéss** 성공
n. **succéssion** 연속; 계승
a. **succéssful** 성공한, 성공적인
a. **succéssive** 계속적인 continuous

suggest
[səgdʒést]
★☆☆☆☆

vt ① 제안[제시]하다 propose ② 암시하다, 시사하다 imply
- **suggest** A (to B) A를 (B에게) 제안하다

n. **suggéstion** 제안; 제의 proposition
a. **suggéstive** 연상시키는; 선정적인 voluptuous
a. **suggéstible** (주변 환경에) 영향 받기 쉬운

suppose
[səpóuz]
☆☆☆☆☆

v ① 생각[추측]하다 assume ② 가정하다
- be **supposed** to do ~하기로 되어 있다[~ 해야 한다]

conj. **suppóse, suppósing** 만일 ~한다면 if
n. **supposítion** 추측 conjecture
a. **suppósed** 추정되는
ad. **suppósedly** 아마도 probably

survive
[sərváiv]
☆☆☆☆☆

vt ① 살아남다 ② ~보다 오래 살다 outlive

n. **survival** 생존; 유물
- survival kit 구급낭

suspend
[səspénd]
★★☆☆☆

v ① 중지하다 discontinue ② ~을 매달다 hang
- **suspended** sentence 집행 유예

n. **suspénsion** 중지; 정학; 부유물
n. **suspénse** 긴장감, 불안감
n. **suspénders** 멜빵

Check-up Test

1. Some years ago a few men revolted the habit of wearing a hat.
ⓐ subdued ⓑ subsidized ⓒ rebelled ⓓ surrendered

2. During the Second World War, the southwest section of the country was subjected to ruin and pillage.
ⓐ exposed ⓑ nullified ⓒ negated ⓓ confused

3. To be brief, you can' t be a substitute for her in anything.
ⓐ alternate ⓑ subsidy ⓒ superior ⓓ destitute

4. The future survival of the bald eagle is still our important ecological concern.
ⓐ migration ⓑ concession ⓒ existence ⓓ evolution

5. That hotel has a beautiful chandelier suspended from the ceiling.
ⓐ fantastic ⓑ expending ⓒ hanging ⓓ competing

정답 1. c 2. a 3. a 4. c 5. c

sustain
[səstéin]
★★★☆☆

vt ① 지탱하다, 유지하다 maintain ② (부상을) 입다, 겪다 suffer

n. **sústenance** 영양(분), 영양식
a. **sustáinable** 지속될 수 있는
a. **sustáined** 지속적인, 일관된 continuous

---

sympathize
[símpəθàiz]
★☆☆☆☆

v 〈with〉 ① 동감하다 agree ② 동정하다 commiserate

n. **sýmpathy** 동감; 동정
a. **sympathétic** 동정어린

---

term
[tə:rm]
★★☆☆☆

n ① 용어 ② 기간 ③ 〈pl.〉 관계 ④ 〈pl.〉 조건 condition
v 이름 짓다 name

- medicine **terms** 의학 용어
- **terms** of trade 교역 조건
- on good **terms** with ~와 좋은 사이인

---

transfer
[trænsfə́:r]
★☆☆☆☆

v ① 옮기다, 이동하다 ② (차를) 갈아타다 ③ (재산을) 양도하다
n [trǽnsfə:r] 이동

- **transfer** from a train to a bus 기차에서 버스로 갈아타다

n. **transférence** 이동; 전이

---

turn
[tə:rn]
☆☆☆☆☆

v ① 돌리다 ② 변하여 ~이 되다
n ① 회전 ② 차례

- to a **turn** 적당히
- **turn** to ~에 의지하다

---

unconscious
[ʌnkánʃəs]
★☆☆☆☆

a ① 의식이 없는 senseless ② ~을 모르는 unaware
③ 고의가 아닌 unintentional

- **unconscious** desires 무의식적인 욕망

n. **uncónsciousness** 의식불명
cf. **uncónscionable** 불합리한, 터무니없는

---

upset
[ʌpsét]
★★★★☆

vt ① ~을 뒤집다, 전복시키다 turn over
② 망치다, 깨뜨리다 screw up
a 속상한 n [ʌ́pset] ① 뜻밖의 상황 ② 혼란

- **upset** a vase 꽃병을 뒤엎다
- a stomach **upset** 배탈

---

virtual
[və́:rtʃuəl]
★★★☆☆

a ① 가상의 imaginary ② 실제의 actual; real

- **virtual** reality 가상현실

ad. **vírtually** 사실상 nearly

---

work
[wə:rk]
☆☆☆☆☆

n ① 일, 직업 ② 작업 ③ 작품
v ① 일하다 ② 작동하다 ③ 효과가 있다

- out of **work** 실직중인
- **work** out 문제를 해결하다; 운동하다

---

zero
[zírou]
★☆☆☆☆

a 조금도 없는 n ① 최하점 ② 쓸모없는 것
v 0 에 맞추다

- **zero** in on ~에 초점을 맞추다

---

check-up Test

1. She was <u>unconscious</u> for two hours after the accident.
ⓐ sympathetic ⓑ insensible ⓒ severe ⓓ complete

2. What <u>upset</u> me at the trial was not the conviction but the methods of the defense.
ⓐ subdued ⓑ underscored ⓒ venerated ⓓ disturbed

정답 1. b 2

MEMO

SPEED check

- abnórmal — a. 비정상적인 unusual
- abóard — ad. 승선하여 on board
- abróad — ad. 해외로[에서]
- ábsolute — a. 절대적인 unconditional
- ábstract — v. 발췌하다 n. ① 발췌 summary ② 추상화 / a. 추상적인 ↔ concrete
- absúrd — a. 어리석은 ridiculous
- abúndant — a. 풍부한 plentiful
- abúse — v. 남용하다, 학대하다 misuse n. 남용, 학대
- áccent — n. 사투리, 강세 v. 강조하다 stress, highlight / v. accentuate 강조하다
- accépt — v. 받아들이다 agree, allow
- áccess — n. ① 접근 approach ② 발작 fit / a. accessible 접근하기 쉬운 handy
- áccident — n. ① 사고 mishap ② 우연 chance / • by *accident* 우연히
- accómpany — vt. ① 동행하다 go with ② 수반하다
- accómplish — vt. 성취하다 achieve / n. accomplishment 업적; 재능 / a. accomplished 재능 있는
- áccurate — a. 정확한 ↔ inaccurate
- accústomed — a. ~에 익숙한 used
- acqúire — v. 얻다 come by, obtain
- áctivate — v. 활기차게 하다 turn on
- acúte — a. ① 날카로운 keen ② 급성의, 극심한 serious
- adápt — v. ① 적응하다[시키다] adjust ② 개작하다
- ádequate — a. 충분한 sufficient
- adjóin — v. 인접하다 border
- admíre — v. 감탄하다 marvel at
- adúlt — n. 성인
- advántage — n. 1. 이점 2. 이익 ↔ disadvantage / • take *advantage* of ~를 이용하다
- advénture — n. 모험 risk
- ádvertise — n. 광고 commercial v. 광고하다
- affáir — n. ① 사건 ② 일 matter
- affírm — v. 확언하다 declare
- afflíct — v. 괴롭히다 distress
- afíre — a. 불타는, 불타서 aflame
- afóot — a. 진행 중인[에] in operation
- agrée — v. 동의하다 n. agreement 동의; 협정
- agréeable — a. 유쾌한, 상냥한 congenial, friendly
- air — v. 방송하다 broadcast n. 공기
- alíke — a. 〈서술용법〉 비슷한 similar / ad. 똑같이 • A and B *alike* A와 B 둘 다
- alíve — a. 〈서술용법〉 살아있는 living, 활동적인 active
- allót — v. 할당하다 allocate
- álly — n. 동맹 v. 동맹하다
- alóne — a. 〈서술용법〉 혼자인
- alóud — ad. 큰소리로
- álter — v. 변경하다 change n. alteration 변경
- ambítion — n. 야망 aspiration a. ambitious 야망이 있는
- aménd — v. (법을) 수정하다 revise
- amúse — v. 즐겁게 하다 divert
- ánalyze — v. 분석하다 break down
- anátomize — v. 해부하다 dissect
- annóy — v. 짜증나게 하다 irritate
- ánnual — a. 일 년 마다의 yearly
- antárctic — a. 남극의
- ánthem — n. 축가 hymn

Check-up Test

1. The child's earliest words deal with concrete object and action, and it is much later that he is able to grapple with ________.
ⓐ maxims ⓑ decision ⓒ opponents ⓓ abstractions

2. It was foolish of you to suggest such an absurd thing.
ⓐ abhorrent ⓑ prejudiced ⓒ ridiculous ⓓ absolute

3. They definitely had the upper hand in the race.
ⓐ handicap ⓑ advantage ⓒ control ⓓ supervision

정답 1. d 2. c 3. b

- **ántonym** n. 반의어 ↔ synonym
- **anxíety** n. 걱정, 근심 worry, misgiving
- **apologétic** a. 변명하는, 사과하는 full of excuses
- **appárent** a. ① 명백한 obvious ② 외관상의 seeming
  ad. **apparently** 보기에
- **appéar** vi. 나타나다 turn up n. **appearance** 출현; 외모
- **áppetite** n. ① 식욕 ② 욕구 desire
  n. **appetizer** 식욕을 돋우는 것, 전채
- **appóint** v. ① 임명하다 ② 약속하다
  n. **appointment** 임명; 약속
- **appróve** v. 승인하다 n. **approval** 인가, 승인
- **árchitect** n. 건축가 n. **architecture** 건축술
- **árgument** n. 논의, 논쟁 controversy
- **aríse** vi. (사건이) 일어나다 happen, appear
- **aróuse** vt. 깨우다 awake; 일으키다 cause
- **arrést** v. ① 체포하다 apprehend ② 관심을 끌다 engage
  a. **arresting** 매력적인 conspicuous
- **arríve** v. <at> ~에 도착[도달]하다 reach
- **artifícial** a. 인공의, 인위적인 not natural
- **ascénd** v. 오르다 n. **ascent** 상승
- **ashóre** ad. 육지로, 물가에 · get *ashore* 상륙하다
- **asíde** ad. ① 옆에 · *aside* from ~을 제외하고 except for
  ② 따로
- **asléep** a. 〈서술용법〉 잠들어있는
- **áspect** n. (측)면, 양상 side
- **assémble** v. ① 모으다 call up ② 조립하다
  n. **assembly** 집회; 조립
- **assíst** v. 도와주다 aid, help
- **assúre** v. ~에게 보장하다 guarantee
- **astónish** vt. 놀라게 하다 astound, surprise
- **astrónomy** n. 천문학
- **átom** n. 원자 cf. **molecule** 분자
- **attáck** n. v. 공격(하다)
- **attáin** v. (오랜 노력 끝에) 달성하다 achieve
- **attémpt** n. vt. 시도(하다) try
- **attráct** v. 매혹하다 charm
- **áudible** a. 들리는 loud enough to be heard
- **áuthorize** v. 권한을 부여하다 qualify
  n. **authority** 권한, 권위; 당국
- **automátic** a. 자동의
- **áutomobile** n. 자동차
- **avóid** v. 피하다 get around
- **awáke** v. 깨우다 wake, arouse a. 잠들지 않는 ↔ asleep
- **awárd** n. 상금, 배상금
- **áwkwardly** ad. 서투르게, 어색하게 clumsily
- **báchelor** n. ① 미혼남자 single man ② 학사
- **back** v. ① 지지하다, 후원하다 support ② 이서하다
- **ball** n. ① 아주 즐거운 한 때 ② 무도회
  · have a *ball* 즐겁게 놀다
- **ban** a. 금지하다 forbid, prohibit n. 금지
- **bank** n. ① 둑, 제방 ② 은행 v. 기울다 tilt
  · *bank* on ~에 의지하다
- **bánkruptcy** n. 파산 insolvency
- **bárren** a. ① 불모의 ② 불임의 sterile
- **bear** v. ① 나르다, 운반하다 ② 낳다, (열매를) 맺다
  ③ 참다, 견디다 n. 곰
- **bed** n. 하천[호수]바닥 deposit
- **befórehand** ad. 미리 in advance
- **beháIf** n. ① 측면 side ② 이익 interest
  · on *behalf* of ~을 위하여
- **belóved** a. 소중한
- **bent** a. 열중한 n. 기호, 성향
- **bewáre** v. <of> 조심[주의]하다 attend

1. A school should not work with methods of fear, force and <u>artificial</u> authority.
   ⓐ unreliable ⓑ not natural ⓒ not profound ⓓ undisputed

2. <u>Aside from</u> his books he collects data from his own experiences.
   ⓐ Looking on ⓑ Except for ⓒ Run out of ⓓ Calling off

3. My uncle's company is <u>bankrupt</u>.
   ⓐ prestigious ⓑ lucrative ⓒ impressive ⓓ insolvent

정답 **1.** b **2.** b **3.** d

□ **bewílder** v. 당황하게 하다 confuse
□ **bill** n. ① 계산서 ② 지폐 ③ 법안, 의안
□ **bíllion** n. 10억 cf. **million** 백만, **trillion** 1조
□ **blend** v. 섞(이)다, 조화되다 harmonize
 · *blend* in with ~과 조화되다
□ **block** n. ① 큰 덩어리 ② 구획 ③ 장애
 v. ① 막다, 방해하다 obstruct
□ **blue** a. 우울한 · feel *blue* 우울하다
□ **book** a. 책, 명부 list v. 예약하다 reserve
 · be *booked* up for ~로 바쁘다
□ **bow** v. ① 절하다 ② 굴복하다
 n. ① 활 ② 뱃머리
□ **brain** n. ① 뇌 ② 매우 똑똑한 사람, 천재
□ **break** n. ① 파괴, 파손 ② 휴식 v. 깨뜨리다
□ **brief** a. 간결한 n. 요약
 v. 간단히 말하다, 요약하다 sum up
 · in *brief* 요컨대
□ **brílliant** a. 찬란한, 화려한 magnificent
□ **búrglar** n. 강도, 도둑 thief
□ **cálling** n. 천직 vocation
□ **campáign** n. ① 군사작전, 전쟁 war ② (사회적) 운동, 선거
□ **cáncel** v. 취소하다 call off
□ **cándidate** n. 후보자
□ **capácity** n. (수용) 능력 volume
□ **cápital** n. ① 수도 ② 대문자 ③ 사본
 a. 주요한, 으뜸의
□ **cáreless** a. 부주의한, 경솔한 reckless
□ **cátalog(ue)** n. 목록, 카탈로그 list
□ **cátching** a. ① 전염성의 ② 매력 있는
□ **cátegorize** v. 분류하다 classify
□ **cathédral** n. 대성당 shrine
□ **celébrity** n. 명성, 유명 publicity; 유명인사
 a. **celebrated** 유명한 famous
□ **cell** n. ① 세포 ② 감방, 독방 ③ 전지
 a. **cellular** 세포의; 〈통신〉 셀 방식의
□ **chámber** n. 방 room
□ **change** v. 바꾸다, 변하다 n. 거스름돈, 잔돈
□ **cháracter** n. ① 성격, 특성 ② 등장인물, 배역
□ **cháritable** a. 자비로운, 관대한 generous
□ **chase** n. v. 추적(하다) pursue, 쫓아내다
□ **check** v. ① 저지[억제]하다 control ② 조사하다
□ **chill** n. 냉기, 한기
□ **choice** v. 선택 a. ① 골라낸 selected ② 최고의 superior
□ **círculate** v. 순환하다[시키다], 퍼뜨리다 spread
□ **cloud** n. 구름
 v. ① 더럽히다 dirty ② 흐리게 하다
□ **cóil** n. 코일 v. 감기다 wind
□ **collísion** n. 충돌 crash v. **collide** 충돌하다
□ **cólony** n. 식민지 v. **colonize** 식민지로 만들다
 n. **colonist** 식민지 이주자
□ **combát** n. v. 전투(하다) battle
□ **combíne** v. 결합[제휴]하다 unite
□ **cómfortable** a. 편안한
□ **cómment** n. 말, 언급 v. 논평하다
 · *comment* on ~에 대해 논평하다
□ **commércial** a. 상업의, 영리적인 n. 상업 광고
 n. **commerce** 상업, 무역 trade
□ **commódity** n. 상품 goods
□ **cómmon** a. ① 보통의, 일반적인 usual ② 공통의
□ **commúnion** n. 공유
□ **commúnity** n. ① 공동체 ② <the -> 대중, 국민 the public
 ③ 공유 shared possession
□ **compánion** n. 친구 comrade
□ **cómpany** n. ① 회사 ② 동행 ③ 교제
 · keep *company* with ~와 함께 어울리다

check-up Test

1. The house blends in well with its surroundings.
ⓐ harmonizes ⓑ blemishes ⓒ produces ⓓ separates

2. Stuart felt blue all day.
ⓐ energetic ⓑ restless ⓒ depressed ⓓ enthusiastic

3. Their poverty was not a personal problem due to laziness or lack of intelligence, but a structural one: lack of capital.
ⓐ good ⓑ money ⓒ central town ⓓ tax

정답 **1.** a **2.** c **3.** b

- cómpass n. ① (제도용) 콤파스 ② 나침반
- compélling a. 강력한 forceful
  v. compel 강요하다
  n. compulsion 강요; 강박관념
- compléx a. 복잡한 n. ① 종합시설 ② 강박관념
  v. complexity 복잡성 complication
- cómpound v. 합성하다 a. 복합의 n. 혼합물
- cómrade n. 친구 companion
- concéal v. 숨기다, 감추다 hide
- concéit n. 자만심 pride
- cóncentrate v. 집중하다 focus
  - *concentrate* on ~에 집중하다
- concíse a. 간결한 brief
- conclúsion n. 결론 v. conclude 결론짓다
  - reach a *conclusion* 결론에 도달하다
- cóncord n. 일치 ↔ discord
- cóncrete a. 구체적인, 명확한 definite
- conféss v. 자백하다, 인정하다 admit
- confírm v. 확인[확증]하다 verify
  - *confirm* a reservation 예약을 확인하다
- conflíct n. 대립, 충돌 opposition
  - in *conflict* with ~와 충돌[상충]하여
- confúse vt. 혼란시키다 bewilder
- congrátulate v. 축하하다 celebrate
  - *congratulate* A on B A를 B에 대하여 축하하다
- cóngress n. 의회 parliament
- connéct v. 연결[연관]시키다 join
- cónquer v. 정복하다 subdue n. conquest 정복
- cónscience n. 양심 compunction
  a. conscientious 양심적인
- consént v. 승낙하다 n. 승낙, 동의
- conspícuous a. 눈에 띄는 noticeable
- cónstant a. 변함없는 invariable
- constráin v. ① 강요하다 ② 제한하다 hold back
- constrúct v. 짓다, 건설하다 build
- cóntact v. 접촉하다, 연락하다
  n. ① 접촉, 연락 communication ② 연줄 associate
- cóntemplate v. 심사숙고하다 ponder
- contémporary a. ① 동시대의 ② 현대의 n. 동시대인
- contémpt n. 경멸, 모욕 scorn a. contemptuous 경멸하는
  a. contemptible 경멸스러운
- cóntest v. ① 경쟁하다 ② 반대하다 n. 경쟁
- cóntinent n. 대륙 a. 자제하는
- contínue v. 계속하다 ↔ discontinue
- contról n. v. 통제(하다) regulate
- convéy v. 운반하다 transport
- convínce v. 납득시키다 persuade
- coóperate v. 협력하다 collaborate
- córdial a. 진심의, 충심의
- corréct a. 옳은, 적절한 v. 바로잡다 set right
- corrúpt a. 부패한 v. 타락시키다
- cóuncil n. ① 회의, 협의 association
  ② 위원회 committee, board
- cóuntess n. 백작 부인 cf. knight 기사
- cóunty n. 군 cf. state 주 province 도
- crack v. 깨지다 n. 도전 a. 일류의 classic
- cráfty a. 교활한, 간사한 cunning
- crave v. 열망하다, 간절히 바라다 desire
- crítical a. ① 비판적인 ② 중요한 crucial ③ 위기의
- crúcial a. 결정적인, 중대한 decisive
- crude a. ① 가공하지 않은 raw
  ② 투박한, 저속한 rough, vulgar
- cuffs n. 수갑
- cúrrency n. 통화 money
- cúrrent n. 해류 a. 지금의, 현대의
  ad. currently 현재, 지금 now
- curve v. ① 곡선을 이루다 ② 속이다 deceive

1. The officer <u>compelled</u> the prisoner to do exactly as he wished.
ⓐ allowed ⓑ forced ⓒ beseeched ⓓ hired

2. Travel agents will <u>confirm</u> your reservations for you free.
ⓐ purchase ⓑ obtain ⓒ exchange ⓓ verify

3. The dealer tried to <u>convince</u> Tom to buy a cheaper car.
ⓐ estimate ⓑ persuade ⓒ satisfy ⓓ withdraw

정답 **1.** b **2.** d **3.** b

- □ **cústoms** n. ① 관세 ② 세관
- □ **debáte** n.v. 토론(하다) discuss
- □ **debt** n. 빚 liabilities
- □ **décade** n. 10년 ten years
- □ **decáy** v. 썩다, 부패(하다) rot
- □ **deceíve** v. 속이다 cheat
  n. **deception** 기만, 속임 fraud
- □ **décent** a. ① 예의바른, 점잖은 respectable
  ② 적당한 suitable
- □ **decísion** n. 결정 v. **decide** 결정하다 resolve
  · make a *decision* 결정을 내리다
- □ **decláre** v. ① 선언하다 ② 과세품을 신고하다
- □ **décorate** v. ① 장식하다 beautify ② 훈장을 주다
- □ **deféat** n.v. 패배(시키다)
- □ **defénd** v. 막다, 방어하다 protect
- □ **defícient** a. 불충분한 inadequate
- □ **defíne** v. 규정하다 prescribe
  n. **definition** 정의
- □ **defy** vt. ① 반항하다 disobey ② 불가능하게 하다 disable
  ③ 견디다
- □ **deláy** v. 지연시키다 put off, defer n. 지연
- □ **delícious** a. 맛있는 palatable
- □ **delíght** v. 즐겁게 하다 amuse n. 즐거움 joy
- □ **demánd** n. 요구 v. 요구하다
  a. **demanding** 요구가 가혹한 exacting
- □ **deny** v. ① 부인하다 disown
  ② 거절하다 reject
- □ **depártment** n. 부, 과(科)
- □ **descríbe** v. ① 묘사하다 ② 그리다 draw
- □ **desíre** v. 바라다 hope n. 욕구, 욕망
- □ **despáir** n. 절망 hopelessness, desperation
  v. <of> 절망하다, 체념하다
- □ **désperate** a. ① 절망적인 hopeless
  ② 무모한 reckless ③ 필사적인 frantic
- □ **despíte** prep. ~에도 불구하고 in spite of
- □ **dessért** n. 후식, 디저트
- □ **destróy** v. 파괴하다 ruin
- □ **detáil** v. 자세히 열거하다
  n. 세부사항 · in *detail* 상세히
- □ **detéct** v. 발견하다, 알아채다
  n. **detective** 탐정, 형사
  n. **detector** 탐지기
- □ **detérmine** v. 결정하다 make up one's own mind
- □ **dévil** n. 악마 demon
- □ **devíse** v. 고안해내다, 생각해내다 invent
- □ **díagram** n. 도표
- □ **díalog(ue)** n. 대화 conversation
- □ **díctate** v. ① 받아 쓰(게 하)다 ② 명령하다
  n. **dictation** 받아쓰기 시험
- □ **díet** n. ① 식단, 식사 ② 다이어트
- □ **díligent** a. 근면한 industrious
- □ **disappéar** vi. 사라지다 vanish
- □ **disappóint** v. 실망[좌절]시키다 let down
- □ **disáster** n. 재난 calamity
- □ **discérn** v. 분간하다 perceive
- □ **disclóse** v. 공개하다 reveal n. **disclosure** 폭로
- □ **discómfort** n. 불편 inconvenience
  v. 불편하게 하다
  · *discomfort* index 불쾌지수
- □ **díscount** n.v. 할인(하다)
- □ **discóurage** v. 실망시키다 disappoint
- □ **discóver** v. 발견하다 detect
- □ **discúss** vt. ~에 대해 토론하다 debate

check-up Test

1. Every <u>decent</u> man has a number of secrets which he is afraid to tell even to his friends.
   ⓐ impatient ⓑ proud ⓒ respectable ⓓ timid

2. He <u>declared</u> his undying loyalty to the new government.
   ⓐ described in detail ⓑ bravely refused ⓒ strongly stated ⓓ cleverly disguised

3. The university is a place where the world's hostility to curiosity can be <u>defied</u>.
   ⓐ preserved ⓑ accepted ⓒ hated ⓓ challenged

정답 **1.** c **2.** c **3.** d

□ **disgráced** a. 수치스러운, 불명예의 ashamed
n.v. **disgrace** 수치(스럽게 하다)

□ **disgúise** vt. 변장시키다 n. 변장

□ **disgúst** v. 역겹게 하다 sicken

□ **dish** n. ① 접시 ② 요리
• do the *dishes* 설거지하다

□ **dishónest** a. 부정직한 crooked

□ **disinclinátion** n. 내키지 않음, 싫음 reluctance

□ **dislóyal** a. 불충실한 unfaithful

□ **disobéy** v. 불복종하다 defy

□ **disórder** n. ① 무질서 disarray ② 병

□ **displáy** v. 전시하다 exhibit

□ **displéase** vt. 불쾌하게 하다 sicken

□ **dissátisfy** v. 만족시키지 못하다 discourage

□ **dístant** a. 먼 remote

□ **distínct** a. ① 다른 different ② 분명한

□ **distríbute** v. 분배하다 dispense

□ **dístrict** n. (행정상의) 지구, 지역 region

□ **distrúst** n.v. 불신(하다) discredit

□ **disúse** n. 사용되지 않음, 폐지 desuetude

□ **divórce** n.v. 이혼(하다) break up

□ **dóctrine** n. 주의, 교리 principle

□ **dóleful** a. 슬픈, 서글픈 melancholy

□ **domáin** n. 영토, 영역 field

□ **doméstic** a. ① 가정의 ② 국내의
v. **domesticate** 길들이다 tame

□ **dóminate** v. ① 지배하다 ② 통제하다 rule

□ **dównpour** n. 폭우 shower

□ **dread** v. 두려워하다 fear, be scared

□ **drénched** a. 흠뻑 젖은 very wet

□ **dress** v. ① 옷을 입히다 ② (외상) 치료하다 heal n. 옷

□ **drift** n. ① 표류 ② 경향 trend v. 표류하다

□ **drill** n. ① 송곳 ② 훈련
v. ① 구멍을 뚫다 ② 훈련시키다 discipline

□ **dumb** a. ① 우둔한 stupid ② 말하지 않는 silent

□ **édible** a. 식용의 eatable

□ **édit** v. 편집하다 compile

□ **eléct** v. 선출하다
a. **elective** 선택의, 필수가 아닌 optional

□ **élegant** a. 우아한, 멋진 stylish

□ **élevate** v. 높이다, 향상시키다

□ **elíminate** v. 제거하다 remove, get rid of

□ **éloquent** a. 웅변의, 달변인 fluent

□ **embárrass** v. 당황하게 하다 perplex

□ **embráce** vt. ① 포옹하다 hug ② 포함하다 include

□ **emótion** n. 감정 feeling

□ **émphasize** v. 강조하다 stress

□ **enáble** v. ~할 수 있게 하다

□ **enclóse** v. ① 둘러싸다 surround ② 동봉하다

□ **end** n. ① 목적 ② 끝 v. 끝나다
• come to an *end* 끝나다

□ **endéavor** v. 노력하다 effort

□ **endúre** v. 견디다, 오래 지속되다
a. **enduring** 영구적인 lasting

□ **énemy** n. 적 opponent

□ **enfórce** v. ① 실행[집행]하다 execute
② 강요[강행]하다 impose

□ **enlárge** v. 확대하다[되다] broaden

□ **enlíghten** v. 계몽하다 illuminate

□ **enórmous** a. 거대한 vast, 엄청난 large

□ **enrích** v. 부유하게[풍요롭게] 하다

□ **énterprise** n. ① 회사 company ② 용기 bravery
a. **enterprising** 진취적인, 기업적인

1. The boy felt disgraced because he knew he had been wrong to steal.
ⓐ ashamed ⓑ tempted ⓒ worried ⓓ phoney

2. Most people have a strong desire to talk about themselves and are restrained only by the disinclination of others to listen.
ⓐ reluctance ⓑ yearning ⓒ characteristic ⓓ attitude

3. Williams almost single-handedly broke his way out of the enclosure into that field, indeed constituted that field as he went along.
ⓐ domain ⓑ gate ⓒ reserve ⓓ confinement

정답 **1.** a **2.** a **3.** d

- **enthúsiasm** n. 열심, 열중
- **entíre** a. ① 전체의 whole ② 완전한 complete
- **énvelop** v. ① 싸다 wrap up ② 〈군사〉 포위하다
- **envíronment** n. 환경 surrounding
- **énvy** n. 부러움, 질투 jealousy v. 부러워하다
- **épisode** n. 사건, 에피소드 event
- **equípment** n. ≪집합적≫ 장치, 설비
  v. **equip** 설비를 제공하다
- **equívalent** a. <to> 동등한, 등가[같은 가치]의
- **eráse** v. 지우다 wipe out
- **eréct** a. 똑바로 선 upright
  v. 세우다 set up
- **escápe** v. 달아나다 run away
  n. 탈출, 도망 flight
- **éssay** n. ① 수필, 에세이 ② 작문 composition
  v. 시도하다 attempt
- **esséntial** a. 필수적인 necessary
- **estéem** n.v. 존경(하다) respect
- **éstimate** v. 어림잡다 measure
  n. 평가, 견적 appraisal
- **etérnal** a. 영원한 permanent
- **évident** a. 명백한 obvious
- **exággerate** n. 과장하다 magnify
  n. **exaggeration** 과장 overstatement
- **exámine** v. 조사[검사]하다 inspect
- **exámple** n. ① 예 instance ② 모범, 귀감
- **excéed** v. (양, 정도가) 초과하다 surpass
  a. **excessive** 지나친
- **excél** v. (질적으로) 능가하다 outdo
  a. **excellent** 뛰어난, 우수한
- **excháng e** n.v. 교환(하다) barter
  - *exchange* A for B A와 B를 교환하다
- **excíte** v. ① 흥분시키다
  ② (관심 따위를) 일으키다 provoke
- **excláim** v. 외치다 shout
- **excúrsion** n. 여행 trip
- **exért** v. 발휘하다 exercise
  - *exert* oneself 노력하다, 발휘하다
- **exhíbit** v. 전시하다 display
- **exíst** v. 존재[존속]하다 last
- **éxit** n. 출구 way out
- **expérience** n. 경험 v. 경험하다
- **expériment** n. 실험 vi. ~with 실험하다
- **éxpert** n. 전문가 pundit
- **expláin** v. 설명하다 account for
- **explóde** v. 폭발하다 go off
  a. **explosive** 폭발적인 enormous
- **explóre** v. 탐험하다 n. **exploration** 탐험
- **éxquisite** a. 아주 아름다운, 정교한 very beautiful, elaborate
- **extérnal** a. 겉의, 외부의 exterior
- **extínguish** v. ~을 끄다 put out
- **extráordinary** a. 특별한, 비범한 special
- **fable** n. 우화
- **face** v. 직면하다 confront
  n. ① 얼굴, 표정 ② 표면
  a. **facial** 얼굴의
- **fáctor** n. 요소, 요인 element
  - *factor* in ~을 계산에 넣다, 포함하다
- **fáculty** n. ① 재능, 능력 ② (대학의) 학부
  ③ 교수단
- **fail** v. ① 실패하다 ② 약해지다
  ③ 실망시키다
  n. **failure** 실패; 불이행
- **fair** n. ① 시장 market ② 박람회
  a. ① 공정한, 공평한 ② 상당한

Check-up Test

1. Taxes are based on an estimate of the value of one's property.
ⓐ anticipation ⓑ exportation ⓒ appraisal ⓓ evacuation

2. Last year, before the start of the World Cup, many German officials and pundits were deathly afraid that their countrymen would be less than gracious hosts to millions of visiting soccer fans.
ⓐ entertainers ⓑ hooligans ⓒ gamblers ⓓ experts

3. With the extraordinary increase of public-supported education, classical education has almost disappeared.
ⓐ phenomenal ⓑ necessary ⓒ democratic ⓓ predicted

정답 **1.** c **2.** d **3.** a

□ **fáscinating** a. 매혹적인 exciting
v. **fascinate** 마음을 사로잡다, 매혹하다

□ **fatígue** n. 피로, 피곤

□ **feast** n. 축제, 연회 banquet

□ **fee** n. (전문직에 대한) 수수료, 요금 charge

□ **feeble** a. 약한 weak

□ **field** v. 실제로 테스트하다 field-test
n. ① 들판 ② 분야 sphere

□ **fine** a. ① 좋은 ② 가는, 미세한
n.v. 벌금(을 과하다)

□ **fire** v. ① 발사하다 discharge ② 해고하다 dismiss
n. 불

□ **firsthánd** a. 직접의 direct ad. 직접, 바로

□ **flávor** n. ① 맛 ② 특징 v. 맛을 내다

□ **flee** v. 도망가다 run away

□ **float** v. 표류하다, 뜨다 drift

□ **fórecast** v. 예측하다 predict n. 예측, 예보
• sales *forecasts* 매출 예측

□ **fórefather** n. 조상 ancestor

□ **fórefinger** n. 검지 손가락 index finger

□ **fórehead** n. 이마 brow

□ **fóremost** a. 으뜸가는 leading

□ **fórenoon** n. 오전 morning

□ **foresée** v. 예상하다 foretell
a. **foreseeing** 선견 지명 있는

□ **forgét** v. 잊다 disremember

□ **forgíve** v. 용서하다 remit

□ **fórmerly** a. 이전에(는) previously

□ **fórtune** n. ① (큰) 재산 ② 행운

□ **frágile** a. 깨지기 쉬운, 약한 breakable

□ **fréquent** a. 빈번한 v. 자주 가다 resort to

□ **frost** n. ① 서리 ② 실패 failure
a. **frosted** 서리가 내린; 불투명한

□ **frúitlessly** ad. 헛되이, 효과 없이 in vain

□ **fúrious** a. 격분한 angry

□ **fútile** a. 무익한, 쓸데없는 inefficient
n. **futility** 무익; 경박한 행동

□ **gállant** a. ① 용감한 brave
② (남자가 여자에게) 친절한 gentle

□ **gáteway** n. 출입구 entrance, doorway

□ **gáther** v. ① 모으다 collect ② 추측하다 guess
③ 수확하다

□ **génerous** a. 관대한 not severe, broad-minded

□ **génuine** a. 진품인 real, authentic

□ **gift** n. ① 선물 ② (천부적) 재능 endowment
a. **gifted** 타고난 재능이 있는

□ **glámorize** v. 매력적으로 보이게 하다 beautify

□ **glóomy** a. 음울한 dark

□ **grade** n. ① 학년 ② 점수 ③ 등급

□ **grant** v. ① 주다 ② 허락하다 ③ 인정하다
n. 보조금 subsidy

□ **grasp** v. ① 잡다 ② 이해하다
n. 이해(력) comprehension

□ **grass roots** a. 시골의, 민중의

□ **green** a. 애송이의, 초보자의 inexperienced
• *green* light 정식 허가

□ **greet** v. 인사하다, 환영하다 salute, bow to

□ **gríevance** n. 불만, 불평 complaint

□ **grill** v. 심문하다 interrogate n. 석쇠

□ **grínder** n. ① 분쇄기 ② 공부벌레 v. **grind** 갈다

□ **grówn-úp** n. 성인, 어른 adult

□ **hábitat** n. 서식지 home

□ **halt** n.v. 정지(하다) stop
• come to a *halt* 멈추다

□ **ham** a. 연기가 지나친 배우

□ **hándy** a. ① 가까이에 있는 near ② 편리한 convenient
③ 손재주 있는

1. Overwork can often lead to severe fatigue.
ⓐ exhaustion ⓑ sorrow ⓒ lamentation ⓓ tantrum

2. In his futile battle to know God's way and be like God he is doomed to defeat.
ⓐ tough ⓑ continuous ⓒ useless ⓓ solemn

3. It was a gallant deed to risk almost certain death to save his friend.
ⓐ courageous ⓑ altruistic ⓒ thoughtless ⓓ prudent

정답 1. a 2. c 3. a

- **hang** v. ① 매달다 ② 교수형에 처하다 n. ① 요령 ② 의미, 취지
- **hángover** n. ① 잔존물 ② 숙취 surviving trace
- **hárbor** n. 항구 v. 숨기다 conceal
- **hard** a.ad. ① 어려운, 힘든 ② 열심인[히] ③ 딱딱한
  a. **hardy** 튼튼한 steady, firm
- **hárdware** n. ① 철물 ② 무기 weapon
- **harm** v. 해를 끼치다 damage, injure n. 해
- **hárvest** v. 수확하다 pick
- **haul** v. ① (세게) 잡아당기다 ② 운반하다 ③ 소환하다 summon
- **heed** n. 주의 attention v. 주의하다
  · pay *heed* to ~에 주의하다
- **heel** n. ① 뒤꿈치 ② 비열한 사람, 배반자 traitor
- **heréditary** a. 유전적인 inheritable
- **hésitate** v. 주저하다, 망설이다 falter, waver
- **híghlight** v. 강조하다 stress, emphasize
- **hind** a. 뒤쪽의 rear
- **hire** v. ① 임대하다 rent ② 고용하다 employ
- **hóspitable** a. 친절한 friendly,obliging, accommodating
- **hóstile** a. 적대적인 unfriendly, inhospitable
- **house** v. ① 저장하다 ② 주택을 공급하다 n. 집, 주택
- **hówling** a. 울부짖는 yelling
- **húngry** a. ① 굶주린 ② 돈 버는데 열심인, 갈망하는
- **húsband** n. 남편 v. 절약하다 spare
  n. **husbandry** 절약; 농 · 축산업
- **hýpocrite** n. 위선자
- **hypóthesis** n. 가설 assumption
- **ice** v. ① 당의를 입히다 ② 결말짓다 n. 얼음
- **idéntical** a. 동일한 the same
  v. **identify** (신원을) 확인하다; 동일시되다
- **illégal** a. 불법의 illicit
- **illúsion** n. 환상 delusion
- **imitátion** n. 모방, 모조품 copy, fake, replica
  v. **imitate** 모방하다, 흉내 내다
- **imménse** a. 거대한 enormous
- **impátient** a. ① 참을성 없는, 안달하는 very eager ② 짜증내는 exasperated
- **impérial** a. 제국의
- **implý** v. 암시하다 suggest
- **impolíte** a. 무례한 rude
- **impréss** v. 감명을 주다 affect
  a. **impressive** 감명 깊은
  a. **impressible** 감수성이 풍부한
- **impríson** v. 투옥하다 put in jail
  n. **imprisonment** 투옥, 감금
- **impróve** v. 개선시키다 ameliorate
- **ímpulse** n. 충동 whim
  a. **impulsive** 충동적인 impetuous
- **inádequate** a. ① 부적당한 ② 불충분한 inappropriate
- **ináudible** a. 들을 수 없는
- **íncidence** n. (사건 등의) 발생 (정도) frequency
- **íncident** n. 사건 event
  a. **incidental** 부수적인
- **íncome** n. 수입, 소득 ↔ outgo
- **inconspícuous** a. 눈에 띄지 않는 unnoticeable
- **incréase** v. 증가하다 n. 증가
  · on the *increase* 증가 중인
- **incúr** v. (해 · 손실 따위를) 초래하다 result in

Check-up Test

1. Once you <u>get the hang of</u> sewing, you can become creative and make your own clothes.
   ⓐ get bored with ⓑ are excited about ⓒ get used to ⓓ are tired of

2. Many people believe that alcoholism is <u>hereditary</u>.
   ⓐ basically incurable ⓑ chronic in nature ⓒ nurtured by habit ⓓ genetically passed

3. Because she is so ________, I cannot predict what course she will follow at any moment.
   ⓐ inert ⓑ unusual ⓒ impulsive ⓓ sentimental

정답 1. c 2. d 3. c

□ **indéfinite** a. ① 불명확한 indistinct ② 무기한의 infinite
ad. **indefinitely** 무기한으로

□ **índex** n. ① 색인 ② 지수, 지표 sign

□ **índicate** v. 가리키다, 나타내다

□ **indífferent** a. 무관심한 uninterested

□ **indispénsable** a. <to> 필수불가분한 essential

□ **inévitable** a. 불가피한 unavoidable

□ **inexpénsive** a. 비싸지 않은 reasonable

□ **ínfant** n. 유아 cf. **infantry** 〈집합적〉 보병

□ **inféct** v. 감염시키다 pass on
a. **infectious** 감염성의 contagious

□ **ínfinite** a. 무한한 unlimited

□ **infláme** v. 불을 붙이다 set on fire

□ **ínfluence** v. 영향을 미치다 n. 영향

□ **influénza** n. 독감 flu

□ **infórm** v. 알리다 apprise
- *inform* A of B A에게 B를 알리다

□ **infórmal** a. 비공식적인 unofficial

□ **injúrious** a. 해로운 detrimental
n. **injury** 해, 부상 harm

□ **injústice** n. 부정 (행위) unfairness

□ **inn** n. 여관, 호텔 hotel

□ **ínnocent** a. 죄 없는 blameless

□ **ínput** n. 입력, 투입

□ **insáne** a. 제정신이 아닌 lunatic

□ **ínsect** n. 곤충

□ **insecúre** a. 불안전한

□ **insért** v. 삽입하다 put in, interject

□ **ínsight** n. 통찰력 intuition
a. **insightful** 통찰력 있는 perceptive

□ **insigníficant** a. 중요하지 않은 trifling

□ **insíst** v. ① 주장하다 allege ② 명령하다 order
a. **insistent** 주장하는 assertive; 긴급한 urgent

□ **ínstance** n. 경우, 실례(實例)
- for *instance* 예를 들어

□ **ínstant** n. 순간 moment a. 즉시의

□ **ínstinct** n. 본능

□ **instrúct** v. 가르치다 n. **instructor** 강사

□ **ínstrument** n. ① 기구, 도구 implement ② 악기
a. **instrumental** 도움이 되는 helpful

□ **insúlt** v. 모욕하다 offend

□ **inténse** a. 강렬한, 극심한 extreme
ad. **intensely** 몹시

□ **inténsive** a. 집중적인 concentrated

□ **íntercourse** n. 교제, 교류 contact

□ **intérior** n. 안, 내부 inside a. 안쪽의, 내부의
- *interior* design 인테리어 디자인

□ **ínterval** n. 간격 • at *intervals* 때때로, 이따금

□ **ínterview** v. 면접하다 n. 면접

□ **introdúce** v. ① 소개하다 present ② 신제품을 발표하다

□ **invést** v. ① 투자하다 ② (옷을) 입히다 dress

□ **invéstigate** v. 조사하다 inspect

□ **invíting** a. 매력적인 attractive
v. **invite** 초대하다

□ **írritate** v. 화나게 하다 annoy
a. **irritating** 화나게하는
a. **irritable** 화를 잘 내는 hot-tempered

□ **jam** n. ① 잼 ② 혼잡
- traffic *jam* 교통 혼잡

□ **joint** n. ① 관절 ② (값싼) 술집
a. 공동의 common
- *joint* responsibility 공동 책임

□ **keen** a. ① 날카로운, 예리한 sharp
② 열심인 intent
- be *keen* on ~에 열중하다

□ **lábor** n. ① 노동 ② 출산(의 고통)
- in *labor* 분만중인

1. A boy who is careless and <u>indifferent</u> in a game of ball will not be likely to accomplish much anywhere.
ⓐ undetached ⓑ uninterested ⓒ inappropriate ⓓ unskillful

2. <u>Infectious</u> disease was widely spread by deadly bacteria in 1832.
ⓐ Critical ⓑ Tangible ⓒ Contagious ⓓ Genetic

3. During the Crisis period, as many as 25 different emperors sat in Rome, each attempting to restore control over territories while managing the _________ balance between civilian and governmental groups.
ⓐ predictive ⓑ insecure ⓒ invincible ⓓ preordained

정답 **1.** b **2.** c **3.** b

- **land** n. ① 육지 ② 나라
  v. ① 착륙하다 ② 획득하다 obtain
- **last** v. 지속하다, 계속하다
  a. 마지막의, 최후의
- **laud** v. 칭찬하다 praise
- **launch** v. ① (배를) 진수하다, (로켓을) 발사하다
  ② 시작하다 start
- **léading** a. 주요한, 일류의 primary
- **lémon** n. 결함 있는 제품
- **létter** n. ① 글자 ② 문학 ③ 편지
  · a man of *letters* 문학인[저술가]
- **lévy** v. ① 세금을 부과하다 impose
  ② 징집하다 enroll
- **líberty** n. ① 자유 freedom ② 방종
- **líkeness** n. 닮음, 유사 resemblance
- **lófty** a. 높은 high
- **long** a. 긴, 오랜
  v. 갈망하다, 간절히 바라다 yearn
- **lúnatic** a. 미친 insane n. 미치광이
  · *lunatic* asylum 정신병원
- **lure** v. 유혹하다 n. 미끼, 매력 attraction
- **man** v. 인원을 배치하다 n. 남자, 사람
- **mass** v. 모이다 n. 집단, 덩어리 a. 대중의
- **match** v. 어울리다 n. ① 시합 ② 성냥
- **matérial** n. 물질
  a. ① 물질의 ② 중요한 important
- **mátter** v. 중요하다 count n. 문제, 일
- **médium** n. 매개물, 매체 a means of doing
  a. 중간의, 보통의
- **melt** v. ① 녹다 ② 사라지다 disappear
- **ménace** n.v. 협박, 위협(하다) threaten
- **mérchandise** n. 상품 goods v. 매매하다 deal
- **mérit** v. ~받을 만하다 deserve n. 장점
- **methódical** a. 체계적인 systematic
- **míngle** v. 섞(이)다 mix
- **mínute** n. 분, 순간 a. 미세한, 정밀한 tiny
- **míschief** n. ① 장난 prank ② 해 harm
  a. **mischievous** 장난스러운, 해로운
- **míserable** a. ① 비참한 wretched ② 비참하게 만드는
  ad. **miserably** 비참하게
- **misfíre** v. 불발되다
- **misfórtune** n. 불운, 불행 adversity
- **mishándle** v. 잘못 다루다[대처하다]
- **misjúdge** v. 잘못 판단하다
- **misrepórt** v. 잘못 보도하다
- **mistáke** n. 실수 error v. 오해하다
- **mob** v. 둘러싸다 n. 군중 crowd
- **mock** v. ① 조롱하다 sneer, 놀리다 ridicule
  ② 흉내 내다 imitate a. 가짜의
- **módest** a. ① 겸손한 humble ② 적당한
- **módify** v. 조정하다, 수정하다 change
- **mónarch** n. 군주
- **motivátion** n. 자극, 동기 부여 incentive
- **mourn** v. 슬퍼하다 lament
- **multicólored** a. 다양한 색상의
- **múltitude** n. 다수, 군중
- **mútual** a. 상호간의 reciprocal
- **néarly** ad. 거의 almost
- **negotiátion** n. 협상, 교섭 bargaining
  v. **negotiate** 협상하다
- **nímble** a. 민첩한 quick-moving
- **nónsense** n. 허튼소리, 의미 없는 말
  cf. **no-nonsense** 근엄한, 사무적인 serious
- **noodle** n. ① 바보 ② 두뇌
- **note** v. ① 메모하다 memo
  ② 알아채다, 주목하다 notice

Check-up Test

1. When my husband, Arnold Schwarzenegger, became governor of California, I landed a new "job": First Lady.
   ⓐ asked for ⓑ won ⓒ welcomed ⓓ abdicated
2. To lure more caring individuals to the field, schools are seeking older students as well as non-science majors.
   ⓐ refer ⓑ employ ⓒ entice ⓓ transform
3. The sport of wrestling tests nimbleness, strength, and stamina.
   ⓐ courage ⓑ intelligence ⓒ agility ⓓ mental power

정답 **1.** b **2.** c **3.** c

□ **nótify** v. 통지하다, 통보하다 inform, apprise

□ **nótion** n. ① 개념, 생각 ② 자잘한 잡화

□ **nurse** v. 부양하다 foster n. 간호사

□ **obédient** a. 순종하는 docile

□ **obligátion** n. 의무 duty

□ **obtáin** v. 얻다, 획득하다 come by

□ **óbvious** a. 명백한 evident

□ **ónset** n. ① 개시, 시작 beginning ② 공격

□ **opportúnity** n. 기회 chance
a. **opportunistic** 기회주의적인
n. **opportunist** 기회주의자

□ **oppóse** v. 반대하다 object to
a. **opposite** 반대의
n. **opposition** 반대

□ **oppréss** v. 억압하다 repress
n. **oppression** 억압

□ **óptimum** a. 최적의 the best favorable

□ **órient** v. (어느 방향으로) 향하게 하다 direct

□ **oríginate** v. 시작하다 start, stem
a. **original** 원래의; 독창적인

□ **ornaméntal** a. 장식용의 decorative

□ **óutbreak** n. 발발 outburst

□ **óutcome** n. 결과 result, consequence

□ **óutfield** n. 외야 open space

□ **óutfit** n. ① (특별한) 복장, 장비 ② (함께 일하는) 팀 team

□ **outgrów** v. ~보다 빨리 자라다

□ **óutlet** n. ① 배출구 vent ② 판매점 store

□ **óutline** n. ① 윤곽 contour ② 개관, 개요

□ **óutlook** n. ① 전망 view ② 견해 opinion

□ **óutput** n. 생산, 산출량 production, yield

□ **overbúrden** v. 너무 많이 싣다 overload

□ **overcóme** v. ① 극복하다 get over ② 압도하다

□ **overéat** v. ≪재귀용법≫ 과식하다 gorge

□ **overflów** v. 넘치게 하다 inundate

□ **óverhead** a.ad. 머리 위의[위로] above one's head
n. <pl.> 운영비 running cost

□ **overspréad** v. 온통[가득] 퍼지다

□ **overtáke** v. 따라잡다 catch up with

□ **overtúrn** v. ~을 뒤엎다 capsize

□ **óverview** n. 요약 summary

□ **overwórk** n.v. 과로(하다[시키다]) strain

□ **pace** n. (일, 생활 등의) 속도, 페이스

□ **page** v. 사람을 불러 찾다 call up
n. ① 페이지 ② 아이, 종

□ **pan** v. 혹평하다 slam n. 팬, 냄비

□ **pang** n. (갑작스런) 고통 pain

□ **pánic** n. 공포, 공황 fear

□ **panoráma** n. ① 전경 ② 개관

□ **pant** v. ① 헐떡이다 gasp ② 갈망하다 long

□ **párachute** v. 낙하하다 n. 낙하산

□ **páradise** n. 천국 utopia

□ **páragraph** n. 단락

□ **páralyze** v. 마비시키다 stupefy
n. **paralysis** 마비 (상태)

□ **párdon** n.v. 용서(하다) forgive

□ **párliament** n. 의회 congress

□ **párlor** n. 가게, 상점

□ **pecúliar** a. 특이한, 특별한 particular, unique

□ **pénetrate** v. 관통하다, 침투하다 pass through
a. **penetrating** 관통하는; 영리한

□ **percéive** v. 인식하다 recognize
n. **perception** 인식

□ **pérfect** a. 완전[완벽]한 complete
v. 완성하다 finish

□ **pérfume** n.v. 향수(를 뿌리다) scent

□ **péril** n. 위험 danger a. **perilous** 위험한

1. Being himself a second son, he could qualify for a woman who was also looking for a mate free of parental obligations.
ⓐ freedom ⓑ quality ⓒ duty ⓓ financial power

2. A new look at the human Y chromosome has overturned longstanding ideas about its evolutionary history.
ⓐ reaffirmed ⓑ reclaimed ⓒ redeemed ⓓ revoked

3. The students are going to study how insects perceive the world.
ⓐ affect ⓑ betray ⓒ grumble ⓓ understand

정답 **1.** c **2.** d **3.** d

□ **périod** n. 시기, 시대 age
ad. **periodically** 정기적으로

□ **pérish** v. 죽다, 소멸되다 die, pass away
a. **perishable** 잘 상하는

□ **pérmanent** a. 영구적인 lasting, eternal

□ **permít** v. 허락하다 allow
n. **permission** 허락

□ **perpétual** a. 끊임없는, 영원한 everlasting

□ **perpléx** v. 당혹하게 하다 puzzle

□ **pérsonable** a. 품위 있는 attractive

□ **pérsonalize** v. 인격화하다

□ **persuáde** v. 설득하다 prevail upon
n. **persuasion** 설득; 믿음 belief
a. **persuasive** 설득력 있는

□ **pértinent** a. 적절한, 타당한 suitable
v. **pertain** 속하다

□ **phase** n. 단계, 국면 stage
v. 단계적으로 하다

□ **phenómenal** a. 경이로운, 굉장한 great
n. **phenomenon** 현상

□ **phýsical** a. ① 신체의 ② 물리학의, 물질계의

□ **pierce** v. 꿰뚫다, 구멍을 뚫다 puncture
a. **piercing** 꿰뚫는; 통찰력 있는 penetrating

□ **pílgrim** n. 순례자

□ **pírate** v. 불법 복제하다 copy n. 해적

□ **píty** n. ① 연민, 동정 sympathy ② 유감
a. **pitiful** 측은한, 불쌍한

□ **plant** n. ① 식물 ② 공장 v. 심다

□ **plátform** n. ① 승강장 ② 연단 ③ (정당의) 공약 tenor

□ **pledge** v. 맹세하다 make a serious promise
n. 맹세, 약속 commitment

□ **plot** n. ① 음모 secret plan ② 줄거리 storyline
③ 작은땅 v. 음모를 꾸미다

□ **plunge (into)** v. 뛰어들다 jump, dive

□ **pollútant** n. 오염물질 v. **pollute** 오염시키다
n. **pollution** 오염

□ **pónder** v. 숙고하다 cogitate
a. **ponderous** 육중한, 무거운 heavy

□ **postérity** n. 자손, 후손 descendants, offspring

□ **postpóne** v. 연기하다 put off

□ **pray** v. 기도하다 supplicate

□ **preach** v. 설교하다 make a sermon

□ **precáution** n. 주의, 예방책 caution

□ **precéde** v. 선행하다 antecede
n. **precedent** 선례, 전례

□ **precíse** a. 정확[정밀]한 exact
n. **precision** 정확

□ **predíct** v. 예언하다 foretell
n. **prediction** 예언

□ **préface** n. 서문 foreword

□ **préjudice** n. 편견, 선입관 bias

□ **prelíminary** a. 예비의 preparatory
n. ① 사전 준비 ② 서론

□ **preserve** v. 보존[유지]하다 conserve
n. **preservation** 보존

□ **presíde** v. <over> (회의를) 주재하다 lead

□ **préssing** a. 긴급한 urgent

□ **prevént** v. 막다 obviate
n. **prevention** 저지; 예방
a. **preventive** 예방의

□ **préview** n. ① 시사회 ② 예고편 trailer

□ **prévious** a. 이전의 prior

□ **prey** n. 먹이 victim v. (~on) 잡아먹다

□ **primárily** ad. 주로 principally
a. **primary** 주요한

□ **prívate** a. 사적인 v. **privatize** 민영화하다

check-up Test

1. Perplexed investors tried to work out what the deal meant.
ⓐ Inquisitive ⓑ Confused ⓒ Disappointed ⓓ Hilarious

2. According to procrastination expert Dr. Kim, fear of failure is the main reason why people ________ doing something.
ⓐ promote ⓑ enjoy ⓒ finish ⓓ postpone

3. This decision sets a precedent for future cases of a similar nature.
ⓐ controversy ⓑ preview ⓒ guide ⓓ record

정답 1. b 2. d 3. c

□ **prize** n. 상, 포상
v. 소중히 여기다 value highly

□ **próblem** n. 문제 issue

□ **prócess** n. (일련의) 과정, 공정 course
v. 가공[처리]하다

□ **procláim** v. 선포[표명]하다 declare

□ **procúre** v. 얻다, 구하다 obtain

□ **prodúce** v. ① 생산하다 manufacture ② 제출하다 ③ 연출하다 n. 농산물

□ **profóund** a. 깊은, 심오한 abstruse

□ **prohíbit** v. 금지하다 forbid
a. **prohibitive** 금지의; 엄청나게 비싼 steep

□ **promóte** n. ① 승진시키다 elevate ② 홍보하다
n. **promotion** 승진; 홍보

□ **prompt** v. 촉구하다 urge a. 신속한
ad. **promptly** 재빨리, 즉시 quickly

□ **propagánda** n. (특히 정부 주도의) 선전

□ **propóse** v. 제안하다 offer
n. **proposal** 제안, 청혼

□ **protéct** v. 보호하다 shelter
n. **protection** 보호

□ **protést** n.v. 항의(하다) oppose

□ **prove** v. 증명[입증]하다 verify

□ **próverb** n. 속담 saying

□ **próvince** n. (행정) 구역, 지역 district

□ **provocátion** n. 도발, 자극 incitement
v. **provoke** 도발하다; 자극하다 irritate

□ **psychólogy** n. 심리학

□ **púmpkin** n. 주요 인물, 중요한 것

□ **punctuálity** n. 시간 엄수 being on time ad. **punctually** 정각에

□ **púrchase** v. 구입하다, 획득하다 buy n. 구입

□ **pursúe** v. ① 뒤쫓다, 추적하다 chase ② 추구하다 carry on

□ **púzzling** a. 당혹케 하는 perplexing
n.v. **puzzle** 퍼즐; 혼란스럽게 하다

□ **quálify** v. ① 자격을 주다 ② 제한하다 limit
n. **qualification** 자격 부여; 자격, 면허

□ **quote** v. ① 인용하다 cite ② 가격을 제시하다

□ **race** v. 경주하다 n. ① 민족, 인종 ② 경주

□ **rage** n.v. 격분(하다) fury

□ **rain** v. (질문 등을) 퍼붓다 n. 비

□ **rándomly** ad. 임의로, 되는대로

□ **range** v. 정렬시키다 arrange
n. ① 범위, 한계 ② 열, 산맥

□ **rápture** n. 큰 기쁨, 환희 ecstasy

□ **rare** a. 드문 unusual ad. **rarely** 드물게

□ **rate** n. ① 속도 ② 비율 ③ (호텔의) 요금
v. 평가하다

□ **rátion** v. 배급하다 allot

□ **rébel** n. 반란자 insurgent v. 항거하다 protest

□ **recáll** v. ① 기억하다 remember ② 소환하다 ③ 취소하다 n. ① 기억 ② 소환

□ **récognize** v. ① 인지하다 notice ② 인정하다 accept

□ **recolléct** v. 회상하다 remember

□ **recomménd** v. 권하다, 추천하다

□ **reconstrúct** v. 재건(축)하다 rebuild

□ **recórd** n.v. 기록[녹화, 녹음](하다) register

□ **recóver** v. 되찾다, 회복하다 regain

□ **recreátion** n. 오락, 레크레이션 pastime

□ **redóuble** v. 크게 늘이다, 배가시키다

□ **redúce** v. 줄이다 decrease

□ **refórm** v. 개혁하다 improve n. 개혁
n. **reformation** 재형성, 개조

□ **refráin** v. <from> ~을 삼가다 abstain

□ **refúge** v. 피난처, 대피소 shelter
n. **refugee** 피난민

□ **refúse** v. 거절하다 reject
n. 쓰레기, 잡동사니 rubbish

1. A slowdown on the world's assembly lines is a normal part of any recession. As demand shrinks, so must ________.
ⓐ production ⓑ consumption ⓒ import ⓓ export

2. Many companies ________ their products through television ads to maximize their target audience.
ⓐ check ⓑ subvert ⓒ deprecate ⓓ propagate

3. Harry's sketch of his uncle was not perfect, but it was instantly ________ to anyone who knew him.
ⓐ recognizable ⓑ remarkable ⓒ viable ⓓ inevitable

정답 **1.** a **2.** d **3.** a

- □ **régional** a. 지역[지방]의 local
- □ **régister** v. 등록하다 sign up
  n. 등록, 기록, 명부 list
  n. **registration** 등록
- □ **régret** v. ① 후회하다 repent
  ② 유감으로 여기다 feel sorry
  n. 후회, 유감
- □ **regulátion** n. ① 규정, 법규 rule, law ② 조절 control
- □ **rehéarsal** n. 예행 연습, 리허설
- □ **rejéct** v. 거절하다 turn down
- □ **rejóice** v. 기뻐하다 delight
- □ **rejóin** v. 다시 합치다 reunite
- □ **relax** v. (힘, 노력 따위를) 늦추다
- □ **reléase** n.v. 방면(하다) set free, discharge
- □ **relígion** n. 종교, 신앙 faith
- □ **rémedy** v. 치료하다, 고치다 correct
- □ **remóte** a. 먼 ad. 멀리 떨어져 distant
- □ **renéw** v. ① 재개하다 resume ② 재충전 시키다 refresh
- □ **rént** v. 임대하다 n. 집 세, 사용료 rental
- □ **repáir** v. 수선하다 fix
- □ **repáy** v. ① (빌린 돈을) 갚다 pay off ② 보답하다 reward
- □ **repéat** v. 반복하다 reiterate
  n. **repetition** 반복
  a. **repetitive** 반복적인
- □ **repént** v. <of> 후회하다 regret
- □ **repláy** n.v. 재경기(하다)
- □ **replý** n.v. 대답(하다) respond
- □ **reprínt** n.v. (책을) 재판(하다) reissue
- □ **repróach** n.v. 비난(하다) blame
- □ **repúblic** n. 공화국 state
- □ **réscue** v. 구조하다 save
- □ **resémble** v. 닮다 take after, look like
- □ **resét** v. 고치다, 바꾸다 change
- □ **resídual** a. 남은, 잔여의 remaining
  n. **residue** 나머지
- □ **resígn** v. 사임하다 step down
- □ **resíst** v. 저항하다 withstand
  a. **resistant** 저항력이 있는, 내성이 있는
- □ **resólve** v. ① 해결하다 settle ② 결심하다
  n. **resolution** 결심
  a. **resolute** 단호한
- □ **resórt** n. ① 휴양지 ② 의지, 의존 recourse
  · *resort* to ~에 의지하다, 이용하다
- □ **résource** n. ① <pl.> 자원, 자산 asset ② 재능, 소질
  a. **resourceful** 영리한 ingenious; 자원이 풍부한
- □ **restóre** v. 복구하다, 복원하다 put back
  n. **restoration** 회복, 복구
- □ **restráin** v. 억제하다 hold back
  n. **restraint** 억제, 제한
- □ **resúlt** n. 결과 consequence, outcome
- □ **resúme** v. 재개하다 renew n. 이력서
  n. **resumption** 재개
- □ **retáin** v. 보유하다 hold, keep
  a. **retentive** 기억력이 좋은
- □ **retréat** v. 후퇴하다 recede
- □ **reúnion** n. (동창 · 전우들의) 재모임
- □ **reuníte** v. 재통합하다 reunify
- □ **revéal** v. 드러내다, 폭로하다 disclose
  n. **revelation** 폭로 〈the R~〉 요한 계시록
- □ **revénge** v. 복수하다 avenge n. 복수
- □ **révenue** n. ① (정기적인) 수입 ② 세입
  cf. **income** (개인의) 근로 소득
- □ **revíew** v. ① 검토하다 examine ② 복습하다
  n. 검토 n. **reviewer** 비평가, 평론가

Check-up Test

1. The motorist was reproached by the woman trying to cross the street.
ⓐ approached ⓑ refused ⓒ blamed ⓓ guided

2. John was ________ to the fact that he couldn't take his holiday in July.
ⓐ accused ⓑ satisfied ⓒ prevented ⓓ resigned

3. After Mr. Jones was released from prison, he vowed to ________ his struggle against the government.
ⓐ presume ⓑ exhume ⓒ consume ⓓ resume

정답 1. c 2. d 3. d

- □ **revíve** v. 부활하다 resurrect
- □ **rewárd** v. 보답하다 return n. 보상금
  a. **rewarding** 보답하는; 가치 있는
- □ **ríder** n. 추가사항, 특약
- □ **room** n. ① 공간, 자리 ② 방 ③ 기회, 여지 opportunity
- □ **root** n. 뿌리 v. 뿌리를 내리다
  - *root* in ~에 뿌리를 내리다
  - *root* for ~을 응원하다
- □ **róughly** ad. ① 거칠게 ② 대략 approximately
- □ **routíne** a. 일상적인, 틀에 박힌 regular
- □ **rúgged** a. ① 울퉁불퉁한 ② 거칠고 억센
  ③ (날씨가) 거친, 혹독한
- □ **rúin** v. 파괴하다, 파멸시키다 destroy
- □ **sácred** a. 신성한 holy, divine
- □ **save** prep. ~을 제외하고 except
- □ **scánty** a. 부족한, 불충분한 meager
- □ **school** v. 가르치다
  n. ① 학교, 수업 ② 떼, 무리
  - a *school* of fish 고기떼
- □ **sécond** a. 두번째의 v. 지지하다 support
- □ **sécret** n. ① 비밀 ② 비결 a. 비밀의 covert
- □ **sécretary** n. 비서, 장관
- □ **secúre** v. 확보하다 obtain a. 안전한
  n. **security** 안전; 증권; 담보
- □ **ségment** n. 조각, 부분 part
- □ **seléct** v. 선택하다 choose a. 엄선된
- □ **séparate** v. 분리되다 a. 각각의
- □ **serve** v. ① 봉사하다, 근무하다 ② (음식) 제공하다
- □ **séveral** n.a. 몇몇(의) some
- □ **sevére** a. ① 심한 intense ② 엄격한 stern, strict
- □ **shábby** a. 초라한, 낡아빠진 worn-out
- □ **shark** v. 속이다 deceive
  n. ① 상어 ② 사기꾼
- □ **shelve** v. ① 선반에 얹다 ② 보류하다 withhold
- □ **shield** v. 보호하다 protect n. 방패
- □ **shífting** a. 이동하는 moving
- □ **shrewd** a. 영리한, 빈틈없는 clever
- □ **shrink** v. 줄어들다 n. 정신과 의사
- □ **simultáneous** a. 동시의 contemporary
- □ **sky** v. 급상승하다 soar n. 하늘
- □ **slight** v. 경시하다 ignore a. 약간의
- □ **slíghtly** ad. 약간, 조금 a little
- □ **slim** a. 날씬한 slender
- □ **snow** v. 감언이설로 속이다 n. 눈
- □ **soak** v. 빨아들이다, 흡수하다 absorb
- □ **sound** v. 수심을 재다
  a. ① 건강한, 건전한 ② 깊은 deep
- □ **spácious** a. 널찍한, 넓은 roomy
  n. **space** 공간
- □ **specífic** a. (진술 등이) 명확한, 특정한
- □ **spell** v. 철자를 말하다
  n. ① 주문 ② 매력 ③ 한 차례
- □ **spontáneous** a. 자발적인, 자연발생적인 voluntary
  n. **spontaneity** 자발성, 자발적 행동
- □ **spot** v. ① 점을 찍다 ② 발견하다 locate
  n. ① 점 ② 장소
  cf. **spotless** 흠 없는 flawless
- □ **stack** n. 쌓아올린 것, 더미 pile
- □ **stage** v. ① 상연하다 ② 전쟁을 시작하다 mount, launch
  n. 무대
- □ **stand** v. ① 견디다, 참다 endure ② 서다
- □ **starvátion** n. 기아, 굶주림 famine
- □ **state** v. 진술하다, 말하다
  n. ① 국가, 주 ② 상태
- □ **státionary** a. 움직이지 않는, 정지된 fixed
  n. **station** 정거장; 지위, 계급
  n. **status** 신분, 지위

1. The unleashed power of the atom has changed everything <u>save</u> our modes of thinking, and we thus drift toward unparalleled catastrophes.
   ⓐ including ⓑ except ⓒ as ⓓ concerning
2. Britain's trading company, the Hudson Bay Company, wanted to <u>secure</u> a foothold in Alaska's fur-trade market.
   ⓐ lock ⓑ obtain ⓒ tighten ⓓ keep
3. His offer of help was quite ________; he hadn't been told to make it.
   ⓐ spontaneous ⓑ vulnerable ⓒ audible ⓓ compliant

정답 **1.** b **2.** b **3.** a

- **stéalthy** a. 비밀의 sly v. **steal** 훔치다
- **steep** v. ①담그다 ②열중시키다
  a. ①가파른 ②값비싼
- **stem** v. 유래하다, 생기다 arise
- **stérile** a. ①불모의, 불임의 barren ②살균된
  v. **sterilize** 살균하다
- **still** a. ①움직이지 않는 ②조용한
  ad. ①여전히 ②그럼에도 불구하고
- **strict** a. 엄격한 stern
- **stúbborn** a. 고집 센, 완고한
- **subdúe** v. 정복하다 suppress
- **sublíme** a. ①장엄한 ②훌륭한 excellent
  n. **sublimity** 숭고함
- **súbmarine** n. 잠수함 a. 해저의
- **súbtle** a. 미묘한 delicate
  n. **subtlety** 미묘, 신비
- **súburb** n. 교외, 변두리 outskirts
- **súbway** n. 지하철 ≪영≫ underground
- **súffer** v. ①(고통을) 겪다 ②참다
  n. **suffering** 고통 n. **sufferance** 묵인
- **suit** v. 적합하게 하다 adapt
  n. ①소송 ②정장
- **súmmary** n. 요약 digest a. 즉석의 offhand
  v. **summarize** 요약하다
- **súmmon** v. 소환하다 call up
- **supérior** a. <to> ~보다 나은, 상위의
  n. 상사, 상급자
  cf. **superiority complex** 우월감
- **superstítion** n. 미신 a. **superstitious** 미신적인
- **suprémacy** n. ①최고 ②주권, 지배권
  a. **supreme** 최고의, 최상의
- **surrénder** v. 항복하다 yield, 굴복하다 give up
  n. 항복, 포기
- **survéy** vt. 조사하다 examine
  n. ①조사 ②개론, 개설
  n. **surveillance** 감시
- **suspéct** n.vt. 의심(하다) doubt
  n. 용의자
- **swarm** n. 무리, 군중 great crowd
  v. ①떼를 짓다 ②빽빽이 들어차다
- **swell** v. 팽창하다 grow
- **swíftly** ad. 신속히 quickly
  a. **swift** 신속한
- **synónymous** a. 동의어의
- **table** v. 연기하다 delay n. 테이블
- **témperate** a. ①절제하는 ②적당한 ③(기후가) 온화한
- **témporary** a. 일시적인 not intended to last
- **ten** a. 우수한, 1등급의
- **téndency** n. 경향, 추세 trend
- **términate** v. 끝나다, 끝내다 end
  a. **terminal** 말기의
- **térrible** a. 경악스러운 horrible
- **terrífic** a. 멋진, 훌륭한 brilliant
- **thrífty** a. 검소한 economical
- **thrive** v. 번영하다 flourish
- **tídy** a. 단정한, 깔끔한 neat
- **tolerant** a. 관대한 generous
  v. **tolerate** 참다, 견디다
- **tongue** n. ①혀 ②국어, 말 language
- **tradítional** a. 전통적인 customary
  n. **tradition** 전통
- **tráffic** v. 밀매하다 deal, trade n. 교통
- **transpórt** v. 수송하다 ferry n. 황홀 ecstasy
- **tribe** n. 부족 people
- **trígger** v. 촉발하다 set off n. 방아쇠
- **tríumph** n. 승리 victory

Check-up Test

1. When the man was finally rescued, he had been on the <u>sterile</u> island for almost three months.
ⓐ exotic ⓑ infertile ⓒ uninhabited ⓓ picturesque

2. As winter closes in on Chechnya, Moscow may begin to realize that <u>subduing</u> Chechnya may prove harder tha[n] its bullish generals imagine.
ⓐ dividing ⓑ provoking ⓒ controlling ⓓ retreating from

3. American people seem to be ________ about numbers; they consider 'seven' lucky and 'thirteen' unlucky, for instanc[e].
ⓐ superstitious ⓑ curious ⓒ distrustful ⓓ timorous

정답 **1.** b **2.** c **3.** a

- **úmpire** n. (야구, 배구의) 심판
- **unáble** a. <to do> ~할 수 없는 incapable
- **unaccóuntable** a. 설명할 수 없는 inexplicable
- **unaccústomed** a. 익숙하지 않은 unfamiliar
- **unattáinable** a. 도달할 수 없는 inaccessible
- **unbéarable** a. 견딜[참을] 수 없는 intolerable
- **unbelíevable** a. 믿을 수 없는 incredible
- **uncómfortable** a. 불편한 inconvenient
- **uncómmon** a. 흔치 않은 unusual
- **uncóver** v. 폭로하다 reveal
- **undepéndable** a. 신뢰할 수 없는 irresponsible
- **undergó** v. 겪다, 경험하다 experience
- **undergróund** n. ① 지하철 ② 지하조직
  a. ① 지하의 ② 비밀의
  ad. 지하에; 비밀스럽게
- **úndertaker** n. ① 장의사 mortician ② 착수자
  v. **undertake** 착수하다; 보증하다
- **undesírable** a. 바람직하지 않은 unwanted
- **undóubtedly** ad. 의심할 여지없이 certainly
- **unemplóyment** n. 실업 being out of work
- **unéqual** a. 같지 않은 different
- **unexpéctedly** ad. 뜻밖에 suddenly
- **unfórtunate** a. 불행한 unlucky
- **unfríendly** a. 적대적인 hostile
- **unhéalthy** a. 건강하지 못한 sick
- **unhéard-of** a. 들어본 일이 없는 unexampled
- **uníque** a. 유일한, 독특한 peerless
- **univérsal** a. 보편적인, 일반적인 general
- **unjúst** a. 불공평한 unfair
- **unléss** conj. 만일 ~하지 않는다면 if ~not
- **unlíke** a. 서로 다른 prep. ~와 달리
  cf. **unlikely** 일어날[사실일] 것 같지 않은
- **unmásk** v. 정체를 밝히다 divulge
- **unmóved** a. 확고한 firm
- **unnóticed** a. 주목받지 않는 unobserved
- **unpléasant** a. 불쾌한 disagreeable
- **unquéstionable** a. 의심할 여지가 없는 indisputable
- **unréasonable** a. 비이성적인 irrational
- **unreláted** a. (~과) 관계없는 irrelevant
- **unsatisfáctory** a. 불만족스런 inadequate
- **unsélfish** a. 이기적이 아닌 altruistic
- **untídy** a. 단정치 못한 slovenly
- **unwílling** a. 마지못해 하는 reluctant
- **úp-and-cóming** a. 장래가 촉망되는 promising
- **uphóld** v. ① 지지하다 support ② 인정하다
- **úpright** a. ① 수직의 vertical ② 정직한
- **úp-to-dáte** a. 최신의 latest
- **útterly** ad. 아주, 완전히 completely
- **vácant** a. 비어있는 unoccupied
  n. **vacancy** 공허; 빈터; 빈방
- **vague** a. 막연한 equivocal, obscure
- **válor** n. 용기 courage a. **valorous** 용감한
- **vánish** v. 사라지다 disappear
- **vast** a. 거대한, 엄청난 enormous
- **vérdict** n. (배심원의) 평결 decision
- **verge** n. 가장자리 brink
- **vérify** v. (사실을) 확인하다 confirm
- **víllain** n. 악한 a wicked man
  a. **villainous** 악랄한
- **vírtue** n. ① 미덕 ② 장점 advantage
- **vólume** n. ① 책, 서적 ② 용량, 크기 capacity
- **voluntéer** v. 자원하다, 자진하여 제공하다
  n. 지원자
- **wándering** a. 헤매는, 방랑하는 stray

1. Her <u>utterly</u> ridiculous statements were cause for scorn among her political opponents.
ⓐ completely ⓑ assuredly ⓒ equivocally ⓓ plausibly

2. Some novels forecast a society in which intimate information is available everywhere and personal privacy is in danger of ________.
ⓐ augmenting ⓑ vanishing ⓒ prevailing ⓓ swelling

3. Amy finally gathered the courage to tell them that she would appeal the <u>verdict</u>.
ⓐ judgement ⓑ concept ⓒ delegation ⓓ supplement

정답 **1.** a **2.** b **3.** a

- **wárrant** — n. ① 보증 ② 영장 a written authorization

- **want** — v. ① 원하다 ② ~할 필요가 있다 / n. 부족, 결핍
- **wárrant** — n. ① 보증 ② 영장 a written authorization
- **wáter** — v. 물을 주다 n. 물
- **well** — n. ① 우물 ② (승강기의) 통로 / a. 건강한, 좋은 ad. 잘, 능숙하게
- **wéll-béing** — n. 복지, 행복 welfare
- **wéll-to-dó** — a. 유복한, 부자인 rich
- **whole** — a. ① 전체의 ② 완전한 entire
- **will** — n. ① 의지 ② 유언(장) v. ~할 것이다
- **wíther** — v. 시들다 wilt, dry up
- **wolf** — v. 게걸스레 먹다 devour n. 늑대
- **wrath** — n. 분노 anger
- **wreck** — v. 파괴하다, 난파시키다 destroy
- **wrétched** — a. 비참한, 불쌍한 miserable
- **yield** — v. ① 양보하다 give in ② 생산하다 produce / n. 생산량
- **yolk** — n. ① 노른자위 ② 핵심 essence

Check-up Test

1. Not everyone can be well-to-do.
ⓐ rich ⓑ beautiful ⓒ healthy ⓓ neutral

2. The flowers will wither in a few hours.
ⓐ bloom ⓑ dry up ⓒ open ⓓ revive

3. In Vietnam, the guerrillas often ceded control of the territory during the day and returned at night to prevent political stabilization.
ⓐ ceased ⓑ yielded ⓒ terminated ⓓ procrastinated

정답 **1.** a **2.** b **3.** b

MEMO

MEMO